1996

中国人物年鉴

中华名人协会主办

中国社会出版社

图书在版编目(CIP)数据

中国人物年鉴 1996年/中国人物年鉴编辑部编. - 北京:中国社会出版社,1996.10
ISBN 7-80088-862-2

Ⅰ.中… Ⅱ.中… Ⅲ.名人-生平事迹-中国-1996-年鉴 Ⅳ.K820.7-54

中国版本图书馆CIP数据核字(96)第15304号

中国人物年鉴(1996)
中国人物年鉴编辑部编
北京海淀区花园东路8号88信箱 邮政编码 100083
中国社会出版社出版发行
北京西城区西黄城根南街9号 邮政编码 100032
解放军1201工厂印刷
新华书店北京发行所经销
责任编辑:李威海
开本:787×1092毫米 1/32 印张:30 字数1000千字
1996年10月第一版 1996年10月第一次印刷
ISBN 7-80088-862-2/Z·121 定价:66元

《中国人物年鉴》编辑委员会

编辑说明

《中国人物年鉴》是我国第一部以年鉴的形式，介绍每年度我国各方面知名人士的活动、事迹、贡献及生平的大型工具书。自1989年创刊以来，发行到海内外，受到各界广泛重视和众多读者的欢迎。被称为“英模人物的光荣榜，知名人士的言行录，精神文明建设的窗口，爱国主义教育的阵地”。《中国人物年鉴》每年出版一卷，每卷收入1000人左右（本卷收入1053人），其中包括中国共产党和国家、政府、军队的领导人，各民主党派领导人，获得全国性重大荣誉称号的英雄模范人物，在农工商各条战线上做出突出贡献的企业家、改革家和优秀代表人物，在科学技术方面有重大发明创造的专家，在学术上有重要成就的学者，发表有影响的著作或作品的理论家、文学家，在国内外重大比赛或评奖中名列前茅的艺术家、运动员，在教育、政法、卫生、新闻、出版、美术等方面有突出贡献的人士，有重大影响的少数民族、华侨和宗教界人士，以及台湾、香港、澳门各界著名人士。收入本书的人物，不仅介绍其在本年度内的主要活动和贡献，而且简要介绍其生平事迹。每卷还收入在本年度内逝世的我国各界著名人士和举行过纪念活动或出版过文集、传记的我国历史上的著名人物。

《中国人物年鉴》是在许多老革命家的关怀和支持下，由首都各大新闻单位及其他有关单位的专家、学者共同创办起来的。自1994年起由中华名人协会主办。

按照年鉴的惯例，收入1996年《中国人物年鉴》中的人物，其情况介绍截止于1995年12月31日，对于1996年本书付印前有关人物发生的特别重大的情况，在该条目释文之后加附注作简要的说明。本书附录的我国党和国家领导人，党政军各部门负责人，各省、市、自治区负责人名单，和先进模范人物名单，资料截止时间为付印日期（本卷因故延迟至1996年11月）。

《中国人物年鉴》每年收入的人物条目，有一部分经过对传主本人直接采访后撰写，并经本人审阅；有一部分是通过信函由传主本人或所在单位提供材料撰写的；另有一部分人物的简历，参考或部分摘引了有关辞书或中央报刊刊登的有关资料。对于本年鉴存在的缺点与问题，诚挚地欢迎各界读者予以批评指正。

目 录

二 画

三 画

四　画

五 画

六 画

七　画

八　画

九　画

十 画

十 一 画

十 二 画

十 三 画

十 四 画

十 五 画

十 六 画

十 七 画

附 录

各界人物检索

党政军界

中共中央、国务院 中央军委、全国人大 全国政协等领导人

国家各部委负责人

各省、市、自治区负责人

人民解放军各大单位负责人

退下来的老干部

全国百名优秀县(市)委书记

其他党政干部

解放军、武警部队先进模范人物

科　技　界

1995年当选的中国科学院院士中国工程院院士

中华技能大奖获得者

全国先进工作者

科学家 科技工作者

全国劳动模范 全国先进工作者

工　商　企　业　界

企业家

工矿干部、工人

交　通　邮　电　界

全国劳动模范 全国先进工作者

交通邮电专家 交通邮电工作者

农　林　水　利　界

全国劳动模范 全国先进工作者

1995年当选的 中国工程院院士

农林水利专家 农林水利工作者

农村干部、农民

医 药 卫 生 界

政 法 公 安 界

优秀监狱长

优秀劳教所长

经济执法卫士

见义勇为先进分子

政法界领导干部

教　育　界

劳动模范、优秀教师先进工作者

教育家 教师、研究生

社　会　科　学　界

新　闻　出　版　界

韬奋新闻、出版奖 · 获得者

百佳新闻工作者

新闻出版工作者

文 化 艺 术 界

作家、诗人 文学工作者

影视艺术家 影视工作者

戏剧艺术家 戏剧工作者

曲艺杂技艺术家 曲艺杂技工作者

作曲家、歌唱家 音乐工作者

舞蹈艺术家 舞蹈工作者

画家、美术工作者
雕塑家、工艺大师

书法家
书法作品获奖者

体　育　界

青　年　　妇　女

中国十大杰出青年

全国十大杰出
青年企业家

全国十名杰出
青年法学家

中国十大女杰

中国警界女十杰

全国优秀女企业家

全国优秀女乡镇企业家

逝世人物

纪念人物

台港澳人物

其他人物

【丁松·乒乓球运动员·在世乒赛上被评为最佳男子运动员】 1995年5月，在天津举行的第43届世界乒乓球锦标赛上，来自上海的丁松与队友合作，为中国男子乒乓球队夺回失去了6年之久的男子团体冠军；个人夺得男子单打第三名，并被第43届世乒赛组委会评为“最佳男子运动员”。同年9月，丁松还在武汉举行的全国乒乓球锦标赛中，首次夺得全国男子单打冠军。同年，他荣获全国十佳乒乓球运动员称号。

丁松，1971年9月5日出生于上海。8岁开始学打乒乓球，1980年进上海徐汇区少年体校，1982年进上海市体校，1984年入选上海市队，1986年入选国家青年队，1990年入选国家队。他目前身高1米78，体重61公斤。他曾获全国业余体校乒乓球锦标赛少年乙组单打冠军，在1986年全国少年乒乓球锦标赛中，与队友合作为上海队夺得少年男团冠军；在1987年全国少年乒乓球锦标赛中，夺得男单冠军。

丁松从1994年起开始在国内外乒坛崭露头角，在当年全国“乒协杯”赛中，与队友合作，夺得混合双打冠军；在全国乒乓球锦标赛中，夺得男子单打第三名。同年10月，在法国举行的第三届世界杯乒乓球团体赛中，他与队友合作，夺得男子团体冠军。同年11月，他在瑞典乒乓球公开赛中，获男子单打冠军。

丁松右手横握球拍，削球打法，攻守结合，球拍采用两面贴，一面反胶，一面正胶。他球感好，心理素质好。

【丁关根·中共中央政治局委员、书记处书记·强调做好新形势下的宣传思想工作】

1995年，丁关根在全国宣传部长会议、全国精神文明建设经验交流会、“五个一工程”会议和在给中央机关领导干部上党课等场合，都强调努力做好新形势下的宣传思想工作，更好地为人民服务，为社会主义服务，为全党全国工作大局服务。

丁关根说，中央对1995年宣传思想工作的基本要求是：巩固已有成果，加强薄弱环节，提高工作水平，充分发挥党的宣传思想工作的政治优势，努力为改革开放和现代化建设提供有力的思想保证和良好的舆论环境。在工作整体推进中，尤其要注重三个方面：一是把用邓小平建设有中国特色社会主义理论武装全党的根本任务抓紧抓好，进一步把广大干部特别是领导干部的思想统一到全党全国工作大局和中央工作的部署上来。二是密切配合今年经济发展的安排和经济改革的部署，把握好舆论导向，做好宣传教育工作，促进改革建设，维护社会稳定。三是加大精神文明建设力度，坚持重在建设，进一步唱响时代主旋律，积极倡导艰苦奋斗、勤俭建国、励精图治、无私奉献的社会风尚。

关于精神文明建设，丁关根指出，必须坚持物质文明和精神文明共同进步，经济和社会协调发展。经济发展，为社会进步和精神文明建设提供物质基础；社会进步和精神文明建设，为经济发展提供精神动力。两个文明都搞好，才是有中国特色的社会主义。必须坚持精神文明重在建设的方针，以立为本，持之以恒，贵在落实，务求实效。

丁关根还强调，做好宣传思想工作，关键是建设一支政治强、业务精、作风正的宣传思想工作队伍。对宣传思想战线的各级领导干部提出了一系列具体要求。

丁关根，1929年9月生，江苏无锡人。1951年毕业于上海交通大学。1956年7月加入中国共产党。历任交通部海运局实习生、铁道部运输总局工程师，铁道部部长室秘书，外事局副处长，计划局局长助理，教育局局长。1983年任第六届全国人大常委会副秘书长，1985年任铁道部部长，1988年任国家计委副主任兼国务院台湾事务办公室主任。是中共第十二届中央委员，十三届中央政治局候补委员，十四届中央政治局委员、中央书记处书记。1990年曾兼任中央统战部部长，1992年12月兼任中央宣传部部长。

【丁建华（女）、乔榛·电影配音演员·获第十五届中国电影金鸡奖最佳译制片奖】

由上海电影译制片厂配音演员丁建华导演、乔榛配音的美国影片《亡命天涯》，在1995年10月22日北京举行的第四届中国金鸡百花电影节上获得第十五届中国电影金鸡奖最佳译制片奖；在1995年5月23日举行的’94中国电影华表奖评选中，获优秀外国片译制奖。

影片《亡命天涯》是美国近几年最卖座的动作片之一，译制导演丁建华、男主人公金布尔的配音演员乔榛，对影片的总体风格、人物性格、人物语言把握准确到位，配音清晰、丰满、生活化，与原片配合默契，融为一体，既符合原意，又不失原片的幽默感。不仅受到观众的喜爱，而且得到专家的赞赏，同时也受到美国负责此片业务的专家高度评价。

丁建华，1953年出生，山东人。1971年至1976年在东海舰队文工团当演员，1976年转业至上海电影译制片厂任配音演员。先后在《追捕》、《远山的呼唤》、《安重根击毙伊藤博文》、《我两岁》、《龙子太郎》、《铁道儿童》、《卡桑德拉大桥》、《苦海余生》、《谜中谜》、《摩菲斯特》、《希茜公主》、《老枪》、《战争与和平》、《昏迷》、《独闯虎穴》、《死亡客车》、《国际女郎》等数百部影片中配音或配音导演。其中《追捕》、《远山的呼唤》、《安重根击毙伊藤博文》、《谜中谜》、《摩菲斯特》等获文化部或广电部优秀配音奖，《国际女郎》获得1994年第十四届中国电影金鸡奖最佳译制片奖和1993年广播电影电视部优秀译制片奖。1985年她还获得"上海青年艺术十佳"称号，1991年因配《昏迷》获得第三届中国电影表演学会"学会奖"。丁建华音色优美，戏路宽广，从纯情少女到中年成熟女性都能人各有貌，栩栩如生，她为配音的角色注入了灵魂。

乔榛，生于1942年，上海市人。1965年毕业于上海戏剧学院表演系，同年分配到上海电影制片厂任演员。1975年转入上海电影译制片厂任配音演员，1984年至1986年任上海电影译制片厂厂长。从1970年起开始配音工作，先后在《红菱艳》、《叶塞尼亚》、《追捕》、《苔丝》、《安重根击毙伊藤博文》、《国家利益》、《斯巴达克斯》、《第一滴血》、《谜中谜》、《爱德华大夫》、《海狼》、《亚瑟王》、《钢琴课》、《国际女郎》等四百多部影片中担任配音或译制导演。其中《苔丝》、《安重根击毙伊藤博文》、《国家利益》、《谜中谜》等影片获文化部或广电部优秀配音奖，《追捕》获优秀导演、配音奖。乔榛的音色厚重，富有弹性，配音的领域颇宽，不同年龄、不同个性、不同性格、不同风格等各种角色都尝试塑造，被人称为配音上的"千腔人"，是一位卓有成就的配音演员。

【丁秋生·原南京高级陆军学校政委·在北京逝世】　原南京高级陆军学校政治委员丁秋生，因病于1995年1月4日在北京逝世，终年82岁。

丁秋生，湖南省湘乡市人，1930年参加中国工农红军，1931年加入中国共产主义青年团，1932年转为中国共产党党员。历任战士、指导员、营政治委员、团政治委员、旅政治部主任、鲁南军区政治部主任、师政治委员、纵队政治委员、军政治委员、兵团政治部主任、浙江军区副政治委员、南京军区干部部部长、海军北海舰队政治委员等职。他是第四、第六、第七届全国政协委员，中共十二大代表。1955年被授予中将军衔。

土地革命战争时期，他参加了中央苏区一至五次反"围剿"斗争和二万五千里长征。抗日战争时期，他积极开展敌后游击战争，努力创建、巩固和发展鲁南抗日根据地。解放战争时期，他率部南下苏皖、奋战鲁南、出击鲁西、转战中原、挥戈淮海、横渡长江、挺进浙东、解放舟山，出色地完成了各项战斗任务。中华人民共和国成立后，他为部队和军队院校建设呕心沥血，做出了贡献。

【丁原臣·铁道部第十七工程局局长·被授予全国劳动模范称号】　1995年4月29日，中共中央、国务院召开的全国劳动模范、先进工作者表彰大会，在北京人民大会堂隆重举行。铁道建筑总公司第17工程局局长、经济师丁原臣，被授予全国劳动模范称号。

丁原臣，山东省日照市人，1949年9月生，1969年3月参军，历任铁道兵战士、排长、连长、营长、团参谋长、团长和工程局处长、副总经济师、副局长等职。曾参加过襄渝、青藏、南同蒲、大秦、包神、侯月、宝中、京九、南昆等重点工程。先后获全国优秀企业家、山西省特级劳模、局先进工作者、三等功等多种荣誉。他担任局领导后，实施了一系列改革举措，企业的竞争能力明显增强，经济效益、产值、职工收入大幅度增长。1995年创产值16.19亿元，企业收益1.62亿元，上交国家利税5447万元，职工人均收入近9000元。在全国500家最佳经济效益排行榜上，名列第12位，跃居全路同行业之首。该局曾被评为全国优秀施工企业、AAA级企业、铁道部节能先进企业等，连续7年保持全国思想政治工作优秀企业称号。其改革管理经验，1995年2月在全国企业管理工作会议上作为铁道部唯一的企业作了介绍。

丁原臣具有一个企业家的领导组织才能，善于在艰难、复杂的施工中，抓住关键环节予以突破，推进工程进度；他以身作则，不怕艰苦，经常深入施工现场，组织指挥，帮助下级解决施工难题；他严格管理，狠抓工程质量，从不放过丝毫差错。因而他组织施工的许多工程都获得上级和验收单位的好评。由他组织施工的南同蒲铁路复线介休段工程，获两项省（部）优质工程，7个区间、3个车站全部优质免验。大秦一期铁路东阳段和二期铁路大二段线路工程等，分获铁道部甲级优质工程和铁道建筑总公司优质工程一等奖。山西晋祠一级公路获太原市优质工程。海河特大桥获天津市优质工程。在南昆铁路新段工程中，创造了5个隧道口连续3个月7次成洞超百米的优异成绩。在铁道部南昆指挥部组织的评比中，工程质量与工程进度3

次名列前茅，被建设单位誉为信得过的优胜单位。丁原臣有强烈的事业心。1993年底，他严重受伤，在尚未痊愈的情况下，仍然坚持到三峡承揽工程任务，体现了一个党员领导干部为事业顽强拼搏的精神。他关心职工生活。5年来，他和局领导层决定，投入3000万元，新建住宅59000多平米，解决了一批职工的困难，增强了企业内部的凝聚力。

【丁爱国·株洲电力机车工厂厂长·获第二届詹天佑管理奖】　1995年4月26日是我国著名铁路工程专家詹天佑诞辰134周年纪念日。这天，詹天佑铁道科技发展基金会为11名在铁路科技战线卓有成绩的科技工作者颁奖。铁道部株洲电力机车工厂厂长、教授级高级工程师丁爱国，获得詹天佑管理奖。同年，他还被授予湖南省优秀企业家称号。

丁爱国，浙江宁波人，1937年4月生，1962年9月毕业于上海交通大学电力机车专业，历任株洲电力机车研究所技术员、工程师、副所长、所长，1991年4月调任株洲电力机车工厂厂长。

丁爱国具有勇于创新、敢为人先的改革胆略和魄力，富有远见，崇实恶虚，善于依靠职工，发扬民主，极大地感染、鼓舞和团结了全体职工，因而取得令人瞩目的成绩。1984年在电力机车研究所工作期间，率先在全路搞科技体制改革，一次取消事业费，以科研为后盾，以生产为手段，大力推广应用科技成果，闯出了一条科研、生产一体化的道路，形成科研和效益不断良性循环的局面。1984～1990年，全所取得科研成果85项，其中7项获全国科技进步奖，27项获部、省级科研成果奖，超过改革前12年的总和。总收入达6700万元。该所已发展成为国家铁路电传动技术研究中心与电子控制装置的生产基地。

1991年4月，丁爱国调入工厂后，大胆改革，加快企业机制的转换。1992年初，他本着精简机构、提高效能、上岗靠竞争、收入凭贡献的原则，对劳动、人事、工资制度进行大胆改革，压缩机构14个，精简人员502名。改革旧的管理模式，有效地解决了长期存在的责任不明、管理不严、吃大锅饭等弊端，提高了劳动生产率，使工厂管理走上"严格、科学、高效"的轨道。

丁爱国认为，要使产品质量上档次，必须大力引进、消化世界上的先进技术。3年来，他们通过引进日本、法国的先进技术和参与国外招标车的联合设计等办法，使SS4、SS6、SS8韶相控机车达到系列化、标准化、简统化。同时，强化技术改造，加快工厂装备现代化进程。1994年完成铸造树脂砂造型工艺和构架现代化生产线的技术改造，为与国外合作生产高质量的机车创造了条件。

为鼓励成才的科技人员，厂制订了科技兴厂的10条政策。设立科技成就奖、新秀奖，对有贡献的科技人才实行每月发特殊津贴，并选拔年轻有为的人员到高校或国外培训。有的评聘内部技师、高级技师、工程师、高工等。在住房、奖金分配等方面向科技人员倾斜，大大调动了科技人员的积极性与创造力。

丁爱国任厂长4年多，工厂已逐步发展成为产品有竞争力，技术有开发力，资产有增殖力，班子有团结进取力，职工有凝聚力的充满生机与活力的企业。1994年销售实现95682万元，利润实现5026万元，分别比1990年增长172.7%和81.8%。职工收入增加两倍多，建住房46000平米，为1990年的4倍多。工厂连续3年被评为湖南省双文明建设红旗单位与模范单位。丁爱国本人也先后获全国铁路优秀知识分子、国家有突出贡献的中青年专家、湖南省劳动模范等荣誉称号。

【丁善德·音乐家·在上海逝世】　中国音乐家协会副主席、上海音乐家协会名誉主席、作曲家、钢琴家、音乐理论家和教育家丁善德，因急性心力衰竭，抢救无效，1995年12月8日在上海华东医院病逝，终年84岁。

丁善德，1911年11月12日生于江苏昆山。少年在家乡读书时，广泛接触民间音乐，自学了二胡、笛子、三弦、琵琶和风琴等。1928年秋考入上海国立音乐院（后更名为国立音乐专科学校），初随朱英学琵琶，后从俄籍钢琴教授查哈罗夫学钢琴，并从黄自学配器和作曲，1935年毕业。曾在上海、天津、北平举行钢琴独奏会，获得好评。同年秋，任天津河北女子师范学院音乐系教授。1937年回母校任教；同年与友人创办上海音乐馆，1941年改为私立上海音乐专科学校并任校长。1946年兼任南京国立音乐院教授。从1941年起，向德籍教师弗兰克尔学作曲。其间创作的钢琴组曲《春之旅》和《E大调钢琴奏鸣曲》，其娴熟的作曲技巧、新颖的和声等，都已显示出他的创作才华。1947年10月他赴法国入巴黎音乐学院学习，师从布朗热和奥涅格等。此时创作的《序曲三首》、《中国民歌主题变奏曲》、《新中国交响组曲》等，又显示了他细腻、凝练的创作风格。1949年9月回国，执教于上海音乐学院，任理论作曲系教授兼系主任，开设对位、赋格、配器、曲式与作曲等课程，编写出《单对位法》、《复对位法》、《赋格写作技术》等教材。他从事教学工作后，培养出了不少钢琴、作曲人才。此阶段写有大合唱《黄浦江颂》、钢琴曲《新疆舞曲》(第1、2号)、《长征交响乐》、《交响序曲》及一批艺术歌曲和民歌改编曲等，并为儿童影片《小梅的梦》、动画片《神笔》、《夸口的青蛙》等作曲。

丁善德曾多次出国访问，担任国际音乐比赛评委、参加国际音乐学术会议。他还是上海市对外友协副会长、上海音乐学院前副院长、上海音乐学院现代音乐学会名誉会长、上海音乐学院教授、博士研究生导师。在半个多世纪的音乐艺术实践中，他对中国音乐事业作出了重大贡献。

【卜卫进·浙江十佳杰出青年·被聘为日本新闻社客座研究员】　浙江省第四届十佳青年、34岁的金华市光大信用合作社主任卜卫进，1995年4月率领中国浙江青年企业家代表团赴日本考察。他向日本新闻界介绍了金华市经济发展情况和光大信用社迅速崛起的经验，受到日本经济界和新闻界人士高度评价。日本新闻社特聘他为客座研究员。

卜卫进，浙江金华市人，1961年生。17岁时，到金华县东湖信用社工作。他勤奋好学，业余时间钻研《资本论》、《政治经济学》，上职工培训班，业务上很快成了一名好手，1984年就当上了信用社主任。为了使信用社更好地帮助当地农村经济发展，他走村串巷，深入农户进行调查，发现当地环境似天然牧场，应当以发展奶牛为龙头，促进生产的发展。于是，组织100万元贷款，直接放贷给奶牛专业户，大大促进了奶牛业的发展，存栏奶牛数从600头猛增到2000头。奶牛的发展，带动了全乡经济的快速发展：1989年到1991年全乡工业产值达到2800万元，利润达350万元。信用社也迅速扩大了，到1991年底，各项存款金额已达1472万元。

1992年秋冬之际，卜卫进任城郊乡信用社主任时，正值全省农村撤区并乡的管理体制改革，卜卫进提出了一个大胆的设想：借鉴股份制的经验，试办股份制信用合作社。他的建议得到省农行领导的批准，组建了“光大信用合作社”。到1993年4月，即新信用社组建4个多月，资产总额就达1.31亿元。卜卫进还不断拓宽业务范围，在金融和产业资本合法结合上，作大胆尝试。1994年初，几个企业急需资金，卜卫进急企业之所急，及时从义乌小商品市场调来资金几千万元，解决了那几个企业的燃眉之急。1994年底，年轻的“光大信用合作社”，全年融资12.46亿元；发放各种贷款3.9亿元，业务收入7331万元，利税达509.64万元。

卜卫进以他突出的成就，被评为浙江省第四届十佳青年，浙江师范大学经济系聘他为专业教授。

【于蓝(女)·电影表演艺术家·获中国电影世纪奖】　1995年12月28日，在北京举行的中国电影世纪奖颁奖典礼上，电影表演艺术家于蓝获中国电影世纪奖。这项评奖是为纪念世界电影诞生100周年暨中国电影诞生90周年，由广电部电影事业管理局、中国电影家协会、中国电影出版社和中共北京市委宣传部联合主办的。

于蓝，1921年6月出生于辽宁省岫岩县。1938年10月到延安抗日军政大学学习，在校期间主演了《还我的孩子》、《火》、《一二·九》等话剧。1940年调入鲁艺实验剧团当演员，主演话剧《佃户》、秧歌剧《周子山》等。抗战胜利后，到东北工作团文艺一团，演出活报剧《东北人民大翻身》、秧歌剧《血泪仇》等。1946年调入东北电影制片厂。1949年第一次在电影《白衣战士》中饰演女主角医疗队长庄毅。1950年在《翠岗红旗》中饰演女主角红军家属向五儿。1953年转入北京电影制片厂，在电影《龙须沟》中饰演善良泼辣的程娘子。1955年进入中央戏剧学院表演干部训练班深造。1959年在《林家铺子》里饰演张寡妇，1960年在《革命家庭》里饰演革命的母亲周莲，1965年在《烈火中永生》里饰演女主角革命烈士江姐。《革命家庭》是于蓝电影表演艺术的代表作。她以精湛的演技成功地塑造了一位由普通家庭主妇成长为坚定革命者的女性周莲。她紧紧抓住人物成长的纵向脉络，有发展、有层次、有分寸、自然真实地展现了人物与革命事业的关系；形象丰富立体，有血有肉。该片参加1961年莫斯科国际电影节，于蓝获最佳女演员奖。在《烈火中永生》中，她成功地塑造了女革命家江雪琴的英雄形象。周莲和江姐这两个角色的扮演成功，标志着她的演技已达到精湛娴熟地步。十年动乱后，她改任导演，先后执导了《萨里玛柯》和《陈毅出山》两部影片。于蓝不仅是电影艺术家，同时还是电影事业家，从1981年起任中国儿童电影制片厂厂长，积极组织拍摄了一批在国内外取得优异成绩的儿童片，现在她虽然从厂长的位置退了下来，但还担任厂艺术指导，关心着儿童片的创作。从1985年起，于蓝一直担任中国儿童少年电影学会会长，并担任中华爱子影视教育促进会副会长。

【于天仁·土壤化学家·当选为中国科

学院院士】　1995 年 11 月 6 日，中国科学院公布了新当选的院士名单，中国科学院南京土壤研究所研究员于天仁，当选为中国科学院生物学部院士。

于天仁，山东省郓城县人。1920 年生，历任中央地质调查所技佐，中国科学院地质研究所助理研究员，中国科学院南京土壤研究所助理研究员、副研究员，土壤电化学研究室主任、研究员等职。

于天仁是土壤电化学的学科带头人，发展了土壤电分析化学。系统地阐明了水稻土的以氧化还原过程为中心的物理化学性质。应用独有的方法，区分了有机还原性物质的电化学特征，揭示了这些物质与无机氧化还原体系之间的反应规律，氧的消长平衡、铁离子和锰离子的形态及各种形态间的物理化学平衡以及各种形态的硫化物之间的物理化学平衡规律。这些成果使对氧化还原条件的鉴别从定性的阶段发展到定量的阶段，并阐明了其数量因素与强度因素之间的关系。揭示了可变电荷土壤的电化学性质。丰富或修正了主要来源于对恒电荷土壤的研究的一些理论，为综合两类土壤的特点而成的较全面的土壤化学提供了重要条件。建立了以土壤中的带电粒子间的相互作用及其化学表现为中心的土壤电化学。根据系统的研究结果，开创性地提出了以土壤中的带电粒子(胶体电荷、离子、质子、电子)间的相互作用及其化学表现为中心的土壤电化学研究体系，使之成为一个独立的学科分支。共发表 10 部中文专著、3 部英文专著、130 篇中文论文、50 篇英文论文，在国内外产生了广泛的影响，为提高我国土壤学的国际地位起了重要作用。曾获国家自然科学奖二、三等奖及中国科学院自然科学奖一等奖等十余项奖励。

【于世春·大连造船厂厂长·获第二届中国军转民优秀企业家金奖】　“面向世界、面向未来，加速推进企业技术进步”，这是大连造船厂厂长、高级工程师于世春科学兴厂的战略思想。任职 3 年来，他狠抓技术改造，使工厂连年创工业总产值、工业商品产值、全员劳动生产率、经济效益和职工收入历史最好水平，工厂荣获全国大中型企业技术开发实力百强企业、中国明星企业、全国船舶总公司质量效益企业等称号。1995 年 12 月 20 日，于世春荣获第二届中国军转民优秀企业家金奖。

于世春 1993 年出任大连造船厂厂长以后，便提出“走内涵发展道路”，不断加大技术改造的投资，1993 年完成技术改造投资 7483 万元，1995 年增加到 9520 万元，进行设备更新，调整工艺流程，扩大场地，增加计算机工作站，从硬件到软件增加企业后劲，提高生产能力一倍，开发新产品 46000 吨。

于世春非常重视提高产品质量，他视产品质量为企业的生命线和竞争的首要条件。他亲自主持《产品质量法》的教育，强化质量保证体系的运转，产品质量逐年提高。他们建造出口到印尼的 35500 吨油轮的产品质量、性能都达到当代世界先进水平，受到船东高度评价。

于世春有胆有识，大刀阔斧拓展市场良好形势。他和厂领导班子成员一道，提出以“造船为主体、修船、非船为两翼，大搞第三产业”发展的基本框架。并按照“稳定东南亚，扩大西北欧，开发北美洲”的思路，积极开拓国际船舶市场。他还重视非船市场的开发，几年来，工厂先后生产制造了球罐、加氢装置、201 转炉、船用和民用锅炉、钢结构、爆炸加工、船用工具一大批非船产品，逐步形成了适合工厂特点，包括房地产、饮食、商业、宾馆、物资经销、运输、海运、易货贸易、机电设备维修、托幼服务、医疗服务和旅游服务及技术、管理咨询服务在内的第三产业多元化发展的新格局。

于世春，1943 年 6 月 15 日生，辽宁省复县人，1967 年毕业于大连工学院船体专业，1968 年进入大连造船厂工作，1973 年加入中国共产党。历任工人、技术员、车间副主任、主任、造船科长、造船分厂厂长、生产办公室主任，大连造船厂副厂长、厂长。曾多次荣获市、省、部级科技进步一、二、三等奖，大连市和辽宁省优秀企业家和劳动模范称号。

【于永来·一汽铸造厂灰清车间主任·被授予全国劳动模范称号】　长春第一汽车集团公司铸造厂灰清车间主任于永来，任车间主任 8 年来，亲手设计和组织实施各种技术改造项目 450 多项，创经济效益 1100 多万元，人们称他为新一代革新能手。1995 年 4 月 29 日，国务院授予他全国劳动模范称号。

于永来，吉林人，1948 年出生，初中毕业后于 1966 年进长春第一汽车厂，分配到灰清车间。这个车间是全厂最脏、活也最累的车间。在这里，无论春夏秋冬光着膀子都是汗流浃背，一个班下来，即使戴上两层口罩，鼻孔还是钻满了灰尘，腰酸背痛那是自然的了。于永来决心与困难作斗争，改变工作环境。1969 年他开始琢磨起了第一项革新。面对工人一锹锹撮热砂的笨重劳动，他想，工位下层就是回砂皮带，为什么不能让热砂直接落到回砂皮带上去?他一次又一次试验，焊制成了一个下砂斗，沿用了12年的旧工艺被改造了，工人们告别了弯腰曲背的笨重劳作。

于永来深知仅凭自己上9年学的那点文化来搞技术革新，差得太远。要提高档次，不学文化，不懂科学是不行的。1973年，他参加了厂办业余中专学习；1975年，他作为优秀青工的代表，被工厂保送到吉林工业大学铸造专业学习；1978年毕业后，被分配到铸造厂技术发展科非标设计组工作。1978年，工厂派他回灰清车间担任车间主任兼党支部书记。阔别12年，他看到车间生产设备和工作环境变化都不大，噪声、粉尘、高温和繁重劳动还在折磨着工人。他暗暗给自己提出一个要求：把工人从繁重的劳动和恶劣的环境中解放出来。他看到铸件防锈液原来都是用汽车运到现场。然后用人工往各个工位上倒，就设计和组织安装了远程输液泵，用主液站、输液管道和输液泵把防锈液随时随地送到每个工位。他看到工人们戴着三层大口罩，手工磨发动机缸体，又累又脏，就把它改为机械多面磨床，省人省力又保证了质量。他看到工人们在清理缸盖内腔杂物时，每天都要不停地挥动18磅大锤，劳动强度大。他经过先后4次改进，制造成功了一台封闭式震砂机，既减轻了工人的强体力劳动，又提高了工效，降低了厂房内的噪音。8年时间，连续实现革新450多项。如今灰清车间再也不是黑砂遍地，烟尘弥漫，暗淡无光的原始作业现场，而是工位器具规格化，生产工具标准化，大件清理磨床化，道路四通八达，叉车运行自如，现场视野宽阔，物流合理通畅的现代化生产车间。1994年，灰清车间被一汽集团公司首批命名为“精益生产车间”，于永来被公司党委命名为“痴心求变搞精益的模范共产党员”，还先后被评为吉林省及长春市特等劳动模范、全国机械系统劳动模范。

【于幼军、张汉青·主持编写《新三字经》出版后引起轰动社会效应】 由中共广东省委宣传部组织策划，于幼军、张汉青、蓝红、许任之、黄天骥主持编写的《新三字经》，1995年2月10日由广东教育出版社出版。发行仅一个月，订单数即超过2000万册。目前，已在海内外(包括港澳地区和东南亚、北美、欧洲等地)发行3500多万册，成为1995年全国最畅销的一本书。

编写《新三字经》的构思始于1993年。当时，广东省委宣传部，在总结改革开放和市场经济条件下加强宣传思想工作和精神文明建设经验的基础上，提出借用古代儿童启蒙读物《三字经》的形式，编写新的思想道德启蒙读物《新三字经》，得到了广东省委的肯定和支持。在省委常委、宣传部长于幼军主持下，省委宣传部于1994年初组织思想界、教育界有关领导、专家、学者和实际工作者，成立了《新三字经》编写委员会，制定了编写出版方案，由于幼军和省人大常委会副主任张汉青任编委会主任，全面主持编写出版工作；由省委宣传部副部长蓝红、省教育厅厅长许任之、中山大学教授黄天骥任副主任，组成了阵容强大的编写队伍。编写过程中，先后分别召开中小学教育工作者、中小学生、各界专家学者的座谈会，征求意见，反复修改，十易其稿。经文1200余字，编写达一年之久，如此精雕细刻，人们称其为“字字千金”。全文分七个部分：第一部分，强调环境、社会影响和教育对人成长的重要性；第二部分，着眼于教育青少年如何正确对待父母长辈、兄弟姊妹，形成良好的家庭伦理观念；第三部分，引导青少年做到德、智、体、美、劳全面发展；第四部分，讲述青少年逐渐成长进入社会应恪守的社会公德规范；第五部分，介绍我国历史上的伟大人物，激发青少年的爱国主义情感；第六部分，介绍我国悠久的历史文化传统；第七部分，描绘我国的名山大川、人文地理、民族概况和海外同胞，勉励青少年为振兴中华而努力奋斗。

由南宋王应麟编写的《三字经》，作为中国古代儿童启蒙读物代表作，相沿至今700余年，对中华民族心理、性格和精神的塑造起过很大作用，其影响既深且广。篇幅虽小，却包罗了中国古代天文、地理、历史、动植物学、六艺、社会、经典等等学科知识，被人称为“袖里通鉴”。《新三字经》吸取了旧《三字经》的长处。同时，以辩证唯物主义和历史唯物主义为指导，剔除了旧《三字经》包含的宣传封建纲常等糟粕，有重点地弘扬传统美德，又大量注入体现爱国主义、集体主义、社会主义思想的新内容，成功地把思想性、教育性寓于知识性、趣味性之中，因而深受读者欢迎。1995年被人民教育出版社选入六年级小学语文教科书附录，并被中宣部评为“五个一工程”入选作品，获第九届中国图书奖。同年7月，香港联合出版集团在香港出版了《新三字经》的海外华文版，在港澳地区和东南亚、加、美等地华人社会发行。

于幼军，江苏人，1953年1月28日生。1971年9月中学毕业后在广州市109中学任教，后任广州市越秀区教育局干事，广州市委宣传部干事，广州市社会科学研究所研究室副主任、副所长，广州市委宣传部副部长，广州市东山区委书记、天河区委书记，广州市委常委兼广州经济技术开发区、保税区管委会主任、党委书记，广东省委常委、宣传部部长。

张汉青，广东揭西人，1931 年 11 月生。1950 年 3 月参加中国共产党。1949 年 8 月参加工作，历任小学、中学教师，揭阳县学联主席，潮汕地区学联副主席，中共中央华南分局宣传部干事，中共广东省委宣传部干事，省委《上游》杂志编辑，省委政策研究室研究员，中共中央华南局办公厅、中央办公厅秘书，《南方日报》社常务副书记、副总编辑，广东省委副秘书长、政策研究室主任、办公厅主任，广州市委副书记、市委党校校长，广州市政协主席，广东省人大常委会副主任兼秘书长。

蓝红，广东南雄人，1939 年 10 月生。1960 年参加中国共产党。自 1964 年 8 月参加工作至今，一直在中共广东省委宣传部工作，历任干事、副处长、处长、研究室主任、广东省精神文明建设委员会办公室主任，广东省委宣传部副部长、机关党委书记。

许任之，广东人，1936 年 8 月生。1959 年中山大学中文系毕业，历任教师、地市教育局局长，中共茂名市委常委、秘书长，广东省教育厅副厅长、厅长。

黄天骥，广东新会人，1935 年 11 月生。1958 年参加中国共产党。1956 年中山大学中文系毕业后留校工作至今，历任助教、讲师、副教授、教授，中文系主任兼中山大学研究生院常务副院长、博士生导师。1985 年被评为广东省劳动模范。

【于光远·马克思主义理论家·80 岁诞辰、从事理论工作 60 周年】 1995 年，是我国著名马克思主义理论家、原中国社会科学院副院长、国家科委副主任、原中共中央顾问委员会委员于光远 80 岁诞辰，也是这位理论战线上不知疲倦的探索者与开拓者从事理论工作 60 周年。

于光远，1915 年 7 月 5 日生于上海市。1935 年在清华大学读书时参加“一二九”运动。1936 年毕业于清华大学物理系。1937 年参加中国共产党。1939 年到延安，从事党的青年工作并在干部学校讲授马克思主义理论。1948 年到 1975 年，他在中共中央宣传部工作了 27 年，先后担任过政治教育处、理论教育处、理论宣传处和科学处的副处长、处长，并兼任《学习》杂志主编。在此期间，他写过大量理论宣传文章，编过多本理论和政治教材、读物，这些著作在干部群众和青年学生中产生过广泛的影响。

十年动乱时期，他被剥夺了工作权利。在干校劳动的空隙中，仍抓紧机会研究理论，深入思考和总结历史与现实生活中的许多重要问题。1975 年到 1976 年，他是邓小平亲自领导的国务院政治研究室负责人之一，还受命组建国家计委经济研究所并兼任所长。粉碎“四人帮”之后，他以极大的热情投入批判“四人帮”的反动谬论，在肃清“左”的流毒的拨乱反正斗争中，做了大量组织发动和思想引导工作，对恢复和重新建立被严重破坏的理论队伍起了重要作用。1977 年，他被任命为中国社会科学院副院长和国家科委副主任。他倡议建立技术经济研究所和马列主义毛泽东思想研究所，并兼任第一任所长。为了适应社会主义建设事业的发展，他倡导建立了许多新的学科，拓宽了一些原有的学科。他不仅注重深入实际调查研究，还用很大精力发动群众，组织各种学会、协会、研究会，创办多种报纸、刊物、出版社和书店等，为新时期的社会科学研究开拓新的途经与新的领域。

1978 年，他首先向中共中央反映，批判“唯生产力论”给我国经济造成严重后果。他指出唯生产力论是马克思主义唯物主义的一个主要论点，用任何形式批判都不对。80 年代初，他指出，以“一大二公”为标准来评价社会主义所有制形式及其结构，是我们在经济建设上屡犯错误的重要根源。他设想，市场经济和计划是可以统一的，社会主义的市场经济可以成为有计划发展的主体。1985 年，他提出了“社会主义市场经济主体论”，撰写了有关论文，并于 1992 年出版了《社会主义市场经济主体论》一书。1981 年，他首先提出要研究经济社会发展战略问题。他撰写了多本著作，对全国和地区、部门的发展战略进行了全面系统研究，提出了确定经济社会发展目标的根本指导思想等一系列重要问题，强调应把富民作为制定发展战略的出发点和归宿。

他对我国的体制改革问题十分关注，深入研究改革理论，总结旧体制的弊端，探索建立新体制的途径，高度评价并积极支持改革的实践。

他不仅坚持马克思主义，而且强调必须发展马克思主义。1983 年，他在纪念马克思逝世 100 周年集会上发表的讲演中提出：马克思主义的科学社会主义应分为上下两篇，上篇是作为社会主义革命的科学，下篇则是作为社会主义建设的科学。中国的马克思主义者应把重点放在发展作为社会主义建设的科学的马克思主义上。

他一贯坚持并积极宣传“百花齐放、百家争鸣”的方针。为了研究和总结多年来贯彻实行“双百”方针的经验教训，1983 年，他倡议将 1956 年 8 月在青岛召开的遗传学座谈会的有关资料编辑成书，名为《百家争鸣——发展科学的必由之路》。青岛座谈会是“双百”方针提出后第一次也是少有的一次成功的座谈会，被学术界誉为贯彻百家争鸣方针的典范。

他的研究领域非常广阔。他不仅研究理论经济学，还研究部门经济学、专业经济学以及各种交叉学科与边缘学科。早在30年代他就开始研究自然辩证法。新中国成立以后，在他的推动下，中国科学院哲学研究所成立了自然辩证法研究组，他兼任组长。他倡办的哲学刊物《自然辩证法研究通讯》和《方法》，都有着鲜明的特色。他对教育学非常重视，在教育思想、教育体制、教育的特征、教学方法等一系列问题上都有重要的论述和独到的见解。此外，在政治学、科学社会主义、社会学、心理学以及图书馆学等方面，都发表过许多论文，提出了不少有价值的思想。

他发表的文章约有4000多篇，3000多万字；出版了48本专著和论文集，约1000多万字。其中绝大多数著作是70年代以后写的。他的主要代表作有《政治经济学社会主义部分探索》(1～5卷)、《论我国的经济体制改革》、《社会主义初级阶段及其经济》、《社会主义市场经济主体论》、《经济社会发展战略》、《地区发展战略》、《论社会科学研究》、《我的教育思想》、《思考与实践》、《运用现代科学的“穷办法”》、《八十年代初一场科学与伪科学的斗争》、《碎思录》等。

【万里·《万里文选》出版发行】 1995年10月，《万里文选》由人民出版社出版，在全国发行。

这部文选，是根据中共中央的决定，在中共中央文献编辑委员会指导下，由全国人大常委会办公厅编辑、中央文献研究室审核和校阅的。全书收入万里自1944年12月至1994年10月间的重要文章、讲话、谈话共115篇，40余万字，其中主要是中共十一届三中全会以来的论著，大部分文稿是第一次公开发表。这些著作反映了作者在长达半个世纪的革命生涯中，特别是在新的历史时期的改革开放和社会主义现代化建设过程中，坚持实事求是的思想路线和群众路线，坚决贯彻执行改革开放的方针，运用马克思主义的立场、观点和方法，不断地研究新情况、总结新经验、解决新问题的精神和风格。文选对实践中出现的关于农村改革与发展，关于国有大中型企业与经济体制改革，关于民主与法制建设，关于城市建设与环境保护，关于铁路与交通运输改革等方面的新问题，提出了重要意见和具有创见性的理论观点。

万里，生于1916年，山东省东平县人。1936年加入中国共产党。在东平从事党的地下工作，任中共东平县委书记。抗日战争爆发后，任中共东平县委书记，泰西地委宣传部长、组织部长，鲁西区党委宣传部副部长、地委副书记等职。1941年后，任冀鲁豫区党委第二、第七地委书记。1944年冬任冀鲁豫区党委第八地委书记兼八路军冀鲁豫军区第八军分区政委。参加了创建冀鲁豫抗日根据地的斗争。1947年后，任冀鲁豫区党委秘书长。1949年4月南京解放后，任南京市军管会财委会副主任、经济部部长、建设局局长。中华人民共和国成立后，历任西南军政委员会工业部副部长、部长，国务院建筑工程部副部长，城市建设部部长。1958年任中共北京市委书记处书记、北京市副市长等职。1973年后，任中共北京市委书记、市革委会副主任。1975年后，任铁道部部长，轻工业部第一副部长。1977年任中共安徽省委第一书记、省革委会主任、省军区第一政委。同年在中共第十一次全国代表大会上当选为中央委员。1980年2月在中共十一届五中全会上被选为中共中央书记处书记，同年4月任国务院副总理。9月在中共十二届一中全会上当选为中央政治局委员、中央书记处书记。1987年10月在十三届一中全会上继续当选中央政治局委员。1988年4月当选第七届全国人大常委会委员长。1993年3月卸职。

【万隆·双汇集团董事长兼总经理·把多年亏损小厂办成国家大型一类企业】 以生产“双汇”火腿肠闻名全国的“双汇”集团，10年前是一个累计亏损584万元、资不抵债的小厂——漯河肉联厂，在职工民主选举的厂长万隆的领导下，经过艰难拼搏，如今已发展成为年产值18亿元、利税1.5亿元的国家大型一类企业。1995年5月29日《市场报》报道了万隆的事迹。

万隆，河南漯河市人，1940年9月生。1960年参加人民解放军，1967年加入中国共产党，1968年转业到漯河肉联厂工作，1974～1976年入河南大学进修企业管理专业，历任厂办公室主任、副厂长，1984年在企业面临困境中被选为厂长。为了改革与救治企业，经过反复考察、论证，他采取三项改革措施：第一、改革企业的销售制，对业务人员实行以销定奖、定工资的办法，短短几个月，库存几千吨冷冻白条肉销售一空。第二、改变干部的终身制，大胆起用优秀年轻干部，使企业领导层焕发了生机。第三、改变生猪全靠计划调拨的旧管理体制，变计划调拨为议价收购。万隆顶住压力，以每斤生猪收购价高于国家2分钱的定价，直接向附近农民议价收购。结果周围十几个县的农民纷纷送猪求购，企业生产扩大了，产值、效益大幅度上升。

企业改革刚走向正轨，1991年前苏联解体，占出口总量80%的市场亦不复存在，企业又一次被推到十字路口。怎样度过难关？万隆决定开发火腿肠新产品。这时，国内已有几十个生产火腿肠厂家，他抱定一个信念：要干就干它个全国第一流！他用积攒多年的1600万元家底购置先进的火腿肠生产线。1992年2月，当利用德、美、日本、瑞士等国的先进设备生产出第一批“双汇”火腿肠后，不到半年，行销全国。万隆为火腿肠商标取名“双汇”，其蕴意为“汇集世界高科技，汇集世界新工艺”，创造中国乃至世界第一流名牌产品。1993年底“双汇”荣获全国火腿肠质量检测评比第一名，实现产值8.6亿元，完成利税7000余万元。

万隆创名牌产品后，又施展“内联外引”战略。内联方面，1994年10月兼并了同是国家二级企业的漯河罐头食品厂，组建双汇集团。外引方面，除从德、美、日本、瑞士引进60条电脑控制、自动化程度很高的火腿肠生产线外，又与台商合资250万美元组建了漯宝食品有限公司；和香港华懋集团组建了合资金额达2.54亿元的中国食品行业第一个最大合资企业华懋双汇集团有限公司。此后，双汇集团与世界最大的调味公司——台湾味金公司合资成立了生产方便面的汇全食品有限公司。与台湾、加拿大的商人合资引进四条PVDC生产线，添补了国内PVDC生产空白。

万隆对他上任10余年的经营思想进行总结，提出企业集团化、产品名牌化、管理科学化、技术现代化、行业多元化、经营国际化的“六化”经营方针，成为双汇集团致胜的法宝。

【万古蟾·动画电影艺术家·在上海逝世】　中国动画电影开拓者之一、上海美术电影制片厂一级导演万古蟾，1995年11月19日在上海逝世，终年96岁。

万古蟾，1899年1月生于南京。1920年入上海美术专科学校学习，毕业后留校任教。1925年担任商务印书馆活动影戏部美术设计。1926年进入长城画片公司担任美术师。1931年转入联华影业公司及明星影片公司。1937年进入中国电影制片厂卡通室。1956年从香港回国进入上海美术电影制片厂任导演。1925年万古蟾兄弟一起绘制了我国第一部动画广告片《舒振东华文打字机》，1926年创作了我国第一部无声动画片《大闹画室》，1935年又共同创作了我国第一部有声动画片《骆驼献舞》。1940年他与万籁鸣共同创作了我国第一部长动画片《铁扇公主》，成为东方最早的有声动画片，同时该片标志着万氏兄弟在动画片编导、摄制技巧上达到了臻于完美的高度，是万氏艺术风格形成的代表作。抗战时期，万古蟾还先后参加了宣传抗战救国的《同胞速醒》、《民族痛史》、《抗战歌辑》等动画短片的创作。1956年，他倡导并参予美术片新品种——剪纸片的研制，将民间艺术融于电影手段之中，使我国美术电影在民族化道路上又跨进了一步。他还导演了《猪八戒吃西瓜》、《渔童》、《济公斗蟋蟀》、《龟猴分树》、《人参娃娃》、《金色的海螺》等一批深受国内外观众喜爱的剪纸美术片。其中《渔童》获第二次全国少年儿童文艺创作二等奖；《人参娃娃》获莱比锡第四届国际短片和纪录片电影节荣誉奖和埃及第一届亚历山大国际电影节最佳儿童片奖；《金色的海螺》获印尼第三届亚非国际电影节卢蒙巴奖。

万古蟾曾担任中国动画学会顾问、上海美术家协会粉画学会顾问、上海美术电影制片厂顾问等。

【上官云珠（女）·已故电影表演艺术家·获中国电影世纪奖】　1995年12月28日，在北京举行的中国电影世纪奖颁奖典礼上，已故优秀电影表演艺术家上官云珠，荣获中国电影世纪奖；她主演的《一江春水向东流》、《早春二月》两部影片获得“中国电影九十年优秀影片奖”荣誉。这项评奖是为纪念世界电影诞生100百周年暨中国电影诞生90周年，由广电部电影事业管理局、中国电影家协会、中国电影出版社和中共北京市委宣传部联合主办的。

上官云珠，原名韦均荦，1920年生于江苏江阴。1940年考入上海华光戏剧学校，参加了话剧《米》和《人之初》的演出。1941年她参加上海天风剧社，演出了话剧《雷雨》、《女子公寓》、《清宫怨》和沪剧《上海屋檐下》等。1940年开始进入电影界，在艺华影业公司拍摄了《玫瑰飘零》、《黑衣盗》、《花月良宵》、《泪洒相思地》等影片，开始在影坛崭露头角。太平洋战争爆发后，上官云珠退出沦为汉奸影业的上海影坛，先后在中国旅行团、上海影人剧团、南艺剧团演出《恋爱与阴谋》、《日出》、《北京人》、《七重天》、《大马戏团》等话剧。抗战胜利后，她加入上海剧艺社，演出《孔雀胆》等话剧，并参加进步电影工作者编导的《天堂春梦》、《太太万岁》、《群魔》等影片的拍摄。1947年进入昆仑影业公司，在《一江春水向东流》、《万家灯火》、《丽人行》、《希望在人间》、《乌鸦与麻雀》等影片里饰演女主角或重要角色。在这一时期的影片中，上官云珠的演技日臻成熟，塑造了一系列性格各异，形象鲜明的人物形象。她以自然流畅、热情奔放，优美隽永的表演风格，受到人们的赞誉。她在《一江春水向东流》中饰演的交际花何文艳、《万家灯火》中饰演的小职员妻子又兰、《希望在人间》中饰演的教授夫人陶静寰、《丽人行》中饰演的纱厂女工金妹、《乌鸦与麻雀》中饰演的胆小怯弱的华太太，各具特色，颇为成功。这几部影片成为中国电影史上璀璨的艺术明珠，受到国内外广泛的好评，新中国成立后，上官云珠参加了《太平春》、《纺花曲》、《劳动花开》、《南岛风云》等影片的拍摄。之后，她拍摄了《香飘万里》、《今天我休息》、《万紫千红总是春》、《枯木逢春》、《早春二月》、《舞台姐妹》、《血碑》等影片。在《早春二月》中，上官云珠饰演大革命中牺牲了丈夫的文嫂，虽然文嫂的戏不多，但她凄苦的命运被上官云珠刻画得让人难以忘怀。《舞台姐妹》是上官云珠最后一部作品，她在影片中成功地饰演了一位留华已逝而备受艺坛冷落的越剧演员商水花。这两部影片成为中国电影史上的精典之作。“文革”中上官云珠受到非人的虐待，于1968年11月22日含冤离开人世。

【马军·云南省律师事务所主任·被评为全国十佳律师】　1995年12月26日，荣获第一届全国十佳律师称号的云南省律师事务所主任马军，在人民大会堂领取了奖牌和证书。第一届全国十佳律师评选活动是由司法部组织的。

马军从事律师工作12年来，执著地追求事业，刻苦钻研本职业务知识，曾多次承办云南省有重大影响的案件。他承办的4名律师案等30余件无罪案件，在云南引起了很大的震动。他办理经济案件、涉外案件600余件，为企事业单位和个人挽回经济损失超过亿元。他坚持社会效益和经济效益并重的原则，讲究道德，廉洁自律，敬业勤业，遵纪守法。12年来，为体育界、教育界、希望工程等捐款数百万元。他思想解放，敢于改革，具有强烈的正义感，靠自己的拼搏和业绩，赢得了社会各界的信赖和赞誉。他所创办的云南律师事务所，以优质高效的服务，讲信誉，重质量，名列云南榜首。

马军，1951年12月出生，回族，大学文化，中国共产党党员。1980年从北京大学毕业后到云南省司法厅工作，1980年和1982年，两次参加律师专业培训，于1982年取得律师资格。1983年任省司法厅律师管理处副处长，1984年被选举为省律师协会副秘书长。他还任中国律师协会常务理事。

【马万祺·全国政协副主席·《马万祺诗词选（二集）》出版发行】　全国政协副主席、澳门中华总商会会长马万祺所著《马万祺诗词选（二集）》出版发行。1995年1月11日，中国作家协会、中华文学基金会、人民文学出版社联合在人民大会堂举行了《马万祺诗词选（二集）》首发式。该书由邓小平题写书名。江泽民、李鹏、乔石、李瑞环等党和国家领导人为该书题词。马万祺在半个多世纪以来，一直热情关怀、支持和参加祖国的革命与建设事业，以诗词抒发情怀，关注五洲风云，遨游祖国河山，牵挂灾民冷暖，歌颂特区新貌。

马万祺，1919年10月生，广东南海人。大学文化，获澳门东亚大学工商管理荣誉博士学位。现任澳门特别行政区基本法起草委员会副主任委员，澳门中华总商会会长，澳门大华行总经理。

1938年广州沦陷，马万祺避居香港，成立泰生行永裕昌出任经理。1941年香港失陷后移居澳门。先后任澳门大华行、新中行、中国国货公司、中国土特产公司、大生建筑置业公司、华丰建筑置业公司董事长，澳门水泥厂股东大会主席。1979年后，任澳门政府立法委员会委员，澳门中华总商会会长，镜湖医院代主席，澳门东亚大学校董会主席，全国工商联常委。他是第五届全国政协委员，第六全国政协常委，第六、七届全国人大常委，第八届全国政协副主席。

【马少童·京剧演员·所绘巨幅京剧脸谱图《百神聚寿》被誉为中华之最】　1995年春秋两季，潍坊国际风筝节和大连国际服装节分别推出《马少童京剧脸谱书画展》，国家一级演员、麒派老生马少童独具特色的京剧脸谱艺术受到海内外人士的关注。他绘制的高5米、宽2.24米的巨幅京剧脸谱图《百神聚寿》被誉为中华之最。

马少童，1935年生于威海市。幼年学戏，14岁登台演出，16岁拜王韵童为师，学演文武老生、黑红二净后被刘奎童先生收为关门弟子，专攻麒派。擅演《追韩信》、《徐策跑城》、《战潼台》、《斩经堂》、《六国封相》等麒派代表剧目，在上海、天津、山东、江苏及东北地区颇有名声。被称为“麒门狂生”。

马少童多才多艺，在剧目编导、理论研究、史料探讨等方面也颇多建树。特别是对于京剧脸谱的勾绘有着独到的见解，并取得令人瞩目的成就。从50年代起，他陆续搜集到金少山、侯喜瑞、郝寿臣、裘盛戎、袁世海等各个时期、各个流派和各位名家的脸谱图

2800余幅，并对这些脸谱的勾画绘制、着色造型等特点进行对照比较、分析研究，终于在继承传统的化妆勾绘的基础上，吸收绘画的写意、工笔画法，借鉴油画、雕塑的艺术手段，创造出集书、画、戏为一体、融情、神、形为一身的脸谱绘画艺术。比如在勾绘破脸（碎脸）时采用泼墨法，在绘制清代英雄脸时运用油画法，对于神话戏曲人物则吸取了壁画的绘画技法，使得这些脸谱不仅保留了传统脸谱的魅力，还具有鲜明的绘画艺术特色。他绘制的《四星捧寿图》、《禧神图》将书法艺术和脸谱艺术有机的结合为一体；和善庄重的东西南北四星脸谱像众星捧月一样围绕着古朴修长的篆书“寿”字，突出了祝福人们福寿绵长的内容；笑意盈盈的和合二圣脸谱与呈圆形图案的“欢天喜地”篆书融为一体，缀于两角，既突出了和睦圆满的寓意，又生动地表现出和合二圣脸谱特征。他绘制的《钟馗驱邪图》、《太公五行图》，则把艺术化了的古钱币图案与脸谱进行有机的组合；红黑相间、脑门上燃烧着刚正火焰的钟馗脸谱及神情各异的五小鬼脸谱，突现在工笔画出的三枚不同形状的古钱币的衬底上，和谐统一，色彩和造型都富有强烈装饰性。他的《十二宿像图》和《十八罗汉图》则是在参照神话演义和宗教传说的基础上，加以创作绘制的。他的这些脸谱既继承了实用性极强的舞台型脸谱的优长，又创造出观赏性很强的艺术型脸谱的特色，给人以全新的感觉，引起海内外艺术家及书画商的兴趣和关注，并有多幅脸谱被日本、新加坡及台港艺术家和有关人士收藏。

【马生贵·广元市车管所所长·被追授全国公安系统一级英雄模范称号】　1995年6月26日，公安部发布命令，追授四川省广元市公安局交警支队车管所所长马生贵全国公安系统一级英雄模范称号。中共四川省委追授他优秀共产党员称号。8月17日，中共四川省委、省政府在成都隆重召开马生贵命名表彰大会。

马生贵，1936年7月21日出生，回族，四川省广元人，小学文化。1956年加入中国共产党。1954年参加工作，先后任四川省广元县养路段职工、绵阳地区车船管理处职工、剑阁县交通监理所所长、广元市交通监理处车管所所长。1987年参加公安工作，在广元市公安局交警支队任车管所所长。一级警督。马生贵参加工作37年来，始终保持了共产党员艰苦朴素，克己奉公，甘为公仆，无私奉献的优良传统。他长期负责对驾驶员的考试办证，车辆上户、转籍、改型、年审等工作，从不把手中的权力与个人的私利作交换。37年来，经他签发的驾驶证达3万余本，准予上户的机动车达2万余辆，他尽职尽责严格按规定办事，依法履行职责，从未利用工作之便收受他人任何礼品、礼金。他一心扑在工作上，兢兢业业，忘我工作。10年来，累计义务加班6000多小时。作为领导干部，他处处以身作则，率先垂范。1987年以来，他坚持随车主考达万余次，亲自带领民警主动上门办理车辆检审5000余辆次。马生贵几十年如一日，在车辆管理这一平凡而特殊的岗位上勤勤恳恳、兢兢业业，作出了非凡的业绩。车管所连年被评为市局的先进单位，他也年年被评为先进工作者，曾荣立个人三等功一次。1994年9月5日，因病逝世。

【马兰翠（女）·中共内邱县委书记·被授予优秀县（市）委书记称号】　1995年6月30日，全国百名优秀县（市）委书记表彰会在北京中南海怀仁堂召开。中共中央总书记江泽民出席会议并作了重要讲话。会上宣读了中共中央组织部对全国在县（市）委书记岗位上取得优异成绩的100名干部，授予优秀县（市）委书记称号的决定，马兰翠名列其中。

马兰翠，河北清河县人，1954年2月出生，1971年6月参加工作，1972年2月入党，大学文化。曾任公社团委书记、党委副书记，地区文化局副局长。1989年3月起任内邱县委常委、组织部长、副书记，1992年9月任现职。

内邱是革命老区，曾为解放事业作出过巨大贡献。而今老百姓却很穷。马兰翠当上县委书记后，主持制定了《关于集中精力加强全县经济建设的决定》，向全县人民宣告新一届县委班子的纲领——建设经济强县，提前实现小康。“既是造福于民，就要只争朝夕。”马兰翠这样讲也这样干。1993年底她抓水泥厂技改成功，立即将目光又瞄准投资3500万元、生产能力8万吨的县钢铁厂高炉建设。当县办龙头企业蓬勃发展时，她又在谋划利用“放、导、帮”的方针，推动乡镇企业和非公有制经济的发展。一环套一环，一波推一波。在马兰翠领导下，内邱1993年甩掉了贫困县的帽子，1994年农民人均纯收入由她上任时的449元增加到837元，国民生产总值、财政收入等主要经济指标实现翻番，整体工作跨入邢台市先进行列。

山区行路难是困扰内邱经济发展的一大羁绊。为修通建国40多年来一直未能铺上柏油路面的县城至深山白鹿角乡公路，促使山里山外物资畅流，马兰翠跑市进省争取资金，发动群众集资，带头捐款。开工后，她夹杂在劳动队伍中，满身土一脸汗。老区的百姓说，像当年的老八路和六几年的焦裕禄。通车时，那些从未出过山门的老人拉着马兰翠的手要下跪谢恩，她拦住老人说："我的任务才完成了一半，下一步是为村村修通小康路！"马兰翠运筹谋划，很快又修通了南北3条公路，使全县通油路的村庄由70个增加到120个，这一年成为鼓舞人心的内邱"'94交通建设年"。在修地面道路的同时，马兰翠心中又一"路景"已经铺开：建设城南商贸区，活跃全县的市场经济，彻底打开百姓闭锁狭隘的"山区意识"，让改革开放的时代之风吹遍内邱大地。到1994年10月，她的这条"路景"已初露端倪：由270栋楼房组成的3条商贸街鳞次栉比，城区由6平方公里扩展到9平方公里，商贸区的辐射力带给内邱以前所未有的活力。

【马志明·数学家·当选为中国科学院院士】　1995年11月6日，中国科学院公布了新当选的院士名单，中国科学院应用数学研究所研究员马志明，当选为中国科学院数学物理学部院士。

马志明，四川成都人。1948年生，1984年获中国科学院应用数学研究所数学博士学位，并留所进行科学研究至今，1991年晋升为研究员。

马志明主要从事概率论与随机分析方面的科学研究并取得多项重要成果。在狄氏型与马氏过程的对应关系方面的研究取得了突破性进展，取消了原框架中"正则"和"局部紧"的两大限制，创建了拟正则狄氏型与右连续马氏过程一一对应的新数学框架，圆满地解决了该领域内存在20年之久的难题。该新框架已被应用于无穷维随机分析、奇异位势理论、量子场论等多种领域，其应用领域还在扩大。其英文专著《非对称狄氏型引论》被称为"第二本联系狄氏型与马氏过程的主要著作"，被经常引用。此项重要成就曾获1992年德国Max－Plank研究奖，并于1994年应邀在4年一届的第22届国际数学家大会上作了学术报告。同时，在概率论与随机分析中的维纳空间的容度理论、奇异位势理论、费曼积分、薛定谔方程的概率解、随机线性泛函的积分表现、无处Radon光滑测度等方面也取得多项重要成果。已发表研究论文50余篇。曾获中国科学院自然科学奖一等奖、国家自然科学奖二等奖、陈省身数学奖等多种奖励。

【马来福·高唐县人民法院院长·被授予全国法院模范称号】　1995年4月18日，最高人民法院授予山东省高唐县人民法院院长马来福全国法院模范称号。

马来福，1938年9月出生于山东省高唐县，中专文化。他曾从事过15年的教育工作，在县委办公室又干了6年。1976年任县人民法院院长以来，坚持廉洁为官，勤政为民，艰苦奋斗，无私奉献。他努力过好人情关、金钱关、家庭关、荣誉关和享乐关，坚持依法办案，受到当地人民群众的普遍赞扬。

他坚持从严治院，加强干警队伍建设。他的宝贵经验就是"教、管、带"三个字。即：以深入细致的思想政治工作教育好干警队伍，以严密科学的规章制度管理好干警队伍，以自己身先士卒的表率作用带领好干警队伍。他所领导的这支队伍经受住了改革开放和各种复杂环境的考验，近20年无一人犯政治错误，也无一人违法违纪，是政治坚定、业务精通、作风过硬、清正廉洁、严肃执法的好队伍，年年出色完成审判等任务，为当地的社会稳定和经济发展作出了贡献。他所任职的法院连续10年被评为县先进集体，被地区评为学雷锋先进标兵、廉政勤政先进集体，队伍建设先进单位、模范执法先进单位，还被省评为省级文明单位；先后荣立集体三等功1次，集体二等功3次。马来福个人也被地区行署、党委授予廉洁勤政先进个人称号，被评为地区十佳干警之一，还被评为县十佳公仆之一。

【马忠全·海军原副司令员·在北京逝世】　海军原副司令员马忠全，因病于1995年7月30日在北京逝世，终年81岁。

马忠全，1914年4月出生于湖北省黄安县（今红安县）一个贫苦农民家庭，1930年10月参加中国工农红军，同年12月加入中国共产党。土地革命战争时期，历任红四方面军连长、营长、团参谋等职，参加了黄安、商潢、苏家埠、潢光等战役战斗，参加了二万五千里长征。抗日战争时期，历任八路军第129师连长、营长、副团长、团长，太行五分区副司令员等职，参加了袭击阳明堡机场、响堂铺白刃战、石匣攻击战等战斗。解放战争时期，历任旅长、独立师师长等职，率部参加了上党、平汉、陇海、汤阴等战役战斗，后随刘、邓大军挺进大别山。1949年，任第2野战军第10军30师师长，参加进军大西南。1950年1月至4月，他任乐山军分区司令员、乐山行署专员，组织领导军民开展剿匪斗争。1952年调到海军工作后，曾任海军快艇学校校长、海军青岛基地副司令员、南海舰队副司令员兼榆林基地司令员、北海舰队副司令员兼旅顺基地司令员、海军副司令员兼北海舰队司令员、海军副司令员等职。1955年被授予海军少将军衔。他曾是中国共产党第九次、十次全国代表大会代表，是中国人民政治协商会议第六届、七届全国委员会委员。

【马泽民·哲学家·新著《马克思主义哲学前史》出版】 中国社会科学院哲学研究所研究员、研究生院教授马哲民的新著《马克思主义哲学前史》一书，1995年由重庆出版社出版。这部近60万字的专著，全面系统地阐释了德国古典哲学和青年黑格尔运动的历史发展过程，包括青年马克思、恩格斯的成长道路和他们在青年黑格尔时期的理论活动。作为马克思主义哲学的前史，对于深入了解马克思主义哲学的理论来源，弄清德国古典哲学向马克思主义哲学的转化，具有重要的意义。

马泽民，河南镇平人，1930年生。1949年初进入中原大学学习，同年8月调到北京大学东方语言系学习，不久又转入中国人民大学经济系马列主义基础教研室作研究生。1952年毕业。1956年调到哲学研究所，从事唯物史观和辩证法的研究工作。从1978年11月开始主持哲学研究所马克思主义哲学史研究室的工作，设计并组织了8卷本马克思主义哲学史的编写项目，纳入全国哲学研究规划。为了高质量地完成这一项目，他主持选编和出版《马克思主义哲学史资料译丛》，共译出《国外对马克思主义异化概念的研究》(三卷)、柯拉科夫斯基《马克思主义哲学主流》(三卷)等19种著作，已出版《马克思的实践概念与现代争论》、《利己主义哲学·对施蒂纳无政府主义的批判》、《政治权力和社会阶级》、《帝国主义与资本积累》、《晚期资本主义》、《列宁的最后斗争》等。他担任过《马克思主义研究参考资料》的总编辑，主持出版了167期，大量介绍了国外马克思主义研究的动向和成果。他还参与创立全国马克思主义哲学史研究会，并担任负责人。

马泽民从1981年开始研究马克思主义哲学前史，1985年夏完成《马克思主义哲学前史》的初稿，作为讲课稿给研究生讲授。这部10年后才正式出版的专著，改变了国内外流行的马克思主义哲学史著作的编写体例，不再把青年黑格尔派和马克思、恩格斯在青年黑格尔时期及其以前的文字活动写进马克思主义哲学史。作者认为，按其哲学性质来说，它们不属于马克思主义哲学史的范畴，而是马克思主义哲学以前的哲学历史。他把德国古典哲学、青年黑格尔运动和马克思、恩格斯在青年黑格尔时期及其以前的文字活动结合在一起进行全面历史地考察，认为青年黑格尔运动只是德国古典哲学同马克思主义哲学之间联系和转化的环节，马克思主义哲学的理论来源主要是德国古典哲学；另一方面，青年黑格尔运动作为联系和转化的环节具有重要意义，没有这一运动，德国古典哲学就不可能实现向马克思主义哲学的转化。因此，他把青年黑格尔运动作为马克思主义哲学前史研究的中心，而马克思、恩格斯的思想演进过程则是贯串这个中心的一条红线。在方法论上，他摒弃了仅仅就哲学家著作介绍哲学家思想的方法，从社会经济领域的变化、发展及其产生的政治要求和政治矛盾出发，来解释哲学思想战线上的斗争、发展和变化，这就使德国古典哲学家和青年黑格尔派一篇篇似乎早已僵死的哲学文献统统鲜活起来，它们的写作背景也变得一目了然。

【马津力·天津人民广播电台主任记者·被评为全国百佳新闻工作者】 由中华全国新闻工作者协会主办的首届全国百佳新闻工作者评选，1995年3月24日在北京举行颁奖会，天津人民广播电台新闻台主任、主任记者马津力获奖。

马津力，1951年11月生。河北清苑人。1982年从南开大学经济系毕业，进入天津人民广播电台工作。他注意发挥广播时效快、传播广、感染力强的特点，采写了一批好新闻，反映了时代的风貌，产生了良好的社会效果。音响是广播的“眼睛”，它能使广播更具真实性、形象性和生动性。在多年的新闻实践中，马津力下决心让广播新闻“亮”起来。1992年，跳水皇后高敏告别体坛文艺晚会在天津举行，马津力采制了录音新闻《高敏挥泪告别体坛》。在短短4分钟的报道中，他巧取素材，剪裁下高敏讲话中最有代表性的语言，通过典型音响揭示新闻内涵。高敏含泪自豪地说：“我在所有参加的世界大赛中，从来没有人战胜过我，从来没有一个人让她的国旗在我们国旗上头”的时候，顿时掌声如潮，听众无不为之振奋和骄傲，流下激动的泪水。谁都会感受到，这就是中华民族自强不息的精神，谁都会想到，在这个世界上，中国人有能力而且应该成为最强者。这一报道无一废字和多余音响，反映出马津力驾驭广播新闻的功力和精品意识。

近两年来，马津力扬广播新闻的独家优势，组织策划了一系列大型新闻性直播板块节目。如《'93六一还孩子一个心愿》，通过电波把千千万万的人引向儿童医院身患绝症的孩子们，让听众倾听孩子的心声，讲述在社会帮助下孩子们梦想成真的故事。这一报道一时成为街谈巷议的话题，认为这是对社会风气的一次净化。

马津力追求结构丰满、有声有情、声情并茂的艺术效果，从而更好地体现广播新闻的外延——声有尽而意无穷，启人思考，催人奋进。“嗯小伙子，你们电台的节目又短又精！”老市长李瑞环调看他的稿子时夸赞他们。

马津力是高产记者。他曾有两篇作品获中国新闻奖、九篇作品获全国广播系统好新闻奖。他领导的新闻部曾获全国先进新闻集体、全国广播电视系统先进集体称号。

【马桂宁·上海市第一百货商店营业员·创立闻名商界的“马派服务艺术”】 1995年岁末，在上海电视台推出的“自己演自己”的百集小品中，在上海市第一百货商店呢绒柜台站了20多年的营业员马桂宁，依照他的本行，演出《卖布》小品，其动作、语言博得广大观众好评。他为顾客服务的技艺，被商界称为“马派服务艺术”。

马桂宁，原籍广东省汕头市，1939年6月29日生。1958年12月参加工作，职工大学文史系毕业，职称为经营师。1980年至1995年，连续被评为上海市劳动模范、优秀共产党员，其间曾获得全国商业系统劳动模范、全国十佳营业员、全国职业道德标兵、全国劳动模范等光荣称号。他积几十年的工作经验，写了10万字的专著《马桂宁柜台艺术》，20多篇商业经营学论文。为了接待好呢绒柜台的顾客，马桂宁创造了“接一、问二、招呼三”的接待法：每当接待一名顾客，也抽空询问第二位顾客的要求，并向第三位顾客打招呼，使顾客感到暖意，产生亲近感。他又根据顾客的询问、需求、意愿、担心等心理状况，总结出“五帮助，五可以”，帮助算料，帮助解决急需用料，误算用料可退换，重复买或误买可以代售，买料后加工困难可以帮助解决等，处处使顾客感到方便、满意。他做顾客的参谋，运用比较法、疏导法、比喻法，让一些冲动型的顾客也能耐心挑选，选中最适合自己的衣料。他有“一看准”的本领，根据顾客的性别、年龄、体型、身材、消费层次、衣料特性等，在一瞬间就能报出准确的用料尺寸。在市场经济条件下，马桂宁不断进行新的探索。他根据顾客跨入商店的步伐、神态、穿着等，将顾客分为有明确购物目的、购买目的不明确、看橱窗、等待购买时机、问讯等5种类型；他把购买过程分解为注意——兴趣——比较——需要——购买——买后体验6个阶段。根据这样的规律，他提出适时、适机、适需、适当的服务方式。因而，在他的柜台上，销售成功率特别高，营业额年年有突破。人们把这些统称为“马派服务艺术”。他还与上海及外省市200多名各行各业的工作者结成师徒对子，介绍自己的服务技艺。

【马晓春·围棋九段·获东洋证券杯和富士通杯世界职业围棋赛冠军】 1995年5月，在第六届东洋证券杯世界职业围棋赛决赛中以3∶1战胜队友聂卫平，为中国夺得第一个世界冠军；同年8月在第八届富士通杯世界职业围棋赛决赛中力克日本高手小林光一，再夺世界冠军。到此时为止，马晓春是中国围棋界第一个赢得世界冠军和第一个在同一年两获世界冠军的中国棋手。1995年对马晓春来说是成功的一年，先后蝉联了国内的围棋大国手赛、天元赛、电视快棋赛、棋王赛和中日名人赛冠军，并赢得了名人邀请赛和聂卫平——马晓春对抗赛的胜利。

马晓春，1964年生，浙江嵊县人。1976年入浙江队。1978年被选入国家队。他是我国围棋界公认的才子，创造了三个“最”。他年仅18岁时就夺得全国冠军，成为我国围棋界最年轻的全国冠军；19岁就升为九段棋手，成为全世界最年轻的九段棋手；从学棋到升为九段仅10年时间，成为全世界升段最快的棋手。

1980年他就确立了在我国围棋界的地位，当时年方17，在刘小光之后和聂卫平之前，获得全国个人亚军。1982年至1984年连续赢得全国冠军称号，并与聂卫平瓜分国内名人、天元等头衔，从而开始了聂马之争的时代。经过一段停滞后，马晓春棋艺见涨，1991年又重夺全国冠军，并赢得了“棋王”等4顶桂冠。1992年是他获得重大突破的一年，在年底举行的中日名人赛上一扫过去一直输给小林光一的霉气，以2∶1击败小林光一，从而改变了过去有人认为他内战内行、外战外行的看法。

马晓春棋的悟性特高，见解独特，他聪明之处就在于了解自己，并善于控制自己。他思路敏捷，但话却说得慢吞吞，并不爱应酬。赛前，他把喝咖啡、听轻音乐作为最好的休息，而不喜欢卡拉OK和舞厅。

【马恩华·全国劳动模范·因病逝世·其先进事迹被新闻媒介广泛报道】 保定市第一棉纺织集团有限公司董事长、总经理兼党委书记马恩华，以高度的政治责任感和强烈的事业心，全心全意依靠职工办企业，把一个全省棉纺织行业最落后的工厂变成了全国棉纺织行业实现利润第一的先进企业；11年间企业获得100余项省部级以上荣誉称号。1995年4月29日，马恩华被国务院授予全国劳动模范称号。他长期积劳成疾，同年11月30日因病不幸逝世。他无私奉献，克己奉公的高尚人格，在人们心中树起一座丰碑。中共中央宣传部、中国纺织总会和中共河北省委于1995年12月28日联合召开学习马恩华先进事迹座谈会，号召广大党员、干部向马恩华学习。全国各大新闻媒介广泛报道了他的先进事迹。

马恩华1984年10月任保定第一棉纺厂厂长。当时全厂近三分之一机器停止运转，产品严重积压，质量低劣的棉布堆到了库顶，人心涣散，上千名职工写了请调报告。面对这一切，马恩华没有退缩，他全身心地带领全厂干部职工，瞄准市场抓产品，围绕产品抓技改，着眼效益抓管理，使企业迅速腾飞。1988年至1994年连续7年，在全国棉纺织50家利税大户排序中名列前10名。从1985年至1994上缴利税平均每年递增10.3%。还开发了服装、餐饮、服务等经营项目，实现了一业为主，多种经营。

他的成功取决于他具有科学的决策和出色的管理能力，创造了独具特色的企业管理法——“五四三”管理法（即提高五大意识：市场、竞争、质量、成本、与企业共命运意识；强化四大纪律：劳动、安全、质量、组织纪律；提高职工三大素质：思想、管理、技术素质）。使“五四三”相互结合，形成相互作用的有机整体，在企业管理中落实，在企业管理中完善，从而保证了企业在激烈的市场竞争中一直处于主动地位。

马恩华坚持以人为本的原则，全心全意依靠职工办企业，把加强民主管理、提高职工素质、提高职工生活水平，做为办好企业的重要手段。

做为新时期的企业家，马恩华始终保持着廉洁奉公、艰苦朴素的优良作风。他当厂长11年间没有休过一个礼拜天，经常每天工作达20个小时，成年累月的操劳，使一厂的家业越来越大，可他却被累垮了。1993年2月他住进医院，胃被切除五分之四，只休息了3个月，又回到厂里。1995年初，他又做了第二次手术，在病榻上，他还想着企业的发展，为企业第二次创业规划蓝图，他以人格的力量赢得了职工的拥护和信赖。

马恩华，1937年12月生于山东青岛。毕业于山东纺织工业学院棉纺织专业，高级工程师。1963年9月参加工作，1971年加入中国共产党。在保定第一棉纺织厂先后任技术员、车间主任；1994年12月任一棉纺织集团有限公司董事长、总经理兼党委书记。先后获得省优秀企业家。省杰出企业家，省、部劳动模范等荣誉称号。

【马继红（女）·作家·编剧的电视连续剧《天路》获第15届飞天奖】　由马继红担任编剧和制片人的7集电视连续剧《天路》，1995年在中央电视台第一套节目黄金时间播出后，在全国特别是在青藏高原地区，引起较大反响。该剧的以恢弘的气势，浩大的场面，再现了当年铺筑青藏公路的悲壮历史，讴歌了两代高原军人无私奉献的崇高精神，塑造了一组栩栩如生的艺术形象。该剧在1995年先后获得全军电视剧“金星奖”一等奖；全国电视剧“飞天奖”二等奖；“飞天奖”最佳音乐奖。

马继红，笔名晓红。1954年生于北京。现为解放军总后勤部电视艺术中心主任、中国作家协会会员。出版多部散文集、报告文学集。近年转向电视剧创作。1993年开始组建总后电视艺术中心，在一无资金，二无设备的情况下，她敢于迎着困难上，一手抓创作，一手抓建设，当年便拍摄完成了6集电视系列剧《编外临时监察官》，1994年在中央电视台黄金时间播出，获全军电视剧评比二等奖。为拍摄《天路》，她曾三上青藏高原，在海拔三四千米的雪域与剧组的同志，克服重重困难，终于圆满完成了任务。

【马喜国·巩义市交通民警·被追授全国公安系统一级英雄模范称号】　1995年1月13日，公安部发布命令，追授巩义市公安交警大队二中队民警马喜国全国公安系统一级英雄模范称号。在此之前，河南省委、省政府作出决定，追授马喜国“英雄民警”称号，追认为革命烈士，在全省开展向马喜国学习活动。

马喜国，1951年10月1日生于河南省巩义市米河镇半个店村，高中文化，1985年参加公安工作，1992年7月加入中国共产党。

1994年11月12日下午，马喜国和战友王建庆奉命去处理一起交通肇事案，发现肇事者是屡被公安机关查处、现又负案在逃的犯罪分子，即将其带回中队处理。途中，罪犯多次伺机跳车逃跑，均被他制止。罪犯凶相毕露，从怀中掏出一颗自制的手榴弹，拉开引线，企图在爆炸时跳车逃脱。面对“刺刺”冒烟的手榴弹，马喜国为保护战友，制止罪犯脱逃，毅然奋不顾身地扑向罪犯，用躯体挡住战友，自己身负重伤，倒在血泊中，但他的手仍然死死地抓着歹徒的胳膊。后经多方抢救无效，马喜国于 11 月 27 日 18 时 44 分壮烈牺牲。

马喜国同志参加公安工作以来，忠于职守，热爱群众，清正廉洁，英勇顽强。1992 年 3 月 6 日深夜，正在值班的马喜国听到“救命”的呼喊声后，急忙跑出门外，制止两名歹徒调戏一名妇女的不法行为。1994 年 3 月 28 日，3 名持刀歹徒在公共汽车上抢劫乘客财物，马喜国与战友迅速出击，将持刀歹徒抓获。一次，村民张荣武因驾驶的拖拉机翻入河内不省人事。马喜国赶到现场后，将张荣武送往医院，自己拿钱为伤者办理入院手续。张荣武出院后带着重礼到马喜国家里致谢，被马喜国谢绝。事后，张荣武特制一面锦旗，上书“救命之恩，永远不忘”8 个大字，送给马喜国所在单位。在处理交通事故中，一些司机为了求得“关照”，偷偷给马喜国递上几百元钱，都被断然拒绝。马喜国坚持秉公执法的事在驾驶员中广为传诵。

【王韧·中国农科院副院长·辞去国外高级职务携家回国任职】 1995 年 12 月 17 日，中国留美博士王韧在辞去了总部设在英国的国际生物防治研究所副所长的职务后，携全家回到祖国。18 日，他向中国农科院院长吕飞杰报到，19 日开始在新任中国农科院副院长的岗位上工作。

王韧，生于 1955 年 11 月，山西省人，1973 年 12 月参加工作，1978 年 12 月加入中国共产党。1978 年他毕业于山西农业大学。1979 年考入我国著名生防专家、中国农科院生防室邱式邦研究员门下攻读硕士学位。1981 年 12 月提前完成硕士论文答辩后，考取了美国洛克菲勒基金会的高级奖学金，由中国农科院选派赴美，在弗吉尼亚综合理工大学昆虫系研究杂草生物防治。1985 年 7 月获昆虫学博士学位后回国，在中国农科院从事生防科研工作。1991 年曾被国家教委、人事部授予“在祖国四化建设事业中有突出贡献留学回国人员”称号。1992 年，由国际著名生防科学家杰夫·瓦格(Jeff Waage)博士领导的国际生物防治研究所招聘一位副所长。王韧在世界各国 60 多位竞聘者当中，独占鳌头。他被任命为副所长，在国际生防界引起很大反响。他还担任联合国粮农组织害虫综合治理专家组成员，国际生防组织培训、信息及教育专家组主席。只要自己愿意，他就可以在国外工作到 60 岁退休。在英国的苏瑞郡坎伯雷这座小城市，他买了房，有了车，一家人过着恬静的生活。但王韧从一开始就没有打算在国外定居，他原来设定的工作年限是 6 年。他在国际生防所大张旗鼓地主张国际生防组织在生物农药、以农民培训为中心的害虫综合治理、保护利用农业生态系统的生物多样性等方面要和中国积极合作。他提交了这方面的整体规划，并在帮助中国农业科技发展的多个项目上取得了进展。中国农业的高层领导始终关注着王韧事业上的发展；中国农科院的领导和许多老一代科学家对王韧寄托厚望。1994 年 9 月，人事部门委托生防所原所长包建中给王韧打电话，希望他回国工作。11 月初，在有关方面安排下，王韧飞到北京。第二天，农业部部长刘江邀请王韧见面。刘江对王韧说，中国农业的形势很严峻。中国农业的发展，取决于农业科技成果转化为生产力，科技发展靠全国 12 万农业科技人员，带头的就是中国农科院。希望王韧在农科院重要岗位上发挥作用。王韧表示，他对物质看得很轻，都可以舍弃，欣然答应回国工作。

对国际生防所来说，王韧的去职是个极大的遗憾。重新聘任一位合适的副所长需要半年时间，王韧手上的一些项目也需要花费时间完成，所以他归国工作要晚些时候。国际农业与生物科学中心主任亲自给中国方面写信说明情况，得到中方谅解。13 个月后的 1995 年 12 月 15 日，王韧参加完最后一次工作会议，16 日便登上了回国的飞机。

王韧在国内外生物防治领域刊物发表论文 40 余篇，为我国天敌保护利用、杂草生物防治及野生授粉昆虫利用学科的发展作出重要贡献，曾获得农业部、四川省、湖南省等单位颁发的 5 项科技进步奖。

【王芳(女)·苏昆演员·获第十二届梅花奖】 江苏省苏昆剧团青年演员王芳，在北京举办的个人专场中，以演出昆曲折子戏《寻梦》、《思凡》和苏剧《醉归》，荣膺 1995 年第十二届中国戏剧梅花奖。

王芳，出生于 1965 年 11 月，苏州人。1977 年，她年仅 12 岁便被江苏省苏昆剧团录取。入团后，幸运地得到昆曲老一辈艺术家“传字辈”和“继字辈”的细心传授。1980 年苏州举行戏剧会演，15 岁的王芳以昆剧《扈家庄》中出色的表演，获得学员表演一等奖。《扈家庄》的演出，为她奔向艺术宫殿铺设了一条五彩之路。接着，王芳又塑造了苏剧《五姑娘》中深受兄嫂欺凌的农村少女五姑娘，她从生活的实际出发去丰富人物，有层次地揭示了五姑娘的性格。在江苏省新剧目调演时，获得优秀表演奖。《五姑娘》是王芳在表演艺术上由模仿走向创造的开端。自从王芳在《醉归》中饰演了花魁女，她在艺术上又登上了一个新台阶。花魁是一个性格复杂的古代风尘女子，也美丽善良，温柔妩媚，她外出应酬，酒醉而归。这"醉"中，既有饮酒之醉，也有饮恨而醉，王芳抓住了这个"醉"字的脉络，作了淋漓尽致的表演。她先是双眸含醉，步履蹒跚，眉宇间含有淡淡的哀怨，揭示了被侮辱、被损害的风尘女子的心态；当酒醉后，发现秦钟将衣袖兜住自己吐出的脏物，顿生感激之意，相互倾诉衷肠；结尾时，"三呼三回首"，花魁已是依依不舍，欲言又止，尤其当秦钟第三次被花魁唤回时，秦问："还有什么?"花魁不胜羞怯，万种柔情地说："没说的了！"她把无法倾吐的不尽的缱绻，深深地印在了观众心里。王芳溶化了花魁，使花魁的艺术形象超凡脱俗，别有韵味。为此，她在江苏省戏曲青年演员大奖赛中获二等奖；并于1992年在全国"天下第一团"优秀剧目展演中获优秀表演奖。1994年在北京举办的"全国昆曲青年演员交流演出"时，王芳除扮演花魁女，还塑造了《牡丹亭·寻梦》中的杜丽娘、《思凡》中的小尼姑色空，都演得耐人寻味，各得其趣。受到专家的好评，荣获最佳表演奖。

王芳得益于古老的姑苏传统文化熏陶和秀丽的江南山水的孕育，具备了苏、昆两个古老剧种所特需的气质，被评论界誉为"虎丘山下的茉莉花"。

【王克·上将·任解放军总后勤部部长、中央军委委员】 1995年9月在中共十四届五中全会上，王克当选为中央军委委员，其后，中央军委任命王克为解放军总后勤部部长。

王克，1931年8月生。江苏萧县(今属安徽)人。原名茂清。1944年参加萧县武装工作队。1947年加入中国共产党。曾任华东野战军连文化助理教员，第三野战军团教导队副指导员。参加了胶济路反击战和淮海战役。建国后，任团参谋、参谋。1953年参加抗美援朝，任中国人民志愿军炮兵团营长、副团长兼参谋长。回国后，历任北京炮兵学校训练部科长，武威炮兵学校训练部副部长，兰州军区守备师副师长、师政委。1980年军事学院毕业，后任师长、军长、新疆军区副司令员、兰州军区副司令员。1992年起任沈阳军区司令员。是中共十四届中央委员。1988年被授予中将军衔，1994年晋升为上将军衔。

【王苹(女)·已故电影艺术家·获中国电影世纪奖】 1995年12月28日，在北京举行的中国电影世纪奖颁奖典礼上，已故优秀电影艺术家王苹获中国电影世纪奖。这次评奖是为纪念世界电影诞生100周年暨中国电影诞生90周年，由广电部电影事业管理局、中国电影家协会、中国电影出版社和中共北京市委宣传部联合主办的。

王苹，原名王光珍，回族，1916年9月2日生于南京，1932年起加入进步文艺团体"南钟剧社"，1935年初因在易卜生名剧《玩偶之家》中饰演女主角娜拉，受到国民党当局的迫害而轰动社会。1935年10月参加西北影业公司，拍摄了《无限生涯》。1936年加入上海业余剧人协会，先后参加了《母亲》、《太平天国》、《大雷雨》、《武则天》等进步剧目的演出。1937年参加上海救亡演剧一队辗转到了重庆，先后在《民族万岁》、《阿Q正传》、《雾重庆》、《北京人》、《戏剧春秋》、《清明前后》等剧中饰演重要角色。抗战胜利后，在上海参加上海剧艺社，演出《草莽英雄》、《孔雀胆》、《金玉满堂》等话剧；同时参加上海昆仑影业公司，在《一江春水向东流》、《八千里路云和月》、《两人行》、《天堂春梦》、《万家灯火》、《关不住的春光》等影片中扮演各种类型的角色。1949年5月到东北电影制片厂演员剧团，1950年调到总政文化部电影处，参与筹建八一电影制片厂。1952年导演了建国后第一部大型军事教学片《河川进攻》。同年调入八一电影制片厂任导演。1955年她参与导演《冲破黎明前的黑暗》，1957年导演《柳堡的故事》，成功地表现了爱情与革命的关系，受到广大观众喜爱。1958年导演《永不消逝的电波》，塑造了一个在敌占区做秘密情报工作的共产党员形象。此后，又相继导演了《江山多娇》、《勐龙沙》、《槐树庄》、《霓虹灯下的哨兵》、大型音乐舞剧《东方红——音乐舞蹈史诗》、舞台艺术片《红军不怕远征难——长征组歌》、《我们是八路军》、大型音乐舞蹈史诗《中国革命之歌》等影片。1990年12月1日王苹逝世。

【王选·计算机专家·获国家科技进步一等奖】 北京大学计算机研究所所长王选教授主持完成的《北大方正电子出版系统》，获1995年国家科学进步奖一等奖。

王选1963—1967年负责DJS21机ALGOL60编译系统的总体设计，该系统是我国最早的实用编译系统。1975年起，王选是国家重点研究发展项目一汉字精密照排系统的技术总负责人，并具体承担系统核心硬件一栅格图象处理器的研制。1976年，他根据汉字字数多，字体和字号也很多的特点，提出高倍率字形信息压缩和高速复原技术，使字形信息量的总体压缩率高达500：1。这一技术于1985年获得欧洲专利，成为华光和方正电子出版系统的基石。到目前为止，华光和方正电子出版系统已在国内出版、印刷、办公领域得到广泛使用，且已出口海外，累计产值达 20 亿元人民币，产生了重大的经济效益和社会效益。王选拥有 9 项国内外专利，已发表论文 20 多篇。

王选，1937 年生，1958 年毕业于北京大学数学力学系。1991 年当选为中国科学院院士，1993 年当选为第三世界科学院院士，1994 年当选为中国工程院院士。

【王涛・乒乓球运动员・获第四十三届世乒赛男双和混双冠军】　1995 年 5 月，在天津举行的第四十三届世界乒乓球锦标赛上，来自解放军队的选手王涛，与吕林合作，蝉联男子双打冠军；与刘伟配对，夺得混合双打冠军，并成为世乒赛历史上第一对连续三届获得这个项目冠军的运动员。他还与队友合作，为中国男子乒乓球队夺回失去 6 年之久的男子团体冠军。

王涛，北京人，生于 1967 年 12 月 13 日。9 岁入什刹海体校接受正规训练。后入解放军八一乒乓球队。1991 年在第四十一届世乒赛上与刘伟合作获混双冠军。1992 年在第二十五届奥运会上与吕林合作获男双冠军。

1995 年 9 月，王涛在全国乒乓球锦标赛中，与队友合作，为解放军队夺得男子团体冠军；与张雷合作夺得男子双打冠军；与刘伟合作夺得混合双打冠军。这个月，他在世界男子单打排名榜上升至第一。

王涛左手横握球拍，快攻结合弧圈球打法。反手弹击速度极快，他的这一技术被公认为世界第一。正手抢拉弧圈，反手反带弧圈能力亦较强，技术较全面，单打、双打均出色。

王涛简历与事迹参见 1992 年、1993 年和 1995 年《中国人物年鉴》。

【王海・青年农民・获我国第一个打假奖】　被北京市法律界人士和新闻媒体称为“打假英雄”，而被某些商家称为“刁民”的王海，1995 年 12 月 15 日接受了中国保护消费者基金会颁发的“消费者打假奖”，奖金 5000 元，他是荣获该奖的第一人。

王海，山东青岛人，1973 年出生，在家乡一家乡镇企业工作。1995 年 3 月，王海跑业务来到北京。他在隆福大厦买了两副索尼耳机。买后一试，觉得不对劲儿，于是找到日本索尼公司驻京办事处，经鉴定：两副耳机纯粹是假货！在消费者协会等部门的支持下，王海向隆福大厦提出索赔要求。隆福大厦加倍赔给王海 170 元。可是两天之后，王海再次来到隆福大厦，令他吃惊的是，假索尼耳机照样摆在柜台上。王海当即买下 10 副假索尼耳机，再次提出赔偿要求。不过，这次隆福大厦的经理们脸色变了，他们指责王海是存心吃假，只能退货，不给赔偿。

1995 年 9 月 1 日，《北京市实施〈消费者权益保护法〉办法》生效。这个办法与早在 1994 年 1 月 1 日实施的《中华人民共和国消费者权益保护法》都对“加倍赔款”有明确规定。王海认为自己的行动合理合法。于是不远千里，又赴北京。在北京的近一个月里，他在一些大商场中连续买假 12 次。令他欣慰的是，差不多每次都能得到加倍赔偿，而且他购的假货一经反映后，不仅从原来的商场消失，也同时从其他商场货架上消失。然而，在 11 月 2 日，王海在一家商厦购买 10 条假名牌腰带后，不但未获加倍赔偿，有人甚至威胁要弄死他……。

王海“知假买假打假”的行动被新闻媒体披露后，在京城各界掀起轩然大波。有人说王海靠买假“敲竹杠”，纯属“刁民”。但大多数人对王海持肯定态度，法律界人士支持更坚决。他们认为，让故意买假货的人得到实惠，从而鼓励他们与假冒伪劣作斗争，这是对造假售假者的最好制裁。多数商家欢迎这一行动。北京“百盛”购物中心不仅给予加倍赔偿，而且将其列为“悬奖百万打假”的第一人，发给加倍奖金。杭州金海食品城总经理钟海根为支持王海，出资 100 万元为王海办理了人身保险，据保险公司称，这是目前人身保险中金额最高的，如果王海在打假过程中被人打落一颗牙，他就可以获得 1 万元保险赔偿。目前，王海已与杭州“金海”商定，成立王海打假基金会。支持广大被假货坑害的消费者积极投入打假斗争。

【王大珩・著名应用光学家・获首届何梁何利基金优秀奖】　1995 年 1 月 12 日，首届“何梁何利基金”奖颁奖大会在北京人民大会堂举行。中国科学院院士、著名应用光学家王大珩，荣获“何梁何利基金”优秀奖证书和奖金 100 万港元。

王大珩，1915 年生，原籍江苏苏州，生于日本东京。1936 年毕业于清华大学。1938 年赴英国从事光学研究。1940 年获伦敦帝国学院理学硕士学位。1948 年回国。历任大连大学应用物理系主任、教授，中国科学院长春光学精密机械研究所研究员、所长，中科院长春分院院长，吉林省第四届政协副主席。1955 年被选为中国科学院首批学部委员(院士)。他是我国光学事业奠基人之一,为国防现代化研制各种大型光学观测设备作出突出贡献,为我国的光学事业及计量科学的发展起了重要作用。曾领导研制成功我国第一埚光学玻璃、第一台电子显微镜、第一台激光器。1986 年与王淦昌、陈芳允、杨嘉墀联名提出发展高技术的建议("863"计划)。还与王淦昌联名倡议,促成了激光核聚变重大装备的建设。1978 年加入中国共产党。1979 年获全国劳动模范称号。他是中共十二大代表,第三至六届全国人大代表,第三、七届全国政协委员。

【王个簃·已故著名书画家、金石家·纪念诞辰 100 周年】　1995 年是以诗、书、画、印著称的当代书画艺术家王个簃诞辰 100 周年,上海书画出版社编印出版了《王个簃书法选集》。王个簃作为吴昌硕嫡传的入室弟子,继承发扬了吴昌硕流派的艺术。他在书法领域内的成就是多方面的,篆、隶、正、行、草无不精妙。该集所收的 39 幅楹联中,大多为王个簃晚年得意之笔,且首次披露。

王个簃从事篆刻 67 年,使笔法与刀法自然地融为一体。80 岁时所作《八十大可为》、83 岁所作《百岁进军》等 4 幅巨印,既表达了老骥伏枥、志在千里的豪情,也是他篆刻生涯的高度结晶。该集所收的自用印,反映了他不同时期的艺术风貌。王个簃集诗、书、画、印于一身,时称"四绝"。选集所收 150 余幅作品,是从近 300 幅作品中精选而成,最早的一幅是 30 岁时所书,直至 92 岁时的绝笔,经历 63 个春秋。王个簃是教育家、诗人、当代杰出的书画艺术大师。曾任新华艺术大学、中华艺术大学、东吴大学、上海美专教授,上海书法家协会副主席,上海美术家协会副主席,西冷印社副社长,上海中国画院副院长等职。先后有画集、印指、印存、印集、诗抄、画诗选、随想录等多种著作问世。

王个簃,1897 年生,1988 年逝世。名贤,字启之,号个簃,江苏海门人。早年笃好诗文、金石、书画,27 岁时由诸贞壮等人引荐入吴昌硕门下,朝夕随侍,衣钵尽传,为吴晚年得意弟子。1926 年国画《刀鱼》、《瓜菱清暑图》参加伦敦、柏林举办的中国绘画展览,《刀鱼》获奖,《瓜菱清暑图》由德国东方博物馆收藏。1928 年 7 月,与王一亭、张大千、钱瘦铁等人出访日本。1949 年参加上海中国画院筹备工作,后一直在画院工作。1957 年在上海举办个人书画展,后又在北京、太原、广州等地巡展,1964 年随中国书法代表团访问日本,1981 年 3 月在上海举办个人诗、书、画、篆刻展览,1985 年应邀赴日本、新加坡讲学并举办书画展。

【王义夫·射击运动员·被授予全国先进工作者称号】　1995 年 4 月,王义夫被国务院授予全国先进工作者称号。同年 9 月,在德国慕尼黑举行的世界杯射击总决赛中,王义夫夺得男子气手枪 60 发个人冠军。

王义夫,1960 年 12 月 4 日生,辽宁省辽阳人,18 岁被选入辽宁省射击队,是我国和世界射坛著名的"手枪王"。1991 年,获世界杯赛总决赛气手枪冠军。1992 年 7 月,在西班牙巴塞罗那举行的第 25 届奥运会上,以 618.8 环的成绩夺得男子气手枪冠军,并夺得男子自选手枪慢射亚军。1994 年 7 月,在意大利米兰举行的第 46 届世界射击锦标赛上,夺得男子自选手枪慢射个人冠军,与队友合作,夺得男子气手枪团体比赛的冠军。同年 10 月,在日本广岛举行的第 12 届亚运会上,与队友合作,夺得男子 10 米气手枪团体冠军;以 688.3 环的成绩夺得男子 10 米气手枪个人冠军;以 575 环的成绩夺得男子标准手枪个人冠军;与队友合作,夺得男子标准手枪团体冠军;以 659.3 环的成绩夺得男子自选手枪个人亚军。1994 年获得全国十佳运动员称号。

王义夫的简历与事迹参见 1993 年、1995 年《中国人物年鉴》。

〔附注:1996 年 7 月,王义夫带病赴美国亚特兰大参加第 26 届奥运会。在男子气手枪比赛中,他在预赛中排名第一,决赛中前九枪也一路领先,但由于他患脑供血不足,在眼前发黑,身体已难以支持的情况下,硬是直感打了最后一枪,中了 6.5 环,仅以 0.1 环之差屈居亚军。几分钟后,他休克倒在场地上。王义夫带病坚持、顽强拚搏的精神,受到人们的赞扬。〕

【王小漠·电子专家·获国家科技进步一等奖】　电子工业部第 13 所研究员王小漠主持完成的科研课题《JY—9 雷达》,获 1995 年国家科技进步奖一等奖。

王小漠从事雷达科研 30 余年,善于利用新技术提出新思路,设计研制了多种型号的新雷达,尤其在三坐标雷达和低空雷达方面卓有建树。这些雷达不仅填补了我国雷达技术领域的多项空白,而且缩短了我国雷达与国际水平的差距,打开了国际市场,为电子工业在雷达领域的发展做出了重大贡献。为此,他获得了国家科技进步一等奖 2 次,二等奖 1 次,部科技进步奖特等奖 2 次，一等奖 1 次。此外，他还在一些大型电子系统工程的组织领导、方案论证、技术协调、对外谈判方面做出了重大贡献。

80 年代初，德国青年鲁斯特曾驾驶一架轻型飞机低空飞越原苏联领空数千公里降落莫斯科红场，震惊了全世界。从此，王小漠决心探索低空雷达问题，研制生产了我国第一部高低空兼顾的 JY—9 雷达。使我国在低空雷达方面赶上了世界先进水平。该雷达目前已被国际公认为优秀低空雷达之一，被国外许多国家采用，已出口十几部，国内也开始了订货。

王小漠，1937 年生，1961 年毕业于北京工业学院，现为电子部电子科学院常务副院长，1995 年当选为中国工程院院士。

【王云平·青年物理学家·获中国科学院青年科学家奖一等奖】 中国科学院物理研究所副研究员王云平，荣获 1995 年中国科学院青年科学家奖一等奖。

王云平，江苏省常熟人。1966 年 3 月生，1987 年毕业于中山大学，获理学学士学位。1990 年在中国科学院物理研究所获理学硕士学位。此后在该所从事科研工作，现为该所副研究员。王云平在从事科研工作的数年中，在激光、准晶、超导、理论物理等方面取得了一系列重要成果。

在激光方面，在国际上首次实现新型非线性光学晶体 LiB_3O_5 的光参量振荡，获得了可见至近红外波段宽调谐高功率输出，由此正确地评估了此种新晶体的应用前景。他在激光方面的另一成果是将 β—BaB_2O_4 晶体光参量振荡器的能量转换效率提高到 40% 以上，率先证明了光能量振荡器取代脉冲染料激光器的可能性。在准晶方面，通过测量，证明 Hall 系数在准晶平面和非准晶平面上符号相反是一普遍现象，并提出模型解释了实验结果。通过对电导率的实验研究，发现沿周期方向电阻率随温度线性变化，而沿准晶平面，则还需增加一个二次项。在高温超导方面，研究了在转变温度附近 Hall 系数反号的现象。在理论物理方面，用粒子运动的路径不确定性很好地解释了超光速隧道现象，并预言在 Mach－Zehnder 干涉等过程中也可观察到类似超光速现象。在理论上证明 AB 效应本质上是电磁场之间的局域相互作用的结果。

王云平 1990 年获中国科学院院长奖学金优秀奖。1992 年获中国科学院科技进步一等奖。1994 年获中国科学院自然科学一等奖。

【王友谊·书法家·参加北京六人书法篆刻作品展】 1995 年 12 月 16 日至 20 日，北京的六位书法篆刻家：王友谊、宫双华、曾翔、李晓军、蔡大礼、徐海在中国美术馆联手举办作品展，引起书界同行的关注。这六位书法家是北京颇为活跃且具实力的群体。他们经常联系，创作上互有借鉴和影响。有关人士称：由他们的作品和展览行动，可以感知北京书坛书风气候正发生着变化。同年，王友谊的书法作品入选全国第六届书法篆刻展，楹联书法作品参加第一届全国楹联书法大展，获银奖。

王友谊，1949 年生于北京平谷县。1985 年考入北京师范学院书法艺术专业，从师欧阳中石门下。两年寒窗，王友谊对书史、书论、美学、古汉语、古文字学、碑贴学和诗词文选等课程潜心苦读，为后来的起飞打下了坚实的基础，1987 年毕业。

书法艺术最基本的元素是线条。王友谊在卜辞、铭文的临写中，能十分准确地解读和破译各种线条"语言"。毛公鼎的沉雄，散氏盘的奇谲，虢季子白盘的静穆，墙盘的整肃，及盘庚代甲骨文的雄伟，祖庚时期的凝重，廪辛时期的纵逸，武乙时期的粗犷，帝乙之际的利朗等等，不同线型、线质、线色，尽在他的笔下再现出来。他的作品先后入选中日美术交流展，新加坡首届国际书法交流展等国内外书展。曾在全国第四、五届书展，全国第四届中青年书法展中获奖，在第五届中青年书法展被聘为评委。获国际文化交流赛克勒杯中国书法竞赛一等奖，中华文化精萃博览会书法赛金奖。出版有《篆书浅鉴·甲骨文部分》，《大篆基础入门》、《联语书法·篆书卷》。中国教育电视台、北京电视台播出他的专题片，介绍了他的艺术成就。王友谊是中国书法家协会会员。

【王长林·邢台晶牛玻璃股份有限公司总经理·被授予全国劳动模范称号】 王长林善于把握市场变化的主动权，使企业一年内由长期亏损实现扭亏为盈。1995 年 4 月 29 日，国务院授予他全国劳动模范称号。

王长林，河北邢台人，1955 年出生。70 年代初大学毕业后，进入邢台玻璃总厂（邢台晶牛玻璃股份有限公司前身），由技术员、工程师干到代厂长。1992 年任厂长。当时邢玻已连续 6 年亏损，被人称为"亏损冠军"。省里限他们 3 年扭亏为盈，否则就关闭。王长林奉命于企业危难之际，他经过深思熟虑，决心紧紧抓住市场这个牛鼻子，主动出击。1992年8月，王长林在北京开会，得到了一条重要的市场信息：蓝色玻璃高雅端庄，并能遮挡阳光的紫外线，即将成为建筑行业的“宠儿”。王长林感到机不可失。会议尚未结束，他便北上秦皇岛聘请专家。专家请来了，边立项边研制，边设计边施工，边试产边开发市场。从立项到出产品，前后只用了一个半月。由于他们抢在了全国同行们的前面，比市场快半拍，邢台“犀牛”牌蓝玻一花怒放，独领风骚。市场竞争使蓝玻价格不断看涨。这步棋使邢玻起死回生，一举甩掉了连年亏损的帽子。随后，全国大大小小的玻璃生产厂家都效法邢玻，纷纷上马蓝玻。王长林瞅准机会，来个“反弹琵琶”，派出得力人员到全国各地大批量购买白玻。玻璃生产厂家买玻璃，同行三思不得其解。以后当市场上的白玻紧张时，当初卖白玻的厂才如梦初醒。1993年6—7月份，王长林随团到美国考察，摸到了国外建材市场“回归自然，崇尚绿色”的变化与趋势。回国后，他打电话到厂里，要求当即改产，抢占全国绿玻市场的“制高点”。前后仅用7天时间，便生产出来了，刚一投放市场，就成为抢手货。王长林一年时间里杀了三个来回，使邢玻告别“亏损冠军”，成为赢利大户。

王长林在对外向市场出击的同时，又举起“手术刀”，向“吃回扣”这个“企业毒瘤”开刀。第一刀，标价公开。把他们生产的各种规格的玻璃放在工厂大门口，标价公开拍卖。从厂长到销货员，任何人都不准“接条子”、“批条子”，更不准“讲交情”和“照顾关系”。他们的做法招来八方用户。仅此一举，通过粗略计算，邢玻每年就可多获取500万元的经济效益。第二刀，他提议把合同、质检两个部门的业务，合并为“质价办公室”，在供销和财务之间增加了一个约束环节，有效地堵塞了采购、基建工程等全部商业行为中的“吃回扣”、造假发票、以劣充好、以少报多的种种弊端。仅此一举，一年即可节约原材料费数百万元。看到这个惊人的数字，王长林高兴地说：“这些都是看得见的经济效益，还是看不见的社会效益，那就是保护了一些干部职工，使他们不犯或少犯错误！”

【王中华·青年中医·在全国楹联书法大赛中获一等奖】　北京天龙传统医学研究所副所长、青年书法家王中华，在1995年举办的全国楹联大赛中荣获一等奖，同年还获得中国第二届青年科技博览会“金星奖”，在中国中医药学会与全国青联举办的首届百名杰出青年中医评比中被评为“杰出青年中医”。

王中华，黑龙江省哈尔滨市人，1966年出生，毕业于上海中医学院。出身于中医世家，祖父为清末著名儒医，遗留下来的医方书法墨迹，对他的书法影响很大，后又研习王羲之、苏轼、颜真卿等人的书法，其书法日渐成熟，用笔自然、沉着质朴。其书法作品多次参加国内外重大书法展览，被一些博物馆、纪念馆收藏。王中华不但对书法造诣很深，对医学也颇有研究，他把卷帙浩繁的《伤寒论》输入电脑，完成了诊疗教学系统。出版了《冠心病中医疗法与研究》等三部著作。此外，他还喜欢摄影，时有作品发表。

王中华现为北京天龙传统医学研究所副所长，海淀中医门诊部副主任，北京书法家协会理事，北京市摄影家协会理事。

【王六生·原工程兵政委·在北京逝世】

原军委工程兵政治委员王六生，因病医治无效，于1995年12月22日在北京逝世，终年78岁。

王六生，江西萍乡人，1930年加入中国工农红军，当年加入共青团，1932年转入中国共产党。土地革命战争时期，他历任司号长、指导员等职，参加了五次反“围剿”战斗和二万五千里长征。抗日战争时期，他历任营教导员、支队政委、团参谋长、团政委、分区政委、团长兼政委等职，先后参加了平型关战役、广阳伏击战、午镇战斗、晋中三战三捷、樊坝“反扫荡”、鲁南战斗、铁佛战斗和宿洋山、官桥、运河、枣庄战斗及苏北、鲁南等战役。解放战争时期，他历任团政委、师政委、军政治部主任等职，率部参加了滕县、枣庄和宿北、洛阳、济南、淮海、渡江以及解放金塘、舟山群岛等数次大的战斗和战役。新中国成立后，他历任军政委、上海警备区第二政委、南京军区政治部主任、南京军区副政委兼政治部主任、武汉军区第一政委兼湖北省委第二书记等职。

王六生是第四届全国人民代表大会代表，中国共产党第八次全国代表大会代表，第九、十、十一、十二届中央委员会候补委员，中央顾问委员会委员。1955年被授予少将军衔。

【王文巨·丹东市楼房乡法律服务所主任·被评为全国十佳基层法律工作者】

1995年12月26日，由司法部组织的第一届全国十佳基层法律工作者评选揭晓，辽宁省丹东市振安区楼房乡法律服务所主任王文巨，在人民大会堂领取了奖牌和证书。

王文巨，36岁，大专文化，辽宁丹东人。他从事基层法律服务工作几年来，勤勤恳恳，任劳任怨，努力钻研业务，忘我工作，在身患疾病的情况下，仍为本乡经济发展提供法律服务。他共代理经济、民事案件160余件，协办公证1500余份，担任常年法律顾问18家，代写法律文书500余份，参与政府重大经济决策18次，提出可行性建议11项，为当事人避免和挽回经济损失170余万元，防止矛盾激化64件，避免非正常死亡33人。王文巨在基层法律服务工作岗位上，坚持原则，秉公执法，廉洁自律，多次拒收当事人的钱物计5万元左右。他荣立过二等功1次，1991年被评为辽宁省司法行政系统十大廉洁标兵。

【王文模·南京军区原顾问·在南京逝世】　南京军区原顾问王文模，因病于1995年10月5日在南京逝世，终年84岁。

王文模，四川省达县人，1933年参加中国工农红军，1934年加入中国共产党，历任排长、管理员、股长、处长、渤海军区后勤部政治委员、渤海三分区副政治委员、渤海军区政治部主任、华东军区后勤部卫生部政治委员、华东军区后勤部副部长、南京军区后勤部政治委员、安徽省军区政治委员等职。土地革命战争时期，他参加了二万五千里长征。抗日战争时期，他积极组织群众捐助和后勤供给部门生产，保障了部队粮秣、弹药供应，为创建、巩固和发展冀鲁边区、渤海区革命根据地作出了贡献。解放战争时期，他率部参加了山东周张、昌潍战役，扎实有效地搞好后勤保障，为中国人民的解放事业作出了贡献。1955年被授予少将军衔。

【王为民·采油高级技师·获中华技能大奖】　胜利石油管理局临盘采油厂高级技师王为民，坚持技术革新，取得26项新成果，1995年11月被劳动部授予中华技能大奖。

王为民，1949年11月生，山东省济阳县人，初中毕业后参加工作。他于1968年入伍，转业后在济南钢铁厂工作，1981年调入胜利石油管理局临盘采油厂采油一矿当工人，1984年9月加入中国共产党。他坚持刻苦钻研业务，大搞技术革新，克服了文化水平低、基础条件差等困难，自学了《机械设计理论》、《采油工程》、《电磁学》等多学科专业理论知识，并应用于生产实际，先后革新成功了千斤顶式扒轮器、齿轮对扣机、弹子式防脱器、抽油杆防脱导向器、硅橡胶安全阀、临盘式改进型抽油机、螺旋起重小车、水平绳卡子、多功能单流阀等技术，共取得26项革新成果，其中有四项分别获得了国家专利，18项应用于生产，创直接经济效益上千万元。例如，抽油杆防脱导向器于1988年在现场大面积推广，仅在临盘抽油井上安装后，一年减少作业上百次，节约作业费用100多万元。目前已在胜利石油管理局10个采油厂和中原、华北、大港油田推广应用，取得了可观的经济效益。他创新的抽油机系列防盗技术，是包括配电柜移位、防盗井口等六项技术在内的一套综合技术，目前已在23口井实施了配电柜移位，减少用电12万千瓦；防盗井口安装25套，防止盗油3000余吨，折合经济效益30余万元。

王为民曾获得厂技术革新能手、局级劳动模范、省级劳动模范等称号。1989年被评为全国劳动模范。1990年中华全国总工会授予他全国职工自学成才奖。

【王心刚·电影表演艺术家·获中国电影世纪奖】　1995年12月28日，在北京举行的中国电影世纪奖颁奖典礼上，电影表演艺术家王心刚，荣获中国电影世纪奖。这项评奖是为纪念世界电影诞生100周年暨中国电影诞生90周年，由广电部电影事业管理局、中国电影家协会、中国电影出版社和中共北京市委宣传部联合主办的。

王心刚，1932年1月出生于辽宁省大连市。1950年任沈阳市文联训练班干事。1951年参军，在东北军区文工团（后为沈阳军区抗敌话剧团）任话剧演员，曾在《李闯王》、《冷战》、《三个战友》中扮演主要角色。1956年应邀在长影故事片《寂静的山林》中扮演主角侦察员史永光，获得成功，从此走上银幕，此后30多年来，他在银幕上塑造了众多性格鲜明的军人形象。1958年调入八一电影制片厂，先后任演员、副厂长。他在《牧人之子》中扮演德力格尔、《永不消逝的电波》中扮演姚苇、《海鹰》中饰艇长张敏、《勐垅沙》中饰工作组长江浩，《红色娘子军》中饰党代表洪常青、《野火春风斗古城》中饰杨晓冬、《侦察兵》中饰郭锐、《南海长城》中饰民兵连长区英才、《绿海天涯》中饰科学家南林、《伤逝》中饰涓生、《知音》中饰蔡锷等等。

他扮演的军人形象英姿勃勃、刚气逼人而又刻画细腻，自然朴实，被广大观众喜爱、认可。王心刚的表演之所以逼真而不露雕琢痕迹，与他注意深入生活，锻炼培养自己体验角色紧密相关。他扮演《南海长城》中的渔民时，自己天天淌海爬岩，在阳光下暴晒，以至阳光过敏，浑身暴皮。1981年在《知音》中扮演蔡锷时，为了使自己开始发胖的体型瘦削与中年蔡将军相近，他每天不进早餐锻练长跑，阅读大量描写蔡锷将军事迹的史料，仔细琢磨蔡锷将军的神情风采，表演得神情兼备，真切感人，使已习惯于接受他扮演的人民战士形象的观众，同样认可他扮演的民国初期爱国将领。他因此获得第五届电影百花奖最佳男演员奖。

王心刚在电影表演手法上达到一个新境界的是他在《伤逝》中饰演的涓生。在这个表现旧中国 20 年代知识分子心理感情的影片中，人物没有大起大落的外部动作，王心刚细腻地通过人物不同时期的富有生活气息的小动作，眼神表运了他与女主角间感情关系的变化。他认为《伤逝》让他更真切地体会电影表演的真髓。1987 年后，王心刚改任导演，他担任了中加合拍的《白求恩》的中方导演、《玫瑰天涯》的导演。

王心刚现任中国电影家协会主席团成员。

【王玉良·木版水印高级技师·获中华技能大奖】　身怀中国古老传统技艺——木版水印的传人、北京荣宝斋高级技师王玉良，1995 年 11 月获得劳动部授予的“’95 中华技能大奖”。

木版水印的设备和工序虽极其简单，但经王玉良之手，竟能把一幅幅古代绢本绘画和现代国画、字画复制印刷得与真品难分真假。1951 年，高小毕业的王玉良从农村来到荣宝斋木版水印车间当工人，由于勤奋好学，很快掌握了木版水印的传统操作规程。50 年代后期，他成为试印中国古典绘画的骨干，试复印绢本《宋元画册》中仇英所作的《射猎图》。那画面上的猎者着装、鞍鞯马饰、箭壶马鞭，都以细如劈发的金线绘成。要通过水印使之再现到复制品上，难度极大。尤其以绢本印刷，历史上尚属首次。由于原品年代久远，其品质、色彩等均与新近完成的画作有很大不同，而复制印刷的产品又要求和原品一样，有时光调一种颜色就要好几天。王玉良虚心向长辈学习，集众多木版水印师傅之所长，认真研究，反复实践，终于使所承印的绢本书画色彩沉稳典雅，色夬匀净而又富深浅薄厚的变化，再现了原作的笔致风韵，达到了形、神兼备的效果。

1963 年，而立之年的王玉良承担了印刷五代顾闳中所作的《韩熙载夜宴图》的局部工程。此幅作品的复制完成，使王玉良的技能达到木版水印技艺的高峰，为保护历史遗存绘画开辟了一条新路。许多外国文化界人士，乃至国家元首欣赏到这件复制品时，都惊讶地说：“这是真正的东方艺术，是印刷界的骄傲！”

1982 年王玉良又开始新的冲击：摹制宋徽宗赵佶临摹的唐代张萱名画：《虢国夫人游春图》。“游春图”画面敷彩块大，人物精神内涵丰富，其复印难度大于以往。在印制“游春图”期间，他因劳成疾住了医院。王玉良通过不断探索，终于用 5 年时间将这一名画印成 40 幅，每幅售价达 14 万元，使复制绢本书画的技艺再度获得升华，再现了色彩和线条的风韵、人物的神情，使古典绘画孤本以一变百，利于文物保护。

木版水印是中国古老的传统手工艺术，从隋代发展至今已有一千多年历史。身怀绝技的王玉良，在 45 年工作中，经他一手成功复制的古代书画有成千上万幅。这些精湛的木版水印作品行销世界几十个国家。但他从不自傲，仍继续钻研，精益求精。

王玉良，1935 年 12 月生，北京市顺义县人。1979 年 7 月加入中国共产党。

【王玉梅（女）·电影表演艺术家·获中国电影世纪奖】　1995 年 12 月 28 日，在北京举行的中国电影世纪奖颁奖典礼上，山东话剧团演员王玉梅，荣获中国电影世纪奖。这项评奖是为纪念世界电影诞生 100 百周年暨中国电影诞生 90 周年，由广电部电影事业管理局、中国电影家协会、中国电影出版社和中共北京市委宣传部联合主办的。

王玉梅，1934 年出生，山东省济南人。1949 年参加工作，在济南职工学校任文化干事。1950 年进入山东军区政治文工团当演员，1955 年转业到山东省话剧团。在几十年的演艺生涯中，王玉梅曾在话剧《刘胡兰》、《青春之歌》、《红岩》、《野火春风斗古城》、《沉浮》中成功地塑造了刘胡兰、沈漪文、江姐、金环、金嫂等艺术形象。在《丰收之后》中因出色地扮演赵五婶，获得 1963 年华东会演优秀演出奖。该剧 1964 年拍成电影，王玉梅饰演的赵五婶真实、自然、栩栩如生，开始由舞台向银幕迈出了可喜的第一步。“文革”期间，王玉梅被迫中断艺术创作，直到 1981 年才重登银幕，在电影《喜盈门》中饰演仁武妈。该片获得 1982 年第二届中国电影金鸡奖“荣誉奖”和第五届《大众电影》百花奖最佳故事片奖。接着王玉梅又在影片《内当家》中饰演李秋兰、《山菊花》中饰演二嫂子。1984 年在电影《高山下的花环》中饰演了烈士母亲梁大娘。为塑造好这个角色，王玉梅倾注了全部的创作激情，以朴实、真切、生活、毫无雕琢之感的表演，成功地塑造了一位典型的可亲可敬的中国母亲形象。该片获得第八届《大众电影》百花奖最佳故事片奖；王玉梅获得最佳女配角奖和第五届中国电影金鸡奖最佳女配角奖提名。同年，她又在《谭嗣同》中以精湛的演技，比较准确地塑造了慈禧的形象，揭示了角色复杂的内心世界，赢得专家的好评，荣获1985年第五届中国电影金鸡奖最佳女配角奖。1983年因在电视剧《高山下的花环》中扮演梁大娘而获电视“飞天奖”和“金鹰奖”最佳女配角奖。此后，又在电影《一代枪王》、《心香》、《五魁》，电视剧《帅梦奇》中扮演重要角色。尤其是在《心香》中的出色表演，受到电影界一些专家的好评。

【王玉敏·京剧表演艺术家·逝世周年纪念演出活动在北京举办】 回族表演艺术家、教育家、著名京剧老旦王玉敏教授于1994年病逝在教学岗位上。为了纪念他精湛的表演艺术和高尚的品德，他的同道和弟子们于1995年4月在北京人民剧场举办专场演出，获得圆满成功。

王玉敏，1923年出生在一个回族中医世家。其祖父王寿山酷嗜京剧，曾在北京前门杨梅竹斜街经理清云阁票房，邀请艺坛名流、名票研习京剧。王玉敏受家庭熏陶，幼年便练武习艺。12岁考入北平中华戏曲职业专科学校，先习武旦，后又从师时青山、刘俊峰、文亮臣、罗福山等专攻老旦。1940年毕业，先后与马连良、谭富英、奚啸伯、杨宝森、裘盛戎、言慧珠、张君秋、李宗义、李鸣盛等人合作演出，并受到孙甫庭、李多奎的悉心教诲，是京剧老旦龚（云甫）派、李（多奎）派的优秀传人。

王玉敏于1952年加入中国京剧院，为剧院主要老旦之一。他嗓音清脆洪亮、高低自如，演唱韵味淳厚、表演细腻，艺术上精益求精，自成风格。先后与李盛藻、李少春、李和曾、叶盛兰、王泉奎等人合作，上演了大量传统剧目。在继承传统的前提下，他大胆创新，五、六十年代在《杨八姐游春》、《朱仙镇》等新剧目中，以崭新的面貌，成功地塑造了佘太君和乳娘的艺术形象；晚年结合教学需要，根据杜甫的诗作创演了《石豪村》，为京剧老旦剧目开拓了新路。

王玉敏50年代初便开始兼事艺术教学工作。1971年初调入中国戏曲学校（即现在的中国戏曲学院）专职从事戏曲教育。他对求教者毫无门户之见，并且做到“拜我者，我教；不拜我者，我也教。即便是不认识者，凡登门求教，也同样热心相待，无私传授。”他爱徒如子，凡求教于他的学生，无不为他严谨的治学态度所感动。近年来，在教学之余，他不顾体弱多病，重返舞台，演出精彩的拿手好戏，不仅满足了广大观众的要求，也为中青年演员作了很好地教学示范。几十年来，他培养了一批又一批艺坛新苗，有的已成为深受广大观众喜爱的演员。他关心业余京剧活动和幼儿京剧培养，经常应邀到中国戏迷协会等许多票房及幼儿团体，实施辅导，受到尊敬和赞誉。

作为一名回族演员，他热心公益事业，先后赴西藏、新疆、宁夏、内蒙、广西等少数民族地区慰问演出。还于1955年随中国艺术团出访原苏联、波兰、原民主德国、奥地利、挪威、丹麦、冰岛、芬兰等国，开老旦出国演出之先例。他还三次应邀赴香港演出教学。

【王正国·创伤医学专家·当选为中国工程院院士】 1995年7月7日，中国工程院公布了新当选的院士名单。第三军医大学野战外科研究所研究员王正国，当选为中国工程院医药与卫生学部院士。

王正国，1935年12月生于福建省漳洲市。1950年考入沈阳中国医科大学医疗系，1956年以优异的成绩毕业，被分配至军事医学科学院野战外科研究所（后改属第三军医大学）任实习研究员，1963年晋升为助理研究员。1984年因研究工作成绩显著，被破格提升为研究员。

王正国长期从事野战外科学和创伤病理学的研究。在冲击伤和创伤弹道学等课题的研究中成绩尤为显著，并有所发现和创新。1981年作为我国唯一的代表，参加了在瑞典哥德堡召开的第四届国际创伤弹道学会议，在会上发表两篇论文，介绍创伤弹道的病理形态和超微结构，首先提出肌原纤维乙线呈阶梯形分布是创伤弹道超微结构的特征结构性变化，受到与会者一致好评。这些论文刊登在国际上负有盛名的斯堪的那维亚外科杂志上。1982年他编著了《冲击伤》一书受到国内外同行重视。该书根据他和同事们多年来有关冲击伤的研究成果，并吸取了国内外冲击伤的新的文献资料，系统地阐述了冲击波的致伤机理，冲击伤的分类、病理和临床特点，以及冲击伤的诊断、治疗和防护。他对新武器致伤特点也颇有研究。1971年访问越南时，系统地收集了美军在越南使用的各种新式常规武器致伤资料，回国后亲自主持了钢珠弹、燃烧空气炸弹等新武器的生物效应研究，在此基础上编写出《新武器伤防治》一书，被列为军医训练参考书。1983年他在美国费城宾夕法尼亚大学进修，应用冰蚀刻技术研究肺水肿时肺泡上皮和肺毛细血管内皮细胞连接部的病理形态，为阐明肺水肿的发生机理提供了新的证据。

40多年来，他撰写研究论文150余篇；主编交通医学、创伤弹道学、冲击伤、新编外科诊疗手册、现代战伤外科学等专著。参加黄家驷外科学等十余部专著的编写。培养博士生25名。获国家科技进步一等奖一项、三等奖三项，三等国家发明奖一项，军内二等奖以上十余项。

他是国务院学位委员会学科评议组成员，中华医学会理事，中国人民解放军医学科学技术委员会常委，中华医学会创伤学会副主委。

【王丙乾·全国人大常委会副委员长·谈环境保护和土地立法工作】 1995年8月26日，在全国人大常委会第十五次会议上，王丙乾作了人大常委会执法检查组关于检查环境保护法执行情况的报告。他强调，造成我国环境污染和资源破坏的主要原因，是高层领导对环境保护重视不够，综合部门宏观调控不力，紧迫感不强，在经济决策时对环境保护考虑不够。12月7日，王丙乾在厦门召开的全国人大环境与资源保护工作座谈会上指出，必须大力加强环境法制建设，以法律的手段保护环境的资源。

6月22日，王丙乾在为纪念第五个全国土地日(5月25日)举行的座谈会上强调，各级人大应进一步加快和完善土地立法，尽快建立与社会主义市场经济相适应的土地法律体系。

王丙乾，1925年6月生，河北省蠡县人。1939年参加革命。1940年加入中国共产党。曾任中共蠡县县委机关秘书、冀中行署财政厅审计科员、华北人民政府财政部审计处副科长。中华人民共和国成立后，历任财政部科长、处长、副司长、司长。1970年后任财政部革委会副主任、副部长，1980年任部长。1983年任国务委员兼财政部部长。是中共第十二、十三届中央委员。1993年3月当选为第八届全国人大常委会副委员长。

【王占国·半导体材料物理学家·当选为中国科学院院士】 1995年11月6日，中国科学院公布了新当选的院士名单，中科院半导体研究所研究员、博士生导师、半导体材料开放实验室主任王占国，当选为中科院技术科学部院士。

王占国，河南省镇平县人，1938年12月29日生。1962年毕业于天津南开大学物理系固体物理专业。

王占国长期从事半导体材料研究工作，成果卓著。他在国防科研工作中，研制为人造卫星用硅太阳电池辐照效应的研究成果，为我国空间用硅太阳电池定型(由PN改为NP)投产起了关键作用。在半导体材料生长及性质研究中，他提出了识别两个深能级共存系统两者是否是同一缺陷、不同能态的新方法，解决了国际上对GaAs中A、B能级和硅中金受主及金施主能级本质的长期争论。提出了混晶半导体中深能级展宽和光谱谱线分裂的物理新模型，建立了GaAs中与铜等相关深中心的激子局域化理论模型；提出了直拉硅中新施主微观结构新模型，和GaAs电学补偿五能级新模型，及电学补偿新判据。

王占国协助林兰英教授，开拓了我国微重力半导体材料科学新领域，首次在太空生长了GaAs单晶，并对其性质作了系统研究；成功地生长了电子迁移率(4.8K)高达百万的2DEG材料，和器件级的高质量HEMT及P—HEMT结构材料。

王占国是半绝缘Ⅲ—V族材料国际顾问委员会委员。曾获国家科技进步奖三等奖、中科院科技进步奖一、二、三等奖及国家重点科技攻关奖等多项奖励。在国内外重要刊物和会议发表学术论文110多篇。

【王立鼎·精密机械和微纳机械学家·当选为中国科学院院士】 1995年11月6日，中国科学院公布了新当选的院士名单，中科院长春光学精密机械所研究员王立鼎，当选为中科院技术科学部院士。

王立鼎，1934年12月2日出生于辽宁省辽阳市，1960年毕业于吉林工业大学机械系机械制造工艺及设备专业。王立鼎长期从事精密机械学研究，成果显著。在精密齿轮工艺与测试方面，他用先进技术精化齿轮磨床，建立了一系列的齿轮加工精度理论、误差分析与补偿方法。先后研制成功具有国际先进水平的编码齿轮、谐波传动齿轮、中小模数基准标准齿轮等；在亚微米及纳米机械方面，研制出我国第一台“光盘伺服槽及预制格式刻划机”，其机械部分的精密蜗轮付、空气轴承及主机传动链精度具有当代国际先进水平；在微机械方面，1992年他主持组建了我国第一个微机械研究室，研制的微小压电马达达到了国际先进的技术指标。在国内首次研制成功具有国际先进水平的微机械运动参数测试仪等。曾获国家科技进步奖二等奖两次，并获全国科学大会奖和中国科学院科技一等奖等多项奖励。发表学术论文50余篇。

【王汉斌·全国人大常委会副委员长·在国际反贪污大会上发表讲话】 1995年10月10日，王汉斌在北京举行的第七届国际反贪污大会闭幕式上发表讲话，他说，中国政府在致力于发展经济的同时，高度重视加强社会主义民主和社会主义法制建设，高度重视反腐倡廉。十多年来，我们遵循“有法可依、有法必依、执法必严、违法必究”的社会主义法制原则，制定了一系列法律、法规。近几年来，着重制定了有关适应社会主义市场经济体制需要，维护市场经济秩序的法律，同时加强了廉政法律制度建设，制定了一系列有关规范国家公职人员的行为，预防和惩处公职人员徇私舞弊等职务犯罪行为的法律规定。

从 1995 年 1 月 1 日起国家开始实施赔偿法。1 月 21 日《人民日报》发表王汉斌写的题为“制定和实施国家赔偿法是民主法制建设一件大事”的文章。文章说，国家赔偿法的制定和实施与行政诉讼法相配套，确立了我国国家赔偿的法律制度，在保障公民的基本权利和促进国家机关及其工作人员依法行使职权方面迈出了重要步伐，是我国建设社会主义现代法制国家的重要标志。

王汉斌，1925 年 8 月生，福建惠安人。1941 年入缅甸仰光华侨中学学习。同年 2 月加入中国共产党，并任中共仰光区委委员，缅甸华侨战时工作队队员。1942 年至 1946 年在西南联合大学历史系学习，1946 年毕业后任北平《平明日报》社编辑，负责领导清华大学、北平师范大学等校地下党工作。1948 年任中共北平学委委员，大学委员会书记。1949 年后，历任青年团北京市委大学部部长，中共北京市委秘书、办公室主任、副秘书长等职。1980 年后，任全国人大常委会法制委员会副主任兼秘书长、全国人大常委会副秘书长、秘书长，法制工作委员会主任。1988 年当选为第七届全国人大常委会副委员长、法律委员会主任委员。1993 年当选为第八届全国人大常委会副委员长。他是中共第十二、十三、十四届中央委员。

【王幼平·外交部原副部长·在北京逝世】　外交部原副部长、党组副书记王幼平，于 1995 年 3 月 28 日因病在北京逝世，终年 84 岁。

王幼平，1910 年出生于山东新城（今桓台）。学生时期就开始接触新文化、新思想，1926 年在中国共产党的影响下参加了进步团体。1931 年 5 月加入中国共产党，同年 12 月参加宁都起义，并加入中国工农红军。曾在红五军团任连长、师政治部秘书处处长、军团政治部教育科科长。参加了中央苏区反“围剿”和长征。长征到陕北后，被调往中央白区工作部工作。1937 年抗日战争爆发后，被派往鲁西北抗日根据地，参与组建抗日游击队，任鲁西北抗日游击队第十支队政治部主任。后任八路军先遣纵队政治部主任、第一二九师旅政治部主任、旅代政委。解放战争时期，任冀鲁豫军区政治部主任，豫皖苏军区政治部主任、城工部长，军副政委，第五兵团政治部代主任等职。参加过淮海战役、渡江战役等重大战役。新中国成立后，调外交部工作，历任驻罗马尼亚、挪威、柬埔寨、古巴、越南、马来西亚和原苏联大使，外交部副部长、顾问。在开创和发展新中国的外交工作中成绩卓著。是中共中央顾问委员会委员、第十二大和第十三大代表，是第三、五届全国人大代表。

王幼平生前给子女立下遗嘱，“身后五不”：“不开追悼会，不搞遗体告别，不发讣告，不留骨灰，不向组织提条件。”

【王式廓·已故著名画家·美术界联合举办王式廓素描艺术展】　1995 年 10 月 11 日，由文化部教育司、中国美术馆、中国美术家协会、中央美术学院，在中国美术馆联合主办《王式廓素描艺术展》。王式廓是我国当代著名的革命现实主义画家，卓越的人民美术家和教育家。精通油画、木刻、速写、中国画、书法，尤擅长素描。

王式廓，1911 年 6 月生，山东掖县（今莱州市）人。1935 年毕业于上海艺术专科学校西洋画系。1936 年赴日本东京美术学校学习。1937 年日本发动侵华战争，他毅然从日本弃学回国，以画笔为武器投身抗日活动。在国民政府革命军事委员会政治部第三厅美术科工作，创作了《大刀向鬼子们的头上砍去》、《平型关大战》、《全民动员》、《台儿庄会战》等大批油画。1938 年赴延安鲁迅艺术学院任教，并坚持创作。1940 年绘制《自卫军宣誓》油画，作为中共中央送给宋庆龄女士的礼物。1942 年加入中国共产党。1945 年中共召开七大，他为会场绘制了毛主席和朱总司令大幅油画。他在艺术实践和教学中，坚持将中国画的笔墨和西方画派的明暗结构融于一体，使作品富含博大精深的中国气派和恢宏深邃的民族底蕴。他热爱人民，热爱生活，以深刻的洞察力，精湛的艺术技巧，创造许多时代特征鲜明、内心世界丰富的人物形象。如《井冈山会师》、《毛主席和我们在一起》、《转战陕北》、《长征组歌》等油画。许多作品被中央档案馆、中国革命历史博物馆收藏。大型素描《血衣》，在第四次全国文艺代表大会上被誉为建国以来最优秀的艺术作品之一。他在几十年的教学生涯中，培养了大批画家和美术工作者，为国家美术教育事业作出了重要贡献。王式廓教授的作品在国内外多次展出并出版专集，有《王式廓素描集》、《王式廓人物选》、《王式廓画集》等。

王式廓生前为中央美术学院教授，研究部主任。是中国美术家协会第一届理事，第二届常务理事。1973年5月22日，年已62岁的王式廓教授，不辞艰辛，深入河南巩县山区农村为农民画肖像，因劳累过度，在手持画笔创作时以身殉职。

【王光生·海口市刑警队侦察员·被追授全国公安系统一级英雄模范称号】 1995年12月15日，公安部发布命令，追授海南省海口市公安局新华分局刑警队侦察员王光生全国公安系统一级英雄模范称号。

王光生，1952年1月出生，海南海口人，高中文化。1972年参加工作，在海南省海口市罗牛山干校当工人。1979年参加公安工作，曾先后任海口市公安局交警大队交警、海口市公安局新华分局刑警队刑警，一级警司。他参加公安工作十多年来，热爱本职工作，干一行，爱一行，严格要求自己，在打击刑事犯罪的第一线，英勇顽强，不怕牺牲。1995年2月25日与战友围捕持枪抢劫团伙时，他第一个扑向罪犯，在腿部负伤的情况下仍顽强战斗，荣立个人二等功一次。1995年6月27日，王光生在海口市秀英港至海关钟楼线路上的中巴客车上执行任务时，面对3名在客车上抢劫的犯罪分子，他临危不惧，奋不顾身向歹徒扑去，一手拷住歹徒持枪的手，一手抓住歹徒的枪支，用尽全力把枪口转向歹徒，并将一名歹徒击伤。在搏斗中不幸被丧心病狂的歹徒用钝器连击头部并开枪击中胸部，壮烈牺牲。

【王竹林·农民合同工·在全国焊接技能大赛中夺魁】 浙江省工业设备安装公司的农民合同工王竹林，在劳动部、全国总工会、共青团中央和机械工业部共同主办的1995年全国焊接技能大赛中，经过几天激烈的角逐，一举夺取手工焊组冠军，荣获全国焊接技术能手称号。

王竹林，1969年11月2日生，家住浙江武义县农村，祖辈都是农民。1985年他被招进浙江省工业设备安装公司手工电焊车间当了一名农民合同工。他好学上进，上班时虚心向老师傅求教，午休时仍同伙伴们一起钻研技术，夜晚还挑灯阅读有关电焊方面的书籍。电火花把他的衣服烧了无数个洞，手、胳膊还被烫了无数个伤疤。功夫不负有心人，他终于掌握了手工电焊的十八般武艺。

1994年在宁波市举行的一次技术交流会上，他认识了在外资企业工作的李静小姐。李静是宁波城里人，大学毕业生，但她没有门第之见，愿意同王竹林这个勤奋好学的农民合同工结识。有人对李静的举动难以理解，李静却说："只要小王人好，又好学上进，农村户口算什么！"王竹林有丰富的电焊工实际操作经验，但他只有初中文化，李静就抽出时间帮他补习文化知识。这次参赛前，为提高王竹林焊工方面的理论水平，李静找来许多有关方面的书籍和资料，编出许多焊工试题和答案，让王竹林熟背，使小王如虎添翼，终于在这次强手如林的大赛中一举夺魁。李静得知这一喜讯后，正式答应了王竹林的求婚。

【王兆国·全国政协副主席、中共中央统战部部长·强调统战工作要开创新局面】

1995年1月8日，王兆国在全国统战部长会议上强调，统战工作要在现有的基础上，开拓进取，真抓实干，进一步形成新气势、开创新局面。他说，民族工作要围绕民族地区加快发展和维护稳定两件大事，研究新形势下民族关系问题和促进民族地区经济发展的政策性问题。宗教工作要依法加强对宗教的管理，扩大党同爱国宗教界的统一战线。统战部作为党同民主党派联系的主要渠道，在坚持和完善党领导的多党合作和政治协商方面肩负着重大的政治责任。海外统战工作要坚持"和平统一、一国两制"的方针，加强同台澳港和海外代表人士的联系，为香港的平稳过渡和稳定繁荣发挥作用。

王兆国，1941年7月生于河北丰润。1961年入哈尔滨工业大学，1965年加入中国共产党。1967年参加工作。曾在第二汽车制造厂车桥厂任技术员、团委副书记，厂团委书记、厂政治部副主任兼车箱厂党委第一书记。1979年任第二汽车制造厂副厂长、党委书记。1982年任共青团中央书记处第一书记，1984年任中共中央办公厅主任，1985年任中央书记处书记。1987年后任福建省省委副书记、代省长、省长。1990年11月任国务院台湾事务办公室主任。1992年任中共中央统战部部长。是中共第十二、十三、十四届中央委员，第六届全国人大常委会委员，第七届全国人大代表。1993年3月被选为全国政协副主席。

【王旭烽（女）·青年作家·长篇小说《南方有嘉木》出版】 女作家王旭烽的长篇新作

《南方有嘉木》1995年12月由浙江文艺出版社出版，受到广泛好评。评论家认为，这是一部非常有韵味的，展示民族灵魂的，文化品位较高的长篇小说，又是一部将中华茶史、杭州地方史和人物命运史糅合在一起的好小说。

《南方有嘉木》以一个江南茶叶世家的命运为主线，通过对近百年来华茶兴衰的描绘，表现了中华民族在独特的茶文化的熏陶下的精神风貌和生存品性，奏响了一曲爱国主义的高歌。是中国第一部反映茶文化的小说。

王旭烽，江苏富阳人，1955年生。曾在杭州中学当过教师，在长征无线电元件厂当过工人。1978年，进入杭州大学历史系学习。后任《劳动日报》记者、浙江省总工会干部、中国茶叶博物馆干部。自1980年开始发表作品，出版有短篇小说集《春天到春天》，并获1985年浙江省优秀作品奖。

〔附注：《南方有嘉木》1996年获全国“五个一工程奖”。〕

【王宇鸣·民办企业家·独家投资修缮的北京正乙祠古戏楼竣工开业】　1995年10月，由民办企业家、北京斯贝思实业公司董事长王宇鸣独家投资修缮的北京正乙祠戏楼，重现昔日风采。戏楼的新貌和王宇鸣的义举受到首都戏剧界及海内外人士的普遍赞誉。

坐落在北京宣武区西河沿大街220号的正乙戏楼，原系明代一古庙，清康熙六年，居住京城的浙江籍人士集资改建为正乙祠银号会馆。康熙四十九年，“京师正阳左右列肆而居”的浙江人再次集资改建为正乙祠戏楼，遂成为正式的戏曲演出场地。剧场为卷棚歇山顶木质结构；周边长18米、总高度达10米，略呈长方形；戏台为三面敞开式，凡三层，天花板和地板均有一活动处，安有滑轮，以升降演员和道具；戏台前面有约100平方米的看池，戏台对面和两边均为上下两层的敞开式包厢。整个剧场可容200多观众。这是当时最完备的剧场建筑。程长庚、谭鑫培、王瑶卿、梅兰芳等名家票友均在此粉墨登场，成为京剧形成和发展的历史见证。抗战期间，戏楼开始衰败、没落。解放后改作他用。修缮一新的戏楼古朴典雅，赏心悦目，呈现鲜明的民族古建筑特色。

1964年出生于浙江宁波一个书香门第的王宇鸣，虽然下海经商十几年，且拥有了自己的酒店写字楼，但始终痴情祖国的传统文化。当他发现他的前辈同乡集资建成的戏楼已经斑驳不堪时便决心投资修缮。如今戏楼内名家票友频频光顾、京腔京韵不绝于耳。王宇鸣已全身心投入戏楼的运营。他认为京剧是联结我们与前人的纽带，更是向海内外展示中国文化的媒介；通过戏楼，弘扬祖国传统文化，增强民族凝聚力，并给后代留下永远的纪念，这是用多少金钱都换不来的。

【王阳元·微电子学家·当选为中国科学院院士】　1995年11月6日，中国科学院公布了新当选的院士名单，北京大学微电子学研究所所长王阳元，当选为中科院技术科学部院士。

王阳元，1935年1月1日出生于浙江省镇海县。1958年毕业于北京大学物理系。1982年至1983年在美国加利福尼亚州伯克莱大学任访问学者。王阳元长期从事微电子学研究工作。主持研究成功我国第一块三种类型1024位MOS动态随机存储器，提出了“应力增强”氧化模型；研究了用于亚微米器件和电路的硅化物，即：多晶硅复合栅及自对准复合栅结构的应力分布，提出复合栅结构中多晶硅优选厚度及相关工艺途径；发现了磷掺杂对固相外延速率的增强效应，以及$COSi_2$栅对器件抗辐照特性的改进作用；在MOS小尺寸器件物理及其失效机理的研究中，与合作者一起实现了有关陷阱电荷三个基本参量的直接测量和有线检测；与合作者一起，在理论上提出了多晶硅发射极晶体管的新的解析模型；研制成功我国第一个集成化VLSI　ICCAD系统等。近10年来，他先后取得14项重大科研成果，获国家科技进步奖一等奖一项，另11项获国家级和部委级科技成果奖。发表学术论文100余篇，出版专著和译著5部。

【王红丽（女）·豫剧演员·获第十二届中国戏剧梅花奖】　河南省民营专业戏剧团体——小皇后豫剧团团长王红丽，在首都主演豫剧《风雨行宫》、《美女涅槃记》，1995年获第12届中国戏剧梅花奖。27岁的王红丽是此届获奖年纪最小的得主。戏剧理论家郭汉城赞曰：“王红丽人小志不小，人小艺不小，她和她的伙伴不愧是戏曲改革的弄潮儿。”

王红丽，河南省开封市人，1967年出生于戏曲之家，其父王豫生精于作曲，母王素珍是豫剧旦角演员（常香玉入室弟子）。王红丽受父母薰陶，12岁时考入洛阳戏校，17岁毕业分配到河南省豫剧二团，很快崭露头角。近20岁时，即因演聊斋戏《司文郎》荣获河南省第二届戏剧大赛表演一等奖、首届香玉杯艺术奖。

其主演的《春秋配》由深圳影业公司拍成电视连续剧向海内外发行；随后又主演了《泪血太行》、《僧尼浪漫曲》、《一品夫人》等。在巡回演出中，被观众誉为“豫剧小皇后”。

1993年3月，河南“豫声艺术开发公司”提出要筹办一个自负盈亏的剧团的设想，并得到香港企业家李汉文先生的100万元慷慨捐赠。王红丽和她的艺术伙伴高红旗及优秀青年演员王可畏、关效宇、祁秋娥等，接受邀请参加创办了“河南小皇后豫剧团”。王红丽、高红旗分别出任正、副团长。从建团起即提出“改革兴团，以质量取胜，靠好戏赢人”的战略思想。全部演职员实行聘用制，各司其职，按劳付酬。他们请来著名导演艺术家余笑予等排出了《风雨行宫》和《美女涅槃记》等新剧目。在一年零两个月中，演出400余场。1995年5月，《风雨行宫》获河南省第五届戏剧大赛“特别奖”，王红丽获表演一等奖，同台演员李新华、葛圭璋获表演三等奖；11月王红丽又率团晋京参加梅花奖的角逐，她主演的《风雨行宫》和《美女涅槃记》以崭新的舞台阵容，新颖的舞台语汇和激情澎湃的表演和演唱，轰动了京华。文化部常务副部长高占祥以“梨花千树风飞雨，中州一枝报春梅”为题书赠王红丽；中国剧协副主席、戏剧理论家郭汉城以“戏曲改革的弄潮儿”为题，在《人民日报》撰文予以赞誉。1996年4月，王红丽获第十二届梅花奖的喜讯传到河南，王红丽征尘未洗，又率团赴山西圣城太原市，参加了中国戏曲第二届“金三角”交流演出盛会，以《风雨行宫》一剧，夺得了优秀剧目奖和编剧、导演、音乐、表演4项单奖。其中王红丽获优秀表演奖，高红旗、张根法获表演奖。同月，高红旗又获第三届香玉杯艺术奖。在短短的建团一年零两个月中，王红丽和她的“小皇后豫剧团”，连闯数关，共获省级以上奖励13项。

【王红英（女）·西宁市城东区公证处主任·被评为全国十佳公证员】 1995年12月26日，由司法部组织的第一届全国十佳公证员评选揭晓，青海省西宁市城东区公证处主任王红英，在人民大会堂领取了奖牌和证书。

王红英，1957年10月22日出生，青海省化隆县人，大专文化，1988年6月加入中国共产党。1991年10月从西宁市城东区劳动人事局调到公证处工作。她所在的公证处，当时只有4人，租用一间办公室。面对西宁市人口不足80万，有6个公证处，竞争力强的情况，她以强烈的责任感、顽强的拼搏精神和热情的服务态度，赢得了全处的信任和当事人的信赖。找她办证的人越来越多。在她调入公证处的当年，全处办证质量和经济收入就跃为全市各公证处的前茅，被西宁市司法局和青海省司法厅分别授予先进集体称号。1992年4月，她大胆提出了将公证处转为事业单位和实行规范化管理的设想，得到省、市司法部门的批准，该处也成为全省转制和规范化管理的试点单位。从那以后，该处办证数量逐年以28.88%的幅度上升，经济收入增长150%。

王红英把办证质量视为公证处生存、发展的关键。一次，有位公证员审查不严办了假证。她发现后立即派人重新调查，并亲自带人去陕西作进一步落实。这件公证当时只收10元公证费，但重新调查就花去2000多元费用。王红英几年来自己办证1098件，经各级领导检查，无一假（错）证，为当事人避免和挽回经济损失600多万元。她多次被评为先进工作者、优秀共产党员，获得过司法部授予的全国公证质量评比先进个人称号，还荣立过2次三等功。

【王利明·中国人民大学教授·被评为全国十名杰出青年法学家】 1995年12月26日，由中国法学会组织评选的全国十名杰出青年法学家揭晓。中国人民大学教授王利明获杰出青年法学家称号。是年他还获北京市劳动模范称号。

王利明，1960年2月生，湖北省仙桃市人，中国共产党党员，中国人民大学法学博士。现为该校教授、博士生导师。在民法学同行心目中，王利明被公认是成绩最突出的青年学者之一。共发表高水平的学术论文近70篇，单独和与其他学者共同撰写的《经济法的理论问题》、《民法新论》、《经济体制改革中的法律问题》、《法律调整新论》等10多部专著出版后，在学术界产生了较大的影响。在《经济法的理论》一书中，完善了“经济行政法”理论。在侵权行为法、人格权法、国家所有权制度等领域，提出了一系列新的观点，受到法学界的好评。参加了司法部第一部民法统编教材《民法原理》的修订和统稿工作。1987年司法部大专民法统编教材《民法教程》和1988年司法部第二部民法统编教材《中国民法》均由他担任主编。王利明1991年获国务院学位委员会和国家教委联合颁发的有突出贡献的中国博士学位获得者称号；1992年获吴玉章教学奖和北京市五四奖章。

【王佐良·著名教育家·在北京逝世】

著名教育家、作家、翻译家、北京外国语大学教授王佐良，因病于1995年1月19日在北京逝世，终年79

岁。

王佐良，浙江省上虞人，1916 年出生。1935 年考入清华大学外语系，抗日战争爆发后随校到云南，1939 年从昆明西南联大毕业后留校任教，抗战胜利后重返清华。王佐良年轻时就是一位才气横溢的诗人，他的部分早期诗作曾收入闻一多先生主编的《现代诗抄》。1947 年，王佐良赴英国牛津大学，师从著名的英国文艺复兴学者威尔逊教授，为他毕生从事的英国文学研究奠定了坚实的基础。新中国成立后，他毅然放弃在英国深造和工作的机会，于 1949 年底回到祖国，在北京外国语学院担任教授至今，并于 1983 年加入中国共产党。他毕生致力于我国的英语教育和外国文学研究事业。曾任北京外国语学院英语系主任、副院长，北京外国语大学外国文学研究所所长，国务院学位委员会学科评议组外国文学组组长，中国外国文学学会副会长，中国莎士比亚研究会副会长。他在英国文学、中西诗学、文学理论、比较文学和翻译理论等方面的造诣极深，在国内外学术界享有盛誉。是第六、七届全国政协委员。主要著作有《约翰·韦伯斯特的文学声誉》(1975 年英文版)、《英语文体学论文集》(1980 年)、《英国文学论文集》(1980 年)、《中外文学之间》(1984 年)、《论契合—比较文学研究》(1985 年英文版)、《英国诗选》(上编，1988 年)等。主要译著有《彭斯诗选》(1959 年)、《苏格兰诗选》(1985 年)、《雷雨》(1958 年英文版)。

【王茂润·中将·任国防大学政委】 1995 年 7 月，中央军委任命王茂润为国防大学政委。

王茂润，1936 年 5 月生。山东荣成人。1951 年参加中国人民解放军。1956 年加入中国共产党。曾任青岛守备区队列科参谋，军政治部秘书处副处长、组织处处长，济南军区政治部副秘书长，军政治部主任、军副政委。1985 年军事学院毕业。后任兰州军区政治部主任。1990 年起任兰州军区副政委兼中共兰州军区纪委书记。是中共十一大代表，第七届全国人大代表、中纪委委员。1988 年被授予少将军衔，1993 年晋升为中将军衔。

【王松敏·西安市第二律师事务所主任·被评为全国十佳律师】 1995 年 12 月 26 日，由司法部组织的第一届全国十佳律师评选揭晓，陕西省西安市第二律师事务所主任王松敏，在人民大会堂领取了奖牌和证书。他以"全新起点，全新勇气"表达当选"十佳"后的心情。

王松敏从 1981 年开始从事律师工作，先后为 38 家企业担任法律顾问，承办各种案件 700 余件，为企业挽回经济损失 8000 余万元。在刑事案件辩护中，有 9 名被告被无罪释放，有 200 余人依法从轻、减轻判处。他廉洁自律，拒收当事人现金近 4 万元，拒受物品达 300 余次，以自己的实际行动树立了人民律师的良好形象。一次，王松敏作为某外贸单位的代理人，为其挽回经济损失 200 多万元。这个单位十分感激，经正式研究决定给王松敏 1000 股股票，让他象征性地交点钱，被王松敏拒绝。他曾充分利用法律手段给一个单位解决经济纠纷，使这个单位免缴 20 多万元赔款。这个单位几次给王松敏送现金都被拒绝。后来送一辆木兰轻骑摩托车，王松敏还是没收。单位的人瞅准王松敏爱人上班的路途，硬是把车塞给她，但王松敏又坚决退了回去。

王松敏，1953 年 3 月出生，陕西省长安县人，大学文化，1974 年 4 月加入中国共产党。现为西安市及陕西省人大代表，省人大法制委员会委员。1990 年他被授予全国司法系统先进工作者称号，1991 年荣立一等功；他还获得西安市劳动模范和陕西省优秀共产党员称号。

【王国庆·中国国际广播电台台长助理·被评为首届全国百佳新闻工作者】 由中华全国新闻工作者协会主办的首届全国百佳新闻工作者评选，1995 年 3 月 24 日在北京举行颁奖会，中国国际广播电台台长助理兼英语部主任、副译审王国庆获奖。

1993 年 11 月，举世瞩目的亚太经合组织部长级会议及领导人非正式会议在美国西雅图举行，江泽民主席抵达西雅图的消息，为国内外所关注。当时任国际台驻华盛顿首席记者的王国庆，抓住时机迅速成稿，一时找不到传真设备，便用国际长途电话往国内口授传稿，是当时我国几大新闻单位中最早传回这条消息的记者。在西雅图，王国庆争分夺秒，源源不断地发回大量会议消息和专稿。

王国庆从事英语广播 20 年，给自己立下了一条准则是"老老实实做人，认认真真做事"。他初到国际台，曾派出国外进修 2 年，回国后奉命筹建英语部资料室，他毫无怨言，十分投入地工作。他长时间做节目编辑，后来当了英语部副主任、代主任。他严以律己，每天早出晚归，一直忙个不停，确保每天 30 多个小时节目制作播出都是准确的、高质量的，受到人们的称赞。

1992年他被派往美国，和另一记者全天候采访作业，每月发稿量由原来四五十条猛增到一百多条。1993年共发回新闻1800多条，专稿130多篇，超过90万字，采用率90%以上。1993年9月13日，巴勒斯坦和以色列在华盛顿签署和约，当巴以领导人提笔签名时，他立即拨通国内电话，及时传回了这条消息和综述。他在这年撰写的年终专稿《力不从心的世界警察》，剖析了克林顿政府一年来在外交上的得失，对苏联解体、世界格局发生变化后美国扮演什么角色这个普遍感兴趣的问题，作了鲜明、准确的回答，不仅国际台用43种语言对外广播，还被多家报纸采用。这篇专稿被评为1993年"中国新闻奖"二等奖。

王国庆，1952年10月生，江苏无锡人。上海外国语学院英语系毕业。1992年任命为国际台台长助理，1993年从美国回来后任英语部主任。

【王明南·山东龙口洼里煤矿矿长·被授予全国煤炭工业特等劳动模范称号】　山东省龙口矿务局洼里煤矿矿长王明南，敢为人先，靠深化内部改革使企业起死回生，一年多时间便甩掉了建矿24年年年超亏的帽子。全矿原煤产量一年上一个台阶，职工收入逐年递增，安全生产1400天。1995年1月，王明南荣获全国煤炭工业特等劳动模范称号。

王明南，1954年9月生，山东龙口市人。大专文化水平，中共党员。1974年12月参加工作，历任采煤班长、副区长、区长、调度室主任、副矿长、党委副书记。1992年12月任洼里煤矿矿长。王明南到任之初，洼里矿欠债务达2168万元，改扩建资金缺口达1414万元，职工年人均收入比局内其他矿少近千元。为摆脱困境，他先后推出了60余项改革和承包方案，在龙口矿区率先进行了内部改革，推行竞争上岗，减人提效。全矿精减、转岗近千人，占全矿职工总数的25%，每年可节约资金400万元；完善内部承包制，层层实行费用、利润总承包，提高了经济效益；大力发展"三产"，形成了年利润350万元、从业人员近千人的多种经营规模；改革营销体制，年增加销售额3551万元。改革使处于濒临倒闭的洼里矿重新焕发了活力。

以严治矿，靠强化内部管理提高企业效益。他在全矿推行了《现代化管理规范》，强化了现场安全质量管理，对干部下井的数量、质量的制止"三违"规定明确了指标，对事故责任者及"三违"人员实行了"三丢、四不论"，实现质量标准化动态达标，保证了安全生产。强化经营管理，推行目标成本管理，节奖超罚。

王明南克己保廉，甘当公仆，赢得职工的信赖。先后被选为烟台市第十、第十一、第十二届人大代表。1991年获全国五一劳动奖章。1995年6月受聘为中国煤炭经济学院兼职教授。

【王怡武·游泳运动员·获世界短池游泳锦标赛冠军】　1995年12月2日，在巴西里约热内卢举行的第二届世界短池游泳锦标赛上，中国选手王怡武以2分11秒11的成绩夺得男子200米蛙泳金牌。这是我国男选手在世界短池游泳赛上夺得的第一枚金牌。

王怡武，1975年8月21日生，辽宁选手。1993年，名不见经传的18岁的王怡武，在第七届全运会上以2分18秒05的成绩获得男子200米蛙泳比赛的第三名。此后，他进入国家游泳队。1994年，王怡武参加了在广岛举行的第十二届亚运会，他在200米蛙泳的比赛中，游出了2分14秒56的好成绩，夺得该项金牌，这个成绩也刷新了男子200米蛙泳的全国纪录。

王怡武身高1米77，在男子游泳运动员中属中等身材。他训练刻苦，在教练指导下大运动量、高强度训练，成绩提高很快，在短距离项目上成为中国游泳队的佼佼者。

【王宝钰·山东省水科院副总工程师·被授予全国劳动模范称号】　山东省水利科学研究院副总工程师、教授级高级工程师王宝钰，从事水利科学研究40年，取得丰硕成果。其中，他主持的以"八五"攻关项目"软土地基防渗加固技术研究"课题，1993年通过国家科委委托省科委组织的鉴定，该成果达到国际先进水平，几年来他多次被评为省优秀共产党员、劳动模范称号。1995年4月29日，被国务院授予全国劳动模范称号。

王宝钰，1935年4月生，山东省牟平县人。1955年考入山东水利技术干部学校，1962年，又自费考取华北水利函授大学。毕业后一直致力于水利科学研究，多年来，他认真贯彻科学技术必须面向经济建设的方针，积极探索，勇于开拓，恪尽职守。1980年4月加入中国共产党。1981年，他担任了高压喷射灌浆防渗技术研究，成功研究出了成套的施工设备和施工工艺，为水利工程防渗提供了新的途径。近几年，他主持研究的"软土地基防渗加固技术"研究，成功地解决了我国沿海地区土质软，按常规无法解决的建筑物地基加固问题，被国家科委确定为重点推广项目。

为使科研成果迅速转化为生产力，1986年他创造了科研生产联合体，8年来，联合体已从成立时的几十人发展到今天千余人，在国内26个省、市、自治区完成了200多项工程的防渗加固任务，营造防渗墙近100多万平方米，其中大多数工程被评为优质工程，取得显著的社会效益。他积极探索高喷灌浆技术的应用范围，已扩展到矿山、交通、电力等行业，在科研与实践相结合的道路上作出了重大贡献。

【王春露（女）·短道速滑运动员·获得第十五届世界短道速滑锦标赛三枚金牌】

1995年3月，在挪威约维克举行的第十五届世界短道速滑锦标赛上，王春露不仅个人夺得女子500米和1000米金牌，而且与队友一起赢得3000米接力冠军，成为我国冰上项目在一次世界大赛中赢得金牌最多的运动员和我国滑冰史上最年轻的世界冠军。

王春露年仅17岁，第一次参加世界性比赛就夺取了3枚金牌，由于缺乏耐力，后两项长距离项目名次一般而未能获得这届锦标赛的全能冠军。同年3月，她还参加了在荷兰祖特梅尔举行的世界短道速滑团体锦标赛，与队友一起获得亚军。

王春露，长春市人。从小在都是中学教师的爷爷王景奎和奶奶赵怀云身边长大，由于体质较弱，10岁起开始滑冰，以增强体质，但没想到被滑冰教练王惠军和赵勤楠看中，1991年8月进了长春市运动学校。1992年，王志春教练把她招进了吉林省体工队。1994年10月，王春露又被我国著名速滑教练辛庆山看中，调到国家体委冬季项目管理中心，成了一名国家队队员。

由于辛庆山的严格训练，王春露成绩飞速提高，在1995年1月第八届全国冬运会上夺得1000米、3000米、全能和3000米接力4枚金牌以及500米和1500米两枚银牌。这是她第一参加全国冬运会，也是第一次赢得真正的全国冠军。1993年1月，她曾赢得过全国冠军称号，但国内顶尖选手因出国比赛没有参加那次比赛，为此她一直没有把那次冠军当一回事。

王春露身高1米70，体重57.5公斤，平时喜欢看书和听音乐。作为女孩子，她却不爱浓装，她说："作为运动员，最美的样子，我想就是站在领奖台上，看国旗升起，听国歌奏响。"

【王思明·小学教师·被授予全国先进工作者称号】

山村教师王思明，在陕西延长县罗山子乡下西渠小学执教27年，使学校破旧面貌彻底改观，教书育人成绩突出。1995年4月29日，国务院决定授予他全国先进工作者称号。

王思明，1947年出生，陕西省延长县人。他21岁走上下西渠小学讲台，当时的下西渠小学只有两孔快要坍塌的土窑洞和10名学生。他带领10名学生开出1亩荒地，种植烟叶和千穗谷，加上挖药材所得一年积攒了100多元。王思明向全村宣布："上学，不要钱了！"学校学生一下增到43名，这是全村学龄儿童的总数。往后，王思明又跟村上要来些山坡地，到延安、西安等地学种果树，自己掏钱买回树苗，种树5000余株，栽果树180株。树栽活了，学校的小农场办起来了，勤工俭学收入逐年增加。学生年均纯收入1988年是33元，1991年增至1000元。有了钱，王思明要给学校变个样：1982年前，多次翻修校舍；1986年，建起土基窑5孔，砖木结构教室3间。1992年，一幢两层12间的教学楼在下西渠村拔地而起，学校规模在同类山区中成为延安第一和陕西第一。学校如今不仅实行全免费教育，还给升入初中的学生补助第一学期的书本费。下西渠的儿童由于缺乏文化环境，素质先天不足，如"人民大会堂"这样5个字的词，教20遍还不会说。10个阿拉伯数字要认会得半个学期。而且，王思明"一人一校"，一个人教全校7个年级的所有各门功课，甚至是在同一间教室，同时上几个年级的不同课程。这样的学怎么教？王思明总结出一套行之有效的教学方法，不断提高课堂教学质量。平时则对学生不厌其烦地加以启发引导。有个小男孩老逃学，王思明天天领他上学，陪他上自习课。一个学期后，小男孩爱看书了，王思明就奖给他一只文具盒。还有个女孩，孤僻易怒，生活非常散漫。王思明下功夫培养她的"自理"能力，同她一起劳动、做游戏，帮她整理书包，教她梳头、洗脸。后来这个女孩变得整洁可爱、开朗合群，还成了年级班长。每年统考，王思明带领学生有车不坐，硬是步行80多公里到延长县城，在极度疲劳下考试，下西渠小学的成绩依然名列全县第一，到现在，王思明教出去的学生已有18届91名，其中30名考入大中专院校。王思明在下西渠小学执教27年，下西渠人对他早有评断："王思明如果走下讲台，走出校园，他会是下西渠的首富"。然而王思明全家至今住着祖传的两孔"石片窑"，不但无任何积蓄，且有外债。但王思明在给女儿的信中却说："我最富有，我有20多年来教出的学生。"

【王晋新·襄垣县人民法院院长·被授予全国法院模范称号】 1995年4月，山西省襄垣县人民法院院长王晋新，被最高人民法院授予全国法院模范称号。

1990年，王晋新刚任院长就再三申明："不收礼，不收贿，有胆敢送者，别怪我不客气。"不久，有位镇领导的亲戚和人打架，给对方造成伤害。被告拿着那位领导的亲笔信，提着烟酒找到王晋新。他一见火冒三丈，一边叫送礼者出去，一边提起东西从窗口扔下去。最后，那位镇领导的亲戚被以故意伤害罪判处有期徒刑3年。由此，人们送他"铁腕院长"的雅号。

王晋新不仅自己做到铁面无私，执法如山，而且要求全院干警也必须这样，谁损害法官形象都严肃查处。有位审判员受一强奸案被告家属之托，探听案情，泄露机密，并同他人一起找被害人的亲戚说情、送钱，动员被害人推翻证词，企图使罪犯逃脱法律追究。时隔不久，又有一名基层法庭负责人违法办案。事后，又用当事人的钱到北京等地游玩。这两名违纪干警都与王晋新私交不错。案发后，两人求他高抬贵手，并托人说情。王晋新不管这些，很快查清了两人的全部违纪事实。经院党组研究决定，分别给予两人留党察看2年和党内严重警告处分，并将两人调离法院。之后，他又主持召开党组会，研究确定了"兴教倡廉、建制促廉、严纪保廉"的治院方针，出台了一系列措施。从此一个坚持原则、严肃执法的氛围在全院逐渐形成。他们先后被树为全省法院"严肃执法红旗单位"，三次荣立集体二等功，43次受到上级法院和党政部门表彰。

王晋新，1945年4月出生，襄垣县夏店乡人，1966年4月加入中国共产党。1969年从事法院工作以来，曾12次被长治市中级人民法院和山西省高级人民法院评为先进工作者，连续10年被县委评为优秀共产党员和先进党支部书记，荣立二等功2次。1994年，他被省高级人民法院授予全省优秀人民法官称号。

【王桂芝(女)·天津经济广播电台编辑·在国际医学性学交流会上获奖】 在全国广播电台率先开办性教育节目获得好评的天津经济广播电台编辑王桂芝，与其台长刘素琴合写的关于开办性教育节目的论文，1995年3月在美国洛杉矶召开的国际医学性学交流会上，获优秀论文奖。

王桂芝，天津市人，1949年生。1976年毕业于南开大学历史系。后分配到天津人民广播电台工作，现为天津经济台"悄悄话"节目负责人。她在医疗卫生界采访时发现，我国夫妻离婚案中有40%左右是由于缺乏性知识、性生活不协调引起的。许多人包括一些知识分子性知识贫乏，不少人仍然是"谈性色变"，而社会上黄色书刊又毒害着许多青少年的心灵。她感到广播电台应当担负起进行性教育的任务。在领导支持下，1988年元月，她冒着风险开办了"悄悄话"节目，她全身心地投入到工作中，经常白天写稿、组稿、编稿，晚上播出、监听。从开始的每周播出一次、两次，到天天播出；从每次播讲15分钟、30分钟，到每次播一小时。因为这个节目安排在晚间11－12点播出。6年来，她和节目主持人张琦、张楠几乎每天都是夜里12点半回家，每天经常工作十四五个小时。

为了保证节目的质量，不产生消极影响，她主动征求有关领导、专家、听众的意见，每篇稿件都比其他稿件多费许多心血。她们的辛勤劳动得到了社会的承认，已收到听众来信近6万封，平均每年1万封，成为该台收听率最高的节目。全国人大常委会副委员长、中国医学科学院院长吴阶平，对"悄悄话"节目给予充分肯定和高度评价，并为该栏目题词"排忧解难，移风易俗"。几十家海内外新闻媒体介绍了她们的事迹，节目内容已录成磁带，由中国医药音像出版社出版发行。天津人民出版社出版了《悄悄话》上下两集。在社会上产生较大的反响。由于她们成功的探索，现在全国已有30多家电台开办了类似的节目。为迎接第四次世界妇女大会在中国召开，她们组织了百名专家开展了"为妇女解忧，为女士献策"的大型义诊活动。还与中国医科大学成立了"天津市性学会"。

【王桧林·历史学家·主编大型《抗日战争史丛书》出版】 1995年8月，北京师范大学历史系教授王桧林主编的1000余万字、共30册的《抗日战争史丛书》，由广西师范大学出版社出版。丛书内容丰富，既从多方面反映中国共产党及其武装在抗日战争中发挥中流砥柱的作用，也肯定、阐述了国民党及其他党派团体对于抗日战争作出的重大贡献。丛书还用一定篇幅对当时的民族败类作了深刻的揭露，对战时中国与其他国家的关系也作了深入研究。总之，这是目前国内全面研究中华民族抗日战争的具有权威性的一套丛书。

王桧林，1925年1月生，河北乐亭人。1948年考入北京师范大学历史系，1952年毕业留校工作至今。1990年任博士生导师。现任中国现代史学会常务副会长，抗日战争史北京研究会副会长，南京大学中华民国史研究中心名誉研究员，日本中国现代史研究会特别会员。

王桧林长期从事中国现代史和中国现代政治思想史的研究。他主编的《中国现代史》(1919－1949)，被史学界评价为一部质量较高的中国现代史著作，1988年获国家教委高校优秀教材二等奖，曾被介绍到日本和韩国。

王桧林的学术成就还包括他主编的《中国现代政治思想史》、《中国现代政治思想评要》、《中国现代史》(1919－1987)、《中国现代史研究入门》等专著，以及他撰写和发表的一系列论文：《党史研究的四个层次》、《抗日根据地在抗日战争中的地位和作用》、《抗日战争史研究中的几个问题》、《中国新民主主义革命过程中的抗日战争》、《抗日战争时期的中国总格局——一个战争、两个战场、三种政权》、《中国新民主主义革命的胜利历程——三条路线、两种斗争、一个结局》、《关于当前中国文化问题的思考》等。其中许多专著和文章受到国内外史学界的注目。如《抗日战争史研究中的几个问题》一文，被日本学者译为日文发表，并给予了很好的评价。

【王夏秋·西南交大教授·获第二届詹天佑机械工程奖】　1995年4月26日是中国著名铁道工程专家詹天佑诞辰134周年。这天，詹天佑铁道科技发展基金会为11名在铁路科技战线卓有成就的科技工作者颁奖。西南交通大学机械工程学院教授、摩擦学研究室主任王夏秋，荣获詹天佑机械工程奖。

王夏秋，1930年7月生于福建省福州市，1953年毕业于上海交通大学运输起重机械系。1982年11月曾赴美国伊利诺斯理工学院作访问学者。王夏秋在西南交大任教40余年，主要从事机车工艺学、工厂设计以及摩擦学领域的教学与科研工作。1955年曾随苏联专家斯维多夫和特尼钦科学习。1961年主编了国内第一部《内燃机车制造及修理工艺学》。根据长期的教学经验，1978年他提出了新的《内燃机车工艺学》教学大纲，突出了基本工艺原理，把具体工艺列为实习内容，从而达到"少而精"的目的。根据新的教学大纲，他又主编了《内燃机车制造与修理工艺基础》高校教材。六、七十年代，曾主持铁道部有关厂段的机车、活塞连杆组、牵引电机和柴油机缸头检修流水线等多项设计研究项目，对当时生产现场的技术改造与革新，产生了积极作用。

1984年，王夏秋开始主持国内第一台轮轨摩擦模拟试验机的研制工作。在学习国外先进科技的基础上，他大胆提出单轮轨模式与双轮轨模式兼备的总体构想，克服种种困难，仅用两年时间，终于研制成功JD—1轮轨摩擦模拟试验机。它可以摸拟任一类型机车车辆车轮作用于任一类型钢轨上的各种工况，研究有关轮轨粘着、蠕滑、塑性流动、磨损机理、材质匹配、几何形状匹配以及轮轨接触应力和轮轨磨损规律等重要问题，与线路运用试验比较，具有周期短、费用省，可以控制试验条件，可以把许多复杂因素分别加以研究等优点。1990年，该机通过部级鉴定，认为设计新颖，性能超过国际先进的IIT—GMEMD模拟试验机，并独创地增加了双轮双轨模式，填补了国内一项空白，对解决我国铁路轮轨关系有关的实际问题及理论研究有重要意义。在王夏秋的主持下，该机已完成了15项省部级的研究课题，为我国铁路技术政策决策、轮轨系统设计与运用，提供了大量科学依据。王夏秋曾先后获铁道部科技进步二等奖与国家科技进步三等奖。

王夏秋已培养出一批轮轨摩擦学方面的人才。发表论文30多篇。

【王恩琴(女)·永州市城北派出所副所长·被评为中国警界女十杰】　1995年8月25日，湖南省永州市公安局城北派出所副所长王恩琴，在由公安部、全国妇联主办，新华社、人民日报等首都11家新闻单位协办的中国警界女十杰评选活动中，光荣当选。同时，她还荣获全国"三八"红旗手和全国公安系统二级英模称号。

王恩琴，50岁，湖南零陵人，高中毕业后被分配到湖南省第一监狱工作，后又调到零陵县东风镇派出所。她从警已20多年。在不同人的眼里，她有着不同的身份：辖区里的7名孤寡老人把她当作亲闺女。老人们的重活、累活全由王恩琴包下了。为了照顾老人，她还从自己的工资中开销了6600多元。失足的青少年称她是"王妈"，她用慈母般的爱心感化了80多名失足青少年，帮助52名失足青少年走上正路。在犯罪分子眼里，王恩琴又像个巨人，她曾只身擒获5名手持火药枪、匕首的歹徒。因抓两名逃犯，她的右手食指留下了残疾。在威逼利诱者眼里，王恩琴又是个不为恫吓所屈，不为金钱所动的人。

20多年里，王恩琴和同事们处理调解民事纠纷4000多起，破获各类案件2937起，抓获犯罪分子4063人，挽回经济损失45万多元。她先后被市委、市政府评为先进工作者、优秀共产党员21次，受到地委、行署、公安处嘉奖4次。1993年，她荣获市十佳公仆、地区巾帼十杰、省劳动模范、省“三八”红旗手和全国特级优秀民警称号。1994年，她被评为省优秀共产党员。

【王健民·中共新乡县委书记·被授予优秀县(市)委书记称号】 1995年6月30日，全国百名优秀县(市)委书记表彰会在北京中南海怀仁堂召开。中共中央总书记江泽民出席会议并作了重要讲话。会上宣读了中共中央组织部对全国在县(市)委书记岗位上取得优异成绩的100名干部，授予优秀县(市)委书记称号的决定，王健民名列其中。

王健民，河南武陟县人，1936年10月出生，1955年10月参加工作，1981年3月入党，中专文化，高级农艺师。曾任新乡县棉花办公室副主任，副县长、县长。1992年10月任现职。

在新乡工作了40个春秋的王健民，56岁上由县长改任县委书记。这个年纪有的已退居二线，有的在考虑“安全降落”或安排“后路”。王健民此时想的却是不辜负党组织的信任，为全县42万父老乡亲多做实事。于是，他抖擞精神开始了紧张而有序的拼搏。新乡这块土地他太熟悉了。他曾和全国著名劳模史来贺一起搞过棉花高产试验，为推广农业技术，踏遍了全县的沟沟坎坎。从县情实际出发，他提出了以工为主，强县富民的经济发展思路。在县委的集体领导下，新乡开始向工业强县迈开大步。在他的努力下，新乡诞生了河南省第一个现代化制药厂——新星药厂。紧接着以生产“山海丹”为主的第二个药厂——联谊药厂又开工了，并迅速跻身于全国500家最佳经济效益企业。短短几年，新乡成为全国医药生产基地县。随后，县办企业、乡镇企业、私营企业如雨后春笋，呈现一派勃勃生机。到1994年，县办工业和乡镇企业已形成化工、医药、机械等6大支柱产业。全县工农业总产值达60.7亿元，财政收入破亿元大关。新乡县由10年前的农业高产县，迅速完成了向工业强县的跨越。同时，农民人均纯收入达到1498元，连续10年名列全省第一；计划生育工作连续3年被评为全省一类县；是全国社会治安良好县。

狠抓党的基层组织建设，培养和造就一代新人，更体现出王健民的远见和创新精神。新乡有史来贺40多年带领刘庄成为“中原首富”的老典型，有刘志华带领小冀东街第5村民小组靠打草绳起家，建起驰名全国的“乡村都市”的新代表。王健民说，这是新乡县得天独厚的典型优势。他适时组织了“学习史来贺，争当优秀党支部书记，争当模范共产党员”的活动。运用典型推动工作，通过典型引路分类指导，大大加快了全县奔小康的步伐。1994年，全县62%的村实现了“三无”(无刑事案件，无治安案件，无民事纠纷上交)，48.8%的村实现了小康。

【王爱民·山东省水产企业集团总公司党委书记、董事长兼总经理·获齐鲁功勋奖】

山东省水产企业集团总公司创始人王爱民，团结带领“一班人”，白手起家，奋斗8年，创建了山东第一支集捕捞、养殖、加工、贸易、运输、修造于一体的大型企业，辖12个直属企业和分公司，在13个国家和地区设有办事机构。固定资产增值182%，完成利税1.4亿元。远洋渔业总产值近亿美元，创利润1.2亿元。进出口贸易总值20亿元，创汇1亿美元。先后被农业部、经贸部评为“全国远洋渔业先进企业”、“全国自营出口创汇大户之一”，被山东省委、省政府评为“水产先进单位”。1995年8月，王爱民荣获山东省“齐鲁功勋奖”。

王爱民具有敢为人先的气魄和胆识。中共十一届三中全会之后不久，当时任长岛县委书记的王爱民就敏锐地意识到：“要兴岛先富脑”、“岛要富，辟新路”。他创造性地提出：海洋经济发展要由传统猎捕型向人工牧养型转变，从养扇贝上搞突破，以科技打先锋，很快形成了育苗、养成、加工、销售一条龙的格局。紧接着又在全县搞综合开发，仅用3年时间，就使贫困落后的长岛县，一跃为全省、全国海岛开发的首富县和样板田。王爱民曾出席中共十三次代表大会。

1988年底，王爱民被任命组建山东省水产企业集团总公司。当时，无开办经费、无办公场所、无远洋作业船只，而3500多名离退休职员和一万多名在岗职工的吃饭、住房、工资等实际问题摆在他面前。王爱民迎难而上，大胆地决定走“贷款买船，远洋捕捞，打鱼还帐，综合开发，滚动发展”的路子。先后自筹资金购进8艘1000至5000吨级的大型渔轮，并将原有的50艘中型渔轮改造成能投入远洋作业的船只，很快组建起远洋捕捞船队和海洋冷藏运输队，开辟了加纳、新西兰、阿根廷等新渔场，在五大洲、三大洋的10个国家建了18处基地，年生产经营能力达20多万吨，进出口总值跨入全国500强行列，实现了山东海洋捕捞由近向远、由内向外的战略转移。

王爱民清正廉洁、以身作则。创业初期，他外出办事多是坐大头货车或挤公共汽车。出差到外地，经常在路边饭店吃烧饼、喝白开水。8年如一日，坚持拿职工的平均奖金。群众称赞说:王爱民说话灵,灵就灵在会做人。

王爱民,山东省长岛县人,1941 年 7 月生,1956 年参加工作,共产党员,硕士文化程度。1956 年任长岛县供销社职工、副经理,1966 年任长岛县委常委、共青团书记。1975 年任长岛县委副书记、书记,1988 年调任山东省水产局副局长,同年底任现职。

【王效金·安徽古井集团公司董事长·被授予全国优秀企业家和全国劳动模范称号】 安徽省亳州市古井(集团)有限责任公司董事长王效金,在企业管理上敢于创新,独树一帜,探索出了一条独具"古井"特色的经营之路。在短短的 8 年里,使一个连续 17 年亏损的小厂,晋升为国家二级企业,年总产值达 6 亿多元,8 年增长了 500 倍。在 1995 年度中国工业企业综合评价最优 500 家中,荣列第 150 位,获 1995 年度全国质量效益型先进单位。1995 年 3 月 22 日王效金被评为第六届全国优秀企业家;4 月 29 日,国务院授予他全国劳动模范称号。

1987 年 8 月,王效金走上古井酒厂厂长岗位,1 年后,国家放开名酒价格,古井酒厂被推向市场。王效金审慎致力于市场开发,从过去被动地被市场牵着鼻子走转为积极主动地建设市场,把握和驾驭市场,采取"降度降价"、"保值销售"和"中档酒分流"等策略,使古井酒厂在 1989 年全国白酒市场极度疲软的情况下,成为该年度全国同行业唯一没有滑坡的企业,且一举跻身于全国 500 家最大工业企业行列。

王效金坚持宏观管住抓好、微观放开促活的原则,进行了领导体制、内部机构设置、干部聘任制度和内部分配制度等配套改革。同时以科技进步促进现代化管理,保证了产品质量稳步提高。产品先后荣获第十三届巴黎国际食品博览会、首届美国葡萄酒白酒国际博览会等 5 项国际金奖,38 度古井贡酒成为'94 中国消费者协会唯一推荐白酒。

王效金坚持两个文明建设一起抓,始终把民主管理与厂长负责制摆在同等重要位置。开创了"有奖批评"活动,调动和激发了广大职工工作主动性和创造性,建立起"团结创业,求真务实,奉献进取,敢为人先"的古井精神,建设具有古井特色的企业文化。

王效金,1949 年 3 月生于安徽亳州市。硕士研究生,高级经济师。1967 年参加工作,1975 年 9 月加入中国共产党。先后曾任过亳州市经委秘书、科长,1985 年调至古井酒厂,历任副厂长、厂长,古井实业集团总经理,古井(集团)有限责任公司董事长。1990 年至 1993 年连续 4 年被评为安徽省有突出贡献的厂长、经理;1991 年被国家授予优秀星火科技企业家称号;1994 年荣获"中国 500 名企业创业者"等称号。

【王海云·四平市律师事务所主任·被评为全国十佳律师】 1995 年 12 月 26 日,由司法部组织的第一届全国十佳律师评选揭晓,吉林省四平市律师事务所主任王海云,在人民大会堂领取了奖牌和证书。

王海云,58 岁,大学文化,吉林人。在律师执业中,做到社会效益、经济效益并重。他每年有 300 天在外奔波办案,没有星期天,没有节假日。他对结队上访的群众做疏导工作,向有关部门反映群众的合理要求,仗义执言,使群众的问题得到妥善解决。在他办理的千余起案件中,有 14 起是全省及全国颇有影响的重大案件,为企业挽回经济损失 3000 多万元,使几十家法律顾问单位得到了法律保护。

王海云的名片背面印着他的执法格言:"应该胜诉的案件不争取得到胜诉的结果不是好律师;本该败诉的案件侥幸取胜也不是好律师。"获得"十佳"后,他又为《中国律师》写下一段格言:"正义,律师执业之魂;证据,律师执业之法宝;拼搏,律师执业之生命。"

10 多年来,王海云律师为社会主义民主与法制建设和经济发展做出了突出贡献,多次荣立一、二、三等功,被授予市劳动模范、政法战线标兵、省优秀律师和全国司法行政从业清廉先进分子等荣誉称号。省级报刊、电台、电视台多次报道过他的模范事迹,

【王家卫·香港电影导演·执导《重庆森林》获第十四届香港电影金像奖】 香港电影导演王家卫编导的影片《重庆森林》,1995 年 4 月 23 日在第十四届香港电影金像奖颁奖典礼上,获最佳影片、最佳导演、最佳男主角、最佳剪接等四项奖。1995 年 4 月 2 日在第一届香港电影评论学会大奖评选中,王家卫获最佳导演和最佳编剧奖,他执导的另一部影片《东邪西毒》获最佳影片奖。

影片《重庆森林》由两个交错进行的独立故事组成:一是,一个神秘的女毒贩因发现被同伙出卖而将其杀死后逃到重庆大厦,她与便衣警察 223 一见钟情,共度良宵之后却神秘地死去;二是,正在热恋的警察 663 收到当空姐的恋人分手信后惆怅万分,信步来到一间小食店,女店员爱上了他,但女店员却无法改变他的家居和自己的职业,使他忘却过去。该片题材

虽小，却神采飞扬，展示出现代都市人的寂寞情怀和强烈的感情，是一部影像节奏使人赏心悦目的都市小品。

王家卫，1958年7月17日生于上海。5岁时随父母移居香港，后考入香港理工学院学习美术设计。1981年毕业后，参加了香港无线电视举办的第一期编导训练班，结业后留在“无线”任编导，主要剧作有《最后的胜利》、《江南龙虎斗》等。1988年编导了处女作影片《旺角卡门》，获第八届香港电影金像奖九项提名，因此一举成名。1990年执导影片《阿飞正传》获第十届香港电影金像奖最佳影片、最佳导演等五项奖、第二十八届台湾电影金马奖最佳导演等五项奖和第三十六届亚太影展最佳导演等三项奖，成为港台影坛的热门人物。1995年香港电台为庆祝世界电影诞生100周年、香港电影问世80周年举行的“十大最难忘经典港产电影”的评选中，《阿飞正传》位列其中。1994年王家卫编导了两部影片《重庆森林》和《东邪西毒》双双获得好评，并多次获奖。《东邪西毒》还获得意大利第五十一届威尼斯国际电影节最佳摄影奖、第三十一届台湾电影金马奖最佳摄影等三项奖和第十四届香港电影金像奖最佳摄影等三项奖。1995年，他编导了影片《堕落天使》。王家卫虽然只拍了5部影片，但每部影片都拍得相当扎实，影像十分突出，具有强烈的自我意识和个人风格。

【王家旭·中共依安县委书记·被授予优秀县(市)委书记称号】　1995年6月30日，全国百名优秀县(市)委书记表彰会在北京中南海怀仁堂召开。中共中央总书记江泽民出席会议并作了重要讲话。会上宣读了中共中央组织部对全国在县(市)委书记岗位上取得优异成绩的100名干部，授予优秀县(市)委书记称号的决定，王家旭名列其中。

依安县48万人口中39万是农民。王家旭当县委书记不久到农村查访，看到的是贫困和萧条笼罩着千家万户。快到年关了，许多村听不到鞭炮声，不少农户还要外出讨饭，人均7亩多耕地竟不能使农民得到温饱。王家旭边调查边思索：贫困的症结在哪？依安按农业区划属玉米杂粮产区，而过去却不适宜地扩大麦豆种植面积，造成低产低收低效益。依安有50万亩低洼易涝的低产田，如能托两大水系、9座水库之利“旱改水”，经济效益将十分可观。经过上上下下的反复论证，王家旭响亮地提出了“米稻战略”的口号，即增米稻面积，攻粮食高产，带养殖加工，促良性循环。然而调整农业种植结构，不能不使一些人担心和疑虑。王家旭引用影片《焦裕禄》中的话：“群众满意的，党会不满意？群众不满意的，党会满意？”回答了这些同志的疑虑。上级领导来县检查农情，王家旭认真阐述调整种植结构的理由，并以“若以此论过，我宁愿不要这顶乌纱帽”表示自己的决心。为了推进“米稻战略”，他到偏远贫困的村子蹲点，试验示范，推广技术，一年去了40多次。在他带动下，500多名县直机关干部下农村，带着科学种田的小册子指导生产。他的“米稻战略”巧落一子，走活了农村经济的满盘棋。由于有了粮，促进了养殖业大发展。1994年，全县黄牛奶牛达11万头，比1989年增长2.5倍；猪增长1.1倍；鹅达到131万只。全县畜牧业产值1.98亿元，占全县农业总产值的26.1%。1989年到1994年，粮食总产由2.3亿公斤猛增到6.5亿公斤，农村人均收入由295元增加到1558元。这块曾被国家列为贫困县的土地，终于以连年的丰收，提前6年实现了翻两番的目标，甩掉了那顶羞辱的“帽子”。依安人民在实施“米稻战略”中还创造出玉米的“大双覆”栽培技术，被命名为“黑龙江省三四积温带玉米高产依安模式”，受到国家农业部表彰，并在全省推广。稻米“冷浸盐渍土种稻依安模式”，属国际领先，国内首创。1995年，王家旭被国家六部委联合授予全国农业科技推广先进工作者称号。

王家旭，山东梁山县人，1945年出生，1964年参加工作，1971年7月入党，大专文化。1993年6月任现职，兼任县长。

【王祥林·广西喷施宝集团有限公司董事长·被授予中国十佳民营企业家称号】

广西喷施宝集团有限公司董事长王祥林，组织生产推广叶面肥喷施宝，为科技兴农，发展我国农业做出了突出贡献。1995年10月，被中华全国工商联合会等单位授予中国十佳民营企业家称号。

王祥林，1946年5月生于广西壮族自治区博白县沙河镇，从1978年开始兴办企业。1985年，他经过反复实验，发现了叶面宝潜在的神奇魔力，果断地从广西化工研究所买下叶面宝的生产技术，生产出合格的、实验结果令专家们非常满意的叶面宝。1987年6月，王祥林作为中国农民企业家在北京举办了有17家新闻单位参加的新闻发布会，通过电视、广播、报纸等媒介的宣传，提高了叶面宝的知名度，并迅速打开了销路。很快叶面宝就在全国累计推广1亿亩次，创社会效益20亿元。

王祥林深知，中国有20亿亩耕地，要在激烈的市场竞争中站稳脚跟，就必须开发出更新更好的产品。

1987 年，他从农业部专利事务所购买了多功能营养型叶肥喷施宝的生产技术，成立了广西喷施宝有限总公司，并迅速投入生产。该产品经过在不同地区、不同作物的反复实验，以其性能稳定、效果显著、增产幅度大、无污染等良好品质而畅销全国，并出口欧、亚、美洲的二十多个国家和地区，成为“中国名牌产品”，并多次获得国内外大奖。目前，公司拥有固定资产和流动资金 8680 万元，年总产值超亿元。喷施宝现已在全国累计推广面积 8.5 亿亩次，创社会效益至少 255 亿元。王祥林被人们尊称为“中国叶肥大王”，受到党和国家领导人江泽民等接见和鼓励。1992 年 12 月 16 日，在北京召开了有我国理论界著名人士和国家有关部门专家和领导参加的“王祥林现象”研讨会。面对成就和荣誉，王祥林没有停步不前，他一如既往艰苦奋斗、拼搏实干，不断开发高新科技产品，相继推出第二代喷施宝、高效饲料添加剂、灭草宝等，均已批量生产并投放市场。

王祥林被推选为第八届全国政协委员、中华全国工商业联合会执行委员，荣获全国五一劳动奖章和全国民族团结进步模范、中国民办科技实业家、中国优秀企业家、中国十佳民营企业家等称号。

【王谊友·重庆沙坪坝区法院院长·被授予全国法院模范和全国先进工作者称号】

1995 年 4 月 18 日，最高人民法院授予四川省重庆市沙坪坝区人民法院院长王谊友全国法院模范称号。4 月 29 日，他出席了在北京召开的全国劳动模范、全国先进工作者表彰大会，被国务院授予全国先进工作者称号。

王谊友狠抓办案质量与效率的统一，更好地服务社会，服务群众。近几年他集中精力抓了 5 件事。一是率先在全市法院系统建立经济司法联络员制度。通过联络员指导企业审查、修订和签订经济合同，调处非诉讼纠纷，解决争议标的，提供法律咨询。二是带领经济审判人员走访辖区内的工商企业、金融部门、事业单位，实行上门服务。三是在开庭前、庭审中、宣判后增设法制教育，促使绝大多数罪犯认罪服判，民事矛盾激化案件锐减，自觉履行法定义务的当事人增多；四是组织审判人员对缓行犯和少年犯进行定期考察，帮助落实管教措施。对有抵触情绪的败诉当事人进行判后回访，帮助其找到败诉原因，让其心服口服。五是在审理和执行经济案时实行“四优先”，即诉讼标的物为活鲜易腐、时令商品案件优先；因欺诈行为可能造成经济损失的案件优先；涉及职工工资、群众生活、减轻农民负担的案件优先；矛盾容易激化的案件优先。

王谊友在审判方式上勇于探索，锐意改革。率先在全省建立了少年刑事审判庭，并逐步完善了少年刑事审判制度，在全国法院系统介绍过经验；率先在全省建立了房地产审判庭，解决新形势下日益增多的房地产纠纷；率先在全省法院设立了老年婚姻家庭法庭，为老年人排忧解难。他还大力推行“直接开庭，一步到位”的庭审方法。

王谊友以自身的模范作用和组织才能带出一支特别能战斗的队伍。全院连续 5 年年结案数突破 5000 件，1994 年达到 6110 件。沙坪坝区法院两次被评为全国法院先进集体，连续 12 年保持省文明单位称号，荣立集体三等功、二等功各一次。美国西雅图代表团、日本法学界人士、新西兰工党访问团等外国友人到这个法院考察后，对法官吃苦耐劳、为民办实事的精神和工作效率都深为赞叹和钦佩。

王谊友，1949 年 9 月出生于重庆市，大专文化，1968 年 3 月入伍，1978 年 9 月转业到法院工作，多次被评为优秀共产党员和先进工作者，荣立三等功、二等功各 1 次。

【王基笑·作曲家·获第五届文华音乐创作奖】 曾以豫剧《朝阳沟》的作曲荣获首届《孔三传奖》的作曲家王基笑，又以他主创的豫剧《红果红了》荣获 1995 年文化部第五届文华音乐创作奖，该剧在兰州中国第三届艺术节展演中引起轰动，被誉为是把豫剧音乐继 60 年代《朝阳沟》之后，又推向了一个新阶段。

王基笑，祖籍山东青岛市，1930 年 8 月生于辽宁丹东市。自幼受家庭薰陶，青少年时期即是中小学管弦乐队骨干。17 岁参加解放军，先在部队文工团担任演奏员，后专攻作曲、指挥。1954 年，24 岁的王基笑由部队转入河南省豫剧三团的前身——河南省歌剧团，从此痴迷豫剧音乐。40 余年来创作上演的各类歌舞曲 400 余首。先后主创及与人合作为豫剧《朝阳沟》、《刘胡兰》、《李双双》、《冬去春来》、《红果红了》及《破洪州》、《五世请缨》、《卖苗郎》、《包青天》等 200 余部古典和现代题材剧目作曲。近 20 余年来，又为《红雨》、《阮氏三雄》、《少林童子》、《郑成功》等 18 部电影和《唢呐情话》等百余部集电视剧及《瓜棚风月》、《樱桃熟了》、《红太阳、白月亮》等百余部、集广播剧作曲。其中 50 余部作品由中央电台、电视台播出并录制成音像磁带、唱片发行国内外。先后有 20 余部作品荣获国家级奖。其中如由他主创的豫剧《朝阳沟》，自 60 年代至今30余年来久演不衰，其音乐具有强烈的艺术生命力。为表彰他为豫剧音乐发展创新所作的突出贡献，中国戏曲音乐学会于1992年曾授予《朝阳沟》首届《孔三传奖》。1995年由他主创的《红果红了》荣获文化部新剧目奖及中宣部《五个一工程奖》，该剧被誉为是把豫剧音乐由60年代继《朝阳沟》之后，又推向了一个新台阶。进入80年代之后，他涉足影视音乐创作，在《唢呐情话》、《包公》、《瓜棚风日》等剧目的音乐创作上，也独具风格，均曾获《飞天》、《丹桂杯》等多项大奖。40余年来他曾出版音乐书籍14部，他的理论专著《豫剧唱腔音乐概论》于1984年荣获全国首届戏剧理论唯一的一部戏曲音乐理论著作奖。1980年曾赴香港考察访问。1990年随中国音乐家代表团出访罗马尼亚。现任中国音乐家协会常务理事、中国戏曲音乐学会副会长、中国戏曲学院音乐系客座教授、中国戏曲学会理事、河南对外文化交流协会理事等。

【王梦恕·铁道部隧道工程局副总工程师·当选为中国工程院院士】　1995年7月7日，中国工程院宣布了新增选的院士名单。铁道部隧道工程局副总工程师王梦恕名列其中。同年10月，他还被授予全国铁路优秀科技工作者称号。

王梦恕，教授级高级工程师，河南省温县人，1938年12月生，1964年12月，唐山铁道学院桥隧系硕士研究生毕业。历任技术员、工程师、室主任、总工程师、副指挥长等职。30多年来，他在铁路隧道及地下工程的理论研究、科学试验、新技术开发、新工艺、新方法的研究应用等方面做出很大贡献。他开拓了铁路隧道复合衬砌新型结构领域的研究、试验，摸清了结构受力特点和机理，确定了施工要点及工艺。在衡广复线大瑶山隧道施工中，为采用新原理、新技术、新工艺以及新材料、新设备方面做了大量攻关工作，为提前两年半建成大瑶山隧道作出了重大贡献。该工程被视为我国铁路隧道发展史上的第三个里程碑。他在主持大秦线军都山双线铁路隧道设计、施工中，证明了应用新奥法原理在软弱围岩地层修建隧道，能实现大断面快速开挖；完善创造了超前小导管稳定工作面支护体系的理论和工艺应用；研制了新型网构钢拱架支护。他主持创造了浅埋暗挖法施工配套技术，经济效益显著，为城市地铁建设开辟了一条新路。该项研究在北京地铁复兴门折返线首次应用，获得成功。他主持完成了应用浅埋暗挖法在北京地铁复兴门、西单区间进行了三拱两柱大跨度车站试验段工程，为用该法修建地铁车站做了充分的技术准备。

王梦恕还主持了隧道爆破动、静态应力场叠加作用的现场试验，进行了大量现场量测和室内动态模型试验与分析计算，得出的结论已被推广应用，为防止隧道施工塌方提出了对策。

由于他在铁路、地铁、地下工程各项领域所作的重大贡献，曾先后获国家科技进步特等奖、二、三等奖3项，省部级科技进步特等奖、一、二等奖5项，以及国家级有突出贡献的中青年专家、优秀科技工作者、詹天佑成就奖等多项荣誉。他是武汉地质大学、中国矿业大学研究生部的客座教授，西南交通大学、长沙铁道学院名誉教授，北京市专业技术顾问。曾发表科研学术论文24篇、专著5本。

【王淦昌·著名核物理学家·获首届何梁何利基金优秀奖】　1995年1月12日，首届"何梁何利基金"奖颁奖大会，在北京人民大会堂举行。中国科学院院士、著名物理学家王淦昌荣获"何梁何利基金"优秀奖证书和奖金100万港元。

王淦昌，1907年5月生，江苏常熟人。1929年毕业于清华大学。1930年留学德国，1934年获柏林大学博士学位。同年回国。曾任山东大学、浙江大学教授。1949年后，历任中国科学院近代物理研究所研究员、副所长，前苏联杜布纳联合核子研究所研究员、副所长，第二机械工业部第九研究院副院长，第二机械工业部副部长兼原子能研究所所长，核工业部科技委员会副主任，中国科协副主席，中国科学院数学物理学部委员（院士），中国核学会理事长、名誉理事长，九三学社中央参议委员会主任。是第四至六届全国人大常委会委员。

王淦昌于40年代初提出通过轻原子核俘获K壳层电子释放中微子时产生反冲中微子的创造性实验方法。1953年领导建立了中国云南落雪山宇宙线实验站，使中国宇宙线研究进入了当时国际先进行列。在十一国联合原子核研究所工作期间，领导首次发现了反西格玛负超子。首次观察到在基本粒子相互作用中产生的带奇异夸克的反粒子。1964年提出激光惯性约束核聚变的新概念。他在中国第一颗原子弹、氢弹研制中作出突出贡献。1986年与王大珩、陈芳允、杨嘉墀联名提出发展高技术的建议（"863"计划）。1979年12月加入中国共产党。

〔附注：王淦昌简历与事迹，参见1990年、1991年《中国人物年鉴》。〕

【王喜民·河北人民广播电台记者·被

评为全国百佳新闻工作者】 由中华全国新闻工作者协会主办的首届全国百佳新闻工作者评选，1995 年 3 月 24 日在北京举行颁奖会，河北人民广播电台记者王喜民获奖。

王喜民成年累月深入基层，采写了一批颇有影响的重大典型报道。1993 年，他到了神威公司，一扎就是半个月，采写的录音系列报道《神威之路》，为全省股份制企业规范化管理指明一条可行之路，引起省领导的重视，发出了全省学习“神威”的指示。1994 年他到山东采访“引黄入冀”工程，所写的《黄河水流滚滚来》播出后，副省长顾二熊连连称好。

王喜民不怕吃苦，作风扎实。他到新乐县采访荒滩承包，背着录音机骑车 10 天跑了 40 多个村庄，整天是满脸沙尘、遍身泥土，可他从不叫苦；他沿万里“三北”防护林带采访，昼夜兼程，一天在康保县一农户家吃午饭，边吃边打盹，饭没吃完竟靠在墙上睡着了。

急群众所急，想群众所想，这是王喜民采访中的主导思想。一次，去迁西县采访途中，听两农民诉说，某县强行侵占他们 26 亩耕地建厂。为此，他中途下车，直插这个村住了 3 天，抓到第一手材料，当他拿着稿子找被批评者核对时，竟遭到围攻。在极端困难的情况下，他写的《还乡河畔发生一起严重侵占耕地事件》播出后，省里派员去查处，勒令停止建厂，把耕地还给农民。又有一次，王喜民到临漳县采访搞茅草杂交小麦试验的农民王珍，这是一项难度很大的远缘杂交技术。当时王珍受到县里某些人的压制，处境困难，王喜民冲破种种阻力，写成《一个庄稼汉的追求》，引起省领导的关注，在试验资金上给予了支持，使王珍从困境走了出来。

王喜民，1946 年 11 月生，河北栾城县人。河北省农业机械化学校毕业。1983 年进河北人民广播电台，十多年来，他跑遍全省最偏僻、最艰苦的地方，写下了大量报道，其中获全省好新闻奖 50 件，全国好新闻奖 16 件。1994 年采写的《正定实行公粮制一道税一次清减轻农民负担》稿，获全国好新闻一等奖。

【王森然·著名画家·纪念其诞辰一百周年座谈会在北京举行】 为纪念著名艺术家王森然诞辰 100 周年，1995 年 11 月在北京钓鱼台国宾馆举行纪念座谈会，王光英、马文瑞等首都各界人士和日本朋友参加了座谈。

王森然，生于 1895 年 8 月，河北定县人，1984 年 10 月在北京逝世，终年 89 岁。生前曾任全国政协委员、中央美院教授。

王森然自幼随父读私塾，酷爱书画。参加革命工作后为我国早期马克思主义的传播作出过可贵的贡献。他是一位造诣极深的画家，他一生创作了大量的中国画，早在 1944 年就开始举办个人画展，受到了齐白石大师的高度评价。1979 年再次举办个人画展，出版《王森然画集》，收入 180 余幅画作。他还多次在国外举办画展，为外国元首和驻华使节作画，为祖国赢得了荣誉。

【王富龙·中医学教授·被授予中国杰出青年中医称号】 第五届中国十大杰出青年、黑龙江省哈尔滨天龙成专科医院院长、市癫痫病研究所所长、中医学教授王富龙，1995 年 6 月在中国中医药学会和全国青联共同主办的首届中国百名青年中医评选活动中，被评为“中国杰出青年中医”。

王富龙，黑龙江省人。1965 年出生于中医世家，从小就对中医中药有浓厚兴趣，他上学前就把一些中医名著背得滚瓜烂熟，为今后的研究打下了坚实基础。1984 年入黑龙江中医学院深造。

癫痫病被称为“神经癌”，病人发病时口吐白沫，浑身抽搐，人事不省，其状残不忍睹，患者及其家属痛苦不堪。这种病患者在我国有 500 万之众，但对此病的治疗效果一直不甚理想。为了攻克这一世界难题，王富龙广泛拜访名医和患者，搜集到 5000 余种民间偏方单方，查阅了上千种中外医学刊物和古籍典章，对数千种中草药的功效进行了研究，并借助现代化高科技技术和计算机进行反复比较，筛选出 20 多个方剂和 100 多种最佳药物，经上万次的实验，终于成功地研制出了“癫痫汤”1—4 号“癫痫散”1—3 号，经临床验证，有效率达 99.7%，成年组治愈率达 57.3%，儿童组治愈率达 89.7%。王富龙还带领科研人员研制出“脑电图综合分析仪”，它能对器质性及非器质性病变作出准确定位定性诊断。利用“脑电图综合分析仪”和计算机诊治癫痫病是王富龙的一个创举，他出版学术专著 3 部，其中《癫痫病分型诊断与治疗》一书，荣获全国医学工具书奖，发表学术论文一百多篇，取得 15 项国家级以上的科研成果。

1992 年王富龙被评为黑龙江省十大杰出青年，1994 年被评为第五届中国十大杰出青年，同年被选为中国传统医学专业委员会副主席。江泽民总书记接见了他，卫生部部长陈敏章为他题词，来自世界各地找他看病的人越来越多，人们称他为“癫痫克星”，面对这些荣誉，王富龙总是淡淡一笑了之，因为事业刚刚起步，振兴祖国医学的道路任重道远。

〔附注：1996 年 4 月 23 日，在美国拉斯维加斯城召开的第三届世界传统医学大会上，王富龙的论文“中药定癫”冲剂治疗癫痫病的临床及试验研究获大会金杯一等奖。〕

【王遐举·著名书法家·在北京逝世】

著名书法家王遐举因病医治无效，1995 年 10 月 30 日 16 时在北京逝世，享年 87 岁。

王遐举，原名克元，号野农，1908 年生，湖北监利人。自幼研习书法兼及诗文、国画。书法擅篆、隶、正、行、草多体，尤以隶、行见长，所作笔势开张，气度轩昂，清健俊逸。40 年代在武汉、长沙等地举办过书法展览，1983 年秋率代表团访问日本开展书艺交流活动，1985 年作品先后入选在英、美等国举办的书画展览，1988 年春在中国美术馆举办“王遐举书画展”。作品为国内外诸多博物馆、美术馆收藏及在报刊发表。曾为武汉黄鹤楼、郑州黄河碑林、云南滇池等多处名胜古迹题字制碑。出版《王遐举隶书陶诗》、《王遐举隶书李白诗》等。辑有《王遐举书法选集》。国画艺术造诣颇深，多作梅、竹，通史学，工诗文，有专著问世。王遐举生前曾任中央文史馆馆员、中国书法家协会第一、二届理事、海峡两岸书画家联谊会会长、中国美术馆馆员等。

【王瑞林·上将·任中央军委委员】

1995 年 9 月，在中国共产党第十四届五中全会上，王瑞林被选为中央军委委员。

王瑞林，1929 年 12 月生。山东招远人。1946 年参加革命。1947 年加入中国共产党。曾任胶东军区招远县独立营文书，东北军区机要处译电员。1949 年后，历任政务院机要处副股长，国务院副总理办公室秘书，中共中央总书记处秘书，总参谋部动员部装备处参谋，中共中央副主席办公室秘书、办公室主任，中共中央办公厅副主任、中共中央军委主席办公室主任。1990 年任中央军委纪律检查委员会书记。1992 年任解放军总政治部副主任。是中共十三届、十四届中央委员。1988 年被授予中将军衔。1994 年晋升为上将军衔。

【王霞云（女）·西安任家口村党支部书记·获全国优秀女乡镇企业家标兵称号】

1995 年 5 月，全国妇联和农业部授予王霞云首届“全国优秀女企业家标兵”称号。

王霞云，自 1984 年担任西安市莲湖区任家口村党支部书记、总经理以来，带领全体村民从实际情况出发，走出了一条以农业为基础，村办企业为依托，农工副全面发展的路子。村办企业从无到有，如今已发展到有 6 个工厂、2 个商店、1 个公司，固定资产达 800 余万元。全村农工副总收入由 1983 年的 16 万增至 1994 年的 3088 万元，增长幅度达 190 倍之多，上交税金由 1 万元增至 1994 年的 100 余万元，村民人均纯收入 1993 年为 2000 余元。1994 年任家口村被陕西省、西安市评选为小康村。

王霞云，1949 年 12 月 23 日生，江苏省泗阳县人。中国共产党党员。大专文化程度。曾被评为西安市“巾帼十杰”、乡镇企业家、陕西省和西安市“三八”红旗手称号。

【王燮培·铁道部大桥局副局长·主持修建黄河上最长的孙口双线铁路特大桥】

1995 年 5 月 20 日，京九铁路京阜段铺通仪式在孙口黄河特大桥隆重举行，国务院副总理吴邦国出席剪彩祝贺。孙口黄河特大桥是目前我国黄河上最长的双线铁路桥，是由铁道部大桥局副局长、高级工程师王燮培主持修建的。

王燮培，江苏省无锡市人，1934 年 12 月生，1956 年 7 月毕业于上海同济大学铁道系，历任技术员、工程师、副总工程师、正副处长、副局长等职。从事铁路桥梁建设 40 年，曾参加过南京长江大桥、巨流河大桥、汉江大桥等 30 余座大桥的建造与设计。京九铁路大干线上两座最长的特大桥—九江大桥、孙口黄河大桥和钱塘江二桥都是他近 10 年主持参与的杰作。

孙口黄河特大桥是京九铁路大干线的重点控制工程，全长 6685 米，1992 年 5 月主体开工，原计划 4 年半完成，可王燮培只用 3 年就拿下了这项重大工程。孙口特大桥地处黄河“豆腐腰”地段，水势无常，河道多变，水文地质复杂，早春冰凌为害，夏秋洪水暴涨，给施工带来很大困难。刚作完尿路结石手术的王燮培来到工地后，就果断决定主河槽上的桥墩工程同时开工，赶在洪水到来之前，把沉井下到稳定深度之下。施工中有两个桥墩沉井因地质原因倾斜，王燮培带领技术人员，日夜研究纠偏方案，提出设地垅和沉井下加支垫的办法，使纠偏取得成功。另一个桥墩沉井下压一艘钢质沉船，沉井无法下沉，并造成大量倾斜。他又组织潜水员 70 多次水下切割船体，终于取得成功。大桥钢梁采用整体节点拼装新技术、新工艺，严密组织，精心施工，使钢梁安装质量达到了国际先进水平，为铁路大桥的建造创出了新经验。

由王燮培主持建造的钱塘江二桥，是世界上第一座修建在强涌潮河段上的公、铁两用特大桥。施工开始，没有现成经验可借鉴，王燮培便多次到江边和江中实地观察记录涌潮的变化，翻阅有关资料，研究抗潮避涌措施。他们根据涌潮瞬时压力特点，提出消能软抗等一整套抗涌办法，解决了在强涌潮区建桥的关键问题。还创造了18孔一联1340米的三向予应力钢筋混凝土连续梁，其连续长度居世界之冠。钱塘江二桥的建成，结束了国际上在特大涌潮、台风、洪水综合作用区不能建桥的历史，对华东地区经济繁荣与发展，起到了重要的积极作用。钱塘江二桥工程1993、1994年先后获铁道部优质工程奖、科技进步一等奖，全国建筑工程最高质量奖——鲁班奖和1995年国家科技进步一等奖。他主持的其它工程也获得国家优质工程银奖等多项奖励，他本人曾获铁道部先进工作者等荣誉称号。王燮培曾发表《钱塘江二桥》等专著。

【王馥荔（女）·影视演员·获第十三届《大众电视》金鹰奖最佳女主角奖】 中国广播艺术团演员王馥荔，因在26集电视连续剧《小楼风景》中出色地饰演了女主角桃子，1995年12月8日荣获第十三届《大众电视》金鹰奖最佳女主角奖。

电视连续剧《小楼风景》通过北方一座小楼里几户人家祖孙三辈的恩恩怨怨和矛盾冲突，折射出当代生活中的热点现象和问题。在剧中王馥荔饰演酒吧经理桃子，她的情感世界丰富复杂，是个集沧桑、坚韧、热烈、细腻于一身的现代都市女性，这同她以往演的“嫂子”型角色反差较大。但王馥荔却极好地把握了角色的分寸，把人物刻划得活灵活现，充分显示了她表演上的艺术才华和功力。她的表演得到观众的喜爱和好评。

王馥荔，1949年10月生于天津，12岁考入江苏省京剧团当演员，演出过《沙家浜》、《龙江颂》、《杨开慧》等剧目。1975年，在长春电影制片厂的《金光大道》（上下集）中塑造的温柔、善良、贤惠的嫂子吕瑞芬，深受观众的喜爱，1980年，在影片《天云山传奇》中成功地饰演了年龄跨度大、人物感情复杂的形象宋薇，演技大大向前跨进了一步，为此获得1981年第一届中国电影金鸡奖最佳女主角奖提名。影片以其出色的编、导、演，获得了1981年第一届中国电影金鸡奖最佳故事片奖和第四届《大众电影》百花奖最佳故事片奖、1980年文化部优秀影片奖。之后，又拍摄了《风流千古》、《许茂和他的女儿们》、《张铁匠罗曼史》、《秋瑾》、《咱们的牛百岁》等影片。其中在《咱们的牛百岁》中饰演的农村寡妇菊花，她将人物命运多舛、性格泼辣、但内心朴实善良的本质刻划得淋漓尽致，艺术创作又上了一个台阶。因此获得1984年第七届《大众电影》百花奖最佳女配角奖。1985年，王馥荔在《日出》中饰演年老色衰的三等妓女翠喜。对于一个擅演温柔、贤慧女性的演员，要演好这个善良的被侮辱、被损害的旧中国最底层的妇女形象，这对她是一个极大的考验和挑战。但王馥荔牢牢地抓住了角色的时代感和职业特征，塑造了下等妓女的风尘感和饱受凌辱、人老珠黄的辛酸与痛苦，获得1986年第六届中国电影金鸡奖最佳女配角奖和第九届《大众电影》百花奖最佳女配角奖。1988年，拍摄了影片《男人的世界》。1992年，在影片《山神》中饰演寡妇黄翠环。1993年又在影片《五魁》中扮演了重要角色，此外，王馥荔还参加了《呼唤》、《大桥情》、《宋庆龄和她的姐妹们》等电视剧的拍摄。

【王耀平·中共大兴县委书记·被授予优秀县（市）委书记称号】 1995年6月30日，全国百名优秀县（市）委书记表彰会在北京中南海怀仁堂召开。中共中央总书记江泽民出席会议并作了重要讲话。会上宣读了中共中央组织部对全国在县（市）委书记岗位上取得优异成绩的100名干部，授予优秀县（市）委书记称号的决定，王耀平名列其中。

大兴县有50多万人口，1030平方公里土地。王耀平调到大兴县前的1986年，全县工农业总产值只有7.8亿元，县财政收入5000万元，人均劳动所得707元。1987年3月，王耀平调任大兴县委副书记，分管经济工作。次年8月担起了县委书记的重任。王耀平认准一条：只有发展经济，大兴人才能奔小康，实现共同富裕。1991年，北京西厢打通，拉近了大兴与京郊间的距离，大兴经济发展有了新的机遇。王耀平以敏锐的目光，紧紧瞄准了这一机遇。他和领导班子成员反复研究，提出“三大杠杆撬起五大行业”，进一步完善了全县的发展思路，即：大力发展高科技企业，以高保快；大力发展外向型经济，以外促快；大力发展私营和个体多种经济成分，以多补快。运用这三大杠杆，一撬以工业区开发为龙头的工业；二撬以深加工和“三高”为龙头的农业；三撬房地产业，搞商品房开发建设，搞危旧房改造和新农村建设；四撬以黄村卫星城为辐射中心的商业；五撬独具大兴特色的平原“绿甜”旅游业。结果，全县经济迅速发展。在此基础上，他又提出把大兴建成首都的“四大基地”（高科技产业基地、农副产品生产基地、城市人口疏散基地和平原“绿甜”旅游基地）的构想，描绘了大兴发展更加宏伟的蓝图。为加快农业发展，全县大力发展专业村。到1994年底，全县发展起瓜、果、菜大三的专业村218个。专业村的发展，解决了小生产与大市场的矛盾，使千家万户农民走向市场，服务了首都，富裕了农民。1994年，农民人均劳动所得达到了3367元，居京郊之首。大兴县先后跨入了全国综合经济实力百强县、全国明星县、全国科技实力强县和全国小康县行列。

王耀平，北京市通县人，1942年6月出生，1965年9月参加工作，1966年1月入党。大学文化程度。曾任怀柔县委文教部副部长、县委常委兼办公室主任、副书记。1987年3月调大兴县工作。

【王懿荣·清代学者、爱国志士·诞生一百五十周年】　1995年农历六月初八，是清代著名学者、爱国志士王懿荣诞生150周年、殉国95周年纪念日。《中国文化报》、《团结报》等报刊发表纪念文章，赞扬了王懿荣开创了我国甲骨文研究的历史和他为抵抗列强英勇献身的精神。《甲骨文之父·王懿荣》一书12月由山东画报出版社出版。

王懿荣，字正孺，又字廉生，1845年农历六月出生于山东省福山县（今烟台市福山区）。青少年时7次参加乡试，皆名落孙山。1880年，方中进士，后入翰林院，曾三任翰林院庶常馆教习，三任国子监祭酒，掌管全国教育，与文廷式、曾之撰、张謇被称为“当朝四大公车”。他还是一位造诣颇深的书法家。其书刚健清华，为世所珍，曾得慈禧的赏识。

王懿荣爱好文物，富于收藏，他的金石学著作《汉石存目》、《南北朝石存目》、《摹古楼藏器释文》等有重要学术价值。其学术研究最大的成果是发现与考证甲骨文。1899年（光绪二十五年）秋，山东潍县古董商范春清在河南安阳小屯村购得龟甲12片，晋京请王懿荣审示，博古通今的王懿荣对甲骨上的刻划作了考证，准确地断定为商代文字，并以重金购归。后来，他节衣缩食又以高价购得甲骨1500多片，并上奏朝廷保护甲骨出土之地。

1900年（光绪二十六年）7月，八国联军进攻北京，朝廷上下一片惊慌，慈禧挟光绪逃往西安，许多贪生怕死的文官武将敛财而逃。王懿荣身为文臣，危难之时挺身出任京师团练大臣，率团勇严密防守，8月23日侵略军借助枪炮优势，攻打东便门、朝阳门、广渠门，进而攻东安门，入皇城。王懿荣率军民顽强抵抗，终因寡不敌众，败回私宅。语告家人：“国家蒙难，我不可苟活！”挥笔写下激昂的绝命词，与妻谢夫人等投井殉国（住宅在今东城锡拉胡同11号后院），时年56岁。

【云广庆·中共包头市青山区委书记·被授予优秀县（市）委书记称号】　1995年6月30日，全国百名优秀县（市）委书记表彰会在北京中南海怀仁堂召开。中共中央总书记江泽民出席会议并作了重要讲话。会上宣读了中共中央组织部对全国在县（市）委书记岗位上取得优异成绩的100名干部，授予优秀县（市）委书记称号的决定，云广庆名列其中。

云广庆，蒙古族，内蒙古自治区土默特左旗人，1942年12月出生，1966年8月毕业于内蒙古大学，1981年3月入党。曾任包头市石拐区委常委、副区长、副书记、区长、区委书记，1993年5月任现职。

早在石拐区领导岗位上的时候，面对这个老矿区煤炭资源日渐枯竭，产量下降，财政收入滑坡的形势，云广庆为石拐区的出路着急。他带领区委、区政府一班人搞调研、访干群，科学决策，确立了石拐矿区的振兴之路：依靠自力更生，发展非煤炭产业，大力兴办外向型企业，“借水行舟”壮大石拐经济。经过努力，区属工业产值由1988年的985万元增加到1992年的3442万元，财政收入由600万元增长到1285万元。矿区经济有了生机，云广庆又集中干部群众的智慧，确定了“八五”期间经济发展的“五大工程”。仅1992年就上了多项合资项目，新增产值7200万元，利税2000万元。云广庆调青山区工作后，下功夫抓了区属企业扭亏增盈工作。1993年全区产值、利税、社会商品零售总额等都比上年增长了40%以上，财政收入增长了67%，青山区首次成为市目标管理综合考评优秀单位。1994年区财政收入比1992年又翻了两番。

云广庆人很实在，工作作风一丝不苟。1985年编制年度计划时，石拐区经委所属企业定了产值1000万元，利润100万元的指标。云广庆认真审核后认为偏高，将利润指标卡下20万元。由于书记坚持实事求是，石拐区的经济和社会发展计划基本符合实际，中期计划、年度计划衔接好，年终都能按计划完成。新上的几个重大项目，基本上是搞一个成一个。云广庆勤政廉洁，严于律己。多年来一直住在石拐区一处面积只有35平方米的平房里。这期间区里也盖过新宿舍，他没有住，因为还有别的人房子没解决，自己先住心里不踏实。他调青山区工作后，老伴还住在石拐的平房里，夫妻两地生活。云广庆有两个孩子，老大当工人，老二高考落榜。有人帮忙让老二自费进一所大学，云广庆说别管他，让他补习再考，凭本事上大学。在他的领导和带动下，青山区的党建和反腐倡廉工作受到上级的表扬。

【木尼热（女）·新疆七一棉纺织厂挡车工·被授予全国劳动模范称号】　曾连续7年被新疆七一棉纺织厂评为操作能手和操作标兵的维吾尔族女纺织工木尼热，1995年4月被国务院授予全国劳动模范称号。

木尼热，1970年2月生于乌鲁木齐市，中学毕业后，1985年7月被分配到新疆纺织工业（企业）集团公司七一厂当挡车工，1994年3月参加中国共产党。10年前，木尼热第一次上岗时，全身落满灰尘，纤细的手指被挡车机打得都是血口子。回到家，她向母亲哭着说不愿去纺织厂工作。她的母亲是新疆第一代少数民族纺织女工，她没有安慰木尼热，只是拿出珍藏多年的1964年作为全国优秀团员代表去北京接受毛主席等国家第一代领导人会见时的合影像片，严肃地告诉木尼热："我们维吾尔族姑娘的美不在衣裳而在心灵，只有成为技术标兵才能像'阿塔'（母亲）一样去北京。"

母亲的光荣成了木尼热追求的目标。从此以后，她换下了漂亮的衣裙，上班寸步不离师傅，细心地观察操作要领，仔细揣摩，下班后又一百次、一千次地苦练掐头、接头。为练技术，她的手指被细纱拉出一道道血痕。功夫不负有心人，木尼热的技术得以快速提高，从而成为新疆七一棉纺织厂的明星。从1989年到1994年，木尼热连续6年超额完成生产任务，日均纺纱130公斤以上，累计超产棉纱7000公斤，多创产值16万元。如今木尼热带的学徒都成了优秀的挡车工。

【支志明·香港大学教授·当选为中国科学院院士】　1995年11月6日，中国科学院公布了新当选的院士名单，香港大学化学系讲座教授支志明，当选为中国科学院化学部院士。他是港澳地区第一位进入中国科学院院士行列的学者，也是中科院最年轻的院士。

支志明，1957年生于香港，在香港读完小学、中学、大学。1982年在香港大学获得博士学位，1980年至1983年在美国加州理工学院做博士后。1983年后一直在香港大学任教。他长期从事无机化学基础研究。现在专注于光化学和不对称合成材料科学的研究。后者对改善药品生产技术、降低成本十分重要，并有助于一些新药的合成。

支志明在无机光化学、氧化反应及催化机理、生物无机化学等领域的研究中，取得系统性、创造性的成就和贡献，曾获中科院"国家自然科学奖"。他的学术成就在国际上也受到关注和肯定。

支志明现还担任台湾"中央研究院"化学研究所的咨询委员、北京理工大学顾问教授。

【历福祥·解放军某部三连副班长·获抗洪抢险模范战士称号】　1995年9月14日，沈阳军区发布命令，授予历福祥"抗洪抢险模范战士"荣誉称号。

历福祥，吉林省敦化市人，1973年7月出生，1992年12月入伍，1994年4月加入中国共产党。入伍后，他忠于职守，勤奋工作，刻苦学习军事技术，练就一身过硬的本领，他先后6次参加上级组织的军事比武，次次夺得冠军。先后被树为优秀士兵标兵、军事训练标兵、学雷锋标兵，先后12次受到嘉奖，一次荣立三等功。1994年3月，他不幸身患低度恶性纤维肉瘤，在解放军第206医院住院治疗期间，顽强地同疾病作斗争。1995年7月下旬，辽宁、吉林两省遭受特大洪水袭击，人民群众生命安全遭到洪水灾害的严重威胁，历福祥所在部队投入抗洪救灾的斗争。身患重病的历福祥，立即向医护人员请求，让他赶回部队参加抗洪救灾战斗。鉴于他病情恶化，医生没有批准他的请求。他写了一张请假条，"尊敬的医护领导，恕我不辞而别，水情就是命令，战士就要战斗。为了保卫第二故乡人民的生命财产，我只好这样做了，等参加完抗洪，我会回来继续配合治疗的。"随即乘车赶到连队，连队干部被他要用生命和鲜血保卫通化的决心和誓言感动，同意了他参加抗洪救灾的请求。7月30日晚，通化市128大桥附近江堤告急，历福祥随连队赶赴现场，冒着暴雨，忍着病痛，第一个扛起装满沙石的草袋，冲上大坝。在一个多小时的抢险救灾战斗中，他一人扛到大坝上的草袋就有100多个，是全连扛得最多的一个。在他奋不顾身的英勇行为带动下，全连以最快的速度完成了这次抢险加固大坝任务。8月7日，通化市遭受了第二次特大洪峰袭击。206医院家属住宅区两栋家属楼80多户家属安全受到洪水威胁，在紧急关头，历福祥立即赶到现场参加抢险。根据水情，需要下水打桩固堤。当时水流湍急，而且挨近浑江入口，人在水中难以站稳，随时有被洪水冲入浑江的危险。历福祥第一个站出来高喊："连长，我是党员，我先下！"说完，系好绳子，第一个跳下水，他站在齐腰深的急流中，抡起大锤，一连打下10多根木桩，手上磨起两个大血泡，206医院的领导和医护人员纷纷劝他、喊他上岸，他全然不顾，坚持把木桩打好。又带领战士下到被洪水掏空的房屋地基下砌石固基，冒着生命危险坚持战斗两个多小时，完成抢险任务，保住了两栋楼房和居民住房的安全。通化市的领导和群众称赞他是"硬骨头战士"。

【尤洪宝·临沂地区丝绸抽纱（工贸）公司经理·被授予全国劳动模范称号】　尤洪宝从部队转业回乡17年，帮助家乡沂蒙山区农民发展丝绸产品，出口创汇，走出了一条通往世界100多个国家和地区的"丝绸之路"，为国家换回了一笔笔外汇，带动沂蒙山区数十万农民开始摆脱贫困，走向富裕，成为一位传奇式人物。1995年4月29日，国务院授予他全国劳动模范称号。

尤洪宝，山东临沂人，1943年出生。1961年入伍，在部队当了10年指导员后，于1978年底转业回乡，分配到临沂地区五金矿产进出口公司工作。公司决定让他从零开始，组织纺织丝绸产品出口。尤洪宝半年时间走遍了全地区十几个县、上百家纺织厂。摸清底细后，直上济南，千方百计从省纺织厂进出口公司争取到一批手扒丝出口业务，回来后马不停蹄，在全区组织办起了8家扒丝棉厂，如期完成了这批出口任务。一年时间，出口纺织丝绸品220万元，第二年又翻了一番。第三年，突破千万元大关。1981年7月，尤洪宝挑头成立了临沂地区丝绸出口支公司，任经理。他租了5间草房做办公室，全公司只有7张桌子、7把椅子、7个人。这个"三七"公司白手起家成立后，尤洪宝决心自己设点办厂上项目，出口创汇，带动更多的老区人民走上致富路。他在下乡考察资源时，发现各家缫丝厂都堆满了蚕丝下脚料，日晒雨淋，臭气熏天。于是利用这批下脚料办起了废丝加工厂，生产桑落棉，在上海小商品交易会上一炮打响，尔后，在全区发展了十多家废丝加工企业，仅此一项，年创汇500多万美元，安排了4千多名农民就业。随后，尤洪宝去香港考察市场，得知苎麻产品在国际市场极为走俏。苎麻自古产于南方，尤洪宝忽发奇想，要让"南麻北移"。他拍板在莒南建立试验基地，从湖北引进苎麻良种，试种一举成功。然后一鼓作气，在8个县市发展了5万亩麻田，筹建了江北最大的一家苎麻联合加工厂——莒县苎麻厂。工厂投产后年产值达4000万元，由此形成的苎麻种植、加工、出口一条龙体系，成为临沂第一个出口超亿元的"造血项目"。"南麻北移"成功后，尤洪宝决定由公司出资，办起了100多个培训班，训练沂蒙姑娘学会抽丝技术，并在全区建起生产丝绸、抽纱手工艺品加工厂26个，加工点近千个，加工队伍达40万人，年出口创汇4000多万美元。山里人富起来了，他们高兴地唱起自编的歌谣："一根针，一根线，不用油，不用电，家家户户都能干，一年抱回个大彩电。"如今，尤洪宝白手起家创建的"三七"公司已发展成为拥有30个科室，26个下属单位，8000多名职工，固定资金8800多万元、年经营额6.4亿元，利税2000多万元的集团公司。1994年，尤洪宝成为山东省"富民兴鲁"劳动模范，荣获全国"五一"劳动奖章。

【牛群、冯巩·相声演员·获"我最喜爱的春节节目"评奖一等奖】　1995年2月，在中央电视台和中国电视报主办的"春兰杯我最喜爱的春节节目"电视观众评奖中，中国广播艺术团说唱团相声演员牛群、冯巩创作和演出的相声《最差先生》在观众投票中以压倒多数获相声一等奖。这个节目的创作背景是迎接'95世界妇女代表大会，从日常生活着眼，敏锐地指出和抨击种种不尊重妇女，歧视妇女的社会现象，给人以深刻的启迪。在形式上，演员既是晚会主持人，又是节目中的一个角色，加之在演出中，牛群与冯巩配合默契，充分使用相声中"现挂"技巧，及时在现场抓哏，使节目在晚会中穿插得熨贴自然，现场感强烈，受到广大观众的欢迎。

牛群，天津市人，1949年12月生。1971年参军，在部队中积极参加业余文艺演出活动，1974年调北京军区战友文工团曲艺队，成为专业演员。学说相声师承著名演员常宝华，在创作上得到曲艺作家刘学智的指点。进步很快。曾立二等功1次、三等功4次。1993年转业，到中国广播艺术团工作。在1982年全国曲艺观摩演出中，他的相声《到底怨谁》获创作、表演两个一等奖，他的数来宝《我的弟弟》获创作一等奖；1984年全国相声评奖中，他创作、表演的相声《训夫》又获创作表演两个一等奖；在1986年全国曲艺新曲目汇演中，他创作、演出的相声《威胁》再获创作、表演双一等奖；《训夫》获得中国人民解放军文艺奖（八一大奖）。牛群和冯巩连续9年在中央电视台春节联欢晚会上表演相声，备受欢迎。他们的《亚运之最》（1991年）、《拍卖》（1992年）、《办晚会》（1993年），在电视观众评奖中，曾连续3年夺得一等奖。1995年12月他们又在全国首届侯宝林金像奖电视相声大赛中获金像奖。牛群的代表作为相声《领导冒号》，已出版相声专辑《巧立名目》相声磁带5盘。

牛群除多次担任大型晚会的节目主持人外，他还是全国许多家报刊的特约记者和栏目主持人。在报刊上发表大量文章和摄影作品。此外，近年来他还担任中国明星足球队队长，成为曲坛上多才多艺、影响广泛的活跃人物。

冯巩的经历和事迹见1994年《中国人物年鉴》

【牛玉琴（女）·陕西靖边县农民·被评为中国十大女杰、被授予全国劳动模范称号】

由全国妇联发起，广电部、劳动部、人事部等20个单位联合主办的中国十大杰出女性评选活动于1995年2月21日揭晓，治沙造林超万亩的陕西靖边县农民牛玉琴，在十大女杰中名列第二。同年4月29日，国务院授予她全国劳动模范称号。

牛玉琴，1949年12月出生，陕西省靖边县人。1966年她结婚嫁到东坑乡金鸡沙村，当地自然条件恶劣，是有名的风沙区。1983年她与丈夫张加旺商定承包治理荒沙2万亩的任务。从此，牛玉琴和丈夫冒着刺骨的寒风，一趟趟地穿梭于荒沙之中，很快绘出了一张因地制宜的治沙规划图。然后凑钱买树苗，她不知跑了多少路求了多少人，就连家里母鸡下的蛋也舍不得吃，终于凑了6000元，买足树苗，每天天不亮就同丈夫背上百十斤重的树苗，顶着风沙步履艰难地走向大漠。栽种完了，回来再背。每天往返跋涉40多公里，直到月挂中天。那一年，她和丈夫累死累活刚把10万株树苗种进荒沙，一场无情的沙暴把6000多亩树苗大半连根拔起，横七竖八摆了一地。面对如此惨状，丈夫问牛玉琴："咋办？"牛玉琴抹了一把泪坚定地说："补！"牛玉琴的阑尾炎发作了，到医院手术一做完，她硬是提前出院，连缝合伤口的药线都是自己在沙漠中拆掉的。正当她和丈夫实施他们的造林规划时，可怕的病魔渐渐地逼近了张加旺。1988年元月，张加旺第7次住进了医院，又一次手术后，牛玉琴陪着只剩下一条腿的张加旺回到家里。已病入膏肓的张加旺知道，对妻子最深沉的爱，莫过于帮她多栽一棵树，多种一棵草。因此他执意要去植树。牛玉琴拗不过他，只好用骡子把他驮进沙漠。张加旺拖着一条腿，靠双手一步一步往上爬，帮着牛玉琴扶树、填坑。就这样，他们在风沙中滚爬了近一个月。这年初夏，张加旺永远地离牛玉琴而去了。巨大的不幸没有把牛玉琴压倒。她以更加坚韧的毅力继续造林治沙。看着牛玉琴的艰辛，有人劝她：把那几十万株树卖了，够你这辈子享用了。牛玉琴摇了摇头，坚持年复一年植树治沙。如今，牛玉琴已种植了杨树3000亩、榆树300亩、柳树240亩、沙柳1900亩、沙蒿2400亩、沙打旺1500亩以及沙米、沙茨等1800亩。她承包的2万亩荒沙，已是杨柳成网，沙蒿满地。1993年10月，联合国粮农组织授予她"拉奥博士奖"，以表彰她治沙造林作出的突出贡献。

牛玉琴于1988年当选为陕西省第七届人大代表。1990年被全国绿化委员会授予全国绿化奖章，同年获全国"三八"红旗手等荣誉称号。1991年获全国"三八"绿色奖章。是陕西省劳动模范。

【公丕祥·南京师范大学教授·被评为全国十名杰出青年法学家】　1995年12月26日，由中国法学会组织评选的全国十名杰出青年法学家揭晓。南京师范大学教授公丕祥获杰出青年法学家称号。

公丕祥，1955年1月13日生，中国共产党党员。1982年1月毕业于南京师范大学政治教育系。现任南京师范大学副校长、教授，并在中国人民大学法学院研读博士学位。公丕祥在马克思主义法哲学和中国法制现代化问题的研究领域内刻苦治学，出版了《马克思的法哲学革命》、《马克思法哲学思想述论》、《中国刑法通史》（第一分册）等3部专著，主编了《中国法制现代化的进程》、《法律文化的冲突与融合》等5部著作，并有10部与人合写的著作。在国家专业刊物上发表了《马克思法哲学思想论要》、《邓小平的法制思想与中国法制现代化》、《社会主义市场经济与法律调整》等80余篇论文。公丕祥多次获得江苏省优秀哲学社会科学科研成果奖、江苏省高校人文社科优秀成果奖等奖项，1991、1992、1995年分别被评为江苏省优秀教育工作者、江苏省首届高校优秀青年骨干教师、江苏省有突出贡献的中青年专家。

【乌力吉·内蒙古自治区人民政府主席·谈内蒙古的发展和"五大战略"】　1995年3月16日《人民日报》报道，乌力吉在接受该报记者采访时，纵谈内蒙古1994年经济建设的发展，并介绍了自治区制定的"五大战略"。

乌力吉说，去年内蒙古全区国民生产总值达658.6亿元，比上年增长10.1%。农牧业生产在大部分地区遭受严重春旱和部分地区遭受较大洪涝风雹灾害的情况下，仍然获得较好收成，粮食总产量达1083.5万吨，仍为历史上第二个高产年。牧业年度牧畜总头数5711.3万头，再创历史最高水平。全区工业增加值203.2亿元，比上年增长13.9%。全区农牧民人均收入达1062元，比上年增长28.1%，扣除物价上涨因素后实际增长4.8%。乌力吉介绍说，自治区制定的资源战略、开放战略、旗县经济战略、人才战略和名牌战略这“五大战略”突出一个“实”字。他说，旗县经济战略，就是要以富民为基点，以实现财政自立为目标，每个旗县根据各自的情况，各打各的优势战。名牌战略也是如此，如“鄂尔多斯”和“鹿王牌”羊绒制品，在国内外有一定的知名度，“仕奇牌”西装，就以质量和价格向全世界发出挑战，被称为中国的“仕奇现象”，我们要创更多的中国名牌。

乌力吉，1933年8月生，内蒙古科尔沁右翼中旗人。蒙古族。1951年中央军委工程学校无线电报专业毕业。1953年加入中国共产党。曾任呼伦贝尔盟重工业局局长，中共新巴尔虎右旗委副书记，海拉尔市市长，中共呼伦贝尔盟委副书记，呼伦贝尔盟盟长，中共内蒙古自治区委员会常委、政法委员会书记等职。1992年起任中共内蒙古自治区委员会副书记。1993年起任内蒙古自治区人民政府主席。是中共第十四届中央委员。

【乌云格日乐（女）·派出所所长兼教导员·被评为中国警界女十杰】　1995年8月25日，内蒙古自治区呼伦贝尔盟红花尔基林业公安派出所所长兼教导员的乌云格日乐，在由公安部、全国妇联主办，首都11家新闻单位协办的“中国警界女十杰”评选活动中光荣当选。同时她还荣获全国公安系统二级英模和全国“三八”红旗手称号。

在中华人民共和国的地图上，靠近中蒙边境的“鸡冠”的位置，生长着一种名为樟子松的树木。这片林子已是世界上仅存的3块樟子松成片林，并且是最大的一片母树林，它进入了我国濒危植物名录。乌云格日乐就战斗在这个地方。从1992年起，常年苍绿、为世世代代的红花尔基人抵挡着风沙的樟子松林，遭受前所未有的盗伐，两年间被盗伐3000多立方米。乌云格日乐带着全所15名民警整天蹲坑守候、围追堵截，仍无法根治盗伐的歪风。于是，她通过新闻媒介多方呼吁，引起自治区领导的高度重视。她和专门工作组一起协调各种力量，不怕打击、威胁和报复，多方打击治理，仅1993年就查处案件121起，为国家挽回经济损失30万元，也使樟子松林重归宁静。

乌云格日乐，1956年11月11日出生，哲里木盟人，达斡尔族，1984年9月加入中国共产党。其名的意思是清澈的月光。平时，人们图省事，都喊她格日乐。于是“清澈的月光”成了“光”，而她确实像一束光明照耀着红花尔基的森林，每年至少有三分之一的时间在林子里活动。这里的11月初就会飘起漫天大雪，直到次年4月才能融化，最冷时气温达到零下38℃。进入大雪封山的森林里，齐膝的雪算是最浅的。由此她患上了严重的风湿病。到了夏天，终年蔽日的森林里，积雪化的水成了一片沼泽，蚊虫成群，她又要受尽蚊虫叮咬之苦。格日乐说：我当选十杰并非我一人之光，如果全国人民能了解到终年工作在森林中的林业警察的辛苦，我就满足了。

乌云格日乐1971年参加工作后，曾6次被评为本局劳动模范、“三八”红旗手；1979年被内蒙古团委授予新长征突击手称号；1993年被评为全盟优秀妇女干部；1994年，她被公安部授予全国优秀人民警察称号，并荣立二等功1次。

【方成·漫画家·当选为中国新闻漫画研究会会长】　中国新闻漫画研究会第二次全国代表会议，于1995年10月25日改选领导机构，方成当选为会长。

方成，原名孙顺潮。1918年生。广东中山人。1942年毕业于武汉大学化学系。早在中学时期就喜爱漫画。“一二·九”运动时，曾以所画漫画参加战斗。1946年起从事漫画工作，为上海《大公报》、《观察》等报刊撰稿，一度任《观察》杂志漫画版主编。1948年到香港，参加中共领导的“人间画会”，经常为香港《大公报》、《华商报》等报纸撰稿。

1950年任北京《新民报》美术编辑，曾主编画刊，并创作儿童画和漫画。1951年调《人民日报》任美术编辑。抗美援朝时期，曾与钟灵合作创作时事讽刺画。1982年起与沈同衡合作，主编《漫画选刊》。方成任武汉大学新闻系兼职教授，对幽默和讽刺艺术理论研究有素。出版的漫画作品集有《方灵漫画选》、《方成漫画选》、《方成、钟灵政治讽刺画选集》等；连环画作品有《方成连环漫画选》、《康伯》、《王小青》等；出版的专著有《幽默·讽刺·漫画》、《笑的艺术》等。

【方成·天体物理学家·当选为中国科学院院士】　1995年11月6日，中国科学院公布了新当选的院士名单，南京大学教授方成，当选为中国科学院数学物理学部院士。

方成，云南省昆明人。1938 年生。1992 年起任南京大学天文系主任。中国天文学会副理事长，中科院天文光学开放实验室学术委员会副主任。他主要从事天体物理（太阳物理）方面的教学和科学研究并取得多项重要成果。在我国首先系统地掌握和运用非局部热动平衡理论，密切结合太阳塔和国外的观测资料，在太阳活动体结构和大气模型、耀斑谱线不对称性和速度场、太阳耀斑动力学模型和光谱诊断等多方面的研究中取得了系统性的重要成果，受到国际太阳物理学界的高度重视和评价，曾作为我国首位天文学家先后三次应日本国立天文台和欧洲最大的法国巴黎天文台邀请，作为客员教授和一级研究员前往合作研究。主持设计和研制了我国目前唯一的一座太阳塔，并“达到了国际上口径相近、非真空太阳望远镜的水平”，曾获国家科技进步奖二等奖；同时用该太阳塔取得了一批在数量和质量上都属国内第一、国际先进的观测资料（包括白光耀斑光谱和耀斑 CCD 二光谱资料等），特别是开辟了国内 CCD 二维光谱研究的新领域。已发表研究论文 120 余篇，曾获部委级一等奖等多种重要科技奖励，并对培养人才、推动学科发展做了大量成效显著的工作。

【方晞·江苏省交通科研所所长·被授予全国先进工作者称号】 1995 年 4 月 29 日，中共中央、国务院召开的全国劳动模范、先进工作者表彰大会，在北京人民大会堂隆重举行。江苏省交通科学研究所所长、高级工程师方晞，被国务院授予全国先进工作者称号。

方晞，福建省福州市人，1938 年 4 月生，1960 年 8 月于南京工学院毕业，历任大学教师、技术员、工程师、室主任、副所长、总工程师等职，曾先后获江苏省劳动模范、有突出贡献的中青年专家称号以及交通系统先进工作者、优秀党员等。

方晞是一名路桥建设方面的工程专家，35 年来，他刻苦钻研，奋力拼搏，注重与实践相结合，解决了许多工程与施工中重大技术难题，取得了一批瞩目的科研成果，先后获国家与省部级的科技奖十多项。早在文革期间，他顶着压力，坚持科学实验，完成了《双曲拱桥研究》、《灌柱桩应用技术》等重点项目的科研任务，前者分获国家和部级科技进步二等奖和一等奖；后者获交通部科技进步一等奖。江南水乡，中小桥梁很多，通行能力差，严重制约交通发展。1982 年，方晞受命担任“老桥改造技术研究”课题的组长，他不知疲劳地奔波于苏州、丹阳、溧阳等地考察研究，取得很大成功。溧阳南渡大桥改造，节省投资 60%，而通过能力提高 4 倍，被交通部列为“八五”全国推广项目。该科研项目分获国家与部级科技进步三等奖。软土地区建设高等级公路的技术问题是省、部确定的一个重大攻关项目，方晞带领科技人员，反复试验，总结出一套密封路基技术，应用于连运港新墟一级公路。该项目获省和部级科技进步三等奖，1994 年被联合国信息促进会授予“发明创新科技之星”奖状与金牌。

改革开放后，方晞以敏锐的目光和惊人的魄力，适应市场发展，及时将科研服务方向转到交通工程的主战场，积极探索科工贸一体化的改革之路，先后合作组建了 3 个工程实体公司和 2 个机械新产品联合体。短短两年，使全所各项工作大见成效，经济效益大幅度提高，产值连年翻番，职工个人收入超万元，在全国省级科研所中名列前茅，并培养了一批年青的技术骨干。

方晞一生为事业奋力拼搏，道路坎坷。文革期间，他冒着生命危险进行各种试验，探索双曲拱桥的结构及建造规律，被当作反动学术权威批判，受到许多不公正待遇。事后仍一如既往，顽强拼搏。因操劳过度身患肝炎、睾丸癌等多种疾病。1983 年手术后，躺在床上还翻阅、研究有关资料。半年的病假，只休了一个月就上班了。其无私奉献精神，赢得了许多职工的敬佩。

【方子云·环境水利专家·当选国际水资源协会卓越的特别会员、获优秀会员奖】

水利部及长江水利委员会技术委员、长江水资源保护局教授级高级工程师方子云，因对水资源保护、开发、管理、应用有突出贡献，被当选为国际水资源协会卓越的特别会员，获优秀会员奖。1995 年 9 月 27 日《团结报》报道了他的事迹。

方子云，湖北黄梅县人，1921 年 10 月生，毕业于唐山交通大学土木工程系。长期从事水利规划设计、科研、水资源保护、开发工作，历任长江水资源保护局及科研所总工程师、水利部技术委员会委员、中国水利学会环境水利研究会副理事长、顾问、中国水利学会水资源专业委员会顾问、武汉水利电力大学兼职教授、研究生导师、国家科委“八五”攻关三峡工程生态与环境专家组专家。为第六届全国人大代表，农工民主党成员。

方子云是我国环境水利科学的创始人。最先在我国大学开设环境水利专业课。在运用环境水利科学保护水资源的工作中，他提出"开清水之源、节污水之流"的指导思想，为解决黄浦江、第二松花江、漓江、西湖的水污染问题提出了许多重要建议，得到有关领导和专家们的重视与首肯，收到了投资少、见效快的成效。近十几年，他获得一系列科技成果。他主编的国内第一部《水资源保护手册》，被评为全国优秀图书，获金钥匙奖。他指导并参与撰写的《长江三峡工程对生态环境影响及其对策研究》论文，获中科院科技进步一等奖。他参与组织了国家重点科技攻关项目《长江三峡工程重大科学技术研究》，获国家科委、水利部、能源部颁发的"国家家科技攻关专家荣誉证书"。他主编的《水利计算分册》，获水利部科技进步一等奖。他还编撰出版了《水资源导论》、《环境水利学导论》等600多万字的专著。他多次参加国际水资源会议，曾宣读《把保护长江作为沿江城市发展战略的重要组成部分》、《长江水质管理整体性方法》等论文，受到世界水资源专家的称赞。

【方晓丘·经济学家·提出再造一个海上福建的构想】　1995年，福建省发展研究中心研究员、经济学家方晓丘在《福建论坛》第6期上发表《实现跨世纪的战略转变》一文，提出开海兴闽，陆海并举，再造一个海上福建的构想。他的构想已被有关决策层采纳。

方晓丘，1930年出生于江苏南通，1944年在苏中抗日根据地参加工作，1950年入中国人民大学学习，毕业后曾执教于中国人民大学财政系、华侨大学和福建师范大学。80年代任福建社会科学院院长，福建省经济研究中心主任、省人大常委。1986年调财政部任财政科学研究所所长。1990年调回福建任省发展研究中心研究员、省政协常委、太平洋科学院院长、省对外经济关系研究会会长。

改革开放以来，方晓丘在财政、金融、对外经济关系等方面进行了广泛的理论研究，发表和出版了一系列著作。他主张加速计划经济向市场经济转变；主张改善财政状况首先要发展经济，切忌忽视经济而片面追求增加财政收入，征税要适度；主张在发展银行信用的同时也搞点财政信用，要规范商业信用，多渠道利用外资和民间资金，大力发展证券融资；主张帮助贫困地区建立"环保农民城"，以发展生态农业、兴办乡镇工业、贸工农科教一体化与环境保护相结合，实现脱贫致富，建设新型的社会主义现代化农村城市。

他编著的主要著作有《利用外资的理论与实践》、《财政改革与国外经验借鉴》、《财政调节概论》、《海峡两岸经贸往来导向》、《世界与中国投资环境》、《地方税收》等；主编的刊物有《财政研究》、《证券导报》等。发表论文100多篇。

他是福建省社会科学院和省经济研究中心（发展研究中心）的创办人。1992年又创办了民间科研机构太平洋科学院、太平洋证券经济研究所等单位。

【方辉煜·航天专家·获国家科技进步一等奖】　航天工业总公司研究员方辉煜，主持建成的"北京仿真中心工程"，获1995年国家科技进步奖一等奖。

方辉煜从1982年开始系统仿真方案的探讨，他被任命为北京仿真中心总设计师，全面负责北京仿真中心工程研制建设。他重视开拓性研究，在关键技术上有重大突破，使仿真中心工程在整体上达到了当代国际先进水平，并有创新。1993年射频目标仿真系统获部级科技进步奖一等奖，1994年北京仿真中心工程获部级科技进步奖一等奖，1995年该项目获国家科技进步奖一等奖。

方辉煜，湖北武汉人，1929年1月生，1952年毕业于武汉大学物理系。先后在航天总公司任工程组长、科技处处长、研究室主任和副院长等职。北京仿真中心实施时，他任北京仿真中心总设计师。他还担任中国系统仿真协会常务理事，中国海洋，遥感学会副理事长等职。1995年方辉煜被航天总公司批准为有突出贡献的老专家。1992年享受国家政府特殊津贴。

【方智远·蔬菜遗传育种专家·当选为中国工程院院士】　1995年7月7日，中国工程院公布了新当选的院士名单，中国农业科学院蔬菜花卉研究所所长、研究员方智远，当选为中国工程院院士。

方智远，1939年9月3日生，湖南衡阳县人。1964年7月毕业于武汉大学生物系植物遗传专业，同年8月到中国农业科学院蔬菜研究所工作。他是我国蔬菜遗传育种专家，蔬菜遗传育种的学科带头人，作物遗传育种专业博士生导师。在国内率先开展并长期主持甘蓝遗传育种及其相应的应用基础理论研究。带领课题组先后育成各种类型甘蓝自交不亲和系20余个，可抗3种病害的抗源5份，早、中、晚熟配套的甘蓝新品种12个，推广面积约占全国甘蓝总栽培面积的60—70%。育种技术及育成品种的优良特性在国内一直居领先地位，部分品种的优良性状已达到国际先进水平。累计创社会经济效益30亿元以上，先后获国家级或省级科技成果奖励11次，其中国家发明一等奖1项、国家科技进步二等奖1项。执笔撰写科技论文30余篇，主持或参加编写科技著作15本。

方智远1986年被人事部授予国家级有突出贡献中青年专家称号。1988年获全国五一劳动奖章。

【尹盛喜·北京大碗茶商贸集团公司总经理·为在泰国曼谷开设老舍茶馆签约】

北京大碗茶商贸集团公司及老舍茶馆总经理尹盛喜，在法国、意大利、匈牙利、泰国、新加坡、马来西亚等国友人希望到其国家开老舍茶馆的动议下，已走出可喜的第一步，于1995年6月去泰国，为在曼谷开办老舍茶馆与穗华金璇行签约，并受到泰国总理川·立派的接见。

尹盛喜由卖二分钱一碗的大碗茶起家开办的老舍茶馆，名字取自我国著名作家老舍笔名及其名著《茶馆》，坐落在北京前门箭楼西侧。从1988年开办以来，来老舍茶馆品过茶的名人，先后有日本前首相海部俊树，美国前国务卿基辛格，新加坡总统王鼎昌，台湾东吴大学校长章孝慈，台湾著名女作家琼瑶，美国前总统布什，联合国前秘书长瓦尔德海姆，香港中华总商会会长霍英东等。

老舍茶馆中精雕隔扇，黑漆桌椅，铜壶盖碗，一派传统色彩。面前一碟瓜子，一碗香茶，还有宫廷点心，再听上一段琴书、相声、大鼓、弹词，或京、评戏，让人感到清新悦耳。老舍茶馆吸引了许多著名演员、戏曲名家来此献艺，如张君秋、梅葆玖、骆玉笙、关学增、魏喜奎，侯宝林、马季、姜昆、于是之、李婉芬等。著名电影演员谢添曾来茶馆主持节目。尹盛喜本人曾与京昆名家洪雪飞、京剧新秀陈志清合演过《沙家滨》中的“斗智”，自演过《徐策跑城》，并唱过《借东风》、《霸王别姬》等30多出戏中的唱段。

尹盛喜，1937年10月生，祖籍山东肥城。他家住前门外，高中毕业后，干过7年木工，曾任副厂长。1979年他带领20名街道待业青年办起青年茶社，在前门外路边卖起二分钱的大碗茶。当时全部家当是：6把洋铁壶，100个粗瓷碗，自搭的棚子，自盘的炉灶，凑钱买了3斤茶叶末。大碗茶生意做得红火，不断扩大经营，发展成下属15个企业，在深圳、海南有两个分公司，共有800名职工的北京大碗茶商贸集团。如今固定资产已上亿，经营针织、纺织、家用电器、照像器材、珠宝玉器等9大类商品共7000多种，仅在北京即有12个商业点。他们共为3000多名待业青年解决了就业问题，并负担供养街道500多位老人。尹盛喜于1981年和1985年两次评为北京市劳动模范；1988年荣获全国五一劳动奖章。

老舍茶馆于1988年12月开业至1995年底，6年来本着尹盛喜规定的“振兴古国茶文化，扶植民族艺术花”的宗旨，已演出以曲艺为主的文艺节目8000多场次，接待中外宾客50多万人，其中包括50多个国家的外国朋友。我国老一辈革命家杨尚昆、习仲勋、宋任穷、黄镇、荣高棠等人曾来品茶和欣赏演唱节目。北京文化界对尹盛喜开办的老舍茶馆给予了很高评价，认为它既是商业实体，又具有文化价值，是北京文化的一个橱窗，特别对国外友人具有吸引力，为开发人文旅游资源提供了经验。老舍茶馆搞得红火，与尹盛喜的多才多艺有关，他满肚子故事，会拉胡琴打洋琴，能唱京剧又能为京戏伴奏，后又练了书法、绘画。他被北京市曲艺家协会、中国评剧艺术发展促进会、京昆振兴协会基金委员会，分别聘请为理事；还被北京中山书院聘请为教授。

【巴德年·肿瘤免疫学专家·当选为中国工程院院士】　1995年7月7日，中国工程院宣布了新当选的院士名单，中国医学科学院院长巴德年，当选为中国工程院医药与卫生学部院士。

巴德年，1938年生于吉林四平。1957年考入哈尔滨医科大学，1964年攻读北京医学院生化专业研究生，1980年初赴日本北海道大学医学部学习，次年末获医学博士学位。巴德年在日本期间，主要从事肿瘤免疫病理学的研究。为了尽快学到更多的东西，他牺牲了所有的寒暑假，放弃了一切免费旅游的机会，废寝忘食，夜以继日，刻苦攻读，在世界上首次发现抗胸腺自家抗体的存在。从而为高血压大鼠的免疫功能低下找到了原因；他用胸腺移植等免疫重建方法，在国际上首次提出免疫功能异常与高血压发生的关系；他在国内率先开展了LAK细胞的研究，最早将LAK疗法用于临床，并在防治癌转移方面取得良好效果，因而成为我国癌生物疗法的学术带头人。

巴德年曾任哈尔滨医科大学副校长、黑龙江省医学科学院院长兼黑龙江省肿瘤研究所所长、中华医学会黑龙江分会副会长、黑龙江省科协副主席、中国抗癌协会理事等职务。他不但是一名学者，也是一名很有才干的组织者和领导者。学生时期的严格训练，长期的科学研究工作，使他形成了一个科学家所特有的领导素质。他思维活跃而不拘泥，处事熟虑而干炼。1992年调任中国医科院院长后，巴德年脑海中装的就不再是个人的专业发展，而是整个医科院发展的宏观规划。他说："我想中国医科院应该办成代表国家水平，能参与国际竞争的医药卫生研究基地。在这个基地里不断产生新概念、新理论、新技术、新方法，成为培养医学博士和博士后人才的摇篮，培养出名科学家、名医、名教授和名医药卫生管理人员。"

为了实现这一宏图，他认为必须解决中国医科院空间狭小、装备落后、人才断层这三大矛盾。他3年中果敢地推出了一系列措施：成立协和医药集团；晋升160多名40岁以下的正副教授；面向世界、面向全国招聘优秀人才；设立名医奖；最近又与明日集团合作，计划重建一个校园，同时建立起新的图书情报中心、试验动物饲养场这两大科研支柱……他正带领这支基础雄厚的医学科技大军，共同迈向21世纪的征程。

【邓林·空军政治部文工团舞蹈编导·在全国舞蹈比赛中获编导一等奖】　1995年5月，解放军空军政治部文工团舞蹈编导邓林，在广州参加由文化部和中国舞蹈家协会共同主办，广东省文化厅承办的第三届全国舞蹈（单、双、三人舞）比赛中，以其被称为"近年来舞坛不可多得的'问鼎'之作——男子独舞《醉鼓》"，获得中国古典舞编导一等奖。其作品结构缜密，编排紧凑，把古典、民间舞和武术技巧和调地揉合成一体，运用高难技巧、快速节奏及高台技艺为主要表现手段，鲜明地塑造了一位技艺高超、无悔无倦献身于艺术事业的民间艺人，并在创作上有所突破和创新。

邓林，1958年生于四川省重庆市。1971年考入四川省"五七"艺术学校。1975年于该校毕业后，被分配到战鼓文工团（现为攀枝花市歌舞剧团）任主要演员、舞蹈教员。1984年开始涉足舞蹈创作，作品有群舞《醉秋风》、独舞《赶漂人》等，后者曾多次被中央电视台播出。后在北京舞蹈学院进修两年。1987年考入中央民族学院，为音乐舞蹈系首届编导班优秀学生。他参与创作的独舞《珠穆朗玛》获第二届全国"桃李杯"赛优秀教学剧目编导创作奖。曾先后为中国艺术团参加澳门国际艺术节、第11届亚运会开幕式，主持创作和创作了大型组舞《云南音诗》、大型女子群舞《珠穆朗玛》。1990年8月调入空军政治部文工团编导室。邓林善于发现，采撷生活的亮点，并运用多种舞蹈语汇、表现手段和舞蹈形式，创造出颇有新意的舞蹈形象，是正值盛年的青年舞蹈编导家。近年来，其创作的三人舞《山中·那一座坟墓》、群舞《长空雄风》、群舞《英姿飒爽》获解放军第五、六届全军文艺会演编导三等奖，参与创作的群舞《珠穆朗玛》获第六届全军文艺会演创作一等奖和"中华民族20世纪舞蹈经典"提名奖，《醉鼓》获第四届全国青少年"桃李杯"舞蹈比赛中国古典舞优秀教学剧（节）目创作奖和'95"春兰杯"我最喜爱的春节晚会节目歌舞类银奖，参与创作的独舞《雅鲁藏布江》获北京市第四届专业、业余舞蹈创作比赛创作一等奖。曾先后担任"'94上海国际艺术节"专题晚会《雅鲁藏布之魂》、大型舞剧《漓江情韵》、知名青年舞蹈家卓玛、瑜玮、沙呷阿依个人专题晚会和大型文艺晚会《绿色年华》的总导演。是中央民族大学舞蹈系特邀编导创作课指导教师。曾受文化部派到内蒙古、云南等地讲学。立过三等功一次、集体三等功一次。

【邓强·广西玉柴机器股份有限公司总经理·被评为第五届全国十大杰出青年企业家】　广西玉柴机器股份有限公司总经理邓强，在董事长兼总裁、全国劳动模范王建明领导下，以出色的管理才能，为玉柴的迅猛发展作出贡献。经过10年艰苦奋斗，玉柴从年产1000台猛增到6.5万台，增长65倍，销售收入从1000万元增到18亿元，增长180倍，利税从96万元跃至6.3亿元，增长600多倍，成为国际闻名的"王牌动力"生产基地。1995年11月20日，邓强被评为第五届全国十大杰出青年企业家。

邓强是1985年脱颖而出的。当时刚上任的玉柴新班子制定了腾飞发展的计划，要求柴油机年产量从上年的1000台，增产到3000台。但4个月过去了仅完成400台。问题出在机加工车间，那里管理混乱，干群不和，纪律涣散。于是当时担任工艺组长的邓强向厂长王建明坦诚进言："如让我当车间主任，我保证完成年产3000台的生产任务！"他陈述了如何把机加工车间搞上去的设想后，得到王建明的支持，决定让他组织车间领导班子。新班子团结一致，以身作则，严明纪律，在工资和奖金分配上建立了激励机制。当年12月，提前13天，实现了生产3000台柴油机的目标。

1987年初，32岁的邓强被委以副厂长的重任。为了适应跨世纪的需要，1990年他考进复旦大学企业管理研究生班，师从中国国民经济研究会会长苏东水教授，攻读企业管理，市场营销以及财会等课程。他多次深入华东各类型企业调查研究，撰写了《玉柴国际经营之我见》一系列企业管理的论文，积极参与制订并出色完成了玉柴由单一国有企业改组为股份制企业的整套操作方案。1992年8月，邓强毕业前便挑起了中国玉柴机器股份有限公司总经理的重担。他成功地募集到股金2.4亿元。首先狠抓玉柴机器社会化生产，进一步将主要配件扩散到山东、湖北、海南等地联营生产。为了提高协作厂的曲轴质量，他亲自组织玉柴10多名高级技术人员前往山东，帮助联营厂提高技术素质，并将玉柴拥有的全国唯一的一台曲轴冷却车送给山东协作厂，同时，他投巨资进行技术改造，把在研究生班掌握的“矩阵理论”运用于工程管理之中，全面实施“技改项目经理负责制”，使每一个技改项目都有懂行而又负责的班子在运转。他们以1611万美元购买的美国福特公司在巴西的价值1亿多美元、年产7万辆的6112柴油机生产线，需2年安装的，他们9个月就安装完毕投产。

邓强在担任总经理后的3年里，强调最多的是质量。他把“可靠性三级跳”构想付诸实施。1993年7月完成连续行车无故障3万公里的第一级跳，1994年7月又实现连续行车10万公里无故障的二级跳，接着，玉柴全员达成共识，下决心实现第三级跳：连续行车30万公里无故障，使玉柴柴油机质量达到世界先进水平。

邓强，1955年6月生，中国共产党党员。1982年于广西大学机械系本科毕业后分配到“玉柴”工作，历任技术员、工艺组长、车间主任、副厂长、总经理并兼任华中理工大学、北京航空航天大学等5所院校兼职教授。1985年和1986年获广西省级QC成果优秀奖，1993年获广西科技成果特等奖。

【邓天金·四川阆中市人民法院院长·被授予全国法院模范称号】　1995年12月14日，四川省阆中市人民法院院长邓天金，被最高人民法院授予全国法院模范称号。

邓天金1966年从西南政法学院毕业后走上法院工作岗位，经过书记员、审判员、副院长，1984年任院党组书记、院长。之后在阆中市人代会、党代会上，他连续两届以满票当选为该市法院院长、市委委员。他当院长10年，法院工作有声有色，硕果累累。在他主持下，审判方式、审判制度的改革措施陆续出台：制订了岗位目标责任制；推行审判负责制；推行当事人举证制度；设立司法联络员，建立经济纠纷调解中心；制订《案件质量检查办法》和《错案责任追究制度》等，两年来已追究了20人的错案责任。在人事管理上进行了“双向选择、优化组合”的有益尝试。在他的领导下，该院内部运行机制、激励机制和管理机制始终充满着活力，工作一年上一个新台阶。办案数量逐年上升，未结案逐年减少。1987年全院结案仅有670多件，到1993年，结案达2800余件，案件合格率始终保持在99%以上。他撰写的《关于直接开庭的几个问题》等理论文章，在《法学家》等刊物上发表。

邓天金信奉“吏不畏我严而畏我廉，民不服我能而服我公”这一名古训。他在工作中不为人情所困，不为金钱所惑，不为权势所屈，坚持秉公执法。他有位堂兄弟因一汽车维修合同纠纷向法院起诉，要求法院判令被告赔偿经济损失。在庭审过程中，他的堂兄弟不遵守法庭纪律，无理取闹，撕毁法律文书。为严肃法纪，邓天金支持办案人员依法对其进行罚款处理。此案虽经亲属多次说情，邓天金未被亲情所动，终因原告的主张缺乏证据支持而宣告败诉。据统计，1993年以来，邓天金拒收当事人送的现金、物资折款2000余元，上交各种礼金3000余元。阆中市人民群众称他为“邓青天”。

邓天金，1939年6月出生，四川省阆中市人，大学文化，1975年7月加入中国共产党。先后十余次受到省、地、市表彰。1994年他荣立二等功1次，并被南充市委、市政府授予南充市十大人民卫士称号。1995年，他被评为四川省十佳法官。他所领导的法院也被省高级人民法院评为廉政建设先进单位，荣立集体三等功。

【邓东哲·原工程兵副政委·在北京逝世】　原军委工程兵副政治委员邓东哲，因病于1995年8月22日在北京逝世，终年79岁。

邓东哲，湖南省茶陵县人，1930年加入中国共产主义青年团，1931年参加中国工农红军，1932年转为中国共产党党员。历任政治指导员、科长、教导员、团政治处主任、团政委、旅政委、师政委、师长、副军长、空军军政委、军区空军副政委、中央工业交通政治部副主任、国家计划委员会副主任等职。土地革命战争时期，他参加了创建湘、鄂、川、黔苏维埃根据地、苏区反“围剿”斗争和二万五千里长征。抗日战争时期，他参加了“百团大战”、冀中反“扫荡”等战役战斗。解放战争时期，他参加指挥了四战四平、两战彰武和辽沈、平津、渡江、广州等战役。新中国成立后，他先后调入空军、国家机关和军委工程兵，分管思想、组织工作和纪检工作。1955年被授予少将军衔。

【邓亚萍(女)·乒乓球运动员，获世界乒乓球锦标赛女子单打和双打冠军】　1995年5月，在中国天津举行的第四十三届世乒赛上，邓亚萍作为第一主力，与队友合作夺得女子团体冠军；她个人夺得女子单打冠军；与乔红合作夺得女子双打冠军；与孔令辉合作夺得混合双打亚军；并被评选为这届世乒赛女子最佳运动员。

1995年2月，她在中国乒乓球明星赛上赢得女子单打冠军，与孔令辉合作夺得混合双打冠军；9月在武汉举行的全国乒乓球锦标赛中蝉联女子单打冠军，与乔红合作夺得女子双打冠军。

90年代以来，世界女子乒乓球选手排名，邓亚萍均列第一。至1995年底，她共获世乒赛、奥运会、亚洲锦标赛、亚运会及全运会等一系列国内外重大比赛的冠军达60项以上，是乒乓球运动史上第一个集世界冠军、奥运会冠军于一身的人。

邓亚萍，1995年被评为全国十佳运动员和世界十佳运动员，并被国务院授予“全国先进工作者”称号。

邓亚萍，河南郑州市人。1973年2月6日出生，身高仅1米50，体重55公斤。其简历见1990年、1992年、1993年、1994年《中国人物年鉴》。

【邓季惺（女）·著名报业家·在北京逝世】　《新民报》创办人之一、著名报业家邓季惺，1995年8月29日在北京逝世。

邓季惺，1907年出生于四川奉节。1933年毕业于北平朝阳大学法律系，与陈铭德结婚。在从事短期律师等工作后，就协助丈夫，将1929年创刊的《新民报》发展壮大为5个分社，出版日、晚刊8版，成了旧中国四大报系之一。上海《新民晚报》目前仍在出版，邓季惺任该报顾问。

1937年，邓季惺出任《新民报》副经理。抗战爆发后，《新民报》内迁重庆，后邓又在成都创刊了《新民报》，她任两报经理。抗战胜利后，《新民报》又发展了南京、北平、上海3个分社。邓认为要办好一张民间报纸，只有以报养报，自给自足，才谈得上言论自由、新闻报道自主。这正是《新民报》能坚持以民间报纸的立场，挣扎于当时那种政治压力下的社会基础。1948年6月，国民党空军对被解放军攻克的开封城日夜轰炸，人民死伤无数。邓季惺以立法委员身份领头提出临时动议：“开封城内，盲目轰炸，责任谁负？今后应严禁轰炸城市”。当场遭到反动分子的围攻谩骂，她毫不畏惧，并于次日《新民报》南京版上刊出这一动议，和国防部长何应钦在立法院秘密会上的检查报告。1948年7月8日，南京《新民报》被勒令永久停刊。邓化名逃亡香港。

1949年4月，邓季惺到了解放不久的北平，主持《新民报》北平版工作。到1952年报纸停刊，后改组为《北京日报》，邓季惺被调任北京市民政局副局长。在反“右派”斗争和“文革”十年浩劫中，她都未能幸免，虽历经磨难，获得平反后，依然积极参加社会活动，为改革开放大业奔波。她曾任全国政协第二、五、六届委员、北京市政协副主席、中华全国新闻工作者协会理事、《北京日报》、《新民晚报》顾问、首都女新闻工作者协会名誉会长等职务。

【邓莲如（女）·香港行政局首席议员·宣布退出港英行政局】　1995年6月，香港行政局首席议员邓莲如，公开宣布辞去香港行政局职务。

邓莲如，广东番禺人，1940年生于上海，后迁居香港。毕业于香港圣保罗中学女校，后赴美国留学，获美国加州大学柏克莱分校工商管理学士学位。学成返港后，进入工商界，1957年进太古贸易公司，历任见习行政员、出口部经理、董事、行政董事。1975年任香港管理专业协会市场管理委员会主席。1981年任香港太古洋行有限公司董事及贸易部常务董事，1983年任香港上海汇丰银行董事。1984年获香港中文大学名誉法学博士学位。历任香港中文大学聘用委员会主席，香港工业总会纺织品委员会主席、香港地铁有限公司董事、国泰航空公司董事、富豪有限公司国际事务咨询委员会成员、香港贸易发展局主席。

邓莲如从1976年开始进入立法局，1982年再被委入行政局，历任香港行政局非官守议员、立法局议员、立法局首席议员。1990年任英国上院议员。她还担任过香港土地供应特别委员会、香港时装节委员会主席。1976年被任为太平绅士，1978年获O·B·E勋衔，1983年获C·B·E勋衔。

邓莲如退出行政局后，前往伦敦出任英国太古集团常务董事。

【邓景发·物理化学家·当选为中国科学院院士】　1995年11月6日，中国科学院公布了新当选的院士名单，复旦大学化学系教授邓景发，当选为中国科学院化学部院士。

邓景发，上海市人。1933年生，1959年复旦大学研究生毕业后留校任教至今，现为复旦大学化学系教授、博士生导师。他首先在国内研制成电解银催化剂用于甲醇制甲醛的工业生产，达国际先进水平，年创利数千万元，获化工部科技成果奖、上海市重大科技成果奖和国家发明奖。自行设计、组装了多种近代能谱仪，在国内较早建成了一个从分子水平研究表面吸附和催化过程的表面催化实验室，系统地开展了银系列催化剂的基础理论研究。首次提出在电解银上甲醇转化为甲醛的分子反应机理，提出了 IB 族金属吸附氧的反馈键模型和在催化剂表面存在诱导酸性的概念，充实了金属催化剂的催化理论。1986 年和 1990 年获国家教委科技进步奖。在国际上首次把非晶态合金以高分散形式负载在大比表面的载体上，解决了比表面小的问题。提出了非晶态合金的高催化活性是由几何效应引起的观点，并研制成两种新的非晶态合金。开展了高温超导材料的催化性能研究，提出晶格中 O_1 位的氧是反应的活性物种，此观点被国外文献引用 10 余次。研究出环戊烯催化合成戊二醛的新方法，属国际领先水平。发表专著 4 本，论文 100 余篇。1986 年获国家有突出贡献的科技专家称号。

【邓蓉仙（女）·军事医药学专家·获何梁何利基金科学与技术进步奖】　1995 年 10 月 19 日，何梁何利基金科学与技术奖颁奖大会在北京举行。军事医学科学院专家组成员邓蓉仙教授获何梁何利基金科学与技术进步奖，大会给她颁发了奖励证书和奖金 10 万港元。

何梁何利基金是香港爱国企业家何梁、何利为奖励富有成就的中国大陆科学家而设立的。1995 年评奖工作是经过千余名专家提名推荐、初审评议、终审投票表决评选出来的。

邓蓉仙，四川成都市人，1927 年 10 月生，1952 年毕业于华西医科大学药学系，1953 年 9 月至 1957 年 7 月，在苏联列宁格勒化学制药学院读研究生，获副博士学位，1957 年 9 月回国分配至中科院上海药物研究所。1959 年 10 月调军事医学科学院，先后在毒物药物研究所、微生物流行病学研究所任研究室副主任、主任，研究员。

邓蓉仙在医药学领域获得一系列科研成果。最突出的是，疟疾治疗新药本芴醇及其亚油酸胶丸制剂的研制成功，临床治愈率达 95%，复发率低于 5%，这一成果标志着中国征服了威胁世界数亿人生命健康的疟原虫，在国际医药学界引起很大反响。该项成果获国家发明一等奖，是建国以来医药学领域获得的最高奖励。邓蓉仙和她的战友滕翕和、钟景星、焦岫卿、王云玲、卢志良等 6 位主要研制者，为这一抗疟新药的攻关付出了 23 年的艰苦努力。邓蓉仙等还研究出生产本芴醇的新工艺，从原来的 12 步化学反应缩短为 5 步反应，该新工艺获国家发明专利。邓与他人合作在国内实现了常山抗疟有效成份“常山乙碱”的全合成和结构改造，研究了构效关系，获得成果。她参与编著的专著有：《新药评价概论》、《药物设计的基本原理》等，在国内外发表学术论文 40 多篇。多次参加国际性学术会议，在大会作学术报告受到国外同行的重视。她被授予全军妇女先进个人、全军药材工作先进个人、总后勤部“巾帼建功”活动先进个人等称号。

【邓福星·美术史论家、主编·《美术观察》创刊】　中国艺术研究院美术研究所所长邓福星，励精图治，与他的同事们共同构想并努力实践，将原有的《美术史论》期刊改为《美术观察》，于 1995 年 9 月创刊，在美术界深获好评。

《美术观察》是一个横跨在人文学科和艺术创作之间的学术刊物。把“大美术”作为“观察”对象，力求综合，但不为美术种类、领域、功能、地域所限，其包容广度和深度，驾驭美术领域的复杂性，都有其独特的面目。

邓福星，1945 年 9 月生。河北固安人。1968 年毕业于天津师范大学外语系。1978 年考取中国艺术研究院研究生部史论专业研究生，师从王朝闻，1985 年获文学博士学位。同年主持并参与编写国家重点科研项目《中国美术史》。他现为中国美术家协会会员，中国民间美术学会常务理事，中华全国美学学会会员。主要作品有《艺术前的艺术—史前艺术研究》、《绘画的抽象与抽象的绘画》及《美术学引论》等。

【孔令辉·乒乓球运动员·获世乒赛男子单打冠军】　1995 年 5 月，在天津举行的第 43 届世界乒乓球锦标赛上，来自黑龙江的中国选手孔令辉，赢得男子单打冠军，并与队友合作为中国男子乒乓球队夺回失去 6 年之久的男子团体冠军。他还与邓亚萍合作，夺得世乒赛混合双打亚军。孔令辉被评为 1995 年全国十佳乒乓球运动员。

孔令辉，1975 年 10 月 18 日生于哈尔滨，身高 1 米 74，右手横握球拍，弧圈球结合快攻打法，正手抽杀力量大。他 6 岁学打乒乓球，1985 年入选黑龙江省乒乓球队，1988 年 13 岁时入选国家青年队，1991 年入选国家乒乓球队。1991 年他与王飞、王永刚合作，为黑龙江队夺得该年度全国乒乓球锦标赛男子团体冠军。1994 年 1 月获第二届世界青年乒乓球锦标赛青年组男子单打冠军，与队友合作，获男子团体冠军。同年2月，他获北京乒乓球公开赛男子单打冠军，与队友合作获得男子双打冠军。在随后举行的中韩乒乓球对抗赛中，战胜刘南奎、金泽洙等世界名将，取得7场单打、2场双打全胜的好成绩。5月在中国乒协杯赛中与队友合作获男子双打冠军；6月在韩国乒乓球大奖赛中，先后战胜队友马文革、王涛，夺得男子单打冠军。9月在第12届亚洲乒乓球锦标赛上，夺得男子单打冠军；与邓亚萍合作，夺得混合双打冠军。同年10月，他在日本广岛举行的第12届亚运会上，与邓亚萍合作，夺得混合双打冠军。

1995年2月，他在中国乒乓球明星赛上，夺得男子单打冠军，与邓亚萍合作夺得混合双打冠军；6月在中国深圳赢得1995年爱普生乒乓球世界明星赛男子单打冠军；6月又夺得中国乒乓球大奖赛男子单打冠军；10月在法国和中国南京先后赢得世界杯乒乓球赛和第三届城运会乒乓球赛的男子单打冠军。从而，他在世界排名榜上的排名上升到第二位。

【孔祥林·曲阜孔子博物院院长·发表《孔子思想的对外传播》一文】　《人民日报》(海外版)1995年7月10日、11日连载孔祥林的文章:《孔子思想的对外传播》，以翔实的材料介绍了孔子思想在世界的影响和孔庙在世界各地情况。

孔祥林，山东省曲阜市人，1951年7月生，毕业于曲阜师范大学中文专业，现任曲阜市文物管理委员会主任，曲阜孔子博物院院长、研究员，中华孔子学会理事，中国孔子基金会常务理事，中国孔庙保护协会会长。他从事孔子研究、孔庙考察20多年，除在国内考察外，还对日本、韩国、朝鲜、越南、新加坡、印尼建孔庙、尊孔子的情况作了考察。并在美国、日本、新加坡、韩国及台湾作过孔子文化的学术讲演。据他考察，朝鲜、韩国在历史上曾建362座孔庙，越南每县有一座孔庙，日本先后建几十座孔庙，有的至今保存完好。新加坡、印尼不仅有孔庙，华人还成立孔教会，会员达百万之众。孔子思想于13世纪传入西方，18世纪英国人建立了西方第一座孔庙。19世纪华人在德国科隆、1965年华人在美国萨科拉门托也建造了孔庙。孔庙是孔子思想影响的象征，是所在国家和人民推崇孔子文化的体现。孔子，被国际社会誉为“世界古代十大思想家之首”，1989年9月孔子诞辰2540周年之际，世界各国凡有孔庙的地方都举行纪念活动。孔祥林将多年考察研究成果写成专著或论文发表。1993年撰写《中国、日本、韩国孔庙之比较》一书在日本出版。他参与主编《孔子文化大典》、《山东省志·孔子故里志》、《曲阜孔庙建筑》，编辑选注《阙里诗选》。曾获第五届全国优秀科技图书一等奖，国家教委科技进步二等奖，建设部首届全国优秀科技图书一等奖。主持曲阜奎文阁维修工程，获国家文物局科技进步三等奖。1994年被评为全国自学成才先进个人。

【水华·电影导演艺术家·在北京逝世·获中国电影世纪奖】　新中国电影的开拓者之一、北京电影制片厂电影导演艺术家水华，1995年12月16日在北京逝世，终年79岁。1995年12月28日，在中国电影世纪奖颁奖典礼上，水华获得中国电影世纪奖。这次评奖是为纪念世界电影诞生100周年暨中国电影诞生90周年，由广播电影电视部电影事业管理局、中国电影家协会、中国电影出版社和中共北京市委宣传部联合主办的。水华导演的影片《林家铺子》获得中国电影90年优秀影片奖。

水华，原名张毓蕃，后改为张水华。原籍湖北钟祥县。1916年11月23日出生于江苏南京。1931年投身左翼戏剧活动，加入南京进步学生文艺团体“磨风剧社”和“南钟剧社”，演出过《五奎桥》、《乱钟》、《谁是朋友》等话剧。1933年考入复旦大学法学院，成为业余实验剧社的活跃分子，参加过奥尼尔的四幕话剧《天外》的演出。1934年为左翼戏剧联盟南京分盟成员，演出了《父归》和易卜生的《娜拉》。1936年东渡日本留学。1937年回国后参加上海救亡演剧四队，积极参与抗日宣传演出活动，参加演出了《三江好》、《最后一计》、《放下你的鞭子》、《八百壮士》等剧目。1940年赴延安，在鲁艺戏剧系任教员兼鲁艺实验剧团导演，导演了话剧《滨海渔夫》。1941年底与王滨联合导演苏联多幕剧《带枪的人》。1942年，编导《赵富贵自新》、《夫妻逃难》、《张丕模锄奸》等一批群众喜闻乐见的秧歌剧。1943年，水华参加了鲁艺工作团，和王大化共同编导的大型秧歌剧《周子山》，获陕甘宁边区文化奖一等奖。1944年，他参加了导演团，排演了话剧《粮食》，并参加了新歌剧《白毛女》的创作。1946年水华到东北参与筹建东北鲁艺，1947年任新成立的合江鲁艺文工团团长。1949年担任东北鲁艺实验剧团团长，同年调到东北电影制片厂任导演，开始了电影创作生涯。1950年，水华与王滨联合执导了影片《白毛女》。影片在国内外引起强烈反响。1951年在第六届卡罗维·发利国际电影节上获“特别荣誉奖”；1957年获中国文化部1949年——1955年优秀影片一等奖。1953年至1954年，他参加编剧并独立执导了影片《土地》。1956 年，水华调入北京电影制片厂，1959 年导演了夏衍改编的《林家铺子》。该片代表了水华艺术创作的最高峰，堪称中国现实主义电影的经典之作。1986 年香港举办世界经典电影展，共选 30 年代至 60 年代世界最佳影片 7 部，其中就有一部中国电影——《林家铺子》。1960 年，水华再次与夏衍合作改编，并导演了影片《革命家庭》。1965 年导演了《烈火中永生》。这两部影片体现了水华饱满的革命激情与严谨细腻的艺术风格，成为爱国主义和革命传统教育的优秀教材。《革命家庭》还获得 1962 年第一届电影百花奖最佳编剧奖。1981 年，为纪念鲁迅诞辰 100 周年，水华导演了根据鲁迅同名小说改编的电影《伤逝》。这部影片既融化了新的电影语言，又表现出浓郁的民族风格，是一部富有新意的好影片。有人称之为水华艺术创作道路上的一次超越。1984 年，他与青年导演联合拍摄了影片《蓝色的花》。

【艾青·杰出诗人·荣获葡萄牙自由勋章】　1995 年 4 月 12 日，著名诗人艾青与指挥家袁方和翻译家陈用仪一起，荣获葡萄牙自由勋章。艾青是第一位其作品被译成葡萄牙语的中国诗人。《艾青诗选》于 1987 年由澳门文化学会出版，收有从 1932 年到 1979 年的诗作 71 首，为汉语和葡萄牙语双语版。

授勋仪式在北京希尔顿饭店的一间会议室里举行，应江泽民主席邀请来访的葡萄牙总统苏亚雷斯博士将勋章授予了三位中国文化界人士。艾青因病未能出席授勋仪式，委托夫人高瑛代其接受勋章。苏亚雷斯总统将一枚金光闪闪的自由勋章交给高瑛时，深情地说："艾青是伟大的诗人，我们对他充满钦佩之情。他为自由奋斗过，因此向他授予自由勋章。请转达我们对艾青先生的良好祝愿，祝他早日康复，写出更好的诗篇。"文化部副部长刘德有、中国作协书记处书记金坚范等出席了授勋仪式。中宣部副部长、中国作协党组书记翟泰丰致函艾青，热烈祝贺他获此殊荣。

艾青原名蒋海澄，笔名莪伽、克阿。浙江金华人，1910 年出生。是中国共产党党员。1929 年赴法学习绘画。1931 年在巴黎参加反帝大同盟东方支部。1932 年回国参加左翼美术家联盟，同年 7 月被捕入狱，在 3 年狱中写了《大堰河——我的保姆》著名诗篇等。抗战时期在武汉参与发起成立中华全国文艺界抗敌协会。1941 年赴延安，任陕甘宁边区政府参议员，延安《诗刊》主编。1945 年后任华北联合大学文艺学院副院长。1949 年后，历任《人民文学》主编，中国作协副主席，是中国文联第一、二、四届委员，中国作协第一至四届理事，第五届全国政协委员，第六届全国人大常委。

艾青自 1931 年开始发表作品。著有诗集《大堰河》、《北方》、《向太阳》、《归来的歌》，评论集《诗论》等，出版有《艾青全集》(五卷本)、传记画册《艾青》。

〔附注：艾青于 1996 年 5 月 5 日凌晨在北京逝世。〕

【艾丽娅(女)·青年电影演员·获第十五届中国电影金鸡奖最佳女主角奖】　内蒙古电影制片厂青年演员艾丽娅在电影《二嫫》中成功地饰演了农村妇女二嫫，1995 年 10 月 22 日在北京举行的第四届中国金鸡百花电影节上获第十五届中国电影金鸡奖最佳女主角奖，《二嫫》获最佳合拍奖提名；1995 年 5 月 23 日举行的'94 中国电影华表奖评选中，艾丽娅获最佳女演员奖，《二嫫》获最佳对外合拍片奖；同年 3 月艾丽娅获第五届上海影评人奖最佳女演员奖；8 月 19 日获得第五届中国电影表演学会奖；11 月在墨西哥坎昆第四届国际电影节上，获最佳演员奖。

影片《二嫫》通过一位农村妇女要买全县最大彩电的平凡故事，展现了农村改革后农民的物质生活和精神生活发生的由贫困向温饱过渡的深刻变化，以及他们所面临的困惑。艾丽娅在影片中出色地完成了对女主人公勤劳、质朴、善良、自私、倔强性格的刻划，以农民的心态演农民，表演松弛、自然、生活化，层次感和分寸感把握得准确到位。特别是为了达到真实的效果，艾丽娅到农村老乡家体验生活一个多月，学会用双脚灵活地和面绝活，学会作为农民的言谈举止，拍片时把演员和角色浑然融为一体，这些给观众留下了深刻的印象，同时也体现了她的敬业精神和艺术的执著追求。

艾丽娅，蒙古族，1964 年 12 月生于东北，长在内蒙，1981 年考入北京电影学院表演系。在校期间参加了影片《车轮四重奏》(1984 年)的拍摄。1985 年毕业后分配到内蒙古电影制片厂担任演员，先后在《醒来吧，妈妈》(1986 年)、《狼迹》(1986 年)、《天堂之路》(1988 年)、《铁血金魂》(1990 年)、《女绑架者》(1990 年)、《黑山路》(1991 年)、《世界屋脊的太阳》(1991 年)、《二嫫》(1994 年)等电影和《没有国籍的女人》(1995 年)等电视剧中扮演女主角或重要角色。

【古兆圣·广东高州市谢鸡人民法庭庭

长·被授予全国法院模范称号】 1995年4月，广东省高州市谢鸡人民法庭庭长古兆圣，被最高人民法院授予全国法院模范称号。

古兆圣，1944年出生，广东省高州市人，大学文化，1982年转业到石板人民法庭工作，12年里结案千余件。他经常放弃节假日休息时间去办案，仅1990年春节期间，就办结11件民事案件。1987年任庭长后，石板人民法庭年年被评为先进集体。1993年，他申请到新建的谢鸡人民法庭工作。仅几个月，他就办案50件，为开辟法庭工作新局面树立了榜样。

古兆圣以俭为荣。他常说："一个共产党员对生活要知足常乐。"当事人为表感激之情送来的谢礼，他都一律拒绝。一次，法庭受理一另界纠纷案。他带着干警一大早就到现场勘查，下午1点多钟才结束。管理区的书记为他们准备了午餐。但他考虑到被告与这位书记有亲戚关系，便婉谢了邀请，自己买饼干充饥。这件事在当地群众中引起很大反响，赞扬他们是"只有正气，没有酒气"的好法官。由于他常年为工作辛劳奔波，疏于顾家，妻子最终离他而去。尽管如此，他初衷不改，照顾着8岁的孩子和70多岁的老母，依然勤奋工作。古兆圣还有"傻子"精神，自己家生活并不富裕，却捐出多年的积蓄1.2万余元为家乡的村民修路；1994年7月，又将省政府和省高院奖给他个人的2500元钱全部捐给法庭，用于法庭建设。

【甘为群·青年天体物理学家·获中国科学院青年科学家奖一等奖】 中国科学院紫金山天文台副研究员甘为群，获1995年中国科学院青年科学家奖一等奖。

甘为群，江苏省南京人，1960年12月生。1979年9月至1989年6月在南京大学先后获学士、硕士、博士学位。此后在中国科学院紫金山天文台工作，现为副研究员。1991年7月至1993年5月及1994年6月至8月，以洪堡研究员身份在德国马普地外所进行合作研究。

甘为群代表性的工作主要有四个方面：耀斑动力学波形及再生谱；白光耀斑研究；色球凝聚的光谱诊断；以及耀斑半经验模型及相关研究。共发表论文近40篇，其中大部分发表在国内外核心刊物上。1988年获国家教委科技进步二等奖，1994年获国家教委科技进步一等奖、中国青年科学家奖提名奖。1995年获中国科学院自然科学二等奖。1994年被中科院授予有突出贡献的中青年专家称号。

【左玉山·长春市群众艺术馆馆长·其作曲的评剧获第五届文华奖】 1995年，评剧《三醉酒》荣获文化部第五届文华奖第一名，该剧作曲左玉山荣获文华音乐创作奖。

左玉山，1945年2月生于吉林省长春市。自幼喜爱东北二人转，14岁起便在长春市评剧团一面演评剧，一面钻研作曲。1969年担任唱腔改革组组长后，专攻作曲。1973年任长春市评剧团副团长、党支部副书记，1979年任长春市艺术研究所艺术理论研究室主任，1994年任长春市群众艺术馆馆长兼党总支书记，并兼搞作曲。30年余年来，他先后为60部评剧作曲，其中《杜鹃山》、《菱花嫂》、《小二黑结婚》及《花打朝》、《秦香莲后传》、《棒打不散》、《刘伶醉酒》等，有的出版了主旋律谱，有的被音像出版社灌制成音带或制作成音像带向国内外发行。还为电视剧《夕阳无限好》、《情醉老龙沟》及电教片《飞向兰天》等作曲创腔。

评剧《三醉酒》由左玉山作曲。该剧是写一个叫龙友的农村党支部书记，在带领贫困百姓筹建鹿场的过程中，四处奔波，三次醉酒，既饱尝了创业的艰辛与喜悦，又品味出人生的苦辣酸甜。他为该剧作了名为"庄稼官"的主题歌。这首歌以浓郁的东北民间音乐为素材，在调式与旋法上靠近评剧，演员演唱低浑自由，半说半唱，充分表现了黑土地人民粗犷憨直的个性。加之唱词通俗易懂，曲调流畅，节奏感强，易于上口，很快便在长春的评剧迷中和歌舞厅中流传。另外该剧在板式和唱腔上均有出新，声腔搭配也较讲究。剧中三位女性的音乐形象，既有流派特色，也有行当和个性特色，其唱腔有的似新（新凤霞）派闺门旦的妩媚文静，有的似白（小白玉霜）派青衣的深沉委婉，有的脆亮诙谐，具有彩旦的华彩。评剧专家张伟曾以《评剧音乐随想》为题，撰文高度评价了左玉山作曲的成功。

左玉山自学成才。为研究东北评剧，他跑遍白山黑水，采访了120余位名老艺人，获得大量资料，从而对评剧音乐了如指掌。多年来陆续为评剧开创了十多种新板式及新曲调。1980年以来，先后发表了70余万字的戏曲论文及调查报告，为吉林电台的系列性专题节目《吉林省评剧艺术博览会》撰写过102讲、20万字的播讲稿并担任主讲。1991年荣获"长春市职工自学成才奖"。1995年获文华音乐创作奖，他作曲的评剧《三醉酒》荣登本届文华大奖榜首。

【左燕芹（女）·北京市公证处副主任·被评为全国十佳公证员】 由司法部组织的第

一届全国十佳公证员评选，1995年12月26日揭晓。北京市公证处副主任左燕芹，在人民大会堂领取了奖牌和证书。

左燕芹从1983年开始做公证员，10多年来，她勇于开拓新的公证领域，制定具体公证程序和新的公证证明格式，以适应改革的需要。1994年3月，北京市百货大楼等4家股份制企业的1.75亿元社会公众股票首次在京公开上市发行。左燕芹带领6名公证员将为这次股票发行活动的全过程进行公证。这在全国尚属首次。她带领大家认真研究国家有关股票发行的法规、规定，分析股票发行的法律特性及外省市股票发行的经验、教训，并与证券商进行广泛深入地洽谈，掌握发行程序中的细微环节。本着"公平、公开、公证"及"诚实、信用"的原则，在很短时间内制定了股票发行全过程公证实施方案。正式开始后，她和同事进驻工作点，昼夜工作。为了保证有关规则正确实施，对340多个发行网点抽查了近80个，发现不规范的马上纠正，并认真追查。经过30天奋战，使这项工作圆满结束，维护了发行方和投资方的合法权益，为北京市安定团结做出了贡献，受到了北京市政府和司法部的表彰。她还结合公证实践，积极进行公证理论研究，撰写了多篇公证论文，多次获市、局优秀论文奖。

左燕芹，1957年4月6日出生，山东莱阳市人，大学文化，先后被评为北京市司法行政系统先进工作者，北京市"三八"红旗手和北京市十佳公证员。

【厉慧良·京剧表演艺术家·在天津逝世】　天津振兴京剧艺术基金会名誉会长、中国剧协常务理事、著名京剧表演艺术家厉慧良，因心脏病突发，经抢救无效，于1995年2月27日逝世于天津医院，终年72岁。

厉慧良，满族，祖居北京，1923年生于江苏省海门县。自幼随父学艺，初露头角于南京、上海。"厉家班"成立后为台柱子，文武兼备，以文戏为主。抗日战争爆发，"厉家班"入川，厉慧良驰名大西南。17岁变声后，嗓子失润，改以武戏为主。并开始做导演工作，排了大批爱国抗战历史剧。1954年，厉慧良只身出川。1956年在天津组建天津市京剧团，历任副团长、团长。1958年曾赴朝鲜为中国人民志愿军慰问演出。1982年重登北京舞台。

厉慧良主张"南功北戏"、"艺不宗一"，博采众长，特色独具。其代表作有《长坂坡》、《挑滑车》、《艳阳楼》、《钟馗嫁妹》、《铁笼山》、《一箭仇》、《火烧望海楼》、《盗宗卷》、《南天门》等。

1995年3月7日，厉慧良遗体告别仪式在天津北仓殡仪馆举行。来自北京、上海、重庆、成都、沈阳等地亲友、"厉迷"500余人出席。

【布赫·全国人大常委会副委员长·强调加快民族地区立法和经济发展步伐】
1995年4月，布赫考察广西时强调，民族地区要加快立法步伐，加速经济发展，尽快脱贫。他指出，几十年来，广西政治稳定，民族团结。这几年对外开放和经济建设发展的势头很好，现在要抓住机遇，加快发展。要认真贯彻党的民族政策，进一步完善民族立法工作，加强民族教育工作，提高民族素质，大力培养少数民族干部。少数民族地区要利用资源丰富的优势，发展多种经营，用各种办法使群众尽快脱贫。

8月，布赫视察甘肃、宁夏时提出，依法促进"三北"防护林建设。

11月28日，布赫在全国人大常委会《农业法》执法检查组第二次会议上提出，要围绕《农业法》的落实，进一步加强执法检查与监督，形成以法治农、以法兴农的局面。

布赫，又名云曙光，蒙古族，1926年生，内蒙古土默特左旗人。1939年赴延安。1941年入延安民族学院学习。1942年加入中国共产党。1947年后，任内蒙古文工团团长，自治区文化局党组书记、副局长，中国文联第二至四届委员，自治区文联主任，中共内蒙古自治区委员会宣传部长，国家民族事务委员会副主任，中共包头市委书记，呼和浩特市委第一书记，呼和浩特市市长。1982年起任中共内蒙古自治区委员会副书记，1983年起任内蒙古自治区人民政府主席。是中共第十二、十三届中央委员。1993年3月当选为全国人大常务委员会副委员长。

【石挥·已故电影表演艺术家·获中国电影世纪奖】　1995年12月28日，在北京举行的中国电影世纪奖颁奖典礼上，已故优秀电影表演艺术家石挥荣获中国电影世纪奖。这项评奖为纪念世界电影诞生100周年暨中国电影诞生90周年，由广电部电影事业管理局、中国电影家协会、中国电影出版社和中共北京市委宣传部联合主办的。

石挥，原名石毓涛，1914年生于天津杨柳青。自北平铁路大学毕业后，参加了北平话剧团。1937年加入上海剧艺社和苦干剧团，曾演出《家》、《正气歌》、《蜕变》、《大马戏团》、《秋海棠》、《夜店》、《雷雨》、《捉鬼传》等三十几部舞台剧，成为上海红极一时的演员，被观众誉为"话剧皇帝"。1941年石挥步入影坛，主演了《乱世风光》、《世界风光》等影片。抗日战争胜利后，石挥加入文华影业公司，先后拍摄《假凤虚凰》、《太太万岁》、《夜店》、《艳阳天》、《哀乐中年》、《母亲》（兼导演）、《太平春》、《我这一辈子》（兼导演）、《腐蚀》、《姊姊妹妹站起来》、《关连长》（兼导演）、《美国之富》（兼导演）等近20部影片。他塑造的人物形象充满生活情趣和中国民族风情，人物性格饱满、鲜明、生活气息浓厚。每个人物形象从外形到性格各有特色、栩栩如生，从不重复自己的创造，充分显示了一个表演艺术家的高深艺术造诣。其中《我这一辈子》是根据老舍原著改编，石挥自导自演的一部艺术精品。影片通过一个北京旧警察的一生，深刻地揭露了旧社会的黑暗、腐朽和罪恶。在这部影片里，他的表演技巧达到了炉火纯青的地步，内心体验与外部体现协调统一，演员与角色完全融为一体，把人物不同时代、不同年龄时期的精神状态刻画得维妙维肖，再现了老舍笔下一个历经40多年沧桑的老警察形象。影片公映后受到热烈欢迎，并获文化部1949年～1955年优秀影片奖。1953年石挥参加上海电影制片厂后，主要从事导演工作，先后导演了《鸡毛信》、《天仙配》、《雾海夜航》等影片，《鸡毛信》获1955年第九届英国爱丁堡国际电影节的优胜奖。同时他还在《宋景诗》和《情长谊深》等影片中扮演主要角色。1957年，石挥正当创作精力旺盛之时，因错划右派而离开人世。

【石文章·中共湟源县委书记·被授予优秀县（市）委书记称号】 1995年6月30日，全国百名优秀县（市）委书记表彰会在北京中南海怀仁堂召开。中共中央总书记江泽民出席会议并作了重要讲话。会上宣读了中共中央组织部对全国在县（市）委书记岗位上取得优异成绩的100名干部，授予优秀县（市）委书记称号的决定，石文章名列其中。

石文章，青海化隆县人，1946年2月出生，1965年7月参加工作，1973年9月入党，毕业于青海师范学校。曾任县委组织部副部长、县委副书记，代理县长，县长。1991年8月任现职。

由省会西宁溯湟水而上百余华里，就可进入湟源县境。这个拥有13万人口和1500平方公里土地的县，是国家确定的贫困县，自然灾害频繁。石文章初到湟源，没有马上涉足于繁忙的事务，而是定下心来构思湟源发展的蓝图。全县147个行政村他跑遍了，10多家县办工业企业他也了如指掌，县里每个区域适宜发展什么产业他一清二楚。经过深入细致的调查研究，他与县委一班人共同确定了"稳定发展农业，突出抓好工业，积极扶持第三产业，努力推进农工商一体化"的发展方向，并说干就干。总投资4200万元的南山地区农业综合开发项目顺利实施。这项宏伟工程将造福子孙后代，为湟源经济发展增添后劲。投资百万元以上的程控电话、稀土合金生产、碳化硅项目、与台商合资的光源塑料有限公司等迅速上马，已经或正在为湟源经济的发展打下坚实的基础。在石文章和县委一班人带领群众艰苦奋斗下，自1992年开始，湟源的工业总产值稳稳地超过农业产值；1992、1994两年湟源两度捧得农业丰收杯。1994年在海东地区岗位责任制综合考评中，湟源夺得三个一等奖。

县委书记的工作是多方面的，石文章把一切都调理得很和谐。他在总揽全局的同时，时刻不忘社会治安和计划生育这两项亲自要抓的工作。他坚持推行"六个不变"措施，使计划生育工作每年上一个台阶，1994年被国家计生委和人事部评为全国计划生育先进集体。在社会治安综合治理工作中，他认真执行上级指示，采取领导抓、抓领导的硬措施，使全县社会治安明显好转，1994年被地委、行署评为社会治安综合治理先进县。湟源还有50多个贫困村的群众没有解决温饱。对此，石文章时刻装在心里。每年春耕和秋收，他都要到特困村串家走户，了解群众生产生活情况，帮助出主意找发展生产门路。湟源已有70%的农民吃上了自来水，但他强调不要忘了没吃上自来水的农民，要求引水的步伐再快一点。

【石志高·太原重机公司气割工·被授予全国劳动模范称号】 太原重型机械集团公司焊接一厂气割工、高级工人技师石志高，患严重的糖尿病，20多年来，靠注射胰岛素抑制病情维持生命。然而，他却以惊人的毅力坚持在生产第一线，连续5年，年年完成3个半人的生产定额，被誉为比钢铁还硬的人。1995年4月29日，国务院授予他全国劳动模范称号。

石志高，1943年9月生，江苏高邮市人，1962年参加工作，1985年加入中国共产党，初中文化水平，1964年进太原重型机械集团公司焊接一厂当一名气割工。他对工作勤勤恳恳，兢兢业业，用汗水和毅力炼就了一身过硬技术。不幸的是，1975年患了严重的糖尿病，胰脏功能完全丧失，在病床上苦苦熬过两个年头。1978年开始，一日三餐前，必须注射胰岛素。但石志高没有被病魔吓倒，他以超人毅力，重新走上工作岗位。为了方便和不耽误工作，他学会自己给自己注射胰岛素，至今已在自己身上扎了两万多针。石志高决心把生病3年的损失补回来，他拖着病体，做着常人都难做到的事。厂里堆放着几百吨边角余料钢材，经常卖废铁了事。石志高利用工余时间将其切割成钢板条和小零件，仅1994、1995年两年，他就利用边角余料240多吨，节约53万余元。公司生产挖掘机、起重机等产品，齿轮箱上的轴承座板材厚度都在120mm—250mm之间，来料规格都是按零件大小锻制的，加工余量小，容易变形，难定位，无法打孔，不能用数控机切割。石志高凭着自己高超技术，顺利攻克了技术难关。1991年，生产10m³挖掘机时，有一批180mm厚的钢板零件，长5米，宽仅400mm，需加工很多圆孔和半圆孔，形体复杂，石志高掌握好割嘴的选择、火焰的温度和切割时间，高质量地完成这一关键任务。1992年与德国合作生产PKM加压气化炉，工艺要求相当严格，炉体、灰锁等主要部件大小插座50多个，形态有正孔、斜孔，机床无法加工，石志高忍着病痛，采用各种姿式，认真操作，精度完全达到要求，受到德国专家好评。

石志高的信念是“生命不息、战斗不止”。从1989年至今，几乎没有休过一个星期天。为赶抢任务，经常忍饥挨饿，加班加点。连续5年来，每年完成工时定额都达3个半人，石志高1990年评为山西省劳动模范，1993年评为太原市特级劳动模范和山西省优秀工人，1994年评为太原市和山西省特级劳动模范。

【石启仁·中共花都市委书记·被授予优秀县(市)委书记称号】　1995年6月30日，全国百名优秀县(市)委书记表彰会在北京中南海怀仁堂召开。中共中央总书记江泽民出席会议并作了重要讲话。会上宣读了中共中央组织部对全国在县(市)委书记岗位上取得优异成绩的100名干部，授予优秀县(市)委书记称号的决定，石启仁名列其中。

石启仁，江苏邳县人，1944年5月出生，1961年8月参加工作，1965年7月入党，大专文化。曾任武装部副部长、部长，县委副书记。1991年11月起任花县县委书记和现职。

花都市原称花县，1993年6月撤县设市后易名。一字之改，恰到好处，既保持着“花”的优美质地，又显示出“都”的高大气势。花都的高大形象，建树于近3年。“3年面貌不大变，我就摘掉乌纱帽！”从石启仁当县委书记立下“军令状”时算起，到1994年刚好3年。第一年即1992年，花都在全国综合实力百强县(市)中的排名，由上年度的第99位跃升到第44位；第二年，花都被国家评为“中国明星县(市)”；第三年，花都在全国百强县(市)中的排名又跃居第25位，还通过了全省为数不多的“小康”县市验收，共10项指标，花都项项达标。3年中，花都工农业总产值从22.4亿元增至111.8亿元，增长3.99倍；国内生产总值从12.4亿元增至67.79亿元，增长4.47倍；财政收入从9350万元增至2.79亿元，增长1.98倍；农民人均年纯收入从1296元增至2929元，增长1.26倍。

石启仁及常委一班人提出发展经济的新思路是：优化提高第一产业，重点发展第二产业，加速推进第三产业。1991年以前，花都的路破烂不堪，上不了等级，通车里程又短，形不成网络。石启仁说，人穷不能志短，要不惜一切代价，把路搞上去，而且起点要高。3年投入10多个亿修公路，如今公路网四通八达，新建和扩建一二级水泥公路200多公里。路修好了一举四得：一得财源广进。前来投资客商络绎不绝，平均每年有200多个项目上马。二得花都身价倍增。引来全国最大的广州国际机场，定址花都。铁路车站、水路航运都提高了档次。三得宾客如云，促进了旅游、饮食、商贸、通讯、运输等第三产业大发展。四得精神收益。石启仁说：“修路不在于修路本身，而在于改变了花都人的观念。”作为一位优秀领导者，石启仁办事情讲究“全面、协调”，不搞一点论。他热心搞城乡一体化，为建成现代化、花园式、组团式的新花都而绞尽脑汁。他要求市区规划、建设起码得超前50年；农村要像个新农村，不能走“建了拆，拆了建”的弯路。

【石奇文·信阳柴油机厂退休工人·攻克世界难题首创汽车滑行器】　信阳柴油机厂退休工人石奇文，发明具有滑行距离长、节油效果明显、减少汽车废气排量的QH—汽车滑行器，经过国际联机查询证实是世界首创。解决了一直困扰汽车领域机械滑行的世界性难题。

石奇文，河南省汤阴县人，1930年1月20日生，初中文化水平，1954年参加工作。解放前15岁开始学徒修汽车，解放后当过汽车队队长和机修车间主任。他爱看书、爱思考、爱钻研。自1886年世界第一辆汽车问世以来，人们就为在汽车上装入像自行车飞轮那种功能的滑行器，进行了100多年的探索和试验。面对这一难题，一生酷爱汽车，并多次在大专院校进修过的石奇文，退休时从厂里要了一辆旧载重汽车作研究使用，发誓在暮年攻下这一难关。他总结50多年的实践经验，吸取世界机械滑行研究的教训，经过10

年的潜心研究，于1994年成功地研制出汽车滑行器。对于国产、进口各种汽车、拖拉机等机动车辆，在通常情况下，安装后节油率平均在20%以上，即使在限时间、限速度、限里程条件下，经省、部级测试，节油率也在16%以上。这种滑行器安装在机动车辆半轴和轮壳之间，不需要汽车设计改变，行驶安全可靠。这项成果已获国家专利，同时取得美国专利。日本、德国、法国、意大利等国专利局向全世界发布公告通知。

据有关部门统计，我国每年消耗汽油17000多万吨，每年进口石油2000多万吨，全国有近千万辆汽车，若安装上汽车滑行器，每天可节油5万多吨，可节约资金1亿多元，全年可节约资金300亿元。

【占旭刚·举重运动员·获世界锦标赛冠军】　1995年11月20日，在广州举行的第67届世界男子举重锦标赛进入第4天，21岁的中国选手占旭刚，在70公斤级比赛中以347.5公斤的成绩夺得这个项目总成绩的金牌。这是我国举重项目大级别选手在世锦赛中首次取得总成绩冠军。过去，举重比赛大级别项目一直为欧洲选手所垄断。

富有戏剧性的是：占旭刚的抓举成绩157.5公斤，与土耳其选手古特尔相同，他的挺举成绩190公斤，正好与匈牙利选手阿蒂拉相同。占旭刚分获抓举、挺举两枚银牌。但是，抓举、挺举两个成绩相加，其总成绩为347.5公斤，均超过了土耳其和匈牙利选手。这样，占旭刚获得了男子70公斤级总成绩的冠军。

占旭刚，浙江省天化县人，1974年5月19日生，10岁时，在城关镇国庆村读小学4年级的占旭刚，被县业余体校教练朱云儿相中，先拔到业余体校少年举重班练习举重。从此，他与举重便结下不解之缘。出生于农民家庭的占旭刚，吃苦耐劳，又特别争强好胜，成绩提高快，基础打得牢。1987年，13岁的占旭刚又被选入浙江省举重队，1993年入选国家队。1994年10月，在广岛举行的第12届亚运会上，他以330公斤的成绩夺得该项目总成绩的金牌。

占旭刚中等身村，方脸庞，忠厚而实在，性格内向。他在攀登世界水平高峰的征途上不懈地努力，他在1995年世锦赛上，取得的347.5公斤总成绩，比1年前亚运会时提高了12.5公斤。

〔附注：1996年7月23日，占旭刚在美国亚特兰大举行的第26届奥运会70公斤级比赛中，以357.5公斤的总成绩夺得金牌，并一举打破总成绩、挺举和抓举三项世界纪录。〕

【卢青海·上海黄浦区法院执行庭庭长·被授予全国法院模范称号】　1995年4月，上海市黄浦区人民法院执行庭庭长卢青海，被最高人民法院授予全国法院模范称号。

卢青海不信邪，坚持严肃执法，敢于碰硬，使上百件老大难案件得到解决。在一次执行案件时，尽管已对被执行人采取了查封、扣押财产等措施，但远不足以抵债。卢青海作进一步调查，终于发现有一投资方在与被执行人联营过程中资金没到位却分享了利润，他便依法变更执行主体，裁定这一投资方承担连带责任，并及时采取强制措施，使这一总标的为110多万元的大案得以顺利执结。他当庭长5年来，每年执结千件以上案件，结案率100%以上，最高达129.64%，比如1994年收案1174件，执结1214件，执结标的为15223.1万元。

卢青海以坚决反对地方保护主义而闻名，总是热情接待和帮助外地法院来沪办案的人员，认真对待委托执行的每一起案件。徐州云龙区法院委托执行上海某公司4.3万元欠款案，该公司在黄浦区法院也有9件未结的执行案，而可供执行的财物却不多，卢青海指示先协助云龙法院执行。正是本着这种原则和精神，至1994年底，黄浦区法院已全部办结所接受的58件委托执行案。

卢青海，1943年2月10日出生，河南省开封市人，大专文化，1965年5月加入中国共产党，1982年转业到黄浦法院，先从事刑事和经济审判工作，1990年5月任执行庭庭长。他先后荣立过三等功、二等功、一等功和大功，1994年他被授予上海市劳动模范称号；1995年荣获市政法系统"执行工作标兵"称号。他所领导的执行庭也荣立过集体三等功和二等功。

【卢春龙·高安市人民法院院长·被授予全国法院模范称号】　1995年4月，荣获国务院授予全国先进工作者称号的江西省高安市人民法院院长卢春龙，又被最高人民法院授予全国法院模范称号。

卢春龙，1945年10月出生，江西高安人，大专文化。1965年10月加入中国共产党。1984年他任院长以来，每年都要亲自审理一些重大疑难案件。仅1991年以来，他就审理或参与审理21件经济纠纷大案、难案，追回贷款1000多万元。他审理的百余件各类案件，全部合格，没有一件改判或发回重审。组建少年审判庭，亲临处理3113件矛盾易激化的民事纠纷。他严于律己，两袖清风。1993 年 3 月，他带领两名干警去海口市办案，为了节省经费，3 人挤住 2 人的房间，他打了 29 天地铺，并用 6 箱方便面打发一日三餐，为法院省下 3000 多元食宿费。他勇于改革创新，先后在全院实行目标管理和以案定补等科学管理方法，全院人均办案量每年以 17%的幅度递增。在改革审判方式方面，他在全省率先实行“简化办案手续”，使适用简化程序的民事案件的审理，由过去的 60 天减少为 10 天。省高院专门召开现场会，最高法院也向全国推广。他建立各项制度，强化监督制约机制。全院连续 10 年没有出现违法事件和违法干警，而有 83%的干警分别立功或受到各级嘉奖。最近 4 年，该院干警外出审理、执行了 3000 多起案件(其中包括 800 多件经济纠纷案件)，件件得以圆满解决。在他带领下，高安市人民法院先后 7 次受到省高院表彰，其中集体二等功 3 次；13 次受到地区中级法院表彰。卢春龙本人也多次立功受奖。1984 年被评为全区政法系统先进个人；1990 年他荣立二等功 1 次，并获晋升工资奖励；1994 年他又荣立二等功 1 次。他还先后 7 次被评为全院、全市先进工作者和优秀共产党员。

【卢绪章·原对外经济贸易部顾问·在北京逝世】　原对外经济贸易部顾问卢绪章，1995 年 11 月 8 日因病在北京逝世，终年 84 岁。

卢绪章，1911 年生于浙江省鄞县。1937 年加入中国共产党。抗日战争爆发后于 1939 年任广大华行上海分行经理，后任该行总经理，长期从事党的秘密工作，为解决党的地下组织的经营问题起了很大的作用，为中国人民的解放事业做出了特殊贡献。1949 年后，先后任华东军政委员会贸易部副部长、中国进出口公司经理、外贸部副部长、华侨旅行社社长、国家旅游总局局长、对外贸易部常务副部长兼党组副书记、对外经济贸易部顾问。他是我国外经贸易事业的老一辈开拓者和奠基人之一。是第四至七届全国政协委员。

【卢梅娘(女)·东莞市金鹏集团公司董事长兼总经理·被授予全国优秀女企业家称号】　1995 年“三八”妇女节前夕，广东省东莞市金鹏集团公司董事长兼总经理卢梅娘，被中国女企业家协会授予全国优秀女企业家称号。

卢梅娘，1948 年 9 月 10 日生，广东省顺德县人。1965 年由广州市到东莞县插队务农，其间加入中国共产党。曾任公社革委会副主任、县委常委、副镇长等职。1979 年卢梅娘响应改革开放发展经济的号召，向银行借贷 3 千元租借一间旧仓库，毅然“下海”创办“太平镇文化服务贸易公司”，她起早摸黑四处奔忙，带领员工从调味品、副食品等小额生意作起，并逐步扩大业务范围，将企业发展起来。在 5 年左右的时间里，发展成为“太平港商业总公司”，跻身于虎门镇八大总公司之列。先后开办了彩印、摄影器材、玩具、针织、电子等中外合资企业和大酒店。在改革开放的经济大潮中，卢梅娘不是急功近利，而是将眼光投向农业这个“根本”，她清醒地认识到，要实现虎门经济腾飞，必须发展高质、高产、高效的“三高”农业。以她为首的总公司，于 1987 年拍板投资组建了一个集科研、现代农业、工业、贸易、旅游为一体的虎门综合开发公司，探索一种新型、高效农业发展模式，建立立体生态农业区。经过几年艰苦奋斗，在以往荒草丛生的马金山建起名优特水产养殖、禽畜繁育等五大开发区，12 个科研生产基地及马金山健康食品厂等。虎门公司被列为省级星火基地、国家星火高效农业示范区。1989 年，卢梅娘以一个企业家的敏锐目光注视到，在发展“三来一补”劳动密集型企业的同时，必须发展高科技、技术密集型企业。领导职工用 439 天建成中外合资东莞 CDC 电缆厂，并成为全国同行业中经济效益最好的大型企业之一。继又建成总投资额达 4.3 亿港元、拥有百条生产线的大型中外合资企业——东莞胜美达(太平)电机有限公司，产品全部返销海外。近来，卢梅娘与其他公司合作兴建高科技工业城。经过 15 年多的风风雨雨，卢梅娘领导的公司，已成为拥有 18 个下属企业、固定资产 2.8 亿元、职工 900 多人、年产值 4 亿元的多元化、全方位发展的大型集团公司。卢梅娘曾获市优秀女企业家、广东省优秀企业家称号。

【归亚蕾(女)·台湾电影演员·获第三十届卡罗维、发利国际电影节最佳女主角奖】

台湾电影演员归亚蕾因在电影《女儿红》中成功地饰演了女主角外婆花雕，于 1995 年 7 月获得捷克第三十届卡罗维、发利国际电影节最佳女主角奖。

影片《女儿红》以江南民俗风情为背景，叙述了外婆花雕、母亲秋仪和女儿陈飞三代女性与一坛女儿红酒的传奇故事，概括出中国 70 年历史的变迁。归亚蕾在表演时极为投入，把自己完全融入角色创作之中，无论挑水、拉车样样都亲身体验，颇有浙东农家妇女的味道。

归亚蕾，生于 1941 年 6 月 1 日，浙江吴兴人。台湾国立艺专影剧系表演科毕业。1965年在影片《烟雨蒙蒙》中饰演女主角陆依萍获得第四届台湾电影“金马奖”最佳女主角奖。1970年因主演影片《家在台北》，再次获得“金马奖”最佳女主角奖和第十六届亚洲影展最佳女主角奖。1978年在影片《蒂蒂日记》中扮演母亲，获得“金马奖”最佳女配角奖。1993年在影片《喜宴》中扮演母亲，再度获得“金马奖”最佳女配角奖。作为台湾影坛上的常青树，归亚蕾在30多年的银色生涯中，拍摄了80余部影片，其外柔内刚的气质和娴熟的演技无愧为台湾最优秀的电影演员。

【申凤梅（女）·越调表演艺术家·在河南逝世】　著名越调表演艺术家、河南戏剧家协会主席申凤梅度过了57年的粉墨生涯，于1995年7月20日清晨在河南周口市与世长辞，终年68岁。

申凤梅，1927年12月出生于河南省临颍县涂庄一个农民家里，因家贫为谋生路，11岁进入临颍张潘镇越调科班学艺。先学旦角，后习须生，14岁出科。申凤梅一生演出了近200个剧目，扮演过不同行当的角色，塑造出众多性格迥异的艺术形象。其中以演出“诸葛亮戏”：《诸葛亮出山》、《舌战群儒》、《诸葛亮吊孝》、《斩关羽》、《收姜维》、《七擒孟获》等最为出色。申凤梅塑造的诸葛亮，是人不是神。在以上几出戏里，她着力表现诸葛亮忠友重谊的品质，实事求是的精神，应付事变的谨慎，以及在错综复杂的军事斗争、政治斗争中的出色才能。申凤梅根据人物年龄、经历及所处环境的不同，将青年、中年、老年三个不同时期的诸葛亮，演得各具特色。她既擅于做，又精于唱。人民艺术家老舍曾赞她是“生旦不挡，悲喜咸宜”的“越调能手”。周恩来总理当年看过她演出的《收姜维》后，夸奖她是“河南的活诸葛”。近几年来申凤梅每年演出均在200场以上，演出严肃认真，一丝不苟，不讲条件，不计报酬，只要观众需要就热情登台献艺。1965年，她苦心筹措资金，拍摄了7部13集《越调“诸葛亮”艺术系列片》。她以顽强毅力忍受4个“加”号的糖尿病和严重的心脏病给她带来的极大痛苦，夜以继日地工作。三九严寒，面对排风扇强劲风力，站立“船头”挥动羽毛扇从容不迫，把诸葛亮过江吊孝联吴破曹的使命感和精神境界表现得蕴藉深邃。逝世前两个月，还率领剧团赴太原参加第二届中国戏曲“金三角”交流演出，并第七次进京为首都观众演出她的最后一部诸葛亮戏《七擒孟获》，再度饮誉京华。

申凤梅遗体告别仪式于1995年7月26日上午在周口市大世界艺城举行。吊唁大厅两侧高垂巨幅挽联：“唱越调昌越调音遏行云鞠躬尽瘁煌煌艺术传百代；演诸葛法诸葛德逼高山死而后已炳炳人品彪千秋。”这是人们对这位伟大艺术家寄托的哀思，也是对她光辉一生的真实写照。申凤梅生前为中国共产党党员、中共十三、十四大代表，河南省第六、七、八届政协委员，中国剧协理事和河南越调剧团名誉团长。

【叶万荣·浙江天德药业有限公司高级工程师·被授予全国见义勇为先进分子称号】　1995年11月21日，第四次全国人民群众见义勇为与犯罪分子作斗争先进分子表彰大会，在北京人民大会堂召开。中宣部、公安部和中华见义勇为基金会在会上授予浙江天德药业有限公司高级工程师叶万荣“全国见义勇为先进分子”称号。

叶万荣，浙江人，1940年出生，1962年毕业于温州工学院，后到天台制药厂（浙江天德药业有限公司前身）当技术员、副总工程师，现为天德药业有限公司质监部经理，负责全公司药品生产全过程的质量管理及产品的开发工作。近30年来，他工作勤勤恳恳，一丝不苟，技术上刻苦钻研，为医药行业的发展作出了重要贡献。1969年，天台制药厂试产四环素碱，在设备极其简陋的情况下，叶万荣和几十个工人一起，依靠手工操作，硬是拿出了合格的产品。1981年，叶万荣成功地运用“不锈钢波纹填料”的精馏塔回收四环素盐酸盐中的废丙酮，创全国首例，并逐步在同行中广泛应用，回收率达90%以上。1983年，县里帮助该厂组织洁霉素工程建设，叶万荣与工程指挥部其他同志一起全力以赴，努力奋战。他具体负责提炼工艺的设计和施工，在几个月中没休息过一个星期天，先后演算了数以千计的数据，画了上百张图纸，搞了百余次试验，终于使洁霉素车间提前两个月投产。1989年叶万荣被国务院授予全国劳动模范称号。

叶万荣平时为人一身正气，嫉恶如仇，他经常教育年轻人要立身正直，自觉抵制歪风。1995年8月7日下午4点钟，叶万荣乘坐天台至上海的卧铺车，准备出差到河北。当夜12点多钟，列车行至桐乡境内，车厢里突然出现3个歹徒，他们目露凶光，手持匕首，挨个儿强迫旅客交钱。一位在叶万荣前面的旅客发出了“抢钱了”的求救声，叶万荣惊醒后，猛站起来将其中一个歹徒持匕首的手扼在车厢内的铁柱上，并夺下匕首。另2个歹徒见有人站出来阻止，凶相毕露。其中一个歹徒拿刀刺中叶万荣的脖子，后被叶万荣挡开。另一个歹徒抽空朝叶万荣头部猛击几拳，将叶万荣击昏。在叶万荣见义勇为精神的感召下，众旅客同仇敌忾，歹徒仓皇逃跑。事发后，人们将叶万荣送到医院抢救。叶万荣在与歹徒搏斗中，颅底骨折、眼神经损伤。医院组织医务人员全力抢救，伤势得到控制。经过调养，叶万荣得到康复。人们称赞他在关键时刻，挺身而出，见义勇为，体现了中国知识分子的优秀品质和共产党员的崇高品德。

【叶钊颖(女)·女子羽毛球运动员·获第九届世界羽毛球锦标赛女子单打冠军】

第九届世界羽毛球锦标赛于1995年5月22日在瑞士洛桑拉开帷幕。出人意料，参加27日女子单打决赛的是一对中国选手叶钊颖和韩晶那，结果叶钊颖夺得冠军，韩晶那获得亚军。

这两枚奖牌来之不易。叶钊颖和韩晶那是分别战胜巴塞罗那奥运会金、银牌得主印度尼西亚著名选手王莲香和韩国选手方铢贤之后进入决赛的。就在此前5天进行的苏迪曼杯世界羽毛球混合团体赛决赛中，也是在洛桑，中国队3：1胜印度队，第二场女子单打，连续两年逢王莲香必败的叶钊颖，只22分钟，反以11：2、11：3的悬殊比分连胜王莲香两局。为中国队又增添至关重要的一分。

在9月13日至17日进行的世界杯羽毛球赛上，叶钊颖连克东道主印度尼西亚选手郑幼敏和后起之秀张海丽，取得决赛权，并在决赛中与老对手王莲香狭路相逢。结果，双方鏖战三局，叶钊颖以12：9、2：11和12：9挫败了王莲香。这是她接连三次战胜印尼名将王莲香。

接着，叶钊颖于11月在成都进行的555中国羽毛球公开赛中再夺女单金牌。

11月29日至12月3日，在新加坡举行的世界羽毛球系列大奖赛总决赛中，叶钊颖先后战胜丹麦的卡尔·马尔廷和瑞典选手孙小青，夺得女单冠军。

12月21日，国际羽联在总部切尔滕纳姆公布了1995年世界羽毛球最终排名，无人与之媲美的中国运动员叶钊颖列女单榜首。这一连串的比赛和其骄人的成绩反映出21岁的叶钊颖思想和球艺正在走向成熟。

自90年代以来，处在青黄不接的中国羽毛球队成绩滑坡，取而代之的是印度尼西亚队，其中著名选手王莲香屡屡得手，名声大噪，成为羽毛球女子单打“一代皇后”。叶钊颖曾接连几次败给王莲香。其毛病出在思想不过硬，比赛时发挥不稳定，相持时咬不住，尤其是大比分领先时反而失误多。中国羽毛球队发挥集体力量的优势，对叶钊颖进行重点指导，加大训练运动量，多打“顺风球”，练意志，练作风。

叶钊颖，浙江人，1974年5月7日生。父亲叶树棡曾是该省足球队守门员。1989年，刚刚15岁的叶钊颖离开杭州来到北京，被选进国家羽毛球队。如今，叶钊颖长大了，也成熟了，在中国羽毛球队挑起了女单大梁。

【叶叔华(女)·上海天文台研究员·被评为中国十大女杰】　由全国妇联发起，广电部、劳动部、人事部等20个单位联合举办的中国十大杰出女性评选活动于1995年2月21日揭晓。上海天文台研究员、中科院院士叶叔华被评为中国十大女杰之一。

叶叔华，1927年6月出生于广州市，1949年毕业于广州中山大学。曾在香港九龙德贞女中任教。1951年到中国科学院上海天文台工作至今，曾任上海天文台台长。1980年当选为中国科学院学部委员。

叶叔华长期从事世界时的精确测定和地球自转研究，为我国世界时系统的建立、发展作出了重要贡献。在她和天文界共同努力下，我国世界时精度1963年进入世界先进行列，至今保持领先地位。她还致力于天文地球动力学的研究，培养研究生和建立新技术的组织领导工作，先后撰写发表学术论文和工作报告30余篇。她与同事合写的《我国经度起算值的确定以及综合系统调整》、《1950—1976年几种综合时号正数的系统归算》论文获1978年全国科学大会成果奖。1991年，叶叔华担任我国国家级基础科学研究项目《现代地壳运动和地球动力学研究及应用》的首席科学家。在从事这项科研活动中，她深感亚太地区人口稠密，经济发展快，但这一地区地质构造复杂，地壳运动激烈，地震、火山喷发等自然灾害频发，因此，极有必要对亚太地区的地壳运动及其对人类生存环境的影响开展研究。她的这一设想，得到了国内有关方面的充分肯定和支持，也得到了国际学术界的认同。为此，叶叔华于1995年7月在美国举行的国际大地测量和地球物理联合会议上倡议，国际合作开展亚太地区空间地球动力学研究，这项跨世纪国际合作研究计划得到与会各国科学家的热烈响应。会议通过决议，确定由叶叔华领衔组织实施。这项空间动力学研究范围，北起堪察加、经韩、中、日和东盟六国，南达澳大利亚、南极洲，西及印度，东接中南美，目前已有美、日、澳、印等二十多个国家的科学工作者参加。

【叶浅予·杰出画家、美术教育家·在北

京逝世】　我国当代中国画大师、杰出的美术教育家、中国现代漫画创始人之一、中国美术家协会副主席、中央美术学院教授叶浅予，1995 年 5 月 8 日在北京逝世，终年 88 岁。

叶浅予 1907 年 3 月生于浙江桐庐。20 年代在上海从事漫画创作，其所作《王先生》长篇漫画切中时弊，脍炙人口，后来，又创作了《叶浅予旅行漫画》、《小陈留京外史》、《天堂记》，都是影响一代的名篇。抗日战争中，他积极投身抗日救亡的艺术活动。1949 年后，又投身社会主义艺术事业。从 1940 年开始的舞蹈写生人物画，把速写引入中国画，使中国传统人物画发生了极大的变革。50 年代初，任中央美术学院教授，带领师生从事教学改革，创造了"传统、生活、创造"三位一体及"临摹、写生、创作"三结合等一系列新的美术教学体系，培养了大量人才。他自己又全力以赴地进行刻苦创作，完成了大量有里程碑性质的人物画，其中舞蹈人物画尤脍炙人口。是画界公认的一代宗师。

"文革"十年浩劫中，叶浅予被"四人帮"关押达 7 年之久。在狱中艰苦锤炼，艺术、思想、精神，提升到了更高的境界。回校后，总结出"吞吐古今、涉猎中外、自学为主、启导为辅，尊重个性、鼓励独创"的 24 字教学指导方针，并以关押 7 年补发的全部工资，建立"叶浅予奖学金"。

叶浅予退休后，组织了"叶浅予师生艺术行路团"、"叶浅予师生画展"，并将所蓄全部画作和藏品无私地捐赠给家乡桐庐。

叶浅予长期担任全国文联委员、中国美术家协会副主席兼秘书长，是全国政协第二、三、四、五、六、七届委员。

【叶建国·上海市闵行区人民法庭审判员·被授予全国法院模范称号】　1995 年 4 月，上海市闵行区原颛桥人民法庭审判员、现为执行庭庭长的叶建国，被最高人民法院授予全国法院模范称号。

叶建国，39 岁，上海市人，大专文化，中国共产党党员。1987 年从部队转业到闵行法院人事科工作，两年后主动请缨来到收案多、工作环境较为复杂艰苦的颛桥法庭。自此，他立志做一名"敢于吃苦、敢于实践、敢于碰硬、敢于冒尖"的人民法官。5 年里，他骑车走遍了 18 个治安村，两个里委会的角角落落，踏坏了两辆自行车，创出了一个又一个令人叹服的业绩，也获得了令人羡慕的荣誉：1990 年结案 75 件，全庭第一，荣立三等功；1991 年结案 98 件，全院榜首，荣立三等功；1992 年结案 145 件，破全院历史最高纪录，荣立二等功；1993 年结案 191 件，并实现了他在年初为自己提出的"五无"指标，即判决结案上诉无发回重审或重大改判，调解结案后无争议或申诉，诉讼审理中无矛盾激化，案件无超审限或申请延长，结案后无当事人反映审判作风，荣立一等功；1994 年结案 184 件，再立一等功，并当选为上海市劳模。

对棘手的纠纷，叶建国总是挺身而出，用法律手段阻止了很多矛盾的激化和事故的发生。一名干部因妻子提出离婚便蛮横地到女方家威逼撤诉，围观者一时达数百人，气氛极其紧张。叶建国闻讯后立即赶到现场，严厉批评当事人的行径，使其收起无法无天的气焰。一个虐待老人的恶女婿在法院判决后，依然不让岳父母与其同住，毫无人性地把老人的床铺等扔在屋外，并扬言要与法官对着干。叶建国得知时已过了下班时间，仍迅速赶到现场，当众宣布对闹事者予以拘留，并办好法律手续，同时责令其立即将岳父母床铺搬回原处。此举不仅使当事人认识了错误，而且在当地起到很大震慑作用，使一些逆子忤婿对老人的态度有了不小的转变。针对当地情况，凡遇到老人诉子女的赡养纠纷，叶建国一律到老人家里审理，结案后又定期回访，帮助老人解决各种困难。

【叶选平·全国政协副主席·提出政协要多办利国利民的实事】　1995 年 3 月 3 日叶选平在政协八届三次会议上作政协八届常委会工作报告。总结了 1994 年政协的工作成绩，指出政协在服从大局围绕中心积极参政议政，修改和完善规章制度，改进提案和委员视察工作，进一步扩大对外友好交往，积极开展促进祖国统一活动，加强对地方政协工作的指导，完成全国政协机关的机构改革等方面的工作有了新的进展。叶选平讲了 1995 年度工作要点：一、深入学习建设有中国特色的社会主义理论；二、紧紧围绕国家中心任务参政议政；三、认真落实政治协商、民主监督、参政议政的规定；四、切实做好反映社情民意的工作；五、充分发挥民主党派、无党派民主人士、人民团体和各族各界代表人士在政协中的作用；六、密切同地方政协的联系与协作；七、进一步开展与台湾同胞、港澳同胞和海外侨胞联谊工作；八、积极主动开展对外交往活动。

叶选平，1924 年生，广东梅县人。1945 年加入中国共产党。曾在延安自然科学院学习和中央军委工业局工作。中华人民共和国成立后，历任沈阳第一机床厂副厂长，市机械局副总工程师，国家科委局长，广东省副省长，广州市市长，中共广州市委副书记。1985年起任广东省省长、中共广东省委副书记。1982年被选为中共第十二届中央候补委员（1985年增选为中央委员），1987年、1992年被选为中共第十三、十四届中央委员，是第六、七届全国人大代表。1990年当选为全国政协副主席。

【叶剑英·元帅·《叶剑英传》出版发行暨纪念其诞辰九十八周年座谈会在北京举行】　中央军委召开的《叶剑英传》出版发行暨纪念叶剑英诞辰98周年座谈会，于1995年4月20日在北京人民大会堂隆重举行。江泽民、李瑞环、朱镕基、刘华清等出席了座谈会。

江泽民在会上发表讲话说，叶剑英同志在漫长的革命生涯中，为中国革命的胜利和社会主义事业的发展建立了丰功伟绩。他对社会主义、共产主义具有坚定的信念，毕生矢志不渝地为之顽强奋斗。他在重大和紧要的历史关头，总是挺身而出，力挽狂澜，为党的事业作出了特殊贡献。他具有杰出的战略、策略思想和军事指挥艺术，为我军的发展、壮大和革命战争的胜利，建立了永不磨灭的历史功勋。他与邓小平等老一辈革命家一起，为党的十一届三中全会重新确立党的马克思主义思想路线、政治路线、组织路线，实现党和国家的伟大历史性转折，作出了重要贡献。

座谈会由刘华清主持。中央军委副主席张震介绍了叶剑英生平业绩。王平、李德生、王恩茂、马万祺等也在会上发言。

由邓小平题写书名的《叶剑英传》已由当代中国出版社出版，全书58万字，真实、生动地记述了叶剑英伟大光辉的一生。书中还收录了叶剑英生平大事年表和图片112幅。

叶剑英，原名叶宜伟，字沧白。1897年4月28日生于广东梅县。1917年入云南讲武堂学习。1920年起追随孙中山投身民主革命。1924年任建国粤军第二师参谋长，参与筹建黄埔军校，任教授部副主任。1925年参加讨伐陈炯明的两次东征。北伐战争中任国民革命军师长、军参谋长。1927年加入中国共产党，为南昌起义做了重要工作。同年底参与领导广州起义。1928年赴苏联学习。1930年回国。1931年进入中央革命根据地，历任中央革命军事委员会委员兼总参谋部部长、红一方面军参谋长、红军学校校长、闽赣军区及福建军区司令员，参加了反“围剿”斗争。长征中任第一纵队司令员、红军前敌指挥部参谋长。同张国焘企图分裂和危害党中央的阴谋进行了坚决的斗争。抗日战争时期任八路军参谋长，中共中央长江局委员、中共中央南方局常务委员，曾在武汉、长沙、桂林等地参与领导党的统战工作。1941年任中共中央军委参谋长。抗日战争胜利后，作为中共代表团成员，参加同国民党的停战谈判。1946年初任北平军事调处执行部中共代表。1947年起先后任中共中央后方委员会书记、人民解放军参谋长、华北军政大学校长兼政委、北平市市长。新中国成立初期，先后在中南、华南、广东、广州担任党政军领导职务。1952年后任中南军区代司令员、中南行政委员会副主席、中共中央中南局代理书记。1954年起任人民革命军事委员会副主席，国防委员会副主席，人民解放军武装力量监察部部长，训练总监部代部长等职。1955年被授予中华人民共和国元帅军衔。1958年任解放军军事科学院院长兼政委、高等军事学院院长。1965年任第四届全国政协副主席。1966年1月中共中央军委副主席兼秘书长，5月任中共中央书记处书记。1975年任国防部部长。1976年在粉碎江青反革命集团的斗争中起了决定性作用。1978年当选全国人大常委会委员长。1983年任中华人民共和国中央军委副主席。他是中共第八至十二届中央委员、第八届（十一中全会增选）、第九届中央政治局委员、第十、十一届中央政治局常委、中央副主席、第十二届中央政治局常委。1986年10月22日在北京逝世。

【田间·著名诗人·纪念逝世十周年】

为纪念著名诗人田间逝世10周年，1995年6月28日至29日，河北省委宣传部、河北省文联、河北省作家协会和中国解放区文学研究会联合举办了田间诗歌研讨会，来自全国各地的90多位文艺家、诗人、学者聚会于河北廊坊市，研讨田间的诗歌创作。

研讨会上，30多位诗人、专家、学者作了专题发言。大家认为，田间的诗歌是真理的韵文、乐观的预言。他把个人的情绪与时代的情绪统一起来，以诗人的方式传达时代的情绪；把个人的审美情趣与时代精神统一起来，用生动、感人的艺术语言展示时代精神。他创造的“擂鼓式”诗歌，开创了一代新诗风。他的诗歌既具大众化，又具有很高的审美价值，是普及与提高、群众性与经典性的统一。

田间，原名童天，安徽无为人，1916年出生。中国共产党党员。上海光华大学肄业。1933年参加左联，曾任其刊物《新诗歌》、《文学丛报》编辑。1938年随西北战地服务团到延安，倡导街头诗运动。后曾任晋察冀边区通讯社战地记者，边区文化协会副主任，《新群众》杂志社长兼主编，中共雁北地委宣传部长、秘书长，张家口市委宣传部长。1949年后，历任中华全国文学工作者协会创作部负责人，中央文学研究所秘书长，中国作协文学讲习所主任，河北省文联主席。他是中国文联第一、三、四届委员，中国作协第一、二、四届理事，第三、五届全国人大代表。

田间自1933年开始发表作品。著有诗集《未明集》、《给战斗者》、《抗战诗抄》、《向日葵》、《我的短诗选》、《誓辞》、《赶车传》、《中国农村的故事》、《一杆红旗》、《马头琴歌集》、《太阳和花》、《田间诗文集》、小说集《拍碗图》，散文集《板门店纪事》等。

【田雄·北京房山韩村河实业总公司总经理·被授予全国劳动模范称号】　以建筑业起家的北京市首富村房山区韩村河村党委书记，韩村河实业总公司党委书记、总经理、工程师田雄，1995年4月29日被国务院授予全国劳动模范称号。为促进农村精神文明建设，赞助全国文化扶贫“万村书库”工程，同年10月，他代表全村捐款15万元，向30多个贫困县（市）各赠送图书1000册，建立村级图书室，受到中宣部、文化部和农业部的表彰。

田雄，1946年10月出生于京郊韩村河村。高中毕业后回乡务农，当村干部。1979年开始组建建筑队。由于他肯学习，会管理，1984年打进北京。1988年加入房山区建筑企业集团，成为区建筑集团公司的核心骨干企业。10多年来，连续创建了各级安全文明红旗工地40个，搞出了一些国家级样板工程，成为全国集体建筑企业中唯一获得国家级优秀QC小组荣誉称号的企业。1992年和1993年房建集团名列北京市百强建筑企业第1名，企业资质等级评为一级，被中国集体建筑协会授予全面质量管理“金屋奖”。田雄直接领导的韩村河建筑公司起了决定性的作用。田雄也被评为“中国集体建筑企业家”，当选为北京市劳模，北京市第十届人大代表。1994年韩村河村建筑公司脱离房建集团，扩建为北京韩村河建筑集团总公司，并被建设部批准为国家级建筑企业。现在，韩建集团总公司已拥有1.2万名职工，配套企业15个，工程处48个，工程队98个，技术力量雄厚，设备齐全，具备承接所有高大群体工程能力，并以质量好、速度快、实力强、文明施工、安全生产、造价合理、服务周到，享誉京城。田雄带领全村奋力拼搏，1995年全村工农各业经济总收入突破10亿元，上交国家税金2500多万元，人均收入5500元，分别比上一年增长55％、60％和14％，村民住进了统一供水、供电、供暖的楼房，村民看病、子女上学全部免费。过上富裕生活的韩村河人没有忘记贫困地区人民。他们除捐款15万元帮助全国30多个贫困县（市）建立村级图书室外，还与本区娄子水村结成扶贫脱贫对子，与新疆哈密市陶家官乡泉水地村结成友好村，帮助其发展经济和文化。

从1991年起，田雄先后被评为全国优秀乡镇企业家、全国农业劳动模范、全国劳动模范。

【田凤山·当选为黑龙江省省长】　在1995年2月28日闭幕的黑龙江省第八届人大第三次会议上，田凤山当选为黑龙江省省长。

田凤山，1940年10月生，黑龙江肇源人。1963年毕业于西安第二炮兵技术学院自动控制系专业。1970年加入中国共产党。曾任肇源县副县长、中共肇源县委副书记、肇州县县长。1985年起任绥化行署副专员、中共绥化地委副书记、绥化行署专员。1988年2月任中共牡丹江市委书记，同年6月被选为中共省委委员。1989年任黑龙江省副省长。1992年任中共黑龙江省委副书记、哈尔滨市委书记。1994年任黑龙江省代省长。是中共第十四届中央候补委员。

【田纪云·全国人大常委会副委员长·作人大常委会工作报告】　1995年3月11日，中共中央政治局委员、第八届全国人民代表大会常务委员会副委员长田纪云，在八届人大第三次会议上作工作报告时指出，过去的一年，常委会遵循“抓住机遇，深化改革，扩大开放，促进发展，保持稳定”的指导方针，把加强社会主义民主和法制建设作为根本任务，认真履行宪法赋予的职责，各方面的工作取得了新的进展。

田纪云说，加强立法工作，努力构筑市场经济法律体系框架，一年来共审议了31个法律和关于法律问题决定的草案，通过了21个法律和关于法律问题的决定，还批准了同外国缔结的和我国加入的条约、协定和公约9个。改进监督工作，有计划有重点地开展对法律实施情况的检查。针对群众反映强烈的假冒伪劣商品问题和农业发展中亟待解决的问题，重点检查了反不正当竞争法，消费者权益保护法，产品质量法，关于惩治生产、销售伪劣商品犯罪的决定和农业法的实施情况。开展对人民代表大会制度的宣传，加强法制教育。认真办理代表议案和建议、密切同代表和地方人大的联系。开展外事工作，充分发挥议会外交的作用。

关于今后一年的主要工作，田纪云讲了6点：加快立法步伐，提高立法质量；健全监督机制，增强监督效果；加强法制宣传教育，增强全社会的法律意识；加强对乡镇人大换届选举的指导，做好联系代表和地方人大的工作；搞好议会外交，加强对外交往合作；按照民主集中制原则，加强常委会建设。

田纪云，1929年6月生，山东肥城人。1941年秋参加八路军。1945年1月第二次参加革命工作。1945年5月加入中国共产党。1947年任土改工作组组长。1949年任贵阳军管会财政接管部机要秘书，贵阳人民革命大学班主任，贵州省财政干部训练班班主任。1953年后任贵州省财政厅秘书科副科长、科长，办公室副主任、主任，计划科科长、预算处处长，副厅长，中共中央西南局财办财金处副处长。1969年调四川，任省革委会财贸组经营管理组副组长，省财政局副局长、局长，省财政厅长。1981年任国务院副秘书长。1983年任国务院副总理兼秘书长。是中共第十二届中央委员，1985年增选为政治局委员、中央书记处书记。在中共十三大、十四大上继续当选为中央政治局委员。

【田沛发·松桃苗族自治县格老村小学校长·被授予全国教育系统劳动模范称号】

1995年9月教师节前夕，国家教委、人事部决定授予田沛发“全国教育系统劳动模范”称号。中宣部、国家教委、中共北京市委于9月4日在北京举行田沛发事迹报告会。田沛发用朴实的语言讲述了他感人至深的经历。

田沛发，苗族，贵州省松桃苗族自治县人，1948年生。1966年初，仅读到初中二年级的田沛发作为格老村文化水平最高的人，被群众推举当了民办教师。格老村是个偏僻的苗家山寨，连一间校舍也没有。田沛发上任后，借一间民房作教室，用木头搭成课桌，就开始上课了。在教课的同时，他千方百计筹措建校舍。他带领全校师生和村民们从10多公里外的地方靠肩挑背驮把水泥等建筑材料运回山寨，整整两个多月吃睡在工地上。当民办教师初期，除了队里每年记工分外，没有领过一分钱工资。70年代国家每月补贴5元钱，80年代中期才加到30元。他家9口人吃饭，生活十分艰难，但他从未耽误学生一节课。1989年夏，因缺少教师面临停课。他心急如焚，写信给在广东打工的大儿子田金定，金定理解阿爸的苦心，毅然放弃每月600多元的收入，回村当起月工资仅50元的代课教师。山村缺医少药，田沛发从70年代初就自学中医中药知识，上山采药，免费为学生和乡亲们治病。近4年来，他还为家庭困难的学生代交学费和书费上千元。田沛发的心血没有白费。近10年来，全村适龄儿童入学率上升到80%以上，最高时达92%。经田沛发亲手教过的700多名苗家子女，升入中学的近百人，有12人考上大、中专学校。田沛发自己多次被评为地、县教育先进工作者、劳动模范和优秀教师。

最令人感动的是田沛发为了保护学校，不顾自己的生死，还搭上了自己的大儿子。1994年10月14日深夜，曾经劳改5年的惯偷田先成因潜入农户家中作案被发现，村干部决定第二天清晨在村委会设在学校的办公室对他进行处理。10月15日清晨，田先成纠集6名歹徒手持凶器，扑向学校，他们疯狂砸破门、窗，毁坏桌凳。田沛发闻讯后，迅速赶到学校制止。歹徒们不听劝告，反而更加肆无忌惮地乱砸。田沛发在搏斗中被砍成重伤，昏倒在校园里。他的大儿子田金定随后赶来与歹徒搏斗，当场被乱刀、乱棍打死。在这种情况下，当整整昏迷了3天3夜的田沛发经抢救苏醒过来后，马上发电报到广东，将三儿子金州叫了回来，要求儿子回村，代好大哥那个班的课。金州听从父亲的话，到家第二天一早就走进了课堂。田沛发出院后，县政府决定拨款1200元补助这位山村民办教师，县长龙正吉还从家中拿出1000元钱，逼着田沛发收下。贵州省、地、县有关部门将田沛发转为公办教师，对田金定遗属予以抚恤，拨出14万元专款奖励田沛发和支持格老村小学改建校舍。全省各地也纷纷给田沛发寄来一笔笔捐款。面对这一切，田沛发落泪了。然而，他想得最多的仍是学校和娃娃们。他说：“政府发给我的奖金和社会捐款，除了还清住院欠下的债务外，剩下的家里一分钱也不动，全部拿来为学校和村里架设电灯线。到那时，娃儿们晚上学习再也不用点油灯了。”

【田定武·武警排长·被追授阿坝卫士称号】 1995年6月14日，武警部队发布命令，追授四川省总队阿坝藏族羌族自治州支队红原县中队排长田定武烈士“阿坝卫士”荣誉称号。

田定武，1969年7月出生，四川省简阳市涌泉镇人，1987年11月入伍，1990年3月加入中国共产党，中专文化。1994年11月16日，田定武奉命率领3名战士，协同公安机关执行围捕一名持枪杀人犯的任务。半夜时分，他们对罪犯可能隐藏的帐篷实施包围。田定武让公安干警和战士在隐蔽处潜伏，自己匍匐到帐篷外的围栏旁观察。听到马叫的罪犯手持半自动步枪，腰系60余发子弹和长、短刀，遛出帐篷直冲拴马处，企图骑马逃窜。田定武听到左侧有响动，猛然转身，发现罪犯距自己不足4米远。为了不让其逃窜和向战友开枪射击，他持枪转身猛然向荷枪实弹的罪犯扑去。罪犯扣动扳机。田定武用身躯挡住了射来的子弹，为战友击毙罪犯争取了宝贵的时间。

田定武入伍7年来，把阿坝各族人民的利益装在心中，曾4次参与处置突发事件，4次扑灭特大火灾，配合公安机关抓捕打击了一大批犯罪分子，仅1993年8月以来，就抓获罪犯30多名。一次，3名歹徒打死若尔盖县铁布区信用社金库保管员，劫走金库全部现金和半自动步枪一支、子弹数十发后潜逃。当时任班长的田定武主动要求参加追捕罪犯的战斗。他们冒着严寒搜捕7天7夜，抓获两名罪犯。在围捕最后一名罪犯时，田定武不顾个人安危，冲进室内与罪犯搏斗，将其制服，缴获全部现金和枪支弹药。他被当地群众誉为“保护神”。他7次受嘉奖，1次荣立三等功，曾被评为优秀士兵、擒敌技术能手、优秀班长、优秀共产党员、优秀学员、优秀警官等。

【田建国·凤县坪坎乡党委书记·为扑灭山火救助村民英勇献身·被追授优秀共产党员称号】 1995年3月4日，陕西凤县坪坎乡党委书记兼乡长田建国，在奋勇扑灭山火中，为救助陷入烈焰中的村民壮烈牺牲。中共陕西省委、省政府决定追授田建国“优秀共产党员”称号，追认他为革命烈士，号召全省人民向这位孔繁森式的乡镇干部学习。《人民日报》于7月10日在一版发表长篇通讯并配发评论，报道了田建国一生无私奉献的事迹。

田建国，陕西省凤县人，1956年出生，1987年从县成人教育办公室调至全县当时最贫困的坪坎乡，先任乡党委副书记，后任党委书记兼乡长。赴任第二天，他就翻山越岭，搞调查研究去了。田建国下去搞调查的特点是专找“特困户”谈心。刘德银老大爷体弱多病，生活十分困难。田建国一到他家就和老人促膝长谈，晚饭时和老人一起吃包谷大糁子。同去的干部看着土炕上破烂的席片和油黑的被褥，建议回乡政府，田建国却说：“咱就在这儿过夜，明天再看几家。”从此以后，访问“特困户”成了他的一件日常工作。他常去住住“特困户”的房子、睡睡“特困户”的土炕，盖盖“特困户”黑油油的被子，吃吃“特困户”又涩又硬的饭菜，使他对贫苦群众的疾苦有了真切的了解。

田建国深入了解民情为的是扎扎实实为群众办实事。带领群众走出一条脱贫致富的路。经过调查，田建国和乡党委做出了“稳粮、抓矿、促多经”（多种经营）的决策。他自告奋勇抓科技示范点，在海拔1200米以上的山区推广地膜玉米，请来助理农艺师，进村入户给村民们讲课，到地头手把手地教技术，使当年抓的50亩地膜玉米示范田平均亩产达千斤，比传统作物每亩增产一倍多。第二年全乡地膜玉米“全面开花”，很快解决了90%群众的吃粮问题，1994年，全乡头一次向国家交了公购粮。

最令人感动的是田建国时刻把群众的冷暖挂在心头，把个人的利益、家庭的利益放在后头。天下大雨，他首先出去查看群众的房子，忙着帮助特困户堵漏排水，自己家的房子四处漏雨却顾不上；三次有招工指标，每次都可以安排自己的妻子，他三次让给了别人；全家四口全靠自己二三百元工资度日，他还要拿出几十元去帮助更困难的群众。1995年3月4日，田建国为扑灭山火首先冲上湾茅坡山顶，突然山下刮起了一阵狂风，一条火龙顿时呼啸着向山顶席卷而上。此时，田建国完全能够尽快避开。但当他看到村民沈来学已被烈火围困。当即冲入火海，不幸与沈来学同被烈火吞没。3月8日，田建国追悼会在乡政府举行。当时雨雪交加，全乡总共2400多人，竟有1200多人冒雨前来为田建国送行。许多群众拦住灵车痛哭呼喊着：“田书记，我们的好书记，让我们再看你一眼！”。

【田惠平（女）·北京星星雨教育研究所所长·获首届展望奖】 由中国青少年发展基金会和中国国际人才交流协会共同设立的“展望奖”，于1995年3月27日在北京人民大会堂隆重举行首届颁奖仪式。此奖旨在推动展望计划的实施，表彰为中外经济合作作出贡献的海外学人及国内有关企事业的单位负责人，每两年颁发一次。田惠平等6人获首届“展望奖”。

田惠平，四川人，1961年生，1982年毕业于四川外语学院德语专业。1983年至1985年任教于四川外院。1986年4月至1988年3月受德国国际发展基金会邀请赴联邦德国学习行政管理，就读于西柏林政府法律及公共行政管理学院，完成学习、实习项目后获合格证书，回国后在重庆建筑工程学院教授行政管理学。1993年田惠平来北京创办了北京“星星雨教育研究所”，专门从事孤独症儿童行为训练的教育实践和研究，这是我国第一家，也是迄今为止唯一一家从事这方面实践和研究的机构。儿童孤独症是一种行为障碍，表现为极端地倾注于自我，似乎天然地丧失了与社会交往的欲望和能力，经常沉湎于幻想，很少提出要求和问题，回避与人的接触，社会适应力极低。儿童孤独症发病率国际统计比例为万分之四左右。这意味着中国有近40万儿童孤独症患者，由于医疗诊断在普及性及准确性方面的局限，大部分孤独症儿童要么未得到医治，要么被误诊为“脑发育不全”，被归为“弱智”类儿童。近年来，随着大中城市对孤独症儿童的诊断能力的不断提高，仅北京地区已有近80名儿童被做了明确的诊断。田惠平自己的孩子就是一个孤独症患儿。她在德国学习期间，参观了许多该国政府及有关组织为残疾人设立的慈善机构，深感我们国家同样需要这样的机构。但目前，国家财力有限，她决心走出一条依靠民间力量举办慈善事业的路来，为了治疗自己的孩子，也为了给更多的孤独症儿童提供受教育的机会，田惠平经历了诸多艰辛，终于创办了“星星雨教育研究所”。这个研究所下设的“孤独症儿童训练班”中有十几个孩子在接受语言和行为训练，并与全国十几个省市的百名孤独症儿童的家庭建立了联系，对几十个患儿进行家庭训练指导。田惠平和她主持的孤独症儿童康复教育研究和实践得到了社会的承认，全国先后有数十家报纸、电台、电视台报道了她的事迹。许多专家对他们的工作表示了浓厚的兴趣，肯定了她的工作的价值，并尽力提供帮助。这项事业也得到了孤独症儿童家长们的信任和支持，越来越多的家长要送他们的孩子到这里接受康复教育。同时，这项事业也引起了社会对孤独症的广泛关注，已有许多海外人士表示愿意协助这项事业的发展。

【田惠燕（女）·特级理发师·被授予全国劳动模范称号】　北京饭店理发室副组长田惠燕，担任理发工作24年，热爱本职，精于技术，1995年4月被国务院授予全国劳动模范称号。

田惠燕，1954年12月24日生，原籍浙江省。1971年3月29日参加工作，1986年加入中国共产党。她初中毕业走向理发岗位后，经老师傅的言传身教，不仅把技术学到手，还学到了师傅的优秀品质。她常说：“理发谁也离不开，大家都需要，我干上了这一行，就要千方百计地去干好。”田惠燕已成为特级理发师，在外宾理发室担任领班，她练就的4个理发绝活，就是洗发带按摩，一个星期也不痒；剪头因人设计发型，剪出个性特点；刮脸恰到好处，干净利落；不用摩丝，发型保持几天不变。她给瘫在床上的老人洗发，就用两块毛巾夹一层塑料布围在脖子上，避免弄脏老人衣服，客人夸赞她真有办法。有一次她到一家医院为一位卧病在床的客人理发，客人不能下床，她就长时间跪在地上为他理发、洗发，使客人和在场的工作人员都深受感动。田惠燕的洗、刮技术，都曾在自己身上进行过反复练习。腿脚站肿了，也咬牙坚持上班。24年来，在理发这个行业中，她的技艺、人品受到中外宾客的一致赞扬。她曾4次随国家领导人去过20多个国家和地区，很好地完成了理发任务。当评为全国劳动模范时，她说：“我做的都是平凡小事，我愿意当一辈子理发师。”她曾获北京市劳动模范等称号。

【田毅林·天津今晚报记者·被评为首届全国百佳新闻工作者】　由中华全国新闻工作者协会主办的首届全国“百佳”新闻工作者评选，1995年3月24日在北京举行颁奖会，天津《今晚报》记者田毅林获奖。

“有事找今晚报的田记者”。今晚报读者中有人就说过这样的话。这不仅仅因为他采写的新闻见报率高，更因为他写的报道与群众生活息息相关。他能替人民群众说话，为政府部门献计献策。

1993年，针对市场上缺斤短两，鬼秤害人问题，田毅林一方面多方位、多角度进行报道，同时又为市技术监督局出谋划策，使五项“打鬼”措施出台。他还多次参加执法人员端鬼秤制造黑窝的行动。在“夜闯”北辰区杨咀村鬼秤黑据点时，窝主要与检查人员拼命，田毅林挺身而上，亮出记者证，对违法人员说明利害，后公安人员赶到化险为夷。

搞批评报道就要冒一定风险。北京丽都啤酒打入天津几年便成为市场上的佼佼者，1994年7月的一天，田毅林收到一封读者来信，说他怀疑“丽都”有假。经过深入调查采访，发现“丽都”不但有假冒，而且为数不少。当《迷惑顾客　投机取巧　丰南啤酒厂在津大量倾销“正宗丽都”》一稿披露后，如一重磅炸弹，将众多的消费者、经营者震动了。丽都啤酒在天津的销售一落千丈；不出所料，这下真捅了马蜂窝。“丽都人”的恼怒远比预想的来得快、来得猛、来得狠。他们先是状告报道失实，又诬告田毅林受贿，并“检举”田毅林贪得无厌，挟私报复。他硬是顶住压力，圆满完成这项报道。

田毅林，1956年3月生，河北定兴人。从农村插队回城后当过工人，1984年被招聘进入今晚报，10多年来，他勤奋工作，属“拚命三郎”型记者，白天一辆自行车，晚上一支圆珠笔，做到了像他所说的那样“将自己的一切倾注于笔端”。

【史大桢·电力工业部部长·谈电力工

业体制实行重大改革】　在1995年12月26日召开的全国电力工作会议上，史大桢宣布电力工业部作为国务院机构改革试点单位，即将按国务院决定改组为国家级电力公司，以推动电力工业体制和电力工业企业体系的重大改革。

史大桢指出，电力工业体制改革的核心是政企分开，即从分解电力工业部的职能入手，划清政府、企业、行业协会各自的职责，将必要的政府职能分别移交给政府的综合经济管理部门，属于企业职能的转移到拟组建的国家级电力公司，属于行业管理的职能转移到中国电力企业联合会。国家级电力公司由国务院授权行使国家投资主体和国家所有者权利，经营授权范围内的国有资产。它的基本职责有三：一是国务院授权的中央国有电力资产所有者代表；二是中央国有资产的投资主体和经营主体；三是经营跨区送电的经济实体和统一管理国家电网。国家级电力公司与其所属电力企业，将形成以资产经营和生产调度为主要纽带的统一协调运作、分级管理、符合现代企业制度的公司制的电力企业经营体系。这就要层层建立母子公司关系，以此形成国家级电力公司——集团公司——省电力公司——独立法人的发电厂（或公司）、供电企业等这样的电力工业企业体系。

史大桢，1932年12月生，江苏无锡人。1955年毕业于山东工学院。1978年加入中国共产党。高级工程师。1993年起任电力工业部部长。是中共第十三、十四届中央候补委员。

【史东山·已故电影导演艺术家·获中国电影世纪奖】　1995年12月28日，在北京举行的中国电影世纪奖颁奖典礼上，中国电影事业开拓者之一，已故优秀电影导演艺术家史东山荣获中国电影世纪奖。这项评奖是为了纪念世界电影诞生100周年暨中国电影诞生90周年，由广电部电影事业管理局、中国电影家协会、中国电影出版社和中共北京市委宣传部联合主办的。

史东山，原名史匡韶，1902年生，浙江杭州人。早年学习过绘画，并参加过上海晨光美术会，受唯美主义影响很大。1921年参加上海影戏公司，担任美工师，在《古井重波记》、《重返故乡》、《小公子》等影片中饰演角色。1925年编导了第一部影片《杨花恨》后，转入大中华百合影片公司，拍摄了《同居之爱》、《儿孙福》、《王氏四侠》。1930年进入联华影业公司，1931年拍摄了《恒娘》、《银汉双星》等影片。1932年"三一八"事件后，史东山编导了进步影片《共赴国难》（合作）、《奋斗》。1934年史东山转入艺华影业公司编导了进步影片《女人》、《人之初》。《人之初》是史东山艺术创作的转折点，它通过一个贫苦工人家庭父子的境遇，生动地显示出第一次世界大战至"一二八"抗战近20年的历史侧面。表现了城市里的阶级矛盾，刻划了工人张荣根的形象；艺术上画面优美、蒙太奇运用熟练，导演手法细致流畅。1936年史东山加入新华影业公司编导了进步影片《长恨歌》、《狂欢之夜》和导演了揭露汉奸、颂扬知识青年在民族解放斗争中觉醒的《青年进行曲》。"七七"事变后，他参加了话剧《保卫卢沟桥》的导演，之后加入中国电影制片厂，编导了反映抗日题材的影片《保卫我们的土地》、《好丈夫》、《还我故乡》，导演了影片《胜利进行曲》；此外还导演了《蜕变》、《秋收》、《杏花春雨江南》等舞台剧。抗战胜利后，史东山回到上海，与阳翰生、蔡楚生、郑君里等进步人士一起成立联华影业社（后改为昆仑公司）。拍出了他电影创作的代表作《八千里路云和月》。它通过高礼彬和江玲玉两个文艺工作者在抗日战争时期参加救亡演剧队的艰苦历程和斗争精神，颂扬了广大进步知识青年和文艺工作者，揭露了国民党反动派抗战时消极、胜利后劫受发财、荒淫无耻的罪恶事实。受到广大观众和社会舆论的热烈欢迎，成为中国电影史上一部优秀影片。新中国成立后，史东山任文化部电影局艺委会委员兼技委会主任。1951年改编导演了《新儿女英雄传》。该片获得1951年第六届卡罗维·发利国际电影节特别荣誉奖中的导演奖。50年代初出版了理论著作《电影艺术在表现形式上的几个特点》。1955年2月23日逝世。

【史佳花（女）·晋剧演员·获第十二届中国戏剧梅花奖】　1995年，史佳花在第十二届中国戏剧梅花奖颁奖仪式上捧走了奖状和奖盘。她是因主演晋剧《失子惊疯》、《陈碧娘》而获此殊荣的。

史佳花，山西省祁县人，1963年出生。1976年入晋中艺术学校学艺，1979年以优异成绩毕业，分配到山西省晋中青年晋剧团，工青衣，兼演刀马旦。1982年获山西省优秀青年演员调演一等奖、中青年演员调演最佳青年演员奖；1984年获山西省振兴晋剧调演演员一等奖；1986年获山西省振兴晋剧调演主角金牌奖；1993年获文化部举办的中国地方戏曲交流演出优秀演员奖；同年在由她主演的现代戏《醋工歌》中获中宣部"五个一工程奖"。

史佳花扮相俊美，嗓子好，能文能武。早在戏校学艺时，首演《卖子》（《节振国》中一折），第一句唱就赢得满堂彩。接着学校又为她排演了《打金枝》中的沈后，《算粮》中的王宝钏，《教子》中的王春娥，演唱得到锤炼，嗓音更为脆亮挺拔。调入剧团后，因导演王玉娥是晋剧表演艺术家王爱爱的胞妹，史佳花每排一出戏，都有机缘听王爱爱指教，像《游西湖》、《明公断》、《春江丹》、《祭桩》等戏，深得王爱爱真传，演唱颇具“爱爱腔”的神韵。但是，史佳花并不满足，她又以超常的毅力投入武功训练，练就了刀枪剑戟路路通的本领，因此在《白蛇传》、《游西湖》、《十三妹》、《十二寡妇征西》中，以精湛的技艺完成了刀马旦形象的塑造，从而拓宽了戏路。

她在“梅花奖”参赛中，主演了《失子惊疯》、《陈碧娘》这一文一武两折戏。《失子惊疯》以唱为主，她以婉转哀怨的唱腔和优美的身段，充分地展示了李月英失子至疯的心理历程。特别是她的翻飞多姿的水袖，干净利落的立地倒叉虎、串僵尸，都十分准确地把李月英失子之痛的心情淋漓尽致地表现了出来。《陈碧娘》是一出文武带打的戏，史佳花女扮男装，全身披挂，脚登三寸高底靴，手舞大刀，以武旦去表现武生的台步、唱腔和气质，活脱脱地塑造了一位年轻元帅的英武形象。这两出戏无论人物扮相、形体、气质、情感等都有极大反差，史佳花都能演得熨贴自如，栩栩如生。

【叱干旭·陕西彬县香庙人民法庭庭长·被授予全国法院模范称号】 1995 年 4 月 18 日，最高人民法院授予陕西省彬县人民法院香庙人民法庭庭长叱干旭全国法院模范称号。6 月 12 日，陕西省高级人民法院召开表彰大会，并作出向叱干旭学习的决定。

叱干旭，1938 年 2 月 9 日出生，陕西彬县人，中专文化。他任庭长以来，严肃执法，秉公办案。1994 年 4 月，他受理一起伤害案。被告因父亲是村长，不仅不给受害人积极治疗，反而在案件到法庭后，四处托人说情，企图逃避惩罚。叱干旭顶住压力，严格依法办案，及时、公正地审结了此案。叱干旭办案认真细致也是出了名的。1991 年春耕大忙季节，冯家村村民李兰英要求与丈夫离婚。叱干旭了解到他们夫妻感情尚未完全破裂，有和好的希望，7 次登门调解，并与村委会联系，为李兰英家解决了一些实际困难，终于使这对夫妻破镜重圆。近 6 年中，香庙法庭的结案率、调解率、执行率均居全县法庭之首。1994 年，叱干旭个人审结各类民事案件 51 起。他曾荣立三等功 2 次，二等功 1 次，一等功 1 次。多次被评为县、市政法系统先进个人。

【央金（女）·西藏自治区第一律师事务所主任·被评为全国十佳律师】 1995 年 12 月 26 日，由司法部组织的第一届全国十佳律师评选揭晓，西藏自治区第一律师事务所主任央金，在人民大会堂领取了奖牌和证书。

央金，1964 年 2 月 7 日出生，藏族，大学文化，西藏拉萨人。1984 年加入中国共产党。她是十佳律师中唯一的少数民族女性。她从事律师工作至今已有 10 年，承办各类案件 300 件，其中刑事辩护案件 80 多件，代理经济纠纷案件 160 多件，代理民事纠纷案件 60 多件，代理非诉讼法律事务 20 多件，先后为 60 多家企事业单位担任常年法律顾问，为国家、集体、个人挽回经济损失 3000 多万元。1993 年，她创办了全区第一家合作制律师事务所。在工作中她严守律师职业道德，几年来拒收礼金、财物等共计 6 万余元。她在 80 多件刑事案件辩护中，有 20 多人无罪释放，辩护意见采纳率达 80% 以上。她积极参与自治区的对外重大经济合作项目的资信调查，起草合同，调处履行过程中的纠纷。她还写了 10 多篇论文，多次参加全区、全国各类法学学术讨论会，1992 年她作为全区唯一法律界代表参加第 14 届世界法律大会。她的事迹多次在法制日报、中国青年报、香港大公报等报刊宣扬过。从 1986 年至 1994 年，她年年被评为先进工作者、优秀党员。她被选为自治区五届人大代表、中国法学会理事、西藏律协副会长。获得十佳律师称号后，她给《中国律师》写下了自己多年来的办事准则：“正义和公平是我作律师十年来一直执着追求的职业信条！”

【印象初·昆虫分类学家·当选为中国科学院院士】 1995 年 11 月 6 日，中国科学院公布了新当选院士名单，中国科学院西北高原生物所研究员印象初，当选为中国科学院生物学部院士。

印象初，江苏省海门人。1934 年出生。历任中国科学院西北高原生物研究所动物研究室主任、副研究员、副所长、研究员。他长期从事蝗虫分类工作，30 多年来发现蝗虫新属 37 个，新种 103 个。1975 年发表“白边痂蝗在青藏高原上的地理变异”一文，揭示了一个物种由于海拔升高，其形态特征出现梯度变异为种（亚种）内变异。提出蝗虫类在高原上的适应性、演化途径和高原缺翅型等新见解。阐明了高原上风大不适于蝗虫飞行导致翅的退化，翅是蝗虫的发音构造之一，翅的退化导致发音器的退化，发音器的退化和消失又导致听觉器官的退化和消失。在高海拔地区生存的缺陷、缺发音器、缺听器的种类是最进化的种类，也是青藏高原的特有种类。1984年出版的《青藏高原的蝗虫》，为该地区蝗虫的研究和防治提供了重要参考资料。1982年建立了“中国蝗总科新分类系统”，后被誉为“印象初分类系统”；1990年发表了“北美洲镌亚目(蝗亚目)的分类”一文，建立了北美洲蝗亚目新分类系统，提出Tanaoceridae是螽向蝗进化的中间类型，揭示了蝗虫的深化规律，得到了国内外同行的称赞和广泛应用。1992年发表“北美和欧亚大陆蝗虫区系组成的对比”一文，指出两者之间的区系组成和主要危害完全不同，提出了必须防止相互传播建议；完成了《世界蝗虫及其近缘种类分布目录》，是目前世界上最全面最系统的同类专著。

【付爱文·中共丰南市委书记·被授予优秀县(市)委书记称号】 1995年6月30日，全国百名优秀县(市)委书记表彰会在北京中南海怀仁堂召开。中共中央总书记江泽民出席会议并作了重要讲话。会上宣读了中共中央组织部对全国在县(市)委书记岗位上取得优异成绩的100名干部，授予优秀县(市)委书记称号的决定，付爱文名列其中。

丰南市荣列全国百强县(市)之林、河北省“十强”之首，付爱文为此付出了殷殷心血。1993年1月，他任县长时，正值经济宏观调控，资金紧张，市场疲软。为使丰南经济走出低谷，他夜以继日地翻阅搜集国内外各种信息，深入基层调查研究，寻计问策。他提出一手抓外资嫁接，一手抓调整结构，一手抓引进人才，三招并举，推动全市工业上水平的工作思路。他亲自组织市内外各种招商活动，筛选嫁接项目，亲自考察，参与同外商谈判。香港中银投资有限公司的一位副总经理要来洽谈合资嫁接项目，他亲自赶赴北京机场迎接，全程陪同他看企业，谋规划，介绍丰南良好的投资环境。外商很受感动，洽谈进展顺利。在很短时间内，外商就注入资金600多万美元，使一个濒于困境的轧钢企业一跃成为市的骨干企业。到1994年底，全市嫁接企业已有24家，合同利用外资1547万美元。同时，付爱文亲自为企业引进人才。他出面聘请唐山某钢厂一名退休老厂长，使原物资局轧钢厂起死回生。为了使引进人才在丰南安心工作，他亲自做各方面的协调工作，为他们排忧解难。在付爱文的关怀下，许多有志之士聚集丰南，为丰南经济发展做出很大贡献。

付爱文不仅致力于工业兴市富民，更倾心于大地生金。他说：“我是农民的儿子，农民富了我才踏实。”他带领农业技术人员，踏遍丰南的河区、草坡、滩涂，对农业资源进行全面调查。深入田间地头，和农民共商兴农富民大计。积极组织各乡镇根据各自特点和基础，宜果则果，宜渔则渔，宜畜则畜，先后建成水产养殖、畜禽养殖和菜、果、棉、稻六大生产区，扶持发展各类专业村170多个，3.89万个专业户。到1994年底，全市农民人均收入1635元。有155个村达到了小康水平。付爱文把人民作为衣食父母，把群众的困难当作他自己的困难。在丰南，谁给他写信，他都认真批复。群众反映的问题，不论大小都认真查办。他经常走进百姓家了解民意，用满腔热忱密切党和群众的鱼水之情。

付爱文是丰南市人，1945年10月出生，1974年2月参加工作，1966年5月入党，大专文化。1994年5月任中共丰南市委书记，市长。

【白薇(女)·北京奥斯薇娅时装公司总裁兼总设计师·获首届展望奖】 由中国青少年发展基金会和中国国际人才交流协会共同设立的“展望奖”，于1995年3月27日在北京人民大会堂隆重举行首届颁奖仪式。此奖旨在推动展望计划的实施，表彰为中外经济合作作出贡献的海外学人及国内有关企事业的单位负责人，每两年颁发一次。白薇等6人获首届“展望奖”。

白薇，北京人，1959年生，1977年至1980年在北京外语师范学院学习，1980年至1983年入美国伯克利大学后转入纽约时装技术学院学习。1985年回国后，和德国ADLER超级服装公司和瑞士COMCO公司合作创办了北京爱德康时装有限公司，出任总经理兼总设计师。她把自己几年艰辛工作和经营积攒下的约30万美金全部投入进去。公司自1987年开业以来，在白薇的主持下，运用国际时装最新潮流，又结合中国国情精心设计和选样，并从一开始就完全采用国际上通用的先进立体剪裁技术，培训了中国第一批服装工业立体剪裁技术人员，使得这个北京第一家合资服装企业获得了巨大的成功，开业仅半年就盈利70多万美元，为中国时装业走向世界打开了一条通道，产品也于1990年获纺织工业部“全国十大服装名牌产品”称号。1992年夏，白薇又投资百万美元在北京创立了现代化的时装公司——奥斯薇娅时装公司，任公司总裁兼总设计师。在从事经营的同时，白薇还致力于提高我国的服装技艺水平，最近她已和纺织工业部所属有关单位协议创办一所以立体剪裁为中心内容的函授学校，同时还投资30万元开发试制成功了造型优美、尺码适应西方和中国人体的中国自己的立裁台，填补了国内服装界的一项空白，并获得国家专利。在使中国时装走向世界的同时，白薇积极引进国外先进的服装样式和服装管理技术，与美国著名的休闲装跨国集团ESPRIT联手在京开办ESPRIT连锁店，在美化人民生活的同时，全面引进了ESPRIT在服装经营上全套电脑管理的手段和方法，包括及时准确的信息汇集、自支库房、经营分析、会计结算等。所有这些对促进我国商业的现代化管理水平提高都是有益的。

【白元初·中共武汉市东西湖区委书记·被授予优秀县(市)委书记称号】　1995年6月30日，全国百名优秀县(市)委书记表彰会在北京中南海怀仁堂召开。中共中央总书记江泽民出席会议并作了重要讲话。会上宣读了中共中央组织部对全国在县(市)委书记岗位上取得优异成绩的100名干部，授予优秀县(市)委书记称号的决定，白元初名列其中。

白元初，湖北新洲县人，1941年11月出生，1966年9月参加工作，1971年1月人党，大学文化。曾任公社党委书记，县机械局副局长，县委副书记、书记，武汉市委副秘书长。1989年任现职。

东西湖区位于武汉市西北角，既是一个行政区，又是一个国营农场群。白元初到任以来，全区改革开放和经济建设取得引人瞩目的成绩：1994年全区国民生产总值达14.8亿元，工农业总产值23.2亿元，财政收入达6593万元，农业人均纯收入达1700元。初到东西湖，一大堆工作等着他去做。快节奏的工作引发了他的颈椎病和风湿关节炎，下楼都需人背。一次通讯员背他下楼去工地，被市里机关的同志碰见。市领导知道后，硬“逼”他到医院治疗。他只是白天吃药片，晚上请医生到他的办公室打针，工作照常干。1991年他在调查中得知，区副食品厂正开发一种利润率在30%以上的新产品雪菲力饮料，因缺资金拖了半年没有上马。他当即拍板，解决资金困难，项目开工。在他的支持和鼓励下，7个多月就使年产值2500万元、利税500万元的一座饮料厂建成投产了。“雪菲力”当年占领武汉市场，次年行销半个湖北省。1990年市领导出面，希望已成为全国啤酒行业“十强”之一的东西湖啤酒厂兼并亏损达9349万元的武汉啤酒厂。“东啤”厂的领导和职工心存疑虑。白元初和区委一班人从大局从长远出发，说服“东啤”同意了兼并，并成立东西湖啤酒集团公司。现在，东啤集团的综合实力已跃入全国啤酒行业“五强”之列。

“领导就是服务”，这在白元初的思想里很明确。他不辞辛劳地为群众办实事。农业工人种田负担过重，粮油不好卖。他到农场参加会议，现场解决卖夏粮夏油难的问题。一名农工在农忙季节妻子去世，承包的13亩稻田不能按季插秧。他带区机关干部帮助抢插。50多岁的他累得腰都站不直。一个居民点路况差影响群众生产和生活，他带有关部门现场办公，两个月解决了问题。群众向他举报区里有的干部参与赌博，没日没夜地打牌。他请纪委、监察局调查清楚后，4名处级干部受到撤职或党纪处分，从此刹住了这股歪风。

【白玛卓嘎(女)·西藏人民广播电台主任编辑·获第二届韬奋新闻奖】　由中华全国新闻工作者协会与中国韬奋基金会共同设立的韬奋新闻奖，于1995年11月5日举行第二届颁奖会，西藏人民广播电台藏语编辑部主任、主任编辑白玛卓嘎获奖。

白玛卓嘎，藏族，1949年生于西藏拉萨。曾在中央民族学院语文系学习。1970年进入西藏人民广播电台以来，先后从事播音、翻译、编辑、节目主持人等。1980年该台实行编译合一，她坚持边干边摸索。为强化“农牧民群众是广播的主人”报道思想，体现“三个接近”，即接近生活、接近现实、接近听众的要求，她和同志们一起对广播节目进行改革，变“单向灌输”节目结构为“服务为主、普及为主”的综合板块节目，变播音员的形式为主持人的形式，并采取编译合一、编播合作的工作方法，提高了节目的质量和宣传效果。他负责主持的“对农牧区广播”和少儿节目“格桑梅朵”等深受听众的喜爱。

白玛卓嘎不仅能够承担不同体裁的藏汉两种文字稿件的编译工作，还能承担录音报道的录音、剪接、复制、合成等技术性强的工作。她还经常撰写广播评论和编后语，特别是担任节目主持人后，她大胆探索谈话体评论，编写的广播对话《学习十四大主要精神讲座》，获西藏自治区1993年度好稿一等奖。

她坚定地站在党和人民的立场上，反对分裂，维护祖国统一，民族团结，维护社会的安定团结，并且体现在广播宣传报道中。1991年、1992年和1994年被评为西藏广播电视厅优秀党员。现兼任自治区新闻协会副秘书长，西藏广播电视学会常务理事、副秘书长。

【白金来·解放军某部指挥连班长·获“学雷锋标兵”称号】 1995年2月24日，空军发布命令，授予白金来“学雷锋标兵”荣誉称号。

白金来，河北省迁西县人，1969年6月出生，1987年10月入伍，1991年7月加入中国共产党，空军专业军士军衔。白金来入伍后，立志练就一身过硬本领报效祖国。他刻苦学习军事理论，阅读了大批关于空降兵军事理论书籍，写了18万字的读书笔记，摘抄、剪贴了50余万字的资料。他学以致用，把学到的知识用来指导练兵实践，取得显著成绩。入伍后，他先后干过3个专业，干一行，爱一行，精一行。当炮手，他能熟练掌握火箭炮1至6炮手的所有知识技能，被上级评为“全能炮手”；当通信兵，他不仅创造了有线专业训练的最好成绩，而且打破了3项本部队纪录；当伞训教员，他能熟练掌握目前装备部队的多种机型和所有伞型的空降技术，跳伞次数在全国士兵中最多。为了探索空降规律和提高单兵机动作战能力，他积极参加伞降训练和试验任务。几次遇到空中伞衣冲破、两伞相叉、复杂地域着陆等险情，都凭着熟练的技术和沉着的处置，化险为夷。当兵7年多，他在上级组织的比武中共夺得17个第一，年年被评为训练标兵，连续4年被评为优秀“四会”教练员。他多次参加合成演习、空降试验、抢险救灾等重大任务，都出色地完成了任务。他入伍后第二年就开始当班长，先后5次代理排长。他像雷锋那样，对待同志像春天般的温暖，满腔热情地关心爱护每个士兵，处处用自己的模范行动带动周围战友。战友训练成绩上不去，他利用自己全部业余时间陪训陪练；战友有了思想问题，他耐心劝导，促膝谈心，解开战友的思想疙瘩；战友家中有困难，他慷慨解囊，曾先后5次给有困难的战友家中寄钱；战友生病，他精心照料，帮助熬药，喂药。他当班长6年，所在班年年被上级评为“训练先进班”，3次荣立集体三等功，多次代表本部队参加比武考核，每次都取得优异成绩。他先后3次担任新兵排长，全排共同科目考核每次都是第一，年年被评为跳伞优质安全排。他带过的87名战士，有26人成为军事训练尖子和训练标兵，有21人被评为优秀班长，有5人直接提升为军官，12人考上军校，39人加入了中国共产党。他品德高尚、淡泊名利，1991年，上级把唯一保送上军校的名额给了他，他却主动让给了另一名比他入伍早的班长。以后，又因名额限制，先后3次失去提干机会，他毫无怨言，甘心当一名普通士兵。他先后4次立三等功，1次立二等功，年年被上级评为训练标兵，连续6年被树为“班长标兵”、“学雷锋标兵”。

【乐靖宜（女）·游泳运动员·获世界短池游泳锦标赛两项冠军】 有“小花”之称的乐靖宜，1995年11月30日，在巴西里约热内卢举行的第二届世界短池游泳锦标赛女子100米自由泳决赛中，一路领先，以53秒23的成绩第一个游到终点，为中国队夺得首枚金牌。翌日，她又在女子50米自由泳决赛中，以24秒62的成绩为中国队夺得第二枚金牌。

乐靖宜，1975年3月19日生于上海。1988年，14岁的乐靖宜进入上海市游泳队。1991年进入国家队。著名教练周明指导她训练。1992年在全国冠军赛上夺得两项冠军，1993年在首届世界短池游泳锦标赛上，夺得五项金牌，打破五项世界纪录。1994年9月，乐靖宜在意大利罗马举行的第七届世界游泳锦标赛中又出尽风头，一人夺得女子50米和100米自由泳，以及4×100米女子自由泳、4×100米女子混合泳接力的4枚金牌。在中国游泳“五朵金花”之后，乐靖宜是又一朵引人注目的“小花”。1994年10月，乐靖宜在日本广岛举行的第11届亚运会上意外失利。

柳暗花明又一村。在备战亚特兰大的游泳选手集训队伍中，副总教练周明认为，最有希望夺得金牌的项目是女子短距离自由泳，而堪当此任的首推50米、100米自由泳世界纪录保持者乐靖宜。他说，她在未来的几个月训练中需要进一步修正技术误差，相信她在奥运会上会有所作为。

乐靖宜的简历和事迹介绍见1994年、1995年《中国人物年鉴》。

〔附注：1996年7月20日，乐靖宜在美国亚特兰大举行的第26届奥运会女子100米自由泳决赛中，以54秒50的成绩夺得冠军。〕

【邝小平·中共兴国县委书记·被授予优秀县（市）委书记称号】 1995年6月30日，全国百名优秀县（市）委书记表彰会在北京中南海怀仁堂召开。中共中央总书记江泽民出席会议并作了重要讲话。会上宣读了中共中央组织部对全国在县（市）委书记岗位上取得优异成绩的100名干部，授予优秀县（市）委书记称号的决定，邝小平名列其中。

1992年10月，不满37岁的邝小平出任兴国县委书记。他感到自己肩上的担子很沉、很沉。兴国，这个“共和国将军县”、“革命烈士的故乡”，留下了2万多位烈士的英名。在这片鲜血染红的土地上，农民的人均收入才600多元，县财政收入2600多万元，人均仅40几元。毛泽东主席早年写道："兴国的同志们创造了第一等的工作。……"。邝小平秉着继承先烈们的赤诚，决心用真情和汗水为老区人民铺垫通往小康之路。他到黄柏村调查，走进农民孙隆荣家。孙隆荣很穷，想养猪没钱。邝小平说我支持你。孙隆荣贷了点款，邝小平又拿出自己工资3000元，猪场办起来了。开始几十头发展到百来头，慢慢成了气候。邝小平又给他出主意：办果园，挖鱼塘，利用猪粪养鱼。孙隆荣脑子不笨，一干就干出了名堂。他先后开挖了3个鱼塘，开发了10亩高标准脐橙园，还养了1栏鸡，形成鸡粪喂猪，猪粪施果园肥，果园套种经济作物的"一条龙生产线"。外乡外村的人跑来参观，立体种养的农业生产模式在全县推广开来。邝小平还是采取示范户引路的方法，推广家禽优良品种灰鹅的饲养，使全县饲养量达到200万羽，并积极组织外销。兴国"农业大县"的优势开始发挥出来。短短两年，农民人均年收入增长了50%。

根据调查得来的第一手资料，邝小平提出了"立足农业，主攻工业，大力发展第三产业，巩固支撑点，培植增长点"的战略构想。一批专家和老同志组成的经济咨询小组，经反复论证，确立了以卷烟、制糖、建材、机械制造为骨干的发展目标。经过两年努力，全县工业总产值1993年比1992年增长47.5%，1994年又比1993年增长82.9%。乡镇企业总产值增长了3.65倍，财政收入增长了1.31倍。这些增长数字是兴国人民干出来的，也是邝小平"扣"出来的。他带人到广东谈业务，早上吃自带的方便面，晚上吃大排档10元一份最便宜的盒饭。上北京跑项目从不住宾馆，总是住一晚二三十元的旅店。

邝小平，江西寻乌县人，1956年1月出生，1974年7月参加工作，1980年1月入党，大专文化。曾任镇长、县委宣传部部长、团地委书记等职。

【兰相田、赵虎生·公安干警·被追授予全国公安系统一级英雄模范称号】 1995年4月13日，公安部发布命令，追授山西省原平市公安局三街派出所指导员兰相田、民警赵虎生全国公安系统一级英雄模范称号。在此之前，山西省委、省政府追认他俩为革命烈士。

1995年4月1日中午，兰相田、赵虎生获悉拐卖妇女的一名罪犯潜回家的消息后，立即和战友赶往目的地，包围了罪犯的住所。罪犯听到动静，手持子弹上膛的猎枪企图从厨房后窗逃跑，被联防队员制止。守在前门的兰相田、赵虎生猛地踹开紧插着的房门，闪电般冲到罪犯面前，抓住了猎枪。在搏斗中，猎枪被拧成三截。穷凶极恶的罪犯又从怀里掏出一个自制炸药包。兰相田、赵虎生和随后赶来的两名联防队员，为保护涌到门口围观的群众及罪犯家的两个孩子，一齐上前奋力抢夺。罪犯拉响了炸药包，自身毙命。兰相田当场牺牲，赵虎生在送往医院的途中停止了呼吸。

兰相田，1960年4月出生于原平市白石乡，大专文化，1992年加入中国共产党。曾任原平市公安局民警，大牛镇派出所所长等职。他多次冒着生命危险，抓获了20多名持刀歹徒和在逃犯。1994年7月17日，他带领战友在野外守候3昼夜，终于抓获了在逃两年之久的重大案犯。事隔20多天后，3名犯罪分子持刀入室抢劫现金8000元后逃跑。兰相田奉命带队追捕，两昼夜冒雨追击，滴水未进，终将3名案犯抓获。

赵虎生，1958年8月出生于原平市，中专文化，1987年加入中国共产党，从事公安工作6年中，始终以共产党员、人民警察的标准严格要求自己，多次出色完成任务。

【宁瀛（女）·电影导演·执导的《民警故事》在圣·塞巴斯蒂安国际电影节上获奖】

北京电影制片厂青年电影导演宁瀛执导的影片《民警故事》，在1995年9月22日闭幕的西班牙第四十三届圣·塞巴斯蒂安国际电影节上，获得评委会特别奖和国际影评人大奖；在11月意大利第十三届都灵国际电影节上，获得最佳故事片奖。

影片《民警故事》是一部反映公安派出所民警日常工作的影片。它大胆避开了目前影视创作惯用的离奇情节与悬念取悦观众的"警匪片"窠臼，着重表现基层民警的最平凡的工作和生活，以此歌颂人民警察的精神风貌。导演宁瀛在影片的表现手法上，大量使用长镜头来展现民警们的活动，增强了影片的真实性和逼真效果，使影片更加贴近生活。他还启用非职业演员的职业民警来扮演民警，表演上自然朴实，让人感到真实亲切。

宁瀛，1960年生于北京。1978年考入北京电影学院录音系，1981年到意大利罗马电影实验中心学习剪辑和导演，1987年回国进入北京电影制片厂任导演，1989年独立执导了影片《有人偏偏爱上我》，1993年导演了影片《找乐》。该片曾在世界上20多个国家的影院或电视台上放映，并多次荣获国际电影节奖项。

【宁丽君(女)·宝鸡日报编辑·获第二届韬奋新闻奖】 由中华全国新闻工作者协会和中国韬奋基金会共同设立的韬奋新闻奖，于1995年11月5日举行第二届颁奖会，宝鸡日报编辑宁丽君获奖。

宁丽君，1945年11月生，陕西武功县人。中专学历。在黑龙江省黑河日报工作20年，于1985年转到宝鸡日报社后，在群工通联部工作迄今，负责编发“群众呼声”版和信访工作。她淡泊名利，严以律己，勤恳工作。1993年5月间，扶风县揉谷乡新集村农民反映，那里有11户农民住在高崖滑坡带的危窑里，由于村干部作梗，长期不给划庄基，3年内发生两次塌窑砸死人的事故。如今雨季来临，危窑里的群众处境险恶。宁丽君立即和另一记者赶到现场，冒雨逐户了解情况，当晚写出了《难道你们就不怕出人命?》和“调查附记”，见报后引起县领导的重视，3天后解决了危窑农户的庄基问题。5位农民从百里以外专程给报社送来锦旗，说了一串串感激报社记者的话。

10年来，宁丽君和她的同事们为群众传话，做了许许多多解难的事。她的足迹遍及全市12个县区，采写了有影响的舆论监督稿多篇。在她的办公室里，每天都有许多上访读者，向她申诉，有的又说又哭，连隔壁的人们都觉得烦了，可是她照样耐心接待，用党的政策化解矛盾，用真情温暖来访者的心。宝鸡县有一女青年未婚先孕，家长嫌丢人，不许她在家分娩。她无处落脚，投书报社决心自杀。宁丽君给她讲人生的道理，鼓励她用法律维护自己的权益，同时找其亲属做工作，终于使女青年打消了自杀念头。

采编批评稿往往会遇到阻力，甚至要遭到报复。她以强烈的正义感，勇于顶住压力，坚持完成任务。1995年5月，她在眉县采写了《这条街为啥还在放黄带》时，两夜没有睡觉去现场调查，尽管有人扬言:“把记者杀了去!”她毫不畏惧，直到查清了问题。她在采编诸如《男到女家为啥不给落户》、《院长受贿一千七，照样升官提工资》、《不扯票乱收费这是哪家王法》等批评稿，遭受的阻力很多，但她为了促进党风建设和社会风气的好转毫不气馁，尽力完成任务。由于群工部工作出色，宝鸡日报社连续3年被评为宝鸡市信访工作先进单位，宁丽君两次被评为宝鸡市优秀信访工作干部。

【宁根福·杂技艺术家·获第二届杂技艺术“百戏奖”】 1995年12月，广州军区战士杂技团团长、一级演员宁根福，获中国杂技艺术家协会颁发的第二届杂技艺术最高奖“百戏奖”。

宁根福，1950年10月生，山东省济宁市人。1959年加入中国铁路杂技团当学员，1963年加入天津红桥区杂技团任演员；同年10月参军，入广州军区战士杂技团当学员，1969年任演员，1976年加入中国共产党。他在杂技方面接受过严格的基本功训练，演出的节目有:《钻地圈》、《椅子顶》、《对手顶》、《抖轿子》、《顶碗》、《木砖顶》、《大跳板》等30多个。他专攻杂技的“底座”，刻苦钻研、锐意求新。他主演的《举扛杆》中的“单手举杆”、“肚兜转杆”等创新技巧，在1976年全国32台杂技汇演的总结会上，受到好评。演出的《双杠杆飞人》和《双杠脖支单杠》两个节目，在1978年全军文艺会演中，均获优秀节目和个人演员奖。1983年8月，宁根福任战士杂技团副团长，1990年任团长。走上领导岗位后，他注重强化精品意识，并以身作则，在组织、指导节目排练中，倾注了自己的全部心血，取得了突出的成绩。由他任艺术指导的《女子大跳板》，获法国第15届“巴黎世界‘明日’杂技节”最高奖“法兰西共和国总统奖”，他导演的《女子抖轿子》，在1995年初获法国第18届“巴黎世界‘明日’杂技节”金奖及法国马戏杂志颁发的“金马戏圈奖”；以及在瑞典举行的第一届国际妇女杂技大赛中唯一的金奖——公主杯。同年底这个节目经过再度加工，改称《银色畅想—女子抖轿子》，在第四届全国杂技比赛中获“金狮奖”第一名。1995年他还导演了杂技晚会“星光灿烂”，在全国32台晚会调演中，获唯一的台本奖和导演奖。他曾受文化部委托，任中国杂技艺术家代表团总团长，组织全国金奖杂技节目，参加“’89深圳、珠海第一届国际艺术节”，获最高荣誉奖。同年，由他领队参赛的《向太阳——小武术》，在第七届摩纳哥“吉尼斯俱乐部”青少年杂技大赛中获唯一金奖——金K奖。1984年至1995年，该团共获国际杂技比赛金奖13枚，获国内比赛金奖10枚，成为获奖最高、最多的文艺团体。这一期间，他和其他领导同志一起，组织节目深入海边防部队为兵服务，并多次率团出国访问演出，1995年，中央军委授予战士杂技团“艺坛楷模”的光荣称号。

宁根福现为中国杂技艺术家协会常务理事、广东省杂技艺术家协会副主席；他还是全国杂技高级专业职称评委主任。在法国第15届“巴黎世界‘明日’杂技节”中，他曾担任马戏单项评委。

【宁海强·电影导演·获第十五届中国

电影金鸡奖导演处女作奖】　八一电影制片厂青年电影导演宁海强执导的处女作影片《弹道无痕》，1995年10月22日在北京举行的第四届中国金鸡百花电影节上，获第十五届中国电影金鸡奖导演处女作奖；1995年5月6日在北京举行的第三届大学生电影节上获组委会特别奖；1995年5月23日在北京举行的'94中国电影华表奖评选中获优秀影片奖，并入选中宣部评选的1994年度精神文明建设"五个一工程"奖。

影片《弹道无痕》以和平时期军旅生活为背景，真切地刻画了以石平阳为代表的忠于职守、安于奉献的当代军人形象，颂扬了这种融理想之光于现实追求的、富于时代精神的当代士兵的人生价值观。影片以强烈的节奏、独特的军营视角和表现手段，强化了军人在和平时代依然肩负着保家卫国的神圣使命。

宁海强，山东蓬莱人，1958年12月出生于海军家庭。16岁时到新疆军区文工团，1981年在话剧《天山深处》饰演男主角郑志桐，1984年在电视剧《兵车行》里饰演男主角上官星。此后在《亲人》、《漂流瓶》、《血土》、《紫红色的皇冠》等影视剧中扮演重要角色。1987年执导电视剧《失落》，获全军电视剧优秀剧目奖；同年考入解放军艺术学院电视编导班学习。在校期间参加了影片《大决战》的拍摄，任场记、副导演。1989年毕业后进入八一电影制片厂导演创作室。1990年执导了10集电视剧《艰难的抉择》，获第十二届全国电视剧"飞天奖"、中宣部"五个一工程"优秀作品奖。接着又拍摄了电视剧《神圣的军旗》，获第十四届全国电视剧"飞天奖"。现在影片《大转折》中担任导演。

【冯牧·著名文艺评论家·在北京逝世】

中国作家协会副主席、著名文艺活动家、文艺评论家、散文家、编辑家冯牧，1995年9月5日在北京逝世，终年76岁。

冯牧，原名冯先植，1919年出生，北京人。1935年，他参加了"一·二九"爱国运动。1937年抗日战争爆发后，他辗转到延安，先后在抗日军政大学和鲁迅艺术文学院学习。1946年加入中国共产党。解放战争时期，他随刘邓大军陈赓兵团转战华东和中南战场，参加了解放大西南战役。1950年任中国人民解放军第13军文化部长；1952年至1957年任昆明军区政治部文化部副部长。1957年底，冯牧调到北京中国作家协会任《新观察》主编，1959年起任《文艺报》编委、副主编，1965年起任中国作协党组成员。"文革"后历任《文艺报》主编、文化部党组成员、中国文联党组副书记、中国作协党组副书记、中国作协副主席和《中国作家》杂志主编等职。

冯牧早在延安时期即开始文学创作和文艺评论工作。他发现并推出了如赵树理的《李有才板话》、李季的《王贵与李香香》、郭小川的诗等一批解放区文艺的代表作品。在解放战争期间，他冒着枪林弹雨采写了许多战地通讯和特写，在淮海战役中荣立一等功。1949年后，冯牧以极大的热情和伯乐的眼光，培养和扶植了一批又一批青年作家。粉碎"四人帮"后，他为文艺战线的拨乱反正、为繁荣文艺创作做了大量工作。他是中国作协主办的优秀中短篇小说奖、茅盾文学奖、庄重文文学奖的评委、主任。他还是一位独具艺术锋芒的散文作家，他记述云南边疆风土人情的几篇作品，多次被选编进一些散文和语文教科书。他还被公认为是一位热心于京剧艺术欣赏和研究的专家，几代京剧艺术表演家当中，都有他的挚友。

冯牧著有评论集《繁花与草叶》、《激流小集》、《耕耘文集》、《文学十年风雨路》、《但求无愧无悔》；散文集《滇云揽胜记》、《冯牧散文选萃》、《我的三个家乡》等。

【冯小霓（女）·河南日报主任编辑·获首届全国百佳新闻工作者称号】　由中华全国新闻工作者协会组织的首届全国百佳新闻工作者评选揭晓，1995年3月24日在北京举行颁奖会，河南日报群工处主任编辑冯小霓获奖。

冯小霓，1953年12月生，山西屯留县人。15年前，她跨入"文革"后复刊的《郑州晚报》，虽有10多年的军龄和警龄，却只有8年的学龄。凭她刻苦自学，采写水平不断提高。于1992年初转到《河南日报·周刊》。一年后，担任《周刊》"社会经纬"版负责人。在她带动下，这个版成为《河南日报》为数不多的获奖好专版中的一个。

冯小霓有较高的政策水平和较强的社会责任感。1993年，她采写的《矿泉壶流出了什么?》，从矿泉壶大战切入，从对矿泉壶这一河南人的专利被侵权，提出了"我们失去的难道仅仅是一项专利吗"的问题。该文发表后，受到副省长张世英的重视，有关部门立即清理了矿泉壶市场，这一专利技术受到了重视和保护。1993年6月发表的《"养命宝"迟发的新闻》，通过对"养命宝"的发明及对发明人的介绍，讴歌了中国知识分子的爱国主义情感，宣传了河南改革开放以来尊重知识、尊重人才的社会风尚。文章受到广泛好评。省委书记李长春多次称赞："写得十分感人，读后催人泪下"。在宣传河南肉联行业的改革方面，她写出连续报道，并与河南电视台合作拍摄《红红的火腿肠》6集系列片。她的连续报道产生了显著的影响，如今河南已由卖猪难变为全国最大的生猪调进省。

作为一名编辑，冯小霓能够把政策性很强的内容软化为知识性、可读性俱佳的稿件。她策划的《人间指南》专栏，受到中宣部新闻局的表扬。

在新闻工作15年里，她一面工作，一面读了电大、函大、研究生，拿了三个文凭。她服侍多病的老人，拉扯孩子，既当主妇，又在新闻岗位上拼搏，她满怀豪情的在争取贡献出更多的光和热。

【冯玉忠·经济学家·发表《企业改革的文化思考》一文】　1995年，经济学家冯玉忠在《环渤海经济瞭望》第5期上，发表了《企业改革的文化思考》一文。这是他1994年发表《市场经济呼唤"大文化"》（辽宁《经济日报》）和《冲出文化"瓶颈"》（《共产党员》杂志）之后，又一篇论述市场经济大文化的重要论文。他提出要从文化角度对市场经济进行深层次的研究，在经济转轨的同时，文化必须转型，即从农业文化向工业文化转型，从计划经济文化向市场经济文化转型。积极倡导"道德重建"，恢复和弘扬中华民族优秀文化传统。提出好的社会机制、经济机制是"形成"优良道德的物质基础。

冯玉忠，1933年生于北京市平谷县。1955年毕业于中国人民大学贸易经济研究生班，先后在东北财经学院和辽宁大学任讲师、副教授、教授、博士生导师。1983年到1995年任辽宁大学校长，兼任中国企业未来研究会副理事长、辽宁中韩经济文化交流协会理事长、辽宁省经济学会理事长等职。他还是第七届和第八届全国人大代表，辽宁省委、省政府咨询委员。

在经济理论研究中，冯玉忠1957年肯定价值规律在集体所有制农业生产中的调节作用，指出各种农产品的差比价，影响着整个农业生产的发展速度和农业生产构成。改革开放以来，他首先提出"社会主义全民所有制具有集团性"，为企业实行独立核算、自负盈亏和生产资料商品化提供了理论依据；他较早地把商品经济和社会主义经济体制改革联系起来进行探讨，得出"商品经济的基本功能与社会主义的使命一致"，"改革就是要沿着社会主义商品经济的轨道进行"等基本结论；他率先"从公民资产关切度入手"，探讨产权制度的改革，为股份制和有价证券等经济活动的开展提供了理论支持；他首先提出"用大实验的观点看社会主义实验史"，从经济学角度帮助人们正确认识和对待社会主义运动中理想与现实的矛盾。此外，他还根据中韩两国历史近、文化近、地理近、感情近的特点，提出"比较利益原则是发展中韩经济关系的内在动力"的论题，在韩国各界引起影响。

冯玉忠出版的著作有《社会主义经济理论探讨》、《中国革命与建设的基本问题》、《冯玉忠文集》等7部，发表论文有《提高全民族的资产关切度》、《观察形势与观察方法》、《价值规律是一个伟大学校》、《产权制度的理论反思——再论提高全民族的资产关切度》、《市场经济五大功能》、《市场经济规范化与大文化观念》等180余篇。

【冯纯伯·自动控制学家·当选中国科学院院士】　1995年11月6日，中国科学院公布了新当选的院士名单，东南大学教授、研究生院副院长冯纯伯，当选为中科院技术科学部院士。

冯纯伯，江苏省金坛县人，1928年4月16日生。1950年毕业于浙江大学电机系。1953年哈尔滨工业大学电机系研究生毕业。1955—1958年在前苏联列宁格勒工业大学学习，获技术科学副博士学位。冯纯伯长期从事自动控制学研究与教学工作，成果卓著。在系统建模方法及自适应控制系统研究方面，他提出一种消除最小二乘辨识中的偏差的新方法，建立了一套完整的系统建模新方法，可用于开环及闭环动态系统辨识、降价建模、集元辨识、频率特性辨识等。他以泛函分析为工具，深入地研究了并联、串联、反馈等复合动态系统的输入输出特性，给出其无源度的计算，因此扩展了已有的无源性定理、V.M.POPOV的绝对稳定性判据等。以此为理论依据，提出采用智能型的逻辑切换，消除自适应控制系统中（当存在未建模动态时）产生的失稳现象等。曾获1986年国家教委科技进步奖一等奖和1991年国家自然科学奖四等奖。出版专著3本，在国内外重要刊物发表论文200余篇。是IEEE高级会员。1994年1月当选为俄罗斯联邦自然科学院外籍院士。

【冯法祀·油画家·获徐悲鸿奖金委员会最高荣誉奖】　1995年7月12日，南京师范大学隆重举行徐悲鸿诞辰100周年纪念大会。会上，南京师范大学徐悲鸿奖金委员会名誉主任廖静文女士，将最高荣誉奖授予中央美术学院教授、我国著名油画家冯法祀教授。82岁高龄的冯教授接受银杯和奖状时激动地表示，要一如既往地宣传、贯彻徐悲鸿的艺术主张，用徐悲鸿的现实主义艺术和求实求真的精神鼓舞美术青年，把他们培养成热爱党、热爱祖国、热爱人民、基本功扎实、用美术作品反映时代青年、反映改革开放新貌的美术家。

冯法祀，笔名骆风，安徽庐江人。1914年5月生，1937年毕业于中央大学艺术科，擅长油画，现为中国美术家协会会员。主要作品有：《捉虱子》（油画，中央美术学院收藏）、《回龙山》（炭精画）、《黄月季》（油画，中国美术馆收藏）、《长白山天地》（油画，人民大会堂吉林厅收藏）、《版纳村学》（油画，阳朔徐悲鸿故居收藏）、《勃海所职工大学风景》（油画，宜兴徐悲鸿纪念馆收藏）。

【冯祖椿·全国铁路总工会主席·被授予全国优秀工会干部称号】　为纪念中华全国总工会成立70周年，1995年4月30日，中华全国总工会决定，对积极从事工会工作并有一定成绩的干部，分别授予全国优秀工会干部和全国优秀工会积极分子称号。中华全国铁路总工会主席冯祖椿，被授予全国优秀工会干部称号。

冯祖椿，高级工程师，江西省都昌县人，1933年9月生，1954年9月于同济大学 铁路系毕业后参加工作。历任技术员、工程师、勘测设计队书记，援建坦赞铁路勘测设计队副队长、第3设计院副院长、党委书记，铁道部办公厅副主任，1986年11月任中华全国铁路总工会主席至今。现为第八届全国政协委员，第十二届全国总工会主席团委员。

冯祖椿刻苦学习，勇于开拓，注意把党的方针政策与本系统的实际相结合，解放思想，更新观念，有效地推进了铁路工会工作和工运事业。作为领导者，他善于围绕中心思考问题，开展工作，为铁路的改革、发展与稳定，为全面完成运输生产等各项任务，发挥了重要作用。工作方法上坚持从调查研究入手，抓典型、总结经验，积极探索铁路工作的新路子。他每年都坚持用三分之一以上的时间，深入基层调查研究。曾两到同蒲，三下宝中，四去天津，亲自总结推广建家、建线的经验。现在铁路系统已逐步形成了“百安赛”、“三线建设”、“职工小家”、“火车头送温暖工程”、“贷款、信息扶贫”、“职工生活服务队”等一系列具有铁路特色的“拳头产品”，受到广大职工的欢迎，在路内外产生了较大影响。

作为高层工会领导者，他坚持利用各种时机，贯彻全心全意依靠工人阶级的指导方针，加强民主管理，发挥职工在社会主义建设中的积极性与创造精神。他平易近人，联系群众，经常深入车间班组和生产第一线，倾听群众的意见与呼声，维护职工合法权益，替职工说话办事。

【冯理达（女）·海军总医院副院长·创办中国第一所气功免疫学门诊】　《国际气功报》1995年9月13日以《冯理达传奇》为题，报道了海军总医院副院长、主治医师冯理达教授运用现代科学手段对传统气功进行系统研究，率先创办中国第一所气功免疫学门诊的事迹。

冯理达是爱国将领冯玉祥的女儿。1925年11月23日生。有一回她母亲李德全跌伤骨头，吃药打针均不见好，后被一老中医用针灸医好，遂使她萌发了学医的念头。1942年至1944年，她师从著名的老中医杨济生等，学习中医。1944年考入成都齐鲁大学医学院。两年后转到美国加利福尼亚大学太平洋学院生物系，1948年毕业返回祖国。1949年被派往苏联列宁格勒医学院深造，毕业后获博士学位。1958年回国在中国医学科学院工作，从事于免疫学、微生物学的研究。1972年到中国人民解放军海军总医院搞免疫学研究。1975年加入中国共产党。饱学西医的冯理达，经常向祖国的传统医学学习。在列宁格勒时，她曾运用祖国传统针灸，攻克了白喉免疫的难关，一时成为苏联免疫学界的新闻人物。

1979年，她针对免疫病广泛发病，而气功在我国广泛开展与推广，她请不同的气功师对大肠杆菌、葡萄球菌发射外气，以求杀灭之效。但开始时常常失败。后来她终于发现失败的原因在于培养基的“固体式”，便改之以“固体式”加“液体式”。结果，经气功外气“扫射”过的病菌都萎谢了。后来她又对流感病毒、乙型肝炎病毒、肿瘤细胞进行实验，结果均有成效。

病菌测试成功后，冯理达又对动物作测试，并且应用到临床，也取得疗效。一位在海军医院住了19年的高位截瘫女患者，经过气功外气治疗，基本恢复了功能。

冯理达把多年的研究和成果悉心整理，出版了《中国免疫学》、《现代气功学》、《免疫物理学》、《世界免疫学的发展》等书。

为了更好地发展中国的气功免疫事业，她于1986年在海军医院建立了我国第一个气功免疫检测中心——中国气功外气物理学、生物学检测中心。1987年，她又在海军总医院率先创办了中国第一所气功免疫学门诊，治愈了一些疑难病症，6年中诊治患者4万人次。

冯理达兼任全国政协常委、全国和平统一促进会常委及北京中国免疫学研究中心理事长等职。

【冯德培·著名生理学、神经生物学家·在上海逝世】　中国科学院院士、中国科学院上海生理研究所名誉所长、研究员冯德培，因病医治无效，1995年4月10日在上海逝世，终年88岁。

冯德培，1907年2月生于浙江省临海县。1926年就学于复旦大学生物学院，毕业后留校任教，后转入北京协和医院工作。1930年获美国芝加哥大学硕士学位，1933年获英国伦敦大学博士学位。新中国成立后，先后担任中国科学院生理生化研究所、生理研究所所长，中国科学院副院长兼生物学部主任，国务院学位委员会第一届委员。是第一、二、三届全国人大代表，第五、六、七届全国政协常委，第五届上海市政协副主席。1986年当选为美国科学院外籍院士和第三世界科学院院士，1988年当选为印度国家科学院外籍院士。

冯德培是国内外著名的生理学家和神经生物学家，是中国近代生理学研究的开拓者之一，是神经肌肉接头研究领域国际公认的先驱者之一。他在肌肉和神经的能力学、神经肌肉接头生理学、神经与肌肉间营养性相互关系的研究等方面都取得了开创性的重要成果。他发现的静息肌肉拉长时放热显著增加，氧消耗也增加了"拉长效应"，被国际生理学界称之内"冯氏效应"。他在创建和领导中国科学院上海生理研究所，培养我国生理学人才、发展我国与国际生理学界的学术交流，促进我国生理科学的发展中，做出了重要贡献。

【司景兰(女)·黑龙江省公证处主任·被评为全国十佳公证员】　1995年12月26日，由司法部组织的第一届全国十佳公证员评选揭晓，黑龙江省公证处主任司景兰，在人民大会堂领取了奖牌和证书。

司景兰年逾5旬，哈尔滨人，1965年毕业于黑龙江大学外语系，被分配到政法战线工作。从事公证工作以来，独立办理各类公证1800余件，其中疑难公证近千件。她还审批公证事项达数万件，均无一错证假证。1985年，哈尔滨天鹅饭店失火，6名外国籍人遇难。有关部门的领导主张由政府出面处理此事。司景兰认为不妥，在8小时内，办妥了有关此案的中、英文公证书52份。当美国、朝鲜使馆人员坚持以公证书为准时，公证处及时出具了公证书，使有关部门避免了尴尬。还有一次，黑龙江机电公司与广州联城贸易公司签订一份购买150台日本丰田面包车的合同。有关领导关照银行提供1000万元贷款，指示司景兰尽快办理公证。当时，刚好证源不足，办了这项公证，可以得到一笔可观的公证费。她在审理中发现了疑点，立即去广州调查，结果弄清这是一个骗局。十多年来，如此虚假合同，她就查出1000多件，避免经济损失达数亿元。她的事迹先后在《黑龙江日报》、《黑龙江法制报》等报刊进行过报道。

她刻苦学习法律和公证业务知识。我国经济、民事尚未立法时，她就阅读、翻译《苏联民法》、《苏联国家公证条例》、《法国民法典》和《美国结婚离婚法》等10余部外国法律。司法部曾3次邀请她参加全国公证理论研讨会和全国《公证法》论证会。她受到社会和中外各界人士的好评。1983年她被哈尔滨市政府记功1次，1985年荣立大功1次，1987年、1992年被评为黑龙江省优秀共产党员，1993年荣立二等功1次，1994年被黑龙江省评为行业女状员。

【司徒兆光·雕塑家·先后创作马寅初、宋庆龄、梁思成像】　1995年春，清华大学建筑学院新教学楼落成，中国近代建筑学界泰斗梁思成的雕像在新楼前厅隆重揭幕。这尊纪念像是雕塑家司徒兆光创作的。在最近两年，他还为北京大学人口研究所创作了人口学家马寅初像，为北京宋庆龄故居创作了宋庆龄雕像。

司徒兆光，1940年生于香港。60年代到苏联留学，在列宾美术学院雕塑系学习雕塑，曾师从当代俄罗斯著名雕塑大师朱·康·阿尼库申教授。1966年回国后，在北京中央美术学院任教至今，现任该院雕塑系主任教授。他在教学上力主学生要掌握扎实的造型基本功，要热爱生活，善于从生活中积累个人的真情实感，学会用雕塑的艺术语言进行创作。

他的艺术创作是多方面的，既有小型的陈设雕塑，也有大型的室外雕塑。70年代末，他的作品已开始在欧、美、亚、非一些国家展出。小型作品较有影响的是，他曾为人民币一百元创作了中华人民共和国开国元勋毛泽东、刘少奇、周恩来、朱德的浮雕像，为茅盾文学奖创作了茅盾浮雕像……。他的木雕及石雕作品以其人情味、抒情性及强烈的个人风格引起行家与收藏家的注意。早在1983年，他的木雕作品"妮"即被美国收藏家弗·威斯迈先生收藏，成为当时轰动美术界的新闻。

他对大型室外雕塑作品一贯报以认真严肃的创作态度，主张宁可少一点，慢一点，但要好、要精，要经得住时间的考验。在近10年中国大型室外雕塑大发展的形势下，他先后在中央与地方各种报刊、杂志中撰文阐明自己的观点。他为北京郭沫若故居创作的郭沫若雕像历时3年，精心的构思与实际创作受到行家好评。

1994年，他为西昌卫星发射中心创作了大型不锈钢雕塑“劲射”，表现了中国人民与天奋斗的顽强气概。

【邢世忠·中将·任国防大学校长】 1995年7月，中央军委任命邢世忠为国防大学校长。

邢世忠，1938年9月生。山东历城人。1953年参加中国人民解放军。1956年毕业于南京工程兵学校。1957年加入中国共产党。曾任师工兵科、作战训练科参谋，军直属工兵营营长，团长，军作战训练处处长、师参谋长、师长、军长、兰州军区副司令员。1995年7月任国防大学校长，是第七届全国人大代表。1988年被授予少将军衔。1993年晋升为中将军衔。

【邢海帆·北京航空联谊会会长·新闻媒体报道其抗日战争期间击落击伤11架敌机的战绩】 抗日战争期间担任过飞行员的邢海帆，曾参加对日空战数十次，击落击伤敌机11架。在抗日战争胜利50周年前夕，《北京法制报》于1995年7月12日报道了他的事迹。

邢海帆，四川省阆中县人，1916年9月生，高中毕业后，考入国民党陆军军官学校，后入空军军官学校，然后毕业于美国鹿克高级航空学校，在抗日战争期间担负空军教学和对敌作战任务。曾击落击伤敌机11架，多次受到嘉奖、记功，获得中、美颁发的勋章、奖章多枚，还同战友一起获得美国前总统罗斯福颁发的作战军功集体荣誉章。日本投降后，邢海帆坚决反对内战，于1947年9月秘密加入中国共产党，从事地下工作。1948年6月，奉党的指示撤回平山西柏坡，后参加东北航校的创建与教学工作。1949年8月调任北京南苑飞行队代理队长，曾负责参加开国大典的空军飞行部队校阅任务，担任空中飞行总领队，接受党和国家领导人的检阅。其后扩建空军部队，任飞行大队长、副团长，1951年参加抗美援朝作战，击落入侵美机两架，立二等功。此后，历任军区空军飞行检查主任、空军学院研究处处长、高级班主任等职。1982年离休。为推进海峡两岸统一和世界各国飞行人员的友谊，他参与发起成立北京航空联谊会，1984年担任会长，推动广东、四川、昆明、贵州、广西、南京等省市也相继成立了航空联谊会，每年接待大批国际友人来访。1993年5月，在昆明举办了“驼峰飞行纪念碑”落成典礼，随后在桂林举行了“飞虎14航空队山洞指挥所”旧址摩崖石刻落成典礼；1995年9月在南京举行“抗日航空烈士纪念碑”落成典礼，该碑立于南京航空烈士陵园，由主碑和刻名碑组成，主碑高15米，宽4米，刻名碑30多块，每块均高3米、宽8米，以中文、英文、俄文刻上抗日战争期间在中国大地上牺牲的航空烈士。其中包括中国人800多名，美国人2500多名，苏联人200多名。为准确无误地搜集这些名单，邢海帆等人耗费了五、六年的心血。为防遗漏，他们还在刻名碑上留有空地，以便查到一个补刻一个。航空烈士陵园已成为万千群众凭吊和学习的爱国主义教育基地。

【巩建华(女)·南召县惠丰地毯厂厂长·被评为全国优秀女乡镇企业家标兵】 巩建华自筹资金创办惠丰地毯厂，在短短3年时间里，生产优质丝毯走出国门，远销欧洲、北美和日本，年创汇超百万美元。1995年5月，巩建华被评为首届全国优秀女乡镇企业家标兵。5月12日，在全国妇联、农业部于北京人民大会堂举行的首届全国优秀女乡镇企业家表彰会上受到表彰。

巩建华，1962年出生，河南省南召县人。她5岁失去双亲，很小就挑起了抚养弟妹的重担。南召是丝毯之乡，巩建华16岁到当地的地毯厂做学徒工。艰苦的生活经历使她懂得，作为一名女性，要得到社会承认，必须自立自强。丝毯是一种古老的传统艺术品，编织工艺复杂，巩建华依靠勤学苦练，终于成为织毯高手。1992年5月。她用自己全部的积蓄8000元在一间破旧的仓库里架起了几十副机梁，建起了她的第一个织毯车间，当年年底，又创办分厂5个，加工点326个。1993年，她与德国商人托克先生签订协议，建立中德合资南阳惠丰工艺品有限责任公司。从此，偏僻的南召有了中外合资企业，巩建华的丝毯也同时走出了南阳盆地，走出了中国，漂洋过海，远销欧洲、北美和日本。巩建华没有沉醉在眼前的成绩里。为了提高自己的管理水平，她到河南大学学习企业管理，以顽强的毅力取得了优异的成绩；为了增强企业的竞争能力，她引进技术人才，培养骨干，还成立了科技攻关小组；为了开发新产品，在国际市场上立于不败之地，仅1994年度，她就投入技改资金350万元。她和大家一道，查资料、搞实验，常常工作到深夜，饿了啃个馒头，渴了喝口开水，终于创出了一系列风靡世界的拳头产品，惠丰厂的生产规模也不断扩大。到1994年底，企业年产值达到1517万元，年出口创汇100多万美元。今天，有1.9万人在为巩建华管理的企业工作，其中大部分是过去围着锅台转的妇女。南召涌现出成千上万像巩建华这样吃苦耐劳的妇女，使千百年来一直十分贫困的伏牛山区的面貌发生巨大的变化。几年前，大批南召女子南下打工，现在，已经很少有南召"打工妹"外出谋生了。南召人如今敞开胸怀，向各地招纳"打工妹"，这件事发生在昔日全国闻名的贫困地区，成了轰动一时的新闻。随着事业的发展，巩建华名声也大起来了，她成了伏牛山妇女的榜样，人们称她是伏牛山飞出的金凤凰。她被命名为南阳市跨世纪人才，获得河南省"先进工作者"、"巾帼女杰"等荣誉称号。

【成龙·香港电影明星·获博士学位】

1995年11月24日，小学还没毕业的成龙，因在电影方面的成功，获香港浸会大学社会科学名誉博士学位。

成龙，原名陈港生，山东人，1954年生于香港。幼时家境贫困，6岁进于占元的戏剧训练班学京剧，取艺名"元楼"，为"七小福"之一。8岁开始步入电影界。1976年进罗维影业公司成为基本演员，并开始用成龙的名字演电影。他活泼、机灵，演的多为武打片，很受青少年的喜爱。后被借到思远公司拍《蛇形刁手》和《醉拳》，因这两部影片一炮打红，成了香港喜剧功夫片巨星，并成为一名国际著名的超级影星。之后，成龙在嘉禾公司的邀请下，离开香港到海外拍片，他自导自演了一系列影片，还与美国好莱坞合作拍片。成龙从海外回香港后，拍片手法和影片的题材有了很大变化，他把武打、惊险、警匪、喜剧等表现手法揉和在一起，制作高成本、高质量、高难度特技的影片。

成龙对电影艺术有特殊的感情，他力争所拍的每一部片子都能给观众以新鲜的感受。成龙的影片和他在电影界的为人也深受同行称道。成龙小时家贫而读书不多，为此他专门成立了成龙基金会，每年以数十万元的资金帮助大批清贫的香港青年在大专院校深造。

1986年成龙当选香港十大杰出青年，1988年蝉联日本最受欢迎的外国男明星，同年被国际青年商会选为1988年世界十大杰出青年。

成龙主演的影片有：《香港过客》、《蛇形刁手》、《醉拳》等，演出或导演的影片有：《少林寺》、《笑拳怪招》、《龙少爷》、《威龙猛探》等。他自编、自导、自演的《警案故事》，被评为1979年香港电影金像奖最佳影片。1993年12月获中国电影表演艺术学会奖和特别贡献奖。现任香港电影协会主席。

【成荫·已故电影导演艺术家·获中国电影世纪奖】　1995年12月28日，在北京举行的中国电影世纪奖颁奖典礼上，已故优秀电影导演艺术家成荫，荣获中国电影世纪奖。这项评奖是为纪念世界电影诞生100周年暨中国电影诞生90周年，由广电部电影事业管理局、中国电影家协会、中国电影出版社和中共北京市委宣传部联合主办的。

成荫，原名成蕴保，1917年1月21日出生于山东省曹县，祖籍上海市松江县。1936年在武汉善德英文学校学习期间开始接触进步书刊；"西安事变"爆发后，他积极参加抗日宣传活动。1938年来到革命圣地延安，进入陕北公学学习，毕业后又进入鲁迅艺术学院戏剧系学习，在校期间参与创作并演出了《傀儡戏》、《国际玩具店》、《世界公园》等活报剧。1938年底到八路军一二0师政治部战斗剧社，先后任导演、政治指导员、社长。编写了《晋察冀的乡村》、《自家人》、《虎列拉》、《求雨》、《打得好》等剧本，并参加话剧《丰收》的演出。抗战胜利后，调到西北电影工作学习队。1948年到东北电影制片厂编导了第一部纪录片《东影保育院》。1949年编导了第一部故事片《回到自己队伍来》，1950年改编并导演了影片《钢铁战士》。影片描写几个被俘解放军战士在敌人软硬兼施下不屈不挠与敌人作斗争的故事，成功地塑造了张排长、小刘、老王等革命战士宁死不屈的英雄形象。影片获得1951年卡罗维·发利国际电影节"争取和平自由斗争大奖"和文化部举办的1949年～1955年全国优秀故事片一等奖。同年还导演了《在前进的道路上》（又名《荣誉属于谁》）。1952年导演了影片《南征北战》。这是一部从高视点的宏观角度全景式地把握革命战争的英雄史诗。1952年成荫调到文化部电影局艺术委员会任秘书长。1956年创作剧本《未完成的旅程》、《春城无处不飞花》。之后调入北京电影制片厂任导演。1958年导演了影片《上海姑娘》。这是一部反映知识分子在社会主义建设事业中的重要作用的影片。它从题材、人物、风格、电影观念和电影语言等多方面做了一系列探索，可惜在"左"的政治环境下，影片受到不应有的批判。以后成荫又导演了《万水千山》、《停战以后》、《浪涛滚滚》、《女飞行员》、《红灯记》(京剧艺术片)、《红色娘子军》(京剧艺术片)、《南征北战》(重拍片)、《红灯记》(歌剧维语片)等影片。"文革"后,他创作了剧本《不平常的日子》、编导了《拔哥的故事》、《西安事变》。《西安事变》将广阔的历史画卷和生动的人物形象结合起来,再现了重大历史事件,生动地塑造了一系列个性鲜明的历史人物形象。成荫为此获得1982年第二届"金鸡奖"最佳导演奖,影片获最佳影片提名奖和1981年文化部优秀影片奖。1979年成荫当选为中国电影家协会副主席。1982年任北京电影学院院长。1984年4月26日病逝。

【成连宝·杂技艺术家·在北京逝世】

1995年7月11日,中国杂技团国家一级演员成连宝在北京逝世,终年78岁。

成连宝,1918年6月16日生。满族。出身于杂技世家。父亲成月川是"行香走会"中耍叉的高手,擅长武术,后来下海卖艺。成连宝4岁随父学艺,6岁正式拜"万福堂"刘德顺为师学杂技。童年即随父撂地卖艺。1942年,带领弟妹四人组织"成氏兄妹武术团",演棚圈、上园子,常年演出于京沈、津浦、沪宁铁路沿线。1951年,一家人随老区慰问团,到太行山老革命根据地作义务演出。1952年又带着弟妹参加中国人民杂技团,去欧洲三国作友好访问演出,后随该团加入新组建的中国杂技团。

成连宝演出的主要杂技节目有"反腰左右叼钱"、"板凳面"、"双头人"、"影壁梯"、"武术"、"条案狮子"等。尤擅长于"顶功"和"小武术"。他是成氏五兄妹表演的"小武术"中的底座,这个节目的主要技巧都是由他领衔表演的。他表演稳健、挺拔、传神,有"活底座"的美称。著名戏剧家洪深生前赞美他主演的"小武术"是"快而不慌,慢而不拖,惊而不险"。许多人认为,《小武术》所独具的脆、帅、干净、利落的风格,是成连宝这个"活底座"带出来的。周恩来总理生前非常喜欢这个节目,多次在重大节日晚会和招待外宾的演出中,指定要有成连宝主演的《小武术》,成连宝的这个节目曾随团出国演出十多次,所到欧、亚20多个国家,到处都受到高度赞誉。成连宝还擅长"顶功",他能熟练地表演40多把具有民族传统特色的大顶。其中"掏裆琵琶玉"、"真八字顶"与"垛金顶变掉人"等堪称绝技。他仅用拇食二指,拿起的"八字顶",曾使国内外同行所倾倒,一时轰动了杂技界。这些高难度技巧,后来都被用于新节目的创造。

成连宝生前是中国杂技艺术家协会名誉理事,中国杂技团艺术委员会委员。为表彰他对中国杂技艺术事业的贡献,他病重住院期间,中国杂技艺术家协会特向他颁发了"荣誉证书"。

【成卓敏·植物病理专家·小麦病毒研究成果被列为1995年世界十大科技新闻】

中国农业科学院植物保护研究所研究员成卓敏,对小麦上的大麦黄矮病毒及抗黄矮病毒基因转移的研究,获得显著成果,1995年抗病毒转基因小麦的获得,被人民日报、新华社、科技日报联合评为1995年世界十大科技新闻之一。

成卓敏,1942年10月生,浙江宁波人。1965年浙江农业大学植保系毕业。他长期从事小麦病毒病的研究。70年代对我国发生的小麦病毒进行了全国范围的调查,首先搞清了大麦黄矮病毒粒体形态,对该病毒进行了提纯及血清学研究。80年代对大麦黄矮病毒开展了分子病毒学的研究,制备了病毒CDNA分子探针,对病毒基因组进行了序列分析;应用PCR技术对病毒传毒介体进行了研究,并应用ELISA方法为抗病新品种的创造测定了数万份材料。90年代合成病毒外壳蛋白基因,人工构建了对大麦黄矮病毒的抗性基因。应用花粉管通道法和基因枪法将大麦黄矮病毒外壳蛋白基因导入小麦栽培品种,获得了一些CP基因可以稳定遗传和抗病性明显的后代,从而首先在世界上获得了抗大麦黄矮病毒的转基因小麦植株。

成卓敏先后在国内外杂志及学术会议上发表论文及论文摘要60余篇,参加编写科技论著3本,获部、院科技进步奖6次。

【匡廷云(女)·植物生理学家·当选为中国科学院院士】 1995年11月6日,中国科学院公布了新当选的院士名单,中国科学院植物研究所研究员匡廷云,当选为中国科学院生物学部院士。

匡廷云,四川资中人。1934年生。1962年起历任中国科学院植物研究所助理研究员、副研究员、研究员、副所长。匡廷云是我国叶绿体膜研究领域的开拓者之一。通过与国内外专家的交流和合作,经过不懈的努力,形成了系统的学术思想,取得系统的创造性的重大成果:揭示了不同类型植物类囊体膜叶绿素蛋白种类的多样性及结构与功能均受内外因素调控的规律;揭示捕光叶绿素蛋白在膜上横向迁移调节激发能分配的规律；首次证明 21KD 膜蛋白是光系统Ⅰ长波荧光发射的最初来源；提出了具有特色的叶绿素蛋白在膜上排列的新模型。近三年来，将其研究工作与物理、化学交叉并有机结合，又取得显著进展。首次发现光系统Ⅱ反应中心叶绿素蛋白的组氨酸残基及原初电子受体去镁叶绿素受到光破坏等。发表论文100 余篇，获得国际同行的重视，被国外学者广泛引用。被评为国家级有突出贡献的中青年专家。美国密执安州立大学授予她“卓越的研究访问学者”证书。获国家自然科学奖二等奖一项及中国科学院院级奖多项。先后两次被评为中国科学院优秀研究生导师。

【曲福松·辽宁华侨实业公司总经理·独资赞助中国京剧票友节在沈阳举办】　以曲福松为厂长和总经理的辽宁华侨化妆品厂、辽宁华侨实业公司，独资赞助的中国京剧票友节，于 1995 年 10 月在沈阳举行；来自全国 28 个省市自治区及台港地区和海外的票友 700 余人，聚集沈阳，参加京剧演唱、交流和联谊活动。人们赞誉曲福松是优秀的京剧活动家。

曲福松，1933 年生，祖籍山东威海。解放初期当过小学校长。50 年代由威海调至沈阳工作。80 年代调入辽宁华侨化妆品厂任厂长，使一个 20 多人的小厂发展成为有三处厂房、拥有 300 多职工的中型企业，并在海南和国外建立了化妆品贸易公司；产品远销欧、亚、非洲及阿拉伯国家，建厂 12 年来向国家上缴利税 2700 多万元。1993 年被国务院侨办和全国侨联授予“全国优秀归侨企业家”称号。

曲福松受其父亲的影响，从小喜欢京剧，十几岁时便粉墨登场演出了《贺后骂殿》、《四郎探母》、《群英会》等大戏，后来又学会拉京胡。50 年代积极参加沈阳的业余京剧活动。特别是改革开放以来，他更自觉地以弘扬民族文化为宏图，以振兴京剧为己任。他认为，京剧是民族的骄傲，凡是炎黄子孙都应为京剧的继承与发展贡献力量。10 多年来，他总是鼎力赞助业余和专业京剧表演团体的各种活动，他的公司两次独家资助辽宁省业余京剧大奖赛；出资培养、选派沈阳的京剧票友参加全国性的京剧赛事。不仅资助省职工京剧团的活动，还成立了厂职工京剧团，亲任团长并聘请专业演员帮助提高京剧演唱水平。他特聘著名京剧演员李维康、耿其昌为本厂顾问，并先后邀请和资助京剧名家王晶华、张学津、李长春、杨淑蕊等赴辽宁地区演出，既扩大了企业的影响，又传播了京剧艺术。他的公司与香港和中国京剧院合作拍摄了京剧艺术片《宝莲灯》；为促进海峡两岸艺术交流，他尽心斡旋，玉成了李维康、耿其昌夫妇的台湾之行；为使京剧艺术传播四方，他出资赞助京剧名家唱腔盒式磁带的出版。曲福松表示，作为一名华侨企业家，热爱京剧艺术也就是热爱祖国。今后将会拿出更多的精力和财力投入京剧的振兴，以实际行动支持京剧事业的发展。

【吕钦·中国象棋国际特级大师·获第四届世界象棋锦标赛男子个人冠军】　1995 年 9 月，在新加坡举行的第四届世界象棋锦标赛上，吕钦与队友一起蝉联男子团体冠军，并夺得男子个人冠军。1995 年，他还在第十届象棋电视快棋赛上实现了“四连冠”。在这个一年一度的电视快棋赛中，他已经 6 次夺魁。同年，他还获得中国象棋王位赛的亚军。

吕钦，1962 年生于广东惠阳县一个偏僻又贫困的农家。小时候就被人称为象棋的“天才少年”，从五六岁起就迷上了象棋，在其叔叔的带领下四乡下棋，七八岁时就成了当地的“乡村棋王”。他 10 岁就参加广东省少年象棋赛，1978 年夺得全国象棋少年冠军和获得广东省运会成年组亚军，从而入选广东象棋队。他 1982 年全国个人锦标赛上名列第三，成为象棋大师；1984 年在“七星杯”国际象棋邀请赛上摘取银牌，1985 年获亚洲城市象棋名手赛冠军，1986 年和 1988 年夺得 2 届全国象棋赛个人冠军，晋升为特级大师。他 1988 年至 1992 年间，曾连续 5 次夺得“五羊杯”象棋冠军赛冠军。1990 年获得世界锦标赛首届男子个人冠军。1994 年，他在第四届棋王赛的挑战中，击败棋王李来群，夺得新棋王称号。同年 11 月，代表中国参加第八届亚洲杯象棋赛，与队友合作，夺得男子团体冠军。他在中国象棋界有“羊城少帅”的美称。

【吕有珍（女）·云南省工商联副会长·被评为第六届中国十大杰出青年】　由中华全国青年联合会、中国青少年发展基金会及首都 10 大新闻单位联合主办的第六届“中国十大杰出青年”评选活动，于 1995 年 9 月 18 日揭晓，云南省工商联副会长吕有珍获此殊荣。

吕有珍，1958 年 12 月 16 日出生于云南省昆明市，1977 年中学毕业后，在一家工厂当过工人，在一个运输公司做过财务工作。1978—1981 年在昆明市政府市政筹备处工作，1981—1983 年在北京经济干部管理学院经济系学习。1983 年调海南省计划局工作，1986 年任深圳运通企业集团公司总经理，至今 8

年。她善于从宏观上把握改革开放的发展趋势，敢于抓住时机。1992年，当房地产商纷纷将资金、技术投向广州南面的珠江三角洲时，吕有珍却把目光投向广州北面的小县城花县，决定在花县购置1200亩土地。转眼到了1994年，花县改为花都市。国家决定在花都市建设中国最大的广州新国际机场，建立京广铁路客运大站，建设花都港，修建南方最大的商贸城。于是，花县地价因之陡涨好几倍。这时人们都赞赏吕有珍有眼光，抓住了时机。吕有珍并不停步，随即策划在花都市筹建"云南民族文化城"，拟在城中建造云南25个少数民族的村寨，介绍各少数民族的历史和传统文化，展示各民族在建筑、饮食、服饰、歌舞、艺术、宗教、手工艺品等方面的精品，使之成为中国最大的集民族文化、旅游、度假、文娱、商贸为一体的大型项目。在开发"云南民族文化城"的同时，吕有珍又开发了一个与之配套的项目"中华航天游乐城"。在花都购置地产，仅是吕有珍作为运通集团总经理作出的许多重大决策中的一项。如今运通集团还在广东东莞、天津开发区、惠州大亚湾、上海浦东等地出巨资进行土地成片开发；与邮电部合作，投资创办了深圳运通鑫达数据有限公司，从事数字程控交换机及其相关产品的研制、生产及销售；与云南省乡镇企业局合作，组建了云南第一家股份制企业—云南省乡镇企业发展股份有限公司。运通集团在短短8年中已发展成为从事房地产、金融、通信、交通运输、旅游诸多项目的大型企业集团。

企业发展了，吕有珍也有钱了。但她认为追求个人享受不是现代企业家的胸怀。她一向主张从社会得来的财富应当回报社会。仅在近2年内，她已为家乡云南边疆山区民族教育特别奖捐款45万元，为云南省扶贫基金会捐款100万元，为"中国社会发展成就展览"捐款50万元。吕有珍现为中华全国工商联合会会员联谊会副理事长、深圳国际投资协会常务副会长、云南省工商联副会长，云南省海外联谊会副会长，是云南省第六届政协委员。

【吕如雄·书法家、刻字艺术家·赴日本参加第一届国际刻字艺术交流展】　1995月4月11日，吕如雄作为中国书法家协会刻字代表团秘书长访问日本，并出席第一届国际刻字艺术交流展开幕式。同时应邀参加日本刻字协会成立25周年庆典活动，与日本、韩国、新加坡的书法、刻字家进行了艺术交流。同年9月，由吕如雄组织并任评委会副主任的全国第二届刻字艺术展在青岛开幕。

吕如雄，1947年9月生于广东阳江市。1972年起任解放军出版社美术编辑，1982年加入中国书法家协会，1991年调入中国书法家协会工作。现为中国书法家协会刻字委员会副主任兼秘书长，中国书法家协会书法培训中心教授，齐白石艺术研究会常务理事。他自幼学书，真、行、草、隶诸体皆善。楷书清秀劲逸，隶书凝炼高古，行书洒脱飞动。全国有十几家报刊曾介绍其艺术成就，北京电视台、广东电视台为其拍摄了专题片。从70年代起，他在全国性专业性的报刊上发表了大量作品，作品多次入选全国性和国际性展览并获奖。1991年赴日本举办个人书法展。作品被中南海、人民大会堂、卢沟桥抗日战争纪念馆等收藏；被翰园碑林、灵山碑林、关东碑林、黄帝陵碑林、广州碑林勒石刻碑。书法代表作有自作词《踏莎行》、《书杜甫诗望岳》等。

【吕红玲（女）·河北盐山县农民·连续打破棉花单产全国纪录】　年仅20岁的河北盐山县前韩村女青年吕红玲，独创出一套新的植棉管理方法，1993年首次打破棉花亩产450公斤的全国纪录，达到463公斤，1994年达480公斤，1995年再创新纪录，亩产492公斤、成为名副其实的"植棉状元。"

吕红玲，1975年出生。15岁时父亲因病卧床不起，妹妹正上小学，家里5亩棉田无人照管，给父亲看病欠下5000多元。不得已，吕红玲辍学回家担起家庭的重担。家里唯一可指望的，就是把5亩棉花管理好。吕红玲买来一大堆植棉书籍，没日没夜地看，又多次上门向有经验的老农和技术人员请教。入夏，棉花渐渐长高了。红玲背着喷雾器给棉花打药，别人打一遍药用2天，她得用5天，肩膀被喷雾器带勒肿了，胳膊累得抬不起来，她咬牙坚持着干。收获季节，吕红玲种的棉田达到亩产725斤籽棉的好收成。可是，村里的科技副村长，亩产籽棉800多斤，成为全县的植棉状元，吕红玲很不服气，下决心来年超过村长。1991年，吕红玲把家里的8亩责任田全部种上棉花。她起早贪黑，精心管理，适时除虫，整个身心都投在棉花上。这年她管理的棉田，亩产籽棉812斤，真的夺了个全县第一。她被评为县"十大科技明星"之一，县植棉女状元。

吕红玲种田肯动脑子，勤于学习但不迷信书本，按书上说，在河北地区，棉花7月20日打边心，8月10日前打完顶心。吕红玲根据棉株长势，试着一棵棉花留十二三个枝就打顶心，一个枝留三四个桃就打边心，这样比常规方法早打心半个月。结果棉株蕾铃发育好，或熟后棉质好，产量高。1992年6月，第二代棉铃虫来势凶猛，给棉花生产造成严重威胁。吕红铃把几种农药配在一起，反复试验，虫子就是杀不死。后来她试着喷了一遍甲胺磷，又喷了一遍聚脂药，虫子接着就往下掉。村里人纷纷效法。于是，用有机磷农药和聚脂类混合使用治虫的方法迅速在全村推广开。经过几年实践，吕红玲创造出一套新的植棉管理方法，棉花产量年年有突破。连续打破棉花单产全国纪录，并创下了河北省棉花单产"三连冠"的佳绩。吕红玲种棉花出了名，全国各地的棉农纷纷来信，请教植棉技术。她归纳来信询问的问题，精心总结几年来的经验，写出了7000多字的《浅谈植棉技术》，打印后免费送给众多的植棉户。

【吕其明·作曲家·作品音乐会在上海举行】　曾经为《铁道游击队》、《红日》、《庐山恋》、《城南旧事》、《焦裕禄》等200余部影片作曲，并以管弦乐序曲《红旗颂》享誉乐坛的作曲家吕其明，1995年5月5日在上海音乐厅举行了个人作品音乐会；这也是第16届"上海之春"的专场演出。音乐会演出了《红旗颂》、《城南旧事》序曲、《浦东进行曲》、管弦乐组曲《玄奘大师》第五乐章《喜归长安》、交响诗《开拓》和交响叙事曲《孙中山》。作为这场音乐会的重点曲目的《孙中山》，是作者酝酿数载、于1994年完成的一部多乐章作品，该曲共分12个乐章，即：①无尽的追思、②动乱的岁月、③民心所向、④黑夜明灯、⑤黄埔精神、⑥惊变、⑦誓师北伐、⑧天下为公、⑨尽瘁、⑩巨星殒落、⑪哀逝、⑫革命尚未成功，同志仍须努力；乐曲《孙中山》现已由台湾风潮唱片公司投资10万元，将其制成CD唱片出版发行。

吕其明，安徽无为人。1930年生。1951年任电影作曲。1959年入上海音乐学院作曲系进修。曾任上海电影制片厂音乐创作室主任等职。他还是中国音乐家协会会员、中国电影音乐学会副会长、上海音乐家协会常务理事。他创作的《弹起我心爱的土琵琶》、《谁不说俺家乡好》(与人合作)等歌曲，广为流传至今。他为影片《城南旧事》作曲，获第三届中国电影金鸡奖最佳音乐奖。

【吕明灼·历史学家·撰文揭露日本右翼势力的侵略史观】　1995年8月31日，《人民日报》发表了青岛大学社会学系教授吕明灼撰写的《"侵略史观"可以休矣！》一文。文章着力揭露战后日本右翼势力坚持"侵略史观"——"皇国史观"的种种表现及其社会政治根源，批判日本一些人不承认对华侵略的态度与美国对日本的姑息政策，表示了中国历史工作者对日本战后50年仍然坚持"侵略史观"的强烈不满与愤慨。在1995年《文史哲》第3期和《齐鲁学刊》第5期上，吕明灼还分别发表了《儒学与民国政府》和《儒学与中国封建政治》两篇论文，在学术界有较大反响。《儒学与民国政治》一文被《新华文摘》全文转载。

吕明灼，1935年6月生，山东青岛人。1957年毕业于山东师范学院历史系，1961年山东大学历史系中国现代史专业研究生毕业，曾长期在曲阜师范大学、山东大学任教，1958年调山东社会科学院工作，1990年调青岛大学任社会学系主任、历史研究所所长。

吕明灼长期主办学术刊物，曾任曲阜师范大学《齐鲁学刊》副主编，山东社会科学院《东岳论丛》社长与总编、青岛大学《东方论坛》主编，对推动科研、繁荣学术作出了一定贡献。他在教学与编辑工作之余，长期从事中国现代思想史的研究。1983年8月，他撰写的《李大钊思想研究》一书，由河北人民出版社出版。这部专著冲破"左"的思想藩篱，坚持实事求是原则，系统深入地论述了李大钊思想的发展和在中国现代史上，特别是在开创中国马克思主义新时代中的崇高地位与伟大贡献。在肯定其伟大功绩的同时，又不避讳其思想上的某些局限性、某些不足与缺点；既分析其错误思想产生的原因，又论述这些错误思想被克服、最终走向马克思主义的过程。这本书的出版，引起学术界的重视，认为是对领袖人物的研究在观点与方法论上的突破。1987年，吕明灼作为第一副主编，参加了由陈旭麓先生主编的《五四以来的政派及其思想》一书的编写工作。1988年，他撰写的《宋庆龄传》一书由上海人民出版社出版。此外，他还在《近代史研究》、《哲学研究》、《中共党史研究》等刊物上发表论文50余篇。

吕明灼对中国现代思想史的研究，多次获奖。《李大钊思想研究》一书，1985年获山东省社会科学优秀成果一等奖；《李大钊思想从进化论到阶级论的发展》等四篇论文，分别获省社会科学优秀成果二等奖和青岛市社会科学优秀成果一等奖。1986年，吕明灼被国家教委评为"国家有突出贡献的中青年专家"；1988年被评为"山东省专业技术拔尖人才"。

【吕树文·哈尔滨糖尿病研究所所长·被评为第六届中国十大杰出青年】 由中华全国青年联合会、中国青少年发展基金会和首都十大新闻单位联合主办的第六届中国十大杰出青年评选，1995年9月18日在北京揭晓。黑龙江省哈尔滨市糖尿病研究所所长吕树文获此殊荣。

糖尿病是仅次于癌症、爱滋病的世界三大疑难病之一。吕树文经过十多年的呕心沥血，先后研究出“珍蛤降糖散”和“锁糖丸”两种中成特效药。经3000多例临床患者应用和专家鉴定，总有效率达91%以上，治愈率达62%。

1984年，吕树文建起中国第一个糖尿病研究所，经他治愈的病人中，既有普通群众，也有领导干部，更有外国友人。印尼总统府最高顾问苏哈诺经4个月即治愈，赞其为“东方神医”。美国前总统布什的夫人芭芭拉经1个月治疗，血、尿值即恢复正常。为表谢意，布什将自己与夫人合影的激光防伪照片送与吕树文。

【吕品昌·陶艺雕塑家·在北京举办陶艺雕塑展】 长期致力于现代陶艺创作和教育的吕品昌，1995年8月先后在中国美术馆、中国国际展览中心举办《吕品昌陶艺雕塑展》，并接受主持筹备创立中央美术学院现代陶艺工作室的工作。

吕品昌，1962年生于江西上饶，1978年考入轻工业部景德镇陶瓷学院雕塑系，1982年留校任教。后到中国美术学院雕塑系学习，师承著名雕塑家周轻鼎、王卓予、周国桢。1985年考取主攻现代陶艺专业的全国第一位硕士研究生。潜心研究中国传统陶瓷艺术并找寻与中国现代陶瓷艺术的结合点，完成了具有开拓意义的现代陶瓷，残缺肌理，理论及其审美品质的论述，受到陶艺界好评。1988年获文学硕士学位。他追求博大、深沉、古朴，更富浑涵的中国风味，由陶艺看宇宙，看大自然的灵魂，追求较高的审美理想，形成独具中国传统风味的现代陶艺风格。他的代表作有《中国写意系列》、《石窑系列》、《阿福系列》、《红木系列》等。其中《阿福之家》1993年获第三届中国体育美展金奖。《祭瓷女》获中国首届陶瓷艺术展二等奖和中国景德镇国际陶瓷艺术展一等奖。

吕品昌，1993年至1994年任景德镇陶瓷学院雕塑系主任、江西省学术带头人。1992年曾获全国优秀教师称号，同年被国务院评为有突出贡献的专家。

【回良玉·当选为安徽省省长】 1995年2月25日，安徽省第八届人大第三次会议选举回良玉为安徽省省长。

回良玉，1944年10月生，吉林榆树人。回族。1964年毕业于吉林农业学校经济管理专业。1966年加入中国共产党。历任中共榆树县委组织部副部长、于家人民公社党委书记、榆树县委副书记，吉林省农业局副局长、农牧厅副厅长，中共白城地委副书记、白城地区行署专员，中共吉林省委常委、农村政策研究室主任、农村工作部部长，吉林省副省长。后调中共中央政策研究室副主任。1992年起任中共湖北省委副书记。1993年当选为湖北省第七届政协主席。1994年12月任中共安徽省委副书记、代省长。是中共第十四届中央候补委员。

【朱文君(女)·常德市公证处主任·被评为全国十佳公证员】 1995年12月26日，由司法部组织的第一届全国十佳公证员评选揭晓，湖南省常德市公证处主任朱文君，在人民大会堂领取了奖牌和证书。

朱文君，1950年11月出生，湖南桃园县人，大学文化，1971年10月加入中国共产党。1984年，她涉足公证工作。10多年来，她担任常年公证34家，承办各类公证5943件，其中疑难公证80多件。通过办理公证，揭露、制止诈骗犯罪行为48起，拒办不真实、不合法公证申请432起，为国家、集体避免经济损失2740万元。一次，朱文君受理了常德市某建材公司叶某与安化县陶瓷厂供销员刘某签订的标的为60万元的瓷砖购销合同。在调查中，她发现需方叶某为外地来常德做生意的个体户，经营场所的租赁期将满，且已债台高筑，便及时提醒供方慎重考虑。叶某便用金钱拉拢。朱文君毫不为金钱所动，没有为他们做公证，避免了可能出现的诈骗行为。这些年，她先后拒礼拒贿530余次，现金和物品折款2万余元，保持了良好的职业道德。在实践中，朱文君敢于创新，新辟了企业内部风险承包、资信、土地权属转让、三资合同、公司章程等50多个服务领域，使公证制度逐渐被人们所认识和接受，并在经济、民事活动的流转中发挥着重要作用。1985年，朱文君带头在德山乡办点，总结司法助理员协办公证的经验；1986年，扩大60名联络员，先后配合经济体制改革办理租赁、承包合同公证458件；配合农村改革办理柑桔、鱼塘、乡村企业承包合同公证2274件，为无生育能力夫妇和孤寡老人办理收养公证274件，为135名老人或癌症病人办理遗嘱、遗赠公证，这些公证为经济发展、为维护公民合法权益等都起了很好的作用。所办的 800 多件涉外公证，证书发往美国、日本等 20 多个国家和地区，无一件退回，均在使用国和使用地区产生了法律效力。

朱文君领导的公证处连续 9 年被评为省、市先进单位，1991 年司法部授予廉洁奉公先进集体称号，1992 年被评为全国公证质量先进集体，荣立集体二等功，还被省委、省政府授予双文明建设模范单位称号。朱文君本人也多次被评为省、市先进个人，荣立过三等功、二等功和大功，荣获过湖南省巾帼建功标兵、“三八”红旗手等荣誉称号。

【朱生武·凤翔县人民法院院长·被授予全国法院模范称号】 1995 年 4 月 18 日，陕西省凤翔县人民法院院长朱生武，被最高人民法院授予全国法院模范称号。同年 4 月，他还被国务院授予全国先进工作者称号。

朱生武，1945 年 12 月出生，陕西省凤翔县人，大学文化，中共党员。1968 年从北京政法学院毕业后，一直在基层工作了近 30 年。当院长 10 余年来，呕心沥血，全身心地扑在法院工作上。全院每年结案千余件，他直接参与 90%以上案件和全部重大案件的审理。近年来，还主动承担了 16 起难度最大的因山林、用水、土地等纠纷引起的群众性闹事案件的审理，有力地维护了当地的社会稳定。1994 年，陕西省高级人民法院给他记一等功。

在工作中，朱生武有着强烈的社会责任感和事业心。一名已被依法处决的罪犯的母亲赵某，当众用极其下流的语言辱骂被其子强暴的妇女。该妇女不堪凌辱，服毒身亡。其亲属因此多次上访均未得到解决。朱生武得知后，立即决定按刑事自诉案件受理并亲自任审判长，最终以侮辱罪判处被告赵某有期徒刑 3 年。为了攻克“执行难”，朱生武亲自审理了凤翔县法院第一起抗拒执行法院判决案，并撰写发表了《试论抗判案件的审判与实施》论文。由于他积极探索，近年来凤翔县法院执行率平均达到 89.3%。

朱生武办案子，既不畏权势，也不徇私情。1991 年夏秋之交，几名不法分子内外勾结，从凤翔县将数 10 万公斤的假种子冒充油菜良种卖到县外。案件起诉到法院后，被告人的亲友四处寻找法院领导为案犯开脱罪责，有人暗示朱生武，如果量刑时手下留情，将会得到重谢。朱生武坚决不买帐，依法严惩了罪犯。朱生武有个关系很好的姐姐，在他读书时曾得到姐姐的无私帮助和关怀。有个案子牵涉到姐夫和外甥，他依法拘留了他们。事后，他带着礼品去看望姐姐，被姐姐连哭带骂赶出门。这位刚强的西北汉子流着泪对姐姐说：“我宁愿让你骂我是忘恩负义之人，也不能让人说我是认人不认法的赃官”。朱生武的一位老师受当事人之托来找他说情，同时带来 2000 元钱。他生气地问道：“你希望学生是清官还是赃官?”朱生武在当地是有名的认法不认人的清官。

【朱昌雄·农科院生防室主任·获首届中国青年科技创业奖】 中国农科院生防所生防室主任、副研究员朱昌雄，因在研究农作物防病抗病方面成就突出，1995 年获团中央、全国青联、中国青年科协颁发的首届“中国青年科技创业奖”。

朱昌雄，1963 年出生于福建霞浦。1980 年入厦门大学生物系，1990 年毕业后分配到中国农科院生防所工作。几年来，他主持和参与了国家自然科学基金项目——应用原生质体融合技术选育农抗高产菌株的研究、农抗 120 产生菌生物合成酶基因的克隆研究；国家七五攻关项目——防治蔬菜细菌性病害的抗生素农抗 751 的研究；农业部重点推广项目——农抗 120 防治西瓜病害的技术与推广；国家八五攻关项目——中生菌素的研制和新农抗杀菌素的筛选研究、华光霉素剂型和作用机理研究；农科院院长基金项目——中生菌素高产菌株的选育研究；国家科技成果重点推广项目——农抗 120 的推广与应用。他先后发表论文 20 篇、学术报告 21 篇，参加国家和国际会议 10 次。

【朱起鹤·物理化学家·当选为中国科学院院士】 1995 年 11 月 6 日，中国科学院公布了新当选的院士名单，中国科学院化学研究所研究员朱起鹤，当选为中国科学院化学部院士。

朱起鹤，北京市人，1924 年生，1951 年获美国加利福尼亚大学(伯克利)化学系博士学位。现为中国科学院化学研究所研究员，国家攀登计划项目“态－态反应动力学和原子、分子激发态”的首席科学家之一。

他长期从事国防科技教育与科研，做出了突出贡献。1981 年以来，负责建设分子反应动力学国家重点实验室(北京部分)，研制成分子束激光裂解产物谱仪等 4 台大型实验装置，达国际水平，获中国科学院科技进步奖一等奖和二等奖各一项。在分子反应动力学研究方面，对分子的光解规律和微观机理，V－V 传能，多光子电离研究，都做出了重要贡献。在团簇研究中，首次发现了一类新的含氢碳原子团簇，并对其进行了组分规律、稳定性及激光光解规律研究，提出了多种团簇的结构模型。最近新建飞秒激光系统，研究了分子在电子激发态上的振动弛豫。还提出创新的零动能光电子能谱实验方案。

【朱莲香（女）·哈尔滨火车站客运值班员·被授予中国十大女杰称号】 1995 年 2 月，由全国妇联组织的，有劳动部、人事部、解放军总政治部、全国总工会、团中央、中国科协和十余家全国新闻单位参加评选的“中国十大女杰”揭晓，哈尔滨火车站客运值班员朱莲香被评为十大女杰之一。同年 4 月 29 日，国务院授予朱莲香全国劳动模范称号。

十几年来，朱莲香全心全意地为旅客服务，把温暖送给南来北往的旅客，默默做好事上万件，先后送医院抢救病人近百人，为 14 名死亡旅客办了后事，使 26 名被骗儿童重返家园，将 7 名女青年从流氓的魔爪下救出，配合公安部门把 19 名不法分子收入法网，还先后将 42 名患病，找不到亲人的特殊旅客领回自己的家中，奉献出一片真情，为此，朱莲香付出了无数个休息日，垫付上万元钱款和无法计算的心血。她拒绝各种名目的好处费上万元，拒收旅客钱物达 5 千余元，而自己的家里却极为简朴。她在平凡的岗位上所做出的非同寻常的业绩，赢得社会的广泛赞誉。10 余年来，她收到感谢信万余封、匾额和锦旗 40 余副，被旅客称为“及时雨”、“贴心人”、“活雷锋”。

朱莲香，1956 年 4 月 13 日生，山东省寿光县人。1975 年参加工作。1980 年起为黑龙江省哈尔滨火车站客运值班员。1986 年 12 月加入中国共产党。业余大学毕业。先后被评为黑龙江劳动模范、优秀共产党员，全国“三八”红旗手、学雷锋先进个人，铁道部劳动模范，全国十大职业道德标兵，并曾获全国“五一”劳动奖章、火车头奖章。是第八届全国人大代表。1991 年 7 月和 1995 年 9 月，中央电视台分别播出了以朱莲香的事迹为原型创作的电视剧《魂系万里情》、电视系列剧《给你一把伞》。

【朱恩涛·国际刑警中国国家中心局局长·当选国际刑警组织荣誉副主席】 1995 年 10 月，国际刑警组织第 64 届大会在北京召开，朱恩涛任组委会副主席兼秘书长，主持了开幕式。国家主席江泽民出席开幕式并作了重要讲话。朱恩涛因在国际刑警工作中有卓越贡献，在本次大会当选为国际刑警组织荣誉副主席。朱还为本次大会写了“国际刑警之歌”等 4 首歌，鼓舞中外警友为和平安定、消灭犯罪而战斗。

朱恩涛，河北省容城县人，1938 年 8 月生，1963 年毕业于天津南开大学外国语言文学系，1963 年 8 月到国家公安部工作至今。现任该部外事局局长、国际刑警中国国家中心局局长。1985 年 9 月，在中国加入国际刑警组织仅一年之后，由于朱恩涛的才干和卓越表现，他便被选为国际刑警执委会委员，1987 年被选为该组织执委会副主席，1990 年被选为执委会顾问。他曾多次主持国际刑警大会或年会，受到各方好评。

国际刑警组织（简称 ICPO），是为协调打击国际性的刑事犯罪而设立、并为联合国所承认的政府间官方组织。我国政府作为中国唯一合法代表于 1984 年 9 月第 53 届大会申请加入该组织，在申请过程中，朱恩涛代表中国代表团在大会多次发言，有理有利有节，善于斗争，为取消台湾以“中华民国”名义占据席位作了巨大努力，终于使大会通过接纳中华人民共和国为正式成员国的决议，台湾以“中国台湾”地区名称留在组织内。这是国际组织解决台湾问题的一个成功范例。

朱恩涛领导的国际刑警中国国家中心局在打击各类刑事犯罪斗争中，同有关成员国（地区）密切配合，取得了巨大成绩。十余年来，共办理大小案件一万多起，包括重要的国际贩毒、走私、非法偷渡、重大经济犯罪、劫机犯罪等。1987 年中国、美国、泰国、香港四方联合侦破国际“锦鲤鱼贩毒案”，中国派出得力警官跟踪案犯到美国旧金山，十几个案犯被一网打尽，人赃俱获，中国国际刑警声威大振。据统计，仅 1993 年中国就查获国际贩毒分子运送的过境海洛因 4000 多公斤、鸦片 3000 多公斤。朱恩涛因领导国际刑警工作成绩突出而多次立功受奖。

朱恩涛能文能武，多才多艺。他不仅是国际刑警学专家、教授，通晓英文，兼及法语、俄语，而且酷爱文学，曾迷上莎士比亚，善写歌词，还爱好音乐、舞蹈等，兴趣甚广。他主编出版了《国际刑警教育概览》、《国际刑警工作手册》、《美国道路交通概览》等，译著有：加拿大小说《隐身人》，在《国际刑警杂志》等刊物报纸上发表论文和文章数 10 篇。现兼任中国警察学会常务理事、中国警官学校名誉教授、中国刑警学院客座教授、《中国现代警察》杂志顾问等职。

【朱清时·中国科学院院士·获汤普逊奖】 1995 年 4 月，国际分子光谱学会决定，将

1995年汤普逊奖授予中国科学院院士、中国科技大学化学物理系教授朱清时，以表彰他在选键化学研究领域中取得的卓越成就。这是中国学者首次获得该项奖励，它表明我国在该领域的基础研究已达到国际公认的高水平。

朱清时从事的选键化学研究，是一个新兴研究领域。从事这一领域研究的关键，就是要找到分子的一种特殊状态——只有分子的一个键在给予能量后产生振动，而分子的其它键都不发生振动。这种状态被称为局域模振动态。20年来，国际上许多著名实验室和光谱学家为找到分子的局域模振动态进行了大量的实验，但都未能取得成功。1988年6月，应邀到英国剑桥大学作客座研究员的朱清时，经过半年的艰苦努力，用一种富有创新性的思路，在一台大型傅利叶变换光谱仪上，经3个昼夜的实验观察，在世界上首次发现了锗烷分子的局域振动态，随后他回到国内，改进了在剑桥所用的方法，发现了硅烷分子的一系列局域模振动，并对它们的高分辨光谱进行了完整的理论分析，据此建立起描述局域模振动态的理论，阐释了在什么情况下可以出现局域模振动态，如何利用这种状态实施“分子手术”。迄今他已就此发表了24篇学术论文。朱清时的这一发现为在一般分子中寻找长寿命的局域模振动打下了基础，从而为实现“分子手术”带来希望，同时也为理论物理学的研究开辟了一个新领域，因而在国内外光谱学界引起了极大的关注，朱清时被国际同行公认为分子局域模光谱学领域的权威。

朱清时，1946年2月7日生，四川彭县人。1968年从中国科技大学近代物理系毕业后，分配到青海西宁山川机床铸造厂，先当修炉工，后任采购员。在此期间，他翻译出一部英文著作《相对论的再审查》。1975年调中科院青海盐湖研究所先后任课题组长、室主任。在此期间，曾于1979年8月至1981年12月赴美国加州大学圣巴巴分校和麻省理工学院进修。1984年调大连化学物理研究所任课题组长、室主任，其间曾多次以客座教授、高级客座科学家身份应邀到英国剑桥大学、牛津大学、加拿大国家研究院讲学或合作研究。1991年当选为中科院院士。1994年调中国科技大学任教至今。现为八届全国人大代表、辽宁省科协副主席。

【朱森元·中国航天工业总公司第十一所研究室主任·当选为中国科学院院士】

1995年11月6日，中国科学院公布了新当选的院士名单，中国航天工业总公司第十一所研究室主任朱森元，当选为中科院技术科学部院士。

朱森元，江苏省人，1930年生，1952年3月毕业于南京大学航空系，赴前苏联莫斯科汽车学院学习，1957年毕业后，入莫斯科包曼高级工程学院修研究生，获苏联技术科副博士学位，1960年回国工作。历任航天部第十一所工程师、高级工程师、研究室副主任、主任等职，并担任氢氧发动机副主任设计师。长期从事新型的氢氧发动机研究、设计与制作，解决了许多重大技术问题。主要有：提出氢氧系统的理论和实施方案，解决发动机的绝热问题；参与解决系统试车中出现的缩火问题，参加第一、第三发“长征三号”发射试验，参与研究第二发火箭采取的三大措施和5次改进，提出气封方案，对卫星发射成功起了重要作用。1984年国家科委批准为有突出贡献的科技专家。

【朱慧敏(女)·中科院电子学研究所所长·主持电子高科技项目研究获得成功】

1995年1月18日《中国科学报》报道：由电子专家朱慧敏领导研究的“机械合成孔经雷达数字实时成象器”通过鉴定，此项成果被评选为1994年度全国电子科技十大成果之一。

中科院电子所自行设计和研制的机载合成孔径雷达是我国“六五”、“七五”、“八五”攻关项目。然而在一次太湖流域洪涝灾情监测飞行中，雷达图象出现问题。朱慧敏奉命领导孔径雷达工程小组攻关，搞调研，查资料，制定改革方案，做飞行试验，苦战100多个日日夜夜，终于如期完成任务，使机载雷达成为我国民用遥感的实用工具，鉴定合格受到专家一致好评。

朱慧敏，安徽休宁县人，1943年4月生。1965年毕业于中国科技大学，到中科院电子所工作至今，先后任副研究员、副所长、所长等职，现为研究员、博士生导师。1991年作为访问学者在美国康乃尔大学进修，1990年受聘日本大坂大学客座研究员工作，1992年受聘国家科委担任国家高科技项目“星载合成孔径雷达模样机研制”、“星载雷达成象处理与运动补偿”和“机载合成孔径雷达数字实时成象器”三项课题的责任专家，她还担任国家“八五”重点工程9206工程总指挥，并为跨国电子和电气工程师协会(IEEE)高级会员。

朱慧敏自80年代起，致力于跨学科的应用基础研究和高科技创新，率先发展了计算机分子图形技术，将信息加工、模式识别等新技术运用到化学药物材料的筛选、化学修饰和提供高效低毒药物与化合物的设计模型。她主持研制的三维分子模型微机系统属国内首创,达到当时国际先进水平,获国家科技进步二等奖;主持研制超导体模型计算机系统,亦获国家科技进步二等奖;主持研究星载合成孔径雷达成象处理和运动补充系统分别获中科院科技进步奖;1993年获中国光学科技奖励基金。发表专著和学术论文多篇。

【朱镕基·中共中央政治局常委、国务院副总理·继续加强和改善宏观调控,创造良好的经济秩序】 1995年3月12日,朱镕基在国务院召开的全国粮棉、化肥工作会议上,要求进一步坚持、稳定和完善党的农业政策,深化粮棉、化肥购销体制改革。5月12日,朱镕基在国务院召开的全国农副产品收购资金管理工作电视、电话会议上指出,今年农副产品收购工作的指导思想是:一要充分保证农副产品收购资金的管理,坚决做到不打"白条",决不允许出现"卖粮难";二是保证银行投入的农副产品收购资金只能用于收购,绝对不允许任何单位挤占挪用。朱镕基指出,在农副产品收购资金管理上要"约法三章":一、各级财政的农副产品收购政策性补贴资金要及时拨付,足额到位,不得欠拨;二、粮食购销企业不得挪用收购资金搞其他建设和经营项目,也不允许发生新的财务挂帐;三、银行自身不得挪用农副产品收购资金从事其他商业性贷款,违者要追究有关银行主要负责人的责任。9月6日,朱镕基在全国锦花工作会议上强调指出,今年的棉花工作继续坚持市场、经营、价格三不放开政策。各地要进一步统一思想认识,把新年度的棉花工作做好;要正确理解省长负责制和自求平衡的方针,努力实现棉花的总量平衡;各级政府要进一步加强对棉花工作的领导,切实解决好棉花收购中存在的问题。

5月12日,全国供销社第二次代表大会召开,朱镕基代表党中央、国务院致贺。朱镕基指出,供销合作社的改革是党中央、国务院加强农业和农村工作的重大举措,是整个农村改革的重要组成部分。

1995年,朱镕基致力于财政体制改革。6月15日至19日,他在全国银行业经营管理工作会议上指出,各家银行要在深化改革的同时,把工作重点转移到加强经营管理和提高资金使用效益上来。

10月24日至27日,全国会计工作会议召开。朱镕基发表讲话,充分肯定会计工作这几年来所取得的成绩以及会计改革在促进和保障经济体制改革中的积极作用;提出整顿会计工作秩序的"约法三章":一、所有企业、事业单位必须依法建帐,并且保证会计工作的秩序和会计信息的质量;二、认真培训和大力提高会计工作者和注册会计师的政治素质、业务能力和职业道德;三、财政部门要负责从法规、制度、培训、监督等方面加强全国的会计工作,其他主管部门都要加强对基层单位的会计监督。

12月7日,朱镕基在中央经济工作会议上作了题为《再接再厉,做好明年经济工作》的总结讲话。这次会议贯彻党的十四届五中全会精神,研究和部署1996年的经济工作。

12月14日,朱镕基在全国财政工作会议上讲话指出,1995年财政工作取得了很大成绩;财税改革是成功的,成效是显著的;1996年财政工作任务更加繁重,要认真贯彻十四届五中全会精神和中央经济工作会议提出的各项要求,进一步深化财税改革,完善省以下分税制体制,继续贯彻适度从紧的财政政策。

12月13日至16日,朱镕基在全国税务工作会议上强调,不管是国税还是地税,都要依法征税,把该收的税款收上来。

1995年,朱镕基先后到河南、新疆、云南、广西等省考察工作。

7月19日至8月4日,朱镕基应邀对坦桑尼亚、津巴布韦、莫桑比克、博茨瓦纳、纳米比亚、安哥拉和赞比亚等非洲7国进行正式友好访问,有力地促进了中非友谊及经济合作方式的调整与发展。在这一年里,朱镕基还先后会见了来我国访问的许多国家和政府的领导人。

朱镕基,生于1928年10月,湖南长沙人,1949年10月加入中国共产党。1947年～1951年,在清华大学电机系学习并参加"新民主主义青年联盟"。1951年～1952年,任东北工业部计划处生产计划室副主任。1952年～1958年,任国家计委燃料动力局、综合局组长,国家计委主任办公室副处长,国家计委机械局综合处副处长。1958年～1969年,任国家计委干部业余学校教员、国民经济综合局工程师。1970年～1975年,下放国家计委"五七"干校劳动。1975年～1979年,任石油工业部管道局电力通讯工程公司办公室副主任、副主任工程师,中国社会科学院工业经济研究所室主任。1979年～1982年,任国家经委燃料动力局处长、综合局副局长。1982年～1983年,任国家经委技术改造局局长,国家经委委员。1983年～1985年,任国家经委副主任、党组副书记。1987年～1991年,任中共上海市委副书记、上海市市长、市委书记。1991年后任国务院副总理兼国务院生产办公室主任、党组书记，兼国务院经济贸易办公室主任、党组书记。1993 年 7 月兼任中国人民银行行长。是第七届全国人大代表，中共第十三届中央候补委员，第十四届中央委员、中央政治局委员、常委。

【乔石·中共中央政治局常委、全国人大常委会委员长·主持八届人大三次会议】

1995 年 3 月 5 日，乔石主持召开八届人大三次会议。会议听取、审议并通过了政府工作报告和其他报告，审议并通过了《中华人民共和国教育法》和《中华人民共和国中国人民银行法》。3 月 18 日，乔石在闭幕会上讲话指出，这次会议充分发扬社会主义民主，始终贯彻民主集中制原则，是一次民主团结、求真务实、开拓奋进的会议，是一次统一思想、树立信心、鼓舞干劲的会议，是一次把改革开放和社会主义现代化建设事业推向前进的重要会议。会议期间，代表们从国家的集体利益和人民的根本利益出发，认真履行宪法和法律赋予的职责，畅所欲言，集思广益，群策群力，共商国是，对各方面工作提出了建议和意见。会议通过的各项决议、决定，反映了全国人民的心愿，表达了全国人民意志。这次会议，对于进一步调动全国人民的积极性，全面完成今年的各项任务，开创改革开放和现代化建设的新局面，必将产生重要的作用。

1995 年，乔石先后主持或出席了八届人大第十二、十三、十四、十五、十六、十七次会议。上述会议审议并通过了《中华人民共和国法官法》、《中华人民共和国商业银行法》、《中华人民共和国担保法》、《中华人民共和国体育法》、《中华人民共和国民用航空法》及《全国人大常委会关于惩治增开、伪造和非法出售增值税专用发票犯罪的决定》等一批重要法律和决定。

5 月，乔石在接受采访时就提高经济效益和加强法制建设发表谈话指出，我们的经济立法，要把改革、发展与提高经济效益的这种关系反映出来，体现出来；并通过严格执法，保障改革、发展的顺利进行和促进经济效益的稳步提高。

12 月 19 日，乔石在人大常委会召开的第二次立法工作座谈会上发表讲话，讲话共分为三部分：一、加强立法是党和国家提出的一项紧迫任务；二、不断总结经验，提高立法工作水平；三、加强领导，狠抓落实，保证 5 年立法规划的完成。乔石说，这些年来，我们在立法工作中积累了一些行之有效的好的经验和作法。应当适应新的形势，认真总结和推广这些经验，并随着实践的发展探索和创造新的经验，从而不断加强和改进立法工作，加快立法步伐，提高立法质量。

12 月，乔石在听取人大常委会环境与资源保护委员会负责同志汇报时指出，搞好环境与资源保护，只有在加强宣传的同时，在法律上作出一些规定，并认真监督实施，才能落到实处。

乔石在 1995 年先后到上海、四川、福建、陕西、黑龙江、吉林、山东等省市考察工作。

4 月 10 日至 22 日，乔石应邀对日本、韩国进行正式友好访问。这是中国人大常委会委员长对韩国的首次访问。11 月 4 日至 20 日，乔石应邀对巴基斯坦、埃及、印度等三国进行正式友好访问。在这一年里，乔石还先后会见了来中国访问的许多国家的议会和政府领导人。

乔石，生于 1924 年 12 月，浙江定海人，1940 年 8 月加入中国共产党并参加工作，大学文化。1940 年～1945 年任上海南方中学、光华附中地下党支部委员、书记，上海地下党中学区委干事，先后在华东联合大学文学系、淮南华中局城工部调训班学习。1945 年～1949 年，任上海地下党学委中学区委组织委员、中学分委副书记兼组织委员，上海同济大学地下党总支部书记，上海地下党学委总交通，上海地下党新市区委副书记，上海市北一区学委书记。1949 年～1954 年，任浙江省杭州市委青委宣传部部长、组织部长、市委青委书记，华东局青委统战部副部长。1954 年～1962 年，任鞍山钢铁建设公司工程技术处副处长，处长，酒泉钢铁公司设计院院长兼钢铁研究院院长，酒泉钢铁公司陕西工程管理处党委书记。1962 年～1963 年，在中央高级党校理论班学习。1963 年～1982 年，任中共中央对外联络部研究员、副局长、局长、副部长。1982 年～1987 年，任中共中央对外联络部部长，中央办公厅主任，中央组织部部长，中央政法委员会书记，中央保密委员会主任，国务院副总理。1987 年起，任中央纪律检查委员会书记，中央政法委员会书记，中央党校校长，中央保密委员会主任，中央社会治安综合治理委员会主任。1993 年起，任第八届全国人大常委会委员长。是中共第十二届、十三届中央委员，十二届中央书记处候补书记，十二届五中全会增选为中央书记处书记、中央政治局委员，十三届中央政治局委员、常委、中央书记处书记，十四届中央政治局委员、常委。

【季治行（女）·江苏金钥匙集团公司董事长兼总经理·获全国优秀女企业家称号】

1995 年 5 月全国妇联和农业部授予季治行全国优秀女乡镇企业家标兵称号。

10余年前担任无锡县长安镇针织厂厂长的季治行，以其精明经营的头脑和脚踏实地的创业精神，狠抓产品质量和科学管理，逐步将一个小厂发展成为金钥匙集团公司。它现拥有4个下属企业，其中三个为中外合资、合作企业。面对竞争激烈的市场，作为金钥匙集团公司董事长兼总经理的季治行，带领员工、科技人员不断开发新产品，其企业主要产品针织内衣的新品种达500多种，产品质量曾获1994年中国国际妇女儿童用品博览会金奖，并远销60多个国家和地区。1993年实现产值1.8亿元人民币，新增固定资产1800万元人民币，出口创汇1200万美元，实现利税947.1万元人民币。该集团是1993年全国5000家最大乡镇企业之一。

季治行，1957年5月生，江苏省无锡市人。中国共产党党员。大专文化水平。曾获无锡市优秀厂长（经理）称号，两次获江苏乡镇企业家称号。

【伍平华·湖南涟钢自学成才工人·被授予全国劳动模范称号】　湖南涟钢股份有限公司动力厂制氧车间班长伍平华，虽只上过高小，但凭借顽强的毅力，和“蚂蚁啃骨头”精神，坚持自学十多年，成为技术能手。8年来，共为企业提合理化建议40余项，经他自己设计、施工、改造成功的就有20余项，创造经济效益200余万元，多次被评为省、全国技术革新积极分子。1995年4月29日，被国务院授予全国劳动模范称号。

1987年，由外单位设计，施工的涟钢5000m^3制氧机的配套设备——三合制氢机，由于工艺设计不合理，成了一堆废铁。涟钢用40万元作为奖励，从外地请来的专家，对此也无能为力，默然而去。当时，伍平华心情怎么也平静不下来。他深知制氢的重要，涟钢每年要外购40多万元的氩气来满足炼钢需要，在涟钢5000m^3制氧机生产过程中，由于不能制氢、制氩，每年要白白浪费价值600多万元的氩气和氢气。于是伍平华主动请战，改造制氢机。

酷暑7月，他将铺盖搬到机房旁不足4m^2的工房里，开始重新设计，日夜攻关，因劳累过度住进医院，没有痊愈就回到工地……1988年7月，经伍平华设计、改造后的制氢机试车成功！涟钢轰动了！救活一台制氢机只花5000多元，可伍平华没有要厂里的一分钱奖金。他又以十二分的热情，投入到第二、第三台制氢机的改造中，至1991年相继成功，共为企业节约资金77.5万元；并有大量的氩气、氢气外销，仅此一项，为企业年创收300多万元！

此后，伍平华又对储氢罐进行改造，每年可为企业挽回10多万元的损失；改进了制氢生产用料配制与工艺操作，大大降低了设备消耗。为此，涟钢股份有限公司连续4年评选他为公司劳动模范；1991年被评为全国合理化建议积极分子；1993年，他荣获湖南省“岗位自学成材奖”。伍平华并未满足于此，他又瞄准了将空气中氦、氖、氪等稀有气体提炼出来的高新技术。

伍平华，1949年12月生，湖南省新邵县人，1970年5月参加工作，1992年被省冶金总公司评为模范班长，1994年被评为全国冶金系统劳动模范。

【伏明霞（女）·跳水运动员·获世界杯跳水赛3米跳板金牌】　第九届世界杯跳水赛于1995年9月5日至9日在美国的亚特兰大举行。17岁的中国女选手伏明霞于6日获得女子三米跳板跳水金牌，成绩是540.63分。第二十六届奥运会将于1996年7月19日至8月4日在亚特兰大举行。在这里举行的第九届世界杯跳水赛可以说是各国跳水选手们的一次热身赛。

伏明霞，1978年8月16日生，湖北武汉人。她身高1米58。1982年在巴塞罗那奥运会跳水比赛中，夺得女子十米跳台跳水的金牌。1984年，伏明霞被美国的《游泳世界》杂志评为本年度世界最佳跳水运动员。

中国著名跳水运动员高敏退役，伏明霞从跳台跳水又专攻跳板跳水，并卓有建树，1995年就获得世界杯三米跳板跳水金牌。

优明霞的事迹和简历参见1991年、1992年、1993年《中国人物年鉴》。

【任庆泰·清末实业家·报载其创办中国电影事迹】　1995年正值隆重纪念世界电影诞生100周年、中国电影诞生90周年之际，《中国档案报》载文介绍了任庆泰创办中国电影的事迹。

任庆泰，又名任景丰，辽宁沈阳人。他是清末民初北京颇有影响的实业家。少年时代读了几年私塾后即辍学习木工，在沈阳、上海等地照相馆做镜框活计。当时照相馆多为外国人所设。照相术时称“写真术”，不轻易外传。但任庆泰凭着他的好学与善于琢磨，竟偷偷学会了照相术。同治、光绪年间，他自费去日本深造，认定照相业在中国必有可观前景，回国后遂于光绪18年（1892年）在北京创办了“丰泰照相馆”。同时，他还有西药房、中药铺、桌椅店、汽水厂等实业。

"丰泰"以拍戏装照和合影闻名京师,尤以摄制和销售戏曲照片为自己的重头经营项目,颇合老北京人的趣味。任庆泰因而名声大振,曾数次应召入宫,被慈禧赏赐四品顶戴。

任庆泰经营照相业有方,对其它实业也怀有极大兴趣。而今在大栅栏重新修茸的豪华型立体电影院"大观楼",就是当年任氏所创,是北京第一家带有专业性质的电影放映场所。尽管"大观楼"的生意不错,任庆泰还不甚满足。因为当时所映外国影片,单调陈旧且不合国情。于是一个历史性的念头产生了:凭着多年拍静照的经验,把戏曲演出拍成"活动照片",一定能卖座!其时正值"伶界大王"谭鑫培筹庆60生辰,任庆泰就同"谭老板"商定,从一家洋行购买法国手摇的摄影机和胶片,于1905年春夏之交拍摄了谭鑫培最为精彩的剧目《定军山》。中国第一部电影就这样诞生,开了民族制片业的先河。

从1905年到1909年,任氏共主持拍摄了八九部戏曲短片。这些影片都由名伶主演,如俞菊笙的《艳阳楼》,许德义的《收关胜》等。限于技术条件,拍片是在照相馆的中院天庭利用日光进行的,院子的廊柱两端挂一块白色布幔,演员就在布幔前伴随着戏曲音乐表演。摄影师由"丰泰"最好的技师刘仲伦担任,一俟演员上场,即刻摇动机器。而任庆泰则负责整个现场的指挥。那时虽未出现"导演"名目,但实际上,从遴选剧目,到指挥演员和机器,任庆泰已与后来的导演职责十分接近。

【任志贤·黄陵县桥山镇法律服务所主任·被评为全国十佳基层法律工作者】 1995年12月26日,由司法部组织的第一届全国十佳基层法律工作者评选揭晓,陕西省黄陵县桥山镇法律服务所主任任志贤,在人民大会堂领取了奖牌和证书。

任志贤,1935年10月出生于黄陵县桥山镇,中专文化。他是一位拄着双拐的残疾人,但身残志不残,在西安市政府做过统计工作,1965年受迫害回农村行过医,搞过农村信贷,1987年以来从事基层法律服务工作,取得显著成绩。几年来,他靠两根拐杖支撑,爬山涉水,风雨兼程,艰难地奔波于城市、乡间,先后调解各类纠纷1100余起,接待群众2000余人次,预防和制止纠纷激化6起,代诉经济案件9件,为集体和个人挽回经济损失30.3万元。

作为黄陵县城的桥山镇,随着经济发展,各种纠纷大量出现。他对各类纠纷逐一调查、走访,解决了一批长期遗留下来的老大难问题,其中不论是群众之间的,还是牵涉到县、镇领导的,他都据理说服,依法调处,成为群众的贴心人。有位县委副书记和3位局级领导从黄花沟村划得2亩宅基地。这2亩地属耕地,但村干部当时按荒地标准收费。村民不依,多次到县委、县政府上访,最后又找到任志贤所在的法律服务所。任志贤知道这起纠纷调解起来肯定有难度,有些朋友也劝他不要揽这件事。任志贤没听劝告,迎难而上,最终还是调处成功,4位领导补交了购地款。

任志贤先后12次受到省、地、县、镇有关部门表彰,1991年荣立过一等功,1992年他被陕西省授予劳动模范称号。

【任伯年·近代绘画巨匠·逝世一百周年】 近代绘画巨匠任伯年,擅长山水画、花鸟画、人物肖像画,尤其在人物画方面留下了大量具有深刻社会意义作品。他是一个充满爱国激情的国画家。1995年在他谢世100周年之际,美术界为他举行各种纪念活动并出版了他的大型画集和纪念论文集。

任伯年,又名颐,初名润,字小楼,浙江绍兴人,生于1840年。他出生的那年,爆发了第一次鸦片战争。出身低微的任伯年,14岁到上海扇庄当学徒,切身体会到民族苦难,使他痛心疾首,因此投入了太平天国的革命行列。激烈的战斗生活使他成为充满激情的爱国者。任伯年的画,无论是山水画、花鸟画还是人物画,都浸透着这种忧国忧民的爱国之情。

任伯年早年师法石涛,中年以后兼师明代丁云鹏和沈周、蓝瑛,直追元代的吴镇与王蒙。优秀的民族绘画传统使他打下了扎实的基础,他又善于从民间艺术中吸取营养,同时他对生活的深入细致的观察和大量写生,更增添了传神的创造力。而他所处的时代正是西方资本主义经济文化大规模渗入的时期,他又把接触到的一些先进思想的绘画技巧加以熔铸,因此任伯年的山水画,突破了把人物作为陪衬景物的传统观念,让人物和山水平分秋色,使寂廖空旷的虚山幻水重又传出欢声笑语和悠悠琴韵。他画的各类花卉,笔力苍劲、清秀、圆润而雅致,别有诗情。他的花鸟画题材广泛,正确生动的造型,洗练概括的笔法,使各种禽鸟无不跃然纸上。别开生面的创新之作使其绘画的声名远扬。而任伯年在国画上最突出的贡献却是维妙维肖的人物肖像画,他能抓住人物的眼神、手势、典型细节的外部基本特征,非常概括地传神写照。他的人物画中充溢着国破家亡的无限感慨和奋然抗争的英雄气概。如他画的钟馗,有嘴衔利剑的、有手擒恶魔的、有脚踏小妖的、也有背手执剑而环顾四周的……都鲜明地表达了对邪恶势力和外国侵略者的仇视。《故土难忘》、《关河一望萧疏》也是如此，尤其是《女娲补天》中的形象，不但以饱满的热情塑造了一个中国女性英雄的形象，而其傲然端坐坚不可摧的神情分明是作者自己的化身。尽管任伯年在花鸟画方面的成就要超过人物画，但他的人物画因有震撼人心的艺术魅力，故其影响超过他的花鸟画。任伯年的画以其新颖的手法、清新明朗的风格和深挚的爱国主义精神赢得了广大人民群众的喜爱，也为后代的艺术大师们所崇敬。徐悲鸿先生认为任伯年“天才豪迈，功力绝人，是仇十洲以后中国画家第一人”。蔡若虹先生说他是中国“近代绘画巨匠”。国外的评论家也赞叹道：任伯年的艺术造诣与西方的梵高相若，在19世纪中为最具有创造性的宗师。

【任建新·中共中央书记处书记、中央政法委书记·提出今后十五年政法工作基本任务】　1995年12月18日，任建新在全国政法工作会议上提出，今后5到15年政法工作的基本任务是：以维护稳定为重点，严厉打击严重刑事犯罪和经济犯罪，全面推进社会治安综合治理，大力加强法律保障和法律服务工作，切实提高政法队伍的整体素质和实战能力，创造安定良好的政治社会环境，保护“九五”计划和2010年远景目标的顺利实现。

为实现上述奋斗目标，任建新提出必须认真贯彻8条指导方针。他强调，在“严打”斗争和社会治安综合治理工作取得明显成效的同时，必须毫不动摇地坚持“严打”方针，依法严厉惩处各种严重危害社会治安的刑事犯罪分子。特别要重点打击严重暴力性犯罪、制贩毒品犯罪、流氓恶势力和带黑社会性质的犯罪集团，以及跨国跨境犯罪等。

任建新指出，要严厉惩处贪污、贿赂、走私、破坏金融和财税等经济秩序的严重经济犯罪，狠抓大案要案，推进反腐倡廉，维护社会主义市场经济秩序。各级党委、政府要支持、帮助政法部门冲破阻力、排除干扰，依法严惩贪污贿赂犯罪分子。他说，今后一个时期，经济领域的犯罪活动仍将呈上升趋势，打击经济犯罪的任务更加艰巨。

任建新，1925年8月生，山西襄汾人。1946年人北京大学工学院学习。1948年6月加入中国共产党。曾任华北人民政府秘书厅秘书，中央政法委员会办公厅秘书，国务院法制局秘书，中国国际贸易促进委员会科长、处长。1971年任中国国际贸易促进委员会法律部处长、部长，副主任。1983年任最高人民法院副院长，1988年后任最高人民法院院长、中央政法委员会副书记兼秘书长。1992年10月任中共中央书记处书记兼政法委书记、中央社会治安综合治理委员会主任。1993年3月任最高人民法院院长。是中共第十三届、十四届中央委员。

【任爱臻（女）·河南省濮阳市教委副主任·被授予全国教育先进工作者称号】　任爱臻长期从事教育事业，政绩突出，1995年9月被国家教委、国家人事部授予“全国先进教育工作者”称号。

1984年任爱臻出任清丰县副县长，分管教育工作。当时，摆在她面前的是一幅沉重的担子：全县504所中小学，无大门、无围墙、学生无课桌凳的学校占60%，1/3的校舍是危房。为了迅速改善办学条件，她风里来，雨里去，跑遍全县18个乡镇的366所学校，主持制定了“分级办学、分级管理、因地制宜、分类推进”的办学方案，在全县范围内掀起了以建设标准化学校为重点的集资办学热潮。经过6年努力，全县多渠道筹措教育资金2600多万元，新建规范化学校376所，所有中学和成建制小学都建起了实验室，使全县中小学校舍普遍改造一新。1986年、1987年，清丰县先后被命名为“全国基础教育先进县”和“全国中小学实验室与仪器工作先进集体”。

任爱臻致力于农村教育综合改革，坚持“三教”统筹、农科教结合，把工作的重点和难点放在发展职业技术教育和成人教育上。经过坚韧不拔的努力，她担任名誉校长的清丰县第一农业高中被确定为河南省首批农村职业高中示范学校，并获得“全国教育系统先进集体”称号。1988年，清丰县被表彰为“全国扫除文盲先进县”。1989年，清丰县还被省确定为“农村教育综合改革实验县”。为发展当地经济和帮助农民奔小康做出了积极贡献。

任爱臻视名利淡如水。在清丰县任职时，濮阳市政府奖励给她一部彩色电视机。她把彩电搬到了市政府机关会议室，供干部职工集体使用。1995年教师节国家发给她800元奖金。她把奖金捐献给了自己担任校外辅导员的市一中初二(3班)，为学生订阅学习读物。

任爱臻，1944年12月生，河南省范县人。1968年毕业于省百泉农专，在部队锻炼后于1970年10月参加工作，1981年7月加入中国共产党，历任中学教师、完小校长、县人大办公室主任、副县长、市农牧局副局长、市教委党委副书记、市教委副主任等职。

【华君武·著名漫画家·从艺65周年暨80生日座谈会在北京举行】 由中国美术家协会、美协漫画艺委会主办的，中国美术家协会副主席、著名漫画家华君武从艺65周年及80生日座谈会于1995年4月24日在故宫御花园漱芳斋举行。漫画界方成、江有生、苗地等80余人到会祝贺。美协代表雷正民说："华君武是当代杰出的漫画家、美术活动家，长期担任美协领导工作，为新中国美术事业的繁荣发展，作出了奠基性的贡献。"解放前，华君武以漫画为武器，有力地打击了敌人；建国以来，又运用漫画艺术，批评了人民内部的缺点和社会上的不良现象。其作品甜酸苦辣，五味俱全，充分发挥了讽刺艺术之所长。形式活泼，内容隽永，形象生动，笔墨高雅，是当之无愧的当代漫画大师。无论国内国际，影响巨大。

华君武，江苏无锡人。生于1915年4月，30年代在上海的《时代漫画》、《上海漫画》等刊物上发表作品。1938年赴延安，在延安鲁迅艺术文学院任研究员、教员。1945年到东北，任《东北日报》美术记者。1949年调《人民日报》社。在解放战争中，画了大量讽刺蒋介石和国民党政权的漫画。新中国成立后，长期担任文联和美协的领导工作。并任第一、第二、第三届全国人大代表，第四至第七届全国政协委员。近年来曾出版有《华君武漫画选集》、《华君武政治讽刺画选集》等专著10余种。

【向绪汉·湖南津市人民法院院长·被授予全国法院模范称号】 1995年12月14日，湖南省津市市人民法院院长向绪汉，被最高人民法院授予全国法院模范称号。

向绪汉是湖南省石门县人，1989年10月转业到津市市法院任党组书记，1990年3月当选为院长。当时，该院在常德市法院系统中是后进单位。他与党组成员一道制订了"一年打基础，二年上台阶，三年创一流"的奋斗目标。针对管理中的问题，他提出了一个以目标管理为龙头的管理模式；针对执法不廉问题，他推行"全方位廉政监督法"，把内部监督与外部监督紧密结合起来。他倡导创建了湖南省法院系统首家"法官夜校"，提高了法官的专业知识水平。他关心干警生活，改善执法条件。他当院长时，院里欠债10多万元，64名干警只有24套住房，办公条件也很差。短短几年时间，已建起了一幢2400平方米的宿舍楼和一幢1400平方米的综合大楼，购买了10台车辆，架起了电台，开通了对讲机，各庭室均装上了程控电话。

他坚持审判为经济建设服务的方向。1992年，他主持制订了《津市法院关于支持和保护企业转换经营机制的十条措施》，并广泛宣传。他刚上任不久，便带领干警走访了全市60多家厂矿企业，根据经济纠纷多的实际情况，及时加强了经济审判的办案力量；他在常德法院系统率先成立第一家房地产审判庭。1995年，他针对企业经济合同管理混乱等问题，组织11个办案服务组帮助企业审查合同5万份，审结合同纠纷案件215件，为企业挽回经济损失250.7万元。

几年来，在权与法、钱与法、情与法面前，向绪汉表现了一个共产党员、人民法官应有的品德。在他刚当院长才几个月时，检察机关有4件经济犯罪案件的11万元赃款不随案移交。他认为这违反了中央文件和我国法律的规定，坚持赃款必须随案移交。上级有关部门和领导多次向他施加压力，他总是据理力争。他的意见受到上级法院和人大的支持。津市市人大常委会作为一项议案，专门作出了《关于赃款赃物随案移交的决定》，最高人民法院也转发了该院的材料，并上报中央政治局常委。几年来，他拒说情上百次，拒收礼上万元。

向绪汉带领全院同志彻底改变了落后面貌。自1990年以来，该院多次被评为先进单位，并荣立集体二等功1次。向绪汉本人也先后4次被评为先进工作者，1994年他被评为湖南省十大杰出法官，荣立一等功1次，并获省级劳动模范待遇。

【向警予（女）·中国妇女运动先驱·铜像在湖南溆浦揭幕】 1995年9月4日，是向警予诞辰100周年纪念日，其铜像揭幕仪式在其故乡湖南省溆浦县隆重举行。江泽民为溆浦县城向警予故居题写了匾名。铜像耸立在故居西侧的广场中心，高4米，座基5.4米，为全身像。全国人大常委会副委员长、全国妇联主席陈慕华及湖南省和当地领导人、各界人士、向警予的女儿蔡妮等亲属300多人出席了揭幕仪式。

向警予，土家族，湖南溆浦人，1895年9月20日出生。在长沙周南女校毕业后，回故乡创办溆浦学堂，任校长。1919年秋到长沙参加毛泽东、蔡和森等组织的新民学会，不久同蔡畅一起组织湖南女子留法勤工俭学会。年底同蔡和森、蔡畅等赴法国勤工俭学。次年6月在法国与蔡和森结婚。1921年冬回国。1922年加入中国共产党。同年7月参加中共第二次全国代表大会，当选为中央执行委员会候补委员，任中共中央一任妇女部长。随中共中央机关迁往北京，协助开展北方党的工作。1923年6月，继续当选为第三届中央执行委员会候补委员，任中央妇女运动委员会书记（中共四大后继续任中央妇女部部长）。1924年4月兼任国民党上海执行部妇女部负责人。在五卅运动中，积极组织上海女工参加斗争。她长期领导我国妇女运动，发表了大批有关女权和妇女解放的讲演和文章。1925年10月赴苏联入东方大学学习。1927年4月回国，先后在中共汉口市委宣传部和武汉市总工会宣传部工作。蒋介石和汪精卫先后发动反革命政变后，她不避艰险留在武汉从事地下工作，调到中共湖北省委工作，并主编党刊《长江》。曾组织武汉产业工人到农村、军队从事武装斗争，筹措枪支弹药支援湖南秋收起义，实际上主持湖北省委工作。1928年3月因叛徒出卖，在武汉法租界被捕，不久被“引渡”落入国民党反动派手中。她在法庭上义正辞严地痛斥国民党反动派背叛和镇压革命的罪行，在监狱里经受敌人各种酷刑的摧残，表现了共产党员崇高的革命气节。1928年5月1日英勇就义。临刑前仍向群众宣传革命真理，号召群众同反动派斗争到底。

【多吉占堆·新华社西藏分社记者·被评为首届全国百佳新闻工作者】　由中华全国新闻工作者协会组织的“百佳”评选，1995年3月24日在北京举行颁奖会，新华社西藏分社采编室副主任、记者多吉占堆获奖。

多吉占堆，藏族。1963年10月生。西藏墨竹工卡县人，父母都是从旧社会熬过来的农民，目不识丁。1978年，多吉占堆考入中央民族学院附中时还不会说汉语，经过他刻苦努力，于1987年从中国新闻学院毕业后分配到新华社西藏分社任记者。8年来，他长期深入基层，不怕艰苦与危险，深入到世界屋脊各个角落采写独具特色的新闻报道。他曾两度深入高寒缺氧的长江、黄河源头采访；也曾横贯寸步难行的横断山脉藏族地区，两次遇车祸都幸免于难；他趋车、骑马、步行至深山老林中与世隔绝的旧西藏流放地，揭示新旧社会的鲜明对比及藏族人民在人权方面取得的翻天覆地的变化。

8年来，他采写的近千篇稿件极富雪域特色和具有较高的新闻价值。由于他身处西藏这个较为特殊的地理环境中，所获得的第一手材料基本上是鲜为人知、充满吸引力的，加上他的勤奋和努力，采写的一些报道在很短的时间里就成了国内新闻报道的热点，受到人们的瞩目。

1992年3月，他采写了一篇《终于赶上了人代会》的稿件，记述了一位经过14天在雪山、森林中艰难跋涉，终于从人称“高原孤岛”的西藏墨脱县赶到北京参加七届全国人大五次会议的珞巴族人大代表坚争的故事。发稿时，正好当天有不少重要新闻要登出，尽管如此，这篇充满感情的特写还是被《人民日报》、《西藏日报》等多家报纸采用。中央领导同志还特别接见了坚争代表，与他谈话并致问候。来自全国的众多信件表达了对坚争代表的敬意和友好。坚争代表一下子成了当年人代会上的新闻人物。

【邬江兴·电子专家·获国家科技进步一等奖】　中国邮电工业总公司高级工程师邬江兴，主持完成的项目“HJD04型大中容量程控数字电话交换机”，获1995年国家科技进步奖一等奖。

邬江兴，浙江嘉兴人，1953年生。1974年起从事计算机构方面的研究工作，曾参与我国当时运行速度最快的百万次计算机的总体设计，并主持了我军5亿次计算机的总体设计。1984年以后，主要从事程控交换机、通信网方面的研究。1986年，主持完成了当时我国容量最大的时分模拟程控交换机，其后，又完成了JDQ—9、HJD—15等多种型号的交换机。在HJ04交换机的研制中，邬江兴将计算机工程的概念成功地应用于交换机设计之中，创造性地提出了“逐级分布式控制结构”和“复制式T型交换网络”两个全新的设计方法，被国际通信界评价是中国人对世界交换技术的重大贡献。1992年，邬江兴组织实施了04机产业化工程，取得巨大的经济效益。04机已累计销售600多万线，总产值达40多亿元人民币，直接为国家节约外汇5亿美元，累计间接节约外汇4亿美元。

【刘艺·中国书法家协会副主席·参加百名文艺家采风万里行活动】　由中国文联主办的“百名文艺家采风万里行”活动出发式1995年5月22日在北京人民大会堂隆重举行。江泽民总书记为这一活动致信祝贺，参加第一批采风的一百名文艺家中，书法界有沈鹏、刘艺、周俊杰、邹振亚、吉欣璋等，他们随各分团分赴上海、山西、陕西、贵州、湖北等地进行采风活动。同年，刘艺担任全国第六届书法篆刻评委会主任，并致开幕词。同年6月，刘艺还出席在苏州举行的第六届中日友好自咏诗书展。8月，其书法作品参加“纪念抗日战争胜利50周年名人书画邀请展”。

刘艺，又名王平，别名王实子，台湾台中市人，1931年生。擅长行、草书，所作法度严谨，书风清健秀逸、洒脱自然。作品先后入选第一、二、四届全国书法篆刻展等国内外大型书法展览。作品被新加坡博物馆、日本东京日中友好会馆、等国内外博物馆收藏，还在许多报刊上发表，并被收入《当代中国百家墨迹精华》、《当代中日百家墨迹精华》等专辑。书法理论以研究大陆以外之书法现状及翻译国外论文为主，书论有《中国书法在大陆以外的发展与演变》、《中日书法的源流和异同》等，译文有《杨凝式小考》、《祭侄文稿的推敲过程》、《汉碑的分类与书风》、《朝鲜书法史上的巨擘金秋史》等，译著有《论书百绝》等。曾应邀为中央电视台主办“书法讲座”。

刘艺现任中国书法家协会副主席兼创作评审委会员主任，北京工业大学人文社会科学系书法教授，中国楹联学会顾问等职。

【刘一达·北京晚报记者·被评为首届全国百佳新闻工作者】 由中华全国新闻工作者协会主办的“百佳”评选，1995年3月24日在北京举行颁奖会，北京晚报记者刘一达获奖。

刘一达擅长社会新闻特写。这几年他写了几百篇报道，许多篇在社会上激起强烈反响。《京城歌厅“三陪”现象调查》、《北京站的“法毛”》、《通往天国之路》、《“面的”拒载探源》等见报后，立即成了街谈巷议的话题，并且受到有关领导机关的重视和表扬。

他的报道反响大，主要在于他采访时肯下功夫，从不走马观花式见到现象就大发议论。如《京城“房虫儿”暗访记》这篇两万字的特写在北京晚报上连载后，读者惊叹刘一达对倒卖私房的“房虫儿”居然如此摸底，连他们的黑话、暗语都了解透了，殊不知他为写此文，花去了一年多时间，在“房虫儿”中间混，许多“房虫儿”把他当做业中人。北京市常务副市长张百发看了报道后拍案叫绝，在北京市住房改革会上，他亲自点将，让刘一达参与北京市关于公房出租管理条例和私房出售管理条例的制订。刘一达为了采访艾滋病的情况，他找患者促膝谈心；为了解马路边理发的情况，他乔装成理发师；为搞清楚死后骨灰是否属于本人，他到八宝山火葬场与火化工一起搬运尸体，一起上炉操作。

由于他敢于揭露一些社会问题的内幕，也受到恶势力的威胁。他的“三陪”和“房虫”发表后，有的扬言要“废了”他，有的揣着刀子在报社门口等他拼命，可他毫不畏惧，仍一如常态工作。他的报道受到新闻界同行的注意，一些报刊称他是“敢玩命的记者”、“最有出息的记者”。老作家冰心评价他是“敢说真话的人”，周汝昌、邓友梅称他是“最能吃苦的胡同记者”。

刘一达，1954年9月生于北京，在西城一个小胡同里长大，受家庭熏陶，从小就对北京民俗文化有兴趣。1970年进一家工厂当烧炭工，凭刻苦自学，后来当过教员、机关干部，利用业余时间在报刊上发表过多篇文艺作品，并多次获奖。1991年进北京晚报当记者。已出版7部作品。反映旧京民俗的《故都子民》引起社会上的很大反响。《畸魂》是一部纪实文学，是1994年的畅销书之一。

【刘天华·民族音乐家·百年诞辰纪念音乐会在北京举行】 为纪念我国杰出的作曲家、民族乐器演奏家、音乐教育家刘天华100周年诞辰，由文化部和中国音乐家协会联合主办的纪念音乐会，1995年4月3日在北京音乐厅举行。中共中央总书记、国家主席江泽民，中共中央政治局委员、书记处书记丁关根和首都1000多名观众一起欣赏了这位中国现代民族音乐一代宗师的代表作品。音乐会上，中央民族乐团演奏了刘天华创作和整理的10首二胡曲和3首琵琶曲等作品。爱乐女室内乐团还演奏了著名民间艺人阿炳创作的一首二胡曲。演出前和演出结束后，江泽民、丁关根等亲切会见了参加演出的主要人员。江泽民说，刘天华是我国杰出的民族音乐家，是中华民族的骄傲。他的作品很有艺术感染力，把民族风格和民族精神表现得很充分。中国人无论走到哪里，听到刘天华的曲子，都会顿生思念家乡之情。江泽民指出，优秀的民族乐曲对于陶冶人的情操，激发人民群众的爱国之情，有很大的作用。

刘天华，江苏省江阴县人。1895年2月4日生。1909年开始学习音乐，1914年在家乡江阴、常州的中学教音乐，其间曾向江南民间音乐家周少梅、沈肇州学习二胡、琵琶，赴河南学琴，向僧、道和民间艺人学习多种民间乐器，记录民间乐谱，并开始音乐创作。1922年受聘赴北京在三所高校任教。并先后学习小提琴与西洋作曲理论，学习昆曲、三弦拉戏，对民族民间音乐进行实地考察和搜集整理工作。1932年6月在北京天桥收集锣鼓谱时染猩红热，于6月8日逝世。

刘天华是我国现代音乐史上第一个在民间音乐传统的基础上，大胆借鉴西欧作曲技法，进行民族器乐曲创作的。他留下的《良宵》、《光明行》、《空山鸟语》

等10首二胡曲、3首琵琶曲都广为流传，成为教学和演奏的保留曲目。他为二胡、琵琶的改革和发展，奠定了科学、系统的基础，并首次把其列入高等院校音乐专业的课程；他编写的47首二胡练习曲和15首琵琶练习曲，改变了“口传心授”的教学法，初步建立了新的教学体系。1927年创办“国乐改进社”，编辑出版《音乐杂志》。深入社会底层，采集、学习民间音乐，他是第一位采用近代记谱法记录整理了京戏曲谱《梅兰芳歌曲谱》、《安次县吵子会乐谱》等音乐作品的作曲家。刘天华以其“非常人所能及”的“恒”与“毅”，终于成为一位“中西兼擅，理艺并长，而又能会通其间”的民族音乐家。

【刘化章·化工专家·获国家发明二等奖】 浙江工业大学研究员刘化章，主持完成的课题“A301型低温低压氨合成催化剂”，获1995年国家发明二等奖。

刘化章1970年负责创办了浙江工业大学催化研究室，长期从事工业催化剂研究开发，作出多项发明创造。70年代初，在国内率先开展了铁、钴双金属复合催化剂的研究。1975年首创氨裂解—常压净化腊压机升压—多槽反应器合成催化剂高压实验研究装置，被化工部定为国家行业标准实验装置。1976年研制成功A110—2型合成催化剂，开创了我国A110系列催化剂的历史。80年代中期，又发明了喷洒法制造球形氨合成催化剂新方法，获国家发明专利。1986年又突破了沿袭了80多年的传统模式和经典理论，创立Fe0系列的催化剂体系，研制成功国际首创、世界领先的A301型低温低压氨合成催化剂。这一重大突破开创了世界熔铁催化剂研究的新阶段。

刘化章先后获国家发明二等奖、三等奖，国家科技进步二等奖、中国发明奖、中国青年科技博览会金奖、国际发明金奖各1项，省部级一等奖3项。在各专业学报上发表论文40多篇。

刘化章，浙江文成人，1940年生，1964年毕业于浙江化工学院化工系，现为浙江工业大学催化研究室主任。被国家教委、人事部授予国家级有突出贡献的科技专家，被浙江省人民政府授予优秀中青年科技工作者称号。

【刘以鬯·香港著名作家·作品研讨会在北京举行】 1995年10月10日，中国作家协会在北京为76岁高龄的著名香港作家刘以鬯举办了作品研讨会。参加会议的几十位大陆著名评论家、作家，对这位在香港被称为“终生文化人”的作家的作品进行了热烈坦诚的研讨。与会者对刘以鬯在香港物质社会里始终坚守文人品行，坚守严肃文学阵地的执著和信念表示深深的敬意和钦佩。

与会评论家认为，他的小说不仅屡屡为香港文学注入新的活力，即使在中国当代文学的大格局中，也反映和代表了现代小说在中国发展的新特点和新趋向，对整个中国现代文化和文学发展具有重要意义。有评论家谈到，刘以鬯的作品十分专注于表现香港的都市文化，他以自己独特的视角写出了他心目中的香港，他所关注的重点是香港社会人性和社会环境对人类的存在的压力，他的焦虑表现在心灵与商业社会之间的失衡，因此，对香港社会环境的泄愤和对人的本体意义的思考在他的创作中占有较重的份量，这使他的作品更多了抽象的成份。“倒错”成为研究他小说最重要的一个点。

与会者饶有兴味地探讨了刘以鬯作品在小说形式上所做的多方面的探索的实验，认为他走的是兼容并蓄的路线，既欣赏现代作品的新奇，也迷恋现实主义的明晰；既着迷于现代小说独具匠心的结构形式，又不愿抹杀传统小说“兴味线”的魅力。他的以“反小说”方式创作出来的作品，使我们能够发现和洞察小说叙述的新发展和一种特殊的叙述结构。他创作的诗体小说为提高小说的艺术层次指出了新的途径。

在研讨会结束前，刘以鬯动情地说：我从1936年开始发表第一篇小说，至今已有60年，我写了7000万字，但在香港出书的机会却微乎其微，也很少听到鼓励的话，更不用说开这样的作品研讨会，今天这个研讨会是我一生的第一次，各位讲的我听得非常感动，这真是象在做梦。今天是我一生永远难忘的日子，是我梦的实现。

刘以鬯，原名刘同绎，字昌年。1918年生于浙江镇海。1941年上海圣约翰大学毕业，曾任重庆《国民公报》、《扫荡报》副刊编辑。1946年任《和平报》电讯主任兼副刊编辑，在上海创办怀正文化社。1951年历任香港《星岛周报》执行编辑，《西点》杂志主编，新加坡《盖世报》主笔，吉隆坡《联邦日报》编辑。现任《香港文学》月刊总编辑，香港作家联会副会长，被称为“香港文坛的翘楚”。在现代商品社会的香港，他仍坚持着他的艺术追求，他对小说创作有独到见解，并在创作实践中大胆探索新的技巧和表现方法，精心创作了一批富有创新精神的实验小说，主要作品有《酒徒》、《对倒》、《天堂与地狱》、《寺内》、《岛与半岛》等。此外，他还著有文学评论集《看树看林》、《端木蕻良论》、《短绠集》，小说散文评论集《刘以鬯卷》等。并译有几部美国长篇小说。

【刘书论·哈尔滨亚麻纺织厂厂长·被评为全国优秀企业家、获金球奖】 刘书论带领全厂职工努力奋斗，克服了大爆炸带来的重重困难，从1985年到1993年固定资产增加了10倍，利润增加近9倍，1994年又突破销售收入3亿元，利税6010万元，创汇3600万美元，分别增长42.2%，59%，56.52%，1995年工厂主要经济指标又超额完成。哈尔滨亚麻纺织厂在国内、国际亚麻纺织市场上保持领先地位。1995年3月，刘书论被中国企业管理协会、中国企业家协会和企业科学基金会评为第六届全国优秀企业家，获金球奖，4月又评为全国纺织系统特等劳动模范。

刘书论是从工人成为企业家的。1985年被任命为厂长后，他刚刚起步，使企业从被动转为主动，获得直接出口权，增强了企业的活力，1987年3月15日，突发了由静电引起粉尘大爆炸，五分之二的厂房瘫塌，固定资产原值损失达1655万元。在大灾大难面前，他表现了非凡的意志、毅力和魄力。事故发生几小时后，他即做出当天中午12时部分车间恢复生产的决定；3天之后他又提出：哈麻厂要做到当年利税总额不减，创汇不减，职工平均收入和住房修建不减。事件发生后的5天5夜里，他只睡了两小时，拚命带领职工恢复生产，把损失减到最小程度。他向领导表示："待事故原因查明以后，我甘愿受任何处置。但是请给我3个月时间，我要重建哈麻，恢复生产。"3个月后，刘书论被撤掉厂长职务时，哈尔滨亚麻厂已全面恢复了生产。当年创汇2400万美元，实现利税3624万元，比上年增长20.9%。

1989年5月27日，刘书论又被全厂职工民主选举为厂长。这年下半年，全厂积压产品高达1200万米。1990年元旦，刘书论宣布停产4天进行质量教育。宁可让机台停产，也不织一尺不合格布。取消超产奖，代之以质量工资制。质量上去了，国内外销路打开了。刘书论在成绩面前不松劲，时刻注视着国内外市场变化，为开发新品种，他把全厂技术骨干集中到新产品开发机构，形成从信息收集、产品设计、试制到新产品生产开发的运行机制，使哈麻厂许多新产品在国际和国内荣获金奖。

爱才用才，全心全意依靠全厂职工，是刘书论治厂兴企的大政方针。目前，哈麻厂全厂干部平均年龄37岁，两个副总年仅30出头。

主业精、副业兴、多元化、股份制，刘书论实行"一企多制"，用精减的人员办了6个实体，合资建宾馆等，不仅节约厂内开支百万，还创产值千万。

刘书论，山东人，1943年8月生。大专文化水平。1963年参军，1964年加入中国共产党，1968年转业到哈麻厂工作。历任工人、干事、车间主任、分厂书记和主任，1983年7月任副厂长、厂长。他先后获哈尔滨市、黑龙江省优秀企业家、劳动模范、优秀质量管理者等称号，记功多次。1992年9月被评为中国纺织工业部有突出贡献的中青年专家，1993年4月获全国"五一"劳动奖章。

【刘白羽·著名作家·长篇巨著《心灵的历程》出版】 老作家刘白羽晚年酝酿5年，写作5年，完成了长篇巨著《心灵的历程》。这部被作者称作系列的抒情散文巨著，是作者对自己革命生涯的总结，显示了一位共产党员宽阔无私的襟怀，洋溢着共产主义的理想，在艺术形式上也充满了新意。该作品由中国青年出版社出版后，已引起文学界的关注，认为它不仅标志着刘白羽在创作上的又一个高峰，也是当代文学的一个重要收获。

老作家刘白羽在《心灵的历程》里，回首了70多年来的坎坷人生，追忆了自己如何经受了战争的锤炼、精神的冲击、苦难的滋养，从一个旧式大家庭子弟、一个具有进步思想的小知识分子成长为无产阶级战士和作家的。从事创作已近60年的刘白羽说："我写了各种各样的生活，各种各样的命运，但把自己的血与泪、生命与命运尽情倾泻的，还是《心灵的历程》。"对于这本剖析自我心灵的带有回忆录性的巨著，不少评论家将此与卢梭的《忏悔录》和赫尔岑的《往事与随想》相提并论。卢梭和赫尔岑作为上升时期的资产阶级革命家，在他们的这两部作品里表达了革命者对光明和真理的追求。但《心灵的历程》具有更新的思想内涵，它是一位无产阶级革命家追求真理的心灵历程。有评论家说，从刘白羽的这部作品中，人们看到了一代人走过的革命历程，看到了我们国家和民族走过的历程，它的价值很可能要高过卢梭和赫尔岑的两部作品。

1995年4月中国青年出版社和中国传记文学学会联合在北京举行了《心灵的历程》研讨会。与会者对这部作品的思想深度、艺术魅力、在文体上的创新等各个方面进行了热烈的讨论。与会者认为，这部作品有恢宏的气势，充满理想和激情，作者把个人的命运与整个民族的命运联系在一起，是把自己放在伟大时代的洪流中去反省和剖析的。刘白羽始终是一名革命的战士，哪里有战斗，他就会奔赴前线。与会者也十分赞赏刘白羽在艺术形式上的新尝试。认为这部作品不是一般的传记文学，它是把散文组织成专著。作品中诗的成份更多，从本质上说，是一部充满激情的叙事诗。与会者还认为，这部作品是当代文学的一个重要收获。有必要向广大读者推荐这本书。

刘白羽是山东益都人，中国共产党党员，1916年生。1938年到延安，陪美国海军参赞哈尔逊到华北敌后各游击根据地考察。1944年任重庆《新华日报》副刊部主任。1946年任东北解放战场新华社总社军事记者。1949年后，历任中国作协党组书记、书记处书记，文化部副部长，总政文化部部长，《人民文学》杂志主编。他是全国人大代表，全国政协委员，中国作协第二、三届副主席、第四届主席团委员、第一至四届理事。

刘白羽1936年发表处女作短篇小说《冰天》。著有短篇小说集《草原上》、《大阳》、《幸福》、《五台山下》，中篇小说《兰河上》、《火光在前》，散文集《红玛瑙集》、《芳草集》（获1989年中国作协首届散文集奖）、《海天集》、《秋阳集》，长篇报告文学《大海——记朱德同志》，长篇小说《第二个太阳》（获全国1989年第三届茅盾长篇文学奖），电影文学剧本《中国人民的胜利》（与他人合作，获斯林文学奖）等。

【刘玉清·放射影像学家·当选为中国工程院院士】　1995年7月7日，中国工程院公布了新当选的院士名单，协和医科大学影像中心主任刘玉清，被授予中国工程院医药与卫生学部院士证书。

刘玉清，1923年3月出生于河北省。1948年毕业于沈阳医学院。从事放射学临床工作已44个年头，在中国医学科学院心血管病研究所阜外医院当了31年放射科主任，成为我国心血管放射学的主要创始人，中国医科院24位名医之一，并任中国协和医科大学影像中心主任。

近20年来，放射医学领域发生了一场深刻变化，数字减影造影，CT，磁共振以及导管介入等影像技术迅速进入临床，给医学进步带来了巨大的影响。

70年代他在读国外文献时，就敏感地触摸到这场变革的脉博。在随后的年月里，他为中国在这方面的发展发挥了重要作用。1985年，他们引进了数字减影设备，将心血管造影技术应用于临床。不久，他又利用其他医院的磁共振技术开展心血管病诊断，使我国心血管放射学跨上了一个新台阶。

他工作注重质量，结合工作中的问题刻苦钻研，不断总结，工作一步步进展。他对总结格外看重。他说不总结就等于只耕耘不收获。

他从1951年以来在国内外医学刊物上发表论文230余篇。出版学术专著7本，如《支气管造影术》（1959），《血管造影及诊断》（1962），《临床心脏X线诊断学》（1981），《放射学》（上册，1993）等；参加国内外专著编写有关篇章共15本（其中国外专著1本）。迄今获国家级、卫生部级科技进步奖共5项。

他长期担任国内外重要学术团体领导职务，包括中华医学会常务理事、中华放射学会主任委员、中华放射学杂志总编辑以及中国医学影像学杂志等11种刊物的编委、名誉主编，顾问等职务。

1989年后，他不再担任行政职务，但他每天上午都参加读片会，参加对疑难病的会诊。他继续著书立说，继续培养跨世纪的青年人才。他利用自己在国内外的学术地位开拓国际交流，经常带队出席国际有关学术会议，为促进中国影像医学冲出亚太地区，走向世界辛勤地奉献着。

【刘玉琴（女）·郑州市管城区刑侦队队长·被评为中国警界女十杰】　1995年8月25日，河南省郑州市管城回族自治区公安分局刑侦二队队长刘玉琴，在由公安部、全国妇联主办，首都11家新闻单位协办的中国警界女十杰评选活动中，光荣当选。同时，她还荣获全国“三八”红旗手和全国公安系统二级英模称号。

刘玉琴，44岁，河南郑州人，高中文化。她是中原唯一的女刑警队长，在刑侦第一线战斗了24年。她曾因工作出过3次车祸，使右手拇指致残，摔坏了腰脊柱。在一次办案过程中，因要打捞出涉案尸体，她以“倒栽葱”的方式，头朝下，脚朝上，用下巴夹住手电筒，被吊入30米深的井内，连续作业25分钟。1994年3月13日夜，她从北京回到郑州就审理一起杀人案，一干就是6天6夜。这个案子刚完，下一个案子又来了。以致于9天之后，她的丈夫才知道她回来了。刘玉琴勤奋好学，掌握了化装侦查、擒拿格斗、跟踪盯梢、步法追踪等专业技能，成为一名智勇双全的女刑警队长。1991年1月27日，辖区内发现一具男尸。勘查完现场，围观的群众都不认识死者。她从死者手提包里有一只石家庄印刷的信封判断，死者可能是石家庄人。她又从夜间出事现场的群众只听到跑步声而没听到呼喊声判断，死者可能是聋哑人。就这样，一桩千里迢迢异地作案，看似没头没脑的案子，在刘玉琴的大胆猜想和细心分析下干净利索地侦破了，凶手与死者均为石家庄的聋哑人。刘玉琴当队长以来，指挥并参与破获各类刑事案件2000余起，其中重特大案件700余起，挽回经济损失250万元。

刘玉琴多次立功受奖，1994年，她荣获全国“三八”红旗手和全国公安系统二级英模称号，参加全国“巾帼英雄”报告团作过巡回演讲。

【刘正业·宁强县人民法院院长·被授予全国法院模范称号】　1995年12月14日，陕西省宁强县人民法院院长刘正业，被最高人民法院授予全国法院模范称号。

1987年5月，50岁的刘正业在县劳动人事局局长的位子上当选为法院院长。为了开创良好清新的院风，他主持制订了《加强领导班子思想建设措施》、《审判委员会工作制度》、《加强领导班子廉政建设制度》等，并带头身体力行。他还在全院制订了各庭、科、室领导任期和干警岗位目标责任制，制订加强思想政治工作措施、加强基层法庭建设的决定以及错案责任追究等规章制度，使法院内部管理走上了制度化、规范化轨道。他还十分注重提高法官的业务素质，共挤出4万余元经费支持大家参加法律业大学习。目前，全院获得大专以上学历的同志已从1987年的2人增加到71人，占全院人员的89%。他勤奋耕耘，带出了一支政治坚定、业务精通、作风过硬的执法队伍，审判工作年年都上新台阶。1995年审结各类案件1234件，比1987年上升30.95%。1991年以来，审结各类案件4968件，其中审结刑事案件215件，判处刑事犯罪231人；审结各类民事案件3859件，及时化解了民事纠纷；审结经济案件894件，总标的为712.89万元。同时，共执行各类案件5418件，执行率达84.8%，执行总标的为808万余元。这样，有力地促进了宁强县的经济发展和社会稳定。

刘正业当院长后在他的办公桌玻璃板下压着这样的座右铭：“诚恳正直，勤奋实干，公正廉洁，无私奉献”。他不仅自己这样做，还坚持对全院人员进行廉政教育，收到良好效果。1992年，该院被县人大评为拒腐倡廉先进单位。他敢于讲真话。1991年9月，他给最高人民法院院长任建新写信，直谏贫困山区法院的困难，引起中央领导的重视。他千方百计加强法院的物质建设，历尽艰辛修建起了审判办公大楼，结束了几十名同志挤在一个破旧不堪的四合院里办公的历史。

刘正业，1935年2月23日出生，陕西宁强县人，初中文化，1957年7月加入中国共产党。1993年他荣立过二等功1次。

【刘永行·希望集团董事长·创办和领导的希望集团排名全国民营科技企业百强第一位】　1995年10月16日，国家科委和国家统计局公布了全国民营科技企业100强名单，董事长刘永行领导的成都希望集团有限公司，以年产值35亿元排名第一位。

刘永行，四川成都市新津县人，1948年6月生，1980年毕业于成都师范专科学校，分配到新津县教育局工作。1982年，他辞去公职，与兄刘永言、弟陈育新（因过继改姓）、刘永好四人变卖家当，集资在家乡创办育新良种场，引进鹌鹑养殖技术，开发和优化品种，从十几只猛增至10多万只，获得很大成功。其养殖技术获国家星火成果奖。1986年创建成都希望科学技术研究所和新津希望饲料厂。同时，着手进行动物营养、电子技术、计算机应用技术多方位研究，成功地研制出高效丰产的希望牌高档畜禽饲料，并设计建成适合中国国情的饲料生产线。1991年成立希望集团有限公司，刘永行任董事长，致力于企业发展和现代企业的经营管理。其间，多次参加国内国际的学术交流会议。所主持研制成功的希望牌饲料生产技术得以大规模推广应用，其产品连续6次获国家金奖，销量居全国第一，所领导的希望集团迅速发展成为科工贸一体化、主营饲料、食品，兼营面粉、食用油、房产、建筑、商贸等产业的大型企业集团。目前，已拥有50家企业、10多亿元资产、年产值达35亿元，利税达3亿多元以上。

刘永行领导希望集团办了几件大事：第一、制定跨世纪规划，拟在3—5年内建成80—100个饲料厂，实行现代企业管理制度，年生产能力达到1500～2000万吨，实现国内销售1000万吨，摘取世界饲料工业第一桂冠。1995年已成立东方发展公司和南方发展公司，刘永行和刘永好分别兼任两个公司的董事长和总裁，以便执行跨世纪规划。第二、积极支持全国政协倡导的扶贫光彩事业。已投资一亿多元，在四川、贵州、湖北等省的贫困地区建立扶贫工厂，帮助贫困群众脱贫致富。第三、刘永行提出“国有、民营，优势互补，共同发展”的思路，首先在四川省试验创办国有、民营合资企业，现在已在全国10多个省兴办20多家这类合资企业，结果个个成功，家家盈利，得到了党中央领导的肯定。刘永行把大量发展这种企业模式，作为执行跨世纪规划的重要组成部分。第四、制定勤俭办企业的制度和各部门、各个生产环节的节约细则。号召全体职工人人讲节约，处处讲核算，事事讲效益。刘永行遵循的格言是“人生的最大目的是要向人类全体有所贡献”。

【刘光顶·地质学家·获国家自然科学二等奖】　中国科学院院士、地矿部海洋研究所研究员刘光顶，获1995年国家自然科学奖二等奖。

刘光顶是我国海洋地质事业的重要奠基人之一。他曾组织并领导了国家重点攻关课题(75—054)项目，曾先后荣获1982年国家自然科学二等奖、竺可桢野外工作奖、李四光地质科学奖、地矿部科技一等奖等。并发表论文数十篇。刘光顶主持完成的科研项目“中国海区及邻域地质—地球物理系列图”涉及海洋地质学的各个学科，工程十分浩大，但完成的十分出色，其水平居国际领先地位。联合国“大西洋编图委员会”把该系列图几乎所有图件不加任何修改的直接收入《世界海洋图册》、CCOP在编《东亚大地构造图》时，全面采纳了该系列图的观点，刘光顶因主编了该图，被外国学者推荐进入联合国海洋法权威机构。该成果被评为1995年国家自然科学奖二等奖。

刘光顶，1929年生于江苏，1952年毕业于北京大学物理系，现为中国科学院地球物理所研究员、教授，中国地球物理学会理事长，中国科学院院士，第三世界科学院院士，IUGG中国委员会主席。50年代，任教于北京地质学院，50年代末开始从事海洋地质地球物理调查与研究工作。历任地质部第五物探大队、第二海洋地质调查大队技术负责人、地质部海洋地质调查局副总工程师、综合研究大队大队长、地矿部海洋地质司副司长、地矿部石油地质海洋地质局副局长、中科院地球物理所所长等职。

【刘华清·中共中央政治局常委、中央军委副主席·在纪念抗日战争胜利五十周年活动中发表重要讲话】　1995年8月22日，刘华清在纪念抗日战争胜利五十周年暨八路军总部在太行五十八周年大会上发表讲话指出，爱国主义永远是凝聚中华民族的强大精神支柱，是振兴中华的伟大旗帜和力量源泉。25日，刘华清在纪念抗日战争胜利五十周年驻京部队老战士座谈会上指出，回顾和总结我军在抗日战争时期发展壮大、以弱胜强的历史经验，对于更好地继承和发扬我军优良传统，建设强大的现代化、正规化革命军队，具有十分重要的意义。8月30日，刘华清在纪念抗日战争胜利五十周年学术讨论会开幕式上发表讲话。他说，抗日战争的胜利，是中国革命历史上的伟大事件，具有极其重大而深远的意义。刘华清在《求是》杂志1995年第15期发表《中国共产党及其领导的抗日军民是全民族抗战的中流砥柱》一文，指出，中国共产党及其领导的抗日军民不愧是全民族抗战的中流砥柱。文章共分为四部分：一、中国共产党在倡导、促进与维护抗日民族统一战线中起主导作用，是全民族团结抗战的核心；二、中国共产党提出的全面抗战路线和持久战的战略总方针，是指导全国抗战的伟大纲领，是夺取抗战彻底胜利的指南；三、中国共产党领导抗日军民开辟的广阔敌后战场，逐步成为全国抗战的主要战场，在全民族抗战中发挥了决定性作用；四、中国共产党领导抗日战争取得胜利的历史经验，是新的历史条件下增强国家和民族凝聚力，推动“四个现代化”建设的巨大精神财富。

1月30日至2月13日，刘华清在海南、广东考察工作并看望了驻军部队。他强调要发扬光荣传统，加强党组织建设，加强干部队伍建设，加强爱国主义和革命传统教育，在社会主义市场经济新的条件下，特区军民要创造新经验，努力推进经济特区的两个文明建设再上新台阶。

7月8日至15日，刘华清在黑龙江考察工作并看望了驻军部队和武警部队。刘华清指出，大型军工企业，尽管在目前的发展过程中遇到了一些困难和问题，但只要上上下下共同努力，完全可以克服困难，勃发生机，为国防建设和经济建设做出更大的贡献。

10月5日，中国致公党成立七十周年大会在北京举行，刘华清代表中共中央向致公党表示祝贺。

12月2日至9日，刘华清率领中国政府代表团应邀对俄罗斯进行正式友好访问。在这一年，他还先后会见了来我国访问的许多国家的政府和军队领导人。

刘华清，生于1916年10月，湖北大悟人。1929年10月加入共产主义青年团，1935年10月转为中共党员，1929年10月参加工作，1930年12月参加中国工农红军。1929年—1937年，先后任少共区委书记、团委书记，交通队指导员，军政治部组织、宣传、文印科科长，军团政治敌工部科长，师政治部宣传科科长，红三十一军司令部机要科科长、作战科副科长，干部大队队长兼政委。1937年—1945年，任八路军一二九师司令部秘书主任、师政治部宣教科科长、师供给部政治部主任，冀南军区政治部组织部副部长、部长，平原军区政治部组织部部长，冀鲁豫六分区副政委，冀南军区第七支队政委。1945 年—1949 年，任第二野战军二纵队六旅政委，二野三兵团十一军政治部主任。1949 年以后，历任西南军区军政大学政治部主任，西南军区第二高级步校政治部主任，二野十军副政委，第一海军学校副校长兼副政委。1954 年—1958 年，赴苏联海军指挥学院海军指挥专业学习。1958 年—1965 年，任海军旅顺基地第一副司令员兼参谋长，海军北海舰队副司令员兼旅顺基地司令员，国防部第七研究院院长。1965 年以后，任六机部副部长兼第七研究院院长，国防科委副主任，海军副参谋长。1979 年—1982 年，任解放军总参谋长助理、副总参谋长。1982 年—1987 年，任海军司令员、海军党委副书记。1987 年起任中央顾问委员会委员，中央军委委员、副秘书长，中央军委副主席。是第七届全国人大代表，中共第十二届、十四届中央委员，第十四届中央政治局委员、常委。

【刘全忠·澄城县公证处主任·被评为全国十佳公证员】　1995 年 12 月 26 日，由司法部组织的第一届全国十佳公证员评选揭晓，陕西省澄城县公证处主任刘全忠，在人民大会堂领取了奖牌和证书。

刘全忠，54 岁，陕西澄城县人，大专文化。他从事公证工作十多年来，经常身背挎包骑车到农村，边调查、边宣传、边公证，闯出了一条适合本县县情、民情的公证工作的路子。他先后给县 6 套班子的领导，各部、局、委办和乡镇干部及全县 256 个村的基层干部讲过 8 场次《经济合同法》课，给村组干部讲解公证知识 60 多场次。

刘全忠热爱公证工作，坚持公证为社会主义经济发展服务的方向，并做出了突出贡献。他先后十多次被部、省、地、县评为先进工作者；1987 年荣立二等功 1 次；1989 年被评为全县拔尖人才；1990 年被评为全国司法系统先进工作者；1992 年被授予省劳动模范称号。他所领导的公证处连续 11 年被评为地区司法行政系统先进集体，1991 年荣立集体二等功，1992 年被评为全国公证质量先进集体。

【刘志华（女）·河南省京华实业公司董事长兼总经理·被评为中国十大女杰】　誓为妇女、农民、农村争口气，用心血和智慧实现“乡村都市”梦想的农民企业家刘志华，自 1972 年挺身自荐担任村长以来，带领全村 300 多人，把一个贫困的小村逐步发展成为拥有食品工业、化工、机械制造、商业、房地产、旅游业、疗养院、宾馆等 17 个经济实体，固定资产达 1.417 亿元的国家二级企业的京华实业公司。实现人均利税 2.1 万元、人均收入 5000 元，使家乡人民走上共同富裕之路，全部住进建筑风格各异的现代化住宅，免费享受 20 余项福利，实现老有所养，少有所教，文化生活丰富多采，有自己的文体团体和一支农民科技队伍（其中获高、中、初级职称的人数占村民总数的 35.1%），向农村城市化、农民工人化、知识化的方向迈进了一大步。1995 年在庆祝“三八”国际劳动妇女节的前夕，刘志华被由全国妇联组织的，有劳动部、人事部、解放军总政治部、全国总工会、团中央、中国科协以及 10 余家全国性新闻单位参加的评委会评为中国“十大女杰”。同年 5 月，被全国妇联和农业部授予（首届）“全国优秀女乡镇企业家标兵”称号。

刘志华，1939 年 2 月生于河南省新乡县小冀镇东街村。中国共产党党员、高级经济师。50 年代末，她高考落榜回村种地。1972 年出任生产队队长。这位生在农村，长在农村的农民女儿，热爱自己的家乡，她依靠集体经济的力量，勇于改革，艰苦奋斗，所创造出的业绩受到人们的啧啧称道。中共中央总书记江泽民曾亲临视察并挥笔题词：“努力提高农民素质，建设社会主义新农村”。刘志华曾被评为河南省优秀企业家、全国“巾帼建功”标兵、全国农业劳动模范、中国农村十大新闻人物之一、全国“三八”红旗手、全国优秀女企业家、全国优秀乡镇企业家、全国劳动模范、全国经营大师、中国改革风云人物等，并获全国“五一”劳动奖章。是第八届全国人大代表、全国妇联第七届执委。1995 年 9 月，中央电视台播出了电视系列剧《黄河的女儿刘志华》。

【刘丽春（女）·大连塑料彩印厂厂长·被授予全国优秀女企业家称号】　1995 年“三八”妇女节前夕，大连塑料彩印厂厂长、高级经济师刘丽春，被中国女企业家协会授予“全国优秀女企业家”称号。

刘丽春，1950 年 11 月 22 日生，辽宁省大连市人。中国共产党党员。1972 年起，先后在大连第一、第三塑料厂分别任科员、革命委员会副主任，后任大连塑料工业公司党委宣传部副部长、党委办公室主任。1987 年后调任大连塑料彩印厂办公室主任、副厂长。

1990年就任厂长时，在企业面临资金紧缺，原材料涨价，市场疲软和同行业竞争激烈的困难情况下，及时提出“内抓质量，外抓市场”的经营方针，亲自抓销售，开辟市场，了解信息，走访南北大小用户二百余家次，并带领全厂职工强化基础管理，狠抓产品质量，实行了全面质量管理、全员质量保证，并推行ISO9000标准，建立健全具有国际标准的企业管理制度，保证了产品高质量，生产高效益、低消耗。同时及时调整产品结构，不断开发高新包材，先后成功地开发了速食碗面盖材、耐高温杀菌蒸煮袋、冷冻袋、耐油的膨化食品袋等产品，至今共有12大类产品走在市场前面，其中有8项填补了国内空白。因而在占领国内大品牌市场中，连连取胜，成为华丰牌三鲜伊面，台湾康师傅、统一面，韩国三养即食面包材、盖材；飘柔、海飞丝、潘婷洗发精，奥妙洗衣粉包材供货方，而为美国玛氏公司m&m巧克力、德芙巧克力生产的特殊包材，则被其全部寄往美国。企业经济效益从1992年起连续3年大幅度提高，各项指标均创历史最高水平，位于三百余家同行业之榜首。先后被评为市局“先进企业”、市“文明单位”、辽宁省“先进企业”、省“全员劳动生产率最高50户”；其产品蒸煮袋系列等产品被评为第一名和轻工部优质产品。刘丽春以无私奉献的精神，为工作、为事业，起早贪黑，很少有节假日休息的时候。长年的艰苦工作，使她积劳成疾，曾三度住院，一次大手术，但她仍一如既往，带领全厂职工为建成国内最大的大型包装材料集团公司、世界知名和亚洲最大塑料彩印包装集团公司之一，而兢兢业业、脚踏实地的工作着。她曾被评为大连市“劳动模范”、“特等劳动模范”、“优秀共产党员”、辽宁省“有突出贡献的优秀企业家”、全国包装行业“优秀企业家”和“轻工系统劳动模范”，并获省“五一”劳动奖章。

【刘秀华（女）·举重运动员·获世界锦标赛3枚金牌】　1995年11月，第九届世界女子举重锦标赛和第67届世界男子举重锦标赛同时在广州举行。11月18日，19岁的中国姑娘刘秀华在女子50公斤级比赛中，以抓举85公斤、挺举102.5公斤、总成绩187.5公斤的成绩，夺得这个项目的3枚金牌。

刘秀华，广州市增城县人，1976年生。她12岁时开始举重训练，在广州市中心业余体校练了3年，并打下牢固的基础。启蒙教练是中心业余体校的钟成灿老师。1991年，她被选进广东省女子举重队，从此正式跨进专业举重运动员的大门。刘秀华身体素质好，潜力大，在经验丰富的江涛教练指导下，她从难、从严、大运动量训练三年，成绩提高很快。

苦尽甘来。1993年9月，刘秀华在第七届全运会举重比赛中，以217.5公斤的总成绩（抓举92.5公斤、挺举125公斤），夺得女子50公斤级总成绩的金牌，并创造这个级别的三项世界最好成绩。同年，她在世界举重锦标赛上，以抓举77.5公斤、挺举110公斤和总成绩187.5公斤，获得女子50公斤级抓举、挺举和总成绩3项冠军。1994年10月，刘秀华在广岛亚运会女子举重比赛中，以抓举87.5公斤、挺举110.5公斤、总成绩198.5公斤，刷新了女子50公斤级的抓、挺和总成绩3项世界纪录，并夺得总成绩金牌。

【刘应明·数学家·当选为中国科学院院士】　1995年11月6日，中国科学院公布了新当选的院士名单，四川联合大学数学系教授刘应明，当选为中国科学院数学物理学部院士。

刘应明，福建省福州市人，1940年生，1963年分配到四川大学（今四川联合大学）数学系从事教学和科研工作至今。1983年晋升为教授。他主要从事拓扑学与不确定性（主要是模糊性）数学处理等方面的教学与科学研究并取得多项重要成果。奠定了格上拓扑学有点化流派的基础，在邻近构造这类基本拓扑结构上有深入的发现并在嵌入理论、紧化理论、Hahn－Dieudonne定理格值化等困难问题上实现了突破；将大数学家Ehresmann倡导的格上拓扑学推进到了新阶段；在代数拓扑方面解决了Whitehead问题；在一般拓扑的仿紧理论中也屡有建树，并解决了Domain拓扑结构中Lawson等问题。在与拓扑相关的代数与序问题上做出了突出成就，引起国际上多值逻辑与人工智能专家很大兴趣；在多元函数的简单逼近问题研究中给出了一类函数的哥氏表示的简洁逼近式，实现了真正的降维，具有重要意义。圆满地完成了与模糊信息处理有关的国家“863”课题及国家基金重大项目，推动了我国模糊技术产业化。已发表论文70余篇，并获国家自然科学奖等多种奖励。

【刘若英（女）·台湾青年电影演员·获第四十届亚太影展最佳女主角奖】　台湾影坛新秀刘若英凭藉在影片《少女小渔》中成功地扮演女主角小渔，1995年7月在印度尼西亚雅加达举办的第四十届亚太影展上，摘取最佳女主角桂冠。

影片《少女小渔》讲述了大陆留学生江伟为拿到

美国绿卡，安排女友小渔“嫁”给一个意大利裔老头。在这场名不副实的婚姻一步步走向终点时，江伟对小渔的不满、疑虑和猜忌却达到了顶峰，而小渔与老头之间温馨的友情却悄然滋生。刘若英饰演的小渔形象清纯，演技收放自如，运用中文、英文对白自然娴熟，因而受到评委们的称赞。

刘若英，1969 年 6 月 1 日生于台湾。十八岁高中毕业后，远渡重洋到美国加州州立大学攻读声乐和钢琴。毕业后回到台湾，进入滚石唱碟公司陈升的新乐园工作室，担任音乐制作助理，曾出版唱片合辑《九大天王·十二出好戏》。1994 年，刘若英步入影坛，一年之内先后在影片《我的美丽与哀愁》中饰女主角柳玉梅、《少女小渔》中饰女主角小渔和《南京大屠杀》（又名《南京一九三七》中饰女教师刘书琴。由于初登银幕成绩不凡，被港台影坛普遍看好。之后，又在《今夜不回家》、《新喋血街头》、《红柿子》、《飞天》等影片中饰演主要角色。1995 年，她还推出了首张个人演唱专辑《少女小渔刘若英的美丽与哀愁》。

【刘昌明·水文水资源学家·当选为中国科学院院士】　1995 年 11 月 6 日，中国科学院公布了新当选的院士名单，中国科学院石家庄农业现代化研究所所长、研究员刘昌明，当选为中国科学院地学部院士。

刘昌明，1934 年出生于湖南省长沙市。他是我国地理水文实验研究领域的主要倡导者与开拓者，致力于发展地理方向的水文和水资源学，在水分循环、产流模式、水文实验、农业水文、森林水文、全球变化以及环境水文等方面均有较深的理论与方法创建，在国内外发表 120 余篇论著，对地理水文学做出了系统的贡献。多次主持国家与中科院重点研究，在无资料地区提出了小流域暴雨径流量计算方法，被西北地区铁路新线设计谁广应用；在南水北调环境影响与水平衡的研究中，为调水方案提出科学的计算与分析，被工程规划论证所采用，受到国内外同行的推崇，例如被联合国 UNEP 邀请参加调水专家工作组；把华北水的研究与黄淮海平原治理相结合，在北方水文水资源计算、四水转化及调控、雨水利用（为第七届国际雨水利用大会组委会主席），农业节水研究方面均有创新。获国家、中科院以及省、部级奖励 12 次。1984 年为首批国家有突出贡献中青年专家，1994 年获竺可桢野外研究工作奖。

【刘金虎·宁夏金龙集团总裁·被评为第五届全国十大杰出青年企业家】　宁夏金龙集团创始人刘金虎，以振兴宁夏山区经济发展为己任，为宁夏贫困山区人民脱贫致富作出突出贡献。1995 年 11 月 20 日，他被评选为第五届全国十大杰出青年企业家。

刘金虎，1958 年生，大学文化，中国共产党员。他创建的金龙集团在 16 名人员的基础上，经过十多年艰苦奋斗，发展成为由公路工程、水利工程、饭店旅游业、房地产业组成的一个综合性集团企业，现有职工万余人，年总产值达 5 亿余元。

刘金虎深切地感到，企业要发展，必须坚持抓制度管理。集团内最大的公司——公路工程总公司，人员构成复杂，他对企业深入调查研究后，从软件和硬件方面同时着手建立现代化管理模式。他在装备机械化设备的同时，引进电脑、小型电台等运用于工程管理。他学习国外先进经验，结合本地情况，制定了《公路管理 100 条》，使工程质量和效益大幅度提高。他们承建的公路工程曾多次验收为全区优良工程。金龙饭店刚开业时，刘金虎就注重抓管理。根据饭店实际，草拟了《金龙饭店管理 40 条》，实行半军事化管理，并通过与职工谈心、家访、拜年，解决职工的户口、住房等实际困难，激发了职工的工作热情和敬业精神。

刘金虎作为一名共产党员，始终不忘宁夏贫困山区人民的脱贫致富。他从贫困山区带出六千多名人员组成精干队伍，使他们解决了温饱。他看到西海固地区十年九灾，生产条件十分落后，下决心为部分贫困户搞吊庄移民，已投资搬迁了 41 户。并在宁夏农学院请去两位技术人员给吊庄农户上科学种田课。1992 年他还投资 10 万元免费培训 60 名贫困户子女驾驶员。宁夏回族自治区党委、政府提出“南部开放”的政策后，刘金虎垫支三千万元，修建了南部山区西海固公路工程，有力地推动了宁夏南部山区经济快速发展。他还资助 30 多名贫困户子女上中学、大学，其中有两人考上了研究生。

刘金虎坚持严谨、科学的态度，把造就和培养一批合格的管理人才作为头等大事来抓。他们先后培训集团员工 6898 名。公路工程总公司先后送 30 名农家子弟到宁夏建筑学校学习，又派 18 名工程技术人员进西安公路学院深造。为了给社会和集团培养更多的人才，在自治区团委的支持下，成立了宁夏青年企业管理者培训中心。1994 年他又在团中央的支持下，投资数亿元，在北京修建中国青年培训中心，为培养更多的跨世纪人才献力。刘金虎被评为第三届全国优秀青年企业家、宁夏优秀青年企业家、企业政治思想工作先进个人、宁夏优秀青年经理(厂长)等。

【刘宗祥·中共永宁县委书记·被授予优秀县(市)委书记称号】 1995年6月30日,全国百名优秀县(市)委书记表彰会在北京中南海怀仁堂召开。中共中央总书记江泽民出席会议并作了重要讲话。会上宣读了中共中央组织部对全国在县(市)委书记岗位上取得优异成绩的100名干部,授予优秀县(市)委书记称号的决定,刘宗祥名列其中。

刘宗祥,陕西子长县人,1946年4月出生,1964年参加工作,大专文化,高级政工师、经济师。曾任县团委书记,县委组织部长、常委、副书记、县长。1994年6月任现职。

永宁位于银川平原中部,背靠黄河,毗邻银川。近年来,永宁县农业稳步增长,工业迅速发展,财政收入跃上新台阶,多项工作跻身于全国先进行列,先后被国家授予"粮食单产达标县"、"全国社会治安综合治理先进单位"、"全国农民教育先进县"、"全国乡镇企业先进单位"等称号。说起这些变化,永宁人都称赞刘宗祥是他们的好当家。刘宗祥在永宁工作30多年了。当上县委书记,他首先思考的问题就是如何找准农村工作的结合点,围绕经济抓党建,抓好党建促经济,使两个建设互相促进,同步发展。在长期的党务和政府工作实践中,刘宗祥深刻认识到,农村党支部是党组织的细胞,党员是党支部的细胞,农户是社会的细胞。抓好"细胞工程",才能夯实党在农村工作的基础,把农村经济推上快车道。因此,他向县委提出在农村基层组织中开展"先锋效应"工程和"细胞效应"活动,得到一致赞同。他决定抽调700余名干部下农村抓党支部建设。同时组织全县3000多名农村党员与3万农户签订了富民卡,73个行政村党支部与党员签订《责任书》,明确了党员对签卡农户承担的8项工作任务及相应的奖惩制度。

永宁县东部有21公里黄河伸张无态,历史上给永宁带来过深重灾难。整治黄河的议案提出后,有的同志认为难度太大,财力也不到位。刘宗祥认为治好黄河不仅有利于农业生产,也能增强人们的进取精神。在他的动员下,治河大军开赴工地,高标准修筑起能防御每秒6000立方米流量洪峰的大堤,被当地百姓称为永宁县防洪史上第一大堤。永宁县西部是一片沙丘莽原。刘宗祥决心在任期内开发3万亩良田,为农业发展增添后劲。开发工程实施后,优惠政策吸引了许多人,本县和外地的农民、干部在荒漠腹地安家落户投入开发。刘宗祥狠抓乡镇企业,加强对工业生产的领导。永宁产粮大县、工业弱县的格局正在改变。

【刘美珍(女)·长途汽车司机·25年安全运营117万公里】 北京市长途汽车公司司机刘美珍,到1995年底开车25年,安全运营117万公里,相当于绕地球29圈。1995年世界妇女大会期间,她荣获"巾帼建功三八红旗手"称号。

刘美珍,1948年7月生,北京市人,1966年参加工作,1996年3月加入中国共产党。1971年,刘美珍被培养成为司机。她的"安全第一,乘客至上"的敬业精神,受到顾客的普遍赞扬,为企业赢得了声誉。凡是坐过刘美珍车的乘客,都深有体会地说:"还是坐'国营的车'稳当、安全。"刘美珍对安全行车特别上心。按规定司机出车前要提前半小时到岗检查车辆,可她总是提前一个小时到岗。参加工作30年,只休过3天婚假、3天丧假、56天产假,此外再无一天缺勤。长途车的司机需要住站,而绝大部分站点在郊外,条件十分艰苦。她歇完婚假、产假,上了班就住站,从没提过困难。她加班的公里数在东直门分公司总是名列前茅。有一年春节,她婆婆病、孩子病,大伙劝她:"你家里有事,就别加班了,心里有事开车也不安全。"可她回答说:"正是忙日子,站上的人手不够用,不加班哪儿成啊……你们放心,多年我已养成习惯,只要一上车,我就什么心事也不想了——哪怕是家里房子着火,咱也得先把车平平稳稳地开到终点,因为拉着一车客人哪!"

1994年刘美珍以其出色的工作成绩,被评为北京市公交总公司岗位标兵。

【刘振兴·空间物理学家·当选为中国科学院院士】 1995年11月6日,中国科学院公布了新当选院士名单,中国科学院空间科学与应用研究中心研究员刘振兴,当选为中国科学院地学部院士。

刘振兴,山东省昌乐县人,1929年生。他长期从事近地层大气物理、高空大气物理、行星际物理和磁层物理研究。80年代初,率先在我国开展木星磁层研究,提出了一个新的木星磁层盘模式,国际同行认为"这项研究表现出的重大发展可能成为这方面的经典著作之一"。在有关木星磁层物理的专著中,此模式被称为刘氏模式。他首次创造性地提出了涡旋诱发磁场重联的新理论,对其物理性质及在空间物理中的广泛应用开展了系统的研究,有关论文已被国内外同行引用50多次,国际同行认为这是"当今最先进和最真实的瞬时重联模型,是这一领域的领先者"。欧空局高度重视这一理论,并与中国开展了合作,在即将实施的Cluster系列卫星计划中,被聘为欧空局Cluster科学数据系统的指导委员会成员,并担任中方首席科学家。曾获中国科学院自然科学奖一等奖(第一负责人),国家自然科学奖三等奖、四川省人民政府颁发的优秀科学技术著作奖和优秀图书金帆奖一等奖,全国优秀图书特别奖,全国科学大会奖。

【刘耕陶·肝脏生化药理学家·当选为中国工程院院士】 1995年7月7日,中国工程院公布了新当选的院士名单,中国医学科学院药物研究所研究员刘耕陶,当选为中国工程院医药与卫生学部院士。

刘耕陶,1932年出生于湖南双峰县农村。1956年由湖南医学院毕业,分配到北京,进入中国医学科学院药物研究所。

刘耕陶从事药理研究38年,在我国首先开辟肝脏生化药理学研究领域,对肝细胞损伤与修复、药物代谢酶的诱导及生物学意义、自由基损伤与抗氧化剂等的研究在国内领先,部分内容达到国际先进水平。他与药化专家合作,在合成五味子丙素的基础上,从寻找具有新的作用靶点的药物入手,研制成我国首创的治疗慢性肝炎新药联苯双酯,他是这项成果的主要发明人之一。该药已在临床应用了十余年,并远销国外。这项研究获卫生部甲级成果奖,国家发明三等奖。

刘耕陶的学术思想活跃,学风正派,工作勤奋,精力充沛,对科技领域中的新思路、新技术感觉敏锐,与国际同行学术交往密切,他先后创新建立了多种国内外没有的实验方法,他曾多次举办学习班,无保留地向全国介绍,并多次出席国际性药理学术研讨会,获同行专家的好评。

数十年来,他的科研成果累累,发表论文及综述138篇,其中20余篇用英文发表于国内外一流刊物。在国外申请专利13项。完成科研课题30余个。

刘耕陶是博士生导师,他重视培养人才,是学生们的"良师益友",在学术上一丝不苟,在方法上循循善诱,主张学术面前人人平等,从不以师长压人,注意采用启发式培养学生的独立性和灵活性,已培养博士后研究员1名,博士生9名,硕士生7名。

他多年的研究成果提高了中医中药在国际药学界的声誉,为我国医药学的发展作出了突出贡献。1986年获五一劳动奖章,1988年被评为国家级有突出贡献的中青年科技专家。

【刘晓东·兰州市公安局刑侦大队副大队长·被追授全国公安系统一级英雄模范称号】 1995年12月25日,公安部发布命令,追授甘肃省兰州市公安局刑侦大队副大队长刘晓东全国公安系统一级英雄模范称号。甘肃省人民政府追认他为革命烈士。

刘晓东,1956年2月8日出生,陕西延长人,大专文化。1975年参加工作,先后在甘肃省榆中县插队,兰州热水瓶厂当工人,1979年参加公安工作,先后任甘肃省兰州市公安局七里河分局敦煌路派出所副所长,分局刑侦队副队长、队长,市公安局刑侦大队副大队长。二级警督。1975年加入中国共产党。刘晓东参加公安工作以来,具有强烈的事业心和责任感,忠于职守,忘我工作,特别是在侦破恶性暴力案件中,总是冲锋在前,英勇顽强,仅1992年至1994年间,他亲自指挥并直接参与侦破的刑事案件就达667起,其中重特大案件325起,为打击刑事犯罪、维护社会治安,做出了突出成绩,曾荣立过个人二等功。1995年12月18日晚,刘晓东与兰州市公安局七里河分局龚家湾派出所所长杨顺心和小西湖派出所副教导员陈连奎等4人,驾驶北京吉普车途经兰州市滨河北路时,发现两名持枪歹徒开枪打死一出租车司机后劫车逃跑,强烈的责任心驱使他置个人安危于度外,不顾一切地驾车向歹徒追去,在一路口迫使出租车停下。刘晓东拔出手枪英勇地冲向出租车。穷凶极恶的歹徒突然从车内开枪射击。刘晓东胸部连中11弹,光荣牺牲。电视剧《西部警察》中刑警队长刘汉,就是以刘晓东为生活原型塑造的。

【刘晓静(女)·杂技演员·在巴黎国际杂技比赛中获金奖】 1995年1月,北京杂技团刘晓静主演,王玉、柳青、解梦参演的杂技节目《玩空竹的小妞妞》,在第九届巴黎世界"未来"杂技节的比赛中,获得金奖。

刘晓静主演的这个空竹节目,由王桂琴设计和教练,罗伟导演。早在1994年9月第二届中国武汉国际杂技艺术节中,就曾获"黄鹤银奖"和中国杂协颁给的"创新奖"。此后,刘晓静等精益求精,围绕着"玩"字不断提高技巧和表演水平,将高难度的动作融于天真烂缦、轻松愉悦的情调之中。刘晓静在这个节目中,继承了我国北派空竹的轻盈细腻、玲珑优美的传统风格,又流畅地揉进了一系列高难动作，如“叠罗汉抛空竹翻后提下”、“小翻抛接双空竹”、“跑人上肩接空竹翻后提下”、“四窜毛抛接空竹”等，技巧娴熟，童趣跃然，活泼可爱，受到杂技同行和广大观众的赞扬。

刘晓静，北京市人。1981年生。1990年考入北京杂技团学员班，1995年2月以优异成绩毕业。她在刚满14周岁时，就被评为国家三级演员。

【刘海旺·乡派出所所长·被追授全国公安系统一级英雄模范称号】　1995年1月23日，公安部发布命令，追授内蒙古自治区锡林郭勒盟正蓝旗公安局哈毕日嘎乡派出所所长刘海旺全国公安系统一级英雄模范称号。2月23日，内蒙古自治区政府追认刘海旺为革命烈士；2月24日，内蒙古自治区党委追认刘海旺为优秀共产党员。

刘海旺，满族，1945年10月5日生，河北省丰宁县人，初中文化。1964年入伍，1969年6月加入中国共产党。他退役后在军马场任武装助理员。从1976年2月开始，他从事公安工作，一直战斗在基层第一线，先后在3个乡任公安特派员，1994年1月，被提升为派出所所长。

1994年11月17日晚，从张家口作案后逃到哈毕日嘎乡的两名歹徒又开始行凶。工作了一天刚踏进家门的刘海旺接到群众的报警电话后，立即拿起手电、警棍就往外走。其妻提议找个帮手同去，刘海旺边走边说：“犯罪分子已经开枪，来不及叫人了。”他迅速赶到现场，追捕歹徒。面对两名穷凶极恶的歹徒，他临危不惧，英勇顽强，展开了殊死搏斗，不幸被歹徒开枪击中头部，献出了宝贵的生命。

在近20年的公安生涯中，刘海旺单独或协助他人破获过许多起刑事案件，也处理过许多治安案件。每当危急关头，他总是挺身而出，置个人生死于度外。1993年3月。那日图乡发生一起重大凶杀案。在邻近乡任特派员的刘海旺，单枪匹马赶到现场，做好现场保护并组织布控、堵截，为破案争取了时间。刘海旺一家7口人，只有他一人拿工资，生活清贫、俭朴。尽管为牧民们办了许多好事，从未收过一份礼品。一次，外地一辆卡车因捆货绳索松动，致使布料、服装和毛线等物品不断从车上掉下来，被牧民捡回家。货主向刘海旺报案后，刘海旺带着货主挨家挨户地做工作，终于使万余元物品收齐。货主以好烟好酒致谢，刘海旺婉言谢绝。

【刘梓钰·天津艺术研究所所长·获全国曲艺理论评奖一等奖】　1995年8月，天津艺术研究所所长、研究员刘梓钰所著《相声艺术的奥秘》，在中国艺术研究院、中华曲艺学会联合主办的全国曲艺理论评奖中，获论著一等奖。这本书从相声艺术本体出发，从结构、语言、招笑手法等方面进行了独具特色的分析研究，有人称之为“相声走向理论的重要成果。”曾在1993年10月获天津市第五届社科优秀成果奖。

刘梓钰，天津市人。1947年2月生。1968年入伍，1971年复员，到天津市群众艺术馆工作，先后任编辑，副馆长，兼《天津演唱》主编。1975年10月加入中国共产党。1984年到天津艺术研究所工作。长期以来，刘梓钰在探讨相声艺术理论方面辛勤耕耘，不断取得可喜成果，《“洋闹相声”辩》(1984)、《与当代文学相通的理性和思辨—王鸣录相声创作论》(1986)先后获天津市“鲁迅文艺奖”；《喜剧笑料构成手法的分类根据与类别》(1990)获天津市第四届社科优秀成果奖；《演员姜昆论》(1992)获首届华北区文艺理论评奖二等奖。与此同时，他还写了不少相声和话剧剧本，其中相声《霸王别姬》于1980年获全国曲艺评奖二等奖；《并非讽刺裁判》于1984年获全国相声评比一等奖；《维纳斯的遗憾》(合作)于1990年获全国《铜陵杯》相声评比获优秀作品奖。他写的话剧《怪物》也曾在天津市获奖。由于刘梓钰在研究相声艺术中颇多建树，1995年12月，他在中国曲协、中央电视台举办的首届侯宝林金像奖电视相声大赛中，荣获“杰出贡献学术奖”。

刘梓钰还是中华曲艺学会副会长、天津艺术学会副会长。1992年，被文化部评为中青年优秀专家。

【刘铭传·出任清代第一任台湾巡抚110周年·报纸介绍其开发建设台湾的事迹】

1995年是我国台湾建省和刘铭传担任第一任台湾巡抚110周年。《人民日报》海外版于2月18日刊登张缨写的“刘铭传与台湾近代化”一文，介绍了刘铭传在台7年，为台湾的开发和近代化建设作出的贡献。

刘铭传(1836年～1896年)，安徽合肥人。字省三，号大潜山人。1854年在家乡组织团练，抵抗太平军。1862年率练勇入淮军，号铭字营，为淮军主力之一。1865年任直隶提督，参与镇压捻军。1868年率军镇压西北回民起义。1884年中法战争时，以巡抚衔督办台湾军务，抗击法军。同年10月，授福建巡抚，仍驻台湾。1885年10月台湾建省,为首任巡抚。1890年加兵部尚书衔,兼任海军衙门帮办。1891年因病去职。1884年至1891年,刘铭传主政台湾7年,他怀着"举一隅之设施,为全国树之范"的抱负,对台湾的政治、经济、社会等各方面进行大规模建设和改革,奠定了台湾近代化的基础。突出的有四个方面。一是继续开山抚"番",加快台湾的开发。台湾的土著居民高山诸族大多生活在崇山峻岭中,生活水平低下,被清廷称为"番"。刘铭传创设抚垦总局,亲任抚垦大臣,以政府力量扩大开山抚"番"规模。同时,重视对"番"民施以教化,授产营生,设置"番"学堂,逐步提高"番"民文明水平。先后有30余万"番"民接受招抚,开垦农田数十万亩。二是建省分治,整顿吏治,确立台湾社会的政治统治秩序。台湾原为福建省之一府,行政管理松弛。刘铭传任巡抚后于1887年开始实施新的行政区划,在台湾省下建立一州、三府、三厅、十一县,基本奠定了日后台湾的行政规划,加强了对台湾地区的有效统治。三是兴办近代工矿交通运输业,为台湾地区经济的繁荣和进一步近代化奠定基础。刘铭传认为抵御西方列强侵扰,防护台湾,不能单纯靠练兵、办军工。他主张"欲自强必致富,欲致富必先经商",因此积极兴办"一切矿务、垦务、制造各务",扶持民营工矿业,支持商人办茶场、经营樟脑业。同时发展台湾的对外贸易,强调与外商"争利"。积极主张兴建铁路,于1889年建成台湾第一条铁路基隆至台北线,这也是中国最早建成的铁路之一。四是针对台湾实际,积极倡导儒学和西式教育,一方面兴办台湾府儒学,向台湾民众倡导中华文化;另一方面创办"西学堂"传授英法语、数、理、测绘等课,创办电报学堂,培养专门技术人才,"台湾教育为之一新",有效地提高了台湾民众素质。1896年,刘铭传病逝于合肥,谥"壮肃"。有《刘壮肃公奏议》等存世。

【刘淑芳(女)·女高音歌唱家·独唱音乐会在北京举行】　三十多年前以演唱拉、美歌曲享誉乐坛的女高音歌唱家刘淑芳,不顾70高龄再次登台,于1995年6月30日在北京国际剧院举行了独唱音乐会,受到她当年的歌迷的热烈欢迎。音乐会上,刘淑芳由钢琴演奏家朱慧琴及高伟春指挥"中芭乐团"小乐队伴奏,演唱了《西波涅》、《鸽子》、《小小的礼品》、《宝贝》等当年轰动全国的歌曲,为听众带来了温馨的回忆。

刘淑芳,四川省云阳县人。1926年10月20日生。1949年毕业于重庆西南美术专科学校音乐系,并留校任教。1950年在中央音乐学院音乐工作团任合唱、独唱演员和教员。1952年在中央歌舞团任合唱、独唱演员。1956年起任中央乐团独唱演员。1953年后,先后随中国青年艺术团赴罗马尼亚、波兰参加世界青年与学生和平友谊联欢节,在独唱比赛中获奖。并到前苏联及东欧、西欧、南美的许多国家访问演出。她还先后在北京、天津、南京、武汉、哈尔滨等地多次举行过独唱音乐会。

刘淑芳音色明亮、醇美,音域宽广,行腔流畅自如。加之她对文学、美术等姐妹艺术有着广泛的爱好和素养,形成了她感情纯真、诚挚,表演深刻、细腻的演唱风格。除擅长演唱外国抒情歌曲及民歌外,也长于演唱中国民歌及创作歌曲。演唱的代表作品有《铁蹄下的歌女》、《黄水谣》、《我骑着马儿过草原》、《玛依拉》、《栀子花儿顺墙栽》及巴西民歌《在路上》、印度尼西亚民歌《宝贝》、阿根廷歌曲《小小的礼品》等。

【刘维志·山东东阿阿胶集团董事长兼总经理·被授予全国劳动模范称号】　刘维志带领职工不断改进炼胶设备,提高工艺水平,使东阿胶厂从一个破旧不堪的小厂进入全国企业500强行列。1995年4月29日,国务院授予他全国劳动模范称号。

刘维志,山东省青岛市人。1941年出生,1963年毕业于中国农业大学后,在故乡从事农业科技工作。1968年被调往东阿阿胶厂任技术员。当时,他看到的东阿胶厂生产的场景是:数十名赤膊工人团团围住几口浓烟滚滚的大锅,大汗淋漓地挥动钢杈、铁铲拼命地搅;厂房破旧不堪,唯一的机械只是一台水泵。历经千年的"阿胶"历史似乎即将在这里嘎然而止。这使刘维志心痛。他决心设计新设备,改进工艺。为此,在5年时间里,他读完了在大学里没有学过的《机械原理》、《工程力学》、《材料力学》和《制胶技术》等一大堆专业书籍,设计出了阿胶生产技术设备改造方案。当时,厂里只有5万元资金,设备全靠自己造。盛夏里,他和工人们在炽热炙人的大火炉旁敲打翻动铁板,挥动大锤锻造阿胶蒸煮设备。几年之后,他领着工人们一道告别了浓烟、大锅,丢掉了钢杈、铁铲,将阿胶生产效率一下提高了30倍!随后历经多年探索,阿胶的可控均衡生产工艺、微波晾胶、微电子控制胶块化皮等等一系列现代新技术、新设备,都从刘维志手上被引入炼胶线上。此后,他又借助先进的仪器和手段,对阿胶的氨基酸含量、微量元素构成等课题开展了多项研究和探索,将古代药典中有关阿胶的定性描述逐项进行定量分析，以求用现代科技手段提高传统阿胶的性能和效应。有一次，他不期然获得一块储藏了上百年之久的老胶，胶块晶莹剔透，闪着幽暗的琥珀光泽。经过化验分析，刘维志惊喜地发现：老胶中的生化指标保持着最佳值！这给他一个启示：阿胶炼制后期的烘干阶段，应该加大其“老化”值，以提升其中有效医补成分的品级。他将破解的秘密一次次移植进制胶过程，连续三次夺得全国药品金奖。1992 年，刘维志被授予全国优秀企业家称号。27 年时间，刘维志从技术员、副厂长、厂长，到如今成为拥有总资产 1.6 亿元的东阿阿胶集团董事长兼总经理。他带领炼胶人最终摆脱了小作坊式炼胶的传统工艺，跨入了现代化生产的广阔天地；企业的股份制改造使他聚集起巨额的发展资金，扩大了“东胶”集团的规模；不断扩大的产量和市场销量使他更加刻意以求，把更多管理人才和先进管理方法吸纳过来，强化了“东胶”集团的内在能量，使东阿阿胶集团进入全国企业 500 强的行列。

【刘道生・海军原副司令员・在北京逝世】 海军原第一副司令员刘道生，因病于 1995 年 5 月 16 日在北京逝世，终年 80 岁。

刘道生，湖南省茶陵县人，1928 年参加湘南秋收暴动，1930 年加入中国共产主义青年团，同年转为中国共产党党员，参加了中国工农红军。土地革命战争时期，他曾任共青团湖南省委秘书处长、巡视员，红军师政治部主任，军委总政治部巡视员，共青团中央局组织部部长，红二方面军六军团政治部代主任等职。长征途中，他率部在大庾岭阻击敌人，完成了掩护军团和军委纵队安全突围的任务。抗日战争时期，他历任团政委、分区政委兼地委书记、冀察军区政委等职，率部参与开辟晋察冀抗日根据地，参加了著名的“百团大战”。解放战争时期，他历任察哈尔军区政委兼中共察哈尔省委书记、冀察热区委书记兼军区政委、东北民主联军第八纵队政委、第四野战军兵团副政委等职，参加了辽沈、平津、安阳、宜昌、衡宝等战役。他是人民海军的创建人之一，历任海军副政委兼政治部主任，海军副司令员兼海军军事学院院长、海军航空兵部司令员，海军第一副司令员等职。1955 年被授予海军中将军衔。他曾当选为中共第七、十一、十二大代表，第十一届中央委员会候补委员，第十二届和第十三届中央顾问委员会委员，第三届全国人民代表大会代表。

【刘渝兴・仪表高级技师・获中华技能大奖】 武汉钢铁公司计控厂高级仪表技师刘渝兴，在攻克引进设备存在的技术难关中，成绩显著。1995 年 11 月被劳动部授予中华技能大奖。

刘渝兴，1939 年 4 月 11 日生，湖北省宜昌市人，初中毕业后参加工作，1968 年 5 月加入中国共产党。他坚持自学成才，由初中文化水平提高为武汉钢铁学院工业企业电气化专业本科毕业生。他善于思考，勤于实践，想方设法解决生产中存在的问题。1964 年针对苏联引进设备存在的技术问题，革新成功“高炉煤气 40 米放散点火装置”，其各项技术指标比苏联专家设计的更为先进，很快在全国推广。

改革开放后，武钢大量引进新技术、新设备，在安装调试中，他刻苦钻研，千方百计地攻克引进设备存在的技术难关。先后总结创造了“气体流量温度、压力自动补正的 K 系数补正法”、“DBE—BQ”取样防堵工艺，否定了外国专家的致堵理论，解决了国际国内多年攻不破的“世界级”技术难题，荣获第三届全国职工发明展览会金奖、国家科技进步三等奖。他还创造了“引流式检测法”，成功地在工业废水处理站投入使用，使工业废水处理合格率从 73％提高到 96％，荣获新加坡举行的国际专利技术展“金狮奖”。他创造的新的 DBE—SMLC 取样防堵系统，彻底解决了高压、高温、高湿、多尘工业炉窑的恶劣烟气条件的取样防堵难题，取得显著的环保和经济效益。经国家科委选定，他参加了 1995 年在比利时布鲁塞尔举办的第 44 届尤里卡世界发明博览会，参展的两个项目“含尘烟气的取样防堵系统”和“引流式工业废水 PH 检测系统”均荣获金奖，本人被授予“布鲁塞尔市长奖”（此奖每个国家仅授一人）。

刘渝兴曾被授予湖北省特等劳动模范、全国技术革新能手、全国劳动模范等称号，分别获得武汉市、湖北省、全国总工会授予的自学成才奖和全国“五一劳动奖章”。

【刘鹏春・编剧・戏曲《刽子手世家》被授予曹禺戏剧文学奖】 来自江苏省扬州市的剧作家刘鹏春，以他创作的戏曲《刽子手世家》，于 1995 年 10 月走上人民大会堂的领奖台，接受“’94 曹禺戏剧文学奖”。这是他继获第五届全国优秀剧本创作奖的大型现代戏曲《皮九辣子》之后，又一次荣获全国大奖。

《刽子手世家》一剧的戏剧冲突集中在杀人，杀谁，谁被杀上。明朝江州出了人命案：两家恶少为抢夺民女张小玉，施公子用刀砍死了白公子。杀人偿命。但是判死刑绑赴杀场的不是施公子。竟是民女张小玉的老爹张仲林。刽子手封丘发现冤情，向巡按大人冷雨亭说明真相，杀人恶少终于被抓被判；当封丘执刀二次行刑时，却又发现绑赴杀场的不是恶少施家公子，而是由施家的家奴作替身。第一次错判无辜张仲林，是赃官崔知县断的案，第二次用家奴调包，却是由“清官”巡按大人冷雨亭办的案。但是，正因为冷雨亭放走杀人犯施公子，江州八大家为他捐资立了清官碑亭，为他禀报政绩由皇上御赐“甘雨清风”的题字。他放走真凶才做得清官，不放呢？恐怕日子就要难过了。刽子手封丘面对恶势力，法场上“断臂明志”，再不干刽子手这一行，给观众以历史的深沉的思考。

刘鹏春自1979年发表第一部作品独幕歌剧《大江涛》以后，连连发表新作。80年代初他的7场歌剧《月儿何时圆》问世，他的第10个剧作、即获第5届全国优秀剧本奖的大型现代戏曲《皮九辣子》，发表于80年代末。90年代初抗洪救灾中他捧出新作5场现代戏《水淋淋的太阳》，随后又发表了发人深思的、现代戏曲《龙二瞎子》。戏剧界为他举办了“刘鹏春剧作研讨会”，中国戏剧出版社出版了他的剧作选。戏剧评论家王安葵指出，刘鹏春善于把澎湃的诗情和哲理的思索凝铸为独特的艺术形象。

刘鹏春1949年生，江苏泰兴人。高中毕业，1969年入伍，1973年退伍后在工厂工作一年，后调泰兴文工团任编剧，80年代中期调扬州市文化局。至今，他已有14个大型剧本和10多个独幕剧先后发表并搬上舞台，另有小说、诗歌、散文、报告文学等约百万字。

【刘慎勋・高级政工师・被授予优秀监狱长称号】　1995年2月16日，在司法部召开的颁奖表彰大会上，河北省冀东监狱监狱长、二级警监刘慎勋被授予优秀监狱长(政委)称号，并在50名受奖者中名列榜首。

刘慎勋，1934年12月1日出生，河北省安新县人，高中文化，1949年10月加入中国共产党，1951年3月在河北省委工作，之后曾参加汉沽大窝棚盐场和大清河盐场的创建工作。1954年被派往华北干部学院学习，1956年调到南堡盐场参加创建工作，1968年参与南堡盐场化工厂建设，曾任办公室主任、化工厂厂长等职。1985年任南堡盐场场长，即冀东监狱监狱长。

刘慎勋在监狱战线已工作了43年，具有丰富的改造罪犯和生产管理经验。任监狱长10年来，勇于探索，闯出了监狱管理新路子。在监管防范上，建立了“两好夹一坏”、“三人一路行”、“五人一小组”、“六人一联体”等互防制度，完善了干警、武警、工人、家属和犯人“五位一体”的全天候、全方位立体防范网络，有效地保证了狱内监管制度的长期稳定性；在狱政管理上，摸索出“中队目标化管理”和对罪犯实行“双百分考核”、“考核、鉴定、奖惩三公开”和“分押、分管、分教”(简称“三分”)等方式方法。这些都得到省、部级领导的充分肯定，其中“三分”改造模式被司法部推广到全国监狱系统。在罪犯教育方面，他指导全狱以政治教育为核心，以文化教育为基础，以技术教育为重点，运用多种方式、借助各界力量，不断提高罪犯教育的质量和效果。1993年2月，冀东监狱被司法部命名为优秀特殊学校。冀东监狱连续10年没有发生罪犯脱逃、行凶、破坏等重大狱内案件，罪犯刑满时改好率达到96%以上。

刘慎勋还大胆改革生产模式和经营机制，走“科技兴盐”之路。该狱多次荣获省、部级先进单位称号，两次被司法部记集体一等功。1988年，该狱晋升为国家二级企业，并成为全国500家最大工业企业之一。刘慎勋本人先后被司法部记个人一等功2次，获全国司法行政系统劳动模范称号。

【刘黎敏(女)・游泳运动员・被选为全国十佳运动员】　1995年11月30日，在巴西里约热内卢举行的第二届世界短池游泳锦标赛上，19岁的中国女选手刘黎敏以2分零6秒51的成绩获女子200米蝶泳第二名。12月2日，刘黎敏在女子100米蝶泳比赛中再接再厉，以58秒68的成绩夺得金牌，并打破了该项短池游泳的世界纪录。刘黎敏荣获1995年度全国“十佳运动员”称号。

刘黎敏，1976年3月27日生，湖北省武汉市人。1983年进业余体校练习游泳，1988年进湖北游泳队。1991年，15岁的刘黎敏在第二届城运会上崭露头角，夺得女子100米、200米蝶泳两项冠军。1993年12月，已是18岁的刘黎敏在西班牙首届世界短池游泳锦标赛上夺得女子200米蝶泳金牌。翌年，这位中国游泳队的“小花”在意大利罗马举行的第七届世界游泳锦标赛上大放异彩。她以58秒98的成绩夺得女子100米蝶泳金牌，以2分7秒25的成绩夺得女子200米蝶泳的第一名。她还与队友合作，夺得女子4×100米混合泳接力冠军。

在1994年举行的广岛亚运会上，刘黎敏再次显示其实力和技能，先后夺得女子100米、200米蝶泳的金牌。她创造的女子100米蝶泳58秒37的成绩是历史上该项目的第二个好成绩。

〔附注：1996 年 7 月 23 日，刘黎敏在美国亚特兰大举行的第 26 届奥运会女子 100 米蝶泳决赛中，以 59 秒 14 的成绩获得银牌，与获得冠军的美国选手戴肯的成绩仅差 0.01 秒。刘黎敏的简历与事迹参见 1995 年《中国人物年鉴》。〕

【齐陶·中科院古脊椎动物与古人类研究所研究员·发现人类祖先为中华曙猿】

本世纪 60 年代以来，人们一直认为包括人类在内的高级灵长类的祖先首先出现在北非，古人类研究专家齐陶教授考察认定，在江苏溧阳市上黄发现的"中华曙猿"化石，是人类的祖先。1995 年 6 月 16 日《人民日报》报道了这一消息。

齐陶，北京市人，1939 年 3 月生，1962 年毕业于北京地质学院普查系地层古生物专业，分配到中科院古脊椎动物与古人类研究所工作至今。长期从事新生代早第三纪哺乳动物与相关地层之研究。主要考察与工作地区为内蒙古、新疆以及江苏等地。1994 年获中科院自然科学二等奖。其代表性专著是《内蒙古中始新世阿山头动物群》。发表学术论文 35 篇，主要反映内蒙古早第三纪哺乳动物及地层的研究成果及有关江苏上黄动物群化石研究。

近十余年，齐陶和他的同事们在江苏上黄考古的重大发现接连不断，其中最重要的发现是：被称为高级灵长类祖先的"中华曙猿"化石。齐陶教授根据"中华曙猿"第一白齿化石的齿槽大小，推算出"中华曙猿"的体重不过 50 克到 150 克之间，其所处时代大约为距今 4500 万年。它是目前已知的高级灵长类中最为原始的一种，这种"中华曙猿"是包括人类、大猿类、长臂猿类、猕猴类、卷尾猴类等高级灵长类动物的共同祖先。具有国际权威的古生物学刊物、英国出版的《自然杂志》发表一篇由中外专家共撰的学术论文，向全世界介绍了"中华曙猿"是人类的共同祖先这一研究成果。过去，人们一直认为高级灵长类的祖先首先出现在北非埃及、阿尔及利亚等地，距今约 3600 万年，"中华曙猿"的发现把高级灵长类的生长时代比北非发现的化石提早 900 万年左右。

齐陶在考古研究论文中还指出："中华曙猿"及与其共生的上黄动物群，目前已发现 63 种哺乳动物，分属 12 目 38 科，除此之外，还有其它类的哺乳动物分属 11 个目。其中，有袋类动物在我国属首次发现。已发现的啮齿类、兔形类、食虫类、肉食类、翼手类、裂齿类、奇蹄类、偶蹄类等动物化石，其发生与繁衍历史均有研究价值。我国吉林、山东、广西等地区也不断有 4000 万年左右的古哺乳动物化石的发现。

【关虹（女）·举重运动员·获世界锦标赛冠军】　1995 年 11 月 17 日，在广州举行的第九届世界女子举重锦标赛上，中国 46 公斤级小个子女选手关虹，力拔山兮，抓举成绩 80 公斤，挺举成绩 100 公斤，总成绩 180 公斤，获得这个级别的抓举、挺举和总成绩 3 枚金牌。

早在 1993 年举行的第七届全运会上，关虹曾以 200 公斤的成绩夺得女子 46 公斤级总成绩金牌。1994 年 10 月，在日本广岛举行的第 12 届亚运会上，她以 182.5 公斤的成绩夺得该级别总成绩金牌，并创造了挺举 102.5 公斤的世界纪录。

关虹是湖北省选手，1974 年 3 月 25 日生于潜江地区农村。1989 年，该地区举行中学生运动会，参加女子 100 米赛跑比赛的关虹，意外地被业余体校的举重教练奚汉祥看中，从此走上了举重运动生涯。她身体素质好，爆发力强，正是练习举重的好苗子。而且，关虹身上还具有农村姑娘的优点，朴实、能吃苦，意志顽强，进步快。女子举重是近几年兴起的运动项目。我国抓女子举重起步早，上得快，体现出整体优势。

【次仁多吉·西藏登山队队员·被授予全国先进工作者称号】　次仁多吉作为我国目前唯一的一位征服 5 座 8000 米以上高峰的运动员，1995 年 4 月 29 日被国务院授予全国先进工作者称号。

次仁多吉，藏族，1959 年出生，西藏自治区日喀则人。1977 年入选西藏登山队后，经过刻苦训练，掌握了过硬的登山本领，曾多次参加国内及国外的联合登山活动，先后登上了乃澎峰、纳木那尼峰、珠穆朗玛、希夏邦玛、卓奥友、南迦巴瓦、安纳布尔纳、道拉吉里等近十座世界高峰。使他感到最难忘的是参加 1988 年中、日、尼三国横跨珠穆朗玛峰的壮举。当年 5 月 5 日，中国、日本、尼泊尔三国组成的联合登山队分成两支，分别从珠穆朗玛峰的南北两侧同时向顶峰攀登，实现双跨和顶峰会师。次仁多吉代表中国第一个从北坡登上顶峰。为实现顶峰会师，次仁多吉在珠峰峰顶停留了 99 分钟，创造了在顶峰停留时间最长的世界纪录，成功地实现了北坡上、南坡下这一跨越珠峰的伟大梦想，被视为人类征服大自然的伟大创举，登山史上的奇迹。为此，次仁多吉被新闻界誉为"横跨珠峰第一人”，被国家体委授予国际级运动健将称号，还被尼泊尔王国授予一级勋章，这是尼泊尔第一次向外国人授勋。1991年春，次仁多吉被聘作为登山技术顾问，参加比利时王国攀登希夏邦玛峰的活动。在他的组织和带领下，中、比双方有5人顺利登上顶峰，在完成任务下撤至7800米处的冰陡坡时，比方队长突然滑坠，并且带动另外一名队员一起下滑。眼看一场登山事故就要发生，就在这万分危急的时刻，次仁多吉冲上前去，用冰镐别住安全保护绳插入冰缝，并用自己的身体压住冰镐，避免了一场灾难的发生。1992年9月，他和战友们一起再次向南迦巴瓦峰发起挑战，经过生与死的拚搏，最后终于征服了这座攀登难度最大的处女峰，再次赢得了世界登山界的赞誉。

1993年，是西藏登山队实施10年征服世界14座8000米以上高峰宏伟计划的头一年，次仁多吉作为攀登队长和主力队员，不负众望，一举成功地登上尼泊尔境内的安纳布尔纳和道拉吉里两座8000米以上高峰，取得了首次出国登山的开门红。1994年，次仁多吉又和队员们一起征服了希夏邦玛峰和卓奥友峰，从而使他成为我国目前唯一一位征服5座8000米以上高峰的运动员。由于次仁多吉在登山运动中的卓越贡献，他多次被评为自治区体委系统先进工作者，并于1988年当选为自治区政协委员。1994年当选为西藏自治区十大优秀青年。

【江文也·作曲家·诞生八十五周年纪念会暨学术研讨会在北京举行】　由中华全国台湾同胞联谊会和中央音乐学院联合主办的“江文也诞生八十五周年纪念会暨学术研讨会”，1995年7月20日至23日在北京中央音乐学院举行。来自大陆、台湾、日本、香港等地的音乐学家、作曲家30余人参加。这是五年内召开的第三次“江文也纪念研讨会”。此前，1990年和1992年在香港和台湾分别举行了第一次和第二次“江文也研讨会”。

本次研讨会的主题为：江文也作品的民族内涵——包括江文也在日本时期的生活和创作。会上宣读了汪毓和、叶纯之（香港）、刘靖之和江小韵、刘麟玉（日本）、梁茂春、郭宗恺（台湾）、费明仪（香港）、赵琴（台湾）、蔡诗亚与苏明村、苏夏等人撰写的27篇论文。研讨会期间，大会还举办了“江文也室内乐作品音乐会”、“江文也管弦乐作品音乐会”。与会者认为，本次研讨会，在“江文也在日本时期的生活和创作”和“对江文也作品本体的分析研究”两方面有明显突破。

江文也1910年6月11日生于台湾台北县，祖籍福建。1923年到日本求学。1929年入东京武藏野高等工业学校，同时在上野音乐学校学习声乐和作曲，曾师从日本作曲家山田耕筰。三十年代初，先以男中音歌手的身份出现在日本乐坛。1934年先后写了交响诗《白鹭的幻想》、管弦乐《台湾舞曲》，钢琴曲《五首素描》等，长笛奏鸣曲《祭典》等。在这些作品中，他借鉴印象派、新古典主义音乐的表现手法，探索新奇的和声音响和配器色彩。1938年回国，任教于北平师范大学音乐系，注意研究我国古代音乐和民间音乐，相继为诗经、唐诗、宋词谱曲，还完成了管弦乐《孔庙大成乐章》以及《大地之歌》等两部舞剧音乐。这一时期的作品，努力寻找中国色彩的曲调、和声、复调手法。但也为抗日战争时期敌占区的汉奸组织新民会写过会歌。1946年以后一度转向宗教音乐创作，有《圣咏作曲集》、《第一弥撒曲》等。1950年以后，任中央音乐学院教授，以后的重要作品有钢琴套曲《乡土节令诗曲》、小提琴奏鸣曲《颂春》、交响诗《汨罗沉流》、管弦乐《俚谣与村舞》、《第三交响乐》、《第四交响乐——纪念郑成功收复台湾三百周年》等。1983年10月24日逝世。

【江延华·孔府宴酒厂厂长·被授予全国劳动模范称号】　山东孔府宴酒厂厂长江延华，1995年4月被国务院授予全国劳动模范称号。

山东孔府宴酒厂的前身——鱼台县酒厂1975年开始组建时，仅有3万元资金，十几名工人，江延华带领一班人艰苦创业，当年建厂，当年投产，先后开发生产出多种优质白酒。1988年江延华组织专人攻关，挖掘传统工艺，开发出浓香型孔府宴酒，很快受到消费者青睐。在省内外、国内外多次获奖。

江延华在抓技术进步的同时，致力于经济理论和经营管理的学习研究，创立了“领导牵线，业务包片，四面出击，见空就占”的销售策略。他努力研究广告学，利用广告媒体树立企业形象和产品形象，1995年在中央电视台黄金段广告招标中，以3000万元中标。使“喝孔府宴酒，做天下文章”这一广告语家喻户晓。孔府宴酒厂的经济效益连年大幅度提高，1995年实现利税3.8亿元，位居全省同行业之首，居全国白酒行业第三名。1995年，孔府宴酒厂已拥有固定资产4亿元，职工2600人，年生产能力达3万吨。

江延华在狠抓企业管理的同时，积极支持教育事业和社会公益事业，1994年他把政府奖励给他的50万元，全部捐献给教育事业。还在延安、井冈山等革命老区投资兴建了11所希望小学，出资100万元与团中央联合举办“跨世纪全国优秀大学生评选”活动，设立了“孔府宴奖学金”。企业自1992年以来连续被评为山东省文明单位和省文明单位标兵，1995年被中宣部授予“全国优秀政工企业”称号。

江延华，1949年生于山东省泰安，1970年毕业于山东省财政学校，后分配到鱼台县机械化办公室工作，1975年任鱼台酒厂核心小组副组长，1976年任孔府宴酒厂副厂长，1987年任厂长兼党委书记至今。1989年被授予山东省劳动模范称号。

【江作苏·湖北日报记者部主任·被评为首届全国百佳新闻工作者】　由中华全国新闻工作者协会主办的“百佳”评选，1995年3月24日在北京举行颁奖会，湖北日报记者部主任、主任记者江作苏获此殊荣。

江作苏，1953年9月生，江西景德镇人。复旦大学中文系毕业。1982年进湖北日报后，一头沉入基层，不知疲倦地在生活的源头捕捉新闻，三峡工地、抗洪现场、神农架密林、大别山农家、京九沿线……到处留下了他的足迹。

1991年夏，湖北中部遭受百年不遇的水灾。当时正在鄂西北采访的江作苏，接到报社通知，立即赶赴咸宁灾区，顶着烈日乘小船到淹及屋檐的一个个村庄走访灾民，到一处处水毁的闸口堤坝采访抗洪事迹。采写的歌颂抗洪烈士的通讯《英雄民兵连长袁焕春》；敏感地捕捉群众抗洪自救的点滴经验，写出的《用辩证法指导抗灾，化不利为有利》等报道，对当地抗灾斗争起到鼓动作用。

当某些县乡领导干部违纪建私房风一度在湖北漫延时，他抓住一个县要现场制止这种行为的线索，立即赶去采访，有人劝他给当事人留点面子，不要登报。江回答说，个人的面子事小，党的利益事大。他写的鞭笞歪风，声张正义的《在房县看拆房》，受到广泛重视，被评为湖北省好新闻一等奖。

江作苏善于想“点子”，并带头和记者们合作实现“点子”。在策划和组织大型报道方面，也体现了他综合新闻业务水平。为了实施“京九工地行”，他在艰苦的大别山铁路工地跋涉，与筑路工人结下深厚的友谊，《工棚夜话》、《打起铜锣上京九》等与合作者共同产生的系列篇打动了多少人的情感；反映湖北沿江经济带开放开发的“潮涌大江”系列篇，他不仅认真调研，拟出实施计划，还带头写重头篇，他写的《潮涌大江龙腾跃》，被认为是“高屋建瓴，令人振奋”之作。

【江泽民·中共中央总书记·国家主席·中央军委主席，紧紧把握全党、全国工作大局，致力于处理好社会主义现代化建设中的重大关系】　1995年9月28日，江泽民在中共十四届五中全会闭幕时作了《正确处理社会主义现代化建设中的若干重大关系》的重要讲话，阐述了十二个带有全局性的重大关系：第一，改革、发展、稳定的关系；第二，速度和效益的关系；第三，经济建设和人口、资源、环境的关系；第四，第一、二、三产业的关系；第五，东部地区和中西部地区的关系；第六，市场机制和宏观调控的关系；第七，公有制经济和其他经济成份的关系；第八，收入分配中国家、企业和个人的关系；第九，扩大对外开放和坚持自力更生的关系；第十，中央和地方的关系；第十一，国防建设和经济建设的关系；第十二，物质文明建设和精神文明建设的关系。这次会议审议并通过了《中共中央关于制定国民经济和社会发展“九五”计划和2010年远景目标的建议》。

1995年是我国全面完成第八个五年计划的最后一年。江泽民总书记在这一年中，紧紧把握全党全国工作大局，确保改革、发展、稳定相互促进，推进社会全面进步。

2月27日，江泽民在中共中央、国务院召开的农村工作会议上指出，在发展社会主义市场经济的新形势下，全党要比过去任何时候都要更加重视农业和农村工作。经济越发展，工业化程度越高，越需要加强对农业的保护和扶持。5月22日和6月26日，江泽民分别在上海、长春召开的企业座谈会上发表了题为《坚定信心，明确任务，积极推进国有企业改革》的讲话，指出，国有企业改革是党中央、国务院确定的今年经济体制改革的重点，国有企业改革，要进一步解放思想，实事求是，大胆试验，不断总结，更加积极地推进企业改革，力争取得重大进展。12月5日至7日，中共中央、国务院召开中央经济工作会议，江泽民在会上作了题为《统一思想，齐心协力，奋发进取，讲求实效，做好明年经济工作》的重要讲话。全会对1996年经济工作提出了总体要求，并强调明年和今后经济工作中一定要紧紧抓住经济体制和经济增长方式转变的关键环节。

在1995年，江泽民先后在许多会议上发表重要讲话。1月19日，在全国宣传部长会议上强调，要充分发挥党的宣传思想工作政治优势，努力为改革提供良好的舆论环境。1月23日，在中纪委第五次全会指出，提高广大干部和党员思想政治素质，对有效地进行反腐败斗争，极为重要，各级党委务必高度重视。1月30日，在与各民主党派负责人、各界知名人士及在京台胞台属的茶话会上，发表题为《为促进祖国统一大业的完成而继续奋斗》的重要讲话，提出了关于促进祖国和平统一的八项看法和主张，对推动两岸关系的发展，早日实现中国的统一产生了深远的影响。9月3日，他在首都各界纪念抗日战争暨世界反法西斯战争胜利五十周年大会上的长篇重要讲话中指出，中国共产党及其领导的人民抗日力量，是中华民族抗战的中流砥柱。这是历史的结论。中国人民将团结起来，一心一意把经济建设和综合国力搞上去，阔步走向现代化。中国共产党和中国政府决心用一切手段维护祖国的主权和领土完整。12月20日，江泽民同全国政法工作会议代表座谈，强调指出，必须全党动手，全力维护国家政治和社会稳定。

中央军委主席江泽民3月10日到参加八届全国人大三次会议的解放军代表团作重要讲话，强调要培养和造就大批高质量人才。8月25日，在纪念抗日战争胜利五十周年驻京部队老战士座谈会上指出，中华民族有着深厚的爱国主义传统，这是我国各族人民风雨同舟、自强不息的强大精神支柱。在进行改革开放和现代化建设的新时期，我们仍然需要大力弘扬爱国主义精神。10月6日，会见出席全军后勤科学技术大会全体代表，并参观全军后勤新装备新成果展览。10月中旬，视察人民海军舰艇和飞行部队，观看了海上演习。11月1日在京郊区检阅武警部队，观看了汇报演练。

江泽民在这一年先后到江西、湖南、江苏、浙江、上海、辽宁、黑龙江、吉林、北京、深圳、陕西、甘肃等地考察工作，并看望了当地驻军。

在外交方面，江泽民于5月7日至9日应俄国总统叶利钦邀请，访问莫斯科，并出席纪念反法西斯战争胜利五十周年庆典活动。7月5日，对芬兰、匈牙利和德国进行正式访问。9月4日，在联合国第四次世界妇女大会欢迎仪式上发表讲话，并会见来京参加会议的各国领导人。10月21日至25日赴纽约出席联合国成立五十周年特别纪念会议，会见联合国秘书长加利和一些国家的领导人，这是中国国家元首第一次到联合国总部参加重大活动，受到国际社会的广泛关注。11月13日至17日对韩国进行国事访问。11月19日，出席亚太经济合作组织第三次领导人非正式会议，并与一些国家领导人会晤。江泽民在这一年还先后同来访的各国领导人举行了会谈，会见了许多来访的外宾。

江泽民，生于1926年8月17日，江苏扬州人，1943年起参加地下党领导的学生运动，1946年4月加入中国共产党，1947年毕业于上海交通大学电机系。上海解放后，历任上海益民食品一厂副工程师、工务科科长兼动力车间主任、厂党支部书记、第一副厂长，上海制皂厂第一副厂长，一机部上海第二设计分局电器专业科科长。1955年赴苏联莫斯科斯大林汽车厂实习。1956年回国后，任长春第一汽车制造厂动力处副处长、副总动力师、动力分厂厂长。1962年调任一机部上海电器科学研究所副所长，一机部武汉热工机械研究所所长、代理党委书记，一机部外事局副局长、局长。1980年后，任国家进出口管理委员会、国家外国投资管理委员会副主任兼秘书长、党组成员。1982年后，任电子工业部第一副部长、党组副书记、部长、党组书记。1985年后，任上海市市长，中共上海市委副书记、书记。1982年9月在中共第十二次全国代表大会上当选为中共中央委员。1987年11月在中共十三届一中全会上当选为中共中央政治局委员。1989年6月在中共十三届四中全会上当选为中共中央政治局常务委员，中共中央委员会总书记。1989年11月在中共十三届五中全会上当选为中共中央军事委员会主席。1990年3月在第七届全国人大第三次会议上当选为中华人民共和国中央军事委员会主席。1992年10月，在中共十四届一中全会上再次当选为中共中央政治局常委、中共中央委员会总书记，连任中央军委主席。1993年3月，在第八届全国人大第一次会议上当选为中华人民共和国主席、中央军委主席。

【江载芳（女）·儿科专家·获第五届诸福棠奖】 由卫生部、加中儿童健康基金会主办的“第五届诸福棠奖”颁奖仪式，1995年9月20日在广州举行。中华医学会儿科学会主任委员、北京市儿科研究所教授江载芳获奖。

江载芳，1929年5月8日生。1949年以优异的成绩毕业于北大医学院，在府前街儿童医院实习期间，就被诸福棠老院长视为优秀人才，毕业后留在儿童医院，从事小儿内科临床工作。

50年代小儿结核病仍是危及儿童生命的主要慢性传染病，遵循诸福棠老院长的意愿，她全身心地致力于小儿结核病的防治事业。1955年毅然离开不满周岁的独子，赴苏联在全苏医学科学院结核病研究所，攻读副博士学位，进行小儿结核病抗结核药物加激素辅助治疗的研究，并发表了中、俄文论文，获得高度评价。

1959年回国任北京儿童医院内科副主任。1962年初调往北京结核病研究所，任儿科研究室主任，从无到有建成了具有一定规模的小儿结核病研究室。研究室分防、治两大部分，在北京市结核病防治所建立儿科门诊，开展小儿结核病的预防，小儿结核病不住院治疗的监督管理。同时扩展了儿童医院结核病房，床位增至42张，1963年在结核病研究所成立儿科病房，总计床位约80张，收治各种重症结核病儿，在儿童医院成立了第一个专业门诊，小儿结核成为一个独立的专业。并曾在全市，每两周主持进行病案研讨会及胸部X线读片会，还去全国各地进行有关小儿结核病的专题讲座，提高了广大儿科医师的诊治水平。在北京市建立了小儿结核病防治网，成为北京市以至全国小儿结核病防治的核心。60年代与天津、南京、西安等地联合主办了全国儿童结核病通讯，并任主编。1972年北京儿科研究所成立，她被调到该所，先后任副所长、所长，她领导更多的科研人员对儿科重大问题（包括结核病在内）开展深入的探索，推动学科的发展。曾担任了中华医学会结核病学会委员，现任中华医学会儿科学会主任委员，《中华儿科杂志》总编辑、国际儿科协会常委。30余年来，在她领导下将防治、临床与科研相结合，进行了多方面的科研工作，取得不少重要成果，写出多篇学术论文、专著。其中《小儿结核性脑膜炎》一书，就是她结合她和她的同事多年对小儿结核性脑膜炎的发病、临床表现、诊断及防治积累的较成熟的经验，主编写成，于1981年由北京人民出版社出版，受到儿科医师的欢迎。

【池彬（女）·跳水运动员·获世界杯跳水赛十米跳台跳水冠军】 1995年9月8日，在美国亚特兰大举行的第九届世界杯跳水赛上，中国跳水新秀16岁的女选手池彬以521.82分的成绩，夺得女子十米跳台跳水的金牌。这是池彬蝉联这个项目的冠军。1993年，在第八届世界杯跳水赛上，14岁的池彬初露锋芒，首次获得十米跳台跳水的世界冠军。

池彬，1979年1月4日生，河北省选手。她八岁时开始练习跳水，1992年由河北跳水队选入国家队。翌年，获第八届世界杯跳水赛十米跳台跳水冠军。

对于年轻的池彬来说，在夺得世界冠军的道路上并不是平坦的。1994年，她在意大利罗马举行的世界游泳锦标赛跳水比赛中，获十米跳台跳水亚军。然而，池彬追求的目标不是第二名而是冠军。1995年9月8日，池彬在第九届世界杯跳水赛中卫冕该项冠军成功。

1994年10月，池彬获得在日本举行的广岛亚运会女子十米跳板跳水金牌。

16岁的池彬追求的下一个目标是，力争夺取1996年举行的第二十六届奥运会跳水金牌。

【汤显祖·明代杰出戏剧家、文学家·汤显祖文艺中心暨纪念馆在临川开放】 汤显祖文化艺术中心暨汤显祖纪念馆，1995年10月在汤显祖故里——江西省临川市城区东南落成，并于11月6日正式开放。这座文化艺术中心暨纪念馆分为“四梦村”、“迎宾村”和“娱乐村”三部分，集缅怀凭吊、游览观赏和商贸经营、度假休闲于一体。先期竣工的“四梦村”，按照汤显祖名作“临川四梦”的情节，精心设计制作了牡丹亭、丽娘坟、梅花庵观、胜业坊、瑶台、钱廊、黄粱饭店、梦泉等景点，配以壁画雕塑和名家手书诗词楹联，再现了汤显祖名作的意境。

在此之前，汤显祖曾任县令的浙江省遂昌县建立的汤显祖纪念馆，于1995年4月建成开放。这座纪念馆占地面积800多平方米，展厅正中大理石底座上立着汤显祖的半身铜像。两旁陈列室分别介绍汤显祖生平事迹和艺术创作成就，以及汤显祖作品的各国译本及研究成果。后花园建有牧丹亭，楹联“江上云霞新祖帐，山中兰菊相追攀”为汤显祖手迹。

汤显祖（1550—1616年），字义仍，号海若、若士、清远道人，江西临川人。早年即有文名，曾拒绝首辅张居正招揽。万历十一年（1583年）进士。任南京太常寺博士、礼部主事，因上疏弹劾大学士申时行，降职为广东徐闻典史。后改任浙江遂昌知县，又以不附权贵而被议免官，未再出仕。曾从泰州学派罗汝芳读书，后又受李贽的思想影响，并和僧人达观相友善，晚年滋长了佛教、道教的出世思想。他在戏曲创作方面，成就极高，是我国戏剧巨匠。其代表作《牡丹亭》（即《还魂记》）、《紫钗记》、《邯郸记》、《南柯记》四部戏剧，合称“临川四梦”，蜚声中外，至今400年来经演不衰。他在创作中反对拟古和拘泥于格律，作品中对封建礼教和当时黑暗政治现象进行了暴露和抨击，以《牡丹亭》最为著名。诗文有《红泉逸草》、《问棘邮草》、《玉茗堂集》等存世。明清两代不少戏曲作家受其影响，摹拟汤显祖的文词风格，形成“玉茗堂派”或“临川派”，著称于时。

【汤黎路·中共慈溪市委书记·被授予优秀县(市)委书记称号】 1995年6月30日,全国百名优秀县(市)委书记表彰会在北京中南海怀仁堂召开。中共中央总书记江泽民出席会议并作了重要讲话。会上宣读了中共中央组织部对全国在县(市)委书记岗位上取得优异成绩的100名干部,授予优秀县(市)委书记称号的决定,汤黎路名列其中。

汤黎路,安徽无为县人,1953年6月出生,1969年4月参加工作,1977年3月入党,大专文化。曾任宁波市委宣传部科长、市纪委常委,鄞县纪委书记,宁波市纪委副书记。1992年8月任现职。

担任慈溪市委书记,对汤黎路来说是"大跨度"工作岗位调整。为了掌握慈溪的实际情况,他在上级党组织谈话的第二天就到了任。在繁忙工作之余,他抽时间拜访老同志,听取方方面面的意见,为慈溪经济的更大发展寻计问策。他家在宁波,上有老下有小,却无暇顾及。每晚要忙到看完中央电视台零点新闻后才休息。慈溪的经济发展较快,基础雄厚,但汤黎路时刻保持清醒头脑,他从工业超常发展中看出了投入不足的矛盾。在和市委领导统一认识后,立即召开了"加大投入力度,加快工业发展"的会议,使1992年全市的工业投入由上一年的2亿元增加到5亿多元,保障了工业生产发展的后劲。慈溪23个乡镇,汤黎路每年都跑两三次。一双解放鞋,一套劳动服,一册行政村方位示意图,一本村党支部书记花名册,是他随身的4件"宝"。遇到乡下需要解决的问题,他都及时解决或指示有关部门处理。1994年,素有"浙江棉仓"之称的慈溪,棉花却收购不上来。汤黎路下到棉田边帮助摘棉边同农民聊天,摸到棉贱伤农的真实情况后,同有关领导研究,采取了保护农民利益的措施。

汤黎路与班子成员在用人方面重视在实践中识别干部。他赞成古代的用人之道:宰相起于州县,猛将拔于伍卒。因而大胆从工人、村干部中选人,敢于破格提拔。几年中,市机关和乡镇共调整班子成员389人,进一步优化了班子的群体结构和整体素质。汤黎路作风清廉,群众威信高。群众说,他的工作思路和决策能够顺利贯彻执行,一半来自他的工作能力,一半来自他勤政廉洁的作风。

慈溪这块古来围海造田的"唐涂宋地",这几年又发生了新的沧桑之变:1994年进入全国科技实力百强县(市)行列;境外注册企业数量居浙江各县市之冠;提前一年完成"八五"计划主要指标;40%的村庄已进入小康……慈溪人知道,他们的好书记为此付出了多少艰辛!

【安子介·全国政协副主席·任命为香港特别行政区筹委会副主任委员】 1995年12月28日,在第八届全国人大常委会第十七次会议上,安子介被任命为全国人民代表大会香港特别行政区筹备委员会副主任委员。12月7日至8日,安子介作为香港特别行政区筹委会预委会副主任,出席了在北京召开的第六次全体会议,即预委会结束工作的最后一次会议。同年10月,安子介率领由香港工商和专业界知名人士组成的"一国两制"经济研究中心理事访问团到达北京,10月10日在中南海会见了江泽民主席。宾主就香港今后过渡期经济、政治、法律和社会等方面的有关问题亲切交谈。江泽民说,"一国两制"经济研究中心为香港的平稳过渡和1997年政权的顺利交接做了大量工作,希望研究中心,为香港的繁荣和稳定继续努力,作出新的贡献。

安子介,浙江定海人,1912年生于上海。上海圣芳济书院毕业。1938年赴香港从事进出口贸易。日寇侵港后于1942年携家赴重庆,曾在中央信托局工作。1948年回香港经商。1950年与人合办中南公司,创办香港战后的纺织工业。1969年成立以他为董事会主席的南联实业有限公司。1970年被选为香港工业总会主席及棉纺业同业主席。1970年任港英立法局议员。1974年后任港英行政局非官守议员,并任大学及理工教育资助委员会副主席。1975年受港府委托,担任香港贸易发展局主席、训练局主席。1976年获香港中文大学名誉法学博士学位。1983年当选为第六届全国政协委员、常务委员。1985年7月,被全国人大常委会任命为香港基本法起草委员会副主任委员。同年12月,被香港各界人士推选为香港基本法咨询委员会执委会主任。1993年7月16日,任香港特别行政区筹委会预备工作委员会委员。1993年3月26日当选为第八届全国政协副主席。1995年12月28日,被任命为香港特别行政区筹委会副主任委员。

安子介对世界经济、国际贸易、语言文字均有研究,并熟练掌握英、法、日、德、西班牙等语种。1984年发明"安氏汉字六位数"汉字电脑编码法,1985年与其长子安如磐合作试制成功具有多种编辑功能,可以处理中、英、日、法、德、意、西、葡、俄、希腊10种文字,并具有绘图制表功能的"安子介写字机",这种写字机可打印出22种字体、简繁体字可以互换。1988年,"安子介写字机"获国家发明专利,还获得美、英、新加坡、香港等国家和地区的专利。从1982年以来,安子介先后出版了《解开汉字之谜》(英文版)、《劈文切字集》、《汉字科学的新发展》、《学习汉语》、《安子介现代千字文》、《汉字易学》等。译著有《间接成本之研究》。

【安福江·丹东化纤工业集团总公司总经理·被授予全国劳动模范称号】　丹东化学纤维工业(集团)总公司董事长、总经理、党委书记安福江,坚持走"科技兴厂"之路,累计投资4.9亿元,实施技术改造100余项,并适时开发具有高附加值的新产品,1995年实现利税1.1亿元,实现了公司历史性的新突破。同年4月29日,安福江被国务院授予全国劳动模范称号。

安福江,辽宁省沈阳市人,1939年10月生,1964年毕业于北京化纤学院,分配到丹东化学纤维厂工作,历任技术员、车间副主任、分厂副厂长、厂长,丹东化学纤维厂副厂长、化学纤维工业公司副经理,1987年出任公司总经理。1993年1月任现职。

近年来,安福江在丹东化学纤维工业公司各种减利因素年均达5000—6000万元的严峻形势下,以市场为导向,适时调整产品结构,强化各种管理措施,积极拓宽销售渠道,全力提高经济效益。1995年夏季,在辽宁地区遭受百年未遇特大洪水袭击面前,他身先士卒,带病坚持工作,率领万余职工奋力抗洪,连续奋战五天四夜,确保了公司的正常生产。

安福江为把"新中国化纤第一城"建设成全国最大的粘胶生产基地,1992年开始组织实施粘胶短纤维老厂就地改造工程,坚持生产改造两不误,自行研制的一条样板线设备已投入生产,开创了我国粘胶短纤维生产设备国产化先河,一举将我国粘短生产设备技术水平向前推进了三十年,并为全国粘短老厂改造探索出一条新路子。

安福江积极探索建立国有大中型企业新的经营机制,把竞争机制引入干部管理,实行逐级聘任和公开招聘,使一批年富力强的干部走上了领导岗位。他大胆改革分配制度,实行岗位技能工资制,并向生产一线及有突出贡献的科技、销售人员倾斜的分配政策,1995年公司拿100多万元资金奖励有突出贡献的工程技术人员,使公司生产经营实现了历史性的大飞跃。

安福江全心全意依靠职工群众,坚持以人为本,把党委、工会的工作目标与企业内部生产责任目标相结合,发挥了党群组织为经济工作服务的作用。他先后多次被授予纺织部及省、市劳动模范,1993年并荣获全国"五一"劳动奖章。

【冰心(女)·著名作家·获黎巴嫩国家级雪松骑士勋章·《冰心全集》出版·喜度95华诞】　1995年3月7日下午,在北京医院三楼的会议厅里,黎巴嫩共和国驻华大使法利德·萨玛哈亲手将一枚黎巴嫩最高奖赏的"雪松勋章"佩戴在冰心的胸前,并按照阿拉伯人的习俗,弯腰轻吻了老人的手。黎巴嫩总统埃利亚斯·赫拉维亲自签署了第6146号命令,授予冰心黎巴嫩国家级雪松骑士勋章,以表彰她为中黎文化交流事业所做的突出贡献。早在1931年,冰心便首次将黎巴嫩著名诗人纪伯伦的《先知》译成中文,之后又陆续翻译了纪伯伦的《沙与沫》等作品。中共中央政治局委员、书记处书记、中宣部部长丁关根委托中宣部副部长、中国作协党组书记翟泰丰向冰心表示祝贺。冰心的女儿吴青代表母亲宣读了冰心的讲话。冰心说:"这个荣誉不仅是给予我的,也是给予12亿中国人民的"。

1995年8月26日,中共福建省委宣传部、福建省新闻出版局和冰心家乡福建长乐市人民政府,在北京人民大会堂举行了《冰心全集》出版座谈会。《冰心全集》8卷本,400万字,由海峡文艺出版社出版。与会者认为,这部《冰心全集》和以往出版的冰心"文集"、"作品选"相比,具有资料最完整最齐全的特点,它严格按照编年的方式编成,可以清晰地显示冰心的思想发展脉络和创作轨迹。

1995年10月5日,是冰心这位世纪老人95岁生日。就在这一天,这位一贯重视教育事业的老人,把《冰心全集》的全部稿费10万元捐赠给了中国农村妇女教育发展事业。这天下午,中共中央总书记、国家主席江泽民委托中央统战部给冰心老人送来了生日礼物——一只鲜花怒放的大花篮,江总书记祝老人生日快乐,健康长寿。受江总书记委托前来看望冰心的中央统战部副部长刘延东告诉老人,江总书记赞赏她把《冰心全集》的稿费全部捐赠给农村妇女教育发展事业;江总书记还表示,冰心老人作为世纪同龄人,对中华文化所作出的贡献人们是不会忘记的。冰心听后很高兴,对江总书记的祝贺表示感谢。她祝愿国家安定发展,更加富强,在21世纪变得更加美好。

谢冰心,原名谢婉莹,福建长乐人,1900年出生,1921年加入文学研究会,1923年燕京大学中文系毕业,同年去美国留学,1926年获卫斯理女子大学文学硕士学位。同年回国后,曾在燕京大学、北平女子大学、清华大学、昆明呈贡简易师院任教。1938年参加中国文艺家协会。是中华文艺界抗敌协会第三届理事。1946年后，到日本东京大学任教，1951年回国。历任中国作协书记处书记、顾问，中国文联副主席，中国民主促进会中央副主席、中央名誉主席。是第一至五届全国人大代表，第五至七届全国政协常委。

冰心自1919年开始发表作品。著有散文集《寄小读者》、诗集《春水》、《繁星》，儿童文学集《小橘灯》等。她还译有《泰戈尔诗集》、《马亨德拉诗抄》、《印度童话集》等。此外，还出版有《冰心著译选集》(三卷)、《冰心文集》(六卷)。

【许庆·武汉市刑警大队副大队长·被追授全国公安系统一级英雄模范称号】

1995年11月9日，公安部发布命令，追授湖北省武汉市公安局水上分局刑警大队副大队长许庆全国公安系统一级英雄模范称号。

许庆，1958年12月18日出生，安徽肥东人，中专文化。1978年参加中国人民解放军，1981年参加公安工作，先后任湖北省武昌县公安局刑警队民警、王家港派出所民警、武汉市公安局水上分局刑警大队副大队长，三级警督。1987年加入中国共产党。他参加公安工作14年来，忠于党的公安事业，勤勤恳恳，刻苦钻研，爱岗敬业，恪尽职守。他先后21次与持枪持刀歹徒搏斗，9次光荣负伤；与战友一起抓获各类违法犯罪分子3000人，参与破获刑事案件1500起；8次奋不顾身跳入江中抢救落水群众，25次救护路遇老弱病人，为民办好事300余件。他先后荣立个人二、三等功，10次受到市公安局通令嘉奖。1995年9月12日凌晨，在围捕持枪犯罪团伙的战斗中，他主动请战，身先士卒，临危不惧，英勇顽强，带领民警与犯罪分子展开激烈枪战。当两名战友遇险被困的危急时刻，他置个人生死于度外，挺身而出，冒着犯罪分子的枪弹营救战友，不幸头部中弹，壮烈牺牲。

【许波·海南人民法院审判员·被授予全国法院模范称号】 1995年12月14日，海南省海南中级人民法院刑事审判第一庭审判员许波，被最高人民法院授予全国法院模范称号。

“先天下之忧而忧，后天下之乐而乐”，这是许波做人的信念。他从1985年进入海南中级法院以来，历任书记员、助审员、审判员、副庭长。在每个岗位上，他都把人民的利益放在首位，“小家服从大家”。1991年6月的一天，爱人即将分娩之时，有一正法死刑犯的任务等着他去执行。他托人照顾妻子后，立即赴文昌县执行任务。许波在审理案件中，时刻警戒自己要忠于人民、忠于事实、忠于法律。10年来，他参与审判的400余宗案件，主审办结的200多宗案件，均无一冤假错案。他负责的办案组无积案，是全庭完成任务最好的办案组。1992年，他办一宗上诉案。上诉人陈某被一审法院以故意伤害罪判处了有期徒刑。许波运用现有证据反复互相印证后发现了疑点，便多次深入调查取证，最后改判上诉人无罪释放，保护了无辜者。1993年，他在审理一宗流氓杀人案时，发现案犯的年龄有疑点，经深入调查，终于弄清事实真象，依法判处案犯死刑，同时他向有关部门提出司法建议，追究县检察机关办案人员徇私枉法、更改证据的责任。

许波在办案中认真总结经验，为社会治安综合治理出谋献策。1992年至1993年，他负责少年犯罪案件的审判工作期间，积极探索教育挽救犯罪青少年的办法。特别是在案件宣判后，坚持到罪犯服刑机关或到当事人家庭、单位等处回访，进一步了解犯罪青少年的动态，继续予以指导教育，使审判工作善始善终，取得了良好的社会效果。有些受害人因受害太大，宣判后仍有报复心理。许波对双方当事人及其家属做好必要的教育、引导工作。通过“双边教育回访”，避免了可能出现的连环犯罪、报复犯罪现象。

许波，1961年2月出生于海南文昌市，大专文化，1987年12月加入中国共产党。1986年被海南行政区团委评为优秀共青团员；1987年至1995年，连续8年被评为先进工作者及办案能手，荣立过三等功1次；1995年，荣获海南省劳动模范称号。

【许勰·井陉矿区人民法院院长·被追授全国法院模范称号】 1995年12月，最高人民法院追授河北省井陉矿区人民法院院长许勰“全国法院模范”称号。在此之前，河北省高级人民法院为许勰追记一等功。

许勰，1945年8月出生，河北省井陉县人，大专文化。1966年加入中国共产党。1995年7月28日，井陉矿区法院举行公判大会时，许勰因心脏病突发，不幸以身殉职，倒在公判大会现场，从此长眠于巍巍太行的山水之间。许多群众赶几十里的山路前去送葬，赞扬他秉公执法、热忱爱民的事迹。

许勰深知法院工作维系着国家的尊严和人民大众的切身利益，因此办案特别认真。1993年他当院长的当年，全院审结案件640件，比上年翻了一番；到了1994年，审结案件1200件，再翻一番，结案率达到99%，民事、经济案件调解率达95%，案件执行率逾

90%。两年间，法院为国家、集体和个人挽回经济损失1700万元。

这些成绩，是在许齾身患严重心脏病的情况下取得的，就更显得不易。许齾早就患有心脏综合症。1993年12月的一个晚上，他因心脏病严重发作，且咳血不止，被大家送到医院。拍过X光片，主治医生惊呆了，说："我从医20多年，从未见过一个人的心脏变到这个程度。"许齾住了50天医院，仍置个人安危于不顾，在病房里召开5次党组会，并亲手写下数万字的法院年度工作总结和下年度工作安排。为了留下右手写材料，每次输液，他都让护士扎在左臂上。直到去世前，左手臂还不能自如伸张。

许齾多次立功受奖。1979年，他被石家庄市委、市政府评为先进个人；1985年，他被井陉矿区委、区政府评为模范工作者；1991年，他被河北省委、省政府评为普法先进个人；1992年，因工作成绩突出，井陉矿区委、区政府特批给他长一级工资；1994年河北省高级人民法院为其记二等功。

许齾病逝后，河北省政法委组织报告团，在全省政法系统介绍许齾的事迹。《人民法院报》于11月14日发表长篇通讯《太行山下好法官》，全面报道许齾的模范事迹。

【许文思·抗生素专家·当选为中国工程院院士】 1995年7月7日，中国工程院公布了新当选的院士名单，上海医药工业研究院名誉院长许文思，当选为中国工程院医药与卫生学部院士。

许文思，1925年出生于台湾高雄，青年时代抱着科学救国的赤子之心赴日留学，1947年以优异成绩毕业于北海道帝国大学理学部。1950年回国，同年加入中国共产党。历任上海第三制药厂研究室主任、总工程师、副厂长，台盟上海市支部主任委员，上海市第五届政协副主席，上海侨联副主席，上海医药工业研究院院长等职。

许文思经历了我国抗生素研究从奠基到起飞的全过程。他在近半个世纪富有开创性的科研历程中，突破了一系列关键性的技术难题，成为我国抗生素事业的先驱之一。青霉素在抗生素家族中有长盛不衰之美誉。而建国初期，我国青霉素生产能力远远不能满足临床需要。许文思为此开展的青霉素发酵时葡萄糖代乳糖的研究，解决了我国大量生产青霉素的关键问题，荣获国家发明奖。而在此之前，他在进行链霉素发酵研究时，曾在我国首先发现放线菌噬菌体，并建立解决噬菌体污染的方法，为大量的放线菌产生的抗生素的研究奠定了基础。

随着各种抗生素问世，相继出现的耐药菌是临床上的一大难题。60年代初，国外半合成抗生素崭露头角，许文思在国内首先研制出半合成青霉素和半合成头孢菌素，标志着我国医药事业半合成抗生素时代的诞生。

80年代，抗肿瘤抗生素的研究伴随着癌症对人类健康的巨大威胁而兴起。许文思身先士卒，深入有毒作业环境，对阿霉素等有毒微生物产品的生产工艺和劳动保护进行攻关研究，扭转了价格昂贵的抗肿瘤抗生素长期依赖国外进口的局面。目前，他正在指导研究生进行丝裂霉素和第二代博莱霉素的研究开发。他还研究了赤霉素、盐霉素等农牧业用抗生素并成功地投入了生产。

【许永楠·解放军某部坦克车长·被评为第六届中国十大杰出青年】 由中华全国青年联合会、中国青少年发展基金会及首都十大新闻单位联合主办的第六届中国十大杰出青年评选，1995年9月18日在北京揭晓，南京军区32407部队7连坦克车长、上士许永楠获此殊荣。同年4月18日，共青团中央作出决定，授予许永楠"见义勇为青年英雄"和"全国新长征突击手"称号。

许永楠，1972年9月生，安徽省阜南县人。1991年12月入伍。1994年3月入党。入伍以来，他先后被旅、集团军评为优秀团员、学雷锋积极分子，荣立一等功1次；被南京军区树为优秀士兵标兵。

1994年2月8日，许永楠家所在的村庄发生火灾，回乡探亲的许永楠带病参加救火。在长达3个多小时的扑火过程中，他冒着房屋倒塌的危险，先后3次冲进火海，救出4名群众，自己身上8处烧伤，最后昏倒在火场。2月23日下午3时，他从医院治疗烧伤回家的路上，又冒着严寒3次跳进冰河，将一对落水母女救上岸。

【许志琴（女）·构造地质学家·当选为中国科学院院士】 1995年11月6日，中国科学院公布了新当选的院士名单，中国地质科学院副院长兼地质研究所所长许志琴研究员当选为中国科学院地学部院士。

许志琴，四川重庆人，1942年生，1962年毕业于北京大学地质地理系。八十年代赴法国留学，1987年获法国蒙贝利埃大学博士学位。她致力于青藏高原及其周缘造山带造山作用及造山机制研究和大陆造山带"变形构造动力学"等前沿学科的研究,在15年间的西部造山带的研究中,厘定了我国50余条大型韧性剪切带。在韧性剪切带理论更新、造山带深部构造体制奠定及开拓剪切型金矿找矿途径方面起到率先作用。尤其是"特提斯——喜马拉雅造山的复合体"概念及中国西部华力西期以来巨大平移作用的新认识,为大陆大部构造演化及驱动力的研究提供了新思路。她首先发现中国大别山高压柯石英矿物,为超高压带作为中国地学研究热点奠定了基础,受到国际学术界的重视。她是国际地质科学联合会构造委员会委员。近作《大陆山链变形构造动力学》,反映了她为我国造山带研究起到的推动作用与典范作用。

许志琴曾获地矿部科技进步一等奖、二等奖及李四光奖等多项奖励,是国家级有突出贡献的中青年科技专家,中央机关十杰妇女之一。

【许连捷·福建恒安集团有限公司总裁·创中国乡镇企业名牌产品】 曾获中国十佳民营企业家称号的福建恒安集团有限公司总裁许连捷,致力于妇女卫生用品的开发、生产,"安尔乐"卫生巾在1995年达A级水平,被农业部授予"中国乡镇企业名牌产品",被联合国第四次世界妇女大会列为唯一指定专用卫生巾。恒安集团1995年产值近10亿元,企业被评为"中国规模最大的300家三资企业"、"全国出口创汇先进企业"。

许连捷,1953年6月16日生于福建省晋江市安海镇。1985年创办中外合资的恒安集团公司,生产"安乐"、"安尔乐"牌妇女卫生巾。经过不懈的努力,企业得到快速发展,现在全国二十个省、市、自治区建有20家紧密层成员企业,拥有30条国际先进水平的卫生巾生产线,年产卫生巾1000多万箱,产销量居全国同行业之首。1995年产值近10亿元,企业被评为"中国规模最大的300家三资企业"、"全国出口创汇先进企业"。产品赢得了千百万妇女的信赖,多次被评为"省优"、"部优"和"消费者信得过产品",并多次获奖。

许连捷的成功,是坚信党的政策,依靠党的领导的结果,他是在公司中最早成立党支部的三资企业之一,坚持守法经营,先后被评为"信得过单位"、"贷款最佳信用客户"

许连捷致富不忘回报社会。几年来,为教育、卫生、水利等事业捐赠数百万元,受到社会各界的称赞。他先后荣获全国优秀乡镇企业家、福建省优秀企业家、中国十佳民营企业家等称号,是福建省政协委员、中国乡镇企业协会副会长。

【许国富·北京颐和园邮电局投递员·被授予全国劳动模范称号】 被用户称誉为"送上门的小邮局"的北京市颐和园邮电局投递员许国富,1995年4月被国务院授予全国劳动模范称号。

许国富,1967年生。高中毕业后于1985年到颐和园邮电局当投递员。10年中,他凭着"三心一意"进行工作。所谓"三心",就是对本职工作注入细心,对用户多份爱心,对邮件付出精心;所谓"一意",是要全心全意为用户服务。

为对本职工作注入细心,许国富利用休息日走访用户,对邮件多的单位及流动人员进行登记,靠对服务道段了如指掌,将信件报纸妥投到户。为对用户多份爱心,许国富10年来为用户代取汇款700多笔,累计金额9万多元,仅为用户提供购买信封、邮票、邮政编码本、收寄包裹等特殊服务的登记本,就用完了7个。他为用户代买邮票15万元,代买信封1万多个。为对邮件付出精心,许国富为一封找不到收信人的信件,竟利用休息时间跑上3天,将已"死掉"3年的信送到收信人手中。10年中经他之手起死回生的"瞎信"达2万多封。

道段上一些用户的信箱年久失修放不了邮件,许国富就找旧木箱钉钉改改做成信报箱给用户换上,10年他亲手改制的信报箱达400个。看到一些大杂院用户共用一个邮箱有时错拿邮件,他又仿照楼房信箱自己制作梯形报箱,每户一格加上锁,使邮件妥投妥收。许国富为了更好地为群众服务,还制作了留言簿,放在用户信报箱上,用户有什么要求都写在上面,并利用送信的时间了解用户需求,给用户提供方便。10年中共为用户制作500多个留言簿;为用户解决的困难,不计其数。

1994年局里新来了很多青年人,许国富买了500多个信封,把全局道段界内地址变化、搬迁单位写在上面,让大家练习基本功。他还组织几名投递员编制成一本"瞎信字典",其中包括全市所有地名、各支局辖内的道段,16000多个单位名址,提供给大家作为投递工作基本工具。

【许梅花(女)·杂技演员·被评为《世纪之星》】 1995年,中国文学艺术界联合会,在下属十多个协会中评选十名优秀的文艺工作者为"世纪之星"。安徽省安庆市杂技团的许梅花榜上有名。这个杂技演员中的佼佼者，一跃成为中国文艺界中的杰出人物。1995年12月5日，中国杂技艺术家协会在北京举行了许梅花表演艺术研讨会。这是中国杂协首次为一个杂技演员举行的艺术研讨会。会上，杂技界的专家们高度评价了许梅花取得的成就，并着重剖析和赞扬了她在创编和表演《柔术滚杯》节目中所表现出来的力排万难的献身气概和积极进取的创新精神。

许梅花表演的《柔术滚杯》，是一个从高起点出发的节目，它不仅改革了道具，增加了所托顶杯塔的数量，而且还增添了新的表演技巧，改变了这类节目过去仅在"滚"字上做功夫的局限性，形成了"静中求动"、"慢中有快"、"柔中有刚"、"刚柔相济"的表演风格，达到了"惊、险、美"的有机结合。早在1986年安徽省杂技比赛中，她的《柔术滚杯》就获得了一等奖，但许梅花从不自满，她一次次对这个节目加工、提高，继续攀登高峰，1988年，在首届全国"新苗杯"杂技比赛中再获金奖；1991年在第14届"巴黎世界'明日'杂技节"比赛中，又一举夺得金奖首奖"法兰西共和国总统奖"；1994年在第18届"蒙特卡洛世界马戏节"比赛中，又获"金K奖"。不到十年，许梅花的《柔术滚杯》在国内、国际赛场上竟连续多次摘得桂冠，世所罕见。在此期间，许梅花因年龄渐大，筋骨渐硬，按常理早已不再适合表演《柔术滚杯》。但由于许梅花从艺勤奋，抱负远大，以超人的毅力克服了困难，创造了奇迹，使自己的表演技巧始终代表着当代《滚杯》节目的最高水平。1995年10月安庆市杂技团举行艺术展演，许梅花再次表演《柔术滚杯》，其身体柔韧度、滚杯过程中连绵度和力度都不减当年，而她卓越的表演，使这个老节目的艺术魅力更加强烈、更有新意。因此，在杂技界内和广大观众中都有这样的评论：以许梅花的年龄、成就和品格、才干，可以期望，在进入二十一世纪后，她仍将跻身于杂技艺术的先进行列之中。

许梅花，安徽省滁州市人，1971年生。她的简历和事迹见1992年《中国人物年鉴》。

【许鞍华(女)·香港电影导演·执导影片《女人四十》获第三十二届金马奖】 香港学院派电影导演许鞍华执导的影片《女人四十》(又名《夏天的雪》)，1995年12月9日在第三十二届台湾电影金马奖评选中，获最佳剧情片、最佳女主角、最佳男配角和最佳摄影等四项大奖。

影片《女人四十》描写了精明强干的香港妇女阿娥，身兼卫生纸厂业务经理和家庭主妇双重负担，既要面对工作单位的激烈竞争，又要照顾患有老年痴呆症的公公，反映了中年妇女面对种种来自四面八方的生活和工作压力，以及老年人问题等。该片题材虽然简单，但导演处理得却不落俗套，演员表演细腻传神，情节感人，因而深受观众和专家的喜爱。

许鞍华，1947年生于辽宁省鞍山市。曾在香港大学主修英国文学和比较文学，1972年获文学硕士学位。其后远赴英国伦敦国际电影学校学习电影理论。1975年毕业后返回香港，开始在著名导演胡金铨手下任助理导演、副导演。不久，进入香港无线电视台任编导。1979年担任电影导演，执导拍摄了第一部故事片《疯劫》，成为香港新浪潮电影运动的急先锋和重要代表人物。之后，又陆续导演了《撞到正》、《胡越的故事》、《投奔怒海》、《今夜星光灿烂》、《书剑恩仇录》、《客途秋恨》、《笑傲江湖》、《阿金》等影片。其中，《投奔怒海》获得1983年第二届香港电影金像奖最佳影片、最佳导演、最佳编剧等五项大奖。1995年香港电台为纪念世界电影诞生100周年暨香港电影问世80周年举行的"十大最难忘经典港产电影"评选中，该片位列其中。

【阮玲玉(女)·已故电影表演艺术家·获中国电影世纪奖】 1995年12月28日，在北京举行的中国电影世纪奖颁奖典礼上，已故优秀电影表演艺术家阮玲玉，荣获中国电影世纪奖；其主演的影片《神女》获"中国电影九十年优秀影片奖"。这项评奖是为了纪念世界电影诞生100周年暨中国电影诞生90周年，由广电部电影事业管理局、中国电影家协会、中国电影出版社和中共北京市委宣传部联合主办的。

阮玲玉，原名阮玉英，1910年4月26日生于上海，原籍广东省中山县。1926年考入上海明星影片公司，主演《挂名夫妻》等影片后，在影坛初露头角。1929年冬转入联华影业公司，因主演《故都春梦》一跃登上明星宝座。从1927年的《挂名夫妻》到1935年的最后两部影片《新女性》、《国风》，不到十年她拍摄了二十九部影片。其中主要作品有：1928年的《白云塔》，1930年的《故都春梦》、《野草闲花》，1931年的《恋爱与义务》、《桃花泣血记》，1933年的《三个摩登的女性》、《城市之夜》、《小玩意》，1934年的《人生》、《再会吧，上海》、《香雪海》、《神女》、《新女性》、1935年的《国风》等。阮玲玉在这些影片中，成功地塑造了众多不同阶级、不同性格、不同年龄的女性形象；既有正派也有反派，既有少女也有老妪，既有名门闺秀富家太太、也有村妇和天真的姑娘，然而更多的却是被侮辱与被损害的下层妇女——妓女、丫头、尼姑、歌女、舞女、乞丐等等。她扮演的这些角色，从各个侧面揭露了黑暗势力对妇女的摧残与迫害。作为表演艺术家，阮玲玉有着丰富的激情——纯真、强烈而且细腻，演技娴熟、纯朴、自然，具有独特的清丽而优美的表演风格。她塑造的人物形象深深地震撼着观众的心灵，在当时产生了强烈的社会影响。

《神女》是阮玲玉表演的代表作之一。它描写了一个被生活和孩子的未来所逼忍辱含垢出卖肉体的妓女，在被流氓霸占后的不幸遭遇，暴露了三十年代黑暗社会不可调和的阶级矛盾，对被侮辱与被损害的在痛苦中呻吟挣扎的妇女给予了深切的同情，向万恶的旧社会提出了血的控诉。《神女》成为中国电影史上的经典之作。

阮玲玉在成功地饰演《新女性》主人公韦明之后，不久就象影片的女主人公一样，忍受不了旧社会舆论对她的侮辱与迫害，于1935年3月8日清晨，留下“人言可畏”的遗书后服毒自杀。但是作为默片时代戏路最宽、最有成就的一代影坛巨星，正象一位外国电影研究专家所说：她是一位“象葛丽泰·嘉宝那样异常完美和对电影最有适应能力的电影史上伟大的女演员之一。”

【那宝恩·中国国际航空公司飞行总队总队长·被授予全国劳动模范称号】　1995年4月29日，中共中央、国务院召开的全国劳动模范、先进工作者表彰大会在北京人民大会堂隆重举行。中国国际航空公司飞行总队总队长、国家一级飞行员那宝恩，被授予全国劳动模范称号。同年1月，他所在的飞行总队安全飞行40年，国务院授予该飞行总队以“全国安全飞行标兵单位”称号，中华全国总工会颁发了“五一”劳动奖状。中国民航总局决定授予那宝恩以“全国民航安全飞行标兵”称号。

那宝恩，黑龙江省明水人，1935年9月生，1951年参军，1956年加入中国共产党，1954年入空军航校学习飞行，1966年到民航工作，历任中国民航第一飞行总队飞行员、一大队副参谋长、副大队长、大队长，1984年任飞行总队副总队长，1993年任总队长。曾先后荣获民航总局颁发的3级、2级、1级、特级飞行安全奖章和两次记功奖励。

那宝恩飞行技术娴熟，具有较高的专业理论水平。他常说，作为一个领导干部，既要有丰富的飞行经验，还必须有一定的专业理论知识。他在抓好安全生产的同时，挤时间坚持专业学习，做到精益求精。他从事飞行40年，曾飞过8个机型，均达到1/1右座教员标准。他飞过世界65个国家和地区，在160多个机场作过起降，至今已安全飞行15700多小时。他曾是开航北京—上海—美国（旧金山）、北京—德黑兰—地拉那、北京—厦门—新加坡、北京—广州—墨尔本—悉尼等航线的首航机长，并多次带领机组执行过周恩来、江泽民等党和国家领导人出访的专机任务。

那宝恩自从当干部以来，不论是在中队、大队和总队任职，都十分重视部队的基本建设，严格管理，严格要求。1980年他领导组建波音747机型的第4飞行大队并任大队长。他针对队伍刚组建、飞机刚引进、人员刚改装等方面存在的问题，本着从严、从难打好基础的原则，狠抓部队的思想、技术、作风三项基本建设，并亲自主持制定了飞行员的训练程序、放单飞、转标准、升教员的规定，使大队的各项管理和业务技术培训很快走上正轨，为后来的改装训练和波音747飞机的大量引进奠定了坚实的基础。

1984年他升任飞行总队副总队长，分管安全工作，他敢抓、敢管、敢讲。他针对1991～1992年期间飞行总队中存在的问题，在全总队进行自上而下的以查思想、查管理、查纪律、查隐患为主要内容的全面整顿，使总队各级领导、广大飞行员重新统一了思想，制定了新的安全措施，扭转了安全工作上的被动局面。他总结抓安全工作的“四严一保证”经验，在全国民航飞行部队推广。

那宝恩严于律己，勤政廉洁。他到总队工作后，连续配合三任总队长抓安全生产，始终尽职尽责，一丝不苟，主动配合。任总队长后对自己要求更严，从不滥用权力搞特殊化。他为人正派，作风民主，工作勤勤恳恳，任劳任怨，体现了一个党员领导干部的表率作用。

【孙瑜·已故电影导演艺术家·获中国电影世纪奖】　1995年12月28日，在北京举行的中国电影世纪奖颁奖典礼上，中国电影事业的开拓者之一、已故优秀电影导演艺术家孙瑜，荣获中国电影世纪奖。这项评奖是为了纪念世界电影诞生100周年暨中国电影诞生90周年，由广播电影电视部电影事业管理局、中国电影家协会、中国电影出版社和中共北京市委宣传部联合主办的。

孙瑜，1900年生于重庆，原籍四川自贡。1919年天津南开中学毕业后，考入北京清华学校高等科（清华大学前身）。1925年于美国威斯康星大学毕业后，进入纽约摄影学院、比拉斯戈戏剧学院、哥伦比亚大学夜校学习电影摄影、剪辑、编剧、导演及戏剧。1926

年回国。1927 年在长城画片公司编导影片《渔叉怪侠》后，进入民新影片公司，编导了影片《风流侠客》。1930 年转入联华影业公司，导演了该公司第一部影片《故都春梦》。该片反映了当时社会生活并具有较严肃认真的艺术处理，受到观众欢迎，接着又编写了电影剧本《自由魂》，编导了影片《野草闲花》。他在《野草闲花》中，表现出对封建等级观念的抗议和对下层社会的同情，艺术上也有不少新颖的处理，如运用一些外国新的电影表现技巧、大胆启用电影新人、重视塑造人物、生活细节的运用、风景镜头的穿插、改景字幕的文体、运用有声歌曲等。1932 年“一・二八”事件后，孙瑜加入左翼进步电影的创作，先后编导了《共赴国难》(合作)、《野玫瑰》、《火山情血》、《天明》、《小玩意》、《体育皇后》、《大路》、《到自然去》、《春到人间》等影片。《小玩意》通过叶大嫂这个玩具艺人的悲惨一生，暴露了帝国主义侵略、军阀混战和国民党反动统治给人民带来的灾难，通过叶大嫂的大声疾呼，反映了广大民众抗日救亡的要求。《大路》是孙瑜的代表作，也是我国优秀影片之一。它描写了一群怀着抗日救国愿望的青年参加修筑军用公路，与敌人和汉奸英勇斗争的故事，歌颂了工人阶级爱国主义的优秀品质。影片公映后引起强烈反响。孙瑜作词、聂耳谱曲的《大路歌》受到群众热情欢迎，成为当时流行的群众歌曲。抗日战争爆发后，孙瑜担任中华全国电影界抗敌协会理事、中国电影制片厂编导委员，编写了《流民四千万》、《少年先锋》、《燕赵悲歌》等剧本，编导了《火的洗礼》、《长空万里》等影片。1945 年去美国编译宣传中国抗战的纪录片，编写了剧本《水莲乡》。1947 年回国，编导了《武训传》。新中国成立后，孙瑜进入上海电影制片厂，先后编导了电影《乘风破浪》、导演了《鲁班的传说》和戏曲片《秦美娘》。1981 年出版了《孙瑜电影剧本选集》，1982 年出版了《李白诗新译》(中译英)，同年 9 月上海电影局、影协上海分会和中国电影资料馆联合召开了“孙瑜从影五十五周年纪念会”，研讨回顾了孙瑜编导的影片。1990 年 7 月孙瑜逝世。

【孙毅・《名将孙胡子》、《孙毅将军年谱》出版】　描写孙毅将军光辉一生的文学传记《名将孙胡子》，1995 年 12 月由解放军出版社出版。同月，《孙毅将军年谱》由中国社会出版社出版。

孙毅，1904 年 5 月 12 日生于河北省大城县一个贫苦农民家庭。1920 年加入福建混成旅旅部当录事。后在河南陆军补充营当兵，曾在河南陆军军士学校学习。1926 年在吴佩孚部队骑兵营任书记长。1928 年 1 月起在冯玉祥部队任上尉办事员、少校参谋、中校团附。1931 年 6 月任第 26 路军少校参谋、中校参谋。12 月参加宁都起义，加入中国工农红军，任红 14 军侦察科长、41 师参谋长。1932 年 9 月调中国工农红军学校任军事教员。1933 年 5 月加入中国共产党。1934 年起任粤赣军区第 22 师参谋长，中央军委教导师参谋长，军委干部团作战科科长，国家政治保卫团参谋长，红 3 军团 5 师侦察参谋、教导大队大队长、教育科科长，红 1 军团教育科长，参加了长征。1936 年到达陕北后任红 1 军团副参谋长，1937 年 1 月任参谋长。抗日战争爆发后任八路军第 115 师 343 旅参谋长、115 师教导大队大队长、晋察冀军区军政干校校长兼政委。1939 年 1 月任晋察冀军区参谋长，8 月任冀中军区参谋长。1940 年 6 月任抗大二分校校长。1943 年春兼任晋察冀军区训练部部长。1944 年 3 月任晋察冀军区第 3 军分区司令员，12 月到延安。1945 年出席中共第七次全国代表大会，同年 10 月返回晋察冀边区，11 月任冀中军区代理司令员，后任司令员。1948 年兼任华北野战军第七纵队司令员。1949 年 3 月任河北军区司令员。中华人民共和国成立后，历任华北军区高级步兵学校(后为第 6、第 2 高级步校)校长，华北军区副参谋长，总参军校部副部长、军事出版部部长、军训部副部长。1955 年被授予中将军衔。1978 年后任总参顾问，全国政协委员、常委。近十几年来，他积极参加社会活动，热情关心和教育下一代，1987 年被中共中央组织部授予优秀共产党员称号。1993 年 9 月出席全军“三先”代表会议。

【孙广信・新疆广汇企业集团董事长兼总经理・被评为第六届中国十大杰出青年】

新疆广汇企业集团董事长兼总经理孙广信，1989 年脱下军装，与 6 名部队转业战友，以其 3200 元转业费作资金，投入商海，创办了新疆广汇企业集团。仅用 6 年多的时间，发展成拥有二、三产业并举，技、工、贸一体，资产达 4.6 亿元的大型综合企业。1995 年 10 月，孙广信被评为第六届“中国十大杰出青年”。同年，他还被评为全国十大扶贫状元。

创业伊始，没有资金，他靠代销推土机、装载机来挣取 1% 的推销费。他携一本电话簿、一只绿挎包，一个军用水壶，凭一双铁脚板，用 300 多个日日夜夜，跑遍天山南北，行万里路，推销出 103 台机械，为广汇的启动带来了资金和信誉。然后，打了三个“战役”，首先盘下了乌鲁木齐一家以经营粤菜为主的广东酒家。接着又相继投资创办了 8 个酒店和娱乐行业实体，揭开了广汇公司经济大发展的序幕。

第二个“战役”是孙广信抓住新疆石油贸易大发展的契机，成立了进出口贸易发展公司，并与内地两家有进出口权的大公司结成伙伴，成为他们在新疆的分公司。到1992年仅进出口贸易就成交了8700多万美金，占当年新疆外贸系统下属13家公司全年贸易额的总值。广汇企业的石油贸易成交额达1亿元。为企业的再发展奠定了雄厚的基础。

90年代初期，广汇公司又将资金投向房地产业，展开了广汇公司的第三个“战役”。在西北五省首先推出5万平方米商品房跨年度分期付款的销售办法。如今，广汇公司在乌鲁木齐市开发房地产16万平方米，总投资1.1亿元。紧接着孙广信又调整企业发展重点，将企业集团从第三产业向第二产业全面推进。1994年他投资2500万元建了广汇花岗岩高档石材厂，当年投资，当年回报，产品远销国外。1995年，企业又投资2.5亿元，全部引进世界最先进的意大利石材加工设备，在乌鲁木齐市经济开发区兴建了广汇石材加工工业城，工业产值将近4个亿。现在，广汇企业集团已形成以第二产业为主、兼顾其他发展的现代化工业经济联合体。

孙广信赚钱不为钱。近几年，他为新疆的教育、科研、体育事业和国防建设以及其他社会公益事业，捐资达2000多万元。他为新疆边防哨卡官兵捐赠彩电、音响等文化器材；为新疆多民族的贫困县托里投资开发当地资源，为新疆少数民族地区改水工程捐资，在新疆大学、新疆师范大学、乌鲁木齐第一中学设立广汇教育基金；为新疆的体育事业和科协捐款资助。

孙广信，1962年12月27日出生，山东人，大专学历，中共党员。1980年参军，1989年复员。现任新疆广汇企业集团总经理兼董事长，还担任新疆维吾尔族自治区工商联副主任、商会副会长，全国青联委员、全国青年企业家协会常务理事。1994年获得新疆维吾尔族自治区劳动模范、优秀青年企业家和中国经营大师、全国优秀青年企业家等荣誉称号。

【孙文志·松花江地区中级人民法院院长·被授予全国法院模范称号】　1995年12月14日，黑龙江省松花江地区中级人民法院院长孙文志，被最高人民法院授予全国法院模范称号。

孙文志，1945年8月24日出生，黑龙江省阿城市人，大学文化，1973年7月加入中国共产党，1991年任牡丹江市中级人民法院院长时，牡丹江市被省委、省政府确定为经济改革开发试验区。他决心搞好审判工作，为经济改革服务。他及时主持制定了《发挥审判职能，为国有大中型企业服务的意见》、《运用法律手段保障国有企业顺利转换经营机制的工作安排》等十几个决定和方案。几年来，他在改革的大潮中，始终站在指挥员的位置上，紧紧围绕党和国家的工作中心，领导审判工作的开展，共审结各类案件7万余件，平均每年以10%的比率递增，其中办结经济纠纷案件17541件，解决诉讼标的8.4亿元。

他结合经济发展和审判队伍状况，进行了一系列改革。在审判方式上，实行立审分流，建立统一立案制度，解决了群众告状难和审判员办“黑案”的弊端；把法官主持下的“纠问式”改为辩论式，实行当事人举证责任制，大胆进行当庭宣判；给合议庭放权，解决办案层层审批，环节多责任不明的问题；针对一些企业怕对簿公堂的现象，推行诉前服务活动，解决经济纠纷；大胆实行错案追究制度。审判方式的改革，使两级法院提高了审判效率和质量。从1992年起，全市法院综合结案率都在95%以上。

为了建设过硬的队伍，他主持调整了13个领导班子，调整28名干部，其中提拔重用19名中青年干部。短短4年时间，两级法院消灭了三类班子，一类班子达到80%。中级法院被评为市级文明单位、荣立集体二等功。所辖的11个基层法院中，荣立集体一等功的1个，荣立集体二等功的3个，且全部进入市级或省级文明单位。孙文志本人也先后被省委、政法委授予全省政法战线优秀领导干部称号，荣立一等功，被牡丹江市委、市政府授予特等劳动模范称号。1995年4月26日，《法制日报》在一版头条位置发表通讯，报道孙文志的模范事迹。同年10月，他任松花江地区中级人民法院院长职务。

【孙玉胜·中央电视台评论部主任·被评为第六届中国十大杰出青年】　由中华全国青年联合会、中国青少年发展基金会及首都十大新闻单位联合主办的第六届中国十大青年评选，1995年9月18日在北京揭晓，中央电视台评论部主任孙玉胜获此殊荣。

孙玉胜，1960年6月生，吉林敦化人。1984年毕业于吉林大学经济系，同年7月分配到中央电视台工作。他“追踪生活的本质与主流”的思想，以及艰苦勤恳的工作作风，使他参与组织的中央电视台的许多栏目和节目，受到观众热烈欢迎。

1993年，他参与组织、策划大型杂志性栏目《东方时空》，同年，被任命为新闻采访部主任；1993年底，中央电视台成立新闻评论部，孙玉胜担任第一任主任，并获首届韬奋新闻奖。1994年初参与组织、策划《焦点访谈》。

《东方时空》开播时占据的是最不理想的时间段，但3个月后，几乎家喻户晓，在欣赏品位不断提高，众口难调的观众中，竟神奇地赢得了一片叫好声。国内外新闻媒介称：《东方时空》改变了中国人早间不开电视机的习惯。

【孙东昌·石油专家·获国家发明二等奖】　胜利石油管理局高级工程师孙东昌，主持发明的"胜利二号浅海步行坐底式钻井平台"，荣获1995年国家发明二等奖。

孙东昌，1953年生于河北省南宫县，1975年毕业于华东石油学院矿机专业，现任钻井工艺研究院副总工程师兼海洋工程技术研究所所长。孙东昌作为主要设计人员，先后参加了胜利一号、胜利二号钻井船的设计研究工作，完成了胜利二号的结构设计、内外体锁紧梁设计计算、步行沉垫的坐标导向方案等大量工作。胜利一号钻井船的研制，于1988年获国家科技进步三等奖。胜利二号极浅海步行坐底式钻井船1992年被评为全国十大科技成就之一，1993年获总公司科技进步一等奖。

孙东昌在主持胜利开发一号采油平台设计中，提出了沉垫削斜概念和抗滑桩方案，有效地解决了座底冲刷和抗滑移问题。该成果被评为总公司1993年十大科技成就之一，1994年获总公司一等奖。他还组织协调了浅海组合式钻采平台，埕岛中心一号平台及滩海工程模拟试验室等重大科技攻关项目工作。

他撰写的《我国现有坐底式钻井平台设计特点及其在浅海作业的适应性》和《极浅海步行坐底式钻井船结构强度分析》、《胜利二号结构设计》等论文，先后在《海洋工程》和《中国海洋平台》杂志上发表。他还先后获油田先进科技工作者、模范共产党员称号，连续4年被评为局双文明个人。

胜利二号极浅海钻井平台是国内外尚无先例的会走路的钻井平台。它独创了大型、动态的内、外双船体结构，依靠独特的步行机构、重型液压步行机械系统等可以实现整个平台的前后左右步行。它是一项多学科的庞大的系统工程。

【孙乔良·彝族发明家·发明多功能活鱼运输系统获发明创造金奖】　1995年11月29日，在中国国家专利局和世界知识产权组织于北京举行的中国专利发明创造奖颁奖仪式上，彝族发明家孙乔良，获得两块奖牌。

孙乔良，38岁。云南省石屏县沙咀村人。他从小就学会了打鱼捞虾、撑船撒网。50年代末，在中央民族学院毕业后，回到昆明搞历史研究。由于依恋家乡的鱼和水，放弃历史研究回村组织起一支10多人的捕捞鱼队，一干就是10年。从1981年起，又搞起水产养殖。为了进行鱼苗的保活长途运输。他跑遍了广州、上海、南京等沿海大城市，都没有买到一种理想的运活鱼设备。于是，就自己搞研究，不仅用光了6万多元的积蓄，还欠下了10多万元的贷款，连妻儿也离他而去。他承受着巨额债务和失败的沉重压力，又向亲友借钱，向银行贷款17万元，坚定不移地搞研究，终于在1986年试制出多功能活鱼运输机组的样机，1991年获得国家级最新专利产品荣誉证书。在1992年的北京国际发明展览会上，孙乔良的HY系列多功能活鱼运输机组荣获展览会金奖，吸引了许多国内外客商。精明的日本商人三次登订，以提供百万美元和办理到香港定居为条件，要求与孙乔良合作，都被他婉言谢绝："我的发明首先要为家乡服务，为我的祖国服务。"1993年8月8日，国家计委、国家经委再次组织专家联合评审，一致认定HY系列广泛涉及生物学、机械学、物理学、化学、动力学、生态学等20多项科技领域，它使水产品鱼类、两栖类的保活长途及超长途运输（活运），子母库或超高密度储存（活储），现代化保活销售系统（活售），现代化超高密度的特种增殖（活殖）的"四活"技术系统理论变为现实。HY系列出类拔萃的独特设计，同时拥有水、氧分子对撞，水体循环，消波减震，以及自动排污等12项非凡功能，其中6项技术已达到世界先进水平。

孙乔良不满足已取得的成绩，在HY系列之后，又先后推出7项水产新技术产品，获得国家专利，其中生物全能高速污水自动净化系统获得了11届全国发明展览会金奖。

【孙秀苇（女）·女高音歌唱家·在国际声乐比赛中连连夺魁】　1995年2月4日—7日，在意大利东北部的阿德里亚举行的"第一届阿德里亚国际歌剧声乐比赛"中，来自北京军区战友歌舞团的女高音歌唱家孙秀苇荣获第一名。本次比赛的参赛选手有100名。比赛分5轮进行，每天一轮。有16名歌手进入决赛。获二、三名的是四位意大利男、女歌手。

5月下旬，时隔上述比赛之后三个月，在意大利北方城市帕维亚举行的“第11届国际声乐比赛”中，孙秀苇又荣获第一名；这是她在意大利举行的声乐比赛中第五次夺冠。本届比赛第二名空缺，第三名是韩国女高音歌手。参加本届比赛的共有世界各国选手86人。

孙秀苇，辽宁营口市人。1964年8月18日生。1984年考入北京军区战友歌舞团。1985年入上海音乐学院声乐系干部进修班，师从声乐教育家高芝兰教授。1990年始，又先后求教于声乐教育家沈湘、黎信昌、蒋英，使其演唱技巧更为精湛，艺术功力更为深厚。1992年在中国民族文化博览会举办的首届“全国歌王·歌后声乐大赛”中，孙秀苇获美声组歌后奖。曾先后在歌剧《游吟诗人》、《艺术家的生涯》、《茶花女》中饰演过女主人公。

【孙言兵·临汾日报主任记者·获首届全国百佳新闻工作者称号】 由中华全国新闻工作者协会组织的首届全国百佳新闻工作者评选，1995年3月24日在北京举行颁奖会，临汾日报编委、农村部主任、主任记者孙言兵获奖。

孙言兵，1958年3月生。山西乡宁县人。1985年进临汾日报工作。当报社宣布成立农村部，由他带3位年轻人主办一份临汾日报农村版后，他立志要“用一流的工作精神创办一流的报纸”。为农民办报要有与之相适应的内容和形式，于是他认准了一条道，这就是要树起为农民服务和新闻改革的两面旗帜。

孙言兵大胆推出创新栏目，为专门解决农民关注的热点、难点、疑点的“农民点将台”，让老百姓就自己遇到的难题，直接点名请各级政府和部门领导公开在报上回答。孙言兵认真处理每一封点答信，他牵线、督促，直至把问题解决，在农民和政府间架起沟通的桥梁。作为媒体，通过这个栏目充分发挥了它参与生活的效能。他注意研究农民心态，在头版头条连续推出创新模式“三箭齐发”，即为了突出报道一件事情，消息、评论、漫画一起发。实践证明，这种模式适合农民读报心态。

农村报的版面语言，是孙言兵着力探索的一个问题。他曾六次在报上征求意见，让农民说什么满意，什么不满意，谁提意见就给谁奖励。这为办好报纸提供充分的依据。他了解到农民读报喜欢热闹，就加大信息量，增强可读性，而且配图片、配漫画、配花线，让图文并茂，还要套红，用许多特大的叹号、问号等等。为求最佳效果，推出导读版、立体版，一切从农民需要出发，这一探索，受到农民读者的称赞，他们来信说：“特色鲜明真热闹，一看就是咱的报”。

孙言兵按照农民的要求设计版面，使他在三年多的时间，获全国、省、地区好版面奖20多个。山西省委书记胡富国曾为他题词：“深入农民朋友家中，办到父老乡亲心上”。1993年，孙言兵带着几百个版面，到中国记协举办了一次“孙言兵报纸版面设计展”，获得首都新闻界的好评。

【孙贤华、王美英（女）·青年农民夫妇·获斯里兰卡国际交流医科大学授予的博士学位】 1995年2月12日《人民日报》（海外版）报道：在斯里兰卡首都科伦坡召开的世界自然科学大会上，河南省宁陵县程楼乡青年农民孙贤华、王美英夫妇，同时获斯里兰卡国际交流医科大学授予的博士学位。

孙贤华，河南省宁陵县人，1965年2月生，初中毕业后在家务农，后入郑州树青医学院学习中医，攻读《黄帝内经》、《诸病源候论》、《证类本草》、《神农本草经》、《外台秘要方》、《金元四大家》、《千金方》、《本草纲目》等。1987年毕业后，回家乡开办华美诊所，除治疗常见病外，致力于用中医药治疗肿瘤特别是肝癌的研究。先后治疗肿瘤病人900多人次，有效率达80%，显效率59%，控制率40%。先后发表10多篇论文。

王美英，河南宁陵人，1963年10月生，1989年在郑州树青医学院毕业后，与孙贤华共同办华美诊所。孙贤华、王美英合写的《愈癌散治疗原发性中晚期肝癌临床观察》和《肝癌的中医中药论治》两篇论文，被全国首届农村医学学术会议选中，并引起外国专家的重视。1994年4月，世界传统医学研究会在美国召开，孙、王在未到会的情况下，他们的论文获“生命力杯”世界传统医学大会金杯奖。同年5月，中国传统医学专业委员会授予他们“杏林英才”的锦旗。1995年1月，他们夫妇应邀赴科伦坡参加世界自然医学大会，经论文审查、答辩和临床诊断考察后，夫妇双双被国际交流医科大学授予博士学位，并由总统颁发博士证书。

【孙国城·新疆建筑设计研究院总工程师·被授予全国先进工作者称号】 孙国城，献身边疆38年，为祖国边疆的城市建设做出了突出贡献。1995年4月29日，国务院授予他全国先进工作者称号。

孙国城，江苏苏州人，1938年生，1957年毕业于北京工业学院后，响应党的号召，毅然从北京来到了遥远的新疆。当时的新疆城市建设还十分落后，首府乌鲁木齐市，只有少数几栋苏式的铁皮顶二层小楼，其余几乎全是清一色的土坯平房。孙国城暗立誓言：要让边疆的城市旧貌变新颜。30多年间，他把自己的时间和精力全部奉献给了新疆的建设事业。无数个酷暑严寒，他只身一人深入天山南北少数民族农牧区调查多姿多彩的民族建筑艺术；无数个不眠之夜，他趴在小方桌前描绘一张张建筑蓝图。他除了两次因公出差路过家乡时看望一下病弱的老母亲，从没有请过一次探亲假。孙国城的工作时间以分秒计算，上下班一路小跑成为他的习惯。孙国城为边疆城市建设倾尽自己的一切，下直至40岁仍孑然一身，无暇顾及婚娶。

建筑是凝固的艺术，孙国城从这份事业中体会到一种独特的辉煌和不朽。由他主持设计的乌鲁木齐国际机场候机楼、新疆人民会堂、新疆人大常委会办公楼、新疆科技馆等一批建筑，目前已成为新疆最具影响的现代化建筑。他在30多年的边疆建筑创作生涯中，经过艰苦努力，使新疆建筑创作具有独特的艺术风格，在全国建筑界占有一席之地。他主持设计的新疆人民会堂，获建国40年来我国建筑学界的最高荣誉“优秀建筑创作奖”；他主持设计的乌鲁木齐国际机场候机楼，八十年代末被国际最具权威的《世界建筑史》所收载。他先后多次荣获“全国优秀科技工作者”、“五一劳动奖章”、“劳动模范”等称号，并当选为第六届全国人大代表，1990年曾被国家建设部首批授予“中国勘察设计大师”称号。

【孙明芝·战斗英雄·隐功埋名回乡务农33载的事迹被报纸披露】　1995年7月27日《人民日报》以“人民功臣的人生坐标”为题，刊登长篇通讯，介绍了回乡务农33载的战斗英雄孙明芝的感人事迹。

孙明芝，1924年生，山东莱阳县人，1947年参加中国人民解放军。在解放战争中，荣立战功11次，被评为特等功臣。在朝鲜战场，他是我军用高射机枪击落美军飞机的第一人，并创造出一个月内击落3架、重创一架美军飞机的辉煌战绩，被评为二级战斗英雄，并获朝鲜民主主义人民共和国国旗勋章。战斗中，孙明芝5次负伤，失去了右眼，成为二等乙级残废军人。1959年，担任北京军区某团副连长的孙明芝，因身体原因转业到江苏南通市烟酒公司储运科任副科长。1962年，他的战伤时时发作，无法坚持工作，组织上安排他离职休养，他主动要求回到老伴史宝华的家乡江苏沭阳县扎下乡周沟村务农。回到乡村后，他从不提往昔的事。只要身体尚好，就积极参加集体劳动。妻子史宝华1957年和他结婚，竟然也多年不知道丈夫是一个大名鼎鼎的战斗英雄。当时，孙明芝的休养金每月只有74元，老伴没有工作，家里人口多，日子过得紧巴。然而，他看到群众有了困难，自己再苦也要慷慨解囊。几十年来，全村的困难户几乎都受到孙明芝的接济。

孙明芝乐于为群众排忧解难，而他心里想得最多的是如何为村里发展生产出力，帮助乡亲们尽快摆脱贫困。为此，他曾两次当“官”又两次辞“官”。第一次当“官”是在“十年动乱”初期。当时，全村14个生产队领导班子瘫痪，庄稼烂在地里没人管，田地荒芜没人耕。孙明芝找到公社书记，开门见山地提出要当村委会主任。他声泪俱下，为民请命：“再不抓生产，是要饿死人的”。孙明芝任村委会主任两年间，粮食递增30%。大队的生产秩序越来越好。群众有粮吃，人心稳了，他便自动辞去了村委会主任职务。光阴荏苒，一晃到了1978年，迎来了改革开放。可是，当时的村干部思想还不够解放，生产还是搞不上去。孙明芝再度请求“出山”当生产队长。他走马上任，组织群众进行“穷则思变”的大讨论，率领群众旱改水田100亩，发展多种经营，自己不顾伤痛，带头苦干实干。这一年，队里粮食增产4万公斤，渔业、牧业齐发展。孙明芝趟出了致富的路子，培养了年轻干部，年底又主动提出把队长交给年轻人来干。三十多年来，孙明芝尽管自己生活困难，但从来没向政府伸过手。唯一的一次例外，是1977年8月1日，县委为照顾老同志，允许每人买一件紧俏商品。有人要买自行车、缝纫机，而孙明芝请求县委书记批条子，以平价为生产队买了一台拖拉机。县委书记感慨地说：“老孙一心为公，真是好样的。”

【孙宝铸·河北省公路工程局工长·被授予全国劳动模范称号】　1995年4月29日，中共中央、国务院召开的全国劳动模范、先进工作者表彰大会，在北京人民大会堂隆重举行。河北省公路工程局一处工长孙宝铸，被授予全国劳动模范称号。

孙宝铸，工程师，河北省南宫市人，1951年12月生，1975年7月参加工作。1984年任工长后，曾率队参加过多项重点公路工程建设，累计完成建设投资1.4亿元，成优率100%，成本降低率10%，有些工程被评为全省和全国的优胜工程。他本人多次被省局评为先进生产者、生产标兵、劳动模范、优秀党员等，他负责的QC小组曾两次获全国优秀QC小组称号。

孙宝铸是河北省公路建设上的一员虎将，多么困难、复杂的路基工程都被他一一拿下，因而被誉为“灰土大王”。1990年，邯涉线改建工程施工，原经数次翻修的路面，早期破坏严重。他经过反复调查研究，认为是路基软土层反弹所致。于是挖除路基底部软土层，加进灰土进行改造，时过5年，路基路面至今完好无损。1994年，京石高速公路大决战，工期紧迫。孙宝铸负责新乐段、定州段的基层施工。由于他精心组织，严格石料标准，该段工程质量在全线名列前茅。他的经验，被省局在全线推广。

孙宝铸原只有初中文化，没有什么专业功底。但他长期刻苦钻研，自学成才，成为一名专业能手。曾获全局技术比赛路面工第二名，被省局内聘为工程师。他翻阅资料、反复琢磨，改造拌合机的燃烧系统，将烧柴油改为烧渣油，节约了大量柴油费用。

在紧张的施工中，他常常晚睡早起，周密安排计划。在工地他处处以身作则，那里有困难，他就到哪里，不怕脏累，专挑最难干的活。一次，沥青拌合机滚筒发生故障，他赶到后，一头钻进温度很高的滚筒中帮助抢修，浑身沾满沥青，汗水湿透衣服。工人们看到工长的拼命精神，谁也不甘落后，终于提前完成任务，夺得头等，省局领导亲自写信祝贺。为了整个工程，孙宝铸发扬大协作精神，哪个单位有困难，他都毫无保留地伸出援助之手。1994年，相邻单位施工进展迟缓，他主动承担1万立方土方施工任务。另一单位桥涵施工慢，他又承担了17座桥涵护栏和桥面的铺装任务，被省局誉为社会主义大协作与无私奉献精神的典范。

孙宝铸是工程建设的一员虎将，也是思想政治工作的能手。他总结了作思想政治工作的三条经验：结合实际开展思想教育；及时解除职工的后顾之忧；切实为大家办实事、好事。他用这三把钥匙打开了职工的心扉，群众思想稳定，凝聚力增强，艰苦奋斗，无私奉献，蔚然成风，整体素质提高，没有发生过违法乱纪行为，1994年获先进基层党组织称号。

【孙宗武·书法家·在京举办《万寿图》展览】　原山西临汾行署计委副主任孙宗武创作的篆书《万寿图》，1995年5月在北京“中国老年书画之家”展出，6月16日中央电视台进行了报道。

孙宗武创作《万寿图》历经十几年。八十年代曾发表《百寿图》，1990年创作《千寿图》，此后，遍查历代典籍，共收集250多幅、几万个篆体寿字，分类整理，剔除重复，终成万寿篆书之大成。他以篆书寿字为主体，以篆刻寿字作天地，以画为中心图，每幅百字，百幅万字，笔力遒劲，书画印浑然一体，三气合璧，组成了百幅宏伟的艺术画卷，蔚为壮观。

孙宗武，山西省洪洞县人，1926年7月生，1942年6月参加革命。历任区武委会主任，团司令部参谋，县委宣传部长、县委副书记、书记，医学专科学校党委书记，行署计委副主任等职。他热爱书法艺术，曾函授毕业于无锡书法艺术专科学校。他勤习名家墨迹，能左右手书，作品曾多次参加全国及国际书展，获国际书画大赛佳作奖等多项奖励。作品编入《国际现代书法集》C卷、向联合国发送的大型画册《中国老人》等。他是临汾地区书法协会主席。

【孙家恒·经济学家·《中国大陆与港澳台地区经济合作前景》一书出版】　1995年，由对外经济贸易大学教授、经济学家孙家恒任总编纂的《中国大陆与港澳台地区经济前景》一书，由人民日报出版社出版。

孙家恒，1928年生，江苏南京人。早年就读于金陵大学，毕业于南京大学。先在中国粮油进出口公司任职，后到对外经济贸易大学任教，曾任研究室主任、学术委员会副主任、硕士研究生导师。改革开放初期，他曾赴欧洲考察自由贸易区与外贸管理情况，撰写了国外自由贸易区研究报告，主编出版了《匈德外贸改革》，受到中央有关部门和学术界的重视。此后，他参加了《中国利用外资》、《出口产业政策》、《中国企业跨国经营》、《中国进口问题》、《大型跨国公司来华投资》等重要课题的研究，分别担任负责人或研究报告主笔。他主编出版的《中国进口问题研究》，得到国务院发展研究中心表扬，获对外经济贸易大学优秀研究成果奖。

他的主要著作有专著《苏联对外经贸手册》；主编《国际贸易理论与实务》、《国际承包与劳务合作》、《南斯拉夫政治经济词解》；与人合著并担任副主编的有《国际商务通览》、《中国对外经贸体制改革全书》、《对外开放实用百科》、《对外经济贸易工作手册》等共20多部，发表论文50多篇。

孙家恒积极参加国际经济学术团体工作，历任中国国际贸易学会副秘书长、国际贸易理论研究会秘书长、《国际贸易论坛》副主编。

【孙淑伟·跳水运动员·获世界杯跳水赛金牌】 1995年9月5日至9日，第九届世界杯跳水赛在美国的亚特兰大举行，19岁的中国选手孙淑伟以681.48分的成绩，获得十米跳台跳水冠军。

孙淑伟虽说只有19岁，但他已是跳水运动员中成绩卓著的“老将”了。1990年获北京亚运会十米跳台跳水金牌、1991年在澳大利亚珀斯举行的第三届世界游泳锦标赛中获男子十米跳台跳水冠军、1992年在西班牙的巴塞罗那举行的第二十五届奥运会上获十米跳台跳水金牌、1994年在意大利罗马举行的世界游泳锦标赛跳水赛中孙淑伟十米跳台跳水屈居亚军。

跳水运动是中国体育中的强项，在世界上多年保持领先水平。孙淑伟为跳水运动付出不懈的努力，终于在1995年赴亚特兰大参加世界杯跳水赛并夺回男子十米跳台跳水金牌。

孙淑伟，1976年2月1日生，广东省揭阳人，1984年开始跳水训练。

孙淑伟的事迹参见1991年、1992年、1993年《中国人物年鉴》。

【孙维炎·经济学家·受联合国委托在中国发布世界投资报告】 1995年12月19日，对外经济贸易大学校长、经济学家孙维炎教授，受联合国贸发会议跨国公司和投资司的委托，在北京举行《'95世界投资报告》发布会议。根据联合国贸发会议的安排，该报告在世界12个主要城市同时发布。这是第一次由一位中国学者在中国举行这样的发布会。

孙维炎，1937年生，浙江慈溪人。1962年毕业于北京外贸学院，1964—1966年在英国伦敦大学深造。回国后在对外经济贸易大学任教，1984年任校长，1988年兼任校党委书记，还兼任跨国公司研究中心主任和台港澳经济研究中心主任。他是加拿大圣玛丽大学荣誉博士。受聘担任联合国跨国公司委员会专家顾问。他还是中国国际贸易促进会会员和仲裁委员会仲裁员，北京市政府和沈阳市政府顾问，中国贸易学会、中国企业战略论坛学术委员会和中国应用语言学会的顾问。

孙维炎多次应邀赴国外讲学和出席国际专题研讨会。1995年在意大利参加“五洲经济发展模式国际研讨会”，发表论文和演讲，阐述中国70年代末以来的经济发展与改革；在美国新泽西州西东大学，重点讲述中国当前经济发展和“九五”计划及2010年远景目标，展示中国未来15年的美好前景和良好的投资环境。他在《中国企业跨国经营的前提条件》和《跨国经营企业的战略与管理》等论文中，提出90年代乃至下一世纪，是跨国公司的全盛时期。一切高水平、高科技、高层次、大规模的国际生产、投资和贸易活动，都将以跨国公司为主体进行。中国大型企业集团必须走向世界，发展跨国经营。

他的主要著作有《国际商贸手册》(主编)、《中国企业跨国经营百科全书》(主编)。他还担任李岚清主编的《中国利用外资基础知识》一书的编委。

【孙锦山·物理学家·获国家科技进步一等奖】 中国工程物理研究院工程院院士孙锦山，主持完成的课题“发展型特种装置及其设计原理的突破”，获1995年国家科学进步奖一等奖。

孙锦山的获奖项目是一项复杂的系统工程，从理论研究、工程设计、研制加工到试验测试等，工作一环扣一环。该项目的研制成功是克服了一系列的技术和非技术性困难而取得的。达到了国际先进水平。

孙锦山，1941年10月生，1964年9月毕业于上海复旦大学。1964—1987年在北京应用物理与计算数学所工作，1987—1989年在美国布朗大学工作，1989年2月返国继续在北京应用物理与计算数学所工作至今。1995年2月任该所所长。孙锦山曾先后获部委级科技进步奖一等奖2次、三等奖1次，获国家科技进步奖特等奖2项，光华科技基金一等奖1次。

【孙静霞(女)·护理专家·获南丁格尔奖】 红十字国际委员会，1995年5月11日电告中国红十字总会：中国常州市第一人民医院护理部顾问孙静霞，获第35届弗罗伦斯·南丁格尔奖。

孙静霞，1914年生于江苏省常州市。1934年毕业于常州市真儒高级护士学校，后在常州市武进医院任护士、护士长。1938年任常州市真儒高级护士学校校长兼武进医院护理部副主任。1949年后任常州市第一人民医院(原常州市武进医院)护理部主任，直至1986年退休。她在护理管理岗位上辛勤工作了50余年，为护理事业无私地奉献了毕生的心血和全部情爱。

1942年日军占领了常州市唯一的医院，驱逐病人和医院工作人员，收容日军伤员。孙静霞临危不惧，一方面在社会上奔走、呼吁、募捐，商借到因战争停课的真儒小学为临时医疗场所；一方面亲自与日方交涉，要求把30名危重病人连床一起交给她带走。一无器械、二无药品，要护理好这些重病人的困难可想而知。孙静霞几次冒险，带领自愿留下的护士姐妹，避开日军岗哨，潜回医院捡药品、器械，看到散落在院子里的纸张、空药瓶、破便盆都如获至宝。为解决市民的就医问题，各界爱国人士鼎力相助，成立了“常州公立武进医院”，孙静霞倾其所有的积蓄和财产，帮助医院渡过那艰难的岁月。她的丈夫是常州地区有名的外科医生，他俩日以继夜地在公立医院为广大病人服务，直到抗战胜利。

1948年孙静霞赴美国爱姆丽医学院附属医院进行为期一年的护理专业学习。进修结束时正逢新中国成立，于1949年11月毅然归国。她把一颗无私的爱心，毫无保留地贡献给患者。在担任医院护理部主任期间，孙静霞每天5点半起床，不到7点就来到病房。晚上10点钟左右，她才拖着疲惫的身躯离开医院。几十年来，病人已成为她生命的全部，一天不到病房转一转，她就坐卧不安。

1992年，孙静霞创办了“关怀病房”，收治那些老年性痴呆、晚期癌症、脑血管病的65岁以上老人。孙静霞常常忘记自己也是80高龄了，亲自为他们翻身、洗澡、喂饭，给褥疮患者换药。她还经常买来水果、鸡蛋等，送到老人身边，陪他们走过生命的最后一刻。

62年来，孙静霞像慈母般悉心照料每一个病人，她常说：“作为一名护士，最重要的是要有同情心、爱心、责任心，否则不可能成为一个好护士。”看到年轻护士的护理工作有不到位的地方，孙静霞总是很痛心。她说：“护士应该主动为病人做翻身、洗澡等生活护理，可是现在这些事却往往由病人家属来做。我想劝告年轻护士，一定要把病人的痛苦当作自己的痛苦，以真诚的爱心去关心和帮助他们。”

【严定宪、林文肖（女）·动画电影导演·执导的《白色的蛋》获中国电影金鸡奖最佳美术片奖】　上海美术电影制片厂导演严定宪、林文肖导演的动画片《白色的蛋——大森林的小故事之一》，1995年10月22日在北京举行的第四届中国金鸡百花电影节上，荣获第十五届中国电影金鸡奖最佳美术片奖。

动画片《白色的蛋——大森林的小故事之一》讲述了小姑娘在森林里捡到一个白色的蛋，小心呵护，梦想日后孵出美丽可爱的小孔雀，没想到从蛋里爬出的竟是一只小乌龟。影片成功地运用拟人手法，将人类颂扬的爱心赋予大森林中的小动物。影片故事叙述细腻，亲切感人，音乐优美，摄影精良，人物形象可爱，富于儿童情趣，具有很好的艺术感染力。

严定宪，1936年9月生于江苏无锡市。1953年从北京中央电影学校动画科毕业后，进入上海电影制片厂。现为上海美术电影制片厂一级导演，曾任美影厂厂长。他担任动画设计的动画片有：《骄傲的将军》、《一幅僮锦》、《水墨动画片断》、《小蝌蚪找妈妈》、《大闹天宫》等。他导演与合导的动画片有《两只小孔雀》、《哪吒闹海》、《人参果》、《金猴降妖》等十多部。其中《哪吒闹海》、《人参果》获1983年菲律宾马尼拉国际电影节特别奖，《哪吒闹海》还荣获1980年第三届《大众电影》百花奖最佳美术片奖；《夹子救鹿》获第五届印度国际儿童电影节最佳短片金像奖；《金猴降妖》获第六届中国电影金鸡奖最佳美术片奖，1995年广播电影电视部优秀影片奖最佳美术片奖，1989年美国第六届芝加哥国际儿童电影节动画故事片一等奖。他曾获得1979年文化部青年优秀创作奖，著有《美术电影动画技法》一书。他是中国动画学会副会长和国际动画协会中国分会主席。

林文肖，1935年1月生于江苏丹阳。1953年从北京中央电影学校动画科毕业后，进入上海电影制片厂。现为上海美术电影制片厂一级动画设计师、导演。参加动画设计的动画片有《小蝌蚪找妈妈》、《过猴山》、《哪吒闹海》等二十多部。其中《小蝌蚪找妈妈》水墨动画设计获国家发明二等奖。1978年以后开始担任导演工作，先后合作导演或导演了《画廊一夜》、《雪孩子》、《金猴降妖》、《夹子救鹿》等动画片。这些影片曾获得国内外各种奖项，她个人获1984—1986年度上海文学艺术创作（电影）奖。

【严慧英（女）·海外学人·获首届展望奖】　由中国青少年发展基金会和中国国际人才交流协会共同设立的“展望奖”，于1995年3月27日在北京人民大会堂隆重举行首届颁奖仪式。此奖旨在推动展望计划的实施，表彰为中外经济合作作出贡献的海外学人及国内有关企事业单位负责人，每两年颁发一次。严慧英等6人获首届“展望奖”。

严慧英，北京人，1964年2月生，1986年毕业于北京钢铁学院材料系，1986年至1988年在北京有色金属研究总院工作，1988年至1990年就读于美国蒙大拿金属矿产学院，1990年至1992年就读于美国圣心大学并获商业管理硕士学位。早在1991年，严慧英便同几位朋友集资注册建立了美国奥斯卡利亚公司。经过几年的艰苦创业，由严慧英任总裁的奥斯卡利亚公司及其所任职的对华控股有限公司，所操作的投资资金已达5000万元。严慧英认为，自己中国生，中国长，熟悉祖国；在美国学习，又了解美国，最适合做架设中美桥梁的工作。他们先从咨询工作起步，帮助中美双方了解彼此的国情和经济，然后把精力主要放在帮助中国企业引进投资、项目、人才技术和管理上。他们所做的这些事情，无疑是国内众多企业十分渴望的。这其中成效最为突出的是为兰州炼油厂引进润滑油的配制和包装项目，同时引进资金、配方、工艺、管理和美国商标并负责将产品销往美国。兰州炼油厂是我国特大型企业，对润滑油的加工生产已有30多年的历史，目前已达到年产40万吨的能力，其品种和质量在国内属领先地位，但由于其润滑油塑料小包装及配套罐装生产线仍属空白，直接制约着润滑油的销售。根据此情况，严慧英利用其在美注册的奥斯卡利亚公司和兰炼所属三叶公司共同投资120万美元，成立了兰州美叶油品包装有限公司，引进美国先进技术和生产设备，年产桶340万只，油品小包装每年1万吨，年产值达到5000万元，二年半即可收回全部投资。严慧英夫妇在为中国经济发展做着有益的促进工作的同时，还积极从事公益事业，他们听说祖国正在搞“希望工程”为贫穷地区儿童献爱心活动，立即出资9万元赞助“希望工程音乐会”，并将全部票房收入捐给了“希望工程”。

【苏锵·无机化学家·当选为中国科学院院士】　1995年11月6日，中国科学院公布了新当选的院士名单，中国科学院长春应用化学研究所研究员苏锵，当选为中国科学院化学部院士。

苏锵，1931年出生于广东省广州市。现为中国科学院长春应用化学研究所研究员。40多年来在无机化学，尤其在稀土化学领域做了大量系统性的工作，是我国稀土化学领域的开拓者和学术带头人之一。早在50年代，就为建立从独居石中提取钍和稀土、从含钒炉渣中提取五氧化二钒及从混合稀土中制备单一稀土的中间工厂做出了贡献，并开展了稀土的分析、分离和溶液化学的研究。在变价稀土的制备、应用方面，提出了铈的湿法空气氧化法；首次在KIO_4－KOH介质中实现了铽和镨的光氧化；提出了在磺基水杨酸介质中用钠汞齐还原萃取定量分析铕和分离铕和钐的方法；首次提出在特定结构条件下，通过不等价取代，在空气中制备掺二价铀、钐和镱发光材料的方法。在固体化学方面，组织与参加稀土激光与发光材料的研制与推广。在镧系离子光谱研究中，提出了镧系离子的一些光谱性质(如基态量子数S.L.J.，光谱劈裂因子g，基态与第一激发态的能量差等)随原子序变化的规律，提出了电荷迁移带随环境变化的规律及镧系的光学电负性与标准还原电位之间的关系式，并提出了环境对Dy^{3+}的发射强度的黄蓝比的影响规律等。还较早在国内开展稀土磁化学及磁性与光谱的联系的研究。曾获发明专利1项和全国科学大会奖等。发表论文160余篇，专著1本。

【苏寿南·上海三枪集团有限公司董事长·被授予全国劳动模范称号】　苏寿南在领导三枪集团中，以市场为导向，集中力量以“三枪”名牌打天下，实行负重兼并，不但拯救了6家濒临倒闭的国有企业，集团资产总额也由9000万元猛增到12亿元，被人们称为经营国有资本的专家。1995年4月29日，国务院授予他全国劳动模范称号。

苏寿南，1935年出生，上海人，幼时家境贫寒，13岁进针织厂做学徒，整整47年，从普通工人干到厂长没有离开过上海针织九厂。1994年，以针织九厂为母体厂的上海针织内衣集团公司更名为上海三枪集团有限公司，苏寿南任董事长。他在针织九厂当厂长17年，因精于管理，于1988年被评为全国纺织行业优秀企业家。进入九十年代后，由于各种原因，纺织行业普遍由营利转为亏损。面对一批国际名牌内衣打入中国市场，向国内企业步步进逼的严峻形势，苏寿南决心以自己的“三枪”品牌打天下。为了用最快的速度开发“三枪”新产品抢占市场，苏寿南成立了以自己为首的“十人快速反应小组”，将新产品的信息收集、样品分析、产品设计、成本核算、原料采购、设备更新、市场拓销等环节通盘考虑，迅速作出决策，在这种快速反应机制下，“三枪”的第一个新产品——柔暖棉，仅用3个月就完成了从样品到成品上市的全过程。8个月后，这种针织内衣就以每月20万件的规模席卷上海市场，并获上海科技成果二等奖。此后，苏寿南乘胜前进，每年推出新产品，1993年，全棉凉爽麻纱系列；1994年，高级羊毛内衣系列；1995年，国际最流行的牛奶内衣。“三枪”牌每年都给市场消费者带来一次大涌动，成为上海纺织专家推举的20个品牌中的“第一品牌”。“三枪”集团因之名扬海内外，经济效益连年成倍增长。在自己日子好过的时候，苏寿南没有忘记全国纺织行业普遍亏损的困难局面，他在4年中，先后兼并了6家亏损严重濒临倒闭的国有企业，承担债务高达1亿元，并用“九厂”的利润消化了5000多万元被兼并企业的亏损和欠款，安排了4000多名被兼并厂的职工。

苏寿南认为，自己是代表国家从事国有资产的运作，不是私人老板，自己经营的资产再多，效益再好，也决不可以从中捞取个人资产。在职权范围内，他为公司确定了许多"特殊政策"：职工收入拉开差距，技术骨干和有功之臣的工资高出企业平均工资水平的5至6倍；公司内部确定了一批高级职员，专门为他们开设营养保健餐；公司给有特殊贡献的人才以丰厚奖励，从高额奖金直至三室一厅的宽敞住房……但是，所有这些，苏寿南统统把自己排除在外，就连公司食堂的营养保健餐厅他也不进去。他把所有与企业有关的价值9万余元的礼金礼品和一套奖给他的价值14万美元的高级住房，全部交给公司党委。难怪"三枪"集团许多职工为此而深感心理"不平衡"。他们说：苏总太吃亏了。

【苏俊栓·北京市交通民警·被授予全国公安系统一级英雄模范称号】 1995年12月25日，公安部发布命令，授予北京市公安局交管局西城大队西单中队民警苏俊栓全国公安系统一级英雄模范称号。

苏俊栓，1947年11月出生，河北曲阳人，中专文化。1968年参加中国人民解放军，1969年加入中国共产党，1971年参加公安工作。历任北京市公安交通管理局西外交通中队民警、西城交通大队西单中队副处级民警，二级警督。他从事公安交通管理工作以来，勤勤恳恳，任劳任怨，恪尽职守，开拓进取，摸索、总结出一套行之有效的交通指挥方法，被称为"苏俊栓指挥法"，有效地提高了道路通行能力。他文明值勤，礼貌服务，秉公执法，清正廉洁，受到群众的广泛赞扬，1988年被授予全国公安战线二级英雄模范称号。在荣誉面前，他戒骄戒躁，再接再厉，发扬成绩，更加忘我工作，时刻牢记全心全意为人民服务的宗旨，立足本职岗位，想方设法为群众排忧解难。他从不计较个人得失，不顾身患胃病等多种疾病，始终坚持值勤，站好每一班岗，被群众称为"柏油路上的马天民"。苏俊栓同志工作24年来，排除交通险情500起，纠正违章48万余起，从没有和违章者发生过争吵；放弃了1200多个节假日，加班1万多小时，相当于额外完成了9年多的工作。他把全部心血和精力都倾注在交通管理事业上，在平凡的岗位上做出了不平凡的业绩，先后荣立三等功4次，一等功1次，被授予北京市首届"最佳交通民警"、"北京市特等劳动模范"、"全国先进工作者"荣誉称号。

【杜文达·北京军区原顾问·在北京逝世】 北京军区原顾问杜文达，因病于1995年3月6日在北京逝世，终年81岁。

杜文达，江西省吉安县人，1930年参加中国工农红军，1931年加入中国共产党。历任战士、宣传员、分队长、政治指导员、组织科长、团政治委员、分区司令员、旅长、师长、省军区参谋长、军长、北京军区副司令员等职，1955年被授予少将军衔。他是第五届全国政协委员。土地革命战争时期，他参加了中央根据地一至五次反"围剿"斗争和两万五千里长征。抗日战争时期，他率部参加了百团大战、党（城）阜（平）战役和晋察冀反"扫荡"斗争。解放战争期间，他率部先后参加了保卫张家口、绥远和保北、正太、清风店、解放石家庄及平津等一系列战役战斗。

【杜可风·电影摄影师·拍摄影片《东邪西毒》获第十四届香港电影金像奖最佳摄影奖】 香港电影摄影师杜可风拍摄的影片《东邪西毒》，1995年4月23日在第十四届香港电影金像奖颁奖典礼上，荣获最佳摄影奖。该片还在1994年5月意大利第五十一届威尼斯国际电影节上获得最佳摄影奖，在1994年12月第三十一届台湾电影金马奖评选中获得最佳摄影奖。

影片《东邪西毒》描写了两个武侠东邪和西毒与三个女子的感情纠葛。在这部武侠片中，电影的叙事和形式很有创意，摄影风格也颇具创新。杜可风对摄影艺术一直在进行不断地探索，力求精益求精。现在拍摄影片更喜欢用超广角镜头，以突破传统的摄影手法。

杜可风，原名克里斯托弗·多伊尔，1952年5月2日生于澳大利亚悉尼市。少年时辍学到世界各地，干过海员，做过杂务工。后来重返校园，在美国马里兰大学攻读艺术历史，之后到香港中文大学主修中文，毕业后留在香港拍摄个人MTV。70年代初赴台湾从事电影摄影、剪辑等工作。1983年首次担任电影摄影，拍摄《海滩的一天》，获当年亚太影展最佳摄影奖。从此名声鹊起，经常穿梭于港台之间拍片。他拍摄的主要影片有：《阿富》、《黑与白》、《老娘够骚》、《雪在烧》、《杀手蝴蝶梦》、《说谎的女人》、《阿飞正传》、《梦醒时分》、《暗恋桃花源》、《飞侠阿达》、《重庆森林》、《东邪西毒》、《红玫瑰与白玫瑰》、《我的美丽与哀愁》、《风月》、《堕落天使》等。其中《黑与白》获1980年法国戛纳国际电影节金摄影机奖，《老娘够骚》获第六届香港电影金像奖最佳摄影奖，《阿飞正传》获第十届香港电影金像奖最佳影片、最佳摄影奖，《暗恋桃花源》分别在东京国际电影节和柏林国际电影节获最佳摄影奖。

【杜铁环·中将·任济南军区政委】

1995年1月，中央军委任命杜铁环为济南军区政委。

杜铁环，1938年8月生。辽宁省鞍山市人。1955年8月入解放军炮兵学校学习。1959年9月加入中国共产党。曾任见习排长，团宣传股文化教员，师组织科、青年科干事、军政治部干部处干事、军政治部保卫处副处长、干部处处长、团政委、师副政委。1982年入解放军政治学院学习。1984年起任师政委、集团军副政委、政委。参加过中越边境老山地区防御作战。1992年11月起任解放军总政治部主任助理。1993年12月任解放军总政治部副主任。1995年1月任济南军区政委。1988年9月被授予少将军衔。1993年12月晋升为中将军衔。

【杜家毫·中共松江县委书记·被授予优秀县(市)委书记称号】　1995年6月30日，全国百名优秀县(市)委书记表彰会在北京中南海怀仁堂召开。中共中央总书记江泽民出席会议并作了重要讲话。会上宣读了中共中央组织部对全国在县(市)委书记岗位上取得优异成绩的100名干部，授予优秀县(市)委书记称号的决定，杜家毫名列其中。

杜家毫，浙江鄞县人，1955年7月出生，1973年3月参加工作，同年12月入党，大学文化。曾任农场党委副书记，上海农场管理局团委书记、工会主席、办公室主任。1992年2月任松江县委副书记，现任县委书记。

深入实际是杜家毫了解农民、熟悉农村的重要途径，也是他正确判断、科学决策的基础。他到松江一上任，就扎到农村、基层了解情况。首先，他发现给农民打“白条”的还不少，有的村没有一条像样的路，农民吃不上干净水，可是墙上却挂着干部责任制落实情况的专栏。于是回到县里连夜起草报告，向党政干部明确宣布今后考核干部，一要看做了多少实事，二要看解决了多少难题，三要看出了多少发展经济的好点子。其次，他实地考察了上海唯一的山林资源佘山九峰。过去受传统观念束缚，佘山的价值仅是林场，而林场的绝大部分只是能做柴禾的杂木。他力主大规模开发佘山风景区，改变佘山的命运。他据理说服不同意见，大刀阔斧调整管理体制，立即着手建东佘山森林公园，为佘山朝“上海后花园”方向发展铺平道路。这是松江的一次改变现状的大手笔，如今佘山风景区已成为上海最大的旅游区。

杜家毫在不拘一格用人才上，体现了他的风格和魄力。他上任后遇到一个棘手的问题：工业区进展缓慢。由谁去主持这个全县的头号工程？县委常委会上提了10多个人选，杜家毫分析了各位的长短后，毅然提出由县纪委书记兼任。大家认为合适，可是纪委书记兼经济工作职务在全上海还无先例。杜家毫说咱们在用人上也得从实际出发，谁适合谁上。事实证明，这位纪委书记带领一班人实现了超常规的发展速度。1993年一个镇的党委书记职位空缺。杜家毫了解到一个很有能力的人过去曾因犯错误被降职使用，但现实表现不错，他有意让这位同志再度“出山”。有人说用此人会得罪一批人。他和组织部门的同志一起走访了20多位老干部，反映都不错。后来这位同志上任后，这个镇经济当年的产值就翻了一番，当地农民说县上派来一位好干部。在杜家毫的倡议下，1993年松江县公开招聘科级干部，一时成为沪上的“热点新闻”。

【杨义·相声演员·获电视相声大赛表演金像奖】　1995年12月，在中国曲艺家协会、中央电视台联合主办的首届侯宝林金像奖电视相声大赛中，杨义与杨进明合演的相声《潇洒走一回》获得好评，杨义获表演金像奖。杨义在这个节目中，充分发挥了他的表演才华。融说、学、逗、唱、演多种技法于一炉，辛辣地讽刺了某些对待爱情、婚姻不严肃、不负责的人。他们把结婚视同儿戏，把离婚当成时髦行为，这种对生活的“潇洒”，最终必将受到法律的惩罚与道德的批判。杨义的表演台风稳重，语言清新，分寸准确，模仿得体，产生了强烈的艺术效果。

杨义，北京市人，1962年1月生。其父杨少华为著名相声演员。杨义随父学艺，深受侯宝林、马三立、赵佩茹等相声名家的熏陶。1982年参加天津市青年宫艺术团任相声演员，1984年以一段《论拳》崭露头角，在第二届津门曲荟中获表演二等奖。1992年，在文化部、中国曲协等单位联合主办的全国业余相声“马三立杯”大奖赛中，杨义与杨进明创作并演出的《卡拉OK有坷垃》荣获表演二等奖，作品三等奖；在1993年文化部艺术局主办的中国相声节上，杨义、杨进明演出《舞厅轶事》获表演银玫瑰奖，同年又获文化部群星奖三等奖。杨义属相声艺术的后起之秀。近年来，舞台演出和应邀往各地电视台录相的任务也日益增多。成为曲坛颇为看好的新人。杨义为了探索在市场经济大潮中曲艺工作者新的活动方式和发展途径，现已辞去公职，成为专说相声的“文艺个体户”，在有关部门的支持下，成立起天津市“欢喜虫”创作组，专事相声与曲艺小品的创作、演出。令人瞩目。

【杨沫·著名女作家·在北京逝世】

中国作家协会主席团成员、北京市文联主席、第八届全国人大代表杨沫，1995年12月11日在北京逝世，终年81岁。

杨沫，原名杨成业，曾用笔名杨君默、杨默。1914年出生，祖籍湖南湘阴。1937年抗日战争爆发后，杨沫到冀中参加中国共产党领导的抗日游击战争，长期从事妇女、宣传工作，曾任安国县妇女抗日救国会主任，冀中十分区抗日救国联合会宣传部长、妇女部长，《晋察冀日报》编辑。1949年后，在北京市妇联工作。1952年任中央电影局编剧。1957年转为北京电影制片厂编剧。1963年起成为北京市作协专业作家。1978年当选为全国人大常委。

杨沫1934年开始文学创作。早年写的多是些反映抗战题材的散文、短篇小说。1947年参加土改后，又写过一些短篇和中篇小说，如《接小八路》、《苇塘纪事》等。1958年出版了她的代表作《青春之歌》，这是新中国成立以来较早出版、有广泛影响的一部描写中国共产党领导的爱国学生运动的优秀长篇小说。它写出了一个时代，影响和教育了几代青年。小说主人公林道静的形象，至今仍然鼓舞着新一代，为中华民族的振兴和国家繁荣富强而艰苦创业。杨沫的其它作品还有《东方欲晓》、《芳菲之歌》、《英华之歌》，长篇报告文学《不是日记的日记》、《自白——我的日记》等。自1992年以来陆续出版的《杨沫文集》收录了她本人的大部分作品。

【杨钢·电影美工师·获第十五届中国电影金鸡奖最佳美术奖】 西安电影制片厂美工师杨钢，因在电影《征服者》中出色的美术设计，1995年10月22日在北京举行的第四届中国金鸡百花电影节上获第十五届中国电影金鸡奖最佳美术奖。

影片《征服者》讲述了清代中叶白莲教起义被清军剿灭后，五十多个老弱妇孺在被押赴流放途中与清军进行不屈不挠斗争的故事，展现了中华民族不屈于强暴，勇于斗争的反抗精神。杨钢的美术设计为影片的内容与主题提供了典型的历史环境，达到了内容与表现形式的统一。对影片从大的时代背景、地区特点、西部风土人情乃至细部的场景、布景、服饰、人物造型、道具都进行了精心设计，再现了当时历史环境，有力地烘托了主题。

杨钢，1945年生于四川广安。1964年考入北京电影学院美术系。1973年分配到西安电影制片厂美绘室任美术师，现任美绘室主任。杨钢从1983年起独立担任美术设计，主要的影片有《海滩》、《老井》、《红高粱》、《轮回》、《烟雨情》(香港影片)、《黄河谣》、《风雨归途》、《征服者》等。其中《海滩》参加1989年美国华盛顿国际电影节获好评；《老井》获1987年第二届东京国际电影节大奖等四项奖；1988年第八届中国电影金鸡奖最佳影片奖等四项奖；《红高粱》获1988年第三十八届西柏林国际电影节金熊奖，第八届中国电影金鸡奖最佳影片奖等四项奖，第十一届《大众电影》百花奖最佳影片奖，杨钢获得最佳美术提名奖；《黄河谣》获1990年第十届中国电影金鸡奖最佳美术提名奖。

【杨培·中共聂荣县委书记·被授予优秀县(市)委书记称号】 1995年6月30日，全国百名优秀县(市)委书记表彰会在北京中南海怀仁堂召开。中共中央总书记江泽民出席会议并作了重要讲话。会上宣读了中共中央组织部对全国在县(市)委书记岗位上取得优异成绩的100名干部授予优秀县(市)委书记称号的决定，杨培名列其中。

杨培，藏族，西藏自治区聂荣县人，1946年出生，1972年入党，初中文化。曾任申扎县委书记兼人大常委会主任，聂荣县人大常委会主任。1988年任现职。

一个“富”字，草原人梦想了多年，至今还未如愿。一个痴心不改、立志实现这个梦的老书记，以迈向知天命之年和高血压、痛风病缠身之躯，回到本乡本土当县委书记。而聂荣是一个怎样的县情呢？全县最大财富便是57万头(只、匹)牲畜。24万牧业人口靠这人均两三头牛羊吃饭穿衣。仅是“温饱”就折腾得几代聂荣“当家人”焦头烂额，更何况要圆致富梦！1989年，一场百年不遇的雪灾降临聂荣。全县大畜死亡率达20%。连续3个月的抗雪救灾，杨培瘦了13斤，创下了连续三昼夜不合一眼、连续半个月未吃上一顿热饭的“纪录”。正是这场雪灾，使杨培及“一班人”更清醒地认识到，牧业经济要上新台阶，没有牧业基础设施建设不行。1990年底，一场规模浩大的群众性防灾抗灾基础建设在全县展开。距县城100公里远的查吾拉区，由于交通不畅，“工业品下不去，土畜产品上不来”。修公路喊了多年，不是缺钱就是群众组织不起来，修路计划一再泡汤。鉴于此，杨培和县委一班人提出“五个冲破”的口号。其中“冲破好吃懒做，不愿艰苦工作”这一条，至今还激励着牧民。修公路惠及群众的是，货畅其流，买难卖难成为历史；同时换来了群众“等、靠、要”思想的转变。随着基础产业的起步，杨培又把目光转向畜产品开发。他多方奔走，争取地区牧工商公司把聂荣列为肉食生产基地，人民银行把聂荣纳入扶贫重点。杨培为聂荣办了多少好事，牧民们说不清，只知道自他当了县委书记后，全县面貌有了大改观。牧民人均收入由 6 年前不足 400 元，已增加到 680 元。杨培在县委书记岗位上干了整 10 年，至今还未尝到有存折的滋味。他的父母年事已高且体弱多病，至今仍住在大众乡一村。乡干部多次提出给以关照，他一概不允。妻子现在还是一个牧民。4 个孩子都已成年，除一个儿子是合同工外，其余都在家劳动。县里有了农转非指标，他首先想到更为困难的老职工。

【杨凤一(女)·昆剧演员·获第十二届中国戏剧梅花奖】　被誉为“舞台上的公主”杨凤一，在北京主演昆剧《赠剑》、《天罡阵》、《村姑小姐》，1995 年获得了中国戏剧第十二届梅花奖。

杨凤一被誉为“舞台上的公主”，是因曾在京、昆剧舞台上成功地塑造过众多性格迥异的公主形象。如银屏公主、百花公主、铁扇公主、明珠公主、杜兰朵公主等。1992 年，她以惊人的美貌、圆润的嗓音和一身好武功被意大利专家选中，出任了中意合作的京剧《中国公主杜兰朵》的女主角。该剧是我国剧作家魏明伦根据意大利文学名著的故事改编而成，这出描写中国公主的京剧，在意大利八个城市演出 56 场，场场爆满。杨凤一的公主形象，轰动了意大利。

1995 年专场演出的三折戏，其中《赠剑》是唱做并重的文戏，杨凤一通过抒情细腻的歌舞表演，将百花公主在闺房中巧遇陌生男子时，由惊诧、骄横到谅解、好奇转而产生爱慕以至以身相许的一系列过程，表演得层次分明。《天罡阵》是一出武打重头戏，且断演多年。杨凤一只能根据不完整的脚本，重新设计唱腔和表演，她巧妙地运用男武生的高难度动作，生动地展现了明珠公主侠气、刚烈的巾帼英雄的风姿。博得观众阵阵喝彩。《村姑小姐》是根据普希金的名著改编的，杨凤一借鉴中国民间舞蹈及西洋“探戈”的舞步，刻画了一位单纯、可爱的俄罗斯姑娘的形象。三折戏都给观众留下深刻的印象。

杨凤一，1962 年出生于山东。11 岁从青岛考入中国戏曲学院大专班，主工青衣、刀马旦、花旦，师从李金鸿、谢锐青、荀令香、陈国为等名师，学艺 9 年，在唱念做打方面打下了扎实功底。1982 年被分配到北方昆曲剧院至今，先后主演了《霸王别姬》、《三夫人》、《挡马》、《三盗芭蕉扇》、《扈家庄》、《三上西天》等。1988 年后，以《天罡阵》荣获北京首届戏曲演员调演优秀奖，以《三上西天》获北京新剧目调演优秀配演奖。最近，接替故去的洪雪飞主演昆曲《夕鹤》；这是根据日本话剧改编的。杨凤一将剧中的仙鹤阿慈演得很活，唱和舞和谐优美，使观众仿佛看到了一只美丽清纯的日本仙鹤正在中国昆剧舞台上飞舞。杨凤一表示她要多排新戏，吸引新观众，展现昆曲艺术的广阔前景。

【杨凤玲(女)·农民·被授予全国劳动模范称号】　军属杨凤玲劳动致富后牵头成立军属互助会，为政府分忧，帮军属解难，带动全镇军属共同奔向富裕。1995 年 4 月 29 日，国务院决定授予她全国劳动模范称号。

45 岁的杨凤玲，是湖北省监利县福田寺镇土生土长的农民。1970 年结婚后，常年和丈夫一起从事田间劳动。改革开放后，杨凤玲一门心思养猪，成为远近闻名的养猪能手。由于她积极养猪，热心助人，曾先后获全国“三八”红旗手、全国学雷锋积极分子等称号。十多年来，杨凤玲积攒已达五十余万元。致富后，她不忘报国，于 1990 年把大儿子送去当兵。家中缺了个好帮手，她只好花钱雇人到养猪场帮工，因此每年减少一两万元的收入。有人说她不开窍。杨凤玲却说：“讲这种话的人才是不开窍，没人当兵谁保国？没人保国门，老百姓不会进富门。”为了让儿子安心服役，她没日没夜地辛勤劳作，养猪规模扩大到 300 头，还养了数百只鹅鸭。家境更富裕了。1991 年，监利遭水灾。1992 年春季，军属生活发生困难。杨凤玲代表军属找到县委书记反映情况。同时带着自己的数万元钱走访了全镇几十户军属。自从当了军属，杨凤玲更加体谅其他军属的困难。她帮这家扶那家，慢慢觉得自己赚的那些钱管不了多少用了。她想全县军属几千户，光靠政府优待解决不了问题，应该成立个军属互助会，为政府分担些忧愁。于是，她找到县人武部，又到县委、县政府，向领导汇报自己的设想，得到一致支持。1994 年 12 月 15 日，由杨凤玲创建的第一个军属互助会在福田寺镇率先成立，杨凤玲任会长。她提出，军属互助会的宗旨是替政府分忧，帮军属解难，自强自立，共同奔向致富路。军属互助会设立了“服务档案”，制定了每季度走访一次军属、每月向在外服役的官兵写一封信等制度。1995 年春，福田寺镇军属钟金修正为两个女儿的学费发愁。杨凤玲带着互助会的两名成员来到钟家，拿出 1000 元钱，帮助他家解决了孩子的学费问题。当军属买不起生产资料时，生病住院遇到困难时，口粮青黄不接时，互助会都会及时上门帮助。一些军属想发展规模养殖，苦于资金不足，找到军属互助会求援。杨凤玲建议军属们把各家的财力、人力集中起来办大事，搞大生产。她亲自和几个县市联系，终于与外贸部门挂上钩，不仅争取到可观的预付资金，还找到了长期销路。如今，军属互助会已帮助 32 户军属脱贫致富。全镇 74 户军属，没有一户因劳力不足耽误生产的，没有一户超计划生育的，没有一户违法犯罪的，其中 24 户被评为模范军属。

【杨正午·当选为湖南省省长】 1995 年 2 月 24 日湖南省第八届人大第三次全体会议补选杨正午为湖南省省长。

杨正午，1941 年 1 月生，湖南龙山人。土家族。大专文化。1969 年加入中国共产党。历任中共龙山县委常委、副书记、书记，中共湘西土家族苗族自治州委常委、自治州副州长、中共自治州委书记。1990 年起任中共湖南省委副书记。1995 年 1 月任中共湖南省副省长、代省长。是中共第十二届中央候补委员、中央委员，第十三、十四届中央委员。

【杨兰萍（女）·兰州市法院民事审判庭副庭长·被授予全国法院模范称号】 1995 年 12 月 14 日，甘肃省兰州市中级人民法院民事审判庭副庭长杨兰萍，荣获最高人民法院授予的全国法院模范称号。

杨兰萍在法院已工作了 16 年，先后做过接待员、书记员、助理审判员、审判员。她爱岗敬业，忠于职守，尽职尽责。近年来，结案数在民庭一直名列前茅。1992—1994 年，她除承担庭里案件评议，为部分调解、撤诉案件把关工作外，还审结 151 起案件，没有一起错案，成为庭里有名的办案“女状元”。善于抓住争执焦点和症结，及时采取有效对策，千方百计缓和矛盾，从而圆满解决纠纷，化干戈为玉帛，这是杨兰萍办案的一个突出特点。一件件民事纠纷，都在她那不厌其烦、苦口婆心的“说教”中圆满解决。有一赡养案，被告对老母不但不尽赡养义务，而且行为粗野。老母气得死去活来。杨兰萍向被告讲法律，讲道理，批评其过错。经过一番口舌终于打动了被告，母子重归于好。此案圆满处理，在当地居民中传为美谈。在长期的审判工作中，杨兰萍一直以人民法院的“八不准”严格自律，严肃执法，顶住说情风，拒收当事人的一切礼物和金钱，保持了人民法官应有的品格。她甘于吃苦，乐于奉献，一心扑在工作上，克服了许多家庭困难。1992 年 3 月，她胞弟病危住院，但为办案，她强压焦虑，待赶回时胞弟已不幸病逝。1993 年 5 月，她的儿子面临升学考试，母亲病重在身，都急需她在家照料。当单位派她去东北出差时，她二话没说，立即出发。等她返回兰州时，母亲已溘然长逝。

杨兰萍，1952 年出生，甘肃人，高中文化，1984 年加入中国共产党，多次被本院和全市法院系统评为先进工作者，1993 年荣获兰州市“三八”红旗手和“巾帼建功”活动先进个人称号，1994 年被评为甘肃省劳动模范（成为全省法院系统唯一获此殊荣的法官）和全省法院系统十佳法官之一，荣立二等功。

【杨怀庆·中将·任海军政委】 1995 年 7 月，中央军委任命杨怀庆为海军政委。

杨怀庆，1939 年 2 月生。山东寿光人。1958 年参加中国人民解放军。1960 年加入中国共产党。曾任海军护卫舰支队政治部组织科干事、海军舰队干部部干事、科长、副部长、部长、海军基地政治部主任。1987 年入中共中央党校学习。后任海军基地政委，海军政治部副主任。1992 年起任海军政治部主任、副政委。1995 年 7 月任海军政委。是第八届全国人大代表。1990 年被授予少将军衔。1993 年晋升为中将军衔。

【杨范清·中共西安市雁塔区委书记·被授予优秀县（市）委书记称号】 1995 年 6 月 30 日，全国百名优秀县（市）委书记表彰会在北京中南海怀仁堂召开。中共中央总书记江泽民出席会议并作了重要讲话。会上宣读了中共中央组织部对全国在县（市）委书记岗位上取得优异成绩的 100 名干部，授予优秀县（市）委书记称号的决定。杨范清名列其中。

杨范清，湖南汉寿县人，1945 年 11 月出生，1969 年 9 月参加工作，1973 年 1 月入党，大学文化。曾任西安市团市委副书记，市纪委副书记。1992 年 11 月任现职。

杨范清上任后的第一件事，就和区长带领机关干部深入到各乡村和基层单位调查研究，广泛倾听群众意见。在此基础上，提出了“强农、重工、兴商、富民”的区域经济发展总体思路，确定了多种经营、“甲级队”建设、乡镇企业园区建设等“八项兴区工程”。加强“两高一优”农业，实施粮、菜、肉、果、鱼等各业生产的“33111”工程。总体发展思路和计划目标确定后，杨范清和区委一班人接连走访了几所高等院校和科研单位，寻求依靠科技优势和人才交流发展雁塔经济的战略大计，经常委讨论确定后付诸实施。杨范清认为，扩大开放是衡量我们思想解放的主要标志，招商引资是推动经济发展的重要途径，依靠科技进步则是增强经济实力的重要环节。1993 年以来，区组织举办了两届科技兴区座谈会暨经贸洽谈会，共签订内资合同 406 项、外资合同 53 项，引进各类人才 680 名，并选聘了乡、街科技副乡长、副主任和重点乡镇企业的“三总师”。几年的汗水浇灌出雁塔区经济发展的累累硕果：1994 年，全区工农业总产值达到 23.4 亿元，乡镇企业总收入 33.5 亿元，财政收入 7730 万元，农民人均纯收入达到 1619 元。

“经济要上新台阶，党建要上新水平。”这是杨范清对全区党建工作提出的总要求。他主持制订了区发展党员工作三年规划等 5 个文件，实行党建目标责任制。他和区委一班人把整顿、调整、充实、提高基层党组织，作为加强农村基层组织建设的重点，几年来始终紧抓不放，使先进党支部面达到 30% 以上，支部成员平均年龄由 1992 年的 51 岁降到 45 岁。还选拔了一批中青年干部，充实了部局和乡街领导班子。在区党委内部，杨范清注意处理好民主与集中的关系，重大问题的决策必须经过党委集体讨论决定，不搞一人或少数人说了算。由于坚强的集体领导和扎实的工作，全区两个文明建设成绩斐然，已有区级文明单位 112 个，市级 14 个，省级 4 个。

【杨松浩·科教电影导演·执导《果实蝇》获中国电影金鸡奖最佳科教片奖】　上海科学教育电影制片厂导演杨松浩编导的科教片《果实蝇》，1995 年 10 月 22 日在北京举行的第四届中国金鸡百花电影节上，荣获第十五届中国电影金鸡奖最佳科教片奖；5 月 23 日在北京举行的’94 中国电影华表奖颁奖典礼上，获得优秀科教片奖。

科教片《果实蝇》取材于果实蝇的真实形象，通过严谨的结构和清晰的层次，运用特殊摄影、放大摄影等手段，把实蝇的家族、种类、生活习性、生态变化以及如何危害瓜果蔬菜的全过程，生动形象地搬上银幕，这在国内尚属首次。本片拍摄难度大，要把比苍蝇小得多、动作非常敏捷的实蝇生态习性活生生地搬上银幕，需要精心构思，细心观察，精密摄制。本片把表现实蝇的生态与我国当今的动植物检疫以及对农业生产的危害结合起来，体现了改革开放以来，我国检疫法体系的日益完善，普及了科学知识。

杨松浩，1939 年 12 月生于浙江镇海。1963 年毕业于上海科技大学生物物理专业，同年分配到上海科学教育电影制片厂任编导。30 多年来，他先后拍摄了 40 多部科教片、纪录片，题材涉猎广泛，有农业、工业、自然科学、社会科学、体育、城市建设、环境保护、动物生态、医药卫生、高科技材料等。其中《木屑种香菇》获 1983 年文化部、农牧渔业部、中国科协举办的首届优秀农业科教片二等奖；《蝴蝶》获 1986 年伊朗第十六届国际教育电影节银牌奖、葡萄牙第十届国际电视录像节特别奖；《口腔保健》获 1986 年中央爱卫会、卫生部、广播电影电视部和中国科协主办的“白鹤奖”一等奖；《珊瑚》获伊朗第十八届国际教育电影节铜牌奖；《眼底——洞察人体疾病的窗口》获 1991 年第十一届中国电影金鸡奖最佳科教片奖提名。

【杨国平·大众出租汽车股份有限公司总经理·被评为第五届全国十大杰出青年企业家】　上海大众出租汽车股份有限公司总经理杨国平，任职六年来，为转换企业经营机制，大胆探索，励精图治，使企业实力迅速发展，公司营业车辆由 500 台增至 2300 台，拥有 15 家全资子公司，资产达 7.2 亿元。1995 年 11 月 20 日，杨国平被评为第五届全国十大杰出青年企业家。

杨国平，1956 年生。他在上海市出租汽车公司担任了四年党委书记，1988 年 10 月中旬，上海市公用局让他组建大众出租汽车公司，国家没有给一分钱的拨款，500 辆桑塔纳轿车是靠贷款购置的，办公用房是借一辆报废的公交车壳，停车场是向社会租借的。他采用全新的管理方式，根据“大前方、小后方”的原则，部室的设置坚持“精干、高效”，全公司管理人员仅占职工总数的 8%。在用工制度上，他推出了以“全员保证金”为前提的“全员劳动合同制”，实行对严重违纪职工“一枪头”除名并没收全部保证金的做法。严禁司机多收费。

1991 年 12 月，杨国平又推出一大举措，由“大众”牵头，联合市煤气公司、浦东交通银行、中华公司组建了中国大陆出租汽车行业第一家股份制企业——“浦东大众”。发行了浦东特区第一张股票。“浦东大众”当月投产，当月就产生利润。在“浦东大众”取得成功经验的基础上，1992 年他又将“大众”全面改制为股份制企业。在国家股占5090万股的同时，向境内外发行A、B股3500万股，收入股本金1.5亿元，使“大众”进入了一个全新的发展阶段。杨国平大胆探索，建立科学的决策机制，实行与效益相对应的全新分配制度，他还将物供部转为物资公司，机务部转为汽修公司，基建任务则由房产公司承担，使企业由行政性的生产单位转变为具有独立经营能力的市场主体。改制以后的“大众”，以雄厚的经济实力迅速扩充企业规模，公司营业车辆发展到了2300辆。与此同时，杨国平又投资开发了一大批相关的产业。成立了大众旅游公司、东大信用社、房产、工贸、商行、物资、管道、国贸、广告、汽修等12家全资子公司。在经营战略上，他采取“立足上海、面向全国、走向世界”的战略，在国内先后成立了杭州大众、山东大众、无锡大众、东北大众等联锁企业，并获得世界最大租车集团——赫兹公司的授权，组建了“大众赫兹汽车租赁有限公司”，还成功地开发了驾驶员培训中心、大众巴士公司、大众搬家公司等。1995年1月26日，由“大众出租”牵头联合16家沪、浙、苏大型企业集团共同出资2.1亿元人民币组建的大众保险股份有限公司正式开业，它以长江三角洲为依托，向整个华东地区辐射业务。

【杨忠岐·西北林学院教授·获国际林联科学成就奖】　第二十届国际林业研究组织联盟世界大会于1995年8月6日在芬兰举行，我国西北林学院杨忠岐教授在此次大会荣获“国际林联科学成就奖”，并被评选为世界青年林业科学家十佳之一，实现了我国科学家获世界林业大奖的零的突破。

杨忠岐，陕西省岐山人，1952年4月生，1974年毕业于西北农业大学林学系，后留校任教。1978年至1979年在东北林业大学进修昆虫学。1981年至1983年在芬兰赫尔辛基大学学习昆虫学。1986年3月起在西北农业大学攻读昆虫学博士学位，1986年9月至1988年1月于博士研究生学习期间先后赴美国农业部南方林业试验站及华盛顿市史密森研究院学习昆虫分类学及生物防治。1990年7月，以优异成绩毕业，获理学博士学位。回西北林学院工作，1995年晋升为教授，兼任该院科研处处长。

杨忠岐长期从事天敌昆虫分类和森林害虫生物防治的科研与教学工作。近年，他主持了2项国家、1项陕西省自然科学基金研究项目，系统调查和研究了中国寄生于森林大害虫小蠹虫的寄生蜂种类以及它们的寄生习性和行为学等，共发现和发表了小蠹虫寄生蜂5科45属141种2亚种，其中包括新属5种、新种112种，为中国和世界其他国家利用天敌进行害虫防治打下了良好基础。在世界检疫害虫美国白蛾传入陕西后，系统调查研究了美国白蛾的寄生性天敌昆虫。从50多种天敌中筛选出一种寄生率高、控制作用强的小蜂——白蛾周氏啮小蜂，经过分类研究，确定为一新属新种，予以命名发表，并研究了这种小蜂的行为学、解剖学、生态学及饲养繁殖方法，攻克人工大量繁蜂的技术难关，研究出完整的人工繁蜂、释放防治技术。通过利用这种小蜂进行防治，成功地控制了防治区的美国白蛾。不但在我国、也为世界上这种害虫防治开辟了一条既无污染、又经济有效的新途经。在分类研究上，首次在我国发现并记述了四节金小蜂科，在我国大陆首次发现了寄生于蛀干害虫树蜂的枝跗瘿蜂科，系统总结了我国光翅瘿蜂科的种类。近年，他在国内外学术刊物发表论文32篇，专著2部，译著1部，共发表寄生蜂新种136种、新属6个、中国新纪录属23个、中国新纪录种45种，在许多天敌昆虫类群研究上填补了我国的空白。

由于在学术上的成就，1992年他被选为中国昆虫学会第五届理事会林虫委员会委员，1993年被选为中国林学会森林昆虫学会第三届理事会理事，1994年被聘为国家自然科学基金委员会学科评审组成员，并被推选为陕西咸阳市政协委员。

【杨学琼(女)·四川大邑县公安局长·被评为中国警界女十杰】　1995年8月25日，由公安部、全国妇联主办，首都11家新闻单位协办的中国警界女十杰评选活动揭晓。四川省大邑县公安局局长杨学琼榜上有名。她同时还获得全国公安系统二级英模和全国“三八”红旗手称号。

杨学琼，女，1945年生，四川大邑县人，大学文化。1967年，她从西南政法学院毕业后不久，就被分配到四川最偏僻、最艰苦的壤塘县公安局工作。那里海拔3500米，她不怕艰难困苦，一干就是18年，几乎干完了公安局所有的行当。1987年12月调回大邑县，1992年1月，她成为四川省有史以来第一位女公安局长。

杨学琼狠抓破案率。凡重大案件，她总要亲自去现场。1993年底一个周末的夜里，公安局接到杀人的报案。杨学琼冒雨调兵遣将，集合完毕，大伙都劝她不要去了，但她仍坚持去现场。山里不通汽车，她带领干警翻越两座大山赶到现场，一直忙到清晨6点多钟。近几年来，大邑县公安局重、特大案件的侦破率始终保持在85%以上，一般刑事案件的侦破率也在70%以上。

杨学琼特别注意在防范上作文章。她带领全局民警在全县每一个村庄推广了农户联防传牌值日制，将每个农户的值日期印在每家的门上，使大邑农村刑事案件连年下降。在城区，他们完善了机关和企事业单位的门卫、值班和守楼护院制度，并在全县范围内开展夜间巡逻。两年来，不论白天多忙多累，杨学琼都坚持带队巡逻，用自己无声的行动去带动全局民警。扎实的工作，使大邑县成为全省唯一的社会治安综合治理模范县，形成了独具特色的"大邑模式"。全县刑事案件从1989年的1300起下降为1994年的326起。因成绩突出，杨学琼被上级多次评为先进工作者，优秀共产党员。四川省公安厅还给她记三等功1次。

【杨承训·经济学家·《黄河流域经济——构建黄河——亚欧大陆桥经济带》一书出版】　河南省社会科学院副院长、经济学家杨承训的专著《黄河流域经济——构建黄河——亚欧大陆桥经济带》，1995年由河南人民出版社出版。近几年，作者对黄河流域经济和亚欧大陆桥经济带进行了系统的调查研究，在实地考察的基础上，写出10万字的研究报告，其纲要《开发建设黄河——新海经济带的大战略构想》发表在《中国社会科学》杂志1991年第5期。这部50万字的专著《黄河流域经济——构建黄河——亚欧大陆桥经济带》，则是作者在这一领域的新的研究成果。

杨承训，1935年生，山东嘉祥人。河南省社会科学院研究员、副院长，《企业活力》杂志主编。改革开放以来，他对社会主义经济学一些重大理论和实践问题进行了深入研究，获得丰硕成果。主要有以下几个方面：他深入研究了农村商品经济的形式和趋势，1980年发表了有关联产承包责任制的系列论文，并出版了专著《社会主义商品经济下的合作制和家庭经济》，获河南省社会科学优秀论著一等奖；他较早地提出"发达社会主义商品经济论"，1984年在《经济研究》上发表了《以发达社会主义商品经济作为体制改革的基点》一文，此后又发表一系列文章；他多视角地研究了国有企业改革问题，发表了系列文章和专著《国有企业总体改革论》，后者获中共中央宣传部"五个一工程"优秀论著奖；他系统地研究了列宁关于社会主义建设的理论与实践，编著出版了《新经济政策理论体系——列宁对社会主义经济的再认识》、《商品经济的阶段特征——列宁的商品经济思想研究》、《汲取列宁经济建设理论的精华——学习新经济政策的论述》；他较早地研究由粗放型经济向集约型经济转轨的问题，在《人民日报》、《中国工业经济》、《中国农业问题》等报刊上发表了系列文章，写过专题报告；他对适应社会主义市场经济的上层建筑改革问题进行了研究，发表了《国家机构改革必须先行》、《政府机构改革是配套的关键》等系列论文；他对区域经济发展战略，主要是河南省的发展战略和经济布局问题，以及一些地、县、市的发展改革问题，也进行过研究和策划，他的论文《构建郑州城市群研究》，获河南省实用社会科学一等奖。此外，他还在企业的改革与管理方面进行了多方面的研究策划，帮助几十个企业获得新生，走向规范化，并同企业家合作总结出一些先进有效的企业管理方法，取得了显著的经济效益和社会效益。

【杨承芳·国际新闻评论家和翻译家·在北京逝世】　原中国社会科学院副部级干部、国际新闻评论家和翻译家杨承芳，1995年3月22日在北京逝世。

杨承芳，1908年10月出生于贵州省思南县。1926年北伐军攻克武昌后，杨承芳投笔从戎，任国民革命军第三军第八师政治部秘书兼宣传科长，1927年5月加入中国共产党。1937年春，杨承芳在上海法国哈瓦斯通讯社等处从事编辑、翻译工作。

上海解放后，杨承芳曾任新华社上海分社英文部主任，1949年底调北京，在新闻出版总署国际新闻局任编撰处处长；1952年至1956年任外文出版社编辑部主任兼图书部主任，后任外文出版社副总编辑。其间，他参加了《毛泽东选集》英译本的定稿工作。1958年他受命创办新中国对外宣传史上第一个英文时事政策性周刊《北京周报》；曾任总编辑。1979年初，杨承芳任中国社会科学院情报研究所所长兼党委书记。

杨承芳从事国际新闻工作数十年，在中外报刊上发表过大量中英文评论文章，并有多种译著问世。他曾担任中国社会科学情报学会名誉理事长，中国翻译工作者协会副会长等职务。

【杨祥波·香港企业家·资助《中国京剧音配像精萃》录制发行并受表彰】　1995年10月，由中央政治局常委、全国政协主席李瑞环倡导、著名京剧表演艺术家张君秋任总顾问、天津市中华民族文化促进会录制的《中国京剧音配像精萃》出版发行，并在人民大会堂举行首发式暨座谈会。李瑞环出席并发表重要讲话。出席座谈会的还有全国人大常委会副委员长王光英、全国政协副主席万国权、中宣部副部长、文化部部长刘忠德，文化部常务副部长高占祥及著名京剧表演艺术家张君秋、袁世海、杜近芳、李世济、梅葆玖等及京剧界、企业界、新闻界共200余人。全国政协委员、香港罗宝集团董事局主席、此次录像的资助者兼组织制作发行委员会副主任杨祥波先生专程从香港赶来参加座谈会。

《中国京剧音配像》是采用现代技术手段，将中国著名京剧老艺术家在五十年代和六十年代初演唱的录音，选择优良版本，进行加工整理，组织他们的亲传弟子或后代，在老艺术家的具体指导下，根据前辈的表演对口型录像，力求再现当年名家好戏的风采。拟定录制100部京剧传统戏。首批推出包括梅兰芳、程砚秋、尚小云、荀慧生、马连良、谭富英、杨宝森、裘盛戎、张君秋、姜妙香、叶盛兰、李少春、袁世海、李和曾、李多奎等名家在内的50部戏，奉献给广大观众和京剧爱好者。

杨祥波，1962年生于广东潮汕，是港澳地区最年轻的全国政协委员。他从深圳白手起家，在短短10多年时间，创立了实力雄厚的罗宝集团公司，总部设在香港，在美国、法国设有子公司。近年来，以数十亿元，在深圳、北海、哈尔滨、黑河、北京、上海、成都等城市相继投资，领域广阔，涉及工业、流通、金融、房地产、旅游业、百货业。他在事业成功的同时，还把回报社会、造福人民，作为自己的最高追求。他曾以巨款扶助家乡以及某些贫困地区的教育，并救助灾区人民。对于我国民族艺术也至为关注。向中国京剧艺术基金会捐赠200万港元，又出资400万港元赞助《中国京剧音配像精萃》录制出版，并亲自担任组织制作发行委员会副主任，全力支持此项工程。他的义举得到中央领导同志的赞许，并荣获首届京剧金菊奖。

【杨绵绵（女）·青岛海尔电冰箱股份有限公司总经理·获全国优秀女企业家称号】

1995年“三八”妇女节前夕，海尔集团公司副总裁、总工程师、青岛海尔电冰箱股份有限公司总经理杨绵绵，被中国女企业家协会授予全国优秀女企业家称号。

杨绵绵，1941年10月生，江苏省无锡市人。中国共产党党员、高级工程师。1957年入山东工业大学内燃机系学习。1963年于该校毕业后，先后在青岛劳动局技校、青岛压链厂分别任教员、技术员，后调任青岛家电公司工程师。1984年12月后，任青岛电冰箱总厂副厂长、总工程师、海尔集团公司副总裁，1993年兼任青岛海尔电冰箱股份有限公司总经理。10年前，面对企业亏损147万元，人心涣散，青岛电冰箱总厂这一小厂濒临倒闭的局面，她下定要干“不仅要争国内第一，还要争国际第一”的决心。与企业一班人决定引进世界先进水平的西德利勃海尔公司的生产技术和设备，“坚持高起点、高标准、高质量、高效益”的工作方针，此项目从破土动工到试车投产仅用10个月的时间。杨绵绵认为，企业要后来居上，生存的关键就是要坚持名牌战略，占领市场。她以“精细化、零缺陷、高标准、消灭二等品”的标准和要求，不断强化全厂员工的质量意识。所创立的“三工并存，动态转换（即按标准把员工分为试用工、合格工、优秀工，并依据勤绩动态转换）”法和其它配套制度，充分调动了职工的积极性，使生产的海尔牌电冰箱获中国冰箱史上第一枚国优金牌。她积极协助厂长（总裁）狠抓内部基础管理，深化企业内部改革，促进企业技术进步，使原有的一个小厂发展成为拥有28个紧密层法人单位、10个中外合资企业、固定资产3亿余元的海尔集团，并成为中国唯一一家同一集团三大类产品（电冰箱、冰柜和空调器）获国际认证的企业。海尔电冰箱先后取得进入欧洲、美国、加拿大、德国等市场的认证，10次在国际招标中中标，畅销海外30多个国家和地区。企业先后获全国“企业改革创新奖——风帆杯”、“五一”劳动奖状、“企业管理优秀奖——金马奖”。成为家电行业首批国家一级企业，“琴岛海尔”被评为中国十大驰名商标。杨绵绵获青岛市和山东省“三八”红旗手、劳动模范、优秀企业家和全国质量管理先进工作者等称号。是第七、八届全国人大代表。

【杨靖宇·著名抗日民族英雄·诞辰九十周年纪念会在确山举行·纪念馆开馆】

河南各界群众于1995年1月16日在杨靖宇将军的故乡确山县隆重集会，纪念这位伟大的抗日民族英雄诞辰90周年。由江泽民题写馆名的杨靖宇将军纪念馆于16日建成开馆，杨靖宇全身铜像也于当日上午在确山县揭幕。

杨靖宇原名马尚德，河南省确山县人。1905年生。1926年加入中国共产主义青年团。1927年加入中国共产党。同年参与领导确山农民暴动、刘店秋收起义，曾任确山农民革命军总指挥。后去上海学习。1929年被派赴东北，任中共抚顺特别支部书记，从事地下工作，曾被捕入狱。1931年“九一八”事变后，经营救出狱，担任东北反日总会领导工作。后任中共哈尔滨市委书记，中共满洲省委代理军委书记。1933 年起任南满游击队政治委员、东北人民革命军第一军独立师师长兼政治委员。1934 年 1 月，被选为中华苏维埃共和国中央政府执行委员。同年任南满抗日联合军总指挥，东北人民革命军第一军军长兼政治委员。1936 年起任东北抗日联军第一军军长兼政治委员，第一路军总司令兼政治委员，中共南满省委委员。他是东北抗日联军的主要创建人和领导人。在东北长期坚持艰苦卓绝的抗日游击战争，率部转战辽宁、吉林两省，给日伪军以沉重打击。1940 年 1 月因叛徒告密遭日军围攻，组织部队分散突围，最后只身与日军周旋奋战五昼夜，于 2 月 23 日在吉林蒙江（今靖宇）三道崴子壮烈殉国，年仅 35 岁。1946 年，东北人民为纪念杨靖宇，将吉林蒙江县改名为靖宇县。

【李行·台湾电影导演·获第三十二届台湾电影金马奖终身成就奖】　台湾优秀电影导演李行，以其执导的影片对台湾电影的发展作出卓有成绩的贡献，在 1995 年 12 月 9 日第三十二届台湾电影金马奖颁奖典礼上，获得终身成就奖。

李行，原名李子达，江苏省武进县人。1930 年 5 月 20 日生于上海。1948 年在上海国立社会教育学院艺术系学习戏剧专业。1949 年随家迁往台北市。1952 年于台湾省立师范学校教育系毕业。1957 年进影视界，初任演员、副导演，拍摄了《情报贩子》、《追凶记》等影片。1958 年独立执导了处女作影片《王哥柳哥游台湾》。接着又导演了《过五关斩六将》、《猪八戒与孙悟空》等影片。六十年代，台湾兴起了国语片热潮。1963 年，李行自筹资金导演了《街头巷尾》一片，被称为台湾电影史上划时代的作品，标志着国语片黄金时代的来临。不久，他被台湾"中央电影公司"聘为导演。同年他与李嘉联合导演了影片《蚵女》。该片以清新的格调受到电影界和观众的赞许，获得 1964 年第十一届亚洲电影展最佳影片奖。他导演的影片《养鸭人家》还获得了 1964 年第三届"金马奖"最佳剧情片、最佳导演等四项大奖。李行善长描写小人物的悲欢离合，导演手法细腻，艺术朴素健康。六、七十年代是李行创作高产丰收期，题材上不仅有表现传统观念的影片《路》、《哑女情深》、《贞节牌坊》、《碧云天》等，也有琼瑶的爱情文艺片《彩云飞》、《心有千千结》、《海鸥飞处》、《浪花》等，还有乡土风情写实片《汪洋中的一条船》、《小城故事》、《早安台北》等。其中《路》获得第六届"金马奖"最佳剧情片等两项奖；《秋决》获第十届"金马奖"最佳剧情片、最佳导演奖等四项奖；《吾土吾民》获第十二届"金马奖"最佳剧情片等两项奖；《汪洋中的一条船》不仅囊括第十五届"金马奖"最佳剧情片、最佳导演等七项大奖，而且夺得第二十五届亚洲影展最佳影片、最佳导演等三项大奖；《小城故事》获第十六届"金马奖"最佳剧情片等三项奖；《早安台北》获第十七届"金马奖"最佳剧情片奖。进入八十年代，李行的影片更趋完美，导演作风更加扎实、严肃、认真，先后导演了《原乡人》、《观春天》、《龙的传人》、《唐山过台湾》等立足本民族文化传统的影片。其中《原乡人》被台湾影评人协会评为 1980 年十大佳片第一名。李行还曾担任台湾电影导演协会主席、台湾电影金马奖执行委员会主席等。李行所执导的五十多部影片中有十九部在各种电影评奖中获奖，其影响之大，导演艺术之魅力，都是台湾其他导演无法相比的。

【李安·台湾电影导演·执导影片《理性与感性》在美国获奖】　台湾电影导演李安，应哥伦比亚公司之邀执导影片《理性与感性》，1995 年先后获全美国家影评协会奖、纽约影评人协会最佳导演奖。

李安，41 岁，台湾台南市人。少年时就立下了将来当导演的理想，几十年为实现这一理想付出了艰辛的努力。他在参加台湾大学联考时因为压力太大，两次以一分之差落榜，最后改考艺专。后来他到美国伊利诺大学拿到学士学位，又继续到纽约大学深造，取得了电影硕士学位。

被视为高材生的李安，大学毕业后受邀留在美国，但其导演生涯却一直没有扬帆。在他事业低潮时，台湾中影公司找他拍影片《推手》。这部既不属于商业片又不带多少艺术美感的写实电影，成了李安的处女作。继 1991 年拍《推手》之后，李安又连续执导了《喜宴》、《饮食男女》等影片，结果这三部影片都先后在国际影展中获奖，李安由此在台湾电影界闻名，被人们称为"得奖导演"。

【李军·电焊工·在全国焊接技能大赛中夺魁】　浙江省工业设备安装公司李军，在劳动部、全国总工会、共青团中央和机械工业部共同主办的 1995 年全国焊工技能大赛中，力挫群雄，夺取二氧化碳气体保护焊第一名，荣获全国焊接技术能手称号。

李军，浙江人，1962 年 2 月生，1980 年 12 月毕业于浙江省建筑安装技工学校焊接班，1981 年进入浙江省工业设备安装公司第三一公司工作。他从事焊接工作15年，长期奔波在外，辛苦的工作给他提供了更多锻炼的机会，特别是具有丰富实践经验的教练，毫无保留地把自己掌握的技艺全部传授给他，对李军帮助很大。李军对此感激不已。他说："没有教练，就没有我今天的成绩。"

李军热爱自己的焊接岗位，浙江有些单位想用重金请他出去干，被他拒绝了。他说："是安装公司培养了我，现在正是我回报的时候。"

【李金·物理学家·获国家自然科学二等奖】　中国科学院高能物理所研究员李金，完成的科研课题获1995年国家自然科学奖二等奖。

李金，1941年9月生于张家口，1964年毕业于中国科技大学，现为中科院高能物理所研究员，北京BES合作组中方发言人。1979—1981年在美国费米国家实验室参加微子电子散射实验获得成果，1988—1989年在日本参加高能物理实验国际合作小组工作。1984—1990年参加并负责了北京正负电子对撞机工程中簇射探测器的研制与制造，1990年至今负责北京谱仪的实验物理工作。1992年主持了T轻子的质量测定。在核辐射测量、大型粒子探测器的研制，北京谱仪的实验运行，T轻子等的物理研究中获得丰硕成果。曾获得中科院重大科研奖两项，科学技术进步三等奖一项，自然科学一等奖一项。在北京正负电子对撞机工程中获国家科学技术进步特等奖荣誉。获1993年第三届中国物理学会颁发的吴有训物理奖。现正主持北京谱仪的升级工作，是研究所的总师，且是国家基金委支持的重大基础研究项目的负责人之一。

李金始终参加了T物理分析组的工作，提出了数据分析的方案、步骤，对主要参数如能量、能散、效率、本底等级差分析，并提出了处理途径。为提高精度，又提出了在高能量区增加测量点，使统计误差大大得到改进。此外，还提出了双参数拟合的方法，解决了效率不容易测准的困难。他还首次在全国理论工作战略研讨会上做了T质量的报告，用新的T轻子质量分析了对轻子普适性原理的影响。

【李荃·军队作家·担任纪录片"中华之剑"文学脚本总撰稿兼执行总编导】　中央电视台在1995年6月"国际禁毒日"，开播了8集电视纪录片《中华之剑》，受到广大观众欢迎。中宣部、公安部、广播电影电视部和国家禁毒委的领导审看之后曾给予高度评价。该纪录片的总撰稿兼执行总编导李荃和摄制组全体同志都受到领导和群众的赞誉。《中华之剑》获得金盾影视奖、中央电视台台长奖等奖励。

《中华之剑》这部长达360分钟的纪录片，是建国以来第一部大规模反映我国禁毒领域斗争的电视纪录片，也是世界上第一部时间最长、空间最广、最真实感人的反毒纪录片。执行总编导李荃和全体编导、摄制组人员奔波劳累半年多，行程13000多公里，采访50多支缉毒队，访问387位与反毒斗争有关的人员，共拍摄420盘录相带，可以播出218小时，经反复筛选，最后浓缩到只映6个小时。在摄制过程中编导、摄制人员都身临反毒斗争前线，很多镜头是冒着生命危险拍摄下来的，他们深入到西南反毒前沿的深山密林，深入到反毒战士居住的偏僻乡村，真实地拍摄了同贩毒分子的枪战、吸毒者的惨状和懊悔、家属的痛苦，广大干警不图名利、无私奉献、在艰苦环境顽强战斗、英勇牺牲等大量生动、珍贵的镜头，充分反映了我公安、海关、边防、卫生等部门在缉毒、戒毒方面所做的大量工作。中宣部领导认为，该片是一部进行爱国主义和革命人生观教育的极好教材，具有强烈的震撼力、感染力。不仅树立了中国的崇高形象，还可能产生世界性效应。

李荃，山东济宁人，1955年9月生，1972年参加人民解放军，1977年加入中国共产党，1986年毕业于解放军艺术学院首届文学系。现为济南军区政治部创作室一级作家，中国作家协会会员、山东省作协分会理事。1976年开始发表作品，短篇小说《最后一个军礼》获全国优秀短篇小说奖、八一文学奖；中篇小说《路魂》，获昆仑文学作品奖；长篇报告文学《中华之门》获全军优秀报告文学奖。参加撰稿的12集纪录片《边关军魂》获优秀作品奖；担任文学脚本总撰稿兼编导的8集纪录片《中华之门》，获全国全军多项电视奖。李荃是全军获奖较多的丰产青年作家之一，还发表有其他小说、散文、诗歌、评论等大量作品。因创作成绩优异，1983年和1994年先后荣立三等功和二等功。

【李娜(女)·青年歌手·李娜音乐会在郑州举行】　1995年8月25日，歌星李娜回到生养哺育她的中原大地，在郑州市河南人民大会堂举办的"李娜音乐会"上，为家乡的父老乡亲献上了她拿手的9首代表作品。是晚，李娜以她独特的宽厚而极富沧桑感的歌喉，演唱了《苦乐年华》、《女人是老虎》、

《谁说也不信他》、《不爱胭脂爱乾坤》和《天路》等观众至今记忆犹新的歌，引来会场阵阵掌声。她在演唱最后一首《女人一生平安》时，听众随歌声击掌相和，亲情乡情情景交融。

李娜歌唱的独特魅力是歌路宽、擅出新，她的演唱可谓“一曲一格，百歌百味；多唱多变，常听常新”。自1988年始，李娜已为近百部影视片演唱了主题歌或插曲。如《苦篱笆》(《篱笆·女人和狗》)、《好人一路平安》(《渴望》)、《嫂子颂》(《赵尚志》)、《你家在哪里》(《常香玉》)、《苦爱》(《女人不是月亮》)、《风满楼》(《唐明皇》)等等，早已家喻户晓。李娜准确、细腻的诠释，令这些题材内容多样，音乐风格迥异的歌曲活现于世，那一个个鲜活、生动的艺术形象长驻人们心间。

李娜说自己属于创作型歌手。除影视歌曲，她首唱的创作歌曲有数十首。但她最怕别人为她“量体裁衣”，专好那些不是冲着她写的歌，她说这能激起她的创作热情。她希望自己的演唱能够不断丰富，永远以新鲜的面孔示人。有人说李娜“歌红人不红”，确实，她很少在各种晚会或屏幕上露面。她说：“频频曝光，也许观众会记熟你的脸，却淡漠了你的歌。”

李娜，河南省人。1963年生。1987年孤身来北京闯世界，当年参加“南腔北调”系列活动崭露头角。1988年参加“‘如意杯’全国歌曲大奖赛”，获通俗组金奖第一名。

【李铎·书法家·李铎书《孙子兵法》碑帖展在北京举行】　为纪念世界反法西斯战争、中国抗日战争胜利50周年，由中国书法家协会、中国人民革命军事博物馆等单位主办的“李铎书《孙子兵法》碑帖展”，1995年7月在中国人民革命军事博物馆举行。7月2日晚，党和国家领导人江泽民、乔石等饶有兴致地观看了展览。6日上午，刘华清、张震、张万年等观看了展览。

在展览李铎手书的“兵家宝典”四个铸铜大字在展览入口处两道屏风上，格外引人。10米长的后屏风上，装裱着李铎书的“知己知彼，百战不殆”八个大字。镌刻着《孙子兵法》的碑拓，环厅而立，蔚为壮观。李铎在开幕式致词中说：“艺术家只有将艺术生命融入祖国和民族的事业中，才会有无限的生命力。这荣誉不仅是我个人的，它更属于全军，属于中国书法界。”

李铎，字仕龙，号青槐。1930年4月生，湖南醴陵人，现为中国人民革命军事博物馆研究员，中国书法家协会副主席。1990年报刊上发表了李铎出版《孙子兵法》字帖的消息后，河南省洛阳镌苑碑林一再提出要把此帖刻成长碑。几经交涉，李铎欣然就允。并且重书《孙子兵法》。为了写好这一书法长卷，他闭门谢客，精心创作，终于在1994年3月写完，共158张，每张宽70厘米，长140厘米。全文6000多字，虽分多次完成，然而字体、风格、气势，都完全一致，浑然天成，用墨浓厚，用笔凝重。李铎在创作中倾注了艺术的智慧和心血。在行文中，每到推理论证，严谨致密的地方，字里行间透着雍容端庄，不容置疑的大气，而叙及战斗之处，点划中则隐隐有奔雷坠石之势。书写“形”、“势”几篇，他运用大小结合、虚实、枯润、欹正等艺术手法，酣畅淋漓，游刃有余。在书写“作战”、“军争”几篇时，多使用枯、折、顿、落，尽兴尽势。李铎手书《孙子兵法》碑，长220米，高0.7米，以兵法全文入碑。此碑现一式两套，一套存河南洛阳，一套存军事博物馆。是一部以《孙子兵法》展示当今翰苑奇葩的巨制长卷。

【李渔·深圳市工业设计协会副会长·获“世界之星”包装设计大奖】　曾三次获得“世界之星”包装设计大奖的李渔，1995年第四次获得这一世界包装领域的最高荣誉。

李渔，湖南桃江人。1963年出生，1984年7月毕业于湖南省轻工业专科学校工艺系。毕业后曾任湖南省包装进出口公司工作人员，副经理兼设计师、摄影师，进出口商品包装研究所副所长。现任中国深圳芙蓉形象设计公司总经理兼总监，深圳市工业设计协会副会长，联合国包装组织(WPO)会员。

李渔从小喜爱绘画，在校读书期间曾在报刊发表过30余件绘画作品。李渔作为工作人员参加湖南出口产品在美国、加拿大展销会期间，惊异地发现和悟出中国出口产品的包装十分落后，于是潜心钻研。功夫不负有心人，终于在1988年设计出“黄龙玉液、湖之酒”包装，首次获“世界之星”的最高荣誉奖。

【李超·戏剧家·因公赴广州猝然逝世】

中国戏剧家协会常务理事、中国少数民族戏剧学会会长、中国戏曲学会常务理事、中国话剧艺术研究会顾问、北京市民族民间文化艺术研究会会长、世界语民族文艺学会名誉会长、原文化部艺术教育局副局长、戏剧家李超因公务赴广州，于1995年1月21日猝然逝世，终年81岁。

李超，回族，1914年10月生于河北省迁安县。1937年南下参加首都平津学生救亡宣传团，1938年加入抗敌剧团，随后被编入周恩来同志亲手创建的抗敌演剧队第一队。1939 年 4 月加入中国共产党，在抗敌演剧一队任副队长。11 年中征途数万里，走遍苏、赣、鄂、皖、豫、湘、粤、桂、黔、川、冀等 10 余省的乡村城镇，开展抗日救亡宣传和演出活动。作为演员，他塑造过各种类型的艺术形象；作为导演，他排演过 30 多部话剧剧目；作为编剧，他创作出 20 余部话剧。在舞台美术方面也有所成就。

1948 年到 1966 年，李超历任华北大学文工三团团长，文化部艺术局办公室副主任，中国戏剧家协会秘书长、书记处书记、党组副书记。粉碎“四人帮”后，任文化部艺术教育局副局长。

1983 年离休后，热心参与筹备、组织有关戏剧的民族文化艺术活动，足迹踏遍全国各地，特别是内蒙古、甘肃、青海、宁夏、吉林、延边、广西、湘西等少数民族地区。为促进我国少数民族戏剧、文化艺术事业的发展做出了突出的贡献。1989 年曾获“全国老有所为精英奖”。

李超创作、出版的作品有剧作集《湘桂线上》、专著《论儿童剧艺术》，抗敌演剧一队史《舞台风云十一年》等。他对书法、篆刻、诗词、国画皆有所好，举办过个人书画展。并出版有《李超咏诗词选》四集。以“咏戏诗词”独树一帜，以诗词为载体，记叙了当代戏剧艺术发展的历程。

【李鹏·中共中央政治局常委·国务院总理·作政府工作报告·在中共中央十四届五中全会上作《关于制定国民经济和社会发展“九五”计划和 2010 年远景目标建议的说明》】 1995 年 3 月 5 日，李鹏代表国务院向八届全国人大三次会议作政府工作报告。报告共分七部分：一、1994 年国内工作的回顾；二、促进国民经济持续、快速、健康发展；三、以国有企业为重点深化经济体制改革；四、发展科技教育文化和卫生体育事业；五、为改革和发展创造良好的社会环境；六、积极促进祖国和平统一大业；七、关于外交工作。报告强调指出，在 1995 年的经济工作中，要保持适当的经济增长速度，把发展经济的重点切实转到调整结构，增加效益，提高经济增长质量上来。继续加强和改善宏观调控，扶持中西部地区加快经济发展。注意解决经济发展中面临的突出矛盾和问题。

9 月 25 日，李鹏受中央政治局的委托，在中共中央十四届五中全会上作《关于制定国民经济和社会发展“九五”计划和 2010 年远景目标建议的说明》。说明共分十部分：一、关于国内国际形势的基本分析；二、关于奋斗目标和指导方针；三、切实加强农业；四、搞好国有企业的改革和发展；五、努力保持宏观经济的稳定；六、地区经济协调发展问题；七、切实转变经济增长方式；八、进一步扩大对外开放；九、关于社会发展和精神文明建设问题；十、促进祖国和平统一。李鹏强调指出，制定“九五”计划和 2010 年远景目标是一件大事，它将成为今后 15 年的一个纲领性文件。

1995 年，是我国继续推进改革开放和现代化建设的重要一年，作为政府首脑，李鹏致力于加强宏观调控，进一步处理好改革、发展、稳定的关系，抑制通货膨胀，切实加强农业，搞好国有企业的深化改革。2 月 24 日至 28 日，党中央、国务院召开农村工作会议。李鹏在会上作了题为《增加粮棉生产开创农村经济新局面》的讲话，指出今年农业生产任务是艰巨的，但只要全国上下认真贯彻执行中央加强农业的方针、政策，落实好这次会议精神，夺取今年农业丰收，实现 90 年代农业发展目标，是可以做到的。

11 月 16 日，参加京九铁路全线铺通庆典并发表重要讲话。李鹏指出，京九铁路是一项面向 21 世纪的宏伟工程。它为我国开辟了一条新的贯穿南北的运输通道，这对完善我国铁路布局，缓解南北运输紧张状况，带动沿线地方资源开发，形成一条新的经济增长带，推动革命老区经济发展，加快老区人民脱贫致富，促进港澳地区的稳定繁荣，都具有十分重要的意义。

12 月 5 日至 7 日，党中央、国务院召开中央经济工作会议。李鹏在会上作了题为《做好明年经济工作，为“九五”创造良好开端》的讲话，强调今后经济工作中一定要紧紧抓住经济体制和经济增长方式转变的关键环节。这是中央在全面分析我国经济和社会发展现状及其客观趋势基础上作出的重大决策。

李鹏 2 月 15 日在国务院召开的第三次反腐败工作会议上强调指出，反腐败斗争是关系党和国家前途命运的大事，是在建设有中国特色社会主义的全过程中的一项长期任务，改革越深入，社会主义市场经济越发展，越要坚定不移地反对腐败。

5 月 26 日，李鹏在全国科学技术大会上指出，要在全党、全国人民中牢固地树立起科教兴国的意识，提高全民族的科学文化素质，大力加强科技工作，推动科技进步，把经济建设转移到依靠科技进步和提高劳动者素质的轨道上来。

在 1995 年，李鹏先后到福建、山西、上海、甘肃、辽宁、三峡、江西等省市考察工作。

李鹏于 3 月 11 日在联合国社会发展问题世界首

脑会议上发表讲话，阐述中国对国际问题及社会发展问题的看法。并分别会见了联合国秘书长加利和一些国家的元首和政府首脑。6月21日至28日应邀出访白俄罗斯、乌克兰、俄罗斯等三国。10月3日至17日，对摩洛哥、墨西哥、秘鲁、加拿大、马耳他等五国进行了正式访问。在这一年，李鹏还先后会见了许多外国来宾，同许多国家的政府领导人举行了会谈。

李鹏，生于1928年10月，四川成都人，1945年11月加入中国共产党，1941年3月参加工作。1941～1946年，在延安自然科学院、延安中学、张家口工业专门学校学习。1946～1948年任晋察冀电业公司技术员，哈尔滨油脂公司协理、党支部书记。1948～1955年，赴苏联莫斯科动力学院水力发电系学习并担任中国留苏学生总会主席。1955～1966年，任丰满发电厂副厂长、总工程师、东北电业管理局副总工程师、调度局局长，阜新发电厂党委副书记、厂长。1966～1979年，任北京供电局党委代理书记、革委会主任、北京电业管理局党委副书记、副局长、局长、党组书记。1979～1983年，先后任电力工业部副部长、党组成员兼华北电业管理局党组书记，电力工业部部长、党组书记，水利电力部第一副部长、党组副书记。1983～1987年，任国务院副总理兼国家教育委员会主任。1987年起，任国务院代总理、总理。1988～1990年兼任国家经济体制改革委员会主任。是中共第十二届、十三届中央委员，十二届五中全会增选为中央政治局委员、中央书记处书记，十三届、十四届中央政治局委员、常委。

【李群（女）·作曲家·被选为中国儿童音乐学会会长】　“繁荣儿童音乐事业，促进优秀创作和表演艺术，加强儿童音乐教育，为孩子们提供优秀的精神食粮，为祖国培育全面发展的新一代而做贡献。”这是1995年2月12日在北京举行的“中国儿童音乐学会”成立大会上，被选为该会会长的作曲家李群讲话中宣布的该会宗旨。该会常务副会长是申溪。

李群，祖籍河北省磁县。1925年6月8日生于天津。“七·七”事变前在北平读书。1937年抗日战争爆发后，辗转奔赴延安。1942年毕业于延安鲁迅艺术学院音乐系。1947年在华北联大音乐系任教。1949年任中央音乐学院音乐工作团创作员，并于1954年入中央音乐学院干部进修班学习。1957年后，在中央歌舞团、中央民族乐团从事音乐创作。1972年在人民音乐出版社工作、后任副总编。现为中国音乐家协会第四届理事、《儿童音乐》期刊主编、全国少年儿童艺术委员会委员等。

李群的音乐作品题材广泛、形式多样，其大量的少年儿童歌曲，受到小主人公们的欢迎，其中不少佳作，如《快乐的节日》、《我们要作雷锋式的好少年》等，都在全国获奖，有的歌曲已传唱了两代人。李群长期观察、研究儿童的生活、感情、爱好，对儿童歌曲创作进行了艰苦的探索和实践，写出了许多富有思想性、具有多种艺术风格的儿童歌曲。

现已出版的有《李群儿童歌曲选》、《我的梅花小鹿》（附钢琴伴奏）、《小鸟在前边带路——李群歌曲创作选集》，还出版了少年儿童歌曲专辑录音带《快乐的节日》。1985年在京举行了“李群作品音乐会”。

【李人林·原基建工程兵主任·在北京逝世】　原中国人民解放军基本建设工程兵主任，第六、第七届全国政协常委李人林，因病于1995年3月24日在北京逝世，终年81岁。

李人林，湖北省天门县人，1931年参加中国工农红军，同年加入中国共产主义青年团，1934年转入中国共产党，历任班长、排长、连长、团长、团政委、军分区司令员、地委书记、军分区政委、游击支队司令员兼政委、师长、师政委、军政委、北京军区炮兵政委、中共中央工业交通政治部副主任、国家建委副主任、基建工程兵办公室主任等职。土地革命战争时期，他参加了洪湖、湘鄂西苏区历次反“围剿”斗争。抗日战争时期，他指挥蔡甸战斗，巩固和扩大了鄂豫皖抗日根据地。解放战争时期，他参加了中原突围，参与指挥部队千里跃进大别山和荆门战役、花（园）西战斗、西南战役。中华人民共和国成立后，他全身心地投入到保卫国家安全和加强部队全面建设上，并为加强和发展我国的基本建设和测绘事业做出了重要贡献。他是中国共产党第八、十一、十二次全国代表大会代表，第三、第五届全国人民代表大会代表。1995年被授予少将军衔。

【李大潜·数学家·当选为中国科学院院士】　1995年11月6日，中国科学院公布了新当选的院士名单，复旦大学教授李大潜，当选为中国科学院数学物理学部院士。

李大潜，江苏省南通人。1937年生，1957年毕业于复旦大学并留校工作。1991年起任复旦大学研究生院院长。他主要从事数学的基础理论研究与应用研究，并能密切结合、相互促进，取得多项重要成果。对二自变数的一般形式的拟线性双曲线的各类边值问题和自由边界问题及广义 Riemann 问题，建立了迄今为止最完整的局部解理论，此理论可应用于物理、力学等多种类型的双曲线问题中；近年来又获得了有关整体解的系统成果，对已有的理论作出了实质性的推进。对近年来国际上非常关心、多位名家致力研究的完全非线性波动方程经典解的整体存在性与生命跨度估计问题，取得了完整的、最佳的、国际领先的结果。在理论研究的基础上，对各种电阻率测井建立了统一的数学模型，研究完成的"微球形聚集焦测井"项目达到国际先进水平，在国内十多家油田推广应用，避免了有关仪器的进口。已发表研究论文 120 余篇、专著及教材 12 种(其中一本教材获全国高等学校教材国家优秀奖)，并曾获国家自然科学奖二等奖等多种奖励。

【李小双·体操运动员·获世锦赛男子个人全能冠军】　1995 年 10 月，在日本鲭江的福井太阳宫举行的世界体操锦标赛男子团体赛中，中国队夺得团体冠军。第一号主力队员李小双在团体赛规定动作和自选动作中得分独占鳌头，名列各国队员之首，他是这次个人全能夺标的"大热门"。

单杠、跳马、吊环、鞍马、双杠前 5 个项目比赛，李小双无一失手，积分一路领先。最后一个项目是李小双的强项自由体操。只见身高 1 米 57 的"王中王"李小双空翻高，落地轻，连接流畅，最后以直体后空翻两周旋结束，稳稳当当。他的自由体操得了 9.612 分，6 个单项总积分为 57.998 分，高于各国选手。李小双终于夺得了男子个人全能金牌。赛场上第二次升起中国五星红旗。李小双由于连获佳绩，荣获 1995 年度"全国十佳运动员"称号。

早在 1982 年，中国选手李宁在南斯拉夫举行的第六届世界杯体操赛上一人夺得包括男子个人全能在内的 6 枚金牌，由此被誉为"体操王子"。相隔 13 年后，22 岁的李小双又为中国体操夺得第二个男子个人全能冠军，一举成为当代男子体操选手"王中王"。

李小双是 3 年前在巴塞罗那奥运会上一鸣惊人的。这位 19 岁的年轻中国选手在自由体操比赛中脱颖而出，夺得该项目的金牌。他的自由体操最后结束动作"团身后空翻三周"是当今独一无二的绝活。此后，这位东方的体操神童羽翼日渐丰满。1994 年 11 月，中国男子体操队在德国的多特蒙多举行的第 30 届世界体操团体锦标赛上夺得冠军，李小双是主力队员之一。

李小双，1973 年 11 月 1 日生，湖北省仙桃市人。他 6 岁时开始练习体操，1983 年进入湖北省体操队，1989 年被选进国家体操队。有趣的是，他与双胞胎哥哥李大双同是体操运动员，而且一起进省队，又一起进国家队。两人个头差不多，长相也极其相似，就连朝夕相处的教练和队友，也经常把他兄弟俩搞错。

〔附注：李小双的简历和事迹参见 1991 年、1993 年《中国人物年鉴》。1996 年 7 月，在亚特兰大奥运会上，李小双再次获得男子体操个人全能冠军〕。

【李少红(女)·电影导演·导演的《红粉》获第四十五届柏林国际电影节银熊奖】

北京电影制片厂导演李少红导演的影片《红粉》，1995 年 2 月 19 日在德国第四十五届柏林国际电影节上，获视觉效果银熊奖；3 月 25 日在第五届上海影评人奖评选中，获"'94 十佳影片"之一；5 月 6 日在北京举办的第三届大学生电影节上，获最佳导演奖。

电影《红粉》是根据苏童同名小说改编的。它讲述了新中国成立后，政府要把妓女改造成自食其力的人，秋仪和小萼以不同的方式逃避改造，找到过去的情人老浦，于是演绎了一男二女的风流孽债故事。导演李少红在创作中规避了妓女解放的话题，寻找新视点，以独特的方式表现秋仪和小萼的复杂心态和情感经历。影片叙事流畅，细节设置巧妙，情境把握、氛围营造独具匠心。

李少红，1955 年 7 月出生，山东人。1978 年考入北京电影学院导演系。1982 年进入北京电影制片厂，从场记、副导演干起，先后参加了《见习律师》、《包氏父子》、《出门挣钱的人》、《清水湾、淡水湾》等影片的拍摄。1988 年独立拍摄了第一部影片《银蛇谋杀案》，成功地塑造了一个心理变态者。1990 年编剧导演了《血色清晨》，通过对一个无辜的乡村小学教师在光天化日之下惨遭杀害一案的调查，展示出愚昧绞杀文明的悲剧，具有振聋发聩的艺术魅力。该片获得 1990 年上海影评人奖十佳影片之一，在 1992 年 12 月法国第十四届南特三大洲国际电影节上获得最高奖——金球奖。1992 年导演了影片《四十不惑》，讲述了一个"不惑之年"的男人的困惑——一个事业有成的记者，有一个幸福的家庭，突然，他前妻的儿子千里迢迢找到他，使这个家庭掀起层层波澜。受到评论界的关注。在 1992 年瑞士第四十五届洛迦诺国际电影节上，获得最佳影评奖；在 1993 年第四十三届柏林电影节上，《血色清晨》和《四十不惑》同时获得"国际论坛奖"。

【李长春·中共河南省委书记·要求干部旗帜鲜明地反对虚报浮夸】 《人民日报》1995年2月7日报道，李长春结合1994年河南发生的两起虚报浮夸案件，要求全省各级干部都要旗帜鲜明地反对虚报浮夸。

1994年，河南信阳市、安阳县暴露的两起在统计工作中弄虚作假案件，在广大群众中产生了强烈反响。河南信阳市统计局虚增工业产值6000万元、工业销售产值9500万元一案，受到了严肃查处，市统计局长受到了撤职处分，河南省纪律检查委员会就此事向全省通报。安阳县虚报乡镇企业产值一案，也由监察部作了查处。李长春就这两件事在与新闻单位负责同志座谈时强调："全省各级干部都要旗帜鲜明地反对浮夸，对于在统计数字上有意弄虚作假者，对于纵容、诱迫、袒护下级弄虚作假者，要坚决严肃查处。"李长春认为，旗帜鲜明地反对浮夸，是河南省委的一贯态度。在建立社会主义市场经济体制中，更要明确提出，虚报浮夸就是腐败。他说，反对浮夸一是靠教育，做到警钟长鸣；二是要不断完善统计办法和干部考核办法。要改变以产值论英雄的统计方式，重点考核效益。要通过各种有效手段，挤出水分，使统计数字符合实际。对干部的提拔任用，要全面运用"看政绩用干部"的原则，严格考核经济效益指标，不但要看经济成果，也要看基础工作，看精神文明建设等多方面实绩；三是要加强监督，把反对浮夸作为党风建设的重要课题，纳入纪检、监察部门的监督范围。对有意虚报浮夸谋取虚假政绩的，发现一个，查处一个，决不手软姑息。

李长春，1944年2月生，辽宁大连人。1965年加入中国共产党。1966年毕业于哈尔滨工业大学电机工程系。曾任中共辽宁省委副书记兼沈阳市委书记、辽宁省省长，中共河南省委副书记、河南省省长。1992年起任中共河南省委书记，1993年当选为河南省第八届人大常委会主任。是中共第十二届中央候补委员，第十三、十四届中央委员。

【李长信·中国国际航空公司副总裁·获全国民航安全飞行标兵称号】 1995年1月，在中国国际航空公司飞行总队安全飞行40周年的时候，国务院隆重授予该飞行总队以"全国安全飞行标兵单位"称号，中华全国总工会也同时为该飞行总队颁发了全国"五一"劳动奖状。为表彰在保证总队安全飞行工作上做出突出贡献的个人，中国民航总局决定，授予李长信等10名同志以"全国民航安全飞行标兵"称号。

李长信，中国共产党党员，辽宁省新民市人，1940年4月生，1958年考入空军第一预备学校，后转至空军第14航校学习，1960年毕业分配到民航工作。历任伊尔14飞机机长，飞行中队长，第一飞行总队四大队大队长，飞行总队副总队长、总队长，1988年任中国国际航空公司副总裁。

35年来，李长信先后飞过多种机型，安全飞行13000多小时。多次圆满完成周恩来、江泽民等党和国家领导人专机飞行任务，曾获民航总局特级飞行安全奖章。

几十年来，他不论担任飞行教员，还是担负领导职务，都刻苦钻研业务技术。在我国引进波音系列后，从707型到747型，他都是第一批改装、第一批放单飞、第一批担任教员。担任飞行教员时，他对待学员严格要求、严格把关，不仅带技术，而且带思想、带作风。经他带飞出来的学员，现在绝大多数已成为飞行骨干，有的走上了各级领导岗位。几十年来，他严格按操作规程和规章制度办事，要求别人做到的，他自己首先做到。他始终坚持"安全第一、预防为主"的方针，坚持高标准严要求。对于航空公司和飞行总队发生的事故征候和严重差错，坚持"四不放过"，坚持按制度办事，认真吸取教训。对外单位发生的问题，他也引以为戒，当作本公司的教训吸取，教育部属"不吃一堑也要长一智"。他抓训练工作，既坚持按科学态度办事，不蛮干，又坚持改革精神，大胆创新，勇于探索。他率先在飞行总队推行机组"三人制"，并逐步过渡到"二人制"；率先推行领航员改飞行员和领航员、机械员改报务员，加快了人才的培养，弥补了飞行人员短缺。严格坚持放飞标准，对不够标准的坚决不放，不送人情，不讲面子，确保了训练质量。国际航空公司飞行总队安全飞行四十年，这是几代人长期坚韧不拔共同创造的辉煌成果。其中也包括李长信为此付出的艰辛劳动。

【李仁堂·电影演员·获第十五届中国电影金鸡奖、第十八届《大众电影》百花奖】

北京电影制片厂一级电影演员李仁堂，因在电影《被告山杠爷》中成功地饰演了山杠爷，在1995年10月22日的第四届金鸡百花电影节上，获第十五届中国电影金鸡奖最佳男主角奖和第十八届《大众电影》百花奖最佳男演员奖；在1995年5月23日举行的'94中国电影华表奖评选中，获得最佳男演员奖；在

1995 年北京第三届大学生电影节上，获最佳演员奖；在 1995 年 12 月 28 日中国电影世纪奖颁奖典礼上，获中国电影世纪奖。

电影《被告山杠爷》描写偏远山村的党支部书记山杠爷，全心全意为村民服务，深得民心。他以村规代替国法惩治歪风邪气，导致一村民自杀，结果触犯法律而被起诉。李仁堂以饱满的热情、生动自然的表演，出色地完成了山杠爷这一艺术形象的塑造。他的表演超越了过去创造的张万山、朱克实等人物，又上了一个新的台阶。

李仁堂，山东诸城人，生于 1930 年 2 月。1949 年初参加革命文艺工作，在热河省委文工团从事舞台布景、灯光工作。1950 年，一次文工团下乡演出歌剧《刘胡兰》，因临时救场而开始了演剧生涯。他不但演歌剧，还演秧歌剧、二人转，也说快板、大鼓书、莲花落。1953 年，他所在的文工团先后更名为热河话剧团、承德地区话剧团。他先后在《战斗里成长》、《风暴》、《胆剑篇》、《以革命的名义》、《雷雨》、《李闯王》、《红岩》、《青松岭》中饰演主角。1955 年因在《大凌河畔》中扮演大队支书，获得东北地区文艺会演优秀表演奖。

1965 年，长春电影制片厂将话剧《青松岭》搬上银幕，李仁堂以朴实、自然、贴近生活的表演，成功地塑造了老贫农张万山的形象。1973 年，《青松岭》重拍彩色片，李仁堂才又回到被文革中断了七年的影坛。1974 年，他在影片《创业》中饰演党的领导干部华程，受到好评。1975 年，李仁堂调到河北话剧院当演员后，边演话剧边拍电影。曾担任河北话剧院副院长，河北省剧协副主席，第五届全国人大代表。1977 年，他在影片《十月的风云》中饰演何凡，获峨眉电影制片厂“小百花奖”最佳男主角奖。1979 年在影片《泪痕》中李仁堂塑造了一个有血有肉的富有理想主义的县委书记形象。获得 1980 年第三届《大众电影》百花奖最佳男演员奖。同年还获得“上海文汇电影奖”最佳男主角奖。1980 年李仁堂正式调入北京电影制片厂演员剧团，在《元帅之死》中饰演刚正不阿的贺龙元帅。1981 年在电影《子夜》中饰演民族资本家吴荪甫，1982 年在电影《如意》中饰演老校工石义海。从 1984 年起先后拍摄了《田野又是青纱帐》、《花园街五号》、《蓝色的花》、《风流女谍》、《第九号悬案》、《焦裕禄》等影片，塑造了众多性格各异的角色。

【李公麟·宋代杰出的人物画家·安徽画界纪念其逝世 890 周年】 李公麟（公元 1049—1106），字伯时，号龙眠居士，安徽舒城人。他一生勤奋作画，题材极其广泛，作品数量惊人。从人物故事、佛道仙鬼、鞍马走兽、山水馆阁、仕女闺秀到花卉翎毛，几乎无所不包，无所不能，但最有代表性的当数人物画。他是有宋一代杰出的人物画家。1995 年在他逝世 890 周年之际，他的故乡舒城的画界举行了纪念性学术讨论会。

李公麟喜人物画，尤擅佛道人物画，画中人物大都来自现实社会。他构思别致，技巧熟练，善于抓住人物的外貌特征和神态，使画中人物个个形象生动，各具性格。他的代表作、现藏于故宫博物院的《维摩演教图》，将他的绘画特点体现得淋漓尽致：不仅画面上的 21 个人物布局巧妙合理，而且形象栩栩如生，性格鲜明突出，进而体现出将神佛菩萨形象中国化、世俗化的独创性，这是中国佛教绘画的一大发展。人和神，在李公麟的作品中熔为一体、难分难解。这是他对中国画的一个重要贡献。他的另一成就是白描。自吴道子开创“白描”这一独特的绘画形式以后，李公麟在实践中将它推向了成熟。李公麟高超的白描技巧在《维摩演教图》中表现得出神入化：画中人物众多，场面宏大，他却大胆地运用白描而没有设色。那么多人物的衣履服饰和长纱飘带，穿插得疏密适当繁而不乱。人物外在的神情姿态和肌肉骨骼的动感刻划得悠然自得，画中竹木床凳、金属玉饰等不同物件的粗细虚实、曲直刚柔的质感描绘得细致入微，使人犹如置身画中。李公麟使“白描”在中国绘画史上明确地成为一种风格。

【李文芳·广州海运集团船长·被授予全国劳动模范称号】 1995 年 4 月 29 日，中共中央、国务院召开的全国劳动模范、先进工作者表彰大会在北京人民大会堂隆重举行。广州海洋运输集团高级船长李文芳，被授予全国劳动模范称号。

李文芳，辽宁庄河县人，1942 年 9 月生，1967 年毕业于大连海运学校。参加工作后，从几百吨的小船实习三副到数万吨的远洋船长，在大风大浪中航行 28 年，航程 45 万海浬，相当绕地球 21 圈，出色地完成了任务，创造了无任何安全事故与货损货差的纪录，曾先后荣获交通部劳动模范，全国总工会海员工会金锚奖，最佳船长以及先进生产者、优秀党员等多种荣誉称号。

李文芳向以“严船长”闻名，对于违反规章制度的事，从不马虎放过。他认为这是安全航行的大敌。1983 年他刚到红旗 203 轮任船长，发现纪律松弛、不留船、不按时返船的现象严重，就立即宣布扣奖、罚款，很快刹住了不良风气。此后，他每到一船，都坚持整顿纪律，健全制度，经常检查，使规章逐项落实，保证了航行安全。

作为一名船长，李文芳始终把以身作则、身体力行作为自己的行为准则。1989 年以后，两伊战争爆发，他曾两次带船去波斯湾运送货物。当时炮声不停，航道上被炸沉船未清，航行有很多风险。许多船员联名要求退租这项合同。但李文芳以公司信誉为重，积极作好大家的思想工作。由于他精心组织指挥，克服了种种困难，终于如期履行合同，安全完成任务。1995 年 2 月，他带船从加拿大返航，途经白令海峡，遇到 10 级以上大风，惊涛骇浪，伴有大涌，3 万吨“紫云山”轮的船头，不时被压进海水之中，船舾物料间门被打坏，进水达一米，锚机、马达和许多器材泡在水中。李文芳见势危急，立即与大副等人奔赴船头，试图封住道门，结果被海浪打倒在地，全身湿透，膝盖受伤。冻得手脚麻木，无法站立。当船员把他架回房间换过衣服后，又马上投入指挥抢救工作。船员在他的带领下，边航行、边抢修，团结协作，同舟共济，整整 10 天，终于试机成功，出色地完成任务，受到外商与上级的赞扬。

李文芳热爱航海事业，时时处处以国家利益为重，很少考虑个人得失。1973 年，他任“五指山”轮大副，曾参加了在新中国航运史上占有重要地位的南北航线的开辟任务。此后，他多次放弃晋升船长的机会，甘心在英雄船“五指山”轮做了 9 年大副。他还千方百计地为国家创收节支。有次船到欧洲，三天后，突然要改航菲律宾宿务港，但无该港海图，如果绕行到新加坡买图，往返需 3 天。李文芳凭着丰富的专业知识与航海经验，精心引航，安全抵达，节省了绕航费 3.7 万多美元。他关心别人胜过自己，船员有病像亲兄弟一样关心。一次船去印度，途中一个职工中风，讲话困难，他请示公司后，当即决定开回香港治疗。可他自己患严重糖尿病，航行途中曾因紧张工作，几次晕倒，却从未向组织提出过任何要求，带病坚持工作。

【李双良·太钢治渣顾问·被授予全国劳动模范称号】　被誉为“当代愚公”的太原钢铁集团公司渣场治渣顾问李双良，1995 年 4 月 29 日，被国务院授予全国劳动模范称号。

李双良，1923 年 9 月生，山西省忻州市北道村人。解放前为采煤工，解放后到太原钢铁厂工作，历任工人、加工厂爆破工段长、技师等职。1983 年退休后，他针对太钢生产排渣难的问题，以改革时代工人阶级高度的使命感和责任感，主动建议并承包了开发治理渣山的艰巨任务。他充分发挥共产党员的模范带头作用，克服了条件艰苦、资金短缺等重重困难，胜利完成了旧渣场的综合治理，为全国的冶金企业创出一条“以渣治渣、综合开发、自我积累、自我发展”科学治渣的成功道路。到 1994 年为止，搬走堆积半个世纪的 1000 万立方米的渣山，外运废渣 2000 多万吨，回收废钢 94 万吨，总收入 2 亿多元，获利 8862 万元。把一个污染严重的渣山，变成了一个围城壮观的花园。1988 年被联合国环境规划署列入“保护及改善环境卓越成果全球五百佳名录”，并授予“全球五百佳”金质奖章。

李双良没有在成绩和荣誉面前停步。他用治渣收入 5000 万元，投资改建了太钢东山水泥厂，年产 8.5 万吨钢渣水泥，1993 年下半年已正式投产。经几年研究，他们利用废渣制成了免烧砖，年产量达 350 万块。在有关部门的协助下，他们又研制出钢渣肥料。这种肥料经过三年大田实验，取得了较好的增产、抗病效果。现在全国已有 67 家同行企业推广他的治渣经验。

现在，李双良是太钢关心下一代工作委员会的副主任，同时担任 21 所院校的名誉教授或校外辅导员，他将目光更多地关注于“社会环境”的治理上。

李双良先后被授予山西省、太原市劳动模范、特等劳动模范称号和全国“五一”劳动奖章。

【李玉芬（女）·痕检工程师·被评为中国警界女十杰】　由公安部、全国妇联主办，首都 11 家新闻单位协办的中国警界女十杰评选活动，1995 年 8 月 25 日揭晓。北京市公安局房山分局刑警大队痕检工程师李玉芬被评为中国警界女十杰之一。她同时还获得全国公安系统二级英模和全国三八红旗手称号。

李玉芬，1953 年 5 月出生，北京市房山区人，中专文化。1976 年 12 月至 1984 年 11 月在中学任教；之后从事公安工作。1987 年 10 月，从未接触过刑侦技术的李玉芬被安排从事指纹检验工作。同年 11 月，李玉芬求师于北京市公安局刑侦处全国著名的指纹专家、高级工程师马建华门下。在老师指导下，她翻阅了大量的指纹档案，学习了国外的《斯科特指纹学》、国内的《指纹学》、《现场堪查学》、《痕迹物证照相》等书籍。马老师存的一本《十指管理方法》，她不知看了多少遍，达到几乎能逐段背诵的程度。学习期间，她就自创了座标定位检验指纹方法，破获一起重大案件。

1989 年 5 月 1 日，房山城关一看守菜地的老人被杀，现场没有发现任何证据。李玉芬成功地从圆白菜叶上提取嫌疑犯指纹，从而抓获了3名凶手。从圆白菜叶上提取指纹破案，当时在国内外属首例。公安部第二研究所痕迹检验室主任、高级工程师谢云，指纹显现专家、高级工程师杜西京听了案情介绍和看了李玉芬的关于《蔬菜叶上指印的提取》论文后，称赞说：这是一项新发明，目前国内外未见报道，李玉芬是位有贡献的基层刑事技术工作者。

8年来，李玉芬检验指掌纹痕迹167万枚次，出各类现场500案次，建指纹档案4660个，检验各类案件4280案次，否定案件800余起，认定案件140起，认定准确率为100%，抓获罪犯150名，没有一起错案。她还发表颇有影响的论文12篇，发明10余项实用性很强的痕检技术。1989年，李玉芬被破格晋升为痕迹检验工程师，先后荣立三等功2次，被评为区、市先进工作者，1994年又荣获全国优秀人民警察称号。

【李玉妹（女）·中共平邑县委书记·被授予优秀县（市）委书记称号】　1995年6月30日，全国百名优秀县（市）委书记表彰会在北京中南海怀仁堂召开。中共中央总书记江泽民出席会议并作了重要讲话。会上宣读了中共中央组织部对全国在县（市）委书记岗位上取得优异成绩的100名干部，授予优秀县（市）委书记称号的决定，李玉妹名列其中。

地处蒙山脚下的平邑县，1985年还被国务院列为重点贫困县。说贫并不贫，这里的“三石两金”（花岗石、石膏、石灰石和黄金、金银花），其质其量都在全省乃至全国数一数二，只是祖祖辈辈坐守宝地没饭吃。1991年3月，年仅35岁的李玉妹来到平邑。她深深感到，要使平邑百姓们脱贫致富，必须大办工业，靠工业兴县富民。她和县委班子走的第一着棋是，组建花岗石实业总公司，以此为龙头，把全县的花岗石生产管好、带活。同时轻税减赋，让开石头的农民得到实惠。一个果断决策，唤起千军万马。全县不到一年时间新上800多台石锯，10万人从事花岗石开采加工，年生产板材能力当年即达200万平方米。由于荒料价格也涨了3倍，开石头的农民个人年收入超过2000元。李玉妹和县委一班人又打破常规，冒着风险办金矿。100天建成日处理120吨矿石的选矿厂，4个月从动工到投产，炼出了第一块金砖，而且这一切都是出自平邑人之手。省、市领导称赞说，这是平邑的“黄金精神”。“黄金精神”不光出经济效益，还产生出创新成果：尾矿处理的新工艺，专家鉴定“属国内首创”。平邑人越干越敢干。过去，一个项目投资几十万元就感到不错了，如今投资几百万、上千万的大项目接连建成十几个。现在，年产黄金3万两，花岗石板材300万平方米，石膏280万吨。水泥和金银花茶、酿酒等产业，分别挂靠胜利油田和兰陵集团后，成为全县利税大户。全县新增工业投入10多亿元，是过去10年投资总和的3倍。李玉妹到任4年来，全县工农业总产值由1990年的13.5亿元增长到1994年的54.3亿元，财政收入增加5000多万元，农民人均收入增长2倍。1991年夏秋之交的特大洪灾，冲毁民房2万间，4万人无家可归。对此，李玉妹心急如焚。县委常委会上，她提出为灾民盖新瓦房，大家统一认识后，动员各方力量援助灾区。中秋节前，2750个重灾户迁进新居。10万灾民没有一人冻着饿着。

李玉妹，山东沂南县人，1956年10月出生，1974年12月参加工作，1976年4月入党，大专文化。曾任县财办副主任、团地委书记等职。现任临沂市委副书记、平邑县委书记。

【李东生·摩擦材料专家·被授予全国先进工作者称号】　中国航空工业总公司第621研究所副总工程师李东生，在航空科研战线上拚搏了33个春秋，为国防建设和进口飞机刹车装置国产化作出突出贡献。1995年4月29日，国务院授予他全国先进工作者称号。

李东生，1938年1月8日生，山东省青岛市人。1962年于北京航空学院航空材料专业毕业后，分配到航空部621研究所，从事军机刹车装置材料研制课题，获得成功。60年代末，我国民航进口飞机因缺少足够的刹车盘、片，致使航班的正常飞行受到影响，甚至连周总理专机伊尔－18也因此尽量少安排或不安排飞行训练。李东生目睹这一情景，心灵受到强烈的震撼，为国分忧的责任感和使命感油然而生：他下决心用自己的智慧和双手设计和制造出我国自己的先进刹车装置。但他只知道国外刹车片是用几种特殊的粉末金属烧结成的，但成份是什么，含量多少，没有资料可借鉴。为了解开材料之谜，他把“家”搬到了实验室。饿了吃个冷馒头，困了，裹着军大衣在桌子上打个盹。材料研究出来了，找不到工厂生产成产品。万般无奈，他找到一个生产工程机械摩擦片的街道小厂，他耐心地向工人讲理论课，并手把手地教工人技术。一张张勾画草图，一次次测试数据，一点点改进工艺。每次试验，工人三班倒，李东生为了仔细观察试验结果，掌握第一手资料，处理随时出现的技术问题，常是24小时跟班。1979年，正突击研制伊尔－62刹车片时，李东生患了严重的腰椎间盘脱出，身体不能动弹，住进友谊医院。他趴在病床上听取生产情况汇报，提出解决技术问题的方案。垫着块木板进行绘图、计算。刚能架拐走路就在别人搀扶下下厂跟产。在各方面通力协作、密切配合下，克服了难以想象的困难，仅用不到5年时间就提前完成了十年攻关计划。到1980年，民航五大机型安－24、伊尔－18、伊尔－62、三叉机和波音707飞机的刹车盘副全部研制出来了，并都一次试飞成功。不仅代替了进口产品，而且性能优于进口。随着改革开放的发展，进口飞机种类的增多，不久国家下达了第二个十年计划，要求从1985年～1995年研制出新型民航客机刹车装置替代进口产品。于是，李东生瞄准国际先进水平，带领技术人员竭尽全力进行创造性的探索。一道道技术难关被突破，一项项国内空白被填补。到1990年，737、767、MD－82、TY－154和肖特360飞机刹车盘副研究成果都达到国际公认的TSC－C26C标准，装机试飞全部一次成功。民航进口飞机实现刹车装置国产化，每年可为国家节省外汇700万美元。李东生的科研成果，获得过全国科技大会奖、国家发明奖、国防科工委科技成果奖、航空部科技成果奖、北京市科技成果奖，1994年，又获得民航总局科技进步一等奖和国家级新产品奖，被航空部授予有突出贡献专家称号，获得国家机关工委授予的先进工作者等称号。

【李永泰·鸡西市法院院长·被授予全国法院模范称号】　1995年4月，黑龙江省鸡西市中级人民法院院长李永泰，被最高人民法院授予全国法院模范称号。

李永泰，1935年7月出生，吉林省永吉县人，大专文化，1957年12月加入中国共产党。从1953年起，他曾干过7年的教育工作、24年的组织和行政工作。1984年底，他才被调到法院，任半年副院长后升任院长。当时，鸡西市方圆万余平方公里的煤城没有一个基层法庭，法院每天都要接待几十或上百个打官司的人。他花了3个月时间，跑遍全市63个煤矿和乡镇，向企业和党政领导反复宣传建立基层法庭，解决告状难的重要性。半年后，每个矿、每个乡都建起设备齐全的基层法庭。

李永泰为官清廉，执法严明。一次，一个老熟人为自己即将判刑的亲属疏通，趁李永泰不 在家，放下一沓现金。归家的李永泰发现后，穿着拖鞋在滴水成冰的冬天追出半里地，把钱退给对方。他的一位远房侄孙被捕。鸡冠区的一位法官想手下留情。李永泰闻讯后立刻驱车赶到，给予严肃批评，并交待不能少判一天刑。

10年来，李永泰率先垂范，在鸡西带出一支过硬的法官队伍。该院先后被评为黑龙江省政法系统先进单位、文明标兵单位，并荣立集体二等功1次。李永泰本人多次被评为全省法院文明干警标兵。1993年，他荣立一等功1次，并荣获省政法战线优秀领导干部称号。1994年，他又被评为全省党风建设先进个人。1995年10月，他卸任退休。

【李永舫·化学家·获国家自然科学二等奖】　中国科学院化学所研究员李永舫。获1995年国家自然科学奖二等奖。

李永舫，四川重庆人，1948年8月生。1989年获上海华东工学院硕士学位，1986年获复旦大学化学专业博士学位，1986年8月到中国科学院化学所做博士后，1988年8月博士后结业后留化学所工作。1988年10月至1991年4月在日本分子科学研究所做访问学者，在国际著名有机导体研究专家进口洋夫教授指导下，从事生物质电子传导过程和有机半导体的研究。1991年回国后继续从事导电聚吡咯的研究工作。1991年晋升为副研究员，1993年晋升为研究员，1995年初任有机固体室电化学研究组组长。他在复旦大学期间，曾对锂电池中的电化学嵌入反应进行了深入的研究，推导出了电化学嵌入反应伯动力学公式，1987年获国家教委科技进步二等奖。1986年到化学所后，在导电聚吡咯的电化学制备、结构和电化学性质的研究中，取得了一批国际领先的研究成果。“导电聚吡咯的研究”1993年获中国科学院自然科学一等奖，之后获1995年国家自然科学二等奖。

李永舫在聚吡咯的研究中，在国际上率选进行了吡咯在水溶液中的电化学聚合和聚吡咯在水溶液中的电化学性质的研究，提出并阐明了吡咯在水溶液中电化学聚合的质子化机理，在水溶液中制得了高质量的导电聚吡咯薄膜，发现了水溶液PH值对聚吡咯电化学性质的影响。他还在聚吡咯的电导机理、聚吡咯导电复合膜的研究中取得了一些世界领先的成果。

【李永祥·武清县人民法院审判员·被授予全国法院模范称号】　1995年12月14日，天津市武清县人民法院审判员李永祥，被最高人民法院授予全国法院模范称号。

李永祥，1939年生，武清县人，大学文化。1963年大学毕业后他就来到县法院，一人承担信访接待、出庭记录、档案管理等8项工作。之后，曾在4个基层法庭干了11年，1981年6月任县法院民事审判庭庭长，又干了几年后卸任，继续当审判员。近两年来，他审结各类案件111件，为企业挽回经济损失110万元，还协助杨村镇法律服务所奔赴外地为企业追回欠款100万元。

“办事堂堂正正，做人清清白白”，这是李永祥的座右铭。他在法院工作32年，共接待来访群众3万余人次，办结民事、经济案件1486件，其中调解结案的占95%以上，判决的案件无一错案。他曾创下月结民事案件17起，日接待来访群众25人次的全院最高纪录。在基层法庭的11年间，全靠骑自行车办案，共有5辆自行车被骑散了架，总行程达14.5万里。他患有冠心病、神经衰弱和颈椎综合症等疾病，但他仍然拼命工作。他的口头禅是“多干点儿我心里踏实”。32年来，他放弃了1200多个公休日，等于比别人多干了4年。“耐心、诚心、热心”，这是他的办案宗旨，不管多棘手的“骨头案”，他都能一点点啃掉。一起结婚30年，分居25年，打了28年离婚官司的“骨头案”落到了李永祥手中。他怀揣速效救心丸，顶着刺骨的寒风和炎炎的烈日，先后7次骑自行车登门去做被告的思想工作。最后竟然戏剧性地以调解的方式圆满解决了。李永祥始终做到清正廉洁，秉公办案，一尘不染。他拒吃请230余次，拒收礼品和现金价值1万余元。凭着一身浩然正气，他赢得了群众的信任，在武清县，老百姓都亲切地称他为“李青天”。党和人民也给了他很多荣誉，多次被评为优秀共产党员、文明市民标兵，两次被天津市高级人民法院授予优秀法官称号，荣立过三等功3次、二等功2次、一等功1次，3次被天津市委、市政府授予一心为民的好法官和政法工作标兵荣誉称号。

【李再婷（女）·化工专家·获国家发明一等奖】　中国石油化工总公司石油化工科学研究院教授级高级工程师李再婷，主持完成的科研课题〈石油重质组分催化裂解（1型）制取碳烯烃工艺及催化剂〉，获1995年国家发明奖一等奖。

李再婷，上海人，1933年9月10日生，1956年毕业于北京石油学院炼制系。

她长期从事石油化工科学研究工作，历任研究题目组组长及研究室主任等职。在石油的催化裂解、石油催化裂解制烯烃方面有较深的研究。“催化裂解工业化技术（1型）”获1992年中国石油化工总公司科技进步特等奖，“CHP—1催化裂解催化剂”获1992年中国石油化工总公司科技进步一等奖，“催化裂解技术”获1995年中国石油化工总公司重大国产技术奖。代表性著作有〈催化裂解工艺与工程〉书中的“催化裂化的化学”等，在国内外发表论文50余篇，并多次在国际会议上宣读。主要专利有：CN87105280，US4980053及EP0305720，该专利获1991年中国专利局发明专利金奖。

〈石油重质分解催化裂解（1型）制取碳烯烃工艺及催化剂〉的发明，改变了以往的蒸气裂解技术，开创出了一条用新的催化过程生产低碳烯烃的途径，技术水平处于国际领先。该发明的经济效益和社会效益十分显著。自1990年开始，已先后在济南的两个装置上使用，目前，多套使用该技术的装置正在建设中。泰国已于1994年获我方许可，正在建设一个年产75万吨级的装置，我方已收回专利使用费232万美元。

【李有强·企业家·独资赞助首届中国京剧艺术节在天津举办】　1995年11月，由文化部、广电部和天津市人民政府联合主办的首届中国京剧艺术节在天津举行，李有强任董事长和总经理的天津广夏保洁制品有限公司出资300万元人民币独家赞助。他的举动受到中央有关部门和天津市政府的赞许和嘉奖，并荣获文化部振兴京剧指导委员会和中国京剧艺术基金会联合颁发的首届京剧金菊奖。

首届中国京剧艺术节是继徽班进京200周年和梅兰芳、周信芳诞辰百周年纪念活动之后，又一次菊坛盛会。经过筛选，有10个剧目正式参评，还有两台示范演出，两台祝贺演出，台、港、新加坡名票名剧专场演出。堪称群星荟萃、异彩纷呈。经过认真评选，上海京剧院的《曹操与杨修》获程长庚金奖，湖北省京剧团的《徐九经升官记》获程长庚银奖，山东省京剧院的《石龙湾》、天津青年京剧团的《岳云》、江苏省京剧院的《西施归越》获程长庚铜奖。既展示了精品又推出了新人，对京剧的振兴起了重要的推动作用。

李有强，1941年生人，原在天津市工作，改革开放以后到深圳特区市委宣传部门工作，后从事中外合资企业的开发，1994年创办天津广夏保洁制品有限公司。他一贯重视并钟情于文化事业，在深圳工作时，曾出资录制反映特区成就的电视片《世纪行》，中央电视台播出后，反映颇佳。返回天津后又多次赞助天津市的文化活动：先出资30万人民币支持纪念评剧创始人成兆才诞辰120周年暨全国评剧新剧目汇演，后又出资20万元人民币支持成立天津评剧院青年团。

近年来响应江泽民同志“弘扬民族艺术，振奋民族精神”的号召，更加关注京剧事业的发展。1995年先是与天津市人民政府各出资50万元人民币，使天津市振兴京剧基金会得以成立，后又独家赞助300万元人民币，支持天津市举办首届中国京剧艺术节。他多次表示，是党的改革开放政策使他在经济上得到发展，为精神文明建设尽微薄之力责无旁贷。

【李成渝·音乐研究工作者·获全国曲艺理论评奖论文一等奖】 1995年11月，四川省音乐舞蹈研究所音乐研究室主任李成渝，以《四川扬琴宫调研究》一文，在中国艺术研究院、中华曲艺学会联合主办的建国以来的第一次全国曲艺理论评奖中，获论文一等奖。在这篇论文中，李成渝以新的理论视角对有悠久历史的四川扬琴音乐进行研究，旁征博引，发微抉隐，从宫调音乐着手，进行了缜密细致的研究和论述，匡正了过去有关理论研究中一些不够科学的提法，不但推动了四川扬琴音乐研究的深入发展，而且对曲艺中与扬琴相关的曲种研究也有重要的借鉴价值。

李成渝，四川重庆人，1942年4月生。1959年入四川省舞蹈学校学习器乐专业，1961年毕业后先后在四川省歌舞团、省曲艺团任演奏员、创作员，1992年4月调省音乐舞蹈研究所工作。曾在《中国音乐学》、《音乐研究》等刊物上发表过许多论文，其中《曾侯乙编磬初步研究》、《四川广元县罗家桥一、二号墓伎乐石雕研究》、《王建墓石浮雕乐器研究》等文章，在专业范围颇有影响。他的《川剧高腔〔江头柱〕类曲牌宫调研究》获四川省文化厅、四川省川剧理论研究会社会科学研究优秀成果二等奖。1995年11月，李成渝在中日音乐比较研究国际学术研讨会上发表论文《篪考》，从文字、训诂、音韵三个方面，指出了中、日、韩三国学者过去对“篪”的误解。李成渝现还担任中国艺术研究院音乐研究所中国乐律学史研究组成员。

【李成德·审判庭庭长·被授予全国法院模范称号】 1995年4月，在病床上昏迷的李成德，听到最高人民法院授予他全国法院模范称号的喜讯，他微微点头，又立即闭上双眼，热泪流了下来。第二天，他便与世长辞。

李成德，54岁，黑龙江人，大学文化，生前为牡丹江市中级人民法院分院民事审判庭庭长。他在军中当过20年航校教官。1982年，牡丹江林区法院刚组建时，他被分配到民庭工作，除审结当年全部案件外，还审结了由市法院移送的10起多年未结的难案。10多年来，李成德审理的案件，无一错案，也无一案件超审限。

李成德一到法院工作就给自己立下一条铁规矩，不吸当事人一支烟，不吃当事人一顿饭，不收当事人一分钱。在市内办案时，他提兜里总是装着一盒饭；外出办案就在招待所排队买饭，从不吃招待饭。时间长了，一些人叫他“盒饭庭长”。他家里唯一的现代化家具是一台老式彩电。旧板床、靠背已脱落的两张折叠椅以及室内斑驳的水泥地，显示他的贫困和清白。

1992年初，经诊断他患了直肠癌，须立即手术。他再三坚持，先回法院把工作布置妥当，才带着自己主办的案卷住进医院。手术后，他趴在床上阅卷，写法律文书。出院第8天，他就坚持边化疗边上班工作。3年中，他3次住进医院，但始终没有停止工作。他逝世时，床头还摆着厚厚的案卷和他未起草完的法律文书。

【李光博·农业昆虫学家·当选为中国工程院院士】 1995年7月7日，中国工程院公布了新当选的院士名单，中国农业科学院植物保护研究所研究员李光博当选为中国工程院院士。

李光博是我国昆虫迁飞研究创始人之一。他在蝗虫、粘虫等重大害虫测报与防治研究上作出了突出贡献。在小麦病虫害综合防治研究上也取得突出成就。他是“八五”国家重大科技攻关项目《85－010》项目的技术总负责人；国家攀登计划《粮棉作物五种重大病虫害突变规律及控制技术的基础研究》项目主持人和专家委员会首席科学家。

李光博，1922年6月出生于河北省武清县，北平大学农学院昆虫系毕业，1947年受聘于中央农业实验所北平农事试验场（中国农科院的前身），从事蔬菜害虫防治技术研究。中华人民共和国成立后，继续从事蔬菜害虫和粟灰螟的防治研究。1954年曾获得农业部颁发的爱国丰收奖。1957年起任中国农业科学院植物保护研究所助理研究员、副研究员、研究员、研究室副主任、主任。1954年加入中国民主同盟，1985年加入中国共产党，两次被评为北京市统战系统为社会主义建设作出贡献的先进个人。他是第七、八届全国政协委员，第一届农业部科学技术委员会委员，第二、三届中国农业科学院学术委员会委员，中国农业科学院研究生院学位评审委员会委员，中国农业科学院植物保护研究所学术委员会主任。他先后获得全国科学大会奖、国家自然科学奖、国家科技进步奖、农业部技术改进与科技进步奖等12项成果奖。1990年被授予全国农业劳动模范称号；1991年被评为“七五”国家科技攻关有突出贡献的科学家，受到国家计委、国家科委和财政部的表彰。

【李守才·高级工艺师·被授予全国劳动模范称号】　宜兴均陶工艺厂工人、高级工艺师李守才，靠大姆指“搓、捻、抹、揿、捺”把一堆泥巴堆出栩栩如生的陶瓷浮雕画，经过烧制，成为一件件美妙绝伦的陶瓷艺术精品。这种均陶堆花艺术被称为“中国一绝”。1995年4月29日，国务院授予他全国劳动模范称号。

李守才现年42岁，江苏宜兴人，1972年进宜兴均陶工艺厂习艺，师承均陶堆花艺术老人张浩元。由于他悟性高，再加刻苦钻研，几年时间，他就掌握了均陶堆花“平贴法”传统技术，成为厂里一名技术骨干。但他并不满足于继承先人技艺，又开始研究新的均陶堆花技艺。也是机遇凑巧，1984年厂里接下了一个重大任务，要为无锡锡惠公园造一座高2米、宽27米的大型“陶瓷九龙壁”。先前受委托的人因为承受不了巨大的压力而放弃了，当时年仅31岁的李守才自荐承担此项任务。他研究了北京故宫、北海、大同九龙壁创作的实例，感到采用传统的“平贴法”堆花工艺显然不行，只有采用半浮雕堆贴技艺才能成功。于是，他大胆开始了从“平贴法”向半浮雕堆花技艺的新的探索。大型陶瓷九龙壁居然在短短6个月内制作成功，成为中国“四大陶瓷九龙壁”之一。人们轰动起来了！这是李守才走向辉煌的第一步。1990年春，李守才又斗胆采用浮雕立体堆贴法制作成功“松鹤延年”陶瓷挂盘，参加“中国宜兴第二届陶艺节”展出，立即引起了中外客商的极大兴趣。整个挂盘的画面，既像贴于挂盘之中，又像立于挂盘之外，使松、鹤更添“灵性”，具有很高的艺术水平和观赏价值。这件作品，被一位台湾客商以6600元买走。1991年，厂里选派李守才赴中央工艺美术学院深造。从此他开始了中西合璧的新的艺术追求。他创作的均陶堆花工艺品至今已有14件获得省以上艺术等级奖，其中5项获全国性的艺术等级奖。

李守才常说，堆花艺术，其实就是大拇指的艺术。他完全靠大拇指将各色装饰土捏塑成形堆上坯体，可以装饰成人物、山水、花鸟等等多种画面。他正是靠这种大拇指的艺术，倾倒了中外客商。难得的是，李守才不但艺技超人，而且艺德高尚。凭他的技艺和名气，如果搞点“第二职业”，几个月就能致富。但李守才说，搞第二职业，作品多必然带来滥，而粗制滥造的作品，只能是对祖国高尚艺术的糟踏。日本一家艺术公司的董事长，愿意以优厚的待遇聘请他前往日本就业，李守才婉拒了，他说：“我的堆花艺术之根在中国，而不是日本。”

【李安民·民营企业家·创建安泰国际企业（集团）股份有限公司取得显著经济效益】　山西省安泰国际企业（集团）股份有限公司董事长李安民，1984年以来，依托山西的资源优势，顺应改革开放大潮，艰苦创业，开拓进取，把一个小焦化厂发展成为拥有焦化、冶金、建材、服装和房地产五大行业，22个经济实体，总资产达23亿多元的大型集团公司。1995年产值达4亿元，上交税金1600万元，创汇4000万美元。李安民以中国新型农民的雄才大略，创造了一个令国内外经济学家瞩目的持续、稳定、高速发展的“安泰企业巨人”。

李安民办企业坚持正确的政治方向，带领乡亲们走共同富裕的道路。他结合我国国情和企业的实际情况，把私营企业改革为股份合作企业，大大增强了企业的凝聚力，在社会上引起了很大反响。李安民在企业发展中，坚持依靠科技进步，全力治理污染。他不惜巨资采用国家推广的新型节能设备和国内一流的电收尘设施，还引进了美国、日本具有世界先进水平的设备，同时在厂区大举植树、种草、养花，实现了“一流设备、一流技术、一流产品、一流环保”的理想。

李安民在事业获得巨大的成功之后，不仅坚持着朴实无华的生活作风，而且始终不忘回报人民和社会。几年来，他为扶贫救灾、文化、教育和各项社会公益事业捐资赠物达数千万元。为贯彻《国家八七扶贫攻坚计划》，于1995年12月组建了扶贫性的经济联合体“山西光彩事业焦化发展集团”，首批投资1000万元。

李安民，1944年8月出生于山西省介休市义安镇。从1985年以来，先后被授予山西省劳动模范、全国乡镇企业家、中国民办科技实业家、全国优秀经营管理者、山西省乡镇企业十大功勋和中国十佳民营企业家等称号，荣获全国五一劳动奖章，1993年被选为第八届全国政协委员。

【李志仁·台湾文化企业家·在北京开办中国书道大学和武道大学】　台湾企业家、国际建德集团总裁及台湾胜大庄文化企业集团董事长李志仁，1995年在北京创办了中国书道太学、中国武道太学，并正式向海内外招生。这两所太学是在中华人民共和国文化部和国家体委大力支持下，经国家教委和北京市成人教育局批准创办的。李志仁为两所太学的董事长，艺术大师吴作人和中国武术协会会长张耀庭分别任校长，太学在世界范围招生。书道太学设在北京市劳动人民文化宫内，这原是明清两代皇帝供奉祖先的圣地；武道太学设在北京香山团城，这里原是乾隆皇帝阅兵及演武之地。

李志仁，号建德，1955年生于台北，福建省漳平县人。台湾"中央大学"数学系毕业，美国加州大学研究。从就读"中央大学"数学系二年级起，李志仁曾分别向庄严、张大千、姚梦谷等书画大师请教。经过大师指点，李志仁以本身的书画素养及数学分析特长，深入了解各种毛笔的特性，把各种毛以不同的分量混合起来，制造出书写灵活、吸墨与出墨功能良好的毛笔。大学毕业后，李志仁从其父亲手中接下"胜大庄"，并不顾其父反对，执意成立"胜大庄笔墨公司"，投入优质而价高的笔墨开发生产，成为笔墨大王。1987年，"胜大庄"的毛笔在全球市场上首度打败日本产品，成为世界第一品牌。由李志仁一手创办的胜大庄文化企业集团及建德国际集团，目前已是国际知名机构。1990年，北京故宫首开先例，邀请李志仁前往举办个人书画展，成为四十年来在故宫办画展第一人。此后李志仁先后赞助陕西西北大学编印自明太祖以来历代帝王陵祭文集，并与北京中央电视台合作，拍摄大型文化系列片——中华文化五千年："玄黄"。近几年来，李志仁还独自向大陆老、少、边、穷地区捐资兴建一百一十一所"建德小学"，遍布西藏、云南、贵州、广西等省区。

李志仁多才多艺，擅长绘画、书法，有台湾艺术巨擘之称。近年来，李志仁致力于促进两岸民间的文化、经济交流与合作，认为中国不能分裂，只要一分裂，必带来永无休止的战乱。表示他永远以做中国人为荣。

【李季伦·微生物学家·当选为中国科学院院士】　1995年11月6日，中国科学院公布了新当选的院士名单，北京农业大学教授李季伦，当选为中国科学院生物学部院士。

李季伦，河北省乐享县人。1925年生。历任南京大学生物系助教，北京农业大学助教、讲师、副教授、教授。他长期从事微生物的教学和研究，其基础研究重点是生物固氮：(1)我国豆科植物根瘤菌资源和分类。对我国根瘤菌的资源进行了广泛调查，并加以数值分类和建立了相应的数据库；(2)巴西固氮螺菌(简称Ab)固氮基因(nif)的表达调控。首先证实其固氮基因是在染色体上，而不是质粒上，进而构建了该菌的基因文库，从中钓出与肺炎克氏杆菌(简称KP)正调控基因类似的nifA、调节固氮酶活性基因draTG，以及与氮代谢有关的基因ntrBC，并分析了它们的核苷酸序列。此菌的ntrBC克隆和测序在国际上属首次；(3)固氮酶催化机制的研究。证明固氮酶催化HD形成反应是严格依赖N_2的，前人报道固氮酶也可催化不依赖N_2的DH形成，是由于反应系统中污染有微量氮所致。研究了固氮酶的放H_2反应，发现伴随固氮所放出的H_2量，并非每还原ImoleN$_2$放I-moleH$_2$，H_2/N_2的比值是大于1的变量，其数值随pN_2和酶的Km(N_2)值而改变，并由此提出双位点放H_2模式。

他研究的玉米赤毒产生玉米赤霉烯酮，是控制植物发育的一种新型天然激素。他们的大量试验支持真菌产生的串珠镰刀菌素是克上病致病的直接诱因，硒有保护作用，并研究出水和粮食的脱毒方法。

【李岚清·中共中央政治局委员、国务院副总理·谈我国教育工作等问题】　1995年1月11日，李岚清在全国政协第八届常务委员会第九次会议上就教育工作作了报告。他说，近年来，各级政府在财政比较困难的情况下，做了相当大的努力，使教育投入逐年有所增加。1993年我国教育经费总支出为一千零六十亿元，其中财政性教育经费支出达到八百六十八亿元。但从总体上讲，教育经费的增长还很不适应教育事业的需要，经费紧缺仍然是制约我国教育发展和改革的一个重要因素。同时，少数地区又出现新的拖欠教师工资的现象，这些都需要采取措施尽快解决。李岚清还就中小学乱收费、减轻中小学生过重课业负担、"贵族学校"等教育工作中的热点问题，作了剖析，提出了解决这些问题的意见。

4月12日新华社报道，国务院学位委员会进行调整后，李岚清出任学位委员会主任委员。他在新一届学位委员会上讲话时指出，我国实行学位制度15年来，学位工作取得很大成绩，基本建成了学科门类比较齐全、学位质量能够得到基本保证的学位授权体系；建立了一套比较完善的学位管理体制和规章、办法；培养并授予了大批学士、硕士、博士，推动了我国经济建设、社会进步和科技教育事业的发展。他强调，我国要屹立于世界民族之林，就必须提高全民族的素质，培养出大批各个领域高层次人才。

由李岚清主编的《中国利用外资基础知识》，1995年4月由中共中央党校出版社和中国对外经济贸易出版社出版。江泽民在为该书写的《序言》中指出：此书出版“有助于普及利用外资知识，有助于提高各级干部尤其是领导干部在对外开放、利用外资等方面的工作水平。”

4月11日，在中国国际经济论坛1995年会议上，李岚清作题为“中国走向21世纪”的主题报告。他说，中国的改革开放和现代化建设离不开世界各国朋友的合作，缺少中国的参与，世界经济体系也将是不完整和不健全的。改革开放是中国的一项基本国策。

李岚清，1932年5月生，江苏镇江人。1952年9月加入中国共产党。曾任长春第一汽车制造厂计划科科员、副科长、厂长秘书，国家经委秘书、企业管理局科长，第二汽车制造厂计划处副处长、发动机厂党委书记，第三汽车制造厂建设指挥部副指挥长、重型汽车厂筹备处负责人，国家进出口管理委员会政府贷款办公室负责人，对外经济贸易部外资管理局局长，天津市副市长兼市对外经济贸易党工委书记，对外经济贸易部副部长、部长兼国务院经济贸易办公室副主任。是中共第十三届中央候补委员，第十四届中央政治局委员。

【李忠梅(女)·旅美中国青年舞蹈家·在美国四大城市巡回演出】 原北京舞蹈学院青年舞团优秀演员、旅美中国青年舞蹈家李忠梅，得到中国驻纽约总领事馆支持，母校倾全力协助和指导，并派出包括演员在内的21位参与人员，赶排了两台以她为主要演员的古典舞晚会，即《历代王朝——中国舞蹈》、《中国古典舞剧系列》。这两台晚会，于1995年4月22日至5月8日，以“忠梅舞蹈团”的名义在美国四大城市进行了巡回演出。不仅在洛杉矶首场一炮打响，而且所到之处均受到当地观众的热情欢迎和评论家的充分肯定。

全美著名的舞蹈表演剧场纽约乔伊斯剧院，每年有逾百支来自世界各国的舞团参加其春季表演甄选，获选的就如同获得美国主流舞坛的认同。这次“忠梅舞蹈团”之所以成为乔伊斯剧院成立13年来第一个通过公平竞争，进入1995年春季演出季的中国舞团，是由于李忠梅参加1994年春季甄选中，以其独舞《飞天》、双人舞《洛神》而被选中的结果。此次“忠梅舞蹈团”在纽约乔伊斯剧院的演出同样获得了成功，剧院的门票全部售空，剧场爆满。美国舞评家珍妮菲·丹妮，杰克·安得森分别撰文评介李忠梅和舞团的表演。中国驻联合国特命全权大使李肇星与总领事馆总领事、副总领事等，在舞团首场演出获得成功后，专门到后台表示祝贺。

李忠梅，1966年12月27日生，山东人。1978年考入北京舞蹈学院附属中等舞蹈学校，1984年毕业考入学院表演系，主修中国古典舞。两年后以优异成绩毕业，留学院青年舞团任演员，功底扎实，舞姿规范而舒展，她将中国古典舞的典雅、娴静与她自己抒情内蕴的气质贴切地溶合在一起，形成了独特的表演风格和魅力。其间，曾于北京举行过独舞晚会。1990年9月赴美国后，以其勤奋与实力获阿尔文·艾利舞蹈学校和玛莎·葛朗姆舞蹈学校的全额奖学金，并赢得在迪加夫现代舞团表演独舞的机会，曾被玛莎·葛朗姆舞校选拔去参加国际的现代舞大赛。1994年在纽约这个世界上艺术最集中、竞争最激烈的地方占了一席之地，身为“忠梅舞蹈团”团长的她，不仅使华人为之震动，连美国人也不能不称羡。她已实现了心底的理想，即在与西方舞蹈的交流、溶汇中，一定要把中国的舞蹈文化推向世界大舞台。

【李枝华·骨科医生·川剧名家为其隆重举办演唱会】 1995年1月5日至6日，一台满怀深情的“五牛之夜”——梨园回春川剧名家演唱会，在成都锦州艺术馆隆重推出。该演唱会为了答谢成都市“七八四中医骨科研究所”所长李枝华，因为这些名家都是李枝华的伤员；10多年来，是他使他们解除病痛而重返舞台的。

这些川剧名家中的名小生晓艇、名丑任庭芳两位曾是他的特重伤员。任庭芳在赴日本演出中严重摔伤，当地医生宣判他再不能登台，他回四川后，经李医生排除后遗症，得以重操旧业。晓艇因逢车祸，左足折断，面腭骨断裂，头部水肿面目全非，经李医生三个月的诊治，恢复如初。他不仅赶赴德国、香港演出、讲学，还拍完了川剧电视艺术片《齐老爷奇遇》等。这次每位参演名家，都有因伤接受李枝华调治的经历，大家将言语难以表达的感谢之情，融汇成了这台精采的演出。

李枝华，1942年出生于四川省资阳县。现为成都市七八四中医骨科研究所所长。自幼酷爱祖国传统医学，曾随师习中医中药，后在一位民间骨科高手的指点下，发掘武术与骨科相结合的医术，经多年刻苦练功及临床实践的摸索，独创了融传统医术、武术、气功于一炉的“一指禅”治疗手法。这种手法与药物并用，能使严重骨伤轻巧复位。仅1985年骨科研究所成立以来，李枝华就接待、治疗了来自全国20几个省市、港台和10多个国家的病员，共30余万人次。治疗各种骨伤病及软组织损伤的治愈率达90%以上，特别是在治疗“股骨头缺血性坏死”这一疑难病症方面有关键性突破，治愈率达73%以上。在他的主持下，1992年西南成立了第一家“股骨缺血性坏死治疗中心”。两年多来，他经过对341个病历的分析研究，写出论文，荣获1995年美国纽约中国传统医学学术会议杰出论文奖。1995年10月应邀赴纽约作学术报告。

【李国安·解放军某部给水工程团团长·被授予模范团长称号】　1995年2月，水利部作出决定，号召全国水利战线的同志，学习解放军某部给水工程团团长李国安的模范事迹。李国安在边疆沙漠地带艰苦奋斗，开发水源，屡创奇迹。全国各新闻媒体相继报道了他的事迹。

李国安，四川省成都市人，1946年3月出生，1961年7月入伍，1965年4月加入中国共产党，历任战士、军医、卫生队副队长、后勤处副处长、处长等职，大校军衔。1990年他担任给水工程团团长后，狠抓部队全面建设，带领全团官兵，日以继夜，艰苦奋斗，转战大漠戈壁，历尽千辛万苦，竭尽全力为边疆军民普查和开发水源，先后在巴丹吉林沙漠、腾格里沙漠等地和4000公里边防线上打井110眼，实现产值2000万元，为保障边疆军民用水，促进地方的经济发展，做出了突出的贡献。多年来，他刻苦学习专业理论，钻研水文地质知识，成为水文、地质、物探、钻探等专业的行家。他带领全团官兵，穿林海、过草原、越戈壁、战沙漠，闯过一道道难关，创造了一个又一个奇迹。在被视为无水的沙漠戈壁中找到水；在矿化度很高的极贫水区找到适用于人畜饮用的甜水；在北纬40度以北的高寒地区开创了冬季成井的先例；在大漂砾厚积地层采用孔内连续爆破的方法打成水井，填补了军队在这一领域的空白。他吃苦在前，率先垂范。为解决边疆军民“吃水难”问题，他带病坚持工作，冒着生命危险，用4个月时间，行程24800多公里，全面考察了4000公里边防线水文地质和边防军民吃水用水的情况，制定了109眼的钻井计划，分期分批完成。他热心支持地方经济建设，为改善人民群众的生活条件尽力工作。带领全团主动为内蒙各族群众打井44眼，支援打井费用500多万元。1992年冬，呼和浩特市确定建立金川经济开发区，但因缺水迟迟不能开工。李国安急人民之所急，向上级提出帮助打井的建议和方案，带领官兵在零下20多度的严寒季节，顶风冒雪，夜以继日，奋战60多天，终于首次在北纬40度以北高寒地区打出水井，市领导称赞“解放军为金川开发立了第一功”。呼和浩特市郊区的西讨速号村因缺水一直是远近有名的贫困村。1991年春，李国安带领官兵给这个村打出了8眼日出水量在千吨以上的水井，使全村几万亩旱地变成水浇地，当年就增收20多万元，摘掉了贫困的帽子。他关心人民，热爱群众，自己节衣缩食，把节省下来的钱物捐给贫困群众。1995年3月，水利部奖给他1万元钱，他全部捐给了希望工程和部队幼儿园。部队在土本特左旗打井时，他看到当地一家人生活贫困，孩子上不起学，当即把自己的1000元钱全部捐了出来。入伍以来，他2次荣立三等功，1次荣立二等功，先后被北京军区树为党风廉政建设先进个人，被内蒙古自治区评为有突出贡献的科技人员，被呼和浩特市评为“十佳市民”和“双拥模范先进个人”。1993年9月参加全军“创业在军营”先进事迹报告团，受到党和国家领导人的亲切接见。

〔附注：1996年1月7日，中华人民共和国中央军事委员会发布命令，授予李国安“模范团长”荣誉称号。〕

【李明发·退役飞行中队长·创办我国第一家民营航空公司和第一个中华精英俱乐部】　飞行员出身的李明发，继创办第一家民营航空公司——石林旅游航空公司之后，又在昆明筹建了中华精英俱乐部，决定在安宁温泉筹建100栋别墅，馈赠给世界各地有中国血统的、为发展民族经济做出贡献的100名英才。这一举措得到政府和社会的支持。1995年11月11日《光明日报》报道了他的事迹。

李明发，四川大竹县人，1951年5月生，1968年参加人民解放军，1969年至1971年在空军十六航校学习飞行驾驶，后任飞行员、飞行中队长等职。1985年转业到云南省林业厅工作。1986年下海经商。李明发萌发了为开发云南旅游事业作贡献的志愿，为发挥自己懂得航空的长处，和朋友们商定筹建一个民营航空公司，他找政府，求企业，寻外商，四处奔走，在各种机关盖回近百枚图章。云南恒丰集团公司董事长吴中宁、云南口岸开发总公司总经理罗江支持他，政府部门也为他开绿灯。经过谋略计划、筹集资金、修建机场、培训人员、购买飞机，直至石林航空公司开业，飞机上天，仅用了600多天时间，创造了中国民航史上的奇迹。“石航”为股份有限公司，吴中宁为董事长、罗江为副董事长、李明发为总经理。1994 年 1 月，省长和志强等到石航视察，并题写“石林机场”四个大字。第一架旅游客机翱翔蓝天，揭开了云南空中旅游序幕。

随后，李明发又提出帮助政府开发云南经济的新思路、新举措。他和几位朋友商定筹建“中华精英俱乐部”，目的在于筑巢引凤，邀集一批企业界、科技界、金融界、商业界的中华精英到云南来为振兴经济献计献智、出钱出力。他在安宁温泉筹建100 栋别墅，按照规定条件馈赠给愿履行开发经济义务的 100 位中华精英。他们成立“中华精英有限公司”，李明发任董事长兼总经理，筹资 4700 万元修建了 40 幢别墅，首批接受馈赠的有美籍华人陈香梅和各省知名企业家郭有亮、牟其中、洗笃信、张宏伟、韩伟、徐运江、徐文恒以及台湾著名企业家王永庆、骆锦明、白培英等 14 位，已办理接受馈赠手续，并承担开发经济的义务。

【李和声、尤婉云·香港京剧名票·为创办梅兰芳博士艺术基金进行筹募义演获得成功】　香港上海总会理事长、顺隆行东主李和声先生和夫人尤婉云女士是香港京剧名票，1994 年底和 1995 年春，为纪念京剧大师梅兰芳、周信芳诞辰 100 周年，他们夫妇先后在香港和北京参加纪念活动，并演出了梅派名剧《穆桂英挂帅》，还为筹募“梅兰芳博士艺术基金”进行义演，均获成功。他们的义举受到党和国家领导人的赞许，并荣获首届京剧金菊奖。

李和声，1928 年出生于上海，祖籍浙江宁波。他自幼喜爱京剧，二十几岁在证券行做练习生时便常到证券界的票房学唱裘派花脸。1950 年移居香港，是香港顺隆行的东主，在证券界颇有名气，同时是香港振兴票房、华风票房的重要台柱，1957 年在香港新舞台演出《空城计》，1959 年为上海总会义演《盗御马》，他饰演的司马懿和窦尔敦，均有气派和韵味，颇受好评。他不仅擅演花脸，而且拉得一手好胡琴。

尤婉云女士出生在上海一个爱好京剧的名流家庭，父亲尤菊荪是上海京剧武生名票。她自幼耳濡目染，爱上京剧。和李先生结为伉俪后，更是夫拉妇唱，配合默契。她先后向梅派名琴师任莘寿、倪秋平、姜凤山等先生问艺。还拜梅葆玖为师，虚心求教，艺事大进。1977 年在新加坡国家剧场首次登台演出《大登殿》，饰王宝钏，唱做俱佳，一鸣惊人。此后举办了多次有意义的演出活动：1986 年和 1987 年为香港仁济医院筹募扩建基金和上海海外联谊会成立周年纪念，与京、津、沪名伶、名票张文娟、童芷苓、谭元寿、马长礼、程正泰、黄正勤、王玉敏、钱江等合作在香港和上海演出《四郎探母》，饰铁镜公主；1988 年为亚运会和浙江受灾人民举行了筹款义演，与梅葆玖、谭元寿、马长礼等合作在香港新光戏院演出《武家坡·大登殿》；1990 年为纪念徽班进京二百周年，在香港新光戏院演出了梅派名剧《凤还巢》，景荣庆、刘长瑜、叶少兰、寇春华等名家助演，阵容强大，精彩纷呈，演出收入全部捐赠给香港“勤加缘”基金，作为资助香港清贫学生的奖学金。1994 年和 1995 年又为纪念梅、周诞辰百周年，在香港和北京演出了梅派名剧《穆桂英挂帅》。尤女士扮相端庄明丽、嗓音宽厚甜亮、演唱悦耳动听，身段稳健优美，水袖运用干净流畅，整体表演舒展、大方、平稳，富有韵味，体现了梅派风范。李先生的胡琴音色纯正、板眼准确，托垫严谨，与夫人配合默契，称得上珠联璧合。

李、尤夫妇不仅用自己的实践推广京剧艺术，还利用一切机会促进京剧事业的发展。常以财力、物力支持内地剧团赴港演出，奔走按排，热情款待。他认为，京剧复兴，必须从青少年抓起，为此他捐赠 100 万港元创议成立发展少儿京剧艺术专项基金。每当内地的少儿京剧演出团体或戏校学生赴香港演出，他都热情接待，嘘寒问暖，照顾备至。在天津首届京剧艺术节时，他夫妇又演出助兴。鉴于他对振兴京剧的贡献，被聘为中国京剧艺术基金会理事，并荣获首届京剧金菊奖。

【李建红·中远工业公司总经理·被授予全国劳动模范称号】　1995 年 4 月 29 日，中共中央、国务院召开的全国劳动模范、先进工作者表彰大会在北京人民大会堂隆重举行，中国远洋运输工业总公司总经理兼党委书记李建红，被授予全国劳动模范称号。

李建红，江苏常熟人，1956 年 5 月生，1972 年 8 月参加工作，毕业于武汉水运学院工业企业管理专业，历任上海、南通船厂团委书记、科长、车间主任、厂长助理、正副厂长、公司正副总经理，1994 年 5 月任现职。他锐意进取，勇于开拓，每到一个岗位，都善于抓住关键问题，迅速打开局面，创造出比较高的经济效益。曾先后被评为中国远洋运输集团双文明先进个人，第三届全国杰出青年企业家，全国交通系统劳动模范等。

1987 年 11 月，刚 31 岁的李建红就被聘任为南通船厂的厂长。当时船厂严重亏损，人心涣散，难以为继。李建红上任后，整顿、改革，提出“多元化经营之路”，拓展业务渠道，团结苦干，一年摆脱困境。1989年，他努力促成船厂划归中国远洋运输集团之后，严密组织，科学管理，成功地承修两条远洋轮，质量上乘，声誉鹊起，生意越来越兴旺。1991年中港合资的南通远洋船务工程公司成立之后，他又全身心地投入全国这一最大船舶修理基地的建设，提出了一系列组织机构、员工考核、劳动分配的新思路，短短两年，就以崭新面貌引起国内外航运界、修船界的注目。它拥有中国最大的15万吨级浮船坞一座，10－15万吨级修船码头两座，配套设施完善、先进，为中国远洋船队服务同时，还承修英、法、挪、希、印及香港等许多国家与地区近百艘外轮。1992年开业一年，就实现产值6750万元，利税550万元。1993年产值上升到1.13亿多元，利税2581.8万元，创造了修船吨位、坞修周期、人均产值和人均利税四个全国第一。

1992年10月，南通远洋钢铁公司成立，筹建中遇到很多困难，进展缓慢，上级决定派李建红兼任公司总经理。他到任没几个月，深入调查研究，调整施工方案，终于抢在洪水前完成围堤等重要工程，赢得了一年的宝贵时间，开拓了局面。1994年5月，李建红又被委以中国远洋集团工业公司总经理兼党委书记的重任，一年来，他提出“效益经济”的新思路，明确了中远工业公司的发展方向，并将合资企业的管理机制引进公司，取得了显著的成绩。

【李春生·吴江市人民法院副院长·被授予全国法院模范称号】　1995年4月，江苏省吴江市人民法院副院长李春生，被最高人民法院授予全国法院模范称号。

李春生刚刚45岁，就满头银发。而他在1984年刚到法院时头发还是乌黑的。这个法院的沈副院长对此解释说：“这10多年，老李审结了1094起案件，连续7年结案超百件。他为案子、为当事人操白了头，操碎了心。”

李春生是不知疲倦的人。他每天的工作日程总是排得满满的，有时一天找十几个当事人谈话或者开四个庭，有时白天下乡办案晚上写法律文书，常常连续工作十五、六个小时。在审判工作中，他想方设法为当事人排忧解难，化解了许多矛盾。农民陈永林与人签订一份养鸭合同，没想到不久3000只小鸭全部病死，欠下8000元债务。李春生在办案中发现陈永林家境贫寒，又得知他会种瓜，便热心搭桥，为他承包到30亩田。第二年西瓜丰收，陈永林不但还清了债务，而且还有一大笔积蓄。一位年轻妇女抱着孩子要求离婚。李春生得知这对小夫妻长期无住房，寄居在岳母家而产生纠纷。为避免这个小家庭破碎，李春生先后5次找到当事人的单位和房管部门，终于为他们借到一间房子，促使他们和好。几年来，李春生使100多对夫妻破镜重圆。“捧出一颗心来，不带半根草走”。这是李春生在办案中遵循的准则，也是他的座右铭。他的爱人在家待业，一些得到他帮助的单位主动提出为他解决这个难题，但都被李春生婉言谢绝。

李春生，1950年5月16日出生，吴江市人，大专文化，1969年4月加入中国共产党。1984年9月从事法院工作以来，多次被评为吴江市、苏州市劳动模范，还被评为江苏省法院系统先进工作者，荣立三等功1次，二等功1次，一等功2次，1991年，他被江苏省评为劳动模范和全国模范军转干部。

【李春亭·当选为山东省省长】　在1995年2月24日山东省第八届人大第三次会议上，李春亭被选为山东省省长。

李春亭，1936年生，山东栖霞人。1957年参加工作，1958年加入中国共产党。大专文化。历任中共栖霞县委副书记，中共烟台地委副书记，山东省冶金工业局局长，山东省冶金工业总公司经理，中共山东省委常委，山东省副省长。1992年起任中共山东省委副书记、山东省副省长。是中共第十四届中央候补委员。

【李晓林·中国农大教授·被评为全国优秀教师、获国家杰出青年科学基金】　37岁的中国农业大学资源与环境学院植物营养学植物营养教研室主任李晓林，1995年破格晋升为教授、博士生导师，同年被评为全国优秀教师，并获1995年度国家杰出青年科学基金。

李晓林，1958年生于河北省遵化。1990年获中德联合培养的博士学位，后在北京农业大学任教，1992年破格晋升副教授。他主要从事植物根际营养这一国际植物营养研究前沿和热点领域研究。在VA菌根菌丝吸收土壤养分机理研究方面获得一些突破性进展，经专家鉴定达到国际领先水平。他的研究成果的论点在国外发表后，被国外期刊、著作等引用近百次。

李晓林主讲土壤与植物营养专业本科生专业基础课《植物营养学》，1994年被评为北京农业大学一类课。先后主持国家自然科学基金、国家教委优秀青年教师基金，国家八五攻关、国际合作等研究课题。近年发表论文50余篇，主编专业著作3本。1992年获国家教委霍英东教育基金会研究类一等奖，1994年获国家教委科技进步一等奖。他是中国植物营养与肥料学会根际营养与施肥专业委员会主任。

【李贵鲜·国务委员·谈加快人事制度改革步伐】　1995年12月18日，国务委员李贵鲜在全国人事厅局长会议上指出，加快建立与市场经济体制相配套的人事管理体制，加快推行公务员制度步伐，争取1996年年底完成国务院提出的用三年左右时间在全国基本建立起国家公务员制度的任务。他还要求把机关和事业单位保险制度改革工作抓紧抓好。他认为，人才资源配置是整体性人才资源开发中的一项关键性工作。一是要抓好机制建设，二是要抓好人才市场建设。4月5日李贵鲜在全国军队转业干部安置工作会议上讲话时指出，要从改革、发展、稳定大局出发，以高度的政治责任感，切实把军转安置工作当作政治任务来完成。6月29日，李贵鲜在全国审计工作座谈会和10月26日全国会计工作会议上强调，积极稳妥开展同级财政审计，整顿会计工作秩序。

李贵鲜，1937年生，辽宁盖县人。1960年在苏联留学，1962年加入中国共产党，1965年回国后，曾在工厂任技术员、副厂长、总工程师。1977年后先后任锦州市和辽宁省电子工业局副局长、总工程师。1982年任辽宁省副省长兼省科委主任。1983年后任辽宁省副省长、省委书记。1986年任安徽省委书记。1988年任国务委员兼中国人民银行行长。1985年增选为中共第十二届中央委员，1987年、1992年分别被当选为中共十三届、十四届中央委员。

【李济仁、张舜华(女)·中医夫妇·继承与发展新安中医学获新成就】　安徽省芜湖市皖南医学院附属弋矶山医院著名中医专家李济仁、张舜华夫妇，是安徽新安医学派临床医家之首“张一帖”的第十三代传人，他们临床实践与理论并重，医德高尚，为继承与发展新安医学获得一系列新成就，1995年7月1日《人民日报》(海外版)报道了他们的事迹。

李济仁，安徽歙县人，1932年1月生，自11岁起师从新安名医，1954年至1956年在安徽中医进修学校学习，后在安徽中医学院、安徽医科大学、皖南医学院，历任内经教研组长、中医教研室主任、中医科主任等职，现为中医学教授、主任医师、硕士生导师。他从事中医临床与教学40多年，擅长内科、妇科，对痹症、痿症、淋浊症、脾胃、肝胆病及妇科杂病的治疗有丰富经验。出版《济仁医录》、《痹症通论》、《痿病通论》、《杏轩医案》、《中医时间医学》等专著9部。在中外医学杂志发表论文近百篇。他医术精深，对世界性医学难题“进行性肌营养不良症”也曾治愈数例；他以自拟“归芎参芪麦味汤”治疗冠心病、以“肝炎转阴方”治疗慢性乙肝、以“苦参消浊汤”治疗乳糜尿等，每获奇效。他根据《内经》原理，结合临床，先后设计并完成了五体痹症、五脏水证、时间医学、体质学说、医疗气象学、养生调神学说等科研专题，获安徽省优秀科研成果奖。被定为全国500名老中医(中医学术继承人与导师)之一。现兼任中国中医药学会痹病委员会委员、安徽省中医学会副会长、安徽新安医学会副会长等职。

张舜华，安徽歙县人，1935年12月生，出身新安名医世家，为名医“张一帖”嫡系传人，自幼随父张根桂学医，悉得家传秘法。1954年起在歙县行医，1979年调皖南医学院附属医院工作。从事中医临床40余年，擅长内科、妇科，尤其对外感病、急性热病治疗独具神效。对肝胆病、脾胃病、痹症、癫狂、妇科杂症治疗，擅用金石药、虫类药，并辅以新鲜草药，屡见奇效。1958年响应政府号召，毅然献出张家祖传秘方“十八罗汉”，并反复精制、改进，使该方对外感病、肠胃病治疗有特效。因此受到安徽省卫生厅嘉奖。她对新安医学的挖掘、整理做出了显著成绩。与丈夫李济仁等合著《名志中医肿瘤验案辑按》、《新安名医考》获首届全国中医药文献图书优秀奖，与人合著《新安名医考证研究》获安徽省高校科技进步成果二等奖。还著有《内经博议校注》、《医津一筏校注》等。

【李津来·天津电缆总厂高级电工技师·被授予全国劳动模范称号·获中华技能大奖】　天津市电缆总厂高级电工技师李津来，从1976年至1995年，先后完成革新和设计项目共110余项，其中73项获得革新奖，累计为国家节约资金249万元。1995年4月被国务院授予全国劳动模范称号。11月被劳动部授予’95中华技能大奖。

李津来，1952年2月生，河北安国县人，1970年8月加入中国共产党。他干一行，就爱一行，钻一行，虽然只有初中文化程度，但却自学成才，成长为革新能手。1985年，该厂从德国引进两条悬链式连续硫化生产线，他随工程师考察团赴德学习后，即下决心掌握好这些洋设备。生产线调试投产后，外方专家回国，设备就出了故障，由于生产线采用的是新技术，国内无资料可查，老经验又用不上，他只好用“笨”法，一个一个原件地查，连续奋战15个日夜，终于排除了故障。多年来，他利用工余时间，实地记录了引进设备中的50多个电器柜内6000多个电子组件、电器元件的安装位置及用途；8000多个接线端子的排列位置及接线情况；整理出各类图纸资料3000余张；翻译电器原理图300余张；积累了十余本排除故障的资料，并在全国性《电气自动化》杂志上发表了论文。他坚持“全天候服务”，除每天对设备进行巡回检查外，无论是节假日，还是白天黑夜，保证随叫随到。他深夜从家中赶到厂里排除设备故障，从1989年算起，就有400多次。他靠这种苦学苦干精神，保证了生产线的正常运转，实现了多项生产急需实效性较大的革新项目。

1994年该厂在珠海的合资厂，由于设备电气部分存在问题，自购进安装后，一直没有正常生产，每月亏损。李津来接受调试改进设备的任务后，在图纸资料不全的情况下，仔细查找故障，改进设计，认真调试，每天工作12个小时以上，使“趴着”的设备起动，生产出优质产品，仅11月至12月就创产值160万元，一举扭转亏损局面。

李津来自1990年起，连续4年被评为天津市劳动模范、特等劳动模范，天津市技术标兵、机械部优秀工人技师。1994年被评为天津市优秀共产党员，机械部劳动模范。

【李振东·中共肇东市委书记·被授予优秀县(市)委书记称号】　1995年6月30日，全国百名优秀县(市)委书记表彰会在北京中南海怀仁堂召开。中共中央总书记江泽民出席会议并作了重要讲话。会上宣读了中共中央组织部对全国在县(市)委书记岗位上取得优异成绩的100名干部，授予优秀县(市)委书记称号的决定，李振东名列其中。

黑龙江省的肇东是“玉米之乡”。作为农民的儿子，李振东1962年走出农业机械学校后就来到肇东，从拖拉机手干到县委常委、副书记，又由市长到市委书记。在几十年工作中，他与玉米结下不解之缘。经过反复思索，1993年8月在市委常委会上，他提出了玉米的“金字塔”工程。又解释道：“金字塔”由三个部位组成，塔基为10万农户，305万亩耕地，推行模式化栽培，实现提质增值；塔身为粮食、饲料、食品加工和秸杆氨化四个加工行业体系，实现加工增值；塔顶为产品销售体系，实现贸易增值。这个“金字塔”工程就是把一棵棵玉米的粒杆瓤根“吃干榨净”，使每公斤玉米增值6倍。1994年以来，市建成11个玉米加工企业，年获税利0.4亿元。“金字塔”工程的实施，把城乡经济联在一起发展，玉米真的成了肇东的一块金子。

中共十四大以后，发展社会主义市场经济，不可避免地出现暂时“阵痛”。肇东出现了“两死一难”：糖厂、毛纺织厂停产，债主盈门；工业品贸易中心宾馆停薪数月，职工纷纷上访。这种情况使李振东十分苦闷。但是他不回避矛盾，经过与有关领导商量，毅然决定糖厂破产，债权债务和千余名职工由市建一公司接手。毛纺厂调整领导班子，起用有能力的人当厂长，使该厂起死回生。工业品贸易中心宾馆实行国有民营，不久也面貌一新。李振东用“快拳头”闯过了“阵痛关”。同时，他放手发展私营企业，扶持和保护个体户，主张坚持先发展、后规范的原则，先后研究制定了40多项政策规定。得益于环境宽松和市委重视，个体经济顺利发展。1994年个体经济就为市财政增加税收2200万元，占同年财政收入的1/5。李振东实施“短打”的同时，也用“长拉”造就肇东新的辉煌。所谓“长拉”，就是为老百姓办一些功在当前、利在长远的大事。“引松入肇”工程将于1997年竣工，彻底解决贫水之困。与大庆合资开发榆树林油田，肇东又将成为全省市县经济和社会发展的龙头。

李振东，吉林省扶余县人，1942年11月出生，1962年7月参加工作，1979年6月入党，大学文化。曾任肇东县委政研室副主任、农工部长，市委副书记、市长等职。1992年3月任现职。

【李振宏·历史学家·主编大型丛书《元典文化丛书》出版】　1995年6月，河南大学历史系教授李振宏主编的《元典文化丛书》(第一批10本)由河南大学出版社出版。这套丛书以先秦时期产生的一批经典原著(如《诗经》、《周易》、《论语》等)为研究对象，揭示文化元典著作的内在蕴涵，并以主要篇幅阐述这些元典著作对中国历史、中国文化、中国国民性格等方面的影响，是目前国内第一部系统讲授传统经典著作历史价值的系列丛书。

李振宏，1952年10月生，河南偃师人。1982年毕业于河南大学历史系，后留校任教，从事史学理论和秦汉史的教学与研究工作。1987年晋升副教授，1992年晋升教授。十几年来，他撰写和出版了《历史学的理论与方法》、《伟大的人格》、《圣人箴言录》等著作，在《历史研究》等刊物上发表学术论文50余篇。目前，正承担国家教委哲学社会科学“八五”规划重点科研项目“马克思主义史学理论研究”的工作。

他撰写的《历史学的理论与方法》一书，在史学界第一次提出以史学本体论、史学认识论、史学方法论三大范畴来结构史学理论体系的思想，并通过该书作了尝试。这一观点在史学界独树一帜，具有很大的合理性。一些史学工作者指出，这样确定史学理论研究的对象、内容和范围，廓清了史学理论与历史唯物主义、历史哲学等学科的界限，使史学理论有了自己独立的研究范畴，独立的学科体系。

他发表的《论史家主体意识》、《论历史认识的客体范畴》、《论历史认识模糊性研究的意义》等论文，提出了成体系的历史认识论思想，其特点是以历史认识主体的角度来构造历史认识论的体系。他认为，当人们全力贯注于研究历史的客体而不去探讨主体的认识能力及其力量范围的时候，人们所遵奉的"从客观历史实际出发"这个正确的唯物主义原则，却在某种程度上起着一个哲学偏见的作用；它使人们相信，只要在主观上坚持从客观历史实际出发，就可以得出完全客观的、符合历史实际的结论；而史家主观条件的发挥，只能扭曲历史的原貌。多少年来，这种潜在的认识偏见，排斥了历史研究中主体认识能动性的发挥。

他发表的《"终极原因"与"相互作用"》、《论马克思恩格斯的相互作用思想》等论文，提出了在历史研究中如何引入现代科学方法的问题。他认为，现代科学方法引入史学方法论体系时，要摆在一个适当的位置上，要在唯物史观原理的指导下去运用；并且要特别强调，每一种方法都有其正确而合理地应用的界限，不能仅仅看到其有用性而将它夸大到无所不能的地步，忽视对它的局限性的警惕。

【李桂莲（女）·普兰店市大杨企业集团董事长兼总经理·被评为全国优秀女乡镇企业家标兵】　1995年三月，李桂莲被全国妇联和农业部授予首届全国优秀女企业家标兵称号。

李桂莲，1979年带领杨树房镇85名农家妇女，自带旧缝纫机，自筹3万元资金，创办了新金县杨树房服装厂（后为新金县服装工业总厂）。她以强烈的改革意识和开发精神，靠全体职工，经过15年多的艰苦创业、开拓经营，使一个年产值2.7万元、利润0.8万元的乡办小厂，滚动发展为拥有直属成员企业48家，职工近万人，资产总值6.8亿元的大杨企业集团。1991年晋升为国家二级企业。大杨集团坚持"以服装为基础，多品种经营，全方位开发"的方针，不仅建立了西服、风衣、羽绒服、茄克衫、运动服、女时装、学生服等10多个产品系列，开发了服装洗水、包装制品、工艺绣品、制线、印花等成龙配套项目，而且还发展了机械加工、房地产、土石方、建筑、货运、汽车修理、仓储、商贸、饮食服务等产业。所生产的服装，除在国内外市场销售外，还出口欧、亚、美、澳四大洲的25个国家和地区，而且与世界各地100多家外商客户有密切的贸易关系，并在香港、日本、俄罗斯等地建立了办事处、分公司和连锁店。1995年在国际服装市场形势严峻的情况下，集团以完成产值8.4亿元，实现利税6200万元，创汇8100万美元，分别比1994年增长31.2%、5.3%和66.4%，以李桂莲为首的大杨企业集团，在经济效益持续增长的同时，每年平均用于发展农业、教育和社会福利等事业的投资400多万元，为减免杨树房全镇农民的负担70万元，并解决了城乡6千余人的就业问题。此外，还拿出部分资金慰问、救济烈军属、五保户和残疾人。

李桂莲，1946年3月27日生于辽宁省普兰店镇（后改为市）。1965年加入中国共产党。高级经济师。曾任村妇联主任、中共支部书记，杨树房镇卫生院院长、福利厂支部书记和厂长等职。她领导的企业，连续多年被评为省、市"先进集体"、"文明单位"、"明星企业"，还曾被评为"全国创汇大户"、"全国思想政治工作先进单位"、"全国最佳经济效益乡镇企业"、"全国乡镇企业出口创汇十强企业"等，并先后获全国最佳农民企业家、全国"三八"红旗手、全国"巾帼建功"标兵、全国劳动模范、全国优秀乡镇企业家、全国优秀女企业家、全国乡镇企业功勋等称号。是第七、第八届全国人大代表、中国乡镇企业协会副会长。

【李铁映·中共中央政治局委员·谈中国"九五"时期改革目标和任务】　1995年12月19日，在全国经济体制改革工作会议上，国务委员兼国家经济体制改革委员会主任李铁映指出，到本世纪末初步建立社会主义市场经济体制既是一个宏伟目标，又是一个现实的重大任务。

李铁映说，"九五"时期我国改革的主要目标和任务是初步建立起社会主义市场经济体制，这就意味着从计划经济向市场经济的过渡基本完成，经济运行机制发生根本性转变。为完成上述任务，到本世纪末，必须抓住关键环节，在一些深层次领域取得突破：以国有企业改革为中心环节，搞活国有经济；建立适合我国国情的市场化的农业经济；实现生产要素的价格并轨，建立完整的市场体系；建立健全效率优先、兼顾公平的个人收入分配体制和多层次的社会保障体系；转变政府职能，形成以间接方式为主的宏观调控体系；统一国内经济体制，提高对外开放水平。

4月10日，李铁映在北京举行的中国国际经济论坛1995年会议上，作了题为《中国经济与世界经济的共同繁荣》的演讲，介绍了改革开放和经济发展的情况。1995 年第 19 期《求是》杂志，发表了李铁映关于《建立具有中国特色的社会保障制度》的专文。

李铁映，1936 年 9 月生，湖南长沙人。1955 年加入中国共产党。曾任第四机械工业部一四四七所总工程师、副所长兼辽宁沈阳市科委副主任、省科协副主席，中共沈阳市委书记，辽宁省委书记，电子工业部部长、党组书记，国务委员兼国家教育委员会主任、党组书记。是中共第十二届中央候补委员、委员，第十三、十四届中央政治局委员。

【李润五·北京市副市长·因病不幸逝世于工作岗位·首都各新闻媒体宣传其模范事迹】　北京市副市长李润五，1995 年 11 月 2 日在市政府研究工作时，因心脏病突发不幸逝世，年仅 56 岁。同月 8 日，中共中央总书记江泽民在北京考察工作时说："李润五同志兢兢业业工作，诚心诚意为广大市民服务，是一个优秀党员，优秀干部"。首都各新闻媒体都对李润五的事迹进行了宣传报道。

李润五，1939 年 1 月生于河北省丰南县一个农民家庭。1965 年 7 月毕业于北京矿业学院机械制造专业。1966 年 1 月加入中国共产党。曾任北京市金属加工工厂技术员、副厂长，北京锻压机床厂副厂长，北京市计委委员兼生产办公室主任，北京市经委生产调度处处长、副主任。1986 年至 1989 年，先后任中共北京市东城区委副书记、代区长、区长。1989 年至 1993 年，任北京市市长助理，主要负责全市精神文明建设和环境综合整治工作。从 1993 年起，任北京市副市长，分管全市工业工作。曾被评为市级优秀党员。是中共十三大代表，第六、七届中共北京市委委员。

李润五几十年如一日，始终保持顽强不息的革命精神和工作热情。他刻苦学习，锐意改革，勇于创新，不尚空谈，真抓实干。他满腔热情地为群众排忧解难。他一身正气，廉洁奉公，始终保持人民公仆的本色。他对腐败现象、不正之风嫉恶如仇，从不利用职权为个人谋私利。他任劳任怨，夜以继日地工作，因过度劳累，积劳成疾。就在逝世当天的早晨 7 点多钟李润五照例提前走进办公室。此时已感心力交瘁的他，一边吸氧，一边批阅文件。8 时 45 分，他准备参加关于北京市汽车工业发展的汇报会，提前来到市政府北楼小会议室与李其炎市长等研究工作。忽然，他头歪向一边，两手握拳，牙关咬紧，失去了知觉。经医生在现场尽力抢救 6 个多小时无效，于下午 3 时 15 分因大面积心肌梗塞辞世。

李润五的逝世，引起北京广大干部群众对他一生由衷的赞叹。他的秘书回忆：润五副市长每天的工作时间不少于 14 个小时，用 8 小时工作制来衡量，他每日要多出 6 个多钟头，分明是在超速燃烧自己的生命！逢到节假日，李润五从没有在家休息过。由此市民、工人称赞他是"全天候市长"。他用自己的实际行动实践了诺言："不关心群众疾苦算什么共产党员，我活一天就要给老百姓干一天的事。"一生"直着脊梁为官"，一生清廉，两袖清风。他上班很少坐小车，总是蹬着那辆旧自行车，风里来雨里去。他说："骑着自行车，可以走街串巷，想去哪儿就去哪儿，可以多接触群众，多了解情况。"组织上为他配的车，他从不让家属坐，就是顺路也不行。李润五的司机感慨地说："润五下基层有'三不'政策，不通知对方，不让准备客饭，一般不带秘书。"他一家三代人长期挤在三室不带厅的住房里，直到逝世这一年的春节后才迁入分配给他的新居。

李润五逝世后，中共北京市委、北京市人民政府和中共中央组织部先后发出通知，开展了向李润五学习的活动。

【李继耐·中将·任国防科工委政委】

1995 年 7 月，中央军委任命李继耐为国防科工委政委。

李继耐，1942 年 7 月生。山东滕州人。1965 年加入中国共产党。1967 年毕业于哈尔滨工业大学工程力学系。同年参加中国人民解放军。曾任第二炮兵副排长，第二炮兵基地宣传处干事、团副政委，第二炮兵组织部青年科科长、副部长，第二炮兵基地副政委，总政治部干部部部长、总政治部副主任。1992 年起任国防科工委副政委。1995 年 7 月任国防科工委政委。是中共十三大代表、十四届中央候补委员。1988 年被授予少将军衔，1993 年晋升为中将军衔。

【李培佩（女）·上海望春花实业股份有限公司董事长兼总经理·被评为全国优秀女乡镇企业家标兵】　上海望春花实业股份有限公司董事长兼总经理李培佩，1995 年 5 月，被全国妇联和农业部评为首届全国优秀女乡镇企业家标兵。

1979 年李培佩调任公社新建的靠借来的旧机器，为国营企业加工的宇宙平绒厂当厂长。她凭其善于捕捉市场信息，勇于改革不断创新的精神，使一个加工型的小厂转为直销的生产经营型集纺、织、染和平绒制品为一体的全国最大的平绒生产专业厂。如今又发展成为有下属21个公司，包括纺纱、织造、印染、制品、科研、生产和跨国贸易的上海望春花实业股份有限公司。企业平绒年产量占全国同类产品的1/6。在俄罗斯、波兰、美国皆有其子公司。近5年来，该公司平均每年以产值48.57%、利润37.88%、人均收入30%的速度递增。公司在党总支书记、董事长兼总经理李培佩的带领下，在上海市15000多个乡镇企业中，率先建立股份制企业，其成功研制的"双层帆布食品传送带"和"DGK"五层工业用布，填补了国内空白。

李培佩，1945年3月生，上海市人。中国共产党党员，高级经济师。1962年初中毕业后，在家乡上海县（现为上海市闵行区）新泾公社美满大队务农。1970年起调到公社农机厂做出纳、会计工作，后任副厂长。曾被评为上海市劳动模范、全国"三八"红旗手、全国农业劳动模范、全国优秀乡镇企业家，并获全国"五一"劳动奖章。是上海市第九、第十届人大代表。

【李握如·原公安部顾问·在北京逝世】　据《人民日报》报道，李握如于1995年5月1日在北京病逝，终年87岁。

李握如，1908年生，湖南平江人。1925年在平江参加了党的地下工作，同年5月加入中国共产党。1926年参加北伐战争。1927年参加湘赣边界秋收起义。1930年任湘鄂赣边区行动委员会巡视员。1931年1月参加中国工农红军。后任湘北独立团政治处宣传员，湘鄂赣独立二师通讯员、连指导员，红十六军师特派员、军保卫局局长，国家政治保卫局广昌前线侦察组组长，中央军委干部营特派员。1934年10月参加长征。曾任军委第二梯队侦察队长、军委保卫局执行局执行科长。到达陕北后，任西北保卫局地方武装部部长、陕甘宁省保卫局局长。1937年9月入延安中共中央党校学习，曾任中央社会部第一期训练班主任。继任陇东专区保卫处处长、陕甘宁晋绥联防军区政治部保卫部部长、西北军区保卫部部长。1943年4月在新疆被军阀盛世才逮捕入狱，直到1946年6月经中共中央营救获释。新中国成立后，历任第一野战军政治部保卫部部长、铁道部公安局局长、公安部交通保卫局局长、云南省高级人民法院院长兼省监委常委、云南省第四届政协副主席。1978年调任公安部顾问，后任公安部咨询委员会委员。是第六届全国政协委员。

【李道理·邓州市十里铺小学校长·被授予全国劳动模范称号】　河南省邓州市城郊乡十里铺小学校长李道理，在身患重病面临随时可能全身瘫痪的情况下，拄着双拐把一个破败不堪的小学建设成为标准化学校。1995年4月29日，国务院授予他全国劳动模范称号。

45岁的李道理，是河南邓州人。1988年，当了12年民办教师的李道理接过了村办小学校长的担子。那时的十里铺小学校舍破败不堪，三个"公办"教师俩想走，十几个"民办"老师守不住心。李道理用他的诚心，他的行动暖热了教师的心。他带领全体师生利用课余时间和一个假期，翻修了150米长的围墙，填沙坑修操场，新建了大门和花池。为了让学生尽快搬出随时都会倒塌的危房，他又四处奔波筹建教学楼。人均年收入不足400元的穷村子要建教学楼，真是难。李道理每天三四节课一下来，便为筹钱，省钱、赊料、落实施工队伍到处求告，忙得没日没夜头脚颠倒。这期间，他的两肋时常胀痛，两腿异样酸软，睡觉得服安眠药，翻身得靠妻子帮，后来走路愈发困难，33岁时他不得不过早地拄上了拐杖。教师和乡亲们多次催他去看病，他总说："不碍事，忙过这一阵再说。"可他没有不忙的时候。从此他便开始了与病魔的赛跑。白天上讲台，课余盯工程，晚上边备课边看场子。拄着双拐一连颠簸了几个月，一座能容纳十几个班的两层教学楼建成了，还添置了标准课桌和板凳。此时的校容校貌焕然一新，校风学风根本好转，被邓州市定为标准化学校，获得了目标管理、观摩教学、单科竞赛多种奖项，成为全市普及九年义务教育的一面旗帜。这时，李道理的病情更加严重了。经武汉同济医大附属医院确诊，他患的是"后天性维生素D_3缺乏症"，全身已有15处自然骨折。医生告诉他，这种病国内罕见，必须绝对卧床治疗，否则随时会全身瘫痪。但是，李道理想的却是："离开了十里铺小学，离开了300多学生，就没有了李道理！"在妻子的搀扶下，他到医院附近的望江小学取经讨教，在病床上写完了《十里铺小学近期目标管理和长远规划》，便带着药品匆匆往河南赶，回家第二天便重返讲台。师生们发现，他的行动更艰难了，走路得找靠墙、有树的地方走，稍远一点，中途就得歇几次。然而，李道理拄着双拐的"得得"声一天也没有停。他是校长，完全可以不担课，可他至今仍然担主课，担重课。他是"全国优秀教师"、"全国十佳民办教师"、"全国劳动模范"，完全可以歇下来，可是至今他一天也没有离开讲台。

【李富春·无产阶级革命家·故居纪念馆在长沙开馆】 李富春故居纪念馆于1995年5月22日在他的家乡湖南省长沙市隆重举行。李富春故居座落在长沙市三兴街。1900年5月22日，李富春诞生于此地。故居为三层小阁楼，复原陈列了李富春少年时代的住房、父母的居室、铺面等。紧靠故居建有全封闭的上下楼纪念展室。展出照片、文物、文献资料等共200余件，突出反映了李富春在各个时期建立的历史功绩。在纪念馆开馆典礼上，中共中央政治局委员、国务院副总理邹家华代表中共中央、国务院讲话称，李富春是老一辈无产阶级革命家、党和国家卓越的领导人之一，是我国社会主义经济建设事业的开拓者和奠基人之一。他崇高的革命精神和思想品德光彩照人，永远是我们学习的榜样。

李富春，1900年生，湖南长沙人。1919年赴法勤工俭学。1921年加入中国社会主义青年团，1922年加入中国共产党，是中共旅欧总支部领导成员之一。1925年初赴苏联学习，7月回国参加北伐战争，任国民革命军第二军副党代表兼政治部主任，中共江西省委委员、代理书记。大革命失败后，任中共江苏省委宣传部长、代理省委书记，中共上海法南区委书记。1929年11月起任中共广东省委宣传部长、代理省委书记。1931年进入中央革命根据地，任中共江西省委书记。1934年参加长征，任红军总政治部副主任、红三军团政委、红军总政治部代主任。中央红军到达陕北后，任中共陕甘宁省委书记。抗日战争时期，任中共中央组织部副部长、中央秘书长、中央财政经济部部长、中央办公厅主任。解放战争时期，历任中共中央西满分局书记、东北局副书记、东北人民政府副主席、东北军区副政委。新中国成立后，历任政务院财政经济委员会副主任，重工业部部长，国家计委副主任、主任，国务院副总理。李富春在中共六届五中全会上增选为候补中央委员，在第七至第十次全国代表大会上均当选为中央委员，八届一中全会上当选为中央政治局委员，八届五中全会上当选为中央书记处书记，八届扩大的十一中全会上当选为中央政治局常务委员。1975年1月9日在北京病逝，终年75岁。

【李媛媛(女)·青年演员·获第十八届《大众电影》百花奖最佳女配角奖】 中央实验话剧院青年演员李媛媛，因在电影《天生胆小》中成功地饰演了男主人公之姐刘羽，1995年10月22日在北京举办的第四届中国金鸡百花电影节上，获得第十八届《大众电影》百花奖最佳女配角奖。

电影《天生胆小》讲述了青年民警吴小辉由胆小怕事想调离公安工作，成长为一名不怕牺牲、敢于同犯罪团伙英勇斗争的公安战士的故事。李媛媛在剧中饰演吴小辉好朋友的姐姐刘羽。虽然李媛媛对角色的生活环境比较生疏，表演有难度，但她凭借聪明、用功和执着的追求，努力寻找角色的自我感觉，最终准确、生动地塑造了这一形象。她细腻、质朴、不温不火的表演，受到观众的好评。

李媛媛，1961年6月18日出生，山东济南人。1977年考入上海戏剧学院表演系，1981年毕业后留校任教。她边教书、边坚持艺术创作，塑造了众多性格鲜明的艺术形象。十几年来，在话剧《安东尼与克莉奥佩特拉》中饰克莉奥佩特拉、《威尼斯商人》中饰波希霞、《一仆二主》中饰彼阿特里切、《蠢货》中饰波波娃、《小市民婚礼》中饰新娘、《牛郎织女》中饰织女、《二十岁的夏天》中饰小杨柳、《伐子都》中饰如意、《东东和他的外星人》中饰妈妈；在电影《李冰》中饰杜娟、《龙云与蒋介石》中饰龙云女秘书、《姑苏一怪》中饰梁美娘、《天生胆小》中饰刘羽、《天涯歌女》中饰大姐；在电视剧《上海的早晨》中饰林宛芝、《昙花梦》中饰花锦芳、《红蜻蜓》中饰杜娟、《密探》中饰孟媚、《围城》中饰苏文纨、《京都纪事》中饰叶小桐、《他乡明月》中饰紫薇、《国际航班》中饰空姐领班。其中因在《上海的早晨》中的出色演技，获得1990年第八届《大众电视》金鹰奖最佳女配角奖；1991年获第三届电视十佳演员称号和上海电视家协会"协会"奖。

【李瑞环·中共中央政治局常委、全国政协主席·主持全国政协八届三次会议】 1995年3月3日至14日，李瑞环主持全国政协八届三次会议。他在闭幕会上讲话中强调，这是一次民主、求实、团结、鼓劲的大会，人民政协要围绕中心，服务大局，发挥优势，开展多方面的工作，作出新的贡献。1995年，李瑞环先后主持全国政协八届第九次至第十四次常委会。第九次常委会的主要议题是讨论教育问题。李瑞环在会上作题为《全社会都要关心和支持基础教育》的讲话，指出，抓好基础教育尤其是九年义务教育，是今后一个时期内发展我国教育事业的"重中之重"。必须全社会共同努力，按照《中国教育改革和发展纲要》的目标，有计划有步骤地向前推进。第十次至第十二次常委会主要是为政协八届三次会议作准备。第十三次常委会于6月2日至5日举行，主要议题是研究落实《政协全国委员会关于政治协商、民主监督、参政议政的规定》，进一步推进政协履行职能的规范化、制度化问题。李瑞环在闭幕会上指出，人民政协是发扬社会主义民主的重要形式，应在中国共产党领导下，有组织有计划地把政治协商引向深入，切实有效地开展民主监督，拓展参政议政领域，反映社情民意，进一步开创政协工作新局面。第十四次常委会主要议题是学习贯彻中共十四届五中全会精神。李瑞环在闭幕会上强调，人民政协要集中精力，认真学习五中全会文件，深刻领会精神实质，深入调查研究，提供可供参考的建议。

2月11日，李瑞环会见广州市捐助新疆和田地区打井饮水工程赴京人员，对广州非公有制企业和人士慷慨解囊的善举表示赞赏，指出，要提倡扶贫济困、乐善好施的高尚精神，这是中华民族的传统美德，体现了社会主义社会人与人之间的关系。

3月13日，李瑞环在同香港地区政协委员座谈时强调，恢复对香港行使主权，是彪炳中华民族史册的大事。管好香港，事关中华民族的形象。

4月22日，李瑞环邀请各民主党派、全国工商联负责人和无党派人士座谈时指出，把中共中央关于加强政协工作的指示落到实处，既是各级政协组织的重要任务，也是各民主党派、工商联和无党派人士的共同责任。

5月16日，李瑞环在会见优秀残疾人事迹报告会代表时说，希望全社会更加理解、尊重、关心、帮助残疾人，共同推动残疾人事业的发展。

8月下旬，李瑞环在接见中国民营科技实业家援藏考察团全体成员时强调，要提倡和支持民营企业在自身发展的同时积极帮助少数民族和贫困地区人民发展经济、脱贫致富。

10月31日，李瑞环在《中国京剧音配像精粹》发行座谈会上讲话，希望有关部门，尽职尽责，共同努力，切实把这一有利于弘扬民族优秀文化、振兴京剧艺术的好事办好。

11月10日，李瑞环在班禅转世灵童寻访领导小组第三次会议上讲话强调，中央对班禅转世灵童寻访工作是高度重视、认真负责的。在我国，任何人、任何团体，包括任何宗教，都应当维护法律尊严，维护人民利益，维护民族团结，维护国家统一。

在1995年，李瑞环先后到辽宁、湖南等省考察工作。

1995年6月12日至28日，李瑞环应邀对古巴、牙买加、巴西和智利四国进行正式友好访问。12月5日至27日，他又应邀访问柬埔寨、缅甸、马来西亚、新加坡和泰国，这是中国政协主席首次访问拉美国家和东南亚五国。

李瑞环，生于1934年9月，天津宝坻人，1959年9月加入中国共产党，1951年7月参加工作，北京建工业余学院毕业。1951年～1965年，为北京第三建筑公司工人（其间1958年～1963年在北京建工业余学院工业与民用建筑专业学习）。1965年～1966年，任北京建筑材料供应公司党委副书记兼北京建筑木材厂党总支书记。1966年～1971年，在"文革"中受迫害。1971年～1972年任北京建筑木材厂党委书记。1972年～1973年，任北京市建筑材料工业局党委副书记。1973年～1979年，任北京市建委副主任兼市基建指挥部指挥、市总工会副主任，五届全国人大常委会委员，全国总工会常务委员。1979年～1981年，任共青团中央书记处书记，全国青联副主席。1981年～1982年任中共天津市委常委、天津市副市长，共青团中央书记处书记。1982年～1984年，任中共天津市委书记，天津市代理市长、市长。1984年～1987年，任中共天津市委副书记、市长。1987年～1989年，任中共中央政治局委员，天津市委书记、市长。1989年起，任中共中央政治局委员、常委，中央书记处书记。1992年10月，在中共十四届一中全会上再次当选为中共中央政治局常委。1993年3月，在政协第八届全国委员会第一次会议上当选为全国政协主席。

【李新良·中将·任沈阳军区司令员】

1995年7月，中央军委命任李新良为沈阳军区司令员。

李新良，1935年11月生。山东省莱阳县人。1953年8月入解放军工程兵学院学习。1956年10月加入中国共产党。曾任排长，营参谋、团作训股参谋、师司令部工程科参谋，师司令部工程防化科科长、团参谋长、副师长。1980年入军事学院学习。毕业后任师长。1983年任广西军区司令员。1988年起任广州军区副司令员。1993年12月起任沈阳军区政委、司令员。是中共第十三届中央委员、十四大代表。1988年9月被授予少将军衔。1993年7月晋升为中将军衔。

【李福善·大律师·任命为香港特别行政区筹委会副主任委员】 1995年12月28日，第八届全国人大常委会第17次会议表决并通过全国人大香港特别行政区筹备委员会组成人员名单，李福善被任命为筹委会副主任委员。

李福善，广东鹤山人，1922年生于香港。曾在香港大学、英皇书院、广西大学接受教育，后留学英国。1950年获伦敦大学法律学士学位，翌年获执业律师资格，1953年入香港律政司署任检察官，1962年晋升为高级检察官。在律政司署任职期间，曾出任裁判司。1966年被委任为地方法院法官。曾任高等法院法官、高等法院大法官、审判专员。1971年晋升为香港最高法院原讼庭按察司（当时称为高等法院副按察司），1980年4月任香港最高法院上诉庭按察司。1984年至1987年任香港最高法院上诉庭副庭长。1987年退休，同年任香港东亚银行董事长。

李福善是出任香港上诉庭按察司的首位华人，在香港社会、尤其是法律界享有很高的声誉。1985年被全国人大常委会任命为中华人民共和国香港特别行政区基本法起草委员会委员。1992年被聘为第一批港事顾问。1993年7月至1995年12月任香港特别行政区筹委会预委会副主任、法律小组港方组长。

〔附注：1996年11月2日，全国人大香港特别行政区筹委会第六次全体会议主任委员会通过香港特别行政区首任行政长官参选人名单，李福善名列其中。〕

【李聚奎·中央军委顾问·在北京逝世】　原中共中央顾问委员会委员、中央军委顾问李聚奎，因病于1995年6月25日在北京逝世，终年91岁。

李聚奎，湖南涟源人，1904年12月31日生于一个农民家庭。1926年9月加入国民革命军，在唐生智部任士兵、班长，参加了北伐战争。1928年参加平江起义，同年加入中国共产党。土地革命战争时期，历任中国工农红军第5军排长、大队长，第3军大队长、团长，第8师师长。1934年，参加长征。1935年8月调任红4方面军第31军参谋长。抗日战争时期，任八路军第129师386旅参谋长，青年抗日纵队政治委员，鲁西北抗日先遣纵队司令员兼政治委员，山西青年抗敌决死队第1纵队副司令员、第1旅旅长兼太岳军区第一军分区司令员等职。解放战争时期，他先后任冀察热辽军区参谋长，西满军区参谋长，东北军区后勤部参谋长兼西线后勤司令员、政治委员、第四野战军后勤部第二部长等职。中华人民共和国成立后，他历任第四野战军副参谋长，东北军区后勤部部长兼政治委员，中国人民解放军后勤学院院长、政治委员，中华人民共和国石油工业部部长，总后勤部政治委员，高等军事学院院长等职。1958年被授予上将军衔。他是中共第七、十二、十三次全国代表大会代表，第二、三届国防委员会委员，第四、五届全国人大常务委员会委员。

【李嘉元·书画家·作品在全国第二届刻字艺术展中获奖】　1995年9月，李嘉元的现代刻字作品《耕云种月》，在全国第二届刻字艺术展中获奖，并名列榜首。同年，他的另一件刻字作品《百花齐放》，入选全国第六届书法篆刻展览。

李嘉元，1940年生于浙江东阳市，自幼酷爱书画艺术，读小学时就显露出书画的灵性。当地的一位民间艺人在学校的橱窗里看到他的图画作品，发现他在艺术上的天赋，送他一册《介子园》画册和一本颜真卿的《多宝塔》帖，嘉元如获至宝，成为他最初学习的范本。由于家贫买不起习书的笔墨纸张，他就经常用木炭和碎砖块在家门口的石板上临习。暑来寒往，日积月累，在书画艺术上打下了一定的基础。16岁那年，他被一家雕刻工艺厂招去专事书画。此后，他又迷上了雕刻艺术，殿堂寺院的传统刻字也无不使他发生浓厚的兴趣。在学习书法的同时，经常写一些字在木板块上用刀细心镌刻下来，成了他早期的刻字创作。1958年，我国建设北京十大建筑，向全国招收能工巧匠，他以一能多长被招进京，在中国革命军事博物馆专门从事石膏花浮雕的制作，工程结束，又被作为技术骨干留在北京。在首都这一文化中心，他更加发奋努力，对书画刻字的学习和研究也进一步深入。所作隶书飘逸沉着，意趣浓郁；行、草书跌宕洒脱，章法变化强烈，气韵生动。其现代刻字艺术在传统刻字的基础上力求出新多变，融建筑、雕塑、绘画于一炉，具有强烈的时代气息。代表作有《推陈出新》、《隶书王昌龄诗》、《水乡》等。他的刻字作品曾入选全国第一届刻字艺术展，第一届国际刻字交流大展。书法作品曾获全军书法大赛二等奖，入选国际书画博览会。还被国内一些博物馆、纪念馆收藏。其绘画以山水见长，中国画《江南水乡》入选全国第八届美术作品展，许多作品在一些专业报刊上发表。

李嘉元现为解放军总后勤部政治部副局级美术干事，中国书法家协会会员，北京神州书法研究会理事、艺术创作部主任等。

【李德发·北京农业大学教授·为发展动物营养学和饲料工业做出新贡献】　放弃国外优厚待遇回国投入饲料工业科研的李德发，为使祖国饲料工业达到世界先进水平做出了巨大努力，获得显著成就。1995年7月三日《光明日报》报道了他的事迹。

李德发，河北省隆化县人，1953年12月生，中学毕业后在家务农，1973年加入中国共产党，任家乡生产大队党支部书记，1975年考入北京农业大学畜牧系，1978年毕业后留校任团委组织部长，1982年至1984年在美国堪萨斯州州立大学做访问学者，1985年回北京农业大学任教，1986年至1989年在美国堪萨斯州州立大学攻读博士学位，1989年至1990年在该校做博士后研究。1990年4月，在祖国最需要的时候，他毅然中断国外博士后研究工作，偕妻携子回国，在北京农业大学动物科技学院继续做博士后研究。利用简陋的实验室承担了13项科研课题研究，至1995年上半年，已完成国家自然科学基金项目工程，国家"八五"攻关专题2项，发表科研论文55篇，专著2部。先后获美国饲料协会大奖、中国农业部科技进步二等奖、国家技术监督局科技进步二等奖、《饲料工业》优秀论文二等奖。他主持的"用免疫方法检测不同加工工艺处理的大豆粕对仔猪的营养价值"和"用微生物方法检测仔猪采食不同蛋白后大肠杆菌总数及血清型的变化"两项研究成果，对解决大豆粕质量变化、资源浪费和仔猪拉痢等世界性畜牧生产难题具有重要价值。他主持的"不同剂型尿素复合添加剂配方及加工工艺研究"，经专家鉴定已达世界先进水平，经过试验已在辽宁等地批量生产。他研制被称为牛羊"巧克力"的舔块产品，为缓解我国蛋白质饲料不足，提高反刍动物生产水平做出了重要贡献。

他多次谢绝合资企业高薪聘请，拼命工作，为国分忧，为民解愁。一面从事教学与科研，一面深入基层送科技上门，把先进的饲料配方、饲喂方法、饲料加工、猪场设计、科学管理等整套技术用于生产实践，使北京、湖北、浙江等地畜牧基地增加利润数千万元。他的实验室已与全国10多个饲料和畜禽生产单位建立了技术合作关系，而且发展到财团投资、企业经营与实验室高科技相结合、风险共担、利益共享的合作形式，为科学技术迅速转化为生产力提供了保障。每年有几十位美国、加拿大等国学者前来访问、讲学，全国各地饲料工业企事业单位人员前来进修学习，应届毕业生争着报考他的研究生。李德发作为世界银行顾问，为我国饲料工业发展引进资金技术，并促成加拿大国际援助署对"中国饲料工业中心"4100万元援助。

李德发现为北京农业大学动物科技学院副院长、教授、博士生导师，兼任中国畜牧兽医学会动物营养分会常务理事兼常务副秘书长等职。

【来辉武·五〇五集团公司总裁·被授予全国劳动模范称号】　1995年4月29日，国务院发布关于表彰全国劳动模范和先进工作者的决定，陕西咸阳505集团公司总裁来辉武被授予全国劳动模范称号。同年10月，来辉武赴美国旧金山市访问时，被授予旧金山市荣誉公民称号，市长乔丹隆重宣布10月2日为来辉武教授日。

来辉武，祖籍湖北，1949年出生于陕西周至县。他创建和领导的陕西咸阳505集团公司是集科研、生产、经营为一体的高科技产业集团，其主体包括：中国咸阳保健品厂、陕西咸阳抗衰老研究所、中国医学科学院西安分院医药保健研究所、中国联合国协会人类健康研究所等。他将黄帝内经运用于现代医学，发明了505神功元气袋系列产品，成为饮誉国内外的内病外治、祛病强身的医药保健品。经卫生部、国家科委推荐，国内外一流专家教授组成的鉴定委员会鉴定，确认这一成果处于同类项目国内外领先水平，不仅能治疗许多疾病，有良好的保健作用，而且具有增强免疫功能、提高红细胞SOD含量、延长寿命的作用。该系列产品，荣获中华人民共和国国家级星火奖，卫生部、外经贸部、国家科委主办的第一届中国国际保健节金奖、美国纽约第14届世界发明家博览会世界发明家奖和国际成果奖等68项国内外大奖。产品进入100多个国家和地区，收到求购信、感谢信百万封以上，为数以千万计的患者解除或减轻了痛苦。

来辉武既是当代传统医学发明家，又是经营有方、艰苦创业的企业家。505企业创建至今，没用国家一分钱，3年多实现产值和销售均超5亿元，上缴各项税金5000万元，跻身于陕西乃至全国利税大户行列。该集团还为文化教育和社会福利事业捐款达3500万元。按3年平均在厂员工300人计，人均为国家和社会贡献28万多元。该集团公司被评为"中国百家知名企业"前55名、名列全国医药行业第6位。

来辉武在505集团建立了一套科学的管理体系，积累了丰富的企业管理经验。1995年5月，505集团被国家统计局等单位授予"中国公众形象优良企业"称号。来辉武先后荣获陕西省劳模、全国优秀科技实业家、全国"五一"劳动奖章、全国劳动模范、陕西省有突出贡献专家等荣誉。

【肖微·北京市君合律师事务所主任·

被评为全国十佳律师】 1995年12月26日，由司法部组织评选的第一届全国十佳律师评选揭晓，北京市君合律师事务所主任肖微，被评为全国十佳律师。是年，他还荣获北京市先进工作者称号。

肖微，1960年12月5日出生，山西人，法学硕士研究生，中国共产党党员。他具有很强的开拓进取精神。80年代中期，律师们主要从事刑事、民事案件之时，他就先后为几十家公司担任法律顾问和处理经济纠纷。他还担任过纺织工业部的法律顾问。这是建国后第一家部委聘请法律顾问。1989年，他组建君合律师事务所后，其主要业务转向非诉讼的律师咨询服务工作。业务领域由初期的贸易、投资发展到公司业务、金融、证券、房地产、知识产权、税务等范围的综合性法律服务。他参与的超过亿元人民币的项目就有百件之多。从投资4亿美元的北京高速公路项目，到投资几十亿元人民币的海南三亚凤凰机场和文昌电厂项目；从全国性的专业银行和地方性的信托投资公司在美国、香港等国际金融市场2亿美元的债券发行，到武钢集团公司等企业的股份制改造和股票境内外上市；从世界银行对中国6大城市的房改贷款，到香港长江实业公司在中国境内的多项“康居工程”；从众多国际著名的跨国公司来中国投资和设立机构，到中国企业在境外投资和招商引资等，肖微都尽职尽责地做好服务工作，也都取得了良好的社会效益和经济效益。他积极吸收国外律师事务所的管理经验，率先在美国纽约设立分支机构，并先后在上海、海南等地设立分所。他用“诚心做事，自然做人”8个字表达了当选“十佳”后的心情。

【肖建国·北京大学教授·研制成功高保真彩色制版技术】 北京大学计算机研究所肖建国教授主持完成的高保真彩色制版技术，属于世界领先的科研成果。它主要包含3项技术：调频挂网技术、专用加速芯片、高保真分色技术。在1995年8月2日北大方正召开的新闻发布会上，新任方正技术研究院院长王选教授说：“高保真彩色制版印刷技术的研制成功，说明在高新技术的某些领域，只要采取正确的科研策略，中国人完全有能力达到世界先进水平。”

用进口电子分色机制作的彩色印刷品，在色彩、层次、图象、清晰度等方面都比不上照片原稿，因而长期以来人们总认为印刷品的质量远不如原稿。1993年3月间，德国两家公司同时宣布发明了调频加网新技术，可以实现高保真多色印刷，引起了这一领域的竞争热潮。国外对这一新方法的技术细节都是保密的。肖建国多年来一直跟踪国外这一方面的研究动态，与此同时，也在寻机突破。1993年8月他与杨斌硕士开发出可以与世界上最好的技术媲美的调频加网技术，很快成为商品，在香港明报等单位大量使用。

1995年7月，针对调频加网技术在国外系统处理上速度偏慢的缺点，他又带领年轻助手刘志红，研制出世界上第一块既能加快传统网，又能加快调频处理速度的芯片，使方正彩色出版系统在处理彩色照片速度方面走到了世界的前头。

这项新技术已在北京新华彩印厂得到应用，制出了我国第一张高保真7色印刷品，其色彩鲜艳，不仅可以做到与原照片一模一样，而且输出速度远远高于国外同类设备。

肖建国，1957年3月生，河南省伊川县人。1987年北京大学计算机系研究生班毕业。现任北京大学计算机研究所室主任、教授。

【肖培根·药物植物学家·当选为中国工程院院士】 1995年7月7日，中国工程院公布了新当选的院士名单，中国医学科学院药用植物资源研究所所长肖培根，当选为中国工程院医药与卫生学部院士。

肖培根，1932年2月2日出生于上海市。1948年，由上海南光中学考入厦门大学生物系，1953年毕业，分配到中央卫生研究院（现中国医学科学院），历任药物研究所药用植物研究室主任，药用植物资源研究所所长、研究员。

1958年药用植物研究室刚一组建，卫生部就要求他们把全国中药的情况摸清楚，用现代科学方法把传统的中药作一次全面的总结和提高，并写出一部能反映新中国在这方面成就的著作——《中药志》。当时经验、资料缺乏，以肖培根为首的38名年青人，不到两年时间，就完成了全国主要药用植物的普查，所采集的标本达到5万份，他们对全国近500种常用中药，一种一种地进行研究，从原植物、生药、成分、炮制和效用等方面进行系统的科学总结，至1961年底，终于写成4本《中药志》，总计200余万字。这部著作出版后，赢得了国内外好评，国际药学界把这部著作比喻为中国近代本草的代表作。

几十年来，他的足迹遍布大江南北、长城内外，仅西藏就去过6次，对各地的药用植物了如指掌。过去中国植物的定名人基本上是外国人，而肖培根要为中国人争一口气，他先后发现一个新属、32个新种、11

个新变种。邮电部曾发行过一套中国药用植物邮票，其中一张川贝母邮票上就印有肖培根的名字。

80 年代初，中国医学科学院药用植物研究所建立时，上级没拨给一分钱启动资金。在肖培根领导下，该所的资产现已增到近 300 万元。

他结合生产实际，在药用植物资源开发途径上，提出了以发展原料、药品制剂以及寻找新药为主的三级开发理论。根据这一理论，他领导全所在西洋参、天麻、灵芝、金荞麦、沙棘等重要药用植物的资源开发利用中取得了显著成绩，经济效益达 1 亿元。在长期科研实践中，他一直致力于发展一门包括植物系统、化学成分、疗效间相关性在内的新学科——药用植物亲缘学。他还把数学模型、电子计算机引入药用植物的研究。

肖培根是卫生部医学科学委员会委员，卫生部药典委员会委员，世界卫生组织传统医学咨询团顾问。

【肖彩琴（女）·常熟市计生委主任·被授予全国先进工作者称号】　1995 年“五一”节前，在全国劳动模范和先进工作者表彰大会上，肖彩琴是计划生育系统 30 万干部中被评选出的 11 名全国先进工作者之一。她还被国家计生委、全国妇联授予“全国计划生育优秀女工作者”称号，荣获全国“三八”红旗手称号，同时名列全国计划生育“县主任百杰”光荣榜。

肖彩琴，江苏常熟市人，1943 年 6 月生，中学毕业后长期从事妇女工作，1965 年加入中国共产党，1986 年她由市服装鞋帽公司副经理调任市计生委副主任，上任不久，遇到许多棘手问题，超生者躲避逃跑，计生委成了“救火队”，累得精疲力尽，成效不明显。她总结经验，提出了新的工作思路：关键在于提高全民的计生意识、节育观念，加强科学管理。她强调一方面做好宣传和思想工作；另一方面搞好孕前管理，提供科学的、优质的计划生育服务。她发现哺乳期意外妊娠，是计生工作一个棘手问题。经请教妇产科老医师后，决定作为一项科研课题交给业务部门完成。她领导业务部门完成了《产后 42 天宫内置器有效率及副反映调查》、《产后宫内放置 4 种国产节育器前瞻性观察》、《产后宫内放置 Tcu200 临床效果观察》等三项课题的调查研究，获得一批效果好、安全性强的数据。全面推开产后采取避孕措施的工作后，哺乳期意外妊娠的妇女从 1986 年的 822 人降至 1992 年的 16 人，人流引产率同 1986 年相比下降了 1.78 个百分点。许多妇女自觉接受这一措施。

肖彩琴做计划生育工作，坚持“执法无情”，但又做到“情在执法中”。对极个别超生或意外怀第二胎的人，她总是不辞辛劳，不畏艰险，亲自登门做孕妇的思想工作。有个村妇怀第二胎躲到外地去，肖彩琴用九天九夜，通过 100 多人查询才找到她，耐心劝导，送她到医院手术后，又派人送来营养品，使这个妇女感动流下热泪。常熟市计划生育率在 1986 年稳定在 99.3%，1992～1994 年提高到 99.99%，出生率降低到 9.24‰。

【肖碧莲（女）·妇产科内分泌学专家·当选为中国工程院院士】　1995 年 7 月 7 日，中国工程院公布了新当选的院士名单，国家计划生育科学研究所名誉所长肖碧莲，当选为中国工程院医药与卫生学部院士。

肖碧莲，1923 年 10 月出生于上海市，祖籍广东省中山县。1949 年毕业于上海圣约翰大学医学院，获医学博士学位，毕业后在上海第二医学院宏仁医院从事医疗和教学工作。1956 年赴苏留学，1960 年，她从莫斯科第一医学院妇产科学成回国，在上海第二医学院仁济医院创立了独具特色的妇产科内分泌实验室，开始了临床与实验室相结合的内分泌研究工作。当时，我国现代妇产科宗师林巧稚教授慕名前去她的实验室参观，对其工作十分赞赏。

保护广大妇女的身心健康，是肖碧莲一贯奉行的原则。50 年代初国际上就已有了口服避孕药，而我国 1963 年年底才开始研究。当时，肖碧莲领导的实验室在国家科委、卫生部和化工部组织的这项联合攻关任务中，负责临床和内分泌测定工作，她注意到避孕药国际常规剂量大，副反应也大，不易为广大妇女所接受。为此，她多次进行口服避孕药的减量研究，最后确定了相当于国际常规剂量 1/4 量的临床效果，为我国首创的 1 号、2 号避孕药提供了科学依据，使我国的口服避孕药在当时国际上剂量最低。

从 70 年代末国家计划生育委员会科学技术研究所的筹备直到现在，肖碧莲从生殖内分泌研究室主任干到所长、名誉所长，倾注了大量心血，在完成我国一系列避孕药具的作用机理等研究和国家“七五”、“八五”攻关项目的研究中起到了重要作用。先后获得了国家计生委“七五”、“八五”攻关成果三等奖和二等奖。并获第二届中华人口奖。目前她正在从事“紧急避孕”方法的药物临床研究，以预防非意愿妊娠的发生，从而减少流产。她在国内外杂志上发表了有关避孕药的论文 30 余篇。主编《计划生育技术手册》一书。她还担任中华医学会计划生育学会副主任委员、世界卫生组织人类生殖研究规划科学技术顾问组委员。

【吴中伦・著名林学家・在北京逝世】

中国科学院院士、原国家林业总局副总局长、中国林科院原副院长、研究员吴中伦，因病医治无效，于1995年5月12日在北京逝世，终年82岁。

吴中伦，1913年8月28日生于浙江诸暨，1940年毕业于金陵大学农学院森林系，1946年1月赴美留学，1950年在美国杜克大学获博士学位后回国，任林业部造林局工程师、总工程师。1956年调中央林业科学研究所任研究员、研究室主任，1957年加入中国共产党。1959年至1982年，先后任中国林科院林业科学研究所副所长、国家林业总局副总局长、中国林科院副院长，1980年当选为中国科学院学部委员(院士)。是第三届全国人大代表，第六、七届全国政协委员；中国林学会第五、六届理事长，第七、八届名誉理事长。他从事林业科学研究工作数十年，对中国森林、主要树种和森林类型的分类和地理分布规律，以及森林与生态因素的相互关系进行了深入的研究，取得了开创性的重要成果，先后撰写9部著作和120余篇学术论文。在培养我国林业科研人才、发展我国与国际林业界的学术交流、促进我国林学学科发展中做出了重要贡献。

【吴仪・对外经济贸易合作部部长・谈我国外贸体制改革和加入世界贸易组织问题】　1995年12月21日《人民日报》载文介绍吴仪接受该报记者年终专访，谈实现两个“转变”促进外经贸发展问题，其中谈到了我国外贸体制改革和我国加入世界贸易组织的原则立场及为此进行的努力。

吴仪指出，我国在1994年对外汇、外贸体制进行重大改革的基础上，1995年又朝统一、规范、透明的方向前进了一步。1995年内，我国又一次降低3200多种进口商品的关税，取消了367个税目的进口配额、许可证和进口控制措施，同时进一步改进和完善了出口商品配额有偿招标管理办法。我国政府允许外国银行设立营业性机构的开放城市和保险业开放试点城市有所扩大，并已决定允许上海浦东试办中外合资的外贸企业。中国政府还公布了《中华人民共和国知识产权海关保护条例》，确立了知识产权保护的边境措施。在11月举行的APEC大阪会议上，江泽民主席又宣布，中国将于1996年大幅度降低4000多种进口商品的关税，并取消170多种商品的配额制，这是自改革开放以来在开放市场方面最大的一项举措。吴仪指出，关贸总协定将于1995年底完成历史使命，关贸总协定中国缔约国地位工作组也更名为中国加入世界贸易组织工作组。中国政府在这方面的原则立场是明确的，即以中国的发展中国家地位为前提，以乌拉圭回合协议为基础，承担与自己经济发展水平相适应的义务。本着上述原则，中国始终采取了灵活务实的态度，至于说什么时候能够加入世界贸易组织，这个主动权不掌握在我们手上。我们现在所做的一切，是根据我国改革开放的需要进行的，而不是受制于别人。

吴仪，女，1938年11月生，湖北武汉人。1962年加入中国共产党。同年毕业于北京石油学院。1993年起任对外经济贸易合作部部长。是中共第十三届中央候补委员，第十四届中央委员。

【吴德・原中共中央顾问委员会委员・在北京逝世】　原中共中央顾问委员会委员吴德，因病于1995年11月29日在北京逝世。

吴德，1913年2月生于河北省丰润县大新庄镇。1932年参加反帝大同盟，1933年3月加入中国共产党。1933年至1937年，主要从事党的工人运动，历任全国总工会华北办事处驻唐山市工会特派员，唐山市工联党团书记，华北铁路总工会党团书记，北平市委副书记、职工部部长，华北铁路工委书记。他曾参与领导唐山开滦煤矿大罢工和唐山市总同盟罢工。1937年4月，参加在延安召开的苏区党代表会议和白区工作会议。

抗日战争时期，吴德曾任中共河北省委组织部部长、冀热察区党委组织部部长兼冀东分委书记。1940年，任中央敌后城市工作委员会秘书长。1945年，出席中共第七次全国代表大会。

解放战争时期，吴德先后任冀热辽分局组织部部长，晋察冀边区政府交通局局长兼平绥铁路局局长、党委书记，晋察冀中央局秘书长，冀东区党委书记，冀东军区政委兼唐山市委书记、市总工会主席。

新中国成立后，吴德曾任燃料工业部副部长，平原省委书记，天津市委副书记兼市长，吉林省委第一书记兼吉林省军区政委、东北局书记处书记。北京市委第二书记兼市长，北京市革委会副主任，北京市委第一书记、市革委会主任，北京卫戍区第一政委，北京军区政委。是中共第八届中央委员会候补委员、中央委员、第九、十、十一届中央委员，第十、十一届中央政治局委员。第四、五届全国人民代表大会常委会副委员长。在粉碎林彪、"四人帮"反革命集团的过程中,他完成了中央部署给他的工作。

吴德衷心拥护党的十一届三中全会以来的路线、方针和政策,积极参加整党,勇于解剖自己,诚恳地总结了过去的经验教训。1982年,他当选为中共中央顾问委员会委员。

【吴永刚·已故电影艺术家·获中国电影世纪奖】 1995年2月28日,在北京举行的中国电影世纪奖颁奖典礼上,中国电影事业的开拓者之一、已故优秀电影艺术家吴永刚获得中国电影世纪奖。他编导的影片《神女》获"中国电影90年优秀影片奖"10部影片之首。这项评奖是为纪念世界电影诞生100百周年暨中国电影诞生90周年,由广电部电影事业管理局、中国电影家协会、中国电影出版社和中共北京市委宣传部联合主办的。

吴永刚,1907年11月1日生,江苏省吴县人。1925年进入上海百合影片公司做美工练习生,兼做服装、化妆、道具、场记等工作。1930年进入联华影业公司,1934年编导第一部影片《神女》。影片以现实主义手法,塑造了一个在旧社会被污辱被迫害的妇女典型,它对于黑暗的旧社会的批判与认识,对于悲剧产生根源的挖掘与揭露,有着积极的意义。它的艺术处理和摄影技巧运用紧紧围绕主题,注意人物形象塑造,结构简洁集中,镜头转换圆熟流畅,基调深沉浓郁,增加了影片的艺术感染力,因而震动当时的影坛。直到今天,仍被人们公认为是世界上最优秀的现实主义力作和中国电影史上的经典之作。1936年吴永刚编导了抗日影片《壮志凌云》,拍摄了《浪淘沙》。上海"孤岛"时期,他参加爱国戏剧电影运动,编导了电影《胭脂泪》、《离恨天》、《无needed武术团》、《林冲雪夜歼仇记》、《岳飞尽忠报国》、《铁窗红泪》、《红粉金戈》、《摩登地狱》、《家》等电影和《花溅泪》、《明末遗恨》等许多话剧。抗战胜利后,他编导了《迎春曲》、《忠义之家》等影片。1950年,吴永刚导演了新中国第一部描写新疆少数民族生活和斗争的影片《哈森与加米拉》。1957年吴永刚被错划为右派,他导演的电影《秋翁遇仙记》也随之停演。60年代他恢复工作后,导演了舞台艺术片《碧玉簪》和《尤三姐》。粉碎"四人帮"后,吴永刚恢复了艺术青春,创作喜获丰收,先后拍摄了歌舞剧《刘三姐》、采茶戏《茶童戏主》和故事片《巴山夜雨》、《楚天风云》等影片。其中《巴山夜雨》独具匠心地把四面八方、五光十色的人物集中到一条船上,在一段航程内,通过解差义释"罪犯"的故事,揭示了在"文革"那段苦难深重的年代里人们心灵的美。影片以独特艺术构思和抒情诗般的艺术风格,塑造了个性鲜明的人物群像,因而获得1980年文化部优秀影片奖、1981年首届中国电影金鸡奖最佳影片、最佳编剧、最佳女主角、最佳男女配角集体奖等5项奖,吴永刚也得到最佳导演奖提名。1982年12月11日,吴永刚因病逝世。

【吴邦国·中共中央政治局委员·任国务院副总理】 1995年3月17日,第八届全国人民代表大会第三次会议举行第五次全体会议,决定任命中共中央政治局委员、中央书记处书记吴邦国为国务院副总理。

吴邦国,1941年7月生,安徽肥东人,1964年4月加入中国共产党,1967年9月参加工作,工程师。1960年至1967年在清华大学无线电电子学系学习。1967年至1976年先后在上海电子管三厂当工人、技术员、技术科副科长、科长。1976年至1978年任中共上海电子管三厂党委副书记、革委会副主任、副厂长、厂长。1978年至1979年任上海市电子元件工业公司副经理。1979年至1981年任上海市电真空器件公司副经理。1981年至1983年任中共上海市仪表电讯工业局党委副书记。1983年至1985年任中共上海市委常委兼市科技工作党委书记。1985年至1991年任中共上海市委副书记。1991年至1992年任中共上海市委书记。1992年至1994年任中共中央政治局委员、中共上海市委书记。1994年9月后任中共中央政治局委员、中央书记处书记、中共中央财经领导小组成员。是中共第十二、十三届中央候补委员,十四届中央委员、中央政治局委员,十四届四中全会增补为中央书记处书记。第七、八届全国人民代表大会代表。

在国务院总理李鹏向第八届全国人大三次会议提交的关于提请任命吴邦国为国务院副总理的议案中介绍说,吴邦国政治上坚定,能结合实际坚决贯彻执行党的路线、方针、政策。思想解放,改革创新意识强。熟悉经济工作,尤其是熟悉工业管理和工业生产,积极探索建立社会主义市场经济体制运行机制和现代企业制度,开展国有资产管理和转换企业经营机制试点,培育和发展各种生产要素市场。坚持民主集中制原则,宏观思路清晰,组织领导和决策能力强。善于学习,知识面较宽,有较高的马克思主义理论修养。《半月谈》1995年第10期发表了《吴邦国印象》的专访,介绍了吴邦国在上海市工作期间的政绩。

1995 年，吴邦国对北京、辽宁、四川、三峡库区和西安、宁夏的数十家国有大中型企业进行调查研究，强调加快重工业基地的改造，充分发挥重工业基地和优势企业的积极作用，从整体上把国有经济搞好搞活；深化改革搞好现代化企业制度试点，不断提高国有经济的质量和效益。吴邦国在甘肃青海考察时强调，要按照统筹规划、优势互补、共同发展的原则，支持西部地区的开发，加强西部地区经济发展。

【吴光正·香港九龙仓集团主席·任香港医院管理局主席】　1995 年 4 月，吴光正出任香港医院管理局主席。

吴光正，上海人，生于 1946 年，已故著名建筑家吴绍之子。小时就读赤柱圣士提反小学，中学毕业后曾在俄亥俄州辛辛提大学修读建筑、物理和数学。获哥伦比亚大学工商管理硕士学位，主修财务和国际事务。毕业后曾任职于纽约大通银行。1975 年进入香港环球船运集团，从此进入香港工商界。历任香港九龙仓集团有限公司第一副主席兼董事经理、主席，隆丰国际投资有限公司主席，环球航运集团副主席，香港电车有限公司及天星小轮有限公司主席。港美经济合作委员会、华美银行国际顾问委员会委员，香港临时医院管理局和多个公共事务委员会成员，香港理工学院董事会主席。1993 年获美国哥伦比亚大学首位外国人校董。

吴光正关心内地经济建设，在内地有大量投资。1992 年他在武汉市合资开发了六个大项目，总投资约 100 亿人民币。1992 年，吴光正和夫人包陪容在上海交通大学捐赠约 1500 万港元，建立两项奖学基金，分别以已故船王包玉刚（吴光正岳父）和已故建筑家吴绍（吴光正父亲）的名义设立。包玉刚奖学金用以资助攻读商业管理课程，吴绍奖学金则颁予建筑系学生。

吴光正曾任香港特别行政区基本法咨询委员会委员，1993 年被聘为第二批港事顾问，1995 年 12 月被任命为香港特别行政区筹委会委员。

〔附注：1996 年 11 月 2 日，全国人大香港特别行政区筹委会第六次全体会议通过香港特别行政区首任行政长官参选人名单，吴光正名列其中。〕

【吴伟仁·遥感专家·获国家科技进步一等奖】　航天工业总公司一院第 704 研究所研究员吴伟仁，主持完成的课题“基本型系统实时计算机遥测系统”，获 1995 年国家科技进步奖一等奖。

近 20 年来，吴伟仁主要从事航天航空遥感设备研制与系统总体设计，先后负责 Y9、Y10 等遥测系统总体设计工作，已成功地用于海防、地空、战略武器型号及运载火箭。先后获部级科技进步一等奖及国家科技进步一等奖、三等奖、部二、三等奖多项。

近年来，主持了“基本型系列实时计算机遥测系统”的全面研制工作，组织了该系统 1 型、2 型关键技术攻关，推行了全面质量控制，带领和团结全体研制人员有效地完成了研制、生产、装备航空航天测控领域的任务。该系统曾获 1994 年部级科技进步一等奖。

吴伟仁，四川平昌人，1952 年生，1978 年毕业于中国科技大学，现为航天工业总公司 704 所副所长。他编、译、出版了《遥测计算机系统》、《深空远程通信系统工程》等 3 本专著。

【吴兴富·成都市公证处主任·被评为全国十佳公证员】　1995 年 12 月 26 日，由司法部组织的第一届全国十佳公证员评选揭晓，四川省成都市公证处主任吴兴富，被评为十佳公证员，在人民大会堂领取了奖牌和证书。

吴兴富 10 多年来，带领公证处全体人员艰苦创业，积极开拓公证领域，在生产资料流通、房地产交易、高新技术开发、企业产权转让、金融信贷及证券市场等方面拓展了公证业务近百项。他们还制定出符合公证工作特点和本处实际的规章制度、办证细则及质量管理办法，使公证处的办证数量、质量都有大幅度提高，办证量由 1991 年的 8965 件上升到 1994 年的 17450 件，为市场经济提供了优质法律服务。1993 年在全省率先试行经费自收自支。该公证处刚成立时，只有几张旧办公桌和一台手动打字机，现在已发展到具有现代化的办公场所和设备，拥有固定资产近 400 万元。他注重理论研究，先后在《四川公证》、《四川日报》等报刊上发表理论文章 10 余篇，多次为四川大学法律系、省政法管理干部学院等各类法律专业培训班讲授公证业务课。

吴兴富，55 岁，四川人，大学文化，一级公证员。他先后当选为中共成都市第七届党代会代表，成都市第十二届人代会代表，并被成都市政府授予劳动模范称号。在他领导下，公证处连续 10 年被评为先进单位，1993 年被司法部授予“全国公证质量评比先进集体”称号。

【吴志敏·哈尔滨市场管理所所长·被

追授模范工商行政管理干部称号】 1995年12月27日，国家工商行政管理局举行仪式，隆重追授哈尔滨市工商行政管理局道里分局埃德蒙顿路市场管理所所长吴志敏“模范工商行政管理干部”称号。同年12月28日，《法制日报》以“一盏永不熄灭的明灯”为题发表通讯，宣扬了吴志敏的模范事迹。

1995年11月12日，埃德蒙顿路市场协管员宿寿江在乡里街口依法取缔了一处无证商贩的水果摊点，并将其三轮车扣留。11月14日15时许，该商贩纠集4名歹徒携3把尖刀到市场报复，一边殴打宿寿江一边将他拖走。吴志敏闻讯赶到现场，制止歹徒行凶。歹徒不但不听劝告，而且一刀刺向手无寸铁的吴志敏。尖刀刺破吴志敏的心脏，鲜血喷涌而出。丧心病狂的歹徒又挥刀砍中他的左肩。吴志敏当即倒在血泊中，不幸以身殉职。

吴志敏，1958年生，哈尔滨市人，中专文化。他在工商行政管理岗位上干了15年，先后在5个工商所任副所长、所长职务。每到一地，市场管理和工商所建设都取得长足进步。10多年中他历经凶险10多次，都毫无畏惧。他在西十一道街轻工市场工作时，发现那里一段时间地下交易旧西服、旧大衣等“洋破烂”问题严重。经多方调查，终于找到几处黑窝点。在依法取缔的联合行动中，他率先破门而入，在不法分子砍伤其右臂情况下仍然用身体堵住门口，没让一个不法分子溜掉。之后，他带伤又一连取缔了多处黑窝点。吴志敏虽手握实权，但他秉公为政，严格自律。从未以权谋私。牺牲前，他家只有一个三门衣柜、一台14吋彩电，一对简易扶手沙发和几只粗糙的木方凳，近乎于寒酸。他的实际行动体现了一名共产党员、工商干部的高风亮节。因此，多次被评为先进工作者。

【吴应禄·四川涪陵卷烟厂厂长兼党委书记·被授予全国劳动模范称号】 吴应禄在一年之中使濒临倒闭的四川涪陵卷烟厂迅速扭亏为盈，各项综合效益指标一跃而为四川省第一。1995年4月29日，国务院授予吴应禄全国劳动模范称号。

吴应禄，四川人，45岁。1992年7月，由涪陵地区行署副秘书长出任涪陵卷烟厂厂长兼党委书记。当时，这个担负着全区1/4财政收入的厂，在激烈的市场竞争中被逼上了绝路：生产的8个牌号产品全部亏损，大量积压，企业面临倒闭。吴应禄上岗之后，适逢云南玉溪烟厂要在外省选择一个合作伙伴。吴应禄意识到这是一次使烟厂起死回生的重大机遇，但与他们同时竞争这一机遇的还有3家同行中的佼佼者。玉溪厂决定派考察组到四川地区实地考察，吴应禄下定决心，要在这次竞争中取胜，他带头把铺盖卷抱到了厂里，和他的副手们不分白天黑夜地干。一手抓生产和技改，一手抓整章建制和厂容厂貌。他常常深夜三四点钟还在工地、车间来回转。40天过去了，新产品配方改进工作如期完成，产品销量大增，原本预计半年完成的厂区平整工作只用了一个月。玉溪烟厂考察组如期而至。虽然涪陵厂的“硬件”不如其他3家工厂，但他们的干劲和进取精神使考察组深为感动。1992年12月12日，两厂终于达成了长期技术合作的协议，涪陵卷烟厂自此实现了历史性的转变。从此之后，吴应禄更加拼命工作。一年之中，他跑了十多趟云南，走完了7个配套厂家和大半个中国的卷烟市场。旅途中，他满脑子也尽是盒皮，嘴棒、铅箔、封口小花。他走到哪，看到别人有什么新招，想到本厂有什么缺陷，就随时和厂里取得联系，实行遥控指挥。工厂工艺不断改进，产品质量迅速提高。1993年，在烟草界权威部门举行的评级会上，涪陵卷烟厂的“宏声”牌香烟异军突起，从名不见经传到名列第七，在市场上被誉为“阿诗玛风格的宏声”，当年烟厂实现税利1.3亿元，国家烟草总公司考核的6项综合效益指标进入全国先进行列，位居四川第一。涪陵卷烟厂终于稳步走进了竞争激烈的市场，吴应禄本人也被评为全国优秀青年企业家。厂子赚钱了，吴应禄这个当“老板”的出门在外依然从不摆阔。吃的是普通饭菜，住的是20块钱一宿的旅店。他说“金山银山都吃得垮。我们的目标是创川烟名牌，今后的日子还长着哩！”

【吴冷西·新著《忆毛主席——我亲身经历的若干重大历史事件片断》出版】 吴冷西的新著《忆毛主席——我亲身经历的若干重大历史事件片断》一书，于1995年2月由新华出版社出版发行。

吴冷西是我国新闻战线的老战士。50年代、60年代曾任新华社社长兼《人民日报》社总编辑，直接参加毛泽东主持的许多重要会议和文件、文章的讨论、起草工作，有机会聆听到毛泽东对国内、国际重大问题的战略思考、战略决策以及新闻工作等方面的重要指示。

吴冷西在这本新著里详细记述了他从1956年3月至1966年3月整整10年期间亲身经历的一系列重大历史事件发展的经过，许多重要史实是第一次与读者见面。

吴冷西，1920年12月生。广东新会人。1937年在延安抗日军政大学、马列学院学习。1938年加入中国共产党。抗日战争时期，曾任中共中央宣传部编辑、延安《解放日报》编辑、国际部主任。1947年任新华通讯社编辑大队政委、编委，随党中央及毛泽东等中央领导人转战陕北。1949年任新华社总编辑、社长。1958年后，历任《人民日报》总编辑、中共中央宣传部副部长、中共中央毛泽东著作编辑委员会办公室副主任。1980年任中共广东省委书记。1981年任国家广播电视部部长。中共十一和十二届中央委员会候补委员。1983年当选为中华全国新闻工作者协会主席，连任迄今。

【吴国荣·厦门荣滨集团公司董事局主席·被授予中国优秀民营企业家称号】　厦门荣滨集团股份有限公司董事局主席吴国荣，1995年10月，被中华全国工商业联合会等单位授予中国优秀民营企业家称号。

吴国荣1983年以3000元资本起家，他充分利用厦门特区的优势，以勤为本，以诚取胜，企业得以迅速发展，现集团资产总值达1.2亿元，拥有15家控股和参股企业，业务涉及基础设施投资、房地产开发、物业、金融、科技开发、进出口及国内贸易。企业名列"中国500家最大民营企业"第206位。不久前，荣滨集团以BOT形式投资2亿元建设湖南省长沙湘江南大桥项目已开始实施。

吴国荣认为企业的发展离不开党的改革开放政策，离不开企业全体员工的团结奋斗，率先在企业内部成立了党支部、团总支和工会组织，得到政府的肯定和社会各界的好评。

吴国荣，1954年8月出生，福建人，现任中华全国工商业联合会执行委员、中华全国青年联合会委员、福建省总商会常务理事等职，被评为全国首届优秀青年企业家。

【吴冠中·艺术大师·状告《毛泽东肖像》伪作案胜诉】　1995年9月28日，上海市中级人民法院开庭宣判，吴冠中状告上海朵云轩、香港永成古玩拍卖有限公司联合拍卖假冒吴冠中署名的美术作品《毛泽东肖像》一案，吴冠中胜诉。

1993年10月27日，上海朵云轩和香港永成古玩拍卖有限公司联合举办了一场书画拍卖会，其中署名吴冠中的水墨画《毛泽东肖像》以52.8万港币成交。拍卖会举行前，吴冠中已获知消息，便通过有关方面转告朵云轩此画不是他所作，是一幅伪作，明确要求朵云轩和永成公司撤掉此幅拍卖品。但朵云轩和永成公司对吴冠中的要求置若罔闻，不予理睬。拍卖成交后，吴冠中向上海市中级人民法院起诉朵云轩和香港永成古玩拍卖有限公司侵害了他的姓名权、名誉权、著作权。经公安部门笔迹鉴定，《毛泽东肖像》一画确系假冒吴冠中之名的伪作。上海市中级人民法院经近两年审理，依法判定两被告共同严重侵犯了吴冠中的著作权，造成其物质和精神损害，应承担停止侵害、消除影响、公开赔礼道歉，赔偿损失的连带民事责任。

吴冠中，别名荼，江苏宜兴人。1919年生，1946年赴法国巴黎国立高等美术学校学油画。1950年回国，先后在中央美术学院、清华大学、北京师范艺术学院任教，现任中央工艺美术学院教授，中国美术家协会常务理事。擅长油画、中国画。油画《长江三峡》（中国革命博物馆收藏）、《鲁迅故居》（鲁迅博物馆收藏）、中国画《春雪》获第六届全国美展银质奖（中国美术馆收藏）。出版的画集有《井冈山瑞金风景》、《吴冠中画选》、《吴冠中油画写生》，论文集有《东寻西找》等。近年来，多次在国内外举办个人画展。曾获"1995年轩尼诗创意和成就奖"。

【吴晓邦·著名舞蹈艺术家·在北京病逝】　中国新舞蹈艺术运动的先驱者，杰出的舞蹈艺术家、理论家、教育家，中国舞蹈家协会名誉主席吴晓邦，1995年7月8日在北京病逝。终年89岁。

吴晓邦，原名吴祖培，字启明。1906年12月18日生于江苏省太仓县沙溪镇。1919年考入上海持志大学。1925年加入中国共产主义青年团。受新文化运动的影响，于1929年至1935年，先后3次赴日本学习音乐和舞蹈。因仰慕波兰音乐家肖邦的爱国情怀和艺术才华，而改名吴晓邦。从日本回国后，率先提倡新舞蹈艺术运动，用舞蹈反映现实人生的苦难与希望，并大力开展舞蹈教育工作。1931年秋，在上海开办了中国第一所现代舞蹈学校。1935年举行中国现代史上首次个人舞蹈作品发表会，其代表作有：《傀儡》、《送葬》、《浦江夜曲》等。1937年抗日战争爆发后，参加上海救亡演剧队，编演了《义勇军进行曲》、《游击队员之歌》等舞蹈作品。后辗转于上海、桂林、重庆、成都、广东等地，从事新舞蹈艺术的创作、表演与教学。先后在抗日救亡演剧四队、新四军战地服务团、中法戏剧学校、新安旅行团、陶行知育才学校、重庆实验歌剧院及广东省立艺术专科学校舞蹈班等处传授技艺。这一时期创作演出的主要作品有：《丑表功》、《思凡》、

《饥火》，舞剧《罂粟花》、《虎爷》、《宝塔牌坊》，歌舞剧《春的消息》等。其大多数作品运用暴露、讽刺、暗示、象征等手法揭露敌人的残暴及旧社会的黑暗，热情讴歌抗日斗士，开创了中国现实主义新舞蹈艺术的创作道路。1945 年 6 月起，先后在延安鲁迅艺术学院、张家口华北联合大学文艺学院、内蒙古文工团、东北民主联军政治部宣传队、沈阳鲁艺、东北人民解放军政治部宣传队，中南军区部队艺术学院教育培养了一批舞蹈专业人才。同年加入中国共产党。

中华人民共和国成立后，任中央戏剧学院舞蹈运动干部训练班主任、中国青年艺术剧院舞蹈团团长、中央民族学院文工团团长、北京舞蹈学校筹备委员会主任。曾于 1950 年出版了中国历史上第一本舞蹈理论专著《新舞蹈艺术概论》。50 年代曾对曲阜孔庙祭祀乐舞、苏州道教乐舞等宗教、传统文化艺术进行考察与研究。1957 年建立了天马舞蹈艺术工作室，是继他在 30 年代创立的中国现代舞学派而建立的创作研究演出团体。吴晓邦从古代音乐宝库中挖掘新意，以新的构思和想象，创作出一批既古朴浑厚又新颖动人的舞蹈形象，其作品主要有：《梅花三弄》、《平沙落雁》、《十面埋伏》、《开山》等。后受左倾思潮冲击，由他主持的天马艺术工作室被迫停办，其表演艺术生涯亦随之结束。"文化大革命"中遭受迫害。1979 年吴晓邦被选为中国舞蹈家协会主席，为促进全国舞蹈事业的繁荣、发展，活跃学术理论和研究，以古稀之躯奔走于各地，多次举办舞蹈讲习会。1980 年起任中国艺术研究院舞蹈研究所所长、院研究生部导师，培养了中国第一批舞蹈史论专业研究生。曾担任《中国大百科全书·音乐舞蹈卷》、《中国民族民间舞蹈集成》、《当代中国·舞蹈卷》主编。主要著述有《舞论集》、《舞蹈新论》、《我的舞蹈艺术生涯》等 7 部。他是第二、三、五、六届全国政协委员，中国文学艺术界联合会常务委员。

【吴海燕（女）·服装设计师·被评为中国首届十佳服装设计师】　由中国服装设计师协会主办的中国首届"十佳"服装设计师评选，1995 年 5 月揭晓，吴海燕以其设计的服装"最具艺术家气质"被评为"十佳"之一。此次评选是从 1600 多名设计师中，根据他们各自的专业水平、产品市场占有率和知名度三个方面的情况甬选出候选人，通过消费者评议、服装现场表演，由专家最后评定出来的。

吴海燕，1963 年出生，浙江杭州人。1983 年毕业于浙江美术学院，后留校任教，并从事服装设计。1993 年后，她创作系列服装《鼎盛时代》，采用现代的设计手段再现中华民族传统文化昔日的辉煌，红黄绿紫明艳而又沉稳的色调，低圆领、大襟、罗裙、直腰宽袖式的简洁造型，服装手绘图案展现出民俗画面，再辅以竹幅、云鞋、灯笼等饰物配件和优美的灯光和音乐，充分表达中国服装的艺术气息和大家风范，曾获国际青年服装设计师大赛唯一的金奖。1994 年，她在中国国际服装服饰博览会上举办个人专场表演，受到好评。在 1995 年中国国际服装服饰博览会举办期间，她举行"'95 吴海燕时装发布会"，人们欣喜地看到，吴海燕在追求现代的、民族的服装设计艺术方面又有了新的进步。如果说"鼎盛时代"吸收民族文化艺术尚显生硬的话，她新推出的"天地之乐"、"东土神界"、"春华秋实"、"空山鸟语"等作品便渐臻"神遇而迹化"的境地。那些标签式的东西在她的作品中已经很难看到，她更加注重的是现代设计的简洁、明快和雍容大度，更加注重的是从现代的设计风格上传达出东方文化和民族艺术的神韵。"天地之乐"的鞋、帽和长裙，采用民间常见的蓝印花布作为面料，通过白色上装和暗色鞋、帽、长裙的对比，素地与满花的对比，简洁的整体与繁缛的局部的对比，使服装的款式、色彩、纹样、质地在设计中珠联璧合，相得益彰。显现出现代东方"窈窕淑女"精神境界的美。

吴海燕在勤勉教学，不断地在展台上推出艺术时装的同时，还担任自己建立的服饰公司和浙江省丝调公司出口服装的设计工作。她认为，在今天的中国，需要通过有着较高艺术品位的实用服装，来使人们逐渐真正理解服装设计艺术。

【吴乾清·戏剧评论家·主编《京剧经典大观》系列录像带并出版发行】　1995 年 11 月，由张大为、薛若邻、吴乾浩联手主编的《京剧经典大观》系列录像带由开明文教音像出版社出版，并在人民大会堂举办首发式暨座谈会。全国人大副委员长、民进中央主席、《京剧经典大观》名誉总顾问雷洁琼出席了首发式并发表讲话；总顾问、文化部常务副部长高占祥、著名戏剧专家张庚、郭汉城、马少波、李希凡，京剧表演艺术家袁世海、杜近芳、李世济、张春华、吴素秋等也应邀出席。

《大观》首批推出 20 集、35 个剧目。所选作品是许多京剧表演艺术家在 70 年代末、80 年代初所表演的佳作，经过精心选择，审慎加工，配以字幕。可选作品做到名角联袂、珠联璧合，如张君秋的《女起解》，袁世海、方荣翔、张春华等的《连环套》。高盛麟的《古城会》,李万春的《古城会·训弟》,厉慧良的《艳阳楼》、《钟馗嫁妹》,王玉蓉的《孔雀东南飞》,赵荣琛、俞振飞的《春闺梦》,赵荣琛、王吟秋、新艳秋、李蔷华、李世济的《锁麟囊》等都是艺术价值极高的京剧表演经典之作,由于其中一些艺术家的谢世或体弱不能登台,这些像带成了盖世绝唱的珍品。

吴乾浩,浙江余姚人,1939年5月4日出生。《中国京剧》杂志主编。中国艺术研究院研究员。中国梨园学会理事。元代文学研究会理事。中国戏曲学会理事。北京剧协理论委员会副主任。少时就读上海向明中学、上海市南开中学。1963年南开大学中文系毕业后考入中国戏曲研究院戏曲理论专业研究生,导师张庚。主要从事戏曲理论、戏曲评论、戏曲史研究。曾任北京艺术研究所副所长、《中国戏曲志·北京卷》常务副主编、《戏剧评论》常务副主编。

专著有《白朴评传》、《戏曲美学特征的凝聚变幻》、《郑光祖评传》、《二十世纪中国戏剧舞台》、《彩虹集——戏剧美揽胜探幽》等7种(后两种与谭志湘合作)。另发表论文、评论共200余万字。有8篇论文分别三次获田汉戏剧奖、戏剧文学飞虎奖、新文化奖等。曾参加国家重点科研项目《当代中国·戏曲卷》为主要撰稿人。主编《演员必读(美学论文集)》。《二十世纪中国戏剧舞台》获中国图书奖。

《白朴评传》与《郑光祖评传》为国内首次研究这两位元曲作家、作品的专著。《二十世纪中国戏剧舞台》是"八五"国家重点图书。

【吴雪莉·美裔中国人、河南大学教授·所著《实用英语语音学教程》出版】　河南大学外语系名誉主任、美裔中国籍人吴雪莉教授,结合自己40多年的教学实践,依据语言学的规律和中国大学生学习、掌握英语的特点撰写的《实用英语语音学教程》于1995年出版。这部语言学的力作独具特色,被国内许多大学外语系采用为教材。

吴雪莉,1925年出生于美国阿肯色州。13岁时,她读了斯诺所著《西行漫记》,书中对中国革命壮举和精神的介绍,深深打动了她。1945年她20岁时,是密执安州大学四年级的学生,与同校校友、中国留学生黄元波相识并很快恋爱。1946年,他们在美国结婚后双双来到中国西北。黄元波被西北农学院聘为畜牧兽医系主任,吴雪莉被聘为外语系副教授。中华人民共和国成立后,1953年,黄元波应邀到开封筹建兽药厂,吴雪莉随后到河南大学外语系任教并加入中国国籍,从此她一直在河南大学工作。40多年来,她把全部精力倾注到外语教学中,依据语言学的规律和大学生接受知识的能力,吴雪莉因材施教,要求学生大量地练习。为此,她的工作量也加大了,批改作业常常到深夜,甚至连星期天也极少休息。1979年以后,吴雪莉主要培养硕士研究生,结合自己的教学实践,先后编写了《外语教学理论》、《英文写作》、《文学批评》、《阅读技巧》、《英美文学背景》及《实用英语语音学教程》等教材。10多年来,她先后带出100多名研究生,6名成绩优异者直接考取英美博士研究生。

在中华大地上生活了40余年的吴雪莉,如今已是地地道道的中国人,有着一颗真诚的中国心。1980年,吴雪莉回美国探亲,亲人挽留她,她拒绝了。1980年丈夫去世后,5个孩子先后去美国留学,此时吴雪莉有足够的理由回美国,但她没有走,她说:"中国有我的事业,我的家"。她曾多次促进中美学者的互访,热心把中国介绍给世界。在伦敦她出版了自己写的长篇小说《中国一条街》,还为该出版社编纂的《中国大百科全书》翻译了45万字的材料。中国小说《苦菜花》、《在和平的日子里》等相继被他翻译介绍到海外。吴雪莉现为河南省政协常委。

【吴常信·动物遗传育种学家·当选为中国科学院院士】　1995年11月6日,中国科学院公布了新当选的院士名单,北京农业大学教授吴常信,当选为中国科学院生物学部院士。

吴常信,浙江省嵊县人。1935年生,1981年10月至今,历任北京农业大学副教授、教授、动物科技学院院长。现任世界家禽学会理事兼中国分会秘书长、中国遗传学会常务理事兼动物遗传委员会主任。他长期从事动物遗传育种学的教学科研工作。自1981年回国以来,已获国家和省部级技术改进、科技进步、科技情报、科技推广等奖励11项,其中国家级奖6项,省部级奖5项。在对选择理论的研究中,从人工选择与自然选择的矛盾出发,分析了某些长期选择无效的数量性状,提出了可能存在隐性有利基因的假设,通过11个世代的果蝇试验得到证实,并设计了对这类基因的选择方案。在动物遗传资源保存研究中,系统地解决了保种群体中最少个体数、公母畜最适宜的性别比例、世代间隔的最佳长短、可允许的近亲繁殖程度、保种群体中选择的作用等一系列的群体遗传学理论问题。在遗传参数的研究中,推导了计算"全同胞一半同胞"混合家系亲缘相关的理论公式与近似公式,证明了即使是对后代作随机抽样的情况下,近似公式也能适用,这在遗传参数估测方法上具有突破性意义。

通过对杂种优势的长期研究，提出了合成系育种的理论，丰富和发展了蛋鸡育种的理论体系，突破了传统理论中"闭锁"和"纯"的观点的束缚，解决了我国蛋鸡育种长期闭锁群选育造成的遗传进展缓慢的问题。已发表研究论文60余篇，其中有14篇论文分别在11次国际学术会议上发表。

【吴铨叙·中将·任解放军副总参谋长】

1995年7月，中央军委任命吴铨叙为解放军副总参谋长。

吴铨叙，1939年3月生，江苏常熟人。1954年入解放军第五炮兵学校学习。1959年加入中国共产党。曾任炮兵团排长，侦察作战训练参谋、连长、师炮兵室副主任、师作战训练科科长、副团长、团长、师参谋长、师长、军参谋长。1985年毕业于军事学院高级指挥班。后任集团军政委、集团军军长。1992年起任总参谋长助理。是中共十三大、十四大代表，第七届全国人大代表。1988年被授予少将军衔。1993年12月晋升为中将军衔。

【吴清武·海南省公证处主任·被评为全国十佳公证员】 1995年12月26日，由司法部组织的第一届全国十佳公证员评选揭晓，海南省公证处主任吴清武，被评为十佳公证员，在人民大会堂领取了奖牌和证书。

吴清武，1958年4月12日出生，海南省琼山市人，大学文化，1979年12月加入中国共产党。从1988年3月起，他在海南公证处先后担任公证员、副主任、主任职务。吴清武领导的公证处走上一条自收自支、自我约束、自我发展的路子。几年来，共办结各类公证事项37300多件，先后开办了抵押贷款合同及强制执行许可公证，股东大会和董事会决议公证，企业兼并合同公证，股票赠予、继承公证，股权抵押贷款公证以及办理技术成果、通讯工具、艺术品拍卖现场公证等等。还参加海南凤凰机场、东线高速公路、大广坝等重点工程项目的招标、投标活动，办证种类拓展到60多种，为海南经济特区的改革开放、经济建设和法制建设，作出了卓有成效的贡献。

吴清武注重加强队伍建设，提高公证人员政治、业务素质。实行个人挂牌办证，接受群众和有关部门的监督。积极组织全处人员的业务学习，不断更新专业知识。他狠抓服务质量和执业信誉，坚决拒办人情证、关系证。对每一项重大公证出证之前，都要深入调查。一次，该处接到一个垫资装修宾馆合同，建设方和承建方共出资1000万元，双方各50%，装修完工后，建设方将垫资的500万元返还给承建方。吴清武带领公证员走访有关银行，发现建设方帐户上根本没有钱，而且尚未装修的宾馆也已抵押给银行，该合同无法履行。他们把情况告知承建方，当事人十分感激。吴清武领导的公证处，1992年被评为全国先进公证处，1993年荣立集体三等功，他个人连续5年被评为海南省司法行政系统先进工作者。

【吴瑞林·曾任海军副司令员·在北京逝世】 曾任海军副司令员的吴瑞林，因病于1995年4月21日在北京逝世，终年80岁。

吴瑞林，四川省巴中市人。1928年加入中国共产主义青年团，1932年转入中国共产党，同年参加中国工农红军，历任川陕甘少年先锋团连长、营长、团政委，川东北少共特委组织部长、书记兼特委委员，干部大队大队长兼政委，八路军山东纵队第二支队政委，中共泰山地委军事部长兼第一大队大队长，鲁中军区第一分区司令员，山东纵队第一旅第二团团长，鲁中军区第二分区司令员兼政委，山东警备第二旅旅长兼政委，东南满军区参谋处长，东北民主联军安东纵队司令员，安东省军区司令员，辽南军区司令员兼独立第一师师长，东北野战军第五纵队副司令员，军长，海南军区司令员，广州军区副司令员兼海军南海舰队司令员，海军常务副司令员等职。1955年被授予中将军衔。他曾当选为中国共产党第七、八、九次全国代表大会代表，第九届中央委员会委员。

【吴德昌·放射毒理学家·当选为中国工程院院士】 1995年7月7日，中国工程院公布了新当选的院士名单，军事医学科学院原院长吴德昌，当选为中国工程院医药与卫生学部院士。

吴德昌，1927年生于江苏省武进县。1949年毕业于北京大学化学系，1949～1956年在北平协和医学院生化系任助教、讲师，1957年去苏联进修放射生物化学，回国后调到军事医学科学院放射生物学系工作(后改为放射医学研究所)。他根据国防任务和核工业初创中放射卫生防护工作的急需，于1958年筹建了国内第一个放射毒理实验室，在理论和实践上为我国放射毒理学学科的建设和发展以及核防护事业做出了出色的贡献，成为我国毒理学和辐射防护学的创始人和开拓者之一。

在组建学科、组织专业队伍、形成科研总体构思上，他倾注了大量心血。对在不同核爆炸方式下放射性落下灰的沾染规律，损伤特点及防治措施等一系列重大理论与实际问题，在现场与实验室相结合的研究中，取得了我国第一手资料，所获成果达到国际水平，对平战时核防护提供了重要理论依据。对核装料钚的吸入危害，在国内首次进行了开创性的系统研究，提出了钚致肺癌的危险度。对肺微剂量学研究、肺泡Ⅱ型细胞是致癌的靶细胞之一观点的确立、对肺门淋巴结中肿瘤的发生等研究结果属国际创新。他同时提出了现场简易防治方案，对钚作业人员的安全保障有重大意义。他领衔承担的国家“七五”攻关项目《核事故受照人员的应急医学处理及安全法规》，提出了具有我国特色的处理方案，在防治药物应用、受照剂量表达方式等方面具有国际水平，对核电站的按时安全运行起到了重要保障作用。

他学识广博，在参与国家核安全与防护的有关决策与咨询评议中发挥了重要作用。他多次在国内主持大型国际学术研讨会，为我国赢得了在国际学术界的声誉，也促进了国内学科的发展。

他迄今已取得科研成果10余项，他和同事共同编写了《放射性污染的监测与防护》、《裂变产物放化分析手册》等专著，撰写了70余篇学术论文，为我国核科学积累了可贵资料。

他历任放射毒理与放射卫生防护研究室主任、放射医学研究所所长，军事医学科学院副院长、院长。同时他还担任了5个全国性学术杂志的编委、副主编等，在国内外20余个学术机构中兼职。

【吴德贵·营口辽南橡胶厂厂长·被评为中国优秀民营企业家】　辽宁省营口市辽南橡胶厂厂长、高级工程师吴德贵依靠科技进步，把一个濒临倒闭的小厂办成年实现利税千万元的优秀企业，1995年10月被全国工商联等单位评为中国优秀民营企业家。同年，他还获辽宁省发明企业家称号。

吴德贵是建国初期北京大学化学系毕业的高才生，改革开放给他施展才华提供了广阔天地。1985年春，他出任辽南橡胶厂厂长。当时该厂是个负债30多万元、濒临倒闭的小厂。他发现营口洗衣机总厂所用的脱水皮碗全部从日本进口，成本很高，便利用自己掌握的技术和信息，经过100多天的试制，终于研制成功符合标准的产品，不仅为营口洗衣机总厂节约大量外汇，也使辽南橡胶厂有了自己的拳头产品，并荣获辽宁省节汇青龙杯奖。

翌年，吴德贵与中国科学院化学研究所、中科院上海冶金研究所联手研制成功电冰箱门封磁条。这项成果填补了省内空白，被列为辽宁省1988年星火计划项目，获省科技进步奖。接着，他又开发研制出冰箱软质PUC门封条、冰箱硬质门框和录音机驱动带。在不到两年的时间，研制出五六个新产品。这些新产品，使辽南橡胶厂越办越兴旺。

进入90年代，家电市场开始疲软，他又率领厂内的科研人员，研制出高聚合度聚氯乙稀车辆密封条、装饰条，以及国内首创的铁路客车弯角成型的内窗框。国内制造豪华型客车的几家企业竞相争购，铁道部长春客车厂与他们签订了长期购销合同，两家还联姻成立了工程塑料开发中心，实现了研制、开发、生产、应用一条龙。1994年5月，在国家科委主办的第二届中国科技之星国际博览会上，辽南橡胶厂的密封条和装饰条系列产品荣获金奖。同年，荣获辽宁省科技进步一等奖。

高科技带来高效益，吴德贵领导的辽南橡胶厂，产品已发展到3大类、12个系列、80多个品种，固定资产由原来的14万元增至960多万元。10年间，固定资产增长了近70倍，人均创利税1995年达到7.5万元。

吴德贵，1932年生于山东省滨县。1954年参加工作。1982年任营口市工业橡胶厂技术厂长，1983年任营口市防水涂料厂厂长，1985年任营口市辽南橡胶厂厂长。1990年获辽宁省“123”工程先进工作者，1992年获省石化系统先进工作者，1993被评为中国优秀民办科技实业家、辽宁省十名优秀科技实业家之一，1994年任营口市人民政府科技顾问。

【时传祥·已故著名劳动模范·诞辰80周年】　1995年是全国著名劳动模范时传祥诞生80周年、逝世20周年。春节期间，全国总工会和北京市政府的领导，特地去看望了时传祥的家属。

时传祥，山东省菏泽市人。1915年生，1929年逃荒到北京，当了掏粪工，受尽粪霸的压迫和剥削。解放后成了崇文区清洁队的工人。为了换来万家净，他宁肯一人脏。别人一天掏50桶粪，他掏90桶。1959年他光荣地出席了全国群英会，被评为全国先进生产者。会议期间，刘少奇主席亲切地握着他的手说：“你当清洁工人是人民的勤务员，我当主席也是人民的勤务员，这只是革命的分工不同，都是革命事业中不可缺少的一部分。”刘少奇还特意送给他一支钢笔，鼓励他学文化。从此，时传祥认真学习文化，积极参加技术革新，为使北京市清除粪便实现机械化作出贡献。

在“文革”十年动乱时期，同刘少奇握过手的时传祥竟受到株连，被江青扣上“工贼”的大帽子，到处游斗，并将他全家赶回山东。但他坚信刘少奇是伟大的马克思主义者，他把刘少奇送给他的那支英雄牌钢笔，当作最珍贵的纪念品，在被赶回老家时，特意送给他的大儿子时纯庭，并嘱咐孩子：“要永远保存它，替我纪念那位送笔人。1972年10月26日，惨遭迫害身患重病、从来不喝酒的时传祥，破例让老伴做了几样下酒菜，颇有感慨地说：“今天是刘主席和我握手的日子，应该纪念他。”1973年三月，周恩来得悉时传祥的境况后，立即派人把他接回北京治疗，终因身心受到严重摧残，医治无效，于1975年5月逝世，终年60岁。

【何玲（女）·川剧演员·获第十二届中国戏剧梅花奖】 何玲以《打神》、《梅龙镇》、《思亲送柴》三折川剧出色地展示了她塑造人物的功力，1995年荣获了第十二届梅花奖。

何玲是一位山城姑娘，学戏于嘉陵江边。13岁考入重庆市江北区川剧团学员班，9个月后登台演出川剧《长生殿》，便表现出一种可贵的灵气和悟性。何玲边演出边学戏，青衣、花旦、武旦齐上，高腔、丝弦都唱，不仅学会《打神》、《思凡》、《前帐会》等传统折子戏，同时还在《御河桥》、《拦郡主》等大幕戏中担任主角。在川剧《杨八姐闯幽州》中饰演杨八姐，耍双锤；在《九龙屿》中饰演张从娘，弄花枪。因区级剧团扎根基层，面向农村，这为何玲提供了舞台实践的广阔天地。1986年何玲以川剧《打神》参加“川剧青少年比赛演出”，充分展示了她娴熟的武功技艺，使这个久演不衰的优秀传统折子戏更臻佳境。为此荣获表演一等奖。

1988年何玲调入四川省川剧院。同年赴京参加首届中国戏剧节，以演《打神》、《六月雪》两剧受到了首都观众的青睐。1990年再次赴京举办个人专场，除重排了《打神》、《六月雪》外，又增加了《别宫出征·射箭马踏》。三出大悲剧，三个复仇女性。这意味着演员要在同一色调下连续塑造三个悲剧人物，何玲能同中求异，并在悲剧的氛围中营造出强烈的反差。她的表演深得专家和观众的好评。

1994年何玲第二次在北京举行个人专场演出，除拿手戏《打神》外，还演出了她很少问津的花旦戏《梅龙镇》。这次她十分生动、诙谐地刻画了一位伶俐、可爱的民间少女形象。更难能可贵的是，何玲勇于向现代戏挑战，演出了选自川剧保留剧目《四川白毛女》中的“思亲送柴”一折。在该剧中溶入当代观众的审美情趣，吸收姊妹艺术的优点，再塑女主人公四川白毛女的形象。她的这个专场演出完成了以技巧表达艺术，以艺术表现人物的融化过程。

【何广位·捕虎奇人·报纸披露其徒手生擒虎豹的事迹】 1995年11月27日，《人民日报》（海外版）以“我为捕虎者说”为题，转载李存葆撰写的长篇通讯，介绍何广位当年徒手生擒众多虎、豹、狼、野猪的传奇事迹。

何广位，1909年出生于安徽宿县一个赤贫之家。自小食量惊人，力大无比。12岁时，父亲被土豪打伤致死，从此飘泊江湖。14岁流落豫东，拜一江湖游侠为师，练得一身武艺。17岁随师卖艺至湖南长沙，因不能忍受当地兵痞欺压，经一番格斗击倒兵痞20余人后，逃至桃源县余坪山，夜间突然有一野狼双掌搭住了他的双肩。何广位两手紧钳狼爪，猛地朝身前一掷，老狼被摔出一丈开外。他上前连击数拳，恶狼登时毙命。另一天，他在山中莽林小道上迎面遇到一只猛虎朝他扑来，何广位不及细想，举起铁拳运足气力朝虎头击去，一拳正中虎鼻，大虫当即昏倒，他就势猛踢虎腹，老虎肠断而亡。空拳毙死一虎一狼，使何广位发现自己具备徒手擒捉猛兽的本领，从此他辗转于山林之中，以狩猎为生。1943年在广西全州，何广位将打死的一只老虎上街出售，4名持枪日军硬要将虎占为己有。何广位盛怒之下，操刀劈倒3个日本兵。他虽携妻逃出，但一双幼儿却被日军活活摔死。

新中国成立后，何广位仍以擒兽为生，足迹遍及全国21个省、区的32条山脉，他的威名在民间广为流传。50年代，他应邀赴陕西岐山除豹，突遇几百只野狼从四方窜来，何广位不慌不忙，先飞起一脚，将一条头狼踢入河沟，用脚踩稳淹死，腾出手将另一只头狼一拳击倒，群狼顿时纷纷逃循，至今被当地人传为佳话。1966年在中条山，何广位6天连逮8只活豹。1972年，何广位率全家定居河南孟县武桥村，仍以狩猎为生。总计他一生擒缚老虎7只，野牛9条，豹子200余，野猪800多，野狼千只以上。野生动物保护法颁布以后，何广位不再狩猎，让其长子就地务农为生，自己与次子以入山采药为业。1983年成为河南省政协委员。1985年7月，日本东京电视台得知孟县有个“活武松”，派高柳等5人前来现场录制了他活捉野豹的电视纪录片。两年之后，中国新闻社派摄影组前来拍摄徒手擒豹的新闻片。当时正值隆冬，野豹难寻，所幸十多天前，老人曾为某动物园擒得一豹关在笼中。

于是放它出笼。囚豹一出笼，野性大发，拚命向何广位扑来，不几回合，就被老人擒入笼中。谁知拍摄人员因过分惊惧，关键镜头没有拍上。于是再次放豹出笼。这次豹子必是恨透了何广位，一出笼即以泰山压顶之势扑向何广位，老人一闪一蹲，两次避过豹子，趁豹子三扑之时，一拳击中豹鼻，打得豹子在雪地翻滚，老人徐步上前略补几拳，再将此豹囚入笼中，徒手擒豹的新闻片终于圆满封镜。如今，何广位已年逾80，身体仍如猿猱般矫健，雄风不减当年。

【何广沂·铁道建筑研究院副院长·被授予全国先进工作者称号】 1995年4月29日，中共中央、国务院召开的全国劳动模范、先进工作者表彰大会，在北京人民大会堂隆重举行。铁道建筑研究院副院长、教授级高级工程师何广沂，以其在工程爆破方面所取得的重大成就，被授予全国先进工作者称号。

何广沂，天津市人，1938年11月生，1964年7月毕业于中国科技大学近代力学系爆炸专业。30多年来，一直在铁道建筑研究院从事爆破理论及应用研究，具有坚实的理论基础与丰富的实践经验，取得了多项重要研究成果，曾获国家、部级科技进步奖6项。本人曾荣立三等功5次，获国家级有突出贡献的中青年专家、全国优秀科技工作者、"五一"劳动奖章、全国先进工作者、全国施工技术进步先进个人、铁道部劳动模范等荣誉称号。

1988年焦枝铁路复线建设中，有一段4.4万立方米的路堑，需要爆破，既不能毁坏5米处的高压线、通信线，还要保证列车正常运行。何广沂经过周密考察计算，大胆提出了"既有线大型深孔松动控制爆破"的方案，使爆破的岩石松动而不飞散，开裂而不滑塌。连续爆破21次，全部成功。这一成功之举，使工期提前3个月，节省工作日5万多个，节约费用40多万。经专家鉴定，该项技术是创新、突破，具有国际先进水平。他研究的"同段位高段别微差起爆新技术"，1992年应用于青岛火车站的改造工程，使相邻仅0.5米的新客站大楼玻璃及各种线路完好无损，旅客秩序井然，列车安全运行，创造了大城市人口稠密区施工爆破的奇迹。在攀枝花钢铁公司极其复杂的环境中，采用不同爆高和一定起爆间隔，成功准确地进行大框架楼定向爆破，使相距仅20公分的高压电缆桥丝毫未损。他主持的深孔水压爆破是对深孔爆破的又一发展。爆破后，岩石破碎均匀，节约费用20%。在贵阳龙洞堡国际机场建设中，比以往大吨位洞室爆破更加复杂，用药量最大的达3000多吨。他应用新型导爆管起爆，一次取得圆满成功，爆区1公里内的5个村庄600户居民，相距200米的职工住房以及工厂、学校、变电所等安然无恙。这次爆破使工期提前了21个月，节省费用1000多万元。经专家鉴定，认为是对洞室控制爆破的又一新的突破，属国内领先、国际先进水平。

30多年来，他主持的大小爆破千余次，爆破岩石数千万立方。如果垒成1米宽2米高的石墙，其长度为万里长城的3倍多，创造经济效益上亿元。

何广沂现为中国力学学会爆破专业委员会委员，中国铁道工程委员会委员兼爆破专业委员会副主任、中国工程爆破协会常务理事，先后发表学术论文60余篇，专著3部。

【何天宠（女）·杂技艺术家·获第二届杂技艺术"百戏奖"】 1995年12月，重庆杂技艺术团副团长兼艺术指导、国家一级演员何天宠，获第二届中国杂技艺术家协会颁发的杂技最高奖"百戏奖"。

何天宠，1940年12月生。四川省宜宾市人。1954年由重庆孤儿院选送入重庆杂技艺术团学员班，1960年毕业为演员。演出的节目有《平衡造型》、《排椅》、《水流星》等。60年代，她在老师的指导下，将《蹬人》和芭蕾中的托举，有机地结合在一起，创作表演了《蹬人造型》，赋予了《蹬人》节目以新的表演形式，开始形成了自己独特的艺术风格。她表演的节目，曾先后被拍入杂技艺术影片《春燕展翅》、《杂技女杰》、《杂技大观》。她曾随团多次到欧亚非澳20多个国家访问演出。1979年起，何天宠告别舞台，专门从事杂技教学工作，任重庆杂技团艺术室主任。1981年加入中国共产党。她忘我工作，辛勤育人，10余年来，在培训杂技学员工作中取得了突出成绩。1993年，她为本团推出4个节目参加第二届全国"新苗杯"杂技比赛，获得了一枚金奖、二枚银奖和一枚铜奖。她训练、排演的《舞流星》，1994年参加法国第八届"巴黎世界'未来'杂技节"获唯一金奖；《晃板跷碗》1995年参加法国第18届"巴黎世界'明日'杂技节"获银奖。

何天宠曾任中国杂技艺术家协会常务理事、四川省杂技家协会副主席，重庆市戏剧家协会理事；她还是第五届和第六届全国人大代表。1994年以来，她曾先后获重庆市妇女十佳标兵、重庆市劳动模范等称号。

【何凤生（女）·职业病医学专家·当选

为中国工程院院士】 1995年7月7日，中国工程院公布了新当选的院士名单。中国预防医学科学院劳动卫生与职业病研究所名誉所长何凤生，当选为中国工程院医药与卫生学部院士。

何凤生，1932年6月生，贵州省贵定人。1955年毕业于南京大学医学院医学本科，随后任北京和平医院神经内科住院医师。1961年调到中国医学科学院卫生研究所职业病研究室。她刚到这个岗位时，该所吴执中教授对她说的“神经系统是最常受到毒物影响，也是最容易受到毒物损害的器官。”这句话，给她留下深刻的印象。很快，面对着一位位身受毒物损害而抽搐、麻痹的患者，何凤生深切地体会到这句话的份量！她下工厂、赴矿山、到棉田，为了保障劳动者的健康，忘我地工作，并以累累的科研硕果，创立了我国的“职业神经病学”。

70年代初，在我国的氯丙烯作业工人中出现成批的周围神经病患者，而当时的国内外文献只提到氯丙烯具有肝肾毒性，偏偏这些工人肝肾功能正常。何凤生深入现场，细致观察、反复验证，在国际上首次证实氯丙烯可引起中枢一周围性远端型轴索病，从而荣获西比昂·卡古里国际奖。

在丙烯酰胺、农药拟除虫菊酯等多种毒物对人体神经系统的影响与危害上，何凤生做了大量深入的研究，取得了卓越成果。她率先对变质甘蔗中毒的致病毒素3—硝基丙酸引起脑损害研究取得的成果，已被载入国际权威专著中。

她先后52次参加国际会议和到国外讲学，是获得英国皇家内科学院名誉院士的唯一的中国职业医学专家，先后担任了世界卫生组织职业卫生顾问、亚洲职业卫生学会主席、国际职业卫生委员会理事、世界卫生组织职业卫生合作中心（北京）主任等职。目前，她不仅主编了一部200万字的大型专业书，还身处科研第一线，心系每一位在工作中可能受到毒物损害的劳动者。她说：“过去认为拟除虫菊酯药是无毒的。出现虫害，心急如焚的农民在毫无防护的条件下顶着烈日喷洒农药。所以我们到棉区不仅搞科研，还要搞宣传，让农民懂得一些劳动保健的知识。”

何凤生曾担任世界卫生组织职业卫生合作中心第二次会议组委会主席。先后获国家科技进步奖二等奖1次，卫生部科技进步奖一等奖2次，三等奖3次。她历任该所助理研究员、副研究员、研究员，从1986年起至今任改属中国预防医学科学院劳动卫生与职业病研究所所长、名誉所长。

【何凤仪·企业家·获首届中国京剧艺术节金菊奖】 1995年11月，由文化部等单位主办的首届中国京剧艺术节在天津举行。北京穆斯林餐厅总经理、中国戏迷协会会长何凤仪获首届金菊奖。他是中国大陆三名个人获奖者之一。

何凤仪，回族，1945年生于河北大厂回族自治县。作为餐饮业的管理人员，他有谋略，善经营，改革开放以来，将原来仅有4张餐桌、不足3万元固定资产的迎春小吃店，发展为拥有1500万元资产、年利税160万元的中高档餐厅，多次被评为市、区的先进单位、十佳企业；何凤仪也多次被评为市、区先进工作者。

何凤仪自幼喜爱京剧，1989年在京剧很不景气的情况下，为了弘扬民族文化，他以穆斯林餐厅为基地，经朝阳区批准，成立了中国戏迷协会，置办了音响设备，组织了文武场，每星期定期举办京剧演唱活动，不收会费，不售门票，免费供应茶水，受到群众的热烈欢迎。每到活动日期，二楼的200座位的大厅座无虚席，锣鼓铿锵激越，琴声悠扬悦耳，戏迷们竞相登台，一展歌喉，影响逐渐扩大，会员很快发展到百余人。他还聘请著名京剧表演艺术家张君秋、袁世海、梅葆玖、吴钰章等作顾问，定期来协会示范教授、演唱联欢，使会员的演唱水平不断提高，在各种群众性京剧比赛活动中屡屡获奖。尤为可贵的是6年来协会的活动从未间断，而且规模越来越大，越办越好。

他还以中国戏迷协会的名义，主办或参办过各项有利于京剧振兴的活动，或者对这类活动提供经费及各种物质援助。与《中国京剧》杂志社联合举办庆祝江泽民同志为《中国京剧》题词“振兴京剧艺术弘扬民族文化”的京剧演唱书画联谊会。赞助举办已故京剧名家马连良、王玉敏、李少春、李万春、裘盛戎、尚小云、荀慧生、于连泉等的纪念活动；资助中青年京剧演员杨淑蕊、孙毓敏，于魁智、王树芳、赵葆秀等举办专场演出，支持他们参加梅兰芳金奖及梅花奖的评奖活动；赞助北京市文化局举办“凤仪杯”青年戏曲演员汇演，扶助青年演员成长；赞助中国少儿京剧团赴台湾演出、北京少儿京剧比赛，开展少儿京剧活动等。还积极参与海峡两岸及海外京剧名家名票的交流活动，接待过魏海敏、王海波、邓宛霞、贾丽妮、蒋光超、毛家华、龙宇纯等人来协会演唱。特别是1992年安徽省遭遇特大水灾，他倡议并组织了京、津两地名家赈灾义演，全部费用由戏迷协会承担，全部演出收入和捐款献给灾区人民。这些活动对于普及京剧艺术、培养京剧观众、提高京剧爱好者的欣赏水平、沟通京剧名家和票友之间的联系，以及推动社会公益事业的开展都起到了重要作用。

协会的活动受到中央和北京市领导和艺术家们的重视、关心和支持。刘海粟亲笔题写"中国戏迷协会"会名，溥杰出席成立大会并亲笔题词，杨静仁、马文瑞、荣高棠、于桑等先后为协会题词，万国权亲自接见何凤仪等获奖者，何鲁丽、李志坚、陈广文等市领导亦先后前来参加活动并予以表彰。为庆祝协会成立6周年，会员们举办了三场公演，著名京韵大鼓名家骆玉笙亲率天津曲艺团前来助兴演出，在京城"票界"引起轰动。中国京剧院、北京京剧院联合举办联欢晚会祝贺何凤仪获金菊奖。何凤仪激动地表示：今后一定要为京剧的振兴办更多的实事。

【何世荣·机械专家·获国家科技进步一等奖】 中国第一重型机械集团公司副总工程师何世荣，主持完成的项目"400t 锻焊结构热壁加氢反应器研制"，获1995年国家科学进步奖一等奖。

何世荣在第一重型机械集团公司曾从事大型水压机自由锻造工艺编制与研究工作，以后主要从事公司热加工技术领导工作，分工电站锻件、轧辊、热壁加氢反应器等产品的技术攻关，有较精深的研究和丰富的实践经验，多次受到表彰。1991年获机械部大型火电成套设备国产化研制奖，1993年获省厅科技进步一等奖；1994年获机械部科技进步一等奖，同年，又获齐市科技进步一等奖一项。

400吨锻压结构热壁加氢反应器是现代炼油工作的核心机械设备，其冶金质量、锻压性能、焊缝水平都达到了当代国内外先进水平，且在价格上具有竞争力，获得国内广大炼油厂用户的高度信赖。该产品从开发到现在，共承接了25台大型热壁加氢反应器，使热壁加氢反应器实现了国产化，且全部独占了国内市场。

何世荣，广州人，1933年7月生，1958年毕业于前苏联乌拉尔工学院冶金系。在富拉尔基第一重型机器厂先后担任过技术员、工程师、锻压科科长、锻压处副总锻冶师、副处长、处长。1983年由机械部聘为高级工程师。1985年至今，任副总工程师兼生产长、市机械工程学会副理事长。

【何立庠·作家·杂文集《立言论语》出版】 杂文作家何立庠（笔名立言）继杂文集《立言走笔》出版后，又于1995年12月由中国广播电视出版社出版了第二本杂文集《立言论语》。

这两本杂文集中所收的杂文，是何立庠在《湖南广播电视报》头版"一周论语"栏目中所发表的言论性短文。他为自己确定的"背靠声屏找由头，面向社会抓热点"的写作准则，或杂感，或随笔，或评论，文体上不拘一格，但在内容上唯求有补社会，裨益风化。评论家们认为，立言的杂文能够取得成功，首先在于他有人民的观点、群众的观点。他所自定的原则"面向社会找热点"，就是要介人社会、介人人生，议论人民群众关心的问题，为人民而立言。

何立庠，湖南人。1936年生，1961年毕业于湖南师范大学中文系，曾任大学教师、机关干部、记者，现为湖南广播电视报社社长，总编辑。其作品曾获首届优秀报告文学奖。其代表作除两部杂文集外，还有报告文学《彭大将军回故乡》等。

【何协舫·南县南洲镇法律服务所主任·被评为全国十佳基层法律工作者】 1995年12月26日，湖南省南县南洲镇司法助理员、法律服务所主任何协舫，在人民大会堂领取了由司法部组织评选的第一届全国十佳基层法律工作者的奖牌和证书。

何协舫，1937年10月19日出生在南县蔴河口乡铁芦村，初中文化，1982年7月加入中国共产党，1982年11月以来，从事基层法律工作。他从1987年担任法律服务所主任后，担任常年法律顾问85家（次），担任诉讼代理101件，非诉讼代理166件，协办公证905件，调解各类纠纷462件，代写法律事务文书235份，解答法律咨询1607人次。通过各项法律服务，共为当事人挽回和避免经济损失2235余万元。近几年来，他锐意进取，在全省基层法律服务所中，率先推行面向社会公开招聘法律工作者制度，率先在所内实行全员劳动合同制和效益浮动工资制，率先开辟"风险办案"制和为法律工作者办理人身保险、养老保险等制度，调动了全所人员的积极性。

何协舫秉公执法，勤业敬业，竭诚服务，无私奉献。他敢于冲破地方保护主义的樊篱，以一个法律工作者的天职尽力维护法律的尊严。9年中，他为浙江、江苏、天津、湖北、江西等省的当事人代理诉讼、非诉讼案件113起，为外省当事人挽回直接经济损失400多万元。1992年，他担任东红村村委会常年法律顾问后，积极协助村委会收回村民拖欠集体的52万元资金，并建议用此款建商业门面和办油墨厂。结果，12间商业门面年租金收入达6万多元，油墨厂的产品获省优，畅销全国12个省市，年盈利达30万元。何协舫以优质服务取得了良好的社会效果。他承办的101件诉讼代理案件中，有82件胜诉，胜诉率达81%，承办的166起非诉讼代理案件中，有145件胜诉，胜诉率为89%；协办的905起公证事项，准确率达99.5%以上。有不少当事人以礼物、礼金相谢，都被他谢绝。

南洲镇法律服务所连年被评为全县司法行政系统全面工作先进单位，荣立集体三等功，被评为全省十佳法律服务所、全国优秀法律服务所。何协舫本人也连年受县委、县政府表彰，还荣立二等功和大功各1次。他还被司法部评为全国司法行政系统廉洁奉公先进工作者。他的先进事迹，先后被法制日报、法制月刊、人民调解等报刊作过专题报道，并被省政法委编入《为国徽添光彩的人们》一书中。

【何叔衡·中共“一大”代表·牺牲六十周年】 1995年是中共“一大”代表何叔衡烈士牺牲60周年，《人民日报》于4月22日发表《苏维埃的“一头牛”》长篇文章（作者易凤葵），纪念这位在中国共产党创建初期和大革命时期勤勤恳恳、任劳任怨为革命工作直至献出生命的无产阶级革命家。

何叔衡，字玉衡，号琥璜，1876年生，湖南宁乡人。1902年中秀才，曾在乡间教私塾、当小学教员。1914年毕业于湖南省立第一师范学校，后到长沙楚怡小学和师范附小任教。1918年4月与毛泽东、蔡和森等发起成立新民学会，曾被选为执行委员长。五四运动后，参加领导驱逐军阀张敬尧运动。1920年协助毛泽东创办文化书社和组织湖南俄罗斯研究会。同年9月任湖南通俗教育馆馆长，并主办《湖南通俗报》。1921年7月，到上海出席中国共产党第一次全国代表大会。会后回湖南从事建党工作，任中共湘区委员会组织委员。1925年曾当选为国民党湖南省党部执行委员、监察委员。大革命失败后，到上海任互济会书记，从事党的地下工作。1928年6月赴莫斯科参加中央六大，后入中山大学学习。1930年7月回国后，在上海担任共产国际救济总会和全国互济会主要负责人，继续做党的地下工作。1931年奉命进入江西中央革命根据地，历任中华苏维埃中央执行委员会委员，中央政府工农检察人民委员（工农检察部部长）、内务人民委员部代部长、临时最高法庭主席等职。在分管中央革命根据地监察、司法工作中，他坚持实事求是的原则，对办案、判决采取审慎、稳妥的方针，认为不该杀的坚决不能杀，该杀的也要证据确凿才能杀，不能滥杀。因抵制“左”的错误，遭到王明“左”倾领导者的打击，1933年遭受错误批判，被撤销党内外职务。何叔衡始终以一个共产党的党性原则，坚持从大局出发，忍辱负重，服从分配，努力做好组织分配给自己的工作。1934年10月，中央红军被迫撤离中央革命根据地，服从中央的安排，留在革命根据地坚持极其残酷的游击战争。1935年4月的一天（一说2月14日），在福建上杭县小迳村的一次突围战斗中，被敌人杀害。

【何昌贵·书法家·作品在全国第六届书法、篆刻展中获奖】 1995年6月1至5日，书坛注目的第六届全国书法篆刻展评选工作在北京顺义进行，在获“全国奖”的41人中，何昌贵是军队作者唯一获奖者，其作品是隶书条幅：“心无物欲即是秋空霁海，坐有琴书便成石宝月丘”。同年12月，其作品在中国美术馆展出。

何昌贵有着26年军旅生涯、30年书艺实践。他涉猎广泛，甲骨金文、秦篆汉隶、简牍帛书、墓志造像、淳化阁、三希堂墨迹无一不是他揣摩撷取的对象。使他渊源有自，立定基本。他认为，古代大师们笔下的点线，如果说成是一语言，那么这种语言一但与人的情感、见解、灵气融为一体，风格便形成了。何昌贵自励勤奋，以增强悟性，充补天性。近年来，为进一步提高自己的书法水平，游览诸多名山大川，书法创作亦渐脱俗。他的隶书古朴灵动，沉雄郁勃；行草书淡雅豪放，俊逸洒脱，令人赏心悦目。他非常重视品行修养，择善而交。多年来在部队培养军地两用人才活动中，他毫不保留地把自己掌握的书法技艺传授给战友们，并多次举办书法学习班，培养了一批书法人才。许多地方企业、学校请他去授课，大多利用业余时间，不计报酬。

何昌贵，字泊远。1954年生于黑龙江省安帮河畔。现为解放军八一0三六部队政治部副主任，中国书法家协会会员，黑龙江省篆刻研究会理事，佳木斯市书法家协会副主席。作品入选《当代中国书法艺术大成》、《中国书法鉴赏大辞典》。

【何鸣元·石油化工专家·当选为中国科学院院士】 1995年11月6日，中国科学院公布了新当选的院士名单，中国石油化工总公司石油化工科学研究院副总工程师、教授级高级工程师何鸣元，当选为中国科学院化学部院士。

何鸣元，江苏省苏州人，1940年生。他长期从事催化材料领域内的基础探索和应用研究工作，尤其在分子筛合成与应用方面做出了显著成绩。系统地研究了Y型分子筛上沉积稀土氢氧化物在水热条件下的解离和迁移，发现低价态的羟基稀土离子能大量迁移入Y型沸石的方纳石笼，同时沉积在分子筛晶体外的硅源可以在固相实现对分子筛脱铝后形成空穴的插入，开发出一种制备稀土高硅Y型分子筛的新方法，生产的SRNY分子筛重油裂化催化剂产生重大经济效益，获中国专利局优秀专利奖和1993年中石化总公司科技发明奖一等奖。发展异晶导向方法合成出水热条件下活性稳定性优异的MFI型分子筛，开发的ZRP分子筛系列产品性能优于国外的ZSM－5分子筛，并已用于重油催化裂解制丙稀等新工艺中，这类分子筛已出口国外。对分子筛合成体系中局部化学环境因素及其影响的研究发现，液固界面的表面浓缩作用可形成有利于合成的微观化学环境，发展了固体表面浓缩法合成β型分子筛及其它分子筛的新方法，正在工业试验中。在层柱分子筛、载持钢系有机金属络合物、金属氧化物与一碳化学等方面，均有重要发现。已申请专利35项，其中已工业实施10多项。在国内外刊物上发表论文数十篇。不少基础研究论文发表于国际重要学术刊物。

【何祚庥·中国科学院院士·带头揭露伪科学】　1995年12月和1996年1月，《中国科学报》连续刊登了中科院院士何祚庥等科学家挺身而出揭露伪科学、伪气功的文章与报道。其中主要有："水变油质疑"、"鉴定水变油的方案"、"温故而知新——揭露江湖骗术和'科学'作伪"以及"气功师张宝胜走麦城"等，在国内引起巨大反响。

针对市场经济条件下一些人打着"新高科技"、"特异功能"、"神仙术"等旗号骗钱、欺世盗名等现象，何祚庥坚持彻底唯物论，高举科学的旗帜，实事求是，有理有据地揭露其本来面目。例如，黑龙江省某公司经某大学鉴定的"水变油"发明，认为25%的柴油与75%的水组成的"膨化柴油"，经所谓"化验"肯定"水变成了碳氢化合物"，成为汽车、轮船通用的"油料"。这一伪发明居然通过了专家鉴定和司法公证。何祚庥致某大学鉴定小组的信和文章引起了国家有关部门和社会各界的重视，所谓"水变油"的发明和生产已被制止。

何祚庥，上海市人，1927年生，1945年在上海交通大学学习2年后入清华大学物理系，1951年毕业获理科学士学位，曾在中宣部科学处工作，后到中科院原子能研究所、二机部九院高能物理所工作，1959年～1960年在前苏联联合核物理研究所工作。1978年以后任中科院高能物理所、理论物理所副所长、研究员。50年代在朱洪元教授指导下，在V—A相互作用理论及色散理论关系方面有建树；60年代参加原子模型理论研究，获国家自然科学奖；70年代与人合作进行复合粒子量子场论的研究和应用实践；80年代与人合作进行微子质量研究、双B衰变理论的研究等，提出的科学见解受到国际上的重视。被国家科委批准为有突出贡献的科技专家。

【邱明华·青年植物化学家·获中国科学院青年科学家奖一等奖】　中国科学院昆明植物所副研究员邱明华，获1995年中国科学院青年科学家奖一等奖。

邱明华在蜕皮激素化合物的分离、鉴定工作中，建立了新的分离方法，并在化学反应及生源方面作了深入研究，得到国外学者的好评。其论文《筋骨草素C在碱性条件下的脱水反应》，探讨了α，β—不饱和酮（醛）的β—OH在碱性条件下的脱水反应机制，论文发表后，反响较大，法国里昂大学R. Lafont教授对此作了较好的评价，并赠送了大量有关植物蜕皮激素的研究资料。

邱明华在国内首先开展并系统进行了中国产黄杨科生理活性生物碱化学的研究。从黄杨科三属的一些植物中分离得到了37个甾体生物碱，有31个是新天然产物，其中新发现的Pachysandra型生物碱占该类化合物的60%，不但发现了一些新颖的结构，还深入进行了立体不化学、生理活性等的研究，并发现了一些甾族化合物的三A环上存在互变异构的现象，利用NMR新技术，进行了深入研究，测定了互变异构体的活化自由能，这一结果否定了甾族化合物均为刚性固环结构的经典观念，为甾族化合物的构象研究增添了新内容，该结果得到了著名同行专家的肯定。此外，还从事过其它生物碱、甾体、三萜及其配糖体的化学研究，发现新天然化合物50余个，还发现了含有3%以上达玛烷型人参皂甙类配糖体的新资源植物——棒锤瓜。

几年来，邱明华作为课题负责人承担6个研究课题，参与12个。发表论文40余篇（第一作者30篇），出版专著一部。

邱明华，云南省丽江人，1963年3月生，1984年毕业于北京大学化学系，获理学学士学位。1984年9月至今在中国科学院昆明植物所工作。其中1989年

9月至1990年9月在日本东京大学农学部研究生院进行生物活性物质结构的研究。现为副研究员。1989年获中科院科技进步三等奖，1995年获中科院自然科学三等奖，还多次获各种论文奖。1995年6月被选为中华全国青年联合会第八届委员。

【余冠英·古典文学专家·在北京逝世】

中国社会科学院文学研究所研究员、博士生导师、古典文学专家余冠英，因病于1995年9月2日逝世，终年89岁。

余冠英，1906年生于江苏扬州，1931年毕业于清华大学中国文学系，先后在清华大学、西南联大等校任教。1952年调中国科学院文学研究所任研究员，曾任文学所副所长、学术委员会主任、《文学遗产》杂志主编等职。是中国民主同盟盟员，中国作家协会理事，第三届全国人大代表，第五届、第六届全国政协委员，国家古籍整理出版规划小组顾问。

余冠英毕生致力于古典文学的教学与研究，成就卓著。所撰《诗经选》、《乐府诗选》、《三曹诗选》、《汉魏六朝诗选》、《汉魏六朝诗论丛》、《古代文学杂论》等，体例严谨，见解精到，向为国内外学界所称道；由他主持编写的《中国文学史》(三卷本)，为本世纪五、六十年代古典文学研究领域的代表性成果之一；由他主持编选的《唐诗选》，是中外公认的唐诗最佳选本之一。

【余德华·南郑县人民法院院长·被授予全国法院模范称号】　1995年12月14日，陕西省南郑县人民法院院长余德华，被最高人民法院授予全国法院模范称号。

余德华，1948年7月生，陕西省南郑县人，大专文化，1972年6月加入中国共产党。1970年起，他从事法院工作，先后当过书记员、助审员、审判员、庭长、副院长。1991年任院长以来，坚持从严治院，大力加强队伍建设。为提高干警政治业务素质，在全院开展了岗位学雷锋、行业树新风活动；投资10万元，组织干警参加“业大”学习。目前全院105名干警中已有76人取得大专文凭。

余德华尽心竭力抓审判。“严打”斗争中，他总是亲自审理案件。有一起拐卖人口案，被告有13人。余德华审了两天两夜，弄清了全部犯罪事实，仅用7天时间就审结了此案。一些经济纠纷案，严重影响企业的发展。余德华也总是加班加点，尽快审结。1994年10月，碑坝林场有100多万元外欠款收不回来。余德华审查案情后，安排4名审判员进山办案，短短12天就审结了17个案子，追回欠款20多万元。1995年，该院审结经济纠纷案250余起，追回欠款910余万元。

为了解决老百姓告状难的问题，余德华主动与司法行政部门配合，对基层调解委员和乡镇法律服务所加强业务指导，把大量的民事、经济纠纷解决在萌芽状态。同时，县法院采取“有告就理”和院长接待日等措施，对生活确有困难的当事人还减收或免收诉讼费。这些都深受群众欢迎。为解决执行难，他亲自挂帅，并把审判与执行相结合，常抓不懈与集中执行相结合，教育引导与强制执行相结合，提高了执行效率，每年执行率都在92.5%以上。余德华几年来开展法律宣传数百场，在报刊发表论文、调查报告80多篇。

余德华领导的法院年年受到县委、县政府的表彰。1991年被省委、省政府授予省级文明单位，1994年被省高院评为“两庭建设”先进单位，1995年被省高院评为“推行错案责任追究制”工作先进单位、“少年审判”、调研宣传先进单位，荣立集体一等功。余德华本人也先后被汉中地委、行署评为先进工作者、优秀共产党员、执法模范等，被省政法委评为“严打”先进个人，荣立二等功、一等功各1次。

【邹义·朝阳市公路处长·被授予全国先进工作者称号】　1995年4月29日，中共中央、国务院召开的全国劳动模范、先进工作者表彰大会，在北京人民大会堂隆重举行，辽宁省朝阳市公路管理处处长、高级经济师邹义，被授予全国先进工作者称号。

邹义，满族，辽宁义县人，1936年10月生，1957年8月参加工作，历任校长、公社书记、县交通局长等职。他锐意改革，积极进取，使贫困落后的朝阳市交通面貌发生了根本性变化，曾获朝阳市劳动模范、辽宁省劳动模范、辽宁省优秀创业者和全国“五一”劳动奖章等荣誉。

朝阳地处辽西，是全国十大贫困地区之一。邹义出任北票县交通局长后，发现本来为数不多的公路全是“光腚路”(无树)。经调查，主要是政策不对路。于是提出一套公路绿化的改革方案：交通部门与沿线农民合作造林，收益三七开，农民占大头；靠近乡村路段，交通部门无偿提供树苗，谁栽归谁。这个方案公布后，全县数万人踊跃参加，当年就绿化126公里，成活率92%，保存率95%，几条“光腚路”很快披上绿装。这件事在交通系统引起强烈反响。有人说这是挖公家墙角，是化公为私。经省委工作组调查，肯定了邹义的作法，并在全省推广了这一经验。

1986年，国家为帮助贫困地区发展，推出以工代赈政策。调任朝阳市公路处处长的邹义，抓住这一机遇，先后十多次向国家有关部门汇报，争取了以工代赈项目，并常年累月奔波于筑路工地督促检查。经8年艰苦奋斗，一举筑路2321公里，使朝阳市公路里程翻了一番。开通了7个闲塞地区，填补了24个空白点，接通46条断头路，又有344个村新通了公路。"八五"期间，公路建设又朝高质量、高水准迈进。横贯全市的101国道256公里路段，全部改造为二级油路，新建朝阳至锦州输港公路，缩短了朝阳至海港的距离，使偏僻的朝阳成为亚沿海城市。公路密度已达全省平均水平，晴雨通车里程达3283公里。

1991年，55岁的邹义，又获得全国"五一"劳动奖章。有人说，功成名就，可以轻松过几年啦！可邹义还要啃硬骨头。为了充分发挥公路养护道班工人积极性，他走访调查后，提出组建独立核算的公路养护所，政企分开，自主经营，自负盈亏；用工实行合同制，联户联质计酬计奖。经半年试点，成效显著，辽宁全省召开现场会推广他的做法。1993年，他从美国考察回来，又积极组建公路工程集团公司，把全市小施工企业捏成拳头，打出朝阳，参加市场竞争。仅一年多时间，这个集团就相继在西宝，长吉、沈铁等高速公路建设中标。连连告捷，创产值5100多万元，获利润540多万元。

【邹向平·四川音乐学院讲师·钢琴作品获国际比赛一等奖】　为奖励优秀的中国风格钢琴作品创作，向世界昭示中国音乐的魅力，由中国国际广播电台、中央电视台和香港国际音响影视制作有限公司联合主办的"'喜玛拉雅杯'首届中国风格钢琴作品国际比赛"，1995年12月5日在北京音乐厅举行颁奖典礼，同时举行了获奖作品音乐会。四川音乐学院作曲系讲师邹向平创作的《即兴曲——侗乡鼓楼》获作品一等奖；第二炮兵政治部文工团陈春光创作的《怡》和意大利托尼诺·德赛创作的《简约风格两章》获作品二等奖；获三等奖的三部作品是：香港顾七宝的《钟馗醉酒图》、台湾何能贤的《江村秋香》和罗马尼亚莫丘尔斯基的《库布福尼亚》；另有林戈尔的《峨嵋晚钟》、徐昌俊的《四首民歌主题钢琴小品》、段继枢的《奏鸣曲》和杨晓忠的《楼台臆像》四部作品获优秀奖。

本次比赛从1995年4月开始向中国大陆、香港、台湾和海外华人音乐家征集中国风格的钢琴作品。要求每一参赛者不超过两首作品，每首作品演奏的时间不超过8分钟。截止至10月31日，收到来自中国大陆20多个省、市、自治区以及台湾、香港、澳大利亚、以色列、意大利、美国、罗马尼亚、法国、爱沙尼亚、俄罗斯和德国等14个国家和地区的100位作曲家寄来的130首钢琴小品。这项赛事的宗旨是，为弘扬中华民族的优秀音乐传统，推出一批能代表时代，代表今日中国人风貌的钢琴曲佳作，并使之走向国际乐坛。获奖作品大多是源于中国音乐传统而又吸收了很多来自西洋作曲手法，把一种民族的精神通过钢琴这件来自西方的乐器表达出来，使之具有国际性。参赛作品的音乐风格多种多样，乐曲题材亦较丰富。

邹向平，四川省成都市人。毕业于四川音乐学院。现任四川音乐学院作曲系讲师。是中国音乐家协会会员。其作品《鱼凫祭》曾获我国1992年举办的"全国管弦乐作曲大赛"特别奖和1993年台湾举办的"第二届作曲比赛"佳作奖。

【邹荻帆·著名诗人·在北京逝世】

中国作家协会理事、原《诗刊》主编邹荻帆，1995年9月5日在北京逝世，终年78岁。

邹荻帆，1917年生于湖北省天门县。1938年湖北省立武昌师范毕业。抗日战争爆发后，在武汉参与发起中华全国文艺界抗敌协会，与冯乃超、穆木天、蒋锡金等办诗刊《时调》。1938年与臧克家等人在大别山参加文化工作团，从事抗日救亡工作。同年参加上海救亡演剧第二队，在武汉、桂林、香港等地从事演剧活动。1940年秋，在重庆复旦大学外文系和经济系读书，此后又担任过中学教师、报纸编辑、新闻社翻译人员等工作。1949年以后，任中国作协外委会委员等职。1957年后，历任《文艺报》编辑部主任，《世界文学》编委，《诗刊》副主编、主编。

邹荻帆的创作活动开始于30年代中期，在30、40年代出版诗集十余部，尤以长诗见称于世。早期的叙事诗多反映农村劳动人民的苦难，控诉国民党反动派的黑暗统治。抗战时期的诗歌作品基调更为明朗、高昂，诗句更朴实凝炼。此外，诗人还写有政治讽刺诗，创作有长篇小说，翻译过小说、诗歌和寓言等。其主要作品有诗集《尘土集》、《雪与村庄》、《青空与林》、《噩梦备忘录》、《走向北方》、《祖国抒情诗》等，长篇小说《大风歌》。

邹荻帆晚年虽然身体不好，双腿浮肿，胸部积水，但他念念不忘他的长篇小说《苦涩的罗曼史》的出版。

他把这部小说献给故乡湖北天门，他以这部小说纪念他的这一代人走过的历程。他虽然卧病在床，但仍用颤抖的手为《新文学大系·诗歌卷》拉篇目，草拟序言；他逝世前完整的绝笔之作，是对新疆一位诗人作品的评价。

【邹家华·国务院副总理·强调发展经济必须突出各地特色和优势】 1995年4月8日，在西南4省“九五”计划座谈会上，中共中央政治局委员、国务院副总理邹家华讲话时强调，各省在经济建设中一定要突出自身特色，发挥自身优势。

邹家华指出，“九五”时期，对于我国实现经济发展的第二步战略目标，是个非常重要的时期，编制“九五”计划是一项非常重要的工作。国家要有整体的、全面的发展规划，但具体到每一个省区，情况千差万别，就不能平均使用力量，而要从自己的实际出发，根据市场需要和资源情况，突出自身的特色和优势。在进入社会主义市场经济新体制的时候，尤其要注意这一点。

邹家华强调编制“九五”计划要注意的问题：一是既要有国家统一计划，又要有地方的积极性，两者不可偏废。二是在建设项目的安排上要量力而行，尽力而为。要选准项目集中力量打歼灭战，干一项成一项，使每个项目完成后都产生良好的效益。三是要把节约和环境保护纳入发展规划。要特别重视节约耕地，这是一项国策。各省区都要按照国家规定，建立基本农田保护制度。环境保护也要高度重视，各省区在制订“九五”计划时，都要对环境情况作出分析，提出对策。四是要把经济发展建立在科技进步的基础上。“九五”计划要在提高经济增长质量上下功夫，要充分发挥现有科学技术特别是应用技术的潜力。要加强企业的技术改造，重视新产品开发。科学技术的发展规划，要考虑得更长远一些。

邹家华，1926年10月生，上海市人。1944年在淮南参加新四军。1945年6月加入中国共产党。曾在华中新四军建设大学学习，后任山东省政府实业厅干事，中共哈东地委秘书，松江省宾县常安区委副书记、书记。1948年入哈尔滨工业大学补习俄语，后赴苏联留学，1955年回国。任沈阳第二机床厂工艺科工艺师、副主任工程师、厂副总工程师、总工程师、厂长。1964年起任第一机械工业部机床研究所所长兼党委书记，机械研究院党委副书记、革委会副主任。1973年任国务院国防工办副主任。1982年起任国防科工委副主任，兵器工业部部长，国家机械工业委员会主任。1988年任国务委员兼机械电子工业部部长，国务委员兼国家计划委员会主任。1991年任国务院副总理兼国家计划委员会主任。是中共第十一届、十二届中央候补委员，第十二届（增选）、十三届中央委员，第十四届中央政治局委员。

【邹韬奋·政论家·杰出的出版家和新闻记者·纪念诞辰一百周年】 1995年11月5日，首都各界在人民大会堂隆重集会，纪念邹韬奋诞辰100周年。他是我国现代史上卓越的文化战士、伟大的爱国者、杰出的出版家和新闻记者。中共中央总书记、国家主席江泽民，国务院总理李鹏为纪念大会题词。李鹏出席纪念大会，并发表了讲话。

邹韬奋，原名恩润。祖籍江西余江。1895年11月生于福建永安。1921年毕业于上海圣约翰大学。次年任中华职业教育社编辑股主任，主编《教育与职业》月刊。1926年任《生活》周刊主编，从此毕生从事新闻出版工作。他早年宣传职业修养，倡导刊物为读者服务。“九一八”事变后，反对国民党当局的不抵抗政策，宣传抗日救国，并通过译述介绍西方的现状，以求促进中国的社会改革。1932年创办生活书店，出版了许多进步书刊。

1933年，他参加了宋庆龄、蔡元培、鲁迅等人发起的中国民权保障同盟，当选为执行委员。不久被迫流亡国外。他利用这一时机，研读了马列主义著作，并对世界状况作了翔实的考察。1935年8月回国，在上海创办《大众生活》周刊。他以极大热情投身抗日救亡活动，与沈钧儒、马相伯等人组织上海各界救国会，被选为全国各界救国联合会执行委员。1936年11月，他与沈钧儒等7人被捕，时称“七君子事件”。

1941年皖南事变发生后，国民党当局对他的迫害加剧，被迫离开重庆出走香港，在港复刊《大众生活》周刊，并任救国会海外工作委员会常务干事。太平洋战争爆发，他辗转到了苏北解放区。1943年3月赴上海治病，1944年7月病逝。中共中央接受他在遗嘱中的申请，追认他为中共党员。

邹韬奋一生写下了大量的文章，他写的通讯和评论善于向人们指出前进的道路，鼓舞前进的信心，在广大读者中唤起了巨大的爱国热情，把一批又一批青年引上革命的道路。中国韬奋基金会历时数载，编辑而成的《韬奋全集》，共30000多篇，800万字，分成14卷，于诞辰100周年之际，由上海人民出版社出版。

【应士歌·浙江中汇（集团）公司总经理

·被评为全国优秀企业家获金球奖】　浙江中汇(集团)股份有限公司总经理应士歌，在全国纺织行业不景气的环境下，把握机遇，实行经营机制上的重大改革，短短几年时间，公司的净资产从1270万元增加到1.9亿元，上交税利从358万元上升到1518万元，实现利润4200万元。1995年3月，应士歌被评为第六届全国优秀企业家，获金球奖。

应士歌擅长运用资金取益，他说："公司发展的宗旨就是在合法经营的前提下，追求利润的最大化。在资金运用上，他强调"借鸡生蛋"，用最少的自有资金搏取最多利润。1989年，他们用委托贷款的方式，仅以自有资金投资10%的极小比例，办起了宁波"中鑫"毛纺集团，全部引进国际先进设备，不到5年时间，年产值从560万元上升到近1亿元。固定资产从250万元增加到近3000万元，从一家村办小厂变成宁波市的明星企业、出口创汇先进企业。

在资金投向上，应士歌用上规模、高科技的原则来保证资金的回报率。1991年他们建立的湖州德泰制衣有限公司，大胆采用外方管理形式，投资回报率达70%以上。

应士歌看到纺织行业效益普遍低于其他行业的现实，果断地把公司经营重心逐渐向其它行业转移，涉足机电、精细化工、房地产、服务业等使"中汇"年资金回报率达100%以上，被许多老纺织称为"奇迹"。

应士歌的成功之处还在于他重视人才，善于发挥每个人的才能，通过机制保证人才的平等竞争。公司下属的分支机构的经理都实行招聘制，在公平的舞台上，人才一个个冒出来。当前许多经营性公司都为人才流失大伤脑筋的时候，"中汇"的骨干们都说，只愿跟着"应总"干。

应士歌，1945年12月18日出生，浙江黄岩人。1968年12月毕业于华东纺织工学院。当过工人、技术员、供销员、科长、厂长，从1987年7月，先后担任浙江纺织股份有限公司总经理、浙江省纺织工业集团公司总经理，1992年至今，担任浙江中汇(集团)股份有限公司总经理。

【辛志勇·农业专家·获国家发明二等奖】　中国农业科学院作物育种栽培研究所研究员、副所长辛志勇，主持完成的课题"综合应用生物技术创造抗黄矮病普通小麦新种质"，获1995年国家发明奖二等奖。

小麦黄矮病是小麦主产国的重要病害之一。从1985年起，辛志勇与澳大利亚的合作者通过综合应用现代生物技术与常规育种相结合，在国际上马首次将中间偃麦草的抗黄矮病基因导入普通小麦，育成了一批抗性优异、农艺性状好的普通小麦新种质。该成果不仅为国内外小麦改良提供了前所未有的种质资源，而且还开拓了一条融常规育种、染色工程、组织培养和分子生物学技术于一体的导入外源基因育种的新途径。

辛志勇，江苏锡山人，1942年5月生，1963年毕业于苏北农学院农学系。曾在中国农科院气象研究室、农业研究所工作。1978年调中国农科院作物所，历任麦系副主任、主任、现任副所长，国际玉米小麦改良中心理事，中国农业科学院学术委员会委员。1979年赴墨西哥国际玉米小麦改良中心进行普通小麦育种合作研究半年，1981年10月至1984年1月在英国剑桥植物育种所进修小麦细胞遗传，1986年及1989年又两次赴澳大利亚联邦科工组织种植业研究所开展黄矮病抗病生物技术育种的合作研究。"八五"期间任国家科委高技术863计划生物技术领域第一主题办和攀登计划"粮棉油雄性不育杂种优势利用基础研究"的专家组成员。他参加国家"六五"、"七五"、"八五"的多个五年计划的研究课题，取得多项成果，分别获院、部及国家级奖励8项，主笔和参与在国内外刊物上发表学术论文有37篇。

【辛彩霞(女)·围场县刑警队教导员·被评为中国警界女十杰】　由公安部、全国妇联主办，首都11家新闻单位协办的中国警界女十杰评选活动，1995年8月25日揭晓。河北省围场满族蒙古族自治县公安局刑警队教导员辛彩霞，被评为中国警界女十杰之一。她同时还获得全国公安系统二级英模和全国三八红旗手称号。

辛彩霞，女，蒙古族，1958年12月出生，辽宁凌源人，大专文化。1974年12月至1980年3月，在围场县龙头山林场工作；1980年4月至1985年11月，在围场县检察院任助理检察员；之后调到县公安局工作，战斗在打击犯罪的第一线。1990年3月任预审股股长后，秉公执法，廉洁奉公，成功地审理了多起重特大疑难案件。她刚上任时，就审理了一起特大轮奸、强奸流氓团伙案。这个犯罪团伙涉及违法犯罪人员200多人，有着很大的靠山和保护伞，受害女青年达65人。受害人羞于启齿，无一报案。落网的案犯自恃有靠山拒不开口。辛彩霞在审理过程中，顶住了说情送礼，顶住了威胁恫吓，顶住了流言蜚语，写下了遗嘱，置生命于不顾，对案犯攻心斗智。经过65个日日夜夜的拼捕，终于使这伙恶贯满盈的犯罪分子受到法律的严惩，其中2名被处死刑、1名死缓，15名主犯被判徒刑，73名团伙成员受到了处理。几年来，辛彩霞通过审讯破案270余起，帮教挽救失足青少年30余名，为国家、集体和人民挽回经济损失40余万元。在同犯罪分子作斗争的同时，她深钻细研，撰写有关犯罪规律特点的业务论文，分别在省级和国家级刊物上发表过，其中《关于超期羁押产生的原因、危害及对策》一文，获第二届全国看守监管工作研讨会优秀论文奖。辛彩霞先后荣立个人二等功、三等功各1次，曾被评为燕赵女十杰、三八红旗标兵、巾帼建功十女杰等。

【佟伟·书法家·《佟伟书法集》出版】

1995年《佟伟书法集》由大众出版社出版，收集了作者80余件书法精品。启功为该书作序称其“才学安祥，文章流美，华亭董氏之遗风旧韵行再见于今朝”。“行将集其自撰诗联以及所录古句，编成一册，携以见示。钦服之余，略申鄙见。知佟伟先生当不以为河汉”。《书法导报》对佟伟的书法艺术作了系统的评价。《书法报》等还选登了佟伟的作品。

佟伟书法师承汉隶，又草书投入了更大的情感和精力。以后，又转向了章草。他对章草的学习，首先采取“揭泽而渔”的方法，从汉史游的《急就章》到清王世镗的《稿诀集子》，对历代章草作品进行了研究、整理和临写。在此基础上主编、出版了《中国章草名帖精华》。而在应用上，他主张“得一部分，丢一部分”，在这样的思想指导下，他经过反复锤炼、碰撞，不断融合、升华，初步形成了自己以章草为主调的灵秀清雅的风格。他的自作诗《登岳阳楼》、《题聊斋》等，线条爽利而富有弹性，造形平中有寓险，适时应用章草的波磔，使结字时而内敛，时而开张，增加了变化和弦律效果。从80年代末以来，佟伟的作品及其创作追求，逐步为艺术界、学术界所肯定和赞誉。但佟伟却谦逊地称自己的“文艺爱好颇多，但无一专精，水平一般。将赖诸多良师益友们的劲策，重点思考作品的不足，扬长补短。”

佟伟，笔名冬韦、冬青，满族，辽宁昌图人，1929年9月生。作品多次参加全国书法篆刻作品展览，参加在台湾举行的“当代大陆书法精英巡展”和在香港举行的“中日书法交流展”以及在东京举行的“日中书法交流展”等。作品被收入《中国当代墨宝集》和《当代书法家作品选》，或为博物馆、美术馆、纪念馆收藏，还被镌刻于黄河碑林、长城碑林等。曾出访日本和新加坡进行书艺交流。从事业余文学创作，出版《迎春集》(诗集)、《歌泣集》(散文集)、《赞三军》(歌曲集)和长诗连环画册《神奇的工匠》、《书坛纪事》、《中国章草名贴精华》等。1980年参加中国书法家协会创建工作，任第一届中国书法家代表大会秘书长。现为中国书法家协会副主席、中国书协中直机关分会会长，中国文学艺术界联合会联络部主任。

【沙呷阿依(女)·中央民族大学舞蹈系青年教师·在京举行个人专场舞蹈晚会】

1995年4月，中央民族大学、国家民委教育司和文化宣传司、中国少数民族舞蹈学会及凉山彝族自治州人民政府共同举办了沙呷阿依专场舞蹈晚会，这是新中国成立以来，彝族舞蹈家首次在京举行个人舞蹈晚会。从四川大凉山来的“阿咪子”沙呷阿依，以其对各民族的民间舞蹈的独到的理解和精湛的技艺，成功地展示了维吾尔、藏、苗、蒙、傣、傈僳、彝、壮等8个民族不同风格、韵味的舞蹈。她丝丝入扣、细腻入微的表演，受到舞蹈界和观众的好评。

沙呷阿依，彝族，祖籍四川省凉山州甘洛县。1964年1月7日生于四川越西县。自幼喜爱舞蹈，1977年考入四川省舞蹈学校，1980年毕业。后在凉山州歌舞团担任舞蹈演员，表演过独舞、双人舞、群舞的领舞。1982年被授予四川省“三八”红旗手称号。次年考入北京中央民族大学舞蹈系深造。1986年毕业后因成绩优异留校任教，现为舞蹈系讲师。由于她虚心好学，刻苦钻研和勤于实践，使其掌握了较多的民族舞蹈技能，并善于运用夸张变形的舞蹈语汇，细腻入微的表演技巧和身心交融的舞意念诠释不同民族的舞蹈，形成了自己独特的舞蹈艺术风格。曾在全国少数民族舞蹈会演、亚运会“9.21”晚会、首届中国国际艺术节开幕式等活动中担任领舞。随中国艺术团体出访过埃及、美国、日本等10余个国家，并受到欢迎和好评。在出访蒙古人民共和国时，被授予“为蒙中文化交流做出突出贡献的优秀演员”荣誉称号。曾在北京市第一届舞蹈比赛、第三届全国舞蹈(独、双、三人舞)的赛中，分别获优秀表演奖、中国民间舞创作奖和(演员)组委会奖；被文化部评为三等功，被授予“珠穆朗玛优秀演员奖”。她创作和参与创作的作品有《五彩云霞》、《阿咪子》、《三色情》等舞蹈。发表有《彝族舞蹈渊源之我见》等专著。

【沙博理·翻译家·报纸介绍其为中西文化交流所作贡献】　1995年10月30日，《北京日报》以“中西文化的桥梁”为题，发表长篇通讯，介绍翻译家沙博理从1947年来华后，为将中国文学名著译成外文而辛勤工作近半个世纪的感人事迹。

沙博理，1915年出生于美国纽约一个中下层家庭。父母原是俄国犹太人，上个世纪末，逃到美国。沙博理在纽约读完了小学、中学。1933年入圣约翰法学院学习，1937年毕业后从事律师职业。1947年应征入伍，当时正值太平洋战争爆发，上级把他送入康奈尔大学学习汉语和中国历史、地理知识。结业后，分配到檀香山美军太平洋司令部，从事破译日军密码的情报工作。1946年从军队退伍后，又先后在哥伦比亚大学和耶鲁大学就读，继续学习汉语专业。

1947年4月，沙博理怀着十分向往东方中国的感情，毅然离开纽约，来到中国上海，从事律师工作。随后，沙博理结识了革命文化人凤子，她当时正在编辑中共地下党领导的进步刊物《人世间》。沙博理教凤子英文，凤子教他中文。他们慢慢建立感情。1948年5月16日沙博理和凤子结婚后，更加同情中国革命，他经常和凤子一起参加革命文化人的聚会，掩护被国民党反动派追捕的革命青年，利用他的律师事务所为地下党的接头地点。1948年底，沙博理、凤子到达北平，准备投奔解放区，后听从地下党的安排，在北平迎来了解放。在等待分配工作的日子里，沙博理用英文翻译了反映战争年代火热斗争生活的长篇小说《新儿女英雄传》。从1952年开始，沙博理在《中国文学》整整工作了20年，并于1963年经周恩来总理批准加入中国籍。在此期间，沙博理相继翻译了《林海雪原》、《保卫延安》、《创业史》、《小城春秋》、《活人塘》、《李有才板话》、《小二黑结婚》，以及巴金的《家》、茅盾的《春蚕》等十几部长篇小说和许多短篇小说，共达数百万字。“文革”十年中，沙博理没有停顿手中的笔，耗费巨大精力翻译完成了中国古典文学名著《水浒传》。

近几年来，沙博理除了倾全力翻译中国文学作品外，还陆续写了自传体著作《一个美国人在中国》（写到1979年）、《四川的经济改革》、《中国封建社会的刑法》、《中国学者研究古代中国的犹太人》、《马海德传》。目前，正在续写个人的传记。除写作外，沙博理还曾在《停战以后》、《长空雄鹰》、《西安事变》电影中扮演角色。沙博理现已离休，他是第八届全国政协委员。

【冷相发·中共庄河市委书记·被授予优秀县（市）委书记称号】 1995年6月30日，全国百名优秀县（市）委书记表彰会在北京中南海怀仁堂召开。中共中央总书记江泽民出席会议并作了重要讲话。会上宣读了中共中央组织部对全国在县（市）委书记岗位上取得优异成绩的100名干部，授予优秀县（市）委书记称号的决定，冷相发名列其中。

冷相发，山东郯城县人，1947年4月出生，1968年10月参加工作，1974年6月入党，大专文化。曾任大连市甘井子区镇党委书记、副区长、区长等职。1993年7月任现职。

从大连市区调任地理位置比较偏远、经济发展相对滞后的农业大市庄河，冷相发首先抓了市委领导班子的团结。他与市五套班子的同志一个个谈心，还请教原市级班子领导成员，并召开各类人员座谈会，围绕庄河市的改革开放、经济建设沟通思想，统一认识，共谋发展大计。在他的领导和模范作用影响下，市五套班子心齐气顺，整体战斗力明显增强。各领导成员人人包项目、包乡镇、包企业，齐心协力抓经济。1994年，庄河遭受15号热带风暴袭击，灾害严重，但全市社会稳定，除粮食减产外，社会总产值比上年增长38%，国民生产总值增长31.4%，财政收入增长33%，农村人均收入增长20%，达到1594元。综合经济实力仍居全省第2位。1995年，冷相发又提出抓住庄河经济发展的突破口，加速实施港口、经济开发区等项建设的“三三工程”。

为了庄河的长远建设，冷相发建议常委会把选拔使用年轻干部提到工作重要议程，当作一件迫在眉睫的大事来抓。根据他的意见，市委在1994年充实、调整了乡局级领导班子，选派了70多名35岁以下、具有大专以上学历的年轻干部到乡镇挂职锻炼。为提高这些年轻干部的素质，市委举办培训班，冷相发前去探望，与他们进行座谈，给他们压担子，指路子。现在，全市已形成一支年龄结构、知识结构比较合理的年轻干部、妇女干部和非党干部的后备队伍。冷相发关心群众疾苦，他到北部山区的12个生产发展落后，群众生活贫困的乡镇调查研究，认真分析这些乡镇贫困落后的原因，和当地干部群众一起大打公路翻身仗，大搞农田基本建设，开展“普九”达标活动，实施“移民工程”等，通过这些工作，很快改善了基本设施和生产条件。1994年，庄河的公路建设跻身全省公路建设文明行列，还夺得省农田建设“大禹杯”和大连市“绿化杯”。

【汪华（女）·贵州省茅台酒厂副厂长·被授予全国优秀女企业家称号】 1995年“三八”妇女节前夕，中国女企业家协会授予贵州省茅台酒厂副厂长、高级工程师汪华全国优秀女企业家称号。

汪华,1943年1月31日生,安徽人。中国共产党党员。1962年于贵州省轻工业学校毕业后,分配到该省茅台酒厂。当过工人、化验员、检验员、检验科副科长、质量办公室主任。198　年任副厂长后,分管制酒、制曲、包装、酒库等9个车间和科研所、检验中心、质量管理、生产等5个处室,都是关系全厂质量、产量、效益的关键部门。汪华以强烈的事业心、高度的责任感,顶着传统观念和习惯势力的阻力、压力,狠抓质量教育和管理。在厂其他领导的支持下,她苦口婆心,不厌其烦,动员、说服干部和职工,办起了学习班,她既是组织者,又是教员,还是辅导员。为了将学习成果落实到生产管理实践中,她到每个车间、班组,亲自绘制有关图表、讲解示范,使职工都能领会、应用,并组建QC小组,开展技术攻关,提高了产品质量,节约了能源的消耗。随着形势的发展,为将企业管理与国际惯例接轨,汪华参与发起、组织全厂对ISO9000系列标准的贯彻实施。经过两年多的艰苦努力,建立起的质量体系,被国家认证机构所肯定并取得合格证书,从而使茅台酒厂的质量管理走上国际化、标准化、现代化的轨道。在走科技兴厂的道路中,她作为主管科技的副厂长,十分重视科研人员的培养和科技队伍的建设,不仅形成有微生物、分析化验、色谱组、新产品开发部为一体的科研机构,而且造就了由数十人组成的一支实力雄厚的科技队伍。汪华参与领导、组织这支队伍,经过大胆摸索、试验,不仅改变了酒厂过去全靠手工操作生产的方式,成功地开发了茅台酒微机勾兑系统,而且还成功地发展了低度茅台、茅台威士忌、汉帝茅台、茅台女神、茅台白兰地、补酒、药酒、贵州醇等系列产品,结束了酒厂产品单一的历史,增强了企业发展后劲。产量连年突破历史水平,且产品合格率为100%。企业成为全国白酒行业唯一的国家一级企业,获全国驰名商标第一名、全国优秀企业金马奖。1994年在美国举办的纪念巴拿马万国博览会80周年国际名酒品评会上,茅台酒又获特别金奖第一名。汪华从一个风华正茂的女青年来到酒厂,如今已渡过她无怨无悔的大半生。是省、全国优秀质量管理工作者、省优秀女企业家和"三八"红旗手及省"五一"劳动奖章获得者。

【汪易·北京军区原副司令员·在北京逝世】　北京军区原副司令员汪易,因病于1995年2月13日在北京逝世。终年79岁。

汪易,四川省阆中县人,1932年加入中国共产主义青年团,1935年转为中国共产党党员,1933年参加中国工农红军。历任宣传员,宣传大队长,科长,秘书长,教员,旅供给部副政委,冀热辽军区供给部政委、部长,师政委,军副政委,总后勤部司令部参谋长,北京军区后勤部部长等职。1955年被授予少将军衔。土地革命战争时期,他主要从事宣传工作,长征途中,带队圆满地完成了警卫收容和筹措粮食等任务。抗日战争期间,他参加了延安大生产运动,并出征太岳太行筹措粮款,保证了部队物资粮食供应。解放战争期间,他主要负责军区的后勤保障工作,有力地保障部队参加锦州、辽沈、天津等战役的后勤供给。

【汪齐凤(女)·青年芭蕾舞蹈家·所创办的芭蕾舞学校首次公演】　为祝贺"'95上海国际芭蕾舞比赛圆满成功,上海市舞蹈家协会副主席、上海芭蕾舞团一级演员汪齐凤创办的国内第一个以芭蕾舞演员名字命名的业余芭蕾舞学校,1995年10月8日在上海外滩陈毅广场举行演出。这是该校成立两年来首次合演芭蕾舞剧片断、芭蕾小品。演出的12个中外舞蹈,水平之高,令观众叹为观止。

汪齐凤,祖籍江苏省苏州市,1963年生于上海市。1973年考入上海市舞蹈学校学习芭蕾。在校期间,即主演过《风雪小红花》、《春雨新花》、《幸福光》和芭蕾舞剧《草原儿女》、《卖火柴的小女孩》、《堂·吉诃德》、《白毛女》等。1979年毕业后,在上海芭蕾舞团任主要演员。次年在日本大坂举行的第三届世界芭蕾舞比赛中,获第14名,并为祖国夺得第一枚国际芭蕾比赛的奖牌。1982年、1984年分别在美国、法国获杰克逊第二届国际芭蕾比赛特别优秀演员奖、第一届巴黎国际芭蕾比赛"巴黎歌剧院发展协会奖"。汪齐凤的艺术作风严谨,技巧全面精湛,尤其在脱离舞伴的情况下,单足尖站立的稳定性"像钉子钉在台上似的"令人赞叹不已。她曾于1985年、1987年分别应菲律宾芭蕾舞团、新西兰皇家芭蕾舞团之邀,进行联合演出,并在新西兰担任古典芭蕾舞剧《胡桃夹子》的主演。她表演的主要剧目有:《关不住的女儿》、《吉赛尔》、《葛蓓莉娅》、《雷雨》、双人舞《海侠》、《爱丝米拉达》、《罗密欧与朱丽叶》、《鹿回头》等。被誉为芭蕾名星的汪齐凤,于1993年创办了以她名字命名的芭蕾舞学校,并在该校成立一年之际创下佳绩,全校135名学员全部通过权威的英国皇家舞蹈学院级别考试,令英国考官称奇,为此,该校成为英国皇家舞院的会员学校。她表示,学校办学目标面向21世纪,面向世界。争创一流学校,培养一流人才。汪齐凤两次被评为上海市文化局“新长征突击手”、1984 年被评为全国“三八”红旗手、1985 年被评为上海“文艺十佳”和市劳动模范。

【汪集旸·地热学家·当选为中国科学院院士】　1995 年 11 月 6 日，中国科学院公布了新当选的院士名单，中国科学院地质研究所研究员汪集旸，当选中国科学院地学部院士。

汪集旸，江苏省吴江人。1935 年生。他长期从事理论和应用地热研究，在大地热流、深部地热、矿山、油田地热和地热资源方面作出高水平的开拓性研究。70 年代从事大地热流和矿山地热研究，填补了我国这一领域的空白；80 年代在攀西地区确定出我国第一个“热流省”；恢复了华北盆地中新生代以来的热演化史；提出热流(q)—生热率(A)线性相关律在我国东南地区不成立的新观点；划分出我国大陆五种岩石圈热结构类型。在我国开创矿山地热工程科技领域，提出矿山地温类型划分及矿山热害防治的地质—工程措施；提出我国地热资源形成分布的构造—热背景；提出中低温对流型地热系统成因模式，并撰写出世界上第一部专著《中低温对流型地热系统》；指出我国大中型含油气盆地地热特征并从地热角度对油气潜力作出评价。曾获煤炭工业部科技进步奖一等奖，中国科学院科技进步奖一等奖和三等奖，中国科学院自然科学奖一等奖和三等奖，石油工业部科技进步奖三等奖。

【沈浮·已故电影导演艺术家·获中国电影世纪奖】　1995 年 12 月 28 日，在北京举行的中国电影世纪奖颁奖典礼上，中国电影事业的开拓者之一，已故优秀电影导演艺术家沈浮荣获中国电影世纪奖。这项评奖是为纪念世界电影诞生 100 周年暨中国电影诞生 90 周年，由广电部电影事业管理局、中国电影家协会、中国电影出版社和中共北京市委宣传部联合主办的。在 1995 年 3 月上海电影评论学会主办的上海影评人奖评选中，沈浮编导的影片《万家灯火》获得“中国电影 90 年十大名片”之一。

沈浮，原名沈恩吉，笔名沈哀鹃，1905 年 3 月 23 日生于天津。中学未毕业就开始独自谋生，先后做过小贩、徒工、号手、报刊编辑等。1925 年考入天津北方影片公司，在影片《血手印》、《永不归》中饰演小角色。1926 年自组渤海影片公司自编自导了影片《大皮包》。1930 年后创作小说《烽燹鸳鸯血》连载于《国强报》。1933 年来到上海加入联华影业公司，先是编辑《联华画报》，后改做编剧、导演。编写了剧本《出路》、《狼山喋血记》(合作)，编导了影片《无愁君子》、《天作之合》、《自由天地》等。这些影片对光怪陆离黑暗腐败的社会现实进行了讽刺与批判。他在创作上受卓别林“同情弱者，抗争强者”的喜剧手法影响还对喜剧创作进行了有益的尝试。抗日战争爆发后，沈浮与陈白尘、白杨等进步电影工作者组织了上海影人剧团，开展抗日演剧宣传工作。1938 年到达重庆后，编导创作了《重庆二十四小时》、《金玉满堂》、《小人物狂想曲》等话剧，导演了《草莽英雄》、《两面人》、《日出》、《雷雨》、《原野》、《雾重庆》、《群魔乱舞》等话剧。抗战胜利后，沈浮到北平“中电”三厂任编导、副厂长，编导了影片《圣城记》、《追》。1947 年回到上海加入昆仑影业公司，编导了《万家灯火》、《希望在人间》，参与编写剧本《乌鸦与麻雀》。《万家灯火》是他的代表作，也是现实主义电影创作的一个高峰。影片通过战后国统区城市小市民阶层胡智清一家的遭遇，展示了战后都市社会的阶级关系和广大人民的痛苦与不幸，暴露了当时社会的黑暗，具有尖锐的现实主义批判精神；整个影片在艺术处理上，朴实无华，具有强烈的生活实感。新中国成立后，沈浮进入上海电影制片厂，编导了《纺花曲》、《万紫千红总是春》，导演了《斩断魔爪》、《李时珍》、《老兵新传》、《六十年代第一春》、《北国江南》、《阿夏河的秘密》、《曙光》等十几部影片。编写了《大风浪里的小故事》、《丰收之后》等电影剧本。这一阶段的创作，题材广泛、形式多样、成就显著。其中以《李时珍》、《老兵新传》、《曙光》为成功之作。沈浮先后担任过中国影协常务理事、上海影协分会主席和上海市电影局艺委会主任等职。1994 年 4 月 23 日在上海逝世。

【沈之荃(女)·高分子化学家·当选为中国科学院院士】　1995 年 11 月 6 日，中国科学院公布了新当选的院士名单，浙江大学化学系教授沈之荃，当选为中国科学院化学部院士。

沈之荃，1931 年出生于上海市。现为浙江大学化学系教授、博士生导师、校学术委员会委员。她长期从事高分子化学和材料科学方面的基础和应用基础研究工作，主攻过渡金属络合催化聚合，在创建具有中国特色的稀土络合催化聚合方面做出了重大贡献。50 年代，首先研制三元镍系顺丁橡胶，并为成功地建立我国万吨级顺丁橡胶工厂做出突出贡献，获 1985 年国家科技进步奖特等奖。60 至 70 年代，开展并组织领导了稀土络合催化双烯烃聚合的研究工作，1982

年获国家自然科学奖二等奖。80 至 90 年代，将稀土络合催化聚合研究发展到炔烃、环氧烷烃、环硫烷烃、交酯内酯、极性单体等聚合及固定 CO_2 制备聚碳酸酯等领域，取得一系列创新成果。1986 年国家教委科技进步奖二等奖、1990 年浙江省科技进步奖二等奖、获 1993 年国家自然科学奖三等奖、199[illegible] 年获光华科技奖一等奖。

【沈木珠（女）·深圳大学副教授·被评为全国十名杰出青年法学家】 1995 年 12 月 26 日，由中国法学会组织评选的全国十名杰出青年法学家揭晓。深圳大学副教授沈木珠被授予杰出青年法学家称号。

沈木珠，1955 年 4 月 6 日生，中国共产党党员。中山大学外语系毕业，1990 年在上海社科院获法学硕士学位。现为深圳大学副教授，法律系副主任。沈木珠主要的研究领域是中国涉外经济法、对外贸易法和海商法。她撰写了《中国涉外经济法》、《海商法新论》和《中国对外贸易法律》三部著作，与人合作完成《中国涉外经济法概论》。先后在《中山大学学报》等报刊上发表了《论我国的商检制度》、《论我国仲裁制度的新发展》、《在深化改革中加强外资立法》、《国民待遇探析》、《海上救助公约的发展及其影响》等多篇论文。1993 年出版的《中国涉外经济法》一书，内容涉及我国涉外经济法律的各个方面，在前人研究和著述的基础上，对我国涉外经济法律作了全面的论述。该书获得 1994 年广东省法学会优秀成果表扬奖。

1992 年，她参加的深圳大学法律系承担的“改革法学教育，培养涉外涉港法律人才”的课题获广东省优秀教学成果一等奖，次年又获国家教委优秀教学成果二等奖。

【沈丹华（女）·农民合同工·被授予全国纺织行业特等劳动模范称号】 在杭州丝绸印染联合厂打工的农民合同工沈丹华，1995 年 4 月被授予全国纺织行业特等劳动模范称号，并应邀到北京参加了表彰大会。

沈丹华，浙江萧山市坎山乡人，1971 年出生。9 年前，沈丹华从初中毕业后来杭州打工，进入杭丝联当了一名挡车工。她操作的是国内最先进的丝绸织机，织的 01 真丝双绉坯绸是部优产品。作为一名来自农村的打工妹，她感到特别自豪，充满干劲。她一人看管 4 台织机，每天在只有六七平方米的空间不停地走，8 小时下来至少要走二三十公里路，虽然很累，但很高兴。9 年来，她总是提前上班，延迟下班，就连饭也常常是在织机前吃。开始时，是为了自己学技术、练技术；后来是为了帮助姐妹们捉断头、练技术、抢修设备，同时提高自己织的丝绸的产量和质量。最近 3 年，沈丹华超产坯绸 14209 米，相当于厂里下达给她的一年的生产任务；产品的一级品率始终保持在 95%以上。3 年来，她为车间义务加班工作 2700 多个小时，相当于她一年正常上班工作的时间。一些纺织工不愿带学徒，怕影响自己的产量和质量，减少收入，沈丹华从企业的整体效益出发，仅 1994 年就带了 5 个学徒，尽管为此增加了许多工作量，但她仍然在当年加班 100 多个班次，多织绸缎 4 万多米。凭着勤勤恳恳的实干和默默奉献的精神，沈丹华连年被评为厂和杭州市经委系统的劳动模范、先进工作者。1993 年被评为浙江省劳动模范。

【沈丹萍（女）·电影演员·获第十八届《大众电影》百花奖最佳女演员奖】 北京电影制片厂演员剧团演员沈丹萍，因在电影《留村察看》中饰演乡村女教师罗彩云，于 1995 年 10 月 22 日举行的第四届中国金鸡百花电影节上获第十八届《大众电影》百花奖最佳女演员奖。影片在 1995 年 5 月 23 日举行的’94 中国电影华表奖评选中获优秀故事片奖，并入选中宣部评选的 1994 年度精神文明建设“五个一工程”。

影片《留村察看》描写了被免职的县长简正，在留党察看期间主动到贫困村与村民同甘共苦、改山治水、脱贫致富、赢得人民的信任，最后又重新当选为县长的故事，尖锐地反映了当前干群、党群关系存在的问题，对人民大众关心的反腐倡廉问题进行了艺术思考。沈丹萍饰演的乡村女教师罗彩云，面对下乡帮助村里脱贫致富的干部简正，不仅工作上积极支持他，并在生活上给予细致的照料，表现了女主人公渴望改变家乡落后面貌的一片赤诚之心。沈丹萍在影片中的表演朴实、自然、真切，深得观众喜爱。

沈丹萍，回族，1960 年 2 月生于江苏南京。1978 年考入北京电影学院表演系，1981 年在电影《被爱情遗忘的角落》中饰演女主角农村女青年荒妹，电影《百合花》中饰演女主角贫苦农家新媳妇荷花，引起了观众的注意，其中《被爱情遗忘的角落》获 1981 年文化部优秀故事片奖。1982 年毕业后分配到北京电影制片厂演员剧团，先后在电影《一盘没有下完的棋》、《夜上海》、《蓝色的花》、《请把信留下》、《在银幕后面》、

《未完成的处女作》、《屠城血证》、《女人国的污染报告》、《大磨坊》、《我的九月》、《战争子午线》、《青春卡拉 OK》、《留村察看》,电视剧《草叶上的露珠》、《中国儿童城》、《只要你活得比我好》等影视剧中饰演女主角或重要角色。此外,她还执导了一部电视剧《一个女孩和两个男孩》,出版了两本自传体丛书《我的艺术和婚恋》、《阳光下的漂泊》。

【沈永祥·交通部一航局残疾职工·首创蛋壳雕刻艺术载入吉尼斯世界纪录】 1995 年 10 月 18 日,《北京青年报》以《轮椅上诞生吉尼斯纪录》为题,报道了交通部一航局残疾职工沈永祥,以顽强自立的毅力,创造出蛋壳雕刻艺术的四项"吉尼斯世界纪录"。

沈永祥,河北省滦南县人,1959 年 10 月 7 日生,高小毕业后于 1981 年初到交通部一航局当工人。这年在秦皇岛港煤码头一期工程前方栈桥施工时,他为抢救工友,从 14 米高的脚手架上摔下来,造成高位截瘫。终生以轮椅为伴的厄运,对当时只有 24 岁的沈永祥打击很大。几次大手术的剧痛他都挺过来了。可 1.80 米的身材、健壮的体魄连同青春的理想都要被囚禁在轮椅上,他实在接受不了这个残酷的现实。1987 年 11 月,沈永祥和一直陪伴照料他的农家姑娘邸素芝结婚。次年女儿呱呱坠地,三口之家每月仅有 120 元收入,生活拮据。物质上的清贫更激发了沈永祥的精神追求和艺术上的创作欲望。

沈永祥自幼爱好绘画、木刻,他在从鸡蛋上刻画小狗小猫哄逗女儿的天伦之乐中,萌生了在蛋壳上搞雕刻的想法。1990 年盛夏,沈永祥开始了向蛋壳雕刻艺术殿堂的跋涉。在只有 3 根发丝厚的蛋壳上雕刻各式各样图案绝非易事。他把各种蛋用盐腌、用气蒸、用水煮,然后取下蛋壳,不停地雕着、刻着。这样经历 5 个春秋,手上磨出厚厚的老茧。夏天,小屋气温高达 30 多摄氏度,长时间坐轮椅患了褥疮,他仍不中断雕刻。坐轮椅不行就躺在床上刻,支撑体重的右臂衣袖不知补了多少回。沈永祥在经历几千次失败之后,终于在一个鸡蛋壳上从能够雕出 108 个三角形提高到能雕刻 300 个菱形孔。后来用鸭蛋壳、鹅蛋壳雕刻获得成功后,他又向鹌鹑蛋壳开刀。直径小不盈寸,皮厚仅 0.15 毫米的鹌鹑蛋壳,其雕刻难度更大。妻子成脸盆地买来鹌鹑蛋让他尝试。又是经过 1300 多次失败,居然能在一个鹌鹑蛋壳上刻成 120 个菱形孔。

1994 年 10 月,沈永祥用心血和汗水、用超人的毅力和精湛的技艺雕刻成了一个 300 个菱形孔的鸡蛋壳、一个 350 个菱形孔的鸭蛋壳、一个 370 个三角形孔的鹅蛋壳和一个 120 个菱形孔的鹌鹑蛋壳。这一系列"绝活儿"令世界吉尼斯总部人员叹为观止。当吉尼斯总部把"大世界吉尼斯之最"的大红证书送到沈永祥手里时,他欣慰于自己的劳动成果得到社会承认。

近一年来,沈永祥的作品已达十几种,有各种几何造形(镂空),十二生肖图(镂空),临名人手迹、毛泽东诗词手书(全部),古今人物肖像雕刻,篆书英文雕刻,山水、花鸟、鱼虫、动物、古今龙象,形象动人逼真。沈永祥的蛋壳雕刻,尚属世界首创。全国三十多家报刊、电台、电视台,作了报道。中央电视台国际部为他拍摄了向全球 85 个国家播出的专题片。

【沈成孝·冶金机械专家·获国家科技进步特等奖】 宝钢集团副董事长高级工程师沈成孝,获 1995 年国家科技进步奖特等奖。

沈成孝,辽宁鞍山人,1936 年 1 月生。1952 年 8 月毕业于鞍山钢铁学院冶金机械专业,1984 年任宝钢总厂副厂长,1994 年任宝钢集团副董事长。自 1984 年调宝钢工作以来,协助厂长抓全厂的设备工作,积极学习新技术、新知识、新设备、新工艺,主动深入现场,帮助基层解决设备上的重大问题,确保宝钢生产安全顺利进行。使宝钢一、二期工程均提前达到设计水平,超设计生产,主要经济指标达到国际先进水平,经济效益逐年提高,为宝钢实现劳动生产率、产品质量等方面的世界一流水平作出了积极贡献。

沈成孝注重推行现代化的管理。他总结国外经验,结合宝钢实际,推行作业长制、设备定点检修制标准化作业、自主管理、设计值管理等管理制度,参与创建了宝钢特色的现代化管理体制。他还积极开展科技工作,在引进消化的基础上,大胆创新,改进操作方式,努力跟踪世界先进技术,在负能钢、炉龄等方面达到世界先进水平。

他作为发明人完成的项目〈宝钢生产系统优化技术〉,是一项综合性高技术成果。该项目共有科研成果 525 项,其技术总体上达到国际先进水平。其中主要成果有 8 项:高炉长寿技术的开发;研制了大流量氧枪喷头,开发了吹氧加热的炉外精炼新技术:发现并纠正了国外原设计中的错误,使热、冷轧钢板产量和质量超过原设计水平:研究开发了国产耐火材料,国产化率达 97%:自行开发了计算机管理网络:开发和应用节能新技术等。这些成就为国内钢铁企业的建设和技术改造,提供了有益的借鉴。

【沈学础·物理学家·当选为中国科学院院士】　1995年11月6日，中国科学院公布了新当选院士名单，中国科学院上海技术物理所研究员沈学础当选为中国科学院数学物理学部院士。

沈学础，江苏省溧阳人。1938年生，1958年到中国科学院上海技术物理研究所工作至今，1986年晋升为研究员。1989年—1993年任红外物理国家重点实验室主任。1993年起任该室学术委员会主任。

他主要从事固体光谱和固体光谱实验方法等方面的科学研究并取得多项重要成果，提出并首先实现光调制共振激发谱、高压下调制光谱、带间跃迁增强与诱发回旋共振，使一些固体光谱现象观测研究成为可能。发现半导体晶体中新一类局域化振动模，发展了固体中杂质振动的理论；发现半磁半导体中d电子和p电子态间杂化，首次测定塞曼杂化态波函数的混和与重组，将固体中微观杂化混和的实验与理论研究推进到新高度；最先观测到和测定GaAs调制掺杂多层结构的量子化能级，实验揭示了这种结构确可形成超晶格和量子阱；将硅光热电离光谱灵敏度提高1至2个量级，成为超纯材料浅杂质研究检测的唯一方法，发现硅中两个新施主中心和16条与杂质高激发态相关的新谱线，提高了固体中杂质电子态研究水平。关于InGaAs/GaAs中两类超晶格电子态共存、nipi结构光生载流子的长寿命等发现也有重要意义。发表研究论文180余篇，被国外引用300多篇次，获多种奖励，并已培养博士研究生20名。

【沈荣显·兽医专家　当选为中国工程院院士】　1995年7月7日，中国工程院公布了新当选的院士名单，中国农业科学院哈尔滨兽医研究所研究员沈荣显，当选为中国工程院院士。

沈荣显，1923年生于辽宁省辽阳县一个农民家庭，1942年以优异的成绩考入奉天（今沈阳）农业大学兽医系，1948年东北解放后，到设在哈尔滨的东北农业部家畜防疫所（中国农科院哈尔滨兽医研究所的前身）工作。1972年，沈荣显担任马传贫研究室主任，开始主持这一尖端课题。马传贫是马、驴、骡共患的一种毁灭性病毒传染病。它传染快、死亡多、危害大，在世界上已流行一百多年。我国马传贫的研究始于1965年，研究方法基本还是在国外专家走过的老路上徘徊。然而，沈荣显知难而上，决心走出一条中国式的马传贫研究新路。为此他和同志们一道，靠集体的智慧和千百次的实践，连克三关，终于获得成功。第一关，用驴的白细胞驯化出弱毒；第二关，延长攻毒时间，获得免疫力；第三关，找到攻毒的最佳剂量、时机。1975年6月，世界上第一支马传贫驴白细胞弱毒疫苗制成了，整整8年时间，沈荣显说不清自己付出了多少个不眠之夜。1977年以后，疫苗在十几个养马的省、自治区、直辖市全国推广使用，全国累计注射几千万匹次，到1983年，我国成为世界上率先有效地控制了马传贫流行的国家。据农业经济专家估算，这项科研成果的直接经济效益超过13亿元。

沈荣显从事家畜传染病与免疫学研究近40年，先后参加研究成功“牛瘟弱毒疫苗”、“猪瘟兔化牛体反应苗”及“羊痘弱毒疫苗”，对控制和消灭疫病起了积极作用。其中，“牛瘟弱毒疫苗”，1956年获中国科学院三等奖（即第一次国家自然科学奖）；1972年以来，他主持的“马传染性贫血病研究”，1978年获全国科学大会和省科学大会奖，1982年获农牧渔业部技术改进一等奖，1983年获国家发明一等奖；“猪瘟牛体反应疫苗”，1984年获中国农业科学院技术改进二等奖；“马传贫诊断方法”1986年获农牧渔业部技术进步二等奖，1990年获陈嘉庚奖。除此，他还发表了24篇学术论文。1979年被授予哈尔滨市特等劳动模范称号，1980年获黑龙江省特等劳动模范称号。

【沈虹光（女）·编剧·其创作的话剧《同船过渡》获第五届文华剧作奖】　由武汉话剧院演出的话剧《同船过渡》赴北京、上海、广州、深圳、成都等地公演，所到之处好评如潮，至今已过百场。该剧通过两个小青年为方奶奶代登征婚启事这一生动有趣的故事，招来了老船长高爷爷的应婚。经过一段曲折，最后这对老人达到了“百年修得同船渡，千年修得共枕眠”的结局。被誉为“近年来难得的好戏”，赢得了观众与专家的褒扬。该剧不仅在1995年连获文化部的文华大奖话剧类榜首及包括剧作奖在内的4个单项奖，还荣获本年度中宣部的“五个一工程”奖，中国戏剧节演出优秀编剧、优秀导演、优秀表演等7个奖。该剧是由湖北女剧作家沈虹光编剧。

沈虹光，1948年8月4日出生于江苏省南通市。早年随父母移居武汉，12岁时毕业于戏校表演预科班，1960年进入湖北省话剧团当演员。她热爱文学，1979年发表处女作短篇小说《春与秋》，此后曾有短篇小说《美人儿》与中篇小说《大收煞》在武汉文坛获奖。1982年，35岁的沈虹光开始写作话剧《五·二班日志》，并很快被搬上银幕；并获全国优秀剧本奖。

1983年，深入大别山革命老区生活。创作无场次话剧《寻找山泉》，并获全国优秀剧本奖。1988年至1990年间，沈虹光的话剧剧本《搭积木》与《丢手巾》相继发表并公演。《搭积木》经拍摄成电视室内剧后，获中央电视台星光杯奖。《丢手巾》在东京召开的亚洲妇女剧作家会议上用日文和英文朗读演出，反响热烈。1990年以来，沈虹光还创作了多部、集电视剧，其中《你好TAXI》、《戏剧人生》在中央电视台播出后获得好评。沈虹光还荣获曹禺戏剧文学奖，曾应邀出席第一、二、三届国际妇女剧作家会议。她的剧作被评为：善于从平凡普通的人生中发掘出诗意，对苦恼而又滑稽的人生深怀善意，表现了对人的关切和对未来的向往。

【沈韫芬（女）·原生动物学家·当选为中国科学院院士】　1995年11月6日，中国科学院公布了新当选院士名单，中国科学院水生生物研究所研究员沈韫芬，当选为中国科学院生物学部院士。

沈韫芬，上海人。1933年生，历任中国科学院水生生物研究所助理研究员、副研究员、研究员。她主持了我国22个省、自治区的原生动物区系和分类研究，已鉴定近2000种，新种35种。在《西藏高原的原生动物》中，描述458种，80%为新记录，含12新种，首次探讨了西藏原生动物的地理分布和生态特点，被国外同行评为“十分重要的科学贡献，将成为这一领域的经典”；首先在我国不同气候带开展土壤原生动物的研究，阐明了不同温度地区的区系组成特点和季节变动规律。30年来通过对武汉东湖中浮游的、着生的和底泥的原生动物种类、数量的季节变动规律和在富营养化过程中原生动物群落结构与功能的长期演变过程的研究，提出了新的见解。1981年与美国Cairns院士进行合作研究，回国后，对PFU法（Polyurethane foamunit）不断改进和创新，使之成为一种有效的水环境质量评价体系。1991年我国国家环保局颁布实施《水质—微型生物群落监测—PFU法》。这是我国第一个自行制定的生物监测国家标准。美、加、韩、英、德等国已有十几篇文章中表示赞赏，称她“是建立微型生物群落评价的世界领导者之一”。共发表论文、专著等104篇。获国家自然科学奖1项，科技进步奖4项和国家环保局科技进步奖1项。

【宋健·国务委员兼国家科委主任·谈实施科技兴国战略】　1995年5月30日，在全国科学技术大会上，宋健代表中共中央、国务院作总结报告时强调指出，历史留给我们一种选择：依靠科技进步求中国之强盛。科技兴国战略，要求我们大力发展科技和教育事业，提高人民的科学文化素质，提高农业和农村经济技术水平，提高工业技术创新能力；调整产业结构，用现代科技武装企业，发展高技术产业，加速国防现代化建设，科学地开发利用资源，保护环境，提高人民的生活质量和健康水平。

宋健说，我国的科技工作要坚定不移地继续执行对外开放的政策，更有效地开展国际合作，加强与国外同行的交流，引进、消化吸收和学习世界各国科学技术先进成果。但是，要实现社会主义现代化的宏伟目标，必须依靠我们自己的力量。在任何形势下，工作在各条战线上的科技工作者必须大力发扬自力更生、艰苦奋斗精神，提高全民族的创新能力。这是实现我国现代化建设宏伟目标的根本保证。

宋健强调，提高全民族的科技文化素质，是社会主义物质文明和精神文明建设的基础。全党、全国人民都应该从这一战略高度出发，重视加强科技普及工作。科技界要和社会各界一道，旗帜鲜明地、坚定地维护科学精神，反对愚昧迷信活动，反对伪科学。

6月29日，在国际保护工业产权协会中国分会会员大会上，宋健被选为中国分会第四届理事会会长。

宋健，1931年12月生，山东荣城人。1945年参加革命工作。1947年6月加入中国共产党。1953年赴前苏联学习，获副博士学位，1960年回国。曾任国防部第五研究院二分院研究室副主任、主任，中国科学院数学研究所控制论研究室副主任，七机部26所副所长，七机部二院副院长，北京信息控制研究所研究员、所长，七机部总工程师、副部长，航天工业部副部长。1984年后任国家科学技术委员会主任。1986年起任国务委员兼国家科委主任。是中共第十二届中央候补委员（1985年增补为中央委员），第十三、十四届中央委员，中国科学院院士，中国工程院院士。

【宋世雄·电视节目主持人·获国际广播电视体育节目主持人奖】　美国广播电视体育节目主持人协会（ASA）于1995年11月16日宣布：中国中央电视台的宋世雄被命名为“ASA1995年年度国际广播电视体育节目主持人”，同月30日在纽约举行的晚宴上，协会主席路易斯·O·施瓦茨说：“宋先生给人们留下的印象是：口才、智慧、对体育的渊博知识以及对于描绘一项运动所倾注的极大的热情。”美国奥林匹克委员会主席勒罗伊·沃克博士说：“他是世界上最受人尊敬的国际广播电视体育节目主持人之一。”

宋世雄1960年5月进入中央人民广播电台体育组任播音员，之后任中央电视台体育记者。从1961年4月为第26届世界乒乓球锦标赛进行现场解说起，至今从事广播、电视体育评论工作34年之久。他曾报道解说了奥运会、世界杯足球赛、世界锦标赛、世界大学生运动会、亚运会等40多个体育项目的近2000场比赛。其中对中国女子排球队多次获得世界冠军的现场转播解说，给听众留下难忘的印象。他捕捉到郎平说的“训练真苦，楼都上不去，睡觉时腿就抽筋”“我真想不干了，可我舍不得”。这有血有肉的深情，深深打动了亿万观众的心。

比赛现场的播音工作是很艰苦的，一次乒乓球团体决赛，一打就是6个小时，而且重复动作多，而要做大量的评述来弥补间隙，滔滔不绝地讲述，是要付出大量的心血和精力。在他的转播台上，除了一摞资料，还有一盒打开盖的清凉油，放在话筒底座上，倦意袭来，他就往前额和上唇上抹，抹多了，皮都脱掉一层。他的解说评论在国内外有着深远的影响。国内外通讯社评论说：“一场精彩的体育比赛，如果没有宋世雄的解说似乎缺少了什么”，“他是中国第一嘴”，他解说的特点是口齿伶俐，思维敏捷，知识渊博，语言生动，富有激情，使听众身临其境，人们称他为听众的“耳目”。

宋世雄，1939年11月生于北京，在中学读书时便爱好体育，善于在比赛现场进行解说。毕业后在街道共青团义务工作3年，在此期间继续练习体育比赛的现场解说。现任中央电视台体育部播音指导、高级体育评论员、北京广播学院兼职教授、中国广播电视节目主持人研究会副会长、第六、七、八届全国人大代表。

【宋礼华·生物学家·研制成功人a—干扰素单克隆抗体】 1995年11月，安徽省人民政府为宋礼华主持研制成功人a—干扰素单克隆抗体给予10万元人民币的奖励。这项科研成果还获得安徽省科技进步一等奖、国家科技进步三等奖。同年3月27日，宋礼华还获得由中国青少年发展基金会和中国国际人才交流协会设立的首届“展望奖”。

宋礼华，1957年出生于安徽省当涂县，1977年考入安徽农学院，1984年获植物病毒学硕士学位。1988年赴联邦德国汉诺威兽医大学免疫研究所研修，主攻现代免疫学单抗隆抗体技术，并获得好成绩。1990年7月，毅然放弃继续攻读博士学位和毕业后拥有丰厚待遇的机会，回国投入安徽省“八五”科研攻关项目人a—干扰素单克隆抗体的研制及应用。人a—干扰素（IFN）被证明在治疗淋巴瘤、黑色素瘤、白血病、肾瘤等肿瘤疾病和预防感冒、治疗乙型肝炎、单性疱疹等病毒性疾病方面都有着广泛的应用前景。据初步统计我国上述病人每年需要人a—干扰素大约5～6亿支。

临床使用的人a—干扰素，最初是从人的白细胞中制取，由于产量低、成本高，受到极大的限制。80年代，随着生物技术的发展，利用基因工程大规模地生产纯度高、成本低、价格便宜的人a—干扰素成为现实。但是该干扰素的关键装备—单克隆抗体亲和层析柱，全世界只有英国一家公司独家经营，价格非常昂贵，并且只能重复使用20次，需不断更换。我国几个生产人a—干扰素厂家所用的单克隆抗体亲和层析柱，一直依赖进口，不仅每年要花费大笔外汇，并且因为供货不及时而经常停工。为解决高纯度临床人a—干扰素分离纯化的难题，彻底摆脱完全依赖于进口的局面，国家“863”计划及“七五”项目曾几度攻关，但均未成功。

宋礼华回国后，带领安徽省生物研究所一班人和中国科学技术大学生物系成立联合课题组，在技术设备简陋的情况下，克服一切困难，只用两年时间就完成了该项目的研制，并于1992年11月20日通过了专家鉴定。宋礼华等人研制的单克隆抗体亲和层析柱具有性能稳定、纯化效果好、成本低、可重复使用30次以上等特点，完全可以取代进口同类产品，适合于大规模的工业化生产。全国已有20多家企业使用了此项技术，每年可为国家节约数十万美元的外汇。为使高技术成果产业化、商品化，宋礼华等人成立了安徽安科生物高技术有限责任公司，在生产、销售人a—干扰素单克隆抗体亲和层析柱的同时，又与上海生化所合作研制并开发出一种新型基因工程人a—干扰素注射针剂，并创造了国内最先进的生产工艺，比传统工艺缩短2/3的工期，效率提高3倍以上。

【宋庆吉·《三峡情祭》舞剧中的男主角·获文华表演奖】 重庆市歌舞团主要舞蹈演员宋庆吉，在大型民族舞剧《三峡情祭》中，把该剧男主角憨哥的刚毅质朴和勤劳善良的个性，鲜明生动地展现在观众面前，其充满阳刚之气的造型，使人感受到一种内在的力量和美感，1995年3月获文化部第五届文华表演奖。同年5月，他参与创作的《纤夫的舞妹子》，在第三届全国舞蹈（单、双、三人舞）比赛中，获中国民间舞创作奖。

宋庆吉，1954年2月14日生，山东省人。1970年入重庆市歌舞团任舞蹈演员。演出过舞蹈《生命不息，冲锋不止》、双人舞《送别》、《农夫与蛇》和芭蕾双人舞《曲调》等。1983年由于他出色地塑造了男子独舞《拉纤的人》的人物形象，曾获四川省民族民间舞蹈会演表演一等奖和第二届全国舞蹈比赛表演二等奖。多年来，宋庆吉以坚强的意志，迎着各种冲击，真诚、顽强的追求着舞蹈艺术。1988年，他与青年舞蹈家杨丽萍在北京推出一台新作后，1990年又与成都音乐舞剧院舞剧团的主要演员张平，在成都推出一台新作。他曾自己花钱做服装、录制音乐，表演自己创作的舞蹈作品。他曾随团出访过美国、缅甸、日本、菲律滨等国家。近两年来，作为由中国舞蹈家协会组织的“当代著名舞蹈家艺术团”的一员，先后随团到成都、重庆、南京等地进行巡回演出。

【宋克达·沈阳军区原政委·在沈阳逝世】　沈阳军区原政治委员宋克达，因病于1995年9月17日在沈阳逝世，终年68岁。

宋克达，江苏盐城人，1927年生。1944年参加新四军，1945年加入中国共产党。抗日战争时期，他历任文化教员、宣传队分队长，参加了阜宁、淮安战役。解放战争时期，历任政治指导员等职，先后参加了四平保卫战、三下江南作战和辽沈、平津、渡江、衡宝、广西等战役。新中国成立后，他先后担任股长，政治教导员，师干事，副处长，科长，团政治委员，师政治部主任、政治委员，军政治部主任、政治委员，沈阳军区副政治委员等职。他是第六届全国人民代表大会代表，中国共产党第十三届候补中央委员、第十四届中央委员。1988年被授予中将军衔。

【宋宗水·林业和水利专家·首先提出黄河终将成为内陆河的预测】　中国社会科学院老专家咨询服务中心生态林业研究部主任宋宗水，在1995年第12期《林业工作研究》上首先提出“黄河终将成为内陆河”的观点。他认为，随着黄河中上游地区经济的发展，用水量加大，黄河将成为我国最大的内陆河。这一观点在学术界引起广泛反响。

宋宗水，1927年4月生于浙江上虞。1950年毕业于上海法政学院经济系，1966年又毕业于东北林学院林业专业。现为中国社会科学院老专家咨询服务中心生态林业研究部主任，林业部政策法规司特约研究员、民盟北京市委经济委员会委员。

宋宗水多年来从事林业经济及林业生态经济研究工作。曾承担世界银行的《黄河流域水资源经济模型研究》的专题研究。

黄河自古以来就传颂着“白日依山尽，黄河入海流”的名句。但是今后黄河是否还能“入海流”，日益受人关注。因为从本世纪70年代起，黄河下游及河口地区旱季断流现象几乎年年发生，断流时间在逐步延长，1995年断流时间长达118天。黄河从常流河变为了季节性河流。宋宗水把黄河断流的自然原因归结为：(1)黄河水量小，黄河流域都是比较干旱地区，年迳流量500多亿立方米，仅及长江的1/15；(2)由于水土流失严重，河道淤积，需要以2/5的迳流量冲泥沙，造成水资源的浪费；(3)中上游用水量逐年加大。

宋宗水认为，以黄河有限的水资源优先保证西北地区用水是合理的。广阔的西北地区气候干旱，尚有待开发的大片平坦沙壤土地，光热资源丰富，只要有效地利用黄河水资源，这一地区可以发展成为最有前途的米粮仓，对于实现国家的粮食增产计划可以起到巨大作用。晋陕蒙“乌金三角”地带的煤田和内蒙古沿黄地带的金属与非金属矿的开采也都需要用水保证。因此，西北地区为争取水资源进行工程建设有极大的积极性。

宋宗水认为，为解决黄河下游地区供水紧张的问题，应加快实现南水北调的东线工程。

宋宗水在中外报刊发表论文80余篇，有《中国林业发展战略研究》等专著或合著12种。

【宋逊风·《农民日报》主任记者·被评为首届全国百佳新闻工作者】　由中华全国新闻工作者协会组织的首届全国百佳新闻工作者评选，1995年3月24日在北京举行颁奖大会，农民日报记者站长、主任记者宋逊风被评为百佳新闻工作者。

宋逊风，1943年11月生，河北滦县人。东北师范大学中文系毕业。从1984年到现在，他一直担任农民日报驻吉林省记者站站长。他善于抓经济体制改革中的焦点问题和社会生活中的热点问题，善于区别情况采取不同方式，达到既揭露了问题，又促进了工作的社会效果。

1992年上半年，各地不合理的农民负担又有所抬头，他从有关方面了解到农民有“六难”。对此，他写出了《农民难处实在多》的消息。他没有用直接揭露的方式去报道，而是提出存在的问题、报道采取的措施，消息发出后，推动了各地减轻农民负担的工作，起到了实效。

1993年末，宋逊风到双阳县采访，了解县剧团改革体制送戏下乡的情况，采访了剧团团长、演员，还采访了农村干部及观众，特地观看了全场演出。他没有轻易动笔，主要是考虑站在什么高度去写“抢剧团”？而不致把一个本来新鲜的事件、热点问题，淹没在“陈规旧律”的“老生常谈”中。为此，他翻阅各地的《文艺动态》，发现戏剧舞台大多萧条冷落，于是他决定站在全国文艺大舞台的高度入笔，确立“广大农民物质生活提高后如饥似渴地要求丰富文化生活”的主题，用形象的通讯形式为广大农民强烈地呼唤：在城里闲着没事或忙着“走穴”的剧团及演员，下乡为农民演出喜闻乐见的节目，以解决农民文化生活的“饥渴”及城市文艺舞台的冷寞。他采写的这篇《农民抢剧团》于1994年获第四届中国新闻奖通讯三等奖。

【宋哲元·抗日名将·其墓园修葺一新】

1995年8月10日《人民日报》报道，在抗日战争胜利50周年前夕，位于四川省绵阳市郊富乐山脚下的宋哲元墓修葺一新，供人凭吊。宋哲元墓园由神道碑、八德亭、拜台、墓冢及墓台基等组成。

宋哲元，字明轩。1885年10月30日生于山东省乐陵县。少时爱武，在家乡教了几年私塾，1908年投笔从戎，进入武备学堂。毕业后进入冯玉祥部第二营任哨长。1913年任连长。1914年冯玉祥升任第十六混成旅旅长后，宋哲元升任副营长，后任少校团副。参加反张勋复辟。冯玉祥发动“北京政变”后，宋哲元任国民军第十一师师长，次年任热河都统。1926年4月率国民军撤出北京，在南口阻击各系军阀部队，坚持3个月，兵败后撤至绥远。在冯玉祥回国后，参加“五原誓师”，后在冯玉祥的第二集团军中任第四方面军总指挥，并兼陕西省主席。1929年蒋介石冯玉祥中原之战中，曾任国民军总司令。1930年又参加蒋冯阎(锡山)大战，再度失败后，经张学良允准，招拢冯军各残部，改编成第二十九军，任军长。1932年7月兼任察哈尔省主席。1933年春参加长城抗战，指挥所部在喜峰口、罗文峪一带英勇抗击日军，受到全国各界民众的支持和赞扬。同年8月率兵进驻北平。1935年起先后任平津卫戍司令，冀察政务委员会委员长、冀察绥靖公署主任，并兼河北省主席。奉蒋介石之命，与日本人“折冲周旋”。1937年“七七事变”发生后，曾与日本侵略军谈判，力图和平解决。在日本侵略大举进攻后，指挥所部进行抵抗，失败后被迫撤出平津，退向河南。二十九军改编为第一集团军后曾任集团军司令。1938年春，所部溃败，遂辞职改任军事委员会委员，去衡山休养。1940年4月5日因中风病逝于富乐山。国民政府下令追赠其为一级陆军上将。

【宋崇山·河北省胜利客车厂厂长兼党委书记·被评为第二届中国军转民优秀企业家获金奖】 担任厂长20年的宋崇山，带领职工艰苦创业，把一个职工不足600，固定资产不足600万元，累计亏损120万元的军工配套小厂，发展成为拥有职工4600余人，固定资产近1.8亿元，纳税超千万元的国家大型二级企业。1995年销售汽车7009辆，完成工业总产值4.14亿元，实现利税3692万元。1995年12月20日，宋崇山被评为第二届中国军转民优秀企业家，获金奖。

宋崇山，1940年12月4日生，河北省人，1961年于石家庄第一工业专科学校毕业后，分配到石家庄国营197厂工作。1960年6月加入中国共产党。1975年调任河北工具厂(胜利客车厂前身)厂长。当时这个为军工配套的小厂，连年亏损，困难重重。他带领全厂职工艰苦创业，改产客车，以民养军。随着社会主义市场经济的发展，国内汽车市场竞争日趋激烈。针对这种情况，他提出“科技超前，走向优化，靠行业联合发展，从合理规模突破”的发展战略。首先对汽车生产线进行了大规模的技术改造，引进日本千吨油压机，改进冲压、总装生产线，新建SL6400焊装、涂装生产线；其次狠抓新产品开发，1993年开发出SL6470好马车。1994年开发出SL6400A新车，并建立了CAD工作站，使胜利客车厂成为河北省首家运用微机设计车身、模具的汽车制造厂。接着，他又提出：“优化产品结构，争创名牌产品”。成立了创名牌工作领导小组，统一规划、组织工作，加强监督考核，产品质量明显提高。1995年又开发出96款SL6400A、SL6400D和SL6120电动汽车，一投入市场，立即受到用户欢迎。

为了迎接激烈的市场竞争挑战，提高企业的抗风险和竞争能力，宋崇山又着手创立河北胜利企业(集团)公司。以胜利客车厂为核心企业，联合8个军工企业和地方企业为紧密层、以军工系统内外23个企业为半紧密层，形成跨地区、跨行业、跨部门、跨所有制，集工贸金为一体化的综合性企业群体，成为市场大潮中的胜利联合舰队。

宋崇山管理企业注重内涵发展，努力抓好节材降耗、挖潜增效和聚财用财工作，深入开展合理化建议活动，1995 年挖潜增效达 644.9 万元。

【宋福民·广西南宁市市长·被授予全国城市环境综合整治优秀城市市长称号】

中共广西南宁市委副书记、南宁市市长宋福民，1995 年被中华人民共和国建设部授予“全国城市环境综合整治优秀城市市长”称号。同年，南宁市被评为全国卫生城市。

宋福民，广西陆川县人，1942 年 1 月出生，1963 年 7 月毕业于广西机械学校大专部，到山东省烟台机床附件厂任技术员；1974 年 12 月起任广西壮族自治区柳州市开关厂技术员、技改队工程师、车间主任、生产科科长、厂长，柳州市电工仪表公司副经理兼市开关厂厂长；1981 年 9 月加入中国共产党。1986 年 5 月任柳州市副市长；1991 年 9 月后任梧州市委常委、常务副市长、市委副书记、市长；1994 年 8 月任中共南宁市委副书记、代市长，1995 年 2 月任南宁市市长。是八届全国人大代表。

宋福民，求真务实、雷厉风行。1994 年 8 月，他刚从梧州调到南宁，先是狠抓会风，坚持准点开会，改变了长期以来会议拖拖拉拉的毛病。不久，要求市政府办公厅成立督办处，对市政府确定的事项进行督促、检查，确保各项工作落到实处。他与市委书记一道制定了南宁市新的发展方针：“科教兴市、农业稳市、工业立市、三产富市、依法治市”，从而推动了南宁市国民经济和各项社会事业的快速、健康发展。

在城市建设和管理方面，宋福民下了很大功夫。他坚持每星期利用一个休息日检查市容市貌和环境卫生，发现问题及时解决，特别是注意解决群众比较关心的热点问题。他到任的第 7 天，发现运输垃圾的车辆满街散落垃圾的现象，立刻召见市建委领导，要他马上拿出整治方案。不久，全市运垃圾的车都加上了罩。

南宁市区道路多年失修，全市 80%以上的道路严重破损，坑洼不平。宋福民到任南宁不久，就陆陆续续听到了群众的反映，并微服查访了多次。所以，在听取市建委领导的汇报后，他拍板从市财政拨款 400 多万元，修复全市所有破损的道路。并严令，如果在当年 9 月 30 日之前不能如期修复，唯建委领导是问。消息传开后，南宁市市政管理处从上到下既惊讶又兴奋。1995 年春节过后，一些施工单位不按规定进行文明施工，把建筑垃圾和许多泥土带到街道上。宋福民召开市长现场办公会议，专门研究解决这个问题；市人民政府办公厅还专门发了通知，市建委成立了南宁市建设工程文明施工整治指挥部，组织 108 名执勤人员，由市建委领导率领分赴各施工工地。与此同时，还从各施工企业抽调 120 名管理干部组建文明施工执法大队，上街昼夜执勤。还设立举报、投诉电话，及时处理举报事项。经过一段时间的依法整治，全市 1200 个工地的文明施工有了较大的改观，出现了“七有五无”，即“有组织领导；有砖砌围墙；施工工地进出口有硬质地面；有安全围栏；有卫生管理制度；有保洁措施；有整改方案；建筑工地无路面污染、无乱堆乱放、无建筑垃圾、无坑洼积水、无蚊蝇孳生地”的良好局面。1995 年 6 月上旬，建设部和中国建材总会对全国建筑工地文明施工安全生产检查进行评比，南宁市被评为华南片小组总分第二，获省会城市第一名。

宋福民为改善南宁的交通状况，还作出了投资 18 亿元，建设总长 37 公里的城市快速环道的决策，并亲自担任领导小组组长，争取 1997 年基本建成通车。

【张凤·赤峰市林业研究所研究员·获国家环境成就大奖】　1995 年 3 月 1 日至 3 日，国际流失控制协会第 26 届年会在美国亚特兰大市召开，我国内蒙古赤峰市林业研究所研究员张凤，因负责主持一项历时 20 余年的水土保持项目取得显著成就，而荣获国际流失控制协会颁发的第四届环境杰出贡献奖，成为中国获得此项奖的第一人。

张凤，内蒙古自治区奈曼旗人，1939 年生，1959 年毕业于内蒙古扎兰屯林业学校，分配到赤峰市林业科研所工作，历任技术员、工程师、研究员等职。自 1970 年始，他负责主持《干旱黄土丘陵营造水土保持林技术》项目，经过 20 多年艰苦奋斗，动员广大军民，群策群力，已建成 6.9 万多亩绿化环境，营造了小网宽带、针阔混交、乔灌草结合的林带 237 条、共 160 多公里，构成了 438 个草田林网等防护林营造工程，使该地区森林覆盖率达 33.8%以上。试验区粮食产量增加，畜牧业发展，获得显著经济效益与社会效益。该项目于 1985 年获国家科技进步二等奖。张凤不仅精心设计这个项目，而且走遍试验区每个角落，勘定造林植草面积，寒来暑往，他身先士卒战斗在造林、护林第一线，付出大量心血和汗水。1986 年被评选为全国三北防护林体系建设一期工程劳动模范，内蒙古自治区劳动模范。当选为第八届全国人大代表。被国家科委评为有突出贡献的中青年科技专家。

【张谔·著名美术活动家、漫画家·在河

北逝世】　1995年5月24日，张谔在河北省清河辞世，终年85岁。

张谔是我国早期进步戏剧的舞台美术先驱之一，早年从事革命漫画创作，是进步美术运动的组织者，为中国近现代美术事业和国家美术馆建设作出很大贡献。

张谔，江苏宿迁县人。1910年生，1928年起在杭州、上海学习雕塑和油画。1931年"九·一八"事变前后，就积极参加"南国社"的进步戏剧活动，又是"左翼美术家联盟"执委。"一·二八"淞沪抗战后，与蔡若虹共同主编《漫画与生活》，用画笔反对日本侵略和封建官僚统治，受到鲁迅先生和国际友人赞赏，被誉为"漫画界的异军突起"。1937年全面抗战爆发后，张谔先后在广州、武汉、重庆的《星粤日报》、《新华日报》社工作，发表一系列坚持抗战、反对投降卖国、揭露日本侵略者暴行的漫画，出版了《自选漫画集》。1940年张谔奉命到延安《解放日报》工作。1942年和蔡若虹、华君武举办《三人漫画展》，毛泽东主席前往参观。画展开创了人民内部讽刺漫画创作的先河。在抗战期间创作的《战神与和平之搏》、《旧阴谋、新花样》、《抗战情绪高涨》、《老子天下第一》等都迸发出积极的战斗性。

建国后，张谔任中国美协展览部副主任、会员工作部主任、副秘书长等职。1958年为中国美术馆的建造付出巨大心血。1962年任中国美术馆副馆长，协助刘开渠馆长，对我国近现代著名美术家及其优秀作品的研究、陈列、收藏和出版交流做了大量工作。1986年以77岁高龄退休。

【张强·解放军某部指挥连政治指导员·获模范指导员称号】　1995年2月8日，沈阳军区发布命令，授予张强"模范指导员"荣誉称号。

张强，山东省禹城县人，1963年11月出生，1980年11月入伍，1983年7月入党，1986年1月转为志愿兵，1992年3月提干，1993年初任政治指导员，上尉军衔。张强是一名优秀的基层政治干部，他热爱基层思想政治工作，刻苦钻研思想政治工作理论，积极探索新时期思想政治工作规律，把连队思想政治工作搞得生动活泼，有声有色。他当战士时，就下苦功夫学习革命理论，以实际行动学习和弘扬雷锋精神，被上级树为"自学成才标兵"、"学雷锋标兵"。他先后担任过四平市8所中学的校外辅导员，经常以"学雷锋义务宣讲员"身份给地方青年学生做报告，直接听众达11万人次。1992年提升干部后，他主动要求离开团政治处，下到连队任副指导员。1993年初调到指挥连任政治指导员。指挥连由于思想政治工作薄弱，官兵们不安心连队工作的问题比较突出。到连后，他从端正人生观，打好思想基础入手，针对一些同志存在的"当兵吃亏"的思想，组织了"军人的价值观"、"军人的人生观"、"军人的义务观"、"军人的苦乐观"等10多个专题课教育，使连队官兵明确了为什么要当兵？为什么要训练？为什么要吃苦？树立了为祖国为人民奉献青春尽义务无尚光荣的思想。为了增强教育效果，他请战士的母亲给全连做了《为了母亲的心愿》的报告，在全连开展"不负母亲期望，争当合格士兵"的讨论，振奋了全连的奉献意识和进取精神。针对一些战士花钱大手大脚的问题，进行了《为了我们的父辈不忘艰苦奋斗》、《为了四化建设必须艰苦奋斗》、《为了中华民族强盛永远艰苦奋斗》的系列教育，使连队艰苦奋斗、勤俭节约蔚然成风。为了教育和引导战士读书成才，他把自己的2000余册图书拿到连队图书室供全连阅读，从连队生产收益中拿出近千元给连队订了50多种报刊杂志。他号召全连"少抽一包烟，多买一本书"，鼓励大家多读书、读好书、学知识、长本领。他关心士兵，胜似兄长，两年来，为解决战士家庭困难，他捐款1200多元。战士生病，他和妻子天天给熬药；负责种菜的战士屋里凉，他把自己的皮褥子送给战士用。在他的带动下，连队风气正了，好人好事多了，全连官兵互相关心，互相帮助，争分夺秒学知识，齐心协力搞训练，各项工作都赶了上去。他任指导员当年，连队被上级评为"基层建设先进连"、"行管安全先进连"、"思想工作红旗连。"1994年连队参加上级组织的专业比武考核，夺得了总分第一的好成绩。

【张钹·计算机科学家·当选为中国科学院院士】　1995年11月6日，中国科学院公布了新当选的院士名单，清华大学计算机系教授、系学术委员会主任张钹，当选为中科院技术科学部院士。

张钹，福建省福清市人，1935年3月26日生。1958年毕业于清华大学自动控制系。张钹在人工智能的研究中，系统地建立了问题求解的高空间理论，以该理论为指导，提出多层信息综合、多层规划与搜索等新的研究方法，形成一组新的算法，从多粒度的高空间理论出发，还提供了研究不确定性处理、定性推理、模糊分析、证据合戌等新的原理，提高了计算机的问题求解能力。在神经网络理论研究中，系统分析了典型网络模型，进而把数学方法与优化技术引入网络学习过程，提高了神经网络的学习效率和网络性能。他指导并参加了知识工程、智能机器人、智能控制以及人—机交互等应用技术的研究，完成多项高技术研究任务。

张钹是智能技术与系统国家重点实验室主任、全球华人智能自动化指导委员会成员。曾获ICL欧洲人工智能奖、国家教委科技进步奖一等奖、二等奖、电子工业部科技进步奖一等奖等多项科研奖励。出版的专著获中国优秀科技图书奖一等奖、国家教委高校出版社优秀学术专著特等奖，并获国家计委、国家科委、财政部颁发的“金牛奖”。1994 年当选为俄罗斯自然科学院外籍院士。

【张海·书法家·张海师生十人书法展在香港举行】 1995 年 6 月，第六届全国书法篆刻展览评选工作在北京举行。张海担任评委会副主任。同年 12 月，由香港甲子书学会主办，在香港大会堂展出的张海师生十人书法展格外引人注目。70 余件功力深厚、风格各异的作品，使香港同道耳目一新。同年，《张海书法集》出版。

张海，1941 年 9 月生，河南偃师人。现为河南省文联副主席、河南省书协主席、河南省书画院院长、中国书法家协会常务理事、中国书协创作评审委员会副主任。其书法四体皆能，以隶书、行草为最著。篆书得力于杨沂孙，行书出自“二王”，草书追张旭、怀素神韵，楷书以《张猛龙碑》为宗。早年隶作求其精美，取《乙瑛碑》之骨肉神韵，《封龙山》之宽绰古雅，《礼器碑》之变化如龙，出以爽骏圆融之笔，见自家风貌。后潜心研究汉代简书，以行草飞劲圆动的笔触，写庄重醇厚之体，形成了独具个性的草隶。其作品曾赴德国、芬兰、加拿大、新加坡、日本、香港、台湾等地展出，并参加全国第二、三、四、五届书法篆刻展览。作品被收录在《中国新文艺大系》、《现代书法选》、《古今书法选》、日本《临书大系》等百余种作品集，国内博物馆、碑林多有收藏、刻石。出版有《张海隶书两种》。

张海的书法以汉隶植基，故草隶独树一帜。而他的 9 位学生在各自的领域里，积极探索属于自己的艺术语言。有人对十人展评曰：河南李建业的书法精劲飞动，生气勃勃；张富君潇洒倜傥、富有变化；张国朝儒雅古朴、笔墨得法；张建才跌宕起伏、气韵通畅；香港容浩然神采飞扬、不拘成法；四川洪厚甜朴茂豪迈、颇具匠心；福建杨安细大巧若拙；山东张树林气势雄强；冯恩亮守古求新。整个展览既有触目惊心的碧海鲸鱼，又有小巧可人的兰沼翡翠。他们既像张海那样重视基本功，又继承了先生不断探索、勇于创新的精神。香港一些同行看过展览后，称赞张海不愧是一位成功书法教育家。有 700 多名书法弟子的香港书艺会会长戚谷华女士，分批带领她的学生前来参观，并与张海及其弟子切磋书艺。香港舆论称：张海师生十人书法展在港顺利展出，尚属首举，对两地书艺交流将起到积极促进作用。

近 10 年来，张海曾 7 次出访日本并举办展览。两次应新加坡书协邀请进行访问、讲学。1993 年应香港中文大学邀请举办了个人书法展。

【张禧、李勇、宋兆宇·杂技演员·获摩纳哥国际杂技比赛金奖】 1995 年，广州军区战士杂技团张禧、李勇、宋兆宇主演的《向太阳——小武术》，在第七届摩纳哥“吉尼斯俱乐部”国际青少年杂技比赛中荣获金奖。与他们角逐的有美、德、意、俄、巴、瑞士、瑞典等七国演出的 15 个节目。参加这个节目演出的还有胡亮、黄维、朱付 3 人。

《向太阳——小武术》由李华编导、游险峰教练、高素琴助教。这个杂技节目取材于我国神话故事，它融杂技、武术以及现代舞语汇为一体，表现了人对大自然奋力拼博的勇敢精神和追求光明的强烈愿望，被誉为“古为今用”的好节目。

张禧，重庆市人。1978 年生。自幼学习杂技，1990 年参加战士杂技团。他在主演《向太阳——小武术》中担任底座，与“尖子”演员配合默契，表演了很多高难的创新技巧，表演动作规范稳准、惊险而优点。主要创新高难的技巧有“连抛接尖子演员直体翻滚 360 度、720 度、1080 度落地”，再接“后空翻两周、后空翻三周、连续抛接 12 次”等。如此连续迅速稳准的抛接，没有过人的臂力和高度的配合默契，是极难完成的。

李勇，江西省人，1979 年生。自幼学习杂技，1991 年参加战士杂技团。他是《向太阳——小武术》中的另一位底座，表演了许多高难动作，如“尖子”演员头上起单手倒立后，他蹲下两手撑地，滚转一周。此时由于“尖子”在滚转过程中两手倒把轮换，底座头顶承受的压力和冲击力是很大的，它充分地显示了李勇功夫的深厚、扎实。

宋兆宇，1983 年生，辽宁省人，自幼学习杂技。1993 年参加战士杂技团。他是《向太阳——小武术》中的主要“尖子”。他在张禧手上表演的连抛“直体后空翻 360 度、720 度、1080 度落地”等高难技巧，轻松脆帅，似鱼跃出水，美不胜收。

他们主演的《向太阳——小武术》在 1993 年第二届全国“新苗杯”杂技比赛中，还曾获得金奖第一名。

【张震·中央军委副主席·视察海军和工程兵等部队】　1995年10月18日，张震和中央军委副主席刘华清一起，陪同中央军委主席江泽民视察了海军舰艇部队和航空兵部队。同月，张震还参观了全军工程兵部队装备成果展，视察了工程兵部队，观看了军事演练。他对反映我军工程兵现代化建设成果的崭新装备和革新的器材、对工程兵部队训练成绩，都给予充分肯定。与此同时，张震还视察了驻河北省的部队，对加强部队训练和政治思想工作作了重要指示。

6月28日，张震在全军第三次住房制度改革会议上作了重要讲话。他指出，住房改革，是关系到军队建设全局的一件大事。各级领导一定要把思想认识统一到中央军委关于住房制度改革的决策上来，加强领导，保证这项改革顺利推进。

张震，1914年10月生，湖南省平江县人。1928年参加平江县青年反帝大同盟。1930年加入中国共产主义青年团。同年参加中国工农红军并转入中国共产党。在第一方面军历任连政委、营长、团参谋长。参加了中央革命根据地反"围剿"、长征和山城堡等战斗。1936年入红军大学学习。抗日战争时期，任八路军驻晋办事处科长，新四军第六支队、八路军第四纵队、新四军第四师参谋长，淮北军区分区司令员。解放战争时期，任华中野战军纵队司令员兼政委，华东野战军西线兵团参谋长，第三野战军、华东军区参谋长，参与指挥了睢杞、淮海、渡江、上海等战役。中华人民共和国成立后，任总参谋部作战部部长。1953年参加抗美援朝，在中国人民志愿军任代军长兼政委。1957年毕业于军事学院战役系。后历任军事学院副院长、院长，武汉军区副司令员，总后勤部部长，解放军副总参谋长。1985年起任国防大学校长。1992年任中共中央军事委员会副主席，1993年任中华人民共和国中央军事委员会副主席。是中共十一届中央候补委员，并任中共中央军委委员，中共十二届中央委员，后任中顾委委员、中共十四届中央委员。1955年被授予中将军衔，1988年被授予上将军衔。

【张才奎·山东水泥厂厂长·被授予全国劳动模范称号】　张才奎1990年出任山东水泥厂厂长后，仅用3年时间使连续10年亏损濒临破产的企业，变成利税大户；水泥产量每年以40%左右速度递增，利税年平均递增138.24%，跻身全国建材工业500强。中共中央办公厅曾发文向全国推广他们的经验。张才奎先后获省市劳动模范称号和全国"五一"劳动奖章。1995年4月29日国务院授予他全国劳动模范称号。

在深化国有企业改革的过程中，如何形成经营者良好的经营哲学，不亚于产权变革、机制转换的重要意义。张才奎上任后，就给领导班子约法三章：不怕吃苦、吃亏、吃气，哪里最脏、最累、最危险，领导干部就应该在哪里；不许沾公家一分便宜。他常说：天不怕，地不怕，职工不信任最可怕。近5年来，他和领导班子成员每天工作都在十几个小时。党委会、厂办公会一般都在晚上开。

张才奎认为："以我为本"夸大了经营者个人的作用；"以物为本"，只重资金，适得其反。他主张"以人为本"，充分依靠广大员工，调动激发员工积极性和创造热情。他把每月10日定为厂长接待日。让职工参与企业发展规划、年度目标计划、福利基金使用、住房分配等重大决策，把尊重职工主人翁地位和职工的民主权利作为执政要旨。于是，职工争着为企业发展献计。近几年，全厂职工提出合理化建议1000多条，每年因采用合理化建议增加效益300多万元。张才奎在实施严格的科学管理中，严中带情，威义并重，使企业职工确立起：搞活企业不是厂长"要我干"，而是"我要干"的观念并用企业内部的深化改革，激励职工。如打破干部工人身份界限，实行竞争上岗等。充分挖掘了企业和职工的巨大潜力，产品质量、数量显著提高，一跃成为全国明星企业，被人们称作"山水奇迹"。

张才奎，1951年2月生于河北省，1968年参加工作，1976年入党，大专文化。先后被授予省、市劳动模范、优秀企业家，全国建材系统优秀企业家等称号。

【张万年·上将·任中共中央军委副主席】　1995年9月28日，中共十四届五中全会决定增补张万年为中共中央军委副主席。

张万年，1928年8月生，山东龙口市（原黄县）人，1945年8月加入中国共产党，1944年8月入伍，1944年至1945年在胶东独立3营7连当战士。1945年至1947年任东北12旅35团3营通信班副班长、班长、东北4纵12师36团警卫员。1947年至1948年任东北4纵12师36团5连副排长、排长、连副指导员。1948年至1950年任东北4纵12师36团通信股参谋、副股长、股长。1950年至1956年任陆军第41军123师369团司令部作战股股长，41军司令部作战科参谋。1956年至1958年任陆军第41军123师

368 团第 1 副团长兼参谋长。1958 年至 1961 年在解放军南京军事学院预科系、基本系学习毕业。1961 年至 1962 年任陆军第 41 军 123 师 367 团副团长。1962 年至 1966 年任陆军第 41 军 123 师 367 团团长。1966 年至 1968 年任广州军区司令部作战部作战科科长、副部长。1968 年至 1978 年任陆军第 43 军 127 师师长。1978 年至 1981 年任陆军第 43 军副军长兼 127 师师长(其间:1978—1979 年在解放军军事学院学习)。1981 年至 1982 年任陆军第 43 军军长。1982 年至 1985 年任武汉军区副司令员。1985 年至 1987 年任广州军区副司令员。1987 年至 1990 年任广州军区司令员、军区党委副书记。1990 年至 1992 年任济南军区司令员、军区党委副书记。1992 年至 1995 年任中央军委委员,总参谋长,总参谋部党委书记。是第八届全国人大代表。第十二、十三届中共中央候补委员,第十四届中共中央委员。

【张万象・新华社副总编辑・获第二届韬奋新闻奖】 由中华全国新闻工作者协会与中国韬奋基金会共同设立的韬奋新闻奖,于 1995 年 11 月 5 日举行第二届颁奖会,新华社副总编辑、高级编辑张万象获奖。

张万象,1940 年 6 月生于辽宁庄河。1965 年在中国人民大学新闻系毕业,当年分配到新华社北京分社任记者。1969 年调西藏分社工作,1976 年调回总社不久,再度派赴青藏高原,任青海分社代社长、党组书记。1982 年调回总社,历任国内部文教编辑室主任,部副主任,1991 年任副总编辑至今。

张万象服从组织分配,两度奔赴青藏高原工作。1969 年,组织上决定他去西藏分社,他没有任何迟疑,在女儿出生十多天时,就告别妻儿赴藏报到。1979 年,他又一次被派往青海分社工作了 3 年。在这两个分社,他虽然担负领异职务,但始终不忘深入实际调查研究,不忘一名记者的责任。他先后去过西藏、青海三分之二以上的县镇采访。多次奔波在青藏公路上,也曾深入喜玛拉雅山的深山密林和藏北无人区。在严重缺氧的采访途中,他多次晕倒。70 年代初,他与两位记者一起赴不通公路的墨脱县采访,历时一个月,全靠步行。他采写的《长江源头、羊肉飘香》、《辛勤换来雪山绿》、《访达赖家乡》等受到广泛好评。他还与人合作,出版了《祖国的聚宝盆柴达木》、《神秘的藏北无人区》两本书。

张万象在总社工作中,以编辑工作为主。近年来他参予了徐洪刚、赵雪芳、孔繁森等人物报道的策划、编辑工作。他处理的稿件,把握方针政策准确,文字生动简炼,表现了较高的编辑工作水平。他曾参加组织党的十三大、十四大报道;10 多次参加组织人代会和政协会的报道工作。还主持了全运会、东亚运动会、远南运动会、亚运会等大型体育赛事报道的组织领导工作。这几次大型体育赛事报道在国内外产生了广泛影响。他采写的通讯《她属于人民—— 悼作家丁玲》获 1986 年度全国好新闻一等奖。

【张义刚・中共普定县委书记・被授予优秀县(市)委书记称号】 1995 年 6 月 30 日,全国百名优秀县(市)委书记表彰会在北京中南海怀仁堂召开。中共中央总书记江泽民出席会议并作了重要讲话。会上宣读了中共中央组织部对全国在县(市)委书记岗位上取得优异成绩的 100 名干部,授予优秀县(市)委书记称号的决定,张义刚名列其中。

张义刚,四川宜宾县人,1942 年出生,1968 年 12 月参加工作,1983 年 4 月入党,1968 年毕业于武汉水利电力学院。曾任县水电局副局长,副县长,县长等职。1991 年 12 月任现职。

普定是国家级贫困县,农业人口密度居贵州全省之首,水土流失十分严重,石化面积 20%,土地少,人均只有 7 分地。1986 年张义刚出任县长时,全县国民生产总值 648 万元,财政收入 247 万元,农民人均纯收入才 246 元。张文刚从当水利技术员就在普定,他深谙这里的一切。他提出必须打破旧的思维定势,在拼搏中踏出一条生路,彻底扭转普定人增、耕减、林退、石化的落后局面。经过一番策划,普定经济发展战略构想孕育成熟:加快能源和农业综合开发的步伐。这位被群众称为水电土专家的县长,把目光投向修建普定电站这着要棋上。总库容量为 4.2 亿立方米、水路全长 42 公里、耗资 3 亿元的普定电站,当初仅凭 10 万元就扯起了战旗。它的擎旗人、当年的县长兼电站指挥长和县委一班人要担怎样的风险,要有怎样的魄力!夜郎湖畔的这座水电站大坝,采用辗压混凝土超薄型工艺,是国内首次采用的。1992 年初,已是县委书记的张义刚,又下决心抓乡镇企业。为引吸外资,敢于让利,一厂一策。几年间派出 20 多批干部到沿海招商,引进资金 1.6 亿元。县里还与中科院、中国建筑科学研究所"联姻",办起了高铝球厂、轻筑新型建材总厂,一些高新技术在这里落地开花。如今,普定已开始实现质的飞跃:乡镇企业荣获省"乡镇企业先进县"称号,乡镇企业税收已占县财政收入近一半。城关镇率先进入"亿元镇"行列。

普定变得让人刮目相看，而当年的张技术员虽然当了县里最大的“官”，还是那样朴实无华，廉洁奉公，平易近人。普定电站工程淹没田地1.8万亩，移民7000多人。拆房迁家，背井离乡，对观念封闭的农民来讲，工作难度是相当大的。张文刚一次次到矛盾冲突最厉害的村寨，苦口婆心讲大局和小局的道理。一位移民闯到他家上访，他轻言细语，化解移民的怒气。临走他拿出100元钱，妻子又给带上几斤油、几把面条，这位50多岁的农民感动得热泪盈眶。

【张习孔·历史学家·主编大型历史工具书《中国历史大事本末》出版】　1995年6月，北京教育学院历史系教授、历史学家张习孔与林岷共同主编的大型历史工具书《中国历史大事本末》由四川人民出版社出版。这部5卷270万字的史学巨著，在参考前人各种纪事本末体史书的基础上，结合当代史学的新发展，选编了中国历史上各个朝代具有重要意义、重大影响的事件460题，包括政治、经济、军事、文化、科技、宗教、典章制度、中外关系等方面，内容详尽。该书的编写，坚持科学性和知识性并重的原则，除以古文献为主要依据，还注意吸收和利用古今学术研究成果及近年来发现的考古资料，同时加强对经济、文化方面的记述，以补前代纪事本末体史书的不足。这部著作的编辑出版，是对我国史学研究工作的一大贡献。

张习孔，1926年生，河北昌黎人。40年代末毕业于辅仁大学史学系，师从陈垣教授。毕业前在陈垣指导下，撰写《三国志裴注考索》一文，受到教授评议会的好评。他长期从事中国古代史和历史文献学的教学和研究。50年代后期到60年代中期，协助史学家吴晗主编《中国历史小丛书》，为历史知识的普及作了大量工作。“文化大革命”初期，他出于一个知识分子的良知，就《海瑞罢官》问题，先后撰写了《＜海瑞罢官＞基本上应当肯定》和《谈＜海瑞罢官＞中人物的阶级关系》两篇论文，同姚文元的影射史学进行了针锋相对的斗争，因而受到长达十年的迫害。从50年代起，张习孔在全国各地报刊上发表各种史学论文及知识性文章百余篇，出版了《在古代战场上》、《吴晗传》、《古代爱国英雄故事》、《中国历代名将》(部分篇目)、《百代英杰》(部分篇目)等书，主编《中国历史大事纪年》(5卷)，并参加了任继愈主编的《中国文化史知识丛书》和中华书局《文史知识》编委会的工作。

张习孔重视通史研究。他认为，历史是古今一脉相承的，从事断代史研究，应有会通的观点，搞通史的人也要有专史的修养。搞一部贯穿古今、包罗万象的中国通史，并非易事；如果先按传统史书体裁，采用新的观点，编纂出贯穿中国通代的编年体和纪事本末体的大型历史工具书，以便史学工作者查考，还是可以做到的。为此，他在从事秦汉史研究的同时，从1980年起，就开始构想编辑体例，制定编辑方案。在他的主持(并参加撰写)下，十年内先后完成并出版了《中国历史大事编年》和《中国历史大事本末》两部近600万字的大型工具书。《编年》一书已被国家教委列为高等学校文科教学参考书，获全国图书评论荣誉奖、北方十五省市社会科学图书一等奖。

他对史学家吴晗进行了系统的研究。1991年著《吴晗传》，对吴晗的生平、治学和从学者成长为共产主义者的道路，作了全面的论述。并先后发表《论吴晗的史学思想》、《赞吴晗同志的史德》、《吴晗的治学道路及其对普及历史科学的贡献》等十几篇论文。

他在普及历史知识方面作了大量的卓有成效的工作。他不但通过各种宣传媒介呼吁多为青少年和广大群众编辑出版优秀历史科普读物，而且身体力行，从50年代起，先后编辑出版了十几本《中国历史小丛书》，发表了几十篇介绍历史人物故事的文章，在读者中产生了一定影响。

【张艺谋·电影导演艺术家·获多项国际电影奖】　电影导演艺术家张艺谋，1995年9月4日在加拿大第十九届蒙特利尔国际电影节上被授予“最具成就导演奖”；这是该电影节为纪念世界电影诞生100周年邀请全世界最具影响的一批影评人评出的本世纪十大最具成就电影导演，张艺谋位列第七，是亚洲唯一获此殊荣的电影导演。此外还专门为张艺谋电影举办回顾展。同月在美国科罗拉多电影节上，张艺谋获得最高奖“纪念电影奖”。11月9日，在美国第十五届夏威夷国际电影节上，张艺谋被授予终身成就奖——麦利金奖，举办张艺谋电影回顾展。他执导的影片《摇啊摇，摇到外婆桥》，在5月法国第四十八届戛纳国际电影节上获得“高级技术委员会大奖”；12月获得美国第七十八届全美影评人协会格里菲思电影奖最佳外语片奖。

影片《摇啊摇，摇到外婆桥》通过一个少年的眼睛，展示了30年代灯红酒绿纸醉金迷的十里洋场上海滩上黑帮争斗，并着力描述了舞女小金宝为追求真诚、幸福的生活而备受凌辱的煎熬，最终难逃惨死的厄运，勾勒出中国封建宗法社会逐步走向没落瓦解的过程。影片画面设计精美，造型颇有新意，色调意蕴深长。

张艺谋，1951年生，陕西西安人。1978年考入北京电影学院摄影系。1982年毕业分配到广西电影制片厂任摄影师。1983年拍摄了《一个和八个》、《黄土地》，接着又拍摄了《大阅兵》，引起国内外电影专家瞩目。《黄土地》获得第五届“金鸡奖”最佳摄影奖和第五届夏威夷国际电影节伊斯曼柯达最佳摄影奖。1987年因在电影《老井》中成功地塑造了男主人公孙旺泉，夺得首届东京国际电影节最佳男主角奖和第八届“金鸡奖”最佳男主角奖。1987年独立执导了处女作影片《红高粱》，获得第八届“金鸡奖”最佳故事片奖和第十一届“百花奖”最佳故事片奖，并摘取第三十八届西柏林国际电影节“金熊奖”。此后又导演了《菊豆》、《大红灯笼高高挂》、《秋菊打官司》、《活着》等影片。其中《秋菊打官司》荣获第十三届“金鸡奖”最佳故事片奖、第十六届“百花奖”最佳故事片奖和广电部优秀影片奖，第四十九届威尼斯国际电影节“金狮奖”；《大红灯笼高高挂》获第十六届“百花奖”最佳故事片奖。

张艺谋以顽强不息的奋斗精神，从电影摄影师跻身到国际级大导演的行列。在他拍摄的12部影片中，有10部获得国内外各种大奖或各类奖项。

【张艺霞（女）·挡车工技师·获中华技能大奖】　湖北省蒲圻市纺织总厂挡车工技师张艺霞，在长期的操作练兵和挡车实践中，按照不同品种质量和工艺要求的操作规律，创造出一套具有自己独特风格的“四三四”织布巡回操作法，达到国内领先水平。1995年11月获劳动部颁发的中华技能大奖。

张艺霞，1965年4月生，湖北咸宁市人。1979年入厂当挡车工，1989年11月加入中国共产党。她处处起到共产党员的先锋模范作用，厂内每生产一个新品种，都要把她调换车位，她不仅每次都能很快适应，而且凭着过硬的操作法，都能创造优质高产，10次创造万米无疵布，精梳涤棉45支纱的织疵率始终保持在3%左右。1982年至1995年，她年年超额完成生产任务。她的操作水平现已达到：处理断经速度42秒5，处理断纬速度12秒，机下打结速度44个/分，大大超过部颁标准。1987年初，薄纺总厂纺织厂为了扩大出口产品，决定生产JT/C45×45×110×60×47″涤棉细布。这个品种是稀薄织物，质量要求高。该厂组织一批技术较好的挡车工上机台。张艺霞调到这个品种上，硬是以操作技术上的优势弥补了机械上的先天不足。在她带动下，这个品种的生产效率很快由70%上升到80%以上，坯布出口合格率达到90%。她还热心推广先进操作技术，毫无保留地向姐妹们传授“四三四”操作法。由张艺霞担任总教练培训的8名种子队员，操作成绩普遍提高，两名队员接近全国先进水平。1991年3月，“四三四”操作法首先在“张艺霞小组”推广，经一段时间后，小组成员的操作优一级率由76%上升到96%以上，在全组13名成员中有2人成为工厂首批聘任的高级技工，有9人成为工厂命名的自检工人。近两年，这个小组看管的144台织机所生产的棉布，下机一等品率由47.3%提高到70.8%，出口合格率由84%上升到92%，入库一等品率由97.8%提高到99.2%，产量增长9.23个百分点，为工厂多创利达16.17万元。1995年4月，全国纺织系统在蒲圻纺织总厂开现场会推广了张艺霞“四三四”操作法。张艺霞先后4次获湖北省操作能手称号，连续4年被命名为工厂操作技术状元，1988年以来，连续3次参加湖北省操作技术比武夺得第一名。1990年全国纺织行业青工技术大赛夺得第二名，同年获得全国首届青工技术能手、湖北省纺织系统优质高产能手称号，被团中央命名为“全国新长征突击手”；1991年被评为“湖北省职工劳动模范”，并获“五一”劳动奖章；1992年获“湖北省优秀女职工标兵称号”；1993年当选为第8届全国人大代表；1995年被授予“湖北省青年杰出岗位能手”和“湖北十大女杰”称号。

【张巨声·合肥美菱集团公司董事长兼总经理·被授予全国劳动模范称号】　安徽合肥美菱集团公司董事长兼总经理、党委书记张巨声，经过10年的奋争，把一个名不见经传、濒临倒闭的小厂发展成为国家大型企业集团，在企业的经营管理上显示了卓越的才华，先后被授予全国“五一”劳动奖章、全国优秀企业家称号，1995年4月29日被国务院授予全国劳动模范称号。

1983年，这家只有200来名职工，专以生产轻工机械的小厂，产品无销路，濒临倒闭。正在企业危困之时，张巨声走马上任，当上了这个厂的厂长。他瞅准当时市场紧俏的冰箱，借债转产，全厂励精图治，仅仅一年就拿出了产品，打出了销路，到1987年，产值就达5900多万元，4年增长33倍，实现了第一次飞跃。从1988年至1992年，张巨声为首的厂领导班子在有了一定的经济实力的基础上，上规模、上水平、上质量，打知名度。首先引进国外先进生产线，使自己的产品受到市场的青睐，而且获得了一系列的“优质产品”称号，在用户中树立了好的形象，赢得了信誉。紧接着他又适时推出181新型冰箱，一时风靡市场，“美菱”名声大振，销量由全国同行业的20位上升到第5位。这5年间，美菱产值每年净增1亿元，这是第二次飞跃。

第三次飞跃是从1993年开始向集团企业发展，目标是产值每年递增5个亿。同时进行了冰箱二期工程改造，还兴建了一座年生产能力20万台的空调器厂，并引进外资建设美菱经济开发区。到1993年末，美菱产值突破10亿大关，是1983年的568倍；全员劳动生产率达66.8万元，人均创利税近10万元，居全国同行业首位，到1995年，已实现产值30亿元。

"荣誉属于昨天，创新之树常青"，这已成为美菱人的座右铭。现在他们又在大力发展新企业，形成冰箱、空调器、电脑热水器三大支柱，引进先进技术和设备，设计生产出无霜、无氟的跨世纪产品，形成年产值50亿元的生产规模。

张巨声，1936年12月出生，河北省人。中专毕业，1951年参加工作，先后在河北省保定市煤建公司、解放军第四空军预校、合肥市矿山机器厂、合肥市经济委员会工作，1983年历任合肥电冰箱总厂厂长、合肥美菱股份有限公司董事长兼总经理、合肥美菱集团公司董事长、总经理、党委书记等职。1984年2月加入中国共产党，现在是安徽省政协常委、全国政协委员。

【张中杰·青年地球物理学家·获中国科学院青年科学家奖一等奖】　中国科学院地球物理研究所研究员张中杰，获1995年中国科学院青年科学家奖一等奖。

张中杰在地震学前沿研究领域——地震各向异性研究中的波传播、数字仿真、成像理论与算法研究以及地球深部有关问题研究方面，取得了重要成果。

在地震各向异性波传播方面，先导性地将二维问题研究拓展到难度更大的三维空间中。其中，对各向异性介质三维空间中与界面上地震波传播行为的研究，面波频散规律的研究，非均匀性、各向异性与非线性引起的地震波散射规律的研究，兰姆问题求解中奇异性问题的处理，各向异性介质中界面上地震波射线满足的改进型斯涅尔定律的获得等均被认为是地震各向异性研究中最重要的成果之一。

在数字仿真方面，提出了计算快速、频散效应弱、高保真的核函数最优近似分析法、褶积微分算子法等系列多波多分量数字仿真技术。各向异性介质地震波场数字仿真研究中人为边界效应的压制被认为是一项具有重要价值的科学研究成果。所进行的多波多分量地震资料叠前偏移成像研究极大地改善了成像速度与质量，并可以约束地震剖面成像的非唯一性。

通过合作深入研究，提出了渤海湾潜在地幔热柱深部构造背景的论点与论据。通过地震面波三维速度结构等信息，对我国西北沉积盆地进行了高水平的研究，在该油气盆地的深部结构和动力过程方面取得了重要成果，探讨了我国西北以及相邻地域的油气远景。

自1986年从事地震各向异性和地球内部与动力学有关研究以来，十年间在该领域取得了突出成果，分别获得第三届中国地球物理学会青年科技奖与赵九章优秀中青年科技工作奖等项奖励。在国内外学术刊物上发表论文40余篇，合作专著一本。

张中杰，湖南省衡阳人，1964年4月生。1991年毕业于长春地质学院，获工学博士学位，1991年11月至1993年10月在中国科学院地球物理研究所博士后流动站进行专题研究。出站后留所工作，现为研究员。

【张玉琢·中共沈阳市沈河区委书记·被授予优秀县(市)委书记称号】　1995年6月30日，全国百名优秀县(市)委书记表彰会在北京中南海怀仁堂召开。中共中央总书记江泽民出席会议并作了重要讲话。会上宣读了中共中央组织部对全国在县(市)委书记岗位上取得优异成绩的100名干部，授予优秀县(市)委书记称号的决定，张玉琢名列其中。

张玉琢到沈河区上任时，说过一句诙谐的话："我这个'琢'不是琢磨人的'琢'，而且琢磨事的'琢'。"后来他对"琢磨事"作了认真阐释："作为一名党的干部，应常怀为民之心，常思为民之策，常兴为民之举。"张玉琢的为民之心之策之举如何体现呢？开始，由于沈河区是沈阳市的中心区，地域小而人口密，有人认为发展空间先天不足，小城区干不成大事业。张玉琢不这样认为，他要在这小城区里创大业。1991年初，沈河区正式提出建设经济大区第一阶段的战略构想，即通过5年的努力，把沈河区建设成为沈阳市的经济大区。张玉琢和他的同志们采取的第一个大动作是，以市场开发建设为龙头，建大市场。在风险、难度都很大的情况下，他们把占道经营的五爱街市场迁到热闹路并建成全国十大综合批发市场之一，又果断地与外商合作，开始进行跨世纪的市场总体改造工程，同时实施了"一带三区五珠六街"为主体的新型市场体系，从而使第三产业得以迅猛发展。到1994年底，全区第三产业增加值已占国民生产总值的63.6%。第二个大动作是，依靠科技进步为导向上大项目。1993 到 1994 年，全区新上具有当代水平的科技效益型工业项目 60 余个，工业科技含量超过 45%。以提高"三个效益"为方针搞大开发，是第三个大动作。面对旧区改造进入一个新的周期的机遇，使房地产开发迅速成为区的重要支柱产业。第四个大动作，则是实施外向牵动为目标招大客户。先后与外商洽谈成功，投资 20 多亿元人民币对五爱市场进行总体改造等合作项目。城区外向型经济连年进档升级，已成为名副其实的对外开放大区。四个大动作创造了沈河区新的辉煌：1994 年，不仅提前一年实现了建设经济大区的第一阶段战略目标，而且以创建"绿净美安"高标准社区、社会治安模范区和推进"大城市典型社区建设示范工程"为目标的各项社会事业也得到蓬勃发展。

张玉琢，辽宁庄河县人，1937 年 7 月出生，1953 年 3 月参加工作，1959 年 1 月入党，大专文化。曾任沈阳市一商局党委副书记、市服务局党委书记等职。1988 年 11 月任现职。

【张艾嘉（女）·台湾电影导演·编导的影片《少女小渔》囊括亚太影展五项大奖】

台湾影坛才女——电影演员、导演张艾嘉编剧、导演的影片《少女小渔》，在 1995 年 7 月印度尼西亚雅加达举办的第四十届亚太影展上，获得最佳影片、最佳编剧、最佳女主角、最佳艺术指导、最佳音效等五项大奖，成为历届亚太影展罕见的纪录。

影片《少女小渔》讲述了中国大陆留学生江伟为取得美国绿卡，安排女友小渔"嫁"给一个意大利裔老头。在这场名不副实的婚姻一步步走向终点时，江伟对小渔的不满、疑虑和猜忌亦达到顶峰，而小渔与老头之间一种温馨友情却悄然滋生。影片情节曲折，演员表演自然，充满温馨的人情气息，使观众深受感染。

张艾嘉，1953 年 7 月生于台湾嘉义县，原籍山西五台县。5 岁时走上银幕。16 岁时步入电视界，担任热门音乐节目主持人，并演唱英文歌曲。1972 年为香港嘉乐影片公司主演了《飞虎小霸王》、《龙虎金刚》、《黄面老虎》等影片。1976 年返回台湾，主演了影片《梅花》、《碧云天》、《野鸽子的黄昏》、《落叶飘飘》等。其中《梅花》获第十三届"金马奖"最佳剧情片奖，在《碧云天》中她因出色地饰演少女俞碧涵获得第十四届"金马奖"最佳女配角奖。1981 年她因主演《我的爷爷》而获第十八届"金马奖"最佳女主角奖，成为港台最走红的女明星。1986 年她自编、自导、自演的影片《最爱》，再次获得"金马奖"影后桂冠，次年又夺得第六届香港电影金像奖最佳女主角殊荣。在 20 多年里，张艾嘉共演出了 70 多部影片，她不仅是一位出色的演员，还是影坛的多面手，先后担任编剧、导演、监制等，素有影坛才女美称。她执导的影片主要有《某年某月某日》、《最爱》、《黄色故事》、《梦醒时分》、《今天不回家》等。张艾嘉对影坛的贡献还有对香港新浪潮电影和台湾新电影运动的兴起起到不可抹煞的促进作用。如自组公司聘用新人许鞍华等和在新艺城公司台湾分公司任总监起用林清介、杨德昌等拍出《疯劫》、《台上台下》、《海滩一天》、《搭错车》等很有影响的影片。由于张艾嘉出色的艺术成就，1992 年加拿大多伦多电影节为她举办了个人影展。

【张平树·书法家·张平树榜书艺术展在京举行】　1995 年 6 月 6 日至 11 日，张平树榜书艺术展在北京中国美术馆举行。展出的近百幅作品，其中半数以上为 6 尺至 8 尺幅的宏篇巨作。如其丈二四"雄风"，纵横驰骋，势遒力足；每字一米见方的"气吞万里如虎"隶书横幅，气势宏大宽博，神态典雅安祥。有关人士称：此举开榜书大展之先河，张平树成为榜书大展第一人。《上海艺术家》杂志用插页四个彩版作了专题介绍，赞誉这次展览是"独树一帜，誉满京华"。《人民日报》（海外版）、解放军报等报刊，载文介绍其榜书艺术特色，并刊载其代表。中央电视台，北京电视台播放专题片作了介绍。

张平树，1947 年生，山东寿光人。现为上海第二军医大学干部，中国书法家协会会员。他自幼喜爱书法，墨海笔耕 30 年，能书各体，尤精榜书。榜书，俗称大字，自古被视为书家畏途。因其字少，一笔失误，则全局皆败。故非功力老到，力遒气足者，难臻斯妙。张平树潜心榜书十数年，行家评其所作榜书，笔力雄强，气势磅礴，翰墨飞动中，折射出军人气质，颇具大家气度。其榜书作品多次参加中外书法大展大赛，屡获褒奖。还被多家博物馆收藏和碑林刻石。作品入选《当代书法名家墨迹》等多种书法集萃和书家辞典。张平树还对榜书艺术进行理论探讨，有专论刊于《书法》杂志。

【张田农·四川夹江县中学教师·发明家蚕自织丝宣（绢）工艺获博览会双新金奖】

1995 年 11 月，四川省夹江县云吟职业中学高级教师张田农发明的"家蚕自织丝宣（绢）工艺"，在中国第七届博览会获双新金奖。《中国教育报》等报刊称赞这一新技术为“华夏一绝”。

张田农的发明亘古未有，他不用缫丝，不用纺织，直接指挥成千上万的春蚕，在吐丝过程中一步到位，织成各种丝宣（绢）工艺品、日用品和艺术收藏品。那一米多高的丝绢巨扇，是春蚕把丝吐到扇骨上一次织成的，作画扇面，效果独特，浸透兰香。丝织马甲未曾缝一针一线，家蚕织得平整美观，自动锁边，天衣无缝。一床双人丝被，织得紧密无整，蓬松柔软，季节变化，可调厚薄。工艺品《明月图》，在直径一米的圆丝宣内，绘有耸立高峰和参天古木，“明月”升于房前树后。山峰是画家画的，“明月”却是蚕织的。蚕丝吐在凸出的圆形画面，泛着银光，恰似皓月当空，韵味无穷。艺术品《百龙图》，长 3.6 米，宽 1.2 米，呈椭圆形。其外圈由 100 个不同的墨写龙字组成两条巨龙，其内圈有两条蚕织巨龙凸出画面，正在争抢一颗熠熠生辉的宝珠。下部写有“百龙图”三字。这幅珍品是张田农精心设计，指挥家蚕连续奋战四昼夜织成的。他吃喝与蚕同室，寸步不离，环环扣紧，织成一件无价之宝。他发明的“家蚕自织丝宣（绢）工艺”系列产品已引起国内外企业界、艺术界关注，韩国、香港、台湾等地客商表达了合作开发意向。

张田农长期从事养蚕研究，取得系列科技成果，他主持《优质高产科学养蚕法及钴60—γ辐射养蚕试验》获四川省科委科技进步二等奖，《优质高产低成本养蚕法》获乐山市科委科技进步奖。他还创造了《蚕桑为主“多链式”良性循环经营致富模式》，使养蚕、鱼、猪、鸡和植桑、花、菌、稻有机结合，形成生态农业，获四川省科技进步集体二等奖。发表科技论文数十篇，其中 10 篇获省、市优秀论文奖。

张田农，四川省夹江县人，1921 年 9 月生，早年毕业于江苏蚕丝专科学校，现任夹江县云吟职业中学校长顾问。为夹江县人大代表、政协委员，曾获省、市、县授予的职教先进工作者、先进科技工作者等称号。

【张礼和·药物化学家·当选中国科学院院士】　1995 年 11 月 6 日，中国科学院公布了新当选的院士名单，北京医科大学药学院教授张礼和，当选为中国科学院化学部院士。

张礼和，1937 年出生于江苏省扬州市。现为北京医科大学药学院教授、院长，天然药物及仿生药物国家重点实验室主任。60 年代曾在 1，2，4－三嗪类的杂环合成中发现了羟基含氮杂环的不正常对甲苯磺酰化反应，开辟了一条方便引入取代基的方法。1981 年—1983 年在美国工作期间，参与并完成了 BleomycinA_2 的全合成及 BleomycinA_2 对 DNA 断裂机理的研究。回国后，在核酸化学的一些前沿领域做了一系列开创性工作：(1)系统研究了环核苷酸类化合物结构与生物活性的关系，研究了立体选择性合成和这类化合物在溶液中的构象，提出环磷酸部分的扭船式构象更适应 PKA 酶调节亚单位的结构要求。(2)针对人胃癌 C—Ha—Ras 基因设计并合成了 5′ 末端连有补骨脂素的反义寡核苷酸，发现了对人胃癌细胞有选择性抑制作用。(3)在酶性核酸的自动剪接机制研究中，发展了一条合成含有手性甲基磷酸链的寡核苷酸方法并研究了它们的溶液构象以及酶性核酸对其剪接的行为。(4)在抗病毒和抗肿瘤药物领域内，系统合成并研究了不同类型的核苷和核苷酸，包括异核苷、氟代异核苷、碳苷、碳环核苷、核苷酸糖脂等，发展了合成方法并发现了一个异核苷类化合物，一个核苷类化合物具有显著的抗病毒和抗肿瘤活性。(5)合成了一类新的非放射性 DNA 探针标记试剂。发表论文 80 余篇。获发明专利 2 项，国内外各种奖励 9 项。

【张芝庭·贵州神奇制药有限公司董事长·被评为中国十佳民营企业家】　贵州神奇制药有限公司董事长、高级工程师、“光彩事业”发起人张芝庭，以研制开发“脚癣一次净”为成功的起点，通过依靠科学技术和挖掘民族医学经典，不断开发特效药品占领市场，已跻身于全国大型制药企业行列。1995 年 10 月，张芝庭被中华全国工商业联合会等单位评为中国十佳民营企业家。

张芝庭，1944 年 12 月生于河南省镇平县。1986 年开始创办企业，1990 年组建中美合资企业——贵州神奇制药有限公司。经过几年的发展，神奇公司已跻身于全国大型制药企业之林，现总资产达 3.5 亿元。成功之后，张芝庭不忘回报人民，带头发起以扶贫为主题的光彩事业倡议，并率先实施。

张芝庭曾获贵州省劳动模范，全国星火优秀企业家称号，是第八届全国人大代表、中华全国工商业联合会常委。

【张西曼·已故同盟会元老·诞辰一百周年纪念座谈会在北京举行】　1995 年 6 月 20 日，民革中央、民盟中央、九三学社纪念张西曼先生诞辰 100 周年座谈会在北京举行。全国人大副委员长、九三学社中央主席吴阶平主持会议。全国政协副主席、中共中央统战部长王兆国在会上发言，高度评价张西曼为中国革命事业作出的光辉业绩，并代表全国政协和中央统战部对他表示深切怀念。

张西曼，湖南长沙人，1895年6月生，1908年经宋教仁、谭人凤介绍加入同盟会。十月革命前后，两次到苏俄学习，1919年在北京与李大钊、陈独秀等创立社会主义研究会，翻译出版了《俄国共产党党纲》等有关十月革命的著作，传播马克思列宁主义。他是著名的国民党左翼人士，曾三次进言孙中山实行联俄、联共、扶助工农三大政策，并为国共合作做过卓有成效的工作。1931年"九·一八"事变后，张西曼为抗日救亡奔走呐喊。在抗日战争中他与中共领导人密切联系，与民主党派紧密配合，维护抗日民族统一战线。1935年5月，张西曼联合徐悲鸿和文化界人士发起创办"中苏文化协会"。1938年协会由南京迁往重庆。1945年毛泽东同志赴重庆谈判时，在中苏文化协会会址和后民主党派与知名人士见面。1945年11月，张西曼主编的《民主与科学》杂志联合重庆26家杂志发出了"反内战"的呼吁。此后，张西曼积极参加了九三学社的创建工作。1946年2月，由张西曼等发起的中国民主宪政促进会在重庆成立，这实际上是一个统一战线性质的组织，理事会成员包括中共代表团的邓发、何思敬、潘梓年、华岗以及民主人士许德珩、朱学范、陶大镛等，张西曼为理事长。1948年，张西曼在南京大中学生"五四"座谈会上痛斥国民党政府腐败独裁，指出"中间路线"是行不通的，勉励青年学生"为革命理想而呐喊、而战斗"。张西曼从事进步活动，遭到国民党反动派的迫害，他被开除国民党党籍，免去立法委员职务，并被列入黑名单。1948年底，在中共地下组织帮助下，他逃离南京进入中原解放区，1949年3月到达北京，不久病逝。周恩来同志为他题写了墓碑。在全国政协和中共中央统战部帮助下，由张西曼的儿子张小曼编辑的《张西曼纪念文集》于1995年出版。

【张贞泉·吉林化学工业公司工人技师·被授予全国劳动模范称号、获中华技能大奖】　吉林化学工业公司化肥厂工人技师张贞泉，完成技术革新30多项，特别是在进口设备上搞革新，为工厂创综合经济效益785万多元。1995年4月29日，国务院授予他全国劳动模范称号。同年11月，被劳动部授予中华技能大奖。

张贞泉，1941年出生于河北农村。1959年只身从河北闯入吉林市，进入当时的吉林化肥厂当了一名维修工。入厂之初，张贞泉就一门心思向老师傅学习手艺。70年代开始，国家从国外引进先进设备，对老厂实行技术改造。张贞泉意识到，在现代化大企业里，光会要手艺不行，还得有文化、有知识、懂理论，于是他开始了长达十几年的夜校学习。有时下班晚了，顾不上吃饭就往夜校跑。十几个寒暑，张贞泉不仅系统学习了文化课，还学习了钳工工艺学、车工工艺学、金属材料学，机械密封技术，压缩机、离心泵维修技术等二十几门专业课。现在他不仅能看懂大专的专业技术书，还能根据生产经验编写出检修技术规程。1990年被聘为工人技师，1992年至1994年先后获吉林市、吉林省和全国职工自学成才奖。掌握了专业技术，张贞泉对洋设备敢碰了。车间有7台大功率日本造的溶液泵，是合成气系统的"心脏"，可这种洋设备偏偏一到关键时刻就卡壳。它一出毛病，就造成全系统停车，停一次车要损失十几万元。为铲除这个"拦路虎"，工厂把它列为攻关项目，有好几名工程技术人员参加，可就是久攻不下。张贞泉经过多少个日夜的冥思苦索，奋力拚搏，终于查到了"病根儿"。他对症下药，提出了一个综合治理检修方案，攻下了这道难关。5年中，张贞泉给"大泵"做了3次"大手术"，再加上一些小改小革，如今这7只"洋老虎"被彻底制服。氧气压缩机出口阀阀片经常磨损，寿命不长，是一项世界性难题。张贞泉没日没夜地琢磨，成天在现场观察。把上百个报废的阀片摆来研究，做了50多次检修记录。针对"病根"，自己动手设计制造了一个"分流式气垫阀"。终于解决了这一世界性难题。他把这一改革成果写成论文，发表在中国机械学会主办的《流体工程》杂志上，此文被编入英文版。论文发表一个月，日本生产厂家两位专家来到化肥厂，专门来看分流式气垫阀。由于张贞泉革新连连取得突出成绩，他先后获得公司劳模、吉林市劳模、吉林省特等劳模、全国化工系统劳模等一系列光荣称号。

【张岂之·历史学家·主编《中国传统文化》出版】　西北大学名誉校长、清华大学中国文化中心主任、博士生导师张岂之主编的《中国传统文化》一书，1995年1月由高等教育出版社出版。

张岂之，1927年出生于江苏南通。1950年北京大学哲学系　业，1952年清华大学哲学系研究生肄业。50年代，在著名历史学家侯外庐指导下，他参加修订、整理《中国思想通史》第一、二、三卷，并参加了第四卷的编写工作。以后又参加撰写或主编了《中国思想史纲》、《中国哲学简史》、《宋明理学史》(上下卷)、《中国思想史》、《中国儒学思想史》、《中国近代伦理思想史》以及论文集《儒学、理学、实学、新学》等书。他的新著《中国近代史学学术史》即将由中国社会科学出版社出版。

张岂之认为，人类历史上流传下来的那些对人们有益的思想学说，必然有其长期存在的原因。就是说，它本身含有适合于各个时代的某些因素，我们可称之为绝对真理的颗粒。按照马克思主义观点，任何真理都是相对真理和绝对真理的统一，无数相对真理构成绝对真理的长河。而绝对真理的颗粒，在各个时代都有所贡献，并随着历史的演进而不断丰富发展。我们所讲的传统文化中的精华，有不少是带有绝对真理颗粒的性质。

张岂之认为，中国思想史的研究应与社会史的研究相结合。任何一种社会思潮和思想体系的产生，都有其社会历史的原因；在思想史的研究中要力求做到历史与逻辑的统一。为此，他在侯外庐关于中国社会史研究的基础上，试图分析为什么中国思想在春秋战国时期主要表现为诸子之学，而在汉代主要表现为经学，魏晋时代则为玄学，隋唐时期主要是佛教的传入和佛教的中国化，宋以后是理学，清代是考据之学，近代则是西学。这些研究都需要从社会史的研究和解析入手。

在中国思想史的研究中，张岂之注意到中国科学技术史的成果。他认为，中国科学史的一些特有的范畴、概念，并不是凭空产生的。它们既是科学技术成果的概括，又是中国思想的结晶，如“道”、“气”、“阴”、“阳”这些范畴，就是在概括当时农学、天文学、数学等自然科学的基础上产生的，这些范畴又推动了中国古代理论思维的发展。

他还认为，中国思想史的核心是中国古典哲学。中国古典哲学有三个重要组成部分即天人之学、有对之学（或变易之学）和会通之学。这三部分蕴藏着非常丰富的理论思维，渗透于中国宗教、文物、制度、科技、历史等等方面。因此，研究中国古典哲学与中国传统文化的关系，是他最近几年研究工作的重点。

【张伟建·青岛华金物产集团公司总经理·被评为第五届全国十大杰出青年企业家】　青岛华金物产集团公司总经理兼党委书记张伟建，1995 年 11 月被评为第五届全国十大杰出青年企业家。

张伟建认为，“国有企业能否搞活，说到底就是要攻破两道难题，一是市场问题，一是机制问题，有市场就有效益，机制新则企业活。”华金集团是从补偿贸易利用外资改造企业起步的。他们先后利用外资 1200 万美元，引进了世界先进水平的针织、染整、制衣设备和生产线，使华金前身青岛第一针织厂整体装备水平一下从五六十年代水平提高到八九十年代水平，产量规模从 700 万件猛增至 2300 万件。产品结构也随着市场的要求，由中低档为主逐步变为中高档为主，96％的产品销往日本、欧美、东南亚及中东等海外市场。在进行技术改造的同时，张伟建确立了向“国际机制”挺进的大思路，按照国际市场规律办事，转换企业机制、更新观念，使企业真正做到自主决策、自主经营、自主闯荡市场。在市场激烈竞争的新形势下，他认为华金要再上新台阶，就要转变增长方式，走发展规模经济的道路。1992 年他们兼并了原青岛第二布鞋厂，1993 年又收购了陷于困境的青岛第十五针织厂。1994 年又建立了中外合资的丝娃罗服饰制衣有限公司，组成集团公司。近一年来，他们大幅度调整生产结构，采取向内地原料基地扩大出口产品加工规模的方法，把大量定单移到辽宁丹东，山东滨州、高唐、海阳等集团下属企业，使企业的外销加工量比 1994 年猛增 165％，产品成本降低 12％。

张伟建，江苏赣榆人，1953 年 10 月 26 日生，中国共产党员。1971 年 10 月进入青岛第一针织厂当工人，1975 年进入合肥工业大学工业电子专业学习，1978 年毕业后回厂工作，历任技术员、助理工程师、工程师、高级工程师、厂长兼党委书记，总经理兼党委书记。曾先后获青岛纺织劳动模范、青岛市劳动模范、全国纺织系统劳动模范等称号。

【张庆勤·贵州农学院教授·被授予全国先进工作者称号】　张庆勤从事小麦育种工作 35 年，先后育成抗源品种 200 多个，特别是近年育成系列遗传稳定的高产优质多抗的小麦型品系和株系，其研究成果居国际领先水平，有关专家认为是“世界小麦育种的重大突破”。1995 年 4 月 29 日，国务院决定授予他全国先进工作者称号。

现年 62 岁的张庆勤教授是浙江省东阳县人。1953 年毕业于浙江金华农校，同年入浙江农学院学习。1955 年赴原苏联哈尔科夫农学院植保系学习，1960 年毕业后回国，分配到贵州农学院，历任助教、讲师、副教授、教授。贵州的粮食长期不能自给，其中一个原因是夏粮占粮食总产量的比重相当低，由于有“重大季轻小季”的种植习惯，直至 80 年代初小麦单产仍然很低，种植面积少。张庆勤经过坚持不懈的努力，终于在 1988 年培育成小麦新品种“贵农 10 号”。

这种优质高产多抗的新品种在全省推广800万亩，平均亩产由过去的75公斤增加到325.5公斤，成为贵州主栽品种，全省夏粮产量的比重因而大增，由以前的9%提高到现在的27%。夏粮的增产，使每年调入贵州的粮食由80年代的15亿多公斤减少到现在的5亿多公斤。近几年，张庆勤还育成“贵农21、22号”小麦杂交新品种，其产量、品质、抗病性均达到全国最高水平。有关专家认为，“贵农21、22号”的育成将对我国小麦生产登上新台阶发挥重大作用。

从70年代后期开始，张庆勤向小麦远缘杂交这一被视为科学禁区的新领域冲击。小麦和燕麦是属于两个族，亲缘很远，国内外专家普遍认为这两类物种不可能杂交成功。1978年，张庆勤首次用小黑麦与光稃野燕麦正反交成功，之后又经过反复试验，1986年重复杂交又获成功。1989年至1993年用节节麦、野生二粒小麦、斯卑尔脱小麦等与光稃野燕麦杂交成功。1995年5月，国家自然科学基金委员会主任委员张存浩教授和生命科学部负责人赵宗良教授等专家，到贵州农学院对张庆勤主持的“光稃野燕麦与小麦近缘种属杂交研究”项目进行考察，认为这项研究是“世界小麦育种的重大突破，在理论和应用上有重大意义”。现在，节节麦、野生二粒小麦、斯卑尔脱小麦与光稃野燕麦的杂交后代已育成遗传性稳定的优质高产多抗的普通型小麦品系和株系200多个，这些品种已于1994年在全国多点试种。据农业部谷物监测中心对样品全套烘烤品质测定表明，其粗蛋白、赖氨酸、湿面筋等含量都比一般小麦高出几倍，是目前我国国内品质最好的小麦，比当今国内小麦主导品种增产1倍以上。

张庆勤现任贵州农学院麦作研究中心主任，西南农大、湖南农学院兼职教授，是第八届全国人大代表。

【张纪峰·青年控制专家·获中国科学院青年科学家奖一等奖】　中国科学院系统科学研究所副研究员张纪峰，获1995年中国科学院青年科学家奖一等奖。

张纪峰的成就主要有以下几个方面：在广义系统研究方面，利用代数方法获得了广义线性系统受限能控的充分必要条件，进而完整地解决了广义线性系统的二次型最优控制问题。对定常参数控制系统，首次提出了时滞估计判据，给出了使阶、时滞和未知参数强一致收敛且同时使闭环系统二次性能指标或跟踪指标渐近最优的适应控制。利用“变界截尾”与提高信噪比相结合的方法，突破了以前随机系统适应控制中要求开环稳定或最小相位条件才能保证闭环系统稳定的限制。在只假定系统可镇定的条件下，对于开环可能不稳定且可能是非是小相位的、具有未知干扰的系统，设计了参数辨识方法，给出了使闭环系统稳定的适应控制律。在具有很强应用背景的时变参数辨识的研究中，改进了起本质作用的“条件丰富”条件，分别在样本空间及时域空间中建立了估计误差界与系统噪声界、参数变化量之间的显式函数关系。对十多年来许多控制专家努力研究的、具有跳跃马尔柯夫时变参数系统的适应镇定问题，首次获得了一组重要的参数估计误差上界估计式，并对一大类具有跳跃马尔柯夫时变参数的系统，给出了相应的适应镇定控制律。

张纪峰，1963年9月生，山东省平邑人，1985年毕业于山东大学数学系，获理学学士学位。1988年、1991年于中国科学院系统科学研究所先后获硕士、博士学位。1991年至1992年在加拿大McGill大学做博士后研究。现为中国科学院系统科学研究所副研究员。自1985年从事控制理论及其应用研究以来，已在该领域取得了突出成果，发表论文40篇。1989年获山东省优秀学术成果一等奖及山东省科学技术进步三等奖。

【张攻非·新民晚报编委·获第二届韬奋新闻奖】　由中华全国新闻工作者协会与中国韬奋基金会共同设立的韬奋新闻奖，于1995年11月5日举行第二届颁奖会，《新民晚报》编委、新闻编辑部主任、主任编辑张攻非获奖。

张攻非，1942年8月生。湖南澧县人。上海戏剧学院戏文系肄业。自1981年参加《新民晚报》复刊工作至今，从事新闻编辑15年。他以韬奋同志为楷模，“心中有读者，眼中有新闻”，在新闻版面改革、密切联系读者、继承优良传统等方面都取得了可喜的成果。

1982年至1988年，作为一版责任编辑的张攻非，在领导和同事的帮助下，为“编一个惹人喜爱的一版”，进行了创造性的改革和尝试：首先是扩大报道范围。从零点到中午12点之间的国际、国内及上海的重要新闻尽力见诸版面；其次是增加版面信息量，并且确立了一版的“短新快”个性，创造头条新闻与读者之间的“短距离”，追求版面的多变性。

张攻非努力让专刊“跟着新闻走”。提出并实践了三个方面的编辑思路：正确认识专刊与新闻版的关系，即从补充、延伸、扩展、深化、派生、背景、效应等7个方面把握专刊的内容，抓住专刊的总体特点，即杂、俗、新、实四个字。他重视编辑在版面上的主导作用。提出对来自各方的信息，要善于比较，善于选择，善于判断轻重、主次和缓急，在版面上作妥善处理。

张攻非于1991年被评为上海市优秀新闻工作者，他撰写的《编一个惹人喜爱的一版》获全国优秀论文奖。

【张孝洪·中共镇雄县委书记·被授予优秀县(市)委书记称号】 1995年6月30日，全国百名优秀县(市)委书记表彰会在北京中南海怀仁堂召开。中共中央总书记江泽民出席会议并作了重要讲话。会上宣读了中共中央组织部对全国在县(市)委书记岗位上取得优异成绩的100名干部，授予优秀县(市)委书记称号的决定，张孝洪名列其中。

张孝洪，云南彝良县人，1947年11月出生，1966年7月参加工作，1973年11月入党，大专文化。曾任公社党委副书记、书记，县农牧局局长、副县长，县长。1993年3月任现职。

国家级特困县镇雄，素有"无灾不成年"之说。张孝洪到镇雄时，正值全县又连续两年遭受严重自然灾害，农民缺粮面近80%，其中"双缺户"就达32万人。他一边号召全县干部群众树立信心、振作精神，共渡难关，一边深入重灾区了解情况，稳定灾民情绪，动员群众生产自救。他看到有些受灾农民实在饿急了，把粮种吃完后，又把播下不久的洋芋刨出来切下半截来充饥时，心在颤抖，噙着泪水把身上带的几十元钱分给了几家特困户，又让乡政府把救济粮款赶快发下去。在安顿群众之后，他积极向上级反映情况，争取民政等有关部门的支持。通过深入细致的工作，大灾之年使群众安全渡过了难关。张孝洪痛切地感到，要摆脱贫困，发展经济，必须调整镇雄历来单一的种植结构，拓宽发展渠道。他提出要"强化一个基础(粮、烟、畜)，抓好一个控制(人口)，加快四大经济发展，开发九大产业"。1994年，他同县委、县政府一班人紧紧围绕这个发展思路，带领全县人民大干苦干，各项工作实现了新的突破。

围绕经济建设这个中心，张孝洪做了方方面面的工作。他在调查中发现，农村经济之所以发展缓慢，一定程度上是由于一些基层党组织没有战斗力和凝聚力造成的。1994年6月，县委决定抽调100多名机关干部组成工作组，到各乡镇开展基层组织建设工作。经过一个多月的帮助整顿，交流了一批村干部，辞退并重新任用了一批，从而健全了以党支部为核心的村级组织，成为带领广大农民脱贫致富的有生力量。张孝洪注重贯彻执行党的民主集中制原则，在县委内部，实行集体领导和个人分工负责相结合，重大问题集体讨论决定，从不主观武断。镇雄自然条件差，工作生活条件艰苦。张孝洪更注意清正廉洁，不搞特殊化。他经常进入农家与农民交心谈心，交上了许多农民朋友。有人为了某种个人目的向他送礼行贿，都被严厉拒绝。

【张志红(女)·昆剧演员·获第十二届中国戏剧梅花奖】 1994年，年仅27岁的浙江京昆艺术剧院的张志红在北京参加了"全国昆曲青年演员交流演出"，并专场演出了《游园惊梦》、《寻梦》和《说亲·回话》三折昆剧，她以形式美和艺术美的演出优势，令专家和观众赞叹不已，为此1995年获第十二届梅花奖。

张志红，1968年出生，杭州人。1978年考入浙江昆剧团学员班，工闺门旦、花旦，在昆曲表演艺术家周传瑛、姚传芗等前辈的指导和传授下，以优异成绩提前毕业。在拜师姚传芗后，得到师傅精心传授，演出了大小许多传统剧目和新编剧目，塑造了众多的艺术形象，如《游园惊梦》中的杜丽娘、《拜月》中的王瑞兰、《题曲》中的乔小青、《百花赠剑》中的百花公主、《断桥》中的白娘子等等，均获专家和观众的好评。10多年来，她曾荣获过浙江省首届艺术明星奖、浙江省优秀小百花奖、浙江第三届戏剧节演员一等奖、全国昆曲青年演员交流演出最佳表演奖。近几年来，又在香港、台湾及日本等地演出，受到较高的评价。

张志红扮相秀美端庄，嗓音清亮甜美。在表演中她特别注重表现人物的气质和风采，挖掘人物的内心世界，注意对人物性格情绪的刻画，力求将舞台艺术造型中的形式美和人物精神世界的内涵美有机地结合，并在不断实践中取得显著的成就。这不仅是她的功力和毅力的反映，也是她艺术才华的生动体现。

南北昆剧界的许多行家认为张志红扮演的杜丽娘，在继承南昆著名表演艺术家张继青、华文漪和王奉梅的基础上，又有新的突破和发展。

【张连德·河北省邮电管理局副局长·被授予河北省劳动模范称号】 张连德在任保定市邮电局局长时，带领"一班人"积极进取，勇于开拓，使保定市邮电事业发生了根本性变化，创造了较高的经济效益。1995年4月，被授予河北省劳动模范称号。

张连德，高级经济师，河北永清县人，1949 年 3 月生，1965 年 7 月参加工作，历任组织干事、邮电局副书记、副局长等职。1991 年调任保定市邮电局长以来，带领全体职工，努力拼搏，完成固定资产投资 14.5 亿元，为“七五”期间全部投资的 14 倍，业务总量和业务收入的增长幅度一直保持在 50%以上，主要经济指标一直保持全省同行业的首位，1995 年获全省邮电系统经营先进地市局第一名。曾先后获省、市文明、先进单位、建功立业先进单位、省标兵企业等荣誉。他本人连续 3 年被评为市劳动模范和优秀人才。

张连德到任初期，面对邮电发展滞后的被动局面，深入调查研究，提出了全面发展规划：1991 年全部(含 22 个县市)实现市话自动化，甩掉“摇把子”；1992 年全部进入全国直拨网，开通移动电话；1993 年实现长途传输光缆数字化；1994 年实现全部程控化，建成县以上数字化通信网；1995 年建成包括农村在内的数字电话网。经过 5 年拼博，提前完成目标，电话容量由 6.2 万门增至 43.45 万门，长途程控交换机容量由 960 路端增至 26160 路端，建成了长地数字电话、移动电话、无线寻呼三个通信网。与此同时，张连德积极推进企业技术改造。在全国首家开通 113 智能人工长话系统。开发的国际商业信函库，被邮电部专家誉为填补了国内商函软件的一项空白。在企业内部加大改革力度，建立了企业内部劳务市场，实行了全员劳动合同制，增强了全体职工的竞争意识，调动了积极性。

张连德打开了局面，政绩突出，晋升为省邮电管理局副局长。但他从不以功自居，始终以公仆标准廉洁自律，经常深入基层了解情况，解决企业发展中的问题，深受群众赞扬。几年来，市邮电局已发展为省创收大户，但他从不搞任何特殊：奖金拿全局的平均数；除公务外，上下班都骑自行车，不坐小车；就连上级发数千元的奖金，他都全部捐献出来。市局相继修建 3.2 万平米的宿舍楼 7 座，他都让职工先住，自己仍然住在从外面租借来的一处阴暗、潮湿的底层宿舍。

【张秀发·湖南省邮电管理局局长·被授予全国劳动模范称号】 1995 年 4 月 29 日，中共中央、国务院召开的全国劳动模范、先进工作者表彰大会在北京人民大会堂隆重举行，湖南省邮电管理局局长兼党组书记、高级工程师张秀发，被授予全国劳动模范称号。

张秀发，湖南会同人，1940 年 9 月生，1964 年毕业于北京邮电学院，1967 年 4 月调湖南省邮电管理局工作，历任技术员、电报室主任、工程办主任、副局长，1985 年 4 月任局长兼党组书记。1994 年 8 月，荣登湖南省十大优秀企业家榜首。

10 年来，张秀发率领省局一班人，同心协力，使全省邮电的落后面貌得到了根本改变。固定资产达 100 亿元，增长 20 倍，已形成了多手段、多线路、高科技的现代化通信网络，通信能力和整体水平从全国的最后几名，跃居全国十强。1994 年全省邮电业务收入突破 20 亿元大关，业务总量与业务收入分别增长 67.9%和 77.7%，双双跃居全国第二位。精神文明建设也取得丰硕的成果。全省有 27 个市地县邮电企业被授予全国和省部级思想政治工作优秀企业、党风先进或双文明建设先进单位，有 95%的企业被地方党委和政府授予双文明建设先进单位。

落后的通信设施曾使一些中外投资者止步不前。张秀发感到了一股压力，他决心改变这种落后面貌。1988 年，他主持制订了全省邮电超常发展的“7215”计划，即用 7 年时间，完成电话交换机 70 万门，长话 20 万用户，农话 10 万门，BP 机 5 万台为主的通信工程，许多人认为是“异想天开”，难以实现。张秀发和一班人，积极宣传，耐心工作，克服了资金等方面的许多困难，仅用 3 年时间，提前 4 年完成“7215”计划的主要指标。1992 年，张秀发和他的助手们，又提出气度恢宏的“165”通信工程，计划用 3 年半时间，建成大容量长途数字传输网、程控电话网、无线寻呼网、移动电话网、数据通信网、电话语音信息服务网和地市以上可视会议电话网等 7 大现代化电信网。缺乏资金，他们就采取“借钱买鸡，生蛋还钱”的办法，多渠道引进国内外资金，共投资 88 亿，其中引进外资高达 2.97 亿美元。1993 年底，7 大网中的 5 大网提前 2 年竣工，1994 年底，另两大网又提前一年建成投产。

张秀发领导一班人大胆革除影响企业发展的种种弊端。改革人事用工和分配制度，建立具有激励性的新机制。他们率全国邮电之先，取消了干部称谓，建立管理人员体系，使其能上能下；推行合同制、聘用制相结合的用工制度；实行以计件工资制和百元收入工资含量制为主的分配方式，彻底打破平均主义。改革企业的组织形式，变行政管理模式为企业管理模式，实现了生产专业化、公司化，经营市场化，全员营销、重点营销和规模营销得到了广泛实施。改革经营和建设管理体制，经营上逐级推行投入产出大承包。在建设上，实施通信建设大承包。省局对各地市局实行经营责任制，把企业的责权利紧密结合起来，大大激励各级企业的积极性与经营活力。

【张余胜·中共礼县县委书记·被授予优秀县(市)委书记称号】 1995年6月30日，全国百名优秀县(市)委书记表彰会在北京中南海怀仁堂召开。中共中央总书记江泽民出席会议并作了重要讲话。会上宣读了中共中央组织部对全国在县(市)委书记岗位上取得优异成绩的100名干部，授予优秀县(市)委书记称号的决定。张余胜名列其中。

张余胜，甘肃甘谷县人，1957年1月出生，1982年2月参加工作，1973年12月入党，研究生毕业。曾任公社党委副书记、书记，区委书记、副县长。1992年11月任现职。

礼县是国家重点扶持的一个贫困县。4300平方公里的总面积，耕地只有106万亩，川地不到10万亩。境内山大沟深，土地瘠薄，海拔高低悬殊，自然灾害频繁，绝对无霜期183天，年均降雨量只有500毫米，单一的农业经济十分脆弱。农民人均纯收入300元。西南部贫中之贫的18个乡镇、22万人尚未解决温饱，占全县总人口的44%。这一个县情等待着38岁的新任书记拿出改天换地之策。张余胜没有辜负党和人民的重托，他在跑遍全县36个乡镇，作了一番调查研究之后，与县委一班人统一认识，提出了"兴农稳县，兴工富县，兴商活县，科技兴县，依法治县"的工作方针，拟定了近期实现"六个一套斗目标"和"1331"工程，即农业生产和综合经营规划及要达到的指标。确立了立足经济抓党建，抓好党建促经济的思想。他坚持把一半以上的时间放到深入基层调查研究和指导工作上。每到一地，都针对当地情况提出了一些好思路。经过一段实践检验，这些思路符合礼县实际，逐步变成全县上下的自觉行动。

张余胜有股知难而上真抓实干的劲头。县城东北有座荒山叫桃花山，40多年年年栽树不见树。他决定以绿化此山为突破口，锻炼干部，培养以干克难精神。他挂帅出征，带领机关干部职工挖水平台140公里，植树1119亩，后又连续两年补栽，终于将这座荒山变成名副其实的桃花山。礼县有黄金，但资源一直不清，引项投资无望。张余胜果断提出大开山门，引进人才、技术和资金联合开发，1994年已产金近万两。当地群众由于多年来地域闭塞，改革耕作制度非常难。张余胜认准带状种植这一增产措施后，采取边宣传边推广，先推广再认识，用增产效益示教的办法，硬仗硬打。1994年秋，一次推广27万多亩。近3年间，礼县的国民生产总值由2.5亿元增长到3.7亿元，工农业总产值由1.8亿元增长到2.3亿元，财政收入由492万元增长到1000万元。基础设施也有较大改善。

【张其成·南京中医药大学副教授·主持首届国际易医学大会】 1995年5月，首届国际易医学大会在南京举行，到会有中国、美国、日本、韩国及中国台湾、香港地区共100多位学者，张其成是这次会议的倡导者、主持者，这次大会通过学术交流，宣传了中医国粹和《周易》经典，并组建了"国际易医研究中心"。

张其成，原名张其枨，安徽歙县人，1959年10月生，先后毕业于徽州师专中文系、安徽省教育学院中文系，1988年毕业于北京中医药大学基础医学院，获医学硕士学位，1994年考入北京大学哲学系，攻读博士学位。现任南京中医药大学副教授，兼任国际易医研究中心常务副主任、国际易学研究院学术委员、国际青年易经学会理事。

张其成出身中医世家，长期从事中国传统文化——易学、道佛儒、中医、养生等研究，尤其在易学、中医学方面成绩突出。主编我国第一部易学工具书——《易学大辞典》，主编第一部易学文化大全——《易经应用大百科》，受到海内外专家、学者的好评。他发表《论周易思维的偏向发展》、《义理与象数新论》、《象数的方法论意义》等论文，从宇宙方法论、思维模式角度探讨《周易》，提出不少新的观点，受到学术界重视。

他从易学、中国大文化背景上对中医学理论体系进行深入研究，发表《从易学象数模式看中国理论实质》、《以易训医、援易入医》、《中医理论问题研究思路》等论文，在海内外有重大影响。日本《中医临床》杂志连载他的《中医理论体系起源的探讨》。他出版了《易医文化与应用》(主编)、《中医文化通览》(合著)、《中西医文化的撞击》(合著)等，在中医文化研究方面取得重大成果。

在中医文献的整理研究方面，编著高等中医院校首部试行教材《养生康复古籍选》(副主编)；校注整理新安医籍五部，汇入《新安医籍丛刊》，填补该研究空白。他参与研究的课题"新安名医考证研究"获首届安徽省高校科技进步二等奖，参与编著的《新安名医考》获首届全国医史文献图书优秀奖。他还连续多次获全国医古文化优秀论文二等奖、三等奖。1993年获国家教委霍英东教育基金青年教师奖，1994年被授江苏省优秀青年骨干教师称号。曾为北京大学、清华大学、北京中医大学等高等院校举办关于易医学的系列讲座，为研究生开设相关课程。多次应邀赴美国、日本、比利时等国讲学。

【张国忠·中共陵川县委书记·被授予优秀县(市)委书记称号】 1995年6月30日,全国百名优秀县(市)委书记表彰会在北京中南海怀仁堂召开。中共中央总书记江泽民出席会议并作了重要讲话。会上宣读了中共中央组织部对全国在县(市)委书记岗位上取得优异成绩的100名干部,授予优秀县(市)委书记称号的决定,张国忠名列其中。

山西省陵川,太行屋脊上的贫困县,出路何在?1992年踏上陵川地的张国忠,跑遍了全县18个乡镇的2/3以上村庄,记了十几万字的笔记,思索着,分析着,运筹着。他看清了:陵川穷在山,富也在山。躺着看,山是穷根;站着看,山是富源。要想甩掉贫穷帽子,关键是解放思想,更新观念,化资源优势为商品优势,尽快与市场经济接轨。张国忠从实际出发,把乡镇企业作为发展县域经济的主体,把基础设施建设作为走出大山的通道,提出了振兴陵川经济的整体发展思路。1992年,为了迅速点燃冶炼业这炉火,他带领各乡镇长和县直单位的领导到邻近县区参观学习,激发大家上乡镇企业的信念。在他建议下,县里每月召开一次现场会,促使乡镇企业迅速发展。至1994年底,全县8个企业税收大户均得益于那时的起步。他及时抓住锡崖沟党支部带领群众艰苦奋斗30年开山凿路这个典型,用坚韧不拔矢志改变贫穷面貌的创业精神指导全盘工作。县里组建了锡崖沟英雄事迹报告团,印发了宣传材料,举办锡崖沟事迹演唱会,使锡崖沟精神首先在陵川开花。苦干实干赢得经济迅猛发展。从1991年到1994年,全县工农业总产值达到8.5亿元,农民人均纯收入达到769元,财政收入达到2048万元。这些数字和其他地区相比或许算不得惊人,但这4年主要经济指标的增幅已相当于建国以来40年的总和。与此同时,全县总投资1.14亿元的五项重点工程顺利竣工,基础设施明显改观,为全县经济的持续发展奠定了良好基础。

张国忠不仅观注全县的总体发展,还十分关心偏远山村群众的实际问题。哪里最穷他往哪里跑。最穷的朱圈郊村在他关照下安上了电灯,常年闹水荒的东下河村解决了吃水问题,行路难的报国村交通得到改善。以廉为荣,洁身自好,是张国忠生活中一大准则。以诚相待,作风民主,是他带好党委一班人成功的经验。大家称他是"实书记"、"廉书记"、"好班长"。

张国忠1942年12月出生在山西沁县,1962年12月参加工作,1970年12月入党,高中文化。曾任公社党委书记、县委农工部副部长,县委常委、副县长等职。1993年5月任现职。

【张建亚·电影导演·获金鸡奖导演特别奖和华表奖最佳导演奖】 上海电影制片厂导演张建亚,因执导影片《绝境逢生》取得成功,1995年10月22日在北京举行的第四届中国金鸡百花电影节上,荣获第十五届中国电影金鸡奖导演特别奖和最佳故事片奖提名;5月23日在北京举行的'94中国电影华表奖颁奖典礼上,获得最佳故事片导演奖和优秀故事片奖;《绝境逢生》还入选中宣部1994年度精神文明建设"五个一工程",获得北京第三届大学生电影节最佳观赏效果奖。

影片《绝境逢生》讲述了第二次世界大战时期中国渔民英勇机智地与日军周旋,使美军突击队安全脱险的故事。导演张建亚在影片中着力发掘故事的喜剧因素,通过演员的表演使本来紧张、惊险的营救过程,自始至终洋溢着轻松、活泼的戏谑气氛,让观众在观赏的愉悦中了解抗日战争时期中国人民的抗敌斗争和精神风貌。影片在提高娱乐性、观赏性上进行了有益的尝试,因而受到观众和专家的肯定和好评。

张建亚,生于1951年,福建人。1978年考入北京电影学院导演系。1982年毕业后分配到上海电影制片厂任导演。同年与同学合导了儿童片《红象》,引起人们的注意。1986年独立执导了第一部影片《冰河死亡线》。1987年与吴贻弓联合导演了《少爷的磨难》,开始尝试喜剧片的创作。从1988年起,陆续导演了《绑架卡拉扬》、《挑战》、《义胆忠魂》、《三毛从军记》(兼编剧)、《王先生之欲火焚身》(兼编剧)、《超霸女郎》、《绝境逢生》(兼编剧)等影片。其中根据著名漫画家张乐平漫画改编的《三毛从军记》在喜剧片的创作上作出可贵的探索,受到观众和专家的一致好评,获得第十三届中国电影金鸡奖最佳儿童片奖和最佳导演奖提名,同时还获得首届大学生电影节最佳故事片奖、最佳观赏效果奖和最佳艺术创新特别奖。目前,张建亚正在拍摄根据《西游记》中片断改编的神怪故事片《大闹天宫》。

【张建国·京剧演员·举办奚(啸伯)派传人张建国专场演出】 国家一级演员、中国京剧院青年团主演张建国,在获得梅兰芳金奖大赛生角组金奖后,于1995年4月又在北京人民剧场举办"奚派传人张建国专场"演出,连续4天主演了《白帝城》、《杨家将》、《打渔杀家》、《三家店》等剧目，场场暴满，获得成功。充分展示了他文武兼备、唱做俱佳的全面才能，专家和观众交口称赞他是一位实力雄厚、前程远大的跨世纪优秀人才。

张建国，1958年出生于河北省一个普通农民家庭，幼时受京剧现代戏的熏陶和其父影响喜好京剧，13岁考入石家庄地区戏校，17岁毕业后分配到素有“奚派大本营”之称的石家庄地区京剧团，从此与奚派艺术结下不解之缘。他拜奚派弟子张荣培为师，得老师倾囊相授、悉心教诲，学会了十几出奚派剧目；又得到奚派传人、著名书法家欧阳中石先生点拨，使他逐渐领悟奚派艺术的真谛。1983年赴上海演出，以《打金砖》等戏引起轰动，报刊称赞他是“小演员轰动大上海”。此后又巡演于北京、天津、武汉、南京、哈尔滨、大连、青岛各地，皆受到热烈欢迎，盛赞他使“奚派艺术再现光彩”。并先后在上海白玉兰奖、全国中青年京剧演员电视大赛及梅兰芳金奖大赛等赛事中连获大奖。1993年调入中国京剧院担任主演。

奚派艺术以字行腔、以情行腔，讲究圆润清澈，尤重口劲及韵律美，喷打弹扬、开启撮合，清楚准确，工整大方，吸收众家之长，形成委婉细腻、清新雅致的艺术风格。张建国的演唱继承了奚派艺术的技巧和风格，又能充分发挥自己嗓音宽亮的优长，既委婉细腻又舒朗华美。如《白帝城》中从“哭灵牌”到“托孤”，他在演唱上十分注意吐字收音，尽情发挥奚派“错骨不离骨”的耍板唱法，特别是两段反二黄二六，唱得缠绵悱恻、如泣如诉。

张建国戏路宽广，不但演唱声情并茂，而且武功扎实。他常演剧目还有：《范进中举》、《珠簾寨》、《击鼓骂曹》、《失空斩》、《乌盆记》、《红鬃烈马》、《法门寺》、《王佐断臂》等。

【张绍林·电视剧导演·执导《沟里人》获第十五届全国电视剧“飞天奖”优秀导演奖】　山西电视台导演张绍林，因执导四集电视连续剧《沟里人》，1995年11月15日在太原举行的第十五届全国电视剧“飞天奖”颁奖典礼上，荣获优秀导演奖，该剧获得中篇电视连续剧一等奖。他参加导演的八十四集电视连续剧《三国演义》获得“飞天奖”长篇电视连续剧一等奖和1995年第十三届《大众电视》金鹰奖最佳长篇电视连续剧奖。《沟里人》和《三国演义》还同时入选中宣部1994年度精神文明建设“五个一工程”。

电视剧《沟里人》取材于山西陵川县锡崖沟人三十年如一日，艰苦卓绝，劈山开路，走出大山的先进事迹。歌颂了山区农民的雄心壮志和坚韧不拔的奋斗精神，成功地塑造了贺小庄这一具有时代精神的新型农民形象。

张绍林，生于1949年。1971年进入山西电视台新闻部，任新闻记者。1983年转调电视剧部担任摄像，后改任导演，现为电视台台长。1983年担任摄像期间，先后参加了《杨家将》、《上党战役》、《婚礼上的儿歌》等电视剧的拍摄。1987年独立执导了第一部电视剧《无字的歌》。此后接连导演了《白色的大雁》、《太阳从这里升起》（获第七届全国电视剧“飞天奖”单本剧二等奖）、《马牡丹》、《有这样一个民警》（获第十届全国电视剧“飞天奖”单本剧一等奖和优秀导演奖）、《百年忧患》、《刑警队长》、《咱们的老郑》、《好人燕居谦》、《一个医生的故事》、《周拉奴》等电视剧，目前正在执导长篇电视连续剧《水浒》。

【张春来·河北唐山曙光水泥集团公司董事长兼总经理·被授予中国十佳民营企业家称号】　河北唐山曙光水泥集团公司董事长兼总经理张春来，创建了全国生产规模最大的私营水泥厂，产品获得国家级质量认证，并被用于国家重点工程，因而被誉为“水泥大王”，1995年10月被中华全国工商业联合会等单位授予中国十佳民营企业家称号。

张春来，1952年2月生于河北开滦。1984年开始了艰难的创业历程，并在短时间内获得成功。他经过自己勤奋的努力，不仅成为“水泥专家”，而且成为经营管理的行家里手。他以全国建材史上最快的速度，仅用167天就建起一座年产10万吨水泥的生产示范线；又在河北遵化建成一座年产6万吨的水泥分厂；在两座新厂高速运转的同时，他又下大力气对老厂进行技术改造，使曙光水泥集团公司的生产总规模达到年产30万吨，经济效益在同行业私营企业中名列前茅，目前，企业总资产已逾亿元。

张春来坚持“以质量优求生存，以价格廉占市场，以效益高求发展”的经营理念，企业生产的“强兴”牌水泥，由于在生产过程中采用微机控制配料系统，自动化水平高，监控能力强，出厂水泥各项指标的合格率，都达到100%。国家产品质量认证委员会派出专家对该企业进行了全面考核，结果“强兴”水泥的各项指标都大大超过国家级质量认证标准。

张春来致富后，对于各方的求助者几乎是有求必应，近年来，他累计向社会各界捐款赠物达数百万元。

他积极响应投身到扶贫的光彩事业中来的倡议，发起并投资建立"光彩信息工程"。他曾荣获全国智力支边扶贫先进个人称号，并被推选为河北省政协委员、河北省私营企业协会副会长。

【张春霆·分子生物学家·当选为中国科学院院士】　1995年11月6日，中国科学院公布了新当选的院士名单，天津大学物理系教授张春霆，当选为中国科学院生物部院士。

张春霆，山东省烟台人。1936年9月出生，历任天津工科师范学院电机系助教，天津轻工业研究所工程师，天津大学物理系讲师、副教授、教授。他在理论分子生物学研究中的成就与贡献主要表现在以下两个方面：一、系统地开拓了DNA序列分析中的几何学研究途径，将几何学方法引入到DNA序列研究中来。利用所创立的同心正四面体坐标系，证明了任一DNA序列均可用唯一的一条三维空间曲线与之对应，反之亦然。两者构成了一一对应表示。还阐明，他称之为Z曲线的这一三维空间曲线具有明确的生物学意义。利用计算机图形学技术，可将任一DNA序列以三维空间曲线形式显示于计算机的屏幕之上。通过对曲线的走向、折叠和结构的观察和数学研究，可用一新颖的观点来分析DNA序列，开辟了一条崭新的研究领域。二、关于蛋白质结构研究（指球蛋白质，以下同此）。从蛋白质的氨基酸组成出发，发展了一系列结构类预测算法，大幅度地提高了蛋白质结构类预测的准确度（从75%左右提高到95%以上）。这是迄今为止国际学术界在这个领域里的最好结果。这一系列有效的结构类预测方法，对于进一步预测蛋白质的2级和3级结构是非常有用的。在这项研究的基础上，提出了蛋白质零级结构的概念。以上系统的研究成果，对于蛋白质结构研究，具有重要的科学意义。

【张荣发·在大陆投资的台湾企业家·名列《台湾百大富豪排行榜》第六位】　台湾有较大影响的《天下》月刊，每年5月都要依据台湾各企业集团的财富净值进行排名。1995年张荣发的长荣集团的财富净值达535亿台币，排名第六。台湾另一有影响的经济杂志《远东经济评论》，于1995年12月对亚洲地区大企业进行调查，根据"高品质的服务产品"、"管理阶层的前瞻性"等项进行评比，长荣海运公司三度蝉联第二名，长荣航空公司也进入第六名，成为榜内仅有的服务业。

张荣发，1927年生，台湾省基隆市人，原籍澎湖。日据时代的台北商业职业学校毕业，1960年6月获美国旧金山州立大学人文博士学位。

张荣发18岁到基隆的一家日本人开设的航业公司做工，从打杂工升任船长。1967年在巴拿马注册独资创设长荣海运公司，经营美国——远东航线。1978年至1979年，以削价揽货和周到的服务，击垮了有百年历史的欧洲海运联盟，开辟了远东——欧洲航线。1984年用24艘全新的现代化货柜轮开辟了东西双向环球航线，震动了世界海运界。至1995年，长荣海运已拥有59艘现代化船舶，穿梭于世界各大港口，连续6年称雄世界海运界。张荣发于1989年又创立长荣航空公司，至1995年底，已拥有大中型客机27架，成为台湾第二大航空公司。

近年来，张荣发积极准备开发中国大陆市场，在近几年台湾航空业不景气的情况下，长荣航空公司仍加速扩充机队，其着眼点就是在两岸三通后抢占大陆市场。1995年，长荣集团已在大陆开辟有大连、天津、青岛、上海、宁波5个与日本、香港连接的货柜集货航线，并在上述港口投资设立货柜集散站等相关设施。仅青岛货柜集散场就投资1050万美元。

张荣发积极主张尽快实现两岸三通，呼吁台湾当局"立即修改已不合时宜的国统纲领，以免重击台湾经济"。他表示，现代的政经环境已不允许国统纲领分阶段逐步实施，认为"国统纲领如同公司规则一样，不能以规则用人，应由人来用规则才对"，"现在三通已形成民意，执政党就应赶快推动"。

【张思民·深圳海王集团股份有限公司董事长兼总裁·被评为第六届中国十大杰出青年】　张思民领导的广东深圳海王集团股份有限公司，6年来，总资产由几百万元增长到近20亿元，营业收入由几百万元增加到几亿元。在海洋药物、生物工程等多个高新技术产业领域取得几十项具有国际、国内先进水平的开发成果，在国内及香港、澳大利亚、美国等地区和国家拥有50多个分支机构。为国家经济繁荣和社会发展作出了突出贡献。1995年10月，在第六届"中国十大杰出青年"评选中，张思民被评为"中国十大杰出青年"之一。

张思民积极兴办高新技术产业，开发高新技术产品，在海洋药物、海洋健康食品生物工程制品等高新技术领域投入大量的资金和人力，取得了十几项国际先进水平的开发成果，其中以金牡蛎、螺旋藻等为代表的十几个品种，产生了巨大的社会效益和经济效益。海王集团的几亿元工业产值中科技贡献率达到50%～60%，主要产品均有较高的市场占有率。海王药业有限公司是中国第一家成功地在澳大利亚招股上市的企业。海王拥有位于海南三亚的世界规模最大的螺旋藻工厂化养殖基地。目前，海王集团在高新技术领域的年产值近3亿元。

在积极开发高新技术产业的同时，张思民非常重视企业多元化的发展方向。目前，海王集团已初步发展成为以制药、食品、房地产、文化事业、国际业务为支柱，以服务业等第三产业为支持的现代企业集团。

在企业经营实践中，张思民始终坚持服务社会、服务民众的原则。1993年，海王集团与国家旅游局等7个国家部委联合举办“拥有一寸故土”大型旅游工程，张思民代表海王集团宣布：在承办“故土工程”的过程中，海王集团不赚取任何商业利润，数十亿元的收益将全部用来设立一个基金会，用于奖励全世界范围内为人类文明事业作出突出贡献的炎黄子孙。为实现我国到2000年彻底消除碘缺乏病的宏伟目标，1994年，张思民领导海王集团的科技人员开发成功“可儿”补碘系列药物，被国家科委列入国家社会发展重大项目计划。

善于发现人才，大胆、放手使用人才和培养人才是张思民取得成功的重要原因。在张思民的周围，集结着一批高素质的人才，海王集团目前近千名员工中，大专以上学历的占90%，博士、硕士占10%，各行业有突出成就的老专家几十名。

张思民，回族，吉林省人，1962年9月21日生，中国共产党党员，1983年哈尔滨工业大学毕业后，分配到航天部207研究所工作，1986年到中国国际信托投资公司工作，1989年7月创办海王企业公司。1992年被评为深圳市十大杰出青年之一，1993年被授予深圳市劳动模范、广东省十大杰出青年、广东省优秀青年和全国杰出青年企业家等称号，1994年被授予广东省劳动模范称号。

【张思卿·最高人民检察院检察长·谈深入开展反腐败斗争】　1995年第20期《瞭望》新闻周刊，发表了该刊记者对中华人民共和国最高人民检察院检察长张思卿的专访谈话。张思卿说：“突出查办大要案，是反腐败斗争深入的一个重要标志。查办领导干部犯罪要案，其意义不仅在于挖出了犯罪分子，影响大、震动大，更重要的是解决了一个地区、一个部门的领导权问题。”

张思卿对贪污贿赂等经济犯罪的基本规律和特征归纳为以下几点：一是“权钱交易”是本质，犯罪手段虽然在不断变化，但都是滥用职权，以权谋私。二是“贿随权集”。不管是经济部门还是“清水衙门”，只要在社会管理包括国家对经济的宏观调控的作用大，责任大，权力大，这个部门中的工作人员就容易成为违法犯罪分子的进攻对象，意志薄弱者就会堕落为腐败分子。三是见空就钻。犯罪分子钻改革、钻法律、钻管理上的空子，无孔不入进行犯罪活动。四是唯利是图。一些人无利不办事，见钱乱办事。利越大，胆越大。当前查办的案件中一半以上是年内顶风作案的。五是恶习难改。一些犯罪分子一次得手后，就难以收住，越干胆越大。六是犯罪手段越来越诡秘，越来越狡诈，侦查难度大。

10月6日，在北京举行的第七届国际反贪污大会上，大会组委会主席张思卿，在讲话中强调积极推进反贪污腐败的国际交流与合作，提出4项原则主张：相互尊重，自主决策；广泛交流，相互借鉴；平等互利，扩大协作；促进稳定，共同繁荣。

张思卿，1932年8月生，河南洛阳人。1952年10月加入中国共产党。曾任最高人民检察署中南分署科员、调查员，最高人民检察署东北工作团副组长、助审员，长江水上运输检察院检察员，湖南省人民检察院检察员、党组秘书、科长，湖北省高级人民法院办公室副主任。1974年任副院长，1983年任院长、省公安厅厅长兼武警湖北省总队第一政委，湖北省委常委兼省政法委员会书记。1985年任最高人民检察院副检察长。1993年3月任检察长。是中共第十三届中央候补委员，第十四届中央委员。

【张闻天·已故无产阶级革命家·《张闻天文集》出版】　1995年8月30日，中共中央党史研究室在北京人民大会堂召开《张闻天文集》1至4卷出版暨纪念忠诚的马克思主义者、杰出的无产阶级革命家张闻天95岁诞辰座谈会。党和国家领导人江泽民、李鹏、胡锦涛、钱其琛、温家宝、赵朴初等出席了座谈会。

胡锦涛代表党中央在会上讲话，高度评价了张闻天光辉的一生。他充分肯定了张闻天对中国革命做出的突出贡献和对社会主义理论的探索。胡锦涛说，在1959年庐山会议上，张闻天以对党对人民高度负责的精神作了长篇发言，对当时“左”的错误提出了批评意见，并因此而受到不公正的对待。此后，他深入调查，潜心研究社会主义经济建设的理论，写了大量的笔记、文稿，提出不少很有价值的政策建议。即使在

“文革”期间受迫害的情况下，他仍关注党的命运，笔耕不辍，坚贞不渝，表现出坚定的革命信念和崇高的革命情操。胡锦涛指出，张闻天的思想遗产是中国共产党宝贵的精神财富。《张闻天文集》1至4卷反映了他一生在复杂而艰难的环境中执著地探索前进的历程，集中了他的思想和观点，是他长期从事革命实践活动和领导工作丰富经验的理论概括。

张闻天，又名洛甫，1900年生。早年就读于吴淞中学及南京河海工程学校。1919年参加五四运动，加入少年中国学会。后赴美国留学，归国后曾在四川教中小学。1925年加入中国共产党，在上海等地从事党的地下工作。后赴莫斯科中山大学、红色教授学院学习、任教，并在共产国际东方部工作。1930年回国后，任中共中央宣传部长。1931年被选为中央政治局委员和常委。1933年初，去中央革命根据地，任苏区中央局宣传部部长、瑞金工农民主政府主席。中共6届5中全会上当选为中央政治局委员、书记处书记。参加了长征。1935年遵义会议上被推选在中共中央负总责。抗日战争时期，任中共中央书记处书记兼中宣部部长、马列学院院长等职。中共七大当选为中央委员、政治局委员。1946年5月，任中共合江省（今黑龙江省东部）省委书记。1948年任东北局常委兼组织部长、辽宁省委书记。1951年任驻苏联大使。1955年回国，任外交部第一副部长。是中共第八届中央委员、政治局候补委员，第一、二届全国人大代表、常务委员会委员。1959年后，专事社会主义经济理论的研究，任中国科学院经济研究所特约研究员。1976年7月1日在江苏无锡病逝。

【张宪文·历史学家·发表《评“大东亚战争史观”》一文】 南京大学历史系张宪文教授撰写的《评“大东亚战争史观”》一文，在《求是》杂志1995年第13期上发表。新华社用英、日、法、俄四种文字向国外播发，引起国内外巨大反响，国内外三十多种报刊争相转载。该文通过大量历史事实，对日本一些右翼分子长期鼓吹的所谓“大东亚战争史观”，进行了强有力的批驳。文章认为，日本一些人胡说什么“大东亚战争”“是把亚洲人从欧美殖民统治下解放出来”，实际上只不过是用日本帝国主义取代欧美帝国主义的统治，日本人鼓吹的所谓“大东亚共同圈”不过是日本妄图建立的东亚大帝国的代名词。

张宪文，1934年10月生，山东泰安人。1954年入南京大学历史系学习，毕业后留系工作。现任南京大学历史研究所所长、教授、博士生导师、中华民国史研究中心主任，并兼任一些大学的客座教授。

张宪文长期从事中国现代史、中华民国史、中国近现代史史料学的教学和研究工作，成果颇丰，出版专著多部，先后发表学术论文50余篇，内容涉及民国时期政治、经济、军事、人物、对外关系、文化思想、教育、历史分期和史料研究等各个方面。他主编的大型《中华民国史丛书》已出版近40种；他主编的《民国研究》，已成为国内外著名的学术刊物。他的主要代表著作有《中华民国史纲》和《中国现代史史科学》等。

《中华民国史纲》是国内第一部系统的民国史通史专著。它第一次提出了比较科学、完整的民国史新体系，率先运用大量长期没有开放的中国第二历史档案馆馆藏的民国档案，纠正了许多在极“左”思潮影响下流行的观点，对民国军政人物和历史事件给予了较为客观的分析和评价，得到国内外史学界的好评，被列为全国大学教学参考书，并获得江苏省社会科学研究成果奖。《中国现代史史科学》一书，率先对中国现代史史科学的科学体系进行了相当成功的探索，海内外史学界给予了高度评价，香港《大公报》和台湾《近代中国史研究通讯》等报刊发表了书评，国家教委指定为高等院校文科教材。此外，他主编的《抗日战争的正面战场》一书影响也很大。他的新著《中国抗日作战史》和《蒋介石全传》即将出版。

张宪文领导的南京大学中华民国史研究中心，已成为国内外民国史研究的重要基地。他不仅接收国内民国史研究的硕士、博士研究生，还指导来自美、日、韩等十几个国家和地区的博士生和访问学者进行学术研究，并成功地举办了三次中华民国史国际学术讨论会。

【张祖新·中共钟祥市委书记·被授予优秀县(市)委书记称号】 1995年6月30日，全国百名优秀县(市)委书记表彰会在北京中南海怀仁堂召开。中共中央总书记江泽民出席会议并作了重要讲话。会上宣读了中共中央组织部对全国在县(市)委书记岗位上取得优异成绩的100名干部，授予优秀县(市)委书记称号的决定，张祖新名列其中。

1992年3月，张祖新走上钟祥县委书记的岗位。他在调查研究掌握第一手材料的基础上，科学地分析了县情，他的思路渐趋明晰。在一次会上，他提出“农业立市，工业强市，科技兴市，开放活市，依法治市”的发展思路，得到大家的一致赞同。农业是钟祥的优势。为了优势更优，张祖新和分管农业的同志请来华中农业大学的几十位专家教授，商讨建设效益农业市的方案。后被省里确定为全省第一个效益农业市建设试点县(市)。全市建立十大效益农业试验示范区,以此带动全市农业的稳步发展。1994年钟祥的粮、棉、油、肉类、农业总产值五大农业主要指标,均进入全国百强之列。农村综合实力在全省县市中位居第4。农民人均纯收入1714元,处于全省前列。这些指标比原规划提前了3年。抓工业经济,他把着力点放在培植支柱行业和骨干企业上。他到任不久,就到当时市里的最大企业湖北汽车活塞厂蹲点,帮助这个厂开发了新的活塞、活塞销等适销对路产品。后来经过产品调整和技术改造,活塞厂初步达到了亿元企业的规模。现在,全市骨干企业群体迅速壮大,初步形成了汽车配件、轻纺、机械、化工、建材、食品饲料六大支柱行业。

张祖新作风扎实,勤政为民。到任不久,他到客店镇搞调查,发现这里条件艰苦,干部情绪低落,有资源却没有开发。于是他到这里蹲点。在他直接指导下,客店开发了荒山,发展多种经营,扩建和新建了大理石厂、天麻酒厂等小工厂,镇办工业小区初具规模,工业产值连续3年翻番。在继续指导客店加快发展的同时,他又把注意力转向拥有10万人口的柴湖镇。这个全国最大的移民安置区,前几年群众上访不断。张祖新说,我到那里蹲点,群众直接找我,也省了上访路费。他到25个村全面调查,得出结论:“经济兴,柴胡稳”。提出“多种经营富民,壮大工业兴镇,特殊措施扶民”的思路。经过埋头苦干,1994年,全镇的多种经营产值达5780万元,在全市处于前列。社会秩序也趋稳定。

张祖新,湖北石首市人,1948年2月出生,1968年5月参加工作,1973年3月入党,大专文化。曾任县财政局副局长、财办副主任、县(市)长等职。

【张爱民·北京农业大学教授·入选国家教委跨世纪人才并获该基金资助】 中国农业大学植物遗传育种系教授张爱民博士,主要从事小麦杂种优势利用、小麦杂交育种亲本选配及计算机在育种中应用的研究,选育出我国北方冬麦区第一批显性矮秆系,选配出一批强优势组合。1995年他入选为国家教委跨世纪人才并获该基金资助。

张爱民,1957年2月生,河北磁县人。1982年毕业于北京农业大学农学系,后在该校攻读硕士学位。他1986年赴联邦德国Hohenheim大学攻读博士学位。回国后在北京农大任教,1990年破格晋升为副教授,1992年破格晋升为教授。他还是中国遗传学会理事,中国农科院研究生院兼职教授。

张爱民先后主持和参加10余项国家科技攻关、农业部重点及国家自然科学基金研究课题。在小麦杂种优势应用研究中,选育出北方冬麦区第一批显性(Rht3)矮秆系2410、2515、3338、H315、H311等,选配出一批强优势组合如农大904,农大851,农大852等进入示范;最早开展遗传距离预测小麦杂种优势研究,提出二者为曲线关系,论文被广泛引用;提出小麦的杂种优势=基因型优势+环境优势的观点,促进了杂种小麦栽培技术的研究;提出小麦“杂种优势型”的概念,对确定不同生态区小麦强优势组合杂交模式具有一定的指导意义。他开展的小麦雄性不育与内源激素关系的研究,证明了小麦各种类型不育均与IAA含量降低有关,有利于探索小麦雄性不育的化学保持。他与人合作研制出“数量遗传育种程序包”,推广到全国三十多家教学和科研单位。

他主编有《德汉农业词典》、《杂种小麦研究进展》、《汉德农业词汇》等,参与10余部著作与教材的编写,先后发表论文90余篇。曾获国家教委科技进步一等奖、农业部科技进步二等奖、中国青年科学家提名奖,中国青年科技奖、中国农学会青年科技奖、霍英东青年教师奖等。

【张益善·安徽省颍上县邮电局局长·被授予全国劳动模范称号】 1995年4月29日,中共中央、国务院召开的全国劳动模范、先进工作者表彰大会在北京人民大会堂隆重举行。安徽省颍上县邮电局局长张益善,被授予全国劳动模范称号。

张益善,高级经济师,安徽颍上县人,1954年10月生,1977年6月于新疆邮电学校毕业后参加工作,历任会计员、正副局长等职。由于他领导全局职工努力拚搏,颍上县邮电局先后被评为国家、和省部级先进单位,他本人曾获全国和省的“五一”劳动奖章、邮电部先进个人,省劳动模范等多种荣誉称号。

1991年的特大洪灾,使颍上县的邮电通信设施遭到严重破坏,绝大部分乡镇通信中断。在紧急关头,张益善临危不惧,冒着狂风暴雨带领抢险队,从洪水中抢救通信设备56台,抢修架设线路189杆公里,为抗洪指挥部和抢险队安装无线电台10部、电话7部。拖着病体连续奋战6天6夜,两次晕倒在水里,仍继续坚持战斗。为了保证邱家湖行洪区两万多群众安全撤离,他攀上10多米高的桅杆抢修防汛指挥船上的天线,狂风恶浪曾3次将他抛入水中,他又一次次爬上桅杆抢修,保证了指挥畅通和灾民的安全转移。表现了一个领导干部在关键时刻舍生忘死的献身精神,被誉为邮电战线的“焦裕禄”，抗洪抢险中的“王铁人”

大灾之后，处于贫困行列的颍上县更是雪上加霜，张益善想着“穷则思变”的道理，决心让邮电通信建设走在前面，促进与带动经济发展。他苦口婆心，反复宣传，又千方百计筹措资金，终于使2500万元建设资金及时到位，在较短时间内，使颍上县在全省6个重灾县中，第一个实施5千门程控电话，第一个实现乡乡镇镇通程控。建成的第一个詹家岗电话村，如红杏出墙，在中央电视台作了报导。几年来全局业务总量和业务收入每年以80%的速度递增。1992年以来，增长率持续双超全国、全省平均水平，1994年业务收入突破1千万元大关。短短几年使全县邮电通信达到国内、国际先进水平。

张益善时刻不忘职工的疾苦。近几年为职工修建6千多平米的住宅，可他自己一家4口仍挤在40平米的旧房中。组织上几次安排他爱人的工作，也被他一一回绝。他家并不富裕，却把发给他的1万多元奖金，用于解决职工奖励和困难救济。群众都说：“张局长心里装着我们职工，唯独没有他自己。”

【张海明·海外学人·获首届展望奖】

由中国青少年发展基金会和中国国际人才交流协会共同设立的“展望奖”，于1995年3月27日在北京人民大会堂隆重举行首届颁奖仪式。此奖旨在推动展望计划的实施，表彰为中外经济合作作出贡献的海外学人及国内有关企事业的单位负责人，每两年颁发一次。张海明等6人获首届“展望奖”。

张海明，广东梅县人，1954年出生，1972年就读华南工学院化学工程系，1978年考入该大学研究生院，1981年初前往美国，1982年获奖学金进入南加州大学工程学院研究生院攻读，1984年取得工程和理学硕士学位。1986年，张海明在加利福尼亚州注册成立了AEM公司，以优秀的产品和优质的服务，建立了重信誉、讲效率的公司形象，赢得了众多客户的认可和支持，其电子材料产品于1992年获美国“最佳新产品开发奖”，并获全美国成长最快的“卓越500家企业”提名。随着公司的成长，张海明也从一个优秀的科技工作者转型为全面的企业领导人。在公司具有资金和技术实力后，张海明不忘报效祖国。他与广东省高州县合作，在一年时间内，帮助高州引进并安装完成先进的果菜速冻生产线，为该县发展山区经济作出了巨大贡献。高州县是一个山区农业县，近年来，农业商品经济发展迅速，以蘑菇、青刀豆、荷兰豆、菜椒、青瓜为主的蔬菜生产面积达18万亩以上，年产量超过20万吨，是发展山区经济一大支柱。另一方面，随着我国农村经济的进一步改革开放，该县已成为我国十大水果生产基地之一，全县水果种植面积达63万亩以上，年产量超过23万吨。由于深加工配套工作跟不上，当地市场需求有限，往往造成菜贱伤农、果贱毁树的现象。为此高州地区急需引进两条先进的果菜速冻生产线，由于信息渠道问题，一直未能选到合适的设备。当张海明知道此事后，立即同高州联系，利用他以往的工厂设计经验，依据高州特点，采用美国最先进的工艺技术和生产工艺流程，向高州整体输入大型悬浮个体速冷生产线和大型冷库设备。为保证项目按时按质完成，张海明和AEM公司不但提供了整厂设计、工艺技术、设备配套、生产线安装调试，还派专业工程师驻厂指导，并先后派遣美国工程师十多人次到现场进行技术指导和协作。整个项目从破土建厂到生产线安装完毕，一次性试车成功，仅用了不到一年的时间，使该县每年可处理速冻果菜17400吨，新增产值1.02亿元，出口创汇1700万美元，新增利润1938万元。张海明在美现任中美科技商务协会副会长、圣地亚哥中国人协会副会长等职。

【张祥森·举重运动员·被评为1995年全国十佳运动员】 1995年11月17日，在广州举行的第67届世界男子举重锦标赛中，首次参加世锦赛的中国选手张祥森，夺得54公斤级总成绩金牌。

皮肤黝黑的小个子选手张祥森，夺得这个项目总成绩金牌，是国际举坛人士和舆论界却始料不及的。赛前，人们一致看好被誉为“神童”的希腊选手穆特鲁，认为冠军非他莫属。

张祥森是本届世锦赛的一匹“黑马”。然而，上届世锦赛该项目的总成绩金牌获得者穆特鲁毕竟是有实力的。比赛中，张祥森向穆特鲁发起挑战。抓举，穆鲁特130公斤的成绩获该级别第一名，张祥森以127.5公斤的成绩屈居第二。挺举，张祥森三次试举三次成功，最后成绩是157.5公斤，而穆特鲁三次试举只成功一次，成绩为155公斤。张祥森获该级别的挺举第一名。抓举、挺举两项成绩相加，两个人总成绩都是285公斤，但是，因为张祥森体重小于穆特鲁而夺得总成绩金牌，穆特鲁获银牌。

赛后，23岁的张祥森说：“是领队、教练让我放开胆子比，这使我发挥出了最高水平。”中国举重队男队主教练杨汉雄说：“张祥森的两枚金牌是拚出来的，他爆发力好，训练肯吃苦，今后成绩还会提高。”

张祥森是广西选手，1973 年生。1985 年入选广西举重队，1995 年选入国家举重队。经过 11 年举重训练，他的成绩虽然还可以，但是在大赛上水平发挥不出来。在国家队短短一年时间，教练针对他的这一突出问题，加大训练强度，调整训练周期，并提高心理素质。为迎接这次比赛，减轻体重，赛前一天只吃少许食物，比赛当日吃个“半饱”。没想到，体重竟成了他最后制胜对手的“法宝”。

张祥森获得 1995 年度“全国十佳运动员”称号。

【张棉生·解放军某部连队政治指导员·被授予模范指导员称号】 1995 年 10 月 25 日，广州军区授予张棉生“模范指导员”称号。

张棉生，湖南省邵阳县人。1963 年 5 月出生，1982 年 11 月入伍，1986 年 2 月加入中国共产党，1992 年 4 月担任解放军某部五连政治指导员，上尉军衔。1992 年初，在团政治处担任干事的张棉生，主动要求到连续 3 年“不达标”的五连当指导员。并向领导立下“军令状”，不改变五连落后面貌，甘愿受降职处分。来到五连后，他一头扎到干部战士中，逐个找官兵谈心，和大家一起研究推动连队建设的办法。他千方百计激发大家爱连、建连、管连的主人翁精神，并从自己做起。连队行政管理薄弱，他一方面组织全连认真学习贯彻条令条例，一方面抓干部的模范作用。他上任第一天，连队几名干部为他摆了一桌“接风宴”，事后他主动在全连军人大会上作了自我批评，并一分不少地交了饭费，此后，连队杜绝了用公款请客。他从严治连先从干部严起，有两名干部晚点名时不在位，他连夜召开干部会进行批评帮助，此后每个干部都能坚守岗位。为把连队军事训练搞上去，他带头苦练军事技术。他原来学的是炮兵专业，到五连后，虚心向干部战士学习步兵军事技术，经过一年努力，他的主要军事训练课目成绩都达到优秀水平，当年被军区评为“军事训练先进个人”。在他和干部的带动下，全连官兵军事训练成绩直线上升，当年被军区评为“军事训练先进单位”。他关心士兵，胜似兄长，每天都细心观察每个士兵吃得香不香，睡得实不实，情绪好不好，及时弄清原因，主动做好思想工作，战士生病都能得到他的照料，战士家中有困难都能得到他的帮助。战士小甄训练中摔伤手臂，两次手术不成功，担心残废，背上思想包袱，他三次到医院陪护，耐心开导，使小甄放下包袱振作起来。战士小吴因违犯纪律，受了处分，领导曾想处理退伍，张棉生到任后，要求把小吴留下，经他耐心教育，严格管理，并教小吴学习文化知识，终于使小吴转变过来，成了连队训练骨干，当上了副班长。在他和骨干的帮助下，3 年来 12 名后进战士有了明显进步，其中 4 人入了党，6 人当了正副班长。他刻苦钻研基层政治工作，摸索新时期带兵方法，收集整理了 200 多万字的教育资料，写了 20 多万字的体会，总结了“抓热点、释疑点、化难点”、“动真情、讲实情、重感情”的带兵育人方法，把连队建设成一个团结友爱的坚强集体。他正确处理个人家庭困难，在父母去世留下几千元债务，妻子、儿子患重病的情况下，一心扑在连队建设上。连队先后 25 次受到上级的表彰奖励。1994 年，他被广州军区评为“基层建设先进个人”、“杰出青年军人”，1995 年荣获《半月谈》“思想政治工作创新奖”。

【张雅君（女）·哈尔滨市派出所民警·被评为中国警界女十杰】 1995 年 8 月 25 日，黑龙江省哈尔滨市革新派出所户籍员张雅君，在由公安部、全国妇联主办，首都 11 家新闻单位协办的中国警界女十杰评选活动中光荣当选。是年，她还荣获全国劳动模范、全国“三八”红旗手、全国公安系统二级英模称号。

张雅君，1960 年出生，哈尔滨市人，中专文化。她所在的派出所，管辖 1 万余户、3.5 万人、27 条街道、224 个机关和企事业单位。1980 年她上班后就定下决心：一年内把管辖区的户籍情况全部摸透搞熟。她每天走家串户，调查了解情况。一年后，大小街道名称、门牌号起止；各机关企事业单位地址、电话、负责人；52 个居委会主任、治保主任的姓名、住址；300 多名有劣迹的“重点”人的基本情况……这一切都深深印在张雅君的脑海里。在省、市、区组织的多次基本功大赛中，她均成绩显赫。1991 年，她为全国公安系统地市公安局长会议表演“百家熟”。派出所的几大箱档案全部搬上剧场舞台，随人、随意提出档案中的各种问题，张雅君在台上对答如流，准确无误。她获得“户籍王牌”、“活电脑”美称。

张雅君表演让人吃惊，实战更让人佩服。一次，道外分局刑警队破案时，主犯李某溜掉了。同案犯说李某可能住南岗革新街一带。张雅君听后稍加思索，便把李某的体貌特征、年龄职业、前科劣迹、家庭住址说得一清二楚。办案人员立即扑去，将已收拾好东西准备逃走的案犯抓获。近 10 年来，张雅君协助外勤民警和兄弟公安机关破案 235 起，抓获犯罪分子 104 人。她还利用节假日为群众办好事 1850 余件，收到表扬信 362 封、锦旗 32 面。

张雅君工作以来，年年被评为市公安系统先进工作者，6次荣立一、二、三等功，连续5届被评为省、市劳动模范。她的履历表上，还记载着省市“三八”红旗手、新长征突击手标兵、十大杰出民警、十大杰出青年和全国公安学雷锋先进个人等荣誉。

【张景中·中科院成都计算机所研究员·当选为中国科学院院士】　1995年11月6日，中国科学院公布了新当选的院士名单，中国科学院成都计算机应用所研究员张景中当选为中科院技术科学部院士。

张景中，河南省汝南县人，1936年生，1954年以优异成绩考入北京大学数学力学系，1957年被错划为“右派分子”送北京清河劳改农场劳动。他始终坚持一个信念：共产党的宗旨是要把中国搞好；而搞好中国，需要科学。因此，即使在超负荷的强劳动条件下，也坚持钻研数学。只要有几分钟时间，他都要从书上看几行定义或一个题目，记住了就在上工的路上思索，在工间休息时分析，在开会学习时演算。“文革”开始后，他们被集体调入新疆生产建设兵团，因是“右派”而经常挨批斗。后来，他意外地得到一次机会，到兵团子弟学校教数学。在一年多的时间里，他提出了发展系统的面积方法以改革几何教学的思想，在教学之余发表了3篇论文，其中一篇改进了华罗庚在一本书上介绍的一个公式。“反击右倾翻案风”开始后，他又被赶出学校去喂猪。改革开放给张景中带来了机遇。1979年，求才若渴的中国科技大学把当时尚未平反的张景中调来任教。在科大，他如鱼得水，100多篇论文和十几本专著泉水般涌出。对科学的追求和锲而不舍的钻研精神使他终于在数学与计算机科学的交叉领域取得了举世瞩目的成就。他从事的“几何定理机器证明”课题曾令技术科学界困惑了几十年而进展甚微。张景中和他的合作者综合几何、代数、逻辑和人工智能的手段，给出了世界上第一个能自动生成几何定理可读证明的算法和程序。国内外计算机科学家对这一成果给予高度评价。曾获美国机器证明领域最高奖的鲍伊尔教授在论文中称：“这是自动推理领域30年来最重要的成果”，是“使计算机能像处理算术那样处理几何的必由之路上的一个里程牌。”联合国大学国际软件技术研究所首席研究员、中科院院士周巢尘写道：“这项成果在理论和应用方面都会对计算机科学技术产生深远影响，留名青史。”最近，张景中的这项“几何定理机器证明的新进展”课题，已顺利通过中科院自然科学一等奖最后一道评审程序。

【张斌生·厦门市对外经济律师事务所主任·被评为全国十佳律师】　1995年12月26日，被评为第一届全国十佳律师的福建省厦门对外经济律师事务所主任张斌生，在人民大会堂领取了奖牌和证书。第一届全国十佳律师评选活动是由司法部组织的。

张斌生，1935年9月出生，1957年毕业于北京政法学院研究生班，1980年开始从事律师工作，1984年倡导组建了厦门对外经济律师事务所，曾多次随中国律师代表团出国考察和讲学，3次参加全国律师资格统一考试的命题和审卷。他从事律师工作以来，承办了多种类型的案件。从外商的投资到境内公司的国际投资；从金融贷款的法律意见到房地产开发的法律事务；从大型公司的法律顾问到厦门市人民政府的法律顾问，并直接影响到各相关部门的重大决策，为委托人赢得了满意的结果。近几年来，先后发表几十篇论文。其中《台胞在大陆的投资及其法律环境的需求》、《台胞在厦门投资的趋势及其有关法律问题和律师实务》、《台商投资大陆常涉及法律问题浅析》等论文，受到法律界好评。他被福建省评为优秀专家，被厦门市评为拔尖人才，还被厦门市司法局、福建省司法厅及国家司法部评为先进工作者。1994年被选为全国人大代表。他还任中国律师协会副会长。

【张富光·昆剧演员·获第十二届中国戏剧梅花奖】　1995年，湖南昆剧团的张富光，荣获第12届梅花奖，他是因演昆剧折子戏《抢棍》、《拾柴》、《见娘》而获此殊荣的。

张富光于1972年由郴州地区文艺宣传队分配到湖南昆剧团习小生，受到严格的基本训练，并曾求师习科学发声法，后又得湘昆老一辈小生匡升平、著名昆剧表演艺术家周传瑛、沈传芷的亲授。1987年年底被昆剧艺术大师俞振飞收为关门弟子。他向俞振飞学习了《见娘》、《小宴·惊变》、《受吐》和《琴挑》等俞（振飞）派代表剧目，逐渐领会了俞派的真谛，艺术上有较大长进。

张富光扮相好，嗓音甜美，在演唱上形成了自己独具湘味的真假嗓结合的演唱特色。他戏路宽，文武不挡，官生、巾生、雉尾生、穷生演来都得心应手，在《荆钗记》、《白兔记》、《追鱼记》、《苏仙岭传奇》、《一天太守》、《雾失楼台》等几十出昆剧中成功地塑造了不同的人物形象。

1994 年，他参加了在北京举行的全国昆曲青年演员交流演出，《抢棍》、《见娘》和《拾柴》三折戏三个人物，他演来“一人三面”、“一人三心”，表现了不同人物的性格、境遇和心态。特别是《拾柴》这出戏，已绝迹于舞台，张富光经昆曲名家周传瑛传授，使这出古典名剧又重现光彩，并成功地塑造了穷困潦倒的书生吕蒙正的艺术形象。在演唱上，有时气声断气不断，给人以有气无力的感觉，强调这个穷书生身上衣单，肚里无粮，又无端地受了一顿窝囊气的窘态。当唱到“哎呀，皇天呀皇天，你好贫富不均”时才放开音量，一字一锣，字字铿锵，动作幅度也随之加大，人物一下子变得挺拔起来。从而使我们看到了一个形虽萎顿但内心并不萎靡的穷书生。

【张静如·中共党史学家·发表《抗日战争与马克思主义的中国化》一文】　1995 年 7 月 25 日，《人民日报》发表了北京师范大学马列所博士生导师张静如教授撰写的《抗日战争与马克思主义的中国化》一文。文章从国情认识的深化、农村包围城市道路理论的完整形成、三大法宝的概括和中国革命基本规律的把握等角度，论证了“中国化的马克思主义”在抗日战争时期的丰富和发展的重要特征。

张静如，1933 年生于北京。1950 年入辅仁大学历史系学习，毕业后留校当资料员。1954 年到北京大学哲学系学习。1983 年晋升教授。1986 年被批准为博士生导师。

张静如在长期的教学与研究工作中，坚持实事求是的原则，不拘泥于旧有的研究框架和模式，因而能够不断创新，取得丰硕的学术成果。他独立地或与人合作撰写了《中国共产党的创立》、《中共党史学史》、《北洋军阀统治时期中国社会的变迁》、《国民政府统治时期中国社会的变迁》等十几部专著；主编了《毛泽东思想研究》、《毛泽东研究》、《毛泽东的智慧》等大型工具书和《五四与现代中国》、《中共党史研究》等丛书；先后在《历史研究》、《中共党史研究》、《人民日报》等报刊上发表论文 200 多篇。他主编的《中国共产党思想史》，是国内第一部系统研究和阐述中国共产党的思想、路线、方针、政策形成和发展的专著，曾获 1992 年中国图书一等奖。他对李大钊同志的研究起步很早，1957 年就出版了系统研究李大钊生平和思想的专著《李大钊同志革命思想的发展》。党的十一届三中全会以后，他率先在李大钊研究中拨乱反正，发表了多篇论文，其中《努力提高李大钊研究工作的水平》一文，被国外学者称为“中国李大钊研究中的第一篇研究总结”。

针对党史学界存在的忽视史学理论建设、把唯物史观同党史学理论简单等同或割裂的倾向，他在新著《唯物史观和中共党史学》一书中提出：马克思主义的历史理论应该分层次，既有一般的方法论，又有具体的研究方法；既有属于哲学层次的、揭示社会发展一般规律的唯物史观，又有属于较低层次的，关于特定历史过程特殊规律的理论。这部著作的出版，在党史学界引起很大反响。

张静如 1989 年当选为中国李大钊研究会副会长、中共党史学会常务理事。1991 年当选为北京市中共党史学会会长。先后被武汉大学、浙江大学等国内 20 多所高等院校聘为兼职教授。

【张黎群·中国青少年犯罪研究会会长·被授予全国未成年人保护工作模范个人称号】　1995 年 2 月 14 日，中纪委副部级离休干部、中国青少年犯罪研究会会长张黎群，因热情关心未成年人的健康成长，积极为未成年人做好事、办实事，被中共中央宣传部、全国人大内务司法委员会、共青团中央、国家教育委员会、司法部授予“全国未成年人保护工作模范个人”称号。

张黎群，1918 年 6 月 13 日生于四川省蒲江县。1936 年在上海求学期间参加革命，1937 年春赴延安，1938 年 3 月入党，结业于陕北公学、马列学院。1938 年末调重庆中共中央南方局，先后任区委书记、县委书记、中心县委组织部长等职。继调南方局宣传部、青年组（青委）工作，参加领导蒋管区青年运动。后任重庆《新华日报》，华中《新华日报》，山东《大众日报》，《新潍坊报》，济南《青年文化》编辑、记者、主任、副总编辑、总编辑、社长等职。1948 年 8 月济南解放后任济南市委青委副书记、书记，青年团市委书记、市学校党委书记。1951 年赴苏联考察《共青真理报》办报经验。后任共青团中央常委、全国青联常委，《中国青年报》社社长兼总编辑、全国记协常委。北京师范大学聘任为政教系兼职教授。1956 年被选为中共八大代表。1957 年在反右派斗争中受到错误的批判，并受到撤销团中央常委、党内严重警告和降职处分，下放陕西米脂县任县委书记处书记。1960 年调任中共中央工业工作部办公厅副主任，1961 年任中共中央西南局办公厅副主任、办公室主任。“文革”开始后又遭错误批判，定为西南“三家村”黑帮首要，报刊、广播电台公开点名批判其杂文《巴山漫话》、《夜谈》，并被关押 7 年多。释放后，1974 年起派在重庆参加四川维尼纶厂基建，粉碎"四人帮"后，任书记、厂长，重庆市委委员。1979年8月，彻底平反，恢复名誉。1977年起任浙江大学党委第二书记、第一副校长。1980年后任中国社会科学院青少年研究所所长、中共中央纪律检查委员会教育室主任。1986年离休后，积极从事社会工作，担任中国青少年犯罪研究会会长、中华名人协会常务副会长、中国东方文化研究会常务副会长等职。抗日战争时期他被评为中央南方局机关模范工作者；解放战争时期他在《大众日报》被评两个中等功，两个小功。主要著作有《巴山漫话》、《一本未写完的书》、《黎群青年研究文集》、《青年研究方向和方法》等。

〔附注：1996年5月，张黎群被评为中央纪委、监察部机关离退休干部发挥作用模范个人。〕

【张德江·任中共吉林省委书记】

《人民日报》1995年6月7日报道，中共中央决定张德江任中共吉林省委书记，何竹康不再担任中共吉林省委书记、常委职务。

张德江，1946年11月生。辽宁台安人。1971年加入中国共产党。1975年毕业于延边大学朝鲜语系。1980年毕业于朝鲜金日成综合大学经济专业。同年回国。历任延边大学副校长、中共延吉市委副书记、中共延边朝鲜族自治州委副书记、民政部副部长、中共延边朝鲜族自治州委书记。1990年起任中共吉林省委副书记。是中共第十三大代表，第十四届中央候补委员。

【迟凤志（女）·主任医师·被授予全国先进女职工和全国劳动模范称号】 1995年"三八"节前夕，哈尔滨化工总厂职工医院院长迟凤志，被全国总工会授予全国先进女职工称号。4月29日，被国务院授予全国劳动模范称号。8月28日，迟凤志参加了联合国第四次世界妇女大会，并登上非政府组织论坛，发表了题为《化工企业对女性特殊保护与服务》的演讲。10月17日，迟凤志代表中国抗癌协会出席了在新加坡召开的亚太地区抗癌组织联盟第十二届亚太地区肿瘤学术会议，她的《中药复方开克利治疗晚期恶性肿瘤疗效观察》论文，被大会选用。

迟凤志，1940年6月10日生。山东省牟平县人。1954年从哈尔滨护士学校毕业分配到哈尔滨化工总厂职工医院。1966年哈尔滨医学院医疗系毕业。历任护士、护士长、医师、主治医师、副主任医师、主任医师。40多年来她廉洁自律，一尘不染，以高尚的职业道德全心全意为患者服务。1990年抢救10多名生命垂危的中毒职工全部脱险，她却因劳累过度和毒气熏染住进了医院。20多年来，她几乎放弃了所有的节假日，没有一年在家过除夕。遇到急诊和困难的患者看病，她解囊相助。近几年，工厂经济滑坡，厂医院的医疗费用开支很困难。为了减轻企业负担，迟凤志带领医护人员大胆冲破封闭式办职工医院的旧模式，承包医院，面向社会办院。9年来，没有向企业要一分钱，不但保证了职工家属正常医疗，还为企业创造了60多万元的经济效益，增添20多万元的医疗设备。1993年医院被市卫生局验收为一级甲等医院，从1985年开始连续被评为化工部工业卫生先进单位。

迟凤志看到癌症患者饱受病魔折磨，苦于无药救治，便萌发了一定要攻克癌症这一医学难题的宏愿。1988年领着全院职工搞集资，她拿出多年全部积蓄，又向亲朋好友借了数万元，前后共投资35万元，开发研制治癌新药。1993年，终于开发研制出纯中药制剂"开克利"系列抗癌新药，用于临床4年多，先后治疗各种癌症患者1000余例。该药抑瘤率超出国家标准，1993年以来获得省、市科技进步奖。

"开克利"治癌新药研制成功后，为造福更多的患者，促进抗肿瘤的研究，加强海内外学术交流，她创办了哈尔滨市东方肿瘤病研究所，并任所长。1995年，她自筹资金100多万元，建起500平方米设备完善的东方肿瘤病研究所门诊部。鉴于她在开发研制抗癌新药方面的贡献，中国中医药研究促进会肿瘤分会设在哈尔滨，迟凤志任理事长，并任中国中医药研究促进会常务理事。

1989年以来，迟凤志发表学术论文32篇。1985年至1995年，连续五届被评为哈尔滨市劳动模范，还被评为市特等劳动模范；1987年至1995年连续9年被评为市优秀共产党员；1991年被评为黑龙江省劳动模范；1993年被授予全国"三八"红旗手和全国"巾帼建功标兵"称号。

【迟浩田·上将·任中共中央军委副主席】 1995年9月28日，中共十四届五中全会决定增补迟浩田为中共中央军委副主席。

迟浩田，1929年7月生，山东招远人，1946年10月加入中国共产党，1944年6月参加工作，1945年7月入伍。1944年至1947年任胶东区招远县齐山区中队文书，招远县独立营通信员、班长，在胶东军区教导2团学习，后任胶东军区5旅13团3营8连文书。1947年至1948年任华东9纵第25师73团3营书记、连文化干事。1948年至1949年任第3野战军第

27军79师235团3营7连副指导员。1949年至1951年任陆军第27军79师235团连指导员、营副教导员。1951年至1955年任235团3营教导员、团政治处副主任。参加了抗美援朝战争。1955年至1958年任陆军第27军79师235团政治处主任。1958年至1959年在解放军总高级步兵学校学习。1959年入解放军军事学院合成系,1960年毕业。1960年至1966年任陆军第27军79师235团副政委兼政治处主任、团政委。1966年至1967年任陆军第27军79师政治部主任。1967年至1969年任陆军第27军79师副政委。1969年至1970年任陆军第27军政治部副主任,北京军区内蒙古前指办公室主任。1970年至1973年任陆军第27军81师政委,《解放军报》社核心小组成员。1973年至1977年任北京军区副政委,《人民日报》社副总编辑。1977年至1987年任解放军副总参谋长兼总参谋部政治部主任,济南军区政委。1987年至1992年任中央军委委员,解放军总参谋长,总参谋部党委书记。1992年起任国务委员兼国防部长,中央军委委员。是第二、三、七、八届全国人大代表。第十二、十三、十四届中共中央委员。

【陆璀(女)·中美人民友好协会副会长·《晨星集》出版】 为纪念"一二·九"抗日爱国学生运动60周年,当年参加"一二·九"运动的老战士陆璀的文集《晨星集》,1995年11月,由人民日报出版社出版发行。

"一二·九"运动时,陆璀是清华大学学生救国委员会委员。1935年12月9日,清华、燕京等大学的游行队伍受阻于北平西直门外。陆璀代表北平学联在群众大会上讲话。当时有人拍下她讲话的照片在《大众生活》杂志1935年第6期封面和封底上发表,在全国引起很大反响。60年来,这两张照片作为"一二·九"运动的珍贵历史文献,多次在报刊上重载,这次又印在《晨星集》的封面上。

1935年12月16日第二次大游行中,陆璀遭到警察毒打,并被逮捕。正在现场的美国记者埃德加·斯诺,跟踪到警察所,采访了她。斯诺深为陆璀的爱国精神所感动。他当晚向美国报纸发出电讯,把陆璀比作15世纪法国的民族女英雄贞德,用了一个引人注目的标题"中国的贞德被捕了!"在美国引起轰动。

陆璀,1914年4月生,浙江湖州人。中学时代就参加抗日救国活动。在苏州东吴大学读书时,当选为女生会会长。1934年转学到清华大学社会学系,被推选为清华学生救国委员会委员。1936年3月,北平学联派她去上海筹备成立全国学生救国联合会,担任宣传部部长,并主编学联刊物《学生呼声》。1936年6月加入中国共产主义青年团,同年10月转为中国共产党党员。1936年8月,她作为全国学联从国内派出的唯一代表,出席在瑞士日内瓦举行的第一届世界青年大会,并在大会上发言,介绍中国学运情况。1938年8月,又参加在美国纽约举行的第二届世界青年大会。两次大会期间,她到英、法、美等国作了大量的抗日救国宣传工作,曾受到罗斯福总统夫人接见。1939年春,陆璀代表中国学生,赴加拿大27个城市巡回访问演讲,宣传中国人民的抗日斗争。回国后,1940年在延安马列学院学习。1941年后,在中共中央华中局、新四军军部和淮南苏皖边区工作。1947年,代表中国解放区妇联,担任国际民主妇联书记处中国书记。1949年7月后,任中华全国民主妇女联合会常委、国际工作部部长。1949年9月,作为妇女界代表出席了第一届中国人民政治协商会议。同年12月,出席在北京举行的亚洲妇女代表会议并担任会议秘书长。1948年和1953年,出席了在布达佩斯和哥本哈根召开的国际妇女代表大会;1949、1950年出席了在巴黎和华沙举行的世界和平大会;并当选为国际民主妇联执行委员和世界和平理事会理事。1956年至1957年,陆璀在中央高级党校学习。1958年至1966年,在北京市东城区委工作。

"文化大革命"中,陆璀遭到残酷迫害。1978年后,陆璀担任中国人民对外友协副会长。她是第一届全国政协代表,第二、五、六、七届全国政协委员。

【陆人杰·胜利石油管理局局长·被评为全国劳动模范】 胜利石油管理局局长兼党委书记陆人杰,以现代企业家的胆略和气魄,确立了坚持以经济效益为中心,加快油田改革与发展的总体思路。紧紧依靠科技兴油",坚持两个文明建设一起抓,收到显著效益,连续9年保持产量在3000万吨以上,1995年4月29日,陆人杰被国务院授予全国劳动模范称号。

陆人杰自1990年担任胜利石油管理局局长兼党委书记以来,面对油田勘探开发工作难度越来越大,国家原油价格没有到位、生产建设资金比较紧张的情况,他审时度势,科学决策,提出了"加强资源勘探,陆上油田要稳产,海上油田要增产,全局实现持续稳定发展"的方针,1995年海上油田生产原油比1994年的30万吨翻了一番,从而使全局原油产量继续保持3000万吨,上交税金24亿元。

同时，他提出和实施了“一业为主、多种经营、多元开发、全面发展”的战略。全局相继兴办了20多个经济实业公司，从事多种经营的经济实体已发展到1000多个，不但提高了企业的整体效益，而且解决了大批职工子女就业问题。陆人杰还在全局全面实施“科技兴油”战略，大力推进科技进步，逐步形成和发展了具有胜利油田特色的六大勘探开发综合配套技术。“八五”以来，共取得科研成果5787项，其中有8项获国家科技进步和发明奖。

陆人杰高度重视思想政治工作，使思想政治工作与生产、改革结合紧密，相互渗透，在职工队伍中逐步培育和形成了以“坚定不移的政治信念，以国为重的主人翁意识，以苦为荣的奉献精神，求实创新的科学态度”为主要内容的胜利精神，强有力的保证了各项任务指标的完成。胜利油田连续8年荣获“全国思想政治工作优秀企业”称号。

陆人杰，1934年10月生，上海南汇人。1951年参加工作，1964年毕业于北京石油学院开发系开发专业。历任胜利油田工程师、计划处副处长、处长，生产办公室副主任；东濮石油勘探指挥部副指挥、党委副书记；中原石油勘探局常务副局长，濮阳市常务副市长；江汉石油管理局局长、党委副书记，东营市委副书记、书记。

【陆汉振·金轮集团董事长兼总经理·被评为第五届全国十大杰出青年企业家】

中国金轮集团公司董事长兼总经理陆汉振，艰苦奋斗8年，把一个仅有2400元资产的乡镇手工作坊，发展成为拥有18亿元资产总值、1.2万名员工、上缴利税1.6亿元、集工、贸、科技、金融、信息于一体，拥有化纤、纺织、机械、电子、冶金五大行业的跨地区、跨行业、多元化的集团型经济实体。1995年11月20日，陆汉振被评为第五届全国十大杰出青年企业家之一。

陆汉振，1955年生，大学文化。1986年，他领导一个乡镇小厂，通过转产从锦纶废丝加工成改性塑料翻了身，当年实现产值150万元，获利润30万元。于是他带领创业者们外出进行市场调查，发现用作汽车轮胎骨架的锦纶帘子线十分紧缺，40%靠进口，而且缺口越来越大，他决心负债建造一座锦纶厂。1987年锦纶一厂投产，产品立即成为市场的抢手货，当年创产值1130余万元，利润298.24万元。之后，他又立排众议，相继建成锦纶二厂、三厂、四厂。锦纶一跃成为全国第一大帘子布生产基地，产品占全国47%的市场份额，并出口韩国、科威特、土耳其、香港等国家和地区。从1992年起，陆汉振又制订了一个投资5亿元，涉及5大行业包括十几种产品的发展规划，1993年建厂的金轮摩托车有限公司便是一个重头项目。为了使“金轮摩托”的质量、档次跃上新台阶，1995年上半年金轮摩托车有限公司与重庆大学、浙江大学分别建立了两个“金轮摩托”研究中心。

陆汉振从金轮集团迅速崛起的事实深切体会到：办厂在人，兴厂在人。1990年，在企业大上规模资金极其困难的情况下，他执意抽调45万元，建造了一座2000多平米的职工学校，并从中国纺织大学和其他高校聘请了18名专业教师驻校授课。同时先后把几百名中青年干部和技术骨干送进上海纺大、浙大、杭大等高等院校进行代培学习，或送到上海等地的大型企业进行实地培训。几年来，公司用于人才工程的投资已达1000万元。

陆汉振还积极支持社会公益事业。几年来，金轮集团公司为扩建马路、改造河塘、建学校、盖宿舍、建图书馆捐资达2000万元。集团公司有意把一些配件厂安排在周围较为贫穷的地区，为当地人带来脱贫致富的机会，并通过资金、技术、人才无偿帮助，带动了十几个乡村兴办了企业。

【陆学艺·经济学家·当选为全国先进工作者】　中国社会科学院社会学所研究员、经济学家陆学艺，1995年4月被授予全国先进工作者称号，奖励他在农业、农村、农民问题的研究方面作出的突出贡献。

陆学艺，1933年生于江苏无锡县。1962年毕业于北京大学哲学系，随即考入中国社会科学院哲学研究所作研究生，1965年毕业，任助理研究员、副研究员。1978年以后，长期从事农业、农村、农民问题的调查和研究工作。1983到1986年，曾以中国社会科学院研究人员身份在山东陵县蹲点，兼任县委副书记，调查研究农村实行联产承包责任制后的体制改革等经济社会问题。1985年以后，历任中国社会科学院农村发展研究所副所长，社会学研究所副所长、所长、研究员、博士生导师，中国社会学会副会长兼秘书长，中国农村社会学研究会理事长。1993年当选为第八届全国人大代表。

1978年以来，陆学艺发表关于农村经济和社会研究的论文和调查报告100余篇。其中，《关于加速农业发展的若干政策问题》(1978年)、《包产到户问题应当重新研究》(1979年)、《包产到户的由来与发展》

（1980 年）等论文，是较早从理论上论证联产承包责任制的文章，阐述了这项中国农民的伟大创造的重要意义和未来发展的前景。近几年，他又发表了《农村改革与农业发展思考》（1993 年）、《中国社会主义道路与农村现代化》（1994 年）等文章，提出中国农村将经历家庭联产承包责任制、乡镇企业、小城镇建设、城乡一体区域现代化等几个阶段，从而实现现代化的看法。

1987 年后，他的研究重点转向农村社会结构、社会分层、社会流动问题，1989 年发表《社会学要重视研究当今农民问题》一文，提出当今中国农民已分化为农业劳动者，农民工、雇工、个体劳动者和个体工商户、农村知识分子、私营企业主、乡镇企业管理者和农村管理者八个阶层。近几年他主要研究中国社会的结构变迁和社会进步问题，1994 年发表《21 世纪中国的社会结构》一文，指出当前中国正处于社会转型时期，要尊重历史发展规律，因势利导调整就业、工农、城乡等社会结构，以促进经济持续发展和社会全面进步。

他的主要著作有：《农业发展的黄金时代》、《联产承包责任制研究》、《当代中国农村与当代中国农民》。他还主编了《社会学年鉴》1988、1993 年本，《中国社会形势分析与预测》1993、1994、1995 年本，《中国社会发展报告》、《2000 年中国的小康社会》、《转型中的中国社会》、《中国国情丛书——百县市经济社会调查·陵县卷和香河县卷》等。

他还在企业的改革与管理方面进行了多方面的研究策划，帮助几十个企业获得新生，走向规范化，并同企业家合作总结出一些先进有效的企业管理方法，取得了显著的经济效益和社会效益。

【阿沛·阿旺晋美·全国政协副主席·撰文庆祝西藏自治区成立 30 周年】　第八届全国政协副主席阿沛·阿旺晋美，1995 年 9 月 1 日在《人民日报》发表题为《为中国共产党的民族区域自治政策的伟大胜利欢呼》的文章，庆祝西藏自治区成立 30 周年。

文章首先回顾了自治区成立 30 年来走过的道路。他说，回顾历史，重温周总理的教诲，我深深体会到：一、西藏自治区是在西藏广大人民反对分裂主义的激烈斗争中筹建，并在对分裂主义势力斗争取得决定性胜利之后诞生的，而自治地方自治机关的建立，又为反分裂斗争的胜利提供了政权保证。反分裂斗争是长期的。二、“民族区域自治是中国共产党运用马克思列宁主义解决我国民族问题的基本政策，是国家的一项重要政治制度。”三、“民族区域自治是在国家统一领导下，各少数民族聚居的地方实行区域自治，设立自治机关，行使自治权。实现民族区域自治，体现了充分尊重和保障各少数民族管理本民族内部事务权利的精神，体现了国家坚持实行各民族平等、团结和共同繁荣的原则。”四、实行民族区域自治，由本民族人民行使当家作主的权利，并不排斥各兄弟民族人民之间的互相帮助，特别是汉族人民的帮助。五、西藏地处祖国的西南边陲，是祖国通向世界的西南大门，战略地位十分重要，驻藏人民解放军和西藏武警部队担负着保卫祖国边防安全，保卫自治区政权，保卫社会主义建设，保卫人民安全的光荣任务。

阿沛·阿旺晋美，1911 年生，西藏拉萨人，藏族。1936 年后任西藏地方政府昌都粮官、民事法官、孜本（审计官）、噶伦、昌都总官。1950 年任昌都地区人民解放委员会副主任，1951 年任西藏地方政府赴北京谈判首席全权代表，同中央人民政府签订了《关于和平解放西藏办法的协议》。1952 年后任西藏军区副司令员，西藏自治区筹委会秘书长、副主任、代主任，西藏自治区人民委员会主席、革委会副主任，人民政府主席，人大常委会主任。是第一至第三届国防委员会委员，第一、二届全国人大代表，第三至七届全国人大常委会副委员长，第五至七届全国人大民族事务委员会主任委员。第三届、第八届全国政协副主席。1955 年被授予中将军衔。

【陈云·原中共中央政治局常委、中央委员会副主席、中央纪律检查委员会第一书记、中央顾问委员会主任·在北京逝世】　中共中央、全国人大常委会、国务院、全国政协于 1995 年 4 月 11 日发出讣告，沉痛宣告：伟大的无产阶级革命家、政治家，杰出的马克思主义者，中国社会主义经济建设的开创者和奠基人之一，党和国家久经考验的卓越领导人陈云同志，因病于 1995 年 4 月 10 日 14 时 04 分在北京逝世，享年 90 岁。4 月 17 日上午，江泽民、李鹏、李瑞环、朱镕基、刘华清、胡锦涛、荣毅仁等党和国家领导人到北京医院送别陈云同志，并向陈云同志家属表示慰问。李鹏、朱镕基、胡锦涛、田纪云、邹家华、温家宝、张震、罗干、洪学智等同志陪同陈云同志夫人于若木及亲属，护送陈云同志的遗体，到八宝山革命公墓火化。为悼念陈云同志，首都天安门、新华门、人民大会堂、外交部，各省、自治区、直辖市党委、政府所在地、各边境口岸，对外海空港口，新华社香港分社、新华社澳门分社和中国驻外使馆 17 日下半旗致哀。

6月13日，中共中央在人民大会堂举行《陈云文选》(1－3卷)、《陈云》画册出版发行暨纪念陈云同志诞辰90周年座谈会。中共中央总书记、国家主席、中央军委主席江泽民发表重要讲话指出，陈云同志为中国人民解放和社会主义建设事业奋斗了70多年，功勋卓著，永载史册。新版《陈云文选》三卷本，集中了他的思想和观点，是他长期从事领导工作丰富经验的理论概括，对于我们推进社会主义物质文明和精神文明建设，加强党的建设，都具有重要指导意义。

《陈云文选》共三卷。1984年出版了1926～1949年卷和1949～1956年卷，1986年出版了1956～1985年卷。在第一版发行的10年间，作者陆续有新的文稿问世，有关部门也陆续发现了一些没有收入文选的重要文稿。1994年12月，经陈云同志同意，由中共中央文献编辑委员会增补和修订后，改称《陈云文选》第一卷、第二卷、第三卷，由人民出版社出第二版，于1995年6月起在全国发行。《陈云文选》第二版，经作者审定，增补33篇文章，约8万多字，绝大部分是没有公开发表过的。所收文章写作时间的下限由1985年延至1994年。经过增补和修订的《陈云文选》一至三卷，收入了作者在中国新民主主义革命、社会主义革命和社会主义建设的各个历史时期的主要著作共190篇、70多万字，成为陈云同志的比较完整的著作选集。

《陈云》画册，由中共中央文献研究室和新华社编辑、中央文献出版社出版，收入近500幅照片，生动地再现了陈云同志的经历、工作和生活。

6月12日至14日，陈云生平与思想研讨会在北京举行。来自全国各地的理论界和实际工作部门的专家学者100多人参加了研讨会，与会者就陈云同志的经济思想、党建思想、思想方法论等方面交流了研究心得，宋平、倪志福、陈慕华、李德生、伍修权、邓力群等到会表示祝贺。

7月1日，《陈云论党的建设》一书由中央文献出版社出版，在全国发行。全书收入陈云论党的建设的著作56篇，21万字，集中反映了他对党的建设从理论到实践的重大建树。

陈云，生于1905年6月13日，江苏省青浦县(今属上海市)人。1919年小学毕业，到上海商务印书馆当学徒、店员，1925年加入中国共产党。1926年10月至1927年3月。参加上海工人三次武装起义。1927年大革命失败后，任中共青浦县委委员、淞浦特委组织部部长。1929年春至1931年春，先后任中共江苏省委沪宁巡视员、省委军委委员、省委常委兼农委书记，中共上海闸北、法南区委书记，中共江南省委组织部长，中共江苏省委组织部长、省委书记等职。1930年在中共六届三中全会上当选为中央候补委员。1931年1月六届四中全会起，为历届中央委员，5月任中央特科书记，9月任临时中央领导成员。1932年任全国总工会党团书记。1933年1月进入江西中央革命根据地。1934年1月在中共六届五中全会上被选为中央政治局委员 、常委，兼任白区工作部部长，10月参加长征，担任红五军团中央代表。1935年1月出席遵义会议，支持毛泽东的正确主张，6月奉命抵达上海，恢复和开展党的秘密工作。同年9月赴莫斯科，参加中共驻共产国际代表团。1937年4月回国，任中共中央驻新疆代表。同年冬回到延安。1937年11月至1944年3月，任中共中央组织部部长。1944年3月，任中共中央西北局委员、西北财经办事处副主任兼政治部主任，主持陕甘宁边区的财政经济工作。1945年6月中共七届一中全会上继续当选为中央政治局委员，8月任中央书记处候补书记。抗日战争胜利后，到东北任中共中央北满分局书记，北满军区政委。1946年任中共中央东北局副书记兼东北民主联军副政委，南满分局书记兼辽东军区政委。1948年兼任东北军区副政委，东北财政经济委员会主任，主持东北解放区的经济工作。对解放全东北和恢复东北经济作出了重要贡献。中华人民共和国成立后，任中央人民政府委员、政务院副总理兼财政经济委员会主任、重工业部部长。1950年10月任中共中央书记处书记。建国初期，在实现全国财政经济的统一、迅速稳定物价、结束国民党政权留下来的恶性通货膨胀的严重斗争中，取得了公认的卓越成就。1954年任国务院副总理。1956年在中共八届一中全会上当选为中央政治局常委、中央副主席，同年兼任商业部部长、国家基本建设委员会主任。主张建设规模要与国力相适应，反对不顾现实条件的急于求成的错误倾向。1962年出任中共中央财经小组组长。“文化大革命”中曾被解除在中央的一切领导职务。1975年当选为全国人大常委会副委员长。1978年在中共十一届三中全会上重新当选为政治局常委、中央副主席，并任中央纪律检查委员会第一书记。1987年在中共十三届一中全会上当选中央顾问委员会主任。他作为以邓小平为核心的第二代中央领导集体的主要成员，为带领全党同志进行思想路线、政治路线和组织路线的拨乱反正，为制定和执行以经济建设为中心，坚持四项基本原则，坚持改革开往的党的基本路线，正确解决建国以来许多历史遗留问题和现实生活中的新问题，成功地开创我国社会主义事业发展的新时期，作出了重大贡献。

【陈竺·分子生物学家·当选为中国科学院院士】 1995年11月6日，中国科学院公布了新当选的院士名单，上海第二医科大学附属瑞金医院、上海血液学研究所研究员陈竺，当选为中国科学院生物学部院士。

陈竺，上海人，1953年生。现任上海第二医科大学附属瑞金医院、上海血液学研究所研究员、所长，上海生命科学研究中心副主任。他首创国内血友病分型、血友病甲携带者检测和遗传咨询，为我国出血性疾病研究赶上国际先进水平做出了重要贡献。在分子免疫学领域内，对人T细胞受体(TCR)基因的结构和表达进行创造性研究，发现多个γ链基因可变区的新成员(包括一个新的家系)，丰富了V_γ的整体多态性，揭示了TCR基因在人类白血病淋巴细胞中重组、表达的规律。在白血病癌基因研究方面，在国际上首次建立了伴PH染色体急性白血病中BCR—ABL重组的分子模型，第一次阐明了其在22号染色体的断裂点丛集区域，命名为bcr2(m－BCR2)和bcr3(m－BCR3)；在急性早幼粒细胞白血病发病原理和维甲酸诱导分化机理的基础研究中，首行克隆了早幼粒白血病中染色体易位t(15;17)和t(11;17)所形成的融合基因PML－RARα和PLZF－RARα，提出了该病分化诱导治疗实际上是针对疾病相关基因及其蛋白产物靶向治疗的新观点。其中，PLZR是我国学者在国内首次发现的人类疾病相关基因。在人类基因组研究方面，作为我国人类基因组研究项目两主持人之一，参与了该项目的筹划、协调和管理工作，通过国际合作引进了YAC文库，建立了中国一欧共体合作YAC筛选中心，有力地推动了我国人类基因组计划的实施。在人类新基因的克隆方面，已获得了几个维甲酸靶基因的cDNA。

【陈光·中共诸城市委书记·被授予优秀县(市)委书记称号】 1995年6月30日，全国百名优秀县(市)委书记表彰会在北京中南海怀仁堂召开。中共中央总书记江泽民出席会议并作了重要讲话。会上宣读了中共中央组织部对全国在县(市)委书记岗位上取得优异成绩的100名干部，授予优秀县(市)委书记称号的决定，陈光名列其中。

诸城，是恐龙的故乡，人称“龙城”。改革开放以来，“龙城”真的腾飞了。1995年全市国民生产总值70亿元，比上年增长20.2%；工农业总产值达到230.8亿元，比上年增长38.1%；实现财政收入2.61亿元，增长23.7%。诸城是山东改革开放先行县市之一，在实施农业产业化战略、发展个体私营经济、企业产权制度改革等方面，都取得了醒目的成果。1991年，年仅35岁的陈光当了诸城市长，1993年又任市委书记。面对省内外知名度较高、如此高起点的大市，陈光决心不守摊子，而要改革创新，开创工作新局面。他有一个信念：只要是造福人民的事，就大胆去闯去干。他到产粮大镇昌城调查，发现对农业生产统得太死。农民种什么、何时种，都要请示上边。在常委会上他提出尊重农民意愿，放开种植计划的意见，得到一致赞同。“完成任务吃饱饭，怎么赚钱怎么干”，市委的决定通过有线广播传进千家万户，农民们高兴地说：“放，再放，把这话放5遍!”那曾是单一种植的土地，被描绘成了五颜六色的彩图：美国的万寿菊，日本的山牛蒡，法国的刀豆，南斯拉夫的菜花……到1995年，全市粮食和经济作物比例为6∶4，农村经济总收入163.2亿元，比1990年增长5倍多，农林牧渔总产值在全国100个最高县(市)中列第46位。

陈光感到拿着锄把子，守着土地致富毕竟有限，必须把传统农业推向大市场。可是一下子“推”出去，农民很难适应，难保不吃亏。他提出“四放两推一减轻”发展农村经济的思路；提出农业产业化战略及“产前供信息，产中供技术，产后供流通”的服务保障，农民种地心里又踏实又亮堂。农村多种经营，市场牵龙头，龙头带基地，基地联农户，农民不愁没有市场，这个市场甚至还扩展到外国。市属国有企业在1992年4月被调查的150家中，竟有103家亏损，亏损额高达1.47亿元。陈光提出“从明确产权关系入手，走股份制改革的路子”。新机制把生产力调动起来了，企业得到大发展。

陈光，山东寿光市人，1956年11月出生，1974年8月参加工作，1975年12月入党，大专文化。曾任潍坊市团委书记。现任潍坊市委常委、诸城市委书记。

【陈蓉(女)·话务员·被授予全国劳动模范称号】 1995年4月29日，中共中央、国务院在北京人民大会堂召开全国劳动模范、先进工作者表彰大会。长江通信导航局宜昌分局话务员陈蓉，被授予全国劳动模范称号。

陈蓉，原籍四川南充市。1969年6月生，1985年12月参加工作。10年来，昼夜值机在长江西陵峡畔一个只有8平米的山顶小屋里——三斗坪总机房，既是工作室，又是休息室，一年到头没有公休和节假日。她的父亲是一名老线务员，常讲一个海事险情电话，涉及许多人和货物的安全。陈蓉从小受父辈的薰陶，早就暗下决心做一名光荣的话务员。参加工作后，她兢兢业业，恪尽职守，通过小总机将海难事故，水上险情、山体滑坡等情况，及时准确地转报有关部门，避免或减少了国家与人民生命财产的损失。

西陵峡山势陡险，江面复杂，水流曲折多变，海事、险情时有发生。震惊中外的新滩山体大滑坡，就是老线务员刘必然到职后，由三斗坪总机第一个向上级报告的。1989 年 7 月，链子岩蛤蟆石裂开一道口子。常有大量石块滚下来，有的达几吨重。上级及时设立指挥部，监测险情。陈蓉从接到第一个电话，便投入紧张工作，报告情况，询问变化，一个接一个，陈蓉都以最快的速度接转。有时线路不好，用户听不清，她就一个个传话。几天几夜不休息，嗓子都喊不出声了。天气又热，大汗淋漓，但因为完成了任务，她心里有说不出的舒坦和欣慰。

陈蓉并不是没有过烦恼。青春年华，正是女孩子最富浪漫和诗意的岁月。过去的同学，有的上大学，有的下海，有的出国，生活在优裕的大城市。相比之下，她却成年累月窝在偏僻的小山沟。她曾有过懊悔，也想飞出这小山沟。但是组织和父辈的教诲，许多被撞落水的人，经她及时传报得以生还时，她非常激动，逐渐悟出人生的价值：一个人不管干什么，只要能有所贡献，就会被社会承认，就实现了人生的价值。她丢弃伤感、烦恼，用努力奉献实现自己的人生价值。1991 年 10 月 31 日 17 点，涪港 801 轮与奎门 3 号在三斗坪附近相撞。拖带的重载驳船散队，顺流下滑，如不及时通报，可能发生连续碰撞事故。三斗坪信号台因停电无法与过往船只联系，陈蓉就主动承担这一任务，立即报告有关部门与过往船只，避免了事故的发生。1991 年 11 月 22 日 20 点，长江 02031 轮与奉节永胜 1 号相撞，有 36 人落水。当时船只忙于救人，忘记呼救。陈蓉迅速通知附近的 1205 航道艇前往施救。除 1 人死亡外，其余 35 人均被抢救脱险。

新的价值观，使她不仅一次次圆满完成份内工作，还尽力帮助爬电杆、查线路、搞测试，给旅游公司报人数等许多份外工作，经常受到称赞。陈蓉多年来努力工作，无私奉献，在平凡岗位上，做出了突出成绩，先后被授予全国先进女职工、交通系统通信服务先进个人、双文明建设标兵、最佳话务员，省劳动模范以及长航的女能人、先进生产者等 10 多种荣誉称号或奖励。

【陈新・铁道专家・获国家科技进步一等奖】　铁道部大桥工程局副总工程师、教授级高级工程师、工程院院士陈新主持完成的“在强涌潮中修建长联大跨的钱塘江第二大桥技术”，获 1995 年国家科技进步一等奖。

陈新，1931 年生，1953 年毕业于上海同济大学桥隧专业。现为大桥局副总工程师，中国工程院院士。1954—1957 年，他参加了武汉长江大桥的设计工作；1959—1969 年，参加了南京长江大桥施工用梁设计、龙门吊机设计、码头预应力梁管柱设计等；1972—1979 年，参加主持了九江长江大桥正桥多种类型的基础设计，提出并解决了双壁钢围堰钻孔基础研究、设计施工等一系列问题。双壁钢围堰钻孔基础，创造了深水基础更安全，更简便，更快速的一种新的施工方案。此方案获 79 准上国家优秀设计金质奖。1983 年，他主持钱塘江第二大桥的设计。钱塘江地区涌潮频繁，涌潮压力大。针对涌潮特性，陈教授利用钢护筒构成施工平台，采用抗水平冲力强而整体性能好的钢壳结构，为深基础施工开拓了新的领域，在国内尚属首次，国际上也可名列前茅。该铁路特大桥首次采用大跨度预应力混凝土结构，将跨度提高到 80 米，改变了过去采用钢梁跨越大江大河的时代。铁路桥为世界之最，公路桥为全国之最。

【陈露（女）・花样滑冰运动员・获世界花样滑冰锦标赛女子单人滑冠军】　1995 年 1 月，在英国伯明翰举行的世界花样滑冰锦标赛中，陈露第一次登上了女子单人滑世界冠军的宝座，成为继日本的伊藤绿和佐藤友香之后第三个赢得这个项目世界冠军称号的亚洲选手。这也是中国选手在世界花样滑冰领域中取得的第一次重大突破。

陈露，1976 年 11 月 24 日出生在吉林长春一个体育之家。父亲原是冰球运动员，母亲曾是乒乓球高手。她身高 1 米 62，1980 年入长春市南关区业余体校，开始花样滑冰基础训练。9 岁起在教练李明珠的指导下进行 3 周跳训练，当时国内能完成 3 周跳的都是 14 岁以上的运动员。1987 年，年仅 11 岁的陈露在全国花样滑冰冠军赛女子单人滑比赛中完成了 3 种 3 周跳动作，引起轰动。1988 年，陈露第一次出国比赛，在莫斯科国际花样滑冰邀请赛女子单人滑成年组比赛中获得第 12 名，被授予“金娃娃奖”。

1989 年，陈露参加全国花样冠军赛，完成了 5 种

3周跳，震惊了国内冰坛，第一次获得花样滑冰冠军。此后，她一直垄断着全国女子花样滑冰冠军。1990年，参加了在匈牙利举行的世界青少年花样滑冰锦标赛，获得单人滑第三名。从1993年起，陈露在世界锦标赛和奥运会上均获铜牌，被人称为世界大赛中的“陈老三”。

1995年1月，她夺得第八届全国冬运会女子单人滑冠军，12月赢得日本NHK花样滑冰大奖赛和“四精英”国际花样滑冰邀请赛女子单人滑冠军，并第一次被评选为全国十佳运动员。从1992年起，陈露一直被评选为全国冰雪十佳运动员。

【陈士榘·原工程兵司令员·在北京逝世】 原工程兵司令员陈士榘因病医治无效，于1995年7月22日在北京逝世，终年86岁。

陈士榘，湖北省荆门市人。1927年加入共产主义青年团，同年9月参加了秋收起义，10月加入中国共产党。土地革命战争时期，他历任工农红军排长、连、师参谋长，军参谋长、代军长等职。他曾辗转征战湘南，参加井冈山会师，挺进赣南闽西，开辟闽粤赣根据地的斗争，参加了攻打兴国、大柏地、长汀等一系列战斗。参加了第一至第五次反“围剿”斗争和二万五千里长征。抗日战争时期，他历任军参谋长、八路军晋西支队司令员、师参谋长、山东滨海军区司令员等职，参加了平型关战斗、广阳伏击战，并广泛发动群众，扩大抗日武装，为保卫和发展晋西南根据地、山东抗日根据地作出了贡献。解放战争中，他历任山东军区参谋长兼新四军参谋长、华东野战军参谋长、第八兵团兼南京警备司令部司令员等职。先后参加和指挥宿北战役、鲁南战役、泰安战役、莱芜战役、孟良崮战役、沙土集战役、洛阳战役、开封战役、豫东战役、济南战役、淮海战役、渡江战役。新中国成立后，他历任华东军政委员会委员，华东军政大学副校长，中国人民解放军军事学院训练部部长、教育长，工程兵司令员兼特种工程指挥部司令员、政治委员等职。1975年至1978年任中央军委顾问。是第一届全国政协代表，一、二、三届国防委员会委员，第一、二、三、四届全国人民代表大会代表，党的八大、九大、十大代表。中共九届、十届中央委员。1955年被授予上将军衔。

【陈小文（女）·武汉市硚口区法院审判员·被授予全国法院模范称号】 1995年8月19日，最高人民法院为授予武汉市硚口区人民法院审判员陈小文全国法院模范称号而举行的命名表彰大会在武汉举行。

陈小文是湖北人，1989年8月放弃了待遇优厚的房地产公司的工作，到硚口区法院房地产法庭当了一名审判员。6年来，她以勤奋的工作姿态，良好的办案作风，审结了352件各类房地产案件。结案数、结案率、调解率均居全庭之首。

陈小文总是以一个女法官特有的细心化解着一桩桩矛盾纠纷。鞠某离婚后带着子女在外借住，前夫孙某住在原来的两居室内，再婚后与赵某及其女儿同住。鞠某向前夫要房不成诉至法院。赵某认为这是有意破坏其家庭，威胁说：如果丈夫让房，她就马上离婚，再与鞠某同归于尽。鞠某也扬言决不让他俩过好日子。陈小文接案后认为赵某是案件的关键，也是突破的重点，于是追加赵某为共同被告，并多次上门与赵某长谈。这样，消除了双方的对立情绪，很快调解结案。为使纠纷彻底解决，陈小文又不厌其烦地跑房管处、互换站，终于找到两处分住的房子，使双方都有了安身之地。

陈小文办案还有一股可贵的韧劲。硚口区房产公司在进行旧房改造过程中遭到部分居民阻拦，十几个有关部门和领导调解两年无效。1992年11月，陈小文收案的当天就深入现地，先做通居委会的工作，再在居委会配合下到42户居民家中耐心说服，并要求房产公司严格保障居民利益，使案件较快结案。几年来，陈小文骑车跑遍了武汉三镇，通过办案化解106起可能激化的矛盾，所办理的352件案件，无一矛盾激化，调解结案率达55%。

陈小文于1995年被调到武汉市硚口区法院常码头法庭任副庭长。

【陈凤岐·著名拳师·获“中华武林百杰”牌匾】 河北省沧州市91岁高龄的著名拳师陈凤岐，1995年12月获得中国武术家协会、国家体委武术运动管理中心颁发的“中华武林百杰”牌匾和证书。他是我国首届授予中华武林百杰称号的年龄最大的武林高手。

陈凤岐，1905年出生于一个农民武术世家。他从7岁起随父习武，13岁到保定学艺。1931年，他考入南京中央国术馆，很快成为馆内武功拔尖的名人。由于他身体瘦小轻便，动作灵敏快捷，故在武林界获得“小白猿”之美称。新中国成立后，他一直活跃在武林界。

陈凤岐为进一步继承和挖掘民族武术遗产，鼓励和帮助三代子孙整理武术书谱。自1984年以来共整理出图文并茂的燕青拳7趟、四门刀1套，并以中、英、法文出版，发行传播到22个国家和地区。陈凤岐1984年被评为全国健康老人。他以高超的武功和高尚的武德，深受同门和武林界人士的尊敬。他的弟子逾千名，遍及国内外。

【陈书振·杂技演员·获吴桥国际杂技比赛金狮奖】 1995年11月，河北省杂技团演员陈书振在第五届中国吴桥国际杂技艺术节中，主演以耍花坛为主要技巧的杂技节目《圣坛祭》，获“金狮奖”。

陈书振，1978年生，河北省石家庄市人。出身于梨园世家。10岁考入河北省艺术学校杂技科，接受正规的杂技基本功训练。功夫扎实，发展全面，他主攻的杂技节目《耍坛》，在艺校毕业时已达到较高的表演水平。

1983年，被分配至河北省杂技团当演员。先后在《狮子舞》、《钻圈》、《巧耍花坛》、《集体武术》等节目中，担任重要角色。他在《狮子舞》中扮演引狮武士，表演潇洒，形象英俊，特别是他表演的翻转720度跃过狮身、“架子前空翻转180度”落骑在狮背上等高难技巧，获得很高评价。在1987年第二届全国杂技比赛中，是5个同类节目《狮子舞》表演的得分最高者，获得银奖。同年，这个节目参加第一届“中国吴桥国际杂技艺术节”，又获得“金狮奖”。他表演的《巧耍花坛》，1991年在第三届全国杂技比赛中，获“铜狮奖”及优秀表演奖；并在意大利米兰举行的国际杂技马戏比赛中，又获铜奖。

长期以来，他对《耍坛》这一传统节目的表演，刻苦创新，精益求精，从不满足已取得的成绩。在各方面的支持配合下，由边发吉总策划、刘丽霞编排执导、陈书振主演，终于把这个单纯技巧的老节目，改造、发展成为以高难动作表现一定生活形式和情节的新节目——《圣坛祭》。它表现的是我国远古时期的一个部落群，为庆祝本部落人丁兴旺，渔猎丰收而欢歌狂舞，大家由捧坛饮酒尽情作乐，引发了玩耍酒坛的热烈场面。陈书振把耍坛的技巧同各种跟头结合起来，创造和发展了难度极大的“抖轿子前空翻接坛”、“手捻坛后滚翻”、“前空翻接砸脖”、“抛双坛”、“叠肩蹬缸接砸脖”等动作，形成了粗犷而又细腻，严谨而又活泼的全新的耍坛风格。

1995年7月陈书振还被河北省政府评为优秀青年专家。

【陈玉杰·解放军某部七连连长·被授予模范连长称号】 1995年2月8日，沈阳军区发布命令，授予陈玉杰“模范连长”荣誉称号。

陈玉杰，黑龙江依安县人，1963年12月出生，1981年11月入伍，1985年7月加入中国共产党，1987年1月转为志愿兵，先后代理排长、副连长，1991年底代理连长，1993年3月破格提干任连长，上尉军衔。陈玉杰入伍后，苦练军事技术，在训练中自觉从严、从难、从实战需要出发，从不怕苦怕累，始终保持一般虎劲，凭着顽强的意志，练出了一身硬功夫。他徒手5公里越野的成绩是19分40秒，投手榴弹68米，百米障碍17秒48，国际500米障碍3分40秒。其他各项军事技术样样领先，。他当干部后，严格要求，严格训练，凭着过硬的军事素质，带出了许多过硬的士兵。一次，连队实弹射击，一名战士成绩不好认为是枪不准，他操起这枝枪连射3发子弹，枪枪10环，战士服了气。投弹训练中，一名战士投弹动作不对，却说是因为自己个子矮投不远，陈玉杰趴在地上，随手投出一枚手榴弹，投了50多米，战士心悦诚服。他当连长3年时间内，带出14名优秀“四会”教练员，18名战士因军事技术过硬被保送上军校或直接提干，有2名尖子，被选入解放军八一体工队。他关心爱护士兵，精心培育，诲人不倦。战士小刘，自幼丧母，父亲对他管教不严，养成酗酒吵架的坏习惯，入伍后屡犯纪律，陈玉杰把行李搬到小刘身旁，从一点一滴抓起，帮助小刘改掉了毛病，成为一名优秀士兵和训练尖子。班长小于，口头表达能力差，陈玉杰从教他念报纸开始，一句一句地讲解读法和语调；带他观察分析连队每个干部讲话的方法；平时开班务会，要求小于事先写好先讲什么、后讲什么，举什么例子，像检查学生作业一样认真纠正修改，并多次听小于主持班务会，予以指点，还专门找来《演讲与口才》、《说话的艺术》等书让小于学习。终于把小于这个不敢讲话，不会讲话的“闷葫芦”，培养训练成能主持连队文艺晚会的主持人。为了帮助教育好每个士兵，陈玉杰先后给战士的父母、亲友、恋爱对象写了500多封信，使80名战士的婚姻恋爱、家庭矛盾、经济纠纷等问题得到解决。3年来，他带的士兵，有17人立功，90多人受奖，30多名有思想问题或犯过纪律的士兵改造成为先进战士。入伍10多年来，他先后调过9个单位，8次代理干部工作，每次都出色地完成任务，先后2次荣立三等功，1次荣立二等功。所带的连队，年年被评为基层建设先进连和军事训练先进连，1994年3月连队荣立集体二等功。

【陈玉新·石河子市民警·被追授全国公安系统一级英雄模范称号】　1995年8月30日，公安部发布命令，追授新疆石河子市公安局城区分局刑警大队民警陈玉新全国公安系统一级英雄模范称号。新疆自治区党委、自治区人民政府追授陈玉新无畏刑警、劳动模范、先进工作者荣誉称号，批准为革命烈士。12月28日，命名表彰大会在石河子市隆重举行。

1995年6月1日凌晨，陈玉新同志奉命与战友一起执行抓捕盗窃团伙案犯的任务。到达案犯躲藏的住所后，陈玉新同志不顾生命危险，第一个冲进屋内，和战友们一道当场抓获3名案犯。在对案犯进行搜身时，一名案犯突然拔出手枪向陈玉新开枪射击。子弹穿透陈玉新的腹部，顿时血流如注。面对负隅顽抗的案犯，陈玉新临危不惧，强忍巨痛，迅速举枪还击，案犯接着又向他开了一枪，他右臂中弹，手枪掉在地上。当他看到案犯又举枪瞄准另一名民警时，毅然奋不顾身地扑向罪犯，竭力抢夺案犯的手枪，用自己的身体挡住了案犯射向战友的两颗子弹。正在里屋搜查的战友闻声赶到，将案犯当场击毙。陈玉新同志却因身中四弹，流血过多，不幸壮烈牺牲。

陈玉新，1960年10月出生，河南怀阳人，高中文化。1979年参加中国人民解放军，在36801部队服役。1982年退伍后在新疆建设兵团第二汽车运输公司当驾驶员。1991年参加公安工作，在新疆维吾尔自治区石河子公安局城区分局刑警大队任侦察员。1993年加入中国共产党。二级警司。陈玉新同志参加公安工作以来，立足本职，任劳任怨，刻苦钻研，不断提高政治、业务素质，先后参与侦破重、特大案件600余起，亲自抓获犯罪分子10余名，多次受到嘉奖，曾荣立三等功一次。

【陈丕显·原全国人大常委会副委员长·在北京逝世】　第六届全国人民代表大会常务委员会副委员长，原中共中央顾问委员会常务委员，无产阶级革命家陈丕显1995年8月23日在北京逝世。

陈丕显，1916年3月出生于福建上杭县南阳区官连坑的一个农民家庭。1929年加入共产主义青年团，1931年转为中国共产党党员。先后担任共青团福建省委儿童局书记，共青团中央儿童局书记，共青团闽赣地区中心县委书记，共青团中央苏区分局委员。1935年初，任共青团赣南省委书记。在中央红军长征后，他跟随项英、陈毅，参加了艰苦卓绝的3年游击战争。

抗日战争初期，陈丕显在中共中央东南局任青委书记，后任苏中区党委副书记、书记，新四军苏中军区政委。参加了黄桥、车桥等战役。他领导苏中军民粉碎了敌人的多次“扫荡”、“清乡”，保卫了抗日民主政权，巩固和扩大了苏中根据地。

解放战争时期，陈丕显历任华中野战军七纵队政委，华中分局委员，华中分局驻苏中区代表，新四军华中南线后勤司令部政委，华中工委书记，新四军华中指挥部、苏北兵团、苏北军区政委。参加了苏中“七战七捷”和淮海战役，担负了繁重的支前任务。

1949年4月，陈丕显随军渡江南下，任苏南区党委书记，苏南军区政委，华东军政委员会委员。1952年后，历任上海市委第四书记、华东行政委员会委员，华东局委员、上海局委员，上海市委第二书记、市委书记处书记，上海警备区第二政委、第一政委，华东局书记处书记，上海市政协主席，上海市委第一书记。

“文化大革命”期间，陈丕显遭受残酷迫害，被关押长达10年之久。他坚持原则，坚持真理，进行了针锋相对的斗争。

1977年，陈丕显恢复工作后，任云南省委书记，云南省革委会副主任，湖北省委第二书记、湖北省革委会第一副主任，湖北省委第一书记、省革委会主任、省人大常委会主任，省军区第一政委，武汉军区政委。

1982年9月后，陈丕显任中共中央书记，中央政法委员会书记，中央保密委员会主任，第六届全国人大常委会副委员长，中共中央顾问委员会常务委员。晚年还担任全国老龄委主任，他是中共第八届中央候补委员，第十一、十二届中央委员。

【陈东昌·石油专家·获国家发明二等奖】　胜利石油管理局高级工程师陈东昌，主持发明的“胜利二号浅海步行坐底式钻井平台”，荣获1995年国家发明二等奖。

陈东昌，1953年生于河北省南宫县，1975年毕业于华东石油学院矿机专业，现任钻井工艺研究院副总工程师兼海洋工程技术研究所所长。陈东昌作为主要设计人员，先后参加了胜利1号、胜利2号钻井船的设计研究工作，完成了胜利2号的结构设计、内外体锁紧梁设计计算、步行沉垫的坐标导向方案等大量工作。胜利1号钻井船的研制，于1988年获国家科技进步三等奖。胜利2号极浅海步行坐底式钻井船1992年被评为全国十大科技成就，1993年获总公司科技进步一等奖。

陈东昌在主持胜利开发1号采油平台设计中，提出了沉垫削余概念和抗滑桩方案，有效地解决了座底冲刷和抗滑移问题。该成果被评为总公司1993年十大科技成就之一，1994年获总公司一等奖。他还组织协调了浅海组合式钻采平台，埕岛中心1号平台及滩海工程模拟试验室等重大科技攻关项目工作。

他撰写的“我国现有坐底式钻井平台设计特点及其在浅海作业的适应性”和“极浅海步行坐底式钻井船结构强度分析”、“胜利2号结构设计”等论文，先后在“海洋工程”和“中国海洋平台”杂志上发表。他还先后获油田“先进科技工作者”、“模范共产党员”称号，连续4年被评为局“双文明”个人。

胜利2号极浅海钻井平台是国内外尚无先例的会走路的钻井平台。它独创了大型、动态的内、外双船体结构，依靠独特的步行机构、重型液压步行机械系统等可以实现整个平台的前后左右步行。它是一项多学科的庞大的系统工程。

【陈田鹤·音乐教育家·逝世四十周年纪念音乐会在北京举行】　由中国音乐家协会、中央音乐学院联合举行的“陈田鹤作品音乐会”，1995年10月11日在北京举行。这是被称为黄自“四大子弟”之一的陈田鹤（余为贺绿汀、江定仙和刘雪庵）第一次个人作品音乐会。

陈田鹤，原名启东，1911年12月8日生于浙江永嘉。自幼酷爱音乐。1928－1929年先后在温州私立艺术专科学校和私立上海美术专门学校音乐系学习。1930年8月，考入上海国立音乐专科学校，主修理论作曲，师从萧友梅和黄自教授。由于生活困难，在音专的学习他被迫三次休学。1936年秋，他修满了应修的全部学分后，去济南山东省立剧院进行教学和从事创作。40年代后，他一直在重庆、南京的国立音乐院作曲系任教，并兼任该院教务主任。新中国成立后，他先后在北京人民艺术剧院、中央歌舞团、中央实验歌剧院从事音乐创作。终因长年生活颠沛，积劳成疾，1955年10月23日病逝于北京，终年44岁。

作为一位音乐教育家，陈田鹤培养了许多作曲人才。作为一位作曲家，他留下了体裁各异、数量众多的音乐作品，其中以他的根据我国古代诗词所写的艺术歌曲，如《江城子》、《春归何处》、《枫桥夜泊》、《采桑曲》和现代诗词歌曲《给》、《山中》、《牧歌》等，最能体现他清新、质朴的音乐风格和严谨练达的艺术特色。这些歌曲不仅在当时的我国音乐舞台，直到现在的台湾、香港、新加坡等地，一直为许多歌唱家所演唱。此外，在合唱作品方面，他的《兵农对》、《怀古》、《满江红》、《森林啊，绿色的海洋》等，也在我国的近现代音乐史上具有一定的地位和影响。

【陈立群·南京金城机械厂厂长·被评为第六届全国优秀企业家获金球奖】　南京金城机械厂厂长陈立群，以市场为先导，积极推进企业技术改造，使老厂焕发青春，主要经济指标连续7年以每年平均42%以上速度递增。1995年3月22日，陈立群被评为第六届全国优秀企业家，获金球奖。

陈立群1987年出任厂长时，金城军品任务少，军转民工作进展慢，效益低。他对市场作了仔细的分析和研究，大胆调整产品结构，砍掉了大部分已开发的民品，把摩托车放到突出地位，通过组织产品扩散和社会化大生产，逐渐形成规模经济，成为金城的支柱产品。但金城技术装备落后，影响生产发展。于是他投资1.34亿元，引进了完全由计算机控制的目前最先进的柔性生产线，可随时调整加工高精度、高技术要求的军品。依靠技术进步和雄厚实力追踪市场。

陈立群认为，企业间的竞争，归根到底是产品质量之争。他发挥金城的优势，实行名牌战略，逐渐建立起质量约束、质量激励、质量竞争的运行机制，以先进的产品占领市场。金城牌摩托车汽油机，是我国摩托车行业中，第一个也是唯一获得该产品最高质量奖国家银质奖的。金城牌摩托车连续两年获得国内贸易部颁发的畅销产品金桥奖。金城厂是全国第一家也是目前唯一一家把完全国产化的摩托车生产技术出口到国外（巴基斯坦）的企业。金城厂不仅是航空工业液压系统和第二电源系统的研制中心，而且成为摩托车行业的四强之一。工厂的在制品管理经验被国防科工委列入我国军工质量法规性文件《军工质量条例》之中，计算机辅助生产管理获部级成果奖。

陈立群，1940年3月生，南京市人，毕业于北京航空学院发动机系，1965年到金城机械厂后，历任设计所设计员、室主任、副所长、总工程师、厂长、金城摩托车集团公司总经理。他先后获得国家发明三等奖、部级科技成果一等奖、中国首届军转民十佳企业家、第四届全国科技实业创业奖银奖、航空工业部有突出贡献专家、江苏省南京市优秀企业家等荣誉。他领导下的金城厂被评为中国明星企业。

【陈加亮·解放军某部副参谋长·获模范飞行员称号】　1995年2月7日，空军发布命令，授予陈加亮“模范飞行员”荣誉称号。同年7月，空军为他颁发了功勋飞行人员金质荣誉奖章。

陈加亮，江苏省邗江县人，1963年4月出生，1979年7月入伍，1982年12月加入中国共产党，一级飞行员，空军中校军衔。1983年他被分配到一个战功卓著的飞行部队，他决心为英雄集体争光，把自己的全部精力都用到钻研业务技术上。他努力学习军事高技术知识，广泛收集世界航空武器装备发展的资料，了解外国空军先进武器的战斗性能，下功夫研究现代空战特点和外国空军的训练方法，写下了5万多字的读书笔记，并注重运用学习成果指导自己的飞行训练。多次在上级组织的岗位练兵比武中获得第一名的好成绩，被评为“航空理论学习优秀个人”。1992年初，他所在部队改装国产最先进的某型飞机，由于缺乏技术资料和经验，改装难度很大。陈加亮白天协助大队长组织座舱实习，晚上整理心得体会，编写了3万多字的《某型飞机座舱设备使用教程》，被上级确定为部队改装训练教材。他参与上级组织的8个课题的理论研究，同其他同志一道汇编了50多万字的飞机使用教程。1994年5月，在执行一次校飞任务中，他出色地完成了复杂气象条件下校飞任务，同时，摸索出一套有效的作战方法，并提供了重要的技术资料。1994年9月，他和2名战友为24国驻华武官作飞行表演，在气压高度表发生故障、飞行高度很低的情况下，他以精湛的飞行技术、冷静的头脑和顽强的意志，准确无误地完成了高难度的表演动作，受到驻华武官的赞扬。他担任飞行员以来，先后4次遇到空中发动机停车等险情，他都能做到临危不惧、正确处置、化险为夷。陈加亮自觉献身飞行事业，为了参加空军的考核和执行飞行任务，身患癌症的老母亲病故前，他都未能多照料几天；他两次婚姻受挫，女方都因为他从事飞行事业风险太大和他分手，丝毫没有动摇他献身祖国飞行事业的决心。多年来，他苦练精飞，先后飞过4个机种、8个机型，安全飞行1300多小时，多次出色完成重大飞行任务和试飞任务。被空军评为一级驾驶技术能手、优秀飞行人员、学雷锋先进个人标兵，先后4次荣立三等功，1次荣立二等功。

【陈光毅·中国民航总局局长·谈民航发展的主要任务和目标】　在1995年1月23日开幕的全国民航工作会议上，陈光毅首先传达了江泽民、李鹏对民航工作的指示，并提出民航发展的主要任务和目标。

陈光毅指出：今年和以后一个时期，要继续贯彻民航工作的总体要求，紧紧围绕全党全国工作的大局，认真贯彻“安全第一、正常飞行、优质服务”的总方针，培养“团结、求实、创新、廉洁”的民航作风，坚持严字当头，一抓改革开放，二抓整顿提高，用3年或更多一些时间，实现民航持续、快速、健康发展的良性循环。今年民航发展的主要任务和目标为：全行业运输总周转量66亿吨公里，旅客运输量4650万人，货邮运输量95万吨，分别比上一年增长13%、15.5%和15.9%。

陈光毅，1933年8月生，福建莆田人。1953年毕业于东北工学院机电系。1959年加入中国共产党。曾任中共甘肃省委副书记、甘肃省省长，福建省政协主席、中共福建省委书记、福建省人大常委会主任。1994年调任中国民用航空总局局长。是中共第十二至十四届中央委员。

【陈廷骅·香港企业家·获首届中国京剧艺术节金菊奖】　香港南丰纺织有限公司、南丰发展有限公司董事会主席陈廷骅，长期资助京剧事业，为振兴京剧做出了突出贡献。在1995年首届中国京剧艺术节期间，荣获文化部振兴京剧指导委员会、中国京剧艺术基金会颁发的首届金菊奖。

陈廷骅先生是浙江宁波人，1923年出生，长期在香港经营发展纺织业，是宁波旅港同乡会名誉会长、香港上海总商会名誉会长。他一生喜欢京剧，是海内外闻名的京剧知音，是京剧事业的热心赞助者。在香港他常年支持京剧票房及票友的活动。1992年他得悉中国京剧艺术基金会成立，慨赠100万港元，并被聘为中国京剧艺术基金会名誉会长。1993年得悉基金会参与主办梅兰芳周信芳诞辰百周年纪念活动，又捐款50万港元给予支持，1994年3月，基金会组织“中国少年京剧艺术团”赴港演出，陈先生慨允出任名誉团长，并捐赠500万港元作为发展少儿京剧的专项基金。香港上海总会捐赠30万港元支援上海天蟾舞台改建工程，也是由陈廷骅基金会拨给的。1995年他又捐献人民币500万元，设立“上海市陈兆演京剧艺术基金”用于资助上海京剧从业人员的学习、进修、改善生活及医疗条件之用。

他对于京剧事业的关心和支持，还表现在凡有京剧团体到香港演出，他都倾心相助，并且有戏必看，还要求子女、后辈都来看京剧。作为中国京剧艺术基金会的名誉会长，对于重要会务他都愉快承担，曾与周南名誉会长两次在香港主持向捐赠者颁发荣誉证书和荣誉纪念金牌的活动。扩大了基金会在境外、海外的影响。他应邀担任《中国京剧》杂志的顾问，资助《中国京剧》的出版，支持对于京剧的宣传工作。特别值得称道的是，他从精神到物质，都竭力支持、推动京剧艺术的弘扬和发展，可是每当媒体提出对他的事迹给予宣传报导时，却都被他婉言推辞。他表示作为炎黄子孙，资助弘扬民族优秀传统文化，是应尽的责任。

【陈华姣（女）·宁波一休集团股份有限公司董事长兼总经理·被授予全国优秀女企业家称号】　1995 年“三八”妇女节前夕，中国女企业家协会授予陈华姣全国优秀女企业家称号。10 年前接任仅有 2 万元资产，30 余名职工，负债 8 千元的镇办小服装厂厂长的陈华姣，以她特有的精明，着眼于市场需求的总趋势，经过 10 年的艰苦创业，如今，企业净资产达到 3 千万元，产值销售超亿元，各项经济指标在国内同行中遥遥领先，产品畅销国内 29 个省、市、自治区，并出口日本、俄罗斯、波兰、澳大利亚及香港、台湾等 10 多个国家和地区，而跃居为中国大陆最大童装企业和国家中型企业——宁波一休集团股份有限公司。

陈华姣，1950 年 10 月 16 日生，浙江省宁海县人。中国共产党员、经济师。初中毕业后，当过农民、民办小学教师。1973 年 12 月起在宁海县镇办服装厂当会计，1984 年任厂长。在企业转产时，她没有去追随服装行业的“西装热”，而选中了童装。创业伊始，陈华姣常亲自背着样品上门推销，对于遭到的冷遇，都置之度外。为了跑市场、摸行情，一年有三分之二的时间出差在外，无论多远的路均坐的是硬座火车，且带着大包小包产品、大捆小捆面料。历尽艰辛的她，终于从签订 2 万多元第一笔的生意起，逐步拓宽了市场。其“以新取胜、以诚待人、力创名牌”的经营策略，使所生产的“一休童装”的销售量，每年都以 50%以上的幅度递增。由于设计的童装做到“三型(趣味娱乐型、智力开发型、运动健康型)四化(礼品化、系列化、时装化、配套化)”和重质量、讲信誉，且做到“人无我有，人有我变”，使年设计新款式达千种以上。被誉为“千面”的一休，不仅受到孩子们的喜爱，也受到家长们的欢迎。一休牌童装已成为中国童装第一品牌，蝉联 1992—1994 年最畅销国产商品“金桥奖”，获全国大商场联评会 1994 年度推荐名优产品证书。企业被评为浙江省“先进企业”、省轻纺工业“50 家最大利税企业”、省“著名商标”、市“名牌企业”和“全国千家最佳经济效益乡镇企业”。抓住机遇的陈华姣，于 1994 年将宁波一休童装集团公司(前宁波一休童装厂)组建为股份公司，把企业办成集穿、吃、玩、用为一体的全国性大型儿童用品集团。陈华姣曾获浙江省优秀企业家、“七五”劳动模范、全国优秀乡镇企业家等称号。是第八届全国人大代表。

【陈兆国·微雕家·微雕作品被评为《大世界吉尼斯之最》】　1995 年 6 月 8 日上午，世界吉尼斯上海分部总代理王以卓宣布了武汉石油化工厂龙达置业公司副总经理陈兆国的微雕“圣经”，被评为《大世界吉尼斯之最》，并颁发证书。王以卓说，经过严格的评审和检索，并得到伦敦总部认可，微雕“圣经”是目前世界上 145 种“圣经”版本中，唯一的一部用艺术形式构筑的立体版本，也是世界上第一部采用名贵石料最全，容纳文字最多的金石微雕作品，作品具有极高的艺术价值和文化价值，是不可多得的国宝级艺术珍品。

大型石刻微雕“圣经”，把金石微雕与书法艺术熔于一体。是集经典、书法、微雕、印材、工艺等诸多艺术的综合艺术品，是东西方传统文化的有机融合。作品在 380 方名贵印章上将约 150 万字的“圣经”全本微刻在上。正文以行草书为主，其标题文字，篆、隶、魏、楷等诸体悉备，每字仅为 0.1 至 0.2 毫米。书法、章法、刀法浑然一体，洋洋洒洒。笔力雄健，刀锋粗细得当，韵味均在其中，确是毫发之间，天宽地阔，精致细微，巧夺天工，堪称世界之最。

陈兆国，湖北武汉人，1956 年 4 月 11 日生，共产党员，大专文化，1974 年 6 月参加工作，1977 年进武汉石油化工厂，现任厂龙达置业公司副总经理，武汉市书法家协会会员。幼承家学，5 岁即习书学画，后潜心研习历代书法，行、草、楷、隶诸体均可自为挥洒，大篆、小篆、甲骨、钟鼎信手拈来，书法功力日见成熟。1977 年后又迷上微雕，雕刻数百枚古典诗文印章，有深厚雕刻功底。搞一个可以传世的大部头作品是陈兆国的夙愿。他选择了微雕“圣经”。“圣经”是世界发行量最大，影响极广的一部西方经典作品。微雕“圣经”更有利于走向世界，更好向世界展示中国金石微雕传统艺术光辉。陈兆国经历了选题、筹资、采石、刻制等无数艰辛和困难，在经济上得力于合作者白尔珑的支持，呕心沥血、十年辛苦，十年血汗，终于换来巨大成功。

【陈守一·当代法学家·在北京逝世】

马克思主义法学家、法学教育家、北京大学法律系主任、教授陈守一，于1995年11月14日在北京逝世，终年89岁。

陈守一，1906年生，江苏邳州（今邳县）人。1929年毕业于北京朝阳大学法科政治经济系。1927年参加中国共产党，后因组织被破坏失去联系。1938年参加抗日民族统一战线工作。1939年重新入党。曾任中共信应地委统战部部长，鄂豫边区行署秘书长兼民政处长、司法处长，襄南专区专员，中原解放区河南行署主任，陕南行署秘书长、华北人民政府司法部第二处处长。建国后，历任司法部第五司司长，中国新法学研究院教务长，中央政法干部学校副教务长，北京大学法律系主任（1981年辞去此职，专任教授）。并担任北京市法学会会长、中国法学会第一届副会长、国务院学位委员会法学评议组召集人等职。

陈守一长期从事法学理论的教学与研究工作，曾发表《必须加强法律科学的研究工作》、《中国法制建设三十年》、《中国法学三十年》等论文和《马克思主义关于国家学说》等专著。

【陈守煜·大连理工大学教授·其科研成果为国家减少损失4.7亿元】 1995年10月21日《光明日报》载：在近日国家教委组织的鉴定会上，专家们认定：由大连理工大学陈守煜教授主持研究的《水库调洪数值解法》科学成果，在1995年7月下旬辽宁大伙房水库千年一遇的特大洪水中，准确作出调洪计算，提前8小时发出第一非常溢洪道将通过的警报，为抚顺、沈阳、辽阳等市工矿企业、人、财、物转移赢得时间，为国家减少损失、获减灾效益4.7亿元。

《水库调洪数值解法》是一种科学计算水库在洪水情况下，合理蓄水与泄洪的方法，陈守煜教授自70年代末就率领课题组对这一方法进行研究，1980年提出系统的水库调洪数值解法。1990年至1994年在大伙房水库应用期间"调洪数值解法"年平均增加兴利蓄水620万立方米，增加水费收入35.4万元。专家们认为，这一方法易于计算机编程序，精度高，速度快，一般调洪过程只需5～7秒就可完成，达到国际领先水平。

陈守煜，浙江慈溪人，1930年10月生，1952年毕业于上海交通大学，调大连理工大学任教，1955～1957年在河海大学（原华东水利学院）苏联专家讲学班进修，后回大连理工大学工作至今。1986年任水利发电工程专业博士生导师，1988年任土木——水利博士后人员科研流动站导师。兼任中国现代设计法研究会模糊分析设计学会理事，中国水利发电工程学会水能规划与动能经济专业委员会委员、东北地区副主任委员等职。先后在国内外发表学术论文240多篇，出版专著6本。研究成果4次获国家教委科技进步奖。专著《系统模糊决策理论与应用》获第九届中国图书奖。

【陈如凯·农业专家·获国家科技进步一等奖】 福建农业大学教授陈如凯，主持完成的课题"甘蔗品种的资源鉴定、利用及新品种选育"，获1995年国家科技进步一等奖。

陈如凯针对我国甘蔗品种资源缺乏的情况，13年间从17个国家和地区引进240种甘蔗品种，引进数量之多为我国甘蔗史首创，接着又对引进品种进行了系统深入的研究，在甘蔗数量遗传、生化标记、抗性鉴定、细胞亚无性系筛选和农艺特性及其配套栽培技术等6个方面取得国内领先的进展，为农作物的品种引进、消化、吸收提供了可借鉴的模式。

陈如凯，福建云霄人，1936年12月生，1960年毕业于福建农业大学农学系，现为福建农业大学学术委员会副主任，甘蔗研究所所长，农业部甘蔗品质质量监测中心主任，中国作物学会甘蔗协会常务副理事长，农业部4、5届科技委委员，农业部糖料生产顾问，全国高等农业教学指导委员会作物组成员、国家科委学科成果特邀评审员。

1986年以来，陈如凯承担国家科技攻关和国家基金有关甘蔗遗传、育种和生物技术等21项课题。先后获农业部、轻工业部和国家教委科技进步一等奖三项，二等奖一项，发表论文87篇。被评为福建省有突出贡献的专家，教育系统劳动模范，并多次受到三委一部的表彰。

【陈志强·中共溆浦县委书记·被授予优秀县（市）委书记称号】 1995年6月30日，全国百名优秀县（市）委书记表彰会在北京中南海怀仁堂召开。中共中央总书记江泽民出席会议并作了重要讲话。会上宣读了中共中央组织部对全国在县（市）委书记岗位上取得优异成绩的100名干部，授予优秀县（市）委书记称号的决定，陈志强名列其中。

陈志强，湖南麻阳县人，1949年7月出生，1972

年1月参加工作，1979年3月入党，大专文化。曾任副县长、副书记、县长。1992年7月任现职。

原在麻阳县任县长的陈志强，一到溆浦就说，要做溆浦的牛，耕好溆浦的田。如有偷懒，请大家用鞭子抽。在使溆浦由农业大县变成经济强县的战略转变中，陈志强多少夜晚挑灯翻阅资料，又扎到基层调查研究，在县委常委会上先后提出"农业抓基础，工业抓拳头，城镇抓网络，交通抓动脉"的经济发展构想；"抓拳头，搞特色，打王牌，求效益"的产品结构调整的指导思想；以及根据全县资源分布方位制定的"东林、南药、西桔、北枣、中粮"的大型开发规划。得到常委的同意后，依据这些规划，全县很快掀起了开发10万亩名优特柑桔、"十乡百里十万亩枣子带"、10万亩楠竹基地、三、四都河水利工程和大规模地修路架桥等几大经济建设高潮。陈志强既是指挥员，又抽空亲自参加变革现实的实践。他到低庄镇的一个三村交界的山地参加劳动，鼓舞了劳动大军的士气。这处连片整出的高标准梯田1600亩，全部栽上了鸡蛋枣树苗。连同老枣林改造，预计到1998年进入盛果期时，可年产鲜枣8.55万吨，收益2.5亿元，枣农人均收入将达1500元以上。

作为县委书记，陈志强认为："千头万绪，抓好党的建设尤其是县委常委班子建设是关键。"他特别注意用自己的行动来带好班。凡遇重大问题的决策，他严格贯彻民主集中制原则，事前充分听取几套班子的意见，最后才一锤定音。他提出实行领导干部项目分工负责制，分配每位同志负责一两项大的建设项目，使大家肩上都挑着担子，齐心合力干工作。陈志强始终把加强基层党组织建设摆在重要位置，先后派300多名机关干部到后进村任职，并着手培养千余名村级后备干部的"跨世纪培养工程"。陈志强狠抓廉政建设。县委办公室有个登记簿，专门登记他上交的收到的礼金礼品及处理结果，人们说这是陈书记的廉洁录。由于陈志强和县委一班人的努力，溆浦近几年被林业部授予全国经济林先进县，被省委省政府授予农业综合开发先进县、社会治安治理先进县等荣誉称号。

【陈希同·被撤销中共中央政治局委员职务】　1995年9月28日，中国共产党第十四届中央委员会第五次全体会议公报宣布，全会审议并通过了中共中央纪律检查委员会《关于陈希同同志问题的审查报告》。陈希同担任北京市委书记、市长期间，严重失职，对原北京市常委、副市长王宝森的违法犯罪活动负有重大责任；腐化堕落，生活奢糜；利用职权，为其亲属等人谋取非法利益；利用职务和公务之便，收受贵重物品。其所犯错误是严重的。全会决定撤销他的中央政治局委员、中央委员会委员的职务，并建议依照法律程序，罢免其全国人大代表职务。鉴于他在经济等方面的问题有些还没有完全查清，决定对他的问题继续进行审查。以前，中共中央还批准陈希同引咎辞去中共北京市委书记、常委、委员职务。9月29日，北京市第十届人民代表大会常务委员会第二十一次会议通过决议，罢免了陈希同的中华人民共和国第八届全国人民代表大会代表职务。

陈希同，1930年6月生，四川安岳人。1949年12月加入中国共产党，1948年10月参加工作，北京大学中文系毕业。曾任北京市公安局分局派出所副所长，分局人事股副股长、文书股长、秘书，工厂车间党支部副书记，昌平县委副书记、书记，北京市副市长、市长，市委副书记，国务委员。是中共十二、十三届中央委员。

【陈启鸿·全国精神文明标兵·报纸介绍其模范事迹】　1995年11月3日，《北京日报》在头版头条以《共产党人的本色》为题，详细报道了北京燕山石化公司原东风厂总会计师陈启鸿的模范事迹，并发表题为《象他那样为人民服务》的评论员文章。

陈启鸿，1928年7月生，浙江省杭州市人，1952年3月参加工作，1978年6月30日加入中国共产党。职称为高级会计师。他先后在吉林市木工具厂、火柴厂、化学工业公司、化工部化工原料公司、燕化公司东风化工厂等单位任股长、科长、经济工程师、总会计师等职务，40余年如一日，把全部身心贡献给党和人民的事业。1976年，陈启鸿患鼻咽癌。他更以顽强的毅力与癌魔斗争，争分夺秒进行工作，在平凡的岗位上做出非凡成绩。1982年和1983年，中共燕化公司党委、中共北京市委曾先后作出决定，在全体党员、干部中开展学习陈启鸿活动。1995年，燕化公司党委再次决定开展学习活动，形成了"远学孔繁森，近学陈启鸿，做人民好公仆"的热潮。

陈启鸿于1989年1月退休后，更加珍惜有生之年，著书立说，为国家培育大批财务和珠算人才。他除鼻咽癌得到控制外，还患有严重的高血压、冠心病、脑梗塞、白内障等多种疾病，随时可能发生意外危险。现在左眼失明，右眼只有0.25矫正视力。但他却以超乎常人的意志，以豁达的胸怀、高尚的情操、无私的奉献，顽强地活着，并感染和影响群众。他用微薄的退休收入建立了两项基金：一项用于培训青年；另一项用于捐助社会。1985年至今，用于这两项基金累计超过1万元。

陈启鸿自幼爱好珠算。几十年的财务工作，更使他在珠算的算理算法方面具有深厚造诣。1985年起，在燕化公司和当地学校的支持帮助下，他开始在燕山地区进行培训青年珠算能手的工作，至今10年，坚持不辍。他所做的一切，包括为学生上课、为集训队当教练、办珠算能手培训班、在家中辅导年轻人，从来都不要一分报酬。相反把自己所得的各种奖金、稿费、津贴及退休费的10%，存入银行单立帐户，作为“培训基金”。

1991年，南方一些省份遭受洪灾，陈启鸿两次给灾区寄去300元。事后他和老伴商议，把每月退休费再拿出20%，加上各种节日补贴，存入银行单立帐户，作为“捐助基金”。到1994年底已花去2200多元。他还用这笔钱资助了山西、青海、安徽、四川、海南的5名失学儿童，并向山西、青海等地农村小学赠书数百册。

近6年来，陈启鸿坚持寒暑假每周三个上午拖着孱弱的身躯，步行4里到燕山职高给学生辅导；每年举办两期珠算能手级培训班；晚上在家辅导一些已经工作的有志青年提高珠算技能，帮助他们参加国家珠算能手通级。余下的时间，修订和撰写出版了《平均增长率计算手册》、《珠算技能全书》（与人合编）、《珠算累减开方》、《速算技巧》等书籍。他辅导的众多珠算人才中，有31人次通过国家能手三级，15人次通过国家能手二级，14人通过国家能手一级。另外，他还担任三所学校的校外政治辅导员。

陈启鸿的模范行动，连年受到表彰。自1981年至1984年，先后被评为北京市劳动模范、特等劳动模范、双文明建设标兵，北京市公交系统先进工作者和自学成才标兵。1985年至1993年，荣获全国“五一”劳动奖章、全国珠算系统先进工作者、全国石化系统劳动模范、全国精神文明标兵、北京市优秀共产党员、老有所为、关心下一代先进个人等称号。

【陈其钢·作曲家·作品音乐会在上海举行】　应上海交响乐团邀请，在法国外交部、法国驻华大使馆和法国版权组织等的支持下，我国旅法作曲家陈其钢的作品音乐会，1995年3月25日在上海举行。音乐会上演出了他的《梦之旅》、《抒情诗——水调歌头》和《一线光明——向梅西安致敬》。美籍指挥家叶聪执棒，上海交响乐团演奏。这是陈其钢赴法国留学10年后，首次回国举办专场音乐会。陈其钢被世界媒体誉为“海外中国作曲家中最活跃、最成功的一位”。1983年，他以第一名的成绩考取了教育部的出国研究生。赴法国留学时，被世界公认的现代音乐大师、法国的梅西安破例收为他最后的一位学生。

陈其钢，浙江省人。1951年生于上海。1983年毕业于中央音乐学院作曲系，从师罗忠镕。毕业后留校任教。他创作的单簧管与弦乐四重奏《易》，在1986年第二届法国国际单簧管节作曲比赛中获一等奖；另部作品《源》，在意大利的里雅斯特国际交响乐作品比赛中获奖；室内乐六重奏《梦之旅》，1989年在原西德达姆施塔特国际现代音乐节上荣获第一名。陈其钢的所有作品，现在都由法国著名的音乐出版社出版。

【陈贤德·解放军报评论员·被评为首届全国百佳新闻工作者】　由中华全国新闻工作者协会主办的首届全国百佳新闻工作者评选，1995年3月24日在北京举行颁奖会，解放军报评论员、主任编辑陈贤德获奖。

陈贤德从事报纸评论工作以来，承担过许多重大活动、重大典型、重大事件的言论写作。他写的言论具有很强的针对性、鲜明性、思想性和可读性。他写的评论员文章《没有共产党就没有社会主义现代化》，从理论和实践的结合上，论证了坚持党的领导的必然性，总政治部将这篇文章列入全军政治教育的学习材料。他写的评论员文章《从严要求，治松治散》，分析了当时部队松散的原因和危害，并提出对策。这篇文章发出后，引起北京、成都、南京军区和海军、空军的重视，要求所属部队学习并订出改进措施。陈贤德撰写的评论员文章《军队要听党的话》，旗帜鲜明地阐述了新形势下坚持党对军队绝对领导的极端重要性，引起较大反响，《人民日报》、《光明日报》等10多家报纸转载。

陈贤德，1944年8月生，上海人。在崇明县读罢高中，于1961年入伍。1967年调解放军报任编辑后，编发和撰写了大量消息和文章。其中许多文章在军内外产生较大影响，多次受到中央军委的赞扬，许多作品在军队和全国好新闻评选中获奖。先后记三等功3次，嘉奖9次。近两三年来，他在评论工作岗位上，取得了较大成果。他编发《周末谈》、《军营之声》等专栏言论；撰写的社论、评论员文章，被《人民日报》转载，新华社转播，中央电台、电视台摘播，《中国新闻年鉴》全文收录的文章计34篇，其中19篇评论获“中国新闻奖”、“人大好新闻奖”等各类奖项23次。

陈贤德重视培养言论作者队伍，搞好传帮带，为作者出题目、出思想，为他们提供自己积累的资料，帮他们精心修改，为提高军报言论水平作出了贡献。

【陈国富·河北魏县农民·自办家庭敬老院义务赡养孤寡老人获民政部嘉奖】 河北省魏县农民陈国富，靠自己的力量办起一个家庭敬老院。8年来先后义务赡养27位孤寡老人安度晚年，在当地群众中传为佳话。1995年春节前夕，民政部为他颁发了“德高义重”铜匾，给以奖励。

47岁的陈国富，是河北魏县仕望集乡郭堂村土生土长的农民。1987年，他靠承包闲散土地、搞水果储藏积累了4万多元。他看到乡邻中一些孤寡老人生活比较困难，便主动提出把老人接到家中，办个家庭敬老院。陈国富的想法得到了全家人的支持。他们填平院前的一个大坑，盖起10间新瓦房，并购置了老人们生活用的家具。那年夏天，陈国富一家像接亲人一样把全乡8个村的13名孤寡老人接进了家。从此，陈国富全家7口人都成了老人们的服务员。原来做饭的铝锅小了，陈国富的老伴宋秀清就在院子里盘了一口大铁锅。饭做好了，两个小孙女争着给老人们端饭送菜。待老人们吃上了，全家人才吃。老人们的洗涮缝补都由儿媳陈改莲主动承担。家中没有洗衣机，20多口人的衣服，一洗就是一天。老人们年老体弱，陈国富处处关心体贴，事事细心照料。1989年底，84岁的常桂芹老人患了心肌梗塞，陈国富和儿子陈海军用排子车把她送到了乡卫生院。住院后，宋秀清又日夜守护送水送饭端屎端尿，终于使老人转危为安。60多岁的王日高老人和申书贞老人住进陈国富的敬老院后，心情越来越好。他们一块吃饭，一起聊天，互诉衷肠。陈国富见两位老人渐渐产生了感情，就捅破了他们心上那层“窗户纸”，搭鹊桥，牵红线，使两位孤身老人组成了一个新家。他们结婚那天，陈国富操办了一场隆重的婚礼，还请来县长前来主婚。陈国富处处事事为老人们的生活操心，家庭积蓄渐渐耗光。1994年冬天，家中出现了暂时困难。面对困境，陈国富一声不响。和家人一方面像往常一样悉心照顾着老人们，一方面加紧操办家庭副业，增加收入。乡领导了解了这一情况，主动拿出4000元，帮他解决了经济之困。如今，一些老人已相继去世，陈国富的家庭敬老院还有11位老人。1995年一开春，陈国富又办了两件事：一是筹集建立一个小冷库，准备多赚些钱，让老人们生活再好些。另外再接几位孤寡老人到敬老院来颐养天年。为表彰陈国富义举，魏县县委，县政府授予他“无私奉献，品德高尚”的奖牌。他还被群众推选为河北省八届人大代表。

【陈忠民·高级政工师·被授予全国优秀劳教所长称号】 1995年1月28日，在司法部授予的30名优秀劳教所长(政委)名单中，陈忠民名列榜首。

陈忠民，1952年6月出生，黑龙江省人，硕士研究生。1989年1月至1995年4月，任哈尔滨市长林子劳教所副所长、所长，从事劳教工作13年。他认真贯彻“教育、感化、挽救”的方针和“三像”(像医生对待病人、像教师对待学生、像父母对待子女)要求，认真做好劳动教养人员的改造工作。特别是任所长期间，大胆创新。一是改革了干部管理制度，实行《干警循环式三级管理法》和《相关可比式目标管理法》，在全省劳教单位第一个打破了干警队伍的大锅饭和所内各单位之间的大锅饭。其做法被省司法厅推广。为了加强基层基础工作，他把竞争机制引进大队之中，在全所开展标准化大队达标评比活动，使改造工作走上了制度化、法制化轨道。二是改革了生产模式。过去长林子劳教所只有单一的红砖项目，经济效益不好。从1992年开始，他们一手抓改造，一手抓发展生产，形成了以支柱产业为龙头，以承包、租赁和开发第三产业为两翼的经济发展模式，效益连年递增；1994年达到1041万元，是1991年的5倍。三是争创现代化文明劳教所。他组织有关人员研究制订了8章81条的具体构想，并作为黑龙江省唯一代表，在全国劳教系统现代化文明劳教所座谈会上发言，受到了与会同志的一致好评。由于陈忠民的开拓进取，长林子劳教所6年迈了6大步，陈忠民个人也曾立大功1次，一等功1次，还被黑龙江省评为“双学”优秀领导干部。1995年5月，陈忠民任黑龙江省劳教局副局长。

【陈岱孙·著名经济学家、教育学家·北京大学为其举行95周岁寿辰庆祝大会】 1995年10月19日，是中国著名的经济学家、教育学家、国家一级教授陈岱孙诞辰95周年，北京大学于10月21日举行隆重的庆祝陈教授95周岁寿辰暨从事教育科研70周年大会。中共中央政治局常委、国务院副总理朱镕基发来贺信，称颂陈岱孙“先生年高德劭，学贯中西，授业育人。六十八年如一日，一代宗师，堪称桃李满天下。”中共中央政治局委员、国务院副总理李岚清也题写了“一代宗师，桃李满园”的贺词。

陈岱孙，1900 年生于书香门弟中落的封建家庭，饱受中国传统文化的熏陶。1918 年考入清华大学，经“五·四”运动的洗礼，抱着科学救国的期望，赴美国留学。1926 年取得哈佛大学哲学博士学位，次年出任清华大学经济系教授，由此开始迄今 68 年的教学科研生涯。历任清华大学经济系主任、法学院院长。抗日战争时期任西南联大经济系主任。1952 年曾任中央财经学院代理院长。自 1953 年至今，一直在北京大学任教，并长期担任经济系主任。陈教授始终站在教学第一线，以其渊博的知识、精湛的教学艺术和严谨求实的学风，教育和培养了几代青年和英才，其中有政界领导人，企业界俊杰以及大批专家学者，为国家建设作出了突出贡献。

【陈金陵·新会市荷塘职业高中校长·被评为全国优秀教育工作者】 陈金陵只身来到小岛荷塘任教 28 年，取得突出成绩，所在学校荣获全国职业技术教育先进单位、全国教育系统先进集体、广东省勤工俭学先进单位等称号，陈金陵本人先后被评为全国教育系统劳动模范，南粤教书育人优秀教师。1995 年 9 月，又被评为全国优秀教育工作者。

陈金陵，广东人，1944 年出生，1965 年于华南师范学院毕业后，被分配到广东省委机关工作。但他热爱教师这个职业，当年主动请求只身来到新会市荷塘镇中学任教。荷塘是个江中小岛，方圆 32 平方公里，人口不足 4 万，这里没有公路，全岛受过中等教育的仅十多人。当时，学校设在一间破破烂烂的祠堂里。陈金陵不怕艰苦，在此默默耕耘 15 年。至 1980 年，学校改为职业中学。当时，办学条件依然十分困难。陈金陵挑起了学校校长兼党支部书记的重担。他带领师生们在一片荒地上开辟出两个农场，用劳动的汗水换来了办学所需要的一件件设备。1983 年，陈金陵捕捉到市场上西装热和校服热的信息，捷足先登办起了全镇第一家服装厂，并在学校开设了第一服装专业班。动员在台山一家当技术厂长的妻子罗丽琛调到荷中，任服装厂厂长。12 年来，荷中校办服装厂已拥有 180 多万元的先进设备，年产服装 1300 万件，远销美国、加拿大、港澳地区。陈金陵深知，在市场经济条件下，学校要面向市场，专业就必须不断更新。他从本地的实际和市场供需趋势出发，先后开设了化工厂、皮革工艺厂。现在化工制革专业成了该校的“拳头”专业，而制革业又成了该镇的支柱产业之一。10 多年来，校办产业的生产、经营蒸蒸日上，取得了良好的经济效益。近几年来，学校从厂、场收益中拨款 850 多万元，用于改建、扩建校舍。现在，学校有 16 个教学班，700 多名学生，设施完善，实现了“以富促教”的办学目标。陈金陵办学宗旨十分明确：为发展地方经济培养人才。他强调以教学为中心，着重培养学生在市场经济中创业发展的精神和能力。建校以来，一直坚持把教学、生产、科研、经营有机地结合起来，以教学为中心，在教学、实习中组织学生参与科研、生产或经营活动；在生产、科研或经营中组织教学、实习。10 多年来，学校先后培养了近 3000 名毕业生，他们绝大多数已成为乡镇企业的技术骨干和管理人员。该镇各企业的厂长、经理、车间主任、技术骨干，80％以上是该校毕业生或成人班学员。

【陈波儿（女）·已故电影表演艺术家·获中国电影世纪奖】 1995 年 12 月 28 日，在北京举行的中国电影世纪奖颁奖典礼上，已故优秀电影表演艺术家陈波儿，获中国电影世纪奖。这项评奖是为纪念世界电影诞生 100 周年暨中国电影诞生 90 周年，由广电部电影事业管理局、中国电影家协会、中国电影出版社和中共北京市委宣传部联合主办的。

陈波儿，生于 1910 年，广东省汕头人。1929 年还在上海艺术大学读书时，便已从事左翼戏剧活动，在《梁上君子》、《炭坑夫》、《爱与死的角逐》、《西线无战事》等剧担任主要角色。1931 年为逃避国民党反动派的迫害，转移香港。1934 年重返上海，在明星影片公司拍摄了第一部影片《青春线》；旋即参加了电通影片公司，在《桃李劫》里饰演工艺学校学生黎丽琳。她以真实、质朴、细腻的表演，很好地把握了女主人公谦和柔美而富有理智的性格，细致地再现了人物由愉快的婚后生活到失业后贫病遭遇的感情变化，赢得了广大观众的欢迎和进步舆论的赞赏，使她一举成为电影明星。1936 年转入明星影片公司，在影片《生死同心》中饰演女主角爱国青年妇女赵玉华。1937 年组织上海妇女儿童慰问团，前往绥远慰问抗日将士，同年与崔嵬等联合演出《放下你的鞭子》等活报剧。随后参加《保卫芦沟桥》的演出，又与袁牧之等组织上海救亡演剧队第一队开赴武汉。1938 年参加拍摄影片《八百壮士》，饰演爱国女童子军杨惠敏。同年 12 月到延安。1940 年入延安马列学院学习，参加编剧《延安三部曲》、参加编剧并导演了话剧《同志，你走错了路》，为此被评为陕甘宁边区甲等文教英雄。此外，她还创作剧本《伤兵》、《劳动的光辉》等，导演了《马门教授》、《俄罗斯人》、《新木马记》、《前线》等剧，对延安的话剧运动起了推动作用。她还参加了《保卫延安》大型文献片的拍摄，编写了《边区劳动英雄》剧本。1946 年参加东北电影制片厂的创建，任支部书记并负责艺术领导工作，曾编导木偶片《皇帝梦》。新中国成立后，任电影局艺术处处长和艺委会副主任。1951 年 11 月 9 日因病去世。

【陈宜张·生理学家·当选为中国科学院院士】 1995 年 11 月 6 日，中国科学院公布了新当选的院士名单，第二军医大学教授陈宜张，当选为中国科学院生物学部院士。

陈宜张，浙江省慈溪县人，1927 年生。1953 年起历任第二军医大学生理教研室助教、讲师、副教授、教授、教研室主任。50—60 年代主要从事中枢神经生理研究，发现单个电刺激可使幼兔大脑皮层树突电位长时间易化。1958 年前后参加烧伤后输液的实验研究，提出了与当时 Evans 公司的不同观点，对指导临床输液有一定意义。70 年代，提出下丘脑参与针刺镇痛设想并经实验证实，阐明了室旁核在损伤性应激反应中的作用，以及脑内氨基酸和下丘脑神经肽与心理应激关系。80 年代在国际上提出了糖皮质激素作用于神经元的非基因组或膜受体学说。这是对传统甾体激素基因组机制或细胞内受体学说的挑战及补充，已在电生理学、生物化学及形态三方面获得大量证据，膜结合位点正在纯化。荷兰 De·Kloet 教授称此项工作为“甾体激素对中枢神经系统作用的重大贡献”，自 1989 年以来已在 5 次大型国际学术会议上作专题报告。美国《神经科学方法》主编 Conn 教授邀请陈宜张为其第十一卷撰写专题文章。实验结果及图已被 Brown 教授编撰的教科书《神经内分泌学导论》重点引用。有两篇论文被国际文献引用 52 次，成为这一领域的重要贡献。主编了《神经系统电生理学》等 6 本专著。曾获军队科技进步奖二等奖 2 项，三等奖 4 项。

【陈荣珍·合肥荣事达集团公司董事长·被授予全国劳动模范称号】 合肥荣事达集团公司董事长兼总经理陈荣珍，经过 8 年努力，把一个名不见经传的小厂发展成为全国知名大企业。该企业生产的“荣事达”牌洗衣机和“合肥三洋”洗衣机，在全国洗衣机总产量普遍下降的背景下，产、销量持续上升，一跃成为全国同行业第一。1995 年 4 月，国务院授予陈荣珍全国劳动模范称号。

合肥荣事达集团公司前身合肥洗衣机总厂生产的“百花”牌洗衣机，样式老化，质量不过关，1986 年陈荣珍任这个厂厂长时，资产只有 306 万元，员工 300 多人，已经到了危机的边缘。为扭转企业困境，陈荣珍和厂里职工一起研究，决定以 1∶9 的负债率贷款 2700 万元，引进日本三洋公司 80 年代中期先进水平的双桶洗衣机技术，实现当年引进、当年投产，当年盈利 500 多万元。为提高洗衣机市场知名度，陈荣珍与上海洗衣机总厂联营合作，采取一方提供技术，一方提供“水仙”牌子的方式，使“合肥水仙”洗衣机迅速占领全国市场。到 1992 年末，连续 4 年利税居全国同行业第一。此时陈荣珍和他的助手们决定创造自己的“荣事达”牌洗衣机。由于产品质量过硬，售后服务优越，“荣事达”在短短一年多成为家电名牌。随着荣事达集团公司的不断壮大，陈荣珍决定引进技术和外资，发展高技术产品，实现众多专业化叠加的规模经济。1994 年 6 月成立了皖港合资荣事达（集团）有限公司；11 月，荣事达集团公司与日本三洋电机株式会社等企业合资成立的合肥三洋洗衣机有限公司正式运作，生产出国际领先水平的人工智能模糊控制全自动洗衣机。自此，荣事达产品形成了从高到低 5 个档次。1995 年产销值远超 10 亿元，跃居同行业第一位，产量突破 100 万台，名列同行业第二位。

在生产经营过程中，陈荣珍不仅有胆识和正确的判断，更有着扎实的工作作风。他认为质量和技术是企业发展的最根本保证，并提出了“零缺陷生产理论”，认为企业 1% 的缺陷对用户来说就是 100% 的缺陷，规定唯一等品出厂，市场上不见一台次品。由于荣事达严把质量关，被中国消费者协会年年定为推荐产品，连续四届获全国最畅销商品“金桥奖”。陈荣珍获得“全国优秀经营管理者”称号，荣获“五一劳动奖章”。

陈荣珍，1938 年 8 月出生，安徽省肥东县人，大专文化，高级经济师。1982 年 2 月加入中国共产党，现任荣事达集团公司党委书记。1959 年至 1984 年，任合肥锻压机床厂科长、主任等职。1984 年至 1986 年任合肥锅炉厂厂长。1986 年起任合肥洗衣机总厂厂长、合肥荣事达集团公司董事长、总经理。

【陈厚棣（女）·北京雕漆工厂雕刻工·被授予全国劳动模范称号】 北京市雕漆工厂雕刻工陈厚棣，用简单的刀法，能在薄漆上雕刻出厚漆的艺术效果，被誉为“陈氏劈山法”。1995 年 4 月，她被授予全国劳动模范称号，并代表工艺美术行业职工接受党和国家领导人的会见。

陈厚棣，1948 年 1 月生，江苏省江都县人，1964

年人厂当雕漆工，与刻刀打了30多年交道。她常说："既干这行，就要干出成绩，用刻刀雕出不平凡的一笔。"她把对工作的这种热情倾注进每一件产品的雕刻之中。陈厚棣是个有心人，为了弄清图案的典故，她抓住人物、山石、花鸟、房座、亭阁的特点查找资料，就连看电视、外出参观旅游都处处留心。她在雕漆实践中发现，中低档产品因漆层较薄，刻出的山石多为平面效果，纹理交代不清，立体透视感不强。能不能在薄漆上雕出厚漆的艺术效果？陈厚棣开始对传统刀法进行改革创新。她认真总结历代山石雕刻的刀法风格，博采众长，通过观察各种岩石、湖石、盆景艺术的体态、纹路，反复推敲尝试，终于突破一般山石的雕刻技法，创造出"陈氏劈山法"，硬是在较薄的漆层上刻出如同厚漆效果的山石艺术品。采用"陈氏劈山法"，一拉一片，片出的山石有三个面，像泥塑一般，加大了透视感。而传统技法需要十刀，现在只需三五刀。她在制作1.8米高的"北京风景大围屏"和1米高的"宫庭钵缸"中运用了这套山石雕琢技法，产生了特殊的艺术魅力，产品受到客商的高度评价。

陈厚棣全面纯熟的刀法，使她雕刻出不少艺术瑰宝。去年她参与制作中旅大厦6.5米×2米的《清明上河图》大壁挂，上面的人物有一百多个，动作不同，表情各异。经陈厚棣手下一点一勾，一个个栩栩如生，活灵活现。由她负责雕刻的一对2米高的白底红花大瓶，今已摆在人民大会堂外宾接待室。

陈厚棣曾被评为北京市三八红旗手、首都五一劳动奖章获得者、全国轻工业模范。

【陈奎元·中共西藏自治区委员会书记·谈西藏的四个"历史之最"】　《人民日报》1995年3月4日报道，陈奎元在接受该报记者采访时说，西藏1994年创了四个"历史之最"。

陈奎元说："今天的西藏进入了历史上发展最好的时期，面临着一个良好的机遇。"他介绍说，近几年来，西藏的经济连续稳步发展，改革开放有了一定的基础。过去的一年，在西藏创了四个"历史之最"：国民生产总值比上年增长8.6%，是历史上最高的年份；工业增长速度为12%，是历史上最快的；农牧民的生活水平有了明显提高，人均收入近1000元，是历史上最多的；粮食总产量达64万吨，比历史上产量最高的1993年增长3%。尤其令人欣慰的是，西藏的乡镇企业和多种经营近年发展较快，在西藏国民经济中所占比重越来越大，仅多种经营收入就比上年增加了58%。陈奎元说：今年是西藏自治区成立30周年，自治区党委将全面贯彻落实中央西藏工作会议精神，使西藏确保政治稳定、社会稳定，在改革开放上迈出新步伐。

陈奎元，1941年1月生。辽宁康平人。1964年毕业于内蒙古师范学院政教系。1965年加入中国共产党。曾任呼伦贝尔盟委党校教员，盟委宣传部科长，盟委党校副校长，盟委副秘书长、秘书长，副书记、书记。1989年12月后任内蒙古自治区人民政府副主席。1992年1月任中共西藏自治区委员会副书记，1992年12月任书记。是中共第十四届中央委员。

【陈重远（女）·上海开开（集团）股份有限公司总经理·被授予全国优秀女企业家称号】　上海开开集团总裁、开开（集团）股份有限公司总经理、开开制衣公司经理陈重远，凭着强烈的事业心、出色的领导才干，将一个管理混乱，缺乏活力的前店后场、自产自销的老店——开开（小型）百货商店，发展成为由34家企业组成的，以制衣业为龙头，生产、贸易为主体，多侧面经营的现代企业集团。1995年"三八"妇女节前夕，陈重远被中国女企业家协会授予"全国优秀女企业家"称号。

陈重远，1946年11月生于浙江省鄞县。中国共产党党员、高级经济师。曾专修财务会计专业和英语。1965年起，在上海任过商场会计、文具店经理、区百货公司审计。1987年后出任上海开开百货商店副总经理、总经理，她大胆选择递增包干，承包经营责任制，抓住企业经营管理权，实施企业内部改革，调动了干部员工的积极性，使企业的经营状况在她就任的当年就发生变化，由过去的月零售额只有20万而跃升为200万元，并且步步上台阶，一年一个样，到1992年底开开改为股份制时，已由自有资金20万元积累为生产发展基金1100万元。在经营业务中，陈重远创造性地确立"头脑在上海（即上海是技术、干部培训、配料、质量管理、销售中心）、生产在外地、销售在全国"的"开开经营模式"，使企业的经济效益又有了大幅度的提高。其公司股本金到1994年达9210万元，其中国有资产则由1987年的20万增至3360万元；人均创利税则遥遥领先同行而雄居全国第一。7年来，其公司销售利润年增幅均在50%以上。从1989年起，开开多次获优秀企业奖，并获中国明星企业称号。企业生产的开开牌衬衫多次被评为上海和全国名牌产品，1994年成为唯一同时获得"中国十大名牌服装"、"中国十大名牌衬衫"两大桂冠的产品。开开牌羊毛衫，获得近10项奖。

陈重远曾获得上海市“三八”红旗手、国内贸易部“劳动模范”等称号。其撰写的数万字论文，发表在《研究与通讯》、《上海企业》、《上海商报》等报刊上。

【陈俊生·国务委员·当选中华全国供销合作总社理事会主任】 1995年5月12日，在中华全国供销合作社第二次代表大会上，中华全国供销合作总社宣告成立，国务委员陈俊生当选为中华全国供销合作总社理事会主任。白清才、马李胜、顾二熊当选为副主任。理事会理事共有53名。同时选举产生了中华全国供销合作总社监事会，贺光辉当选为监事会主任，杨德寿当选为副主任。监事会监事共9名。

陈俊生在向中华全国供销合作社第二次代表大会作工作报告时指出，供销合作社深化改革的核心是还社于民，还权于社，把供销合作社真正办成农民群众的合作经济组织。

陈俊生说，农村是供销合作社会生存发展的坚实基础，供销合作社是农村稳定繁荣的重要力量；必须坚持供销合作社的集体所有制性质；必须坚持供销合作社的为农服务宗旨，牢固树立为农服务观念；必须加强供销合作社联合群体优势。

1995年1月28日陈俊生在《人民日报》上发表了《关于农村劳动力剩余和基本对策问题》的文章，提出了转移农村剩余劳动力需要探讨的几个政策问题。

陈俊生，1927年6月生，黑龙江桦南县人。1947年4月加入中国共产党。曾任桦南县区委书记、县委宣传部副部长，合江省委组织部、宣传部干事，黑龙江省委书记秘书，绥化县委宣传部长，克山县委书记，黑龙江省委宣传部副部长，省委副秘书长、秘书长，齐齐哈尔市委书记。1981年后任黑龙江省委书记、副书记，1984年任全国总工会副主席，中央书记处农村政策研究室副主任。1985年11月任国务院秘书长。1988年4月任国务委员。是中共第十三、十四届中央委员。

【陈艳秋（女）·重庆制药六厂厂长·获全国优秀女企业家称号】 1995年“三八”妇女节前夕，重庆制药六厂厂长兼党委书记、高级工程师陈艳秋，被中国女企业家协会授予“全国优秀女企业家”称号。

陈艳秋，1944年1月28日生，辽宁省锦州市北镇县人。中国共产党党员。1968年毕业于沈阳药学院，后到青海解放军部队当兵锻炼。1970年分配到重庆制药六厂后，先后任技术员，厂部办室副主任、主任，副厂长。1990年11月，陈艳秋任该厂厂长时，有50多年历史的制药六厂，虽然已发展成能生产10余个剂型150多个品种规格产品，兼产部分无机原料的综合制药企业，但自身存在着产品结构矛盾突出、各剂型的生产能力无法形成规模效益，资金、能源、原材料紧张等困难。面对这种局面，陈艳秋以强烈的责任感和企业家的胆识，冒着风险毅然提出走兼并求发展的路子。依靠党政领导班子和全体职工的理解和支持，顺利实施了对重庆钢锉一厂的兼并。兼并后，六厂不但承担被兼并企业900万元债务，而且还要消化其含退休职工在内的427名职工。为减少兼并后的风险，她把“严治厂、重质量、增品种、创效益”作为治厂方针，不断加大改革力度，修订企业各项规章制度、各类标准，大抓老生产场地改造、老产品生产和新场地的建设、新项目的上马，使企业很快在困境中站稳脚根，在兼并后的第一年，工业总产值、销售收入、利税总额分别增长25.7%、14.86%、6.65%。

1992年5月陈艳秋兼任党委书记。她以身作则遵守党的组织原则，注意发挥领导班子的整体效能，使党政工干部协调一致，密切配合，厂党委被评为医药系统“四好领导班子”。在她的带领下，企业的思想政治工作和精神文明建设都取得优异成绩，不仅保持了重庆市文明单位的称号，而且于1994年又顺利通过了四川省文明单位的验收。药厂在她领导下，经济效益稳步上升，产品质量不断提高，实现、保持了计划完成率100%、产品质量稳定提高率100%、市场监督抽查合格率100%、注射用碳酸氢钠等7个产品分别获部、省、市优产品，（1991至1994年）开发的20个新产品已投产12个，其产值平均率为8.9%。1994年该厂在1993年工业总值、销售收入均突破亿元大关的基础上，又分别增长为1.7亿元和1.3亿元，而获“四川省医药制造行业最大经营规模十强企业“并顺利通过药品生产“两证”验收。多年来，陈艳秋已形成白天忙事，晚上想事，随想随记，第二天即办的习惯。她年复一年，日复一日为企业发展倾注了自己的全部心血。陈艳秋被授予省优秀企业家、“三八”红旗手等称号。

【陈剑平·农业专家·获国家科技进步一等奖】 浙江省农业科学院研究员陈剑平，主持完成的课题“大麦和性花叶病在禾谷多粘菌介体内的发现和增殖的证明”，获1995年国家科技进步奖一等奖。

陈剑平在国际上首次解决了植物病毒与其禾谷多粘菌介体内在关系；发现菌体内病毒增殖，修正了以往多粘菌仅传毒不增毒的学说。他从分子水平上系统地研究了土传小麦花叶病毒的变异性和遗传不稳定性；提出了该病毒的突变机理，突变因子及突变体生物特性，解决了国际上 30 多年来未能解决的学术难题，处于国际领先水平。他现在主持着一项欧盟国际合作项目。

目前已发表论文 74 篇，获国家科技进步奖一等奖 1 项，农业部科技进步一等奖 1 项，部、省科技进步三等奖 3 项。其中由他主持完成的"大麦和性花叶病毒在其禾谷多粘菌介体内的发现及其增殖研究"还被国家科委等单位评为 1992 年全国十大科技成就之一。

陈剑平，1962 年生，1985 年毕业于浙江农业大学植保系，1989 年 6 月晋升为助理研究员。1989 年赴英国洛桑试验站作为期一年的合作研究，1991 年 7 月再次破例晋升为副研究员。1992 年 11 月至 1995 年 12 月赴苏格兰作物研究所合作研究，并获得英国丹迪大学分子生物学博士学位。1993 年经浙江省人民政府特批，晋级为研究员，并被聘为浙江农业大学客座教授，苏格兰国际农业科研机构联盟顾问。1994 年被美国纽约科学院评为特别成员。现任浙江省农科院真菌传植物病毒省重点实验室主任，学术委员会主任。

【陈晓敏（女）· 举重运动员 · 获世界锦标赛金牌】　19 岁的巾帼力士陈晓敏，1995 年 11 月 20 日在广州举行的第九届世界女子举重锦标赛上，一人包揽了女子 59 公斤级抓举、挺举和总成绩 3 枚金牌。

她的抓举最后成绩是 92.5 公斤，挺举的最后成绩是 122.5 公斤，总成绩 215 公斤，均列各国选手之首。她的挺举 122.5 公斤成绩还创造了这个级别的最新世界纪录。

陈晓敏，1977 年 2 月 7 日生，广东省鹤山人。身高 1 米 60。她 1989 年开始练习举重，1991 年入选广东省举重队，1994 年被选入国家举重队队员。

1993 年，16 岁的陈晓敏在第七届全运会崭露头角，夺得女子 54 公斤级总成绩金牌。同年 11 月，她参加第七届世界举重锦标赛，再次显示其在举重运动上的天赋和实力，获得该项目抓举、挺举和总成绩的 3 枚金牌。

1994 年 10 月，在广岛举行的第十二届亚运会上，参加 59 公斤级比赛的中国女选手陈晓敏又一次创造了优异成绩，她以 97.5 公斤的抓举成绩、122.5 公斤的挺举成绩和 220 公斤的总成绩，夺得该级别的 3 枚金牌。

【陈祥兴 · 熊猫电子集团公司总经理 · 被授予全国劳动模范称号】　熊猫电子集团公司（原南京无线电厂），从 1979 年至 1994 年，年年上新台阶，15 年翻了六番。工业总产值从 6002 万元，增长到 50.5 亿元，实现利税从 1133 万元，增长到 4.7 亿元，出口创汇逐年成倍增长，最高年创汇达到 3186 万美元。这些成就与担任了十几年厂长、总经理陈祥兴的出色领导分不开。1995 年 4 月 29 日，他被国务院授予全国劳动模范称号；12 月 20 日，又被评为中国第二届军转民优秀企业家，获金奖。

熊猫电子集团公司前身南京无线电厂，是堪称共和国"长子"的老企业。1983 年，陈祥兴走马上任厂长职位不久，决心在改革开放的新时期，使老企业作出新贡献！他制定了一个"系统设计，小步快跑"的企业发展方案，一步快过一步，相继建成了"熊猫"彩电生产线；引进加拿大卫星通信技术；引进飞利浦移动通信技术；使日立录像机技术落户"熊猫"；又引进、消化、吸收了美国短波通信技术……这几大步，把"熊猫"电子产品水平和制造技术，从 60 年代后期提高到 80 年代后期和 90 年代初期水平，缩小了与世界先进技术的差距，产品的品种由 20 多种发展到 100 多种。军民品比重由 9 比 1 变为 1 比 9，在确保完成军品任务的同时，适应了各行各业和千家万户的需要。

陈祥兴借鉴国外"目标管理"的先进经验，创造一套质量、成本、交货期、安全、管理工作目标连乘考核法，打破干与不干、干多干少、干好干坏一个样的落后管理办法，有效地调动了广大职工的积极性。

陈祥兴坚决贯彻党中央和国务院关于企业联合的方针。1984 年，力主跳出企业围墙，与南京电视机厂联合上"熊猫"。1987 年在同事们的支持下他又跳出南京城墙，以"熊猫"名牌电子产品为龙头，联合 19 个省市和地区的 153 个电子企业、大专院校和研究所，组成熊猫电子集团。以 10 种模式，进行"产品辐射、技术辐射、资本辐射"，帮助 40 多家中小型电子企业上"熊猫"。接着，陈祥兴又赴美国，在旧金山、洛杉矶办起三家"熊猫"跨国公司，从事熊猫新一代产品的开发和销售，探索"熊猫"转为外向型的新路子。

陈祥兴，1938 年 3 月生，浙江慈溪人，1962 年毕业于浙江大学无线电系，被分配到南京714厂仪表科工作，1965年加入中国共产党。1969年任厂生产指挥组地面站技术负责人，后任副厂长兼总工程师，1983年任厂长，1987年5月任熊猫电子集团公司总经理。1988年被评为首届全国优秀企业家，曾先后荣获省市劳动模范、优秀企业家、优秀厂长、有突出贡献的中青年专家等荣誉称号。

【陈理森·乡村医师·获联合国颁发的“发明创新科技之星奖”】　浙江省黄岩市农村医师陈理森，经过30余年探索，研制成功十多种外用特效药，对牛皮癣等顽固性皮肤病治愈率达80%以上，复发率低于20%。1995年5月获联合国颁发的“发明创新科技之星奖”。1995年6月14日，《人民日报》海外版报道了他的事迹。

陈理森，浙江黄岩人，1933年生。少年时期因家境贫寒，读不起书，只上了4年小学。1951年3月，陈理森参加解放军，后在中国人民志愿军第二基地医院外科二院从事医护工作。复员回乡后，先后安排在本地农村诊所、卫生院工作。在长期的医疗实践中，他接触了众多皮肤病患者。特别是牛皮癣之类的顽固性皮肤病患者十分苦恼，医生更感到头疼。据介绍，国际上对牛皮癣治愈率最高的仅为30%，而其中复发率却高达90%。陈理森决心向这类顽症进攻。他奔波于各地医院、图书馆和新华书店，千方百计搜集《本草纲目》、《药用植物志》《历代名医良方注释》、《实用皮肤病学》、《中医皮肤科学》等上百本书，一本本地“啃”，并到民间广泛搜集这类病的单方、验方、秘方，用心去试验。他每次试验，都不在病人身上做，而是在自己身上进行斑贴试验，终于在1968年研究成功了“6801”外用特效药处方。经省第二人民医院皮肤科主任张钻作为特殊药物亲自临床验证32例，治愈率达93%；浙江省第二人民医院15名医师带着“6801”特效药，在开化县桐村巡回医疗，经过两个月广泛应用，很受患者欢迎。此后，陈理森发明的“6801”、“7501”等特效药，先后获得国家专利，并获得省优秀发明选拔赛金奖和全国适用技术展览会金奖。23岁的美籍华裔林小姐，容貌娟秀，可身上难以治愈的牛皮癣却令其忧郁而伤心。15年来，她几乎跑遍了美国大小医院，总难见效。林小姐被牛皮癣弄得饭茶难咽，只好回国寻访祖国医药宝库。她从大城市来到乡间，找到了陈理森。陈医师看了症状，心中有了底。但他仍这样说：“你这病，我能治，但治得好不好，要看效果。”出乎意料，不到一周病情就好转了。林小姐高兴得热泪盈眶，说：“我要把陈理森医师的医术宣传到美国去。”

由于陈理森研制的药物效果好，求治的信从世界各地飞往杭州。陈理森告诉记者：我的发明植根于祖国的医学宝库，我要让我发明的特效药回报于我的祖国人民。

【陈盛禄·农业专家·获国家发明二等奖】　浙江农业大学动物科学学院教授兼代院长陈盛禄，主持完成的课题“王浆、蜂蜜双高产浙江农大1号蜜蜂品种的培育”，获1995国家发明奖二等奖。

陈盛禄对蜜蜂的授粉、饲料、产品、机具、品种、疾病和饲养技术进行了全面和系统的研究，取得了多项成果，获国家、部、省级科技进步奖7次，获国家专利3项，出版专著3本，译著1本，发表论文20余篇，还参加编写了农业百科全书和全国统编教材。1991年和1994年分别被授予浙江省和国家有突出贡献的专家称号，1995年被评为浙江省劳模和浙江省高校优秀共产党员。

他主持培育的浆、蜜双高产的“浙农大1号”蜜蜂，是我国第一个通过专家鉴定的人工培育的蜜蜂新品种，其王浆产量比普通蜜蜂提高一倍以上，蜂蜜、花粉产量分别提高二成和四成以上，从而使我国在蜜蜂育种领域跨人世界先进行列。浙农大1号蜜蜂已推广到除台湾和西藏以外的29个省、市、自治区的800多个县、市，共推广原种1.2万余只，培育杂交代385万余群次，该蜂种已成为我国养蜂业中的当家品种，累计产生了6.7亿多元的经济效益。该蜂种4次出口印尼，1994年还出口到法国，一改我国蜜蜂良种依赖进口的局面，使我国在王浆高产品种的选育方面，走上了世界领先的地位。

陈盛禄，1938年生于浙江义乌县，1962年毕业于福建农学院，同年分配到义乌渔峰场任技术员。1979年调浙江农业大学任教。

【陈寅恪·已故著名历史学家·《陈寅恪的最后20年》出版】　生活·读书·新知三联书店于1995年12月出版发行的《陈寅恪的最后20年》（陆键东著），详细介绍了陈寅恪后半生的史学思想、学术成就及其坎坷经历。陈寅恪是中国当代著名的史学家，学贯中西，文史兼通，学识渊博，通晓英、法、德、日、拉丁、希腊文及蒙古文、满文、西夏文、梵文等十余种语言文字。一生担任教育工作，潜心于学术研究，著述甚丰，备受中外史学界的敬重。

陈寅恪，江西省义宁（今修水）人，生于1890年，自幼年起，他便随家人辗转于武汉、长沙、南昌等地，12岁时东渡日本。1904年第二次赴日本，进入东京巢鸭弘文学院读高中，次年秋回国，进入上海吴淞复旦公学攻读。1909年，在复旦公学毕业后，赴德国柏林大学攻读语言文学。次年转瑞士GURICH大学继续攻读“语言文学”。1912年归国，在上海家中自修文学史。1913年赴法国入巴黎高等政治学校社会经济部读书。1915年自欧洲归国，此后3年继续在南京家中自修。1918年冬又第5次远涉重洋求学：头3年进入美国哈佛大学研究梵文；后4年转至德国柏林大学梵文研究所研究梵文。1926年回国后，任清华大学国学研究所导师、教授，中央研究院历史语言研究所研究员，中央研究院院士，西南联合大学教授。此间，英国皇家学会曾授予陈寅恪研究员职称；英国牛津大学特聘陈寅恪为汉学教授，并邀请其赴英作特别讲座，但由于第二次世界大战爆发，未能成行。新中国成立后，历任岭南大学、中山大学历史系一级教授，中国科学院哲学社会科学部委员。是第二届全国政协委员，第三、第四届全国政协常务委员。

陈寅恪以其丰厚的史学成就享誉海内外，尤其对中国中古史、佛教经典和元稹、白居易诗的研究，颇为精深。其《唐代政治史述论稿》、《隋唐制度渊源略论稿》、《元白诗笺证稿》、《论韩愈》、《记唐代之李武韦杨婚姻集团》、《述东晋王导之功业》等著作和论文，在史学界广为推崇。晚年还著有《论再生缘》、《柳如是别传》。

【陈隆勋·气象学家·获国家自然科学二等奖】　中国气象科学研究院研究员陈隆勋，以他为主完成的科研课题“东亚季风研究”，获国家1995年自然科学奖二等奖。

陈隆勋数十年来，先后从事大气环流、大气辐射、平流层、热带气象学及其数值预报、季风、气候分析等研究。1979年，发起我国有组织的季风研究，任全国季风研究协作组组长和中美季风合作研究中方首席科学家。这期间，他先在国外学术刊物上发表论文100余篇，还出版专著2本。1987年，他完成的课题“东亚大气环流研究”获国家自然科学一等奖，1987和1989年先后因季风研究获国家教委科技进步奖和中国气象局科学二等奖。现为中国气象学会热带气象学委员会副主任、气候学委员会和天气学委员会委员。热带气象学报、海洋学报、应用气象学报及大气科学进展编委会委员。

“东亚季风研究”改变了我国一向认为东亚季风是印度季风向东延伸的结果的认识，发现了东亚存在一个相对独立的东亚环流系统，它与印度季风系统既相对独立又相互影响，并且以东亚季风影响印度季风为主。陈隆勋等还首次计算了中国和亚洲地区大气热源分布，提出了维持和驱动东亚季风的南海—西太平洋大气热源和澳大利亚冷源。陈隆勋还提出了海洋和大气中均存在准二年和3.5周期振荡，为季风和EN—SO相互作用提出一个新见解。

陈隆勋，1933年4月生于浙江宁波。1955年毕业于南京大学气象系，毕业后在中国科学院地球物理研究所工作，1983—1985年先后在美国科罗拉多州立大学和夏威夷大学工作。1986年后，在中国气象科学研究院工作至今。1986年晋升为研究员。

【陈智刚·佛山安安化妆品公司总经理·被评为中国乡镇企业十大新闻人物】　广东省佛山市安安化妆品（集团）公司董事长、总经理陈智刚，坚持“以科技为导向，以质量为生命，以市场为目标，向管理要效益”，使安安集团在短短十年间迅速发展成为一个集科技、开发、生产、商贸、人才等为一体的经济实体。1995年，陈智刚被评为中国乡镇企业十大新闻人物之一。他带领科研人员经过反复研究试验，于1995年研制成功全国首条“螺旋线消毒膏霜灌装自动生产线”。“安安”斥资200多万元从日本引进的美之贺真空乳化设备生产线，也在现代化生产大楼全面启用。这两条生产线的投入使用，使“安安”生产效率大大提高，生产能力达到两亿元。并使产品质量更上一层楼。

陈智刚，广东省佛山市人，1947年1月6日生。1978年8月毕业于佛山纺织工人大学机械制造专业。曾任佛山纺机厂设备动力科技术员。1985年与陈志豪、陈吉、谭镜等一起创办了佛山市安安化妆品厂。他们艰苦创业，使“安安”由小到大，不断发展。在激烈的市场竞争中，“安安”根据市场需求和东方人皮肤特点，开发出安安洗面奶系列，成为安安创牌10年的拳头产品。他们不断推陈出新，满足市场需求。1995年，“安安”研制的三大系列40多个新产品面世，销量比1994年增长近38%，与10年前建厂时相比，递增近200倍。

为了帮助贫困地区发展生产，“安安”将一套化妆品生产线无偿地赠送给延安的企业。还捐资30万元援助华东灾区。

【陈寒柏·业余相声演员·获电视相声大赛表演金像奖】　1995年12月，在中国曲艺家协会和中央电视台联合主办的首届侯宝林金像奖电视相声大赛中，大连市工人文化宫文艺部干事、业余相声演员陈寒柏与王敏合说的相声《求学心切》受到广泛赞扬，陈寒柏获表演金像奖。这个节目反映了我国农民在改革开放的形势下，追求知识，渴望学习的强烈愿望。陈寒柏在节目中，以第一人称现身说法的形式，揭示由于经济文化落后给农民带来的愚昧痛苦，以诚恳而急切的心情向城市呼吁，向社会呼吁，要求人们都来关心、理解广大农民的文化需要。节目寓庄于谐，寓教于乐，从新的角度反映了当代农民的精神风貌，反映了农村生活中建设两个文明的重要性，深得广大观众的喜爱。

陈寒柏，云南文山县人，1957年生于大连市。1976年进大连市第二印染厂当工人。1983年11月到大连市工人文化宫工作，现为文艺部干事。陈寒柏是相声艺苑中崭露头角的新人，他不但能演，还善于创作。1987年创作的相声《心愿》获辽宁首届电视相声比赛二等奖，获中央电视台首届业余相声比赛创作三等奖，表演荧屏奖；1990年他创作表演的《无价的情》获全国二十城市"丽苑春"杯相声大赛创作二等奖，表演一等奖；1991年表演的《梦飞东洋》获"益阳杯"全国青年相声比赛逗哏一等奖；1993年表演的《真富假富》获中国相声节"金玫瑰"表演二等奖。陈寒柏善于从群众生活中挖掘题材，捕捉灵感，进行创作。他演的相声，大都以第一人称出现，扮演的成份较多，人物、语言生活气息都很浓郁，富于感染力量。

【陈富林·松江县司法助理员·被评为全国十佳基层法律工作者】　上海市松江县华阳镇法律服务所司法助理员陈富林，在由司法部组织评选的第一届全国十佳基层法律工作者中名列榜首。1995年12月26日，他在人民大会堂领取了奖牌和证书。

陈富林，43岁，上海市人，大专文化。他热爱基层法律服务工作。1991年至1993年，他带领全所人员为乡村企业追回呆帐、滞帐达220万元，避免经济损失163万余元。3年来，他接待法律咨询457人次，代写法律文书1963件，诉讼代理108件，非诉讼法律事务524件，协办公证203起，草拟、审查经济合同324份，参与经济项目谈判和决策论证197次。他所领导的法律服务所连续6年被评为县先进集体，连续5年被上海市司法局评为先进集体，1991年被司法部评为全国优秀法律服务所。陈富林本人先后荣获上海市劳动模范、上海市政法系统先进个人等称号。

【陈韵红（女）·粤剧演员·获第十二届中国戏剧梅花奖】　广东省粤剧一团的陈韵红，以两台粤剧《伦文叙传奇》和《宝莲灯》而荣获1995年第十二届梅花奖。

陈韵红毕业于广东粤剧学校。她基本功娴熟，能文能武，善演闺门旦、刀马旦、小旦角色，尤其擅长青衣行当。在粤剧表演艺术家红线女、林子群和她老师陈小华的指导下，10多年来塑造了众多性格各异、鲜明感人的艺术形象。她与同团的著名演员丁凡被粤剧界誉为"金童玉女"。她扮演的《焚香记》中的敫桂英、《风尘知己未了情》中的严蕊、《情僧偷到潇湘馆》中的林黛玉等，感人肺腑，给观众留下了深刻的印象。1991年第二届中国戏剧节时，她成功地在《魂牵珠玑巷》中塑造了一位悲剧人物胡妃，演得情真意切，富有很强的感染力。因而荣获首届"文华表演奖"、第4届广东省艺术节表演一等奖。

1994年陈韵红又以新排粤剧《伦文叙传奇》和《宝莲灯》中的崭新形象与广大观众见面，并获得成功，在杭州举办的中国小百花越剧节上，荣获金奖第二名，第二年获得1995年第12届梅花奖。她在《伦文叙传奇》中饰演了一位天真俏皮、聪明灵秀、善良正直的婢女阿秀，这与她以往扮演过的人物有很大区别，因她首次以小旦应工。陈韵红勇于挑战，在表演上运用了多种技巧，尤其是那自如的"手腕功"，动作灵巧细腻，令专家、同行叹服。扮演这样一个带有喜剧色彩的人物，是陈韵红在表演艺术上一次自我超越。在《宝莲灯》中，还先后扮演华山圣母和刘彦昌后妻王桂英，前花衫、后青衣，塑造了两位不同身份，不同性格的艺术形象。她准确地把握了两个人物不同环境中的感情世界。特别是"放子"一场唱得深情凝重，大段念白很有份量，并与细致入微的表情动作相配合，将王桂英在激烈的矛盾漩涡中的感情波澜展现得层次分明，丝丝入扣。

【陈嘉珍·京九铁路赣州指挥部指挥·被授予全国劳动模范称号】　中国铁道建筑总公司副总经理、京九铁路赣州指挥部指挥陈嘉珍，1995年4月29日，被国务院授予全国劳动模范称号。

陈嘉珍，1933年生，天津市人，1955年毕业于唐山铁道学院桥梁隧道专业，被分配到铁道兵第三师，历任技术员、工程师、参谋、科长、副总工程师；1977年任铁道兵司令部技术科长、副处长、指挥部总工程师，铁道部工程指挥部副指挥，中国铁道建筑总公司副总经理。40年来，他跑遍大江南北、雪山草原，先后参加过鹰厦、成昆、兖石、大秦、宝中等12条国家铁路干线的建设。1992年秋，59岁的陈嘉珍接受了京九铁路赣州指挥部指挥的担子。有人为他捏了一把汗，提醒他说："那可是块硬骨头，老陈，你可要好好想想再答应。"可是陈嘉珍心想："我建了一辈子铁路，快退休了，正赶上"京九"这么大一个工程，让自己的事业在京九线上画上个句号，累垮了也值了。"他没有提半点要求，带着一班人马南下了。他没等施工队伍开进场地，就沿着346公里线路走了三次实地考察，制订了施工组织设计，确定了"七隧、六桥、一站一场"15个重点工程项目及具体施工方案，技术攻关措施，提前61天超额29%完成年度计划，京九会战首战告捷。

1993年秋，赣南地区连降暴雨，金鸡岭隧道出现大塌方。当时陈嘉珍正在300公里外的吉安桥梁场地检查工作，听到消息二话没说，钻进吉普车赶到金鸡岭。马上察看险情，布置任务。为了指导抢险，他连续五天五夜守在现场，吉普车成了他的临时住所，困了就上车打个盹儿，一直挺到抢险完毕才离开。

造大桥，要订做大型桥梁，运输是个大问题。10年前建大秦线铁路时，他曾出过一个主意，解了燃眉之急。这回他又将这个招儿搬来，即建桥梁场，在现场预制大型桥梁，节省7000多个火车皮不说，在保证工期上又多掌握一项主动权。

1993年12月，陈嘉珍回京参加有关京九铁路的一次会议，曾发现他有脑血栓的先兆，医生要他住院输液治疗。输了一半，他就带着药上了南下的火车。没想一到指挥部，发起了高烧，昏过去了。大家把他送到附近医院抢救，第二天病情稍有好转，他不顾医生劝阻又回到指挥部。

【陈慕华(女)·人大常委会副委员长、全国妇联主席·担任世妇会中国代表团团长】

1995年9月，联合国第四次世界妇女大会在北京召开，陈慕华担任中国代表团团长。会前，她接受中外记者采访，对世妇会作了简要介绍。会议期间，她举行招待会，宴请出席世妇会的各国贵宾，并会见了世妇会秘书长蒙盖拉夫人和一些国家的代表。古巴全国妇联授予陈慕华古巴安娜·贝当柯尔德勋，以表彰她为妇女社会进步和人民的幸福立下的功绩。

全国妇联和人民日报社于1995年6月15日举办了《妇女与发展》研讨会，陈慕华在研讨会上发言指出，作为女性，首先要不断提高自己的素质，做到"四自"：自尊、自信、自立、自强，只有这样，女性才能在社会上站稳脚跟，找到自己的位置。对大多数妇女来说，学文化、学技术是实现自我价值的第一步，对妇女整体来说，这第一步是不够的，还需要一批政治素质高，文化素质高，适应时代要求的高层次妇女来承担领导责任，促进妇女地位的进一步提高，消除社会对女性的偏见，更好、更高层地实现妇女的政治权利。

陈慕华，1921年6月生于浙江青田。1938年3月入延安抗日军政大学学习，同年6月加入中国共产党。曾任抗大第三分校训练部军事佐理员，留守兵团司令部教育科参谋，陕甘宁晋绥联防军司令部后勤部经济建设处秘书，热河军区司令部一科参谋，东北铁路总局机关政治协理员，中共铁路中央医院副院长。中华人民共和国成立后，任国家计委交通局处长，对外经济联络总局成套设备局副局长，对外经济联络委员会三局副局长。1971年后任对外经济联络部副部长、部长。1980年9月任国务院副总理兼中央爱国卫生运动委员会主任委员，国家计划生育委员会主任。1982年任国务委员兼对外经济贸易部部长。1983年6月后任国务委员、中国人民银行行长。1988年起任第七届、第八届全国人大常委会副委员长。是中共第十、十一、十二、十三、十四届中央委员，第十一、十二届中央政治局候补委员。

【陈肇雄·计算机机译专家·被授予第六届中国十大杰出青年称号】 中国科学院计算所机译中心主任、研究员、科智公司董事长兼总经理陈肇雄博士，因在国际上首创"智能型机器翻译理论体系"，主持研制成功国际领先的"智能型英汉机器翻译系统IMT/EC863"，开发出世界上第一部"袖珍电子翻译机"，率先实现机译技术的产业化。1995年被授予第六届"中国十大杰出青年"称号，并被评为"跨世纪人才十大新闻人物"。

陈肇雄，1988年担任"863"高技术发展计划之一的"智能型英汉机器翻译系统的研究"课题带头人，在他主持下研制成功的"智能型英汉机器翻译系统IMT/EC863"，被国家科委组织的鉴定委员会确认为"在理论基础、总体设计、系统实现和应用效果等方面，超过国内外同类系统，达到当前国内外领先水平”。该系统获1993年度中科院科技进步一等奖，1995年又获家科技进步一等奖。

在没有国家资金投入的情况下，他创建了中科院计算所智能机器翻译研究开发中心和科智公司，在短短两年内发展成为拥有近亿元净资产，在高技机译界有影响的科研和产业基地。他多次谢绝国外研究机构高级学术职位和国外公司百万美元的高薪聘请，表现处一个杰出青年的爱国主义精神。1995年6月，他被中组部、中宣部、人事部等单位选为“优秀青年科技专家成长道路报告团”成员，参加巡回演讲。

自1992年以来，陈肇雄指导和培养了博士研究生8名、硕士研究生29名。他还受聘担任清华大学计算语言学研究室主任、北京理工大学、南京理工大学、厦门大学、吉林大学等多所高校的客座教授；国际计算语言学协会、中国中文信息NLP专业委员会等单位的学术委员及有关刊物的副主编、编委等。

陈肇雄，1961年出生于福建省莆田县，1982年毕业于华东工学院计算机系，1985年获中国科学院计算所硕士学位，1989年获博士学位。鉴于他严谨的学风和在研究领域所作出的突出贡献，先后被中科院计算所破格提拔为副研究员、研究员，获得“国家863计划先进工作者”、“中科院十大杰出青年”、“中央国家机关十大杰出青年”、首届“全国十大优秀发明企业家奖”、第二届“中国十大杰出青年科学家”等称号。先后在国内外权威学术刊物上发表论文60余篇。

【陈镇宏·南方日报理论部主任·被评为首届全国百佳新闻工作者】 由中华全国新闻工作者协会主办的首届全国百佳新闻工作者评选，1995年3月24日在北京举行颁奖会，南方日报理论部主任、主任编辑陈镇宏获奖。

陈镇宏，1948年11月生，广东普宁人。1981年中山大学哲学系毕业，便进南方日报工作迄今。陈镇宏的评论，能从较高的角度透视社会问题，分析透彻，富有哲理，又形象生动，读了令人折服。在广东社会经济发展的重大转变时期，他根据省委的指示精神，就全省如何实施战略性的任务撰写社论、评论员文章，起着统一认识的作用。1992年，邓小平视察南方后，广东面临新一轮改革开放热潮，陈镇宏撰写的《抓住时机迈开大步》的评论员文章，《人民日报》全文转载。1993年，在上海浦东崛起，全国沿海、沿江、沿边全方位对外开放后，广东的优势受到挑战，他撰写了“再造广东新优势”的评论员文章，在社会上引起强烈反响。此后省政府有关部门与《南方日报》联合开展“再造广东新优势”的讨论，持续一年之久，“再造广东新优势”成为广东人民奋斗的目标。1994年底，根据广东省实现从农业文明到工业文明的历史飞跃的现实，陈镇宏执笔写了《来一次城市“包围”农村》的评论员文章，许多读者来信认为该文很有指导意义。人民日报、文摘报、海南日报、辽宁日报先后摘登了该文的观点。

陈镇宏在新闻评论工作中有突出的表现，靠的是深入调查研究，发现新情况、探讨新问题，肯于刻苦学习和高度的社会责任感。他常说：“评论是报纸的旗帜，要用对党、对人民高度负责的精神来写”。因此他每次写评论，都十分投入，总是苦苦思索，寻找最佳的表达方式。特别是组织系列评论，从提出课题到最后一篇文章完稿，其间他都睡不安枕、食不甘味。正因为他对理论研究孜孜不倦的追求，使得成果频出，连年有多篇论文获省级以上奖励。

【陈慰峰·免疫学专家·被选为中国科学院院士】 1995年11月6日，中国科学院公布了新当选的院士名单，北京医科大学免疫研究中心副主任陈慰峰，被选为中国科学院生物学部院士。

陈慰峰，生于1935年11月22日，江苏省盐城县人，1958年毕业于北京医学院医疗系。1980年6月赴澳大利亚墨尔本大学医学生物学系研究T细胞在胸腺内的功能发育。1982年12月获哲学博士学位后回国，一心深入研究T细胞。

T细胞是T淋巴细胞的简称，它承担着人体免疫的核心任务，在整个生命科学领域，T细胞也起着“一马当先”的作用。因此，围绕T细胞的基础研究在国际上是一个竞争十分激烈的前沿热点。从1980年赴澳大利亚墨尔本大学攻博算起，陈慰峰在这一领域埋头探索已整整16个春秋。他从胸腺细胞的功能发育、T细胞抗原识别受体基因的重排及mRNA转录、胸腺微环境的胸腺基质细胞及细胞因子对T细胞发育的支持和选择作用及机理等方面，较系统地揭示了胸腺内T细胞发育的规律。迄今已发表及完成科研论文167篇，综述28篇，其主要论文被国际上引用（据美国SCI统计）达630次。

陈慰峰在国内坚持T细胞分化的基础研究，并结合国情建立和发展多种T细胞功能研究方法，这些方法已被普遍采用于基础及临床课题的研究中。他是我国现代免疫学界的主要学术带头人之一。在担任中国免疫学会及国际免疫学会组织的领导职务中，尽职尽责，努力促进我国免疫学事业的发展，提高我国免疫学在国际上的地位。

【陈薪伊（女）·导演·其导演艺术研讨会在京举行】　1995 年新春，中国话剧艺术研究会、中国剧协艺委会、《中国戏剧》杂志社、中国铁路文工团在京联合主办了陈薪伊导演艺术研讨会。几十位戏剧专家、记者及文化官员参加了会议。著名导演夏淳在致开幕词中说："她的艰辛远远超过她获得的荣誉。"流着眼泪的陈薪伊在致答词中讲："如果我的头上有桂冠的话，那么它就是用荆棘编成的。"

陈薪伊，陕西人，13 岁学艺当秦腔演员，后考入中央戏剧学院学习，毕业后担任导演时，已到不惑之年。其导演生涯一开始就令人瞩目，在短短 14 年里共执导了 33 部作品，有话剧、歌剧、儿童剧、戏曲、广场演出、电视小品、文艺晚会等。1991 年全国话剧交流演出会上，她一手托四家，同时推出《白居易在长安》、《辛亥潮》、《父亲的车站》、《太阳刚刚升起》四出话剧。她曾 17 次获全国、地方奖，包括文化部颁发的三次文华导演奖。由于足迹遍布全国，被人称为"巡回导演"。

陈薪伊的成名作是《奥赛罗》。她导演的这部莎翁名著，冲破历史定论，表达了自己的艺术见解，与权威专家的破译大有不同，引起剧坛震动。她把戏剧焦点确定在奥赛罗心理风暴的层次上，将舞台分割成"理想"、"世俗"、"邪恶"三层空间，力图让观众摸到一个在心理风暴中沉浮、挣扎的活生生的人。并运用写意风格及象征手法，依据戏剧的文学内容，调动视觉、听觉手段激发观众的审美感受。她的另一部获文华大奖的歌剧《张骞》，其出色之处在于将戏剧的韵律融于音乐的节奏之中，提高完善了歌剧舞台演出中的表演艺术。比如张骞出使西域 13 载，历尽人间甘苦，剧终时归来的张骞则昏睡在缓缓而行的木轮车上，长长的白发自一侧飘然垂落，而紧裹身躯的凌乱衣衫，原是一幅西域 36 国山川地理图——戏剧的思想内涵，张骞的人格精神，和导演对剧本的理解、对历史的感悟，皆汇聚于此，升腾为美的境界。专家们认为她导演的戏给人的感觉是："对剧作取舍合理，夸张适度，气韵贯通，结构流畅。""流露出导演艺术个性和高雅质朴的美学气质。"

陈薪伊经历坎坷，大器晚成。她义无返顾离家来到北京，终于开辟出一条用诠释他人作品以表露自己心声的艺术之途。

【邵厚坤·铁道部专业设计院副总工程师·被授予全国先进工作者称号】　1995 年 4 月 29 日，中共中央、国务院在北京人民大会堂召开的全国劳动模范、先进工作者表彰大会。铁道部专业设计院副总工程师、教授级工程师邵厚坤，被授予全国先进工作者称号。同年，他还获得第二届詹天佑土木工程奖。

邵厚坤，浙江杭州人，1929 年 5 月生，1952 年 7 月毕业于唐山铁道学院结构工程系，同年分配到铁道部设计局工作，历任技术员、工程师、主任工程师、副总工程师、高级工程师等职，现还担任中国铁路工程总公司广州联络处顾问，中国铁道学会桥梁工程委员会副主任委员、长沙铁道学院兼职教授等。

50 年代，邵厚坤主持了全国第一孔预应力混凝土梁的设计，并参加了该梁的试制、试验。仅借鉴当时苏联的标准图和设计指南两份资料，依靠自己的努力，终于全面掌握了预应力混凝土铁路桥梁的设计理论和方法，完成了设计任务。

1965 年，邵厚坤吸收三大工艺革新成果，与专业设计院其他同志共同主持编制了新的后张法预应力混凝土梁的标准图，把我国预应力混凝土铁路桥梁的技术水平推向了一个新的高度。

1973～1977 年，邵厚坤参加了我国第一孔采用顶推法施工的 4×40m 预应力混凝土连续梁桥（西延线狄家河桥）的设计，解决了连续梁的预应力损失、抗裂安全度的选择等一些在桥规中没有明确的关键性问题。根据狄家河桥的实践，专业设计院编制了 3×40m 和 4×40m 顶推法施工连续梁的全路通用图。该项目获 1978 年全国科学大会奖。

邵厚坤敢于创新，勇于探索。他主持深圳铁路高架桥设计时，在我国尚无先例可循的情况下，提出大规模应用部分预应力混凝土梁的新构想，并解决了施工中预应力体系的选择、施工方法的确定、开裂后截面应力计算等一系列难题，使梁的高跨比降至 1/21，争得 5 米高的桥下净空。该桥为双线铁路桥（部分三线），全长 860 米，共用简支梁 158 孔，连续梁 4 联（每联 4 跨）。如此大规模运用以新的设计理论为基础的部分预应力混凝土梁，不仅在国内是个创举，在国际上亦属罕见。该项目 1988～1990 年先后获国家优质工程银奖，省市和部级科技进步和优秀设计一等奖 1 项，二等奖 2 项。此后，他又主持广州环城高速公路跨广北站立交桥的设计，采用 100m 大跨度预应力混凝土变截面箱梁，用顶推法施工并配以预制吊装的新技术，在不干扰铁路繁忙运营的情况下，顺利完成工程任务。这种施工方法至今在国内仍属首创。该项目 1990 年获铁道部优秀设计一等奖。

邵厚坤曾发表许多论文，主持编写了《钢筋混凝土桥梁标准设计总结》、《铁路混凝土桥设计手册》、《用于连续梁的力矩一次分配法》、《部分预应力混凝土梁在深圳铁路高架桥的应用》等著作。邵厚坤，1987年获北京市“五一”劳动奖章，1988年获铁道部劳动模范称号，1990年获全国“五一”劳动奖章和全国优秀科技工作者称号，并被评为全国工程设计大师。

【邵逸夫·香港电影企业家·获第四十届亚太影展终身成就奖】　香港电影业巨子、香港邵氏影业公司董事长、香港广播电视有限公司董事长邵逸夫，1995年7月在印度尼西亚雅加达举行的第四十届亚太影展颁奖典礼上，荣获终身成就奖。

邵逸夫，1907年生于上海，原籍浙江宁波镇海。1926年中学毕业后，加入其长兄邵醉翁主持的天一影片公司，并远赴东南亚开展影片发行业务。1927年他与三兄邵仁枚成立了邵氏兄弟(新加坡)公司，自行拍摄适合当地人和华侨口味的影片，并逐步建立起影院网络，成为雄霸东南亚电影市场的影业巨头。1957年邵逸夫由新加坡返回香港，接替二兄邵邨人经营的邵氏父子公司，接着改组为邵氏兄弟(香港)有限公司，并在九龙清水湾大兴土木，建成庞大的“邵氏影城”。他亲自坐镇发展制片事业，网罗一批一流的导演和演员，拍出众多叫座的电影，并以《倾城倾国》打响头炮，使女明星林黛四度蝉联亚洲影展影后，以《江山美人》夺得亚洲影展最佳影片奖，以《天下第一拳》打开国际市场，发行到全球百余地区。随后邵氏兄弟公司击败竞争对手，雄踞60年代香港影坛霸主地位。邵氏公司制作影片相当严谨，如果拍了劣片宁愿烧掉也不推向市场，以确保公司的信誉。邵逸夫既看重影片的商业色彩，又不忽视影片的艺术性，香港每年的20部卖座片中，至少有一半是邵氏的作品。60年代末70年代初是邵氏电影的全盛时期，摄影棚曾达到15个，员工1700余人。80年代初邵逸夫看到电视比电影前景更光明，便将邵氏影城的大部分出租给香港无线电视。1985年他出任“无线”董事会主席。在过去的几十年里，邵逸夫在全球各地建立了自己的影院系统和发行网，使中国电影在海外有了自己的院线上映。尽管邵逸夫是香港的大富翁，但他身体力行，勤奋工作，曾有过一年看700部、一天看9部影片的纪录。邵逸夫在事业发达之后，十分注重支持慈善和文化教育事业，每年都要捐出巨资，赞助公益事业。从1985年起，邵逸夫向大陆教育和灾区捐赠巨款，1991年曾受到江泽民主席的接见，南京紫金山天文台还以他的名字命名了一颗发现的小行星。1993年他又投资4亿美元，在深圳建设邵氏电影城。同年他得到英国女王特别颁授的爵士勋位，香港学术界还选举他为“最成功的十大企业家”之一，香港大学特别赠予他名誉法学博士头衔。

【武玉山·沈阳铁路分局段长·被授予全国劳动模范称号】　1995年4月29日，中共中央、国务院召开的全国劳动模范、先进工作者表彰大会在北京人民大会堂隆重举行。沈阳铁路分局建筑工程段段长武玉山，被授予全国劳动模范称号。

武玉山，黑龙江讷河市人，1942年12月生，1962年7月入伍，当过战士、科长、副团长、师副参谋长，1986年转业后任副段长、段长等职。由于工作出色，曾先后获省部级劳动模范、火车头奖章、优秀军转干部、先进工作者等荣誉称号和奖励。

沈铁分局建筑段施工质量在全局25个施工企业中倒数第一，效益很低，濒临倒闭。武玉山调任段长后，转换经营机制，改革经营模式和人事分配制度，开发新技术，使施工质量连创六连冠，2780天无事故，经济效益节节增高。产值由1986年257万元上升到1994年7千多万元，增长27.2倍；利润由12.7万元上升到210万元，增长16倍；全员劳动生产率由4851元上升4.8万元。职工人均收入由1500元上升到7400元。企业信用等级1990年达到AA级，1992年至今一直保持AAA最高信用级。

武玉山以科技为先导，促进质量与效益的提高。在东方大厦地下工程中，他带领技术员研究，用掺入三级粉煤灰替代后浇带一举成功，节约了大量材料和经费，为工程建筑业革新闯出一条新路。经专家鉴定，认为这项成果填补了国内空白，居国内先进水平。

他坚持企业内部的改革，提出背靠铁路，面向社会，走向市场的经营思想。首先实行“一包五保”承包责任制，使车间变成自主经营、自负盈亏的经济实体；改革人事用工制度，取消干部职务终身制，实行聘任制，工人实行合同制和弹性用工制。在分配上实行按贡献大小付酬的弹性工资，取消基本工资制。

武玉山非常注意发挥班子的整体功能，支持党委工作，自觉接受党委集体领导与监督，因而班子内部团结协调，多次被评为先进集体。

武玉山处处以人民公仆的标准要求自己，制定了企业经营民主决策程序、干部收入公开等制度，把自己置于群众的监督之下。他在“票子、房子、孩子”等群众敏感的问题上，廉洁自律，赢得了职工的信赖。他坚持民主管理。几年来,从工人中培养选拔干部37名,直接参与企业管理。为职工建房85户,为职工退休养老金投资240多万元,稳定了职工队伍,增强了企业内的凝聚力。

【范元·电影导演·编导《被告山杠爷》获金鸡奖、百花奖、华表奖等多项奖】 峨眉电影制片厂青年编剧导演范元编导的处女作影片《被告山杠爷》,1995年10月22日在北京举行的第四届中国金鸡百花电影节上,荣获第十五届中国电影金鸡奖最佳故事片奖、最佳剧本奖、导演处女作奖和最佳男主角奖,第十八届《大众电影》百花奖最佳故事片奖和最佳男演员奖;5月23日在北京举行的'94中国电影华表奖(原广播电影电视部优秀影片奖)上,获得最佳故事片奖、最佳故事片编剧奖和最佳故事片男演员奖;5月6日在北京举行的第三届大学生电影节上,获得最佳故事片奖和最佳男演员奖;影片还入选中宣部1994年度精神文明建设"五个一工程"。

影片《被告山杠爷》通过四川偏僻小山村党支部书记山杠爷的传统理想治理山村,用捆绑、关押、游街等手段惩治刁民悍犯,从而触犯国法,被推上被告席,向人们提出了以法制取代人治的艰巨性和必然性问题;同时它也充分展示了山杠爷忠心耿耿献身于党的事业,多侧面地剖析了由于复杂的社会原因以及自身的局限性而造成的山杠爷悲剧命运。影片意韵深长,发人深思,并成功地塑造了山杠爷这个极有认识价值的人物形象。导演对人物总体把握准确,环境营造真实可信,制作认真精细,演员表演真实自然,充分显示出导演的高起点和艺术潜力。影片公映后受到和专家的普遍称赞,被誉为是一部贴近现实,具有较深刻思想内涵和强烈艺术震撼力的优秀影片。

范元,1957年12月生于四川。中学毕业后进入四川省戏剧家协会《戏剧与电影》编辑部任编辑,创作了电影剧本《特急警报333》、《紧急刹车》等。1983年考入中央戏剧学院戏剧文学系,在校期间拍摄了电视剧《在夏天,在雨中》、《在镜泊湖的八月》等。1987年毕业后,回到四川省戏剧家协会,拍摄电视剧和录相带。1991年在峨眉电影制片厂拍摄的影片《毛泽东的故事》中担任副导演。1993年导演了影片《吴二哥请神》。

【范云·天津市双闸乡法律服务所主任·被评为全国十佳基层法律工作者】 1995年12月26日,第一届全国十佳基层法律工作者评选揭晓,天津市津南区双闸乡司法助理员、法律服务所主任范云,在人民大会堂领取了奖牌和证书。这次评选活动是由司法部组织的。

范云,1936年7月1日出生,河北省黄骅市人,大专文化,1990年4月加入中国共产党,1986年从事基层司法工作。他先后担任5家法律顾问,承办代理案件130余起,挽回经济损失300多万元。他积极参与社会治安综合治理工作。从1990年开始,他与乡妇联的同志一道,进行家庭、婚姻、赡养纠纷专项治理,每年都在全乡办"家庭、伦理道德讲习班"和评选"好媳妇"活动,使孝敬父母的良好风气逐渐形成,全乡连续4年无一起赡养诉讼。他狠抓纠纷调解和防激化工作。几年来,他调解民间纠纷300余起,调解潜伏激化隐患的民间纠纷120多起,防止民间纠纷激化22件,使全乡成为无民间纠纷引起的非正常死亡、无群众性械斗、无越级上访和无民转刑案件的"四无"乡。范云还协助有关部门积极做好两劳解释人员的安置帮教工作。曾调解和好了5对两劳人员的婚姻纠纷,挽救了3个濒于离异的家庭。

范云坚持秉公执法,廉洁自律。一湖南妹子被骗入洞房,范云立即前往相救;本乡一包工头拖欠山东民工工资2800多元,民工几次讨要未成。范云陪着民工,不仅讨回了全部欠款,而且还让包工头赔偿了往返几次的差旅费。有人说他胳膊肘往外拐,他说大是大非问题不能含糊,不能搞地方保护主义。他做诉讼代理人,从不收任何名目的酬谢费,近几年有人赠送上千元的水晶墨镜,几百元的进口打火机和剃须刀,有的村要给他翻盖新房,有的企业愿意赞助他轻骑摩托车,都被他拒绝了。

范云的工作和敬业精神赢得各级党委、政府的高度赞誉和人民群众的信赖。他连续多年被评为市级人民调解工作先进个人、防激化工作先进个人、社会治安综合治理先进个人;1992年被评为市级优秀司法助理员,被市委、市政府授予政法工作标兵称号;1994年被评为市级优秀法律工作者,被市委、市政府授予政法系统廉洁执法勤政爱民优秀干警称号,还荣获国务院授予的全国先进维权工作者称号;1995年荣立二等功1次。

【范健·南京大学教授·被评为全国十名杰出青年法学家】 1995年12月26日,由中国法学会组织的全国十名杰出青年法学家评选揭晓,南京大学教授范健获杰出青年法学家称号。

范健，1957年11月17日生，江苏省南通市人，中国共产党党员。1983年获南京大学哲学学士，1988年获南京大学法学硕士。现为南京大学法学院教授、常务副院长、中德经济法研究所中方所长。范健的法学研究领域主要是商法、中德和中欧比较法、国际贸易法。出版法学专著、合著教材10部，发表论文80余篇。在商法方面，他对商法的历史，现代商法的发展，商法的体系、价值、理论基础，中国如何借鉴大陆商法和英美商法建立符合中国国情的商法体系等问题进行了探讨，部分研究成果具有开创性价值。其中《商法探源》、《二十世纪世界商法之进展》等论文被美国和德国杂志转摘。范健还与中德经济法研究所的同事积极推动中德、中欧法学交流，先后出版了5部年刊、5部研究丛书，不仅对于当代中国民商法和经济法的发展具有重要参考价值，而且对东西方法律的交流具有很大意义。在国际贸易法方面，他发表了20余篇学术论文，并出版了《关贸总协定规则及其适用惯例》等专著，特别是他撰写的《反倾销法研究》是一部全面系统研究反倾销法的学术著作，书中关于反倾销司法审查制度的研究是国内法学界的较新成果。

【范世聖·半导体专家·获国家发明二等奖】 中国科学院上海硅酸盐研究所研究员范世聖所主持发明的"新型电晶体材料四硼酸锂坩埚下降法新生长技术"，获1995年国家发明奖二等奖。

范世聖，1941年生，1962年毕业于西北工业大学化工系。他从事晶体材料科学研究30多年，在晶体生长理论和工艺技术、晶体性能与缺陷的关系、无机功能材料物性表征与制备过程等领域有精深造诣。发表论文50多篇，参加10余次晶体材料科学的国际学术会议并讲学。1985—1986年在西欧核子研究中心参加诺贝尔奖获得者丁肇中教授领导的国际协作组L3工作进修，先后参加主持了多次国家重大的攻关项目和科研课题的研究工作。从60年代起主持并完成了国家重大科研项目"合成云母研究"，获国家发明二等奖。他还领导了国家"六五"攻关项目"锗酸铋晶体生长和应用的研究"，获国家发明一等奖，第15届日内瓦国际发明展览会金奖，首届亿利达科技进步奖等。

"七五"期间，他领导完成的中国科学院重大项目"新型压电晶体四硼酸锂的生长和应用"，在这项发明中，范世聖解决了抗侵蚀铂坩埚的加工纯化工艺，采用下降法生长BGO大晶，在国际上引起了轰动。法国核物理研究所所长威阿让教授认为，从晶体尺寸、能量分辨率和光输出均匀性三个主要性能指标看，中国科学院上海硅酸盐研究所的BGO晶体均居世界第一。

范世聖，1989年获"上海市科技精英"称号，1990年获"中国科学院有突出贡献的中青年专家"称号。1993年，曾获中国科学院科技进步一等奖。

【范正红·书法、篆刻家·篆刻作品在第六届全国书法篆刻展中获奖】 1995年6月，经第六届全国书法篆刻展评委会评选，共有4人篆刻作品获奖，山东济宁财政学校讲师范正红是其中获奖者之一。同年12月，其作品在中国美术馆展出。

范正红，1964年5月生，山东济宁市人。自幼习书、学画。书法由汉隶入手，初学《曹全碑》，旁及《乙瑛》、《张迁》、《石门颂》等，后习行草，对"二王"、孙过庭、米芾、苏轼、王铎等下过苦功。11岁始习篆刻兼学篆字。读印数万，临印上千。他的书法师古而不泥古，浑朴天成，雍容大度，爽捷洗练枯湿浓谈任凭自然；顿挫曲直气势夺人。其篆刻刀法犀利，章法奇崛，从醇厚的秦汉传统中流露出蓬勃的新意，有着突出的艺术个性，作品参加国际性书展《安阳·甲骨文书法展览》。近年来，范正红多次获《全国书法篆刻精英大奖赛》、《全国首届现代篆刻艺术大展》一等奖。作品参加全国第三、四届书法篆刻展、全国第四、五届中青年书法篆刻展、全国第二届篆刻艺术展《首届西冷印社篆刻评展》等重大展。

范正红注重书法理论研究。他撰写的《书法艺术新十年概观》、《汉隶书法流变之我见》、《略论当代书风》等十几篇论文被国际性、全国性书法学术讨论会入选，多篇收入专集出版。作品除被许多博物馆收藏和碑林刻碑外，还被编入《当代中国书法作品集》、《当代书法大成》。1991年，中央电视台播出专题片《一个青年教师的追求》，介绍了范正红的书法篆刻艺术。范正红现为中国书法家协会会员，山东青年书法家协会副主席，中国孔孟之乡青年书法家协会主席。

【范志毅·足球运动员·率上海申花队夺得全国甲A足球联赛冠军】 上海申花俱乐部足球队队长范志毅，1995年与队友一起获得全国甲A足球联赛冠军、足协杯赛亚军和超霸杯赛冠军。他个人荣获全国足球联赛足球先生金球员奖和神射手金靴奖（15个进球）。1995年9月，他被亚洲足联评为亚洲最佳球员。他还获得1995年度全国十佳运动员称号。

范志毅是上海市运动员。1969年11月1日生，身高1米83，体重70公斤。1989－1992年，他效力于中国奥林匹克足球队，与队友合作，在亚太区奥运足球预选赛小组赛中，战胜朝鲜国奥队，夺得小组出线权。作为国家男子足球队的主力中卫，他1992年在日本举行的亚洲杯足球赛中，与队友合作，获得第三名；1994年在日本广岛举行的第十二届亚运会上，与队友合作，获得亚军。

范志毅的父亲原是足球运动员，母亲是田径运动员。他继承了母亲良好的身体素质和父亲的良好意识。但是，父亲范九林曾因"海外关系"而中断了很有前途的运动生涯。他下狠心不再叫儿子踢足球。因此，范志毅小时没有像其他有幸的孩子那样接受启蒙训练，直到10岁那年才迈进足球"门槛"。1987年，18岁的范志毅破格入选国家二队，并是该队主力队员中最年轻的队员。1989年，中国奥林匹克足球队备战巴塞罗那奥运会，主教练徐根宝指定范志毅任队长。国奥队兵败吉隆坡，洋教练施拉普纳出任中国足球队教练，他又赢得老纳的青睐，并成为其手下一员得力的战将。

范志毅1米83的个头，速度快、反应快，是申花队中一头豹子。上海申花俱乐部队获1994年甲A第三，1995年跃居第一，队长范志毅功不可没。

【范英俊·中国新兴铸管联合公司总经理·被授予全国劳动模范称号】　中国新兴铸管联合公司总经理、高级工程师范英俊，一手狠抓深化改革、转换企业经营机制，一手狠抓技术进步，不断增强企业活力，使工厂得到突破性发展。1994年与1985年相比，钢产量增长3.3倍，工业总产值增长3.8倍，利税增长11.4倍。工厂由名不见经传一跃而跻身于全国500家大型企业、国家二级企业、大型一类企业行列。1994年范英俊被评为全国优秀企业家，获金球奖，1995年4月29日，国务院又授予他全国劳动模范称号。

范英俊，1944年11月生，湖南省益阳市人，中国共产党党员。1968年毕业于西安交通大学工程物理系，同年12月在鞍钢参加工作，1974年3月调2672厂，历任仪表室主任、计量科副科长、设计科科长、副总工程师兼钢研所所长。1985年任副厂长兼总工程师，1987年底任厂长，1993年11月任新铸联总经理。

范英俊精通业务，有胆有识。1985年作为2672厂总工程师，他担负了由原设计年产10万吨向30万吨钢发展的改造任务，在充分调研和论证的基础上，他提出投资3.6亿元，用7年时间完成改造工程的整体改造方案，得到解放军总后勤部批准。在实施中，他坚持"自行设计、自行制造、自行施工"的方针，边生产边改造，并亲自选定新技术、新工艺、新设备，从而大大缩短了改造时间。整个工期比原设计方案缩短5年，节省投资2亿元。1991年以来，在上级的大力支持下，他又以开发球墨离心铸管为主，进行产品结构的调整。并亲自领导开发研制成功了离心机及成套的配套设备。经生产检验，产品及配套设备均达到国际同类产品的先进水平，填补了国内空白。1994年他们与日本合资的钢格板厂也已建成投产。从而使这个产品单一的小型钢铁厂迅速发展成为跨地区、跨行业、跨所有制的大型企业集团。在顺利完成改造规划之后，他又及时提醒大家要居安思危，并亲自组织开展"三高、五个一流"(高质量、高效率、高效益；一流的队伍、一流的技术、一流的产品、一流的管理、一流的环境)活动。狠抓安全生产、质量管理、设备管理、能耗物耗、资金效益、政治思想工作，进一步使各项专业管理走上科学化、规范化的轨道。

范英俊多次被授予河北省邯郸市和中国新兴(集团)总公司劳动模范称号。

【范宗平·公安县南平工商所副所长·被追授经济执法卫士称号】　1995年1月13日，国家工商行政管理局和人事部在北京举行报告会和表彰会，介绍湖北省公安县南平工商所副所长范宗平生平事迹，并追授他全国工商行政管理系统经济执法卫士荣誉称号。在此之前，中共湖北省委、省政府追授范宗平工商执法楷模荣誉称号，还追认他为革命烈士。

范宗平，生于1956年。1979年从事工商行政管理工作。1995年1月13日21点多钟，忙碌了一天连续查处4起案件的范宗平，接到湖南临澧县工商局电话：一辆白色丰田小轿车连闯公安、交通检查岗，撞翻三轮车和摩托车，撞伤2人，沿207国道向公安县方向逃窜，请南平工商所协助堵截检查。

范宗平带领3位同志在公路上设了简易障碍。22点许，那辆轿车急驶而来。范宗平等示意停车，并上前检查证件。就在范宗平伸手从车窗取证时，司机突然升起车窗玻璃，并加大油门，撞翻路障。范宗平飞身一跃，左手抓住倒车镜，右手抓住车窗玻璃，随车追去。司机左右猛打方向盘，企图甩掉范宗平。范宗平想撑着镜架跃上小轿车，不料镜架断裂，他跌倒后被车轮辗过头部，当场牺牲。

在多方配合下，罪犯于第二天清晨落入法网。经查，罪犯是一个被判处12年徒刑的在逃犯。车是他偷的，从车上搜出假人民币9820元，淫秽录像带7盒，空白"海关进口证明书"、"增值税发票"等假手续37份。罪犯很快落网，与范宗平英勇博斗是分不开的。

范宗平从1983年起，一直从事经济检查工作。只要稍微"马虎"点儿，就可得到不少的"意思钱"，但他铁面无私，多次把受检人员悄悄塞进他衣兜里的钱掏出来，当众"曝光"。10多年来，经他查处的各类经济违法违章案件有100多起，为国家挽回经济损失600多万元，可他的钱包始终没鼓起来。

工商执法与司法部门执法的一个很大不同是，执法对象大多构不成犯罪。因此，范宗平虽无情执法却有情待人。他尊重管理对象的人格，每当个体户在经营中出现了困难，他就象对待自己的事一样，出主意，想办法，帮他们度过难关。这真是两袖清风挥不去，一腔豪气留人间。

【范徐丽泰·香港各界妇女协进会副主席·组织香港妇女代表团参加世界妇女大会】　1995年9月，范徐丽泰作为世妇会香港非政府组织筹委会召集人，筹备并组织由香港61个妇女团体组成、350多名代表参加的香港非政府组织妇女代表团，参加了在北京怀柔举行的第四次世界妇女大会非政府组织论坛。香港非政府组织筹委会为参加大会专门成立了出版、联络等多个小组，在论坛期间，开设"香港营"和"友谊营"，向世界各地妇女展示香港妇女状况和对香港未来前景的信心，同时也让世界了解香港。

范徐丽泰，1945年生于上海，1950年随家迁居香港。香港圣士提反女校毕业。1967年后，先后获香港大学理学士、社会科学硕士学位，人事管理文凭，同年在香港大学学生辅导处任职。1974年任香港理工学院学生辅导处主任，后任香港工艺学院副院长。1983年任香港立法局议员，1986年任香港理工学院助理院长。1989年任香港行政局议员。1992年10月辞去立法局议员职务。历任香港公民教育委员会主席，香港教育统筹委员会主席，香港工业村公司副总经理，香港各界妇女协进会副主席，圣士提反女校校董。为非官守太平绅士。

1993年7月至1995年12月任香港特别行政区筹委会预委会委员，社会及保安小组港方组长。1995年12月被任命为香港特别行政区筹委会委员。

【林凡·书画家·书艺外展在北京举行】

1995年11月4日"林凡书艺外展"在北京皇史宬(明清皇家档案馆)举办。展品分两部分：一部分是铺在皇史宬院内地面的600余件红木、花梨木的书法刻字屏匾，一部分是矗立在屏匾群两侧的16幅高近4米长的立轴巨型裱件。让观众的目光"离开习惯的轨迹，而趋向一个具有丰富层次和多重视角的崭新空间"，从而给人一种"入以传统，出之现代"的全新感觉。

林凡是工笔画家。他40年来在书画艺术上的成就，已分别在有关年鉴及书籍、报刊中介绍过。此次书艺展是在中国国际文化传播中心的支持下，花了近两年时间完成的。1995年秋季他向第四届世界妇女大会捐献了由他选写的《中国历代妇女诗词名作》112件红木挂屏，从而获得世妇会和全国妇联的荣誉奖。

展览会期间，军委副主席迟浩田及著名书法家、学者启功等出席了开幕式，并详细观赏了展品。还有几十名书法爱好者从山东、山西、湖南、深圳、四川等省市前来致贺和观赏。

林凡，湖南益阳人，1931年生，1949年参加革命。历任美术编辑，美术设计师，画家，书法家。80年代后曾任解放军艺术学院研究员，中华炎黄书画院副院长，中国当代工笔画学会副会长，中国国际文化传播中心副理事长。

【林岷(女)·史学工作者·主编大型历史工具书《中国历史大事本末》出版】　1995年6月，中国戏曲学院副教授林岷与历史学家张习孔教授共同主编的大型历史工具书《中国历史大事本末》由四川人民出版社出版。这部著作的编辑出版是对我国史学研究工作的一大贡献。

林岷，1941年生，福建福州人，1963年毕业于苏州大学(前东吴大学)历史系，毕业后到中国戏曲学院任教。长期以来，她除了完成教学任务外，坚持进行学术研究，主要著作有《戏曲中的历史人物》(台湾出版)、《中国古代著名战役》(合著)、《中国历代名将》(部分篇目)、《世界历史之窗》(部分篇目)。发表的论文有《汉代经今古文之争》、《唐平淮西之役》、《林则徐的反侵略思想》、《古代希腊的戏剧》等数十篇。

林岷是林则徐的第六代嫡孙女。近几年来，她利用自己的这种身份和丰富的学识，不辞辛苦地奔波于北京和新疆、广东、山东、澳门等地，为大中学生、机关干部讲述中国近百年来的国耻史、革命史近百次，在落实中央提出的加强爱国主义教育方面，作了大量工作。与此同时，1990 年 8 月，她自筹资金 3 万元，在有关单位与朋友的支持下，在军事博物馆举办了为期 50 天的《林则徐禁烟爱国主义教育展览》。1991 年，她又自筹资金 3 万余元，与国内十几个单位合作，邀请大陆和港澳台著名学者参加，举办了“纪念林则徐开发新疆 150 周年，沿着林公足迹考察”的座谈、学术活动，为期 16 天，行程 4000 公里。这次活动不仅促进了内地和新疆人民的感情，也促进了大陆与港澳台学者的学术交流与感情交流。

【林雀（女）·漳浦县绥安镇法律服务所主任·被评为全国十佳基层法律工作者】

1995 年 12 月 26 日，福建省漳浦县绥安镇党委副书记、法律服务所主任林雀，在人民大会堂领取了由司法部组织评选的第一届全国十佳基层法律工作者的奖牌和证书。

林雀，1951 年 2 月 20 日出生，福建省漳浦县人，大专文化，1969 年 12 月加入中国共产党。1990 年 9 月，林雀由绥安镇妇联主任调任镇司法办主任。她花了 3 个多月时间，使 50 多件积案清理完毕。1991 年初，她对全镇 34 个调解委员会进行充实整顿，并在全县率先建立起人民调解三级网络，使一类调解委达 80%，消灭了三类调解委。她还率先把法律服务所推向社会，挂牌为群众服务；大胆改革用人制度，面向社会招贤选能；改革所内分配制度，实行效益浮动工资制。这改革“三部曲”大大调动了大家的积极性。她担任常年法律顾问 40 家；代理诉讼 101 件，避免和挽回经济损失 380 万元；调解民间纠纷 368 件，避免了许多恶性案件的发生；协办公证和办理见证 876 件；还倾心帮助失足青少年改邪归正，敦促多名在逃犯投案自首，被人们誉为“灭火女将”、“和事阿姨”。

这些年，林雀把千家万户作为自己的办公地点，哪里需要法律服务，她就把法律送到哪里；哪里出现纠纷，她就往哪里冲。她的努力换来了良好的社会效益和经济效益。她担任县外贸公司法律顾问，挽回和避免经济损失 50 多万元；她引导村办企业走上依法经营之路，使濒临倒闭的小厂发展成为拥有 370 万元资产的企业；她通过协办公证使许官巷和麦市街旧房改造工程得以顺利进行……她具有良好的职业道德，5 年来，拒礼 100 多人次，价值近万元。

林雀一心扑在基层司法行政工作上，成绩突出，获得众多荣誉：多次被省司法厅授予全省防止民间纠纷激化有功个人一等奖和基层法律服务先进个人，被漳州市委、市政府授予社会治安综合治理先进工作者，被漳浦县委评为优秀共产党员。1994 年被评为全省政法战线英雄模范。

【林元培·桥梁专家·获国家科技进步一等奖】　上海市工程设计研究院研究员林元培，主持完成的上海南浦大桥工程，获 1995 年国家科技进步奖一等奖。

林元培从 1954 年至今，从事桥梁设计及理论研究。设计和主持设计大型桥梁 20 余座，为我国大跨度桥梁设计、研究作出了贡献。其主要成就是：1963 年提出梁式桥横向分布理论，最早应用于上海真北路桥设计，以后在全国被大量应用；1964 年在建设柳州大桥时，提出了 T 构桥予拱度设计方法及桥面横向错动力理论；1975 年主持设计了泖港大桥，这是我国第一座突破 200m 大关的斜拉桥，施工中首次推出滤波法控制施工中的索力和挠度，取得满意效果。他还主持设计了上海新客站恒丰北路斜拉桥、重庆嘉陵江石门大桥、广州珠江海印大桥、南昌大桥、上海杨浦大桥、重庆长江大桥和上海徐浦大桥等。他主持设计的上海南浦大桥全长 8551 米，主桥为双塔双索面式钢一混叠合梁斜拉桥，是当今世界上第二大跨度的叠合梁斜拉桥。南浦大桥在设计、施工和研究方面取得了许多突破性的成果，从而解决了叠合梁斜拉桥桥面裂缝这一世界性难题，标志着我国在叠合梁斜拉桥的设计、施工、制造、科研等方面均已达到国际先进水平。

林元培，福建莆田人，1936 年 2 月生，1954 年毕业于上海土木工程学校，现为上海市工程设计研究院总工程师，国家级有突出贡献的中青年专家，教授级高级工程师。

【林玉琴（女）·武汉市派出所民警·被评为中国警界女十杰】　1995 年 8 月 25 日，湖北省武汉市公安局汉阳区分局翠微街派出所民警林玉琴，在由公安部、全国妇联主办，首都 11 家新闻单位协办的“中国警界女十杰”评选活动中光荣当选。同时她荣获全国公安系统二级英模和全国“三八”红旗手称号。

林玉琴于 1979 年成为汉阳区第一位女户籍警，一干就是 16 年。她先后在白鹤村、西桥和肖家居委会 3 个管区工作过。每到一地，她总以管段为家，把居民当亲人，走千家门，知千家人，办千家事。她先后帮助

160余名下岗职工、待业青年联系安排就业；照料过13位孤寡老人，为3名去世的老人擦澡送终，还拿出自己的8500元积蓄资助困难的居民。

为了辖区的平安，林玉琴把群众最关心的治安问题作为工作重点，一手抓打击，一手抓防范，使管段的治安面貌发生显著变化。她在白鹤村居委会工作8年，白鹤村8年被评为治安防范先进单位；她在西桥居委会工作2年，西桥2年被评为治安先进单位；1990年，她又奉命去肖家居委会，改变那里治安状况的落后面貌。她通过详细调查，周密组织，接连打掉2个流氓恶势力团伙和19条大恶狗，并调整加强治保力量，一举甩掉了后进帽子，而且年年被评为治安防范先进单位。

林玉琴是身穿警服的军嫂，孩子正上中学，生活一直比较清贫，结婚多年，她没有一件金银首饰，没有穿过高档时装，常年一身褪色的警服。一位广东老板曾私下找到林玉琴，想把儿子的户口办到武汉，并许诺要把她全副“武装”起来。林玉琴说：“不符合政策的事，就是送一座金山来也不能办。”有段时间，林玉琴住在一间不足6平方米的破房内。一位受她常年照顾的老人病危时向房管所的同志留下遗嘱：死后将房子留给林玉琴。但料理完老人的后事，林玉琴毅然将房子的钥匙交给了房管所。

林玉琴，1948年10月26日出生，武汉市人，中专文化，1987年8月加入中国共产党。1986、1987年，她被武汉市公安局评为双优户籍民警；1994年荣立三等功1次；1995年，荣立二等功、一等功各1次。还被武汉市、湖北省评为十佳女民警、十大女杰。

【林幼芳（女）·中国（福建）对外贸易中心集团副总裁·被授予全国优秀女企业家称号】　1995年“三八”妇女节前夕，目光远大、志在开拓的中国（福建）对外贸易中心集团副总裁、党组书记林幼芳，被中国女企业家协会授予“全国优秀女企业家”称号。

林幼芳，1939年4月生，福建省金门县人。中国共产党党员。1962年于河北工学院（今天津大学）毕业后，在北京第一机械工业部、农业机械工业部任业务员、技术员、工程师，后在农业机械进出口公司任科长、副处长。1986年调至福州市先后任福建省外贸总公司海外企业部经理、中国（福建）对外贸易中心集团副总裁和党组书记。1988年参与与澳门工商界人士合作，创立福建首家在海外注册的跨国集团公司——（澳门）宝盛实业有限公司，并任该公司董事局主席，她团结、带领“宝盛人”，以强烈的竞争意识，果断抓住台湾放宽台胞进入大陆的契机，在开拓海峡两岸贸易的同时，积极为台资进入福建牵线搭桥，数年中，使福州市福兴投资区先后建成12家“宝”字号独资、合资企业。继又抓住机遇，把生意做到美国、泰国、澳大利亚、日本、新加坡、韩国等国家。5年间，这个原本势单力薄的小字辈宝盛，投资额累计已达上亿美元，年营业额则由数百万美元增至近10亿美元，成为一家复合型、多功能的国际跨国集团。作为分管集团的人事、计财、海外企业和机关党委的林幼芳，同领导班子的其他成员密切配合，循着“实业化、集团化、国际化”的思路，主持、参与制定了10余项规章制度，在决策、资金调控、人事任免、审计等方面，建立与形成了一套行之有效的管理制度，同时采取多种形式广泛培养专业人才，并关心干部职工的生活饥苦，充分发挥工会、共青团、妇联等群众组织的作用，使之既调动了专家的积极性、创造性，又增强了企业的同心力和凝聚力。如今林幼芳参与领导的中国（福建）对外贸易中心集团已发展成为一个以进出口贸易为主，房地产、国际仓储运输、酒店、广告业及劳务出口、人才交流市场等多种经营并举，拥有近千人，设有23个业务部、公司和多家三级独、合资企业，在13个国家、地区设有常驻机构的大型企业集团，企业连续两年居福建省进出口总额榜首，连续三年跻身于全国500家最大服务企业和百家最大外贸企业之列，并连续5年获省中国人民银行“AAA”信用企业称号。

【林建松·海南省昌江县人民法院院长·被授予全国法院模范称号】　1995年12月14日，海南省昌江黎族自治县人民法院院长林建松，被最高人民法院授予全国法院模范称号。

林建松，黎族，1951年1月15日生于昌江县，大专文化，1970年2月加入中国共产党，1979年12月起从事法院工作，在海南黎族苗族自治州中级人民法院任刑二庭副庭长，1986年9月调任昌江黎族自治县人民法院副院长并代理院长。1987年5月以来，连续三届当选院长，并在1990年后连续两届被选为县委委员。他刚任院长时，面对的是办公在危房，宿舍无着落，办案交通工具奇缺的破败景象。他四处奔被筹措资金，先后建起了2400多平方米的办公审判大楼、宿舍楼，办案交通工具也得到切实解决。在他主持下，法院先后出台了《工作岗位责任制》、《错案追究制度》等措施，调动了全院人员的积极性，刑事案件年年审结100%，民事案件平均每年审结95%，经济案件平均每年审结 83.1%，行政案件平均每年审结 83.3%，办案质量亦不断提高。

林建松常说，我是全县21万人民选的院长，不是哪个民族的代表，我要保护全县人民的合法权益。他勇敢地闯过了金钱关、人情关、权势关，坚持秉公办案。据不完全统计，8 年来，他拒收钱物不下 40 次，仅 1992 年就拒收现金和物品(折价)共 1 万余元，拒吃请 100 多次。经常有些亲朋打电话或上门说情，要求对当事人予以关照。他一律回绝，仅近两年来，就回绝了 40 余次。有些案件比较复杂，在审理中他不畏权势，即便是顶头上司的训斥也不低头，坚决依法办事，群众称他是“黎族钢铁汉，人民好法官”。他 5 次被评为县两个文明建设先进个人，1 次被评为县直属机关优秀党员。1991 年 1 月被评为海南省法院系统先进工作者，1993 年 1 月荣立三等功，1994 年被评为海南省民族团结进步先进个人，1995 年 5 月被省委、省政府授予先进工作者称号。他所领导的法院先后 5 次被评为先进单位。

【林荣取·中共泉州市鲤城区委书记·被授予优秀县(市)委书记称号】　1995 年 6 月 30 日，全国百名优秀县(市)委书记表彰会在北京中南海怀仁堂召开。中共中央总书记江泽民出席会议并作了重要讲话。会上宣读了中共中央组织部对全国在县(市)委书记岗位上取得优异成绩的 100 名干部，授予优秀县(市)委书记称号的决定，林荣取名列其中。

林荣取，福建南安市人，1947 年 10 月出生，1967 年 12 月入伍，1970 年 6 月入党，研究生文化程度。曾任公社党委副书记、书记、副县长，市委组织部副部长，区委书记等职。现任泉州市人大副主任兼鲤城区委书记。

从市委组织部副部长走上区委书记的岗位，林荣取首先跑遍 4 个街道办事处及郊区 11 个乡镇，与干部群众座谈，征询建议，共商兴区大计。他集中群众的智慧，提出了 90 年代鲤城区经济发展的总体思路：以市区为中心，以近郊为重点，以远郊为腹地，梯度推进，四面拓展，逐步形成城乡一体化的新格局。市区重点发展街道工业和第三产业；近郊从建设工业大楼、工业小区、工业卫星镇逐步向新型城市群发展；远郊通过农业综合开发，兴办乡镇企业，打翻身仗。几年过去，全区工农业总产值由 1990 年的 10.7 亿元，1994 年增长为 71.98 亿元，翻了两番多；全区财政收入由 7553 万元增长为 3.1 亿元，4 年翻了两番多。这期间，全区协议利用外资 5.34 亿美元，是前 5 年的 7 倍；三资企业也由 164 家发展到 563 家。1994 年全区出口交货值 30.6 亿元，4 年翻了 3 番多。

林荣取十分关心群众。每天清早，他骑自行车走街串巷，东瞧西看。居民生活、生产中有什么不便，城市管理存在什么问题，上班后就找有关人员商量解决。坛顶村开发果林，种植龙眼、柑桔 7 万株，可是道路不畅，送肥和运果有困难。林荣取听到反映后，翻山越岭到现场察看，帮助解决修路中的困难，满足了群众要求。他听说浮桥镇村民体检时，发现肝病与食用水源有关系，就召集有关人员商量把建设水厂作为大事来办，并多次过问工程进度。1995 年 4 月 25 日，林荣取带领有关部门到鲤中街道接待来访群众，一位老人递上一封求救信，说儿子患尿毒症做换肾手术，已经花去 10 多万元，又以房契作了抵押，向信用社贷款 2 万元维持治疗，但仍入不敷出。他随即请区党工委牵头发动机关、社会捐资支援。他带头捐了 200 元。共募捐到 15 万元，解决了老人一家的燃眉之急。老人感动地说：党是我们全家的救星。

【林俊卿·男中音歌唱家·创建北京声乐研究所十周年】　1995 年 3 月 22 日，北京声乐研究所举行了建所 10 周年座谈会，总结了 10 年来的工作成绩，肯定了声研所创建人、首任所长林俊卿为声乐研究作出的贡献。

北京声乐研究所是文化部艺术局领导下的专门从事“咽音”研究的科研单位。10 年来，在“咽音练声法”创始人林俊卿博士的指导下，在钟振发所长和全体人员努力下，先后举办了三期男高音 C^3 培训班，均获很大成功。学员们的发音能力快速提高，演唱技艺明显进步，在汇报音乐会上均能演唱高难度的中外歌曲。回单位后都成为业务骨干，不少人在各种声乐比赛中获奖。声研所还举办了二十多期嗓音治疗保健班，为两千余人的嗓疾进行了有效的矫治。一些久治不愈的嗓音顽疾被他们攻克，还使一些老歌唱家的歌喉重获艺术青春。

林俊卿，福建厦门鼓浪屿人。1914 年 4 月 15 日生。1935 年毕业于南京金陵大学理学系。1940 年毕业于北京协和医学院，获医学博士学位。1941－1947 年师从意大利交响乐队指挥帕契和男高音歌唱家博纳维塔学习美声唱法和咽音练声法。1948 年始对“咽音”练声法作系统研究。1958—1965 年创办上海声乐研究所并任所长。1985 年 3 月北京声乐研究所成立，任所长。他从意大利发声法中受到启发而长期研究

"咽音"。王昆、马玉涛、郭颂、胡松华、张映哲、罗荣钜等都先后在该所学习过。该所还曾治愈长期失声的戏曲演员新艳秋、李桂云。出版有《歌唱发音的机能状态》、《歌唱发音不正确的原因及纠正方法》、《歌唱发音的科学基础》、《咽音练声体系》等书。1953 年他随中国艺术团赴前苏联、罗马尼亚、波兰、前民主德国进行访问演出。1963 年曾与上海交响乐团合作演唱了 7 首难度较大的意大利歌剧选曲及古典艺术歌曲。1979 年由中国唱片社灌制了唱片。1978 年应邀到北京、沈阳、青岛等地讲学。

林俊卿是中国音乐家协会第二、三、四届理事，上海市政协委员。

【林语堂·现代著名作家、语言学家·百年诞辰学术讨论会在厦门大学举行】 林语堂百年诞辰学术讨论会 1995 年 10 月在他执教过的厦门大学举行，这是祖国大陆首次举办的林语堂学术讨论会。参加讨论会的来自海内外高校和研究单位的 50 多位学者，提交了 30 余篇论文，内容涵盖了林语堂一生从思想到文学创作的历程，着重研究林语堂与中西文化的关系，探讨林语堂在向西方介绍中国文化方面所出的贡献，研讨林语堂文学创作和其他著述的文化因素，评析林语堂的创作成就。讨论会期间，厦门大学图书馆举办了"林语堂先生纪念展"。

林语堂，原名和乐，后改名玉堂，又改作语堂。1895 年 10 月 10 日生，福建龙溪人。其父为乡村基督教牧师，林语堂自幼深受西方思想文化熏陶。1912 年入上海圣约翰大学。1919 年起，先后赴美国、德国研究语言学，获哈佛大学硕士、莱比锡大学博士学位。1923 年回国，在北京大学及北京女子师范大学任教。因支持和参加学生爱国运动，受到北洋政府通缉，1926 年 5 月返闽，任厦门大学文科主任兼国学院秘书。1927 年春去武汉，任国民政府外交部秘书。7 月到上海，开始专门从事著述。

林语堂是《语丝》周刊主要撰稿人之一。他发表的一些杂文，揭露军阀政府的倒行逆施，表现出对专制势力的斗争勇气和对群众革命行动的热情支持。他还著有英文读本、英文文法等语言学著作。

30 年代初，林语堂曾参加中国民权保障同盟。在文学方面积极推动小品文的创作。1932 年起，陆续创办半月刊《论语》、《人间世》、《宇宙风》，提供"优美"、"闲适"的"性灵文学"、成为"论语派"的主要代表人物。

林语堂 1936 年居留美国，此后主要用英文写作。他介绍和译述中国的传统思想、哲学和文化艺术的著作，曾畅销欧美。他用英文写了《京华烟云》、《风声鹤唳》等 8 部小说。1947 年林语堂任联合国教科文组织美术与文学主任。1954 年任新加坡南洋大学校长。1966 年定居台湾。1975 年被推为国际笔会总会副会长，并被提名诺贝尔文学奖候选人。1976 年 3 月 26 日病逝于香港，终年 81 岁。

林语堂的中文著作有：《语堂文存》(1941 年、上海)，《无所不谈合集》(1974 年、台北)，《语堂文集》(1979 年、台北)。他的小说、散文、传记、论著、文选及词典、语作等共有 30 多部。

【林浩坤·中共南海市委书记·被授予优秀县(市)委书记称号】 1995 年 6 月 30 日，全国百名优秀县(市)委书记表彰会在北京中南海怀仁堂召开。中共中央总书记江泽民出席会议并作了重要讲话。会上宣读了中共中央组织部对全国在县(市)委书记岗位上取得优异成绩的 100 名干部，授予优秀县(市)委书记称号的决定，林浩坤名列其中。

南海市为全国农村综合实力百强县之一，居全国十大财政县的前列，被誉为广东省的"四小虎"之一。作为市委书记，林浩坤以"改革、务实、服务"六个字要求自己，带领全市人民艰苦奋斗，不断创造新的业绩。1992 年 3 月，林浩坤被选为南海县长时刚 39 岁，次年 2 月又被选为市委书记。这期间，在邓小平同志南巡谈话春风吹拂下，市委、市政府重新修订了南海"八五计划"和"十年发展规划"，提出到 2000 年全市国民经济比 1991 年再翻两番的奋斗目标。林浩坤认定，只要符合"三个有利于"的原则，符合南海实际，就可大胆干。于是，向全市提出在坚持公有制和按劳分配为主体，符合国家政策法律的前提下，公有经济成分可以同其它经济成分联合，可以采取多种合作形式和多种分配方式。从而推动了南海经济的发展。随着改革不断深入，林浩坤及时总结了一批区村发动农民组建社区性股份合作经济组织的经验。随即，这一新的经营机制在全市农村迅速推行，效果很好。1994 年，全市有 2/3 的镇区总收入超过 10 亿元，1/2 的村总收入超过 5000 万元，4/5 的村"财政收入"超过 100 万元。南海的这项改革，得到上级肯定。中央农村改革试验区办公室和省委、省政府先后到南海召开了现场论证会和座谈会。

林浩坤认为，个人的力量是有限的，要把南海的事情办好，必须发挥集体的智慧和作用。他自觉实行民主集中制原则，重大问题集体讨论决定，不搞"一言堂”。他注重务实，反对繁文缛节和形式主义。1993 年底，有关部门提出召开许多表彰大会。林浩坤认为不能搞花架子，层层评比表彰不必要。最后只同意开 3 个表彰会，其余硬给压了下来。林浩坤注意廉洁自律，不搞特殊化。住的是公寓式房子，不坐进口豪华汽车。他关心群众生活。当人民生命财产因自然灾害受到损失时，他总是最早出现在群众面前，精心组织抗灾抢险。

林浩坤 1953 年 2 月出生于南海县，1975 年 1 月参加工作，1974 年 6 月入党，大专文化。曾任公社党委副书记，地区中级人民法院副院长，地区团委副书记等职。1993 年 2 月任佛山市委常委兼南海市委书记。

【欧阳书强·安徽萧县人民法院院长·获全国法院模范称号】　1995 年 4 月，被国务院授予的全国先进工作者称号的安徽省萧县人民法院院长欧阳书强，又被最高人民法院授予全国法院模范称号。安徽省高级人民法院给他记一等功。

欧阳书强，1952 年出生，安徽萧县人，大专文化。1972 年 7 月加入中国共产党。1982 年，他带着在部队两次荣立三等功的荣誉转业到法院工作。1984 年至 1991 年，他任龙城法庭庭长，使落后、涣散的该法庭跃为全省法院系统先进单位。1992 年底任院长后，建立健全 20 多种规章制度，赏罚分明，奖惩兑现，敢抓敢管，两年间有 38 名干警立功受奖，4 个法庭荣立集体三等功。1994 年该院荣立集体三等功，并被评为全省法院系统“勤廉敬创”先进集体，被地委、行署授予全区文明单位和全区综合治理先进单位。他本人连续 10 年被评为县先进工作者，先后 6 次被评为地区法院系统先进工作者，先后 4 次获省法院系统先进工作者称号，1 次获省政法系统先进工作者称号。

欧阳书强最大的特点是以身作则。任庭长期间，每年办案数都是全县第一。当院长后更是身先士卒。1993 年 7 月，他带领审判人员深入基层办案，提出生活上“两个馒头一碗汤”的口号，拒绝一切吃请，依法为农业银行系统清收欠款 90 余万元。还有一次，他带领办案人员去东北执行案件，坐了 6 天火车，在车站候车室睡了 3 个晚上，9 天时间为县粮食局面粉厂追回 116 万元欠款，使陷入绝境的该厂起死回生。

欧阳书强依法审判，不徇私情。1993 年，法院受理一起刑事案件。被告人的一位亲戚是县里某部门领导。这人也是欧阳书强老乡。一天，这位领导带 2000 元钱拜访欧阳书强，希望他在审判时手下留情。他不仅没收钱，而且还说服了这位领导今后不要做这种事。依法判处被告有期徒刑 3 年，并附带民事赔偿 3000 元。欧阳书强的一个亲戚犯抢劫罪，不少人请他帮忙。这个忙他同样没帮。该案犯被判处无期徒刑。

欧阳书强很关心干警。1987 年，因成绩突出法院奖他一套住房，他让给了别人。当院长后，又两次让房。到 1994 年底，全院助审员以上的干部都住上了成套的住房，他却仍然住在龙城法庭的办公楼里。

1995 年 8 月，欧阳书强任宿县地区中级人民法院副院长。

【欧凯明·粤剧演员·获第十二届中国戏剧梅花奖】　1995 年，欧凯明以粤剧《大闹狮子楼》、《罗成写书》、《刁蛮公主憨驸马》荣获第十二届中国戏剧梅花奖。

少年时代的欧凯明，在广西合浦师范学校、广西艺术学校受过 6 年粤剧基本功训练。毕业后成为南宁粤剧团的文武生，曾夺得广西首届戏曲青年演员大奖赛桂冠。1992 年在香港主办的两广粤剧艺术展演中，被著名粤剧艺术家红线女看中，调进广州成为广州红豆粤剧团的当家文武生。

欧凯明在红线女的悉心培养下，表演技艺得到了提高和发展，先后塑造了驸马、吴起、林冲、罗成、武松等艺术形象，还在现代戏《山乡风云》、《白燕迎春》、《家》中担任了主要角色。他演戏，以传统艺术为基础，结合人物要求而勇于作出新的探索，讲究表演程式，但不墨守和僵化，更侧重于人物性格的塑造，能将角色的悲欢离合，喜怒哀乐溶入唱做念打演绎之中。

1994 年底，欧凯明以粤剧《罗成写书》、《大闹狮子楼》和《刁蛮公主憨驸马》中出色的表演而荣膺 1995 年第 12 届梅花奖。这三出戏充分体现了他的技艺和抱负。《武松大闹狮子楼》是欧凯明自编、自导、自演的一折戏。除发展了粤剧以武技入戏的传统特点外，还吸收了兄弟剧种和姐妹艺术的长处，将多种技巧按剧情、人物的需要进行剪裁、布局，溶进规定的戏剧情境之中。如武松在对打中站在翻倒的椅脚上，做各种形体动作；把南少林的梅花桩功演化为戏曲写意性的武打表演；还有武松的“侧身铲椅”，飞身登上一米五的高椅来了 180 度转体“莲花座”等等，都刷新、提高了原粤剧的武功传统。更重要的是把武松此情此境的性格、心态强烈地外化了出来。专家们认为，他的《武松大闹狮子楼》已超越前人的表演。

欧凯明之所以能在粤剧文武生中独占鳌头，决非只凭过人的武功，他唱、念、做均能。例如他演出马师曾、红线女的名剧《刁蛮公主憨驸马》，武戏文演，以小生应工，环绕一个"憨"字，把人物的刚烈儒雅、憨直诡谲、粗犷细腻等绝然不同的特征揉合得天衣无缝，形神兼备。

1994 年，欧凯明在广东首届粤剧演艺大赛中，夺得金奖第一名。近年来，多次随团赴港并应邀出访日本、美国、加拿大演出，深受海外粤剧观众欢迎。

【尚秀云（女）·北京市海淀区法院审判员·获全国法院模范称号】　1995 年 12 月 14 日，北京市海淀区人民法院刑事审判第二庭审判员尚秀云，被最高人民法院授予全国法院模范称号。

尚秀云，1943 年 3 月出生于工人家庭，大专文化，1980 年转业从事法院工作，现任少年刑事审判组组长。在少年刑事审判这一全新的领域里，尚秀云大胆探索。按照教育、挽救、感化的方针，创立了少年刑事审判阶段谈话、教育形式，庭审中设立专门的教育阶段，总结出了对少年犯多判轻刑、缓刑、减半处罚的量刑经验。她审理判处缓刑的 160 名少年犯，无一例外地为他们联系落实到管教单位，还为他们每个人开了缓刑帮教会议。如今这些经验在全国范围内反响颇佳。在尚秀云心里，挽救失足少年是最大的心愿。为此，她摸索出一套独特的工作方法，用课堂式庭审教育，把少年被告人的家长、亲友、老师等请入法庭，对少年被告人晓之以理，动之以情，用深情打动人，真情感染人，都取得很好效果。北京市某重点中学有个尖子生，因看坏书染上盗窃恶习。被捕后，尚秀云多次进行教育帮助，使其幡然悔悟。重新回到学校后，两次捐款，还组织同学成立自行车免费修理站。尚秀云还帮他创造考大学的条件。结果他考上了全国重点大学。外地一个 15 岁的孩子考入北京某大学后，因盗窃被判刑半年，缓刑一年。学校坚持要开除其学籍。尚秀云反反复复与学校交涉，请他们保留这个孩子的学籍。她的一片爱心终于感动了学校领导。这个孩子缓刑期满后回到校园，以品学兼优的成绩毕业，又考上了研究生。

1988 年以来，尚秀云审结各类未成年犯罪及普通刑事案件 569 件，被告人达 1042 人，年年超额完成任务，质量也非常高。她审理的一审案件发现漏罪的有 28 件计 49 人，改变检察机关定性的有 14 件计 26 人，补正起诉、丢漏情节的有 35 件计 62 人，宣告无罪的有 3 件计 3 人。因此她多次立功受奖。1987 年—1993 年，连续 7 次被评为院先进工作者，1991 年入选市法院系统先进工作者，1992 年被评为市保护未成年人优秀工作者、市法院系统廉政先进个人，1993 年被评为优秀共产党员，荣立三等功，1994 年又被评为市先进工作者。

【易开基·钢琴教育家·在北京逝世】

中央音乐学院前钢琴系主任、钢琴教育家、中国钢琴教育界的先驱易开基教授，因病于 1995 年 2 月 9 日在京逝世，享年 82 岁。易开基是老一辈的钢琴家，也是我国第一代专业钢琴教师，五十年来他培育的学生遍布全国和海外各地。他为人正直诚恳，以身作则，淡泊名利，生活俭朴；教学中始终贯穿着教书育人的原则，要求学生作人正派、高尚、诚恳。

易天基，四川省万县人。1912 年 11 月 23 日生。1930 年在上海人国立音乐专科学校，师从俄国教师查哈罗夫。1935 年在该校本科师范毕业。1937 年—1938 年在成都复兴艺术专科学校及南虹艺术专科学校教授钢琴。1939 年任重庆音乐教导员训练班钢琴讲师。1941 年任国立音乐院副教授，1943 年—1950 年任教授兼钢琴系主任。1950—1984 年 9 月任中央音乐学院教授、钢琴系主任。早年他曾在上海、北京、重庆、南京、天津、青岛等地参加各种音乐会演出并举行过个人钢琴独奏音乐会。他献身钢琴教育事业 50 年，对钢琴艺术严肃认真，一丝不苟，精益求精，并且非常重视中国作曲家钢琴作品的演奏。曾出席历次全国文代会，曾任北京市第三、四、五届政协委员。

【罗干·国务委员·强调领导机关反腐败要起表率作用】　1995 年 2 月 25 日，国务委员、国务院秘书长、中央国家机关工委书记罗干，在中央国家机关第七次党的纪检工作会议上指出，各部门在深入开展反腐败斗争，加强勤政廉政建设中，一定要带个好头，起好表率作用，进一步把中央国家机关的反腐败斗争引向深入。

在 12 月 21 日全国政法工作会议上，罗干提出维护稳定要常抓不懈，要进一步加大执法力度，严厉打击严重刑事犯罪和经济犯罪，保证经济体制改革的顺利健康进行。罗干在 2 月 16 日的全国监狱工作会议上强调要严格依照《监狱法》办事，监狱工作在维护社会稳定中具有不可替代的作用。《监狱法》实施以后，监狱的一切工作都应当纳入法制轨道。

罗干，1935 年 7 月生，山东济南人。1953 年入北京钢铁学院学习。1954 年赴民主德国留学。1960 年加入中国共产党。1962 年毕业于民主德国富莱堡矿冶学院铸造系，获学位工程师、阿古瑞克拉奖章。同年回国后，历任第一机械工业部机械研究院稀土不锈钢课题研究组组长，漯河筹备处铸造研究室主任，郑州机械科学研究所副所长，中国机械工程学会铸造学会第二届副理事长，河南省进出口管理委员会副主任，河南省科委主任，高级工程师，河南省副省长，中共河南省委书记。1983 年任全国总工会副主席、书记处书记。1988 年任劳动部部长，同年 12 月后任国务院秘书长。1993 年 3 月任国务委员，是中共第十二届中央候补委员，第十三届、十四届中央委员。

【罗玲(女)·北京市政设计研究院副总工程师·被评为中国十大女杰】 从 70 年代参与承担北京第一座立交桥设计任务开始，先后参加和主持完成"东厢"、"西厢"、"南厢"工程，"西北二环"改造工程，亚运会市政配套工程，京石高速公路、首都机场高速公路、东三环工程、西客站道路工程，"西北三环"改造工程等近 70 座立交桥的设计，审核和组织工作的教授级高级工程师、北京市市政设计研究总院副总工程师罗玲，在 1995 年"三八"国际劳动妇女节前夕，被由全国妇联组织的，由劳动部、人事部、解放军总政治部、全国总工会、团中央、中国科协以及 10 余家全国性新闻单位参加的评委会评为中国"十大女杰"。

罗玲，祖籍福建省福州市，1940 年 7 月 23 日生于云南省昆明市。中国共产党党员。1963 年于北京工业大学毕业后，被分配到北京市市政工程设计研究总院，先后任道桥室技术员、工程师。1987 年起任总院副总工程师。她从 70 年代初国内电子计算机刚步入大学时，就预感到这将带来一次设计手段的革命的她，开始自学计算结构力学，跑到大学去听课，并常在深夜骑车去上机，坚持了 3 年。在中国修建立交桥尚属新事物时，她就利用业余时间自学了现代桥梁专业理论，使自己的知识得到更新。青岛八号码头市政配套桥梁工程(由 10 座不同类型的桥梁组成)，就是罗玲和她的同事们以知难而上、"自讨苦吃"的精神，获得成功的。她主持设计的这座中国首座三向受力的预应力混凝土连续弯梁桥，为中国填补了一项空白，受到国际知名桥梁专家的赞扬。该桥获建设部科技进步三等奖、优秀设计奖。她主持设计的玉蜓立交桥解决了三跨铁路二过河所造成的结构上的难题。而堪称中国第三代立交桥之最、叠摞了 15 座桥梁，桥套桥、桥摞桥、桥上有桥的天宁寺立交桥，是罗玲等设计师采用当代风行的独柱弯梁、球形支座、箱体张拉等一系列最新技术设计出来的。其设计与国际同类项目相比毫不逊色。1993 年以她为主设计的、被称为建筑美学与现代高新技术完美结合的国门第一桥——四元桥，使这一领域的科研工作达到了国际水平。在众多的工程设计和科研工作中，有数次获国家、建设部和北京市优秀设计奖和科技进步奖。她先后被评为建设部劳动模范和行业标兵、全国"三八"红旗手、全国"巾帼建功"标兵、首都市政建设突出贡献设计专家、北京市共产党员十杰、并获首都劳动奖章。忙里偷闲时，她喜看小说和哼唱歌曲。1995 年 9 月，中央电视台播出了以她为素材的电视系列剧《母亲桥》。同年 12 月她任北京市市政设计研究院总工程师。

【罗士高·原中国人民对外友好协会副会长·在北京逝世】 1995 年 8 月 8 日罗士高因病在北京逝世，终年 91 岁。

罗士高，1905 年 3 月生，广东大埔人。1927 年 4 月加入中国共产党，后曾任北京大学地下中共支部干事。1932 年毕业于北京大学政治系。抗日战争爆发后，任原西北军丁树本部政治部主任。后任冀南六县专署秘书主任，冀鲁豫边区行署民政处处长、行署秘书长，晋冀鲁豫边区第十七、十八分区专员。1947 年后任皖西行署主任。新中国成立后，任安徽省民政厅厅长、南京市政府副秘书长、重庆市军管会秘书长、重庆市副市长和市委副书记、中共四川省委委员。1957 年调外交部工作，任驻阿尔巴尼亚大使。1964 年至 1966 后任外交部党委委员、北京外国语学院党委书记。"文化大革命"中曾受到林彪、"四人帮"的迫害。1978 年开始从事民间外交工作，任中国人民对外友好协会副会长、中国非洲人民友好协会副会长。

【罗中旭·青年歌手·在国际流行音乐节比赛中夺魁】 1995 年 9 月 3 日的罗马尼亚中部古城布拉索夫成了中国人最风光的地方。在这里举行的罗马尼亚"第八届(金鹿杯)国际流行音乐节"上，中国歌手罗中旭在从 30 多个国家几百名歌手选出的 48 名歌手同台献技中脱颖而出，夺得音乐节比赛个人演唱第一名。这是中国歌手在国际流行音乐比赛中第一次取得最好成绩。本届比赛由罗马尼亚国家电视台主办，是欧洲最大规模的国际流行音乐比赛，也是国际最高水平的大赛之一。罗中旭演唱的两首歌曲，一是由他自己作词作曲的《星光灿烂》，一是罗马尼亚最新流行歌曲《我将爱你》。

罗中旭，1969 年生于上海。1984 年，在他 15 岁时的一次偶然机会，使他在电视台一展歌喉，1989 年加入职业歌手行列。他曾主演音乐电视剧《城市歌谣》，演唱了自己作词作曲的五首歌曲。他的成名作《星光灿烂》和其它几首作品在许多电台的排行榜上数次夺魁。1995 年罗中旭从上海到北京，入中华文艺音像联合出版社，同年 8 月由文化部选派赴罗参赛。1995 年，罗中旭还在国内主办的首届“中华赛歌会”上获特别金奖。

【罗西章·陕西周原博物馆馆长·发现 3000 年前取火用具“阳燧”】　陕西宝鸡市周原博物馆馆长罗西章，1995 年 4 月到扶风县黄堆乡黄堆村，对农民发现的一座中小型古墓中文物进行抢救清理，除两件玉器外，发现一面奇特的凹面铜镜，经观测鉴定，认定是 3000 年前周朝的取火用具“阳燧”。

我国典籍《周礼·秋官》记载：“司烜氏掌以夫遂取明火于日”，“以其睹太阳之精，取火于日，故名阳燧”。周原是西周的腹地，古代青铜器之乡。罗西章认为扶风县黄堆乡农民发现的这座古墓，其主人可能是西周担任管理阳燧的官员。他对出土铜镜进行粗测：镜面呈凹状，直径 8.8 厘米，厚 0.19 厘米，钮高 0.9 厘米，钮长 1.8 厘米。镜面光可鉴人处和翠绿色锈斑各占一半。考虑到文物珍贵，不可轻易除锈、打磨、抛光，罗西章到文物复制厂按原样复制一件，果然能聚阳光取火。经中国社科院考古研究所专家鉴定，确认为阳燧。专家们认为，我们祖先在 3000 年前能造出具有相当科学水平的阳燧，是世界又一奇迹，可以说是中国古代第五大发明。

罗西章，陕西扶风县人，1937 年 2 月生，1954 年毕业于陕西凤翔师范学校。现任周原博物馆馆长、研究员，兼任陕西省博物馆学会理事、钱币学会理事。他长期在基层从事文物考古工作，曾参加或主持了周原、姜寨、北吕等重要遗迹和墓地的考古发掘工作；征集和遴选了数以万计的流散珍贵文物；设计举办了“周原历史文物陈列”、“周原考古成果展”、“西周书法艺术展”、“西周酒文化展”等 10 多个展览。在国内外报刊发表学术论文和文章 100 余篇。其中《陕西扶风中颜村发现西汉窖藏铜器和古纸》、《“我”——古代的砍杀武器》、《三千年前的取火用具——阳燧》等在 10 多家报刊发表后，获得考古界、科技界较高评价，被国内外专家多次引用。他在文物修复、拓印、复制方面，也有一定造诣。他创办和指导下的文物复制厂，产品远销日本、美国等国和香港地区，多次获省、部级金、银奖。罗西章多次被评为省、市先进工作者，获全国旅游战线先进工作者称号。

【罗贵波·原山西省省长、中共山西省委第二书记·在北京逝世】　1995 年 11 月 2 日罗贵波因病逝世，终年 88 岁。

罗贵波，江西南康人，1907 年生。1926 年 4 月参加革命活动，1927 年 1 月加入中国共产党。在土地革命战争时期，先后组织领导了南康县潭口农民武装暴动、安远县农民武装暴动和赣县农民武装暴动。曾任中共安远县委书记、赣县县委书记。后参加中国工农红军，任红二十二军第三纵队政委、红三十五军政委、中共赣南行委委员。1930 年 1 月，率红三十五军和赣南部分县党组织果断平息了分裂党、分裂红军、反对毛泽东的“信丰事件”。后率部在赣南开展游击战争。参加了中央革命根据地第一、二次反“围剿”战斗。1934 年 10 月参加长征。在长征途中，任中央红军干部团第三营政委、红军上级干部队队长兼政委、红军教导师政治部主任。曾率部担负中央领导机关及遵义会议的警卫任务，率领先遣部队完成抢渡金沙江绞平渡口和抢占江对岸敌江防阵地的任务，并参加了攻占通安州的战斗。抗日战争爆发后，先后任晋西北区党委副书记兼军事部长、统战部长，八路军第一二〇师民运部部长、第三五八旅政委，晋西新军政委，中共中央晋绥分局委员，晋绥军区第八军分区司令员兼政委、第八地委书记。解放战争时期，任吕梁区党委书记、吕梁军区政委，晋中区党委书记、晋中军区司令员兼政委，太原警备司令，中国人民解放军第七军政委。率部参加了汾孝战役、临汾战役、晋中战役、太原战役。新中国成立后，任中共中央军委办公厅主任、中共中央驻越共中央联络代表、中国驻越南顾问团团长、中国驻越南首任特命全权大使、外交部副部长兼部党委副书记。1978 年 12 月党的十一届三中全会后，调任山西省省长、中共山西省委第二书记。在中共十二大会议上当选为中央顾问委员会委员。是中共第七、八、十二、十三大代表，第十四大特邀代表。是中共八届中央候补委员、中央委员。

【罗海涛·铁路电信工程专家·获第二届詹天佑电信工程奖】　1995 年 4 月 26 日，詹天佑铁道科技发展基金会为 11 名在铁路科技战线卓有成就的科技工作者颁奖。中国铁路通信信号工程总公司研究设计院教授级高级工程师罗海涛，获得詹天佑电信工程奖。

罗海涛，江西省丰城人，1925年4月生，1953年1月毕业于北京铁道学院电信工程系，1957年到苏联铁道科学院进修，1960年回国。几十年来，一直从事铁路自动闭塞、机车信号及轨道电路等方面的设计与研究工作。成为全国铁路系统在这方面的技术专家和学术带头人。

自动闭塞是保证行车安全提高行车效率的一项铁路自动化基础设备。1964年他在负责北京地铁移频自动闭塞和机车信号技术研究的归口工作。根据地铁直流电力牵引的干扰性质与干扰量，在正确选取载频频率和低频调制频率、确定扼流变压器参数和发送器传输功率、制定电子线路故障导向安全原则、保证设备工作稳定性等关键技术方面做出了突出成绩。经几年的实践证明，设备运行稳定可靠。之后又在地铁二期工程以及朝鲜平壤地下铁道中采用。

非电化移频自动闭塞设备于1969年在焦枝线安装使用，尔后又在广水至孝感以及南京长江大桥26公里使用，对缓解京广、京沪咽喉地段堵塞起到了显著效果。非电化及电化移频自动闭塞与机车信号，相继在1975、1976年通过部级鉴定，并在全路推广。1975年，他负责组织技术攻关，解决了电子线路故障导向安全、高温条件下设备不稳定、防雷电干扰以及自动闭塞双机热备冗余技术等，使影响行车的故障率大为降低。

为了满足铁路运输对安全和效率日益增长的要求，罗海涛从1989年开始致力于增加移频自动闭塞的信息量，进一步提高系统的稳定性、可靠性和抗干扰性，开展了多信息集成化移频自动闭塞的研究，解决了集成电路的故障安全和电磁兼容等问题。

由于罗海涛在铁路自动闭塞轨道电路技术方面的成就。1978年荣获全路优秀科技成果一等奖，1991年获国家重大技术装备三等奖及国家七五科技成果奖，1994年获科技进步三等奖。1992年被评为全路优秀知识分子，以及局、院劳动模范、先进标兵、先进个人。

【罗章龙·全国政协委员、中国革命博物馆顾问·在北京逝世】 第八届全国政协委员、中国革命博物馆顾问罗章龙，因病于1995年2月3日在北京逝世，终年99岁。

罗章龙，1896年11月生于湖南浏阳，学名敖阶，字仲言。1912年入长沙第一联合中学。1915年结识毛泽东。1918年4月与毛泽东等发起组织新民学会。同年8月考入北京大学文学院。曾参加五四爱国运动。1920年初参与组织北京大学马克思学说研究会，任研究会书记。同年夏参加李大钊等创建的北京共产主义组织，11月加入北京大学社会主义青年团。1921年后，任中共北京大学支部书记、中国劳动组合书记部北京分部主任、中共北方区委委员。先后参与领导陇海铁路、长辛店和开滦五矿工人罢工斗争，创办并主编《工人周刊》。1923年2月参与组织京汉铁路总工会，是京汉铁路工人大罢工的主要领导人之一。同年6月参加中共三大，被选为中央委员和中央局委员。1924年出席共产国际第五次代表大会，接着又出席了在德国汉堡召开的第四次国际运输工人代表大会，当选为该会中国书记。他先后参加中共第四、五、六次全国代表大会，并被选入中央委员会。曾任铁路总工会委员长兼党团书记。1927年秋任中共湖南省行动委员会执行委员，参与秋收起义的领导工作。此后，曾任中共中央工委书记、全国总工会委员长和全总党团书记。

1931年1月罗章龙被开除出党。1934年后，先后在河南大学、西北大学、华西大学、湖南大学等校任教授。新中国成立后，先后在湖南大学、中南财经学院、湖北大学任教。1979年调任中国革命博物馆顾问。1980年增补为第五届全国政协委员。此后分别被选为第六、七、八届全国政协委员。著有《中国职工运动状况(1928年—1930年)》、《中国国民经济史》，并出版了回忆录《椿园载记》。

【季国安·上海市工业设备安装公司起重安装技师·获中华技能大奖】 上海市工业设备安装公司的起重安装技师季国安，同伙伴多次完成了高难度吊装任务。1995年11月被劳动部授予中华技能大奖。

1992年，季国安带领班组参加金山石化总厂乙烯装置工程建设，由他主持的高压聚乙烯压缩区设备安装，精度要求高，工艺复杂，设备部件重量大，施工条件又差，安装难度高。季国安边组织吊装，边补充完善施工方案，采取了多种措施，保证了设备准确完好的安装就位。在参加上海酒精厂拆建工程时，设备的进厂、拖运、吊装难度都很大，特别是大型干燥机的吊装就位，难度非常大。干燥设备长11.8米、宽3.8米、高5.8米、重84吨，需要安装在厂房中间2.2米高的位置上，而厂房基础已先期施工完毕，选用的200吨起重设备无法到位。面对这些困难，季国安设计出高空吊装、轨道滑移和龙门吊就位的吊装方案，顺利施工，得到建设单位和外国专家的好评。挪威专家在现场观看了吊装全过程，竖起大拇指称赞："虽然中国的起重机械比较落后，但中国工人的技术是世界一流的。"1994 年参加上钢一厂大电炉分厂行车吊装，为了抢时间，争速度，季国安又带领全班起早贪黑，完成 38 台行车的吊装任务，平均两天吊装一台，创造了奇迹。

季国安，1943 年 8 月 4 日生，上海市川沙县人。初中毕业后当起重安装工。他自 1989 年起，连续 4 年被评为公司先进工作者，6 次受到立功表彰。

【季治行（女）·江苏金钥匙集团公司董事长兼总经理·被评为全国优秀女乡镇企业家标兵】　1995 年 5 月，全国妇联和农业部授予季治行首届全国优秀女乡镇企业家标兵称号。

10 余年前担任无锡县长安镇针织厂厂长的季治行，以其精明经营的头脑和脚踏实地的创业精神，狠抓产品质量和科学管理，逐步将一个小厂发展成为金钥匙集团公司。它现拥有 4 个下属企业，其中三个为中外合资、合作企业。面对竞争激烈的市场，作为金钥匙集团董事长兼总经理的季治行，带领员工、科技人员不断开发新产品，其企业主要产品针织内衣的新品种达 500 多种，产品质量曾获 1994 年中国国际妇女儿童用品博览会金奖，并远销 60 多个国家和地区。1993 年实现产值 1.8 亿元人民币，新增固定资产 1800 万元人民币，出口创汇 1200 万美元，实现利税 947.1 万元人民币。该集团是 1993 年全国 500 家最大乡镇企业之一。

季治行，1957 年 5 月生，江苏省无锡市人。中国共产党党员。大专文化水平。曾获无锡市优秀厂长（经理）称号，两次获江苏省乡镇企业家称号。

【季德胜·南阳市公证处主任·被评为全国十佳公证员】　1995 年 12 月 26 日，由司法部组织的第一届全国十佳公证员评选揭晓，河南省南阳市公证处主任季德胜，在人民大会堂领取了奖牌和证书

季德胜，46 岁，河南南阳人，大专文化。他担任公证处主任以来，锐意进取，抓住机遇大胆改革公证体制，制定各项目标管理 23 种计 233 条规章制度，公证业务以年递增 40% 的速度发展。1994 年，他领导的公证处，在全省首家实行由行政机关改为事业单位的改革，经费自收自支。为了拓宽公证领域，季德胜积极向市政府决策部门提建议，并参与市人大、市政府起草了《南阳集体企业承包经营暂行办法》等 3 份规范性文件。

季德胜严格要求自己，作风扎实，工作踏实，以其出色的成绩赢得大家的赞许。他连续 12 年分别被省、地、市评为优秀共产党员，全省司法行政系统先进工作者、廉政建设先进个人、优秀公证员；1989 年荣立二等功 1 次，1990 年他被授予全国司法行政系统劳动模范。他的事迹先后在《人民日报》、《工人日报》、《法制日报》等报刊宣扬过。他领导的公证处也连续 12 年被省、地、市评为先进集体。

【岳成·黑龙江省岳成律师事务所主任·被评为全国十佳律师】　1995 年 12 月 26 日，由司法部组织的第一届全国十佳律师评选揭晓，黑龙江省岳成律师事务所主任岳成，在人民大会堂领取了奖牌和证书。

岳成自 1980 年从事律师工作以来，承办各类案件 1000 多件，担任 40 多家企事业单位的法律顾问，参与办理了在全省乃至全国有较大影响的"大兴安岭火灾案"等 80 多起重大、疑难案件，为企业避免、挽回经济损失 1 亿多元。他模范地恪守职业道德和执业纪律，仅 1993 年 4 月到 1994 年 10 月，就免费办案 30 余件，并在《黑龙江日报》、《生活报》、《黑龙江经济报》和《东方晨报》上开辟了"岳成律师信箱"专栏，义务为人民群众解答法律咨询，受到社会各界的好评。1994 年，岳成在黑龙江省司法厅、《黑龙江日报》社、省律师协会等组织开展的十大优秀律师评选活动中，荣登榜首。他获群众票、律师政法票、专家票三项第一名，最后由 11 位评委对 20 名候选人进行投票表决时，他又是唯一的满票者。这是对他 15 年律师生涯的充分肯定。他成为十佳律师后，给《中国律师》写下自己的感受："诚实、正直、富有同情心，是成功之本。"

岳成，1948 年出生，海伦市人。1980 年初，他从海伦市民政局调入市律师事务所。1983 年 8 月，35 岁的岳成以绥化地区总分第二名的优异成绩考入吉林大学法律系。他背着沉重的家庭负担，苦读 5 年书，攻克了 30 多门课程，还利用业余时间系统地阅读了金融、房地产、证券等经济方面的书籍。1988 年，他作为业务骨干充实到新组建的省经济律师事务所。1993 年 4 月，他辞去公职领办岳成律师事务所，开业仅 8 个月，办案收费总额超过 100 万元。

【岳喜翠（女）·空军航空兵某师副师长

·被评为中国十大女杰】　矢志蓝天，倾心于飞行事业屡建功绩的巾帼功勋飞行员、空军唯一女飞行副师长岳喜翠大校，是中国第三批女飞行员。飞行30年来，先后飞过5种机型，足迹遍及祖国大江南北，多次出色完成紧急空运、军事演习、科学试验、抢险救灾和人工降雨、降雪等重要任务。1978年带领机组到新疆地区，成功地进行了国内首次大面积人工降雪试验，1993年又为保障东亚运动会如期顺利召开，亲率机组到上海，圆满完成人工消雨的试验，填补了中国气象史上的两项空白。后以政治工作负责人和机群三中队长机之两重身份参加某军区组织的大型军事演习，在复杂的气象条件下，取得空投、空降均零秒准时到达的好成绩。自1992年12月起，担任师政治部副主任、副师长以来，仍坚持战斗在飞行第一线。她分管部队的"双拥"工作，所在师和所属6个团级单位连续被当地政府评为"双拥工作"先进单位。1995年在庆祝"三八"国际劳动妇女节前夕，岳喜翠被由全国妇联组织的、有劳动部、人事部、解放军总政治部、全国总工会、团中央、中国科协以及10余家全国性新闻单位参加的评委会评为中国"十大女杰"。

岳喜翠，1948年12月23日生于山东省泰安市。1965年起先后入空军第二预备军校、第一航空学校学习。从事飞行事业以来，她将自己的青春年华和全部的爱，融化在祖国的万里蓝空之中。她如今已安全飞行5500小时，曾立一等功、二等功各一次，三等功5次，被评为空军、军区空军优秀共产党员、空军一级飞行驾驶技术能手、优秀飞行员、特级飞行员、解放军优秀基层干部，全国"三八"红旗手和"巾帼建功"先进个人，并被空军授予"空军功勋飞行员"金质荣誉奖章。是中共第十四次全国代表大会的代表。参加了在北京举行的第四次世界妇女大会。1995年9月，中央电视台播出了取材于岳喜翠真实事迹的电视系列剧《女飞行师长》，深深地激起人们的钦佩之情。

【金山·已故电影、戏剧表演艺术家·获中国电影世纪奖】　1995年12月28日，在北京举行的中国电影世纪奖颁奖典礼上，已故优秀电影、戏剧表演艺术家金山，荣得中国电影世纪奖。这项评奖是为了纪念世界电影诞生100周年暨中国电影诞生90周年，由广电部电影事业管理局、中国电影家协会、中国电影出版社和中共北京市委宣传部联合主办的。

金山，原名赵默，1911年生于江苏吴县，祖籍湖南沅陵。1932年在上海开始接触进步戏剧活动，次年参加"左翼剧联"，创作剧本《流浪者》、《爆裂》等。1935年参加上海业余剧人协会，演出易卜生的《娜拉》、果戈里的《钦差大臣》等舞台剧。1936年组织四十年代剧社，演出话剧《赛金花》等。抗日战争爆发后，参加话剧《保卫卢沟桥》的演出，参与组织上海救亡演剧二队，赴前线宣传演出。1939年率新中国剧团远赴新加坡、马来西亚等地进行抗日宣传募捐活动。1941年在香港主演了话剧《马门教授》。1942年来到重庆，主演了《屈原》、《家》等话剧。他饰演的屈原形象轰动山城，产生极大的社会影响。

金山从1935年起开始涉足影坛，处女作是《昏狂》。次年，又在《长恨歌》、《狂欢之夜》中扮演主角。1937年主演了《夜半歌声》和《貂婵》。他在《夜半歌声》中饰演的男主角宋丹萍以浓郁的悲剧性和强烈的激情，在当时产生极大影响。1947年，他编导影片《松花江上》，歌颂了东北人民的抗日斗争。1959年编导影片《风暴》，并出色地扮演了大律师施洋，真实地塑造了革命知识分子的英雄形象。

新中国成立后，金山主要精力从事话剧创作，在中国青年艺术剧院任导演、院长，并在话剧《保尔·柯察金》中饰保尔，《万尼亚舅舅》中饰万尼亚。他还编导了话剧《红色风暴》，并饰演男主角施洋。此外还导演了话剧《丽人行》、《文成公主》、《上海屋檐下》等。1978年后，金山担任中央戏剧学院院长、广播电视部电视剧艺术委员会主任、中国戏剧家协会副主席等职。1982年7月7日因脑溢血与世长辞。

【金焰·已故电影表演艺术家·获中国电影世纪奖】　1995年12月28日，在北京举行的中国电影世纪奖颁奖典礼上，已故优秀电影表演艺术家金焰，荣获中国电影世纪奖。这项评奖是为了纪念世界电影诞生100周年暨中国电影诞生90周年，由广电部电影事业管理局、中国电影家协会、中国电影出版社和中共北京市委宣传部联合主办的。

金焰，原名金德麟，1910年生于朝鲜汉城，1912年举家迁往中国吉林通化，并入中国籍。1927年到上海，在民新影片公司担任场记；次年加入田汉主办的南国社，在《莎乐美》、《卡门》、《回春之曲》等舞台剧中担任重要角色。1929年回到民新影片公司，主演了第一部影片《风流剑客》。1930年进入联华影业公司，与著名女演员阮玲玉共同主演《野草闲花》。他以朴素、真挚、热情的表演，一洗过去电影男主角那种油头粉面无病呻吟的酸小生气，引起观众瞩目。接着在影片《恋爱与义务》、《桃花泣血记》、《一剪梅》、《共赴国难》、《野玫瑰》等影片中饰演主要角色，逐渐成为影迷倾心崇拜的明星。当时在上海《电声》报组织的“电影皇帝”评选活动中，他获得“影帝”桂冠。1933年以后，他在左翼电影运动影响下，连续主演了《母性之光》、《三个摩登女性》、《城市之夜》、《黄金时代》、《大路》等进步影片。《三个摩登女性》和《大路》是他的代表作。在《三个摩登女性》中金焰饰演一个由沉溺于醉生梦死的“明星”生活，到初步觉醒找到进步生活的青年。《大路》描写了一群怀着抗日救国愿望的青年，参加修筑军用公路，与敌人和汉奸做英勇斗争的故事，歌颂了工人阶级爱国主义的优秀品质。金焰由于参加进步电影的拍摄受到反动派的通辑，直到1935年以后才回到电影厂，拍摄了《浪淘沙》、《到自然去》、《新桃花扇》、《壮志凌云》等影片。抗战爆发后，金焰投身到抗日戏剧中，在《保卫卢沟桥》中饰演重要角色。上海“孤岛”时期他拍摄了《情天血泪》、《武松与潘金莲》、《林冲雪夜歼敌记》等影片。1938年因受日本特务威逼，与王人美被迫流亡香港，后来又辗转到了重庆。1939年参加影片《长空万里》的拍摄，其后演出话剧《罗米欧与朱丽叶》、《孔雀胆》等。抗战胜利后，金焰回到上海，先后主演了《迎春曲》、《乘龙快婿》、《失去的爱情》等影片。新中国成立后，金焰接连拍摄了《大地重光》、《伟大的起点》、《母亲》、《暴风雨中的雄鹰》等影片。1962年以后因病长期休养，1983年12月27日在北京病逝。生前，他曾担任上海电影制片厂艺委会副主任、演员剧团团长等。

【金士尧·国防科技专家·获国家科技进步一等奖】　国防科技大学教授金士尧，主持完成的课题《银河仿真2型计算机(YH—F2)》，获1995年国家科技进步奖一等奖。

金士尧参与领导了许多国家重点工程的科研工作，并被任命为银河仿真2型机总设计师。先后荣立二等功1次、三等功3次，获3项部委级一等奖、5项部委级二等奖、1项国家级一等奖以及光华基金一等奖。在计算机体系结构、多处理机和多机系统关键技术、计算机容错和可靠等领域都有论文和著作。

金士尧，江苏苏州人，1937年9月生，1961年毕业于哈尔滨军事学院海军无线电专业。毕业后留校工作，曾先后担任大学本科生和研究生的若干专业基础课、专业课、学位课的主讲教师，先后指导了30多名硕士生，2名博士后的科研工作。现任国防科技大学教授、中国计算机学会分布计算与固体工程专业委员会副主任委员、容错计算机专业委员会和计算机名词审定委员会全国专委、中国计算机用户协会常务理事、湖南省理事长、国际亚太地区超级计算机指导委员会委员。

【金升烈·湖北天门中学教师·被授予全国先进工作者称号】　湖北省天门中学高级英语教师金升烈，执教25年，在教学实践中摸索出一整套科学的教学方法，所教学生考试及格率、优秀率多年在全省名列前茅。1995年4月29日，国务院授予他全国先进工作者称号。

金升烈，湖北天门人，1950年出生，初中毕业后下放到农村参加劳动。因腰椎损伤回到城镇，以初中生的学历当上了初中英语教师。为了搞好教学，金升烈舍弃了所有的娱乐爱好，刻苦自学英语。几年时间，他靠自学担当了高中英语教学任务。但他不满足。1981年他参加湖北广播电视大学学习。1982年2月，又到省教育学院参加全省首批高中英语教师培训。1984年6月，34岁的金升烈与20岁左右的年轻人同场竞争，考取了沙市教育学院英语系。在两年时间里，除寒暑假外，星期天从不休息，只是如饥似渴地学习。他患了颈椎病，嫌到医院理疗太花时间，就在同学们帮助下搬来砖头，找来木棍，在寝室支起一个土牵引架自己理疗。1991年暑假，省教育学院举办由10名美国学者执教的英语教师强化训练班。金升烈十分珍惜这来之不易的机会，45天时间，他孜孜不倦地向洋老师请教，学到了许多新东西。金升烈就是这样锲而不舍，厚积薄发。他不断地更新和超越自我，被同事们称为活题库、“活字典”、活教科书。在长期的教学实践中，金升烈摸索出了一整套激发学生兴趣、开发学生智慧的教学艺术，这就是：大容量、高密度、快频率、紧结构。课堂上，他通过打比方、讲典故、引用名人名言，讲得生动而活泼。他还根据不同班级、不同内容、不同课程作出相应调整。在同学们眼里，他把一个个看似枯燥的英文字母变成了五彩缤纷的花朵，变成了优美的音符。因此，学生们都欢迎他。多年来，他教过的班学生英语考试及格率、优秀率在湖北省名列前茅。

【金连武·开原市墨尼啤酒公司总经理·被授予全国劳动模范称号】　辽宁省开原市清河墨尼啤酒股份有限公司总经理、党委书记金连武，1979年带领7名下乡知识青年，以一万元固定资产，三千元流动资金起家，建起一个小白酒厂，经过十多年艰苦奋斗，发展成为拥有固定资产5000万，年创利税近2000万、员工达380人的股份制企业。1995年4月29日，国务院授予金连武全国劳动模范称号。

金连武，辽宁开原人，1944年5月5日生。毕业于沈阳农学院函授班果树专科；1979年调至开原农商联合公司工作。在建厂中，他非常重视发挥科技力量，加强对科技人员的培养。带领科技人员创科技新成果三项，总效益达400余万元，成功地解决了酿酒过程中质量稳定问题。该厂产品连获市优、国家名牌等荣誉。他十分关心职工生活，与大家同甘共苦，应得的近20万元奖金，分文不取，坚持同员工走共同富裕之路，深得群众的理解与信任。1992年，他被评为辽宁省特等劳动模范，1993年当选为第八届全国人大代表。

【金岳霖·已故著名哲学家、逻辑学家·纪念其诞辰100周年】 1995年6月26日，是已故著名哲学家、逻辑学家金岳霖诞辰100周年。北京学术界隆重举行各种学术研讨活动。

8月24日，海内外150多位哲学和逻辑学专家、学者在中国社会科学院集会，纪念这位一生从事哲学和逻辑学的教学、研究和组织工作，最早把现代逻辑系统地介绍到中国来的杰出的哲学家和逻辑学家。全国政协副主席、中国社会科学院院长胡绳在书面讲话中指出："金岳霖的重要著作《论道》和《知识论》，把西方哲学与中国哲学相结合，建立了独特的哲学体系。这不但在旧中国哲学界是凤毛麟角，而且在国际哲学界也有一定影响。"汝信、刘言、邢贲思、于光远、丁石孙、张岱年、任继愈等著名学者高度评价了金岳霖对我国现代哲学和逻辑学的发展所做的突出贡献，赞扬他的治学精神和爱国主义情操，提出要认真研究他独特的哲学体系，吸取其中一切合理内核，譬如在哲学研究中所应用的逻辑分析方法，以及"理有固然，势无必至"的辩证思想等等。8月25至26日，有关专家、学者还组织举办了学术研讨会，就金岳霖的学术思想、中西哲学和逻辑学的比较研究以及对21世纪哲学和逻辑学的展望展开了讨论。这期间，金岳霖学术基金会主持编辑出版了《金岳霖文集》，同时举办了第二届金岳霖学术奖评奖活动。中国社会科学院还在该院学术报告厅举办了反映金岳霖生平及成就的图片和书刊展览。

金岳霖，1895年生于湖南长沙市，祖籍浙江诸暨县。早年在清华学堂读书。1914年到美国留学，1920年获哥伦比亚大学博士学位。以后又到英国、德国、法国、意大利等国留学和游历。1925年回国，历任清华大学教授、哲学系主任、文学院院长。全国院系调整后任北京大学教授、哲学系主任，兼《光明日报》哲学专刊主编。1955年奉调筹建中国科学院哲学研究所，后任该所一级研究员、副所长兼逻辑室主任，哲学社会科学部委员、常务委员，国务院学科评议组成员，中国逻辑学会会长、名誉会长，中国逻辑与语言函授大学名誉校长等职。1953年加入中国民主同盟，1956年参加中国共产党。曾当选为第三届全国人民代表大会代表，中国人民政治协商会议第二、三、五、六届全国委员会委员，中国民主同盟中央委员会常务委员。他一生撰写了《论道》、《知识论》、《逻辑》和《罗素哲学》等著作，主编了《形式逻辑》，还在国内外发表了重要论文数十篇。

【金泓汛·经济学家·新著《中国经济圈》出版】 1995年，福建社会科学院亚太经济研究所研究员、经济学家金泓汛的新著《中国经济圈》日文本由日本沙依马尔出版社出版，此书的中译本《中国经济圈的崛起》由炎黄书社出版。在这部著作里，作者提出，中国的对外开放要既开又放，初期以利用外资为主，中期在利用外资的同时应逐步转向对外投资；由中国大陆加港澳台地区逐步形成"中国经济圈"，成为实现"一国两制"的经济基础；亚太地区经济发展的人字形雁行机制是历史的产物，随着亚太地区发展中国家经济的发展，将逐步转变为一字形雁行机制。

金泓汛，1932年出生于吉林图门，朝鲜族。1948年入伍，1958年毕业于中国人民大学农业经济系。曾任福建省计划委员会科长、统计局副处长、厦门大学经济系副主任、福建社会科学院亚太经济研究所所长。1992年到1993年，在日本亚洲经济研究所和东京大学进行客座研究。现任福建亚太经济研究所研究员、《亚太经济》主编。

改革开放以来，金泓汛在国内率先成立了亚太经济研究所，创办了第一家《亚太经济》杂志，对亚太地区经济问题进行了卓有成效的研究工作，获得丰硕成果。十几年来，发表论文100多篇，出版专著10余部，主要有《台湾经济概论》(合著)、《各国对外投资与利用外资的经验》(主编)、《香港金融市场》(合著)、《外向型经济的发展道路》(主编)、《亚洲"四小龙"崛起的奥秘》(主编)、《海峡两岸经贸关系展望》(主编)、《闽台经济关系——历史、现状、未来》(合著)、《预测与政策》(译著)、《台湾的政治转型——从蒋经国体制到李登辉体制》等。

金泓汎兼任多种学术职务，如中国太平洋经济合作委员会委员，中国国际经济关系学会、中国亚太学会和中华日本学会的常务理事，全国台湾研究会和港澳经济研究会理事，福建省台湾研究会和对外经济关系研究会副会长等。

【金浪川·电厂厂长·被评为第六届全国优秀企业家获金球奖】　东北电业管理局副局长、华能国际电力开发公司副总经理、华能大连分公司（电厂）经理、厂长金浪川，1989 年 12 月任职后，率先在华能国电系统采用安全生产经营承包的经济手段和应用厂内银行机制促进了生产经营，劳动生产率和人均利润额大幅度增长，1995 年 11 月 28 日，实现连续安全生产 5 周年，创国内火电厂最高纪录。1995 年完成发电量 39.2 亿千瓦时，实现利润 2.4 亿元。同年 3 月 22 日，金浪川被评为第六届全国优秀企业家，获金球奖。

金浪川坚持从严治厂，提出了一套以预防为主，以确保电力生产安全第一的办法。主要有建立以安全监察和五大技术监督为主的组织保证体系；建立科学和设备预知定检的技术保证体系；建立以提高人员素质的人才保证体系，确保了长周期安全生产。他坚持以提高经济效益为中心，运用经济杠杆和市场经济规律，不断加强经营管理工作，狠抓了电价、电量、供电煤耗和燃料工作，使 1995 年的经济效益比 1994 年有很大提高，供电煤耗完成 321 克/千瓦时，完成劳动生产率 50 万元/人·年。

在管理方面，金浪川突出抓了计算机管理为标志的管理现代化工作，建立了安全、设备、生产、人事、财务五大计算机系统，系统之间实现了数据共享。对软件进行了多渠道开发，建立了一套现代化管理模式。被电力部授予全国唯一的一个国际一流火力发电厂。

金浪川，1943 年 5 月 25 日生，江苏省苏州市人，大专文化水平。1962 年 9 月参加工作，历任大连第二发电厂技术员、第三发电厂工程师、大连发电总厂厂长、东北电业管理局副局长，1993 年荣获辽宁省“五一”劳动奖章和优秀企业家称号。

【金超群·台湾影视剧演员·主演《包青天》获“金钟奖”最佳男主角奖】　台湾影视剧演员金超群，因在 236 集电视连续剧《包青天》中出色地饰演了男主角包拯，于 1995 年 3 月 25 日获得台湾第三十届电视剧“金钟奖”最佳男主角奖。

长篇电视连续剧《包青天》，以民间传说中北宋时的名臣包拯秉公执法、敢于同丑恶势力进行斗争，敢于伸张正义、扬善抑恶的故事，找到了历史和今天的契合点，体现出人民的意愿，引起了广大观众的关注和共鸣，在台港和大陆都产生了强烈反响。金超群塑造的包拯形象形神兼备，既有严肃、刚正不阿、正义凛然的一面，也有仁慈善良的一面。他的表演得到观众的认同。

金超群，满族人，1951 年生于台湾，原籍北京市。高中毕业后，进入台湾政治作战学校影剧系学习。毕业时以成绩第一名留校任教。1977 年进入中华电视公司当演员，参加演出的电视剧有《吾土吾民》、《春望》、《谍海风云》、《天若有情天亦老》、《神童》、《爸爸万岁》、《四千金》、《秋蝉》、《守着春光守着你》、《杨贵妃》、《岳飞》等。前几年，他在电视剧《京城四少》饰演阴险狡诈、心狠手毒的古庆三，夺得台湾电视剧“金钟奖”最佳男主角桂冠。他还在《天师钟馗》、《六个梦》扮演主要角色。并在《新包青天》、《七侠五义》、《碧血青天杨家将》中再次饰演包公形象。

【金雅丽（女）·北京吴裕泰茶庄经理·被评为北京市劳动模范】　被顾客誉为“茶博士”的北京吴裕泰茶庄经理金雅丽，1995 年被评为北京市劳动模范。

金雅丽，1953 年 7 月 29 日生于北京，满族人，1970 年中学毕业后参加商业工作，1984 年加入中国共产党。她 25 年如一日，一贯热爱本职工作，积极钻研业务技术，热情周到地为顾客服务，虚心向老师傅学习技艺。80 年代初，她被吴裕泰茶庄的老一辈传人、北京市茶界高级技师张文育收为徒弟，开始学艺生涯。经营茶叶是个技术活，它讲究自采、自窨、自拼，即从采购、窨花到拼配茶叶一条龙作业，要求经营者既要深谙茶道，又要了解全国茶叶产区的行情。为掌握好这门技术，每次配制茶叶前，她都要开出几个方子，反复品尝，有时为开好一个拼单，一天要品几十种茶叶。尤其到进货旺季时，一天就要品四五十种。一天下来头晕、恶心，吃不下饭，睡不着觉。这样十几年，她终于基本掌握了一整套茶叶技术，只须一品一看，便可对茶质优劣，窨花程度了如指掌。凡经过她品过的茶，其香型、条形、坯质都熟记在心，待拼配时，即可按各类茶叶的质地取长补短，拼配出色、香、味俱佳的各档茶叶。顾客称赞她是名副其实的“茶博士”，吴裕泰茶庄新传人。

金雅丽 1991 年正式接任茶庄经理后，茶庄连年获市级先进企业称号，效益在北京市同行业中位居榜首，名声越来越大，买卖越做越红火。茶庄年利润总额已突破一百万元，人均创利十万元，四年经济效益翻了一番。她因此被评为北京市全国立功竞赛标兵，市二商局优质服务标兵，优秀共产党员，并多次获得北京市业务技术大赛茶叶项目操作能手等称号。

【周罡·广州芭蕾舞团青年演员·在全国舞蹈比赛中夺取一等奖】　1995年5月，广州芭蕾舞团优秀青年演员周罡，在广州参加由文化部和中国舞蹈家协会共同主办、广东省文化厅承办的第三届全国舞蹈（单、双、三人舞）比赛中，以干净利落的舞姿，娴熟细腻的表演，深刻地塑造了《化蝶》、《巴赫塔》之人物形象，获得芭蕾舞表演一等奖。

周罡，曾用名邹罡，祖籍辽宁省复县，1972年2月5日生于沈阳市。国家一级芭蕾演员。幼年受从事歌唱演员的父母影响，不仅具有很好的乐感而且养成了刻苦要强的性格。1984年考入北京舞蹈学院附属中等舞蹈学校，后入北京舞蹈学院芭蕾舞系。在校期间由于勤奋好学，练就了一套扎实的基本功。1991年毕业后，先后在辽宁芭蕾舞团、中央芭蕾舞团任演员。1994年到广州芭蕾舞团工作。四年来，主演了《孔雀胆》、《天鹅湖》、《吉赛尔》、《巴赫塔》、《胡桃夹子》、《无益谨慎》、《葛蓓莉娅》、《海盗》、《雷蒙达》、《化蝶》、《拉赫曼尼诺夫钢琴第二协奏曲》、《艾丝朱拉达》等中外芭蕾舞剧和双人舞。曾获第三届全国艺术院校“桃李杯”舞蹈比赛青年组二等奖、广东省舞蹈比赛芭蕾舞青年组第一名、日本大阪第六届国际芭蕾比赛特别奖。参加过法国、菲律宾和香港地区举办的国际艺术节的演出活动。其间在随中央芭蕾舞团赴台湾地区演出中，其表演的双人舞《艾丝米拉达》，受到当地报界和广大观众的热情赞扬，称其“技惊四座”、“令全场观众震惊”……。

【周游·新闻出版家·在北京逝世】原中华全国新闻工作者协会书记处书记、北京日报创始人之一、首任北京日报总编辑、原人民文学出版社党委书记兼副社长周游，1995年1月29日在北京逝世。

周游，1912年生于江西泰和。1935年用夏得齐的名字考入北平燕京大学新闻系学习。他参加了著名的“一二·九”学生运动，后又参加了抗日民族先锋队和左翼作家联盟。“七七”事变后奔赴延安，1938年加入中国共产党。

解放前，他曾任晋察冀军区司令部军事报道股股长、石家庄日报编委、采访部主任、北平军管会新闻处处长。在此期间，他所写的战地通讯《冀中宋庄之战》和《安平事件真相的调查报告》，曾多次被选入各种版本的通讯特写选，在读者中产生了很大影响。

全国解放后，周游曾任北京人民政府新闻处处长、首任北京日报总编辑兼副社长、北京出版社社长、中华全国新闻工作者协会书记处书记、北京市政协常委，1986年离休前任人民文学出版社党委书记兼副社长。

【周璇（女）·已故电影表演艺术家·获中国电影世纪奖】　1995年12月28日，在北京举行的中国电影世纪奖颁奖典礼上，已故优秀电影表演艺术家周璇，荣获中国电影世纪奖；其主演的影片《马路天使》获“中国电影90年优秀影片奖”10部影片之一。这项评奖是为了纪念世界电影诞生100周年暨中国电影诞生90周年，由广电部电影事业管理局、中国电影家协会、中国电影出版社和中共北京市委宣传部联合主办的。

周璇，原名周小红，1918年生于上海。因家庭贫寒出生后就被父母遗弃，由周姓妇女收养。12岁时进入联华歌舞班习艺，1931年秋加入黎锦晖主办的明月歌舞团，该团解散后，加入新月歌剧社。由于她聪明好学，嗓音优美，很快在歌唱方面显露头角。她演唱或录制的歌曲在当时广为流行。在上海各电台联合举办的歌星比赛中，周璇名列前茅，被评为上海十大歌星之一，以此声名大噪，被誉为“金嗓子”。1935年，周璇加入上海艺华影业公司，开始了电影演员生涯，在《花烛之夜》、《喜临门》、《风云儿女》、《狂欢之夜》等影片扮演重要角色。1937年与赵丹合演《马路天使》，她扮演歌女小红。影片通过对生活在三十年代社会底层人们的苦难生活和悲惨命运的真实描绘，歌颂了他们纯真、善良、互相帮助和勇于自我牺牲的高贵品质，尖锐地抨击了欺侮压迫人的社会黑暗势力。周璇深刻地体味角色的心灵和性格，维妙维肖地掌握了镜头的分寸感，成功地塑造了一个丰满而具有魅力的典型小歌女的艺术形象，从此成为最受广大观众欢迎的电影明星之一。抗日战争爆发后，她参加了大型话剧《保卫卢沟桥》的演出。1937年底随上海剧艺社去菲律宾马尼拉演出。1938年回到上海，加入国华影业公司，先后主演了《孟姜女》、《李三娘》、《新地狱》、《七重天》、《董小宛》、《三笑》、《孟丽君》、《西厢记》、《夜深沉》、《黑天堂》、《天涯歌女》、《梦断关山》等十几部古装影片，由于繁重的拍片、老板的施压和婚变压力，对她的精神造成极大戕害。1946年周璇来往于香港上海之间，拍摄了《长相思》、《各有千秋》、《莫负青春》、《歌女之歌》、《花外流莺》、《夜店》、《忆江南》、《清宫秘史》等影片。在《忆江南》中周璇一人兼饰两个角色，把善良质朴的农村姑娘谢黛娥和娇惯泼辣的香港小姐黄玫瑰，演得各具特色，充分显示出她的表演才能和技巧。1948年在香港拍片时，由于被流氓威胁和被丈夫虐待、欺骗，悲愤交集，致使精神失常。在朋友的关怀下，她于1950年回到上海。不久在拍摄影片《和平鸽》时精神病突发，从此不能工作。1957年9月22日因患脑炎抢救无效逝世。

【周大新·作家·中篇小说《向上的台阶》获奖】 军旅作家周大新创作的中篇小说《向上的台阶》，1995年荣获第五届《十月》文学奖和《小说月报》第六届百花奖第一名。他的散文《辉煌》获江苏省第二届报刊优秀文学作品奖。1995年，他还发表了中篇小说《瓦解》、短篇小说《释放》和《会晤站》等。

周大新，1952年生于河南邓县。1970年入伍，当过战士、班长、排长、副指导员、济南军区宣传部干事。1983年考入解放军西安政治学院，毕业后又进入北京鲁迅文学院进修。他于1988年加入中国作家协会，曾为济南军区政治部创作室专业作家，现为解放军总后勤部文化部创作室专业作家。1979年他开始发表作品，至今已发表长篇小说、中篇小说、短篇小说和散文、报告文学作品300余万字。其中短篇小说《汉家女》和《小诊所》获全国优秀短篇小说奖。根据其短篇小说《汉家女》改编成的同名电视剧获"飞天奖"；根据其中篇小说《香魂塘畔的香油坊》改编成的电影《香魂女》，在柏林第43届国际电影节上获金熊奖。

【周久才·阜新橡胶总厂厂长·被授予全国劳动模范称号】 阜新橡胶总厂厂长、党委书记周久才，大胆改革，锐意进取，带领全厂1700多名职工走出了一条具有阜橡特色的成功之路。使企业由一个全国同行业排名第六十几位的小厂，发展成产值超亿元的利税大户，成为同行业的排头兵。他也先后荣获全国"五一"劳动奖章和省劳动模范，省思想政治工作先进个人等称号。1995年4月29日被国务院授予全国劳动模范称号。

1986年，周久才调到阜新橡胶总厂任党委书记。1987年企业实行全员租赁，他以百分之百的选票当选为厂长。但资金、能源、原材料和市场疲软等重重难题困扰着他。上任后，他没有发表鼓舞人心的施政演说，而是一头扎进了车间，了解掌握工厂各个环节和职工状况，摸清企业的脉搏，他响亮地提出用名牌产品开拓市场，用新产品开辟市场，用优质服务巩固市场的经营战略。

首先他组织科技人员开发新产品，不断提高老产品档次，同时加快技术改造步伐，以保证产品的先进性和竞争性，先后进行技改项目12个，形成五大系列产品，畅销全国50多家大企业。以科技兴企，使企业后劲和实力越来越强。

为了把原有适应计划经济体制的企业内部机制，适应社会主义市场经济体制的要求，在厂内实行了市场机制，使车间之间、车间与部门之间变成买卖关系。通过厂内银行进行结算，依据厂内价格来完成企业内部经营活动，充分调动了职工的积极性；并坚持依法治厂，使企业全面走向科学化、法制化的轨道，被化工部评为"六好企业"。

周久才廉洁自律，在利益面前不伸手。他十分关心职工的生活。在基本解决职工住房同时，修建食堂、托儿所、图书馆等福利设施，他以求真务实的改革精神和强烈的事业心赢得了全厂职工的支持和信任，企业经济效益连续九年均以30%以上幅度递增。1995年上半年，企业利润、产值、利税均为全国同行业第一。

周久才，1949年12月生于辽宁阜新，大学本科毕业。1968年参加工作，1973年加入中国共产党。曾任阜新市燃化局副局长，阜新市化工四厂厂长兼书记。

【周凤玲（女）·平凉市人民法院院长·被授予全国法院模范称号】 1995年12月14日，甘肃省平凉市人民法院院长周凤玲，被最高人民法院授予全国法院模范称号。

周凤玲，48岁，大学文化。她在法院已工作了23年，干过打字员、会计、秘书、办公室主任、副院长，1992年12月任院长后，大胆起用年轻干部，优化组合审判力量，并把大部分新提拔的庭长充实到条件艰苦的农村法庭和任务繁重的庭室，使工作发生了显著变化。尤其是工作一度被动的农村法庭和执行庭，工作面貌很快有了起色。峡门法庭过去年办案数不到40件，老百姓告状找不到人。新任庭长带领干警走出法庭，巡回办案，当年办案95件，解决了持续多年的告状难问题。新任的执行庭庭长团结全庭人员，敢啃硬骨头。1994 年全庭共执行案件 352 件，执行率为 80.4%，执行标的额比上年上升 200%。

周凤玲还注重制度管理。1992 年初她就主持制订了本院《目标管理岗位责任制》，之后又陆续制订了《办案人员与当事人双向监督制度》、《案件评查制度》、《廉政建设制度》等，并从人民代表、政协委员和人民陪审员中聘请 6 名廉政监督员，使法院的每一项工作和干警的职业行为都规范在严格的制度之中，上至院长，下至每一位干警，有功则奖，有过则罚，使该院清廉执法，秉公办案蔚然成风，办案数量和质量都有明显提高。平凉市大多数企业背负着沉重的“三角债”包袱，87 个单位中债权将近 5000 万元，其中债权在 100 万元以上的单位就有 15 个。周凤玲和其他院领导亲自披挂上阵，分领兵马，主动出击，广开案源，并改革审判方法，实行“一步到位”开庭法，加快了办案速度。1994 年，全院审结各类经济纠纷案件 853 件，审结率为 98.9%，为企业挽回经济损失 1992.2 万余元，使一些濒临倒闭的企业又得以重振元气。

20 多年来，周凤玲 12 次被评为单位的先进工作者，2 次被评为市政法系统先进工作者，1988－1994 年，连续 7 次被市委评为优秀共产党员，荣立过二等功 2 次，1994 年被评为省十佳法官，1995 年被收入全国总工会编辑出版的《中国女职工风采大型画册》。

【周玉兰（女）·公主岭市公证处主任·被评为全国十佳公证员】　1995 年 12 月 26 日，荣获由司法部组织评选的第一届全国十佳公证员称号的吉林省公主岭市公证处主任周玉兰，在人民大会堂领取了奖牌和证书。

周玉兰，1953 年 12 月 11 日出生，辽宁省盖县人，大专文化，1975 年 8 月加入中国共产党。她高中毕业后曾下过乡，先后任集体户长、村妇联主任、村党支部书记、乡党委副书记等职。1981 年开始从事公证工作。10 多年来，她自学了 10 多部法律、法规和业务知识，写下了 30 多万字的读书笔记。她对常用的法律条文不但牢记在心，而且运用自如。她撰写的《论遗赠抚养协议公证应注意的几个问题》论文，被省法学会和公证协会颁发二等奖；公证员业务考试获全省第一名。1993 年，她被授予高级公证员职称，并被提升为公主岭市司法局副局长职务。

周玉兰办公证特别认真。她办理各类公证 13480 件，所有公证卷宗都是封面干净、文字清晰、证明材料无懈可击，均符合国家规定的公证程序和办证标准，合格率 100%，而且无一差错。她对不该办的假证，不管当事人是谁，也不管当事人提出给多少好处，一概坚决不办。这方面的事很多，吉林省《党的生活》杂志、《吉林日报》、《吉林法制报》等相继刊载过。

她连续 11 年被评为市先进工作者，4 次被吉林省司法厅记一等功，2 次被授予吉林省优秀公证员称号，2 次被评为全国司法行政系统先进工作者，公证质量评比先进个人，1 次被评为全国司法行政系统劳动模范，2 次参加全国司法行政系统英模报告团，先后到 15 个省市进行巡回报告。

【周玉麟、李晓云（女）·领导中科院兰州沙漠研究所延津试验站·获杰出科学成就集体奖】　1995 年 5 月 16 日，香港“求是科技基金会”杰出科学家、杰出科技成就集体奖颁奖大会在北京举行。国务委员、国家科委主任宋健在大会致词并颁奖，以周玉麟为站长、李晓云为副站长的延津试验站获杰出科学成就集体奖。

周玉麟，江苏镇江市人，1939 年 9 月生，1964 年毕业于南京农学院，1965 年分配到中科院地理研究所沙漠研究室工作，并随单位迁至兰州。多年来一直工作在贫脊的沙漠地区。1988 年到河南省延津县创建治沙试验站，承担黄淮海地区沙丘综合治理与开发任务。延津县沙丘占全县总面积 48%。土地贫瘠，人民穷苦，在极困难条件下，周玉麟带领全站人员艰苦创业，首创沙漠所沙丘农业开发由科研型向经营型转变的模式，逐步形成了试验——示范——推广——向全县及外地农村辐射的格局。他长期在野外工作，带病战风沙，每天工作 12 小时以上，经过 1988—1995 年八年奋战，已在沙丘建立试验及生产性示范果园 53 公顷，引进果树品种 127 个，都已硕果累累。实行果粮间种，每公顷产量达 4500 公斤。还帮助河南、山东等省建立沙荒地果树栽培示范村 10 个、果树育苗基地 1 个。1989—1994 年累计，周玉麟领导示范区获得 205 万元土地开发性收入，积累 170 万元的固定资产。周玉麟先后主持完成 10 多个科研项目，获省部级科技成果一等奖、二等奖 3 次，发表科研论文 20 多篇。

李晓云，陕西榆林人，1945 年 7 月生，1963 年毕业于甘肃农业大学，1988 年到兰州沙漠研究所延津试验站工作，协助周玉麟为黄淮海平原沙丘综合治理作出重大贡献。她刻苦钻研果树栽培与育种理论，经实地考察撰写出版了《豫北黄河故道风沙区果树发展潜力探讨》等 10 多篇论文。赴日本考察引进桃和苹果的优良品种，并转引到北京、上海、南京及东北等地栽培成功。她在试验区内规划并建起了含32个品种的百亩桃园、含61个品种的百亩苹果园、含8个品种的葡萄园、含22个品种的梨园、4个品种的杏园，使沉睡多年的沙丘，变成瓜果满园的绿洲。她从国内外引进127个果树品种中精选20个优良品种，直接推广面积达3万亩，建立良种繁育基地500亩，育苗80多万株，除河南省外，还推广到山东、甘肃、宁夏、陕西、东北等地，栽培面积达10多万亩以上。她主持参与的科研课题获黄淮海开发二等奖，她多次被中科院、黄淮海平原综合开发领导小组评为先进个人，并获"环保妇女50优"称号。

【周后元·化学药品合成专家·当选为中国工程院院士】 1995年7月7日，中国工程院公布了新当选的院士名单，上海医药工业研究院研究员周后元，当选为中国工程院医药与卫生学部院士。

周后元，1932年生于湖南衡阳，1956年毕业于沈阳药科大学制药系后，拖着因小儿麻痹症致残的双腿，蹒跚地走进上海第三制药厂工作。1957年进入上海医药工业研究院化学合成室，埋头攻关，独立思考，大胆尝试，创中国化学药品合成新路，为他插上了翱翔化学制药工艺领域的翅膀。

周后元40年来长期从事药物合成研究工作，先后负责糖精、维生素A，环已亚硝脲及卡氮芥、维生素B_6和萘普生等重大产品的合成研究和工业化工作，作出了显著成绩。1986年先后获上海市劳动模范、全国医药系统劳动模范称号。1994年获吴阶平医药研究、保罗杨森药学研究二等奖。培养博士研究生1名，硕士研究生1名。研究成果获国家级、部级奖4项。1961—1964年负责研究维生素A工业合成研究，在工业上得到结晶性维生素A，使我国维生素A实现了工业化生产，接近国际水平，获国家科委二等奖。1979—1984年负责维生素B_6恶唑合成新工艺研究，避开了已有的专利权项，其合成法赶上了国际先进水平，已成为我国维生素B_6生产的通用方法，仅新亚药业公司利用此法生产维生素B_6的产量居世界第二位，获国家发明三等奖，此项成果1991年还获国家专利局中国专利优秀奖。

单维生素B_6一项，年创利1000万元以上，可这套生产工艺的创造者周后元依旧是粗茶淡饭。他说："一套新工艺的最后完成，包含着制药厂领导、技术人员和工人们的贡献，我们只是分工不同。摆正自己的位置，有助于集思广益，协力攻关。"

【周志炎·古植物学与地层学家·当选为中国科学院院士】 1995年11月6日，中国科学院公布了新当选院士名单，中国科学院南京地质古生物所研究员周志炎，当选为中科院地学部院士。

周志炎，上海市人，1933年生。他长期致力于古植物学及相关地层研究，尤以对中生代裸子植物与蕨类化石的研究见长。已发表专著4本，论文约80篇，其中不少是国际先进和领先水平的成果，如有关中生代银杏目化石的系统研究和全面探讨，被国际同行誉为是该领域具有里程碑意义的科研工作，为国内外最新的古植物教科书及专著广为引用。在此之前，早年参加与合作完成的"中国各纪地层"与"中国各门类化石"和60—70年代主持进行的东北、中南等地含煤地层及古生物的综合研究，也取得不少重要成果。80年代以来，更着重于古植物的生物学研究，率先在我国古植物研究中应用扫描、透射电镜和超薄切片等技术，以及应用支序学说和顶枝学说等理论探讨古植物的系统发育、整体重建和异时发育等问题，将学科研究推向了一个新的领域。近几年，参加合作有关南极地区和西藏的中、新生代植物研究，已发表数篇重要论文。曾获全国科学大会奖，中国科学院重大科技成果奖，国家自然科学奖二等奖，中国科学院科技进步奖三等奖，中国科学院自然科学奖一等奖，印度Birbal Savitri Sahni基金会Birbal Sahni(1995年)百年纪念奖。

【周坤仁·中将·任解放军总后勤部政委】 1995年7月，中央军委任命周坤仁为解放军总后勤部政委。

周坤仁，1937年9月生。江苏省丹阳县人。1956年3月参加中国人民解放军。曾任东海舰队护卫支队"开封"舰艇军医、副政委，"洛阳"舰艇政委，护卫舰大队副政委、政委，东海舰队政治部干部部副部长。1980年毕业于解放军政治学院。后任海军登陆舰支队副政委、潜艇支队政委，东海舰队政治部副主任、主任、海军政治部副主任。1990年入国防大学学习。后任南海舰队政委。1992年任海军副政委。1993年12月任海军政委。1995年7月任解放军总后勤部政委。1988年9月被授予少将军衔。1993年7月晋升为中将军衔。

【周国兴·古人类学家·为控诉日军侵华罪行披露大同"万人坑"调查实录】 在纪

念抗日战争胜利 50 周年时，为驳斥日本文部省关于“万人坑既没有进行研究也没有载入历史词典”的谬论，1995 年 7 月 14 日《北京日报》公布了人类学家周国兴教授主持撰写的“关于大同万人坑的清理与研究实录”的报告，以铁证如山的事实揭露了日本侵略者屠杀中国人民的滔天罪行。

山西大同煤矿是日军侵华时疯狂抗夺之地，成千上万的民众被抓走当劳工，日军实行“以人换煤”的血腥政策，许多矿工惨死井下，日军对矿工成批屠杀。仅在大同煤矿尸骨成堆的“万人坑”就有 14 外。周国兴曾在 1966 年 12 月～1967 年三月，参加对大同万人坑进行的查证和清理。他们根据人体解剖学鉴定，尸骨伤痕累累，不少是被拷打摧残后惨死的。矿工工资单、食券等实物则证明，中国矿工受到日军极度盘剥，除了每天凭食券领几个窝窝头外，几乎没有一分钱工资。血泪斑斑的事实，对日方否定侵略和掠夺是有力的批驳。

周国兴，江苏南通市人，1937 年 9 月生，1962 年毕业于上海复旦大学生物系人类学专业，分配至中科院古脊椎动物与古人类研究所工作。1979 年到北京自然博物馆任总工程师、研究员。他参与主持的“元谋第四纪地质与古人类”研究课题，获地矿部科学技术成果一等奖。该课题对元谋人的研究，将中国史前文化由北京人距今 50 万年，一下推前 100 多万年，史前文化的开端已确认为 170 多万年。在国家自然科学基金资助下，他领导 6 个单位的专业人员赴柳州白莲洞从事石器时代遗址的研究工作，经过反复考察，公布了该洞连续堆积层 25 个年代数据，为国内仅有；他们将 5 个文化层划为三期，探索了旧石器文化如何过渡到新石器时代文化的奥秘，从而解决了半个世纪以来南方中石器时代存在与否的悬案，科学论证了我国南方中石器时代存在的客观性。1994 年在白莲洞召开国际学术会议，上述论断受到国内外学者的首肯与赞扬。

周国兴积极倡议和参与创建了许多专业性博物馆，如参与创建柳州白莲洞洞穴科学博物馆，集趣味性、娱乐性、科学性为一体，被誉为科研基地、科普课堂和旅游胜地。

周国兴以为人类起源与发展为题材，发表了 18 本科普著作，中国科普作协第三次全国代表大会审评他为成绩突出的科普作家。不少作品获奖和被国外翻译出版。

【周国治·北京科技大学教授·当选为中国科学院院士】　1995 年 11 月 6 日，中国科学院公布新当选的 59 位院士中，北京科技大学教授周国治当选为中科院技术科学部院士。

周国治，广东省潮阳县人，1944 年生，1966 年毕业于北京钢铁学院钢铁冶金专业，后留校任教。历任助教、讲师、副教授、教授、博士生导师。1979—1982 年作为访问学者在美国麻省理工学院进修。他长期从事热力学教学与科研工作，提出了计算三元系和多元系热力学性质的简便方法，导出了变通 Gibbs～Duhem 关系式的最普遍形式，解决了特殊区域和两相区边界活度的计算问题；基本解决了由各类相图计算活度的问题，研究出了三元系溶液模型。还提出用以判断和估算化合物生存自由能的氧位递增原理；提出考虑范德华力的模型，解释了生物化学中快速反应的整个物理过程和带电离子反应的实验现象。其研究成果获国家教委科技进步二等奖。出版专著 1 部，发表论文 20 多篇。被国家科委批准为有突出贡献的中青年科技专家。

【周国泰·科技实业家·获第二届军转民优秀企业家金奖】　人民解放军总后勤部军需装备研究所副所长、国防军需科技开发部总经理周国泰，经过七年的艰苦创业，闯出一条科研与开发相结合，以科研促开发，以开发养科研的新路子，经济效益连年递增。1988 年科技开发部成立时，只有两台缝纫机，现已发展为五个实验厂，年产值近两亿元，七年累计上交利润 7000 多万元。1995 年 12 月 20 日，周国泰荣获第二届中国军转民优秀企业家金奖。

周国泰，1949 年 8 月生，吉林省镇赉县人。1975 年毕业于中山大学化学系后，一直在总后军需装备研究所工作，先后任技术员、助理工程师、工程师。他深知搞科研、完成现代化的实验手段需要大量资金，仅靠上级拨款是远远不够的。1988 年，他带领 6 位战友成立了科技开发部，在保证完成军用科研、生产任务的前提下，凭借军需所军品科研成果得天独厚的条件，把研究石油战线急需的“抗油拒水防护服”作为科技开发的突破口。经过反复试验，终于研制成功一种透气不透风，御寒、不渗水、不渗油的油田工作服，各项指标经鉴定均达到世界先进水平，现已装备到全国十几个油田，并扩大到煤矿、机械和交通等系统，被工人们称为“爱民服”。这项成果于 1993 年获国家劳动部防护科技进步一等奖。

几年来，周国泰在科技开发中坚持不断创新，在一种新产品开发推广后，立即投入开发它的第二代、第三代产品,使之成龙配套。他们相继开发出阻燃工作服、防静电工作服等系列产品,又推出54式防弹背心、90防刺背心等系列防护产品,填补了开发领域的空白,很快占领了市场,创造良好的社会效益和可观的经济效益。他们利用科技开发的收入以独资、合资、租赁办厂和选定点厂的方式,创建了从化工、染料、织物印染、特种服装试制,服装服饰试验等五个直属实验厂,有力地保证了科研成果的中试,生产开发和产品批量生产,加速了科研新成果、新产品向生产力的转化,也为科技开发工作注入了活力和发展后劲。他们的成果多项获得了国家科技进步一等奖、二等奖,军队科技进步一等奖。

周国泰以他在科研、开发和生产经营中的卓越贡献,多次受到表彰。他荣立二等功两次,三等功两次,国家科技进步一等奖、二等奖各一次,1990年和1992年,先后荣获第二届全国科技实业家创业奖银奖、金奖。

【周建南·原机械工业部部长·在北京逝世】　原机械工业部部长、中共中央原顾问委员会委员周建南,因病于1995年6月28日逝世,终年78岁。

周建南,1917年11月生于江苏宜兴。上海交通大学肄业。1937年赴延安,1940年6月加入中国共产党。曾任中央军委三局通讯学校教员,后在重庆从事党的秘密工作。1941年入延安中共中央党校学习。曾任陕甘宁边区保卫处二科社会调查组组长、甄别工作组组长。1946年后任东北军区军工部直属二厂工程师、厂长。新中国成立后,先后担任东北人民政府工业部电工局副局长、局长,第一机械工业部电工局局长、部长助理,电机工业部部长助理,第一机械工业部副部长,国家进出口委员会和国家外国投资管理委员会副主任,机械工业部部长。当选为中共第十二届中央委员。1985年8月退出行政领导一线后,先后任中央财经领导小组顾问、中共中央顾问委员会委员等职。

周建南是新中国电工行业的奠基人之一,为建立新中国电工行业的生产和科研体系以及国防工业建设作出了贡献。

【周耀庭·乡镇企业家·创出国内外畅销的"红豆"名牌服装】　江苏无锡"红豆"集团董事长周耀庭,领导企业创出名牌"红豆"服装,其中"红豆"衬衫成为中国1995年名牌衬衫,"红豆"西服成为中国1995年国内外最畅销的西服。红豆服装年销量1995年达到10亿元。1995年5月22日下午,中共中央总书记江泽民等党和国家领导人在上海召见江浙沪二省一市主要领导人和12位企业家座谈。江苏无锡"红豆"集团董事长周耀庭作为乡镇企业的唯一代表出席了座谈会,并作了发言。

周耀庭,1943年3月生,江苏无锡人。60年代到80年代初,在大队当过大队长、公社干部、大队书记。苏南乡镇企业异军突起之后,他率先发展乡镇企业,1983年起任太湖针织制衣总厂厂长、党支部书记。他领导创出名牌"红豆"服装,使太湖针织制衣总厂发展为"红豆"集团,他任董事长、总经理。"红豆"集团现拥有8大分公司,64家工厂,7000多名员工,其中各种科技人员1000名,总资产5.1亿元,名列全国500家最佳经济效益乡镇企业的前列。

他从实践中认识到:乡镇企业在完成一定的积累之后,规模经营是一条大发展的必由之路。因此,1992年起,他组建了江苏省第一家省级乡镇企业服装集团公司,"红豆"集团迅速发展成为我国生产规模最大、品种系列最全的名牌服装集团公司,年产"红豆"西服、衬衫、羊毛衫、领带、时装、皮件、内衣、童装等1000多万件。"红豆"集团在国内外市场的激烈竞争中,获得了每4年增长10倍的高速发展。产销额1983年63万元,1987年1000万元,1991年1亿元,1995年达到10亿元。

周耀庭认为,目前乡镇企业普遍面临着又一次重大转折:突破自己,克服内部弱点,深化体制改革。"红豆"集团制订了进入21世纪的奋斗目标:创世界服装名牌、超百亿产销规模。

周耀庭1991年荣获农业部"全国乡镇企业家"称号,1993年当选为江苏省第八届人大代表,同年被聘为无锡市轻工业大学兼职教授,1994年获农业部"全国优秀乡镇企业家"称号,同年9月获得"中国民营企业家"称号。

【迪丽娜尔·阿不都拉(女)·维吾尔族青年舞蹈家·获文华表演奖】　1995年3月,新疆维吾尔自治区歌舞团青年舞蹈演员迪丽娜尔·阿不都拉,因在大型民族音乐舞蹈《天山彩虹》"绿洲欢歌"中担任的领舞,以其鲜明独特的风格和强烈的艺术感染力的表演,获文化部第五届文华表演奖。同年6月,在由文化部艺术局、民族文化司、国家民委文化宣传司、中国舞蹈家协会、新疆维吾尔自治区文化厅联合主办的"迪丽娜尔舞蹈晚会"上,以精湛的舞艺、鲜明的个性表演了维吾尔族、塔吉克族、哈萨克族、朝鲜族及古代新疆的龟兹等共7个独舞、1个双人舞、2个群舞中的领舞。她非常细腻地从不同侧面塑造了一个个性格开朗、活泼的少女形象。

迪丽娜尔·阿不都拉，维吾尔族，1966年4月4日生于新疆乌鲁木齐市，出身于歌舞世家，4岁开始随母习舞，6岁便能用都塔尔自弹自唱。11岁到北京考入中央民族学院艺术系学习舞蹈专业。经过6年学习毕业后，立即成为新疆歌舞团的独舞演员。10年前就举行过独舞晚会。多年来她在艺术园地中辛勤地耕耘着，不知有多少个夜晚，当他人都进入梦乡后，她还在苦心琢磨，推敲着每一个动作和姿态。在深入基层群众中时也从不放过向民间老艺术家学习、求教的机会。善于博采众长，虚心向国内外舞蹈界人士学习。不仅有深入把握维族舞蹈的才能，还有很好的把握、表演不同民族舞蹈的能力。特别善于运用高超的技巧，塑造明朗欢快的舞蹈艺术形象和在多变的舞蹈节奏中展现新疆各民族舞蹈特有的韵味而独具特色和艺术魅力。她表演的舞蹈《美好的愿望》，在第二届全国舞蹈比赛中获表演三等奖。独舞《冰山之火》、双人舞《甜甜甜》，在全国少数民族舞蹈（单双三人舞）比赛中，分别获表演一等奖、三等奖，在自治区首届“丝路之花”舞蹈大奖赛中，名列“最佳演员”榜首，并在1994年应邀演出经典作品《盘子舞》、《摘葡萄》中，获中华民族20世纪舞蹈评比展演组委会颁发的荣誉证书。是自治区先进工作者，多次得到自治区人民政府的嘉奖，还曾获自治区第二届电视青年歌手大赛“优秀歌手”称号，以及1990年全国优秀电视片优秀主持人奖。出访过亚、非、拉美、欧洲等区域的20多个国家。

【庞瑞垠·作家·长篇传记文学《早年周恩来》出版】　庞瑞垠所著的长篇传记文学《早年周恩来》于1995年12月由江苏教育出版社出版。深受好评。

《早年周恩来》是国内外迄今为止反映童年、少年、青年周恩来最为翔实的一部作品。初版二万册销售一空，深受读者好评。有评论家认为，这部作品在传记、历史、文学的结合上达到了相当高的程度，是思想性、学术性和文学性相统一的优秀之作，是近年来传记文学的珍贵收获。

庞瑞垠，江苏江宁人，1939年1月生，1964年毕业于徐州师范大学中文系。曾任《雨花》杂志副主编。1980年从事专业创作。主要作品有长篇传记文学《早年周恩来》，长篇小说“故都三部曲”（《老城》、《寒星》、《落日》）、《沼译地》、《逐鹿金陵》等7部作品，短篇小说《东平之死》、报告文学《沉沦女》等，其中长篇小说《危城》受到广泛好评，杨沫称之为“一部新的《青春之歌》”，被评为“1986年度穗版图书文学类一等奖。长篇小说《寒星》由江苏省电视台拍摄成同名电视连续剧。长篇小说《逐鹿金陵》获天津长篇小说奖。

（注：《早年周恩来》1996年获“五个一工程奖”）。

【於崇文·地球化学家·当选中国科学院院士】　1995年11月6日，中国科学院公布了新当选的院士名单，中国地质大学教授於崇文当选为中科院地学部院士。

於崇文，浙江镇海人，1924年生。1950年毕业于北京大学地质系。长期从事地球化学基础理论、理论地球化学、区域地球化学和数学地质研究。在地球化学基础理论方面，提出“成矿作用与时空结构”的理论观点，开辟了地球化学学科发展的新方向。在地球化学动力学中提出并发展了“成矿作用动力学”新的分支领域，首次系统地提出其理论体系与方法论。在区域地球化学作出了开拓性贡献。在数学地质方面，较早在我国系统全面地引进数学地质的理论与方法，促进了地质科学向定量化发展。

於崇文曾获国家科技进步二等奖，地矿部科技成果奖一等奖和二等奖，第五届全国优秀科技图书奖二等奖，李四光奖等多项奖励。他是中国矿物岩石地球化学学会常务理事、元素地球化学区域地球化学专业委员会主任委员、中国大地测量与地球物理全国委员会委员。

【郑正秋·已故电影艺术家·获中国电影世纪奖】　1995年12月28日，在北京举行的中国电影世纪奖颁奖典礼上，中国电影事业开拓者之一、已故优秀电影艺术家郑正秋荣获中国电影世纪奖。这项评奖是为纪念世界电影诞生100周年暨中国电影诞生90周年，由广电部电影事业管理局、中国电影家协会、中国电影出版社和中共北京市委宣传部联合主办的。

郑正秋，原名伯常，别署药风，1889年1月25日生于上海，原籍广东省潮阳县。从1910年开始在《民主报》、《民权报》等报纸发表戏剧评论，主张改良旧戏，提倡新剧。1913年编写剧本《难夫难妻》，并与张石川联合导演影片。这是中国拍摄的第一部故事片。

它以嘲讽的笔触抨击了封建买卖婚姻的不合理性。此后创办新民新剧社，成为职业新剧演员。1922 年与张石川等组建明星影片股份有限公司，任协理兼明星影戏学校校长。他经历了中国电影从无声片向有声片的转变，虽然从影的时间不很长，但创作的数量却相当可观：编导影片四十四部，参加集体创作两部，负责撰写无声片说明二十部。二十年代郑正秋编导的影片，有的是宣传社会改良思想的社会问题片，有的是描写中国妇女悲惨命运、抨击封建婚姻制度的影片，有的是迎合小市民情趣的家庭剧、武侠片。进入三十年代，郑正秋由于受到民族民主革命思潮和夏衍左翼进发文艺工作者影响，创作上有了新的变化，编导创作了一批反帝、反军阀、揭露社会黑暗的进步影片，如《恨海》(1931 年)、《自由之花》(1932 年)、《春水情波》(1933 年)。其中，《姊妹花》(1933 年)是他一生制作的最优秀的影片。这部影片以妇女为题材，通过一家人悲欢离合的曲折命运，表现了贫富的对立和阶级压迫的不合理。影片以情感人，上映后引起轰动，在上海连映六十余天，打破远东中外电影的票房纪录，成为三十年代我国优秀影片之一。在他完成集体创作的《女儿经》(1934 年)、《热血忠魂》(1935 年)之后，于 1935 年 7 月 16 日病逝。

郑正秋作为中国早期电影的拓荒者，不仅为故事片创作开了先河，使中国电影摆脱了已经没落的文明戏的影响，而且在电影艺术表现形式的熟练运用上，在使中国电影具有民族化风格上都取得一定的成就，同时还以现实主义创作方法赋予影片积极的反封建民主内涵。

【郑君里·已故电影艺术家·获中国电影世纪奖】　1995 年 12 月 28 日，在北京举行的中国电影世纪奖颁奖典礼上，已故优秀电影导演、表演艺术家郑君里，荣获中国电影世纪奖；其联合编导的影片《一江春水向东流》和导演的影片《林则徐》获得中国电影九十年优秀影片奖。这项评奖是为了纪念世界电影诞生 100 周年暨中国电影诞生 90 周年，由广电部电影事业管理局、中国电影家协会、中国电影出版社和中共北京市委宣传部联合主办的。在 1995 年 3 月上海电影评论学会主办的上海影评人奖评选中，他与蔡楚生编导的影片《一江春水向东流》获“中国电影九十年十大名片”之一。

郑君里，原名郑仲陶，又名郑千里，1911 年生于上海，原籍广东中山。1928 年考入田汉主办的南国艺术学院戏剧科学习，毕业后参加南国社的演出。1931 年加入“左翼剧联”，与人创办大道剧社，演出《街头卜》、《血夜》、《乱钟》等舞台剧。1932 年进入联华影业公司，先后在《野玫瑰》、《共赴国难》、《火山情血》、《奋斗》、《人生》、《大路》、《新女性》、《天伦》、《迷途的羔羊》、《孤城烈女》、《摇钱树》等 18 部影片中饰演主要角色，同时还参加舞台剧《娜拉》、《大雷雨》等的演出。此外还积极从事艺术理论研究，著有《中国电影史略》、《再论演技》等著作。抗日战争爆发后，任上海救亡演剧三队队长，不久加入中国电影制片厂，编辑了反映各民族团结抗战的《民族万岁》等纪录片。1943 年以后，开始担任话剧导演，同时撰写了表演艺术专著《角色的诞生》。抗日战争胜利后，他回到上海，参加组织联华影艺社，不久并入昆仑影业公司。1947 年，他与蔡楚生联合编导了影片《一江春水向东流》。这是中国电影史上的一部经典之作。它通过一个普通家庭的遭遇以及李素芬、张忠良之间的悲欢离合，有力地概括了抗战前后十年间的中国社会现实，深刻地揭露了统治集团的腐败与反动。上映后引起极大轰动，连映八十四天，打破中西影片的卖座最高纪录。1949 年，郑君里独立执导了第一部影片《乌鸦与麻雀》。这是一部优秀的现实主义力作。真实生动地再现了国民党政权崩溃前，国统区的混乱、黑暗以及光明即将来临的社会面貌。影片于 1950 年初上映，受到观众热情欢迎。并获得中央文化部 1949—1955 年优秀影片一等奖。新中国成立后，郑君里编导了《我们夫妇之间》和纪录片《人民的新杭州》、《光荣的创造》。1954 年，郑君里进入上海电影制片厂，先后导演了《宋景诗》、《林则徐》、《聂耳》、《枯木逢春》、《李善子》等影片。其中《林则徐》以恢宏的气势，生动形象地再现了中国近代史的第一页——鸦片战争，成为新中国历史题材影片的佳作。《聂耳》也是一部优秀的传记片，获得了第十二届卡罗维、发利国际电影节传记片奖。郑君里还著有导演专著《画外音》，“文革”中，郑君里受到残酷迫害，于 1969 年 4 月 23 日在狱中含冤去世。

【郑树阳·中共天津市东丽区委书记·被授予优秀县(市)委书记称号】　1995 年 6 月 30 日，全国百名优秀县(市)委书记表彰会在北京中南海怀仁堂召开。中共中央总书记江泽民出席会议并作了重要讲话。会上宣读了中共中央组织部对全国在县(市)委书记岗位上取得优异成绩的 100 名干部，授予优秀县(市)委书记称号的决定，郑树阳名列其中。

1992 年底，郑树阳到东丽区当党委书记，他到的第一个村是后进村，走访的第一家是贫困户。群众的生产生活状况尤其是脱贫致富的强烈愿望，深深打动了这位老共产党员的心。郑树阳把扶贫建小康作为统揽全区工作的中心环节，狠抓不放。由此区委、区政府首先压缩机关办公经费10%，拿出200万元作为扶贫基金，又多方筹集1000万元低息贷款，并采取一系列优惠奖励政策，全力扶持重点贫困村。这些举措振奋了全区人民的精神，一个个人人想小康，户户奔小康，村村创小康，全区达小康的热潮在东丽大地蓬勃开展起来。么六桥回族自治乡基础薄弱，资金匮乏，想富没招。在郑树阳的亲自指导下，搞起一项利用本地资源，发展养殖10万只国内三大优良品种之一的小尾寒羊工程。短短几个月，全乡养羊就发展到6000余只，占全区养羊总数的1/4，与之洽谈合作开发的客户也络绎不绝。农民高兴地说：郑书记带领我们走上了一条摘掉贫困帽子，变“银羊”为“银洋”的富裕路。郑树阳还在全区乡村组织实施了“两高一优”农业的“万亩水产品套养”、“种植万亩无化学农药污染‘放心菜’”、“万亩旱田机械化综合作业”等工程。他还重视发展私营企业，加快外向型经济的发展，并把发展外向型经济作为区经济腾飞的重头戏，为此倾注了很大的精力。如今，东丽开发小区已建成一条沿津塘公路吸引外资的“金色走廊”。全区300余家三资企业，累计协议投资额达2亿多美元，1994年创汇540万美元。近两年，东丽经济发展速度令人咋舌：截至1994年底，全区的国民生产总值达20.54亿元，农民人均纯收入达2201元。郑树阳向全区郑重宣布：1995年东丽区的奋斗目标是，比全市要求提前两年，在本年内实现小康区。郑树阳取得如此显赫的政绩，关键在于他和领导班子相互支持、理解、配合和信任，用自己的榜样力量实实在在地影响一方人。为政为人清正廉洁，更使他在百姓中树立起一个可敬可亲的公仆形象。

郑树阳，天津市宝坻县人，1938年12月出生，1956年8月参加工作，1962年8月入党，高中文化。历任区委办公室主任、区委常委、副书记等职。

【郑厚植·物理学家·当选为中国科学院院士】　1995年11月6日，中国科学院公布了新当选的院士名单，中国科学院半导体研究所研究员郑厚植，当选为中科院数学物理学部院士。

郑厚植，江苏省常州人，1942年生。1965年到中国科学院半导体研究所工作至今，1986年晋升为研究员，1989年起任半导体超晶格国家重点实验室主任，1994年起任研究所所长。

他主要从事半导体物理、低维物理等方面的科学研究并取得多项重要成果。80年代在国内率先开展了低维半导体结构输运物理方面的多项开创性研究，在国际上最早研究了整数量子霍耳效应的尺寸效应、霍耳电势分布和强磁场下局域化的普适行为。在局域化诱导的和电子——电子相互作用诱导的量子电导修正、二维及一维电子量子输运、共振隧穿输运等方面取得了系统的重要成果。最早报道了量子霍耳效应的尺寸效应，产生了显著影响并推进了国际上霍耳量子效应研究的深入发展。与英国Thornton同时独立地最早提出分裂栅控技术并用此技术实现了具有高迁移率一维异质结量子线，被广泛用来制成量子线、点等低维结构，被认为是近年来国际低维半导体结构物理的重要的先驱性工作。在黄昆教授指导下，为建设半导体超晶格国家重点实验室、组织“七五”、“八五”国家级重大科研项目和推动国内该学科的发展做了许多成效显著的工作。在培养科技人才等方面做了大量工作。已发表研究论文近50篇，曾获中国科学院自然科学奖一等奖等多种奖励。

【郑家纯·香港著名企业家·发起成立香港明天更美好基金会】　1995年9月25日，由郑家纯发起、20名香港富商共捐资1亿港元筹组的“香港明天更美好”基金正式成立，郑家纯任“基金”顾问委员会主席。他表示，这是一个非牟利、非政治组织，旨在促进香港“九七”后继续保持世界商贸及金融中心地位，增强香港及海外人士对香港继续繁荣的信心，并鼓励更多香港海外商界人士在港投资和再投资。“香港明天更美好基金会”下设顾问委员会、执行委员会及秘书处。20名信托人每人捐赠500万港元，作为基金的经费。

郑家纯，广东顺德人，生于1950年10月。1972年毕业于加拿大工商管理学院，作为执行董事回香港在新世界集团工作，1989年升为该集团董事总经理。他是第八届全国政协委员。

【郑斯林·当选为江苏省省长】　1995年2月27日，江苏省第八届人大第三次会议选举郑斯林为江苏省省长。

郑斯林，1940年5月生，江苏吴县人。1963年毕业于太原工学院机械系。在辽宁省丹东汽车改装厂任技术科长、机械工程师。1965年11月加入中国共产党。1981年5月任丹东市调谐器总厂厂长。1983年5

月任丹东市副市长，1985 年 1 月辽宁省对外经济贸易委员会主任。1986 年 1 月任辽宁省省长助理。1989 年 11 月任陕西省副省长。1993 年任对外贸易经济合作部副部长。1994 年 8 月任中共江苏省委副书记、代省长。是中共第十四届中央候补委员。

【郑樟林·中共开化县委书记·被授予优秀县(市)委书记称号】　1995 年 6 月 30 日，全国百名优秀县(市)委书记表彰会在北京中南海怀仁堂召开。中共中央总书记江泽民出席会议并作了重要讲话。会上宣读了中共中央组织部对全国在县(市)委书记岗位上取得优异成绩的 100 名干部，授予优秀县(市)委书记称号的决定，郑樟林名列其中。

郑樟林，浙江常山县人，1948 年 9 月出生，1969 年 12 月参加工作，1970 年 6 月入党，中专文化。曾任公社党委书记，副县长，县长，县委书记兼县长。1994 年 9 月任衢州市委常委兼开化县委书记。

80 年代初，常山还是个贫困县，有荒山 38 万亩。郑樟林当时任副县长，他踏遍荒山野岭，亲自带队上山下乡搞“三定”，完善林业生产责任制，制订育林规划，筹集林业资金，制止乱砍滥伐，到 1989 年，全县土山育林保存率、成林率达到 96%，被省政府授予林业先进单位称号。这时担任县委副书记、代县长的郑樟林并未满足，主动立下“军令状”，下浮一级工资，背水一战，消灭荒山。至 1994 年春这个目标基本实现。许多农民因林业走上了富裕路。常山发展了，群众增收了。上级决定调郑樟林到条件较差的邻县开化工作。郑樟林以抱病之躯，一去就投入紧张的工作，晚上同县的领导研究工作至次日凌晨两点多钟。在认真分析开化的形势后，郑樟林提出必须把农业综合开发和发展个体私营经济作为全县经济发展的突破口。农业综合开发重点搞好“五个一工程”，即新发展蚕桑、板栗、毛竹低产改高产各 1 万亩，名茶 1000 亩，蔬菜大棚 1000 个。这个主张得到上下赞同并很快实施。1995 年又下功夫狠抓 10 个重点工业乡镇建设等项目的“六个十”工程，企业效益滑坡的趋势得到制止，县的整个经济发展呈现一派欣欣向荣的景象。

郑樟林把“勤政不偷懒，廉洁不庸俗”作为自己的座右铭。他到开化任职不久，听到群众反映，前些年乡镇撤并后，有的村离乡镇所在地太远，农民办事很不方便，老百姓的冷暖无人管。郑章林请示上级同意，在原来被撤的几个乡所在地设立了管委会，群众拍手称便。机关实行双休日后，农民办事找人也不方便。郑樟林同有关部门协商，决定乡镇干部实行月轮休制度，解决了这个问题。

【冼星海·著名作曲家·星海音乐周系列活动在广州举行】　为纪念人民音乐家冼星海诞辰 100 周年和逝世 50 周年，颂扬他对中国人民抗日战争及世界反法西斯战争作出的特殊贡献，1995 年 10 月 29 日至 11 月 2 日，在冼星海的故乡广州举行了“中国星海音乐周”。

来自大陆和台湾、香港、澳门的艺术家一万五千人，在开幕式上演唱了冼星海创作的《黄河大合唱》(光未然词)和他的其他作品。中央乐团、上海交响乐团等单位举行了多场音乐会，演出了冼星海的主要音乐作品。在同时举行的“冼星海音乐作品研讨会”上，50 多位音乐理论家、作曲家、教育家，从音乐创作、音乐观以及音乐美学、音乐教育等各个方面缅怀冼星海的不朽业绩和研讨他在中国音乐事业中的重大作用。此外，还举办了星海生平展览。

“星海音乐周”由中共广州市委、广州市人民政府和中央电视台联合主办。此前，6 月 14 日在北京首都体育馆也举行了由指挥家严良坤指挥的“首都大学生《黄河大合唱》万人演唱会”。全国各地也都举办了各类纪念活动。

冼星海，原籍广东番禺，1905 年 6 月 13 日生于澳门一渔民家庭。自幼酷爱音乐。1918 年人广州岭南大学附中(后升入大学)半工半读，参加学校乐队演出，并担任指挥。1926 年到北京，在北京艺术专门学校音乐系选习小提琴。两年后到上海，考入国立音乐院。1929 年因参加学潮被迫退学。1930 年初到法国，一面做工，一面学习。曾先后从小提琴家奥别多非尔学小提琴，从作曲家丹第、杜卡学习理论作曲。后考入巴黎音乐院学习作曲和指挥。1935 年秋回到上海，投身到抗日救亡的音乐运动中，先后在百代唱片公司和新华影业公司担任配音和作曲。1937 年抗日战争爆发，他参加上海救亡演剧队二队，赴内地宣传抗日。1938 年春到武汉，在郭沫若主持的军委会政治部第三厅负责音乐工作，推动抗日歌咏运动。1938 年 11 月，赴延安任教于鲁迅艺术学院音乐系。1940 年底，为完成延安电影团摄制的记录片《延安与八路军》的后期制作和配乐，辗转抵苏联莫斯科。1941 年苏德战争爆发后，因边境受阻，未能回国。在苏联卫国战争期间，生活艰苦，疾病缠身，1945 年 10 月 30 日病逝于莫斯科。

冼星海在短促的一生中，写有大量音乐作品，反映了二十世纪三、四十年代中国人民拯救民族危亡、进行抗日斗争时期的生活。其作品有：歌曲《救国军歌》、《夜半歌声》、《游击军》、《在太行山上》、《到敌人后方去》等200余首；大合唱《黄河大合唱》、《生产大合唱》等四部；歌剧《军民进行曲》；交响曲《民族解放》和《神圣之战》两部；交响组曲《满江红》等四部；管弦乐《中国狂想曲》、《谐谑曲》；小提琴与钢琴合奏《郭治尔——比戴》及独唱、独奏曲数十首。发表有20余篇音乐论文。

冼星海时刻关注着祖国和人民的命运，用音乐艺术为祖国和人民效力。他的《黄河大合唱》、《救国军歌》等歌曲，在抗日救亡的关头，成为时代的最强音。他的作品超越时代，影响了几代人。此前，《冼星海全集》已正式出版。

【郎平（女）·女排运动员·出任中国女排主教练】　1995年2月15日，在美国学习的原中国女排队员郎平，从大洋彼岸回到北京。经国家体委批准，34岁的郎平被任命为中国女排新一任主教练。

郎平，1960年12月10日生于北京，1977年入选国家女排。从1981年至1986年，中国女排有着"五连冠"的辉煌历史。主攻手郎平是女排"五连冠"的功臣，被誉为"铁榔头"。1986年退役后，随丈夫白帆于同年年底赴美国学习。近年来，中国女排成绩连续下降，在1994年举行的世界女排锦标赛上名次降到了第八名，在亚洲和其它国际女排赛中接连3次负于韩国队。中国女排从世界冠军跌入低谷，昔日雄风已荡然无存。主教练栗晓峰提出辞职后，中国女排的前景如何及其主教练人选成为国内排球界人士和广大体育爱好者关注的热点。不久，国家体委宣布以考评办法遴选中国女排主教练，并成立了一个由7人组成的考评委员会。郎平在美国学习已有8年，并且与新墨西哥洲女排俱乐部签约。心系女排且执著报效祖国的郎平，此时毅然与国家体委联系，报名参加这次考评。

郎平出任国家女排主教练是众望所归。国家体委训练竞赛二司司长、中国排球协会副主席杨伯镛在新闻发布会上说，经过考评和反复研究，女排教练考评委员会一致同意郎平为新一任女排主教练，其主要依据是：一、郎平是建国以来我国最优秀的女排运动员、也是世界最优秀女排选手之一。二、郎平赴美国学习8年，达到较高的文化层次，而且熟练地掌握了英语；三、8年来，郎平赴美国学习期间始终未离开排球，曾应聘意大利女排、回国参加世界女排锦标赛和担任八佰伴中国女排教练等。3月初，新的中国女排集训队在柳州组成，并开始了集训。郎平与队员一起发奋图强，在几项比赛中取得较好成绩。争得了1996年亚特兰大奥运会的参赛权。她在一次记者招待会上表示，在全国人民和全国排球界的支持下，将带领女排艰苦奋斗，全力以赴。

〔附注：1996年7月，郎平和中国女子排球队赴美国亚特兰大参加第26届奥运会，8月4日获亚军。〕

【练知轩·中共福清市委书记·被授予优秀县（市）委书记称号】　1995年6月30日，全国百名优秀县（市）委书记表彰会在北京中南海怀仁堂召开。中共中央总书记江泽民出席会议并作了重要讲话。会上宣读了中共中央组织部对全国在县（市）委书记岗位上取得优异成绩的100名干部，授予优秀县（市）委书记称号的决定，练知轩名列其中。

身在外地的福清人回家乡，都深有感触地说，这几年福清大变样了。领着他们大胆往前走的练书记，是怎样一个人呢？有人说他是敢于第一个吃螃蟹的人。福清经济要腾飞，但基础设施中缺水是令历任领导束手无策的事。练知轩上任不久，有人又提出搞闽江调水工程，干不干呢？总投资需8.2亿元，缺钱；取水口在闽侯县，工程要经过该县14个村；这是全国县级最大的水利工程，预计工期四五年，工程技术要求高；水调回来后，如何发挥作用收回效益？按常规想法，练知轩可以不啃这块硬骨头。但他看得很远：有了水福清发展可以30年无忧。干！没有钱，他筹集侨资、民资。但民间集资招来非议，有人告到中央，领导班子也有人打退堂鼓。练知轩召集五套班子开会，班子成员一个个表态，统一认识。闽江调水工程终于在艰难的抉择中拉开了序幕。福清人说练书记是一个有经济头脑的实干家，善于发挥地方优势，培育新的经济增长点。他提出要充分利用福清山多海阔、资源丰富和海外华侨多的优势，实施"锻造两翼，构筑三条经济走廊"的战略，实践证明，这一战略的实施，促使福清经济全面迅猛地向前发展。

有人说练书记是一个"工作狂"。市委大楼亮到最晚的那盏灯就是他的灯。常找他办事的人知道，每晚11点钟后在办公室才可找到练书记。他每月1/3时间下基层，还唯恐不够深入，每夜坚持批阅完当天收到的群众来信。他将"我为什么不能是最好的"这句名言作为座右铭，他要求干部们汇报工作要说明所负责的摊子在福州处于什么位置，在全省处于什么位置。干部们反映，跟着练书记压力真大，几个春节都没好好过。但是跟着他干有劲头，可以学到很多东西。

练知轩，福州市人，1944 年 12 月出生，1962 年 6 月参加工作，1964 年 6 月入党，大专文化。曾在福州市交通局任局长、党委书记，福清县委书记。现任福州市委副书记兼福清市委书记。

【孟宪章·焊工高级技师·获中华技能大奖】　被誉为“焊接大王”的河北省保定天威集团有限公司焊工高级技师孟宪章，1995 年 11 月获劳动部授予的中华技能大奖。

孟宪章，1939 年 5 月生，天津市人，初中毕业后于 1957 年 9 月入厂工作，1984 年 8 月加入中国共产党。他在 30 多年的焊接工作中，刻苦钻研新技术，创造新工艺，成为焊接工艺方面的“状元”，被誉为“焊接大王”。他虽然文化水平不高，但通过自学，把学到的理论和焊接实践加以结合，虚心向别人请教，打下了坚实的业务基础，创造了不少成绩。他熟练掌握铸铁冷焊、带油补焊等高难的焊接技术，能够根据焊件的不同材料、不同要求和特点，灵活地掌握不同的焊接方案，完成高难的焊接任务。他独创的带油补漏新技术，填补了国内一项焊接技术的空白，减少了物力、财力、人力的浪费和由于影响使用而造成的经济损失，节约了经费和时间。八角油箱是一种新产品，焊接技术要求高，他采取了合理的刚性固定、焊接次序及预留收缩量等方法，使八米长、厚 2.5 米、宽 0.04 米的油箱活一次焊接成功，获厂课题研究成果一等奖。

孟宪章具有无私奉献精神，不管厂内厂外，有什么急活难活他都想办法解决。他为外厂摔碎的印钞机进行焊接修补，经十余天努力，使机器投入正常运行。市自来水铸铁质的输水管法兰根部发生 1 米长的裂缝，他带水焊接，一次成功，保证市民正常用水。他十分关心后备人才的培养，把焊接中的“绝活”毫不保留地传授给年轻人，他的学生现已成为焊接的技术骨干。孟宪章 1981 年至 1994 年，连续十三年被评为保定市劳动模范，四次评为河北省劳动模范。1987 年获全国五一劳动奖章，1989 年被授予全国劳动模范称号。

【项英·无产阶级革命家·《项英传》出版】　记述项英革命一生的《项英传》，1995 年 10 月由中共党史出版社出版。这部 40 余万字的专著，是军事科学院军事百科部原副部长、研究员王辅一少将，经过十几年研究精心撰写的。

项英，湖北武昌人。1913 年进布厂当工人，1920 年起从事工人运动。1922 年 4 月加入中国共产党。曾任中共中央职工运动委员会书记、中华全国总工会委员长。是中共第三、四、五届中央委员，第六届中央政治局常务委员会委员、书记处书记。1930 年 8 月任长江局书记，12 月调赴中央苏区，先后任中共苏区中央局委员、代理书记，中央革命军事委员会主席、副主席，中华苏维埃共和国临时中央政府副主席。1934 年 10 月主力红军长征后，他作为中央苏区分局书记、中央军区司令员兼政委，与陈毅等领导留在苏区的红军和游击队，进行了艰苦卓绝的三年游击战争。抗日战争爆发后，出任新四军副军长（军长叶挺）、东南局书记、中央军委新四军分会书记。1941 年皖南事变后，在突围转移中于 3 月 14 日凌晨被叛徒杀害。

由于历史的原因，多年来项英的历史功绩多被抹煞，而且受到一些不公正的指责。《项英传》运用大量第一手史料，力求客观公允地评述项英一生的功过是非。书中披露了许多鲜为人知的史实，例如：确定加强红军政治工作，建立红军总政治部，是项英作为军委主席与副主席朱德、毛泽东于 1931 年 2 月 17 日发布通令规定的；中央苏区和红军中的肃反扩大化，是项英率先纠正的，为此受到以王明为首的党中央的排斥、打击；确定“八一”为红军建军节，是项英任军委代主席时于 1933 年发布命令确定的；新四军 4 支队司令员高敬亭被杀害后，曾有人责怪项英，其实此事与项英并无关系；项英从由上海地下党到新四军的扬帆处得知江青在政治上、生活作风上的不良表现后，于 1939 年打电报向党中央反映，并提出“此人不应与主席结婚”，事后遭到康生、江青的报复。

《项英传》对于过去指责项英的许多问题，进行了考证和分析。例如，1941 年皖南事变中，项英由于对抗日民族统一战线中的独立自主原则认识不足，对国民党顽固派的反共阴谋缺乏警惕，在事变中犹豫动摇，处置失当，对新四军皖南部队遭受严重损失负有责任。但是，由于受共产国际和苏联远东政策的影响，毛泽东和中共中央在对当时形势的分析和工作指导上也有失误。《项英传》用一章专门记述了这一段历史。

【赵丹·已故电影表演艺术家·获中国电影世纪奖】　1995 年 12 月 28 日，在北京举行的中国电影世纪奖颁奖典礼上，已故优秀电影表演艺术家赵丹获得中国电影世纪奖。这项评奖是为了纪念世界电影诞生 100 周年暨中国电影诞生 90 周年，由广电部电影事业管理局、中国电影家协会、中国电影出版社和中共北京市委宣传部联合主办的。赵丹主演的影片《马路天使》、《林则徐》在“中国电影九十年优秀影片奖”十部获奖影片中占两部。

赵丹，原名赵凤翱，1915年6月27日生于山东省肥城，后迁居江苏省南通市。上中学时就与顾而已等组织小小剧社演出进步戏剧《南归》、《苏州夜话》等。1931年考入上海美术专科学校学习中国画，并与王为一等创办美术剧团，演出《乱钟》、《决心》等舞台剧。1932年他加入中国左翼戏剧家联盟，从事进步戏剧活动。他先后参加了上海业余剧人协会组织的《娜拉》、《大雷雨》、《罗米欧与朱丽叶》等世界名剧的演出，成功地塑造了海尔茂、吉洪、罗米欧等人物形象，成为当时颇有影响的话剧演员。1932年他加入上海明星影片公司，从1932年开始到1937年，仅几年时间就先后拍摄了《时代的儿女》、《到西北去》、《上海二十四小时》、《乡愁》、《女儿经》、《热血忠魂》、《落花时节》、《夜来香》、《十字街头》、《马路天使》等近三十部影片。在《十字街头》中，他扮演一个涉世不深、但追求正义的小资产阶级知识分子老赵。他的表演得心应手，受到观众的一致好评。在《马路天使》中，他扮演吹鼓手陈少平。影片通过对生活在三十年代社会底层人们的苦难生活和悲惨命运的真实描绘，塑造了一群有血有肉的小人物形象，歌颂了他们纯真、善良、互相帮助和勇于自我牺牲的高贵品质，同时也尖锐地抨击了欺侮压迫人的社会黑暗势力。赵丹的表演自然、真实，表现出了人物的真情实感，老赵和陈少平这两个银幕形象，使他成为当时最受观众欢迎的影坛明星。抗日战争爆发后，赵丹参加上海救亡演剧队第三队，从事救亡宣传活动，演出《保卫卢沟桥》、《全国总动员》、《放下你的鞭子》、《塞上风云》等话剧和街头剧。1939年夏，他与好友徐韬、王为一等去新疆开拓新剧新地，不久遭到军阀盛世才的逮捕，坐牢达五年之久。1944年出狱后，返回重庆，参加话剧《清明前后》的演出。抗战胜利后，回到上海参加昆仑影业公司，先后主演了《遥远的爱》、《幸福狂想曲》、《关不住的春光》、《丽人行》、《苦难的日子》、《乌鸦与麻雀》、《武训传》等影片。他在《乌鸦与麻雀》中饰演的“小广播”肖老板，以喜剧手法成功地塑造了一个既受人压迫、欺负，又自私、投机取巧总想住上爬的小市民典型形象。影片获得文化部1949年—1955年优秀影片一等奖。新中国成立后，他先后主演了《我们夫妇之间》、《为了和平》、《李时珍》、《海魂》、《林则徐》、《聂耳》、《烈火中永生》等十余部影片，并主演话剧《[illegible]原》，导演话剧《家》、《雷雨》等。创造了一批性格鲜明生动感人的艺术形象。“文革”中，赵丹身陷囹圄，粉碎“四人帮”后重获自由。他积极批判“左”的文艺路线，正当他准备投入新的艺术实践时，病魔于1980年10月10日夺去了他的生命。

【赵华·北京双隆法律事务所主任·被授予全国十佳基层法律工作者称号】 1995年12月26日，北京市西城区双隆法律事务所主任赵华，被授予由司法部组织评选的第一届全国十佳基层法律工作者称号，在人民大会堂举行的颁奖会上领取了奖牌和证书。

赵华，1941年10月出生于北京，中专文化，1982年加入中国共产党。从1959年开始，他搞了20年教育工作，又干了7年行政工作。1987年他出任双隆法律事务所主任时，只有3个专职人员和一间10平方米的旧房子。他靠诚心诚意为群众办事赢得大家信赖。全所办理民事、经济等各类案件1928件，为80余个企事业单位担任法律顾问，为当事人挽回经济损失5600余万元，避免经济损失1.2亿元。在热心为社会主义市场经济服务的同时，他还坚持为老人、烈军属、残疾人和经济困难的群众提供免费的法律服务，向社会开通了免费法律咨询电话。法律咨询热线电话开通仅一年，就收到来自海南、内蒙等全国十几个省市的咨询1万多个，涉及到民事、经济、房地产、知识产权、金融、涉外等多领域的法律问题。

赵华严于律己，言传身教，形成了双隆事务所廉洁公正的工作作风。他拒收当事人送来的钱物近2万元。全所先后拒吃请400多次，拒收各种礼品现金总价值4万多元。目前，该所已发展到6人，还聘请6位著名的律师作为业务顾问，吸收30多名学有专长的兼职法律工作者。用自己资金购置了通讯、交通设备、微机和当前国内资料最完整、功能最齐全、最有权威性的法律法规信息数据库。该所连续3年被评为北京市一级法律事务所。赵华本人在1994年被北京市司法局授予优秀司法助理员称号。

【赵永伟·京剧演员·获梅兰芳金奖大赛生角组金奖】 由文化部和广电部联合主办的连续三年的梅兰芳金奖大赛，于1995年统一公布各组金奖获奖名单，青年武生演员赵永伟是30名获金奖演员中最年轻的一位。

赵永伟，1965年生于哈尔滨。11岁考入哈尔滨京剧院，初学老生，由于练功刻苦，且功夫出众，被武生教师高小楼调入武生组亲自传授。后又得到武生名师高亚樵的器重，收为弟子。赵永伟勤学苦练、脱颖而出，不满20岁便以一出唱、打、翻、舞并重的《界牌关》深得赞赏，并被著名武生黄云鹏喜收为徒。1987年他先后以《螺丝峪》、《挑滑车》两出技巧繁难、武功吃重、人物塑造要求高的大武生戏，先后夺得“哈尔滨青年京剧表演比赛一等奖”、“黑龙江省天鹅艺术节一等奖”。同年，赵永伟又以文化、业务双优的成绩考入中国戏曲学院深造，先后得到王金璐、侯正仁、曲永春、李景德等教师栽培。

1990年毕业后调入中国京剧院，深得著名武生名家张云溪的喜爱并收为弟子，不仅传授技艺，而且为他编排新剧目。1992年为纪念毛泽东《在延安文艺座谈会上的讲话》发表50周年，他得与京剧表演艺术家张春华、云燕铭、景荣庆等同台演出。他扮演的石秀，扮相英俊潇洒、表演细腻传神、动作优美边式，开打既快又狠，从容凝练，翻跌矫健轻捷、落地无声，特别是持枪拧旋子、枪扫腿而过，接“转灯儿”之后嘎然而止，又冲又帅又美，活现了石秀胆大心细、足智多谋、武艺高强的“拼命三郎”形象。

1992年张云溪又为他编排了唱做并重的长靠武生戏《魂断巴丘》，他扮演的周瑜威而儒雅、武而潇洒，妙用程式性快枪、荡子，新颖别致、层次分明。特别是最后一场，周瑜身负重伤，导板上场后，扎大靠，一手持枪一手拿马鞭走“吊毛”接“硬枪背”，又连走八个“坎身”，然后甩发、僵尸。动作高难前所未有。赵永伟完成得流畅自然、干净利索，既表现了周瑜身为三军统师的气质与风度，又细致刻画了他临死前痛苦、顿悟、愧疚、遗恨等复杂的心态变化。从而获“全国京剧青年团队汇演”优秀表演奖。也正是以以上两出戏获梅兰芳金奖大赛生角组金奖。曾多次随团出国演出。

【赵安明·太行山山民·与六位山民合伙倾囊筑路被誉为“太行七贤”】 1995年1月28日，河北省委书记程维高、省长叶连松等省党政主要领导人，专程来到灵寿县，将一面绣有“新时期艰苦奋斗的典型”的锦旗授予赵安明、崔风亮、吴书亮、赵安江、赵五月、赵六月、魏海军等7位山民，表彰他们倾囊筑路的壮举，并号召全省干部群众向“太行七贤”学习。同时，省政府决定拨出20万元作为对“七贤”修路的补助，拨出20万元用于油盆村的道路扩建。

“七贤”筑路的油盆村，位于太行山腹地，是全国重点贫困县河北省灵寿县最穷的山村。这个山村四周高山合围，盆里乱石嶙峋，沟壑纵深。全村对外唯一通道是山溪在乱石间冲出的一条弯弯曲曲的小沟，狭的地方不足一尺，一到冬天，沟水结冰，稍不留神，就会滚坡，不少人因此伤筋断骨，不少人得了急病不能及时救治而丧命。因为行路难，油盆村人世代穷困。1984年，县里为油盆村拨了3万公斤救济粮，村里组织全村劳力背了一个星期，只背回1万公斤，剩余的因为实在背不动了，只好不要了。县、乡政府多次计划打通山路，都因资金不足搁浅。1993年8月的一天，退伍军人、共产党员赵安明把崔风亮等6人找到一起。这7人中5个当过兵，4个是共产党员。改革开放以来，他们或外出打工，或上山挖药，或凿石外卖，在村里率先致富，每人手头有了一两万块钱。大家合计说，咱们村穷，关键是没有路。一致同意，拿出自己的积蓄，动手修路。7个山民将多年积攒的11万元血汗钱都拿了出来，开始向阻断他们的大山开战。奋战一个多月，凑积的11万元用完了。怎么办?赵安明卖掉了盖房用的木料，崔风亮拿出了为儿子结婚准备用的钱，大家分头向亲戚朋友借贷，先后筹积了47万元。这条路，穿行于山梁峭壁之间，近三分之一的路段要从峭壁上凿开。遇到断崖，无处落脚，只有将绳索系在腰间，垂悬在空中，一钎一钎地凿。七贤倾囊修路的壮举带动了全村人。修路的时候，每天都有三四百乡亲自动赶来帮忙。有的家里缺少劳力，就拿出鸡蛋送到工地。路要经过谁家的地块，大家不用说，主动让出。村干部更是跑前跑后，多方协助。经过9个月奋战，用工3万多个，动用土石方10万多立方米，修桥涵9座，于1994年5月10日，修通了长达13.5公里的盘山公路。世代与世阻隔的油盆人终于打通了一条走向市场的出山通道。公路修通后，机动车辆进山出山，至年底已达700多车次，从山里运出大理石、石英石、钾长石、木材、水果等山货2000多吨，创直接经济效益30多万元，全村人均4500余元。《人民日报》于1994年12月30日以《太行七贤》为题突出报道其事迹时，发表评论指出：“晋代有‘竹林七贤’，崇尚的是清谈；这里介绍的‘太行七贤’，却是真正的社会主义实干家。用‘震古烁今’来形容他们的业绩，决不为过。”交通部于1995年1月召开的全国交通工作会议上决定，把“太行七贤”列为全国3个修路典型之一。“七贤”事迹经《人民日报》等传媒宣扬后，在全国引起强烈反响。北京、上海、西藏、黑龙江等21个省市的读者纷纷致信向“七贤”表示敬意。在灵寿县反响更是强烈。全县群众在一个月中，已筹资165万元，计划修路50多公里，修渠6.5万米，治山造林3150亩。“七贤”简历如下：

赵安明，1952年7月生。中共党员。1966年小学毕业后在家务农，1971年应征入伍。1976年退役回乡务农至今。

崔风亮，1951年3月生。中共党员。1969年初中毕业后应征入伍，1973年退役后入正定师范学校学习，1975年毕业后在灵寿县南营乡中学任教，1994年调团泊口乡中学任教至今。

吴书亮，1960年1月生，中共党员。1977年高中毕业，1979年应征入伍。1982年退役回乡务农至今。

赵安江，1946年6月生，1963年小学毕业后在家务农至今。

赵五月，1954年5月生，从小在家务农至今。

赵六月，1960年6月生，1977年高中毕业后应征入伍，1981年退役回乡务农至今。

魏海军，1964年10月生，中共党员，1983年农技中专毕业后应征入伍，1988年退役回乡后，在灵寿县动物检疫站陈庄分站工作至今。

【赵克华·淮北矿务局工人·被评为全国职业道德十佳标兵】 安徽省淮北矿务局芦岭煤矿保运一区机修班长赵克华，20多年来立足本职岗位，以"敬业、勤业、专业"为座右铭，带领工人保证了全矿安全生产，在维修岗位上赢得了"矿山保护神"的称号。1995年11月初，在北京召开的由全国总工会和全国职工思想研究会共同举办的"全国职业道德十佳"评选表彰会上，赵克华以总分前3名光荣入选。

只有初中文化程度的赵克华，自1970年入矿以来，一直担负着矿井主副井提升、压风、抽风、排水"四大件"设备检修重任。他凭借顽强毅力，一边学习理论，一边实践，虚心向老师傅、技术员请教。从一个"门外汉"成为单位里的技术骨干。并且在实践中，逐步摸索和掌握了一套听、看、摸的"诊断"技术，积累了丰富的矿井维修经验，这不仅使他排查故障得心应手，同时也为他技术革新打下了坚实的基础。

矿井出煤震动筛噪音大，工作在这里的选矸女工深受其害。他经过反复研究，对震动筛进行了改造，使噪音降低了60分贝；同时减小了振动筛之间的磨损，每月节约1.5万元材料费。近几年，赵克华先后完成了主副井扇风机改造、重某器前滑架改造、压风机活塞改造等较大技术项目20多个，他因此赢得矿山"四大件"检修"土专家"、"博士"的美称。

在赵克华的出勤表上，没有节假日、星期天，半夜赶到矿里处理事故是他的"家常便饭"。然而，他从不讲报酬，他常说："我要把我毕生精力奉献给矿山事业，这是我人生的最高追求！"

赵克华，1953年5月3日生，安徽濉溪县人，1970年8月参加工作，1986年加入中国共产党。他先后四次被评为淮北市、矿务局劳动模范，1995年被授予全国煤炭系统劳动模范称号。

【赵秀芳（女）·青岛机车车辆化工总公司总经理·被评为全国优秀女乡镇企业家标兵】 1995年5月，青岛机车车辆化工总公司总经理赵秀芳，被全国妇联和农业部授予首届全国优秀女乡镇企业家标兵称号。7年前，赵秀芳就任总经理时，青岛机车车辆化工总公司是一个只有40多人、已亏损16万元的小厂。她带领企业员工，以科技进步为先导，在引进先进设备的同时，注意引进先进技术，积极培养管理、科技人才，挖掘人的潜力，努力转换企业经营机制，深化企业内部改革，并先后兼并了三个亏损倒闭的企业。使公司发展成为拥有1600万元固定资产的大企业。其高质量的产品和优质的售后服务，赢得用户的信任和赞誉。公司在1994年完成总产值达4200万元、实现利税830万元。

赵秀芳，1945年11月生，山东省青岛市人。中国共产党党员。高中文化程度。曾被评为山东省优秀企业家。

【赵阿狗·车工高级技师·被授予全国劳动模范称号·获中华技能大奖】 上海新江机器厂车工高级技师赵阿狗，从1989年5月至1994年12月，共完成大小革新攻关项目120多项，为该厂洗衣机和汽车空调器这两个支柱产品的研制、批产，为新产品的开发，为企业的产品结构调整，倾注了大量心血。1995年4月被国务院授予全国劳动模范称号，11月被劳动部授予中华技能大奖。

赵阿狗，1936年2月19日生，浙江吴兴县人，1959年5月加入中国共产党。他初中毕业后就入厂当车工，掌握了一套熟练的操作技术。1989年5月，经他建议和组织，成立"新江厂技师攻关队"，先后搞出上海牌洗衣机和汽车空调生产设备共30多种，不仅大大减轻操作工人的劳动强度，而且生产效率成倍提高，产品质量也得到保证。赵阿狗仅对KF—3汽车空调器就完成十九项攻关项目，使研制近十年的该产品投入批量生产。1990年该厂从西德康维他公司引进的汽车空调生产线，赵阿狗赴德考察后，承担了大部分非标准设计制造工作。

近五年中，由赵阿狗完成的较大革新项目，有20多项。属于洗衣机方面的，如革新成功了新品21S洗衣机内胆自动翻边机大、小各一台，使新品很快投入大批量生产，比传统成型翻边提高工效十倍以上，由原1万多台达到单班年产量12万台。还革新成功了21S、27S洗衣机内胆通用咬边机，使单班年产量达14万台，比手工焊接提高工效十倍。在汽车空调器方面，革新成功了汽车空调换热器半自动气密检测设备，操作者只需按动一只电钮，所有动作即自动进行，该设备属国内首创。还革新成功了汽车空调铜管切割机，提高工效八倍。把防护罩改为升降式，有效地保证操作工人的人身安全，比德国工厂的同类设备更灵活安全。造价仅为进口的5%，为工厂节约3万多马克。

赵阿狗多次被评为先进标兵、技术革新能手、优秀党员。1991年被评为航天局"七五"期间技术革新能手，全国"合理化建议"积极分子。1987、1991、1993年三次被评为上海市劳动模范，1995年被评为上海工人"十大"发明家之一。

【赵国华·青年书法家·作品参加全国书画摄影艺术大赛获一等奖】 1995年5月，中国书法家协会等单位举办的全国书画摄影艺术大赛评选揭晓，赵国华的书法作品对联："岩峭岭稠叠，洲萦渚连绵"获一等奖。同年12月，岭南美术出版社出版了由张爱萍将军题写书名的《赵国华书法集》。

赵国华，字淡墨，号松山墨人，1963年生于广东省信宜县。1981年参军，现为广州军区后勤部政治部干部。他从小对书、画、印用功颇勤，潜心研学张旭、怀素、黄庭坚等书法名著，书作法古而不泥古，以书入画，大胆创新，独具一格。作品数十次在国内外大赛中获奖，曾参加中日破体书法国际展览、东方书画艺术国际交流展和第一、第二届中国艺术博览会。作品先后被编入10余部辞书。

破体书法是九十年代重新勃兴的一种书体，它融行、草、隶于一体，又自成一体。赵国华破体书法，追求古拙自然，质朴如山嶙峋，疏朗如梅枝横斜。在他的书法中，有泼墨"龙"、写意"龙"等多种表现形式。作为龙的传人，为写好"龙"，他如痴如迷，1994年从春到夏，他翻阅了大量关于龙的传说掌故，收集了数百幅古今名家关于龙的书画，甚至特意返回故乡悉心观察民间舞龙盛况，寻找艺术灵感，一龙一态，书出了龙的潇洒、狂愤，表现了龙的魅力。赵国华的篆刻艺术，也颇见功力。编入他的作品集中有近20方治印。

【赵国荣(女)·顺义双跃羊毛衫厂厂长·在与癌症斗争中办起一个年产值达2000万元的新厂】 北京顺义双跃羊毛衫厂厂长赵国荣，1995年获北京市"三八"红旗手称号，被称为明星企业家。同年，她被北京市评为"抗癌明星"，人们称她是双重明星。

现年35岁的赵国荣，出生于北京顺义县张喜庄，她18岁进毛织厂，十几年下来，从挡车工到工艺技术员，所设计的新款毛衣，曾多次打入国际市场。在事业有成的时候，她于1983年经诊断患淋巴癌，从此常年化疗，植皮，透析。但是，赵国荣没有被病魔吓倒。就是在病床上，她设计的羊毛衫，有两种款式获全国羊毛衫大赛一等奖。1992年春，顺义县张喜庄乡决定兴办一家羊毛衫厂。当领导找到赵国荣，问她能否出任厂长时，赵国荣说："我是被病魔判过死刑的人，很希望在有限的时间内为乡亲们做点事，我懂行，我能行！"就任厂长后，赵国荣明白，自己肩上担着乡亲们的期望和信赖。厂房决定建在一片荒地上，没有资金，没有人才，她东奔西跑，四处求援，整日蹬着自行车四处求人。盛夏7月，建厂心切的赵国荣，嗓子肿得说不出话来。大伙担心，家属担心，劝她慢慢来。赵国荣说："我一停下来机器就开不了，厂子会前功尽弃。我是一个癌症患者，活一天就拼一天，我也赚一天。"她的一片诚心最终感动了兄弟单位。在高丽毛纺厂、顺华毛织厂等单位的支持下，羊毛衫厂终于开机了。赵国荣深知，厂子办起来了，今后主要靠管理求得企业的生存和发展。她不断钻研企业管理、大量阅读国内外企业管理图书，先后翻阅了《现代企业管理》、《经营管理妙法》等书，写出了大量的笔记，找到了适合自己厂子的管理方法。试产时，她和同事们没有盲目上项目，而是求助于信息科学，进行大量的市场调查，在羊毛衫的款式上下功夫，实行投入与产出一条龙，重视人才开发，用科学的管理在竞争激烈的市场上使羊毛衫厂立于不败之地。赵国荣提出"以质量求生存，以新产品求发展"，从而赢得了市场。仅一年时间，企业产值达2000万元，拥有职工360人。赵国荣成功了。乡亲们的称赞没有令她沾沾自喜。她知道自己的时间已经不多了。因而更加努力作好当前的工作，同时努力为社会作贡献。现在羊毛衫厂已在首都机场附近购买了500亩土地，准备建一个康复中心，中心将拥有200亩水面，有森林、小山，并拥有国内一流的医疗设备与专家。康复中心只收癌症患者、残疾人和弃婴。赵国荣说，她是一个病人，她要为有心灵创伤的病友们做点事情。

【赵忠英·交通部航务工程分公司经理·被授予全国劳动模范称号】 1995年4月29日，中共中央、国务院召开的全国劳动模范、先进工作者表彰大会在北京人民大会堂隆重举行。交通部第3航务工程局第一公司第二分公司经理、工程师赵忠英，被授予全国劳动模范称号。

赵忠英，1946年3月生于上海，1965年2月参加工作，历任副队长、指导员、副主任、项目经理等职。参加工作30年来，兢兢业业，刻苦学习，从一名普通工人成长为重点工程项目的优秀指挥者。5年来他承担的工程项目都达到优质工程标准，多次受到省、市领导的表彰，本人先后被评为上海市建设功臣（二次）、上海市劳动模范、全国施工企业优秀项目经理，并获全国"五一"劳动奖章、全国海员工会"金锚奖"等。

1989年，赵忠英率施工队伍参加福建重点工程福州新港区的建设，他精心组织施工，狠抓工程质量，奋战2年，建成了两个万吨级泊位和20万平米的后方堆场，被评为交通部优质工程。

1991年11月，他又率队投入福州新港7500吨客运码头的建设。这个项目要求提前到1992年底完成。很多人对短短一年完成这样的大项目表示担心。赵忠英科学优化施工组织，精心指挥，工程节节突破，胜利完成预定目标。

1992年8月，赵忠英率领他的铁军，怀着为上海人民造福、为建设上海立功的愿望，投入上海有史以来规模最大的城建项目——内环线高架道路工程。这一工程对改变上海道路交通落后面貌有重要意义。他们克服市区车辆人流拥挤、地下障碍多、施工场地小，战线长、材料供应紧张等困难，顽强拼博。在他们负责的路段上，需架设27根上海工程史上最长的T形梁，每根46米长、140吨重，这是整个内环线工程中最大的难题。赵忠英与技术人员反复研究，决定采用"高台预制，液压移位"的施工方案，终获成功。他们施工的路段，获上海市工程质量最高奖——白玉兰奖，他领导的施工处也被市政府命名为"环线尖兵"。

1994年初，赵忠英又以优良信誉再次中标参加内环线二期2·9标工程。这一工程战线最长，工期又比其它标段少两个月。面对困难，他毫不退缩，动员全体职工开展为重点工程立功竞赛活动，并与职工一起日夜鏖战，终于在10个月内完成1亿6千万工作量，攻克5大节点目标，提前完工，再次受到上海市领导的称赞。

【赵秉志·人民大学教授·被评为全国十名杰出青年法学家】 1995年12月26日，由中国法学会组织评选的全国十名杰出青年法学家揭晓。中国人民大学教授赵秉志被授予杰出青年法学家称号。

赵秉志，1956年6月生，河南南阳人，中共党员。郑州大学法学学士、中国人民大学法学硕士、法学博士。是新中国自己培养的首届刑法学博士。现任中国人民大学法学院刑法专业教授、博士生导师。赵秉志在短短5年时间里，连续3次被破格晋升为我国刑法学界最年轻的副教授、教授和博士生导师，并于1991年1月被国家教委和国务院学位委员会授予有突出贡献的中国博士学位获得者称号，1993年10月起开始享受政府特殊津贴。迄今已出版各种专业书籍（含独著、主编、合著、合译）90余种，发表论文、文章340余篇，个人著述达500余万字。专著《犯罪主体论》因开拓创新显著，三次获得全国性学术著作评选的奖励。1993年获霍英东教育基金会第四届高等院校青年教师基金奖。

赵秉志作为全国人大常委会法工委刑法修改小组成员，自1988年以来参与刑法修订工作，并参与国家最高司法机关司法解释文件的制定和一些疑难案件的研讨、咨询。他还参与同法国、日本和我国香港地区的多项法学合作研究项目。

【赵河清·孟县人民法院审判员·被授予全国法院模范称号】 1995年4月，荣获国务院授予全国先进工作者称号的河南省孟县人民法院审判员赵河清，又获最高人民法院授予的全国法院模范称号。

赵河清办案有三快：立案快，随到随收；调查快，风雨无阻；处理快，不拖不延。从1979年以来，他共审结各类案件2000多件，调解率高达99.8%，基本上做到调解无反悔，判决无上诉，被当地群众誉为"黄河岸边好法官"。一次，在平息一起村办企业承包纠纷中，为防止矛盾激化，他连续在村里住了一星期，大会小会开了18次，终于使双方达成协议，避免了一场即将酿成的械斗事件。

"案到老赵手，捧着调解走，满脸笑盈盈，仇人变朋友。"这是人们对赵河清办案的一种描绘。更为可贵的是，案件调解完了，他的心还牵挂着当事人，尤其是调解和好的婚姻纠纷和赡养案件，赵河清始终坚持做好执行和回访工作，发现问题立即解决。

赵河清特别注意法律知识的积累。业余时间，他一直坚持刻苦自学，并订阅了有关杂志，记下10多万字的读书笔记，他还把报刊上的《案例分析》剪裁、摘抄下来，分类整理，反复琢磨。根据所学知识，结合审判实践，他归纳了几句调解经："案件一到手，事实先问透，按照法律来，选准突破口，通过村干部，还有众亲友，一起做工作，调解不犯愁。"

赵河清，58岁，河南孟县人，高中文化。从事法院工作16年来，多次立功、受奖，从地方到中央多家报刊和电视台宣扬过他的事迹。1993年他因年龄偏大，从中层领导岗位上退下来，到金融法庭任审判员。他卸任不卸担，时间抓得更紧。一年多来，他受理贷款案件435件，执行427件，为国家收回资金近420万元。

【赵孟頫·元代著名书画家·"赵孟頫国际学术研讨会"在上海等地举行】　"赵孟頫国际学术研讨会于3月24日至28日在上海和湖州两地举行，来自大陆、香港、台湾、美国、日本、韩国的40余位学者提交了学术论文，共43篇，汇集成《赵孟頫研究论文集》出版。这是继1989年"董其昌国际学术研讨会"、1992年"清初'四王'画派国际学术研讨会"之后举行的基础性美术理论活动。它贯穿了元、明、清三个时代。

会议期间，代表们观赏了赵孟頫这位元代的杰出艺术家的部分代表作。并游历了赵孟頫的故乡——湖州莲花庄，还拜谒了赵孟頫和他的夫人管道升(女诗人)的合葬墓。

赵孟頫标举的"贵有古意"或"学唐人"的口号，是他的艺术理想追求。实际上是一种带有时代精神的艺术创作实践指导原则。

赵孟頫本是宋宗室。宋亡后，他出仕元朝，这是他向来被认为是失节的事。讨论会认为他是自愿而非强迫。其他有关"书画同源"的问题、赵孟頫的艺术风格问题、赵孟頫的宗教思想问题，都有深入地研究。作为中国绘画史上的一个关键人物，其影响是深远的。他的艺术观念和艺术创作，对"元四家"的出现，对董其昌的宣扬，都有不可估量的影响。

赵孟頫(1254—1322)(元)字子昂，自号松雪道人。又号鸥波。为宋太祖十一世孙。仕元，至翰林学士承旨，封魏国公，谥文敏。诗、书、画无不精妙。著《印史》及《松雪斋集》等，是我国艺术史上很有影响的艺术家。

【赵勇田·军队离休干部、作家·出版新著《名将孙胡子》】　曾获全军先进离休干部称号的原总参谋部政治部文化部副部长赵勇田，1983年离休后，埋头创作，辛勤笔耕，取得丰硕成果，成为中国作家协会会员。1995年12月，解放军出版社出版了他与仝玉林合著的30万字的新著《名将孙胡子》。这是他离休后撰写的第八本著作。在纪念抗日战争胜利50周年期间，当年的小八路赵勇田，应邀给青少年作革命传统报告，参加老战士合唱，上电视台演出，在繁忙的社会活动中，渡过了他70周岁生日。

赵勇田，1925年6月25日生于河北省安平县什伍村。1938年12月加入中国共产党，1939年1月参加八路军。先后在冀中军区、八路军前方总部、晋冀鲁豫军区、华北军区任排长、政治指导员、编辑。中华人民共和国成立后，曾任校刊编辑、主任编辑、文化科长、解放军兵种和总参政治部文化部副部长(正师级)。

从解放战争时期开始，赵勇田就热心于写作。曾在国内外一百多种报刊、杂志发表千余件文稿和照片。出版的著作有：《独脚虎将》、《小八路日记》、《虎穴殊勋》等，合著有《抗美援朝纪实》、《板门店谈判》、《名将孙胡子》。他的文学短篇作品有10件曾获军队兵种和总部奖励。他曾获总参谋部休干处先进离休干部、总参谋部政治部先进离休干部和全军先进离休干部称号。他还是新华社、人民日报社通讯员，《中国老年报》、《老人天地》特约记者，中朝友好协会理事。

【赵润生·西安市方新村邮局投递员·被评为全国职业道德十佳标兵】　1995年11月3日，由中华全国总工会和全国职业道德建设领导小组组织的1995年全国职业道德十佳标兵和全国职业道德建设十佳单位评选结果揭晓，西安市方新村邮电局投递员赵润生，被评为全国职业道德十佳标兵，他是全国邮电系统唯一入选的"十佳标兵"。同年，他还获邮电部、陕西省和西安市授予的优质服务标兵、学雷锋先进个人与文明市民标兵等称号。

赵润生，陕西西安人，1951年10月生，1971年参加工作。25年来，他爱岗、敬业，无私奉献，曾先后获部、省、局级先进个人标兵、投递岗位标兵、最佳投递员、文明市民等20种荣誉称号，获牌匾、锦旗132面。

赵润生视投递为天职。1993年8月，浙江丽水市郑元龙来信寻找中断联系30年的姨母王招翠，请求帮助。赵润生凭着一点模糊的信息，走村串户，遍访居委会和退休职工，终于找到老人，使两代亲人得以团聚。家住北郭上村的70多岁离休老人胡文，距邮局20多里，行动不便，每月领工资成了难题。他打电话给赵润生后，当天下午，赵润生就到他家里问明情况，并表示愿给老人提供长期服务。此后，老人的邮件、工资都由赵润生包送到家，直到附近新设邮局为止。3年来共送邮件工资80多次，深得群众赞誉。对海外来信，他更是专心投递。一次，从新加坡寄西安自强路257号郝某的信，走访650多家都未找到收信人。有人说，退回吧！可赵润生想，他们与祖国相隔万里，思亲情切，不能随便退。于是他利用下班和休息时间走访附近老人。一个月后打听到西安客车厂郝师傅，曾居自强路，便骑车询问。郝见信后，惊喜万分，感谢赵润生使他们失散40多年的亲人得以重新团聚。

赵润生始终把用户的利益放在首位。赵润生参加工作后，也遇过许多不顺心的事：当年与他一起搞投递工作的50多人，已基本上跳槽调到条件好的地方，只有他仍然坚持在投递岗位，晴天一身汗，雨天一身泥；谈过几个女朋友，也都因看不上他的工作而告吹，……这些他都无怨无悔，始终以共产党员全心全意为人民服务的标准要求自己，用邮电职业道德规范自己的行为。为了用户方便，他总是把个人困难放在一边。有个投递员不小心把用户《小学生周报》淋湿了，赵润生马上自己掏钱买了一张让投递员送给用户。他关心别人胜过关心自己。他当投递班长后，每天都要等所有投递员平安返局后，才最后一个回家。有一个投递员，因为商店开张，被劝了几杯酒醉倒，直到下午未回。赵焦急万分，急忙到交警队、家里和亲戚好友处寻找，直忙到晚10点多钟。当他饿着肚家时，妻子已上夜班，孩子无人照顾趴在饭桌上睡着了。

25年来，他以高度负责的精神救活难信、死信1300多封，地址不明、写错的信函780多件，为特困户、五保户服务800多件次。

【赵雪芳(女)·山西省长治市人民医院妇产科主任医师·被授予中国十大女杰称号】　1995年2月，由全国妇联组织的，有劳动部、人事部、解放军总政治部、全国总工会、团中央、中国科协和十余家全国新闻单位参加评选的“中国十大女杰”揭晓，白求恩式的好医生、山西省长治市人民医院妇产科主任医师赵雪芳被评为十大女杰之一。

赵雪芳，从事医务工作三十余年如一日，牢牢扎根于太行山老区，把学到知识和技术无私地奉献给老区人民。她视患者如亲人，尽心尽力去诊治，先后为近万名妇女解除病痛。即使在自己身患两种癌症，先后接受三次手术的情况下，仍一边与疾病做顽强搏斗，一边坚持为患者进行治疗。母亲去世后，她在回家乡为母亲办后事的10余天中，还为家乡患者出诊近300人次。赵雪芳把对人民的挚爱化做了对事业的追求，与患者之间形成了水乳交融的关系，其不为名利、无私奉献的崇高医德和精湛医术赢得了广大患者和人民群众的爱戴和尊敬，被誉为“人民的好医生”、“活着的白求恩”。

赵雪芳，1937年生，山西省阳城县人。1955年由故乡——一个贫穷落后地处山区的李圪瘩乡来到太原市求学。1963年于山西医学院毕业后，又回到太行山区从事医务工作。30多年来，赵雪芳没有节假日，也无上下班之分。有时，她一天完成五台手术，晚上仍坚持值夜班，第二天竟又一刻不差地来到工作岗位。她医治了两万多名病人，没发生过一例差错。在她的带领下，长治市人民医院妇产科的73名医护人员，在年门诊量达16400余人次以上，年抢救危重病患者量多在400余人次的情况下，成功率为100%，而且9项医疗指标一直在全院保持领先，还开展了大量临床科研活动。她们利用中西医结合办法开展了中药治疗慢性宫颈炎、阻断癌性病变科研项目，研制出H871、H872、H873等3种新药，收到明显的临床效果。由赵雪芳领导组建的晋东南地区第一个遗传室，使对出生儿的缺陷监测有了科学诊断依据。她还组织开展了阴道成形术、中药促产程等项目研究。赵雪芳先后被评为山西省、长治市“三八”红旗手和优秀共产党员，市特级劳动模范，省劳动模范和学雷锋先进个人，全国“巾帼建功”标兵。1993年12月，被中共山西省委授予“人民的好医生”称号。1994年4月获建国以来卫生系统向先进个人颁发的第一个白求恩奖章。1994年、1995年山西电视台、中央电视台分别摄制和播出了以赵雪芳真人真事创作的专题艺术片《一个医生的故事》和电视系列剧《走近赵雪芳》。

【赵耀骥·中共武进县委书记·被授予优秀县(市)委书记称号】　1995年6月30日，全国百名优秀县(市)委书记表彰会在北京中南海怀仁堂召开。中共中央总书记江泽民出席会议并作了重要讲话。会上宣读了中共中央组织部对全国在县(市)委书记岗位上取得优异成绩的100名干部，授予优秀县(市)委书记称号的决定，赵耀骥名列其中。

赵耀骥，江苏沭阳县人，1942年8月出生，1963

年10月参加工作，1972年3月入党，大专文化。曾任县委副书记，常州市委组织部副部长，县长。1991年4月任现职。

武进，被称为“华南五虎”、华夏强县。1994年，全县国民生产总值为137亿元，工农业总产值471亿元，财政收入6.82亿元，农民人均纯收入3174元。赵耀骥担任县委书记后，大力倡导和发扬“团结奋进，勇于开拓，实干兴业，争创一流”的武进精神。他说：“没有高标准的工作立意，就会掉队落伍。”在武进的改革开放和经济建设取得可喜成绩的形势下，他仍组织各级干部过江北上、东赴邻县学习考察，找差距，加压鼓劲。明确提出要把武进的各项工作、各项建设与全国一流水平相对照，确立高标准的工作立意。在工业经济方面，他不满足于产值和销售额总量的增加及现有的发展速度，而是更注重于抓结构的调整和优化，并突出抓发展壮大规模经济。在稳定和发展农业上，尽管基础条件较好，但他头脑仍保持清醒，坚持把农业放在经济工作首位，积极研究提高农业发展水平的新路子。积极推进以“两田制”、“一田制”为发展方向的适度规模经营，促进粮食生产，发展多种经营。

赵耀骥在把握全局和科学决策上，不唯书，不唯上，善于把党的方针政策同本地实际相结合。武进的经济实力不断发展壮大，但乡镇之间、村村之间发展并不平衡。他提出积极扶持集体经济薄弱乡、村的办法和建议，得到县委常委的赞同。从1992年起，县里确定的重点扶持对象，经过3年努力，这些村的集体经济有了一个较大发展，有28个村的工业产品销售收入超过1000万元，实现利税成倍增长。赵耀骥还针对有些行政村农户偏少而村子数量偏多，不利于发展村级经济规模和村级组织建设的状况，提出合理调整行政村规模，促进生产要素在更大范围合理流动和组合，形成新的发展优势的建议。这一符合县情的设想，得到了全县方方面面的支持，正积极稳妥地付诸实施。赵耀骥的每一个设想和建议，始终坚持凡事关全局的重大问题，在决策过程中都充分发扬民主，然后实施正确的集中。

【荣桂芳·宁夏人民法院副庭长·获全国法院模范称号】　1995年12月14日，宁夏回族自治区高级人民法院刑事审判第一庭副庭长荣桂芳，被最高人民法院授予全国法院模范称号。

荣桂芳，1938年出生，江苏人，1959年从南京建工学校毕业后分配到宁夏，搞了10多年的技术工作。1975年4月到了法院后，他刻苦学习法律知识，每天不管多忙都至少要挤出3个小时用于学习法律。5年时间他学完正规法律院校全部课程。1982年，已经44岁的荣桂芳又考入中国政法大学函授大专班。他给自己规定：上学三年间不看电影电视，不上公园，不回江苏老家探亲。结果，他连续三年被评为优秀学员。他把学到的法律知识指导工作实践，很有成效，参与审理了多起在宁夏乃至全国都有重大影响的案件，期间提出了许多独到见解，为案件准确定性起到了积极作用。1994年上半年，他在参与审理一起涉及宗教教派内部纠纷的复杂案件中，先后7次到现地调查，行程1.2万余里，每天工作15个小时以上，阅卷50多本2000多页，写下5万多字的阅卷笔录，归纳整理了25条重要补充材料和意见，为案件顺利审理提供了良好的条件和可靠的依据。他当副庭长4年来，主办大案要案42件，居全庭前列。20多年中，他审理各类案件460件，都能做到事实清楚，证据确凿，定性准确，处理得当，无一件发还重审，无一件改判，赢得了广大群众的信任。

荣桂芳为审判事业默默辛勤工作，置亲情、私情、友情乃至个人身心健康和安危于不顾，秉公执法办案，清清白白做人，饱含着他对人民的无比热爱，对邪恶丑陋的无比憎恶。他先后20多次被评为先进工作者、优秀共产党员、优秀人民法官。1993年他被评为全区法院系统学雷锋先进个人和自治区民族团结进步先进个人，1994年他被评为全区政法战线综合治理先进个人，荣立一等功。1995年他又被评为全区优秀共产党员。

【荣敬本·经济学家·新著《梁溪荣氏家族史》出版】　中央编译局当代马克思主义研究所研究员、经济学家荣敬本的新著《梁溪荣氏家族史》，1995年由中央编译出版社出版。作者和中国近代著名粉纱大王荣宗敬、荣德生同属于无锡梁溪荣氏家族，祖父曾是荣氏家族族长。在近代，梁溪荣氏家族以抵御外侮、兴办实业、破除八股、兴办实学而闻名，这在作者幼小的心灵上留下了深刻的印记。

荣敬本，1933年生，江苏无锡人。在抗日战争中，他的两个姐姐奔赴新四军抗日根据地，他的家庭成为新四军在上海的联络据点。抗战胜利后，受家庭和社会的影响，他积极参加了上海大同大学附中的爱国学生运动。1950年他就读于东北农学院俄文系，1952年毕业后到中央编译局工作，先后参加了《列宁全集》和《马恩全集》的译校工作。在参加马克思的《资本论》的译校过程中，他刻苦学习，不仅掌握了德语，而且掌握了经济学的基本知识。多年来，他始终坚持翻译和研究工作相结合，努力把马克思主义的原理同社会主义建设的实践结合起来进行探索和研究。改革开放以来，他的突出成就是把国外比较经济学的研究成果很快地引进到中国来，他的介绍和评述切合中国改革和发展的实际需要，并对改变前苏联社会主义政治经济学传统的理论和方法产生很大影响。这集中反映在他的专著《比较经济学》一书中。

1985年，荣敬本和吴敬琏、赵人伟等共同主编《经济社会体制比较》杂志，至今整整十年。他们以继承和发扬马克思主义的革命精神，通过比较研究，探索适合中国的经济社会体制为宗旨，使这份刊物始终保持实事求是的比较特色。最近，他完成了社会主义模式转换的研究课题。他认为，旧计划体制模式的基础是工农业产品之间的不等价交换，而其上层建筑是行政管理体制及依附于这种体制的企业。因此，向社会主义市场体制过渡，必须从农业的市场化和实行政企分开，即从基础和上层建筑两方面入手。

他在《梁溪荣氏家族史》一书的结束语中提出："恩格斯在《家庭、私有制和国家的起源》结束时引用摩根的话说：'管理上的民主，社会中的博爱，权利的平等，普及的教育，将揭开社会的下一个更高的阶段，经验、理智和科学正在不断向这个阶段努力。这将是古代氏族的自由、平等和博爱的复活，但却是在更高级形式上的复活。'有中国特色的社会主义，决不会是那种专制贵族和官僚氏族制在高级形式上的复活，而是那种民间氏族制度在高级形式上的复活。"

【荣毅仁·国家副主席·会见外宾阐述我国改革开放和发展经济的方针政策】　国家副主席荣毅仁在1995年先后会见各国政府领导人和友好人士数十次，阐明我国改革开放和发展经济的方针政策，并介绍了中国经济社会稳健发展的大好形势。

1月16日上午，荣毅仁在北京人民大会堂会见美国前国务卿亨利·基辛格时说：作为一个发展中国家，中国最需要的是发展。他着重指出，中国强调发展，主要是指在改革开放条件下快速、稳定和健康的发展。政府一直注意妥善处理改革、发展和稳定的关系。中国要发展、就离不开国外经济的参与，因此必须继续对外开放。他认为，中国的开放度会越来越高，外商来华投资环境也必将随着中国法制的日益完善而不断得到改善。谈及通货膨胀问题时，他说，1994年通过加强宏观调控较好地抑制了通货膨胀，1995年将进一步采取措施抑制通货膨胀。荣毅仁对基辛格为改善中美关系所作的努力表示赞赏。他说，国与国之间的关系中出现问题并不可怕，重要的是双方要通过平等对话协商解决存在的问题，这样两国关系才能得到健康发展。

荣毅仁于6月、9月先后会见了伊拉克副总统塔哈·亚辛拉马丹、密克罗西亚联邦副总统雅各布·尼纳，并出席了中密两国政府经济技术合作签字仪式。12月，荣毅仁赴澳门会晤葡萄牙总统苏亚雷斯，并出席澳门国际机场建成启用庆典，为机场启用剪彩。

荣毅仁还先后会见了多批美国、西欧和日本的企业家、社会活动家。

荣毅仁，1916年5月生，江苏无锡市人。1937年圣约翰大学历史系毕业。曾任无锡茂新面粉厂经理，上海合丰企业公司董事，上海三新银行董事、经理。中华人民共和国成立后，历任申新纺织印染公司总经理，华东财经委员会委员，上海市副市长、市工商联副主任委员，纺织工业部副部长，国家进出口管理委员会顾问，全国工商联执委会副主任、副主席、主席。第一至八届全国人大代表，第四、五届全国人大常委会委员，第六、七届全国人大常委会副委员长；第二届全国政协委员，第三、四届全国政协常务委员，第五届全国政协副主席。宋庆龄基金会主席，中国和平统一促进会会长。还曾任中国国际信托投资公司董事长兼总经理。1993年3月27日在第八届全国人大第一次会议上当选为中华人民共和国副主席。

【胡蝶（女）·已故电影表演艺术家·获中国电影世纪奖】　1995年12月28日，在北京举行的中国电影世纪奖颁奖典礼上，已故优秀电影表演艺术家胡蝶，荣获中国电影世纪奖。这项评奖是为纪念世界电影诞生100周年暨中国电影诞生90周年，由广电部电影事业管理局、中国电影家协会、中国电影出版社和中共北京市委宣传部联合主办的。

胡蝶，满族，原名胡瑞华，1907年生于上海，原籍广东省鹤山县。1924年考入洪深主持的中华电影学校，1925年在影片《战功》中初试锋芒，毕业后进入友联公司主演《秋扇怨》。次年转入天一公司，先后主演《夫妻之秘密》、《梁祝痛史》、《电影女明星》、《珍珠塔》、《义妖白蛇传》、《孟姜女》、《女律师》、《新茶花》、《铁扇公主》等近二十部影片。1928年加入明星影片公司，与阮玲玉合演《白云塔》，她反串男角，表现出一派倜傥飘逸的气质和挥洒自如的神态，颇受观众赏识。接着主演了《血泪黄花》、《碎琴楼》、《桃花湖》、《火烧红莲寺》、《歌女红牡丹》、《红衫泪》、《如此天堂》、《啼笑姻缘》等三十多部影片。其中《火烧红莲寺》开创武侠片之先河，她饰演的侠女也成为妇孺皆知，观众崇拜的偶像；《歌女红牡丹》是中国第一部有声片，当时轰动全国，也吸引了南洋观众；《啼笑姻缘》是胡蝶主演的最有名气的影片之一。这些影片使胡蝶成为红极一时的女明星，获得“电影皇后”的桂冠。1932 年“一·二八”事变之后，胡蝶在明星公司主演了《自由之花》、《战地历险记》后，担任了《狂流》、《脂粉市场》、《盐潮》、《姊妹花》、《三姊妹》、《女儿经》、《再生花》、《劫后桃花》、《夜来香》等近二十部影片的主角。《狂流》和《盐潮》都是反映三十年代阶级矛盾和阶级斗争的进步影片，胡蝶塑造的地主女儿秀娟和盐村姑娘阿凤，不但富于反抗精神，而且内心世界十分丰富，性格纯朴而又刚正不阿。《姊妹花》是一部通过家庭伦理问题揭示阶级压迫的优秀影片，也是胡蝶的代表作之一。她在影片中一人兼饰姊妹两角，把两个身分悬殊、性格迥异的女性形象刻画得淋漓尽致，真实生动。影片上映后引起哄动，在国内连映六十四天，创国产片上座率最高纪录。抗日战争爆发后，她在“孤岛”上海、香港拍摄了《胭脂泪》、《绝代佳人》、《孔雀东南飞》、《家》等。1942 年胡蝶经西贡、桂林到重庆，拍摄了《三个女性》、《建国之路》等。抗战胜利后，她随丈夫去香港，主演了《某夫人》、《春之梦》、《苦儿流浪记》、《锦绣天堂》等影片。40 年代末她退出影坛。1959 年，胡蝶东山再起，在香港先后拍摄了《街童》、《两代女性》、《后门》等影片。在这些影片中，她多饰演贤妻良母，以精湛的演技体现出感人肺腑的艺术魅力。1960 年，《后门》在第七届亚洲电影节上获得最佳影片金禾奖，胡蝶获最佳女主角奖。1967 年胡蝶息影后，移居加拿大，1989 年 4 月 23 日逝世。

【胡之璧（女）·中药学专家·当选为中国工程院院士】　1995 年 7 月 7 日，中国工程院公布了新当选的院士名单，上海中医药大学中药生物工程研究室主任胡之璧，当选为中国工程院医药与卫生学部院士。

胡之璧，1934 年 11 月 3 日生，安徽省潜山县人。1956 年毕业于华东药学院（现中国药科大学），随后考取该院药学专业首届研究生，1959 年毕业，获副博士学位。其后先后在华东药学院、中国科学院上海药物研究所、上海中医药大学任职。早在 1956 年，胡之璧在选择攻读研究生课题时，就把目标指向了被当时国际医学界冷落了的生药学。她先后对十几种中药进行研究，确定了这些中药的组织形态、化学成分的鉴别标准。她撰写的一些论文和专著，使她不仅获得全国重大科技成果奖，而且为“中药鉴定学”、“中药化学”的诞生作出了重要贡献。

1984 年，胡之璧在联邦德国图平根大学从事药物植物细胞工程研究时，克服了一道道难关，运用诱变代谢调控等现代生物工程技术，从 47 种不同来源的洋地黄植物中诱导出 83 种不同的细胞系，从中获得一种高产稳产的细胞株，能将对人体有害而无药效的洋地黄毒甙全部转化为高效强心药洋地黄甙，并数百倍地提高了洋地黄药物的产量，从而攻克了洋地黄毒甙转化为洋地黄甙实施工业化生产的世界性难题，受到了国际同行的高度赞扬。该细胞株被命名为“胡氏细胞株”。

胡之璧回国后，建立了国内第一个中药生物工程技术研究室——上海中医学院中药植物细胞研究室，在世界上首先将农杆菌 Ri 质粒成功地引入丹参、黄芪、甘草、青蒿、罗布麻、锦葵、芸香等几十种中草药基因组中，获得转基因的毛状根培养体系，使其生长速度和有效成分含量大大超过天然药材。这不仅使中药生物工程技术研究跃上了基因水平的高层次，而且也为将种植式的中药材生产转变为“全天候”细胞培养式的现代化生产，积累了科学经验和数据。这一成果既可克服中药资源紧缺、滥砍滥挖破坏自然界生物植被的弊端，又能从根本上改变中药生产和研究的落后面貌。为此，胡之璧于 1994 年应邀在德国斯图加特举行的“活性天然产物国际学术讨论会”上作了专题报告。与会者认为她是国际上首先将 Ri 质粒引入中药的研究者，也是中国药用植物细胞生物工程的创始人之一。

【胡文瑞·流体物理学家·当选为中国科学院院士】　1995 年 11 月 6 日，中国科学院公布了新当选的院士名单，中科院力学研究所研究员胡文瑞，当选为中科院技术科学部院士。

胡文瑞，上海市人，1936 年 4 月 2 日生，1958 年毕业于北京大学数学力学系流体力学专业。1958 年 9 月分配至中国科学院力学研究所工作至今。他长期致力于流体物理学研究，成果显著。提出微重力条件下浮力仍对激发振荡对流有重要作用。在国际上首次实验获得小浮区液桥自由面的表面波，以及临界状态对液桥体积的分群特性，揭示了热毛细对流转捩的特征。在国际上首次得到半浮区液桥的表面波和多物理量的微重力综合测量。在理论上研究了热毛细对流、浓度毛细对流和相变对流之间的耦合，指出残余重力对浮区晶体生长的影响相对比较敏感。组织了我国日地物理研究，对太阳活动区磁场，太阳耀斑的波动模型，日冕瞬变的活塞驱动理论、日球磁场的三维结构，太阳风加速机制，磁层亚暴的等离子体波动模型，地球极区极风的慢 MHD 激波结构等经典问题，提出了一系列新概念。主持建立了全国联测网，促进了日地物理学的发展。在重要学术刊物发表微重力研究论文 40 多篇。

【胡庆树·话剧表演艺术家·获第五届文华表演奖·其表演艺术研讨会在武汉召开】　1995 年，武汉话剧院副院长胡庆树，荣登文化部第五届文华表演奖话剧演员榜首。同年 6 月，由文化部艺术局、中国戏剧家协会艺术委员会等联合主办的“胡庆树表演艺术研讨会”在武汉楚天大厦隆重召开。武汉市人民政府特授予他杰出话剧表演艺术家荣誉称号。应邀参加这次会的有全国 40 多名评论家、艺术家。会上，专家们分析了胡庆树表演艺术的特点：认为他的表演生活感很强，真挚、洒脱，如行云流水般自然、流畅。他既继承了我国话剧表演的传统，又有时代精神和鲜明的个性特点。

胡庆树，1933 年出生于安徽安庆的一个知识分子家庭。1949 年参加安庆学联的演剧活动，1951 年考入上海剧专表演系，于 1955 年毕业，分配到吉林省话剧团当演员，1957 年调回上海戏剧学院实验剧团，1958 年调武汉话剧院至今。胡庆树从事话剧专业工作 45 年，饰演角色 70 多个，导演大戏 6 台及数台小戏。1978 年再度回学院进修，在朱端钧、杨村彬、吴仞之、胡导等老师的指导下，对表演进行实践和研究。80 年代初期开始参加一些影视表演。1983 年底至 1989 年先后担任武汉话剧院院长，武汉市文化局副局长。1989 年主动辞去行政工作继续全身心投入舞台及影视演出。

1986 年，首届“莎士比亚戏剧节”，武汉话剧院排演了《温莎的风流娘儿们》，胡庆树饰演的福斯塔夫，受到戏剧家黄佐临的高度赞赏。1988 年在杨村彬导演的《清宫外史》中，胡庆树以他 90 公斤沉重的身体饰演了老佛爷的“猴儿崽子”李莲英，将那处在“万人之上”的自我感觉和见了太后缩肩弓臂的卑琐像，演得淋漓尽致。1990 年，他参加广州话剧团《情结》赴北京演出，饰演杜战威，获第二届文华表演奖。1993 年接香港话剧团邀请赴香港排练并演出《李尔王》。演出后长时间谢幕，台下观众眼含泪花鼓掌欢呼。导演杨世彭先生认为这种情况在他们剧团乃至香港演出界也是罕见的。

【胡克惠（女）·贵州省人民检察院检察长·主持查办特大经济案件秉公执法被誉为当代女包公】　1995 年 1 月 16 日，贵州省政协常委、省国际信托投资公司董事长、原贵州省委书记夫人阎健宏，因贪污受贿、投机倒把和挪用公款 600 余万元被判处死刑；原贵州省公安厅厅长郭政民受贿 17 万元，被判处死刑，缓期二年执行。主持查办这两起大案的是贵州省人民检察院检察长胡克惠，由于她顶住来自各方的压力和干扰，秉公执法，成为在贵州人民中有口皆碑的“女包公”。

现年 49 岁的胡克惠，出生于贵州省安顺市一户贫民的家里，半岁时父亲病逝，母亲拉扯着兄妹 5 人，靠给人卖布、打毛活为生。解放后，胡克惠读完小学、初中、高中，又考上了西南政法大学法律系。1969 年大学毕业后，她先在农场锻炼了一年，又在公安局工作了三年。1973 年调到福泉县人民法院，从此当了 7 年法官。7 年里，她负责完成一批冤假错案的重审工作，不辞辛苦，一件件重新调查核实，使蒙冤人得以平反昭雪；以后，又办过几起领导干部子女的违法案件，她客观公正、不徇私情的办案作风，得到了法院内外的好评。在全县人民中赢得了秉公执法，为民除害的口碑。1980 年，胡克惠被选为福泉县副县长。3 年后，她奉调进省城，担任省委常委、省纪委副书记，以后任省政法委书记，1993 年年初人大换届选举时，当选为省人民检察院检察长。当年 9 月，根据中纪委和贵州省委的决定，省纪委和检察院联合立案对阎健宏犯罪的问题进行调查，11 月进入刑事侦查，到 1995 年 1 月审判，前后一年多时间。在此期间，有人扬言要劫持她作人质，参予办案的人员接连接到恐吓电话。胡克惠说，对此早有思想准备，她顶住压力，一查到底，组织检察干部们深入查证，调查的足迹遍及全国十几个省市。关键时刻连续加班通宵达旦，终于查清了阎健宏犯罪的全部事实，确认阎健宏犯四种罪行，即贪污、受贿、投机倒把和挪用公款，总金额 600 多万元，拿下了这个特大案件。与此同时，胡克惠还主持查办了郭政民受贿案。胡克惠和郭政民，一个是省检察长、一个是省公安厅长，两人本是多年合作的老同事，老相识。当证实郭政民的确涉嫌经济犯罪后，胡克惠为这位老同志走上犯罪道路感到十分痛心。但她绝不徇私手软，照样秉公执法，查清了郭政民受贿 17 万元的全部事实，移送法院按律论处。自胡克惠担任检察长两年来，贵州省人民检察院已先后查处了8名厅局级干部。由于胡克惠刚直不阿，敢于秉公执法，使那些犯罪分子一个个落入法网，受到应有的惩罚。

【胡宏纹·有机化学家·当选为中国科学院院士】　1995年11月6日，中国科学院公布了新当选的院士名单，南京大学化学系教授胡宏纹，当选为中国科学院化学部院士。

胡宏纹，1925年出生于四川省广安县。1959年获苏联莫斯科大学副博士学位。现为南京大学化学系教授、博士生导师。他在国内较早开展冠醚化学的研究，设计并合成了有色冠醚、含活性基团的冠醚、双冠醚、氮杂冠醚、双臂套索冠醚和高分子冠醚等200多种新的冠醚化合物，研究了它们的配位性质、金属配合物的晶体结构及它们的应用；根据晶体结构测定首先证明双冠醚与金属离子既可以生成1∶1(双冠醚分子∶金属离子)型分子内夹心型配合物，又可生成2∶2分子间夹心型配合物，双臂套索冠醚可以生成双核铜配合物。在有机合成研究中发现了一类新的自由基加成反应，亚胺氧自由基与烯烃和轭二烯烃的加成；发展了一种新的Gabriel试剂和一种新的选择性铬氧化剂；改进和发展了制备有机汞化合物的涅斯米扬诺夫反应。发表论文170余篇。获国家教委和江苏省科技进步奖二等奖3项。4次主编和出版有机化学教材，1990年被评为江苏省优秀研究生导师。

【胡建森·杭州大学教授·被授予杰出青年法学家称号】　1995年12月26日，由中国法学会组织评选的全国十名杰出青年法学家揭晓。杭州大学教授胡建森被授予杰出青年法学家称号。是年9月，他被国家教委和人事部评为全国优秀教师并获全国优秀教师奖章，还被评为第三届浙江十大杰出青年。

胡建森，1957年11月3日生，浙江省慈溪市人，中共党员。杭州大学哲学学士，中国政法大学法学硕士，先后破格晋升为副教授、教授。现任杭州大学副校长。胡建森从事行政法研究，先后出版著作38本，其中主编12本，专著10本；发表论文39篇。他主编的《行政诉讼法教程》，分别获得华东地区大学出版社首届优秀图书二等奖和杭州大学优秀教材奖；与人合著的《行政法学原理》，获省法学会优秀成果一等奖，并得到德国权威学术杂志的高度评价；理论专著《十国行政法——比较研究》一书，被浙江省教委评为1992—1993年度哲学社会科学成果一等奖。论文《有关行政滥用职权的内涵及其表现的学理探讨》被同行专家称作探索和解决行政法最棘手的难题的出色论文之一，已被《法学研究》评为百期优秀论文。

1991年5月，胡建森被共青团浙江省委授予“省新长征突击手”(百业青年标兵)的光荣称号，1993年获国家教委第四届霍英东教育基金奖，并从同年起享受政府特殊津贴。

【胡春良·河南东方制药厂厂长·被评为第五届全国十大杰出青年企业家】　胡春良以“建成一块、巩固一块、发展一块”的滚动发展战略，超常速度创建了一个高科技、现代化、综合性大型制药企业，到1995年上半年，已实现产值7.1亿元，创利税2.13亿元，人均产值、利税居全省同行业之首。1995年5月，胡春良被评为河南省第三届十大杰出青年之一，同年11月20日，被评为第五届全国十大杰出青年企业家。

胡春良，1962年生，河南省项城市人，大学文化，中共党员。1987年他受命担任濒临倒闭的产值不足百万的县办化学制药厂厂长，当年扭亏为盈，并迅猛发展，1990年实现产值8000万元，创利税110万元，成为全区第一个制药龙头企业。1992年8月，胡春良主动请缨，筹建河南东方制药厂。他坚持高起点建设、高速度发展、高效益增长的发展战略，仅用八个月时间，就高标准、高质量建成了一座投资2800万元，拥有八条国内一流水平生产线的现代化综合性大型制药企业。投产四个月，主导产品环丙沙星市场打开，销量猛增。于是他采取滚动发展办法，在不影响正常生产的情况下，连续进行了两次重大技术改造，迅速将环丙沙星生产能力由建厂初的30吨扩大到100吨，生产能力居全国之首。为使企业在激烈的市场竞争中立于不败之地，1994年下半年，他以河南东方制药厂为核心，组建了拥有13个分厂、两个投资公司、两个科研机构的河南东方药业(集团)公司。与华美国际投资公司、台湾生泰制药有限公司建立了长期合作关系。集团公司的组建，不仅迅速形成了规模优势，而且带活周围13个濒临倒闭的中小企业。

胡春良坚持生产一代，储存一代，研制开发一代的经营思路，两年时间研制出10多个新特产品。他参与研制的喹乙醇生产项目获省科技进步奖，主持研究的环丙沙星工艺改进，使收率由原来的95%提高到101%，居全国同行业领先水平。仅此一项，每年可为企业增利800万元。新开发的头孢三嗪，属国际新药，现已形成年产3000万支生产能力，每年可为国家节约外汇1800万美元。东方制药厂在胡春良的主持下，建立了一整套严密科学的质量保证体系，出厂产品优质率达100%。被省卫生厅省医药局确认为省医药行业CMP示范单位和质量免检企业。拳头产品环丙沙星获全国首届医药博览会金奖。

【胡济邦（女）·老外交官、老记者·在上海逝世】　长期从事外交工作和新闻工作的胡济邦，1995年2月7日在上海逝世。

40年代初，著名记者、作家埃德加·斯诺这样写道："胡济邦女士是唯一的中国驻苏战地新闻记者，苏德战场前景如何呢？我看中国和英美的武官的分析是错的，胡济邦女士说胜利一定属于苏联人民，那才是正确的。"

胡济邦，1911年1月生于浙江永康。1931年南京发生"珍珠桥事件"时，在中央大学读书的胡济邦已是反帝大同盟成员，她利用达官显贵的家庭关系，为革命事业作出了贡献。不久，她进入国民政府外交部工作，1936年被派往莫斯科中国大使馆任新闻秘书。

苏德战争爆发后，她兼任《中苏文化》杂志驻苏记者，在苏联前线后方进行采访，1941年至1946年间，这家杂志上发表许多她从苏联发回的战地报道，如《解围前的列宁格勒》、《解放后的斯大林格勒》、《莫斯科大会战》、《庆祝全民胜利中的莫斯科》等等。在斯大林格勒，她目睹了被德军炸成了一片废墟，崔可夫将军带着记者们在废墟上匍匐而过时，雪地上的德军尸体横七竖八地、各种各样的姿态都有，隐藏着的地雷和炸弹被工兵们引爆着，爆破声震耳欲聋。

大战结束后，她曾任国民政府巴黎和会代表团秘书，由于她能说几种外语，便于采访许多出席会议的首相、总统、元帅和外交官。1949年3月国民党驻苏使馆起义后，胡济邦这个在隐秘战线上战斗近三十年的红色战士，才公开身份回到党的怀抱，立即参加新中国外交部的筹建工作。

1956年，东欧风云突变，她被人民日报社派驻东欧，写回来大量通讯报道。后来匈共总书记卡达尔来北京访问时，曾对毛泽东主席说："你们派来的人民日报记者胡济邦很勇敢，工作很出色，谢谢你们。"毛主席微笑着说："我也是从她的报道里，晓得了你们的真情……"。

1979年至1985年，胡济邦在中国驻联合国代表团任参赞。她的丈夫是原外交部副部长毕季龙。

【胡晓华·中共宣州市委书记·被授予优秀县（市）委书记称号】　1995年6月30日，全国百名优秀县（市）委书记表彰会在北京中南海怀仁堂召开。中共中央总书记江泽民出席会议并作了重要讲话。会上宣读了中共中央组织部对全国在县（市）委书记岗位上取得优异成绩的100名干部，授予优秀县（市）委书记称号的决定，胡晓华名列其中。

胡晓华，安徽当涂县人，1949年5月出生，1968年9月参加工作，1973年3月加入中国共产党，大专文化。曾在宁国县任副县长、县长、县委书记，1994年1月调任现职。

胡晓华在县级岗位上工作了6年，他的足迹可以概括为"五个第一"。一是把富民强县作为工作第一目标。他根据宁国山区县的特点，提出"对山要走一条收紧的路——抓封山绿化，对企业走一条放宽的路——抓改革促发展"。实现这个思路倡导干部要有艰苦创业精神，放下架子走出去闯、挤、争。他亲自带人北上东三省，南下广东搞推销，多次带企业负责人进京争取项目，亲自主持企业间的联合或兼并，同时培养了一批新企业和企业家。乡镇企业的发展使宁国迅速成为工业县。到宣州他提出"加强农业，突出工业，加速发展第三产业，提高城市化水平"的总体思路，抓住宣州列入全国综合改革试点县（市）的机遇，突出小城镇建设这一"枢纽工程"，加速了城乡一体化进程。1994年宣州遭受大旱，农业减产未减收，工业仍有较快发展，农民人均纯收入比上年增加344元。二是把加强党的建设作为县委书记的第一职责。胡晓华坚持以县委为核心的统一领导，不搞个人说了算。调动五套班子的积极性，各方一条心，共同抓经济建设这个中心。他注重抓党的思想、组织和作风建设。在用人上坚持"让事业选择干部，让干部服从事业"。积极发展青年农民中的优秀人才入党。三是把全部精力作为对事业的第一投入。胡晓华是"老三届"高中生，年青时这段特殊磨炼的经历反倒"蚌病成珠"。他有坚强信念和性格，做起事来不分星期天节假日，没有8小时工作制的概念，家庭私事更是无暇顾及。四是把严以律己作为领导干部的第一准则。他的房间挂着"公生明、廉生威、勤生绩、和生力"的自省条幅，切实如是实践。从宁国调往宣州，他不让送行和迎接，不向单位和个人告别。到宣州住办公室，爱人调来后，一家人仍在办公室的套间住了半年。四是把勤奋学习作为自身进步的第一需要。他注重自学，加强理论修养和现代科技知识的学习，讲话材料自拟提纲，会后整理。每年都有20多篇文章在省、地以上报刊发表。

【胡锦涛·中共中央政治局常委、中央书记处书记·致力于全面推进党的建设】

1995 年 10 月 13 日，胡锦涛在听取中央派出的督查组汇报一些省、市、自治区和部门贯彻落实十四届四中全会精神的情况后，强调把加强党的建设纳入贯彻落实五中全会精神的工作部署，坚持围绕经济建设抓党的建设，抓好党的建设促进经济和社会全面进步，努力推进党的建设这个新的伟大工程，为社会主义现代化建设顺利进行提供坚强保证。

1995 年，胡锦涛继续坚持从严治党的方针，努力推进和加强党的建设。1 月 17 日，胡锦涛在纪念遵义会议 60 周年座谈会上指出，要在坚持不懈地加强党的思想建设和作风建设的同时，进一步加强党的组织建设，大力培养选拔德才兼备的领导干部。4 月 9 日至 16 日，他在河北、山西、河南三省交界的五个县考察农村基层组织建设工作时，强调指出，各级党委要按照中央的部署和要求，下大力气把农村基层组织建设切实抓在手上，推动工作不断向前发展。4 月 22 日，胡锦涛在中央组织部召开的全国培养选拔年轻干部工作经验交流会上强调，培养选拔一大批德才兼备的优秀年轻干部，是当前加强领导班子建设和干部队伍建设的一项紧迫任务，各级党委要认真按照党的十四届四中全会精神和中央的部署，狠抓贯彻落实，务必使这项工作取得新的进展。7 月 21 日，胡锦涛在给中央机关部级干部上党课时说，具有鲜明的党性，是做合格共产党员更是做合格领导干部的一个基本问题。各级领导尤其是高级干部要充分认识今天所处的环境和肩负的历史责任，带头增强党性锻炼。

1995 年，胡锦涛出席工、青、妇的许多重要会议并发表讲话。6 月 1 日，他在中国少年先锋队第三次全国代表大会上致祝词，希望广大少年儿童从小努力做到德智体等方面全面发展，成为跨世纪的社会主义事业合格建设者和接班人。7 月 18 日，在全国青联八届一次会议和全国学联二十二大上，胡锦涛指出，广大青年一定要认清形势，不负重托，勇敢地肩负起历史赋予的光荣使命，同全国人民一道，为把我国建设成为富强、民主、文明的社会主义国家而不懈努力。11 月 14 日，胡锦涛在全国妇联七届三次执委会上强调，各级妇联组织要密切结合妇女和妇联工作实际，全面落实党的十四届五中全会精神，团结动员广大妇女，为实现“九五”计划和 2010 年远景目标多做贡献。11 月 17 日，胡锦涛在共青团十三届四中全会上指出，各级团组织要密切结合青年和青年工作实际，全面落实十四届五中全会精神，团结带领全国各族青年，为实现跨世纪的宏伟目标艰苦奋斗，建功立业。12 月 8 日，胡锦涛在首都青年纪念“一二·九”运动 60 周年，“一二·一”运动 50 周年大会上作题为《为实现党的跨世纪宏伟目标艰苦奋斗建功成才》的讲话。他对青年和青年学生指出，要坚定理想信念，始终把实现党的跨世纪宏伟目标作为执著追求；要勤奋学习知识，不断增强建设社会主义现代化强国的过硬本领；要踊跃投身实践，努力在与人民群众相结合的过程中健康成长。12 月 15 日，胡锦涛在全国总工会十二届三次执委会上强调，各级工会组织要认真学习贯彻党的十四届五中全会精神，紧密结合工会工作实际，团结动员广大职工群众为实现党的跨世纪宏伟目标而奋斗。

10 月 25 日至 11 月 7 日，胡锦涛应土库曼斯坦、乌兹别克斯坦和罗马尼亚政府的邀请，对上述三国进行正式友好访问，并在罗国际关系和国际法协会举办的报告会上，发表题为《维护和平、促进发展、推动进步》的演讲。这一年，他还多次会见来我国访问的许多国家的政府、政党领导人和代表团。

胡锦涛，生于 1942 年 12 月，安徽绩溪人，1964 年 4 月加入中国共产党，1965 年 7 月参加工作，清华大学水利工程系河川枢纽电站专业毕业，工程师。1959 年—1964 年，在清华大学水利工程系参加科研工作并任政治辅导员（“文革”开始后终止）。1968 年—1969 年，在水电部刘家峡工程局房建队劳动。1969 年—1974 年，任水电部第四工程局八一三分局技术员、秘书、机关党总支副书记。1974 年—1975 年，任甘肃省建委秘书。1975 年—1980 年，任甘肃省建委设计管理处副处长。1980 年—1982 年，任甘肃省建委副主任，共青团甘肃省委书记。1982 年—1985 年，任共青团中央书记处书记，全国青联主席，共青团中央第一书记，六届全国政协常务委员。1985 年—1988 年，任中共贵州省委书记。1988 年—1992 年，任西藏自治区党委书记。是中共第十二届中央候补委员、委员，十三届中央委员，十四届中央委员、中央政治局委员、常委、书记处书记。

【欧米加参·舞蹈表演家·在一代风流——“金秋风韵”舞蹈晚会上再现英姿】

1995 年 11 月，舞蹈表演家、原中央民族歌舞团一级演员和舞蹈编导欧米加参，在由中国文联主办、中国舞蹈家协会承办的“一代风流——‘金秋风韵’舞蹈晚会”上，带领一群藏族青年跳起了粗犷豪放的《铃鼓舞》，他那神采依旧、热情奔放的表演，再现了其当年的英姿，感染了台下的观众。

欧米加参，藏族，1928 年 [illegible] 月 15 日生，四川省巴塘县人。17 岁时拜藏族流浪艺人阿谦为师，学习热巴歌舞。后以艺谋生，所到四川、云南等省藏族地区颇受群众欢迎。1953 年参加中央民族歌舞团，是该团主要演员和舞蹈编导。曾在藏族舞蹈《节日》、《友谊舞》、维吾尔族舞蹈《拉克》中担任领舞。其表演的“弦子”边舞、边唱、边拉琴潇洒自如，娴熟流畅。掌握的“躺身蹦子”、“定点单腿转”等技巧，经过发展运用到新作品中，获得满堂彩之艺术震撼力。欧米加参多次深入生活收集民间歌舞素材，进行创作活动和整理研究工作。其主要作品有独舞《牧羊人》、《农奴解放》、双人舞《新生》、群舞《雪山雄鹰》，舞剧《百万农奴站起来》和《高原铁姑娘》等。他参与编导和担任领舞的藏族歌舞《草原上的热巴》，在第六届世界青年与学生和平友谊联欢节中，获铜质奖章。欧米加参曾于 1956 年被评为全国先进生产工作者，被文化部授予社会主义建设积极分子称号。同年加入中国共产党。八十年代初随中国舞蹈考察团赴菲律宾考察。1988 年作为艺术指导率中国民族艺术团参加了在日本举行的“丝绸之路”博览会。曾任中央民族歌舞团副团长、艺术委员会委员。是中国舞蹈家协会理事、中国少数民族舞蹈音乐研究会理事。他喜好收藏和制作藏族手工艺品，其制作的面具造诣颇深。

【秋云（女）·武汉“秋云倾心热线”志愿者协会会长·被评为第六届全国十大杰出青年】　秋云是武汉市一个右眼失明，左眼仅有 0.01 视力的残疾姑娘。她于 1994 年 8 月 1 日创办了“倾心热线”电话——（027）3839513，义务为大家服务，其博大的爱心和感人的事迹在社会上引起强烈反响。1995 年 9 月 18 日，被评为第六届“中国十大杰出青年”。这项评选活动是由中华全国青年联合会、中国青少年发展基金会及首都 20 大新闻单位联合主办的。

秋云，1967 年生于武汉市。刚出生时，因消毒不慎，右眼失明，左眼也只有 0.01 的视力。小时入学遇到很大困难，9 岁才入小学盲班，成绩一直很好，但由于家庭变故，上到初一就被迫辍学，自谋生活。她到过北京、西安、海南、广东，当搬运、做保姆、蹬三轮，最困难时还卖过血，后来回武汉开了一个副食店，积蓄了一万多元。她认为一个人活着不能单单为了自己，要为大家服务。于是，在 1994 年 8 月 1 日创办了“倾心热线”，义务为群众服务。截至 1995 年 3 月底，她及志愿者已接进全国各地的电话 4 万多次，其中还有一些海外打来的，收发来信 5 千余封，接待来访者上万人次，为众多孤独、苦闷、迷惘的心送去理解、温暖和慰藉。

在秋云爱心的感召下，许多青年自发聚集在“倾心热线”周围，“武汉市硚口区秋云倾心热线青年志愿者协会”、“秋云倾心服务中心”、“秋云倾心基金”相继设立。现在秋云和倾心热线已成为武汉城一项精神文明建设工程。

【钟锐·广西合浦县民警·被追授全国公安系统一级英雄模范称号】　1995 年 11 月 17 日，公安部发布命令，追授广西壮族自治区合浦县公安局凤门岭派出所民警钟锐全国公安系统一级英雄模范称号。

钟锐，1974 年 3 月 26 日出生，广西合浦人，中专文化，1993 年加入中国共产主义青年团。1994 年参加公安工作，三级警司。他 1994 年从广西人民警察学校毕业参加公安工作以来，热爱公安事业，勤勤恳恳，忘我工作，曾多次冒着生命危险抓捕犯罪分子，一年就亲手抓捕各类违法犯罪分子 39 人，破获刑事案件 16 起，查处治安案件 39 起。1995 年 9 月 17 日晚，钟锐搭乘从南宁返回合浦的客车，途中发现两名歹徒持枪、刀抢劫乘客。他临危不惧，挺身而出，奋不顾身地向歹徒扑去，将一名歹徒打倒在地，当他正要把这名歹徒制服时，被背后的另一名歹徒用“五四”手枪把打昏。钟锐苏醒过来后，看到两名歹徒正在疯狂抢劫，强烈的责任感和使命感促使他再次扑向歹徒，与歹徒展开殊死搏斗，在搏斗中不幸被歹徒开枪击中，壮烈牺牲。

【侯云德·病毒学家·当选为中国工程院院士】　1995 年 7 月 7 日，中国工程院公布了新当选的院士名单，中国预防医学科学院病毒学研究所所长侯云德，当选为中国工程院医药与卫生学部院士。

侯云德，1929 年生于江苏常州。1955 年毕业于上海同济大学医学院，毕业后在北京中央卫生研究院微生物系病毒室从事科研工作。50 年代初，一些病毒性疾病（如天花、麻疹、脊髓灰质炎、流行性乙型脑炎、流行性感冒等）甚为猖獗，严重地威胁着人民的生命健康。年轻的侯云德决心把自己毕生的精力贡献给防治病毒病，发展医学病毒学的崇高事业。为此，在老一辈医学病毒学家的指导下，他刻苦学习，努力探索，并在

1958 年赴苏联学习。

在苏联医学科学院伊凡诺夫斯基病毒学研究所，他废寝忘食地进行实验研究，经过 3 年努力，终于完成了题为“仙台病毒”的学位论文。首次发现了Ⅰ型副流感病毒(仙台病毒)中存在着两个亚型，阐明了仙台病毒溶血素与细胞融合活性的关系；首次发现在单层细胞培养上仙台病毒引起的两类细胞融合现象，并阐明了融合的机理。后一发现对细胞融合技术的发展起了重要作用。这些独创性的发现，使苏联最高学位委员会破例越过副博士学位，在苏联病毒学研究所的历史上第一次直接授予他医学科学博士学位。

回国后，侯云德继续开展病毒病因研究，取得了在我国首次分离出Ⅰ、Ⅲ、Ⅳ型副流感病毒重大成就。从 70 年代起，他把注意力转向抗病毒药物的研究上。他敏锐地察觉到干扰素可能成为一种有效的抗病毒药物。在 1976 年找到能高度诱生干扰素的细胞和病毒的基础上，他和吴淑华副研究员一起在我国首次研制成功了临床级人白细胞干扰素。并开始试用于临床。此项成果获卫生部甲级成果奖。

人白细胞干扰素虽然研制成功了，但由于生产这种干扰素的原料是人血白细胞难于广泛应用。他抓住国际上基因工程技术兴起这个苗头，从 1979 年开始研究干扰素基因工程。经过多次失败，最终采用北京养殖场的非洲鲫鱼卵母细胞微量注射法，使干扰素 mRNA 转译成功，为 mRNA 的转译闯出了一条新的途径。因此获得卫生部乙级成果奖。

接着侯云德等又建立了与 DNA 重组有关的 10 多项新技术。于 1982 年夏天，第一次在我国成功地建立了人白细胞干扰素基因无性繁殖系，使我国成为世界上少数几个能将人干扰素基因克隆研究成功的国家。1985 年此项成果获卫生部重大科技成果甲级奖。

他连任三届我国“863”计划生物技术领域专家委员会首席科学家，担任世界卫生组织病毒参考与研究中心主任、中国预防医学科学院病毒学研究所所长兼病毒基因工程国家重点实验室主任。

【侯永庚·中科院化学所副研究员·被授予全国先进工作者称号】　双目失明已 15 年的侯永庚，依靠顽强的毅力，克服许多常人难以想象的困难，在物质晶体结构的测定研究方面取得突出成果，1995 年 4 月 29 日，国务院授予他全国先进工作者称号。

侯永庚，河南人，1935 年出生，7 岁丧父，母亲和哥哥带着他逃荒到东北。由于家境贫寒，他十岁才入学读书，靠刻苦勤奋，以优异成绩从小学、中学上到北京大学化学系。1963 年又考上了中国科学院兼职教授唐有祺的研究生，从那时起，他就迷醉于奇妙的晶体结构世界。以后在被分派往河南搞“四清”时，患上了糖尿病，一度昏迷九天九夜。经医院抢救和女友李立璞一家精心照顾，才得以从死神手中挣脱。“文革”后，侯永庚奋发地投入晶体结构的研究工作中。不幸的是他的视力越来越差，已到了失明的边缘，妻子又患上了乳腺癌。此时，侯永庚正承担着中药川栋素结构测定中的编制程序和计算工作。在视力日益恶化的情况下，研究工作却仍然没有多大进展。事业上的挫折，命运的打击，并没有动摇他的决心。他决定寻找一种较英国沃夫森教授“直接法”更为先进的方法完成川栋素的测定。功夫不负有心人，他在一台老掉牙的国产计算机上，运用“直接试差法”终于攻克了川栋素测定的难题，并因此荣获中国科学院三等奖。1980 年初夏的一天，他忘记三天三夜紧张工作的疲劳，神采奕奕地走上讲台，兴奋地向同行们报告了他的最新成果，当他准备走下讲台时，突然感到眼前一阵阵发黑，他从此失明了，当时年方 45 岁。在经过数不清的不眠之夜之后，侯永庚平静地对妻子说：“我还要干下去!”。妻子李立璞十分理解自己的丈夫。她对侯永庚说：“我的两只眼睛有你一只。”从此，她全身心投入丈夫的科研领域。一次，侯永庚在收听系统论讲座时，心头豁然一亮，他想到用系统论的方法改造“直接法”，找到一种对大中小分子结构都适用的测定方法。为此，他决定把大型计算机上运行的程序移植到 PC 计算机上。这就需要对程序做大的手术。在助手的帮助下，靠着一台普通 PC 机，他竟完成了对 6 个难解中小分子和一个生物大分子的测定，取得令国内外权威学者都感到惊喜的结果。国际著名的晶体结构研究专家沃夫森给予充分肯定，称：“侯永庚的程序测定生物大分子和中小分子的结构，已达到国际先进水平，某些方面已处于国际领先地位。”侯永庚成功了。但他没有停步，他的目标是实现对直接法的全面突破。为此，中科院院长周光召已拨出 27 万元的院长基金支持他的研究工作，并为他安排了实验室，配备了助手。

【侯孝贤·台湾电影导演·获第三十二届台湾金马奖最佳导演奖】　台湾电影导演侯孝贤，因成功地执导影片《好男好女》，在 1995 年 12 月 9 日，第三十二届台湾电影“金马奖”颁奖典礼上，获得最佳导演奖。

影片《好男好女》讲述了台湾一对青年男女在 40

年代来大陆参加抗日工作，50年代受到国民党当局残酷迫害的故事。在执导此片时，侯孝贤尝试探讨影片中的虚与实，把现实、模拟真实与记忆汇聚一起，营造了三个不同的时间与空间，是他电影导演艺术上的一大突破。

侯孝贤，广东省梅县人，生于1946年9月8日。1948年随父母迁居台湾花莲县。1972年毕业于台湾艺术专科学校影剧科。1973年从影先后担任场记、副导演、编剧、导演。1975年起编写了《桃花女斗周公》、《月下老人》、《早安台北》、《昨夜雨潇潇》、《天凉好个秋》、《小毕的故事》、《油麻菜籽》、《小爸爸的天空》、《青梅竹马》、《最想念的季节》等十几部电影剧本，其中《早安台北》获第十七届"金马奖"最佳剧情片奖，《小毕的故事》获第二十届"金马奖"最佳影情片、最佳剧本等三项奖，《油麻菜籽》获第二十一届"金马奖"最佳剧本奖。1981年侯孝贤独立编导了第一部影片《就是溜溜的她》，1982年编导了温馨的乡土电影《在那河畔青草青》，1983年导演了对台湾社会反省的影片《儿子的大玩偶》和历史反思片《风柜来的人》，1984年导演了儿童影片《冬冬的假期》，1985年编导了自传体影片《童年往事》，1987年编导了影片《尼罗河女儿》和导演了影片《恋恋风尘》，1989年导演了在台湾电影史上占有重要地位的影片《悲情城市》，1993年导演了布袋艺人一生的影片《戏梦人生》。其中《风柜来的人》获法国南特三大洲电影节最佳影片奖和最佳导演奖，《冬冬的假期》获亚太影展最佳影片奖和最佳导演奖，《童年往事》获第二十三届"金马奖"最佳原著剧本奖和鹿特丹国际电影节非欧洲、美洲最佳影片奖，《恋恋风尘》获葡萄牙特罗伊亚国际电影节最佳导演奖，《尼罗河女儿》获意大利都灵国际电影节评审团特别奖，《悲情城市》获第四十六届威尼斯国际电影节金狮奖和第二十六届"金马奖"最佳导演奖。

侯孝贤的影片多表现小人物的悲凉，在彷徨、苦闷的成长历程中，透视出社会的变迁，对历史进行反思。在艺术上，他常以长镜头观察生活，揭示人物的心态，在平淡处抓情感，留下空白让观众思考。

【侯振清·煤矿工人·被授予全国劳动模范称号】　河北省开滦局赵各庄矿采煤三区回柱组长、高级工人技师侯振清，20年来，把献身煤炭事业作为人生的理想，始终战斗在井下采煤一线，1994年被评为全国十大杰出职工，1995年4月29日又被国务院授予全国劳动模范称号。

侯振清，1953年2月14日生，天津市蓟县富场乡人。初中文化，1974年4月参加工作，历任回柱工、回柱组长。夜班回柱工作又苦又脏又险又累，赵各庄矿地质条件复杂，煤层薄时不足一米，坡度大时，人都站不稳，柱与柱之间的距离宽不过半米，得跪着或蹲着工作。就在这种条件下，他一干就是21年。曾有人找上门帮他调换工作，他拒绝了。1989年秋，矿上保送他去煤炭干部学院深造。这是好事，一可得文凭，二可提干，不少人为他祝贺。可是，井下改进回柱法的工作，正处于攻坚阶段，稍一耽误就会前功尽弃。想到这些，他主动把名额让给了别人，事后伙伴们说他傻到家了！可他不悔。他坚持以矿山铁汉侯占友为榜样，艰苦奋斗，无私奉献。工作中，他专拣苦活、险活干，经常加班加点，从1988年以来，每年多打柱近600棵，6年多打柱3567棵，多出煤8130吨，多加班1527个，义务献工时11264小时，多创效益60多万元。

侯振清以新时代矿工的标准要求自己，业余自学了高中课程和十几种技术书籍，并根据学到的知识进行技术攻关，先后创造和改进了"金钩吊鱼"、"三角兜柱根"、"大盘龙"等7种回柱法，使班回柱效率提高两倍多。1992年他被评为高级工人技师。1994年侯振清被评选为"首届全国十大杰出职工"时，他一次又一次扪心自问："你为祖国、为人民究竟做了多少事情？你应该怎么样工作才能对得起如此崇高的荣誉？"思来想去，觉得就是一条，终生把自己的生命像煤一样为祖国和人民燃烧。

侯振清1993年被选为第八届全国人大代表后，他以高度的主人翁责任感关心企业发展，关心煤炭事业，关心国家大事。经常利用业余时间了解职工的呼声，通过人大会、职代会等渠道参政议政，先后提出建议和提案近百件，特别是为尽早制订《煤炭法》奔走呼吁，做出了积极贡献。

1995年8月侯振清调任开滦矿务局工会副主席，后入北京煤炭干部学院脱产学习。

【侯朝焕·声学和信号处理专家·当选中国科学院院士】　1995年11月6日，中国科学院公布了新当选的院士名单，中科院声学研究所副所长、研究员侯朝焕，当选为中科院技术科学部院士。

侯朝焕，四川省自贡市人，1939年9月29日生。1958年毕业于北京大学物理系理论物理专业。侯朝焕在声学和信号处理的科研与实际工作方面获得显著成就。在水声工程的研究中，他主持制定了"水声信号起伏统计特性测量系统"，提出了"相移多波束基阵信号处理系统"。根据国际上超高速计算的需求，他积极开展了并行阵列处理的研究，进而将阵列处理系统集成到单个芯片上去。在国内率先开展了VLSI信号处理研究。先后完成多个超高速DSP专用芯片的研制。

自1987年起，侯朝焕担任863信息获取和处理专家组副组长，克尽职责，创造性完成了多个领域的信号处理理论和方法的研究，包括傅里叶变换新算法、自适应基阵处理、高分辩率谱估计、神经网络在水声中的应用，水声信号检测和定位理论、信号重构理论，合成孔径新算法及其在星载SAR、超声血管成像方面的应用等。

侯朝焕是中国声学学会秘书长和常务理事、水声学学会副理事长。曾三次获得国家发明奖、二次获得中科院科技进步奖。发表论文125篇。被授予全国先进工作者和国家级有突出贡献的中青年专家称号。

【侯殿录·甘肃古浪县黑松驿乡法律服务所所长·被评为全国十佳基层法律工作者】　1995年12月26日，甘肃省古浪县黑松驿乡司法助理员、法律服务所所长侯殿录，在人民大会堂领取了由司法部组织评选的第一届全国十佳基层法律工作者的奖牌和证书。

侯殿录，1937年10月出生，甘肃省古浪县人，初中文化，1956年12月加入中国共产党，1986年以来从事基层法律工作。近10年内，他不辞辛苦，任劳任怨，调处各种民间纠纷501起，调处成功率达98.8%，使33位被子女虐待的老人得到了生活保障，使103对闹离婚的夫妻破镜重圆，让120名失足青少年走上正道，让33名轻身厌世者鼓起了生活的勇气，将34起大动干戈的纠纷化解，有效地防止了17起民间纠纷可能引起的自杀事件，还防止了24件“民转刑”案件的发生，避免了矛盾激化40件计49人。仅1994年，就调解疑难民间纠纷68件，担任法律顾问2家，解答法律询问76人次，协办公证38件，办理见证69件，诉讼和非诉讼代理12件，为当事人挽回和避免经济损失92.2万元。

侯殿录为保一方的平安与繁荣，有股拼命工作的精神。一次，两村村民因争坟地引起500余人的群众械斗事件。为平息纠纷，防止事态恶化，侯殿录连续奋战4个昼夜，竟然一顿饭都没吃。这个事件妥善处理后的第二天清晨，他又骑自行车去火车站处理偷盗货物一事。途中摔倒在地昏厥过去。别人把他送进医院，经检查发现小肠3处被自行车车把戳穿，一动脉血管破裂。伤情刚有好转，他就再三要求出院，又投入到紧张的工作中去。如今，57岁的侯殿录仍像铁人一样忘我工作着。被群众称为“一身正气，两袖清风”的土法官。

侯殿录多次受到表彰、奖励。1988年，他获得武威地区行署的防激化先进个人奖；1989年受到省委、省政府的整顿铁路治安先进个人奖；1991年被省委、省政府评为社会治安综合治理先进工作者；1992年获省见义勇为奖并受到中央综合治理委员会的表彰；1993年，他荣立一等功；1994年又被授予省劳动模范称号。

【段滋明·书画篆刻家·获联合国大厦艺术展金杯奖】　1995年10月，联合国成立五十周年期间，在纽约联合国大厦展出的《中华和平统一艺术展》中，段滋明的国画“和平龟寿图”和“本是同根生”，荣获“金杯奖”。同年6月，在日本东京举行的《第三届国际书画艺术展》中，他的创意金文书法作品“平遥古城”获“国际银奖”；9月，在西安举办的《中国国际文学艺术博览会》上，他的古籍书法作品“曲尽其妙”获“特别等级奖”；12月，在北京中国美术馆举办的《'95跨世纪当代诗书画印作品大联展》中，他的国画“兴云”等作品受赞扬。并被推选为50名“跨世纪艺术人才”的候选人之一。

段滋明，山西省平遥县人，1940年2月生，中学毕业后任中学教员至今。曾函授毕业于山西省教育学院中文系和北京齐白石艺术学院国画系。他在书画篆刻艺术上熔古铸新，强调诗书画印浑然一体，其作品清新向上，雄强博大，参加各种展览作品数十次获奖。

段滋明从事教育 工作38年，他创用的《段氏地理揉合式教学法》被国家基础教育工具书《教育科研手册》等作为先进教学法推广。先后在报刊发表论文80余篇。1993年，被山西省社会主义劳动竞赛委员会评记一等功；1994年，被全国总工会、国家科委、国家教委、人事部、劳动部联合评为“全国自学成才先进个人”。

【饶益刚·中共亳州市委书记·被授予优秀县(市)委书记称号】　1995年6月30日，全国百名优秀县(市)委书记表彰会在北京中南海怀仁堂召开。中共中央总书记江泽民出席会议并作了重要讲话。会上宣读了中共中央组织部对全国在县(市)委书记岗位上取得优异成绩的100名干部，授予优秀县(市)委书记称号的决定，饶益刚名列其中。

皖北名城亳州，古老而年轻。90年代以来，它的国民生产总值连续4年居全省各县(市)第一，工农业总产值、财政收入、综合经济实力居全省第二。乡镇企业1994年跃入全省十强第二名。阜阳地区10个县、市46项综合评比中，亳州拿了26个第一。党建工作被评为地区先进县(市)，受到地委表彰。造就如此辉煌与一位好带头人是密不可分的。

饶益刚和他的班子在实施"酒乡药都烟桐地，轻工商业旅游城"发展战略的基础上，确立了"重农、强工、活商、富民"的发展新思路。他倡议设置中药材、棉花等8个农业专项办公室，集中力量主攻"一优三高"农业(优质，高产、高效、高附加值)，组织实施具有亳州特色的农业十大开发。现在这一大开发已占农业总产值80%以上。工业上实施"创牌、扶优、造舰"计划。积极组织酿酒、金刚石、化工、医药等十大工业集团。帮助古井酒厂制定"从农村到城市，从城市到沿海，从沿海到国外"的三级跳战略，确立起"科技立厂、多角开发、复合经营、综合发展"之路。古井实业集团1994年销售收入5.8亿元，实现利税3.3亿元。金刚石集团利税突破千万元大关，跻身"1994年中国乡镇企业综合评比500佳"。为发挥"名人、名城、名产"三名效应，投资3亿元建设国内最大的中药材交易中心，江泽民总书记欣然题词"华佗故里，药材之乡"。

饶益刚强调坚持民主集中制原则。他的体会是"正职多考虑民主，副职多考虑集中"。重大问题的决策，总在事先亲自征求人大、政协及知名人士的意见。因此，市的几套班子团结一致，心往一处想，劲往一处使。饶孟刚用两年时间，跑遍了全市765个行政村，同乡镇党委一起调整了战斗力弱的党支部，举办了多期基层支部书记轮训班，帮助28个后进支部赶上了队，有的还跃入红旗支部行列。大胆起用年轻干部，乡镇一级班子年轻化在全地区名列前茅。

饶益刚，安徽界首市人，1973年毕业于合肥工业大学，1968年8月参加工作，1971年6月加入中国共产党。曾任地委机关科长、副部长，县委副书记、书记，1992年10月任现职。

【恽代英·无产阶级革命家·百年诞辰纪念会在武汉举行】　1995年8月7日，近百名中共党史专家在华中师范大学集会纪念中共早期著名政治活动家、理论家和青年运动领袖恽代英诞辰100周年，并对他的生平、思想和对中国革命所作出的历史贡献进行学术研讨。此次纪念活动是由恽代英母校华中师范大学和他的故乡江苏省武进市联合举办的。

恽代英，原籍江苏武进，1895年生于湖北武昌。1913年夏考入武昌中华大学预备班。1918年大学毕业后留校任附中部主任。五四运动时，在武汉组织学生罢课和示威斗争，加入少年中国学会，并创办利群书社，团结教育青年，传播马克思主义。1921年加入中国共产党。1923年起任中国社会主义青年团中央宣传部部长及《中国青年》主编，上海大学教授。1926年任黄埔军官学校政治总教官兼党团书记，并在广州农民运动讲习所任教。1927年春任中共湖北省委委员、中央军事政治学校武汉分校总教官。大革命失败后，参加领导南昌起义，是中共前敌委员会主席团成员。广州起义时任广州苏维埃政府(广州公社)秘书长。1928年7月，任中共中央宣传部秘书长，主编《红旗》。1929年底任中央组织部秘书长。是国民党第二届中央执行委员，中共第五、六届中央委员。1930年5月在上海任中共沪东区委书记时被国民党反动派逮捕，在狱中坚贞不屈。次年4月29日在南京狱中遭杀害。遗著编有《恽代英文集》等。

【闻世震·当选为辽宁省省长】　1995年2月26日，辽宁省第八届人大第三次会议选举闻世震为辽宁省省长。

闻世震，1940年1月生，辽宁海城人。1965年毕业于大连工学院机械制造系。1979年12月加入中国共产党。历任大连油泵油嘴厂技术员、工程师、副总工程师、副厂长、厂长，大连市机械工业局副局长，辽宁省机械工业厅副厅长，辽宁省省长助理，中共辽宁省委常委，辽宁省副省长。1994年任中共辽宁省委副书记、辽宁省代省长。是第八届全国人大代表。

【姜春云·中共中央政治局委员、书记处书记·任国务院副总理】　1995年3月17日，第八届全国人民代表大会第三次会议第五次全体会议，决定任命中共中央政治局委员、中央书记处书记姜春云为国务院副总理。

姜春云，1930年4月生，山东莱西人，1947年加入中国共产党，1946年7月参加工作。1946年至1949年先在山东省莱西县教师训练班学习，后任莱西县土改工作队队员，姜家泊小学教员，中共莱西县马仁区委文书，中共莱西县委文书、秘书。1949年至1957年任中共莱西县委秘书、县委委员兼办公室主任、中共莱阳地委生产合作部秘书科负责人。1957年至1960年任中国土产出口公司青岛分公司副科长，山东青岛市外贸局秘书科副科长。1960 年至 66 年任中共山东省委宣传部指导员、一级巡视员、办公室副主任。1966 年至 1970 年在"文化大革命"中受冲击,先后下放农村和"五七"干校劳动。1970 年至 1977 年任山东省革委会办公室秘书组负责人、省革委会办公室党的核心小组成员兼秘书组组长、省革委会办公室副主任兼秘书组组长。1977 年至 1983 年任中共山东省委办公厅领导小组副组长,中共山东省委副秘书长、秘书长。1983 年至 1984 年任中共山东省委副书记兼秘书长。1984 年至 1987 年任中共山东省委副书记兼济南市委书记。1987 年至 1988 年任中共山东省委副书记,山东省代省长、省长。1988 年至 1992 年任中共山东省委书记兼省委党校校长。1992 年至 1994 年任中共中央政治局委员、中共山东省委书记。1994 年 9 月以后任中共中央政治局委员、中央书记处书记,中共中央财经领导小组成员,中共中央农村工作领导小组组长。是中共第十三、十四届中央委员,十四届中央政治局委员,十四届四中全会增补为中央书记处书记。第七、八届全国人民代表大会代表。

国务院总理李鹏向第八届全国人大三次会议提交关于提请任命姜春云为国务院副总理的议案中介绍说,姜春云政治上坚定,能够认真贯彻、坚决执行党的路线、方针、政策。长期从事地方领导工作,领导经验丰富,有较高的决策水平。熟悉经济工作,尤其是熟悉农业管理和农业生产,重视农业和农村工作。思想解放,勇于探索,有强烈的改革意识和开拓精神,注重党的建设和思想政治工作。学习勤奋,有较高的马克思主义理论和思想政策水平,知识面较宽,事业心和责任感强。

1995 年,姜春云到山西、湖南、湖北、新疆维吾尔自治区等地考察农业和农村工作,并到中国农业科学院、北京农业大学,就我国农业上台阶、科技该担当什么角色,向专家学者们求教问计。

【姜亮夫·著名国学大师·在杭州逝世】

我国著名楚辞学、敦煌学、语言学、历史文献学专家姜亮夫因病医治无效,于 1995 年 12 月 4 日在杭州逝世,终年 93 岁。

姜亮夫,1902 年生于云南昭通市,曾从师于王国维、梁启超、陈寅恪、章太炎等国学大师,又先后游学巴黎、伦敦、罗马、柏林,是一位学识渊博、治学谨严、著作等身的国学大师。他以毕生精力从事楚辞学、敦煌学、古汉语、古史古文献研究,共有 27 部专著和近百篇论文传世,约 1000 万字。其中尤以楚辞和敦煌研究成就突出。他的《楚辞通故》一书,被海内外专家誉为"当今研究楚辞最详尽、最有影响的巨著"。他在敦煌学的研究中,不仅在国内,而且远渡重洋到许多国家,收集散失的敦煌卷子,撰写出 250 多万字的著作,为祖国保留了学术价值极高的文化遗产。

【姜福堂·中将·任沈阳军区政委】

1995 年 7 月,中央军委任命姜福堂为沈阳军区政委。

姜福堂,1941 年 10 月生,山东荣成人。1959 年参加中国人民解放军。1960 年加入中国共产党。历任排长、连指导员、团政治处主任、师副政委、军政治部主任,1980 年毕业于解放军政治学院。后任军政委。1985 年起任济南军区政治部主任,成都军区副政委兼政治部主任。1995 年 7 月任沈阳军区政委。是中共十四大代表。1988 年被授予少将军衔。1993 年晋升为中将军衔。

【姜翠玲(女)·深圳中元电子有限公司总经理·被评为全国优秀女乡镇企业家】

姜翠玲以坚韧不拔的精神,团结、带领公司全体人员,对企业实施科学管理并大胆进行技术改造和设备更新,使原亏损近百万元的企业,一年内扭亏为盈,而且从 1992 年实现利润 156 万元,递增到 1994 年的 755 万元。1995 年 5 月,姜翠玲被全国妇联和农业部授予首届全国优秀女乡镇企业家标兵称号。

姜翠玲,1946 年 2 月 19 日生于河南太康县。中国共产党党员、高级工程师。1970 年于西北工业大学毕业后,被分配到宝鸡 765 厂工作,后到株洲无线电十厂工作。其主持的"高比容钽粉电容器开发"课题,获湖南省科技进步奖,并连续两年被评为湖南省优秀专业技术工作者。1990 年到深圳市布吉罗岗工业区中外合资康联电子有限公司(中元电子公司前身)工作。曾获深圳市"三八"红旗手、广东省"先进技术工作者"等荣誉称号。

【洪深·戏剧家·纪念诞辰 101 周年暨逝世 40 周年】 1995 年 12 月 27 日,中国剧协隆重召开了纪念洪深诞辰 101 周年暨逝世 40 周年座谈会。上海的"复旦剧社"还演出了洪深的名作《走私》(复旦剧社成立于 1925 年,首任领导为洪深)。

洪深是我国话剧和电影事业的奠基人,著名导演、剧作家、戏剧理论家。解放后,曾任中国文联主席团委员、中国戏剧家协会副主席、文化部外联局副局长、中国人民对外文化协会副会长等职，对我国话剧和电影事业做出了重要贡献。

洪深，1894年12月31日生于江苏常州，他与梅兰芳、周信芳生肖同属马。1955年4月文化部等单位在纪念梅、周舞台生涯50周年时，洪深肺癌扩散住院，但他执意出院在北京饭店与梅周共演一场“三马同台”的《审头刺汤》，4个多月后的8月29日即离开人世。他将艺术与生命融为一体。

洪深出身封建世家，12岁离乡入上海徐汇公学、南洋公学，18岁考入清华学校，22岁毕业赴美学陶瓷专业。后打消实业救国幻想，考入哈佛大学改攻戏剧。1922年回国写出第一部成名作《赵阎王》。1923年经欧阳予倩介绍入上海戏剧协社，反对流行的庸俗的文明戏，改革男扮女装，提倡男女合演。于1924年改译西方名作为《少奶奶的扇子》，使话剧为中国观众接受，使新剧走上大学讲坛。并在我国电影草创阶段，写出了一批电影剧本，担任中国第一所中华电影学校校长，为培养人才，做出巨大贡献。

1927年，大革命失败后，他结识田汉，参加南国社、左联及左翼戏剧家联盟，从一般的同情劳苦大众到自觉地在党的领导下参加左联文化运动，写出了《五奎桥》、《香稻米》等划时代的话剧本及我国第一部有对白的有声电影《歌女红牡丹》和思想深刻、技巧熟练的电影剧本《劫后桃花》。同时他也遭反动势力种种迫害，但他大义凛然，临危不惧。如1930年当上海大光明影院放映污辱中国人的影片《不怕死》时，他当即跳上台加以斥责；以后又在法庭上淋漓尽致地控诉了帝国主义的文化侵略，致使美国公司不得不公布了道歉信。抗战后投入周恩来、郭沫若领导的抗日戏剧洪流，写出了《包得行》，导演了许多名剧。1942年与田汉、夏衍一起创作话剧《再见吧，香港》，因该剧刺痛国民党反动势力，当即遭禁演，洪深面对宪兵威胁，流泪向观众发表演说，激起观众强烈义愤。1946年他由于支持复旦大学进步学生，怒斥特务分子，住宅被特务包围一个月之久。

1948年在地下党安排下，经香港到东北解放区，迎接新中国的诞生。后遵从周总理意见，从事对外文化工作。1955年2月患肺癌住院，曾写信请求追认为中共党员，又觉得条件不够未寄出。弥留时，周总理赶来看望他，总理走后他拔掉氧气管，安详地离开人世，最终体现了对党的深情。

【洛桑泽仁、尼玛扎西、洛松益西·公安干警·被追授全国公安系统一级英雄模范称号】　1995年4月5日，公安部发布命令：追授西藏昌都地区公安处处长洛桑泽仁、防暴大队民警尼玛扎西和洛松益西全国公安系统一级英雄模范称号。在此之前，西藏自治区人民政府追认他们3人为革命烈士；昌都地区公安处党委追认尼玛扎西、洛松益西为中共正式党员。

1995年1月11日，洛桑泽仁奉命带领一个特别行动小分队，去围捕持枪杀人潜逃犯。他们踏着冰雪，翻山越岭，昼夜兼程，于12日晨到达围捕地点。犯罪分子住在碉堡式楼房里，地势易守难攻。小分队实施包围，并喊话劝降。犯罪分子不从，开枪拒捕。见此情况，洛桑泽仁将他的指挥位置从200米外向前移到了罪犯楼房的正前方，一面指挥战斗，一面开枪掩护冲向大门的突击队员。突然，罪犯的楼顶上传来妇女、小孩的哭喊声。洛桑泽仁为避免误伤无辜，命令停止射击，并再次喊话规劝罪犯缴械，让妇女小孩迅速撤出。因身体暴露，被罪犯开枪击中，当场牺牲。小分队调整战术，强攻入楼，救出9名妇女儿童。3名罪犯继续负隅顽抗，凭借居高临下的地势，更加疯狂地向小分队开枪射击。担任火力掩护的防暴民警尼玛扎西、洛松益西临危不惧，机智灵活地与罪犯作战，多次压制住罪犯的火力。后在转移中身体暴露，被罪犯打中，也壮烈牺牲。下午二时许，楼房起火，引爆罪犯私藏的大量子弹，随即房屋倒塌，罪犯均毙命。

洛桑泽仁，藏族，1950年1月生，四川巴塘县人，中专文化，1981年加入中国共产党。他从事公安工作27年，荣立二等功1次，三等功3次，多次被评为先进工作者，优秀共产党员。他任公安处领导以来，靠骑马或步行，走遍了昌都200多个乡镇、村庄和牧场，行程50多万公里，充分掌握了第一手材料。1994年昌都刑事案件破案率高达近80%，在全西藏自治区公安系统首屈一指。1994年5月，他在妻子病逝后，忍悲参加专项治理的斗争。他原打算这次围歼战结束后把妻子的骨灰送回老家巴塘，不幸自己也捐躯而去。如今，他和妻子的骨灰被安葬在昌都烈士陵园。

尼玛扎西，藏族，1973年3月生于类乌齐县，初中文化，1992年1月被昌都地区公安处防暴大队录用。

洛松益西，藏族，1972年5月生于昌都县，初中文化。1991年被昌都地区公安处录用。

【宣中光·中国扬子集团有限公司董事长·被授予全国劳动模范称号】　中国扬子集团总裁、中国扬子集团有限公司董事长、党委书记宣中光，以他的强烈的事业心和开拓精神，白手起家先后创办了安徽第二纺织机械厂、扬子电扇总厂、扬子冰箱总厂、扬子空调器总厂、中银扬子汽车有限公司、扬子模具中心等大中型企业，并组建了中国扬子集团。他创建并领导的集团核心企业——中国扬子集团有限公司，已成为国家大型企业，全国优秀企业。1995 年 8 月在北京召开的第 50 届国际统计大会上被评为“中国日用电器业功勋企业”，被国有资产管理局、中国经济效益纵深行组委会评为 1995 年“中国的脊梁优秀国有企业 500 强”之一。目前，该公司在安徽省内企业总资产达 18.4 亿元，已评估无形资产 7.8 亿元。1995 年 4 月 29 日，国务院授予宣中光全国劳动模范称号。

宣中光，安徽六安市人，1933 年 11 月生，1949 年 4 月参加工作，1956 年加入中国共产党，大学学历，曾任安徽滁县地区粮食局米厂技师、农机厂厂长、工程师、机床厂厂长。1980 年，他根据机械行业不景气的状况，果断决策，将机床厂改为电扇厂，并联合 19 家濒临倒闭的小企业，在全国率先组建了集团式的联合企业——中国扬子电气公司，生产电风扇，当年全部扭亏为盈。1984 年 5 月，他提议，在下马三年的原地区钢铁厂的废墟上筹建扬子冰箱总厂。他们未要国家一分钱投资，靠工人集资 400 万元引进电冰箱生产线。他以负债经营、产品分阶段上、滚动发展的决策，创造了被称为“扬子速度、扬子效益”的显著成绩，到 1988 年，扬子冰箱总厂已发展成为产值 1.87 亿元，利税 6250 万元，人均劳动生产率 11 万元的大型企业，被列为国家冰箱出口基地。

1989 年，扬子冰箱达到年产 5000 台，人们正想长吁一口气，一场严重的危机降临了：10 月 28 日，安徽电视台报道：扬子——西塔尔冰箱频出质量问题。一下子冰箱滞销，资金滞动。怎么办？查！查出问题后，宣中光作了一个异乎寻常的决定：召集全场 1500 名职工，面对电视台记者的摄像机，砸毁 6 台有问题的冰箱。宣中光宣布 10 月 28 日为“厂耻日”，对冰箱厂进行严格整顿，从而使全体职工明白了一个道理：一个企业如果在质量上不动真的，企业最终会被市场无情砸掉。知耻近乎勇，他和扬子人一道，将粗放管理推向现代化管理。扬子冰箱先后荣获省优、部优、国优称号，被评为国家 A 级产品，获全国轻工博览会金奖，1995 年北京国际家电展览会金奖等十几块国家级冰箱质量评比金牌。1995 年出口冰箱为全国第一位。宣中光先后荣获全国粮食系统先进工作者、全国社会主义建设积极分子、全国优秀企业家、全国劳动模范等称号。

【祝希娟（女）·电影演员·获中国电影世纪奖】　1995 年 12 月 28 日，在北京举行的中国电影世纪奖颁奖典礼上，因在电影《红色娘子军》中饰演琼花受到广大观众喜爱的电影演员祝希娟，荣获中国电影世纪奖。这项评奖是为纪念世界电影诞生 100 周年暨中国电影诞生 90 周年，由广电部电影事业管理局、中国电影家协会、中国电影出版社和中共北京市委宣传部联合主办的。

祝希娟，江西南昌人。1938 年出生在一个知识分子家庭，从小爱文艺。上初中时被导演赵丹选入影片《为孩子们祝福》中饰演一个小角色，使她开始萌生了从事表演艺术的愿望。1959 年考入中央戏剧学院表演系。三年级时被导演谢晋选中，在影片《红色娘子军》中任琼花，她以充沛的激情，富有个性色彩的形体动作，把一个在苦海里泡大、对剥削阶级怀着刻骨仇恨、誓死复仇的女孩如何在革命烈火的锤炼下在战友们的帮助下成长为一个坚毅不屈、个性刚强、敢爱敢恨的红色娘子军连长的过程，表现得层次分明，尤其是她那双火辣辣的眼睛，生动地传达出角色的心声，可以说，她塑造的吴琼花的形象在我国电影艺术发展史上，立下一块坚实、闪光的界碑。她因此而获得第一届电影百花奖最佳女演员奖。后来，祝希娟先后在《燎原》、《青山恋》、《无影灯下颂银针》、《啊！摇篮》、《模范丈夫》中饰演主要角色，但都未达到塑造吴琼花的水平。

祝希娟还是一个戏路很宽的话剧演员。大学毕业后她被分在上海青年话剧团任演员，在舞台上演出了许多中外名剧，如莎士比亚的《无事生非》（饰佩特丽丝）、莫里埃的《吝啬鬼》（饰玛丽安娜）、《南海长城》（饰甜女）等。

现在祝希娟从事电视剧制作、领导工作，任深圳电视台副台长，深圳电视艺术中心副主任，在她领导下，摄制出不少优秀电视剧。最近由她主演的电视剧《陈冠玉》获得好评。

【费穆·已故电影导演艺术家·获中国电影世纪奖】　1995 年 12 月 28 日，在北京举行的中国电影世纪奖颁奖典礼上，已故优秀电影导演艺术家费穆，荣获中国电影世纪奖。这项评奖是为纪念世界电影诞生 100 周年暨中国电影诞生 90 周年，由广电部电影事业管理局、中国电影家协会、中国电影出版社和中共北京市委宣传部联合主办的。1995年3月在上海电影评论学会主办的上海影评人奖评选中，费穆导演的影片《小城之春》获得"中国电影九十年十大名片"之一。

费穆，字敬庐，号辑止，原籍苏州，1906年生于上海。1916年举家迁居北京，中学毕业后，进法文高等学堂学习。1924年在临城矿务局任职时，由于爱好电影，经常撰写影评，后来业余与人合办电影刊物。最终放弃原有职业，到天津华北电影公司翻译英文字幕和编写说明书，曾做过助理导演，并刻苦钻研电影导演艺术。1932年他到上海参加联华影业公司担任电影导演，执导了处女作《城市之夜》。影片围绕住房问题展示了旧中国都市里穷人与富人、贫民区与大洋房、悲苦哀泣与荒淫无耻的强烈对比，流露出作者对不合理社会的憎恶和对被压迫被剥削者的同情。影片严谨的结构、徐缓的节奏、布景、道具、镜头和光线的设计及综合运用等，都显示出费穆的导演才华。1934年以后，他相继导演了《人生》、《香雪海》（兼编剧）、《天伦》、《狼山喋血记》（兼编剧）、《镀金的城》等影片，编写了《斩经堂》、《前台与后台》等剧本。这些影片在思想上参差不齐，艺术上也各具特色。抗日战争爆发后，费穆留在"孤岛"上海，导演了《孔夫子》（兼编剧）、《洪宣娇》、《世界儿女》（兼编剧）和戏曲片《古中国之歌》（兼编剧）。上海沦陷后，他转向话剧，导演了《浮生六记》、《红尘》等十余台话剧。抗战胜利后，费穆导演了电影《小城之春》和戏曲片《生死恨》。《小城之春》是费穆的电影代表作，也是中国电影史上艺术上独具特色的一部影片。影片表现了一个小城市中破落大户的家庭生活，围绕妻子与丈夫，妻子与情人，丈夫与同学这几个人物的微妙关系和他们的心理变化展开故事。这部影片在艺术表现上极富创造性。费穆不仅利用残垣断壁和柔和的光调创造一种凄凉的抒情气氛，而且大量运用移动的长镜头，准确地捕捉人物的每一点思绪和每一种心理变化。它在艺术上的创新受到人们的肯定和称赞。1951年1月31日，费穆因病去世。

【姚进（女）·北京新华印刷厂车间副主任·被授予全国劳动模范称号】　姚进在印刷战线拼搏27年，在平凡岗位做出突出成绩，被人们称为"印刷业的女英雄"，1995年4月29日，国务院授予她全国劳动模范称号。

姚进，北京人，1950年出生，中学毕业后，于1968年进北京新华印刷厂当工人。后来因工作出色，先后担任了车间工段段长，装订车间副主任，1986年加入中国共产党。在担任车间领导期间，她所在的车间年年被上级评为先进，个人曾先后获北京市"三八"红旗奖章，被评为北京市爱国立功竞赛标兵、新闻出版署优秀共产党员、全国劳动模范。27年中共计获得24种不同的奖章。熟悉她的人都说："姚进真不容易，她这个劳模是实干出来的。"1980年，正当姚进把全部精力用在工作上时，她的爱人因患白血病，抛下6岁的女儿和一个不满8个月的儿子离她而去，面对这残酷的现实，她没有倒下去，妥善地安排好家务，又一头扎进工作中。1987年，姚进担任了配索工段段长，这个工段处于中间环节，如果上下工序协调不好，就会影响出书的准期率。姚进深感肩头责任重大，她重新组织完善了管理制度，使工段工作做到有章可循，有法可依。这一科学的管理方法自1987年实施以来，配索工段年年被厂里评为"先进工段"。1992年初，北京新华印刷厂接到印制《邓小平文选》的重大任务，这次任务印量大、时间紧、质量要求高。姚进带领工人每天工作10多个小时，高质量地完成了任务，使3万多套《邓选》如期出厂，送到读者手中。由于长期的工作辛劳和生活的重负，1992年底，姚进患了难以治愈的疑难病症——胶源病。这种病最初表现为浑身无力，免疫力减退，一年四季感冒不离身，容易引起细菌感染，重者有生命危险。她没有被病魔吓倒，白天坚持在生产第一线劳动，晚上忍着病痛熬药。经过一年多时间多方治疗，病情终于得到了控制。如今，她依然像往常一样，忘我工作。人们由衷地称赞她干劲不减当年。她真诚地说："人活着总要有点精神，有一个奋斗目标，这个目标不是个人，而是党的事业。"

【姚启明·秦山核电公司总经理·获第二届中国军转民优秀企业家金奖】　秦山核电公司总经理姚启明，居安思危，狠抓企业管理，使秦山核电站的管理逐步达到国际先进水平，1995年计划发电量15亿千瓦时，实际完成发电量22.18亿千瓦时，负荷因子84.4%。1995年12月20日，姚启明荣获"第二届中国军转民优秀企业家"金奖。

1991年初，正当我国第一座自行设计、自行建造、自己运行管理的核电站——秦山核电站建设工程进行到调试阶段即奖进行投产的关键时刻，姚启明被调任秦山核电公司副总经理，并主持日常工作。到任后，他深入基层，深入现场熟悉情况，与其他领导共同努力，及时调整了核电公司的内部结构，整顿了劳动纪律和厂容厂貌，妥善处理了大量生产关键问题；完善规章制度，理顺内部管理体制，完善生产指挥系统，对秦山核电站调试任务的顺利完成和1991年12月15日实现首次并网发电，并于1992年7月12日达到300MW电功率运行，起到了十分重要的作用。之后，在核电站设备系统全面整治中，对最关键的项目T_4的整治，从故障查找、方案论证、工艺设计到最后实施，他都亲自过问，及时疏通和衔接每一个环节，保证了T_4整治工作的顺利完成，为1993年3月核电站重新并网发电作出了重大贡献。

1994年，姚启明提出在确保安全稳定运行的前提下，积极做好首次大修换料的准备工作。他组织有关方面专家及早制定了首次换料大修方案，亲自安排布置有关外委项目，落实备品备件和材料的供应，准备工作做得充分细致。检修期间，他深入生产检修第一线，组织协调各方面力量，解决关键难点问题。特别是T_4项目改造难度较大，他多次带领技术人员到设计院研究改造方案，到制造厂商量加工工艺措施，一道安排加工网络计划方案，使T_4改造项目在较短时间内顺利完成。使核电站首次换料和计划大修任务得以提前8天完成，为确保核电站长期安全稳定运行打下了坚实的基础。

秦山核电站投入商业运行之后，一直保持高功率运行。姚启明又及时提出，居安思危，向世界同行学习，同国际接轨，引进国外先进管理经验，采取有力措施，加强管理，坚持六大监督、坚持用世界核电十大运行性能指标考核核电站的各项工作。同时，他积极推进军转民国际交流与合作，开拓国际市场。

姚启明，1935年12月19日出生于江苏省常熟市，大专文化水平。1951年2月参加工作，1956年6月加入中国共产党。先在上海市有机化学工业公司永固造漆厂工作，1959年3月调二机部第三研究所工作；1961年调二机部国营四〇四厂生产准备处任化学分析工程师、试验室副主任；1969年起任国营八一二厂科长、处长、厂长等职，1991年2月任秦山核电公司副总经理，1993年6月起任总经理。先后被授予“全国能源工业特等劳动模范”、“四川省优秀企业家”、“核工业劳动模范”。

【姚俊良·山西清徐煤炭气化集团董事长·被山西省政府授予乡镇企业功勋称号】

曾获中国优秀民营企业家称号的姚俊良，领导山西清徐煤炭气化集团总公司，于1995年12月获得全国工商联授予的“全国十佳民营企业”称号。同年4月，山西省政府授予姚俊良“乡镇企业功勋”称号。

姚俊良，1952年10月出生于清徐县马峪乡仁义村一户普通农家。1968年参加工作。1981年他贷款一万二千元买回两辆破旧汽车搞煤炭运输，成为清徐县第一个运输专业户。1984年承包了清徐县乡镇局煤炭加工厂，他刻苦勤奋，善于经营，到1986年使企业发展成为加工、运销的联合体，经过15年艰苦创业，集团公司现有职工1500多人，占地面积30万平方米，拥有焦化厂4座，煤矿2座，年产冶金焦炭70万吨，煤焦油1万吨，日产煤气10万立方米以及萘、苯、甲醇等系列化工产品，除供唐钢、首钢、天钢、济钢等大中型企业外，还出口日本、韩国、美国等国家。并有150余辆汽车的汽运公司，8个专列的自备铁路货车的铁运公司，年发运能力在200万吨以上，还拥有年产70万吨的洗精煤厂和石油能源公司。目前资产总额达2.3亿元。姚俊良领导公司致富不忘父老乡亲，历年来以各种方式带动了当地一大批乡镇企业的发展，而且安排了1500名农村劳动力就业；并垫资1890万元购买了135辆货车，让贫困的群众跑运输，每年让利800万元，使众多的农民走上了共同致富之路。到1995年，集团公司共捐资800多万元用于资助文化教育、扶贫济残等基础设施建设事业。公司还积极投身“光彩事业”活动，在国家级贫困县山西临县投资4000万元兴建了年产30万吨的煤矿和洗煤厂，该项目被确定为山西省光彩事业的重点项目。

姚俊良现为全国工商联合会执行委员、山西省工商联合会副会长，山西省政协委员。1993年被山西省政府授予“乡镇企业家”称号，1994年被全国工商联授予“中国优秀民营企业家”称号。

【姚慈贤（女）·广东潮阳县农民·被授予爱国拥军模范称号】　广东汕头市潮阳县井都镇农民姚慈贤，把养子报国作为自己的最大心愿和光荣义务，先后将四个儿子送到陆、海、空军和武警部队服役。1995年7月，民政部与解放军总政治部作出决定，授予姚慈贤“爱国拥军模范”荣誉称号。

现年53岁的姚慈贤和丈夫茹苦含辛，好不容易将五个儿子、一个女儿拉扯大。自己长年劳累，患有贫血症，身体越来越瘦弱；丈夫长年患糖尿病，如今已卧床不起，丧失了劳动力；年迈的婆婆双目失明，瘫痪在床已经10载。这样一个家庭多么需要男劳力。但是姚慈贤和丈夫经历过当年国破家亡的痛苦，深深懂得有国才有家的道理。1979年，大儿子郑庆明18岁了。这一年年底征兵工作开始后，报名的第一天，姚慈贤就领着大儿子在村里头一个报名应征。当时，南国边境形势仍很紧张。临别前，母亲将儿子送到村口，再三叮嘱着："到部队要努力学好军事本领，如果上前线就要勇敢作战"。郑庆明在战场上英勇作战，不怕牺牲，多次受到部队的表彰奖励。198[illegible]年，姚慈贤又将老二庆奎送去参军。1987年，汕头特区的经济步入快速发展阶段。这一年，姚慈贤的三儿子庆德高中毕业，汕头有两家企业要聘请他。征兵工作开始后，姚慈贤对庆德说："学你两个哥哥，也当兵去！"三儿子本想在家挣点钱养家，听了母亲的话，毅然报名应征入伍。1990年征兵工作刚开始，姚慈贤便带着四儿子和五儿子来到镇武装部报名应征。两个儿子体检都合格，但县、镇武装部觉得郑家已有三个儿子在部队，家庭又很困难，决定不再考虑他兄弟俩当兵的问题。姚慈贤感谢组织的照顾，但执意要儿子履行服兵役义务。武装部领导见她态度坚决，只好采取折衷办法：四儿庆鹏入伍，五儿庆源留在家里。

孩子们相继参军后，姚慈贤家的生活渐渐与村里群众的生活差距拉大了。为使孩子们安心部队工作，她买来猪苗，又养起鸡鸭，顶着烈日开荒种地，依靠自己辛勤劳作，居然盖起了一幢面积70多平方米的新房。1990年春节刚过，姚慈贤患糖尿病并发肺炎的老伴生命垂危。弥留之际，只有老三庆德恰逢休假在家。要不要发电报让其他儿子目回？姚慈贤思前想后，还是从抽屉内拿出了儿子们的照片，放在丈夫的眼前，流着泪轻轻地说："你看，孩子们回来看你啦。"丈夫将儿子的照片捧在怀里离开了人间。

现在，姚慈贤在陆、海、空、武警部队从军的四个儿子，在军营里个个入了党，人人立功受奖，全都考进了军事院校，其中三人提了干，一人当了军士长。

【贺东久·诗词作家·其歌词研讨会在北京举行】　解放军总政歌舞团一级词作家贺东久歌词作品研讨会，1995年12月28日在北京召开。这是中国音乐文学学会为加强歌词理论建设，推动和繁荣创作，有组织、有计划地进行研讨的第六位作家，也是中青年词作家中被研讨的第一位。

词曲作家、评论家、美学专家等百余人出席了研讨会。会上发表的专题发言，对贺东久以及他的代表作《中国，中国，鲜红的太阳永不落》、《我爱我的称呼美》、《莫愁啊莫愁》、《追寻》等进行了详细和富有情趣的研讨。大家谈到，在歌词到底姓"诗"还是姓"歌"这个曾经争论多年的问题上，从贺东久的作品中找出了合谐相处的成功经验。分析和论证了由于他坦诚待人、交友的性格，使他的爱情诗词颇受众多青年男女青睐的内在原因。

贺东久，安徽省宿松县人。1951年生。1970年入伍并从事歌词创作。1978年调入南京军区政治部前线歌舞团创作室，开始从事专业歌词创作。1987年9月入解放军艺术学院文学系进修。1992年底调入总政治部歌舞团创作室任创作员。他是中国音乐家协会会员、中国音乐文学学会会员。

贺东久1983年始发表诗词作品。著有诗集《带刺的爱神》、《贺东久爱情诗选》和歌词专集。歌词代表作还有《前进在祖国大地》等。

【贺贤土·核物理学家·当选为中国科学院院士】　1995年11月6日，中国科学院公布了新当选的院士名单，北京应用物理与计算数学研究所研究员贺贤土，当选为中科院数学物理学部院士。

贺贤土，1937年出生于浙江省镇海县。1962年到北京应用物理与计算数学研究所工作至今。先后任研究所科技委员会副主任、副所长，高温高密度等离子体物理国家重点实验室学术委员会主任。他主要从事核聚变与等离子体物理、理论物理等方面的科学研究并取得多项重要成果。在核物理的理论研究方面，出色地完成了一系列课题的研究任务。在负责并从事惯性约束聚变的理论研究中，做了大量的组织领导工作，并取得了多项创见性成果，获得我国首次间接驱动出中子的重要进展，在较低温度下局部热动平衡整体点火发展到高温非局部热动平衡燃烧新途径方面取得有意义的结果并获国际同行很高评价。在非线性等离子体物理基础研究中取得多项重要成果，解决了困难的电磁波非线性拍频的计算并解决了争论多年的电磁波无碰撞准静态自生磁场成因及表达式问题，且研究提出了"湍流研究的创新模型"。在非线性科学研究中与其学生在保守系统斑图竞争动力学与时空混沌前沿领域取得多项国际水平的成果。已发表论文150多篇，获国家自然科学奖二等奖等多种奖励。

【骆正彬·电子专家·获国家科技进步一等奖】　电子工业部研究员骆正彬主持完成的项目《野战综合通信系统一期工程系统》，获1995年国家科技进步奖一等奖。

骆正彬长期从事对流层散射通信系统和综合通信系统的研究与设计工作。在30多年的研究工作中，其技术专业涉及了许多领域，完成了大量的计算机模拟，取得许多成果，在通信系统的理论研究，系统设计，工程等方面有突出成绩。70 年代，他主持研制了我国第一代大跨距数字对流层散射通信设备。80 年代前期，主持研制了我国的第一个民用对流层散射与数字微波综合通信系统。这些项目中两项获国家科技进步二等奖，两项获国家科技进步三等奖，一项获电子部科技进步特等奖，四项获电子部科技成果一等奖。1984 年—1992 年，他主持研制了我国具有开创性和奠基性的野战综合系统工程，是我国战术通信史上的里程碑，使我国跨进了世界上少数几个能自行研制战术综合通信网的国家行列。

他是硕士学位导师，已培养硕士研究生 18 名。他在国际会议上发表论文 2 篇，在刊物上发表论文 28 篇，翻译出版论文与专著 120 万字并参与 4 本专著的编著。

骆正彬，1937 年生，1963 年毕业于北京大学，现任金峰通信公司更加总经理，电子部科学技术委员会委员。

【桂桑（女）·西藏登山队女队副队长·被授予中国十大女杰称号】 1995 年 2 月，由全国妇联组织的，有劳动部、人事部、解放军总政治部、全国总工会、团中央、中国科协和十余家全国新闻单位参加评选的“中国十大女杰”揭晓，西藏自治区体委登山队女队副队长桂桑，被评为中国十大女杰之一。

桂桑在 20 余年的登山生涯中，先后征服了海拔 7543 米的托木尔顶峰和章小峰，海拔 8012 米的希夏邦玛峰及海拔 8848 米的珠穆朗玛峰，成为中国第一位登上两座 8000 米以上高峰的女性。

桂桑，藏族，1957 年生于西藏南木林县。中国共产党党员。1974 年加入登山者行列。次年在参加由国家再次组织的攀登珠穆朗玛峰登山队中，由于她平时刻苦训练，自觉加大运动量，因而能克服生理上的困难，一举登上 8600 米的高度，并战胜天气突变带给她的困苦和生死考验，在原地坚持三昼夜而胜利归队。在多次具有国际影响的与外国运动员联合登山活动中，她以坚毅不拔的精神和行动，为祖国、为民族、为妇女增了光、赢得外国队员的好评和赞誉。她将自己的命运与祖国、人民的荣誉联系在一起，在生活极为艰苦、充满危险的冰川雪峰中，顽强地与变幻莫测的大自然抗争。桂桑已由国家级运动健将成为国际级登山运动健将，两次获国家体育运动荣誉奖章，立一等功、三等功各一次，并被授予西藏自治区“三八”红旗手、全国“三八”红旗手、全国“巾帼建功”标兵等称号。1995 年 9 月，中央电视台播出了以桂桑为原型的电视系列剧《阿妈啦的雪莲》。

【桂建芳·青年生物学家·获中国科学院青年科学家奖一等奖】 中国科学院水生生物研究所研究员桂建芳获 1995 年中国科学院青年科学家奖一等奖。

桂建芳，湖北省黄梅人，1956 年 6 月生，1982 年毕业于武汉大学细胞生物学专业，获理学学士学位。1985 年于武汉大学遗传学专业研究生毕业，获理学硕士学位。此后，到中国科学院水生生物研究所从事鱼类遗传育种工作。1990 年 9 月至 10 月，访问俄国，考察了俄国科学院分子生物学研究所、发育生物学研究所和莫斯科大学等研究单位；1991 年至 1994 年，在美国俄亥俄医学院和美国加州大学圣迭戈校区做访问教授和博士后研究。1994 年 8 月回国。1995 年在中国科学院水生生物研究所获理学博士学位，现为水生生物研究所研究员，鱼类遗传育种研究室副主任。

桂建芳的研究涉及细胞遗传学、细胞生物学、发育生物学、分子生物学以及鱼类遗传育种生物技术等领域，已先后参加完成了 6 个科研项目，主持完成了 4 个科研项目，现正主持 7 个研究项目。十几年来，研究成果不断，已在国内外核心学术刊物上发表研究论文 70 多篇。由他主持的已鉴定的研究成果有：(1)人工三倍体水晶彩鲫及其细胞遗传学研究（1995 年获科学院自然科学三等奖）；(2)复合四倍体异育银鲫的发现及其育种潜力（已获 1995 年国家自然科学二等奖）。取得了美国专利一项。

在美国访问和博士后研究期间，与加州大学圣迭戈校区的付向东教授合作，在细胞和分子生物学领域取得了令国际同行为之兴奋的创新性成果。这一发现的意义在于将 RNA 剪接、细胞周期和激酶这三个热门的分子和细胞生物学主题联系起来，把许多有关问题带到了研究前沿，因而被认为是 RNA 剪接和信息传递领域中近年来的重大突破。

他发表的论文已被国内外学术刊物广泛引用。他和他的研究成绩已入选由卢嘉锡等院士主编的《中国当代科技精华》。1988 年获中国科学技术协会青年科技奖。1990 年获湖北省青年科技精英称号。1991 年获国家教委和国务院学位委员会授予的做出突出贡献的中国学位获得者。1994 年荣获了国家杰出青年科学基金的资助。

【秦斌·杂技艺术家·在北京逝世】

1995年8月19日，杂技艺术家、中国杂技团一级演员秦斌，因病在北京逝世。

秦斌，原名秦书田，1921年2月18日生于湖北沔阳(今仙桃市)。他是我国"绳技、鞭技"节目的创作者和传播人，国内各杂技团的"绳鞭"表演者，大多出其门下。他表演的"绳技"，慢舞时似风摆垂柳，快速时如骤雨暴风，三丈多长的软气绳圈能撑满舞台；他使用的鞭子柄短身长，挥打起来难度很大，全凭手腕上的过硬功夫。他能挥鞭击断助手举着的火柴棍，打断小丑嘴上叼着的烟卷，这种高难技巧的设计和排演，其挥鞭力度的适当、角度的准确，几十年来令观众惊叹不已。

秦斌的童年是非常艰苦的。1926年，他年仅五岁便随着父母兄姐逃荒至日本，1928年一家人又辗转至德国，因生活所迫而投奔马戏班学艺。他们在西欧、南美，流浪演出多年，一家人都学得了过硬的杂技功夫，但也饱尝了人间艰辛。回国后不久，抗日战争爆发，秦斌与哥哥秦良到汉口、上海等地，在游乐场所卖艺谋生。后来他兄弟二人与孙泰、莫非仙、王俊武、周志成、米腾云等人，组织了"墨西哥绳鞭技术团"，在华东、东北等各地演出，直至全国解放。这一时期他演出的节目，除"绳鞭技巧"外，还有"马术"、"跳板"、"抖空竹"、"米簸子"、"小狮子"、"蹦床飞人"、"镖刀、斧"及各种跟头技巧。其中尤以"镖刀、斧"的表演最为惊险，他能从远处向贴近"人靶"身体的四周，飞投20把尖刀和斧头(建国后为人身安全计，自动放弃演出)。1951年，在上海参加了中华杂技团(后改称中国杂技团)，秦斌于1960年加入中国共产党。历任杂技团马戏队、舞台队队长、学员训练班主任等职。他曾随团到苏联、日本、印尼及东欧国家作友好访问演出。1978年任中国北京杂技团副团长。曾率团赴中、近东六国作友好访问演出。

秦斌是中国杂技艺术家协会理事、北京杂技艺术家协会副主席、中国杂技团艺术委员会主任。在他病重住院期间，中国杂技艺术家协会为表彰他对中国杂技艺术事业的贡献，特给他颁发了"荣誉证书"。

【秦立国·中共长春市朝阳区委书记·被授予优秀县(市)委书记称号】　1995年6月30日，全国百名优秀县(市)委书记表彰会在北京中南海怀仁堂召开。中共中央总书记江泽民出席会议并作了重要讲话。会上宣读了中共中央组织部对全国在县(市)委书记岗位上取得优异成绩的100名干部，授予优秀县(市)委书记称号的决定，秦立国名列其中。

秦立国，吉林榆树县人，1938年10月出生，1962年10月参加工作，1979年12月加入中国共产党，大学文化。曾任长春市朝阳区委办公室副主任、区委副书记、区长。1991年3月任现职。

朝阳区是个有90多万人口的大区，但财政收入很少，因此算作行政大区、经济弱区、财政穷区。秦立国刚当区长时，批200元钱手都发颤。不能老这么穷下去！秦立国和区委其他同志下基层调研，发现干部群众中存在着畏难情绪和无所作为的思想。他耐心地引导大家解放思想，从新的角度审视区情，辩证地从劣势中看优势。他说："大发展小困难，小发展大困难，不发展更困难。"使大家茅塞顿开，坚定了加快发展的信心和勇气。他认为，作为一名优秀的一把手，仅仅做好日常工作是不够的，他应该给本地区找出一条好的发展路子，制订一个可行的科学的发展战略。秦立国当了区委书记后，他和区委一班人经过周密调查研究，共同形成指导朝阳经济发展的"五以"方针：即以科技为先导，几年来区列入省、市和国家的火炬、星火等计划项目50多项，仅1994年区科技进步创产值就达1.56亿元，创利润2199万元，被国家科委和省科委命名为"科技工作先进区"。以"一汽"为依托，直接为"一汽"配套的企业已发展到46家，加上间接配套的企业共达70家，年创产值2亿多元，占全区工业总产值的1/4。以乡镇企业为龙头，并建起12个乡企工业小区。以第三产业为重点，全区已建成有一定规模的各类市场41处，三产的产值比上年增加2.69亿元。以外向经济为突破口，全区三资企业已有21家，年创产值1.7亿元，创汇639万美元。"五以"方针使区1994年工业总产值突破了10亿元，财政收入突破亿元大关，其发展速度和各项主要经济指标在全省20多个城区中名列前茅。

秦立国善于团结人，善于调动人的积极性。在朝阳流行一句关于"五大班子"关系的话，叫做"各拿一把号，同吹一个调"。这个"调"就是经济工作。他还广揽贤才，一次就从"一汽"引进48名科技人才。对发展经济有突出贡献的人员实行重奖，使他们竭尽全力在朝阳建功立业。

【秦希燕·湖南省第二律师事务所主任·被评为全国十佳律师】　1995年12月26日，荣获由司法部组织评选的第一届全国十佳律师称号的湖南省第二律师事务所主任秦希燕，在人民大会堂领取了奖牌和证书。当日，他给《中国律师》写下了自己的心声："作为全国十佳律师，荣誉只能代表我的过去，它并不表示我的未来；作为一名律师，维护当事人的合法权益，这是我的天职，为了维护当事人的合法权益，律师不惜奉献自己的一切。"

秦希燕，31岁，湖南人，大学文化程度。他从事律师工作以来，承办各类案件680多件，担任110家单位的常年法律顾问。他承办的刑事案件中，改判死缓和无期徒刑的有4件，无罪释放的有6件。10年来，为当事人挽回经济损失达3.4亿元，其中全国闻名的"168工程案"一次就挽回经济损失1.1亿元。他先后在中央、省级刊物发表各类法学论文43篇，出版法学专著6部，曾参与国家级立法科研项目一项。他提出的认定盗窃既遂的标准——"控制论"，已为刑法界所公认。几年来，《人民日报》、《法制日报》多次报道了他的先进事迹。新闻界称他为"希望之燕"。1994年8月，美国科罗拉多州司法代表团参观湖南省第二律师事务所时，首席大法官对他的才华备加赞赏，称他为"中国一流的大律师"。这年他被授予湖南省直十大杰出青年荣誉称号。

【秦振华·中共张家港市委书记·被授予优秀县(市)委书记称号】　1995年6月30日，全国百名优秀县(市)委书记表彰会在北京中南海怀仁堂召开。中共中央总书记江泽民出席会议并作了重要讲话。会上宣读了中共中央组织部对全国在县(市)委书记岗位上取得优异成绩的100名干部，授予优秀县(市)委书记称号的决定，秦振华名列其中。

近3年来，张家港市名扬中外。人们在追踪探索其成因时，都认为是有秦振华这个传奇式的人物。1992年1月，秦振华担任张家港市委书记。他说："我不求做啥官，更不图什么级，只求在有生之年，能多为老百姓办点实事。"秦振华"办实事"确实是奋力去拼，冒大风险、吃尽千辛万苦去抢。创办保税区，4月份定的事，5月份就拿出了方案。一个半月拆迁了1284户民房，20个昼夜完成了8公里的铁丝网隔离带，160天建成了万吨级化工码头。张家港保税区利用外资在全国13个保税区中位居第3。上级领导和外地来参观的人称"这是张家港精神创造的张家港速度，真是个奇迹！"他们不仅拼抢出了保税区，还拼抢出了对外大开放的投资环境。一条长33公里、宽70米的张杨公路，一年多一点时间建成通车，比常规建设少用一半时间。市政府所在地杨舍镇，原是狭小破旧的小集镇，经过3年整治，市区范围由2平方公里扩大到12平方公里，1992、1993年被评为全国卫生城市和全国综合整治优秀城市，1994年又进入国家级卫生城市行列。秦振华要求各级干部抓住对外开放的机遇，攻港口龙头优势，攻项目投入产出，攻科技含量，促进经济又快又好发展。3年来，全市借助中外合资项目，在工业上共投入人民币130多亿元，有2000多个项目竣工投产。1994年国家统计局公布的全国500家最大乡镇企业中，张家港市就占47家。正是靠了秦振华这种强烈的事业心、强烈的争先意识和强有力的工作力度，使张家港市经济突飞猛进。到1994年底，全市工农业总产值超过了500亿元，国民生产总值152.5亿元，人均1.86万元。

在张家港市，人们一致公认，工作量最大、最辛苦的人是秦振华。他没有星期天，没有节假日，一天工作十三四个小时。他不但工作时间长，而且节奏快、效率高。到上海、南京出差，常是当日往返。到香港招商引资，上面批了12天，他6天就回来了。到德国、瑞士洽谈项目，上面批了22天，他只用了10天。

秦振华，1936年3月生于张家港市，1951年11月参加工作，1954年7月入党，初中文化。曾任镇党委书记，市委副书记等职。是党的十四大代表，全国优秀党务工作者，全国优秀领导干部，全国"五一"劳动奖章获得者。

【秦蕴珊·海洋地质学家·当选中国科学院院士】　1995年11月6日，中国科学院公布了新当选的院士名单，中国科学院海洋研究所研究员秦蕴珊当选为中科院地学部院士。

秦蕴珊，山东掖县人，1934年生，1956年毕业于北京地质学院普查系。1994年5月被韩国仁荷大学授予名誉博士学位。他是我国最早从事海洋地质工作的科学家之一，又是我国海洋沉积学的开拓者之一。通过大量的海上调查与科研工作，他编绘了我国第一幅陆架沉积类型分布图，系统地研究了中国边缘海的沉积作用，提出并建立了中国大陆架沉积模式。他率先在国内开展了细颗粒物质的搬运和扩散的研究，提出了新的学术思想。近年来，他在发现和研究海底黄土和大洋"类黄土"的基础上，又应用风成理论，解决了某些残留沉积的成因。九十年代，他在我国率先发现和研究了深海大洋区的陆源风成沉积，同时开展中国大陆至赤道南太平洋横穿大洋的风尘大断面以及在渤、黄、东海上空低空大气风尘断面的研究。他是中国海洋与湖泊学会理事长。

秦蕴珊曾获国家科技进步三等奖一项，部委级科技进步一等奖、二等奖、三等奖各一项。

【班荣皇·武警战士·被追授爱民护法英雄称号】 1995年5月12日，公安部发布命令，追授武警广东边防总队七支队三中队战士班荣皇爱民护法英雄称号。武警总部批准追认班荣皇为革命烈士。

班荣皇，1972年出生，壮族，广西凤山县人，1992年12月应征入伍，高中文化，中共预备党员。1995年3月24日10时许，担任中队给养员的班荣皇到深圳市布心菜市场二楼采购时，得知一卖肉摊主在市场管理办公室内向执行公务的工商干部和保安员行凶，便迅速跑下楼，只见房内有两人倒在血泊之中，而20米外，案犯正手持屠刀夺路而逃。"站住!"班荣皇大喊一声，一个箭步冲过去，劈手去夺歹徒的屠刀。拼搏中，班荣皇的脖子和背部连中两刀，但他不顾一切地死死拦腰抱住歹徒，试图将其扳倒。歹徒在班荣皇的身上乱砍乱刺，企图挣脱后逃走。班荣皇在又中6刀的情况下，双手仍如铁钳一般抱住歹徒不放。他的鲜血染红了25米长的一段市场通道。正由于有班荣皇的英勇之举，才使群众得以接近歹徒并将其擒获归案。班荣皇终因流血过多，抢救无效，壮烈牺牲。

【袁玲(女)·天津大港区公安分局刑警·被评为中国警界女十杰】 1995年8月25日，天津市大港区公安分局刑警队的袁玲，在由公安部、全国妇联主办，首都11家新闻单位协办的中国警界女十杰评选活动中，光荣当选。她同时还荣获全国"三八"红旗手、全国公安系统二级英模称号。天津市政府还授予她劳动模范称号。

袁玲，1966年生于四川省铜梁县，大学文化。29岁的袁玲乍一看上去，与同龄的知识分子女性没有什么区别。颀长的身材，清秀的脸庞，松松地束着一条马尾辫，很难把她同一个天天与罪恶打交道的刑警划等号，可她的确有一个绰号：辣妹子。她从公安大学毕业后被分配到四川省铜梁县公安局刑警队工作。4年后又调到天津。刚到大港区公安分局刑警队，怀有4个月身孕的袁玲到现场检验一具已高度腐败的尸体。水池里的尸体发出阵阵令人作呕的恶臭。队长让她在一旁记录，可袁玲想这是人命关天的事，自己经验多些，便屏住呼吸坚持检验完毕。临产前15天，袁玲听说发生了杀人案，就让也是刑警的丈夫用自行车驮着她到了现场。现场在4楼，袁玲上上下下跑了几个来回，真有些支持不住了，但她一声没吭，忙碌近10个小时才回家。案子告破的当天，袁玲生下了孩子。为纪念这个日子，夫妻俩给孩子起了个颇具刑警色彩的名字——唐果。

袁玲不仅是刑警队里的痕检技术员，化装侦查、审讯案犯之类的活儿都干。作为一名智能型的刑警，她到天津的4年间共勘查现场500余次，提取物证420余件，成功地分析检验痕迹物证380多件，协助侦破了许多重大案件，因此多次立功受奖。1992年，她被评为天津市"三八"红旗手、大港区优秀共产党员；1993年，她分别被授予全国优秀人民警察、天津市十大优秀青年民警标兵称号，并荣立二等功1次；1994年，她再次荣获全国优秀人民警察称号，并被评为天津市优秀共产党员。

【袁浩·广州中医药大学教授·被授予全国先进工作者称号】 1995年"五一"节前夕，负责救治好军嫂韩素云的广州中医药大学第一附属医院教授袁浩，到北京参加全国劳动模范、先进工作者表彰大会，被国务院授予全国先进工作者称号。

袁浩，浙江人，1926年生，1955年毕业于浙江医科大学医疗系，1958年加入中国共产党，先后在海南701矿职工医院、海南行政区人民医院和广东省中医院工作，历任医生、主治医师、主任医师等职。他长期从事骨伤科临床医疗，对治疗股骨头缺血性坏死症作过深入的研究，他拜民间老草医为师，掌握了民间祖传秘方，研制出专治Ⅰ—Ⅱ期股骨头缺血性坏死的"袁氏生脉成骨汤(片)"系列中成药，总结临床400例，总有效率达96.5%。在总结治疗经验的基础上，他提出了两个科研项目：用"多条血管束植入术"和"股骨颈重建术"配合内服中药"袁氏生脉成骨汤(片)"治疗股骨头缺血性坏死，临床结果表明，总有效率为97%。这两项成果于1989年通过专家鉴定，被认定达到国际先进水平。

袁浩一生做过6000多例手术，其中股骨头坏死就做了800多例，都获成功。因他年近7旬，又患高血压颈椎病、慢性胃炎等，近年已不再持刀上手术台。但是，1994年初，袁浩读了羊城晚报关于韩素云因过分劳累而患股骨头缺血性坏死症的报道，心灵受到震撼，他给院长刘震东写报告，建议医院优惠收治好军嫂韩素云，并和院长等领导一起带头捐助医疗费，主动要求担任治疗小组技术顾问，亲自上手术台主刀，手术和医疗效果很好，在袁浩带动下，全院200余名护士纷纷报名参加无偿特护，许多人捐钱捐物乃至献血，爱心温暖全院，轰动羊城，在广州社会各界乃至全国引起很大反响。中央、省、市领导都赞扬袁浩，广州军区特赠送他"德高术精，情注长城"的镜匾，广西南宁军分区赠给他题词为"神医救军嫂，温暖戍边人"的奖杯。袁浩在从医40多年中救治过许多像韩素云那样的患者，对一些贫苦农民患者不仅减免医疗费，还发动医护人员捐钱捐物。群众赞颂他为"杏林菩提"。

【袁昌忠·高级农艺师·被评为全国农业技术推广先进工作者】　湖北省宜昌县高级农艺师袁昌忠，从事繁植优良柑橘工作33年，取得突出成绩。1995年3月经农业部等中央6部委评定为全国农业技术推广先进工作者。

袁昌忠，湖北省宜昌县桥边镇人，1936年生。1962年9月从华中农学院园艺系毕业后，回到桥边镇任农技员。当时的桥边镇，以粮棉生产为主，全镇仅有零星的柑橘园200亩，优良品种温州蜜柑只有镇政府机关院内的40株幼苗。袁昌忠向镇领导请求把这片柑橘交给他搞试验。经过精心培育两个多月，40株蜜柑长得枝繁叶茂，翠绿欲滴，袁昌忠在桥边崭露头角。从此以后，袁昌忠在桥边苦干了整整18年，指导建起了41个柑橘场，发展柑橘8500亩。桥边镇成了远近闻名的橘乡。1979年5月，袁昌忠带着嫁接刀和修枝剪，踏上了支边援藏的征程，来到了不通公路的墨脱县。他走遍了墨脱县四个区，探索墨脱经济发展的新路子。一天，袁昌忠在县城附近的山林中意外地发现了几株野生柑橘树，他高兴万分，与县委书记商定：将野生柑橘树嫁接成家生，逐步建立柑橘基地。两年时间，袁昌忠为当地37家农户嫁接了近千株柑橘树，带出15个少数民族同胞徒弟，为墨脱播下了脱贫致富的种子。藏族同胞亲切地称他"咪咪老袁（藏语：袁爷爷）"。

1981年，袁昌忠从西藏回到宜昌，县里安排他在县农牧局当柑橘组长，袁昌忠又一头扎进柑橘园。他靠一把剪刀，使1000多株不挂果的"公树"变成了"母树"，100多万株低产树变成了高产树。黄花乡严东发家有一棵柚子树，几十年没挂果。袁昌忠听说后来到严家，爬上树，"咔嚓、咔嚓"地一通修剪之后，那棵树当年就结果200多个，第二年结果400多个。曾广荣家一块柑橘园，180多株树，产量不过500公斤，袁昌忠拿起剪刀走进柑橘园，将刀把粗扁担长的树枝剪下许多。当年柑橘产量就提高到3000多公斤，第二年超过了5000公斤。曾广荣逢人就说："袁昌忠那把剪子，才叫神！"如今，袁昌忠的名气越来越大。从1986年到现在，他骑车行程1.8万公里，跑遍了全县90%以上的产柑村，修剪柑橘树100多万株，培训8万多人次；培养出3100多名柑橘技术员。除了传授技术外，他还写出了10多篇学术论文。1995年，宜昌县柑橘总产突破10万吨大关，成了宜昌县一大支柱产业。1994年，袁昌忠被评为全国有突出贡献的科技工作者，享受政府特殊津贴，并当选为宜昌县政协副主席。

【袁咏仪（女）·香港青年电影演员·获第十四届香港电影金像奖最佳女主角奖】

香港青年电影演员袁咏仪在影片《金枝玉叶》中成功地反串了一名男歌迷林子颖，1995年4月23日在第十四届香港电影金像奖颁奖典礼上，再度蝉连最佳女主角奖。

影片《金枝玉叶》描写歌迷林子颖为见到作曲家顾家明和歌星玫瑰，女扮男装报考男歌星，不料却成为唯一录取者，并且给主考官顾家明留下了一种特别的感觉。由此，引发了林子颖、顾家明和玫瑰三人之间的情感纠葛。袁咏仪在角色的扮演上极富弹性，既可以扮演楚楚可怜的弱女子，也可以扮演女强人，还可以女扮男装，且悲剧、喜剧皆能胜任。她在这部影片中拓展了戏路，反串的表演得到观众的认同和喜爱，使这部影片成为1994年香港十大卖座片之一。

袁咏仪，1971年9月4日生于香港，广东东莞人。1991年以卸任港姐身份进入演艺圈后，3年中拍了三十多部电影，且连连获奖。先是以《阿飞与阿基》获第十二届香港电影金像奖最有前途新人奖，第二年又以《新不了情》获第十三届香港电影金像奖最佳女主角奖。最近又拍摄了《霹雳火》、《我要活下去》、《珠光宝气》、《满汉全席》、《嬷嬷烦恼》、《仁者无敌》、《天生一对》、《星光俏佳人》等影片。

【袁牧之·已故电影艺术家·获中国电影世纪奖】　1995年12月28日，在北京举行的中国电影世纪奖颁奖典礼上，已故优秀电影艺术家袁牧之，荣获中国电影世纪奖；其编导的影片《马路天使》获"中国电影90年优秀影片奖"十部影片之一。这项评奖是为纪念世界电影诞生100百周年暨中国电影诞生90周年，由广电部电影事业管理局、中国电影家协会、中国电影出版社和中共北京市委宣传部联合主办的。

袁牧之，原名袁家莱，1909年3月3日生于浙江省宁波市。1922年起参加戏剧协社开始演剧活动。

1927年加入辛酉剧社，在舌剧《狗的跳舞》、《万尼亚舅舅》中扮演主要角色。1930年在左翼戏剧运动影响下，开始接受进步思想，曾先后在复旦剧社、戏剧协会、上海舞台协会和上海业余剧人协会演出《五奎桥》、《回春之曲》、《水银灯下》、《醉生梦死》、《怒吼吧！中国》等舞台剧。由于他善于扮演各种不同类型的角色，并恰当运用细致而富于变化的表情和动作刻画人物性格，因而获得剧坛"千面人"的美誉。1934年，袁牧之参加上海电通影片公司，编写了第一部电影剧本《桃李劫》，并饰演男主角陶建平。这是他创造的第一个银幕形象。影片以深刻的思想内容和生动的人物形象赢得了进步舆论的赞扬和青年学生的热烈欢迎。主题歌《毕业歌》成为当时最流行的进步歌曲之一。1935年，他在电影《风云儿女》中饰演男主角进步青年诗人辛白华；同年自编自导音乐喜剧片《都市风光》。1936年转入明星影片公司，在影片《生死同心》中同时饰演革命青年李涛和爱国华侨柳元杰两个性格各异、形象鲜明的人物。1937年，他成功地编导了影片《马路天使》。该片通过对生活在30年代社会底层人们的苦难生活和悲惨命运的真实描绘，塑造了一群有血有肉的小人物形象，歌颂了他们纯真、善良、互相帮助和勇于自我牺牲的高贵品质，同时尖锐地抨击了欺侮、压迫人的社会黑暗势力。影片风格明快、幽默，又含蓄隽永，上映后震动影坛，赢得普遍好评。抗日战争爆发后，袁牧之积极从事抗日宣传活动，并参与组织上海救亡演剧第一队。1938年，他在影片《八百壮士》中饰演抗击日本侵略者的中国军队团长谢晋元。不久，他前往延安组建"延安电影团"，深入陕甘宁边区和华北抗日根据地拍摄大型纪录片《延安和八路军》，编写舞台剧《延安三部曲》。1940年底赴苏联学习考察。1946年回国后主持创建东北电影制片厂，并任厂长。1949年北平解放后，积极主持全国电影事业的创建工作，任中央电影事业管理局局长，并被选为中国电影艺术工作者协会副主席。1954年因病长期离职休养，1978年6月30日在北京病逝。

【袁保宗·北方交通大学教授·获第二届詹天佑科技奖】 1995年4月26日，是我国著名铁道工程专家詹天佑诞辰134周年。这天，詹天佑铁道科技发展基金会为11名在铁路科技战线卓有成绩的科技工作者颁奖。北方交大电子信息工程学院院长、信息科学研究所所长、博士生导师袁保宗，获得第二届詹天佑科技奖。

袁保宗，江苏省吴江市人，1932年生，1953年毕业于北方交通大学，1960年获原苏联列宁格勒铁道学院电信系科学技术副博士。1982至1995年，曾分别赴美、英、法等国作高级访问学者与教授。是中国电子学会、通信学会、英国国际电气工程师学会会士、理事。1973年，袁保宗在国内率先提出采用模数模通信新体制，解决国内从未试验过的模拟信道进行数字加密的问题，经3年研究获得成功。1978年获全国科学大会重大成果奖。1980年，他与学部委员罗沛霖等教授创意成立数字信号处理学会，并担任学会负责人15年，为国内数字信号处理技术的提高与推广做出了贡献。特别是他本人负责的大型信号处理软件库的研究，被列为"六·五"重点攻关项目。这个程序库已被高校、研究单位广泛采用，为我国信号处理技术水平步入国际先进行列，起到了重要的推动作用。

他长期从事语音处理研究，1960年完成国内首台声码压缩技术的谐和式声码器。1984年，他首次把知识理解运用到语音研究中，完成了汉语语音理解的研究。这类研究已成为国际间改善语音识别效果研究的主流。1986年他利用语音原始波形合成汉语的研究成果，至今被认为是实用化高音质语音合成的主要方法。1991年起，他又提出利用知识库进行计算机自动语句生成的语音应答系统研究，这些工作均属开创性的，现在国内都已形成潮流，正在向实用化方面发展。1988年他在国内建立的第一个立体视觉高精度定标系统以及三维平面物体的自动定位及识别、曲面物体的识别、三维物体的重建等研究，为计算机视觉的工程应用，准备了全面的技术和软件体系。

1990年他提出并实现了同时具有听、说、看、写功能的分布式网络智能视听信息处理系统，该系统可完成类似人脑的信息媒体间的智能转换，并具有视听信息知识融合的新功能，这个研究把国际多媒体技术推进到智能化的新水平。它已通过了国家验收，正向工程应用转化。

袁保宗是6项国家自然科学基金重大项目和面上项目及两项"863"高科技项目的负责人，完成了近20项国际先进水平的科研成果，曾获全国科学大会奖，铁道部、电子部科技进步二等奖，国家科技进步三等奖等，先后在中外知名刊物与国际会议发表论文300余篇，著作6本，已培养中外博士后5名，博士12名，硕士70余名。袁保宗曾获国家级有突出贡献的中青年专家、"五一"劳动奖章、全国优秀科技工作者，铁道部、高校优秀教师、优秀科技工作者等多种奖励和荣誉称号。

【耿玉杰(女)·通化市运输公司客运站站务主任·被授予全国劳动模范称号】 1995年4月29日,中共中央、国务院召开的全国劳动模范、先进工作者表彰大会,在北京人民大会堂隆重举行,吉林省通化市运输公司客运站站务主任耿玉杰,被授予全国劳动模范称号。

耿玉杰,吉林省通化县人,1962年9月生,1978年12月参加工作。她从小失去父母,进了孤儿学校,在党和人民的哺育下长大成人。参加工作后,曾任卫生员、服务员、问事员、站务主任。十几年来,坚持为旅客办好事、做实事2万多件,义务献工400多工日,赢得了广大旅客的信赖与称赞,曾先后被评为市文明职工标兵、新长征突击手标兵、"三八"红旗手,交通部先进工作者、劳动模范、吉林省特等劳动模范。

耿玉杰从踏上工作岗位那一天起,就以百倍的热情为旅客服务。1994年12月25日,一位从乡下来探望女儿的老大娘,因忘记女儿家具体地址找上门来,耿玉杰热情接待,多处打电话查询,下班后,顾不上吃饭,用自行车推着老人,边走边问,终于将大娘平安送到女儿家。

耿玉杰一直把为旅客排忧解难当成自己最大的快乐。她常为有困难的旅客垫付票款,为老弱病残的旅客代买车票,送药送饭,为外地旅客介绍车次、路线、当向导等等,在耿玉杰这里,到站如到家,只要旅客需要,她什么忙都帮。有一次,从外地来的两兄妹,钱物丢失,呆在候车室一筹莫展,耿玉杰问明情况后,便自己拿钱为他们买票、买饭,并把他们送上车,兄妹俩被感动得热泪盈眶,几天之后还专程来通化感谢耿玉杰。

耿玉杰为搞好客运工作,宁可自己多辛苦,绝不让旅客一时作难。她每天早来晚走,下班后还四处奔波为旅客排忧解难,加上一对双胞胎和繁重家务,累得她患了甲亢和心脏病,腿脚肿痛难忍,以后病情加重,医生让她住院。可是耿玉杰离不开旅客,舍不下那份工作,硬是咬牙坚守在客运站岗位上,一天也没休息。有一天父女二人候车,女儿患精神病。其父请耿玉杰带女儿上厕所。耿玉杰上前扶领时,被疯女连抓带挠,顿时脸上被抓破几道血痕。她没有退缩,仍哄劝着疯女上完厕所。出来时,疯女看到一个痰盂,端起就喝,耿玉杰劝说时,又被泼了一身脏水,对于这些她都毫无怨言。

为了提高服务质量,耿玉杰还挤时间学习哑语、朝鲜语,熟记交通道路及市内各机关、厂矿、学校、医院、宾馆的电话,以便随时为旅客寻车问路,提供服务。多年来,她就是这样一桩桩一件件,像点点雨露滋润了旅客的心田,赢得了群众的赞颂。

【耿根喜·中共翼城县委书记·被授予优秀县(市)委书记称号】 1995年6月30日,全国百名优秀县(市)委书记表彰会在北京中南海怀仁堂召开。中共中央总书记江泽民出席会议并作了重要讲话。会上宣读了中共中央组织部对全国在县(市)委书记岗位上取得优异成绩的100名干部,授予优秀县(市)委书记称号的决定,耿根喜名列其中。

耿根喜33岁进县级班子,在副职岗位上干了16年,先后在4个县主持过全面工作,人们习惯叫他"耿主持"。他从未在职位上动过心,却在工作上拼命争先进。1992年3月,他任翼城县委书记后,在带领全县人民奔小康中,提出了令人鼓舞和信服的发展思路,即"91、92大调整,93、94打基础,95、96大发展,97年建成小康县"。进而组织实施了"152"工程、40项基础设施工程建设和每年建成一批小康村的三大经济发展战略。3年多来,这个内陆县出现了"炼铁热"、"栽果热"、"养猪热"、"修路热"和"商贸热"。全县生铁产量由24.3万吨突破100万吨,全县人均3.5吨铁。生铁畅销国内10多个大钢厂,也远销东南亚、日本等地。果树有7万亩,生猪出栏达到11万头,果、猪生产属全省十强县行列。基础设施先后铺开40项重点工程,目前已有33项竣工投入使用。

晋韩公路串通陕、晋、豫三省,也是翼城通向外地的经济大动脉。1992年初,耿根喜决心修省道兴经济。他组织力量到福州发行债券,到北京找贷款,筹措资金5000万元,按期建成22公里高标准商品路。他还组织全民义务修路,沟通了全县大循环。群众反映强烈的热点问题,想办而办不了的难点问题,他都亲自过问解决。是他提出采取以工补农的办法,使全县13万亩"保命田"得到保浇;是他多方集资兴建水源基地,从根本上解决了县城贫水问题;是他协调解决多方困难,装备上2000门程控电话,沟通了与全国的联系;是他倡导兴经济先育人,使全县中小学全部进行了新建或改造,达到了"一无两有三配套"的标准。耿根喜一向清苦俭朴,他住的机关宿舍是60年代建的平房,至今仍是麻纸顶棚,风雨天掉土渣。坐的人造革沙发已露出棉絮。群众说,这哪像县委书记的家,简直就像"寒窑"。面对机关干部绝大多数已搬进水电暖三通的单元式住宅楼,耿根喜说:"这样,我们当领导的心里才踏实。"

耿根喜,山西安泽县人,1942年7月出生,1962

年12月参加工作，1965年3月加入中国共产党，中专文化。曾任公社党委书记、副县长、县委副书记。1995年3月28日，山西省委决定表彰5名优秀领导干部，耿根喜作为唯一的县委书记名标金榜。

【聂耳·已故著名作曲家·《义勇军进行曲》创作六十周年纪念活动举行】　1995年是世界反法西斯战争及我国抗日战争胜利50周年，也是由田汉作词、聂耳作曲的《义勇军进行曲》(后被定为中华人民共和国国歌)创作60周年。1995年12月，《义勇军进行曲》创作60周年座谈会和音乐会先后在北京举行。

《义勇军进行曲》写于1935年春，原为影片《风云儿女》的主题歌。义勇军原是"九一八"事变后，在东北组织起来的抗日武装。歌曲以雄壮激昂的旋律，坚定果敢的节奏，塑造出万众一心、勇往直前的义勇军形象。1935年5月24日，影片《风云儿女》上映后，这首歌便迅速流传全国，在民族危机深重的年代，激发着人民群众的革命热情和战斗意志，成为影响最大的群众歌曲之一。

参加12月1日座谈会的专家学者一致认为，聂耳是一位伟大的歌手，他成功地把民族精神融于他的作品之中，他的《义勇军进行曲》不仅是中国人民反击日本帝国主义侵略的战歌，在今天同样振奋民族精神。

12月4日，党和国家领导人江泽民、李鹏、乔石、朱镕基、胡锦涛等与万名观众一起参加了《义勇军进行曲》音乐会。音乐会由序曲和热爱祖国、建设祖国、保卫祖国、赞美祖国四个部分组成。除《义勇军进行曲》外，演唱曲目以新中国成立后的优秀作品为主。

聂耳，原名守信，字子义。1912年2月15日生于昆明。自幼喜爱花灯、滇剧等民间音乐，小学时期习奏笛子、月琴、三弦等民族乐器。1924年入云南第一联合中学。1928年加入共产主义青年团。其间自学小提琴、钢琴等乐器。1930年7月毕业后，因参加革命活动被叛徒告密，逃亡上海。初当店员。1931年4月考入黎锦晖主办的"明月歌舞剧社"，任小提琴手。1932年夏，他以"黑天使"的笔名发表《中国歌舞短论》，批评明月歌舞剧社搞一些"香艳肉感的软功夫"，提出"要向那群众深入"，"创造出新鲜的艺术"。后离开该社，于8月赴北平，参加北平左翼音乐家联盟工作。11月返沪，进联华影业公司。1933年初加入中国共产党后，积极参加左翼音乐、戏剧、电影活动，从事创作及评论，并为中国新兴音乐研究会重要成员。1934年进百代唱片公司。1935年任联华二厂音乐部主任。不久经日本准备去原苏联学习。7月17日在日本藤泽市鹄沼海滨游泳时，溺水逝世。

在民族危机严重的年代，聂耳投身人民的革命斗争，开一代新的乐风，为中国革命音乐的发展开辟道路，作出了重要贡献。自1933年8月发表处女作《矿工歌》起，不到两年时间，共创作了37首歌曲，包括《大路歌》、《开路先锋》、《码头工人歌》和《新女性》等，生动地表现了作为时代主人的工人阶级的精神面貌。《铁蹄下的歌女》、《梅娘曲》等抒情歌曲和《卖报歌》等儿童歌曲，从不同角度，反映了处于社会底层人民的生活、思想和感情。此外，还编有《金蛇狂舞》、《翠湖春晓》等四首器乐合奏曲。他的优秀歌曲创作，具有强烈的时代精神、鲜明的民族风格和富于独创性的艺术形式。

在聂耳逝世50周年的1985年，文化艺术出版社和人民音乐出版社出版了附有音响的《聂耳全集》。

【莫贤章·湖南城步县人民法院庭长·被授予全国法院模范称号】　1995年4月，湖南省城步苗族自治县人民法院儒林人民法庭庭长莫贤章，被最高人民法院授予全国法院模范称号。

莫贤章在法庭已干了23年，身患深度风湿病、严重支气管炎和胃溃疡等疾病。1989年，医院又确诊他患了结肠癌，且到了中晚期。6年来，他顽强地与病魔作斗争，更加争分夺秒地工作。除主持全庭工作外，还审结案件300余件，连年超额完成一个正常审判人员的办案任务，被人们誉为"活着的焦裕禄"。

1954年，19岁的莫贤章到城步苗乡支援山区建设。70年代初，他被调入法院，在全县最边远最艰苦的汀坪法庭工作了10年。期间，他强忍丧妻的巨大悲痛，将最大还不满5岁的3个儿女分别寄养到远在四川和湖南零陵地区的亲人家里，自己集中精力办案，结案数年年名列全院前茅。1981年调任儒林法庭庭长后，更加忘我地工作。1986年9月的一天，他在办案途中昏倒，被当地村民抬到家里。当听说白水村一王姓村民的独生子被他人放树时砸死，王家正邀集亲友准备械斗时，他辞别住户主人，跋涉30多里山路，及时赶到现场，通过两昼夜的工作，使纠纷得以化解。

莫贤章办案始终铁面无私。一位县政府领导的女儿与一李姓群众发生房屋确权纠纷。案件刚刚受理，打招呼的便纷至沓来。他不受干扰，仔细查阅历史档案，又行程千余里，找知情人调查。查明事实后，依法将争执的房屋判归李某所有。莫贤章家境贫寒，一台

12 寸的黑白电视机是最值钱的。因他“不开窍”，致使在县城当临时工的小儿子多次被辞退。

莫贤章，1935 年生，湖南邵阳人，高中文化。他多次被评为先进工作者，1994 年被授予湖南省十大杰出法官称号。

【莫慧兰(女)·体操运动员·获世界锦标赛女子平衡木冠军】 1995 年 10 月 10 日，在日本鲭江市的福井太阳宫第三次升起中国五星红旗，奏响中国国歌。16 岁的中国女选手莫慧兰在这里举行的第 31 届世界体操锦标赛女子单项决赛中夺得女子平衡木金牌。

比赛中，莫慧兰成功地完成了单手倒立并腿直体空翻的高难动作。无论在木上还是下木，她的动作准确、体态轻柔，屈身后空翻两周下落地纹丝不动。她得了 9.900 的高分，在她之前，咄咄逼人的乌克兰选手莉·波德科帕叶娃和美国的多·莫西埃诺已得了 9.837 分，但是莫慧兰以无与伦比的难度和稳定性得分超出她们 0.063 分。

莫慧兰在 1994 年日本广岛亚运会上脱颖而出。这位年仅 15 岁的“小精灵”，技压群芳，一人摘取了包括女子团体以及单项跳马、高低杠、平衡木、自由体操的 5 枚金牌。她的高低杠动作“团身前空翻越杠抓杠”被国际体操联合会命名为“莫式空翻”。

莫慧兰，广西桂林市人，1979 年 7 月 11 日生。莫慧兰和她的妹妹莫慧芳是一对双胞胎。1985 年，只有 5 岁的慧兰和慧芳姐妹俩双双进入桂林市体操学校，在李桂凤老师的指导下从此开始了她们的体操生涯。

1990 年，姐妹俩又双双进入国家体操队。姐姐慧兰于 1993 年在泛太平洋青少年体操锦标赛上初露锋芒，获女子个人全能、高低杠和跳马 3 枚金牌。

莫慧兰不断显示其体操天赋。在 1994 年举行的广岛亚运会和在日本鲭江举行的第 31 届世界锦标赛上再次取得好成绩，为国争了光。

莫慧兰 1994 年获全国十佳和亚洲十佳运动员称号，1995 年又荣获“全国十佳运动员”称号。

〔附注：莫慧兰的简历与事迹参见 1995 年《中国人物年鉴》〕

【索朗多吉·芒康县人民法院院长·被授予全国法院模范称号】 1995 年 12 月 14 日，西藏自治区芒康县人民法院院长索朗多吉，被最高人民法院授予全国法院模范称号。

索朗多吉是一位土生土长的藏族法官，1967 年入伍，1975 年转业到芒康县公安局任副局长，1977 年到芒康县人民法院先后任副院长、院长职务。他忠于职守，勤奋工作，积极维护祖国统一和民族团结。1978 年以来，西藏分裂与反分裂斗争十分尖锐。索朗多吉所在县也一度出现社会治安混乱的情况。他作为公安、检察、法院三家党支部书记，在分裂斗争的严峻时刻，立场坚定，旗帜鲜明，勇敢地与分裂主义分子作斗争。他整理了 6 万余字的教育材料，先后 5 次在县机关干部大会上讲西藏历史，讲社会主义民主与法制，直接受教育的听众达 3 万余人次。他还深入家庭做工作。县机关有 1200 户人家，他走访了 1100 多家。该县有近 20 个大小寺庙，他用半年时间，到每个寺庙去讲法律知识，结果寺庙僧尼无一人参与骚乱。

索朗多吉严把案件质量关。对全县重大案件、矛盾深的案件，他都亲自审理，严肃执法，秉公办案，没有办过一件人情案、关系案，先后拒绝上门求情送礼 15 人次，拒收钱物价值 5000 多元。他为西藏的稳定和经济发展作出了积极贡献，被当地人民群众称为人民的好法官，连续 5 年被县、地评为先进工作者，优秀共产党员，1994 年被评为西藏自治区法院系统先进个人。

【夏衍·杰出的革命文艺家·在北京逝世】 中国新文化运动的先驱者之一、杰出的革命文艺家、社会活动家和电影艺术家夏衍，1995 年 2 月 6 日在北京逝世，终年 95 岁。

夏衍，1900 年 10 月 30 日生于浙江省杭州市，原名沈乃熙，字端先。1919 年在家乡参加“五四”运动，并参加创办进步刊物《浙江新潮》。1920 年赴日本留学，开始接受马克思主义。1924 年经孙中山介绍加入中国国民党，担任国民党驻日本总支部常委兼组织部部长。1927 年大革命失败后，在白色恐怖下加入中国共产党，从事工人运动及翻译工作，译有高尔基的《母亲》等外国名著。1929 年参加筹备中国左翼作家联盟，次年当选“左联”执行委员。1933 年以后任中共上海文委成员、电影组组长，成为我国进步电影的开拓者和领导者，先后创作了电影剧本《狂流》、《春蚕》、《风云儿女》、《压岁钱》等，话剧《秋瑾传》、《上海屋檐下》等，以及报告文学《包身工》，对 30 年代进步文化产生了巨大影响。

抗日战争爆发后，在上海、广州、桂林、香港主办《救亡日报》、《华商报》等；后辗转到重庆，任中共南方局文化组副组长，在周恩来直接领导下主持大后方的文化运动，特别是戏剧运动，同时从事党的统一战线工作，曾任《新华日报》代总编辑，先后创作了《一年间》、《法西斯细菌》、《芳草天涯》等多部话剧。抗战胜利后，先后在上海、南京、香港等地领导党的文化和统战工作，曾任中共华南分局委员等职。

1949年5月上海解放后，夏衍先后任上海军事管制委员会文教委员会副主任、中共华东局宣传部副部长、上海市委常委、宣传部部长、上海市文化局局长、上海市文联主席等职。1955年后任文化部副部长、中国文联副主席、中国人民对外文化协会副会长等职。曾改编创作《祝福》、《林家铺子》、《革命家庭》、《烈火中永生》等电影剧本，撰写了《写电影剧本的几个问题》等理论专著，这些作品成为中国电影宝库中的经典。“文化大革命”中受到残酷迫害。1977年后，先后任中国人民对外友好协会副会长、顾问，中日友好协会会长、顾问，中国文联副主席，中国作家协会顾问，第五届全国政协常委，中国电影家协会主席等职。1982年当选中共中央顾问委员会委员。1994年10月，国务院授予他“国家有杰出贡献的电影艺术家”荣誉称号。

【夏勇·中国社科院法学所副研究员·被授予青年法学家称号】　1995年12月26日，由中国法学会组织评选的全国十名杰出青年法学家揭晓，中国社科院法学研究所副研究员夏勇被授予杰出青年法学家称号。

夏勇，1961年11月生，湖北省人，中国共产党党员。1982年毕业于西南政法学院，1985年获法学硕士学位，1992年在北京大学获法学博士学位。现任中国社科院法学研究所副研究员、大众传播研究中心主任。代表作专著《人权概念起源》，对人权的涵义，权利的起源、基础、要素和进化规律，人权思想的逻辑结构，近代权利理论和权利制度变革的经验，以及自然权利概念的属性、要素与矛盾等，提出了独到的见解。同时，还探讨了如何建立有中国特色的人权概念和人权理论等。该书在法学研究、人权研究以及政治学、文化学研究领域受到重视。《中国社会科学》和《中国书评》等杂志作了评述或介绍，被若干院校列为法理学专业研究生的必读书，并获“中国图书奖”，被中国社会科学院评为第二届青年优秀成果奖。

夏勇在《中国社会科学》、《法学研究》、《中国法学》、《世界历史》等杂志发表的论文亦多有创新，如《近代西方新闻法制革命考——关于提出与确立自由的若干问题》等论文，提出服从必然、服从法律不等于自由，自由程度的高低取决于权利义务关系的协调程度等观点。同时探讨了适合中国情况的新闻法制模式，引起关注和好评。他参加人权对策研究、文化市场法制建设对策研究，由他主笔完成的调查报告和对策建议，受到有关部门重视，多次受到表扬。

【顾准·已故思想家·80周年诞辰】

1995年3月18日，中国社会科学院经济研究所召开了纪念顾准诞辰80周年座谈会。张劲夫、杜润生、骆耕漠等专家学者参加了座谈。经济学家吴敬琏在座谈会上的发言，以《我们需要这样的思想家》为题，刊载于1995年第5期《读书》杂志。同年9月，贵州人民出版社第4次印刷了一年前出版的《顾准文集》，印数达3.4万册。过去鲜为人知、且在1974年已去世的顾准，近年来受到经济学、哲学、史学等界一些学者、专家的注目。

顾准，1915年7月1日生于上海，自幼从母性。1927年初中毕业后，入会计师事务所任练习生。1934年参加革命活动，1935年2月加入中国共产党。曾任上海职业界救国会党团书记，职员支部书记，江苏省委职委宣传部长、书记，江苏省委文委副书记。1940年离开上海到苏南、苏北抗日根据地，先后任路东特委宣传部长，澄锡虞工委书记，江南行政委员会秘书长，盐阜区、淮海区行署财政处副处长等职。1943年赴延安入中央党校学习，1946年1月返回华东，先后任华中分局财委委员，苏中行署处长，山东省工商总局副局长，渤海行署副主任，山东省财政厅长等职。1949年随军进入上海，任上海市财政局长兼税务局长，并兼任华东军政委员会财政部副部长和上海市财委副主任等职。1952年在“三反”运动中，被认为“目无组织，自以为是，违反党的政策，与党对抗”，受到撤销党内外一切职务的错误处分(后平反)。1953年调北京，任建工部财务司长，洛阳工程局副局长，中科院资源综合考察委员会副主任。1956年入经济研究所(今属中国社会科学院)任研究员。这时，他已经敏锐地对在社会主义条件下的商品货币关系和价值规律这一根本性的问题进行了深入研究。著名经济学家孙冶方在1956年第6期《经济研究》上初次发表《把计划和统计放在价值规律基础上》一文时，曾在后记中说明：价值规律在社会主义经济中的作用问题，是吴绛枫(即顾准)最先向他提出的。1957年第3期《经济研究》发表了顾准的长篇论文《试论社会主义制度下商品生产和价值规律》。在1957年反右派斗争中，顾准受到错误的批判，被错划为右派分子，下放劳动改造。1962年重返经济研究所，从事社会主义会计理论和实践研究。著有《会计原理》、《社会主义会计的几个理论问题》。1965年再次被戴上"右派分子"帽子，下放劳动。"文化大革命"中，顾准遭到残酷迫害。但仍关心国家和人民的命运，独立思考和研究一系列根本性问题。对于人们习惯地不思索就接受了的一些成说，对于一些几乎被看作无需加以证明的公理式的成说，他都重新思考，提出质疑、补充、限制和修正。1973年至1974年期间，他为研究世界史写下的笔记《希腊城邦制度》和与其弟陈敏之探讨学术问题的通信（文集中总题为《从理想主义到经验主义》），涉及政治、经济、文化等诸多方面，提出许多发人深省的问题。1974年12月3日病逝于北京。

【顾玉东·手外科专家·当选为中国工程院院士】　1995年7月7日，中国工程院公布了新当选的院士名单，上海医科大学手外科研究所所长、华山医院手外科主任顾玉东教授，当选为中国工程院医药与卫生学部院士。同年4月，他被国务院授予全国先进工作者称号，并获全国教育系统劳动模范称号。

顾玉东，1937年10月19日出生于山东章邱，满族。1961年上海第一医学院医疗系毕业后，步入手外科领域。1966年开展了世界第一例足趾移植再造拇指手术，并进一步发现血管变异规律，提出"二套动脉供血系统"，将再造指成活率提高到96%；1970年在世界上首创膈神经移位治疗臂丛根性撕脱伤，并由单一神经移位发展到多组神经移位，以最大限度重建手功能，顾玉东一次又一次创造了手的奇迹。日复一日，年复一年，他在显微镜下一根根地分离、缝合血肉中盘根错节、细若游丝的血管和神经。

外国同行眼中的"突发奇想"，顾玉东是通过20多年显微镜下的摸索和数千次手术的积累实现的，从1985～1993年间获4项国家级科技成果奖，其中国家发明奖2项，国家科技成果奖2项。单1993年一年中获四项科技成果奖："胸部出口综合症的诊治"获上海市三等奖，"皮瓣的创新"获上海市二等奖，"手部创面的皮瓣修复"获卫生部二等奖，"健侧颈神经移位术"获国家发明二等奖。1986年被国家人事部授予国家级有突出贡献科学技术专家称号。1989年被评为上海市科技精英、全国先进工作者，1992年被评为上海市先进标兵，1994年被评为上海市高教精英，授予上海市医学荣誉奖。

他长期坚持在医疗科研第一线培养手外科、显微外科人才，已为全国培养600余人，其中不少已是全国及各地区专业骨干与学术带头人。他是卫生部功能重建重点实验室主任、博士生导师。还兼任中华医学会手外科学会副主任委员，中华医学会显微外科学会常务委员，《中华手外科杂志》总编辑等职。

【顾正泽·烟台客运站派出所所长·被追授全国公安系统一级英雄模范称号】
1995年6月21日，公安部发布命令，追授烟台港公安局客运站派出所所长顾正泽全国公安系统一级英雄模范称号。山东省政府批准其为革命烈士，交通部追授他为海港卫士称号。6月29日，交通部、公安部、山东省暨烟台市在烟台隆重召开命名表彰大会。

1995年5月23日，顾正泽闻讯一歹徒持枪行凶，立即赶赴现场追捕罪犯，将歹徒逼入一家商店内。他冲上前去堵住店门，一面让群众通知民警组织围捕，一面厉声喝令歹徒放下武器。凶残的歹徒垂死挣扎，疯狂向店外射击，击伤了顾正泽和在场的数名群众。时值下班高峰，闻讯滞留在现场的群众达数百人。在这紧急关头，为避免人民群众遭受更大的伤亡，顾正泽奋不顾身地拉开店门，赤手空拳冲进店内，将企图冲出商店的歹徒堵在店内，并与歹徒进行了殊死搏斗。搏斗中，歹徒连开数枪，击中顾正泽。顾正泽终因伤势过重，壮烈牺牲。

顾正泽，1947年10月28日出生，山东文登人，中专文化。1968年在中国人民解放军4874部队服役，任战士。1969年加入中国共产党。1974年退伍在山东省烟台港务局第一作业区当工人。1975年参加公安工作，先后任烟台港公安局政保股副股长、港区派出所所长、警卫大队大队长、烟台港公安局客运派出所所长。顾正泽参加公安工作以来，严以律己，廉洁奉公，无私奉献。他先后担任几个基层单位领导职务，无论在哪个单位，他都以高度的事业心、责任感和饱满的热情投入到工作中去，曾荣立三等功。

【顾执中·老新闻工作者、新闻教育家·在北京逝世】　第六届全国政协委员、中华全国新闻工作者协会第三届理事会特邀理事、原民盟中央委员、高等教育出版社编审顾执中，于1995年4月16日在北京逝世。

顾执中，1898年7月生于上海。东吴大学肄业。1923年进上海《时报》任记者，1926年任上海《新闻报》采访部主任。当时通讯手段落后，而军阀混战局面扑朔迷离，大量战事新闻很难迅速传到报社。1931 年《新闻报》饲养三四百只意大利良种鸽，指定由顾执中训练信鸽传导技能。1932 年上海一·二八事变爆发，邮电系统瘫痪，信鸽被派上用场，顾执中让派往前线记者都带上二三只信鸽运作，使《新闻报》战地报道及时，发行量大增。

工作之余，他致力新闻教育事业。1928 年在上海创办民治新闻专科学校。九一八事变后，参加教师救国会和对日经济绝交大同盟。1934—1935 年出访欧美，1940 年在上海遭日伪特务狙击负伤。他辗转到达抗战后方，1942 年在重庆续办民治新闻专科学校。1944 年赴印度，任侨报《印度日报》社长兼总编辑。1946 年回上海续办民治新专，培养出一批进步青年，投身新闻工作。

中华人民共和国建立后，1954 年出任高等教育出版社编审。1957 年被错划为“右派分子”，中共十一届三中全会后得以平反。1983 年、1985 年与他早年学生在重庆和北京恢复了民治新专。著有《西行记》、《到青海去》、《东北吁天录》、《战斗的新闻记者》、《报人生涯》等书，并将《封神演义》译成英文。

【顾健人·肿瘤病因病理学家·当选为中国工程院院士】　1995 年 7 月 7 日，中国工程院公布了新当选的院士名单，上海市肿瘤研究所癌基因及相关基因国家重点实验室主任顾健人，当选为中国工程院医药与卫生学部院士。

顾健人，1932 年生于江苏省苏州市。毕业于上海第一医学院。早年从事病理学研究，50 年代末开始从事肿瘤生化工作，几十年来，将分子生物学、生化和病理学融为一体，他强调形态结构与功能的统一，分子、细胞、整体的统一。从而形成了他研究肿瘤的独特的学术风格。早在 50 年代末，他提出核酸是肿瘤发生的基本物质基础。

60 年代初，在上海市肿瘤研究所从事实验研究的顾健人，被 DNA（脱氧核糖核酸）双螺旋结构假说吸引，立志从遗传物质核酸入手揭开肝癌的奥秘。1966 年，他首次报道了将正常肝总 RNA（核醣核酸）导入肝癌细胞，其代谢可向正常方向逆转。如果说这还仅仅是种尝试，那么 80 年代以来，他所领导的癌基因及相关基因国家重点实验室，则在系统理论指导下，逐个破译着抑制肝癌细胞生长的基因。

1985 年，顾健人首先发现了激活人原发性肝癌的 N－ras 基因，之后又发现 7 种癌基因及相关基因与肝癌有关，并在国际上首次提出癌基因谱的概念。如今，他又把“谱”发展为“阵”，认为癌基因“阵”中应该有主次、有配合，它是人体肿瘤多病因、多阶段的内在基础。

在繁忙枯燥的实验研究之余，顾健人酷爱古典音乐，以此陶冶情趣，丰富想象力。ATGC 这 4 种碱基排列，变换组成千变万化的遗传密码，镶嵌在 DNA 双螺旋结构上，如同 7 个音阶组成的各种悠扬曲调，其中的奥妙，只有如痴如醉、富有灵感的人才能尽情领略。

与其他科学家一样，顾健人既注重严谨的实验数据，又能驰骋想象，不断开拓新思路，屡创佳绩。他在国际上首次揭示了人肝癌独特的自泌和邻泌系统。近年来，他所领导的实验室又发现了新的肝癌抗癌基因候选者——转甲状腺素蛋白基因，分析出肝癌中 HP8 基因全部 DNA 序列，并用差别杂交法分离到 50 个以上有关基因。

【顾培东·四川省体改委研究员·被评为全国十名杰出青年法学家】　1995 年 12 月 26 日，由中国法学会组织评选的全国十名杰出青年法学家揭晓，四川省体制改革委员会研究员顾培东被授予杰出青年法学家称号。

顾培东，1956 年 11 月生，江苏建湖县人，中国共产党党员。法学硕士，全国青联委员，现为四川省经济体制改革委员会研究员，西南政法大学兼职教授。顾培东独立或合作出版著译 20 余本，主要有：《法学与经济学的探索》、《企业破产法论》等。先后在《中国社会科学》、《中国法学》、《法学研究》、《经济研究》、《光明日报》等全国性报刊发表论文 70 余篇。顾培东综合地运用法学、经济学、哲学、社会学等理论，研究我国法制建设和体制改革的现实问题。专著《社会冲突与诉讼机制》把法哲学的基本原理适用于对诉讼程序的实际研究，较为深入地探讨了程序公正、诉讼效益等一系列问题。专著《中国企业运行的法律机制》较为全面地分析了中国企业运行的法律环境，并以大量的调查资料和数据分析为基础，对中国国有企业运行的应有法律机制，提出了一些独到的见解。论文《效益：当代法律的一个基本价值》，提出了效益应成为当代法律的基本价值之一的观点。

顾培东近年来先后获省、部级学术奖 8 项，省级学会一等奖 6 项，被评为有突出贡献的中国硕士。

【柴中东·石家庄市民警·被授予全国

公安系统一级英雄模范称号】 1995年4月12日，公安部发布命令，授予河北省石家庄市公安局桥西分局友谊大街派出所民警柴中东全国公安系统一级英雄模范称号。

柴中东，1968年5月生，山西省沁源县人，高中文化，1986年10月应征入伍，1991年5月开始从事公安工作。1995年4月2日晚，柴中东在辖区新世纪娱乐城执行治安检查时，突然听到舞厅传出枪声，并看到两名男青年慌慌张张向外逃跑，便迅速向两人追去。两名男青年中的一人，突然从怀里掏出一支锯掉枪管的双管猎枪对准柴中东，吼道："不关你们的事，闪开!"面对歹徒的枪口，柴中东毫不畏惧，一步步逼近歹徒，并厉声对歹徒说："我是警察。你把枪放下。不然，后果自负"。这时，另一名歹徒突然窜出拦住柴中东，大喊："快跑!"持枪歹徒乘机拦住一辆红色夏利出租车逃走。柴中东奋力将拦他的歹徒摔倒制服，交给娱乐城保卫部，然后立即带领两位保安人员乘出租车追截逃走的歹徒。当追上歹徒乘坐的车辆后，歹徒见无路可逃，跳下车，威胁说："快闪开，不然我就开枪了。"面对生与死的抉择，柴中东大义凛然，无私无畏，再次喝令歹徒放下武器。在示意保安人员寻机抓获的同时，猛然扑了过去。就在这一刹那间，歹徒扣动扳机。柴中东的下腹部和腿部严重受伤，倒在血泊中，后经医院全力抢救，终于脱离危险。

柴中东参加工作后，刻苦钻研业务，踏实肯干，急、难、险、重任务，他总是抢着做，多次勇斗歹徒。在摧毁几个卖淫窝点的行动中，他深入虎穴，机智勇敢，圆满地完成了任务。他患有肾炎病，一直坚持带病工作。他曾3次受到嘉奖，被评为市公安系统先进工作者。1995年4月，他先后被石家庄市委授予优秀共产党员称号，被石家庄市委、市政府授予对敌斗争卫士称号，被评为河北省劳动模范。

【晏永和·中共金堂县委书记·被授予优秀县(市)委书记称号】 1995年6月30日，全国百名优秀县(市)委书记表彰会在北京中南海怀仁堂召开。中共中央总书记江泽民出席会议并作了重要讲话。会上宣读了中共中央组织部对全国在县(市)委书记岗位上取得优异成绩的100名干部，授予优秀县(市)委书记称号的决定，晏永和名列其中。

晏永和，四川双流县人，1952年8月出生，1969年1月参加工作，1978年6月加入中国共产党，大学文化。曾任中学副校长、县委宣传部副部长、副县长、县委副书记。1992年2月任现职。

成都市东北郊的金堂县，迎接它的新任县委书记时是这样的状况：82万人口，工业产值5亿元，乡镇企业产值3亿多元，农民人均年纯收入560元，主要经济指标在全市的区县(市)中倒数一、二名。晏永和开始行进在1155平方公里的金堂大地上，所见所闻给他一个强烈印象：人们思想观念落后。回到县里，他立即举行上任后的第一次思想解放大讨论。整整两天，辩论激烈。最后统一了认识，确定了"艰苦奋斗3至5年，力争使全县经济赶上成都市中等区、(市)县水平"的目标。方向已明，如何落实?晏永和说，关键抓一个"实"字。措施要实，步子要实，要让老百姓得到实惠。抓农业，县里把让农民增收作为重点。在全县461个村中，落实14个奔小康示范村，41个经济发展缓慢村，抓两头带中间，常年派近千名干部下乡协助工作，并确定了水果、食用菌、蚕桑等几大拳头行业，实行重点倾斜。对县属中小型国有企业，实行"转、租、卖"，优化机制，盘活资金，引进技术设备，加大技改力度，促进企业机制的逐步转换。花大力气改善基础设施条件，优化投资环境，扩大开放招商引资，完成起步阶段的原始积累。短短两三年时间，金堂令人刮目相看：粮食生产连创历史最高水平；工农业总产值由1991年的10亿元增至30亿元，利税增加近30倍，增幅在全市名列前茅；农民人均纯收入跃升为1080元；城市建设初具规模，城区由0.8平方公里扩大到近4平方公里。

晏永和认准一个理："人和"万事兴。在领导之间，他善于集中集体智慧，不独断专行；注意协调好各套班子之间关系，该放权的大胆放，出现问题多担责任。对群众他更是关怀备至。经常到田间地头同农民聊天，了解民间疾苦与呼声。遇到挑水帮助挑，遇到插秧，卷起裤脚就下田。1993、1994两年金堂连遭大旱，丘陵地区人畜饮水发生严重困难。晏永和天天跑旱区解决困难，慰问群众。山高水远真情在，感动得群众热泪盈眶。

【钱龙·民航飞行检查主任·被授予全国劳动模范称号】 1995年4月29日，中共中央、国务院召开的全国劳动模范和先进工作者表彰大会在北京人民大会堂隆重举行。中国民航西南航空公司成都飞行部飞行检查主任钱龙，被授予全国劳动模范称号。

钱龙，上海市人，1965年3月入伍，1969年毕业于空军第14航校。26年来，钱龙先后飞过6种机型，安全飞行16000多个小时，从未出现过任何差错事故，一直保持着安全飞行纪录。曾多次受到民航总局、公司和飞行部的表彰、晋级等奖励，是民航总局3级、2级、1级和特级飞行安全奖章获得者，被誉为一个标准的优秀飞行员。

钱龙热爱飞行事业，对技术精益求精。作为一名飞行员，他要求自己的一杆一舵都准确无误；当一个机长，他要求自己要具备各种特殊情况的处置能力；当飞行教员，他从严训练，严格要求，决不降低放飞标准；作为一个飞行检查主任，他深知自己责任重大，要求飞行员做到的，他一定比别人做得更标准、更准确。有一次，他驾驶安24飞机飞越秦岭上空时，右发动机突然自动顺浆。面对这突发的重大故障，钱龙冷静沉着，凭着他出色的飞行技术和处置特殊情况的能力，精心指挥，仔细操纵，终于使飞机单发安全降落，民航成都管理局给予集体三等功奖励。钱龙在20多年的飞行生涯中，遇到多次空中发生的特殊情况，都能临机正确处置，化险为夷。

钱龙不仅具有出色的飞行技艺，而且有非常严谨细致的作风。每次飞行前，他都要求自己从准备阶段开始就要进入飞行状态，即使熟悉的航线，也当成新航线来飞，作好充分的准备。在西南航空公司，许多艰巨的飞行任务，都是由钱龙完成的：1991年4月，他顺利完成西南航空公司第一次从美国接回波音737飞机的跨洋飞行；1992年3月，他完成了中国民航首次国际商务包机，飞越非洲7国；1993年6月，他完成中国至巴基斯坦国际包机飞行；1994年4月，他完成西南航空公司第一次赴新加坡执行波音737飞机的试飞任务。钱龙出色的飞行技术是公认的。目前，钱龙是西南航空公司少数几个持有两种机型飞行执照的全气象飞行员、教员。1995年，他又被民航总局聘任为波音737飞机飞行检查员。

钱龙还是一位优秀的飞行教员。他除了担负航班任务外，还担任繁重的授课与带飞任务。有时，他在本场连续带飞10多天，一天带飞40多个起落，许多人都受不了，而钱龙却自始至终严格按标准训练，从不马虎，他细致耐心地讲解，手把手地带技术，身体力行带思想作风，几年来，他带飞了200多人次，为公司培养了一批高质量的飞行员。

钱龙有严格的组织观念，为了飞行事业，他从不计较个人得失。不论节假日还是家人生病，只要有航班任务，他总是随叫随到。前后10多年，他只有一个春节没有飞行，其余节假日都是在蓝天上度过的。为了适应航空事业的需要，他还挤时间自学外语。现在他的外语水平已完全达到国际飞行标准，能够单独完成国际航线的飞行任务。

【钱其琛·中共中央政治局委员、国务院副总理兼外交部长·谈中国和平外交政策】

1995年，钱其琛多次就中国的和平外交政策发表谈话。12月15日，《人民日报》发表了他接受该报记者年终专访时的谈话。他指出，一年来，国际形势在保持总体缓和的趋势下的新特点和发展是：各国着眼长远利益，纷纷调整政策和战略，国际关系更加复杂。在国际关系中各国更加注重维护自身经济利益；坚持"冷战思维"，推行霸权主义和强权政治的倾向有所发展，使国家关系出现不同程度的紧张，增加了动荡和不稳定的因素。在这种国际形势下，一年来，我国外交工作十分活跃，我国领导人访问了60多个国家，并接待了40多位外国国家元首和政府首脑的来访。这些交往，促进了我国与世界各国友好合作关系的发展，有利于为我国现代化建设，争取一个比较好的国际和平环境。在对外工作中，坚决维护国家主权、尊严和领土完整，积极推进祖国和平统一大业，对制造"两个中国"、"一中一台"和"台湾独立"的逆流，进行了有力的揭露和痛击。

钱其琛5月14日在北京举行的美亚协会第6届年会演讲和在《求是》杂志1995年第12期上发表题为《始终不渝地奉行独立自主的和平外交政策》的专文中，驳斥了国际上有人散布所谓"中国威胁论"，重申中国奉行和平共处五项原则。

1995年12月28日，中华人民共和国第八届全国人民代表大会常委会第17次会议经表决批准，任命150位香港和内地的各界人士为全国人民代表大会香港特别行政区筹备委员会委员。钱其琛任筹委会主任委员，王汉斌、安子介、霍英东、鲁平、周南、王英凡、李福善、董建华、梁振英任副主任委员。

钱其琛，1928年1月生，上海嘉定人。1942年加入中国共产党。解放前在上海做学运工作。新中国成立后，曾任驻苏联使馆二秘、研究室主任，高教部留学生司处长、对外司副司长，驻苏联使馆参赞，驻几内亚大使，外交部新闻司司长，外交部副部长、部长，党委书记、国务委员。是中共第十二届中央候补委员、委员，第十三届中央委员，第十四届中央政治局委员。

【钱学森·全国政协副主席·获首届何梁何利基金优秀奖】　1995年1月12日，首届"何梁何利基金"奖颁奖大会在北京人民大会堂举行。

中国科学院院士钱学森荣获“何梁何利基金”优秀奖证书和奖金100万港元。获此奖的还有著名科学家黄汲清、王淦昌、王大珩共四人。陈景润等20位著名科学家分别获数学奖、物理学奖、化学奖、生物学奖、地质学奖、医学奖和科技学奖，每人获奖金10万港元。

何梁何利基金是由香港“何善衡慈善基金会有限公司”、梁球琚博士、何添博士、“伟伦基金有限公司”各捐资1亿港元于1994年3月成立的。其宗旨是通过奖励取得杰出成就的科技工作者，促进中国的科技进步，推动国家现代化建设。基金按国际惯例采取信托制进行管理和经营。基金专门成立了由国内科学技术权威和国际知名学者16人组成的评选委员会负责评奖工作。基金首届24名获奖人是在经过近千名科技专家提名推荐、初审评议、终审投票表决的严格程序，从数百名候选人中评选产生的。

钱学森，1911年12月生，浙江杭州人。1934年毕业于上海交通大学机械工程系。1935年入美国麻省理工学院航空系学习。一年后转入加州理工学院，先后获硕士、博士学位。1938年至1949年任美国加州理工学院研究员、副教授、教授。1949年至1950年任该院喷气推进中心主任。1955年回国，1958年加入中国共产党。历任中科院力学研究所所长，国防部五院副院长、院长，七机部副部长，国防科委副主任，国防科工委科学技术委员会副主任。他直接参与组织领导了中国运载火箭、导弹、卫星的研制攻关和试验工作，为发展我国航天事业作出了重要贡献。他是中共第九、十、十一、十二届中央候补委员，第六、七、八届全国政协副主席，中国科学技术协会副主席、主席、名誉主席。

【钱君匋·书画篆刻家·《钱君匋印跋书法选》出版】　《钱君匋印跋书法选》1995年由上海书店出版社出版。“印跋”作为一种题记文字，或诗或文，或长或短，谈艺记事，无所不可，往往信手而成，自然流露作者的学识修养，篆刻创作在完成印面之后，即将印跋刻于印侧，称为款识，成为篆刻创作欣赏的一个重要组成部分。钱君匋以研究收藏晚清赵之谦、黄士陵、吴昌硕三家印作著称，刻印之外，印款上的造诣亦很高。初受赵之谦影响，从北魏书体入手，由于书法的成就极高，遂由魏及秦汉，以篆隶和简牍书体入石，飘逸苍古，70岁以后喜作狂草，出以自作诗文，所作长跋多达四五面。《钱君匋印跋书法选》收入钱氏60多年来的代表作，诸体毕备。

1995年12月，曾由钱君匋收藏的吴昌硕书信诗稿编为《缶庐翰墨》由上海书店出版社出版。该书收入近代书画篆刻大师吴昌硕1882年到1908年间的书信34封，诗笺68件。这批昌硕大师的手迹流露出一代艺术巨匠与贫苦百姓息息相通的情感，而对丑恶现实，黑暗官场的愤慨也是溢于言表。并有吴大师生活起居的细节记述和心态实录尤为真切感人。这批珍贵的史料是钱君匋1948年在上海收集到的，珍藏30余年，1985年赠君匋艺术院，此书由上海书店原大彩色精印，钱君匋任顾问，并作序跋，对收藏的始末述之甚详。

近年来钱君匋还对1963年与叶潞渊合著的《中国玺印源流》一书作了全面的增补扩展。在原书的基础上，续写了30余篇篆刻家的生平事迹和作品赏析，并对全书的图版作了较大规模的补充，交上海人民美术出版社出版。

钱君匋，1906年生，浙江桐乡人。当代著名书画家、篆刻家、音乐家、诗人、书籍装帧家、收藏家。现任君匋艺术院院长、西泠印社副社长、上海出版工作者协会顾问等职。1994年末，《钱刻文艺家印谱》由上海人民美术出版社出版。他的篆刻三四十年代即有盛名，他与文艺界人士交往甚广。这部印谱，在他出版的多种印谱中新颖别致，甚获好评。钱君匋已90高龄，1995年曾因病住院，遂文化艺术活动减少。同年10月，由他题写馆名的桂林天然奇石馆隆重举行了开馆仪式。

【钱树根·中将·任解放军副总参谋长】

1995年7月，中央军委任命钱树根为解放军副总参谋长。

钱树根，1939年2月生。江苏无锡人。1954年入重庆炮兵学校学习。1956年加入中国共产党。曾任团司令部参谋，炮兵室主任，师炮兵科科长、团长。1981年毕业于军事学院。后任副师长、师长、副军长、集团军军长。1992年起任兰州军区参谋长，解放军总参谋长助理。是中共第十三、十四届中央候补委员。1988年被授予少将军衔。1993年晋升为中将军衔。

【笑林·相声演员·第三次被授予铁道部先进工作者称号】　1995年，中国铁路文工团说唱团团长、相声演员笑林，积极改革团体的管理体制，充分发挥全团成员的积极性，在完成创作、演出任务中取得了突出的成绩；特别是他根据铁道部的中心任务策划、构思的《京九情话》晚会，生动活泼地反映了京九铁路建设，受到铁路建设者和广大群众的热烈欢迎。这台由他组织筹划并担任主要演员的晚会，用戏中戏的形式处理节目的连接，相声、小品、朗诵、联唱、器乐等灵活穿插，在深入生活的基础上，以多侧面、多角度讴歌了英雄群体的业绩，反映了先进人物的精神风貌。鉴于笑林在领导工作和个人创作、演出方面所做的贡献，铁道部领导机关继1993、1994年授予他“先进工作者”称号之后，于1995年12月第三次授予他这一荣誉称号。

笑林，原名赵小林。北京市人。1956年2月生。“文革”期间，曾在北京密云县农村插队劳动，他热爱文艺，积极参加业余文化活动。1976年8月调县文化馆工作。1980年3月调入北京市曲艺团，任相声演员。1985年被评为北京市“先进文艺工作者”。1988年4月加入中国共产党。1993年5月调入中国铁路文工团说唱团。多年来，笑林与李国盛合作，创作、演出了许多备受群众欢迎的相声。笑林的表演，以唱见长，风格别具。自1981年以来，他表演或创作的相声《小康庄》、《金钢石》、《改革措施》、《一筒罐头》、《学电台》、《超级足球赛》等，均在全国性的评比、大赛中获奖。1991年，在中央人民广播电台举办的评选活动中，被评为“中国十佳笑星”之一。1995年12月，在中国曲协、中央电视台举办的首届侯宝林金象奖电视相声大赛中，获侯宝林金象奖。

1990年至1992年期间，笑林脱产到中共北京市委党校学习2年，获思想政治教育专业硕士学位，并两次被评为优秀学员。

笑林是全国青联委员、北京市青联常委，北京市政协委员、市文联理事、市曲协副主席。

【倪宝蓉（女）·南昌市公安局刑侦支队政委·被评为中国警界女十杰】　由公安部、全国妇联主办，首都11家新闻单位协办的中国警界女十杰评选活动，于1995年8月25日揭晓。江西省南昌市公安局刑侦支队政委倪宝蓉被评为中国警界女十杰之一。她同时还获得全国公安系统二级英模和全国三八红旗手称号。

倪宝蓉，女，1941年7月出生，吉林省靖宇县人，中专毕业后参加深圳大学行政管理专业函授学习取得学历。1962年8月至1969年9月，当过教师，还在市政府当过办事员。之后一直从事公安工作。20多年来，倪宝蓉参与和指挥侦破大案要案上百起，处处显示出她泼辣干练的性格、认真细致的作风。一次，在侦破南昌市湾里区一起杀妻案时，案犯将重要物证——一只装有毒药的玻璃瓶丢弃在梅岭山顶的芭茅丛中。为了获取罪证，倪宝蓉带领侦察员披荆斩棘，整整寻找了两天，直到找到为止。1994年12月，在协助江苏省吴江市侦破一起杀死一家4人、抢劫现金10万元的抢劫杀人案件中，她与支队其他领导一起率领侦察员调查取证，日夜奋战，最终她直接获得关键线索，证实了罪犯身份及藏身下落，进而为挖出一个有4名成员、先后抢劫杀人作案20多起、抢得近百万元钱财的犯罪团伙创造了条件。在办案的同时，倪宝蓉利用业余时间，积极做好失足青少年的教育挽救工作，被群众誉为“慈母警官”。任政委后，她始终把抓好廉政建设、提高执法水平放在首位，制定了《支队领导干部廉洁自律的若干规定》、《支队财务管理制度和财务纪律规定》、《支队公用车辆、电话使用管理规定》以及《支队办公例会制度》等一整套规章制度。她自己首先以身作则，带动支队的队伍建设走上规范化、制度化轨道。支队被评为全省公安系统优秀单位，荣立集体二等功。她本人先后荣立二等功1次，三等功2次，获省、市“优秀法律工作者”和“巾帼建功标兵”等荣誉称号。

【徐冰·旅美艺术家·《蚕系列Ⅰ.Ⅱ》展在美国举行】　1995年9月18日至12月20日，中国旅美艺术家徐冰，在美国波士顿马塞诸塞艺术学院亨廷顿画廊推出了一个题为《徐冰——遗失的语言》的个展。在400平方米的展出空间中只展出两件装置作品：一是《天书》，一是《蚕系列Ⅰ.Ⅱ》。

《蚕系列Ⅰ》是将蚕籽事先撒在空白书页上，放入可调温的展柜内。展出时人工孵化蚕籽，犹如计算机打出密密麻麻的点阵的蚕籽渐渐变成幼蚕，并不停地运动，原来静止的“文字”由静而动，由黑而白趋于消失。

《蚕系列Ⅱ》则由数百条吐丝的成蚕、笔记本电脑、古书、长诗的印刷铅字片和当地的报纸构成。展出时任由成蚕在这些象征文明、文化的物品上吐丝缠绕，包裹覆盖。使物品上的文字糊模而至隐没，最终让蚕蛹静静地停留在这些物品上。

徐冰，原籍浙江温岭，1955年生于四川重庆。1981年毕业于中央美术学院版画系，1987年于中央美术学院版画系研究生班毕业并获文学硕士学位。长于版画，木刻《打稻子的姑娘们》被中国美术馆和伦敦大英博物馆收藏；《自由的护城河》获第九届全国版画展优秀创作奖，出版有《徐冰木刻小品》、《春晖——徐冰版画作品》。

【徐国·农民·创办赫哲族博物馆】 黑龙江省同江市街津口乡农民徐国自筹资金创办了我国第一个赫哲族博物馆，目前已接待日本、韩国、朝鲜、泰国、意大利、俄罗斯以及国内游客万余人，旅游者留言称赞博物馆是民族团结和爱国主义教育的基地。新华社《每日电讯》1995 年 9 月 29 日进行了报道。

徐国，赫哲族，吉林省榆树县人，1957 年 11 月生。初中毕业后做过护堤工、木工、水手、养蜂等。后来办起了赫哲酒家，萌发宣传赫哲族历史、文化的思想。他用十多年时间，走访考察了街津口乡、八岔、四排等我国赫哲族聚居区，找老人、艺人调查，广泛搜集、收藏赫哲族历史资料、工艺品、各类工具等 2000 余件，认真登记、整理和研究，并分门别类写上说明。为了保存和继承赫哲族的文化遗产，从 1992 年 5 月起，他艰苦地筹建了赫哲族博物馆。这个馆珍藏 1400 多件赫哲族历史文物、绘画艺术品和工艺品。展馆分为三部分：第一部分陈列赫哲族历代捕鱼、生产和生活用具模型，其中有花鞋船、滑雪板、桦皮筐、鱼篓子、鱼油灯等；第二部分展出近千种造型美观的赫哲族鱼骨工艺品；第三部分展出赫哲族的历史资料。

【徐虎·水电修理工·被授予全国劳动模范称号】 上海市普陀区房管局中山北路房管所水电修理工徐虎，在平凡岗位上长期积极主动地为居民排难解忧，赢得了千家万户的爱戴。1995 年 4 月 29 日，国务院授予他全国劳动模范称号。

徐虎，1950 年出生于上海市郊一个菜农之家，1975 年因征地进了城，成为普陀区房管局中山北路房管所水电修理工。他记住父亲常说的一句话："阿拉是普通工人，干一行就要干好一行。"上班后认真学习房修水电技术。碰到居民报修，徐虎一喊就到；碰到难做的活，徐虎千方百计做到让居民满意；每次修理完毕，徐虎主动做好清洁工作；碰上挑剔的居民，徐虎耐心解释说服。1984 年年底，上海市主要新闻单位和市有关部门共同发起市民评选"上海市优秀社会服务工作者"的活动，市民不约而同纷纷投徐虎的票。结果，徐虎获得了一等奖。这使徐虎的心情久久不能平静。为回报居民们的信任，他走家串户，征询对房修服务的意见。大家的一致希望是维修要及时。徐虎深知，下班以后正是用水用电高峰，也是故障高发时间。他想，如果大家下班我下班，老百姓有了难处找谁去？和妻子商量后，他决心在业余时间为居民挂箱服务，得到房管所领导的热情支持。1985 年 6 月 23 日，徐虎在自己管辖的地区居委会、电话间和弄堂口，挂出了三只十分醒目的"水电急修特约报修箱"，箱上写着："凡附近公房居民遇到夜间水电急修，请写清地址，将纸条投入箱内，本人将随时为您提供热情服务。开箱时间：19 时。徐虎。"自从挂箱那天开始 10 年来，徐虎除外出开会、住院开刀等特殊情况外，每天晚上 7 时，总是骑着那辆旧自行车，带着工具包，走向 3 个报修点，按照报修箱内的纸条，挨家挨户上门修理，即使刮风下雨，冰冻严寒，从不失信。有一次，徐虎随上海劳模团赴厦门疗养。回沪时只乘上一列慢车，还是站位。旅途 12 小时，徐虎顾不上疲劳，心里只惦念着两件事：一件是义务献血，另一件是 19 点的开箱。回到上海，徐虎放下包就去献血。回家后，房管所工会主席来慰问献血后的徐虎。没聊几句，徐虎抬头看钟，19 点快到了，马上说声抱歉，背起工具包就出了门。每逢节假日，用电用水量更大，水电的故障也更多，徐虎也就更忙。从 1985 年以来的 10 个除夕之夜，有 8 个除夕徐虎在居民家的厕所、浴室等处维修。在这 10 多年中，徐虎累计开箱服务 3700 多天，一般一天有一两张报修单，多时有五六张，累计花费 7400 多小时，为居民解决夜间水电急修项目 2100 多个。尤其令人钦佩的是，徐虎夜晚上门服务，无论干到什么时候，也不论活多么脏多么累，从来是分文不收，即使敬他一根烟，他也不受。参此，居民们十分过意不去。在徐虎的带动下，他所在的班组连年创出了一流的服务质量，先后被评为上海市优秀班、红旗班组。1993 年被评为全国学雷锋先进集体。与此同时，他还带出了一批"小徐虎"，其中突出的有"徐虎第二"王耀齐、"徐虎第三"黄卫国、"徐虎第四"蒋德宽、"徐虎第五"冯宝荣……，他们有的被评为建设部、上海市劳动模范，有的荣获全国五一劳动奖章。徐虎本人先后获得从普陀区到上海市、建设部乃至国家级荣誉称号 27 项，1989 年、1995 年连续两次被评为全国劳动模范。

〔附注：1996 年 4 月 17 日，中共中央宣传部、建设部、上海市委联合在北京举行徐虎先进事迹报告会；5 月 3 日，中宣部、全国总工会联合在京举行优秀工人事迹报告会，徐虎在这两个大会上作了报告。中华全国总工会于 5 月 3 日发出号召全国职工向徐虎等 12 名优秀工人学习的决定。〕

【徐剑·青年军旅作家·长篇报告文学《大国长剑》出版】 第二炮兵青年作家徐剑所著的长篇报告文学《大国长剑》1995 年 6 月由作家出

版社出版，在社会上引起强烈反响。

《大国长剑》是一部全景式、多视角反映中国战略导弹部队辉煌历史的优秀文学作品。评论家们认为，该作品深刻地揭示了愚昧落后与现代文明的冲突，高技术与低素质构成的反差，是一段堪称中国人民和军队正气篇、志气篇的光辉历史的详尽记载。这是一部融思想性、可读性、文献性为一体的长篇报告文学，也是近几年军事题材创作中的一个重要收获。

徐剑，云南昆明市人。1958年5月生。1974年高中毕业后，参加战略导弹部队。1980年考入二炮指挥学院政治系，后又入北京师范大学夜大中文系学习。现为第二炮兵政治部创作室专业作家。1983年开始在刊物上发表文学作品。已出版了长篇报告文学2部、散文集1部。

（注：《大国长剑》1996年获解放军文艺大奖）。

【徐翔（女）·射击运动员·获女子双多向飞碟世界冠军】　1995年9月3日，在德国慕尼黑举行的1995年世界杯射击总决赛中，徐翔以149中的成绩平了女子飞碟双多向世界纪录，并获得冠军。同年在世界飞碟锦标赛上，与队友合作，以310中的成绩打破女子飞碟双多向团体世界纪录。

徐翔是阴差阳错当上射击运动员的。1988年，16岁的徐翔在山东潍坊昌邑市柳疃中学读书，升高中考试的第二天，陪好友去射击学校面试壮胆、助威，结果好友没选上，她却被选中进了射击学校，专攻双向飞碟。她学习一直很刻苦，特别喜爱文学，后来重点高中录取通知书发了下来，她在上高中还是练射击的选择上选择了射击。

1989年6月，进队仅10个月的徐翔，在全国青运会上取得第十四名。同年10月在全国锦标赛上，她取得团体第二和个人第一二的名次。1991年4月，她在长沙举行的全国冠军赛上赢得了她运动生涯中的第一个冠军。

徐翔是有名的“快枪手”，1993年全国第七届运动会名列第三。从1994年起，徐翔改练双多向飞碟，9月在济南夺得全国达标赛冠军，并以110中的成绩破全国纪录和超世界纪录。11月在成都全国锦标赛上再夺桂冠。徐翔1994年12月被招进国家队，1995年4月在世界杯汉城比赛中就技压群芳。

【徐燕（女）·成都军区战旗歌舞团青年舞蹈演员·获文华表演奖】　主要靠自学自悟成材的成都军区战旗歌舞团优秀青年舞蹈演员徐燕，应重庆市歌舞团之邀，成功地扮演了舞剧《三峡情祭》中的女主角么妹，1995年3月获文化部第五届文华表演奖。她把一个对爱情忠贞不二、至死不渝的川妹子火辣辣的炽情表演得淋漓尽致，被赞为是“舞蹈界突然绽放的一朵绚丽的花”。同年5月，徐燕在广州参加第三届全国舞蹈（单、双、三人舞）比赛中，获中国民间舞表演奖、创作奖和（演员）组委会奖。

徐燕，1961年8月15日生于四川省成都市。中国共产党党员。1976年12月入伍，在四川省军区文艺宣传队工作。1978年被调入成都军区战旗歌舞团任舞蹈演员。因其刻苦好学，由跳群舞到领舞的不长时间便开始出演双人舞、独舞等节目。从1985年以来，先后获四川省民族民间舞蹈会演三等奖、解放军全军首届舞蹈比赛优秀演员三等奖、四川省首届现代舞电视大奖赛一等奖。1989年全军文艺调演三等奖。此外，应邀出演舞剧《梅花樱花》女主角获省委宣传部特别奖、所参加演出的大型歌舞《西藏之光》获文化部第三届文华新节目奖。曾于1993年被授予四川省十佳演员称号。在将近20年的时间里，徐燕多次到边防哨卡为战士们献舞，曾两次奔赴云南边陲，四次登上西藏高原，所到之处都留下了她婀娜多姿的身影和一片火热之情。徐燕还作为由中国舞蹈家协会组织的“当代著名舞蹈家艺术团”之成员，于1995年初，随团到南京参加了“当代舞蹈艺术大型晚会”的演出。曾立三等功、二等功各一次，并被军区评为优秀共产党员。她是四川省第八届人大代表、省舞蹈家协会理事和中国舞蹈家协会会员。

【徐以新·外交部原副部长·在北京逝世】　1995年1月新华社报道，外交部原副部长徐以新于1994年12月30日因病在北京逝世，终年83岁。

徐以新，1911年生，浙江衢州人。早在中学时代，就追求真理，并于1926年参加北伐战争。1927年参加上海工人第三次武装起义。同年加入中国共产主义青年团。曾任中共中央军委机要秘书。参加了南昌起义。1928年赴苏联莫斯科劳动大学学习。1930年转入中国共产党。1931年回国。后任中共中央鄂豫皖军委总政治部副主任、参谋主任。参加了创建川陕革命根据地的斗争和长征。曾任中国工农红军第四方面军高级参谋。长征到达陕北后，曾任中共西北工委副书记。1938年初，参与组建延安鲁迅艺术学院，任政治部主任。曾任中共中央统战部干部科科长、中央直属机关党委书记。抗日战争胜利后被派往东北，曾任中共依兰县委书记、东北军区政治部卫戍部部长、沈阳卫戍区政治部主任。新中国成立后调入外交部工作，历任苏联东欧司副司长、司长，驻阿尔巴尼亚、挪威、叙利亚大使，外交部副部长，驻巴基斯坦大使。他为新中国外交事业的发展作出了重要贡献。是第六、七届全国政协常务委员。

【徐术明（女）·赤峰市黄安铺村农工商联合公司总经理·被评为全国优秀女乡镇企业家标兵】 内蒙古自治区赤峰市黄安铺村中共总支书记兼村农工商联合公司总经理徐术明，1995年5月，被全国妇联和农业部授予首届全国优秀女乡镇企业家标兵称号。

徐术明，1946年9月30日生于内蒙古赤峰市喀喇沁旗牛营子乡白塔西沟村。1963年初中毕业后回村当小学教员。后到山前乡黄安铺村当小学教员、村会计。1977年加入中国共产党。1984年起先后被推选为村长、党支部书记和村农工商联合公司总经理，掌管全村工业（小煤矿、油毡厂、造纸厂、瓦厂）、农业生产和各项工作。她曾为筹措架设工业用电线路资金，迎着冬日刺骨的寒风，靠跑路和挤公共汽车四处求贷，为提高油毡质量打开销路和对造纸进行技术改造、扩建，项着夏天烈日，凭着嘴勤腿快和热诚执着而走南闯北。为使本村残疾人也有就业的机会，她办起防水涂料厂，并生产出不污染环境的冷性防水胶。在徐术明领导下，黄安铺村农工商联合公司到1994年已拥有油毡厂、造纸厂、防水材料厂、沥清提炼厂、砖瓦厂、煤矿（数处）等企业，工业总产值1100万元、实现利润110万元。10多年来，以徐术明为总经理的联合公司，曾投入近170万元用于平整土地、修建梯田、打井、植树造林、土水保持，使全村粮食产量由1983年的70万公斤增加到135万公斤、林木面积由9千亩达2.7万亩，其中有经济林1500亩，林木覆被率占75%；80万元用于改善办学条件、提高教师工资；20万元用培训企业管理、技术人员和职工。如今黄安铺村所有农户都已住上了砖瓦房，家家有电视机、电冰箱、摩托车等。而徐术明一直保持艰苦朴素的作风，至今祖孙三代7口仍住在3间低矮陈旧的瓦房里，出差办事仍住一般的旅店，吃普通的饭食。徐术明曾多次被评为赤峰市优秀共产党员、优秀党支部书记，并被评为内蒙古自治区优秀共产党员、“三八”红旗手和乡镇企业家。被选为第八届全国人大代表。

【徐丙垠·淄博科汇电力仪器研究所所长·获首届展望奖】 由中国青少年发展基金会和中国国际人才交流协会共同设立的“展望奖”，于1995年3月27日在北京人民大会堂隆重举行首届颁奖仪式。此奖旨在推动展望计划的实施，表彰为中外经济合作作出贡献的海外学人及国内有关企事业单位负责人，每两年颁发一次。徐丙垠等6人获首届“展望奖”。

徐丙垠，山东人，1960年9月出生。1982年7月毕业于山东工业大学电力系统自动化专业，毕业后在石油部第二工程公司工作，1987年7月获山东工业大学电力系统自动化硕士学位，8月赴英国伦敦城市大学学习。1991年5月回国任淄博科汇电力仪器研究所所长并创办山东科汇电气有限公司。徐丙垠对行波理论在线路故障测距应用方面很有造诣，早在英国时他所设计的电缆故障测试仪器，无论在测距精度还是测试距离上，都大大优于传统的仪器。当他了解到自己的研究成果在国内很急需时，毅然谢绝了英国某大公司的邀请，利用自己节省下来的外汇，购买了所需的集成电路器件及仪器回到自己的祖国。回国后他只身来到淄博市张店区，在张店区政府的支持下，筹集6万元资金，租用了一套民房，同几个勇于放弃“铁饭碗”的有志之士一道，开始艰苦创业。他一边组织筹建科汇电力仪器研究所，一边进行电缆故障测距仪的技术攻关。经过半年的艰辛努力，克服了重重困难，终于研制成功了达90年代世界先进水平的T－902型电力电缆故障测距仪和T－C01型市话电缆线路障碍智能测试仪。产品推出后，即受到广大用户欢迎，被誉为“神探”。一年后，T－501型电缆故障定点仪和ZDT－901型直流系统接地故障探测仪两种新型产品也相继问世。1993年，T－902型电力电缆故障测距仪获得国家级发明奖，T－C01型市话电缆线路障碍智能测试仪获得山东省科技进步奖，该两种产品均列人国家火炬计划。最近研制成功的XJ－11型线路故障测距装置已投入试运行，实际故障测距结果准确，是电力输电线路故障探测技术的重大突破，已引起了国内外学术界和企业界的关注。科汇电气公司成立3年多来，已累计生产各种电力、电信系统故障测试仪器约1000台套，产品遍及全国各地，并远销欧、美、南非等地区。徐丙垠不但在高新技术产品开发方面是内行，在管理企业方面也是行家，他管理的科汇公司采用发达国家企业管理制度的合理部分，创造了一套富有民办科技特色、卓有成效的经营管理体制，建立了高效率、无内耗，融洽和谐的人际关系与企业文化，受到全体员工的一致赞誉。

【徐匡迪·当选为上海市市长】　在1995年2月24日闭幕的上海市第十届人大第三次会议上，到会的846名代表以无记名投票方式选举徐匡迪为上海市市长。

徐匡迪，1937年12月生，浙江桐乡人。1959年毕业于北京钢铁学院冶金系。1983年加入中国共产党。曾任上海工学院教研室副主任，上海机械学院冶金系讲师。后任上海工业大学冶金系副主任、主任，副教授、教授，常务副校长。后调任上海市教育卫生办公室副主任兼市高等教育局局长、市计委主任。1992年起任中共上海市委常委、上海市副市长。1994年10月起任中共上海市委副书记、上海市副市长。是中共第十四届中央候补委员。著有《不锈钢精炼》等。

【徐有芳·林业部部长·宣布我国林业将实行重大改革】　在1995年12月22日召开的全国林业厅局长会议上，徐有芳宣布从1996年开始，我国将对现行林业经营管理体制进行重大改革，逐步将森林分为公益林和商品林，分类进行经营，按各自的特点和规律发展，以加快建设我国林业生态体系和林业产业体系。

徐有芳指出：实行分类经营后，公益林主要发挥生态和社会效益作用，由各级财政和社会力量建设，依靠法律、行政、经济手段管理，以追求最大的生态、社会效益为目标。商品林，除国家在产业政策上给予扶持外，主要靠市场调节，实行企业化管理，按市场需要组织生产，以追求最大的经济效益为目标。在谈到实行分类经营改革步骤时，徐有芳说：从1996年开始，先在国有森工企业和国有林场进行试点，然后逐步推开。一方面将生态环境脆弱、森林植被破坏了就难以恢复的森林，以及现有的自然保护区、森林公园确定为公益林；另一方面将经济林、工业原料林、速生丰产林确定为商品林。“九五”计划期间为分类经济体制奠定基础，到2010年基本建立起分类经营体制。实行分类经营改革，是林业适应社会主义市场经济发展的必然趋势，要正确处理林业生态效益、社会效益和经济效益之间的关系，绝不能顾此失彼。

徐有芳，1939年12月生，安徽广德人，1963年毕业于安徽农学院林学专业。1973年加入中国共产党。高级工程师。1993年起任林业部部长。

【徐至展·光学专家·获国家自然科学二等奖】　中国科学院院士、中国科学院上海光学精密机械研究所研究员徐至展，以他为主完成的研究课题“线聚焦激光与等离子体相互作用研究”获1995年国家自然科学奖二等奖。

徐至展长期从事激光物理、强光光学和等离子体物理领域的研究工作，是我国在该领域的重要学术带头人之一。他在高功率激光、强光与物质相互作用等重要学科领域进行了系统深入的研究，取得了重大的创造性研究成果。在国内外重要学术刊物上发表论文270多篇，十余次被邀在美、英、日、德、俄等国的重要国际学术会议上作特邀报告。他的研究成果已在国际学术界产生重要影响，发表的很多论文已被国际同行广泛引用。

徐至展曾获国家自然科学三等奖1项（1989年）、中国科学院自然科学一等奖2项（1988、1992年）、中国科学院科技进步一等奖2项（1992、1993年）、国家科技进步三等奖1项（1995年）、全国科学大会重大成果奖1项（1978年）、中国科学院自然科学二等奖3项（1989、1990、1994年）。

徐至展，1938年12月16日生于江苏常州市。1965年北京大学物理系研究生毕业，1991年当选为中科院院士，现任中科院上海光学精密机械研究所所长、研究员、博士生导师。曾任中国光学学会副理事长、上海激光学会理事长、中国科学院技术科学学科专家委员会主任、上海应用物理研究中心学术委员会主任、国际学术会议（CLEO）中国地区主席、国际X射线激光学术会议国际顾问委员会成员，世界（华人）光学大会组织委员会主席等职，是国家人事部批准的国家级有突出贡献的中青年科学家，1995年被国务院授予全国先进工作者称号。

【徐秀棠·宜兴紫砂陶刻艺术家·被联合国教科文组织授予民间工艺美术家称号】

在陶都江苏宜兴被誉为第一人物雕手的徐秀棠，1995年11月被联合国教科文组织授予民间工艺美术家称号。

徐秀棠，1937年12月出生于江苏宜兴蜀山紫砂陶艺世家。早年师从著名紫砂陶刻艺人任庭淦学习陶刻雕塑。1958年到北京参加中国民间雕塑艺术研究班学习，后进中央工艺美术学院“泥人张”（张景祜）工作室学习雕塑。1962年在宜兴紫砂工艺厂从事陶艺创作设计。他从事紫砂事业40余年，对于紫砂历史文化的研究，对中国书法及绘画都有较深的造诣。他的紫砂雕塑作品，题材鲜见，形象各具，融传统文化意识于现代艺术观念中，形成独特的雕塑风格。在1982、1983、1986年三届全国陶瓷美术评比中，均获一等奖。《刘海戏金蟾》、《供春造壶》、《始陶异僧》、《龙生九子》等作品在国内外紫砂精品展览中展出，受到赞赏，并被北京故宫博物院，上海博物馆，天津艺术博物馆，香港茶具文物馆，英国伦敦大不列颠博物馆、维多利亚博物馆等收藏。

徐秀棠执著追求紫砂艺术，刻意深造提高，弘扬广大。1995年他与日本著名陶艺家高桥弘合作，合资创办了"长乐弘陶艺有限公司"。

【徐国钧·生药学家·当选为中国科学院院士】　1995年11月6日，中国科学院公布了新当选的院士名单，中国药科大学教授徐国钧，当选为中国科学院生物学部院士。

徐国钧，江苏省常熟人。1922年生。1978年迄今，任南京药学院、中国药科大学教授、中药学系系主任、中药研究所所长。50多年来致力于生药鉴定、品质评价和资源开发。主编教材、教研参考书及科研专著14部，参加编著26部，发表论文218篇。获国家级、部委级奖13项。"灵应痧药"显微分析打破了"丸散膏丹，神仙难辨"的神秘观，开创了国内外中成药鉴定的先例。首编大型《药材学》，内容丰富且有创新，全书220万字，插图1300余幅，原图占30%，对继承和发扬中国医药学起到重要作用。经20多年研究，完成了《中药材粉末显微鉴定》专著，使我国粉末生药学跃居估计领先地位。"七五"期间，任国家重点科技攻关课题"常用中药材品种整理和质量研究"南方组组长，对123类多来源中药进行本草考证、生药鉴定、化学成分、药理作用等10项系统研究，有很多创新和重要发现，对澄清混乱品种，提高鉴定技术水平，保证药材质量，保障用药安全有效，修订、制定药品标准，开发利用新药源均有重要的科学意义和实际应用价值。因此，南、北方组68个专题等获国家科技进步奖一等奖，徐国钧排名第一。

【徐国英(女)·主任记者·被评为首届全国百佳新闻工作者】　由中华全国新闻工作者协会主办的首届全国百佳新闻工作者评选，1995年3月24日在北京举行颁奖会，文汇报主任记者徐国英获奖。

徐国英，1947年1月生，浙江宁波人。16岁进工厂任挡车工，1967年从青年报转入文汇报，通过老记者帮助和本人努力钻研，逐渐成长为一名具有较强采访、观察和写作能力的主任记者，每年发稿量之多，在文汇报记者中名列前茅。

她的特点是善于在改革开放第一线发现先进人物，用典型激励人们勇于改革，不断前进。像闻名全国的优秀企业家万德明和黄关从，就是她第一个以连续报道形式热情宣传的。万德明任上海第二毛纺织厂长的第二年，就使经济效益极差的二毛厂，一跃成为同行业先进厂。徐国英以《鹦鹉又叫得响了》为题发了通讯，此后又对二毛厂改革的新成果不断报道。在报社的支持下，她还同市纺织局一起举办了"探索二毛厂经营思想和战略"的研讨会，给了"二毛"的发展很大推动力。万德明适应市场经济的经营思想得到了众多企业家的认可，也引起市领导的重视，几次组织国有大中型企业去二毛学习。

现已闻名全国的优秀企业家黄关从的事迹，也是徐国英第一个报道出来的。黄关从从上海二纺机取得成就后，又主动要求到经济效益比较差的中国纺织机械厂去任厂长。徐国英又写出了一篇《为振兴纺织工业再搏一次》的侧记，并作了跟踪报道，使该厂的改革进程成为新闻热点。

徐国英的另一特点是，善于到改革开放的第一线去发现问题，热情帮助企业解决问题。1993年，她发现上海纺织系统由于产业结构调整，有大批中年女工要下岗待业，生活困难，徐国英对她们充满同情，也对社会安定深怀忧虑。于是写了《让下岗纺织工第二次就业》的"观察与思考"，在头版头条发表，引起纺织局领导重视，后来形成了"再就业工程"。

徐国英热爱新闻工作，敬业精神和社会责任感很强。她勇于通过报社"内参"向有关部门反映问题，如得不到解决就以个人名义写信反映。她写的上海二纺机股份有限公司对全公司政工干部的体制改革问题的内参，受到朱镕基副总理的肯定。

【徐宗民·解放军某部九连专业军士·被授予国防通信卫士称号】　1995年12月6日，兰州军区发布命令，授予徐宗民"国防通信卫士"荣誉称号。

1995年2月25日凌晨，距连队9.9公里处的通信线路突然阻断，上级命令迅速抢修，徐宗民随连长等人赶到故障点，发现线路被盗，剪下来的铜线尚未收走，立即分头潜伏，捉拿罪犯。4时30分，歹徒来收线时，徐宗民奋不顾身冲上去与歹徒搏斗，歹徒在徐宗民头部和身上连刺6刀，徐宗民拚力抓住歹徒不松手，歹徒又在他背上连刺4刀后挣脱逃窜。徐宗民经驻军和地方医院6天6夜抢救脱险。徐宗民不怕流血牺牲，奋勇保护国家财产的事迹传遍秦川大地。

徐宗民，陕西省彬县人，1968年4月出生，1986年11月入伍，1992年8月加入中国共产党。担任过战士、保管员、班长、代理分队长等职。入伍后，他刻苦学习军事技术，在新兵连，各项成绩名列榜首。到九连后，他苦练过硬本领，虽然他徒手登杆在全连第一，但为了创造新成绩，他仍然坚持勤学苦练，每天上上下下在杆上爬几十次，身上经常摔得青一块、紫一块，从不叫苦不怕累，经过苦练，他终于打破了全站保持多年的纪录。为了练就“一判准”的过硬技术，他阅读了大量的业务书籍，记了上万字的学习笔记和各种线路数据。终于能在各种复杂的条件下准确判断出各种线路故障。有一次榆林通往北京的线路出现断续混线，长时间查不出故障。领导点名让徐宗民去，他快速准确判断出原因，迅速排除故障。近几年他在上级组织的比武中，5次夺冠，并为全队培养出20多名专业技术尖子。他凭着精湛的专业技术，曾多次带领战士出色地完成紧急架设和抢修通信线路的任务。他家住在彬县山区，生活比较困难。全家住在祖辈70年前留下的两孔窑洞，母亲患重病常年卧床不起，家中连一床新被子都没有。这几年村民人种果树、做生意，生活都好起来，亲友们多次劝他回家攒钱致富，可他入伍9年来，从未向组织提出过任何要求，对家庭困难默默地埋在心底。虽然他自己家生活艰难，但每当他看到群众生活发生困难时，都慷慨相助。一次他查线时，发现淳化县坞乡贤仓村群众王建设的女儿瘫痪无钱治病时，当即资助了450元钱。1991年8月，南方地区发生水灾，他主动捐款600元支援灾区，成为全站战士中捐款最多的人。这几年他帮助战友和给“希望工程”及灾区共捐款1950元。他一心扑在工作上，4次婚恋受挫，仍矢志报国。

【徐建中·中科院工程热物理研究所研究员·当选为中国科学院院士】　1995年11月6日，中国科学院公布新当选的院士名单，中科院工程热物理研究所研究员徐建中，当选为中国科学院技术科学部院士。

徐建中，辽宁省人，1940年生，1963年毕业于中国科技大学近代力学系喷气技术热物理专业，入中科院力学研究所修热物理专业研究生，1967年毕业后留所工作，历任助理研究员、副研究员。1980年5月以后，任中科院工程热物理研究所副研究员、研究员、所学术委员会委员，兼任航空工业部608所高级专业技术顾问。他在吴仲华教授指导下，运用三元流理论，完成了单级跨声速轴流式压气机的气动热力学的设计，并在叶轮机械三元流动不稳定流向的研究方面、叶轮机械激波关系、跨声速流动和粘性流动计算方法等方面的研究，获得了显著成就，曾获国家自然科学二等奖。出版专著1部，发表学术论文20多篇。被国家科委批准为有突出贡献的中青年科技专家。

【徐祖耀·上海交通大学教授·当选为中国科学院院士】　1995年11月6日，中国科学院公布了新当选的院士名单，上海交通大学材料科专家徐祖耀教授，当选为中国科学院技术科学部院士。

徐祖耀，浙江省宁波市人，1921年3月生，1942年毕业于国立云南大学矿冶系。他长期从事材料科学的研究与教学工作，成绩卓著。早在70年代，他广泛宣传“形状记忆材料”在仪表、医疗、宇航和石油管道方面的应用，最早倡导和开展了“形状记忆”合金研究。经过十多年刻苦努力，取得重大突破，除研究金属材料“形状记忆”效应外，还掌握了高分子、陶瓷材料的“形状记忆”效应，更重要的是他发现并阐明了原理，使实际生产部门知道：采取什么措施、在什么条件下马氏体现变可使“形状记忆”效应恢复得最好。他先后发表这方面的学术论文90多篇，在国际上产生较大影响。1988年和1993年他两次担任国际新材料会议形状记忆材料会议执行主席。

徐祖耀在材料科学领域的主要贡献是：在国际上首次完善了铁基合金马氏体相变热力学；把数学“群论”引进到材料科学，用热力学原理对此计算成功，并且在陶瓷、金属材料上都可计算相变开始的温度；1988—1990年创建了铜基合金马氏体相体热力学，提出了有创见的物理观点，这些成果在国际上居领先地位；他成功地对国际上著名的变温相变动力学方程作了修正；在国际上首次揭示：马氏相变中存在间隙的原子（离子）的扩散现象，修正了前人一直以为马氏体无间隙扩散的论断。他还在马氏体相变、贝氏体相变、材料热力学等研究领域提出了一系列新的理论观点。曾获国家教委科技进步奖一等奖、二等奖和国家自然科学奖三等奖。出版专著8本，发表论文330多篇，有关论文多次被国外专家引用。

【徐晓白（女）·环境化学、无机化学家·当选为中国科学院院士】　1995年11月6日，中国科学院公布了新当选的院士名单，中科院生态环境中心研究员、博士生导师徐晓白，当选为中国科学院化学部院士。

徐晓白，江苏省苏州市人，1927年5月28日生。1948年毕业于上海交通大学理学院化学系，获学士学位。徐晓白在环境化学、无机化学领域获得一系列研究成果。他为我国稀土资源的开发利用作出了贡献，开拓了稀土高温二元化合物的制备及物化性能的研究，并应用于生产。70年代中期以来，他致力于典型污染物和环境分析化学及污染化学研究。在国际上最先检验出柴油机排放物中含有2—硝基芴潜在致癌物及50多种硝基多环芳烃（NO_2—PAH）直接致突变物，发现燃煤也能产生（（NO_2—PAH）污染。他提出了不同炉型和煤种燃烧排放PAH等的数据，为我国现阶段能源政策提供了依据。他建立了复杂环境样品中痕量及超痕量的有机污染物的一系列分析方法，结合生态毒理开展交叉学科研究，在国际上较早研究（NO_2—PAH在水生生态系统中的行为建立了20个结构性质毒性（QSAR）关系式。

徐晓白是全国环境监测委员会委员。曾获部委级和中科院科研奖励多次，发表学术论文100余篇。1990年被评为中科院优秀研究生导师。

【徐培成·评剧演员·获第五届文华表演奖】　当演员又当领导、是改革家又是劳动模范的沈阳戏曲剧院院长兼党委书记徐培成，主演的现代评剧《秧歌情》获1995年文化部第五届文华表演奖。

徐培成，祖籍山东省安邱县，1948年1月9日生于沈阳市。国家一级演员、辽宁省劳动模范、辽宁省百名优秀改革家。1991年从锦州上调沈阳评剧院任副院长，翌年担任京、评两院合并的沈阳戏曲剧院院长兼党委书记。上任以来接连推出三部好戏，其中古装戏《魂断天波府》同获省、市艺术节的两枚金牌；现代戏《山里人家》轰动京华，先在扬州获全国现代戏调演8项奖，后在北京一举夺得文化部第二届文华新剧目奖及多项单奖。时隔两年，徐培成又率剧院晋京推出第三部大戏《秧歌情》，该剧荣获1995年第五届文华新剧目奖、剧作奖、导演奖、音乐创作奖。还因徐培成本人在剧中出色地饰演了李大嚷嚷一角与女主角双双捧走了文华表演奖桂冠，使久负盛名的沈阳评剧院再度辉煌。

徐培成自幼喜爱评剧，13岁考入辽宁戏曲学校评剧科，工文武小生。1966年毕业分配至锦州市评剧团，文革期间唱过9年京剧。1978年回锦州评剧团任主演，师法李继宗，后拜张德福为师。嗣后，徐培成自编、自导、自演的新潮评剧《狐仙女》，引起强烈反响，并在华北、东北连演百余场，获全国戏曲交流节目一等奖，与《白蛇传》、《红楼梦》、《无双传》、《天子泥人梦》等戏成为他这一时期的代表剧目。

1984年徐培成经过民主选举，当上了锦州市评剧团团长。由于他经营有方，在任7年中，除排出了一批好戏外，还靠本团创收解决了70多户职工的住房困难。剧团连续几年被省政府评为文明单位，被文化厅命名为“红旗剧团”。1991年3月调进沈阳评剧院，后转任沈阳戏曲剧院院长，4年来紧抓“以创作为重点，演出活动为中心，育人出戏为根本”的建院方针，主抓了一批优秀剧目，其中三部大戏及主创人员均获省、市、国家级各项奖励。4年来平均每年演出600场，创造了很好的社会效益与经济效益。现在全院“三产”收入180万元。

1994年，徐培成如愿以偿又演戏了。在他主演的《秧歌情》中，又淋漓尽致地施展出表演的才华。

【徐惠滋·上将·任军事科学院院长】

1995年7月，中央军委任命徐惠滋为军事科学院院长。

徐惠滋，1932年12月生。山东蓬莱人。1948年参加中国人民解放军。在平津战役中立大功。1950年加入中国共产党。同年参加抗美援朝，任中国人民志愿军连指导员。回国后，任中国人民解放军团俱乐部主任、团副参谋长。1960年军事学院毕业。后历任军司令部作战训练处副科长、副处长、侦察处处长、师副参谋长、师参谋长，师长、军长。1985年起任解放军总参谋长助理。1992年任解放军副总参谋长。是中共第十二至十四届中央委员。1988年被授予中将军衔。1994年6月晋升为上将军衔。

【徐悲鸿·艺术大师·诞辰一百周年】

1995年6月15日，文化部、北京市政府、中国文联、中国美协在北京联合举办徐悲鸿诞辰100周年纪念活动。在中国美术馆举行了徐悲鸿纪念画展和徐悲鸿诞辰100周年国际学术研讨会。党和国家领导人江泽民、乔石、丁关根等观看了徐悲鸿纪念画展。

徐悲鸿生活的年代，正是中国由封建王朝末期沦为半封建半殖民地，遭受列强欺凌，直到新中国成立的历史巨变时代。他的创作无不倾注他爱祖国、爱人民、爱自由的强烈情感。自1931年日本帝国主义发动“九・一八”事变后，徐悲鸿以画笔为武器，创作了《蔡公时烈士》、《田横五百士》、《九方皋》、《傒我后》、《壮烈的回忆》、《愚公移山》、《奔马》等大量油画、国画，激扬中华民族反抗侵略争自由解放的不屈不挠的斗争精神。1937年全面抗战爆发，他立即赴南洋各地举行义展义卖，所得收入全部捐献国家，救济难民，直到1940年回国。解放后，他激昂地拿起画笔为先进人物、战斗英雄、劳动模范和领袖们画像。

徐悲鸿既擅长中国画，又精于油画。青年时代他感于中国画已数百年停滞不前，便抱着振兴祖国美术为国争气的理想出国学习西画。当他面对中国画坛主张全盘西化的“革新派”和坚持泥古不化的“保守派”等思潮激烈争论时，便旗帜鲜明的主张把西方画派的造型技巧融于中国传统的笔墨之中，提倡走进生活，走进大自然的“师造化”，强调绘画艺术“要以人为主题，以人民的活动为中心”的艺术观并身体力行付之实践。终于开创了中国画，特别是人物画的一代新风。

徐悲鸿在数十年执教生涯中，襟怀旷达，敢于广揽各种流派有真才实学的美术家任教，致使群贤毕至；同时严格训练，要求学生务必掌握扎实的基本功。发现有前途的人才，必倾囊相助。为中国画坛发现、培养了大批国家级的美术大师

徐悲鸿的作品出版的有《徐悲鸿素描集》、《徐悲鸿画集》、《徐悲鸿彩墨画集》等。逝世后，全部作品和藏品捐献国家。1954年，国家为徐悲鸿建立纪念馆，周恩来总理亲自题写了“悲鸿故居”匾额。1983年，徐悲鸿纪念馆新馆在北京落成。

徐悲鸿，江苏宜兴人。1895年7月19日生，从小即随父学画，19岁就任中学图画教师，不久又到大学半工半读。从1917年起留学日本、法国，游历瑞士、意大利，潜心研习西方画技。1927年归国后历任南国美术学院美术系主任、中央大学艺术系教授、北平大学艺术学院院长等职，1946年担任筹办多年的国立艺术专科学校校长兼北平美术家协会名誉会长。北平解放后，在全国第一次文代会上当选为中华全国美术工作者协会主席、中国文联常务委员。1949年9月出席中国人民协商会议。1950年任中央美术学院院长。1953年9月23日，担任全国文艺工作者第二次代表大会执行主席，因脑溢血症复发，抢救无效于1953年9月26日在北京辞世。

【徐端颐・光学专家・获国家发明二等奖】　清华大学光盘国家工程研究中心主任、微细工程研究所所长、研究员徐端颐，主持完成的“光—热效应型光盘读、写擦除技术及系统”，获1995年国家发明奖二等奖。

徐端颐，1937年生，1960年毕业于清华大学精密仪器系。他长期从事工程光学及应用系统研究开发工作。他发明的“激光定位分步重复照像机”，获1979年全国科学大会奖。1981年，他主持完成的我国第一台“自动对准投影光刻机”，打破了国外在这一领域对我国的封锁，为我国自行设计制造这一设备打下了技术基础，获北京市科技成果一等奖。1983年完成的“自动调焦精缩机”及“自动调焦仪”，被工业界广泛采用，同时获北京市科技成果一等奖和电子部科技成果一等奖。1985年他负责完成的“六五”重点科技攻关项目“紫外曝光铬版精缩机”，率先在国内采用近紫外曝光系统在铬版上实现了亚微米图形的制造，获国家科技进步三等奖。与此同时，还完成了“激光干涉超精测量仪”、“硅片—掩膜微尺寸测量仪”等专用配套测试仪器的研制，不仅在国内处于领先地位，而且使我国在光学微细加工系统象面结构、能量分布、投影成像系统综合传递函数，以及光学微细加工配套技术等方面的研究达到国际先进水平。接着，1991年又完成了国家“七五”重点科技攻关项目“相变可擦除光盘机”的研制，获国家教委科技进步二等奖，不仅填补了我国技术的空白，也使我国成为世界上掌握这一技术的第二个国家。在这一领域中有关亚微米高能量聚焦束在介质中的散射和吸收，不同波长半导体近红外激光耦合，串扰噪声抑制、微型光学头的设计等方面在国内处于领先地位，达到国家先进水平。

“光—热效应型光盘读、写擦除技术及系统”已获得五项发明专利，各主要性能指标达到国际先进水平，为我国开发生产光盘机奠定了扎实的技术基础。目前，国际上只有日本松下电器公司开发成功这类光盘系统，但未公布具体技术内容。

徐端颐在国内外刊物发表学术论文多篇。他完成的科技成果应用教育与出版系统，带来了巨大的经济效益和社会效益。

【爱泼斯坦・著名新闻记者、全国政协常委・欢度80寿辰】　中共中央总书记、国家主席江泽民和中共中央政治局常委、全国政协主席李瑞

环，1995 年 4 月 20 日在人民大会堂会见了全国政协常委、老专家、《今日中国》杂志社名誉总编辑爱泼斯坦，祝贺他 80 寿辰暨在华工作 60 年。

爱泼斯坦，1915 年 4 月生于波兰。1917 年随父母移居中国，1957 年加入中国籍。15 岁开始当记者。1931 年至 1937 年，任《京津泰晤士报》、《北平时事日报》记者和北平《民主》月刊编委。30 年代参加宋庆龄创办的保卫中国同盟，负责开展国际宣传，争取各国朋友对中国抗日战争的支援。抗战爆发后，他作为美国合众社记者，在台儿庄等抗日前线采访，1942 年在重庆任美国《劳动联合新闻》和美国新闻处记者、编辑。1944 年 5 月，作为美国《劳动联合新闻》、《纽约时报》、《时代》杂志记者参加中外记者西北参观团，访问陕北和晋西北抗日民主根据地。所写的几十篇报道曾在美、英、印、澳大利亚等国报刊发表。1945 年到美国任《劳动联合新闻》总编辑。1951 年应宋庆龄之邀，返回中国参加《中国建设》（现名《今日中国》）杂志创刊工作。1964 年加入中国共产党。1979 年起任《中国建设》总编辑。1983 年任全国政协常务委员。

他还参与《毛泽东选集》、《邓小平文选》英译本及中国共产党和政府的许多重要文件英译文的审定工作。著有《人民之战》、《未完成的革命》、《从鸦片战争到解放》、《记者的笔记本》、《西藏的转变》等书。

爱泼斯坦与党和国家领导人会见后，出席了中国外文出版发行事业局、宋庆龄基金会、国家外国专家局、中国福利会及《今日中国》杂志社联合举行的茶话会，中外朋友欢聚一堂，对爱泼斯坦表示热烈祝贺。

【殷亚昭（女）·江苏省舞蹈家协会主席·专著《舞心集》出版】　江苏省文化艺术研究所音乐舞蹈研究工作室副研究员、舞蹈史学家殷亚昭所著《舞心集》，1995 年 10 月由江苏文艺出版社出版。该书 20 余万字，分舞论、舞评、舞人三个篇章，汇集了作者近 10 多年来，对当今舞蹈发展现状带有探索性的见解。

殷亚昭，笔名青溪，祖籍江苏省无锡市，1940 年 4 月 11 日生于四川省重庆市。1956 年入江苏省歌舞团（现为江苏省歌剧舞剧院）任舞蹈演员。1961 年到中国歌剧舞剧院学习，两年后回团兼任舞蹈教员。后调至南京艺术学院中专部、江苏省戏曲学校舞蹈班任教，其间参与了教材编撰和节目创作排练等。70 年代末她毅然步入舞蹈研究的领域，以过人的努力，踏实、科学的态度和锲而不舍的精神，独辟蹊径，以吴地舞蹈的研究为契入点，逐步向纵深展开，由对魏晋六朝舞蹈的研究，进而上及两汉乐府，下至明清家乐。她以惊人的毅力，跑遍南京、上海、苏州等地的图书馆、资料室，即使顶着炎炎烈日也乐此不疲。在研读大量古代文献和实地考察大批出土文物以及寻觅、观看民间艺人表演的基础上，经过一番由表及里的刻苦钻研和科学跋涉，终于在民舞、古舞研究上作出了令人惊喜的成就。至今已发表数十篇史论性文章。特别对吴舞研究已形成系列性史论，填补了舞蹈史研究的空白。1988 年她在全国十大集成志书编纂中，率先完成《中国民族民间舞集成·江苏卷》和撰写该卷的“概论”，获文化部、中国舞蹈家协会、民族事务委员会等单位颁发的“突出贡献荣誉证书”。她应邀到北京、上海、香港等地进行学术专题讲座和讲学活动；1995 年被东南大学文学院艺术系聘为兼职教授。1993 年 10 月，江苏省文化艺术研究所专门为其主持召开了《殷亚昭舞蹈理论作品研讨会》。她是中国舞蹈家协会第六届常委理事，江苏省舞蹈家协会副主席、主席，江苏省民族民间舞蹈研究会会长。

【高丰·包头市鹿苑羊绒集团公司董事长兼总经理·被授予全国劳动模范称号】

高丰带领鹿苑职工经过 10 年的拼搏，把一个小小的手工作坊发展成为国内最大的羊绒出口创汇型企业集团、世界最大的羊绒加工企业之一。1995 年 4 月 29 日，国务院授予他全国劳动模范称号。

高丰，山东人，1954 年出生。他在改革大潮涌起的 1984 年，毅然辞去政府公职，带领十几名青年，拼凑起 7000 元流动资金，办起了包头鹿苑羊绒厂。办厂伊始，他就向全体职工宣告：“鹿苑虽小，但我们的产品要创造天下最好的。”因为他深信：最好的可以变为最大的，如果产品质量低，最大的终将变为最小的。当时国内“羊绒大战”蜂起，掺杂使假风气盛行，头脑冷静的高丰没有盲目卷入，他和伙伴们深入荒山野岭草地沙漠，一斤一斤地收，一两两地找，足迹踏遍了贺兰山、祁连山。国家规定原绒含粗不超过 2%，鹿苑却坚持不超过 1%，宁可少收也要收好绒。凭着诚实的劳动赢得外商的信任，英国希尔公司经理说：“我经营了 30 年的羊绒生意，这样好的羊绒还是第一次见！”立即以 18 万美元一吨的高价与“鹿苑”达成 300 万美元的交易。高丰以优质取胜，使鹿苑迅速崛起。1989 年，鹿苑与香港合资的第一家合资企业“鹿达”开张了，生产出的“鹿王”牌羊绒衫径直挺进日本市场，一炮走红。随后，鹿王牌羊绒系列产品获得了“中国国际名牌博览会金奖”，“中国名牌优质产品”，“中国消费者信得过产品"等大奖。与此同时，鹿苑迅速同国际惯例接轨，滚动发展，先后兼并了7家国内企业，并陆续同英国、日本、土耳其、泰国、香港等国家和地区的公司合作，建成8个合资合作企业。员工由最初的不足百人扩大到8000多人，成为洗、毛、纺、染及后整理成龙配套，梭织、针织、缝制手段完备的羊绒加工专业企业。目前，鹿苑的工艺设备也达到了国际先进水平。染色、纺纱、针织、机织、后整理等关键设备，从意大利、德国、英国、日本、香港等国家和地区的名牌厂家引进，形成集各国之长为我所用的格局。在今后10至20年都将保持领先优势。

高丰对自己要求严格，对下级也同样严格。他每天工作12个小时以上，从未休息过节假日，从不去"泡"舞场和卡拉OK，用他的话说，还是"泡在羊绒里最有滋味"。他经常告诫员工，要保住已创出的名牌，最重要的是靠质量、信誉和热情服务。三大法宝缺一不可。1991年鹿苑给英国厂家启运一批货物，由于一家轮船公司工作不慎，货物延期十几天未装上船，离交货期只剩两天。不能如期交货，将失信于英国客户。高丰当机立断：改由空运。一次海运改空运使鹿苑多付50万元人民币。高丰却说："花50万元买回一次信誉，值。"，靠信誉，靠质量，靠花色品种，现在，鹿苑的名牌"鹿王"羊绒衫摆放在高丰早就瞄准的日本三越、高岛屋、伊势丹这些高档商厦的橱窗内，实现了多年前他在日本考察时立下的誓言："一定要让高质量、高水平的中国羊绒衫占领这些高档橱窗！"近5年来，"鹿王"产量每年翻一番，供不应求。

【高严·中共吉林省委副书记、吉林省省长·任中共云南省委书记】　《人民日报》1995年6月19日报道，中共中央决定高严任中共云南省委委员、常委、书记，普朝柱不再担任云南省委书记、常委职务。

高严，1942年12月生。吉林扶余人。1965年加入中国共产党。历任吉林热电厂技术员，吉林热电总厂团委书记、副厂长，吉林省电力工业局高级工程师、副局长、局长。1988年起任中共吉林省委常委、吉林省副省长。1992年任中共吉林省委副书记，吉林省省长。同年10月当选为中共第十四届中央委员。1995年8月27日，在中共云南省委第六届一次会议上，当选为中共云南省委书记。

【高士其·已故著名科普作家·《高士其全集》出版发行】　1995年4月，《高士其全集》在北京出版发行，并于人民大会堂举行发行仪式。

高士其是中国当代的细菌学家和著名科普作家。1905年生，1988年病逝于北京。福建省福州市人。1925年毕业于清华学校，后留学美国。1927年毕业于芝加哥大学化学系、细菌学系。1930年毕业于芝加哥医学研究院，同年回国。留美期间，由于做病毒试验受严重感染，导致全身瘫痪，但他身残志坚，与病魔顽强搏斗了60年。1935年高士其开始从事科普作品的创作，著有科普著作《细菌与人》、《菌儿自传》，儿童科学诗集《我们的土壤妈妈》、《科学诗》。曾出版《高士其科普创作选集》(上、下集)。这次出版的《高士其全集》共4卷：第一卷为1949年以前的科普创作；第二卷为1949年以后的科普创作；第三卷为高士其一生创作的诗歌；第四卷为高士其一生的论文、讲话、题词和本人晚年撰写的回忆录。

高士其1937年到革命圣地延安。1939年加入中国共产党。新中国成立后，历任中国科普协会委员、中国科普创作协会名誉会长、中国文联第四届委员、中国作协第三届理事、中国微生物学会理事。曾是第一至第六届全国人大代表。

【高士学·枣阳市北城街道法律服务所主任·被评为全国十佳基层法律工作者】

1995年12月26日，荣获由司法部组织评选的第一届全国十佳基层法律工作者称号的湖北省枣阳市北城街道法律服务所主任高士学，在人民大会堂领取了奖牌和证书。

高士学，47岁，湖北枣阳人。他在基层司法行政第一线已兢兢业业工作了12年。在法律服务中，他不畏艰难困苦，勇于开拓，锐意进取，既当指挥员又当战斗员。他担任枣阳市农业银行等5家法律顾问，办结民商事代理112件，标的额1790余万元。他严于律己，为政清廉，近3年来拒收钱、物10余次，折款3500余元。他关心集体，把年终目标考核时上级奖给他的3400元钱交给服务所，作为本所年终考核的奖励基金。在他的组织和带领下，全所人员拼搏进取，在取得良好社会效益的同时，经济效益也逐年递增，仅1994年该所业务收费就达30万元。高士学多次被评为先进工作者、优秀共产党员、改革标兵。他领导的法律服务所也被司法部授予全国优秀法律服务所。

【高天乐·浙江天正集团公司董事长兼

总裁·被评为中国十佳民营企业家】　浙江天正集团公司董事长兼总裁高天乐，以超人的胆识，投身市场经济的大潮中，凭借精明的头脑和灵活的经营方法，一举获得成功。1995年10月，被中华全国工商业联合会等单位评为中国十佳民营企业家。

高天乐，1963年7月生于浙江省温州柳市镇。1990年3月辞去中学教师之职，抱着以实业振兴民族工业的决心和信心，以5万元起家，创办乐清长城变压器厂。办厂伊始，高天乐就制定了“企业要发展，必须创名牌”的发展战略，并提出了人才造就、质量推进、形象塑造和市场营销四大基础工程建设。通过引进、挖掘和内部培养相结合的方法，提高企业员工的整体素质，现企业共有高级工程师、高级经济师等技术和管理人才200多人；为确保产品质量的不断提高，投资500多万元建起了国内一流的低压电器检测中心，并按照国际ISO9000标准建立了一套行之有效的质量保证体系；为提升经营理念，规范企业整体动作，全面导入CIS，以突出企业的形象识别；为使企业产品以最快的速度进入市场，已在全国29个省建立了150个销售中心和3个海外销售公司。

几年来，随着四大基础工程的深入推进，天正集团的发展日新月异，年总产值从1990年的30万元，发展到1995年的5.8亿元，成为全国低压电器行业中规模最大的企业之一。

高天乐曾获浙江省十大明星青年企业家、浙江省新长征突击手等称号。

【高文焕·中共济源市委书记·被授予优秀县(市)委书记称号】　1995年6月30日，全国百名优秀县(市)委书记表彰会在北京中南海怀仁堂召开。中共中央总书记江泽民出席会议并作了重要讲话。会上宣读了中共中央组织部对全国在县(市)委书记岗位上取得优异成绩的100名干部，授予优秀县(市)委书记称号的决定，高文焕名列其中。

短短几年，愚公家乡的巨变引起61万济源人民的惊叹：“愚公返乡不识途了”；中外来宾也赞曰：“中西部发展看焦作，焦作发展看济源。”这其中蕴含着市委书记高文焕殚精竭虑的辛劳。1989年底，刚上任的高文焕经过一番调查研究，在党委会上亮出了发展济源经济的思路：济源88%的面积是山。农业的根本问题在山区，山区的问题在投入。在不放松农业的前提下，集中精力搞活市属企业，带动区域经济发展，增加财政收入，加大山区投入。对他的思路，多数人点头，也有的人有顾虑。高文焕说：科学决策要实事求是，认准的事，该咋干就咋干。接着他连发5招：由市委直接抓市属企业的思想政治工作；撤换6名扭亏不力的厂长；对企业实行动态管理，培养一批青年企业家；重奖有突出贡献的企业家；组建10个企业集团，形成规模经营。高文焕审时度势，结合实际调控经济发展。1990年，他看出济源能源、原材料工业已具备发展条件，就率领30多名厂长到郑州跑项目，一年就上大中型技改项目30余个。1992年，“打开山门，吸引外资”，济源成为中原地区利用外资最多的县。1993年，全国经济发展迅猛，但他“热时不热”，控制新建项目，加快技术改造、内部挖潜和在建项目建设完工。5年间，济源工农业总产值由19亿元增长到75亿元，财政收入在全省县市中率先突破2亿元。

高文焕深感济源人才奇缺，山区愚昧落后。他疾呼“治穷先治愚，治愚必须办教育。”他带头捐资助学，领导全市人民集资1200万元建起全省一流的新一中，同时彻底消灭了学校危房。1993年6月，济源投资1亿元、占地480亩，兴建中等工业学校。有人议论：花这么多钱，建几个工厂多好。高文焕说：建工厂效益来得快，政绩出得早；办学来得慢，政绩是后任的。从济源的长远发展着想，要创党的业绩，不争个人政绩。济源一年建成中等工业学校，面向全省招生。很多人称赞济源拿钱为全省培养人才。

高文焕，安徽萧县人，1939年9月出生，1958年8月参加工作，同年12月加入中国共产党，大专文化。曾任焦作市铝厂党委副书记、书记，市纪委副书记兼监察局长。现任焦作市委常委、济源市委书记。

【高玉先·解放军某部六连司务长·被授予模范司务长称号】　1995年2月8日，沈阳军区发布命令，授予高玉先“模范司务长”荣誉称号。

高玉先，山东省莱西县人，1964年3月出生，1982年12月入伍，1985年5月加入中国共产党，1985年10月任司务长。高玉先是一个孤儿，是党和政府把他抚养大，他时刻牢记党和人民的恩情，矢志报效祖国。入伍后，他忠于职守，勤奋工作，无论干什么工作，他都竭尽全力，出色完成任务。1985年他担任了连队司务长。当时，连队因伙食管理不善，伙食费超支3000多元，粮食超支2000多公斤。他和官兵们一起研究改进工作方法，向连队提交了《六连发展“两业”生产三年规划》。当年春天，他带领勤杂人员开垦了6亩荒地，种上了10多种蔬菜，为连队节约伙食费2500多元。第二年，他带一个兵试种大棚蔬菜，生产的西红柿、黄瓜除保证连队供应，还上市出售，盈利超千元。之后，他又带领连队后勤人员，利用废旧营房建成了养猪场，养猪 36 头。为了保证猪饲料供应，他打猪草 2 万多斤，种玉米加工出饲料 3 万多斤，年底给连队缴纯利润 6000 多元。发展“两业”生产，改善了连队伙食。到 1992 年，连队伙食费节余 2 万多元，粮食节余 7000 多公斤。连队周有小改善，月有会餐。连队用生产节余经费购买了压面条机、录放机、录音机、洗衣机，并给每个战士宿舍买了立体声音箱。除了发展农副业生产，他还处处精打细算。这几年，六连周六中午每班的饭桌上都有一只清炖鸡，因为几十里外的阿城每只鸡比当地便宜 0.5 元，高玉先无论春夏秋冬顶风冒雨骑自行车到阿城买鸡，每周节约 20 元，一年给连队节约 1000 多元。过去连队的菜花根、白菜根、芹菜叶都扔掉了，他当司务长后都加工制做成咸菜，既节约了咸菜钱，战士们又吃得可口。他秉公办事，一丝不苟。1990 年秋，连队打了 100 多斤鱼，机关一位干部找高玉先要几条，高说这是连队集体的鱼，一条也不能给。一次，他家属来队，小孩刚学会走路。给养员上街买菜时，给高玉先的小孩买了点糖果，高知道后，一分不少地补交了钱。高玉先一心为了集体、一心为了工作，从不计较个人名利。几年来，高玉先有 4 次提干机会，因为各种原因，未得到提升，他从不抱怨。1992 年春，团里调他到服务中心当主任，到任后，他完善了制度，调整了人员，维修了设备，使服务中心的工作有了明显改进。1993 年 3 月，六连因缺司务长，连队请他回去，他二话不说回到连队，当他到连队那天，全连官兵列队欢迎他。他多次被上级评为“优秀共产党员”、“司务长标兵”，先后两次立三等功。

【高世杨·化学家·获国家自然科学二等奖】　中国科学院青海盐湖研究所研究员高世杨，主持完成的项目“大柴旦盐湖调查、盐卤硼酸盐化学和综合利用的基础研究”，获 1995 年国家自然科学奖二等奖。

高世杨在盐卤硼酸盐化学和热力学非平衡态相化学等方面的研究取得突破性进展，首次提出了青藏高原盐湖中多种硼酸镁盐物理化学稀释成盐的学术观点和新解释，开拓了两个新的研究领域。同时，他把基础研究和应用开发研究紧密结合起来，负责并完成了国家重点科技攻关课题，为盐湖资源的综合利用提供了典范，解决了国际上从未解决的在永冻土地带建造土质日晒池的难题。

高世杨是国家级有突出贡献的专家和青海省的优秀专家。曾获国家自然科学奖二等奖一项，中国科学院自然科学奖一等奖一项，竺可桢野外科学工作奖一次。曾发表论文百余篇，培养博士生和研究生 21 名。

高世杨，四川崇州人，1931 年 12 月生，1953 年大学毕业后便进入盐湖所工作。现为青海盐湖所研究员，博士生导师。高世杨从事盐湖研究工作 40 余年，是开拓和发展盐湖化学研究和盐湖资源综合利用领域的主要学术带头人。他曾与已故著名化学家柳大纲等一起在察尔汗盐湖发现光卤石，在大柴旦盐湖发现柱硼镁石，并确认青海盐湖富含钾、镁、硼、锂等资源，具有工业开采价值，为青海盐湖的规模开发奠定了基础。

【高时浏·武汉测绘科技大学教授·报刊披露他是第一个到北极考察的中国人】

1995 年 5 月 18 日《中国青年报》以“闯入北极圈，中国第一人”为题，报道了高时浏最早到北极考察、并曾赴缅甸通过原始森林参加铺设输油管工作的传奇事迹。1995 年初，我国远征北极科学考察队员出发前曾到高时浏家请教并借阅资料。

高时浏，福建省福州市人，1915 年 11 月生，1941 年毕业于同济大学测量系，后留校任教，1944～1945 年参加滇缅路油管工程测量工作，1948 年赴加拿大多伦多大学测量系读硕士研究生，后留加工作。1950 年获应用科学硕士学位，同年 6 月被任命为拉普拉斯天文测量队队长，曾两次带队进入北极圈考察，他用自己和女友的名字为刚发现的未名湖命名，并写入测量报告之中。1951 年 1 月他接受了在北极圈附近勘定 60 度纬线的任务，经历了暴风雪和棕熊袭击种种险象，终于完成任务。爱斯基摩人称他们为“Inuit”（意为真诚的人），他看到爱斯基摩儿童在玩跳绳游戏，想起自己幼年时也玩过，而从没见过白种人小孩玩这种游戏，他认为，爱斯基摩人属亚洲蒙古人种，可能与中华民族的祖先有一定血缘关系。这些均写入他后来发表的《闯北极》文章之中。1952 年 3 月，他毅然回到祖国，在母校同济大学执教。1958 年被错误地划为“右派分子”，1979 年平反。虽几经坎坷，高时浏仍赤心报国，忠诚于教育事业。翻译、编著《大地测量学讲义》、《高等测量学》、《实用天文测量学》、《大地天文学》、《测量全书》、《国土整治与地籍技术》等专著 28 部，发表学术论文 40 多篇，为祖国振兴测绘事业、加强国土管理提供了教材和重要资料。他退休后，连续 16 年自办中高级英语、德语进修班，免费招生，为国家培养了

300多名科技外语人才。他还担任武汉知识界合唱团团长8年之久，为精神文明建设贡献力量。

【高宗泽·北京信利律师事务所主任·被评为全国十佳律师】　1995年12月26日，被评为第一届全国十佳律师的北京信利律师事务所主任高宗泽，在人民大会堂领取了奖牌和证书。第一届全国十佳律师评选活动是由司法部组织的。同年4月，他还荣获"全国劳动模范"称号。

高宗泽精通英语和德语，在海商法、国际贸易与金融法、公司与证券法等方面造诣很深，使多起大案和疑难案件得以圆满解决。尤其是在处理1993年中国农业银行衡水支行100亿美元信用证诈骗案等若干涉外大案中，他作为律师小组的主要负责人为案件的解决提供了方向性的顾问意见，为一举扭转被动局面发挥了重要作用，依法为国家避免了巨大的损失。他曾受聘和目前受聘为中国人民银行总行、中国五矿总公司等数十家政府机构和国有大型企业、公司的法律顾问，承办过大型国际银团贷款合同、涉外房地销售、中国轮胎有限公司股票在美国上市、天津渤海化工股份有限公司和哈尔滨动力设备股份有限公司H股在香港上市、高速公路建设等重大项目。

高宗泽，1939年12月出生，中国共产党党员，中国律师协会副会长，1961年在大连海运学院海管系毕业，1981年在中国社会科学院研究生院法学系研究生毕业后留校任教，其间1980年至1981年在美国哥伦比亚大学法学院和谢尔曼斯特林律师事务所进修，1982年至1983年去联邦德国进修，从1989年起在中国法律事务中心执业。

【高颖维(女)·北京贵友大厦有限公司总经理·被授予全国优秀女企业家称号】

1995年"三八"妇女节前夕，中国女企业家协会授予北京贵友大厦有限公司总经理、高级经济师高颖维，全国优秀女企业家称号。

高颖维，1953年1月8日生于北京市。1969年到内蒙古生产建设兵团，当了5年战士。后在天津高村公社兰城绣花厂，北京市百货大楼、市商贸工委，先后任副厂长、售货员、部门经理、副总经理、宣传处负责人。1990年起任北京贵友大厦有限公司副总经理、总经理和旅游商品集团总经理助理。在企业开业前，高颖维根据贵友大厦所处地区特点，经专家科学论证后，果断选择了"高档商品为引导，中档偏高为主体"的市场定位格局，而把"贵在交友，贵在货真"、"把购物的难题留给'贵友'"、"把顾客购物的风险降为零"作为企业贴近顾客的营销宗旨。为此，她主持制定了《服务规范》、《考核标准》、《工作质量标准》等规章制度，同时，每年拨出30万元专用基金，特邀社会各界人士以顾客身份来大厦，对本企业进行服务、商品质量的考核，有力地加大了社会监督力度，为不断提高贵友的服务水平提供了一定的保证。她领导的贵友大厦，曾于1993年春节率先打破节日缩短营业时间的传统惯例，1994年春节又举办"万名顾客有奖质量评价在贵友"这一花钱买意见的活动。4年来，高颖维以"科技兴商"的思路，一面在贵友开办商业企业管理大专班，一面逐步引进计算机管理体系，提高了员工的个人素质和企业的整体管理水平。她关心体贴员工的生活，注意解决员工的困难，凝聚了贵友的职工队伍，也促进了企业文明建设的发展。自1990年以来，贵友大厦多次被北京市评为商品质量售后服务、精神文明等方面的先进单位。获内贸部、技术监督局、中国消费者协会等七个部门联合颁发的"优质服务企业"称号。1994年营业额突破5个亿，取得了北京市销售额同期增长率、利税率两个第一的好成绩。作为贵友大厦总经理的高颖维，几年来，她每天工作10多个小时，节假日很少休息，几乎无暇关心照顾年迈多病的父母和自己的孩子，而将全身心和精力用在了贵友的事业上。她还利用业余时间先后著述了《柜台艺术》、《商业服务业TQC》、《商业营销学》等五部书籍。在中国人民大学贸经系攻读并获经济学硕士学位。她是北京市劳动模范、新长征突击手、六好职工，第八届全国政协委员。

【郭翔·中国政法大学教授·获美国国际杰出学者奖】　1995年11月17日，中国政法大学社会学与青少年犯罪研究所所长郭翔教授，在波士顿接受美国犯罪学学会国际犯罪学分会授予的"国际杰出学者奖"。

美国犯罪学学会是世界各国最有影响的跨学科的犯罪学学术组织，每年评选一名美国和加拿大以外的其他国家的著名犯罪学研究专家，授予"国际杰出学者奖"。郭翔是获此项奖的第一名中国学者。

郭翔，1933年8月4日出生，原籍山东省成武县。1955年8月至1959年8月在北京政法学院法律系本科学习，以优异成绩毕业后留校任教。从1979年下半年起，他以主要精力从事青少年犯罪研究工作，那时，中国的犯罪学与青少年犯罪研究在学术上几乎是空白。经过10多年的努力，他个人或与他人合作出版了《团伙犯罪研究》、《综合治理在中国》、《中国青少年犯罪学》等各种学术著作20余部，还在国内外报刊上发表论文130余篇。对于促进我国社会治安综合治理和青少年法制建设产生了积极的影响。郭翔在致力于研究工作的同时，还承担着教学任务，诸如指导硕士研究生，在校内外开设青少年犯罪学课程或专题讲座等。

为了促进我国犯罪学和青少年犯罪研究的发展，郭翔参与创建了中国青少年犯罪研究会和中国犯罪学研究会，并担任这两个全国性学术团体的主要领导职务。从1986年起，他担任全国性学术刊物《青少年犯罪研究》的主编。他多次参与组织了全国性学术讨论会，经常参加地区性学术讨论会，并作学术报告。他积极参加青少年立法活动和少年司法制度建设。

1984年以来，郭翔积极参与和推动对外学术交流活动。他多次以我国专家观察员、特邀代表等身份参加联合国召开的有关预防犯罪和刑事司法会议。1986年5月，他作为中国法学会专家代表团成员，赴美国参加中美两国学者关于青少年犯罪问题的首届学术会议。1988年9月，他应邀赴联邦德国汉堡参加国际犯罪学协会第10次代表大会。这是我国学者第一次参加国际学术组织这一领域里的活动。他多次应邀出访美、英、德、奥等国，进行学术交流，并且每年都要接待来自各国的法官、警官及学者等，宣传我国犯罪学等研究成果和经验。

【郭曾·太原市公安干警·被追授全国公安系统二级英模】 1995年6月29日，山西省太原市公安局防暴支队警务处副处长郭曾，在追捕抢劫运钞车的罪犯时英勇牺牲。山西省政府追认他为烈士，公安部追授他为全国公安系统二级英模。

郭曾，山东省济南市人，1963年2月生。中专文化程度，中国共产党党员。1981年6月参加工作，1984年10月参军，曾任团三级干事。1990年转业到太原市公安局，当过巡警大队警务科副科长，防暴支队警务处副处长。1985年代表武警山西总队参加全国武警散打比赛获七十公斤级第一名，并荣记二等功。1986年获全国公安干警散打比赛第二名，受到嘉奖，1989年获市第五届运动会摔跤第二名，受嘉奖。

1995年6月29日，一名持枪歹徒在山西省太原市拦路抢劫了市郊农行一辆装有30余万元人民币的运钞车，太原市公安局迅速展开侦破工作，7月12日凌晨4点许，尚在梦乡的郭曾，听到传呼他协助执行抓捕任务时，他二话没说，直奔太原河西义井犯罪分子的住所。亡命之徒心狠手黑，且藏有枪支。为了战友的安全，郭曾不顾危险冲在最前面，罪恶的子弹将他击倒，他以自己的生命换来了战友的安全。这位人民的好干警，把一腔热血洒在了维护省城社会治安秩序的疆场上，实现了他入党时的誓言。

【郭大有·舞台美术设计师·在北京举办画展】 1995年11月，由中国戏剧家协会、中国舞台美术协会、北京中国画研究院联合主办的“郭大有祖国山河颂画展”在北京中国美术馆举行，语文出版社出版的《郭大有画集》同时发行。

郭大有，蒙族，1939年生于北平。他10岁开始在其父亲郭明吾指导下学习中国画技法；同时向福建派舞台美术家陈正民学习舞台美术设计。后又从胡佩衡学习山水画。他从1956年起，在中国京剧院从事舞台美术工作，40年来设计剧目达100多个，其中许多成为优秀保留剧目，并获大奖，如《李清照》、《蝶恋花》的设计入选第一届全国舞台美展并收入《中国舞台美术画集》；《洛神》设计参加布拉格第六届世界美术展，获集体荣誉奖；《红楼二尤》获文化部优秀设计奖，《桃花酒店》设计获广电部第四届全国电视文艺“星光奖”美术奖。

郭大有在从事舞台美术的同时始终痴情于山水画的创作，1986年他曾在琉璃厂艺苑楼举办《唐诗山水画展》，其代表作《枫桥夜泊》、《月下松泉》、《山中留客》、《漓江秀色》、《竹林七贤》、《塞下曲》、《关山月》、《溪居图》、《蜀道难》、《塞外古道》、《黄河远上白云间》、《茅屋为秋风所破歌》等，在深入领悟开掘唐诗名作深邃意蕴的同时，注入画家对于真善美的召唤，显示了独到的创意，给美术创作带来活泼、盎然的春风。著名画家白雪石评说“郭以唐诗为题材搞个画展，在全国是第一次，基本功扎实，技法全面，意境深邃。”吴祖光欣然题词“唐诗可入画，郭笔可通神。”

此次展出的80幅山水画大多是近年来的作品，可分两部分：大部分是描绘祖国山河辽阔壮观、雄伟俏丽的画卷，如《上方山图》、《十渡饮绿》、《林海雪原》、《漓江烟雨》、《黄山松云》等，在运用传统技法的同时吸收西画的因素，散点结合，墨与色彩交相辉映，苍劲浑厚，气势恢宏，给人以强烈的艺术感染。另一部分是探索性作品，如《大戈壁之印象》、《雁南飞》、《山韵》、《雪之意》等，将自己对生活的感受、体验，通过概括、抽象、变形，用大写意的笔法予以勾绘，给人以丰富的联想与启迪。他的画多次参加国内外大型画展，并被国内外博物馆所收藏。

【郭尚平·流体力学专家·当选为中国科学院院士】　1995年11月6日，中国科学院公布了新当选的院士名单，中国石油天然气总公司石油勘探开发科学研究院高级工程师郭尚平，当选为中国科学院数学物理学部院士。

郭尚平，四川省荣县人，1930年生。1961—1971年任中国科学院兰州地质研究所渗流力学研究室主任，1971—1974年任长庆油田研究院主管油田科学（含渗流力学）的副院长，1974—1987年任石油勘探开发科学研究院副院长、教授级高级工程师。他主要从事渗流力学和生物力学方面的科学研究并取得多项重要成果。他突破以往渗流只研究岩石土壤渗流的传统，与生命学科交叉渗透，研究提出了生物渗流理论。利用微观渗流原理，使以往未能进行观测的岩石内的力学、物理、化学和生物学过程能予以直观观测，对物化渗流等一系列前沿问题进行了微观研究，发现或明确了54项渗流机理和规律，并提出了提高石油采收率的新依据和15项建议。在其它渗流理论及应用的发展方面，提出了人工裂缝地层渗流理论和非均质地层二相渗流计算新方法，并建立了人工模拟实验新方法。是我国最早按正规设计开发的两大油田开发设计的主要设计人和渗流研究计算的第一负责人。已发表论文数十篇及专著一种，曾获多种奖励。

【郭荣章·汉中博物馆名誉馆长·研究中国古栈道获新成果】　春秋秦汉时期，古人穿越秦岭巴山天险之栈道，曾被称为仅次于万里长城和大运河的中国古代第三大建筑奇迹。栈道之谜，引起中外人士关注。1995年7月4日《人民日报》（海外版）报道：著名栈道研究专家、汉中博物馆名誉馆长郭荣章对古栈道研究获新成果。

郭荣章通过多年对史料的收集研究和实地勘察发现，古人在修凿栈道时，依据不同的地形，创造了“平梁立柱式”、“多层平梁支撑式”、“石积式”、“凹槽式”、“倚坡塔架式”6种主要形式的栈道，并先后开辟出7条古栈道。在7条古栈道中，褒斜道被历史学家称为“蜀道之始”，是最重要的栈道。它南接陕西汉中市褒谷口，北至四川眉县斜谷口，如长蛇横贯秦岭，在云中时隐时现，被称为“连云栈”。褒斜道上的“石门”隧道，长15.75米，高3.6米，宽4.15米，两辆战车可并行无阻，是世界上最早的人工开凿的大隧道。古栈道距今约2500多年历史，“飞梁架绝岭，栈道接危峦”，变天堑为通途，它对中国古代南北政治、经济、文化沟通、国家统一、民族融合等方面发挥了巨大作用。

郭荣章，陕西省安康市人，1933年5月生，1957年毕业于西安师范学院地理专科，长期从事教育与宣传工作，1975年到汉中博物馆任馆长至今。他从事文博工作20余年，致力于石门摩崖刻石、古石门隧道、古褒斜栈道之研究，他查阅大量金石类典籍，了解古代文人对石门石刻的著录，反复摩挲原刻，从正字、解义入手，逐渐穷其原委。在此基础上，将每一石刻的正确录文和解说文字一并陈列，博得观众的好评。

郭荣章著有《石门摩崖刻石研究》、《石门汉魏十三品》、《“汉三颂”专辑》、《石门十三品撮要》（中、日文版）等学术专著。在国外发表《石门汉隶书刻技艺浅见》等论文3篇。在国内报刊发表论文和文章60多篇。与人合作进行石门摩崖石刻复制工艺研究获省级科技进步二等奖，他被评为陕西省文物保护先进个人。

【郭柯宇（女）·青年影视演员·获第二届上海国际电影节最佳女演员金爵奖】　青年影视演员郭柯宇，在电影《红樱桃》中成功地饰演女主角楚楚，1995年11月6日在第二届上海国际电影节上获得最佳女演员金爵奖；影片获得“轩尼诗记者杯”最佳创意奖。

电影《红樱桃》以第二次世界大战为背影，描写两个中国少年楚楚和罗小蛮被送到苏联学习。卫国战争爆发，罗小蛮留在后方忍饥挨饿，仇恨使他最终与德军俘虏同归于尽，楚楚落入德军魔掌，受尽非人折磨，心灵与肉体承受了战争的全部恶果。郭柯宇以真挚的感情，本色的表演，真实地再现了女主人公楚楚的形象，赢得了观众和专家的赞赏。

郭柯宇，1977年2月23日生于北京。现为海淀艺术师范学校学生。15岁时曾在儿童电视剧《太阳鸽》中饰演女主角，可爱的女中学生鹿鹿。此后又参加了电视剧《张锦秋》和《都市女孩》的拍摄。《红樱桃》是她第一次走上银幕。后又拍摄影片《天堂鸟》，饰演一位失学的农村少女。

【郭保林·作家·长篇报告文学《高原雪魂——孔繁森》获“五个一工程”奖】　山东作家郭保林的长篇报告文学《高原雪魂——孔繁森》获得第五届“五个一工程”奖。该作品真实地、艺术地再现了人民公仆孔繁森光彩照人的形象，"章章感人肺腑，节节催人泪下"。出版社一个月内3次开机印刷，仍供不应求。

为了进一步展示孔繁森伟大崇高的精神境界，更加完善地塑造其光辉形象，1995年下半年，他再度赴西藏、聊城、北京等地采访，补充素材。再版后的《高原雪魂——孔繁森》，内容更加丰富，人物形象更加丰满，更富有艺术魅力和审美价值。

郭保林，1946年出生于山东省冠县，1970年毕业于山东师范学院中文系，现任山东文艺出版社副编审。他是中国作家协会会员、中国散文学会理事。

郭保林自1969年开始发表作品，已发表和出版近300万字的文学作品。其中有散文集《青春的橄榄树》、《有一抹蓝色属于我》、《一半是蓝，一半是绿》、《春天的蓝方程》、《郭保林抒情散文选》、《郭保林游记选》，中短篇小说集《远山的雪》，长篇报告文学《黎明·太阳的风景线》等。

【郭维城·铁道部原部长·在北京逝世】　铁道部原部长、原铁道兵副司令员郭维城，因病于1995年1月1日在北京逝世，终年83岁。

郭维城，辽宁省义县人，满族。1932年加入中国共产主义青年团，1933年由共青团员转为中国共产党党员，1934年参加东北军。西安事变爆发后，他积极宣传中共中央和平解决西安事变的方针；"七·七"事变后，为密切东北军与八路军的关系做了大量工作；1942年后，任山东军区副师长兼政治部主任、山东行政委员会委员兼外事委员会副主任；抗日战争胜利后，任齐齐哈尔护路军司令员兼齐齐哈尔铁路局局长、西满护路军司令员兼中长铁路滨洲线区军事代表、西满铁路局副局长、第四野战军后勤铁道运输司令部司令员、天津铁道处处长、军委铁道部驻徐州护运司令部司令员、华中军区铁道运输司令部司令员、武汉军管会铁道处处长、铁道兵团前进指挥所副司令员、衡阳铁路局局长等职，圆满完成了抢修、保卫铁路和支援我军作战的任务。抗美援朝中，他任中国人民志愿军新建铁路指挥局局长、志愿军铁道兵指挥所司令员；回国后，任铁道兵第一指挥所司令员、铁道兵第二副司令员、铁道兵副司令员等职，参与指挥修建了黎湛、鹰厦、包兰、嫩林、川黔、贵昆、成昆等铁路。

他是第六、七届全国政协常委。1955年被授予少将军衔。

【郭新志(女)·山西省脑瘫康复医院院长·被授予全国先进工作者称号】　山西省残疾人康复中心脑瘫康复医院院长、副主任医师郭新志，1995年4月被国务院授予全国先进工作者称号。同年，先后被授予全国先进女职工、山西省十大杰出青年、山西省特级劳动模范等称号。

郭新志，1958年1月出生，山西省稷山县人。1975年，当她从山西运城卫校毕业时，已成为我国头针发明者焦顺发得意弟子。后又经中国著名医学家张佩英、刘真因等医学界老前辈的悉心教诲，到1978年山西医学院毕业时，她已经掌握一套过硬的针灸技术，打下了扎实的理论基础。毕业后，她来到了山西省儿童医院工作。每当她看到一个个脑瘫患儿有腿不能走、有口难发声、有耳听不见、有眼看不清的悲惨情景和给千万个家庭带来的巨大不幸时，强烈的使命感，驱使她横下一条心——勇克脑瘫病魔，不达到目的誓不罢休。从1982年起，她以精湛的头针功力和扎实的医学理论，在老专家的指导下，利用业余时间，没要国家一分钱，自选"中西医结合综合治疗儿童脑瘫"的高难科研课题，开始了艰辛的探索。为获得第一手材料，她经常用银针在自己头上、身上试扎，体验针感，进行药物封闭等试验。功夫不负有心人，经过千百次的痛苦和周密的实验，终于初步摸索到以头针为主的治疗脑瘫新方法，并意外发现几个新穴位治疗点，同时配合医学生理、生化和多种理疗，体疗等综合诊治实践，从1986年到1990年，她成功地完成了421例病案综合分析等五项科研课题，独创了一套耗资小、见效快、安全无副作用的"中西医综合治疗儿童脑瘫"的新体系。

近来年，她先后收治全国各地脑瘫患儿5000余例，经随访，3600余例已入托、上学或基本自理，其余还在不同阶段康复治疗中。

【席南华·青年数学家·获中国科学院青年科学家奖一等奖】　中国科学院数学研究所研究员席南华，获1995年中国科学院青年科学家奖一等奖。

席南华，在理解Deligne和Hanglands的一个猜想上比前人进了一大步。前人只完成了非单位根处的仿射Hecke代数的不可约表示的分类(Kazhdan&Lusztig)，在单位根处的情形滞步不前。他的专著《Representatons of Affine Hecke Algebras》证明了，除有限个例外的单位根，Deligne－Langlands猜想成立，并给出了猜想不成立的充分条件(此条件也应是必要的)。该专著由Springer－Verlang于

1994 年出版在丛书 Lecture Notes in Mathematics 中,编号为 1587。

席南华于 1994 年完成论文《Irreduciblemodules of quantiz enveloping algebras at roots of 1》,在量子群表示论中最困难的部分——单位根上取得了突破性进展。为研究其中的有限维不可约表示的性质提供了新的角度与途径。并为完全解决代数群的有理不可约表示的特征标这一经典问题带来希望。从事代数群与量子群的研究,迄今共发表论文 10 篇,专著 1 部。

席南华,湖南省祁东人,1963 年 3 月生。1981 年毕业于湖南怀化师范专科学校,接着在湖南辰溪当了一年中学教师。1988 年在上海华东师范大学获博士学位。此后在中国科学院数学研究所博士后流动站工作一年半。1990 年起在中国科学院数学研究所工作。1994 年获国家杰出青年科学基金资助。

【席承藩·土壤地理学家·当选为中国科学院院士】　1995 年 11 月 6 日,中国科学院公布了新当选的院士名单,中国科学院南京土壤研究所研究员席承藩,当选为中国科学院地学部院士。

席承藩,1915 年出生于山西省文水县。现任中国科学院南京土壤研究所研究员。他长期从事土壤地理和土壤资源研究,在土壤分类、调查制图、资源开发利用、区域综合治理及土壤普查等领域进行了开创性的研究,为中国现代土壤学的发展作出了重要贡献。在土壤分类研究中,主持全国土壤详细测制图,建立了我国以土种为基层分类单元的划分体系,并据此首次完成了 1:100 万中国土壤图和主持汇总了全国土壤专著;在土壤系统分类研究中,参与建立了人为土纲和初育土纲;在黄淮海平原综合治理研究中,主编了《黄淮海平原综合治理与农业发展问题》专著,提出了科学治理和合理利用黄淮海平原的途径;在三峡工程对生态与环境的影响及其对策研究中,对三峡库区上游水土流失与泥沙系统,中下游低湖田土壤潜育化、沼泽化等土壤问题及其治理对策提出了论证报告,提交全国人大审议;在主持"中国亚热带东部丘陵山区自然资源合理利用与治理途径"研究中,制定了资源考察研究"必须服务于国土整治和国民经济发展规划为目的,以解决生态环境与经济发展为工作重心"的原则,提出了新的综合考察方法,开创了综合考察工作的新局面;在红壤丘陵及严重崩岗的花岗岩山丘进行改造治理中,取得了显著的生态和经济效益,并在当地得到广泛的推广。主编和合作编著学术专著和图集 30 本,发表论文 300 篇,先后获国家级及省、部级奖励 10 余次。

【唐天标·中将·任解放军总政治部副主任】　1995 年 7 月,中央军委任命唐天标为解放军总政治部副主任。

唐天标,1940 年 10 月生。湖南石门人。1960 年入哈尔滨军事工程学院工程兵系学习。1961 年加入中国共产党。1966 年毕业。曾任广州军区 104 工程指挥部参谋、干事,广州军区工程兵政治部干事、秘书,广州军区政治部宣传部干事、副科长、科长。1983 年毕业中共中央党校。后任广州军区政治部宣传部副部长,总政治部干部部副处长、副部长,海军政治部副主任,总政治部干部部部长。1993 年起任总政治部主任助理兼干部部部长,总政治部主任助理。是第八届全国人大代表。1990 年被授予少将军衔。1994 年晋升为中将军衔。

【唐世明·北京航空航天大学研究生·获中国大学生跨世纪发展奖学金特等奖】

北京航空航天大学自动控制系硕士研究生唐世明,因在学术、科技、实践、品德等方面作出优异成绩,德智体全面发展,1995 年获得共青团中央、全国学联颁发的首届"中国大学生跨世纪发展奖学金"特等奖。

"中国大学生跨世纪发展奖学金"是团中央、全国学联实施"跨世纪青年人才工程"的一项重要举措,旨在鼓励和扶持优秀大学生的成长,树立青年学生中的先进典型,推动更多的优秀学生脱颖而出。首批获得"中国大学生跨世纪发展奖学金"特等奖的还有:西安交通大学电子与信息工程学院博士研究生阙文修、山东大学晶体材料研究所博士研究生沈德元、山西大学音乐系梁朝辉、吉林工业大学技术经济系硕士研究生周贺、中山大学生命科学学院硕士研究生李福顺、福建中医学院郑培峰、天津大学建筑系郑灿、南京大学国际商学院韩璐、贵州师范学院中文系刘春。

唐世明,1971 年生,四川内江人,1990 年考入北京航空航天大学发动机系,学习宇航推进,并自修电子技术和自动控制专业,大学三年级时在物理实验室接受过实验技能培训。1994 年本科毕业后免试攻读自动控制系硕士学位,研究方向为专家系统与智能控制。在大学期间,他共完成了大大小小十多个项目,在学校开展的"冯如杯"科展中先后有 9 个项目参赛,获得过鼓励奖、三等奖和一等奖。在第三届"挑战杯"全国大学生课外科技学术活动竞赛中,他有两项个人项目和一个集体项目参赛，同时获得一等奖、二等奖和集体一等奖，个人积分居全国大学生之首。其中“智能化电力电容在线检测仪”填补国内空白，技术指标达国际先进水平。1993 年，获得北航金质奖章及中航技杯奖学金，同年被北京市授予“大学生科技标兵”荣誉称号，1994 年被评为“校园科技之星”。

1994 年 7 月，他刚毕业便承担起“三级倒立摆控制系统”课题的研究。许多科学家力图解决这一世界难题，一直未能成功。唐世明在不到一个月的时间内，完成了三级倒立摆实验装置的设计、制作和调试，于 1994 年 8 月 29 日成功地实现了三级倒立摆的稳定控制，12 月，国家自然科学基金会主持鉴定，认为此项技术乃世界首创。1995 年该项目获航空工业总公司部级科技进步一等奖。

1995 年 5 月，北航组队参加“NHK 创意对抗”国际大学生机器人竞赛，唐世明任队长，9 月，他带领 3 名队员赴日本大阪参加比赛，摘取了“最佳创意奖”桂冠，取得团体总分第 4 名的好成绩。10 月，他参加了高校创造教育分会成立大会暨第二届创造教育研讨会，撰写有《谈创造发明与教学改革》的论文。

【唐守正·森林经理学家·当选为中国科学院院士】　1995 年 11 月 6 日，中国科学院公布了新当选的院士名单。中国林业科学研究院资源信息研究所森林经理与林业统计研究室主任唐守正研究员当选为中国科学院生物学部院士。

唐守正，湖南邵东人，1941 年生。1963 年毕业于北京林学院林业系。毕业后长期从事森林调查与科研工作，并奋力自修数学。1978 年 10 月至 1985 年 8 月，先后获北京师范大学数学系概率统计专业理学硕士学位和理学博士学位。

唐守正长期从事森林资源清查、森林资源管理和生物统计方面的科学研究。提出并设计了“航空照片数量化回归森林蓄积量调查方法”，首次将定性因子的数量化方法引进森林调查；提出了预测大面积森林资源动态的厂林龄转移矩阵模型，主持设计并完成了“全国用材林森林资源预测系统”，为制定我国“七五”林业规划提供了可靠的科学依据；他系统地将多元统计方法引入林业界，专著《多元统计分析方法》及各种数值分析所编制的“IBM—PC 系列程序集”在全国推广应用。这种方法已达到并超过国际同类研究的水平。他创造性地提出了森林整体模型理论，解决了各类模型不相容及各类数表相互矛盾的问题等。他还完成了“全国用材林资源消长趋势的研究”，为我国制定中长期用材林发展计划提供了科学依据和多方案选择的基本资料；他完成的“南方人工林集约经营管理技术研究”，率先提出了新型林业的管理模式。他是《林业科学》常务副主编。

唐守正 1991 年被国务院学位委员会、国家教委授予“有突出贡献的博士学位获得者”称号；1994 年被评为国家级有突出贡献的中青年科技专家。

【唐金才·江苏维达机械集团公司工人·被授予全国劳动模范称号】　江苏维达机械集团公司工装组组长唐金才，30 年来，试制成功 400 多种先进刀具，完成技改项目近千个，被誉为“金工才子”。1995 年 4 月 29 日，被国务院授予全国劳动模范称号。

唐金才，江苏张家港市人，1947 年出生。1965 年进维达机械厂，干过车工、钳工、工装设计制作，现任工装组组长，技师职称。他 30 年如一日，革新创造千余件。他发明过“旋风切削”新工艺，使加工螺帽工效提高了 8 倍多；为国内首创“全程视窗科研塑料挤出机”的试制生产，解决了机筒螺杆光洁度的难题；为中国纺织大学设计试制成功了超长小深孔的加工；为企业压榨分离机壳体和压榨盘的加工设计制作了大圆球夹具新产品；完成了本厂和轻工部杭州轻机研究所共同承担的国家“八五”重点开发项目“注吹中空成型机”主关件“料道板”的新产品试制任务。在谈到这些成绩是怎么取得的时，唐金才说：“有人说我是‘金工才子’，其实我才初中一年级文化。这些年革新创造搞出点名堂，全是凭自己钻研摸索、苦干加巧干干出来的。”有的人有了一技之长，往往用来为个人谋取私利，但身怀绝招的唐金才却始终急人所急，不计较个人得失。杨园村 300 千瓦发电机组转子钢环变形，村干部心急如焚，请求唐师傅帮忙。唐金才脑子转得灵快，用最简便方法，将发电机本身的旋转对钢环进行车削，缩短了维修时间，又节约了费用。当村里厚礼相酬时，他却拒绝了。类似这类的事还很多很多。唐金才搞革新创造，首先考虑如何省力省料，既快又好。他利用旧刀头淬火加工，一年就为企业节约高级优质合金钢刀头 3.4 公斤，节省刀具费 3 万多元。仓库内有批库存水泵电机积压，他就设计了一根连接盘，使 20 多台电动机死而复生，全用到了车床上。多少次机器设备搬移遇到了工程技术难点，人们总把目光移向他。是他想出点子，动手攻克了一道道难关，为企业节省了数百万元。提早上班，推迟下班，甚至通宵开夜班，对唐金才来说是常事。他妻子肖琴妹说：“金才经常这样，活计忙了连吃饭、睡觉都不顾，还多次半夜起床翻书画图记符号，平时也很少能和全家人一起吃顿饭。”唐金才当工人30年如一日，革新创造千余件。有人给他估算了一下，他几乎每个礼拜都有一个发明创新。

【唐爱新·江西前卫化工厂厂长·被评为第五届全国十大杰出青年企业家】　“有风险也要上，企业不搞改革就是等死”。江西前卫化工厂厂长、党委书记唐爱新，一上任就执著地抓企业改革，在全国涂料行业不景气的情况下，前卫化工厂连续7年利税超千万元，成为江西省最佳经济效益工业企业之一。1995年11月20日，唐爱新被评为第五届全国十大杰出青年企业家之一；同年4月29日，被国务院授予全国劳动模范称号。

唐爱新，1957年8月生，江西高安县人。1982年毕业于江西大学化学系，被分配到前卫化工厂工作。历任技术员、车间副主任、车间主任、厂长助理、副厂长，1992年11月被任命为厂长。他以青年人所特有的朝气和开拓精神，相继推出一系列企业改革措施：改革人事制度，对中层干部和管理人员实行聘任制，全厂实行全员劳动合同化管理；改革分配制度，分步实施“岗位技能工资制”，把职工劳动报酬同劳动技能、岗位责任、工作环境结合起来，调动了干部职工的积极性。

前卫厂新开发的主导产品磷苯二甲酸酐，自1992年4月投产以来，生产像“打摆子”，跑漏粉质原料严重。厂里先后请来北京、上海的专家权威进行会诊，历时半年都没解决。全厂上下忧心忡忡，苯酐上不去，企业可能被拖垮。于是他带领技术人员研究图纸，并7次穿着防毒用具钻进带有剧毒的氧化塔内，进行测量、对比、试车，终于找到了故障，原来是氧化塔内翼尾阀安装的角度有问题，排除故障后，生产迅速走上正轨。仅此一技术攻关就减少催化剂损失30多吨，增产苯酐1500吨，产值700多万元。一举扭转了企业生产的被动局面，并为同行业生产攻克技术“顽症”作出了榜样。他撰写的“顺酐精馏降耗技术改造”等多篇论文，先后在全国性学术会议和刊物上发表，引起同行瞩目。1993年，唐爱新被破格评为高级工程师。

在任职3年中，唐爱新走出了一条依靠科技振兴企业，依靠科技增效益的好路子。先后投资1400万元扩建完成年产3000吨苯酐项目，新建一条铁路专用线，建设一条包装印铁自动化生产线和实现树脂运输管道化等技改项目。1994年5月，唐爱新经过市场调查，根据顺酐畅销的情况，决定利用现有技术和生产优势，投资1100万元，新建年产2000吨顺酐项目，1995年6月竣工投产，每年可为企业新增产值1600万元，利税360万元。1995年企业完成产值1.157亿元，销售收入1.03亿元，利税达1031万元。1992～1994年唐爱新连续三年获“江西省优秀厂长”、“江西省优秀企业家”称号；1993年被授予“第三届全国优秀企业家”称号，1994年获江西省五一劳动奖章，1995年4月被江西省人民政府授予“江西劳动模范”称号。

【唐满城·舞蹈教育家·出任以他的名字命名的舞蹈学校校长】　1995年5月20日，北京舞蹈学院教授唐满城，出任正式建立的唐满城舞蹈艺术学校校长。这所学校是由太原晋民科技商行“马氏三兄弟”为繁荣山西舞蹈艺术，弘扬民族文化，帮助有志于舞蹈艺术的青少年实现理想而出资创办并经太原市教委正式批准成立的全日制舞蹈艺术中等学校，旨在培养新型的综合性艺术人才以适应社会的需要。

唐满城，祖籍湖南省浏阳县，1932年7月31日（农历6月28日）生于上海市。1950年1月入中央戏剧学院舞蹈团学习，后为中国歌剧舞剧院舞蹈演员。1954年2月入文化部在北京开办的舞蹈教员训练班学习，以优异成绩毕业后，留在初建的北京舞蹈学校（后为北京舞蹈学院）先后任中国古典舞教师、教研组组长，民族舞剧科主任，教育系副主任、民族舞剧系主任。多年来，他边教学边进行理论研究，与其他教师一起，把从戏曲中分离出来的传统古典舞蹈加以提炼、整理，并吸收民族民间舞、武术和体操中可取用的成份，借鉴芭蕾某些训练方法，创建了新型的中国古典舞训练体系，参与编著了第一部《中国古典舞教学法》。其开展的中国古典舞身韵研究及教学实践，对进一步完善中国民族舞蹈训练体系，有重要意义。早期主演过小舞剧《东郭先生》。除教学工作外，还参与创作了舞剧《苗岭山上》、芭蕾舞剧《家》、舞蹈《忆长亭》、《被围之夜》、《风雪山神庙》和为香港舞蹈团编导的专题晚会《中国戏曲舞剧今昔》等。其中参与创作的大型舞剧《文成公主》获建国30周年文艺献礼演出创作二等奖、演出一等奖，舞蹈《情缘》获北京市1987年文艺比赛创作一等奖。曾获北京市高等教育局授予的“建立中国舞教学体系、培养高水平中国舞人才”教学成果一等奖和国家教委颁发的“国家级优秀教学成果”二等奖。他曾应邀到新加坡和香港、台湾地区讲学。1988年应聘担任香港演艺学院中国舞系教师，并受聘为香港舞蹈总会舞蹈团艺术总监。其学生遍及东南亚各国和中国、台湾、港澳地区。他是中国舞蹈家协会第五届理事，舞蹈教学学会副会长。主要著述有《唐满城舞蹈文集》等。

【唐富春(女)·南京同仁堂制药厂厂长·获全国优秀女企业家称号】 1995年“三八”妇女节前夕，南京同仁堂制药厂厂长唐富春，被中国女企业家协会授予“全国优秀女企业家”称号。

被称颂为像春蚕、似烛[illegible]的唐富春，从25岁就任了厂长以来，十年如一日，一心扑在事业上，全身心投入工作之中，几乎没有休息天、节假日，长期奔波于全国各地，直至33岁才组建自己的小家庭，而把自己最宝贵的青春年华献给了她钟爱的中药事业。10年前，人称嫩竹扁担的唐富春，深知“团结”的重要性。在工作中，她虚心听取意见，尊重同级领导干部，紧紧依靠广大职工，发挥了厂工会、共青团组织的作用，与大家和衷共济，摸准、走活了本厂改革和发展的三步棋：即划小核算单位，开展多种形式的承包，吸引外资，发展自己与国际接轨；强化销售工作努力开拓市场；推行技术进步，增强企业后劲，使一个一度陷于困境的以传统手工操作为主的老字号中药企业，逐步走上了工业化大生产的道路。其销售触角不仅伸向四川、贵州、江西和云南边陲，而且与新加坡、印尼、马来西亚、香港等国家和地区建立了贸易关系，扩大了传统产品和名、优、特、新产品的出口业务，其出口产品及出口供货值在江苏省中成药行业中占80%以上，并于1993年12月正式成立省中药行业首家中外合资企业——南京同仁堂裕丰制药有限公司。从1988年起，企业先后获省级先进企业、国家二级企业、市50家利税大户之一、省医药行业思想政治工作优秀企业、市文明单位、建设新南京有功单位、全国医药工业实现利税500家、市经济奋斗目标完成先进集体和省优秀企业等称号。企业生产的排石冲剂、石斛夜光丸分别获国家银质奖、国家医药管理局优质产品称号，牛黄消炎丸、蛇胆川贝液、牛黄清心丸、羚羊净粉、复方丹参片和大活络丹均被评为省优质产品。

唐富春，1960年2月[illegible]日生，江苏省南京市人。中国共产党党员，工程师。1978年曾在南京市郊区插队，后入中国药科大学学习。1981年后，先后在南京同仁堂制药厂、市医药总公司曾分别任车间主任、团委书记。曾被评为江苏省杰出青年企业家和优秀青年企业家及全国中药行业优秀企业家。

【凌子风·电影导演艺术家·获中国电影世纪奖】 1995年12月28日，在北京举行的中国电影世纪奖颁奖典礼上，优秀电影导演艺术家凌子风，荣获中国电影世纪奖。这项评奖是为纪念世界电影诞生100周年暨中国电影诞生90周年，由广电部电影事业管理局、中国电影家协会、中国电影出版社和中共北京市委宣传部联合主办的。

凌子风，原名凌颂强，1917年3月10日生于北平，原籍四川省合江县。14岁时考入北平美专学习油画、实用美术和雕塑。1935年考入南京国立戏剧专科学校舞台美术系，毕业后任中国电影制片厂美工师兼演员。1938年与他人组织抗日艺术队到达延安，先后任西北战地服务团编导委员长、冀中军区“火线剧社”副社长、延安鲁迅艺术学院戏剧系教员，导演了大型歌剧《不死的老人》，田庄剧《石头》、《慰劳》，演出话剧《日出》、《母亲》、《跟着彭总司令前进》、《粮食》等。1946年任华北联合大学艺术学院戏剧教员，并在歌剧《白毛女》中饰杨白劳。1947年在延安拍摄的第一部故事片《边区劳动英雄》中饰男主角，因战事影片未完成，后转入战地摄影队任队长，拍摄了延安保卫战实况。1949年到东北电影制片厂导演了处女作《中华儿女》。影片以纪实风格拍摄的抗联女战士八女投江的故事，在1950年第五届捷克斯洛伐克卡罗维·发利国际电影节上荣获“为争取和平自由而斗争奖”。此后导演了《光荣人家》、《陕北牧歌》、《金银滩》、《春风吹到诺敏河》等影片。1953年调到北京电影制片厂任导演，1954年赴苏联实习回来后导演了影片《母亲》、《深山里的菊花》、《红旗谱》(兼编剧)、《春雷》、《草原雄鹰》等。其中《红旗谱》是他创作的一个高峰。它反映了我国30年代前后华北农民如火如荼的斗争，成功地塑造了朱老忠等一批农民革命者的英雄形象。影片在当时产生很大反响。“文革”后，年逾古稀的凌子风焕发艺术青春，先后导演了《李四光》、《骆驼祥子》(兼编剧)、《边城》、《春桃》、《狂》等影片，以及《古庙》、《吴晗》、《黑色的诱惑》等电视剧。其中《骆驼祥子》、《边城》、《春桃》、《狂》等在中国名著改编创作上以突出成就，使凌子风导演艺术创作步入新高峰。《骆驼祥子》通过祥子和虎妞等人物形象的塑造，展示出一幅旧中国的真实图景，生活气息浓郁，获得1983年第三届中国电影金鸡奖最佳影片奖，第六届《大众电影》百花奖和1982年文化部优秀影片奖，凌子风获“金鸡奖”最佳导演奖提名。1985年凌子风因导演《边城》获第五届中国电影金鸡奖最佳导演奖。他导演《春桃》获1989年第十二届《大众电影》百花奖最佳影片奖和男、女主角奖，1988 年广播电影电视部优秀影片奖。

【海力倩姆·斯迪克（女）·维吾尔族舞蹈表演家·参加一代风流——“金秋风韵”舞蹈晚会演出】 1995 年 11 月，新疆维吾尔自治区歌舞团一级演员兼民族舞教员海力倩姆·斯迪克，在由中国文联主办、中国舞蹈家协会承办，展现为新中国舞蹈事业发展作出突出贡献，曾叱咤舞坛的老一代舞蹈表演艺术风采的“一代风流——‘金秋风韵’舞蹈晚会”上，表演了新疆舞蹈大师康巴尔汉·艾买提的代表作《林帕塔》，不仅颇有其师的风范，而且清新流畅，独具神韵，引起全场观众的热烈反响。

海力倩姆·斯迪克，维吾尔族，1946 年 6 月 15 日生于新疆和田市一个艺术世家。幼年即深受民族音乐、舞蹈艺术的熏陶。她 4 岁就开始接受舞蹈训练，6 岁即登台表演。刚刚 8 岁时，就在新疆举办的首次民族体育比赛中获得银奖。1958 年考入新疆艺术学校后，经过 4 年系统、全面而严格的舞蹈训练，以优异的成绩进入新疆歌舞团任舞蹈演员。在歌舞团期间，继续受教于新疆舞蹈大师康巴尔汉·艾买提等舞蹈前辈悉心培育。由于她学习勤奋、训练刻苦，善于琢磨吸收、博采众长，不仅在艺术上日臻成熟，而且形成了自己独特的风格。她曾于 1964 年新疆文艺调演和 1980 年新疆舞蹈比赛中，分别获优秀表演奖和一等奖；1979 年在全国文艺调演中表演的维吾尔族舞蹈《刀郎赛乃姆》、塔吉克族舞蹈《迎新娘》分别获二、三等奖。自 80 年代以来，先后在新疆、广西南宁、桂林等地举办过独舞晚会或个人专场表演。出访了非洲、亚洲、欧洲等 15 个国家和香港。她除了从事舞台表演艺术以外，还涉足于其它艺术领域。曾担任艺术影片舞蹈艺术指导、编导；参与专题片《美丽的新疆》、《新疆的三十年》的拍摄工作，在影片《不当演员的姑娘》、《艾力甫·赛乃姆》中担任演员。30 多年来，她在坚持艺术表演的同时，还致力于教学工作，着力培养年轻演员，还曾应邀到马来西亚、香港地区讲学。她是第八届全国政协委员、新疆第八届政协委员。曾任中央民族学院艺术系民族舞教师。1995 年组建新疆舞蹈培训班，并亲任班主任。

【剧雪（女）·青年演员·获第十五届中国电影金鸡奖最佳女配角奖】 空军政治部话剧团青年演员剧雪，因在电影《永失我爱》中出色地饰演了空姐杨艳，1995 年 10 月 22 日在北京召开的第四届中国金鸡百花电影节上，获得第十五届中国电影金鸡奖最佳女配角奖。

电影《永失我爱》描写青年司机苏凯偶遇空姐格格、杨艳，并与格格一见钟情。不幸，苏凯突患绝症，为了格格将来的幸福，他谎称自己已变心，两人挥泪诀别。杨艳主动承担了照顾苏凯的责任，使其在爱情的温暖中溘然离世。剧雪在影片中饰演的空姐杨艳，戏虽不多，但她在很少的篇幅里，对人物热情率直的性格以及人物内心细微感情的刻划把握得层次分明、恰到好处。她出色的演技，获得专家的好评。

剧雪，1968 年生于北京，读中学时就登上银幕，与陈强、陈佩斯父子合演影片《父与子》，在片中扮演欢蹦乱跳的“三丫”。1987 年考入上海戏剧学院表演系，拍摄了电视剧《魔宫》、《月满西楼》和电影《百变神偷》等。1991 年毕业后分配到空政话剧团，先后主演了电影《烈火金钢》、《女子戒毒所》、《我们当过兵》、《出嫁女》、《丫丫情话》、《一夕是百年》、《凤凰琴》、《烟雨情》、《上一当》、《消失的女人》、《与你同住》、《永失我爱》、《混在北京》，电视剧《密探》、《结婚一年间》、《追日部族》、《相约》等。她的表演松弛自然，人物塑造得准确、生动，给观众留下了深刻的印象。

【堵丁柱·数学家·获国家自然科学二等奖】 中国科学院数学所研究员堵丁柱完成的科研课题“关于斯坦纳树的研究”，获 1995 年国家自然科学奖二等奖。

堵丁柱在运筹学和理论计算机科学等领域作出了许多重要贡献，发表论文 100 多篇，论著和编著 10 余部。特别是他在斯坦纳树方面的杰出工作，更为他赢得了国际声誉。由于该课题在交通和通讯等领域有着广泛和重要的应用价值，近 30 年来许多科学家做了大量工作，堵丁柱的研究为这个困扰国际数学界 20 多年的难题引进了具有重要理论意义的独特方法，已被〈大不列颠百科全书 92 年鉴〉评为当年 6 项数学成就之首，并被评为中国 1990 年十大科技成就之一。由于取得的突出成绩，他先后荣获中国科学院青年科学家一等奖，首届中国青年科学家奖，中国科学院自然科学一等奖和国家自然科学二等奖。

堵丁柱，1948 年 5 月 21 日生于齐齐哈尔，现为中国科学院数学所研究员、博士生指导老师。他在没有受过正规大学教育的情况下，靠自学于 1978 年考入了中科院应用数学所做了硕士研究生，1981 年获硕士学位。1985 年在美国加州大学获博士学位，现在美国明尼苏达大学访问和工作（教授）。

【黄进·武汉大学教授·被评为全国十名杰出青年法学家】　1995 年 12 月 26 日，由中国法学会组织评选的全国十名杰出青年法学家揭晓。武汉大学教授黄进获杰出青年法学家称号。

黄进，1958 年 12 月 15 日生，湖北省利川市人，中国共产党党员。1982 年毕业于湖北财经学院法律系；1984 年获武汉大学法学硕士学位；1988 年获武汉大学法学博士学位，是我国自己培养的第一位国际私法专业博士。现任武汉大学法学院教授、博士研究生导师。黄进主攻国际私法，旁及国际公法和比较法，尤其对国家及其财产豁免、区际冲突法、国际商事仲裁和中国国际私法的理论与实践有深入和独到的研究。出版专著《国家及其财产豁免问题研究》、《区际冲突法研究》，并主编和参加编写了《国际司法协助与区际冲突法论文集》、《区际司法协助研究》等近二十部著作和教材，先后在《中国社会科学》、《海牙国际法年刊》、《国际法文摘》、《杜克国际法与比较法杂志》等中外报刊上发表中、英文论文、译作和书评 80 余篇。在“七五”和“八五”期间，他作为课题负责人承担了国家教委高等学校哲学社会科学重点科研项目、国家青年社会科学研究基金项目、国家教委资助优秀年轻教师基金项目、国家教委高等学校哲学社会科学博士学位点专荐科研基金项目，以及国家教委“八五”人文、社会科学研究国际问题规划项目等多项科研课题。

黄进先后获武汉大学首届纪念周鲠生法学奖金甲等奖，湖北省法学会法学研究优秀成果荣誉奖和优秀成果奖，霍英东教育基金会全国高等学校青年教师奖，国家教委优秀教学成果一等奖等，并获国务院学位委员会和国家教委授予具有突出贡献的中国博士学位获得者等荣誉称号。

【黄昆·理论物理学家·获首届何梁何利基金奖】　1995 年二月 12 日，何梁何利基金首届颁奖大会在人民大会堂举行。中国科学院院士、理论物理学家黄昆教授因对理论物理学的发展作出突出贡献，获得首届何梁何利基金奖励证书和奖金 10 万港元。

黄昆，1919 年生于浙江省嘉兴，1941 年毕业于燕京大学物理系，1947 年获燕京大学硕士学位。1945 年赴英留学，1947 年获布里斯托尔大学博士学位。此后在英国爱丁堡大学物理系、利物浦大学物理系任研究员。1951 年回国后任北京大学物理系教授。1977 年任中国科学院半导体研究所所长。曾任第五、六届全国政协常委。并任瑞典皇家科学院国外院士、第三世界科学院院士等。

黄昆对固体物理学的研究有开创性成果，如首次提出固体中杂质缺陷导致 X 射线漫散射的理论；首次提出多声子的辐射和无辐射跃迁的量子理论，被国际上称为“黄—佩卡尔理论”或“黄—里斯理论”；他首次提出晶体中声子和电磁波的耦合振动模式，被命名为极化激元，其方程被称为“黄方程”。他与 M. 玻恩合著的《点阵动力学理论》是这一学科的权威著作，编写有《半导体物理学》、《固体物理学》等教材。

【黄源·著名作家·喜度 90 华诞】
鲁迅的学生和战友、著名作家、编辑家、翻译家黄源，1995 年 4 月 28 日在西子湖畔度过了他的 90 华诞。浙江省文联、省作协和一批中青年作家向这位革命文艺家热烈祝贺。全国政协副主席、中国作协主席、黄源的老朋友巴金为祝贺黄源寿诞亲笔题词祝他生日快乐，健康长寿。中宣部副部长、中国作协党组书记翟泰丰和曹禺、冰心、艾青、陈荒煤、柯灵、草明等致电祝贺。

黄源，原名河清，浙江海盐人，1906 年出生，。1928 年留学日本。1929 年回国，任《文学》编辑，《译文》主编。在 20 年代后期，便结识和追随鲁迅、茅盾，活跃于左翼文坛，参加了当时文化战线反“围剿”战斗。鲁迅称赞他是“一个向上的认真的译述者”。1938 年，他参加新四军，曾任《抗敌》杂志编辑、中共浙东区委员会宣传部副部长、华东大学文学院院长。1949 年后，历任华东军政委员会文化部副部长，中共浙江省委宣传部副部长，浙江省文化局局长。1957 年被错划为右派分子，1979 年平反。后任浙江省作协主席、浙江省文联副主席。

黄源自 1929 年开始发表作品。著有《纪念鲁迅先生》、《在鲁迅身边》、改编昆曲剧本《十五贯》(与他人合作)，译有小说《三人》、《日本短篇小说译丛》等。

【黄力平·体操运动员·在世界体操锦标赛中获奖】　1995 年 10 月 6 日，中国男子体操队在日本鲭江市的福井太阳宫举行的第 31 届世界体操锦标赛上，以 566.619 分夺得团体冠军。作为团体冠军成员之一的黄力平，同队友李小双等一起走上冠军领奖台。

黄力平，1973 年 4 月 9 日生，湖北武汉人。1978 年开始练习体操，1985 年进湖北体操队，1986 年进国家体操队。黄力平的成长不是一帆风顺的。1991 年 7 月 28 日，厄运降到 18 岁的这位年轻选手头上。在天津举行的李宁杯体操赛上，跳马比赛做“键子后手翻直体后空翻转体 720 度”动作时，他出乎意外地在落地时摔倒了，左膝压住右膝。他伤得不轻，医生诊断为右膝关节交叉韧带断裂和外侧半月板损伤。手术后住了三个月医院，断裂的肌腱重新被接上，用来固定的钢钉还嵌在腿里，然而他 5 个月后就恢复了训练。

他以坚强的毅力和坚定的信心克服重重困难。1993 年，在第七届全国运动会上，他与队友李小双、李大双等合作，为湖北夺得男子团体冠军，此外他还获得男子个人全能、双杠和单杠的金牌。1994 年在广岛亚运会上，他是中国男队团体冠军队员之一，他个人还获得双杠金牌。

黄力平臂力大，动作协调，有“双杠王”之称。1994 年 4 月，在澳大利亚布里斯班举行的第 29 届世界体操单项锦标赛上夺得男子双杠冠军。同年 11 月，在德国多特蒙德举行的世界体操团体锦标赛上，作为主力队员之一的黄力平有出色表现，与队员共同努力，一举夺得男子团体冠军。这是继 1983 年中国体操队首次荣获团体冠军之后的第二次夺得团体冠军。

【黄大卫·生物学家·获中国科学院青年科学家奖一等奖】　中国科学院动物研究所研究员黄大卫，获 1995 年中国科学院青年科学家奖一等奖。

黄大卫，山西省山阴人，1957 年 4 月生，1982 年毕业于天津南开大学，获理学学士学位。1985 在中国科学院动物研究所获硕士学位，1989 年在该所获博士学位。毕业后，一直在中国科学院动物研究所工作，现为研究员、常务副所长兼动物进化与系统学青年实验室主任，中国动物志编辑委员会副秘书长、编委，国际膜翅目学会会员、国际 Hennig 学会会员，中国昆虫学会会员兼北京昆虫学会学术委员会委员，植物学会会员兼数量分类学会专业委员会委员，中国科学院生物分类区系学科发展专家委员会副主任。1991 年 10 月至 1992 年 12 月获英国皇家学会女皇奖学金，在英国自然历史博物馆从事合作研究。

他从事生物系统学理论、系统发育、昆虫纲膜翅目小蜂总科系统学、外部比较形态和生物防治等多方面的研究。关于支序系统学理论及昆虫系统发育的研究成果达到世界先进水平。对推断系统发育的几个重要的计算机程序进行了比较研究，为我国的支序系统研究和系统发育研究起到了积极的推动作用。在昆虫分类学方面的研究居国内先进水平，部分成果已经达到世界先进水平。共发表论文 42 篇，参加编写专著 5 部，出版专著 2 部。曾获北京市昆虫学会青年优秀论文二等奖。1990 年获沅江市科学技术进步一等奖。1994 年获中国昆虫学会青年优秀论文一等奖，并获国家自然科学基金优秀中青年人才专项基金。

【黄文明·总参通信部原政委·在北京逝世】　总参通信部原政治委员黄文明，因病于 1995 年 9 月 28 日在北京逝世，终年 87 岁。

黄文明，江西省兴国县人，1927 年加入中国共产主义青年团，1930 年转入中国共产党，1933 年参加中国工农红军。历任乡苏维埃主席、文书、干事、政治指导员、政治教导员、科长、团政治委员兼主任、县委书记兼支队政治委员、地委书记兼军分区政治委员、旅政治委员、师政治委员、兵团政治部组织部部长、军副政治委员、兵团干部部部长、军政治委员、志愿军干部部部长、工程兵特种工程指挥部政治委员、工程兵副政治委员、通信兵部政治委员等职。他是中共第九、十届中央委员会候补委员。1955 年被授予少将军衔。土地革命战争时期，他参加了第一至第五次反“围剿”斗争和二万五千里长征。抗日战争时期，他参加了平型关战役和百团大战等战斗。解放战争时期，他参加了大同、张家口、石家庄、太原、扶眉、兰州、宁夏等战役。

【黄玉斌·体操教练员·率领中国男子体操队夺得世界锦标赛团体冠军】　1995 年 10 月 6 日晚，在日本鲭江的福井太阳宫内，鲜艳的五星红旗高高升起，同时奏响雄壮的中国国歌。这天，在这里举行的第 31 届世界体操锦标赛男子团体决赛中，中国队卫冕团体冠军成功。男队总教练黄玉斌和他的队员李小双、黄力平、张津京、黄华东、范红斌、范斌、沈剑，手捧鲜花站在冠军领奖台上。

中国队以 566.619 分领先于其他各队，夺得男子团体赛的金牌。这是黄玉斌率领中国男子体操队，继 1994 年夺得世锦赛团体冠军之后，蝉联世锦赛男团冠军。获得这次比赛男子团体第二至第三名的是日本队(563.558 分)、罗马尼亚队(561.947 分)、俄罗斯队(560.971 分)、乌克兰队(560.934 分)、白俄罗斯队(560.158 分)。

黄玉斌，1958 年生，黑龙江省齐齐哈尔人。1970 年入选黑龙江省体操队，1975 年入选国家体操队。他出生于杂技艺人世家，身材好，素质力量好。80 年代，在著名教练高健指导下，他与李月久等人成长为世界级优秀体操运动员。1980 年，他参加第五届世界杯体操赛并荣获吊环冠军，这是我国男子体操的第一个世界冠军。1983 年，在第 22 届世界体操锦标赛上，由李月久、黄玉斌、李宁、童非、李小平等组成的中国男子体操队，战胜独霸世界体操多年的原苏联体操队，首次夺得男子团体冠军。

1984 年洛杉矶奥运会后，黄玉斌退役。1985 年，他担任了中国女子体操队教练，1989 年调入中国男子体操队任教练。1993 年他出任男队总教练。1994 年 11 月，在德国的多特蒙多举行的第 30 届世界体操锦标赛男子团体决赛中，引人注目的中国男子体操队终于战胜俄罗斯、乌克兰、罗马尼亚、美国、德国等强队夺得团体冠军。

中国男子体操队在 1983 年首次夺得世锦赛团体冠军之后，相隔 11 年，又于 1994、1995 年连续两次夺得世锦赛团体冠军。

黄玉斌担任教练十年，一心扑在事业上，钻研业务，不忘祖国的培养，多次拒绝国外俱乐部的高薪聘请，为培养新一代优秀运动员倾注心血，先后培养出樊迪、李小双、李敬、李春阳、黄力平等 7 个世界冠军。

黄玉斌有一个温馨的家。他的爱人孙小沫与他是同时代的优秀体操运动员。他们有一个天真可爱的儿子。他休息时间喜欢钓鱼。

【黄成根·武警战士·被授予雷锋式的消防战士称号】　1995 年 7 月 28 日，公安部授予黑龙江消防总队齐齐哈尔市消防支队二中队班长黄成根"雷锋式的消防战士"荣誉称号。10 月 13 日，命名表彰大会在哈尔滨隆重举行。

黄成根，朝鲜族，1972 年生，高中文化。1990 年入伍以来，坚持学习雷锋的思想，实践雷锋的精神，走雷锋成长的道路，在普通一兵的平凡岗位上，奋发进取，埋头苦干。他先后为战友和群众做好事 700 余件，义务修理各种家用电器 300 余件，多次参加扑灭重大火灾战斗，冒着生命危险抢救出 5 名被大火围困的群众，为保卫国家财产和人民群众的生命安全，成功完成灭火抢险任务发挥了消防业务骨干的重要作用。他长期担任驻地小学校外辅导员，尽心尽力为培养下一代贡献力量。

黄成根先后 12 次受嘉奖，4 次荣立三等功，1 次荣立二等功，9 次被黑龙江省消防总队和齐齐哈尔市消防支队评为学雷锋标兵和优秀士兵。1993 年被共青团齐齐哈尔市委、市青年评为"鹤城十大杰出青年"，1994 年 5 月被团市委授予"新长征突击手标兵"称号，同年被省公安厅授予"双学先进个人"，连续两年被齐齐哈尔市教委评为优秀校外辅导员。

【黄汲清·著名地质学家·获首届何梁何利基金优秀奖·在北京逝世】　1995 年 1 月 12 日，何梁何利基金首届颁奖大会在人民大会堂举行。我国一代地质大师、新中国地质事业的开拓者和奠基人之一黄汲清，获何梁何利基金优秀奖奖励证书和奖金 100 万港元。同年 3 月 22 日，黄汲清在北京逝世，终年 91 岁。

"何梁何利基金"是由香港"何善衡慈善基金会有限公司"、梁銶琚博士、何添博士和"伟伦基金有限公司"各捐资 1 亿港元，于 1994 年 3 月在香港注册设立的科技奖励基金。

黄汲清，1904 年 3 月 30 日出生于四川省仁寿县，1928 年毕业于北京大学地质系。1935 年获瑞士浓霞台大学理学博士学位。1948 年当选中央研究院院士。1955 年当选中国科学院学部委员（院士）。1980 年被瑞士联邦理工学院授予名誉博士学位。1984 年加入中国共产党。1985 年被美洲地质学会授予名誉会员称号。1988 年当选为苏联科学院外籍院士。1994 年当选为俄罗斯科学院外籍院士。历任中央地质调查所所长、北京大学教授、中央地质工作计划指导委员会委员、西南军政委员会委员、西南地质局局长、地质部普查委员会常委、石油工业部顾问、地质部石油地质局总工程师、地质部地质研究所副所长、中国地质科学院副院长、中国地质科学院名誉院长等职。是一、二、三届全国人民代表大会代表，五、六、七届全国政协常委，九三学社中央常委和参议委员会副主任，第 15 届和 32 届中国地质学会理事长，中国科协常务委员、荣誉委员。

黄汲清毕生致力于地质工作，取得了卓越成就，在地质学理论和找矿上做出了具有划时代意义的贡献。70 年来，他发表论文 250 余篇，专著 20 部，其中一些被国外译成多种文字出版。他创建并发展了多旋回构造理论。1994 年获陈嘉庚地球科学奖。1995 年获何梁何利基金优秀奖。他在石油天然气地质领域有很高的学术造诣，参与主持了全国第一轮石油普查，为大庆等第一批重要油田的发现和推进塔里木盆地油田突破性发现做出了贡献。

【黄如航·民警·被追授全国公安系统

一级英雄模范称号】　1995年11月28日，公安部发布命令，追授广东省佛山市公安局九科民警黄如航全国公安系统一级英雄模范称号。

黄如航，1969年1月1日出生，广东高要人，中专文化，1989年参加公安工作，任广东省佛山市公安局九科侦察员，1987年加入中国共产主义青年团。三级警司。他1989年从省警校毕业分配到佛山市公安局工作以来，勤奋好学，刻苦钻研，成为技侦工作的多面手和业务骨干。他多次奋不顾身与犯罪分子周旋，冒着生命危险参加围捕持枪凶犯的战斗，出色地完成了任务。他先后共参加侦破重大案件198起，与战友一起抓获各类违法犯罪分子147人，受到市公安局嘉奖。1995年7月12日晚，在解救人质的战斗中，为保护战友和人民群众的生命安全，他置个人生死于度外，挺身而出，在战友腹背受敌、现场群众生命安全受到严重威胁的危急情况下，他奋不顾身地扑向持枪罪犯，紧紧地卡住罪犯的脖子，与罪犯展开了殊死搏斗，不幸中弹倒地，仍忍着剧痛顽强地两次举起手枪对准罪犯，但已无力扣动扳机，再次倒下。凶残的罪犯又向他连开两枪。战友闻声立刻转身射击，将罪犯击毙。黄如航同志因流血过多，壮烈牺牲。

【黄豆豆·上海舞蹈学校学生·在全国舞蹈比赛中获一等奖】　1995年5月，上海舞蹈学校民族科学生黄豆豆，在广州参加由文化部和中国舞蹈家协会共同主办，广东省文化厅承办的第三届全国舞蹈(独、双、三人舞)比赛中，把独舞《醉鼓》中的一位民间艺人对艺术的执著和痴情刻划得维妙维肖，入木三分。将生动鲜明的人物个性与高超有致的舞蹈技巧溶成一体的精彩表演，获得全场观众的连声赞叹和最为火爆的掌声。以绝对优势摘取了中国古典舞表演一等奖桂冠。

黄豆豆，1977年生于浙江省温州市。自幼受酷爱舞蹈事业的父母熏陶，5岁便徜徉舞海。7岁进入温州市少儿艺术学校后，由于其“天资聪颖”且肯吃苦而受到启蒙老师的重点培养。1989年考入上海市舞蹈学校，不久便成为班里的佼佼者。在校学习期间，多次被学校、上海市评为三好学生。每次寒暑假，为做到“拳不离手、曲不离口”，他都与当演员的舅舅和当武术运动员的表哥一起练功，习“武”学艺。由于他的“天才”和“勤奋”，自1992年起，先后获首届上海“世纪杯”民族歌舞比赛民族舞第三名、第15届“上海之春”优秀表演奖、第四届全国青少年“桃李杯”舞蹈比赛中国古典舞少年甲组男子一等奖、’95“春兰杯”我最喜爱的春节晚会节目歌舞类银奖。还曾作为《当代著名舞蹈家艺术团》最年轻的成员为联合国第四届世界妇女大会演出，并出访过韩国、香港地区。此次比赛，黄豆豆在盈人见方的高桌上，游刃自如地表演熔古典、民间舞和武术等元素为一炉的《醉鼓》，并娴熟地通过一系列高难技巧和高台技艺将一个如日中天的打鼓艺人的形象和内心世界呈现给观众，并使其深深地感染观众。

黄豆豆现正在北京舞蹈学院进修。

【黄克智·清华大学教授·获香港柏宁顿(中国)教育基金会首届孺子牛金球奖】

清华大学教授、工程力学所所长、中国科学院院士黄克智，因在力学研究工作中取得突出成就，1995获得香港柏宁顿(中国)教育基金会首届“孺子牛金球奖”(杰出奖)。同年，他被授予北京市先进工作者称号。

柏宁顿(中国)教育基金会是由香港柏宁顿国际集团董事长邓崇光创建的，旨在资助发展中国的教育事业。“孺子牛金球奖”从1995年开始，每年举行一次。

黄克顿是国内外知名的力学家，早在五六十年代，他就提出了薄壳统一分类理论，发展了分解合成法，使一个极为复杂的薄壳理论问题分解为几个简单问题的叠加而得以求解。70年代，他把板壳理论用到在工业企业中的管壳式换热器设计上，首创的管板设计方法经过我国12个工业部上千家单位10多年的应用，最终成为国家标准。80年代，他在断裂力学方面对工程中重要的幂硬化材料、弹塑性材料和理想弹塑性可压缩材料等多种材料提出了新的裂纹尖端奇异场理论，基本解决了国际上多年悬而未决的难题，并为新的结构缺陷评定方法提供了理论基础。90年代，他将固体力学与材料科学相结合，在陶瓷材料增韧机制及有限变形材料塑性本构理论的研究方面取得了一系列成果。

黄克智，1927年生于江西南昌，1947年江西中正大学毕业，1952年清华大学工程力学研究生毕业。1955－1958年在莫斯科大学数学力学系进修。回国后至今，在清华大学任教。他发表过170多篇论文，出版专著5部，先后获得15项国际、国家与省部级奖励。培养出博士研究生25人。1993年被评为全国教育系统劳动模范。

【黄学敏·广东汕头昂泰企业(集团)有限公司董事长兼总裁·独资创办私营企业集团】　广东汕头昂泰企业(集团)有限公司董事长兼总裁黄学敏,独资创办私营企业集团,1995 年创产值近 3 亿元。

黄学敏,1956 年 10 月出生于广东省澄海县湾头镇。1994 年被中华全国工商业联合会等单位评为"中国十佳民营企业家"。曾在党的改革开放政策指引下,敢想、敢闯,独资创办了总投资达 2.5 亿元的私营企业集团,并已形成了生产经营水产品、开发海洋生物高新技术产品为主,融农、工、贸、科技于一体的多元化、多层次的生产经营体系。1995 年创产值近 3 亿元。黄学敏善于捕捉信息。他紧紧抓住活鳗出口创汇效益高的信息,立足于家乡优越的地理气候优势,在全国首创了海滩涂养鳗新技术,为我国开发海滩涂养鳗做出了贡献。这个项目已被列入国家级"星火计划"。为了寻求更大的发展,他把投资重点放在科技开发和研究上,并与中国科学院等科研单位建立了广泛的联系。通过引进先进技术,开发海洋药物和保健食品,在经营实践中走出了一条生产与科技相结合的新路。黄学敏在致力发展壮大自己企业的同时,积极投身社会活动和社会公益事业。他慷慨解囊,捐助教育、文化、儿童、卫生等各种公益事业,累计达数百万元。

黄学敏现担任中华全国工商业联合会执行委员、广东省政协委员、广东省总商会副会长等职。

【黄建新·电影导演·获第十五届中国电影金鸡奖最佳导演奖】　西安电影制片厂导演黄建新编剧导演的影片《背靠背,脸对脸》,1995 年 10 月 22 日在北京举行的第四届中国金鸡百花电影节上,获第十五届中国电影金鸡奖最佳导演奖、最佳合拍片奖,此外还获得最佳编剧、最佳男主角、最佳男配角、最佳录音等四项提名奖;1995 年 3 月在第五届上海影评人奖评选中获'94 年十佳影片第二名和最佳男演员奖。1994 年此片还在北京、珠海、东京举行的电影节上获奖。

影片《背靠背,脸对脸》是根据刘醒龙小说《秋风醉了》改编。它围绕着某小城市文化馆馆长的任命,透过错综复杂的人际关系和是非恩怨,深刻地揭示了现实生活中人文的复杂性和改革在人们心理上引起的变化。全片风格统一,内涵深刻,镜头运用流畅、洗炼,表演自然、生活、贴切,具有很高的艺术品位和认识价值。

黄建新,1954 年生,河北深县人。1970 年入伍,1976 年复员到西安市卫生局宣教馆工作,1977 年考入西北大学中文系进修班,1979 年毕业调入西安电影制片厂。1980 年至 1983 年先后在六部影片里担任场记和副导演。1983 年考入北京电影学院导演进修班。1985 年独立执导了处女作影片《黑炮事件》。影片深刻地刻画了赵书信这样一位中国知识分子的典型形象。内涵深刻、丰富、多义,形式夸张、怪诞、新颖,在电影界引起广泛注意,为此获得 1986 年第六届中国电影金鸡奖最佳影片、最佳导演、最佳美术等三项提名奖和最佳男主角奖,还获得 1985 年广播电影电视部优秀影片奖。1986 年他导演了电影《错位》。1988 年导演了电影《轮回》。该片展现了个体户石岂在社会变革和经济变革中的沉浮。影片叙事流畅,制作精美。获得 1989 年第九届中国电影金鸡奖最佳影片等四项提名奖。1990 年黄建新赴澳大利亚讲学。1992 年回国后编剧导演了电影《站直啰,别趴下》。以新写实主义的风格,幽默的笔调,通过一栋楼里几户人家的生活,反映出改革开放给人们思想带来的巨大变化以及在巨变面前出现的怪圈。该片获得 1992 年上海影评人奖十佳影片第一名。此后他还导演了影片《五魁》。编导了影片《打左灯向右转》。

【黄绍竑·著名爱国民主人士·百年诞辰纪念会在北京举行】　1995 年 12 月 6 日,首都各界人士集会,纪念著名爱国民主人士黄绍竑诞辰 100 周年。全国人大常委会副委员长程思远、李沛瑶等在会上讲话,各民主党派中央负责人、黄绍竑生前友好参加了纪念活动。

黄绍竑(1895——1966 年),广西容县人。又名绍雄,字季宽。保定军官学校毕业,先后参加了辛亥革命、北伐战争和抗日战争。孙中山先生奠定广东革命根据地时期,曾任讨陆(荣廷)军总指挥等职,对统一两广作出了贡献。其后,先后任广西省主席兼留桂军军长、国民党政府内政部部长、浙江省主席、湖南省主席等职。抗日战争初期任第二战区副司令长官。1947 年后任国民党政府监察院副院长、立法委员等职。1949 年为国民党政府和平谈判代表团战员,后去香港。1949 年 8 月 13 日,他毅然与李默庵等人在香港发表《我们对于现阶段中国革命的认识与主张》的公开声明,宣布脱离国民党政府,随后北上,出席中国人民政治协商会议第一届全体会议。新中国成立后,曾任政务院政务委员、全国人大常务委员会委员、全国政协委员、中国国民党革命委员会中央常务委员等职。1957 年曾被错划为右派分子。1966 年 9 月在北京因病去世，终年 71 岁。

【黄保欣·香港联侨企业有限公司董事长兼总经理·任香港机场管理局主席】 1995 年 12 月，黄保欣出任香港机场管理局主席。

黄保欣，福建惠安人，生于 1923 年。1948 年毕业于厦门大学化学系，获理学学士学位，同年移居香港。1958 年开办联侨企业有限公司，任董事长兼总经理。1979—1988 年任香港立法局议员，1980 年获非官守太平绅士。历任香港贸发局理事，香港塑胶原料商会会长，中华厂商联合会名誉会长，香港浸会学院校董，香港联侨企业有限公司董事长兼总经理，香港职业训练局主席，香港大学校董，理工学院应用科学咨询委员会主席、香港南洋输出入商会名誉会长。

黄保欣是香港特别行政区基本法起草委员会委员。1992 年 3 月被聘为第一批港事顾问。1993 年 7 月至 1995 年 12 月任香港特别行政区筹委会预委会委员，同年 12 月被任命为香港特别行政区筹委会委员。

【黄贻钧·著名音乐指挥家·在上海逝世】 上海交响乐团名誉音乐总监黄贻钧，因病久治无效，于 1995 年 10 月 11 日在上海逝世，终年 80 岁。

黄贻钧在 60 多年的艺术生涯中，进行了广泛的音乐活动。他是最早进入中国历史最长的上海工部局交响乐队的几位中国演奏家之一，也是我国早期从事电影、话剧音乐工作的作曲家之一。新中国成立后，作为上海交响乐团团长兼指挥，在数十年内，为介绍、普及、发展本团和中国交响乐事业，为培养中国交响乐人才，为中国交响乐艺术的繁荣而开展文化交流和走向世界等方面，做了大量富有创见性的工作。为纪念他的逝世，12 月 15 日晚，由上海市文化局、市文联、上海音协、上海交响乐团、上海音乐学院联合举办了一场“黄贻钧作品音乐会”，会上演奏了他的部分作品，有他 1935 年写的《花好月圆》、50 年代写的《民歌迭奏》、《江南组曲》、及改编的弦乐合奏《良宵》等。12 月 17 日还在上海文联大厅举办了各界代表参加的追思会。在 1996 年周年忌日，将出版《黄贻钧纪念集》，在上海交响乐团内树立他的半身铜像。

黄贻钧，1915 年 5 月 4 日生于江苏苏州。自幼酷爱音乐，从父学小提琴。入中学后学会了唱京戏、昆曲和演奏二胡、钢琴等乐器。1934 年迁居上海，加入百代国乐队，任二胡、扬琴演奏员。1936 年随黄自学作曲。1937～1941 年入上海国立音乐专科学校，主修小号。其间，从 1938～1942 年在上海工部局交响乐团担任小号、圆号演奏员，以半工半读方式坚持学业。1942 年起，随弗兰克尔学作曲、指挥。抗战胜利后，他除继续担任已改称为上海市政府交响乐团的演奏员和电影、话剧的作曲、音乐指导外，从 1948 年起，在上海国立音乐专科学校任小号和管弦乐合奏课的兼职副教授。新中国成立后，任更名为上海交响乐团的团长。1957 年 7 月加入中国共产党。50 年代曾先后去芬兰指挥赫尔辛基交响乐团演出西贝柳斯的第二交响乐等和中国作品；去前苏联指挥苏联国家交响乐团、塔什干交响乐团、古比雪夫交响乐团演出柴可夫斯基的交响乐和中国作品。80 年代去西柏林指挥柏林交响乐团演出德沃扎克的《第九交响乐》(即《自新大陆》)等和中国作品。他的指挥风格严谨、朴素，线条分明，层次清晰。对作品理解深刻，表现妥贴；既能保持原作的精髓，又具有个人风格——整体布局周密和演奏风格自由、流畅并富于曲式感。

黄贻钧曾任中国音乐家协会第四届常务理事、中国音协上海分会副主席、上海音协顾问，第七届全国政协委员等。

【黄炳华·二炮工程设计研究所高级工程师·受到中央军委领导同志接见】 1995 年 5 月 31 日，中央军委主席江泽民，副主席刘华清、张震等视察第二炮兵时，亲切接见了献身国防现代化的模范科技干部黄炳华。江主席说：“你的事迹我都看过了。你身体不好，希望你多保重。”

黄炳华，1938 年生，浙江省诸暨县人，1963 年 8 月从浙江大学毕业入伍，1972 年 12 月入党，历任技术员、工程师、副处长、室主任、副总工程师等职。黄炳华入伍 30 多年来，为我国战略导弹部队阵地建设做出重大贡献，多次立功受奖。

黄炳华 28 岁时挑起我国第一个战略导弹试验阵地结构设计的重担，并大胆运用“反井施工”法，开创了发射阵地施工的先例，使阵地连同他的名字，共同载入共和国导弹阵地建设的史册。他从参加我国第一口导弹井建设开始，就把标准定在赶超世界一流水平上，为创建最佳导弹阵地奋勇攀登。他抓紧点滴时间，广泛涉猎地下工程建筑知识，以顽强的毅力攻读了数千万字的国内外资料，收集整理了数百万字的笔记。他紧密跟踪世界建筑技术的发展。不断用新知识丰富和充实自己。他日以继夜，勤奋工作，多次参加或组织了我国导弹阵地工程的论证、勘察设计和现场施工指导，出色地完成了上级交给的各项任务。他顽强拼搏，刻苦攻关，主持和参与研究的课题，有7项获国家、军队科技进步奖。仅他组织完成的大型洞库优化设计一项，就为国家节约工程经费3000万元。黄炳华常讲："党和国家的利益事大，个人、家庭的事小"，"为了中华民族的强盛，纵然是肝脑涂地，也在所不惜"。他用实际行动实践了自己的诺言。为指导施工部队搞好阵地建设，他长年累月出没在深山峡谷，深入施工现场，为部队解决了大量技术难题。多次不顾施工部队官兵的劝阻，冒着生命危险亲自去现察看险情，指挥部队战胜塌方。他作为工程防护专家，甘当科技传播者，走到哪里，就把新技术新知识带到哪里。每次下部队，都挤出时间向官兵传授施工技术，为提高官兵的科技素质和工程质量作出了突出贡献。他只求奉献，不求索取，多次谢绝地方的高薪聘请，一心扑在国防建设上。特别是在身患癌症的两年里，仍以顽强的毅力，忍受着病痛的折磨，争分夺秒地为党工作，表现了共产党人"生命不息，奋斗不止"的高贵品质和当代知识分子、革命军人赤诚报国的高尚情操。1995年，《人民日报》、《解放军报》、《光明日报》、新华社、中央人民广播电台和中央电视台都报道了他的模范事迹。

〔附注：1996年1月2日，中央军委授予黄炳华以"献身国防现代化模范科技干部"荣誉称号。〕

【黄振山·长春摩托车集团公司董事长兼总经理·被授予全国劳动模范称号】　黄振山以科技为先导，把抓质量作为企业永恒的主题，使企业由亏损、微利的地方国营小厂，发展成为中国摩托车生产骨干企业。1995年4月29日，国务院授予黄振山全国劳动模范称号。

长春摩托车集团前身——长春汽油机厂，以生产林业采伐用的汽油锯为主导产品，70年代末林业由采伐转为营造为主，汽油锯产品严重滞销，企业陷入困境。1980年他们利用企业多年生产小型内燃机的条件转产摩托车，但销售困难，企业又濒临绝境。1984年11月，黄振山由技术副厂长提为厂长。他深知只有开发出适应市场需要的产品，企业才有生路。于是，他组织厂内有关人员对市场进行了三个月的调查分析，得知摩托车市场潜力很大，转产摩托车是对的，问题在于产品档次低，质量不适应市场的需求。于是，他决定背水一战，贷款3300万元对企业进行脱胎换骨的技术改造，以高起点、高档次、高质量开发新产品。他组织收集了日本、法国、意大利等国主要摩托车厂家几十种车型，几千个数据，进行比较论证之后，决定同日本铃木公司合作，引进具有国际先进水平的产品，使企业很快形成年产6万辆的能力，成为国家摩托车定点生产厂。"八五"期间，他们不间断对企业进行技术改造，总投资6000万元，形成年产22万辆摩托车生产水平，使企业跨入国家十大摩托车骨干企业之中，目前他们正进行第三期技术改造，形成年产50万辆的生产能力。

历史的教训使黄振山意识到，有了好产品，不等于就有了市场，只有高标准抓质量才会真正赢得信誉。如果产品质量不行，选型再行，批量再大也不行。他在企业内部实施质量意识教育，组织质量攻关，建立质量跟踪档案，实行质量否决权，使企业各项工作围绕质量这根主线，并贯穿于企业管理全过程中。他们生产的AX100型摩托车相继获得省优、部优、国优、中国公认名牌等称号。

黄振山，吉林省怀德县人，1947年8月24日生，大学专科文化水平，1968年12月参加工作，1974年12月加入中国共产党。历任长春市汽油机厂党总支副书记、副厂长、厂长等职。1994年获长春市和吉林省特等劳动模范称号。

【黄梅玉（女）·琼山市人民法院副院长·被授予全国法院模范称号】　1995年12月14日，海南省琼山市人民法院副院长黄梅玉，被最高人民法院授予全国法院模范称号。同年，她还被评为海南十佳巾帼。

黄梅玉是海南琼山人，1964年参加工作，1972年调进法院，1974年任副院长至今，先后与4位院长和10多位副院长共同工作过，没有一人不赞扬她"勤勤恳恳，默默奉献，无怨无悔，甘当人梯"的崇高精神。她主管的民事、行政案件牵连着千家万户，如果审理不好，很容易造成矛盾激化。对那些容易诱发闹事苗头、容易激化的案件，黄梅玉注意集中人力快审快结。一次，民庭受理一件离婚案。原告制造了炸药包，并进行了试爆，扬言要炸死被告全家。黄梅玉立即召集民庭审判人员研究对策，并带领大家到实地采取多种办法和措施进行调处，使案件在较短时间内顺利审结，化解了矛盾，收到较好社会效果。仅1992年至1994年，琼山法院及时处理易激化案件就达108件，挽救125人的生命。

黄梅玉积极进取，开拓创新。1990年以来，她对民庭的审判方式大胆改革，坚持谁主张、谁举证的举证责任原则。推行公开审判和庭审方式的改革，依法适用简易程序，取得了良好的社会效果。1994 年 8 月，省高院总结了琼山法院"坚持改进民事审判方式，不断提高民事执法水平"的经验材料，向全省民庭推广。同时，她认真把好案件的审批质量关。每年她都要审阅签发判决书、裁定书三、四百件，她件件把好案件事实关、审判程序关、适用法律关、法律文书关。她不放过一份不合格的法律文书。20 多年来，她修改的判决书达七、八千件，占她主管的审理案件的 70%～80%。在 1992 年全省法院系统民事案件质量检查评比和 1994 年全省法院系统民事案件庭审观摩竞赛中，琼山市法院均获得第一名。这与黄梅玉长期严格把关是分不开的。

黄梅玉分管的行政审判是一项新的审判工作，存在着公民怕遭报复不敢起诉、行政机关怕当被告不愿应诉、行政审判人员怕得罪人不敢大胆审理的现象。她迎难而上，加大行政诉讼的宣传力度，提高行政审判干部素质，还举办行政人员培训班，提高其依法行政和行政应诉的自觉性。三管齐下，使该院受理的行政案件逐年增加，1994 年受理 26 件全部审结。黄梅玉多次被评为省、市法院系统先进个人、优秀共产党员。

【黄惠英（女）·台湾京剧票友、著名会计师·在北京举办京剧专场公演】　1995 年 4 月 8 日晚，台湾省会计师公会理事长、京剧票友黄惠英，与中国京剧院合作，在北京人民剧场演出梅派名剧《凤还巢》。

英惠英是台湾省会计师公会有史以来的第一位女理事长。近两年来，她频繁往来于大陆、台湾两地，参与海峡两岸会计交流的种种活动。黄惠英又是台湾的著名京剧票友，擅演青衣、花旦、闺门旦。由于受其父亲的影响，上小学时就对京剧产生了浓厚的兴趣。上中学时又拜在台湾京剧名师段承润的门下学艺深造，课余时间几乎全用来学习京剧，一直到大学从未间断，先后学会十余出戏。从 16 岁开始登台，先后主演了《大登殿》、《春秋配》、《拾玉镯》、《姑嫂比箭》、《麻姑献寿》等戏，还学了《龙凤呈祥》、《四郎探母》、《霸王别姬》及《金玉奴》、《红娘》等荀派戏。

黄惠英，祖籍福建，1952 年出生于台北，1978 年以优异成绩毕业于台湾政治大学会计研究所并获硕士学位。曾因忙于家庭、子女和事业，一度中断登台演出，但在事业逐渐稳定后，又重新披挂上阵，先后演出了《梅龙镇》和《断桥》。近两年来，在以京剧为先导的海峡两岸文化交流活动中，黄惠英在朋友们的支持与鼓励下，终于 1994 年 9 月第一次与中国京剧院合作，主演了以表演为主的《梅龙镇》和唱做并重的《断桥》，实现了她梦寐以求的愿望。她饰演的李凤姐扮相娇美，表演细腻，白口清晰，颇具韵味，四平调唱得甜美动听。特别是她以踩跷的方式演出，不仅显露了她不凡的功底，而且使所演的人物愈加婀娜多姿。国家一级演员、以"刘四生"享誉港台的刘学钦助演正德皇帝，帮衬得体、配合默契。梅兰芳金奖小生于万增和名武旦林绍华配演许仙和青儿，严肃认真、一丝不苟，演出获得圆满成功。

黄惠英做事极端认真，又拜京剧名家杜近芳为师，虚心求艺。1995 年 4 月，由全国台联和中国京剧院联合主办"黄惠英女士专场演出"，她再次在北京人民剧场公演了由杜近芳亲自加工教授的梅派名剧《凤还巢》，并由为杜近芳配戏的全部演员与之同台献艺。黄惠英以端庄的扮相，稳健的表演和优美华丽的歌唱，赢得内行和观众的热烈掌声。黄惠英表示：作为一个中国人，愿将毕生精力致力于两岸的经济和文化交流，致力于祖国的和平统一。

【黄睦娥（女）·冷水江市人民法院副庭长·被授予全国法院模范称号】　1995 年 12 月 14 日，湖南省冷水江市人民法院经济审判庭副庭长黄睦娥，被最高人民法院授予全国法院模范称号。

黄睦娥，1942 年生，冷水江市人，高中文化。由于办案，长期在外奔波劳累，身体不胜负荷，患有多种疾病。然而她没有被病魔压倒，近 5 年来，她主办大要经济纠纷案 274 件，为企业挽回经济损失 2364 万元。为此，她的足迹遍及全国 24 个省、市、自治区 100 多个县市，放弃了 200 多个休息日，有 800 多天在外东跑西颠，平均每两天就有一天在外。1990 年春运期间，她在火车上站立拥挤了几十个小时，从东北返回家中，关节炎复发，腿一动就钻心地痛。偏在这时，冷水江耐火材料总厂诉河南开封某炉窑公司拖欠 60 万元货款的诉状又递到她的手上。她带些药物，又立即与同事奔赴开封，几天内上上下下找了 30 个部门和单位，终于查清了当事人隐匿转移资金的事实，顺利审结此案。"三角债"反映到经济审判中就是连环案。黄睦娥总是千方百计做当事人的工作，使之及时履行调解和判决。一次，她连续在湘、滇、黔三省四个单位奔波，终于使一件欠拖未执的"四连环债务链"皆大欢喜地解开。近 5 年中，她办理的案件，95% 是调解结案的，结案执行率达 98%，即使有对判决不服而上诉的，但也没有一件发回重审或二审改判的。这种高质量的案件审判，使她比常人要付出几十倍的艰辛。一天，她冒着烈日去办案，走在半路上因脑血管病复发昏倒在地，嘴唇被石头碰破，鲜血染红了衣服。过路群众发现后将她送进医院。其伤口处缝了5针。她在医院只躺了一天，因惦念着手头的工作，就让女儿扶着回到了法院上班。

黄睦娥以其出色的工作和铁面无私的品德赢得了人民的信任和社会的承认。十几年来，她年年被评为地、市先进工作者、优秀共产党员、“三八”红旗手。荣立二等功2次、一等功1次。1991年冷水江市委编辑出版的《太阳城里向阳花》一书，载入了“铁法官”黄睦娥的先进事迹。1993年她被评为湖南省为经济建设服务先进个人，1994年她又被评为湖南省劳动模范，全省杰出法官和“三八”红旗手。

【黄翠芬（女）·生物工程专家·获国家科技进步一等奖】　军事医学科学院生物工程研究所研究员黄翠芬，主持完成的项目“仔猪大肠菌腹泻基因工程多价疫苗”获1995年国家科技进步奖一等奖。

80年代初，黄翠芬为了追踪分子生物学技术的发展，筹建了全军第一个分子遗传研究室。在她的带领下，1982年成功的克隆并表达了乙型肝炎核心抗原，制成了诊断试剂盒，这是国内首先开发的用于临床诊断的遗传工程产品。她还完成了国家“七五”攻关项目“幼畜细菌腹泻工程疫苗”的研制，获得了巨大的社会、经济效益。她在人类霍乱、痢疾、大肠菌腹泻的工程疫苗的研究中，也取得了高水平的成果。她完成了尿激酶原和人组织型纤溶酶原激活剂等心血管疾病多肽药物的上游研究，已进入中试。

我国是世界上猪存栏量最大的国家，但大肠杆菌的发病率高达60—70%，死亡率10%。黄翠芬研制成功的多价疫苗，首创了我国第一个生物高技术基工程疫苗，该疫苗可使猪大肠菌腹泻发病率由60—70%降到6%左右，死亡率由10%降到0.5%。经国家评审，认为达到世界先进水平。最近被列入国家“九五”重点推广的科技成果。

黄翠芬，1920年生，1944年毕业于广州岭南大学化学系。1949年获美国康奈尔大学细菌学硕士学位。1950年回国，任教于山东医学院微生物教研室，1954年后在军事医学科学院工作至今。1984年被中央军委授予“模范科技工作者”荣誉称号。

【萧芳芳（女）·香港电影演员·获第四十五届柏林国际电影节最佳女主角奖】　香港电影演员萧芳芳在影片《女人四十》（又名《夏天的雪》）中扮演香港妇女阿娥。在1995年2月20日德国第四十五届柏林国际电影节上获最佳女主角银熊奖；1995年12月9日，在第三十二届台湾电影金马奖颁奖典礼上获最佳女主角奖。

影片《女人四十》描写精明能干的香港妇女阿娥，身兼卫生纸厂业务经理和家庭主妇双重负担，既要面对工作单位激烈的竞争，又要回家照顾患有老年痴呆症的公公。萧芳芳以善于刻画人物内心世界和富有喜剧表演的才华，成功地塑造了纯朴、真实、温馨、感人的中年妇女形象，其演技已达到炉火纯青。

萧芳芳，原名萧亮，1947年生于上海，三岁丧父后，与母亲相依为命。1954年在卜万苍导演的电演《小星泪》中饰演一个应征试镜的儿童，一炮走红。1955年在电影《梅姑》中饰演童年梅姑，获第二届东南亚电影节最佳童星奖。1958年主演电影《苦儿流浪记》轰动港台，她唱的主题歌《世上只有妈妈好》至今传唱不止。1960年主演第一部武侠片《青城十九侠》和第一部粤语片《芸娘》。60年代香港粤语片鼎盛时期，她与冯宝宝等同为红极一时的女明星。自1954年至1968年，萧芳芳共主演了近200部影片。

1968年，萧芳芳赴美国留学。1969年考入美国新泽西州东西大学攻读传播理论，1973年毕业获大众传播学士学位，后应聘美国NBC电视台电视编导。1974年返回香港，主演影片《广岛廿八》后，到台湾与秦汉合演《海韵》。该片使她获得西班牙第五届国际影展最佳女主角鲣鱼奖。在根据琼瑶小说改编的影片《女朋友》中，萧芳芳饰演温柔善良的模特儿孟雅苹，获得1975年台湾电影“金马奖”最佳女配角奖。1976年，她编剧并与梁普超联合导演了《跳灰》，她还在影片中主演女歌星。70年代中期，香港电影流行喜剧片，她成为喜剧明星的头牌演员。1978年她主演的电视剧《林亚珍》及续集深受大众欢迎，并搬上银幕。萧芳芳创办的高韵电影公司出品了《林亚珍》第一集。1980年她亲自监制并主演了许鞍华导演的《撞到正》，被称为是“中国民间色彩题材的黑色喜剧”，成为香港1980年十大卖座片之一。影片在伦敦影展上获最出色外语片奖。她主演的喜剧片还有：《唔该借歪》、《奸人鬼》、《婚姻勿语》、《佳人有约》等。1981年她在台湾主演的电视连续剧《秋水长天》获得台湾电视剧金钟奖最佳女主角奖。1987年她主演的喜剧电影《不是冤家不聚头》，把一个婚嫁无期的36岁大龄姑娘的喜怒哀乐心态，做了多姿多彩、妙趣横生、入木三分的刻画，获得1988年第七届香港电影金像奖最佳女主角奖。1990年以后，在电影《方世玉》、《功夫皇帝——方世玉》、《谁与争锋》与武打明星李连杰合作，扮演方世玉之母，十分成功。

萧芳芳除了演电影电视剧，还曾在美国修读心理学，在澳大利亚时考上建筑系。1990年她出版了一部介绍英美社交礼仪的书籍《洋相》，被列为香港1990年度十大畅销书之一。她还出版过两盘英语教学录音带，在香港教育电视台主持过《听歌学英文》，主讲过《清新文法》。目前，她正在研修儿童心理学硕士学位，准备做一名专业心理学家。

【曹双虎·汽车驾驶员·被授予全国劳动模范称号】　1995年4月29日，中共中央、国务院召开的全国劳动模范、先进工作者表彰大会，在北京人民大会堂隆重举行。陕西省咸阳市汽车运输公司驾驶员曹双虎，被授予全国劳动模范称号。

曹双虎，陕西省长武县人，1952年5月生，1971年参加工作，1986年任咸阳市汽车运输公司驾驶员。由于他敬业爱岗，刻苦钻研，以高度的革命事业心和工人阶级主人翁的责任感，努力为国家多做贡献，1989年至1994年期间，安全行车32.6万公里，创营运收入56.2万元，实现利润12.5万多元，完成各项任务的指标，一直名列全公司和本系统第一。曾先后被评为全国和省、部级的优秀驾驶员、“红旗车”驾驶员、优秀乘务员，陕西省劳动模范以及先进生产者、安全先进个人等，并获全国“五一”劳动奖章，荣立一等功、三等功各1次。1993年当选为陕西省政协委员。

近年来，运输市场出现了激烈竞争的局面，运力大于运量，专业运输单位普遍面临货源短缺。曹双虎为了超额完成生产任务，经常深入货主单位调查情况，并为货主代办提货、装卸手续，以优质的服务和及时、准确的办事效率，赢得了客户的信任，增加了营运收入。平时工作中，他舍得吃苦，利用一切空余时间，精心保养、维护车辆。坚持勤俭节约、修旧利废，努力降低生产成本，车辆一直处于完好状态。他单车年创收平均11万元，年节油平均2000公升，千吨公里小修费用仅为21元。他牢固树立安全第一的思想，坚持行车前仔细检查，杜绝了各种事故的发生。他助人为乐，热情为别人排忧解难。有一次行车途中，同伴车发生故障，他让同伴休息，自己连夜乘车往返百多公里买回配件将车修好。他还十分关心企业的生产经营情况，利用与客户之间的融洽关系，帮助公司收回外欠运费50多万元。为了完成生产任务，他一心扑在工作上。1992年他去内蒙古送货，突然接到电报，说叔父病故。曹双虎便说服爱人回去料理。自己毅然驱车上路。为了把货及时送到，他连续几年的春节都是在路上度过的。多年来，曹双虎一直以一个共产党员的模范作用影响着周围的群众，赢得了群众的信任与称赞。

【曹志强·白山市喜丰塑料公司总经理·被评为第五届全国十大杰出青年企业家】

吉林省白山市喜丰塑料股份有限公司董事长兼总经理、高级经济师曹志强，不断推进科学进步和横向联合，仅仅9年的时间，使原来只有四百来人的手工业作坊式企业，固定资产由290万元增加到4600万元；销售收入由2000万元增加到2亿元；利税由200万元上升到2000万元，跻身于全国塑料行业“十强”行列，创造了生产能力亚洲第一，同类产品科技水平全国第一的奇迹。1995年4月29日，国务院授予曹志强全国劳动模范称号。同年11月20日，他被评为第五届全国十大杰出青年企业家之一。

曹志强(满族)，1956年7月生，大学文化。1985年，29岁的曹志强被浑江第一塑料厂(喜丰塑料股份有限公司前身)职工以全票推选为厂长。面对长白山封闭落后的经济环境，人才匮乏和企业设备陈旧、工艺落后、产品无销路的现状，他打破各种框框，实现跳跃式发展的经营战略思想，在国内率先与20多家大专院校和科研单位开展横向联合，引进人参专用膜、无滴大棚膜两个专利产品，当年增盈57.5万元。接着又以高工资、高标准住宅的待遇招聘了152名各类专业人才，组织开发了9个填补国内空白的新产品。在1.5米膜供不应求的情况下，又在国内第一家开发生产出2米膜。

1987年，全国一些塑料厂家纷纷效仿浑江第一塑料厂，上马2米膜生产线，曹志强又大胆决策上马当时世界最先进的幅宽4米的压延拉幅农膜生产线。对他的决策，有人赞赏，有人担心，但他迎着困难组织科研人员与大连橡胶塑料机械厂联合研制开发，仅仅8个月时间，生产设备即投入使用，不但填补了国内宽幅拉幅膜的空白，同时结束了国内不能生产大型橡胶塑料机械的历史。该生产线到1994年末，已创产值3亿8千万元，创利2289万元。1992年，曹志强又组织开发出防尘膜，成为世界上掌握该技术的第三家企业。曹志强被誉为“农膜大王”。

曹志强把农业的发展、农膜企业自身的发展和农民素质的提高紧紧联系在一起。他先后在吉林、宁夏、内蒙古、甘肃等地一些农村进行大棚蔬菜种植技术推广，连续8年对这些地区实行让利销售，总让利额达3400万元，使18300多户农民走上了专业致富之路。在团中央组织的分企结队服务万村的活动中，喜丰公司先后和6个贫困村结成对子，投资1000万元联合上了六个项目，帮助农民脱贫致富，并为希望工程和各项教育事业捐款13[illegible]万元。曹志强曾获全国“五一”劳动奖章和全国优秀企业家、全国推进民族团结模范、吉林省特等劳动模范、优秀共产党员、吉林省十佳管理厂长（经理）等荣誉称号。

【曹克明·江苏省纪委书记·为查处大要案作出重要贡献荣立一等功】　1995年11月22日，一起全国罕见的无锡新兴公司非法集资32亿多元的特大投机倒把案宣告查结，一批办案的有功集体和个人，分别受到中共中央纪委、最高人民检察院、江苏省委、江苏省政府的隆重表彰。中共江苏省委副书记、省纪委书记曹克明经中共中央批准，荣立一等功。

曹克明，河南南阳人，1934年11月生。1951年11月参加工作，1959年7月加入中国共产党。1953年至1987年在南京307厂二车间业务组长、室主任、计划生产科长、副厂长、厂长、党委书记等职（高级经济师）。1987年起任江苏省纪委书记，1991年起任江苏省委副书记、省纪委书记。在中共第十三、十四次代表大会上，被选为中央纪律检查委员会委员。

近年来，曹克明在中央纪委和江苏省委的领导下，率领纪检监察战线的同志，会同有关司法机关，共查处千万元以上经济大案15起，为国家挽回了18亿多元的经济损失，促进了社会稳定，增强了人民群众反腐败斗争的信心。1994年下半年到1995年，曹克明直接领导了北京兴隆实业总公司所属无锡新兴总公司非法集资32亿多元特大投机倒把案的查处工作。他以对党和人民事业高度负责的精神，坚决贯彻落实中央领导同志和中央纪委的指示及江苏省委的决策，克服各种困难，深入办案第一线，亲自指挥，先后36次到无锡具体指导案件查处工作。在上级机关和有关部门的大力支持协助下，经过全体办案同志一年多的共同努力，彻底查清这一特大案件，并且揭露出一大批大案要案和一批严重经济犯罪线索，扩大了反腐败斗争成果。

为了贯彻落实中央纪委关于县（处）以上领导干部廉洁自律规定和纠正不正之风工作，曹克明结合江苏实际，提出并经省委同意在全国率先开展了对领导干部违反规定购买换乘豪华轿车、公费出国出境旅游、公路河道“三乱”、超范围使用公安与武警车牌等群众反映强烈问题的专项治理，均收到良好效果，在广大干部和群众中引起强烈反响。

曹克明几十年来对工作、对事业忠于职守，曾被航天部授予劳动模范称号，获全国优秀经营管理者称号和“五一”劳动奖章。1986年江苏省委曾作出向南京晨光机器厂学习、向曹克明学习的决定。

【曹步贤·长沙县农民·历时三十年研制成功实用新型步式插秧机】　农民曹步贤饱经风霜、历时30年研制的中华30龄实用新型步式插秧机终于成功，1995年3月通过省农机部门鉴定，并获国家专利。

曹步贤，湖南长沙县谷塘乡人，1943年出生，初中毕业后在家务农。每年春季，他都要脸朝黄土背朝天，弯腰曲腿在水田中用手插秧，一天下来，累得浑身酸疼。劳作的艰辛，使曹步贤从22岁起就开始研制插秧机。他凭自己的一点初中文化程度向专家求教，拜老农为师，孜孜不倦刻苦钻研高等数学、植物生长理论，学会机械制图和机械加工技术。当初，许多人不相信一个泥腿子能解决那些专家想解决而没有解决的技术难题，劝他赶快下马；有的人背后讽刺挖苦。对此曹步贤毫不动摇，坚持走自己的路，一心一意扑在研制上。他一家五口生活本来就不富裕，还要省吃俭用，有时变卖家私，把钱都花在研究插秧机上。他根据自己多年务农的经验反复琢磨了以前的插秧机在结构和性能上的弊端，找出技术过不了关的症结所在，毅然否定过去单纯运用“滚动原理”研制插秧机的构思，大胆提出滚动与直插相结合的“仿身原理”，圆满地解决了以前插秧机存在的“均匀度不高，钩伤秧过多，浮秧严重，结构复杂”等技术难题。为了准确把握“仿身原理”的制造过程，他废寝忘餐反复计算、核对、校正上百个数据。先后12次修改设计方案；为确保设计方案实施，他又不辞辛劳自己动手先后造出23台模拟的样机，从一次又一次的修改中完善插秧机的结构和性能，最后终于研制成功中华30龄实用新型步式插秧机。这种插秧机具有效率高，结构新颖，小巧灵活，造价低的特点，总重量不足20公斤，老、少和半劳力均能使用。样机造出，在大田示范使用后，经过传媒介绍，很快在全国农村引起轰动。目前已有13个省（区、市）的农民纷纷写信向他祝贺并希望购买他的插秧机，一些厂家恳求他转让技术。

【曹罗生·萍乡市邮电局投递员·被授予全国劳动模范称号】　江西省萍乡市邮电局投递员曹罗生，25年来累计投递报刊3000多万份，信函、包裹200多万件，质量全优，无一差错。1995年4月29日，国务院授予他全国劳动模范称号。

曹罗生，江西萍乡人，1949年出生，1970年参加邮电工作，当乡邮员整20年。他负责投递的邮路全程47公里，山峦重叠，地形复杂，道路崎岖，村落分散，曹罗生一年到头在山岭之间往返奔波。春天，阴雨连绵，山路泥泞，常常是一身汗，一身泥。夏天，骄阳似火，常常被晒脱几层皮。冬天，天寒地冻，手、脚、耳朵常常被冻肿溃烂。但曹罗生却以苦为乐。为了进一步方便群众用邮，他自找苦吃，把13个捎转点全部改为直投。凡有信件、报刊的村庄，都直投到户，投递点由原来的37个增加到66个；邮路由47公里延伸到58公里；报刊由原来的18种，增加到224种。工作量大大增加，曹罗生更加劳累了，但大大方便了群众。不仅如此，他还急用户所急，经常加班加点。一个星期六傍晚，曹罗生归班后，准备回萍乡市内看望住院的孩子。这时长沙化肥厂拍给新岭煤矿的一份加急电报刚好转到所里，厂方要求火速回电。按规定乡村电报按乡邮班投送，这封电报要到下星期一才投送。曹罗生放弃了回家的打算。当晚顶风冒雨步行15公里送去了电报，并带回了回电，使该矿避免了5万多元的损失。1990年，曹罗生调任市内投递员后，为了使市民早一点看到报刊，他针对市民早上基本上有人在家的特点，打破以往8点上班排报分信、9点多钟出班的常规，每天早上4点钟准时起床，排报分信，5点20分准时出班，把报刊、信件直接送到用户手上。近5年来，他天天如此，每年春节放假的几天也是如此。

曹罗生热爱本职工作，把邮件看作比性命更加重要。1995年3月16日早6点，曹罗生推着满载邮件的单车穿过跃进南路，一辆卡车违章超车，将曹罗生猛地撞出丈余远，摔在地上。当时他身上数处受伤，鲜血直流。当场昏了过去。随身携带的报刊、信件被撞得满地都是。司机急忙把曹罗生抱在怀里，准备送往市医院急救。这时曹罗生醒了过来。当他朦朦胧胧地看到了散了一地的报刊、信件时，便挣脱了司机的怀抱，侧身爬着，用发抖的右手去收拾散落在地上的报刊信件。周围的人向曹罗生喊道："别拾了，你不要命了！马上到医院去！"曹罗生说："先拾了报刊、信件再说。"最后人们答应替他收拾并看管报刊、信件，他才同意上车。曹罗生先后4次被评为省优秀共产党员，并获省"五一"劳动奖章。

【曹建明·华东政法学院教授·被评为第六届全国十大杰出青年】　由中华全国青年联合会、中国青少年发展基金会及首都10大新闻单位联合主办的第六届"中国十大杰出青年"评选活动于1995年9月18日揭晓，华东政法学院教授曹建明获此殊荣。

曹建明，1955年9月出生，祖籍江苏南通，1972年高中毕业后，先在安徽绩溪一家饮食公司工作，后到上海后方卫生处任政工组负责人。1979年考入华东政法大学读书7年，获法学硕士学位，毕业后留校任教至今8年，从讲师到副教授到教授，都是破格晋升，在法学特别是国际法学领域有较深造诣，成为我国国际法学科中有较大影响的中青年学科带头人。最近几年，曾先后赴比利时、美国、日本、香港等国家和地区讲学，或作访问学者、访问教授，为传播、介绍我国法制建设方面的情况和成就，促进我国法学界与国际法学界的交流作出了贡献，受到国内外法学界人士的赞赏。由于曹建明对关贸总协定有独到的研究，1993年10月，他应邀与我国外经贸部副部长、中国关贸谈判团团长谷永江等一起赴香港为各界人士介绍中国复关对香港经济的影响，作了《中国外贸政策法规的改革》的演讲。他的演讲及其答记者问在香港引起很大反响。1994年12月9日，曹建明在中南海怀仁堂中共中央举办的法律知识讲座上讲授了第一讲：《国际商贸法律制度及其关贸总协定》，受到了江泽民等中央领导人的称赞。

曹建明现任华东政法学院国际法系主任、国家公派出国留学评议委员会专家、中国国际法学会理事、中国国际经济贸易仲裁委员会仲裁员。近年来，他主编和参加编写了《国际贸易法》等19部著作，在国内外报刊发表学术论文190余篇。曾被评为上海市十大高教精英，有突出贡献的中青年学者，有突出贡献的留学归国人员。

【曹健林·青年光学专家·被授予全国先进工作者称号】　中国科学院长春光机所常务副所长、研究员曹健林，1995年4月29日，被国务院授予全国先进工作者称号。他还获1995年中国科学院青年科学家奖一等奖。

曹健林从事软X射线光学研究工作，在软X射线多层膜技术、软X射线超薄膜的光学常数测定、软X射线成像光学系统、浮法抛光超光滑表面加工技术等方面取得突出的研究成果。在超薄膜光学常数测定工作中，在国际上首次采用考虑多重反射的物理模型，将膜厚、表面和界面等多层粗糙度等参量引入拟合计算中，拟合精度达到当前软X射线波段反射率测量的极限。所得结果填补了X射线超薄膜光学常数数据的空白。主持设计并研制出国内最先进的离子束溅射镀膜装置，提高了膜厚控制精度，总结出一套完整的镀膜工艺和检测方法，使我国制备软X射线多层膜元件的反射率提高两个数量级，达到实用化水平，在12.5mm以上波段达到国际先进水平。由于在软X射线光学领域做出的突出成绩，1994年成为中科院"百人计划"首批入选者。发表论文40篇。

曹健林，湖南省永兴人，1955年10月生。1982年毕业于复旦大学物理系，获理学学士学位。1989年在中国科学院长春光机所获博士学位，其中1986年4月至1989年12月在日本东北大学科学计测研究所作联合培养博士研究生。1989年12月进入长春光机所博士后流动站，其中1991年6月至11月作为日本文部省重点项目访问科学家从事合作研究。1992年12月博士后出站留所工作，任应用光学国家重点实验室副主任，1994年11月起任命为长春光机所常务副所长、法人代表。现为研究员、博士生导师。1989年获中国科学院科技进步一等奖，1993年获中国科学院科技进步二等奖，1995年获国家科技进步二等奖；1991年获"做出突出贡献的中国博士学位获得者"称号，1994年获吉林省特等劳动模范称号，1995年获全国先进工作者称号。

【龚子荣·原中共广东省委书记·在北京逝世】　原中共广东省委书记，第六、七届全国政协常委龚子荣，因病于1995年9月21日在北京逝世，终年81岁。

龚子荣，1914年5月出生在福建省福州市。1931年九一八事变后，投身爱国学生运动。1933年秋，参加中国共产党的外围组织"社会科学联盟"。1934年春加入中国共产主义青年团。同年4月30日在张贴纪念"五一"国际劳动节标语时，被国民党反动派逮捕。1936年7月，加入中国共产党。曾任中共太原市委委员、中共山西洪赵特委书记、晋西南区党委民运部长、中共晋西南工委书记、晋西北区党委副书记。1943年后任中共晋绥分局委员及组织部副部长、秘书长、晋绥党校教育长等职。1949年初，调中共中央组织部工作。1953年任中共中央组织部副部长。1953年至1965年，历任中央人民政府机关党委副书记、中央国家机关党委书记、国务院副秘书长、中共中央办公厅副主任。"文化大革命"期间，遭林彪、"四人帮"反革命集团的严重迫害。1978年8月获平反。1979年至1982年，任中共广东省委书记兼组织部部长。1982年调回北京，后任第六、七届全国政协常委。

【戚颖敏·煤炭专家·当选为中国工程院院士】　1995年7月7日，中国工程院公布了新当选的院士名单，原煤炭科学研究总院抚顺分院通风救护安全研究所所长戚颖敏，当选为中国工程院院士。同年，他还被授予全国煤炭工业劳动模范称号。

戚颖敏，山东省威海市人。1929年11月4日生，青岛市第九中学毕业，1952年就读于北京俄文专科学校二部，1953年留学波兰华沙大学，后就学波兰克拉科夫矿冶学院，攻读采矿专业井工采煤，1959年毕业，获硕士学位。1956年参加中国共产党。1959年年底回国后，在煤炭部煤炭科学研究总院抚顺分院，从事煤矿安全通风与防灭火科研及工程技术项目的推广应用，历任技术员、工程师、高级工程师、研究室主任、所长等职。现为中国煤炭学会理事、煤矿安全专业委员会主任委员，煤炭工业劳动保护科学技术学会理事、火灾防治专业委员会主任委员。

戚颖敏将风与火两个既矛盾又可统一的技术理论引入煤矿安全科研与技术领域，开拓了均压防灭火和矿山救护技术的新领域；首次应用煤吸附态氧新技术，发展了煤自燃特性的研究，开发出火灾预测预报新技术和新指标，取得巨大社会效益和显著的经济效益；他还将电子计算机技术首先引入煤矿矿井通风科研与应用技术，促进了中国煤矿通风技术和提高现代化。

戚颖敏参加工作40余年，一直坚持在科研第一线，亲自和组织指导完成科研项目34项，主导制定部级规定和规范3项，发表有指导和应用价值的应用技术与学术论文30余篇，40余万字，出版主编、编著、译著6部，100余万字。在他亲自完成的17项科研成果中，《大同煤峪口矿均压防灭火技术研究》、《煤吸附流态氧的燃烧特性及其在矿井火灾预测中的应用》等3项，获国家科技进步一等奖1项；三等奖1项；国家技术开发优秀成果奖1项，并获部级科技进步一等奖2项，二等奖1项。共培养硕士研究生5名，指导博士生1名。

【常玉锋·江苏维桑集团公司总经理·

被评为第五届十大杰出青年企业家】 江苏维桑集团公司总经理常玉锋，不断开拓企业发展的新路，7年时间，把一个资产不足百万的小厂变成拥有固定资产7000万元，流动资金8000万元的大型省级企业集团。1995年11月20日，他被评为第五届全国十大杰出青年企业家。同年5月，被选为江苏省十大杰出青年之一。

常玉锋，1963年生，1982年7月从南京经济学院（原南京粮食经济学院）毕业后，来到铜山县面粉厂（江苏维桑集团公司的前身）。当时的面粉厂只有一个碾米车间和一排低矮潮湿的房屋。他先在下料口扛米包，在拉丝车间学徒，以后干过技术员、车间主任、副厂长。1988年4月，面粉厂招标承包，年仅25岁的常玉锋被职工推举为铜山县面粉厂厂长，他上任后，以自己的治厂韬略，大刀阔斧地进行了面粉车间特殊粉的技术改造，更新碾米设备，上马饲料生产项目，当年实现产值2091万元，利税101.7万元。

常玉锋了解到集团公司周围地区农业连年丰收，农民希望有个洁净舒适的住宅，粮食堆放在家里既占地方，又喂虫子，养老鼠。他独僻蹊径，创办起中国第一家"粮食银行"，开展起为农民储粮兑换业务：存取自愿，时间不限。农民将麦、稻送往面粉厂，按照品种，优劣等议定出面、出米率，农民持卡可随时取米取面。这一举措既方便了10万户农民，这批总量达数万吨的"储粮"又成为面粉厂无息无期的"贷款"，每年还可节约粮食损耗2000～3000万公斤。

随着粮食价格全面放开，粮食企业被推向竞争激烈的市场，常玉锋面对新形势，大胆提出"实行工商合营、工贸一体，加快企业发展"的新思路。1992年，他们与中国预防医学科学研究院食品与卫生研究所联合开发建成维桑系列高级营养粉及营养早茶生产线，产品投放市场后，深受消费者喜爱，现已打入50多个大中城市。他们与广州一科研所联合开发的营养方便米线，尤其受南方广大消费者喜爱。1993年8月，维桑集团又成功地合并了亏损数十万元的两家粮管所，1994年即扭亏为盈，创利100万元。现在维桑集团已发展成为全国最大的营养保健食品生产基地之一，成为江苏省最佳食品企业之一。

【常中苏·山西长治商厦总经理·被授予全国优秀青年企业家称号】 1995年11月，常中苏被共青团中央授予"全国优秀青年企业家"称号。

常中苏，山西高平人，1957年9月生。文化程度大专，中国共产党党员。1988年山西长治英雄台商场企业亏损60万元，企业负债240万元，残损变质商品40.7万元，企业管理混乱，财务失控，商品被雨淋……。4月，城区政府对英雄台商场实行跨区域公开招标，常中苏揭下招贤榜，受聘出任了经理。他毅然作出决断：深化改革，完善机制，开拓货源，优质服务，占领市场。英雄台商场，一年跨一个新台阶，成为山西省先进企业。1993年7月，长治商厦落成，常中苏出任总经理，在短短的两年里，销售10876万元，实现利税547万元，分别占到市直零售商业销售总额和利税总额的三分之一和四分之一，夺得"全国百家无假冒伪劣商品商场"、"全国消费者满意单位"、"全国商业信誉企业"、"全国优质服务企业"等桂冠。常中苏被评为长治市和山西省劳动模范，山西省第六届杰出青年企业家。

【常沙娜（女）·与王琦、靳尚谊、刘勃舒、靳之林同获法国成就与敬业协会金质十字奖章】 1995年10月12日，法国成就与敬业协会在北京前门饭店举行颁奖仪式，将金质十字荣誉奖章授予常沙娜、王琦、靳尚谊、刘勃舒、靳之林等五位中国美术家，表彰他们为促进中法文化艺术交流作出的贡献。

法国成就与敬业协会成立于1957年，是一个高层次的民间组织，其宗旨是奖励世界上那些为促进和介绍法国文化、艺术、科学和体育作出了重要贡献的人士。

常沙娜，中央工艺美术学院院长，浙江杭州人，满族。1931年3月生，擅长工艺美术，传统图案研究。50年代曾设计了人民大会堂宴会厅及外墙装饰，民族文化宫大门金属装饰图案、首都剧场彩画；70年代设计了首都机场玻璃四屏；80年代设计了全国妇女联合会赠给联合国儿童基金会的壁毯、燕京饭店十七层会议室壁画、中国记者协会大厅壁挂等，著有《敦煌历代服装图案集》。

王琦，中国美术家协会副主席，中国版画家协会副主席兼秘书长。四川重庆人，1918年1月生。擅长版画和美术理论。曾在国内外多次举办个人美展。版画《古墙老藤》、《延边市集》、《山间木筏》、《海滨之夏》等藏于中国美术馆。主要作品收入《王琦版画集》，著作有《新美术论集》、《谈绘画》、《艺术形式的探索》、《论外国画家》，主编并撰写《欧洲美术史》等。

靳尚谊，中央美术学院院长，中国美术家协会常务理事，全国林业美术家协会副主席。河南人，1934

年12月生，1953年毕业于中央美术学院。擅长油画，主要作品有《十二月会议》、《塔吉克新娘》、《孙中山》、《瞿秋白》、《探索》等。作品曾获1984年第六届全国美展银质奖。

刘勃舒，中国画研究院院长，中国美术家协会常务理事。江西南昌人，1935年生。小学时即喜临摹徐悲鸿所画之马，并致函徐悲鸿求教，得徐指点。后考入中央美术学院，1955年于彩墨画研究生班毕业并任教。擅长中国画，以画马著名，作品有《奔马》、《三马图》、《奔腾急》等。主编《中国画研究》。

靳之林，中央美术学院年画连环画系教授。河北泺南人，1928年5月生，1947年毕业于北平市立师范学校，1951年在央美术学院油画系毕业后并留校任教，擅长油画、民间美术。油画《华林飞雪》参加第三届全国美展，《女书记》为中国美术馆收藏。论文有《中国民间艺术造型体系》等。

【常德传·青岛港务局局长·被授予全国劳动模范和全国优秀企业家称号】　青岛港务局长常德传，团结局领导一班人，带领全港职工，解放思想，锐意改革，使港口各项经济技术指标持续高速增长，居全国沿海港口前列，成为全国500家最大服务业行业企业。1993年3月，常德传被评为第六届全国优秀企业家，获"金球奖"，5月，又被授予全国劳动模范称号。

常德传具有强烈的事业心和责任感，他以"一代人要有一代人的作为"为座右铭，带领全局职工艰苦创业，拚搏实干，完成了青岛油二期工程和前湾一期工程，在荒滩上建成了一座现代化国际新港。同时自筹资金7亿元，改造了老港口。常德传对货主高度负责，实行为货主服务"三满意"原则（价格优惠、手续便捷、24小时服务），赢得货主青睐，使青岛港在其它港口生产滑坡情况下，生产稳步上升。常德传紧紧结合港口实际，大胆探索，勇于改革，建立了新型港口经营机制。大力精简机构，局机关由30个处室减为16个，人员由660人减为194人。他积极推行厂长负责制，实行全员劳动合同制，分配向一线科技人员和生产工人倾斜，有力地激发了广大职工的积极性。常德传坚持以人为本，实行全员管理，出台了《三无班组标准》等一系列办法，使青岛港的基础管理水平大大提高。常德传在危急关头，舍生忘死，保护了人民生命和国家财产。近几年，他参加五六次灭火抢险，历次抢险救灾总是冲在最前线，赴汤蹈火，指挥救火，抢救了许多灾民，避免造成国家财产重大损失。常德传不忘自己是工人的儿子，时刻把职工的冷暖放在心上，他制定了机关干部同一线工人同吃同劳动制度。他常说："群众的事再小也是大事，群众的事再难也要办好。"始终把坚持为职工办好事，办实事做为想问题、办事情、作决策的出发点和归宿。职工深情地说，领导给我们一分爱，我们献给港口十分情。1993年2月全港职工自愿出资25万元重奖常德传局长，常德传表示对全港职工心意非常感谢，但奖金一分不要。

常德传，山东牟平人，1945年6月生，1968年2月参加工作，大学文化水平，1973年9月加入中国共产党。1968年在大连海运学院毕业后，他即至青岛港工作，历任工人，技术员，副科长，区主任、局党委副书记，副局长等职，高级经济师职称。从1989年起，先后分别被授予青岛市、山东省优秀企业家、优秀共产党员，全国交通系统劳动模范等称号。

【常增虎·青年光学专家·获中国科学院青年科学家奖一等奖】　中国科学院西安光机所副所长、瞬态光学技术开放实验室副主任、研究员常增虎，1995年获陕西省科技新星称号。他还获1995年中国科学院青年科学家奖一等奖。

常增虎，陕西省蒲城人，1962年5月生。1982年毕业于西安交通大学，获理学学士学位。1982年9月至1988年8月在中国科学院西安光机所获硕士和博士学位。1988年10月至1991年1月在西安光机所博士后流动站工作。1993年至1994年在英国卢瑟福实验室工作。

常增虎在"X射线皮秒分幅摄影技术"的研究中，用光学分幅/偏转快门的新方案实现了皮秒分幅摄影，巧妙地克服了当时控制电路水平对画幅数和摄影频率的限制。通过实验验证得到了每秒50亿幅的摄影频率，把我国的分幅摄影画幅速率提高了两个数量级。

在他负责的国家重大基础研究项目攀登计划课题"微通道板选通X射线皮秒分幅相机"的研制过程中，采用纯电学法产生了上升沿为300皮秒、斜率为10Kv/ns的斜坡脉冲和半宽值为210Ps、幅度为2Kv的尖脉冲，达到目前国际先进水平。

常增虎作为主要负责人和参加者在"软X射线光电阴极"和"软X射线皮条纹相机"的研究中，取得重大成果，为提高我国的激光聚变，X射线激光等前沿物理研究水平作出了重要的贡献。

在英国卢瑟福实验室进修期间研制成功了一套基于脉冲啁啾放大原理的高信噪比太瓦激光系统，在负责建立相加锁模激光振荡器这一系统核心的过程中，创造性地解决了稳定性和信噪比两个难题，在国际上首次实现了 Nd:IMA 的飞秒锁模，为钕玻璃系统找到了一种新的超短脉冲源，由于这一成功，英国高功率激光决策机构决定在卢瑟福实验室建立专用啁啾脉冲打靶的实验室，并负责了关键部分理论设计，正是用这套超短激光系统，科学家们取得了复合机制 X 激光的决定性的成功。

近十年来，常增虎共发表学术论文 38 篇，有专利 2 项，发明 1 项，获国家和院级成果 6 项。1991 年被授予“做出突出贡献的中国博士学位获得者”称号，1992 年被评为陕西省科技十佳，1994 年被评为中科院有突出贡献的中青年专家，同年获中国科协青年科技奖。

【崔嵬·电影艺术家·获中国电影世纪奖】　1995 年 12 月 28 日，在北京举行的中国电影世纪奖颁奖典礼上，已故优秀电影艺术家崔嵬获中国电影世纪奖；他导演的影片《青春之歌》同时获得中国电影 90 年优秀影片奖。这项评奖是为了纪念世界电影诞生 100 周年暨中国电影诞生 90 周年，由广电部电影事业管理局、中国电影家协会、中国电影出版社和中共北京市委宣传部联合主办的。

崔嵬，原名崔景文。1912 年 10 月生于山东诸城，曾入读山东省立实验剧院编剧班。1932 年在青岛参加左翼戏剧运动，演出《工厂夜景》、《饥饿线上》等进步话剧。1935 年来到上海，先后参加东方剧社、戏剧生活和上海业余剧人协会等进步文艺团体，编写并演出了《工人之家》、《流产》等话剧。1936 年冬，崔嵬参加上海妇女儿童慰问团，赴绥东抗日前线慰问演出他改编的抗战时期著名街头剧《放下你的鞭子》。后来又参加了《保卫卢沟桥》的创作、导演和演出。“抗战”开始，他积极参加上海电影戏剧界救亡演剧队的筹建，并作为上海救亡演剧一队队员前往山西临汾前线慰问演出，在此期间参与创作了《张家店》、《八百壮士》、《顺民》等剧本。1938 年到延安，参加鲁迅艺术学院筹建工作，并任戏剧系主任，演出了《人命贩子》、《流寇队长》等剧。1939 年他先后被派到晋察冀根据地，担任华北联合大学文艺系主任、后任冀中军区火线剧社社长，创作了 20 多出话剧和京剧。1948 年以后，他随军南下，先后担任中南文艺学院院长和中南文化局局长，创作了《对症下药》等剧。1954 年，他弃官从艺，在电影《宋景诗》中饰演叱咤风云的农民领袖宋景诗。1956 年他调到北京电影制片厂，先后在电影《海魂》中饰演起义水兵窦二鹏，《老兵新传》中扮演农垦干部战长河，《红旗谱》中扮演农民领袖朱老巩、朱老忠父子，《北大荒人》中扮演黄老清。在 1962 年第一届《大众电影》百花奖评选中，他因在《红旗谱》中饰演朱老忠获最佳男演员奖。与此同时，他还担任了北京电影制片厂艺术指导和导演，先后执导了《青春之歌》、《北大荒人》、《小兵张嘎》、《天山的红花》、《红雨》、《山花》、《风雨里程》，以及戏曲艺术片《杨门女将》、《野猪林》等十多部影片。他导演的《青春之歌》，由于真实、生动地再现了三十年代在中国共产党领导下中国人民为革命争取抗日救亡的壮丽斗争，歌颂了共产党人为真理而英勇不屈的献身精神，受到广大观众，特别是青年学生的热烈欢迎。他导演的京剧艺术片《杨门女将》，在 1962 年第一届《大众电影》百花奖评选中获得最佳戏曲片奖。崔嵬于 1979 年 2 月 7 日病逝。

【崔大庆、甘雷·北京市民警·被授予全国公安系统一级英雄模范称号】　1995 年 3 月 23 日，公安部发布命令，追授崔大庆、授予甘雷全国公安系统一级英雄模范称号。

1995 年 3 月 11 日凌晨，在调查一起械斗致死人命的案件中，北京市公安局丰台分局六里桥派出所民警甘雷不顾加班疲劳，主动请战。当甘雷等人向丰台镇派出所求援时，副所长崔大庆为防止发生意外，亲自带领甘雷等执行传唤任务。在被传唤人的家中，崔大庆发现一男一女两个陌生人睡在一张单人床上，便上前盘问，之后让另外两个民警看着他们，穿好衣服，带回所里。当崔大庆、甘雷带着被传唤人到楼下交给刑警队员时，听到楼上民警的喊声：“抓住他，他手上有枪！”并听到有人“咚咚咚”的往下跑的声音。甘雷立即冲上楼，在二层楼的过道处将罪犯堵住。罪犯向甘雷开枪，未中。甘雷猛扑上去，用双手紧紧抓住罪犯持枪的右手，奋力向上举。这时，崔大庆也冲了上来，抓住罪犯的左臂与之搏斗。在激战中，罪犯又向甘雷开了一枪，击中甘雷左臂。甘雷忍着剧痛，仍然死死抓住罪犯的右手不放，奋力夺枪。谁知罪犯的枪第三次响起，一颗子弹击中崔大庆头部。甘雷看到战友倒下，不顾一切地将罪犯扑倒，滚下楼梯，在一层楼梯拐弯处，将罪犯压在身下。在其他赶来的民警协住下，终将罪犯制服。经查，这是公安机关通缉的重大杀人在逃犯。

崔大庆，1959 年 10 月 4 日生，河北省丰润县人，高中文化，1986 年 4 月加入中国共产党。1981 年参加公安工作后，曾被丰台公安分局评为新长征突击手、廉政勤政先进个人，6 次受到嘉奖。崔大庆牺牲后，北京市政府追认他为革命烈士，市总工会追授他首都劳动奖章，共青团北京市委及团中央分别追授崔大庆“五·四”青年奖章。

甘雷，1970 年 12 月生，原籍广西，中专文化，1995 年 3 月加入中国共产党。他从事公安工作 5 年来，曾任外勤民警、特行民警、治安民警，干一行爱一行，经常加班加点干工作。据不完全统计，他 5 年加班 1380 多个工作日。对急、难、险、重任务，甘雷更是抢在先，冲在前。1994 年 12 月 28 日夜，派出所接到聚众赌博的举报。他和战友赶到赌场，第一个冲进屋内，发现有四五十个赌徒。其中有人钻窗逃跑，被甘雷死死抱住腿部而未逃脱，而甘雷的身上被赌徒踹伤多处。这次出击，抓获赌徒 43 人，收缴赌资 3.7 万多元。事后，有人找到甘雷，许诺放一个赌徒送 5000 元人民币，被严辞拒绝。1995 年 3 月至 5 月间，甘雷被评为北京市及全国先进工作者。北京市总工会授予甘雷首都劳动奖章，共青团北京市委及团中央分别授予他“五·四”青年奖章。

【崔以泰·天津医科大学教授·创立临终关怀新学科】　天津医科大学党委书记、神经生理学教授崔以泰，近年来为在中国建立临终关怀新学科和发展临终关怀事业作出贡献。1995 年 5 月 27 日，美国麻省州立费彻勃格大学授予他名誉博士学位。

崔以泰，1935 年出生于山东省在平县。1959 年天津医学院医学系五年制本科毕业，1966 年天津医学院神经生理学专业 4 年研究生毕业。近 30 年来，他主要从事医学教育管理、神经生理学的教学与科研工作。近年来，致力于临终关怀的研究。1988 年主持建立了我国第一家临终关怀研究中心，1990 年主持开办了我国第一家临终关怀医疗机构，设立了临终关怀病房。1991、1993、1995 年先后主持召开了中国第一、二、三届临终关怀学术研讨会，均任大会主席。1992 年主持召开了有 7 个国家和地区 400 余名专家、学者参加的首届东西方临终关怀国际研讨会，任大会主席。1993 年主持建立了中国心理卫生协会临终关怀专业委员会，任主任委员。他的代表作《临终关怀学——理论与实践》、《临终关怀学——生命临终阶段之管理》，填补了我国在这一学术领域的空白。卫生部部长陈敏章称赞他“做了开创性的工作，取得了显著成绩”。

此外，他在开创我国性教育方面也作出成就，1993 年受国家教委的委托，主持撰写了中国第一部《青年性教育——大学生健康教材》电视教育片，在国内外引起很大反响，受到国家教委和有关专家的称赞。1994 年担任了第一届国际性学研讨会大会执行主席。

除了学校的教学管理工作外，崔以泰还兼任：美国东西方死亡教育协会顾问、美国国际临终关怀医师学会会员、全英国中华学者医学会荣誉副主席、中国心理卫生协会常务理事、中国心理卫生协会临终关怀专业委员会主任委员、中国性学会副理事长、天津市心理卫生协会理事长、天津市性科学协会理事长、《中国性学》杂志副主编、《心理与健康》杂志副主编等职务。

【崔立君·相声作家·获电视相声大赛创作金银双奖】　1995 年 12 月，在中国曲艺家协会、中央电视台主办的全国首届侯宝林金像奖电视相声大赛中，辽宁省丹东市文联创作室主任、相声作家崔立君创作的相声《求学心切》获唯一的创作金像奖。该作品反映了当代农民在改革开放的大潮冲击下，渴望学习文化科学知识的强烈愿望，讴歌希望工程，讴歌现实生活中人与人之间的良好关系。作品语言生动，有鲜明的时代色彩。在创作上既尊重曲艺艺术创作规律，又在运用文学技法塑造人物形象上努力出新。使作品在思想艺术质量方面达到较高的水准。崔立君的另一作品《哈蟆曲》，在这次大赛中荣获银像奖。成为这次大赛中独得金银双奖殊荣的相声作家。

崔立君，辽宁北宁市人，1956 年 5 月生。“文革”中曾在岫岩县农村插队。1976 年底在丹东市食品公司做工。1978 年考入沈阳师范学院中文系读书，课余从事曲艺创作，曾发表相声《雪花》、《红楼外传》。毕业后到《丹东日报》社任记者，发表过大量通讯报道和文艺作品。1984 年 12 月任中共丹东市委宣传部文艺处副处长。1989 年 10 月任丹东市文联创作室主任。崔立君创作的《特殊经历》，1991 年在中华说唱艺术研究中心主办的“禹王亭”杯相声大赛中获优秀奖。1992 年以来他创作的《8 字迷》、《情系 119》等作品均受到好评，有一定的的社会影响。由于崔立君有较扎实的文学功力，有良好的理论基础，又善于根据不同演员的不同特长和风格创作节目，作品的成功率比较高。

【崔应琦(女)·国家计生委科研所遗传研究室主任·被授予全国先进工作者称号】

1995 年 4 月 30 日，崔应琦参加国务院召开的全国劳动模范和先进工作者表彰大会，被授予全国先进工作者称号。

崔应琦，山东人，1932 年 3 月生，1957 年毕业于北京协和医学院八年制医本科，分配至协和医院妇产科任主治医生。1979 年至 1982 年间，曾得到世界卫生组织资助，先后到美国、英国、法国及瑞典进修遗传学及流行病学，做访问学者。1980 年调入国家计生委任遗传研究室主任、研究员。1986 年到日本东京和旭川两大学做访问学者，研究计划生育与优生。现兼任国家计生委科研所学术委员会副主任、中国优生科学协会秘书长及外联部主任等。

崔应琦长期从事计划生育、优生与遗传方面的临床与科研工作。先后主持了 11 种口服避孕药和针剂的研究，其中 10 种通过了鉴定并推广应用；对男女避孕药的远期安全性进行了系列研究，曾获国家"六·五"攻关项目二等奖和国家科技进步二等奖；建立了一种新记分方法以综合评价人类精子的受精潜能，获得 1990 年部委级科技进步三等奖；在国内外首次建立了人胚绒毛组织微核测定方法，并用以监测避孕方法和烟、酒、大气污染等因素对人胚的影响，同时提出预防措施，此项成果获卫生部科技进步三等奖；在国内外首次应用 PAP 免疫组化技术对孕早期人胚绒毛组织进行先天性病毒感染的产前诊断研究，方法简便、可靠、安全、经济，达到国际先进水平，获 1994 年部委级科技进步二等奖。

她在国内外发表学术论文 78 篇，多次参加国际会议进行学术交流。1986 年、1989 年被卫生部评选为先进科技工作者，1991 年、1994 年被国家计生委评为先进工作者。

【崔述刚·解放军某部二连连长·被授予模范连长称号】　1995 年 2 月 8 日，沈阳军区发布命令，授予崔述刚"模范连长"荣誉称号。

崔述刚，辽宁省盖县人，1964 年 10 月出生，1983 年 8 月入伍，1984 年 11 月加入中国共产党。1992 年底任连长，上尉军衔。崔述刚善于学习、肯于钻研，在步兵分队战术训练方法改革上，做出突出成绩。为了不断丰富自己的军事理论知识，他每天挤出 2 小时休息时间，坚持自学。先后阅读了 50 多本军事理论书籍，撰写军事学术论文 20 多篇，有的论文获部队军事学术征文二等奖。他结合训练教学写了 12 万字的教学笔记，摸索总结了"负荷训练法"等 6 种先进的军事训练方法，编写了 90 余份教案，绘制了 120 多个教学图例。他用一年的时间反复研究、演练出适应未来战争需要的步兵分队战术动作要领，对提高步兵分队的训练水平和战斗力作出了突出的贡献。他善于运用科学的方法带兵、管兵、训练部队，刚任二连连长时，连队军事训练薄弱，连续 4 年未达标。为改变这种局面，他团结全连官兵，从增强集体荣誉感入手，叫响了"连兴我荣，连衰我耻"的口号，振奋了全连官兵奋发向上的进取精神。他从提高连队官兵身体素质抓起，在全连大搞体能训练，在坚实的基础上，由浅入深，由低到高，因人施教，因地制宜地组织全连苦学苦练军事技术，不断提高训练水平。经过一年时间的艰苦奋斗，1993 年带领全连参加上级组织的建制连军事训练全面考核，11 个训练科目获得 9 个优秀、2 个良好的优异成绩，被上级评为"军事训练先进连"，1994 年参加上级组织的建制连专业比武，又获得四个第一的好成绩。为了激发士兵的主人翁意识和练兵积极性，他让战士训练轮流指挥，集合轮流带队，会议轮流主持，发言汇报轮流担任的方法，有效地提高了士兵的综合素质，培养了多名一专多能的士兵和连队训练管理骨干。他任连长以来，培养出 14 名优秀士兵被保送和考入军队院校。他关心爱护士兵，善于做战士的思想工作，总结了"进门看脸色，吃饭看胃口，睡觉看香甜，训练看劲头，来信看表情"等了解士兵思想情绪的"五看"方法，在《解放军报》上发表。他撰写的"把思想政治工作融入训练和管理之中"的文章，被军区编辑的《新时期训练政治工作》一书收编。由于他工作成绩突出，先后 2 次荣立三等功，一次荣立二等功。被总参谋部和沈阳军区评为优秀"四会"教练员，被上级树为"爱军习武标兵"和"连长标兵"，"学雷锋标兵"。在他带领下，连队整体建设水平不断提高，1993 年被上级树为"基层建设先进连。"

【崔顺贤·西南石油地质局管子总站站长·被授予全国劳动模范称号】　西南石油地质局管子总站站长崔顺贤，带领全站职工大胆改革，锐意创新，使一个依靠国家投资的事业单位转变为产值和效益同步增长的经济实体。1995 年 4 月被国务院授予全国劳动模范称号。

管子总站成立于 1965 年，共 123 名职工，由于长期受旧体制的束缚，经常是一年任务一个季度完成后职工无事可做，其余时间白白浪费。崔顺贤在 1991 年任站长后，改进内部管理，带领职工走向市场，发挥自身优势，开发管材维修加工、井下配件工具等产品和市场，连续多年取得良好效益。1991 年创产值 850 万元，1992 年 1125 万元，1993 年 2200 万元，1994 年

2535 万元。经常挂在崔顺贤嘴边的话是“领先一步天地宽”。他敢于提出新的管理措施，把“以产定销”改变为“以销定产”，实行“经营是一线，生产是后方”、“前店后厂”经营体制，强调“质量第一，用户至上”，严把产品质量关，让自己的产品长久地占领市场。同时大胆引进先进设备，推行新技术，保证焊接和车丝质量，使焊接钻干 15 万米而无一断裂，内螺纹加工 100% 合格，从未因质量问题同用户闹纠纷。因此，近几年连续被西南石油地质局评为“量化管理效益显著”的先进单位。

崔顺贤，1956 年 5 月生，山东省平度县人。1982 年毕业于华东石油学院，被分配到石油工业部长庆油田技工学校任教。1987 年调至地矿部西南石油地质局管子总站任副站长，1991 年升任站长，同年加入中国共产党。1994 年获四川省优秀青年企业家称号。1995 年 11 月改任西南石油地质局体制改革办公室副主任，评为高级工程师。

【崔建新·忻州地区粮油储运公司经理·被授予全国劳动模范称号】　1995 年 4 月，山西省忻州地区粮油储运公司经理、经济师崔建新，被国务院授予全国劳动模范称号。同年 11 月，还被共青团中央授予全国优秀青年企业家称号。同年，他还被授予山西省特等劳动模范、国内贸易部劳动模范称号。

崔建新，山西盂县人，1961 年 9 月生，大专文化程度，中国共产党党员。1993 年他担任公司经理后，提出了“统管分营”的管理模式，即“保住国家粮油储备，搞活贸易经营、拓宽经营领域”，将政策性业务与商业性经营划段分设。一个月内组建了 23 个经营实体。公司对各实体实行公开招标，主承包人竞争上岗。职工实行全方位优化组合，工资与效益挂钩。使企业强化了内部管理，形成了“统管不独揽，分营不分散”的格局。该管的管住了，固定资产近两年来增值 398 万元，是原值的 64%；该放的放活了，公司分流人员 156 人，占到职工总数的[illegible]%。公司努力拓宽农村、城市两大市场，办起了养猪场，建起了一条粮食烘干塔生产线，处理高水份粮食，建成了占地 2000 平方米的粮食一条街市场，成立粮油配送中心，为城市居民服务，为稳定粮价繁荣市场发挥了主渠道作用。

“统管分营”模式解决了粮价放开以后“管粮人吃饭难”的问题。崔建新任经理两年半中，企业实现利润相当于前 7 年总和的 1.[illegible]倍，走出了一条粮食企业振兴发展之路。“统管分营”模式的经验得到了上级有关部门的肯定。

【舒宗侨·复旦大学教授·自办抗日战争图片展览】　1995 年 7 月至 8 月，上海复旦大学新闻学院教授舒宗侨，在瑞金街道自费举办了抗日战争图片展，以纪念抗日战争胜利 50 周年，展出的 108 幅珍贵照片都是由他提供，大多是第一次公开展出，而且是他当年亲自拍摄的。舒宗侨说，他作为抗日战争的目击者，幸存者，有义务把中华民族的英勇不屈精神和民族经历的苦难告诉后人。这一展览被命名为舒宗侨抗日战争图片展。

舒宗侨，湖北蒲圻人，1913 年 10 月生，1936 年毕业于上海复旦大学新闻学系，先后在上海立报、苏联塔斯社、重庆中央日报国际部、重庆扫荡报、上海联合画报担任记者、编辑、编辑主任、主编等职。1949 年后任上海复旦大学教授。抗日战争时期，他手持摄影机在前线采访，亲自经历了“八·一三”淞沪抗战、南京保卫战、徐州会战、武汉会战，过川康，到重庆，用镜头真实地纪录了中国南方的抗战历史。1946 年至 1948 年他主编出版了《第二次世界大战画史》、《中国抗日战争画史》、《第二次世界大战照片精华》三本画册，共包括了 3000 多幅照片，40 余万字战争写真，一问世就成为研究二次大战和抗日战争的珍贵史料，当时曾作为远东国际军事法庭审判日本战犯的重要证据之一。这三本画册在世界各地广为流传，国内外先后出版 9 次，发行 10 余万册。

舒宗侨现兼任中国摄影家协会名誉理事、中国老摄影家协会顾问、上海摄影家协会理事、上海老年摄影学会主任委员。

【康林·北京军区原顾问·在北京逝世】

北京军区原顾问康林，因病医治无效，于 1995 年 7 月 9 日在北京逝世，终年 79 岁。

康林，1916 年 5 月出生于江西省于都县一个农民家庭。1932 年 3 月参加中国工农红军，同年 9 月加入中国共产主义青年团，1933 年 9 月转为中国共产党党员；历任战士、班长、副政治指导员、教导队队长、团长、师参谋长、师长、副军长、军长、北京军区副司令员等职，1961 年晋升为少将军衔，他曾是中国共产党第九、十、十一届中央候补委员。

土地革命战争时期，康林参加了中央革命根据地一至五次反“围剿”斗争，后跟随陈毅坚持赣粤边游击战争。抗日战争爆发后，指挥部队进行了反“清乡”斗争。解放战争中,率部参加了苏中七战七捷和枣庄攻坚战以及鲁南、莱芜、孟良崮和淮海、渡江及解放长山列岛等战役战斗。中华人民共和国成立后,康林曾率部赴朝作战,参加了著名的上甘岭防御战和其它战役战斗。

【康世恩·原国务院副总理·在北京逝世】　新中国石油工业和石化工业的开拓者之一,无产阶级革命家康世恩,1995年4月21日,因病于北京逝世。

康世恩,1915年生,直隶(今河北)怀安人。清华大学肄业,参加过"一二·九"抗日救亡学生运动。1936年加入中国共产党。曾任中华民族解放先锋队清华大学分队分队长。抗日战争时期,曾任朔县战地动员委员会主任,牺盟会特派员,中共朔县县委统战部部长,牺盟会太原中心区委组织部长,晋绥八分区专署专员。解放战争时期,任雁门军区政治部主任,第一野战军的师政治部主任,参加了保卫延安和解放大西北的战斗。

1949年9月,康世恩率领部队接管玉门油矿,任玉门油矿军事总代表。后任西北石油管理局局长、燃料工业部石油管理总局局长。后在石油工业部主管勘探工作。1959年,在他的组织领导下,在松辽盆地发现了大庆油田。这是我国石油工业发展史上的一次重大转折。他在石油工业部部长余秋里领导下,组织领导石油会战,担任会战总指挥。带领广大职工,克服各种困难,只用3年时间高水平地拿下了大油田,并且探索出了一条独立自主地发展我国石油工业的道路,积累了一整套加强社会主义企业管理、加强思想政治工作,加强职工队伍建设的经验。

康世恩在担任石油工业部副部长、燃料化学工业部第一副部长、石油化学工业部部长期间,组织指挥了包括胜利、大港、辽河、冀中地区在内的华北石油会战,创建了一个又一个新的石油基地。

"文化大革命"期间,康世恩遭受残酷迫害,但他坚持原则,与林彪、江青反革命集团进行了针锋相对的斗争,并出色地完成了几个大油田的勘探开发任务。

从1978年起,康世恩任国务院副总理兼国家经委主任、国家计委副主任、国家能源委员会副主任、石油工业部部长、国务委员。他坚定地贯彻执行党的改革开放总方针,做了大量的开拓性的富有成效的工作,为加速我国石油工业的发展,作出重要贡献。他是中共第十一、十二届中央委员,1987年当选为中共中央顾问委员会常务委员。著有《康世恩论中国石油工业》一书。

【章英(女)·民航机上供应工作者·被授予全国劳动模范称号】　1995年4月29日,中共中央、国务院召开的全国劳动模范、先进工作者表彰大会在北京人民大会堂隆重举行,民航乌鲁木齐管理局运输服务处机上供应处副主任章英,被授予全国劳动模范称号。

章英,1954年生,江苏省武进县人,1976年到民航乌鲁木齐管理局旅客餐厅当炊事员,1986年任服务处配餐室主任,1991年任机上供应处副主任,一级厨师。20年来,她心系蓝天,全心全意为旅客服务,多次被评为先进生产者,优秀共产党员、工会积极分子,并获自治区劳动模范、全国民航"三八"红旗手和先进女职工等荣誉称号。

章英刚参加工作时,被分配在旅客餐厅当炊事员,餐厅先后有10多人因不安心工作调走了。可章英一心扑在工作上,任劳任怨,虚心求教。没用多久,就很快掌握了面案、菜案的操作技术,并且能够独当一面组织餐厅工作人员准时营业。一次,候机室餐厅发生煤气爆炸,设备被毁,餐厅无法正常营业。章英克服了许多困难,忍受着孕期的生理反映,和其他同志昼夜不停地采购面包、汽水、奶粉等食品,保证了旅客正常的膳食供应。

1986年,管理局引进的5架图-154大型客机先后投入运营,供餐量激增。章英被调到新组建的配餐室当主任。在设备简陋、人员不足、技术缺乏的困难情况下,她率领职工起早贪黑,每日凌晨4点多就开始工作,把5架大飞机和3、4架小飞机上千名旅客的用餐和几百箱饮料、开水与其它供应品,一刻不差地搬送上飞机。到运营高潮的夏季,为保证食品的新鲜度,常常是下午的班机,上午就得将全部用餐配好,上午的班机就得在头天晚上准备好。为此,章英带领职工白班、夜班连轴上,从没喊过一声累。她年过40,身体并不很壮,但干起活来,生龙活虎,像个小伙子。一次,配餐室订购的60吨饮料一次到货,她卷起裤腿和支部书记带领大家,冒雨一箱一箱地将饮料搬到地下室。她的苦干实干和以身作则的作风,受到了职工的尊敬和信赖。

章英为了在职工中牢固树立"旅客第一,服务第一,信誉第一"的思想,她提出:在生产管理上要严格要求,干部作风上要严于律己,产品质量上要严格把关。她说,只有严格要求,才能创造一流的成绩,才能体现对旅客、对事业的高度负责态度。国家卫生检查团两次检查，他们都获得了满分的优良成绩。对于规章制度，她对自己要求更严。有一次因公交车误事迟到几分钟，她主动自罚。现在配餐室已成长为一个纪律严明，管理规范，富有生机的群体，多次受到上级的表彰。

【章蕴（女）·原全国妇联副主席、中共中央纪律检查委员会副书记·在北京逝世】

中国妇女运动杰出领导人之一，原中共中央顾问委员会委员、中央纪律检查委员会副书记章蕴，1995年10月25日在北京病逝。11月8日，全国妇联专门召开座谈会，纪念这位为共产主义事业、为中华民族的独立和妇女的解放战斗不息、奋斗不止的老革命家。

章蕴，原名杜韫章，1905年5月26日生于湖南省长沙市西乡杨家冲。早年在速成补习学校读书时，受中共地下党员的影响，萌发了参加革命、推翻旧制度的强烈愿望。1925年到汉口，放弃上大学的机会，投入反对帝国主义、封建主义的斗争。同年加入中国共产党。1926年受中共委派担任国民党汉口特别市党部妇女部部长，后任中共硚口特区委组织部部长兼妇女部部长、代理宣传部部长，从事妇女和工人运动。大革命失败后，在武昌、南京等地做中共秘密工作。1932年她的丈夫、中共南京特委书记李耘生牺牲，两岁多的幼子与小姑被捕，她与组织又失去联系，在这一严峻考验面前，她以坚定的信念，历尽艰辛，曾当过拣烟叶的女工、养蜂的帮工、长途电话的接线生。经过4年苦苦的追寻，终于回到党的怀抱。1937年起，任中共湘潭中心县委书记、新四军军部战地服务团中共支部书记、中共东南分局妇委负责人，苏南区党委、苏中区党委妇女部部长等职。1941年11月任新成立的苏中二地委书记，1945年任苏中区党委组织部部长、中共中央华中分局委员兼妇女部部长、华中民主妇联主任、豫皖苏区党委副书记、中共中央豫皖苏分局宣传部部长兼《雪枫报》社长、第三野战军妇女干部学校校长兼政委等职。1949年5月上海解放后，任中共中央华东局妇委书记兼华东妇联主任和上海市妇委书记兼市妇联主任。1952年起，任中共中央妇委第三书记兼全国妇联秘书长、全国妇联副主席，协助蔡畅、邓颖超主持全国妇联日常工作。是中共第八届中央候补委员。十年动乱中，遭受康生等人的诬陷和迫害，她不消极、不低头，始终保持共产党员的崇高气节。1977年后，任中共中央组织部顾问、中央纪律检查委员会副书记、中央顾问委员会委员。著有《章蕴谈党的建设》等。

【阎肃·剧作家、词作家·阎肃歌词作品研讨会在北京举行】　由中国音乐文学学会、《词刊》编辑部、空军政治部文化部、空军政治部文工团联合主办的“阎肃歌词作品研讨会”，1995年5月9日在北京举行。这是中国音乐文学学会为加强歌词理论建设，推动和繁荣创作，有计划、有组织地进行研讨的第三位作家。这项研讨活动，不但引起广大词作者的热烈反响，也引起了社会的关注。

词曲作家、评论家40余人出席了会议。在会上发表的专题发言和即兴发言中，对阎肃创作耕耘四十余年的成就给予了充分肯定，并进行了学术性探讨，如歌剧剧诗形象个性化、人物心路历程的诗化抒咏等，又如从美学鉴赏的角度寻找其创作的年轻活力、雅与俗之间的格调、大白话的运用以及京味作品留给人们的思考等问题进行了论述。

阎肃，河北保定人。1930年5月生。重庆南开中学毕业，肄业于重庆大学。1950年从事文艺工作，先后在西南青年文工团、西南军区文工团工作，1954年调入空军政治部文工团。历任业务秘书、创作员、编导组长等职。现为空政文工团一级编剧。是中国音乐家协会会员、中国音乐文学学会会员、中国戏剧家协会会员、中国戏剧文学学会会员、中国歌剧研究会会员。

长期以来，阎肃致力于音乐文学创作，在歌剧和歌词创作上取得了可喜的成就。他发表和上演的歌剧有《江姐》、《忆娘》、《胶东三菊》、《特区回旋曲》、《党的女儿》和京剧《红灯照》等，其中《江姐》受到广大观众的赞扬，被誉为是中国新歌剧的代表作之一。他还创作了大量歌词，如《我爱祖国的蓝天》、《敢问路在何方》、《军营男子汉》、《北京的桥》、《雾里看花》、《长城长》、《五星邀五环》等，以其角度新、语言新，为人们称道。他参与策划的许多大型文艺晚会，构思巧妙而不落俗套，格调高雅而通俗易懂，得到观众首肯。

【阎宝航·已故反法西斯杰出战士·获俄卫国战争胜利五十周年纪念奖章】　1995年6月18日，阎宝航诞辰100周年纪念大会在辽宁省会沈阳市举行，来自世界各地的专家、学者、反法西斯老战士，阎宝航的子女、亲属、故旧，张学良将军的子侄，全国人大常委会副委员长孙起孟、雷洁琼，以及辽宁省各界人士数百人出席会议。与此同时，还举行了阎宝航诞辰100周年纪念文集和纪念画册首发式。阎宝航塑像揭幕仪式也在他的故乡海城市举行。

11月1日，俄罗斯驻华大使罗高寿受俄罗斯总统叶利钦的委托，授予阎宝航和他在抗日战争期间领导的地下工作者阎明诗、李正文"卫国战争胜利50周年"纪念奖章，以表彰他们在第二次世界大战期间向苏联提供德国、日本军事情报所建立的不朽功勋。罗高寿大使称，阎宝航等人的特殊贡献，将载入世界人民反法西斯战争的史册。

12月19日，纪念阎宝航诞辰100周年诗歌会及"爱我中华，团结统一"各界人士座谈会在北京民革中央礼堂举行，全国人大常委会副委员长程思远，李沛瑶等出席会议。

阎宝航，字玉衡。1894年生，辽宁海城人。1918年于奉天两级师范学校毕业后，在无任何收入的情况下，毅然创办了中国第一所贫儿学校。1927年赴英国爱丁堡大学研究院留学。1927年回国后，任奉天(今沈阳)青年会总干事、东北国民外交协会主席，与张学良将军建立了亲密的关系。"九一八"事变后，他与高崇民等组织东北抗日救国会，他第一个把日本侵华秘密文件——《田中奏折》译成英文并公诸于世，有力地揭露了日本侵略者的野心。作为张学良将军的亲密朋友和高级幕僚，活跃于国共两党上层人物中间，广交朋友，团结各方人士，为推动东北抗日救亡运动，促成第二次国共合作，协助张学良将军实现"停止内战，联共抗日"的主张，起了至关重要的作用。1937年9月，阎宝航加入中国共产党，其后长期从事党的地下工作。1941年6月，他机智地获取了德国法西斯突袭苏联的计划并及时报告周恩来，中共中央于1941年6月16日紧急通报苏联。1944年他经过精密安排，获取了日本"关东军"在我国东北中苏边境上部署的全部详细情况，为苏军对日开战后迅速摧毁日军作出了重大贡献。抗日战争期间，阎宝航把自己的家作为革命志士的栖身处和庇护所，董必武、叶剑英、李德全、李公朴等都曾得到他的救助，人们称之为"阎家老店"、"革命保险箱"。1946年后，阎宝航任东北行政委员会委员，辽北省(今辽宁省北部地区)人民政府主席。新中国成立后，先后任外交部办公厅副主任和条约委员会主任委员、全国政协党委。阎宝航在"文革"中遭"四人帮"诬陷迫害，1968年5月含冤逝世。1978年，中共中央为阎宝航平反昭雪。

【梁强·成都军区某部高炮团战士·被授予舍己为民的英雄战士称号】 1995年9月14日，成都军区授予某部高炮团战士梁强"舍己为民的英雄战士"称号。

梁强，四川省蓬溪县人，1975年7月生，1992年12月入伍。1995年3月21日，梁强探亲返回部队，从自贡市乘坐一辆以天然气为动力的大客车回隆昌。12时10分左右，客车载着24名旅客，行驶到富顺县邓井关镇时，气囊里的天然气耗尽，驾驶员邱康忠即让售票员去加油站购买汽油。因无盛油工具，售票员将购买的5公升汽油装在半截车轮内胎里送上车。驾驶员邱康忠违反操作规程，采取直流供油方式，一边加油，一边启动。站在旁边的梁强提醒说："这样干要不得，很危险。"但驾驶员未听劝阻，再次启动发动机。当客车向前滑动约2米远时，发动机上的化油器回火，致使化油器内汽油着火并引燃车轮内胎的汽油。顿时车内燃起大火。此刻，驾驶员邱康忠被吓慌，没有打开前后车门，乘客纷纷扑向车厢两旁砸窗逃生，眼看一场车毁人亡的恶性事故就要发生。危急关心，梁强抓起燃烧着的盛油内胎，准备就近扔出车外，可驾驶室和车厢两边挤满乘客，便冲向车尾，猛力撞碎车尾左窗玻璃，将内胎扔向路边，随即跳出车厢。全身裹着烈火的梁强在马路上来回翻滚自救；由于睁不开双眼，不幸滚在盛油内胎上，身上的火烧得更凶猛，生命受到严重威胁。这时，路边汽车修理铺里的修车工张长贵、张长平兄弟和技校学生冯涛，听到屋外有人呼喊救人，急忙从屋内跑出，端水泼向浑身是火的梁强，迅速将火扑灭。这时被烧得倦曲一团、全身焦黑的梁强突然坐起，微弱地说："丢…丢…丢…"又昏倒在地。随后，当地群众自发组织起来，及时将梁强送往附近医院。梁强全身烧伤面积达85%，三度烧伤达60%以上，并伴有严重呼吸道吸入性损伤，生命垂危，可是车上的24名群众安然脱险。经抢救，梁强已脱离生命危险。

【梁振英·测量师·任香港特别行政区筹委会副主任委员】 1995年12月28日，第八届全国人大常委会第17次会议表决并通过全国人大香港特别行政区筹备委员会组成人员名单，梁振英被任命为筹委会副主任委员。

梁振英，山东威海人，1954年出生于香港，毕业于英国布里斯托理工学院，获估价及地产管理学学士学位。英国皇家测量师学会会员。1988年被选为"香港十大杰出青年"。他是香港梁振英测量行董事总经理，上海浦东开发区和深圳房地产顾问，香港仲量行高级合伙人。曾任香港特别行政区基本法咨询委员会委员、秘书长。1992 年被聘为第一批港事顾问。1993 年 7 月至 1995 年 12 月任全国香港特别行政区筹委会预委会委员,政务小组港方组长。

【梁镇粲·中共贵港市委书记·被授予优秀县(市)委书记称号】 1995 年 6 月 30 日,全国百名优秀县(市)委书记表彰会在北京中南海怀仁堂召开。中共中央总书记江泽民出席会议并作了重要讲话。会上宣读了中共中央组织部对全国在县(市)委书记岗位上取得优异成绩的 100 名干部,授予优秀县(市)委书记称号的决定,梁镇粲名列其中。

梁镇粲,广西北流县人,1954 年出生,1972 年 9 月参加工作,1983 年入党,1988 年毕业于中央党校培训部研究生班。曾任乡党委副书记,镇党委书记,行署副秘书长等职。1991 年任平南县委书记。1995 年 3 月任现职。

刚走上平南县委书记岗位的梁镇粲,面临的是拥有 115 万人口、3000 平方公里土地的大县,交通、城建、电讯、工业等基础设施相当薄弱。全县仅有 10 公里的四级柏油路,其余全是土路;县经委 15 家工厂有 13 家亏损,亏损额达 1800 万元。梁镇粲决心迎难而上,开创一番新天地。在调查研究听取广大干部、群众的意见后,大胆提出"大改革、大开发、大发展,高速度、高效益"的"三大两高"发展平南经济的战略。他和县委领导班子千方百计筹集资金,全力以赴抓基础设施建设。到 1992 年底,修建了三级柏油公路 80 多公里;开通了 3000 门的程控电话;修筑了县城两条总长 3.1 公里的水泥街道;续建架通了西江大桥;亏损企业除糖厂行业性亏损外,全部扭亏为盈……与此同时,县委、县政府加强了对农业的领导,实施建立 12 万亩高产稳产示范田、改造 12 万亩中低产田的"双十二"工程,当年增产粮食 500 多万公斤。药材、果桂(桂即玉桂)、养殖等业也都有了长足发展。1991 至 1994 年,国民生产总值由 10.2 亿元增加到 31.1 亿元,工农业总产值增长 3 倍,财政收入增长 1.1 倍,农民人均纯收入也增加了 1.1 倍,被经济界、理论界誉为"平南现象"。

梁镇粲对人民群众有着质朴深厚的情感。他一有空就往下跑,平南的山山水水、村村寨寨、工厂企业都留有他的足迹。1994 年特大洪灾发生,他处乱不惊,指挥若定,始终在抗洪第一线指挥战斗。一天,他带人乘着小船赶到一个重灾区慰问,灾民们看到他也是又黑又瘦,满脸疲惫,拉住他的手哭成一片。为迅速解决无家可归灾民的住房问题,他决定县财政拿出 800 万元和补贴 2 万吨水泥。灾后不到 3 个月,便使无家可归的灾民全部搬进新居。为使老百姓过上安稳日子,他狠抓社会治安,严厉打击各种违法犯罪活动。1994 年,县公安局被评为全国优秀公安局。县检察院、法院也分别被评为广西和玉林地区的先进单位。

【梁有濠·民营企业家·捐献 300 万元拍摄大型禁毒教育片"中华之剑"】 1995 年 1 月 21 日,广东民营企业家梁有濠向国家禁毒委员会捐赠 300 万元的仪式在北京举行。梁有濠从而成为新中国成立以来第一个捐巨资赞助禁毒宣传的人。

梁有濠,广东汕头人,1965 年 9 月生。高中毕业后从事建筑业,任达濠建筑工程公司施工队长,1987 年 10 月考入深圳大学民建专业,边学习、边工作。毕业后出任达濠建筑工程公司道路公司经理兼汕头经济特区富豪实业发展公司经理,1994 年任汕头富豪(集团)公司董事长、总经理。他是土生土长、劳动起家、科技扶持的企业家,他善长于民营建筑与道路施工。他的信念是"挣钱为振兴中华服务"。1994 年 7 月,他投资 350 万元参与建设海口至文昌的高速公路,开创了公路建设不靠政府拨款而靠民营集资兴建的先河。投资 3000 万元为贫困家乡筑路,使 7 个自然村、3 万多人口从封闭走向开放。投资 7000 多万元创办潮阳实验学校,为祖国造就 21 世纪的专业人才。自 1993 年起,每两年提供 10 万元,赞助广东省作协设立萧殷文学评论奖。总计他投向公益事业达 1 亿多元。

梁有濠领导的汕头富豪集团公司是集进出口贸易、高科技产品开发、内贸营销、商品专卖代理、厂房开发、市政道路建设为一体的多元化、多层次综合性新型集团公司。该集团所属道路公司曾承建深圳至汕头高速公路的一段,被评为一级公路。梁有濠投资 1500 万元,建起了汕头达濠区第一家超级商场——富豪商场;投资 4000 万元创建汕头南区第一幢冠以企业名称的 13 层富豪大厦,建筑面积 3.5 万平方米;1995 年 3 月创办与外商合作经营的惠豪陶瓷工艺有限公司,是汕头特区第一家大型洁具生产企业,投资 1 亿元,引进美国 SD 公司世界最先进的洁具生产线,预计年产值 3 亿元,年创税利 1 亿元。梁有濠具有雄才大略而生活朴素,不抽烟、不喝酒、不会跳舞,嫖与赌与他无缘。他的格言是"金钱只为事业而增值"。

【尉健行·中共中央政治局委员·出任

中共北京市委书记】　1995年4月27日，在中共北京市委召开的区县局党员领导干部会议上，中共中央政治局常务委员胡锦涛受中央委托在会上宣布了中共中央决定：任命中共中央政治局委员、书记处书记，中央纪律检查委员会书记尉健行为中共北京市委委员、常委、书记；批准陈希同引咎辞去中共北京市委书记、常委、委员职务。胡锦涛在会上作了重要讲话，指出这一决定有利于北京的稳定，有利于北京各方面工作的顺利进行，有利于反腐败斗争的深入，有利于党的事业。

尉健行讲话说，中央决定我到北京工作是对我的信任和委托。我一定要很好地团结市委常委一班人，依靠北京市广大干部、党员和人民群众，努力学习，刻苦工作。并表示要按照党中央确定的指导思想和工作部署，坚持不懈地开展反腐败斗争，对王宝森等人的案件，要积极支持、配合有关部门一查到底，依法严肃处理。要认真总结和汲取王宝森等人案件的深刻经验教训，继续抓好党风、廉政建设，特别是抓好思想政治建设，在解决党员干部的人生观、世界观上下功夫，不断地提高我们的拒腐防变能力。尉健行还说，我们要全力以赴搞好北京市的稳定，把稳定放到重要位置上来抓。我们的一切工作都要服从和服务于改革、发展、稳定的大局。他相信，只要我们市委这个班子在贯彻中央方针的基础上，加强团结，在市委领导下，北京市的广大干部、党员、人民群众更紧密地团结在一起，我们完全可以把北京市的事业继续推向前进。

7月4日，中共北京市委召开全市区县局党员领导干部大会上，传达关于王宝森主要违法犯罪事实查处情况和中央决定对陈希同的问题进行审查的通报时，尉健行在讲话中指出，我们党完全有能力清除党内腐败分子，保证改革开放和现代化建设健康发展。

中华全国总工会主席尉健行，在4月29日召开的庆祝国际劳动节暨全国劳动模范和先进工作者表彰大会上讲话时，强调全心全意依靠工人阶级，是党和政府一贯坚持的根本方针，决不能有丝毫的含糊和动摇。4月30日，在庆祝全国总工会成立70周年大会上，尉健行强调，维护职工合法权益是工会的基本职责。

尉健行，1931年1月生，浙江新昌人。1949年3月加入中国共产党并参加工作。大学毕业后曾在苏联学习。1955年回国后长期在大型企业工作，并担任厂长、厂党委书记。1981年后，历任中共哈尔滨市委副书记、市长，全国总工会副主席、书记处书记、党组副书记，中央组织部副部长、部长，监察部部长。是第十二、十三届中央委员。

【屠丽南（女）·建井结构和材料专家·被授予全国先进工作者称号】　曾三次荣获全国“三八”红旗手称号的中国煤炭科学研究总院北京建井研究所教授级高级工程师屠丽南，39年来，艰苦奋斗在煤炭科研第一线，无私奉献全部的精力和才智，1995年国务院授予她全国先进工作者称号。

屠丽南，1935年2月生，江苏常州市人。1956年毕业于浙江大学土木工程系，被分配到煤炭科学研究院，一直战斗在科研第一线，从事土建、矿建、机械及材料等跨专业的各项课题研究和推广工作。为了适应煤矿艰苦环境的工作需要，她以坚韧不拔的精神，克服家庭及工作中的重重困难、以苦为乐、以苦为荣。几十年来，长期承担着超负荷的科研和工作任务，每天经常工作十余个小时，每年有半年以上的时间深入矿区，到艰苦的基建现场从事科研及推广工作，并亲自下井试验及指导工人操作。为了改革煤矿巷道支护、降低支护费用、简化操作、加快施工速度，她主持研制的JC型水泥锚杆获得煤炭部科技进步一等奖和国家科技进步三等奖。这一新技术成果不仅在全国煤矿大量使用，而且广泛应用于有色金属矿山及水利工程，为国家节约了大量资金。在矿用氯氧镁制品的研制及其在煤矿的推广应用方面，她带领大家付出艰辛的劳动，获得显著的技术经济及社会效益，对减轻环境负担、节约木材，减少森林砍伐、保护生态平衡起到了积极推动作用。课题成果1995年获煤炭部科技进步三等奖。

屠丽南兼任煤炭工业部锚杆产品质检中心负责人，为保证煤矿安全生产，她坚持原则，秉公办事、清正廉洁、严于律己，诚恳地督促帮助生产单位改进产品质量，促进了产品整体水平的提高。几十年来，她全身心地投入工作，总是把最复杂、最艰难的工作留给自己，当井下遇到危险困难时，也总是先关心照顾别人。

屠丽南1994年被推选为中央国家机关“十杰妇女”和全国煤炭工业特等劳动模范。她是中国煤炭学会常务理事、中国硅酸盐学会混凝土与水泥制品专业委员会委员。

【隋建国·雕塑艺术家·在印度举办作品展】　中央美术学院雕塑系副主任、副教授隋建国，1995年在印度新德里举办《沉积与断层——隋建国作品展》，随后，又以作品《地畦》参加在西班牙巴塞罗那举行的《来自中心国家——中国当代艺术展1979—1995》。

1994年，隋建国等5位青年雕塑家曾相继举行系列个人作品展，轰动了艺术界。作品展打破了中国雕塑界长时期来的沉寂状态，改变了批评界对雕塑现状的看法，雕塑观念也随之有新的变化。

隋建国在雕塑上的探索，首先从材料语言入手，以抽象的个人化的形式创造改变雕塑的传统面貌，进而又以新的空间观念扩大雕塑的表现手段，并从架上雕塑逐步过渡到一种综合的空间环境，过渡到装置。他的作品有：《旋律》、《源》、《结晶》、《飘动的云》、《结构系列》、《牡牛座》、《记忆空间》、《地墨》、《沉积的回忆》、《沉积与断层》、《庆典》、《废墟》等。

隋建国，山东青岛人。1956年生，1984年毕业于山东艺术学院美术系，留校任教。1989年毕业于中央美术学院雕塑系，获硕士学位。

【隗福临·中将·任解放军副总参谋长】

1995年7月，中央军委任命隗福临为解放军副总参谋长。

隗福临，1938年2月生，辽宁新宾人。1956年入解放军齐齐哈尔步兵学校学习。1961年加入中国共产党。曾任沈阳军区排长、连长、营长、团参谋长、团长、师参谋长。1982年毕业于军事学院。后任师长、军参谋长、总参谋部作战部副部长、部长。1992年起任总参谋长助理。是中共十三大、十四大代表。1988年被授予少将军衔。1993年12月晋升为中将军衔。

【续范亭·著名抗日爱国将领·《续范亭纪念册》出版】　1995年12月26日是续范亭将军在南京中山陵切腹明志、呼吁抗日60周年纪念日。由江泽民题写书名的《续范亭纪念册》当月由华文出版社出版。《续范亭纪念册》出版座谈会亦于是日上午在北京举行。

《续范亭纪念册》首次全部发表了毛泽东致续范亭的14封书信手迹。同时，汇集了人民群众历年来纪念续范亭将军活动的照片，以及纪念续范亭将军的大量纪念文章和书画作品，再现了续范亭将军的革命生涯和高尚的爱国主义情操，记录了老一辈无产阶级革命家和续范亭将军的密切往来和深厚的友谊。

续范亭，山西崞县（今原平）人，1893年生。1909年加入同盟会。辛亥革命时，任革命军山西远征队队长。1919年参加靖国军讨伐北洋军阀。1925年后任冯玉祥部国民军第三军第六混成旅旅长、国民联军军事政治学校校长。1932年任兰州绥靖行署主任邓宝珊的参谋长。1935年12月26日，为抗议国民党政府不抵抗政策，呼吁国人奋起抗日救亡，在南京中山陵切腹明志。1936年西安事变后，响应中国共产党号召，回山西推动抗日救亡运动，任第二战区民族革命战争战地动员委员会主任委员兼第二战区保安司令。1939年后，在抗日根据地历任山西新军抗日决死队总指挥、晋绥边区行署主任、晋绥军区副司令员、中国人民解放区人民代表会议筹备委员会副主任委员等职。1947年9月12日在山西临县逝世。临终前申请加入中国共产党。9月13日，中共中央复电追认为中国共产党党员。著作编为《续范亭诗文集》传世。

【巢纪平·气象学家·当选为中国科学院院士】　1995年11月6日，中国科学院公布了新当选的院士名单，国家海洋局海洋环境预报中心名誉主任、研究员巢纪平，当选为中国科学院地学部院士。

巢纪平，江苏省无锡人，1932年生。他在我国数值天气预报，中小尺度大气动力学与积云动力学以及海洋环境数值预报等领域中取得了开创性研究成果。1957年发表了我国第一张48小时数值天气预报图。60年代在大地形对大气环流影响，建立中小尺度大气动力学方程组，求出积云发展和过山气流双平衡态的非线性解，以及对流和环境相互作用的非线性模型等方面的研究成果，都属国际首创。70年代首次建立我国海气耦合的滤波距平长期天气数值预报模式，成功地进行了月季天气预报试验，其结果在国内外有重要影响，被称为北京模式。近十多年来，提出了Rossby波相互作用后可激发出一类向西传播的不稳定波，以及在非线性作用下可激发出2—3年ENSO型振荡等，都是海洋动力学方面的创见。在理论研究的同时，领导创建了我国第一个海洋环境数值预报业务系统，对我国海洋预报现代化作出了突出贡献。他是中国热带海洋和全球大气委员会（TOGA）主席，国家（TOGA）委员会成员。

【彭一刚·建筑学家·当选为中国科学院院士】　1995年11月6日，中国科学院公布了新当选的院士名单，天津大学土木建筑系教授彭一刚，当选为中国科学院技术科学部院士。

彭一刚，安徽省合肥市人，1932 年 9 月 3 日生。1953 年毕业于天津大学土木建筑系建筑专业，留校工作至今。现任教授、研究室主任。他长期从事建筑学理论研究，主攻方向为建筑美学及空间构图理论，建筑设计方法论，传统建筑文化与当代建筑创新。特别是对于建筑美学的研究，从古典建筑的构图原理，到现代建筑的空间组合规律，以至当代建筑的审美变异。此外，在研究西方建筑理论的同时，还对我国传统的建筑文化，特别是古代造园艺术以及民居、聚落等的形态、景观，运用当代空间理论及艺术心理学等科学方法进行分析研究。他设计的天津大学建筑系馆，被评为建国 40 年来的优秀设计。最近落成的甲午海战馆，亦由他主持设计，由于个性鲜明、富有深刻的历史文化内涵，不仅受到主办单位和广大群众的好评，而且也受到同行专家的称赞。出版学术专著 6 本，其中影响较广的专著《建筑空间组合论》，系统地论述了建筑美学法则及其建筑设计中的应用；《中国古典园林分析》，是我国唯一的用当代建筑空间理论分析传统造园艺术成就的书。近几年发表学术论文 30 多篇。曾获全国优秀科技图书、全国优秀建筑图书奖等多项奖励。

【彭珮云(女)·国务委员·阐述中国政府关于妇女发展问题的主张】　1995 年 9 月，联合国第四次世界妇女大会在北京召开，国务委员、世妇会中国组委会主席彭珮云在 9 月 5 日举行的全体会议上，阐述了中国政府关于妇女发展问题的主张。她说，中国政府从自己的国情出发，制定并颁布了 1995～2000 年《中国妇女发展纲要》，这是指导和促进我国妇女进步与发展的行动纲领。中国政府决定，到本世纪末，中国妇女发展的总目标是：妇女的整体素质有明显提高，在全面参与经济建设和社会发展，参与国家和社会事务管理的过程中，使法律赋予妇女在政治的、经济的、文化的、社会的、家庭的生活等各方面享有同男子平等的权利进一步得到落实。9 月 15 日，彭珮云举行招待酒会，庆祝世妇会圆满结束。

3 月 27 日，彭珮云在全国爱国卫生运动委员会第 11 次全体会议上指出，爱国卫生运动适合我国国情，利国利民，在社会主义现代化建设新的历史时期，它更有新内容、要求和意义。我们要把爱国卫生运动深入持久地开展下去。10 月 29 日，彭珮云在全国卫生科技大会上指出，重大疾病的防治技术待攻克，药物研制面临从仿制到创新的历史性转折，要完成如此艰巨任务，必须依靠科技进步。广大卫生科技人员和科技管理人员要勇于肩负起发展卫生科技事业的历史重任，要勇于攀登世界科技高峰。

彭珮云，1929 年 12 月生，湖南浏阳人。1945 年在西南联大学习，参加民主青年同盟。1946 年 5 月加入中国共产党。1947 年至 1949 年在清华大学社会系学习，并任地下党支部书记、总支委员。中华人民共和国成立后，历任清华大学党总支书记，中共北京市高等学校工委办公室主任，北京大学党委副书记，北京化工学院革命委员会副主任，国家科委一局负责人。1979 年后任教育部政策研究室主任，1982 年后任教育部副部长，1985 年任国家教委副主任、中国科技大学党委书记。1987 年 10 月在中共第十三次全国代表大会后当选为中纪委委员。1988 年任国家计划生育委员会主任。1993 年 3 月任国务委员。是中共十二大、十三大代表，十四届中央委员。她的丈夫是现任全国人大常委会副委员长王汉斌。

【彭清云·总参谋部原纪委副书记·在北京逝世】　解放军总参谋部纪委原副书记彭清云，因病于 1995 年 7 月 30 日在北京逝世，终年 78 岁。

彭清云，江西省永新县人，1930 年加入中国共产主义青年团，1933 年参加中国工农红军，1934 年转为中国共产党党员，历任政治指导员，营教导员，科长，团政委，师政治部主任，师政委兼地委第一书记，军政治部主任、副政委，原解放军政治学院系主任、政治部主任，总参某部副政委兼政治部主任，总参政治部主任、通信部政委、纪委专职委员等职。土地革命战争时期，他参加了湘赣苏区保卫战、湘鄂川黔苏区反“围剿”斗争和二万五千里长征。抗日战争时期，他在山西省广灵——灵丘伏击战中担任突击队长，带领部队与日军展开殊死搏斗。解放战争时期，他参加了四平保卫战和辽沈、平津等战役。新中国成立后，他为培养我军中高级政治工作干部，为总参的政治工作和党的纪律检查工作倾注了大量心血。1955 年被授予少将军衔。

【葛健·内蒙古青松制衣有限公司总经理·被评为第六届中国十大杰出青年】　被誉为“服装骄子”的葛健，1995 年 4 月 29 日被国务院授予全国劳动模范称号。同年 10 月又被评为第六中国十大杰出青年之一。

葛健，内蒙古哲盟人，1960 年 5 月生，1982 年毕业于天津大学自动化控制系，被分配到内蒙古第二毛纺厂工作。1985年年仅25岁的葛健被任使为内蒙古第二毛纺厂技术开发部部长，并奉命组建中日港合资企业内蒙古青松制衣有限公司。1989年，葛健出任该公司总经理。他坚持高起点起步，一丝不苟抓产品质量，深化经营管理。1989年，该公司生产的“仕奇”牌西装以其质优价廉的特色，首先打入了日本，占日本西装市场销售量的1%，并获准悬挂国际羊毛局标志；1990年至1992年，“仕奇”牌西装分别获经贸部、纺织部优质产品一等奖、商业部最畅销国产商品“金桥奖”；从1993年起，该公司的经济效益开始以每年25%的速度递增，实现利润1025万元；1994年“仕奇”牌西装获首届中国十大名牌西装之首。迄今为止，该公司已累计出口创汇300多万美元，是建厂初期引进设备所花美元的10倍。

从1990年起，葛健开始把该公司由单一生产西装向多元化综合集团公司的方向发展。他首先创办了中日合资内蒙古青鸟毛纺织有限公司，并出任总经理。他还组建了青青国际贸易公司等中小企业，兼并了有1200多名职工，负债3000多万元的亏损大户呼和浩特西装总厂。现在西装总厂已能生产与“仕奇”同等质量的产品。7年来，葛健还不惜重金培养人才，引进人才，仅在国外接受过半年以上培训的优秀职工就达60多名，占职工总数的10%以上。他还与内蒙古大学联合创办了后期本科班，并一次接收了40名大学毕业生充实到关键工作岗位。

1994年底，葛健在首都各大报刊策划推出了以“仕奇宣战”为题的广告，向在中国市场销售的“海外名牌”西装提出挑战。实际明确承诺：与所有在中国市场上销售的“海外名牌”西装相比，同等质量，价格我低；同等价格，质量我高。“宣战”被新闻煤介和学术组织称为“仕奇”现象。我国著名经济学家马洪指出：“仕奇宣战”标志着中国优秀企业家在国际商战中主动出击意识的觉醒。

【葛琴（女）·著名女作家·在北京逝世】

著名女作家葛琴，1995年1月3日在北京逝世，终年87岁。

葛琴，江苏宜兴人，1907年出生。1926年先后参加了中国共产主义青年团和中国共产党。1927年转入地下成为职业革命者，曾任上海中央局宣传部内部交通员。参加了1936年6月15日以鲁迅为首的60位作家签名的《中国文艺工作者宣言》，要求抗日和拥护统一战线政策。抗日战争期间，她先后担任“浙江省战时作者协会”工作设计委员会委员、“中华全国文艺界抗敌协会桂林分会”候补理事和“国际新闻社”成员。其间，她在浙江、桂林筹办、主持和参与编辑了《青年文艺》、《东南战线》、《力报》副刊等多种进步刊物。

自1946年起，她任《大刚报》副刊编辑。后来，她去香港从事妇女统战工作。她还曾担任过南方局文委委员，《小说月报》编委。

1949年后，她一直从事文艺工作。从1949年11月起，在中央电影局剧本创作所担任专业编剧。1956年，她转入北京电影制片厂，自1961年起任艺术副厂长。

葛琴自1932年开始发表作品。1949年以前的作品大多是中、短篇小说和杂文，50年代主要从事电影文学剧本的创作。她共出版了《总退却》、《生命》等8部短篇小说集，创作了《女司机》、《三年》和《海燕》三部电影文学剧本，其中前两部被拍成了电影。此外，她还创作了一部中篇小说《窑场》，并在各种报刊杂志上发表散文、杂文和文学评论等百余篇。

【董兆国·中共且末县委书记·被授予优秀县（市）委书记称号】　1995年6月30日，全国百名优秀县（市）委书记表彰会在北京中南海怀仁堂召开。中共中央总书记江泽民出席会议并作了重要讲话。会上宣读了中共中央组织部对全国在县（市）委书记岗位上取得优异成绩的100名干部，授予优秀县（市）委书记称号的决定，董兆国名列其中。

董兆国，河北阜平县人，1945年6月出生，1965年3月参加工作，1966年3月入党，大专文化。曾任县委宣传部副部长，纪委副书记，县委常委、副书记。1992年5月任现职。

董兆国出生在河北保定一个革命家庭。19年前，进入而立之年的他从北京部队装甲兵转业，毅然作出到祖国边疆贡献毕生的选择。踏上新疆大地后，他又面临一次选择：留在首府乌鲁木齐还是去边疆？他还是再次选择了艰苦，乘上敞篷大卡车颠簸了一星期，来到大漠深处的且末县。当时的且末，人口不足3万，却散布在14万平方公里的土地上。映入眼帘的县城是干打垒的房屋，虚土淤积的街道，仅一家食堂、几家商店，遮掩不住满目荒凉和落后。他在心里默默念着离开北京时自己的誓言：“男儿立志出边关，报答祖国哪肯还，埋骨岂须桑梓地，人生处处有青山。”义无反顾地把满腔热情和聪明才智奉献给他深深热爱的这片土地。

且末是一个以粮为主的农牧业县，由于偏僻的地理环境，生产经营处于封闭和半封闭状态，经济发展缓慢。1984 年前，全县人均收入只有 250 元左右，是新疆有名的贫困县。董兆国带领县委一班人深入农村厂矿调查研究，亲赴塔克拉玛干沙漠腹地探矿。吃的是乌麻什(玉米面糊)、干馕，睡的是牧民的毡房。爬上海拔 5000 米的阿尔金山，强烈的高山反应使他头昏呕吐。他以顽强的毅力完成了调查，先后撰写和发表了几篇颇有创见的论文，勾画出发展且末经济的宏伟蓝图。石棉矿是县办的一个重要支柱企业，董兆国亲自到区内外请专家帮助勘察和改革工艺，使石棉生产有了很大发展，为且末经济的发展注入了后劲。昆仑玉是雕刻艺术品的珍贵原料，由于管理落后，玉矿厂濒临倒闭。董兆国带人亲往整顿，帮助打通销路，添置设备，增强资金和技术力量，创办起了玉雕厂，使久负盛名的昆仑玉重放异彩。他担任县委书记后，始终把农业作为重要工作来抓。由于加强了水利建设，推广了种棉技术，1994 年仅棉花一项，就使全县农民人均纯收入增加了 430 多元，达到 903 元，是且末历史上最高水平。粮食不但实现了自给，而且还能部分外调。

【董创杰·井陉县人民法院审判员·被授予全国法院模范称号】 1995 年 12 月 14 日，河北省井陉县人民法院经济审判庭副科级审判员董创杰，被最高人民法院授予全国法院模范称号。在此之前，他分别被石家庄市和河北省高级人民法院 3 次评为十佳法官。

董创杰，1952 年生，井陉县人，大专文化，1973 年参加工作，1983 年调入法院。在实践中他摸索出一套快捷、高效的“办案 8 法”，即科学安排时间、一线连片、一步到位、合并审理、就地审理、思想教育、指导举证、一鼓作气。由此，他的办案成绩令人折服：仅 1991 年以来，办理各类民事、经济案件 809 件，其中 1991 年结案 98 件，1992 年结案 145 件，1993 年结案 189 件，1994 年结案 192 件，1995 年前 10 个月结案 185 件。每年结案均超出县法院规定指标的 5 至 6 倍，一个人相当于 5 个人的工作量。而且，3 年居全省个人结案第 1 名，1 年居第 2 名。所办案件均达到调解结案无反悔，判决后上诉案件无改判、无发还。董创杰的“办案 8 法”被石家庄市中级人民法院推广。

从 1991 年以来，几乎所有的星期天、节假日他都用在审判工作上，据统计他加班加点的时间达 6000 多个小时，人们称他是“拼命三郎”。1995 年 9 月 26 日，灵寿县 3 位农民状告井陉县威州东街陈某欠货款 5000 多元欠拖不还，且在索要期间遭到殴打，被限制人生自由。他们说如果法院不为他们作主，将回灵寿叫人，与陈某一伙拼个死活。董创杰接案后马上意识到问题的严重性。当时他因嗓子发炎红肿失音已 2 个多月，医生正让其住院治疗。他顾不上这些，带上药品和原告急速到被告处，将事实弄清，责任分明后，认真做调解工作，使可能激化的矛盾化解了。石家庄市东方进出口汽车配件公司的法人是全国人大代表、全国劳动模范、“满负荷工作法”发明者张兴让。该公司欠井陉县金财贸易公司 40 多万元借款长期拖欠不还。这个经济纠纷案让不少人望而生畏，可董创杰理直气壮地大胆审理，妥善调解结案，并当场执行。

在县法院工作期间，董创杰 12 次被评为县先进工作者，2 次被评为县优秀共产党员，2 次被县委、县政府授予模范工作者称号，荣立二等功、一等功各 1 次。

【董建华·香港董氏集团主席及行政总裁·任香港特别行政区筹委会副主任委员】

1995 年 12 月 28 日，第八届全国人大常委会第 17 次会议表决并通过全国人大香港特别行政区筹备委员会组成人员名单，董建华被任命为筹委会副主任委员。

董建华，浙江定海人，1937 年出生于上海，1949 年随家迁港定居，其后赴英国留学，1960 年毕业于英国利物浦大学，获理学学士学位。他是香港航运界著名人物，是享有“香港船王”誉称的董浩云的长子。1979 年出任董氏集团专营海运业的东方海外实业有限公司主席。1982 年董浩云病故后，董建华接任董氏家族企业，其时正值世界航运业衰退，东方海外盈利逐年下挫，一度面临清盘的厄运。董建华在朋友霍英东等人的帮助下，充分运用商业才华，成功地拯救了已经陷入严重债务危机的家族生意，并发展成为著名的东方海外集团。

董建华历任香港金山轮船国际有限公司主席，东方海外实业集团主席，摩纳哥驻港名誉理事，香港总商会咨议会会员，香港—美国经济合作委员会委员，香港—美国经济立法委员会咨询委员，香港公益金执行委员会委员，港口发展局成员，香港管理专业协会主席，香港行政局议员。1985 年董建华被委任为香港特别行政区基本法咨询委员会委员，1992 年 3 月被聘为第一批港事顾问，1993 年任第八届全国政协委员。董建华在香港商界享有较高的声誉，处事沉着、作风踏实。他被任命为香港特别行政区筹委会副主任委员后，引起香港舆论的广泛关注。

〔附注:1996年11月2日,全国人大香港特别行政区筹委会第六次全体会议主任委员会议通过香港特别行政区首任行政长官参选为名单,董建华名列其中。〕

【董健华·中医学专家·当选为中国工程院院士】 1995年1月7日,中国工程院公布了新当选的院士名单,北京中医药大学教授董健华,当选为中国工程院医药与卫生学部院士。

董健华,1918年12月生于上海市青浦县城厢镇中医世家,自幼受家庭教育熏陶,从小酷爱中医事业。1935年拜上海著名中医学家严二陵为师,学医和襄诊七年,得其真传。青年时期行医于黄浦江西岸。1956年任江苏省中医师资进修学校教师、伤寒与温病教研组组长。1957年调北京中医学院(现改称北京中医药大学)温病教研组组长、中医教师。1963年后历任北京中医学院内科教研室主任兼附属东直门医院内科主任、副院长、中医系副主任。

以"通降论"、"气血论"、"虚实论"补充和完善了中医学脾胃病论治理论使董健华,也因该理论在消化系统及内科其他系统疾病的辨证和治疗上具有普遍指导意义而奠定了他在中医界的地位。他主编的《中国现代名中医医案精华》等十余部书及百余篇中医学术论文,曾获国家级、部级、院级重大科技成果奖多项,卓有成效地丰富了祖国医学宝库。

为医,他"贫病不计"。当年,在上海青浦县,自己发着烧的董健华摇着小船外出看病。今天,耄耋之年的他,"中风"后未及痊愈便准时出现在门诊。他说,老了,什么都易忘,唯独看过的病忘不了。

教学,他一贯主张"早临床、多临床",当年他带着学生下矿井,为矿工治病。今天,学生放假回家前,他仍忘不了反复叮咛:"把字练好,医生要为病人开药方,字写得是否准确,性命攸关!"他是我国首批博士生导师,培养了20多名硕士、博士生。在他培养的西学中学员中,有许多著名医学家,如黄家驷、张孝骞、陈再嘉等。

多少疑难杂症在他的治疗下病情好转,多少经他治愈的外国元首和朋友惊叹中医的神奇!在27届世界卫生大会上,他的《中医在保障人民健康与改善环境卫生所起的积极作用》一文引起各国,尤其是发展中国家的兴趣,弘扬了中医辉煌的业绩,也提高了我国在国际上的声誉和地位。

董健华是第六、七、八届全国人大常委会委员、全国人大教育科学文化卫生委员会委员、全国中医内科学会名誉主任委员。晚年,他仍不忘著书立说,呼吁在继承的基础上开创我国中医科学新局面。

【董海水·山西临猗化工总厂厂长·被授予全国劳动模范称号】 山西省临猗化工总厂厂长、高级经济师董海水,坚持不懈抓管理,抓技改,上规模,经过五年拚搏,将一个名不见经传的小氮肥厂发展成为生产尿素、碳铵、高效复合肥、水泥、编织袋等多种产品,固定资产达2亿元的中国500家最大化学工业企业之一。企业盈利连年翻番,从1992年的240万元猛增到1995年的4000万元以上。1995年4月29日,国务院授予董海水全国劳动模范称号。

董海水,1954年11月生,山西省临猗县临晋镇南连大队人,大专文化水平。1971年到临猗化工总厂参加工作,历任岗位组长、副工段长、工段长,车间副主任、主任,厂办副主任、主任、总厂厂长助理。1990年9月,正当化工总厂产品滞销、碳铵改4万吨尿素工程贷款已用完,工程面临搁浅,人心浮动,困难重重之际,他被任命为总厂厂长。他一方面争取各级领导和有关部门的支持;同时把基点放在自力更生上,发动全厂职工集资捐款,支持尿素工程,并率先拿出自己积蓄的6000元。在他的带动下,职工纷纷慷慨解囊,短短几天时间,集资160万元。使濒临半停顿的一期尿素工程比预期提前两个月投产,直接创效益300余万元。尿素投产后,合成氨设备规模小,尿素生产达不到最高效益。出路只有一条,扩建合成氨及配套工程,需投资三、四千万元。困难没有难倒董海水,他决定以肥引资,经有关部门批准,他们以补偿贸易方法,从陕西、河北等地引来了1200万元。1991年7月20日,5万吨合成氨扩建改造工程破土动工,他带领技术攻关人员,针对合成氨生产流程设计不合理,不科学的地方,先后对一吸塔、二吸塔等处进行了160多处改造,同时进行了两期"两煤变一煤"、"五水闭路循环"、"造气炉改革"等一系列节能挖潜技术改造,仅用11个月时间,投资4500万元,完成了年产5万吨合成氨扩建,创下全国化工建设史上奇迹。接着他又马不停蹄,上二套尿素工程,精密组织,合理安排,总投资6300万元,用一年时间完成了通常要两年建设的周期,又一次创造了尿素扩建史上的奇迹。三次创业的成功,使企业插上腾飞的翅膀,现企业可年产尿素7万吨、碳铵12万吨、水泥4万吨、编织袋500万套、体$CO_2$1000吨。企业各项经济指标连续8年名列全省同行业之首。1994年先后获全国首届亿万农村消费者信得过产品金奖和山西省名牌产品称号。董海水被省委、省政府授予"山西省特级劳动模范"称号、化工即授予"全国化学工业劳动模范"称号。

【董新发·沈阳军区法律顾问处主任·被评为全国十佳律师】 1995年12月26日，人民解放军沈阳军区法律顾问处主任董新发，荣获由司法部组织评选的第一届全国十佳律师称号，在人民大会堂领取了奖牌和证书。

董新发从事军队律师工作以来，刻苦学习，勇于实践，先后承办和参与军地互涉重大刑事案件18件，民事案件61件，经济案件183件，为部队挽回、避免经济损失2000多万元。他热心服务基层，先后承办了50多起基层官兵或其家庭发生的重大涉法案件，赢得了部队官兵的信任和好评。有位连长的妻子被地方一不法分子唐某强奸，久告不果。案犯不仅逍遥法外，还反诬被害人作风不正。董新发在爱人、女儿都因病住院的情况下，毅然奔波在外，替这位连长打官司。唐犯最终被判处有期徒刑8年。戍边官兵和驻地群众拍手称快，并给军区领导写信为董新发请功。他还积极参与地方、部队的综合治理，热情宣传社会主义法制。几年来，他踏遍白山黑水，给广大官兵上法制课230余场次，听课人员达4万多，发表各类法制宣传文章61篇，主持编写了《军官涉法实用手册》等书。他善于运用法律释疑解惑，帮助官兵解决由涉法问题引起的实际问题和思想问题，并以娴熟的法律特长为各级首长和机关提出法律意见。他敬业勤业，廉洁自律，几年中共拒收礼金1.2万元。

董新发，1951年11月出生，四川省仪陇县人，大学文化，1970年6月加入中国共产党。他曾任排长、管理员、助理员，1983年7月起任沈阳军区军事法院审判员、副院长，1990年起专职从事军队律师工作，还任沈阳军区政治部司法办公室主任。他曾两次被评为优秀共产党员，两次被评为先进工作者，还荣立二等功1次，三等功2次。

【蒋加钰（女）·长庆石油勘探局物探处研究所副所长·被授予全国劳动模范称号】

蒋加钰为找到迄今为止我国陆上最大的整装气团——宁夏长庆油田作出了突出贡献。1995年4月29日，国务院授予她全国劳动模范称号。

蒋加钰，高级工程师，四川重庆人，1949年出生，1970年从北京石油学院毕业后，分配到280地质队当了一名普通的放线工。是放线工中唯一的女性。她和男放线工一样，身背数十斤重的电缆线，爬山进沟，哪里有测线，就往哪里钻，在茫茫沙海里干了5年后调入长庆石油勘探局，从事对陕甘宁盆地深层含油，气状况进行勘探和研究。陕甘宁盆地地表黄土塬、沙漠层覆盖厚，气层埋藏深。在国外，黄土塬被称为地震勘探的"禁区"，在国内也没有成功的经验可资借鉴。蒋加钰以锲而不舍的精神，一头扎进岩性解释奥陶系风化壳的研究，孜孜不倦地探索数千米地下深处油气存储的奥秘。作为一名物探专业工作者，她除了刻苦钻研本专业外，还广泛涉猎区域构造、沉积、岩性以及数字处理等方面的技术知识。勤奋学习使蒋加钰视野开阔，长期在基层的实践又使她找到了把书本知识运用于探矿实际的道路。1989年6月11日，以她为主设计的全国十大科学探索井之一、陕甘宁盆地中部中央古隆起陕参1井，经钻探在4000多米深的奥陶风化壳，获得了工业气流28.3万立方米。这是盆地的第一口高产气井，也是西北高原首次钻出的高产气井，它为在陕甘宁盆地找到世界级的大气田揭开了序幕。在实践的基础上，蒋加钰写出的一篇篇论文，在省、部级连连获奖。她撰写的《鄂尔多斯盆地黄土塬复杂地形天然气地震勘探技术》、《陕甘宁盆地中部气田奥陶系风化壳储层横向预测方法及效果》等20多篇论文，在国际低渗透学术会议、全国物探系统交流会上获得中外专家的很高评价。近几年来，蒋加钰领导的研究所已完成250多项科研成果及新技术的推广运用。先后提交研究报告100多份，论文50多篇，提供钻探井位100多口，为长庆油田找到迄今为止我国陆上最大的整装气田写下了光辉的一页。她个人先后获油田"优秀科学、技术、管理专家"。省部级"优秀科技工作者"等称号和全国"五一"劳动奖章。

【蒋亦元·农业专家·获国家科技进步二等奖】 东北农业大学教授蒋亦元主持完成的"割前脱粒水稻收获机器系统"，获1995年国家科技进步奖二等奖。

蒋亦元在耕耘、播种、清选和乳牛饲养机械化方面，无论是理论还是实践，均有重要建树，有三项获黑龙江省科学大会奖。国内外发表论文40篇，4次被评为哈尔滨市劳动模范，曾荣获黑龙江省特等劳动模范和先进工作者称号。他完成的课题"割前脱粒水稻收获机器系统"被专家们鉴定为"国际首创，达到国际先进水平"，外国专家也给予了高度评价。

以往国内外使用的谷物收割机，都是先割下庄稼送入机器内部进行脱粒分离和精选。这种工艺对水稻就很不合适，易造谷粒的破碎和分离损失。若是只脱粒，稻杆不通过机器，就可以避免上述缺点，又可使稻草完整，机构简化。但要先脱后割，难度很大，成为了世界的著名难题。蒋亦元经过15年的努力，终于攻下了这一难题，取得了国际首创的重大成果。目前，他发明的多个部件的专利已被某个二厂购买了实施权，并制出样机在5个农场试收900亩，获一致好评。

蒋亦元，1932年生，1955年毕业于南京金陵大学农业工程系，现任东北农业大学教授、博士生导师，国务院学位委员会学科评议组成员。

【蒋守仁·永宁县人民法院院长·被授予全国法院模范称号】 1995年4月，被国务院授予全国先进工作者称号的宁夏回族自治区永宁县人民法院院长蒋守仁，又被最高人民法院授予全国法院模范称号。

蒋守仁在政法战线已辛勤耕耘了近40个春秋。1986年4月，他受命于"危难"时期：永宁县法院经费短缺，办公条件差；积案多、办案质量差；单位人心散，干警意见大。然而，他仅用几年时间，就把这个法院建成宁夏法院系统先进单位。其奥秘有三点，一是抓领导班子。他上任伊始，就与三位党组成员反复谈心，交流思想，最后形成共识：以自身的模范行动影响和带动全院干警。每天最早上班和最后离开的都是院党组成员；县委组织植树造林，年近6旬且身有残疾的蒋守仁仍和年轻人一起劳动。这样，调动了干警的积极性。二是抓办案效率和质量，减少积案。他组织骨干力量从大案、疑难案件抓起，集中攻关。经过大家的艰苦努力，大部分积案得到清理，到了1988年，结案率已达到95.9%，收案也比上年同期上升19.6%。三是抓管理。他结合所在法院实际，制订了实行目标管理的10项工作制度和行为规范，还制订了5项奖励规定和10项处罚规定，把办案数量、质量和作风纪律等内容统一纳入目标管理中，从而实现了管理的制度化、科学化。

【蒋荫安·《人民日报》(海外版)副总编辑·被评为首届全国百佳新闻工作者】 由中华全国新闻工作者协会主办的首届全国"百佳"新闻工作者评选，1995年2月24日在北京举行颁奖会，《人民日报》(海外版)副总编辑、高级编辑蒋荫安被授予首届全国百佳新闻工作者称号。

蒋荫安，1939年3月生，江苏常州人。在中国人民大学文艺理论研究班毕业后，1965年进入《人民日报》。30年来，他兢兢业业，除了吃饭、睡觉，几乎全部时间耗在办公室里，同志们称他是"老黄牛"、"工作狂"是对他强烈的敬业精神的赞扬。

上夜班，每晚要审阅四块版的大样；上白班，经常要审阅五块版大样，加上各种会议，其工作量之大可想而知。但是无论工作多忙，他都是严肃细致，从不马虎。作为值班副总编，他从大处着眼，严格把关，版面的安排、标题的制作、口径的把握，他都反复斟酌推敲，要求和中央的精神保持一致，不能有半点含糊。作为资深老编辑，他养成了一个习惯，每块大样他都从头看到尾，逐字逐句地推敲，从标题的制作，文字的润色，逻辑的调整，错别字的改正，乃至标点符号的使用，他都不放过。有时为搞清楚一个地点、年代，他自己去查资料；为了一个词语的准确，他思忖良久……一张大样经他修改后，常常变成了"大花脸"，因为他改得细致，值班主编、责任编辑都感到"放心"。有人曾劝他："你是领导，看看标题把把关就可以了，干嘛要花那么大的功夫、受那么大的累！"他的回答是："我们是党中央机关报，要维护党报的权威，每一个字每一句话都要对读者负责。"

蒋荫安肯动脑筋，不断探索。他在海外版任文艺副刊主任期间，广泛吸取兄弟报刊的长处，推出"大文化"的构架方案，形成了丰富多彩、可亲可读的风格，受到海内外读者的好评。在担任副总编期间，每年"两会"的宣传报道，都由他挂帅指挥。几年来，海外版推出的大型系列报道，如"黄金海岸巡礼"、"中国西北角"、"长江纪行"、"京九线纪行"等，他多数参加了策划，并修改审定了部分重点稿。由他独自指挥的《长江纪行》系列报道活动，突破写长江两岸一城一地的旧模式，而是站在高处，拎出问题突出写"龙头"浦东开放开发的重大意义，突出写长江两岸开放开发对全国的辐射作用，突出写各地在改革中的新经验、新探索，给人以鼓舞和启迪。

【蒋祝平·当选为湖北省省长】 1995年2月26日，湖北省第八届人大第三次会议，选举蒋祝平为湖北省省长。

蒋祝平，1937年11月生，江苏宜兴人。1960年3月加入中国共产党。1963年毕业于哈尔滨军事工程学院导弹工程系。历任国防部第五研究设计院设计员、工程组组长，南昌飞机制造厂设计所室主任、副所长、厂党委副书记，航空工业部直属机关党委书记，中共江西省委常委、江西省副省长、中共江西省委副书记，中国民用航空局局长兼党委书记，中国民用航空总局副局长兼党委副书记。1995年2月调任中共湖北省委副书记。是中共第十四届中央委员。

【韩伟·大连韩伟企业集团董事长·创办民营企业集团】　大连韩伟企业集团董事长韩伟，艰苦创业，创办民营企业集团，由一个家庭养鸡场发展成为以畜牧业、水产业、物产业和食品加工业为主的大型民营企业集团，1995年总资产达2.8亿多元。

韩伟，1956年2月25日生于辽宁省大连市郊区。他从仅有的50只鸡和借来的3000元钱起步，以科学的态度和求实的精神，经过十几年的艰苦奋斗，发展成为大型民营企业集团，成为拥有中国最大的、年饲养量达100万只蛋鸡的大型现代化养鸡场；拥有目前世界最大的、年产600吨鲜鲍的海珍品养殖基地；拥有我国长江以北最大的、以生产天然果汁和绿色食品为主的食品加工业的大型企业集团。到1995年资产总额已达28671万元人民币。

全国人大常委会王光英副委员长曾有“但行好事，定有前程”的题词勉励韩伟。1994年端午节和15号强势还风暴袭击大连地区前后，大连市场鲜蛋价格暴涨，且居高不下。这对于占大连市场鲜蛋总量1/3的韩伟企业集团来说，无疑是一次增加经济效益的极好机会，但是韩伟不仅没有去发这个财，而是将每天投放市场的5万公斤鲜蛋的价格以每公斤低于市场价0.4元供应给市民，两次迅速平抑了市场物价，受到大连市委、市政府及人民群众的好评。他还主动将外商合作伙伴引进村里，办起了全村第一家合资企业，又先后投资了100多万元，为家乡重新修建一所教学设备现代化的小学校，不为村里的主要道路安装了路灯。

韩伟曾先后荣获全国新长征突击手、辽宁省十大杰出青年、辽宁省优秀乡镇企业家、大连特等劳动模范、中国十佳民营企业家等称号，并被推选为第八届全国政协委员、中华全国工商业联合会常委。

【韩子平·牙里镇法律服务所主任·被评为全国十佳基层法律工作者】　1995年12月26日，河北省魏县牙里镇法律服务所主任韩子平被评为由司法部组织评选的第一届全国十佳基层法律工作者，在人民大会堂领取了奖牌和证书。

韩子平，30岁，河北省魏县人，大专文化。他在创建牙里镇法律服务所时，既无办公场所，又无办案经费，全靠自筹资金铺开工作。8年后的今天，该所已有办公楼房9间，从业人员20人，交通工具和通讯设施也较为齐全，被司法部授予全国优秀法律服务所称号。

韩子平法律知识娴熟，处处以身作则，具有高度责任感和敬业精神，先后12次被省、市、县评为先进工作者。8年来，他先后在164家单位担任过常年法律顾问，解答法律咨询4630人次，草拟各种经济合同1184份，代理诉讼、非诉讼案件2200余件，为当事人直接挽回经济损失685万元，避免经济损失1275万元。

【韩玉玲(女)·海口市第九小学校长·被授予中国十大女杰、全国先进工作者称号】

由全国妇联发起，广电部、劳动部、人事部等20个单位联合举办的中国十大女杰评选，于1995年2月21日揭晓，海南省海口市第九小学校校长韩玉玲被评为中国十大女杰之一。4月29日，国务院授予她全国先进工作者称号。

韩玉玲，原籍海南，1941年生于越南。10岁时回国，在海口师范学校毕业后，一直从事小学教育工作。她兢兢业业，全身心地投入教育事业。她曾把一个及格率仅37%的落后班，经过两年辛勤培育，及格率达到95.3%，优秀率达84%，名列全市第一。她创办的整体改革实验班，升学率达100%，居全省之冠。她特别重视对学生的品德教育，一些娇生惯养、任性放纵的孩子，经过她耐心的教育，都有了明显的进步。

韩玉玲担任九小校长后，对全校一百多名教职员工的工作、生活，甚至家庭子女都很关心。为了解决教师住房难的问题，想方设法四处周旋。为了提高教师素质，在学校经费十分紧张的情况下，他下决心拿出钱让教师去进修深造。如今已有39名教师取得大专文凭。这些年来，九小没有一个教师跳槽。为了改善九小的教学条件，韩玉玲决定集资办学。她风里来，雨里去，走访了上百个机关团体，召集50多个单位的领导来开会，终于感动了大家，给她积极的支持。新颖别致的教学楼、宿舍楼、体育馆都矗立起来。韩玉玲曾获全国优秀特级教师、全国教育系统劳动模范、中国教育界十杰等荣誉称号。

【韩宁夫·原中共湖北省委书记·在武汉逝世】　原中共中央顾问委员会委员韩宁夫，

1995年1月13日在武汉逝世,终年80岁。

韩宁夫,1915年9月8日生于山东省高唐县城北韩庄。山东大学肄业。1936年冬参加中华民族解放先锋队。1937年11月加入中国共产党。历任中共鲁西区委高唐县工委书记,鲁西区卫东地委宣传部长、代理书记,鲁西区党委和冀鲁豫区党委秘书长。解放战争时期,曾任中共鲁西北地委书记、冀南区党委秘书长等职。新中国成立后,任湖北省人民政府秘书长,武汉钢铁公司经理、党委书记,中共湖北省委常委,省政法委副主任,湖北省副省长,中共武汉市委书记,中共湖北省委书记,湖北省第四届政协主席,湖北省省长,中共湖北省委第二书记,湖北省第六届人大常委会主任。是中共中央顾问委员会委员,中共第十一至十四届全国代表大会代表,第四至六届全国人大代表。

【韩至中·中共琼海市委书记·被授予优秀县(市)委书记称号】 1995年6月30日,全国百名优秀县(市)委书记表彰会在北京中南海怀仁堂召开。中共中央总书记江泽民出席会议并作了重要讲话。会上宣读了中共中央组织部对全国在县(市)委书记岗位上取得优异成绩的100名干部,授予优秀县(市)委书记称号的决定,韩至中名列其中。

韩至中,海南文昌县人。1941年9月出生,1962年8月参加工作,1981年12月入党,中专文化。曾任海南区党委农村部干事、副处长。1988年5月任琼海市委书记、市长。

琼海是红色娘子军的故乡。7年前,韩至中来到这里,带领群众掀起一个又一个改革开放浪潮。琼海连夺19项全国先进的殊荣,这块光荣的土地又添上了浓墨重彩的一笔。1993年4月16日,江总书记视察琼海,听了汇报后,高兴地说"琼海很有希望"。琼海经济的飞速发展原因之一是:韩至中指导方针的正确。如何把琼海历来形成的单纯的农业经济转向综合经济发展?韩至中提出"以农业为基础,以工业为主导,以工带农,工农并举,带动整个经济发展"的指导方针,开始了产业结构的重大调整。1992年初,又提出"突出工业重点,调整农业结构,积极发展旅游业,工农贸旅全面发展"的战略,以市场为导向推动产业目标的转移。1993年下半年,韩至中又根据新的形势要求和琼海经济发展的实际,提出"抓住旅游龙头,加快工业发展,优化农业结构,搞活市场流通"的发展方针。每一次战略调整,都是一次新的突破,有效地促进了琼海经济的飞跃发展。1994年,全市国内生产总值达11.9亿元,农民人均生产性纯收入1460元。韩至中在吸引外资上也有独到之处。为解决困扰琼海经济发展的资金困难,1993年他果断作出把吸引内资为主转向吸引外资为主的决策,并努力营造一个有利于投资开发的良好环境上。提出"让别人发财,求自己发展"的口号,大刀阔斧地简化办事手续,强化跟踪服务,加快基础设施建设,使招商引资工作一直保持良好势头。目前,全市共有300多家客商前来投资,其中三资企业181家,合同投资总额达3.27亿美元。

韩至中说:"关心群众,不能挂在嘴上,而要放在心里。要沉下去,在调查研究中发现问题,解决问题。"他到地头和农民聊天,发现农民想学技术却不知道哪里教。他感到政府的工作还不到家,立即召开常委会提请大家对农村科普工作的重视。在农村蹲点中了解到农民运销户的经营情况,及时总结推广了他们的经验。

【斯琴塔日哈(女)·舞蹈艺术家·参加一代风流——"金秋风韵"舞蹈晚会演出】

1995年11月,中国舞蹈家协会第六届副主席、一级演员斯琴塔日哈,在由中国文联主办、中国舞蹈家协会承办,展现为新中国舞蹈事业发展作出突出贡献、曾叱咤舞坛的老一代舞蹈表演艺术家风采的一代风流——"金秋风韵"舞蹈晚会上,被一群学生簇拥着翩翩起舞,跳起了铿锵有力的《筷子舞》,其活泼悠扬、微妙细腻、动情传神的表演,令观众赞叹、叫绝。

斯琴塔日哈,蒙古族。1932年9月生于黑龙江省大赉县(今内蒙古自治区兴安盟扎赉特旗),中国共产党党员。自幼深受蒙古族民间歌舞艺术的熏陶。1947年入内蒙古索伦青年学校(后并入内蒙古军政大学)学习。1948年入内蒙古文工团任舞蹈演员,次年随团到北京演出双人舞《希望》。后作为中国青年文工团成员,参加了在匈牙利举行的第二届世界青年与学生和平友谊联欢节。1951年、1954年分别考入中央戏剧学院、北京舞蹈学校,受到全面、系统的专业训练。1956年从舞校毕业后,在内蒙古自治区歌舞团任主要舞蹈演员、教员和编导。1960年起任该团副团长。她以独具神韵的舞姿,感情充沛、质朴豪放的表演,塑造了栩栩如生的蒙古、鄂伦春、达斡尔等少数民族女性形象。由她担任领舞的《鄂尔多斯舞》,在波兰华沙举行的第五届世青年节上获一等奖;改编并演出的舞蹈《春天来了》,在建国30周年文艺献礼演出中获二等奖;自编自演的独舞《心中歌》,应邀在第一届全国舞蹈比赛中作示范性演出,获优秀表演奖;所改编成的、并由她指导莫德格玛排练演出的独舞《盅碗舞》，在芬兰赫尔辛基举行的第八届世青节上，获金质奖。为了收集掌握民间舞蹈素材，她曾在冰天雪地里坐着马车、爬犁奔走于丛林、草地和蒙古包前。所参与主编并已出版的《蒙古族舞蹈基本训练教程》，使蒙古族有了系统科学的训练教材。她曾到蒙古、前苏联、波兰、匈牙利、菲律宾、日本等国家进行访问演出。1982年应邀参加联合国教科文组织召开的"保护与发展民间和传统舞蹈讨论会"并宣读了论文。1988年担任内蒙古鄂尔多斯民间艺术团舞蹈总编导。1990年、1993年应邀分别赴香港、台湾讲学。她是内蒙古自治区政协常务委员、自治区文学艺术界联合会副主席，内蒙古舞协主席。

【梅方权·粮食问题专家·应邀参加联合国粮农组织成立50周年纪念庆典】　中国农业科学院文献信息中心主任、教授、博士生导师梅方权，1995年10月，作为粮食问题专家，应邀出席了联合国粮农组织成立50周年纪念庆典，并在会上作了题为"中国的持续性食物生产和粮食安全"的学术报告，介绍了中国近15年来食物消费和生产的成就，以及持续性生产的经验和问题。在纪念庆典上，梅方权被授予粮农组织50周年纪念奖牌。

梅方权，1938年生。1962年毕业于武汉大学生物系，后被分配到中国农科院，一直从事食物与农业发展研究。1983年卢良恕教授在"中国粮食和经济作物发展研究"中提出"三元结构向三无结构"转变的建议后，经过十多年实践，梅方权系统地提出了实施"三无结构工程"的建议。1994年11月，姜春云等领导同志在梅方权写的《粮食生产需作战略性调整》的建议中作了批示，同意在南方选点试验，并要作出战略安排。安徽、河南等9省的部分地区作出了实施计划；农业部也在河南、湖南两省选点试验。梅立权认为，到2000年饲料粮占全国粮食总产的比重将上升到33%，如果我国继续按照人吃粮食品种生产饲料粮，对于我国来说无疑是个很大的浪费。对此，梅方权建议，国家加快实施三无结构工程，尽快提高粮和饲料的效益。

梅方权作为主持人或主要完成人获得国家科技进步一、二等奖3项，获部委级一、二等奖5项，发表论文91篇，参与主编著作10部，培养研究生24名。他除在农科院任职外，还担任14个学会的职务，兼任南京农业大学教授和加拿大萨斯卡彻温大学合作教授。

【景雪变（女）·蒲剧演员·获第十二届中国戏剧梅花奖】　来自关公故里的山西运城地区蒲剧团的景雪变，主演新编历史故事剧《关公与貂蝉》成功，1994年获文化部颁发的第4届文华表演奖后，1995年又夺得第十二届中国戏剧梅花奖，成为获此二奖殊荣的唯一的蒲剧演员。

景雪变，1960年10月出生于山西省运城市下段村，11岁考入运城市蒲剧团习艺，15岁以现代戏《刘胡兰》唱红运城。她基本功过硬，戏路宽，花旦、小旦、青衣、刀马旦皆能，主演过《打金枝》、《雏凤凌空》、《穆柯寨》、《荷珠配》、《鸳鸯帕》等戏，多次获地区奖。国家一级演员，中国戏剧家协会会员。

1985年被调入运城地区蒲剧团后，得王秀兰、陈伯华、胡芝风等名家传艺指点，艺术飞快长进；掌握了蒲剧旦角的表演程式，练出了娴熟精巧的水袖功，担子功，甩大辫，搓麻等特技功。而且嗓音甜润，唱腔委婉动听。近10年来，在舞台上出色地塑造了许翠莲（《柜中缘》）、李翠莲（《阴阳河》）、赵艳蓉（《宇宙锋》）、黄桂英（《火焰驹》）、穆桂英（《杨门女将》）、貂蝉（《关公与貂蝉》）等不同类型的艺术形象，连续获山西省戏曲调演主角金牌奖、中国戏曲"金三角"交流演出优秀表演奖、全国地方戏曲交流演出（北方片）优秀表演奖等。特别是1994年进京，她饰演的貂蝉新颖别致，光彩照人，博得首都专家的赞赏。这出戏的剧情是：作为吕布之妾的貂蝉被曹兵俘获，正待斩首，被关羽搭救。曹操得知貂蝉施"连环计"的隐情，夸她是巾帼英雄收为义女，要将她许配关羽。这意外的结局，引发出貂蝉对关羽的感激。景雪变通过两拜一跪的细腻表演，形象地表露了貂蝉对关羽由闻名到识面、由敬重到感恩以至动情的微妙心理变化。以后，曹操又突然将貂蝉改许了刘备，景雪变的表演如闻惊雷，浑身颤抖。当听到关羽强忍痛苦喊自己为嫂嫂时，那舞动的水袖上下翻飞，展示了貂蝉心焦意乱的复杂心态。当得知关羽不得不奉命来杀自己时，景雪变演得悲痛欲绝，原地旋转而舞，斗篷随身飘转，一片凄凉衬托出人物内心的震颤，最后斗篷缠身绕体，象征着一个弱女子在政治集团相互倾轧的阴影中难以脱身，她血书"还我真情"四个大字后抽剑自刎而亡。景雪变通过细腻的表演与委婉的歌唱，塑造了一个新颖的、富有真情的貂蝉的艺术形象。

【喻屏·最高人民检察院原副检察长·在北京逝世】　最高人民检察院原副检察长、党组副书记喻屏，因病于1995年5月29日在北京逝世，终年90岁。

喻屏，1905年出生于河南省内黄县井店镇。1926年参加革命，1927年加入中国共产党。自1929年开始，先后任中共顺德中心县委秘书长，组建中共冀南特别区委员会，任特委秘书长、组织部长、宣传部长，直鲁豫边特委委员兼磁（县）彰（德）中心县委书记、大名中心县委书记，鄂豫皖红军游击队政治部宣传科长，中共鄂豫皖工委委员、岳西中心县委书记，皖东省委宣传部长、组织部长，盐阜区党委民运部长、组织部长，中央党校一部三支部党小组长，通鲁工委书记、吉江省委委员、组织部长，辽吉省委委员、四地委书记，辽吉军区四分区政治委员、辽吉后方工作委员会书记，嫩江省委副书记，辽西省委副书记。

1949年后任抚顺市委第一书记，东北局组织部副部长、财经部副部长，辽宁省委副书记，东北局候补书记兼组织部长。“文革”期间，喻屏受到残酷迫害。粉碎“四人帮”后，喻屏担任最高人民检察院副检察长、党组副书记。1980年，在林彪、“四人帮”反革命集团案的起诉审判工作中，喻屏任最高人民检察院特别检察厅副厅长。

他是中共七大代表，第二、三届全国人大代表，第五届全国政协常委。

【喻树迅·棉花专家·获国家科技进步一等奖】　中国农业科学院棉花研究所所长助理喻树迅，主持完成的课题“适合麦棉两熟夏套棉花新品种—中棉所16号”，获1995年国家科技进步奖一等奖。

喻树迅通过长期研究，发现短季棉分春棉、夏套、直播三种类型；蕾期脱落是影响早熟性的关键性状之一；早熟、早衰的主要生理是叶绿素绝对含量低、降解快，光电子传递、光合磷酸化、CO_2同化力差，SOD等酶类活性低，并据此选出早熟不早衰的中棉所16、中棉所20、中棉所2、中40等短季棉品种6个。

短季棉遗传育种是我国80年代列入国家攻关计划的新课题。主要解决我国人多地少、粮棉争地的矛盾，做到一块地里收了棉花种小麦，麦棉两熟双高产。但是棉花育种专家领人为早熟性与产量、品质、抗病性存在严重负相关，早熟性强的产量低、品质差、不抗病，因此弄清几种性状的关系十分重要。于是，他便从短季棉的几种关键性状关系入手进行研究。经过3年的研究，终于得出了较理想的结果。他发现，早熟早衰是影响短季棉产量的最关键问题。为了攻克这一难关，他与北大生物系、中科院植物所开展了合作研究，终于取得了理想的结果，之后，选育出了早熟不早衰的短季棉优秀新品种—中棉所16号。接着又选育出了中棉所20、24号等早熟不早衰新品种，解决了粮棉种植的一大难题。该品种在推广实验中已取得十分显著的经济效益。

喻树迅的成果先后获农业部科技进步一等奖1项，三等奖2项，农科院科技进步二等奖1项，获中国农学会中青年优秀科技奖1项，优秀论文奖一等奖1项，三等奖1项。发表论文20余篇。

喻树迅，1952年生，1979年毕业于华中农业大学，现为中国农科院学术委员、农科院跨世纪学科带头人。先后任课题组主持人、遗传育种室副主任、所长助理、中国农业技术推广协会理事等职。

【程允贤·雕塑艺术家·《程允贤肖像雕塑选》出版】　1995年7月，香港亚洲艺术出版社出版了中国军事博物馆雕塑研究室主任、中国雕塑学会秘书长程允贤的《程允贤肖像雕塑选》。这位曾经创作过孙中山、毛泽东、刘少奇、朱德、邓小平等人物铜像的雕塑艺术家，1995年又创作完成贺龙、陈毅、聂荣臻、李富春、李先念等十余座人物铜像和大型纪念碑。1995年9月，程允贤率领雕塑家、摄影家考察团赴美国8个城市进行了考察访问。

程允贤，1928年9月出生于江西省南昌市。1949年肄业于国立湖北师范学院中国文学系，1952年毕业于中央美术学院雕塑系。在40余年的艺术生涯中，主要从事肖像雕塑和纪念碑雕塑的创作与研究，兼攻中国书法。他创作的近百座古今中外著名人物的青铜和大理石雕像，以深厚的造型功力，生动的形体语言，力求揭示人类心灵的最高旨趣；既展现人物的神采风貌，更着意刻划其内在的心态、情感、风骨和气质。意在像中，神在言外，体现出艺术家“致广大而尽精微”的艺术品格和“真、善、美”的艺术观念。

40余年来，国内十几个省、市以及日本、新加坡、泰国、德国、美国等地，均有他的肖像雕塑、纪念性雕塑或其他雕塑作品。有9件作品被中国美术馆收藏。在历届全国重要美展中多次获奖。《中国》、《人民画报》、《美术》、《现代中国》、《人民日报》等报刊以及泰国、美国、香港报刊，多次专题报导，介绍和评价他的作品。中央电视台曾拍摄和放映介绍他的专题片。日本NHK广播协会通过卫星电视，专题报导了他的创作情况。

程允贤兼擅书法艺术，从汉《曹全碑》入手，长期研习唐孙过庭《书谱》，旁及《石门铭》等碑。善行草，章法多变而严谨，挥洒自如不失法度，形成大气与雅致相结合的独特风格，在各省、市名胜纪念地，港、台以及日、美、新、马、泰均有其墨迹。

他是全国城市雕塑建设指导委员会秘书长、全国城市雕塑艺术委员会委员、中华名人协会理事。1991年被评为国家级有突出贡献的专家。主要著作有：《美国的城市雕塑》（岭南出版社）、《程允贤雕塑作品选》（人民美术出版社）、《程允贤肖像雕塑选集》（中国台侨出版公司）。

【程安东·当选为陕西省省长】 1995年2月19日，在陕西省第八届人大第三次会议上，程安东当选为陕西省省长。

程安东，1936年10月生，安徽淮南人。1962年毕业于合肥工业大学采矿系。1980年加入中国共产党。1955年9月参加工作。大学毕业后曾任江西萍乡矿务局高坑煤矿科长、总工程师兼副矿长，萍乡矿务局总工程师、副局长、局长，中共萍乡市委副书记、萍乡市市长，中共南昌市委副书记、南昌市市长，江西省省长助理。后调任中共陕西省委常委。1990年起任中共西安市委书记、陕西省委副书记、陕西省代省长。是中共第十四届中央候补委员，高级工程师。

【程思远·全国人大常委会副委员长·《我的回忆》出版】 为纪念抗日战争胜利50周年和李宗仁归来30年，程思远撰写的《我的回忆》一书，1995年由华艺出版社出版。

87岁高龄的程思远，以其丰富的历史阅历，强烈的爱国情感和深刻的人生感受，从一个侧面翔实、生动地记述了从北伐战争到60年代中叶的诸多重大历史事件：从辛亥革命、北伐战争到军阀内讧迭起；从抗日战争、国共合作到国民党政府的全面崩溃；从百业凋敝的旧中国到社会主义建设的蒸蒸日上，作者以其亲身经历和切肤之感，为读者提供了一部具有珍贵历史价值、思想价值和人生启迪价值的好书。

1995年是抗战胜利50周年，也是前国民党代总统李宗仁回归祖国30年。这两个中国现、当代史上有着重大意义的事件，在程思远的书中都有详尽记述。作为李宗仁回归祖国的重要见证人，程思远以较大篇幅作了详尽回顾，记述了李宗仁寓居海外16年，重暮之年，退思补过，于1965年7月，回到祖国大陆的历史过程，并深刻分析其发生的社会背景和历史必然性。

程思远，1908年8月生，广西宾阳人。1930年任国民党第4集团军总司令李宗仁秘书。1934年在意大利罗马大学读书，获政治学博士。1938年任国民党军事委员会副总参谋长白崇禧秘书，三青团中央团部组织处副处长，广西绥靖公署政治部主任。1942年至1946年任三青团中央干事兼服务处处长、中央常务干事、广西省政府驻渝代表，国民党第六届中央执行委员，国民党参政会参议员。1947年至1949年，任国民党中央执行委员会常务委员，立法委员，国民党中央非常委员会副秘书长。1949年居住香港，曾任《正午报》专栏作家。1965年随李宗仁回北京定居。是第六届全国人大代表、全国人大常委会委员、全国人大外事委员会副主任委员；第五、六届全国政协常务委员，第七届全国政协副主席，第八届全国人大副委员长，全国政协祖国统一联谊委员会副主任，中国和平统一促进会会长。

【程耿东·工程力学家·当选为中国科学院院士】 1995年11月6日，中国科学院公布了新当选的院士名单，大连理工大学校长程耿东教授，当选为中国科学院技术科学部院士。

程耿东，江苏省苏州市人，1941年9月22日生，1964年毕业于北京大学数学力学系固体力学专业。1968年大连工学院研究生毕业。70年末赴丹麦留学，1980年获丹麦技术大学博士学位。1995年11月，任大连理工大学校长、教授。1995年6月被推选为国际多学科及结构优化学会执行委员。

在工程力学研究中，他应用计算力学方法研究了动力机器基础振动分析、支架式水塔设计等工程问题，系统深入地研究了工程结构优化设计的基本理论。在受弯薄板优化研究中，他提出了扩张设计空间的概念；提出了结构尺寸和拓扑同时优化的方法；发现了最优解的正确形式和工程近似。其研究成果，被公认为迅速发展的结构拓扑设计均匀化方法的奠基工作。提出了灵敏度分析半解析及其误差理论。组织开发的大型结构优化软件，应用于机车车辆等一批工程结构设计，获得显著效益。

近年来，他致力于研究智能计算机辅助设计、有限元网格全自动生成、及基于结构可靠度的结构优化等新方向、新项目，获得一定进展。曾获国家自然科学奖二等奖1项、国家科技进步奖三等奖2项、国家教委科技进步奖一等、二等奖各1项。还获得全国优秀建筑标准设计奖、光华科技基金二等奖。

【程莘农·针灸专家·当选为中国工程院院士】 1995年7月7日，中国工程院公布了新当选的院士名单，中国中医研究院北京国际针灸培训中心副主任程莘农，当选为中国工程院医药与卫生学部院士。

程莘农，1921年生于江苏淮阴。1930年随父攻读中医，并亲承淮阴名中医、妇科专家陆慕韩传授。1947年取得中医师合格证书。解放初期先后在江苏清江市中西医进修班、江苏省中医进修学校深造。他勤奋钻研，成绩优异，毕业后留校从事中医针灸专业。

1957年被聘执教于北京中医学院（现改称北京中医药大学），曾先后讲授《内经》、《中医基础》、《针灸学》等课程；并任该院针灸教研组组长兼附属医院针灸科组长。担任过第六届全国政协委员、中国针灸学会副会长、北京市中医学会顾问、国务院学位委员会医学评议组成员、中国中医研究院专家委员会委员、学位委员会委员、中国北京国际针灸培训中心副主任、针灸教研室主任等职。

他开始从医时，同很多中医大夫一样，重开方轻针灸。然而经过40年的实践，如今他对针灸的认识有了潜移默化的升华。用药与用穴都是在中医学基础理论指导下进行的，针灸临证同样要辨证论治，求得理、法、方、穴、术的统一，如此针灸常与中药有异曲同工之妙。

被聘为国家攀登计划"经络研究"项目首席科学家的程莘农，对针灸基础理论研究有很深的见解。自60年代起，他就开始探讨"经络学说"，且多有心得体会。他临证取穴，从不胶柱鼓瑟，而是以证为凭，或一二穴，或二十穴，每每见效。在针刺手法上，他将点穴、押指、穿皮、进针融在一起，快速无痛，深受患者好评。

近十几年来，他培养了20多名针灸硕士和博士，这些人都已成为我国针灸学科的骨干。自1975年以来，程莘农担任了北京国际针灸培训中心副主任，为来自100多个国家的数千名外国学员传授了针灸医术。他以英文出版《针灸精义》一书，得到了针灸界及国际读者的好评。作为针灸使者，他的足迹遍布美国、法国、日本、菲律宾等10多个国家。

75岁的程莘农至今未脱离临床。他的病人有外国友人，更多的是中国百姓。清晨6点，他准时来到诊室，十年不辍，使一些病人或陪送病人的亲属免去了误工之虞，程莘农为此而感欣慰。

【程桂兰（女）·歌唱家·独唱音乐会在北京举行】 由总政歌剧团、中国音乐家协会表演艺术委员会联合主办的"程桂兰独唱音乐会——《幽兰之歌》"，1995年5月31日在北京中国剧院举行。音乐会以她首唱而流传的《太湖美》作为序曲，从其保留曲目中，精选出部分民歌、戏曲、曲艺、歌剧选曲、创作歌曲，由"水乡情韵"、"南回北流"、"远方之恋"、"歌剧采英"、"幽兰情愫"五个部分组成。音乐会曲目品种多，风格各异，内容丰富，色彩斑斓，有江南民歌套曲《姑苏风光》、京剧《乱云飞》、弹词《秦香莲》、豫剧《花木兰》、新疆民歌《可爱的祖国》、东北民歌《摇篮曲》和有较大难度的歌剧选曲。成功的演唱，既检验出程桂兰坚实的演唱功力，也表现出她个人色彩缤纷的演唱风格。

程桂兰，北京人。1955年生于一个京剧艺术家庭。自幼受到戏曲艺术的熏陶，四、五岁时来到苏州父母身边，跟随剧团走南闯北。在普及现代京剧的热潮中，她被苏州地区京剧团吸收，在《智取威虎山》中演小常宝，在《沙家浜》中饰阿庆嫂。1970年入伍，在某师战士文艺宣传队参加文艺演出。1974年调入南京军区前线歌舞团，成为一名专业评弹演员。1980年，在参加"全国民族民间唱法会演"中，在汪传媛老师指导下，她用苏州方言出色地演唱了《太湖美》和《蝶恋花》，不仅自此获得本次会演的最高奖——优秀表演奖，也使她开始了成为一名特色鲜明的民族唱法的独唱演员的生涯。1987年至1989年她入解放军艺术学院音乐系深造，在杨家询、金铁林指导下，接受了系统的专业培训，在保留原有风格特色的基础上，使其演唱方法更加科学，技术更加完善，艺术上更趋成熟。1991年调入总政歌剧团，在歌剧《党的女儿》中，成功地扮演了女主角田玉梅，荣获"第六届全军文艺会演"表演一等奖。

程桂兰曾先后随各艺术团出访朝鲜、匈牙利、德国、美国、加拿大、俄罗斯等国，均获好评。

【程维高·中共河北省委书记·九上西柏坡】 《人民日报》1995年4月20日报道，程维高到河北工作后第九次上西柏坡，与群众同吃同住6天后向县乡干部"汇报"工作。

清明节那天，程维高悄悄到西柏坡村头老党员刘有山家，他向县乡干部说明来意：我这次来，是想听听乡情实话，看看中央加强基层党组织建设的要求落实得如何。随后下了"逐客令"："你们忙自己的事去，不许陪着我。"6个日夜，紧张而有序。整整3天，程维高遍访散布在坡梁沟坎间的家家户户，拉家常，算细帐，掀开粮缸看虚实。4 月 6 日晚上，他在房东小院召开了西柏坡发展的小型“研讨会”，梳理致富的思路。8 日晚上，他伏案写出 5000 字的调研汇报。9 日中午，是房东家的最后一餐，他叮嘱秘书：“房东的饭钱一定要结清。”说完自己先掏出 50 元。同吃同住，朝夕相处，群众掏心窝的话也越来越多；群众的疾苦，一桩桩，一件件，在程维高脑海萦绕。6 天后，“避嫌”的县乡干部接到去西柏坡的邀请，省委书记要向他们“汇报”工作。他说：“1991 年，我第一次到西柏坡，那时人均收入只有 246 元，穷得让我们难以置信。这次来，乡里干部告诉我，去年西柏坡村人均收入已达 1760 元。起初，我怀疑是虚报，可经过 6 天的逐户检查、自报、认可，我心里踏实了。实际上，西柏坡村人均收入已超过 2000 元。”就说去年人均收入的来源，种地为 198 元，养殖业 1082 元，旅游服务 638 元，接济性收入 73 元。再看村容村貌，土坯屋变成了青砖瓦房，木凳换成沙发，小院水泥铺垫，自来水哗哗流淌。程维高认为，西柏坡摆脱了穷困，但还没有实现集体富、共同富。集体积累少得可怜，全村还有 29%的户人均收入在 1000 元以下。即使已经致富的人家，也多是靠自寻门路、收入很不稳定。群众说得对呀，西柏坡的发展不够快，根子就在党支部、村委会。他说：“现在我们往往用了很多时间和精力开会、定措施。问题在于，有些非常好的政策，县里讲落实得很好，乡里讲落实得很好，可到村里一听，户里一查，不是没落实，就是走样了。”他认为，“落实难”，除了干部的素质不高以及制度不全等原因，还有一种情况，就是有些决策没有走群众路线，导致不切实际，难以落实。程维高感慨地说：“不虚此行。”“回去后，我打算向省委建议，全省每个副厅局以上的党员干部都要联系一个村支部，去村里住上几天，扎扎实实解决一些问题。”

程维高，1933 年 9 月生，江苏苏州人。1950 年加入中国共产党。曾任中共常州市委书记，中共南京市委书记，中共江苏省委常委，中共河南省委副书记、河南省省长，中共河北省委副书记、河北省省长。1993 年起任中共河北省委书记。是中共第十三、十四届中央委员。

【程景顺·濮阳市教委干部·被授予全国先进会计工作者称号】　河南省濮阳市教委计财科科长程景顺，积极筹措教育经费，管好用好教育经费，使有限的教育经费发挥了较好的经济效益，为发展教育事业做出了突出贡献。1995 年被财政部授予“全国先进会计工作者”称号。

濮阳市地处黄河滩区，是河南省贫困地区之一，特定的地理环境造成这里经济贫困，教育落后，办学条件差，直到 1983 年，全市中小学危房占校舍总面积的 44%。为了改变这种状况，程景顺多渠道筹措教育经费，发动群众集资办学、捐资助学，使全市中小学校舍发生了历史性的变化，全市社会群众集资 3.89 亿元，新建、改建、扩建、修缮校舍 186 万平方米，98%的中小学实现了校舍、课桌凳、围墙、大门、厕所、操场“六配套”。

濮阳市每年多渠道筹措教育经费近 2 亿元，为了管好用好这笔款，程景顺不断探索，先后制定出《专项资金管理规定》、《预算外资金管理规定》、《财产交接管理规定》；《预算内资金审批制度》、《固定资产管理制度》、《财会人员会审制度》；和“三级会审”、“三人理财”、“三人监督”等财务管理办法，有效地提高了教育经费的使用效益。

程景顺，1954 年 10 月生，河南省清丰县人。1977 年毕业于安阳师范专科学校，1990 年取得河南电大大专学历。1977 年 10 月参加教育工作，历任会计、主管会计、副科长、科长等职。从 1988 年起，在市财税物价大检查中连续 6 年被市政府评为先进个人。1991 年在河南省教育经费监督检查中，被省监督厅、省审计厅、省财政厅、省教委表彰为先进工作者。1993 年被省教委、省人事厅、省总工会表彰为“河南省优秀教育工作者”。

【傅全有·上将·任解放军总参谋长】

1995 年 9 月，中央军委任命傅全有为解放军总参谋长。

傅全有，1930 年生。山西省崞县（今原平县）人。1946 年参加中国人民解放军。1947 年加入中国共产党，曾任西北野战军排长、副连长。参加了汾李、贵龙、廷清、宜川、扶眉、兰州等战役。1950 年起任第一野战军连长、营参谋长、副营长。1953 年参加抗美援朝，任中国人民志愿军营长。参加了 1953 年夏季进攻战役，后任师教导营营长。1958 年回国。先后入南京总高级步兵学校和军事学校学习。1961 年起任团参谋长、副团长、师参谋长、副师长、师长、军参谋长、军长。曾参加对越自卫还击作战。1985 年起任成都军区司令员、兰州军区司令员。1992 年起任解放军总后勤部部长、中共中央军委委员。1993 年 3 月任中华人民共和国中央军委委员。是中共第十二届、十三届、十四届中央委员。1958 年被授予中将军衔。1993 年 6 月晋升为上将军衔。

【傅连智·胜利油田工人技师·被授予全国劳动模范称号】　胜利石油管理局井下作业公司试油21队大班司机傅连智，先后参加油田大小会战30多次，与隆隆机声相伴30年，他负责的3台通井机、3台发电机，年年被评为“红旗设备”，设备完好率始终保持在98.5%，二修周期由运转8500小时，延长至18000小时，有力地保证了生产任务的完成。他连续19年被评为油田先进生产者，1989年被评为山东省劳动模范，1993年获全国“五一”劳动奖章，1995年4月29日被国务院授予全国劳动模范称号。

傅连智，1947年生，山东省人。中共党员，1965年参加工作。石油行业有句口头禅：“怕苦不干试油机，修车不修作业机”。然而傅连智一干就是30个春秋。他深知，设备是“三分管理、七分保养”。在实践中他摸索出设备维修的“听、看、摸、闻”四字法，能准确判断设备的运行状态。他负责保养过的20多台作业机，设备完好率、出勤率始终保持在98.5%，每台运转周期由原来的4000小时延长到6500小时，一直为全国石油系统设备运转的最高纪录。自1989年以来，仅此一项为国家节约修理费60多万元。

傅连智深深眷恋着自己的作业机队。他先后4次谢绝了调离一线岗位的安排，他深情地说：“作业机离不开我，我也离不开作业机。我这一辈子就与作业机相依为命了！”

【傅作义·著名爱国将领·诞辰一百周年】　1995年6月2日，是原全国政协副主席、国防委员会副主席、著名爱国将领傅作义诞辰100周年纪念日。中共中央政治局常务委员、第八届全国政协主席李瑞环致函傅作义的夫人刘芸生，对傅作义表示深切的怀念，高度评价他为中国革命和建设事业作出的贡献。

李瑞环在信中说，傅作义先生是著名的爱国主义者，是与中国共产党调诚合作的亲密朋友，为中国革命和建设事业作出了重要贡献。在抗日战争中，他坚定地反击日本帝国主义的侵略，组织了威震中外的绥远抗战，鼓舞了全国人民的抗战意志和救亡热情。在解放战争的历史转折关头，他毅然率部起义，为和平解放北平立下了特殊的功勋。新中国成立后，他长期担任水利部部长，兢兢业业，勤奋工作，促进了祖国水利电力建设事业的发展。他关心祖国统一事业，盼望海峡两岸的骨肉同胞早日团聚。他作为全国政协副主席，为人民政协的建设和发展做了许多重要工作。

傅作义先生的夫人刘芸生提出，根据傅作义先生生前的一贯作风和意愿，主张不搞纪念座谈会。李瑞环对她这种不图形式、崇尚节俭的精神给予高度评价，并派人到刘芸生家，向傅先生的全体亲属表示亲切问候。

傅作义，字宜生。1895年生，山西荣河（今临猗）人。1910年起先后就读于山西陆军小学堂、北京清河军官预备学校和保定陆军军官学校。1918年回山西，在阎锡山部历任营、团、旅、师长。1927年率部与奉军作战，袭占涿县后，孤军苦守3月余，遂以善于守城著称。1929年任晋军第10军军长。1930年参加蒋冯阎战争，任阎军第五路军总指挥。1931年任第35军军长、绥远省（今并入内蒙古自治区）主席。1933年兼任第7军团总指挥，率部参加长城抗战。1936年，伪蒙军在日军指挥下侵绥。他率绥远军民奋起抗击，取得百灵庙大捷，收复了绥远失地。1937年“七七”事变后，先后任第7集团军总司令、第8战区副司令长官、第12战区司令长官，率部参加了忻口、太原、五原等战役，善于用奇袭、“掏心战”等战法，打击日本侵略军。1945年抗战胜利后，先后任国民党张垣“绥靖公署”主任和华北“剿总”总司令。1949年1月率部起义，对实现北平（今北京）和平解放和推动绥远和平解放作出了重要贡献。中华人民共和国成立后，曾任绥远省军政委员会主席、省军区司令员、中华人民共和国水利电力部部长，全国政协副主席、国防委员会副主席等职。

【傅庚辰·作曲家·作品音乐会在北京举行】　解放军艺术学院院长傅庚辰少将作品音乐会，1995年6月24日在北京中国剧院举行。

音乐会分序曲、合唱、独唱、交响诗、歌剧、诗词歌曲、尾声7个部分。阎维文、郁钧剑、万山红、佟铁鑫、孙丽英、程桂兰、秦鲁峰、周灵燕等参加演出，总政歌舞团合唱队、解放军艺术学院红星合唱团担任合唱，总政交响乐团担任演奏。

傅庚辰，黑龙江双城县人。1935年11月14日生。1948年3月考进军队编制的东北音乐工作团。后入东北鲁迅文艺学院学习小提琴。1950年分配到东北文工团，后并入东北人民艺术剧院歌舞团。1954年9月，入沈阳音乐专科学校作曲系。1957年9月毕业，先后任中国人民志愿军歌舞团、总政歌舞二团创作员。1961年调入八一电影制片厂任创作员、音乐组长。1983 年 4 月任中国人民解放军总政歌舞团团长。1989 年 4 月，任中国人民解放军艺术学院副院长、院长。

从 1950 年傅庚辰的第一部作品、小提琴独奏《秧歌舞曲》问世，40 余年来，他写有多种体裁的音乐作品 800 余部（首），有《星光啊星光》、《记住啊，请记住》等歌剧 5 部，为《地道战》、《雷锋》、《闪闪的红星》、《挺进中原》等近 40 部电影作曲，为《东进！东进》两台话剧配乐，为《井冈情》、《破烂王》等近 20 部电视剧作曲，写有《节日舞曲》等 10 余部器乐作品和不同体裁的歌曲《大江歌罢掉头东》、《八十书怀》、《希望》、《记遗言》、《人民解放军占领南京》、《希望》等 600 余首。其创作擅长抒情，音乐语言深入浅出、生动活泼，形象鲜明、准确，气质壮美，独具一格。他出版有《傅庚辰歌曲选》等 3 部，《大江东去》、《童年印象》等盒式录音带。

傅庚辰还是中国音乐家协会常务理事、中国电影音乐学会副会长和全国政协委员、全国政协科教文卫体委员会副主任。

【傅泰慧（女）·厦门盛达进出口有限公司总经理·被授予全国优秀女企业家称号】

1995 年“三八”妇女节前夕，傅泰慧被中国女企业家协会授予全国优秀女企业家称号。

在国家一无投资、二无办公场所、三无住房的情况下，受命以总经理的身份、单枪匹马组建厦门经济特区机电服务公司（现盛达进出口有限公司）的傅泰慧，凭着“自尊、自信、自立、自强”的精神，以租用与猪栏一墙之隔的农房为立足点，克服种种困难，历经创业的艰辛，仅在受命的第二年，即组成以她为首的机电服务公司并进入正常运行轨道。如今，该公司已改称为盛达进出口公司，它在傅泰慧这位总经理领导下，与日本、美国、瑞典、德国、意大利等国家的一些大型跨国公司建立密切的业务关系，并在国内外享有较高的信誉。

傅泰慧，1938 年 9 月 26 日生，福建省政和县人。中国共产党党员、工程师、经济师。1959 年入福州大学机械系读书。1964 年于该校毕业后，被分配在水利电力部闽江工程局工作，曾任技术员、科长、机电处负责人。在深山老林干了 20 年，过着两地分居无法顾及家庭和孩子的生活。先后参加了泰宁池潭电站和厦门国际机场的建设。所主持的科研项目“大仓面混凝土薄层浇筑快速施工法”，被应用于水电站大坝和厦门机场主跑道的施工中，充分发挥了其优质、快速、高效的效果，使机场跑道建设工期缩短一年多，质量达国际一流水平。该两项工程均获水电部优质工程奖，机场工程还获国家银质奖，科研项目则获水电部科研三等奖。1984 年被调至厦门经济特区管理委员会，一纸任命书闯入商海。10 年来，为公司的发展壮大费尽了心思，付出了极大的精力。其廉政从商，把国家利益放在首位的经商宗旨，体现在她的一切行动之中。在她的影响下，公司职员拧成一股绳，形成了有钱为公司赚的好风气。公司曾被评为“市安全生产先进单位”、“重合同、守信誉先进企业”。并多次被市工商银行评为“信誉优良单位”。在平凡的岗位上做出不平凡业绩的傅泰慧，先后获“市安全生产先进工作者”、“市经贸委先进工作者”，省、市“巾帼建功”模范和“三八”红旗手，省外贸系统“思想政治先进工作者”、省城镇妇女“巾帼建功活动标兵”和市“巾帼建功”标兵等称号。

【傅家选·济南军区原顾问·在济南逝世】　济南军区原顾问傅家选，因病于 1995 年 3 月 20 日在济南逝世，终年 86 岁。

傅家选，河南省光山县人，1930 年加入中国共产党，1932 年参加中国工农红军，历任科长，处长，冀鲁豫军区后勤部部长兼政治委员，赣东北军区副司令员，西南交通部第一副部长，总后勤部军需部部长、军需生产部部长，后勤技术装备研究院院长，济南军区后勤部部长，济南军区参谋长、副司令员等职。1955 年被授予少将军衔。他是政协第五届全国委员会委员。土地革命战争时期，他参加了鄂豫皖苏区第四、五次反“围剿”作战和二万五千里长征。抗日战争时期，他参加了平型关战斗和冀鲁豫边区反“扫荡”斗争。解放战争中，他率部参加了淮海、渡江和解放江西、贵州等战役。

【傅增敏·青岛市公证处主任·被评为全国十佳公证员】　1995 年 12 月 26 日，青岛市公证处主任傅增敏被评为由司法部组织评选的第一届全国十佳公证员，在人民大会堂领取了奖牌和证书。

傅增敏，1944 年 3 月出生，山东蓬莱人，大学文化，1965 年 5 月加入中国共产党，1982 年由部队转业到地方从事公证工作，现为一级公证员。他有很强的改革、开拓意识，大胆地把竞争激励机制引进公证处内部，在全省率先试行了自收自支的经费管理办法和效益浮动工资制，把责权利结合起来，调动了大家的积极性，1992 年以来每年公证收费都达 400 多万元，分别是 1991 年的 8.7 倍和 1990 年的 21 倍。他积极开拓公证业务，办理了土地使用权有偿出让、转让合同公证，股票发行现场监督公证，土地使用权拍卖公证，工商银行转帐支票应用密码取代印鉴协议公证等，这在全省乃至全国都居领先地位。仅 1991 年至 1994 年办理抵押贷款合同公证就有 1000 余件，涉及金额 25 亿元。

傅增敏被人们誉为实干家。他十几年如一日，一心扑在公证事业上。他刻苦学习了 30 多个法律法规，撰写了《谈公证对外贸易服务问题》等 10 余篇论文和经验材料，受到司法部和省司法厅的肯定和推广。他近几年办证数千件，从未出现过差错。这除了他工作认真外，还源于他坚持原则，廉洁自律。多年来，傅增敏本人及其领导的公证处从没有发现过一件错证、假证，没有接到过一封举报信，没有发现过一个违纪人员。这个公证处 1992 年被评为全国公证质量评比先进单位，1993 年被评为全国司法行政系统政治工作先进集体并荣立集体二等功。傅增敏本人也多次被授予优秀共产党员称号，还被评为全国公证质量评比先进个人，荣立过三等功、二等功、一等功各 1 次。在这次十佳公证员评选中又名列榜首。

【焦菊隐·已故戏剧大师·北京人艺纪念其诞辰九十周年】　1995 年 12 月 11 日，北京人民艺术剧院在新落成的人艺小剧场，隆重举行了纪念戏剧大师焦菊隐诞辰九十周年大会。北京市委副书记李志坚，戏剧界知名人士张庚、李玉茹、于是之、欧阳山尊、赵寻、夏淳、刘锦云以及北京人艺新老艺术家共 200 余人出席了纪念会。

焦菊隐，1905 年 12 月生于天津，原名承志，艺名菊影，后改为菊隐。少年时代因家贫，半工半读维持学业。1928 年在燕京大学毕业前夕，因同熊佛西组织讽刺军阀祸国殃民的多幕话剧《蟋蟀》的演出而被通缉。30 年代创办了中华戏曲专科学校，培养出许多著名的京剧表演艺术家。为了更透彻地了解民族戏曲的内容与形式，他研究了“唐、宋、金的大曲”，向各位京剧界老先生请教，还拜了精通昆曲的曹心泉先生和专工小生的冯惠林先生作老师，并且坚持练功。他早年就主张话剧要继承我国民族的表演形式，30 年代时，他赴法留学，攻读巴黎大学文科博士。1938 年，拒绝了国外的优厚物质条件的多方聘请，毅然回国投入抗日洪流。他投身于抗战进步的戏剧活动，研究地方戏曲的改革，探索斯坦尼演剧体系，并翻译了苏联进步作家、戏剧家的许多作品。从而，使他现实主义艺术思想得到进一步发展。从 1950 年任北京人民艺术剧院第一副院长兼总导演至“文革”前短短 16 年里，他为北京人艺和中国话剧事业作出了不朽的贡献。《龙须沟》的演出为北京人艺奠定了现实主义的基础；《蔡文姬》、《虎符》、《武则天》是他实践话剧民族化的精品；执导的《茶馆》更是他的当之无愧的代表作，它的魅力不仅征服了中国的观众，而且也征服了西方的观众。

他曾说：“写戏就是写人，写人就是写性格。“而”表现性格就是表现思想”。说透了戏剧艺术的精髓。戏剧家曹禺说：“无论郭沫若的《蔡文姬》，田汉的《关汉卿》，夏衍的《一年间》与老舍的《茶馆》，经过焦菊隐深刻的挖掘，艺术的洗炼，以他独到的导演构思把作者的心灵，思想与情感，天然般地展现在人们面前。一个个血肉丰满的人物活了起来，使我们认识了他们，理解了他们，被这个人的世界深深吸引，沉思默想，不能忘怀。”

1975 年，身患癌症的焦菊隐在下放劳动中不幸去世。

【储云·书法家·作品在第一届全国楹联书法大展中获银奖】　由中国书法家协会主办的第一届全国楹联书法大展，于 1995 年 2 月在福州福建省美术馆和省积翠园艺术馆举行。储云创作的集西周金文楹联书法“有友共尊田舍酒，无事静对古人书”获银奖。

储云，1948 年 4 月生，江苏宜兴人，他自幼爱艺术，在宜兴城上中学时，跟善画花鸟和书法的荆位辰老师学习书画。高中毕业后，下乡插队。1970 年参加中国人民解放军。五年的军营生活，他没有停过画笔，大西北的风情，为他进行艺术创作积累了生活。复员后，在公安部门工作 7 年。1983 年入南京师范大学艺术系专习书法，师从尉天池。始学《瘗鹤铭》、《崔敬邕》等，后上溯隶、篆，学《乙瑛碑》、《西狭颂》、《散氏盘》等，行草得力于颜真卿、米芾等，并自出机杼。章草则出于陆机《平复贴》、皇象《急就章》、索靖《出师颂》诸家，质朴而逸容不羁。林散之评其书“大雅不群，小字精妙，大字则控纵自如。”其作品在全国性书展中多次获奖。并多次选送日本、美国、新加坡、台湾、香港等国家和地区展出，被博物馆、纪念馆收藏，收入《中国现代书法选》、《当代著名书法家墨迹选》。储云还积极扶持、大力培养书法新人。在全国四届书展、全国三届中青年书展中，宜兴有 4 件作品入选，其中获奖 3 人，入选和获奖数列全国县市之榜首。

储云现为中国书法家协会会员，江苏宜兴市文联副主席。论著有《拟山园考察记》、《净云技法贴及苏如奇书法艺术》、《钱松　书法艺术》等，出版《储云、沃兴华书画选》、《六体书法大字典》（章草部分）。

【舒绣文（女）·已故电影、戏剧表演艺术家·获中国电影世纪奖】　1995年12月28日，在北京举行的中国电影世纪奖颁奖典礼上，已故优秀电影、戏剧表演艺术家舒绣文荣获中国电影世纪奖；她主演的影片《一江春水向东流》获得“中国电影90年优秀影片奖”十部影片之一。这项评奖是为了纪念世界电影诞生100周年暨中国电影诞生90周年，由广电部电影事业管理局、中国电影家协会、中国电影出版社和中共北京市委宣传部联合主办的。

舒绣文，1915年7月生于安徽省安庆市一贫寒的教师家庭，幼时举家迁居北京。16岁那年，债主逼债要拉她去作抵押，于是愤然只身逃到上海。当时上海正在拍摄有声片，舒绣文因能说一口标准、流利的北京话，被应聘到天一影片公司当国语教员兼配音演员。不久入集美歌舞剧社、五月花剧社、春秋剧社，演出了话剧《一致》、《乱钟》、《战友》、《梅雨》、《名优之死》、《暴风雨中的七个女性》等。1932年底进入艺华影业公司。参加了《民族生存》、《中国海的怒潮》等影片的拍摄。1934年转入明星公司，拍摄了《劫后桃花》、《夜来香》、《夜血忠魂》、《新旧上海》、《小玲子》、《压岁钱》等影片。在这些影片中，舒绣文的表演真挚、朴素，善于运用富有表现力的形体动作和优美生动的语言，准确地刻画人物的内心世界，开始形成她自己的表演风格。1937年转入联华影业公司，拍摄了影片《摇钱树》。抗日战争爆发后，积极投身于抗日宣传运动，赴武汉参加中国电影制片厂，拍摄了《保卫我们的土地》、《好丈夫》、《塞上风云》等影片。1941年在重庆加入中华剧艺社，先后在《全民总动员》、《上海屋檐下》、《雾重庆》等20余部话剧中饰演角色。她以情感真挚、热情泼辣、刚中有柔、动作细腻而舒展的独特表演风格，被誉为话剧界“四大名旦”之一。抗战胜利后，回到上海，相继在国泰、大同、昆仑等影业公司演出了《裙带风》、《一江春水向东流》、《凶手》、《弱者，你的名字是女人》等影片。她在《一江春水向东流》中塑造的“抗战夫人”王丽珍的形象，是她电影表演艺术的高峰。她以精湛的演技，把一个满口革命词令却追求个人享乐的交际花，刻画得淋漓尽致、入木三分。1948年，她接受中国共产党的指示到香港工作，拍摄了《春城花落》、《野火春风》、《恋爱之道》等影片。解放后，参加上海电影制片厂，除拍摄《女司机》、《一场风波》、《李时珍》等影片外，还曾为《乡村女教师》、《安娜·卡列尼娜》等译制片中的女主角配音。1957年，调到北京人民艺术剧院，专门从事话剧演出。成功地塑造了《骆驼祥子》中的虎妞等个性鲜明、独具特色的艺术形象。1969年3月17日，心脏病初愈的舒绣文，因遭受“四人帮”残酷迫害在北京逝世。

【温家宝·中共中央政治局候补委员·发表《关于新时期的农民问题》文章】　中共中央政治局候补委员、书记处书记温家宝，在近年对农村情况进行大量调查研究的基础上，写出《关于新时期的农民问题》的长文，于《求是》杂志1995年第24期发表。

温家宝在文章中首先阐述了认真研究新时期农民问题的重要意义。他指出，正确处理新时期的农民问题，是实现经济、社会发展宏伟目标的关键，是保证社会稳定的基础和巩固党的领导和工农联盟的保证。

对如何努力做好新时期的农民工作，温家宝认为，首先要维护农民的经济利益：发展农村经济，带领农民奔小康；处理好“给”与“取”的关系，减轻农民负担；处理好工农关系，按经济规律同农民打交道。再是要保障农民的民主权利：尊重农民的自主权；尊重农民意愿；尊重农民的创造精神。三是加强对农民的引导和教育，深入进行思想政治教育和政策教育，提高农民的思想道德水准和科学文化素质，培养有理想、有道德、有文化、有纪律的新型农民。

温家宝在文章中说，要坚持党在农村的基本政策，进一步发挥农民积极性。一是给农民生产经营自主权，调动农民生产经营的积极性；二是使农村经济进入市场，发挥市场机制的作用；三是加强和改善宏观调控，保护和支持农业发展。总的目标是逐步建立起与社会主义市场经济相适应的农村经济体制和运行机制。基本原则是要坚持解放思想，实事求是。要转变干部作风，保护农民的积极性。必须认真抓好基层干部的思想和作风建设。1995年5月，在中央农村工作会议上，温家宝作了总结讲话。

温家宝，1942年9月生，天津市人。1965年4月加入中国共产党，1968年参加工作。毕业于北京地质学院，工程师。曾任甘肃省地质局地质力学队技术员、政治干事，队政治处负责人，队党委常委、副队长，省地质局副处长、副局长，地质部政策法规研究室主任，党组成员，地质部副部长、党组副书记兼政治部主任，中共中央办公厅副主任、主任，中央书记处候补书记兼办公厅主任，中央直属机关委员会书记。是第十三、十四届中央委员。

【曾生·国务院原顾问·在广州逝世】

原中共中央顾问委员会委员、无产阶级革命家曾生，因病于1995年11月20日在广州逝世。

曾生，原名曾振声，1910年12月生于广东省惠阳县(现属深圳市)。学生时代投身革命活动。1934年参加革命工作，1936年10月加入中国共产党。1935年12月，他积极参与发动和组织广州地区“一二·九”运动，被推举为中山大学学生工友抗日救国会主席团主席、广州学生抗日联合会主席。1936年12月起，先后担任香港海员工会组织部长，中共香港海员工委组织部长、书记，中共广东省委候补委员，广东惠宝人民抗日游击总队总队长。1937年7月，毕业于中山大学文学院教育系。1941年12月，参与组织港(香港)九(九龙)人民抗日游击队，开展游击战争。港、九沦陷后，参加组织营救了在港九的何香凝、茅盾、邹韬奋等一大批文化界人士和民主人士及国际友人。1942年2月至1943年11月，任广东人民抗日游击总队副总队长、总队长。1943年12月，任东江纵队司令员。

1946年6月，根据国共两党协议和中共中央指示，曾生率领东江纵队主力北撤山东后，任华东军政大学副校长，渤海区党委副书记兼渤海军区副司令员，两广纵队司令员。1947年8月至1949年初，率两广纵队参加华东战场的鲁南、济南和淮海等战役。1949年9月，他和雷经天、尹林平一起，指挥由两广纵队、粤赣湘边纵队和粤中纵队组成的解放广州战役的南路军，对解放全广东发挥了积极作用。

新中国成立后，曾生先后任广东军区副司令员兼珠江军分区司令员、政委，中共珠江地委书记。1952年上半年任华南军区第一副参谋长，中南军区赴朝实习团团长，率团参加抗美援朝，任中国人民志愿军第12军副军长。1953年8月入南京军事学院海军系学习。1955年被授予少将军衔。1956年7月，军事学院毕业后，曾任南海舰队第一副司令员，中共广东省委常委，广州市委第三书记，广东省副省长兼广州市长、广州军分区第一政委，广州警备区第一政委等职。

“文化大革命”中，曾生遭受迫害，1974年平反后，任交通部副部长、部长。1981年任国务院顾问。1982年当选为中共中央顾问委员会委员。是第一至第五届全国人大代表，第四、五届全国人大常委会委员。

【曾乐·全国劳动模范·在上海逝世】

上海宝山钢铁(集团)公司副总工程师、上海市科技精英、国际著名的焊接专家曾乐，因病医治无效，1996年2月5日在上海不幸逝世，终年63岁。为表彰他对焊接事业的杰出贡献，1995年4月29日，国务院授予他全国劳动模范称号。

曾乐1932年9月17日出生，原籍广东省中山县，1952年毕业于上海同济大学工学院机械系，1952年到1958年在鞍钢金属结构厂任工程师，1958年调冶金部建筑研究总院，1978年到宝钢，出任宝钢工程指挥部、宝钢总厂和冶金部建筑研究总院三个单位的副总工程师，并担任中国钢结构协会焊接学会主席、中国金属学会理事及国际焊接学会第十五届委员会的专家委员、西班牙皇家冶金研究中心委员、联邦德国焊接协会委员、国际焊接学会微连结特设委员会委员等国内外的学术职务。几十年来，他怀着报效祖国和献身科技事业的崇高理想，呕心沥血，苦攻难关，在焊接技术的理论研究和应用实践中，取得了突出的成果，为国家填补了多项空白。尤其是在70年代末出任宝钢工程指挥部副总工程师后，白手起家，创建了我国第一个精密焊接实验室，使我国的精密焊接技术达到了世界水平。他撰写的《焊接工程学》一书，被国内外焊接界誉为“焊接构造方面的经典著作。”

曾乐还为上海南浦大桥、杨浦大桥、北京京城大厦、深圳发展中心大厦、秦山核电站、武钢新高炉、衡阳冶机械厂等全国几十个重点工程解决了重大的技术难题。

曾乐曾先后获得国家科委发明奖、国家科委重大成果奖、全国科学大会奖、国家科技进步奖等几十项奖励。他病重住院期间，上海市和冶金部的领导极为关心，并组织医务人员全力抢救。

【曾干彤·番禺市交通局副局长·被授予全国先进工作者称号】 1995年4月29日，中共中央、国务院召开的全国劳动模范、先进工作者表彰大会在北京人民大会堂隆重举行。广东番禺市交通局副局长、工程师曾干彤，被授予全国先进工作者称号。

曾干彤，广东省番禺市人，1939年9月生，1964年10月参加工作。他几十年如一日，刻苦学习，埋头苦干，从一名普通养路工成长为工程师和行政管理干部。他敬业爱业，多次被评为先进工作者与优秀共产党员，三次被广州市评为劳动模范，1994 年又被评为广东省劳动模范。

曾干彤近年来主持和参与设计的大小桥梁有 58 座，总长 2131.6 米，为公路测量、选线 13 条，计 162 公里，为大桥选址 18 座，总长 18754 米。不少工程荣获上级的表彰和奖励，其中广珠公路施工和番禺三善大桥施工曾获广东省优良样板工程奖。

曾干彤注重学习借鉴国内外先进经验，提高工程质量与设计标准。1993 年他随团去美国考察，结合本地实际，把南沙大道高架桥原 4 车道改为 6 车道，把番禺大桥 6 车道改为 8 车道，总造价增加不到 6%，而经济效益却可增加 30－33%。他刻苦钻研，不断探索，努力革新工艺，提高工作效率。他研究的压应力平衡法，解决了涵洞与路堤不均等下沉引起的错台等问题。他改进水泥路面缩缝、涨缝、工作缝的施工工艺，大大减少了公路“病毒”，消灭了“田埂效应”、“涵洞效应”，提高了行车舒适度，延长了公路的使用寿命。他设计的新型组合式桥台，既增加了桥梁的外型美，又节约了工程费用，他提出将现行公路方边坡 1：1.5 改为 1：2，为解决边坡不稳定和水土流失问题闯出了一条新路。由于他的现代化设计方案与革新工艺，已为国家节省工程经费、材料费达 210 多万元。

为了培养更多的工程技术人才，曾干彤不遗余力，将自己多年设计成果和施工经验汇编成册，利用假日给青年技术人员授课，分文不取。他还经常利用休息时间，无偿为施工单位设计、审核图纸，给予各种技术帮助。曾干彤妻子病逝后，留下两个未成年的孩子，思想上、经济上负担很重，但他从未因此而影响工作，也没有向组织提过任何困难和要求。

【曾庆纯·化学专家·获国家科技进步一等奖】　山东鲁南化肥厂总工程师、高级工程师曾庆纯，主持完成的项目“水煤浆加压气化及气体净化制合成氨新工艺”，获 1995 年国家科技进步奖一等奖。

曾庆纯负责研制的“气体净化无毒脱碳新工艺”和设计的“离子交换法制碳酸钾”，曾获 1978 年全国科学大会奖。他设计的二氧化碳防循环水结垢的工艺和自动 PH 值调节装置，解决了生产上的一大难题。

在引进的德士古水煤浆气化技术及与其相配套的 NHD 气体净化技术建设项目中，他从考察、立项、设计、安装，直到试车投产，全面负责。在他的建议下，修改了德士古的工艺软件包(POP)，将黑水灰水换热系统改为将黑水进行闪蒸，仅此一项，就为国家节约了 400 多万元。他和同志们一道开发了近 20 项水煤浆气化技术，为水煤浆气化技术在中国的推广作出了贡献。“水煤浆加压气化及气体净化制合成氨新工艺”曾在 1994 年获化工部科技进步奖一等奖。

曾庆纯，1941 年生，1955 年毕业于四川泸州工业学校。先后在山东省工业厅实验室、济南化肥厂等单位任技术员，1963 年后在山东鲁南化肥厂先后任技术员、工程师、副总工程师、副厂长、总工程师。现任鲁南化学工业公司的总工程师。

【曾绍山·济南军区原顾问·在济南逝世】　济南军区原顾问曾绍山，因病于 1995 年 1 月 26 日在济南逝世，终年 81 岁。

曾绍山，安徽省金寨县人，1929 年参加中国工农红军，同年加入中国共产主义青年团，1933 年转入中国共产党。他历任班长，秘书，参谋，股长，旅参谋长，军分区司令员，军分区政治委员兼地委书记，纵队副司令员，皖西军区司令员，军长，兵团副司令员，旅大警备区司令员，沈阳军区副司令员、政治委员，中共辽宁省委第一书记等职。1955 年被授予中将军衔。他是第四届全国人大代表，第六届全国人大常务委员会委员，中国共产党第九、十、十一届中央委员。土地革命战争时期，他参加了鄂豫皖革命根据地第一、二、三、四次反“围剿”斗争和创建川陕革命根据地的斗争，参加了二万五千里长征。抗日战争时期，他参加了奇袭阳明堡机场和强袭黎城、调潞之敌的战斗及百团大战，并率部队深入敌后广泛开展游击战，发展和壮大抗日根据地。解放战争中，他率部参加了上党、陇海、定陶、巨野、鄄城、滑县、豫北和挺进大别山、渡江、进军西南等战役、战斗。1949 年后，他奉命率部在川、黔、湘、鄂边区开展剿匪斗争。抗美援战争中，他参加指挥了朝鲜五次战役。

【曾荫权·出任港府财政司】　1995 年 9 月 1 日，曾荫权接替已退休的英裔财政司麦高乐，成为香港历史上首位华人财政司。

曾荫权，出生于 1944 年，1967 年进入港府工作，1971 年任港府政务主任。1982—1984 年任沙田政务专员。1984—1985 年任香港贸易署副署长。1986—1989 年任常务科副常务司。1989 年任布政司署行政署长。1991 年任贸易署长，晋升首长级甲级政务官。1993 年 5 月任库务司。为太平绅士。

【曾雍雅·沈阳军区原顾问·在沈阳逝世】 沈阳军区原顾问曾雍雅，因病于1995年3月16日在沈阳逝世，终年78岁。

曾雍雅，江西省于都县人。1931年参加中国工农红军，1932年加入中国共产主义青年团，同年8月转入中国共产党。他历任宣传队分队长、干事、指导员、股长、科长、县长兼县委书记、团政委、军分区司令员兼旅长、师长、副军长、军长、西藏军区司令员、沈阳军区副司令员等职。土地革命战争时期，他参加了中央革命根据地第一至五次反"围剿"斗争和二万五千里长征及东征、西征战役。抗日战争时期，他先后参加了百团大战和反"扫荡"斗争。解放战争时期，他参加了辽沈、平津、渡江、衡宝等战役。

曾雍雅曾是中国共产党第九届中央委员会候补委员，政协第五届全国委员会委员。1955年被授予少将军衔。

【曾溢滔·医学遗传专家·当选为中国工程院院士】 1995年[illegible]月7日，中国工程院公布了新当选的院士名单，上海医学遗传研究所所长曾溢滔，当选为中国工程院医药与卫生学部院士。

曾溢滔，1939年5月生于广东。1962年毕业于复旦大学生物系，并于同年考入复旦大学遗传学研究所攻读人类遗传学研究生。他长期从事遗传性疾病分子缺陷的研究。主持完成了20多项具有国际水平的科研成果，先后20多次荣获国家级、部委级和上海市的重大科技成果奖，在国内外发表学术论文300多篇，主编了专著2部，他的代表性论文已被国外引用了270多次。

曾溢滔作为我国基因诊断的主要开拓者，发展了一整套遗传病分子诊断技术，并先后攻克了地中海贫血、苯酮尿症、杜氏肌萎缩症、血友病和亨廷顿氏舞蹈病等主要遗传病的基因诊断和产前诊断，推动了我国基因诊断学科的发展，在国际上产生了广泛的影响。

60年代初，在国内率先开展血红蛋白生化遗传学研究，30多年来他在蛋白质化学、基因结构和功能以及治疗等方面的研究成就卓著，他的"血红蛋白异常的分子机理研究"课题使他成为一个获得美国国立卫生研究院(NIH)科学基金的中国科学家。

90年代，他将基因工程与胚胎工程有机地结合，在国际上首次阐明了牛类性别决定基因SRY的核心序列，首先提出并成功地通过鉴定胚胎的SRY基因和胚胎移植来控制牛、羊等经济动物的性别，使我国这一领域的研究处于国际前列，为我国畜牧业发展和菜篮子工程，为胚胎和生殖工程以及人类遗传病的防治作出了积极贡献。

曾溢滔兼任上海市胚胎与生殖工程重点实验室主任、研究员、上海第二医科大学教授、博士生导师。由于他在科研事业上的贡献，1984年和1990年两次被国家科委和人事部授予"国家级有突出贡献的中青年科技专家"称号，国家科委授予他"863"高科技计划优秀工作者称号，他还获得"上海医学十杰"和"全国卫生系统先进模范工作者"等荣誉称号。1993年被选为上海市政协委员。

【温郡权、闻建生·云南省麻栗坡县民警·被追授全国公安系统一级英雄模范称号】

1995年7月11日，公安部发布命令，追授云南省文山州麻栗坡县公安局预审科民警温郡权、闻建生全国公安系统一级英雄模范称号。在此之前，云南省委、省政府追认他俩为中共党员和革命烈士。

1995年5月16日晚8时许，温郡权、闻建生、杨秀霖三位民警巡逻时，得知有人拿手榴弹在小河洞桥头顺昌糕点厂闹事，便火速赶到现场，只见一间约15平方米的简易房里，灯光昏暗，门口挤满了围观群众，房内一个满脸杀气的男人正与一个女青年吵架，其腰间别着两枚拧开了盖的手榴弹。距那男人不到3米的女青年和另外6名妇女、儿童吓得缩作一团。哭声、叫声、求救声掺杂在一起。温郡权当即制止那个男人不要胡来。失去理智的歹徒不听劝告，将手伸向手榴弹的拉火环。温郡权等3人为了保护在场群众，立即向歹徒扑去，用血肉之躯挡住了弹片。温郡权当场壮烈牺牲；闻建生经抢救无效也英勇献身；杨秀霖经抢救脱离危险，但身上至今还滞留着数十粒弹片。在场的20多名群众只有6人受轻伤。经查实，这是一起因恋爱纠葛而发生的报复杀人案。温郡权、闻建生壮烈牺牲不到两天，他们的英雄事迹就传遍了壮乡苗岭。5000余名干部群众从四面八方赶去悼念英雄。

温郡权，1971年出生，云南麻栗坡人，中专文化，1985年加入中国共产主义青年团，1990年参加公安工作。5年来，他热爱本职工作，任劳任怨，埋头苦干，团结同志，秉公执法，清正廉洁，连续2年受嘉奖。

闻建生，1968年出生，云南麻栗坡人，中专文化，1989年参加公安工作，1990年加入中国共产主义青年团。几年来，闻建生勤学好问，认真钻研，努力工作，在对敌斗争中英勇顽强，曾参与打击犯罪团伙21个，解救人质194名，荣立二等功1次。

【游景玉(女)·珠海市亚洲仿真控制系统工程有限公司总经理·被授予中国十大女杰称号】 锐意进取,勇闯高科技仿真技术王国的女专家、亚洲仿真控制系统工程(珠海)有限公司总经理、教授级高级工程师、总设计师游景玉,带着曾从美国学到的仿真高技术知识于1989年9月开创该公司以来,经过5年多的艰苦拚搏,以她为首的公司,培养和造就了一批有理想、有实力、素质好、水平高的高科技队伍,推动了中国仿真技术在火电站、核电站、航海、航空和石油化工等方面的应用。如今亚仿公司已发展成为中国乃至亚洲地区最大的一家拥有90年代国际先进水平的集体。研究、开发、生产仿真机为一体的基地。所制造的仿真机不仅填补了国家的空白,而且价格只是进口机的四或五分之一,并获得显著的经济效益和社会效益,为实现高科技成果商品化、产业化、国际化取得了成功的经验。1995年在庆祝"三八"国际劳动妇女节的前夕,游景玉被由全国妇联组织的,有劳动部、人事部、解放军总政治部、全国总工会、团中央、中国科协以及10余家全国性新闻单位参加的评委会评为中国"十大女杰"。

游景玉,1939年9月18日生,福建省福州市人。中国共产党党员。1962年于南京工学院毕业后,到北京电力科学研究所工作,曾任工程师、自动化专业研究组组长,过程控制机室、仿真机室主任,参加过5个重点电站自动化项目的攻关。1985年至1987年作为首席负责人和技术总负责率领一支技术队伍在美国学习仿真技术和完成技术引进任务。游景玉领导的亚仿公司,先后获珠海市外经委、广东省科委、国家科委授予的"先进技术企业"、"高新技术企业"、"中国民办科技实业优秀单位"和"实施火炬计划先进高新技术企业"以及由中共广东省委、省政府,珠海市政府分别授予的"广东省模范集体"、"文明单位"等称号。游景玉曾获中国优秀民办科技企业家、全国火炬计划先进工作者、全国巾帼建功标兵、全国"三八"红旗手、全国优秀女企业家等20余项称号和奖励。她是第八届全国人大代表。1995年9月,中央电视台播出了电视系列剧《亚仿·游景玉》。

【谢飞·电影导演·获第十九届蒙特利尔国际电影节最佳导演奖】 北京电影学院导演系教授、电影导演谢飞,因执导影片《黑骏马》,1995年9月4日在加拿大第十九届蒙特利尔国际电影节上,荣获最佳导演奖;在1995年5月6日北京第三届大学生电影节上,获得评委会特别奖。

影片《黑骏马》以辽阔的内蒙古草原为背景,叙述了一对青梅竹马的青年白音宝力格和索米雅之间的爱情故事,并以索米雅和老奶奶两代妇女的命运变迁,阐释了生命的永恒主题。影片立意高远,镜头考究,画面精美,音乐苍凉深厚,并与整个影片徐缓的节奏非常协调,显示出导演驾驭电影语言的艺术功力。

谢飞,1942年8月14日生于陕西延安,原籍湖南宁乡。1960年考入北京电影学院导演系,1965年毕业后留校任教,现为导演系教授,曾任导演系主任、学院副院长。1978年与郑洞天等联合导演了影片《火娃》。第二年再次联合导演了影片《向导》,获文化部1979年优秀影片奖。1983年独立编导了影片《我们的田野》。1986年导演了根据沈从文小说改编的影片《湘女萧萧》,获1988年第四届法车蒙特里埃国际电影节金熊猫奖、第三十六届西班牙圣·塞巴斯蒂安国际电影节堂吉柯德奖。1989年导演了影片《本命年》。获得第四十届西柏林国际电影节个人杰出成就银熊奖和第十三届《大众电影》百花奖最佳故事片奖。1991年导演了《世界屋脊的太阳》。1993年编导了影片《香魂女》。影片获得第四十三届柏林国际电影节最佳影片金熊奖和天主教普世会特别奖。

【谢芳(女)·电影表演艺术家·获中国电影世纪奖】 1995年12月28日,在北京举行的中国电影世纪奖颁奖典礼上,优秀电影表演艺术家谢芳,荣获中国电影世纪奖;她主演的影片《青春之歌》、《早春二月》获"中国电影90年优秀影片奖"。这项评奖是为纪念世界电影诞生100周年暨中国电影诞生90周年,由广电部电影事业管理局、中国电影家协会、中国电影出版社和中共北京市委宣传部联合主办的。在1995年3月上海影评学会评选的上海影评人奖中,《早春二月》被评为"中国电影90年十大名片"之一。

谢芳,原名谢怀复,1935年11月生于湖北黄陂县,原籍湖南。1951年初中毕业后,考入中南文工团当歌剧演员,后到武汉歌舞剧院,主演了歌剧《小二黑结婚》、《白毛女》、《刘三姐》、《货郎与小姐》、《开花结果》、《红旗战歌》和《太阳初升》等,还主演了河南豫剧《柜中缘》、《断桥》、《借靴》、《花木兰》、《梁祝相送》、昆曲《醉打山门》、常德高腔《思凡》、湖南花鼓戏《打鸟》等。1959年被借调到北京电影制版厂拍摄故事片《青春之歌》,饰演一个因逃婚而逐步走上革命道路的青年知识分子林道静。影片以深刻的思想性和精湛的艺术性，受到观众和舆论的好评，谢芳也一举成名。1963年她在影片《早春二月》里扮演了一个充满青春活力和富有个性解放精神的知识女性陶岚。这个角色和林道静在性格上有某些相似之处，但她们的家庭出身、生活经历、思想感情以及所处时代有很大不同，因而个性色彩有明显的区别。谢芳在创造陶岚这个形象时，始终注意从具体人物出发，赋予角色以鲜明的性格色调和外部动作。影片的成功为谢芳带来更大的荣誉。同年，她正式调入北京电影制片厂。1964年她在影片《舞台姐妹》中饰演越剧艺人竺春花。这个形象在身世、性格上与谢芳前两个角色迥然不同，然而她的演技日臻成熟，真实生动地再现了竺春花的外在美与心灵美。“文革”后，谢芳先后参加了《山花》、《泪痕》、《第二次握手》、《李清照》、《血，总是热的》、《明姑娘》、《清水湾，淡水湾》、《黄河之滨》、《幸运的人》等影片的拍摄，其中她主演的《泪痕》获第三届《大众电影》百花奖最佳故事片奖。她还拍摄了《灯火阑珊处》、《海之子》、《舞台新姐妹》、《女经理的一天》、《爱的归来》、《蔚蓝色的迪斯科》、《相会在一岛》等电视剧，并参加话剧《日出》的演出。此外，谢芳还撰写了艺术杂谈《银幕内外》一书。1989年，她被评为“建国40周年十大影星”之一。

【谢玉堂·邮电科学研究院副总工程师·被授予全国先进工作者称号】　1995年4月29日，中共中央、国务院召开的全国劳动模范、先进工作者表彰大会在北京人民大会堂隆重举行。邮电部武汉科学研究院副总工程师、教授级工程师谢玉堂，被授予全国先进工作者称号。

谢玉堂，湖南省邵阳县人，1937年12月生，1965年毕业于武汉邮电学院，后留校工作。历任研究室副主任、主任、邮电部激光通信研究所所长等职，他从事激光通信技术研究30多年，有一定的理论造诣，并取得了多项重大科研成果，曾先后获得国家科技进步二等奖，邮电部科技进步一等奖，湖北省科技进步奖等，1989年被人事部授予国家级有突出贡献的中青年专家称号。

谢玉堂从70年代开始，就一直从事国家重点攻关项目——光通信专业的研究，是这一项目的主要参加者和基层组织者。他较早提出了适合我国国情的、独特的光通信系统方案，并组织科研人员努力攻关，成功地开发出用于通信技术设备的ASIC，为提高国产光通信设备的技术水平和质量起到了关键的作用。

1986年，谢玉堂任邮电部激光通信研究所所长以后，狠抓科研成果的转化，为我国通信建设提供了大量的、适合国情的光通信产品。1988年以来，他领导全所职工完成了几百项光通信工程所需设备的研究和生产任务，特别是在目前世界上最长的京汉广架空光缆工程、京汉广直埋光缆工程及京沪光缆扩容工程中，圆满地完成了设备的研制任务，受到了国家领导人的赞扬。

谢玉堂不仅在科研工作上获得了丰硕的成果，在瞬息万变的市场竞争中，他头脑清醒，目光敏锐，善于抓住机遇，努力开拓，以优质的产品和一流的服务，同国外进口产品竞争，产品覆盖了除西藏、台湾之外的20多个省市，创造了显著的经济效益。1989年研究所产值1500万元，以后每年以成倍地速度增长，到1994年已达4亿多元。谢玉常谦虚谨慎，非常重视集体的力量和群体荣誉，从不侈谈个人的成就。他常说，在集体奋斗中才能有效地发挥个人的力量，在群众荣誉中也凝聚着个人的智慧和心血。他认为，体现他个人的是艰苦生活磨炼出的坚毅不拔的毅力和为中华民族作贡献的信念。

【谢怀德·原中共陕西省委书记·在北京逝世】　原中共陕西省委书记谢怀德，因病于1995年11月26日在北京逝世。

谢怀德，1915年10月17日出生于陕西省靖边县。1935年加入中国共产主义青年团，1936年4月加入中国共产党。土地革命战争时期，曾任横山县苏维埃政府主席，富县和子洲县县长。抗日战争爆发后，曾任陕甘宁边区政府巡视员，中共延安市委书记，延安市长，陕甘宁边区政府交通厅副厅长，渭南专署专员。新中国成立后，历任陕西省农林厅厅长、省财委副主任、副省长、中共陕西省委书记处书记。1964年底，调任国家对外经济联络委员会副主任兼政治部主任、党组成员。1978年7月后，返陕西任省革委会副主任、中共陕西省委常委兼陕北革命建设委员会第一副主任、常务副省长、中共陕西省委书记。是第六、七届全国人大常委会委员，第七届全国人大外事委员会委员。

【谢侠逊·已故著名象棋家·其纪念碑林奠基仪式在平阳举行】　“谢侠逊纪念碑林”，1995年6月20日在其故乡浙江省平阳县腾蛟镇举行奠基仪式。在此之前，平阳县已征集到谢侠逊生前留下的墨宝30余幅，其中有江泽民在棋王百岁华诞时题词；周恩来当年与棋王在重庆对弈残局；还有近代著名学者梁启超、章士钊，知名爱国人士霍英东，以及当年军政要员冯玉祥、李宗仁、张治中等人的墨迹。为颂扬棋王毕生爱国爱乡美德，平阳县决定为其建立纪念碑林。

谢侠逊，浙江平阳人，1888年生，1987年在上海逝世，享年100岁。1916年后，任上海《时事新报》、《象棋》专栏编辑。1929年在上海创立万国象棋会。1949年后，任上海文史馆员、中国象棋协会副主席。

谢侠逊5岁从父学棋，由于刻苦钻研，博采众家之长，形成个人独特棋风，棋艺日臻精深老到。1918年在上海获全国第一届象棋冠军，后又获国际象棋冠军。此后数十年称霸国内外象棋棋坛，打遍天下无敌手，被誉为“象棋王”。谢侠逊毕生致力于象棋事业。数十年来，除南征北战，与国内外棋坛高手频频对弈外，还潜心研究棋理，著书立说。自1915年与潘定思合作出版《国耻纪念象棋新谱》以来，陆续出版了《围棋象棋谱》、《象棋谱大全》、《新编象棋谱》、《海内外象棋新谱》、《金鹏梅花诀着棋谱》等20余种之多，1983年他集90年从事象棋的心得，编著出版了《象棋指要》，成为我国体坛最高年龄作者。他还积极向国外介绍中国象棋，曾与丹麦查理士、葛岭瑞合作把300余象棋残局的著作译成英文。这是中国第一次用英文向国外介绍中国象棋。谢侠逊不但棋艺超众，而且还是一位著名的爱国人士，弈棋不忘社稷、敲枰铭志兴邦，无论是撰写棋谱，还是撰编残局，时常联系时事，赋以爱国内容，激励国人爱我中华。在八国联军侵华时，他排了个“八国联军”入侵的残局，投报发表，以唤起民众爱国之心；后又刊出《国耻红黑象棋新局》一书，警示国人莫忘国耻。袁世凯与日本政府签订丧权辱国的“二十一条”时，他用30局残局排成“莫忘国耻”字形，声讨袁世凯卖国罪行。1937年卢沟桥事变后，他只身前往南京请缨救亡，奋然出访菲律宾、新加坡、马来西亚、印度尼西亚、缅甸，历时两年半，以弈棋宣传抗日，并募捐5000多万元以及大批金银珠宝支援抗战，被周恩来总理赞誉为“爱国象棋家”。

【谢铁骊·电影导演艺术家·获中国电影世纪奖、执导《天网》获“华表奖”】 1995年12月28日，在北京举行的中国电影世纪奖颁奖典礼上，北京电影制片厂优秀电影导演艺术家谢铁骊，荣获中国电影世纪奖；这次评奖是为纪念世界电影诞生100周年暨中国电影诞生90周年，由广电部电影事业管理局、中国电影家协会、中国电影出版社和中共北京市委宣传部联合主办的。谢铁骊编导的影片《早春二月》获中国电影90年优秀影片奖。1995年3月在上海影评学会主办的上海影评人奖评选中，《早春二月》获得“中国电影90年十大名片”之一。1995年5月23日在北京举行的’94中国电影华表奖(原广电部优秀影片奖)颁奖典礼上，谢铁骊改编和导演的影片《天网》，获优秀故事片奖；该片还入选中宣部1994年度精神文明建设“五个一工程”。

影片《天网》通过县委书记秦裕民给被冤枉而受迫害几十年的农民李荣才平反的艰难曲折过程，成功地塑造了一批真正为人民群众服务不畏险阻、不图私利、全心全意维护党的信誉的基层领导干部形象。影片对端正党风、反腐倡廉有着积极的意义，因而受到领导和观众的喜爱。

谢铁骊，1925年12月生于江苏省清江市。1938年参加新四军，1940年到淮海军政干部学校学习，曾在淮海军分区文工团、三野十二纵队文工团、三十军文工团任分队长、中队长、团长等职。1950年调至北京中央电影局表演艺术研究所任教员、副主任。1953年进入北京电影演员剧团任副团长。1957年调入北京电影制片厂任副导演、导演。1958年独立执导了处女作影片《无名岛》。60年代初导演影片《暴风骤雨》，在影坛崭露头角。1963年改编并导演了影片《早春二月》。影片通过肖涧秋抱着教育救国论的思想在芙蓉镇中学任教中处处碰壁，最后终于觉醒、投入到时代洪流中去的这一思想转变，描写了20年代中期知识分子的一种心态变化。70年代，谢铁骊导演了京剧艺术片《智取威虎山》、《海港》、《龙江颂》、《杜鹃山》和故事片《海霞》。粉碎“四人帮”后，他导演了影片《大河奔流》、《今夜星光灿烂》、《知音》、《包氏父子》、《清水湾，淡水湾》等。从1985年起，谢铁骊历经五载把我国古典文学名著《红楼梦》拍成六部八集大型系列故事片，荣获1990年第十届中国电影金鸡奖最佳导演奖。进入90年代，谢铁骊先后导演拍摄了《古墓荒斋》、《月落玉长河》、《天网》等影片。后又导演根据郁达夫小说改编的影片《金秋桂花迟》。

【谢稚柳·著名书画鉴定家、书法家·谢稚柳铜像在常州落成】 1995年12月，谢稚柳铜像在其故乡常州落成。同年，谢稚柳和徐邦达、杨仁恺、刘九庵4位中国书画、文物鉴定家，应《中国书法》杂志之邀，谈“三希”之真伪。

谢稚柳，1910年生于江苏武进。现为上海博物馆顾问，国家文物鉴定委员会副主任，上海市书法家协会主席、上海美术家协会副主席。他自担任国务院中国古代书画鉴定组组长以来，迄今已对近8万张书画进行了权威鉴定。主要专著有《敦煌艺术叙录》、《水墨画》、《鉴余杂稿》、《谢稚柳画集》、《壮暮堂诗词》等。

“三希”的由来是乾隆皇帝收藏王羲之《快雪时晴帖》、王献之《中秋贴》、王珣《伯远帖》三件稀世之宝，并以“三希”名其书房，又名其所镌刻的历代法贴，故有“三希堂”和“三希堂法帖”。谢稚柳对“三希”帖，深有研究，他认为，清朝覆亡之后，政局动荡之际，皇族以及太监、宫娥等纷纷乘机偷盗宫内文物书画。所以“伪满”政府垮台之后，上海、北京、天津等地经常能买到内府的书画。“三希”之一的《快雪时晴帖》被人偷带出宫时，被警卫人员发现，立即惊动了有关方面，连夜置办保险箱妥善保存，后将其归故宫博物院收藏，解放前夕被国民党运往台湾。王珣《伯远帖》与王献之《中秋帖》，解放前后流落香港，被抵押在一家银行里。周恩来获悉后，指示不惜重金收回这两件国宝。当时主持国家文物局工作的郑振铎委派老资格的文物鉴藏家徐森玉（解放前曾任职故宫博物院，时任上海市文物管理委员会主任）力主其事。徐森玉不负重托，竭尽全力，里应外合，终于使这两件国宝原璧归赵。谢稚柳还谈到三件墨迹的真伪问题。他认为，王羲之的真迹早已不复存世。故凡是唐人的钩填本，世人将其作为真迹看待。《快雪时晴帖》就是唐朝摹本，亦是稀世之宝。《中秋帖》其实是宋代米芾的临本。唯独《伯远贴》，是货真价实的晋朝真迹，是头等的宝贝。所以，如果真要论“三希”的话，这件“伯远贴”才是最珍贵的。

【强荧·新民晚报记者·被评为首届全国百佳新闻工作者】　由中华全国新闻工作者协会主办的首届全国百佳新闻工作者评选，1995年3月24日在北京举行颁奖会，新民晚报特稿采编室负责人、记者强荧获奖。

强荧，1993年曾写下过一封“遗书”，加入到中英穿越塔克拉玛干沙漠联合探险队的行列，勇敢投身人类历史上第一次由西向东徒步穿越“死亡之海”壮举的新民晚报特派记者。

强荧在历时60天行程1500公里的探险途中，经受了生与死的考验，战胜了断水、断粮、酷热、寒冷、迷路的重重困难，他写下了《“死亡之海”探险手记》，约5万字，连续在新民晚报上发表，引起较大社会反响。此行是他继续前些年长江漂流，骑摩托车西行5000里后的第三次探险采访。

当《强荧“死亡之海”纪实摄影展》在上海美术馆展出，中宣部副部长龚心瀚、全国政协副主席苏步青，以及上海新闻界领导参观后给予他亲切鼓励。影展还在柳州、宁波、乌鲁木齐、杭州等地巡回展出。在沙漠腹地——牙那古斯村，强荧发现了“白毛男”汉族同胞钟剑峰。在他带动下，10名随队记者慷慨解囊2000元，帮助钟剑锋于1994年1月回到离别37年的广西家乡。

强荧在穿越塔克拉玛干沙漠后，1994年又参加了赴广西九万大山寻野人的探险采访活动，在深山野岭、原始森林里忍饥挨饿、经历艰险，表现了一个新闻工作者勇于探索的精神。

强荧，1957年6月生，上海人。上海冶金专科学校毕业。先在劳动报工作，1992年转到新民晚报。15年来发表新闻作品100多万字，出版《最后的征服》等4本新闻专集，有的作品被收入《语文》教材。

1994年，上海举行了《强荧探险物品和照片义拍》活动，他把拍卖所得10万元捐给上海新闻工作者协会，设立“记者风险采访基金”，用于表彰和奖励敢于冒风险坚持去第一线采访的记者。

【强木根·烹饪高级技师·获中华技能大奖】　福州大酒店的烹饪高级技师强木根，在致力于传统闽菜的改革中，创造了享誉中外的“强式流派”。1995年11月被劳动部授予中华技能大奖。

强木根，1931年6月生，福建省闽侯县人，1950年当厨师，1958年8月加入中国共产党。他从厨45年，精通闽菜，旁通粤菜。尤其擅长刀工，经他加工的原料薄厚均匀，并有剞花如荔，片薄如纸，切丝如发的绝招。他能口咏两千余种菜谱，通晓各种山珍海味的品种、产地、性能、用途、保管方法和发泡加工技术，并能对各种原料加以充分利用。他根据不同客人的需要设计菜式，令赴宴者赞不绝口。他从50年代开始致力于传统闽菜的改革，60年代形成“强式流派”，得到国内外人士的公认。80年代他又改革了闻名世界的“佛跳墙”，把以动物为主原料的高脂肪、高胆固醇的“佛跳墙”，改造为不失传统的海鲜“佛跳墙”。由于他技艺高超，很多外宾慕名到福州品尝“强派”菜肴。他所在的福州大酒店一跃成为全国饮食行业50强之一。他还经常应邀到国内各地和香港、新加坡、马来西亚、日本等地献艺，并多次应召进京主厨闽菜国宴，接待许多国家元首。他注重培养闽菜接班人，数以千计的学员，有上百人成为特级厨师，有的已成为高级技师。

强木根多次被评为省市劳动模范，优秀共产党员。1983年被评为“全国最佳厨师”，1985年被授予“全国商业系统特级劳动模范”，并获首批“特级厨师”职称。1991年获“高级技师”职称，1994年获“闽菜大师”称号。

【瑞冬（女）·黑龙江电视台主持人·被评为首届全国百佳新闻工作者】　由中华全国新闻工作者协会主办的首届全国百佳新闻工作者评选，1995年3月24日在北京举行颁奖会，黑龙江电视台主持人瑞冬获奖。

瑞冬，满族，1968年11月生，黑龙江庆安县人。1990年在哈尔滨科技大学毕业后，进入黑龙江电视台。由她编辑、主持的《八点太阳》节目，清新、明快，容知识性、娱乐性、教育性于一体，深受中学生喜爱。同学们有什么心里话也都愿意向“瑞冬姐姐”诉说。

一次，瑞冬收到克东县一女同学的来信，诉说她与同班一男生接触较多遭到流言蜚语，这位男生经不起来自各方的压力，竟结束了年轻的生命。女孩为此也准备告别这个冷漠的世界。看罢信后，瑞冬立即写了回信，像朋友一样和她聊生活的美好、人生的乐趣，并询问她的理想、爱好和追求，同时，瑞冬把女孩的信用“晓真”的化名在《八点太阳》中播出，对家庭、学校、社会如何正确对待中学生异性交往问题展开讨论。节目播出后，引起众多青年向“晓真”伸出援助之手，鼓励她勇敢地生活下去。在“晓真”给瑞冬写的第二封信中，她真诚地感谢瑞冬姐姐给了她超越生命的爱的力量，她为有瑞冬姐姐感到幸福。

对于众多来信，瑞冬总是以诚挚的爱心为中学生服务，为他们解除烦恼、排遣寂寞，并多次把那些徘徊在死亡或迷惑边缘的青少年拉了回来。

她还经常和同学们一起侃理想、侃人生，将同学们关心的话题编成节目，教育、引导全省的青少年。她编辑、制作的专题片《路在脚下》，通过反映职业中学学生的学习生活和精神风貌，告诉青年朋友上大学并不是成才的唯一道路；《给我一个温暖的家》针对青少年离家出走这一社会现象，寻找根源，多侧面地展开讨论，主题深刻，收到良好的社会效果。

从事新闻工作4年来，瑞冬取得显著成绩。她共获黑龙江电视编辑、主持人一等奖8项；在1992、1993年中国广播电视优秀播音作品评比中连续荣获电视主持人一等奖。

【鄢国培·著名作家·在宜昌逝世】　湖北省作家协会主席、湖北省文联副主席鄢国培，1995年12月22日在宜昌因车祸不幸遇难，终年61岁。

鄢国培，生于四川省南充县。1955年在《少年文艺》发表第一篇短篇小说《凤尾溪边》，开始了他的文学创作生涯，之后出版了短篇小说集《老鹰岩探矿》。1958年他到驳船上工作，开始酝酿长篇小说“长江三部曲”的创作，并因“长江三部曲”《漩流》、《巴山月》、《苍海浮云》而蜚声文坛。

【勤绕旺姆（女）·江孜县人民法院院长·获全国法院模范称号】　1995年12月14日，西藏自治区江孜县人民法院院长勤绕旺姆，被最高人民法院授予全国法院模范称号。

勤绕旺姆，藏族，1942年生，1956年参加工作，1960年加入中国共产党。她对工作一心一意，踏踏实实，以身作则，任劳任怨，多次被县、地评为先进工作者和“三八”红旗手。

江孜县地处交通要道，外来人很多，社会情况复杂。勤绕旺姆积极配合县政法委及社会治安综合治理领导小组，为严厉打击分裂分子和各种刑事犯罪分子，确保全县的经济发展和社会稳定做出了很大贡献。

勤绕旺姆文化水平较低，她坚持刻苦自学各种法律、法规，不断提高审判业务水平，做到业务上精通，工作上过硬。审判工作中，她严把“三关”，即法律关、事实关、政策关，实事求是，秉公执法。1995年，全院受理近百件案件，她审理了30多件，结案率达到95%，起到了共产党员的先锋模范作用。

【蓝马·已故电影、戏剧表演艺术家·获中国电影世纪奖】　1995年12月28日，在北京举行的中国电影世纪奖颁奖典礼上，已故优秀电影、戏剧表演艺术家蓝马，荣获中国电影世纪奖。这项评奖是为纪念世界电影诞生100百周年暨中国电影诞生90周年，由广电部电影事业管理局、中国电影家协会、中国电影出版社和中共北京市委宣传部联合主办的。

蓝马，原名董世雄，1915年生于北京。少年时即对表演艺术发生兴趣。1932年在进步思潮影响下，参加左翼戏剧家联盟北平分盟领导下的新球剧社，演出了《战友》、《SOS》、《最后一计》、《梅雨》等剧。抗战爆发，他随中国旅行剧团进行抗日宣传演出，曾在《阿Q正传》、《李秀成之死》等剧中扮演主要角色；后随团到香港，参加了中国救亡剧团，到南洋各地巡回演出。1941年回到香港，加入进步戏剧组织，演出了《雾重庆》、《北京人》等剧。香港失陷后，他回到重庆参加了中国艺术剧社，演出了《祖国在召唤》、《一年间》、《家》、《离离草》、《戏剧春秋》等剧。抗战胜利后，他随剧社回到上海，演出了《草莽英雄》、《升官图》等剧。蓝马有着丰富的舞台实践经验，扮演过各色各样的角色，被誉为有多方面表演才华的演员，极受观众喜爱。

蓝马于1939年首次参加电影演出，在《孤岛天堂》里扮演一个爱国小贩。从1946年起，先后在上海、香港、北平等地电影制片厂主演了《天堂春梦》、《乱世儿女》、《大团圆》、《群魔》、《万家灯火》、《丽人行》、《希望在人间》等影片。他在《万家灯火》中出色地再现了胡智清这个小市民既正直善良又软弱动摇的性格特点。他的表演具有浓郁的生活气息，运用极富表现力的外部形体动作，细致地描绘出人物内心的微妙活动，影片受到当时进步舆论的好评。在《丽人行》中他扮演一个与敌寇狼狈为奸的反动分子王仲原，在《希望在人间》中扮演一个有正义感的进步老教授，两个反差极大的角色给观众留下难以忘怀的印象，被誉为影坛的“四大明星”之一。

1949年以后，蓝马参加中国人民解放军总政文工团话剧团，担任过副团长，先后主演了《曙光照耀莫斯科》、《控诉》、《在三八线上》、《首战平型关》、《万水千山》等话剧，并在《走上新中国》、《劳动花开》、《万水千山》等影片中扮演主要角色。他在《万水千山》中的出色表演获得1956年全国第一届话剧汇演表演一等奖。“文革”中，蓝马饱受摧残，于1976年7月30日在北京逝世。

【楼适夷·著名作家·首都文艺界人士祝贺其九十诞辰】　1995年1月3日，是著名作家、翻译家、编辑家、人民文学出版社《新文学史料》杂志顾问楼适夷90诞辰。首都文艺界人士纷纷前往楼适夷家中祝贺。新闻出版署署长于友先、副署长桂晓风、人民文学出版社社长陈早春代表新闻出版署和人民文学出版社全体同志，到家中向楼适夷恭贺生日快乐、健康长寿。首都文学界人士周而复等也前往祝贺。为庆贺楼适夷90寿辰，人民文学出版社除抓紧对《楼适夷散文》的编辑出版工作外，《新文学史料》还发表了他的回忆录《我谈我自己》。

楼适夷是中国共产党的早期党员，又是一位文坛老前辈。70年来，无论在文学创作、翻译外国作品和编辑工作等文学活动中，始终把自己和祖国和人民紧密地连结在一起。

楼适夷，笔名楼建南，浙江余姚人，1905年出生。1926年加入中国共产党。1929年毕业于上海艺术大学。同年赴日本留学。早年参加太阳社。1931年回国后，曾任中国左翼作家联盟宣传委员、上海反帝同盟党团书记。后在中共江苏省委工作。1933年被捕，1937年出狱。他曾担任武汉《新华日报》副刊主编，中华全国文艺界抗敌协会宣传部长，《抗战文艺》、《文艺阵地》编辑、代理主编。1944年，他赴新四军浙东根据地，任浙东行署文教处副处长。抗战胜利后，他任《新华日报》华中版编委、《时代日报》编辑。1949年后，他历任出版总署编审局副处长，东北军区后勤政治部宣传部长，人民文学出版社副社长、副总编辑、顾问，《译文》编委。

楼适夷自1925年开始发表作品。在70年的创作生涯中，他虽大多从事编辑和组织工作，但由于勤奋笔耕，仍有大量的创作和译著问世。他的主要著作有：短篇小说集《挣扎》、《病与梦》、散文集《话雨录》、《楼适夷散文》，剧本《活路》、《SOS》，电影剧本《盐场》，诗集《适夷诗存》；译著有《桥》、《意大利故事》、《面包房里》、《奥古洛夫镇》、《仇敌》、《彼得大帝》、《但顿之死》、《童年的伴侣》、《白头山》、《阳光底下的房子》、《契诃夫、高尔基通讯集》、《天平之甍》、《蟹工船》等。

【雷岩·青年歌唱家·在全国声乐比赛中夺冠】　1995年对山东省歌舞剧院的男中音青年歌唱家雷岩来说，是一个丰收年。由中国音乐家协会、北京《音乐周报》、广东省东莞市文化局联合主办的第二届“聂耳、冼星海全国声乐比赛”，1995年11月6日在冼星海的家乡东莞市揭晓。全国各地推荐的151名歌手参加了本次比赛的角逐。雷岩和总政歌剧团的女高音歌唱家潘淑珍分别荣获男声组和女声组的金奖。此前，在第12届梅花奖及第4届文华奖的优秀表演奖中，雷岩也榜上有名。

雷岩，山东省人。1982年，在山东师范大学艺术系获得声乐学士的同时，也得到文学学士的学位。我国著名声乐教育家、上海音乐学院教授周小燕为山东培养声乐人才时，首先选择的就是雷岩。8年前，雷岩在上海音乐学院“周小燕歌剧中心”读书时，就在第34届法国吐鲁兹国际声乐比赛中获得了第三名。以后，他主演的歌剧《弄臣》又赢得上海戏剧表演白玉兰大奖的男主角奖。在美国旧金山歌剧院举办的“太平洋之声”选拔赛中，雷岩也名列前茅。

雷岩“唱做皆佳”。他成功地在多部中外歌剧中，如《原野》、《徐福》、《茶花女》中饰演主角或重要角色。他还应邀去俄罗斯主演过沃尔夫的清唱剧。

【裘祖聿·电话工程设计与技术专家·被授予全国先进工作者称号】　1995年4月29日，中共中央、国务院召开的全国劳动模范、先进工作者表彰大会在北京人民大会堂隆重举行。邮电部北京设计院副院长兼总工程师裘祖聿，被授予全国先进工作者称号。

裘祖聿，浙江宁波人，1932年10月生，1953年毕业于上海交通大学电讯工程系，历任技术员、工程师、交换室主任、副所长、副院长等职。40多年来，为实现我国电话网长途自动拨号，特别是在中国电话网中实施7号信令及引进、消化、吸收程控交换机技术中做了大量卓有成效的工作，为我国电话网的统一性、完整性、先进性方面做出了突出贡献。由他主持和主管的工程设计，曾先后获国家优秀设计金质奖、银质奖，国家优质工程银质奖、全佳工程大奖以及邮电部科技进步一、二等奖，优秀设计一等奖、优质工程一等奖等多项奖励。1994年被授予中国工程设计大师称号。

裘祖聿曾参加我国第一部国产长途自动交换机及配套设备研制的总体设计，担任我国第一个国际通信枢纽工程设计的总负责人。1990年以来，在担任S1240程控交换技术协调组主席期间，促进了上海贝尔公司的技术开发和阿尔卡特向中国的技术转让，并确保了引进投资的技术与经济效益。1991年，他为引进的小型卫星天线通信系统(VSAT)解决了与我国公用电话网的信令配合问题。该系统建成后，大大提高了我国边境和少数民族地区的通信水平，为这些地区的政治经济与文化发展，起到重要的促进作用。

裘祖聿为中国电话网实施7号信令做了许多重要工作。7号信令是国际电报电话咨询委员会定义的通过高速率的数字传输程控交换机之间的信令。实施7号信令，可大大提高电话网的接续速度和电路利用率，降低设备造价，并为我国建设智能网和综合业务数字网、数字移动通信网，创造重要基础条件。裘祖聿代表邮电部与世界各大交换机厂商谈判中国7号信令规范并负责全国一级干线电话网7号信令网工程总体设计。1993年，该工程已在全国29省及重庆市长途通信中心之间开始建设。建成后，将为提高我国电话网的接续速度，开通更多的新业务创造必要条件。裘祖聿还受邮电部电信总局的委托，负责全国大中城市电话升位改号方案方案及号码规划的审查，保证了全国电话升位改号工作平稳顺利地进行。

【虞洽卿·近代航运业巨子·《虞洽卿传》出版】　1995年6月，作为中国大资本家传记系列丛书之一的《虞洽卿传》，由河北人民出版社出版。

虞洽卿，1867年生于浙江镇海县龙山镇山下村(现属慈溪市)。只上过几年私塾的虞洽卿，14岁时到上海一家颜料行当学徒，后当跑街(推销员)。业余时间上夜校学习英语。26岁时入德商鲁麟洋行任跑楼，后任买办(华经理)，主要经营颜料，还经营西药和农副产品等进出口业务，虞从中提取10—20%的佣金，由此发家致富。10年后虞改任荷兰银行买办，进入金融界，持续任此职30多年，直至抗日战争时期。

虞洽卿当买办致富以后，大量投资于民族工商业，特别是近代航运事业。他先后创办了宁绍轮船公司、三北轮埠公司、宁兴轮船公司、鸿安商轮公司等航运企业，组成三北航业集团，与英、美、日等外国资本的轮船公司展开激烈的竞争。据统计，至抗战前夕，他投入航运业的资金达450万元(银元)，他的航业集团共有轮船65艘，加驳船为82艘，总吨位91694.44吨，占全国轮船总吨位13%以上，在全国私营轮船业中居首位，与重庆的民生公司，北方的政记轮船公司，并称中国三大民营航业。由于外资倾轧及内战不断，他的航业集团又是靠抵押贷款滚动发展，因而多年负债经营，但他历经挫折而不悔。他还发起创办了四明银行、劝业银行，加上他任职的荷兰银行，都成为他投资工商业融通资金的渠道。

虞洽卿曾任上海航业公会会长、上海总商会会长、全国工商协会会长，作为浙江财团的代表人物，他代表了大资产阶级的利益立场。辛亥革命时期，他积极支持孙中山的革命运动；二次革命时反对袁世凯称帝；军阀混战时期支持皖系，反对直系；"五卅"反帝运动时，始而支持罢工、罢市，后来降低谈判条件与帝国主义势力妥协，分化了反帝阵营；大革命前后支持北伐军，反对孙传芳，同时也反对工农革命运动，支持蒋介石清党反共；抗日战争时期，他坚持抗日爱国的立场，拒绝日本军国主义者多次诱降，不当上海市的伪市长，他的航业集团也拒绝与日方合作。他在74岁高龄时秘密离沪赴渝，到大后方从事内陆运输，支持抗战事业。1945年4月26日病逝于重庆。

【虞德海·深圳南山区委书记·支持出版《续修四库全书》】　在广东省深圳市南山区

委书记、区人大常委会主任虞德海的积极倡议和支持下，南山区委决定筹资6000万元，支持国家重点出版工程——《续修四库全书》出版，在海内外引起强烈反响。虞德海被认为是为这座文化丰碑奠基的关键人物。

《续修四库全书》是继清乾隆编修《四库全书》之后的又一巨大古籍精华工程，是本世纪中国最辉煌的文化伟业之一。1993年，中国出版工作者协会酝酿续修《四库全书》，但所需巨额资金没有着落。虞德海得知这一情况后，认为作为社会主义特区的建设者，推进精神文明建设责无旁贷。他和区委常委研究，决定出资6000万元资助出版《续修四库全书》，并任该书工作委员会第一副主任。他协助工作委员会引进适应市场经济的方法，用"滚雪球"方式启动，节约了大量人力财力。首批40册已出版，全部出齐约5000余种，可望于本世纪末完成。

虞德海，湖北沙市人，1945年5月生。1968年毕业于武汉水运工程学院。1979年调到深圳市工作，负责筹建深圳第一家中外合资企业——中宏制氧厂，并担任4年厂长兼厂党支部书记。在他任职期间，该厂经济效益在整个工业区名列前茅。1983年他被任命为工业区第一届党委委员，随后调蛇口工业区，先后任组干处处长、党委副书记，蛇口区委副书记。1986年任深圳市委常委、组织部长。1989年任市委常委、蛇口区委书记。1990年国务院批准深圳成立南山区，虞德海任区委书记、区人大常委会主任。几年来，南山区以不到全市八分之一的人口，创造了近全市三分之一的工业总产值，该区的科技、教育、社会治安和环境综合治理等工作受到国家、省、市有关部门的表扬，区科协、检察院和法院分别被评为本系统的全国先进单位。

虞德海曾在《求是》杂志发表《深圳特区干部人事制度改革》、《我们是怎样实行领导干部职务选聘任期制的》；在《人民日报》发表《民主集中制是党和国家的最根本制度》等文章。还在其他报刊上发表过多篇文章、诗词和国画。

【简水生·北方交通大学教授·当选为中国科学院院士】　1995年11月6日，中国科学院公布了新当选的院士名单，北方交通大学教授简水生当选为中国科学院技术科学部院士。

简水生，江西省萍乡县人，1929年生，1953年毕业于北京铁道学院通信系，1959年在前苏联莫斯科电信工程学院修研究生毕业。回国后在北方交通大学任教，现任北方交通大学光波技研究所所长、教授、博士生导师，兼任北京通信学会光通信学组主任委员、北京激光技术顾问组副组长、北京光纤通信学会副理事长、中国通信学会线路委员会主任委员、中国通信学会光通信委员会委员、中国铁道学会自动化委员会委员、国家自然科学基金委员会评审组成员。1964年，他首创"消浮螺旋效应屏蔽理论"，应用于光纤通信实践，为国家节约资金数千万元；他主持研制成功"内屏蔽对称电缆"，获全国科学大会奖；主持"地电位影响及防护方法研究"获得成功，保证了京秦（北京至秦皇岛）电化铁道机车顺利开通；主持研究的"石英多芯型传像光纤"，已应用于国防、工业生产、医疗方面，获得显著效益。编著出版了《通信线路原理》等专著，发表学术论文30多篇，多次获优秀论文奖。被评为北京市劳动模范，铁道部授予他优秀教师称号，国家科委批准为有突出贡献的科技专家。

【詹同·美术电影艺术家·在上海逝世】

上海美术电影制片厂一级美术设计师、导演、漫画家詹同，因病于1995年10月27日在上海逝世，终年63岁。

詹同，又名詹同渲，1932年1月生于北京，原籍广东省南海县人。1946年开始在报刊上发表漫画。1956年从中央美术学院绘画系毕业后，进入上海美术电影制片厂，曾任厂艺委会副主任。詹同参加过《孔雀公主》、《猪八戒吃西瓜》等20余部美术片的设计工作。1981年开始担任木偶片导演，执导的影片有《奇怪的球赛》、《真假李逵》、《假如我是武松》等，其中《擒魔传》获1986年上海市文联优秀电影创作奖。他还创作了很多漫画和儿童画，其中《中国旅行》获1980年西德国际漫画年评奖第五名《猪八戒吃西瓜》(插图)获1980年全国第二次少年儿童文艺创作美术一等奖，漫画《百鬼斩尽此精独留》获1982年全国漫画展佳作奖，《面壁图》获1986年上海漫画大赛二等奖，《摆平》获1992年《讽刺与幽默》优秀作品奖。詹同出版有《詹同漫画选》、《詹同儿童漫画选》和文集《我画漫画五十年》等。他是上海漫画学会会长，中国动画学会副会长，中国电影家协会理事。

【鲍克怡(女)·上海辞书出版社总编辑·获第四届韬奋出版奖】　由中国出版工作者协会和中国韬奋基金会主办的韬奋出版奖，于1995年11月5日举行第四届颁奖会。上海辞书出版社总编辑、编审鲍克怡获奖。

鲍克怡，1938年7月生，江苏镇江人。1962年从复旦大学中文系毕业后，进入中华书局辞海编辑所，参加新中国第一版《辞海》的编纂，至今30多年。此后，《辞海》历次修订版她都做了大量工作，如语词学科的古籍引文，她查核数量难以计数；1965年版，13000多单字的读音，她列出详细表格，对旧读、异读、难音等凡与《现代汉语词典》编写稿不同的，都与专家反复进行讨论。1993年在台湾出齐的《辞海》台湾版三卷本和十册学科分卷本，她参与修改、定稿了大量条目，并审读了全部书稿。该书深受台湾学术界瞩目，被誉为两岸文化交流最有影响成果之一。

30多年来，她默默审稿、加工，甘为他人作嫁衣。她认为书应该给人正确的认识，社会对词典更要求准确无误。因此，编辑虽然无名，责任却十分重大。她严格要求自己，如《同义词词林》一书，她审改了3年，作者对她加工量之大，修改补充使质量的提高十分感谢，邀请列名为作者，她拒绝，在前言中对她致谢，她删去。为了使《中国古代名句辞典》能最大地发挥作用，她设计出两级数字编排法，翻查近似外文词典，为了方便读者查阅，把一万多条名句拆为两万多个小句，制成索引，使读者只记得下句不知上句也可一索即查到全局。

个人著作有：《同义词反义词对照词典》、《现代汉语虚词解析词典》、《词语故事集》、《怎样查词典》及辞书学论文多篇。现兼任上海市辞书学会会长、中国辞书学会常务理事。1986年和1994年两次被评为上海市"三八"红旗手。

【鲍国安·影视演员·获全国电视剧飞天奖《大众电视》金鹰奖最佳男主角奖】　中央戏剧学院教师、国家一级演员鲍国安，在84集电视连续剧《三国演义》中成功地饰演了曹操，1995年11月15日在太原举行的第十五届全国电视剧"飞天奖"颁奖典礼上，荣获优秀男主角奖，该剧获得长篇电视连续剧一等奖；在12月8日海口举行的第十三届《大众电视》金鹰奖颁奖典礼上，获得最佳男主角奖，该剧获最佳长篇电视连续剧奖；在9月19日广州举行的第二届国际华语电视节目"金龙奖"的评选中，获最佳男演员奖。

长篇电视连续剧《三国演义》是根据同名文学原著改编而成。该剧通过魏、蜀、吴三国之间政治斗争和军事较量，形象地再现了东汉末年到三国归晋这一时期的群雄争霸、逐鹿中原的波澜壮阔的历史画卷，并通过人物内心世界的刻画以及他们的谋略和运筹，生动有力地塑造了曹操、诸葛亮、周瑜等一系列丰满的艺术形象。鲍国安饰演的曹操，既表现出人物多疑、善变、诡诈的个性，又表现出作为政治家的机敏、果敢、豪放的大家风范。他以丝丝入扣的表演，将一个历史人物活灵活现地展现在观众面前，受到海内外观众和专家的赞赏。

鲍国安，祖籍山东莱州，1946年5月5日生于天津市。1960年考入天津人民艺术剧院，曾参加《岳云》、《霓虹灯下的哨兵》等多部话剧的演出。1978年考入中央戏剧学院导演师资进修班学习。1981年毕业后留校任教。现在既从事教学，又参加戏剧、影视剧的演出。曾在莎士比亚戏剧作品《马克白斯》、《李尔王》等中饰演男主角；在电影《山下是故乡》、《决策》中扮演男主角；在电视连续剧《宋江》中饰演宋江，《大唐名相》中饰演魏征，《三国演义》中饰演曹操，《武则天》中饰演李世民；等等。

【褚庆观·中共枣庄市山亭区委书记·被评为第二届全国十大扶贫状元】　由中国扶贫基金会和《半月谈》杂志社联合主办的'95"猛龙威"杯全国十大"扶贫状元"评选活动于1995年10月揭晓，中共山东省枣庄市山亭区委书记褚庆观荣获第二届全国"扶贫状元"称号，成为全国唯一获此荣誉的区（县）委书记。

褚庆观，山东枣庄市薛城区人，1950年1月31日生。1977年7月从山东师范学院外语系毕业后，分配到枣庄市委组织部工作。1987年2月调到由14个纯山区乡镇组成的山亭区任区委副书记。1989年任区长，1993年任区委书记。当时山亭区的基本情况是：人均年收入143元；76%的农户生活极度贫困；全区1/3的村庄水、电、路不通；区财政困难，干部工资发不上，被列为全国重点扶贫区。褚庆观到任后，就把家从繁华的枣庄市搬到穷山沟里，铺下身子向贫穷开战。他深知，要改变贫困面貌，最重要的是要摸清实情，找出一条切合实际，富有实效的扶贫开发路子。从此，他深入到山亭的山山岭岭间。经过细致的调查，他提出，扶贫要从根上扶起，要把开发智力资源，提高劳动者素质，加快科技进步，作为脱贫致富的战略措施来抓。为此他在大大小小会议上疾呼，并带头捐资助教，动员全区上下省出钱来办教育。这个年财政收入只有430万元的贫困山区，近几年集资5000多万元，先后进行了农村中小学和国办中学校舍改造，建起区职业中专、农业广播学校、业大、函大、区乡成人教育中心等各类学校，先后培养各类专业人才 1.4 万多人。人才兴，百业旺。在褚庆观的大力组织倡导下，建起了农技、林果、畜禽、食品、皮革等一批科技机构，地膜覆盖、网箱精养、果树早期丰产等 130 多项先进实用技术，在全区普遍推广应用，其中 56 项获国家、省、市科技进步奖。科技迅速转化成经济增长的第一推动力，所占份额由扶贫前的不足 20%，迅速提高到 43%，有力地推进了全区经济的发展。山亭区被评为全国科技推广工作先进区。山亭有 42 个山顶村位于海拔 400 米以上的山顶上，人均年收入不足 90 元。褚庆观和区委一班人果断决策，多方筹集资金 1200 万元，把居住在 42 个山顶村的 7000 多人全部搬迁到山下定居。目前，搬迁下山的山顶村居民已安居乐业，摆脱了贫困。如今，褚庆观到山亭已干了 9 年。9 年时间，山亭的国民生产总值增长了 9.3 倍，达 14.5 亿元；工农业总产值增长 20.8 倍，达到 37 亿元；农民人均年收入增长近 9 倍，达 1300 元，全区水、电、路实现了三通。1995 年，褚庆观被山东省政府评为科教兴鲁先进个人。获全国“扶贫状元”称号。

【褚绍见·武警中尉·被追授模范政治指导员称号】　1995 年 6 月 14 日，武警部队发布命令，追授海南省武警总队海口市支队五中队指导员褚绍见模范政治指导员荣誉称号。

褚绍见，1966 年 7 月出生，浙江省湖州市人，1984 年 10 月入伍，1988 年 4 月加入中国共产党，中专文化。1994 年 10 月 2 日因患胃癌不幸病逝。

褚绍见爱岗敬业迎难而上。1988 年 8 月，他放弃杭州舒适的生活投身海南武警部队的创建事业。当五中队建设滑坡时，已在支队政治处任干部干事的褚绍见又主动请缨去五中队任指导员。他从抓党支部建设入手，团结支部“一班人”，严格按条令条例管理部队。中队的面貌逐步改观，到 1994 年中队就跨入总队先进行列，还被共青团海口市委授予新长征突击队荣誉称号。

为了做好教兵育人工作，褚绍见努力拓宽知识面和提高带兵能力。他先后阅读《军队带兵艺术百例》、《政治工作大全》等 100 多本书，写下了 10 多万字的读书笔记、讲课提纲。他利用开会之机登门向有经验的教导员、指导员请教。他给中队每个战士都建立了思想档案，认真细致地做好思想工作。他从实践中总结出做战士经常性思想工作的经验 100 多条。这样，全中队官兵身居特区，经受住了“酒绿灯红”的考验。1994 年 6 月，褚绍见经医院检查确诊为胃癌晚期。他仍以坚强的毅力忘我工作。住院期间，他念念不忘中队的建设，渴望重返工作岗位，病情稍有好转，他就积极帮助护士扫地、擦窗、搞卫生，帮助病友打水、理发、倒便盆。根据褚绍见在五中队的贡献，武警海南省总队党委于 1994 年 9 月 22 日作出决定，给褚绍见记二等功一次。褚绍见留下的遗物中，有他平时看病、买药所花费的 3000 多元票据和 500 多本书籍。

【蔡仪·已故著名美学家·蔡仪美学基金理事会成立】　为了推动我国马克思主义美学的研究和发展，经中国社会科学院批准，蔡仪美学基金理事会于 1995 年 1 月宣布成立并开展工作。该基金将用于奖励和资助马克思主义美学的研究。

蔡仪，原名蔡南冠，湖南攸县人，生于 1906 年，中国共产党党员。1929 年赴日本留学，1937 年回国。曾在国民革命军总政治部第三厅、文化工作委员会任职，后在华北大学二部任教。1949 年后，他历任中央美术学院教授、副教务长，北京大学文学研究所，中国社会科学院文学研究所研究员，1991 年逝世。

蔡仪自 30 年代开始发表作品，著有专著《新艺术论》、《新美学》、《论现实主义问题》、《美学讲演集》，主编高等院校文科教材《文学概论》、《美学原理》。

【蔡昉·中国社会科学院研究员·被评为有突出贡献的中青年专家】　中国社会科学院人口研究所副所长、研究员，研究生院人口学系主任蔡昉，在农村经济发展研究方面成绩突出，1995 年被评为“中国社会科学院有突出贡献的中青年专家”。

蔡昉，1956 年生于北京，1982 年毕业于中国人民大学经济系，1985 年毕业于中国社科院研究生院，1989 年获经济学博士学位。1991～1992 年在美国博尔德经济学院和斯坦福大学进修及从事研究工作。1985 年起在中国社科院农村发展研究所从事农村经济研究，其成果曾获国务院农研中心科技进步一等奖等多种奖励。

蔡昉发表学术论文 150 多篇，出版专著 4 部，译著 4 部，主编辞书 20 万字。1988 年破格晋升为副研究员，1990 年被国家教委、国务院学位办评为“做出突出贡献的中国博士学位获得者”，1993 年晋升为研究员。被聘为农业部软科学委员会委员、中国城市科学研究会常务理事、中国西部地区开发促进会理事、全国粮食经济学会理事。兼任中国管理科学院农业经济与技术研究所特约研究员和北京大学中国经济研究中心客座研究员。

【蔡玉水·青年画家·其作品《中华百年祭》巨幅组画在北京展出】　1995年6月6日，由蔡玉水创作的一幅60多米长4米高的《中国百年祭》巨幅组画，在北京中国美术馆中央圆厅展出，受到各界知名人士和广大观众的好评。

这幅史诗性组画，描绘的是自鸦片战争起至抗日战争胜利止，中华民族百年奋斗图强的悲壮情景。画面包括鸦片战争、八国联军入侵焚毁圆明园、黄花岗七十二烈士、日寇南京大屠杀等重要历史事件，水墨氤氲迷离，画面凝重磅礴，中华民族前仆后继之奋斗史跃然纸上。观众立此长卷面前，不由得心灵震撼！作者以写实与象征、寓意相结合，再用叠压、拓印手段，丰富了作品内涵。他尝试糅合西方绘画技巧与中国画的特色相结合，使画面亟具表现力和感染力。

蔡玉水为创作此画耗费了十年心血和青春，为唤起民族的觉醒，增强忧患意识，他抛弃一切金钱物欲的诱惑，埋头打基础，曾积累几百张素描稿，在山东先后举办过《百年大难》汇报展、《蔡玉水素描素写展》，引起强烈反响。未料一场无情的大火，吞噬了他苦心积聚的画稿和资料。痛惜之余，他振作精神，继续发奋创作，跪在地上画长卷，操刀刻制背景碑刻，艰苦备尝，拼搏数年，终于成功。1993年他的《中国百年大难》组画参加了首届中国画展获得好评。1994年获“全国中国画、油画精品展优秀奖”，1995年获中国艺术研究院颁发的中国画创作“精诚学术奖”。

蔡玉水，山东济南市人，1963年6月生，1985年毕业于山东艺术学院美术院，后留校任教，1987年入中央美术学院中国画系进修，现为山东艺术学院美术设计系基础教研室主任。

【蔡正勤·江苏如东岔河油米厂车间主任·被授予全国劳动模范称号】　江苏如东县岔河油米厂炼油车间主任、技师蔡正勤，他潜心钻研炼油技术。20多年来，完成技术革新40多项，为提高产品质量、产量做出了突出贡献。1995年4月29日，国务院授予他全国劳动模范称号。

蔡正勤，江苏如东县人，1948年7月生，共产党员，高中文化水平。1968年10月起在如东岔河油米厂工作。棉籽油在经过280℃加热后，出现浮悬物，容易变质发臭，是长期困扰各油厂的技术难题。蔡正勤决心攻克这个技术难关。他查阅了大量资料，从下水量、水的温度、加水的油温、搅拌转速等方面，先后进行了上百次试验，终于攻克难关。在南通市举办的全国成品油加热280℃技术攻关大比武中一举夺魁。炼好的油，经过加温，真空脱水和冷却过程，容易产生对人体有害的过氧化物。蔡正勤用了3个多月间，成功地改造了冷却系统，经国家技术监督局抽样测试，该厂油脂的过氧化物值为0.09%，优于国家标准，创造了全国同行业先进水平。精炼好的棉籽油经水洗后进行油皂分离后，丢弃的皂素含有5%～7%的油，蔡正勤决心把残油提炼出来。他废寝忘食，做了数十次实验，终于找出分离办法，十多年来仅这一项为厂找回食油40多吨，创价值37万元。1991年，蔡正勤花半年多时间研究，确定了质量和出油率的最佳结合点，被确定为企业内控标准，仅这一项，4年多来，共增产食油120多吨，价值105万元。1988年4月，江苏省授予他劳动模范称号，1991年5月，全国总工会授予他全国技术能手称号。

【蔡伟素·雷剑(集团)总公司董事长、总经理·被评为第五届全国十大杰出青年企业家】　中国雷剑企业发展(集团)总公司董事长、总经理蔡伟素，敢想敢为，励精图治，由一个普通士兵成长为国内外有名的军旅企业家。他创造的“雷剑造福工程”，在老少边穷地区开花结果，成为新的扶贫方式。1990年蔡伟素被评为首届“中国十大杰出青年”，1995年又被评为第五届全国十大杰出青年企业家。

蔡伟素，1964年1月生于河南固始县。初中毕业后，1981年入伍，1984年入党，曾任武汉空军通讯团报务员、班长，武汉空军后勤被服厂副厂长，1985年调任成都军区空军后勤部被服厂厂长。当时这个厂只有24名军官家属和临时工，年年亏损，靠上级拨款发工资。他在领导的支持下，从打破“铁饭碗”入手，先后进行了一系列配套改革，使这个从11台缝纫机起家的家属小厂，经过10年创业，发展成为拥有7000员工，上亿元资产，多种产业结构并存的大型企业集团。企业经济每年以30%的速度递增；企业年创利税，10年翻了11番；企业产品运销东欧、东南亚、美洲等国家和地区。他们在发展速度、经济效益、产品质量等方面都居全年同行业第一。雷剑集团被评为“中国明星企业”，他们生产的雷剑系列皮服被评为“中国名牌产品”。

近年来，蔡伟素创造出一种在市场经济条件下“公司＋农户”，以共同利益为纽带的新型扶贫方式

——“雷剑造福工程”。河南省孟县桑坡镇农民家家户户养羊，1990 年初，雷剑投资 40 万元，以桑坡镇的一家乡镇工厂为依托，发动全镇农民搞生皮初加工，并免费为家户培训技术骨干，然后经联营厂深加工后送到成都本部生产皮革服装。不到一年时间，桑坡镇几乎家家户户开办了生皮加工小作坊，羊皮收购从当地扩展到外省，现在这个镇已成为太行山区最大的皮毛加工生产基地。1994 年，雷剑为部队研制竹凉席，蔡伟素把这个项目带到了经济落后的四川中江县黄继光烈士的故乡。他们选定一个竹编厂，投入 50 多万元搞联营，发动全乡农民走竹编致富之路。过去农户房前屋后自生自灭，无人问津的竹子，一下子变成了“摇钱树”。仅一年时间，这个乡 60％以上的农民年收入超过 1000 元。现在“雷剑造福工程”先后在大别山、太行山、井冈山、延安、内蒙古、云南瑞丽、西藏拉萨、四川甘孜、阿坝、凉山等老少边穷地区开花结果，共发展综合开发当地资源的联营厂 29 个，建立联锁店 133 个，提供就业机会万余人，带动 10 万户农民走出贫困，为此雷剑累计共输出资金 2000 多万元。

蔡伟素 1988 年荣立二等功一次，1989 年被四川省人民政府授予“巴蜀十大青年精英”称号，1990 年被评为中国首届“十大杰出青年”，1991 年被评为“全军优秀企业家”，1992 年被评为“全国军地两用人才标兵”，1993 年被国家民政部和解放军总政治部评为“自学成才标兵”，并被四川省人民政府授予“四川十大英杰”称号，1994 年被授予“全国优秀青年企业家”。

【蔡秀科·广州海上救捞局工程处长·用沉管法建成我国第一条大型水底隧道】

我国第一条用“沉管法”修建在软土地基上的大型水底隧道——宁波甬江隧道，1995 年 11 月 8 日建成通车。它的建成，填补了“沉管法”新工艺在我国软土地基上建造水下隧道应用的空白，开创了我国沉管隧道建设的新纪元。主持修建这座甬江隧道的是交通部广州海上救捞局局长助理、第一工程处处长蔡秀科。

甬江水底隧道位于浙江省宁波镇海的甬江入海口，为单孔双车道汽车隧道，全长 1019 米，其中水下段 420 米，是采用 5 节 85 米长的钢筋混凝土大型沉管水底对接而成。“沉管法”技术与传统的“盾构法(上海黄埔江隧道)相比，工程量小、造价低、工期短，隧道建成后，不影响航运及其发展；不受气象条件限制，全天候运行；不破坏河流的水文和水理条件，在经济与生态环境的保护等方面有着明显的优势，因而引起世界各国的普遍重视。但因其技术难度较大，目前世界范围仅建造百余座，其建造技术也只有美国、日本、荷兰少数国家掌握。用“沉管法”新工艺在国内建造水底隧道，无任何经验可借鉴，特别是在严重淤积的甬江下游施工，更具极大的风险性。担负甬江隧道施工的蔡秀科，装着开拓我国水底隧道建设的雄心壮志，力排众议，全身心地投入这项新工艺的研究，他翻阅了大量资料，进行了大量地考察，组织技术人员研制出一批国内首创的适应甬江水文地质条件的施工设备与施工办法，创造了一个个奇迹：在软土地基的橡皮土层中开挖成功国内罕见的予制沉管基地，挖泥 30 万立方米；予制和下沉成功特大隧道沉井；安装成功国内最大锚泊力的沉埋锚；首创 4 点吊装钢浮箱、清淤器。钢浮箱总长 43 米、宽 16 米、深 3 米，吊重 4×132 吨，配有发电机、绞车等设备，为沉管的浮运、沉放、主副锚系统、航行系泊与移船提供了重要保证；将每节长宽高 85×11·9×7.5 米、重约 7600 吨的 5 节大型沉重浮运、下沉、对接、密封，滴水不漏。

甬江隧道的建成，打破了江河通道桥梁一统天下的局面，被专家们誉为我国交通事业发展的一个里程碑，它代表着当今我国沉管式水下隧道施工技术的最新水平，为我国今后在长江、珠江及黄河下游广大软土地区建造水下隧道闯出一条成功之路。1995 年 9 月 27 日，经浙江省经委、重点工程办组织的工程验收委员会认为，工程质量优良，修建技术达到国际先进水平。

蔡秀科，海南省琼海县人，1944 年 11 月生，1961 年 8 月参加工作，1987 年毕业于武汉交通干部管理学院，30 多年来从事水下救捞与施工，曾参加和主持过万吨轮“美狮号”、“达摩大号”以及“大庆 236 号”的救助与打捞工作。

【蔡诗东·物理学家·当选为中国科学院院士】　1995 年 11 月 6 日，中国科学院公布了新当选的院士名单，中国科学院物理研究所研究员蔡诗东，当选为中国科学院数学物理学部院士。

蔡诗东，上海人。1938 年生，1960 年毕业于台湾东海大学物理系，1969 年获美国普林斯顿大学哲学博士学位，1973 年被聘入中国科学院物理研究所从事研究工作至今，任副研究员、研究员。他主要从事等离子体物理基础理论方面的科学研究并取得多项重要成果。理论预言了熵漂移不稳定性、鞘对漂移模的作用和动力束气球模并被实验证实；建立了热流非对角元与逆磁对流项相消的恒等式和解析与数值模拟混合算法；用η不稳定性解释了PLT托卡马克实验结果，得到了离子反常输运与安全因子的依赖关系。与同事将以往的回旋动力论方程推广到任意频率和相对论情形，扩大了适用范围，并与他人合作提出了高能分量致稳的新概念，证明了高能分量对托卡马克气球模的抑制作用并将其推广应用到其他不同模式及不同磁场位形的装置上。完成了漂移等离子体色散函数研究，使以往只能用模型或数值计算的由非均匀性或相对论效应驱动的微观不稳定性问题可进行严格的解析处理。已发表研究论文150余篇，培养研究生及博士后约20名，并在积极参与或主持国际国内学术交流与合作方面做出不少贡献。

【蔡振华·国家男子乒乓球队总教练·被授予全国先进工作者称号】 1995年4月，蔡振华被国务院授予全国先进工作者称号。同年5月8日，在天津举行的第四十三届世界乒乓球锦标赛中，蔡振华率中国男队夺回失去6年之久的男子团体冠军，并率中国男女队再次创造了囊括全部7项冠军的奇迹。

蔡振华，1961年生，江苏省无锡市人。从小学时开始打乒乓球，1973年入江苏省队，1978年进国家队。1979年在第36届世乒赛上，作为中国队第二主力，与队友合作，击败卫冕冠军匈牙利队，为中国队夺回失去的男子团体冠军；与李振恃合作夺得男子双打冠军；个人夺得男子单打亚军。1981年在第37届世乒赛上，与队友合作蝉联男子团体冠军，个人再次获得男子单打亚军，与曹燕华合作获混合双打第三名。1983年在第38届世乒赛上，与曹燕华合作，夺得混合双打冠军。

蔡振华1991年7月起任中国男子乒乓球队总教练。1992年巴塞罗那奥运会上，经他重点培养的男子双打组合王涛和吕林获奥运会乒乓球男双冠军，并率队夺得第二届世界杯乒乓球团体赛男子团体亚军、1993年第42届世乒赛男子团体亚军。1994年1月，他率中国青年男子乒乓球队夺得第二届世界青年乒乓球锦标赛男子团体冠军和青年组男子单打冠军，被评为这届锦标赛最佳教练之一。

蔡振华左手横拍，快攻结合弧圈球打法。发球质量高，抢攻积极、凶狠，正手弧圈球旋转强、速度快。他打球的特点是敢打敢拼，球路刁钻，是一位令许多外国高手头疼的"怪球手"，曾为中国队夺得世乒赛团体冠军立下大功。任教练后，他强调队员在场上的拼搏精神，被称为"风火少帅"。

蔡振华的简历及事迹参见1994年《中国人物年鉴》。

【蔡浩添·南海市人民法院院长·被授予全国法院模范称号】 1995年4月，荣获国务院授予全国先进工作者称号的广东省南海市人民法院院长蔡浩添，又被最高人民法院授予全国法院模范称号。

蔡浩添任南海市法院院长已11年。他注重抓班子建设带动队伍建设。他自己处处以身作则，率先垂范。法院的领导班子被南海市委领导赞誉为"一个政治过硬、思想过硬、作风过硬的好班子"。全院干警思想稳定，斗志旺盛，近10年来无一人违法违纪，无一人"跳槽"，1995年这个法院荣立集体一等功。

南海市法院近年来受案量每年以20%左右的幅度增长。为了掌握审判工作的主动权，蔡浩添要求干警办案效率、质量要高，社会效果要好。由于南海市所处的特殊地理位置，治安形势严峻，蔡浩添集中主要精力抓好刑事审判工作。1989年以来，刑事案件审结率年年达到100%。对于民事、经济审判，他提出"落实、服务、效益"的办案方针，在公正、合法前提下，从有利于生产出发，保护企业的生存、发展，主动为经济建设服务。这两类案件的执行率均保持在90%以上。

1990年以来，该法院办结经济纠纷案件3000余件，结案标的超过10亿元，救活了295家濒临破产的企业。

【蔡盛林·农业出版社社长·获第四届韬奋出版奖】 由中国出版工作者协会与中国韬奋基金会主办的韬奋出版奖，于1995年11月5日举行第四届颁奖会，农业出版社社长兼总编辑、编审蔡盛林获此殊荣。

蔡盛林，1937年1月生。江苏泰兴人。1963年毕业于南京农业大学农机系，同年进入农业出版社从事编辑工作，现任该社社长兼总编辑。做为农业图书出版工作的组织者，他具有敏锐的"大构思"头脑，善于从农业生产、科研和教学工作的实际需要构思农业图书体系。他尽力使农业图书的出版在规模、总量上适应我国农业发展的客观需要，在内容、选题上反映出国内外农业科技的最新进展，在门类、层次上满足读者的要求。

根据他的构思，受新闻出版署委托，蔡盛林主持了"八五"期间重点图书规划农业部分的制定，有关方面认为它具有科学性和很强的可操作性。这个规划对“八五”期间，我国农业重点图书的出版工作起了指导作用，其中的一大批重点选题由农业出版社承担。

蔡盛林主持编撰的《中国农业百科全书》，是我国当今荟萃古今中外农业科学技术知识最为完备的一部工具书。专家认为，这是“中国农业建设的一个盛举”。《中国农业年鉴》是蔡盛林负责的又一项大型出版工程。每年一卷，每卷120万字，用中、英文两种文字出版，为国内外研究中国农村经济，了解农业现代化进展提供了全面系统的信息。他受出版协会科学技术委员会委托，主持制定了当代农业领域国内外重要科技著作出版规划，陆续审定了50多个重点选题，对农业科技发展产生了重大影响。

蔡盛林重视调查研究。每年都带队深入各个省市的农科院、农业院校、农业厅、新华书店及基层的农业生产和科研单位进行调查，为其开发选题、制定科学的图书出版规划提供依据。1983年和1989年，他两次主持制定的农业出版社长远选题规划，对农业出版社多出好书起到了导向和保证作用。

【蔡楚生·已故电影导演艺术家·获中国电影世纪奖】　1995年12月28日，在北京举行的中国电影世纪奖颁奖典礼上，中国电影艺术奠基者之一、已故杰出电影导演艺术家蔡楚生，荣获中国电影世纪奖。他导演的影片《一江春水向东流》获“中国电影九十年优秀影片奖”十部影片之一。这项评奖是为纪念世界电影诞生100百周年暨中国电影诞生90周年，由广电部电影事业管理局、中国电影家协会、中国电影出版社和中共北京市委宣传部联合主办的。

蔡楚生，1906年1月生于上海，原籍广东省潮阳县人。1927年进入电影界，先后在几家电影公司做临时演员、剧务、宣传、场记、置景、副导演和编剧；1929年考入明星影片公司做郑正秋的副导演，并担任置景工作。这对他以后的电影创作产生了深刻影响。1931年加入联华影业公司任编导。1932年编导了《南国之春》、《粉红色的梦》、《共赴国难》等影片。1933年2月参加中国共产党领导的左翼电影运动，被推选为中国电影文化协会执行委员。1933年后，他连续编导或执导了《都会的早晨》、《渔光曲》、《新女性》、《迷途的羔羊》等反映下层社会的影片，受到观众和进步舆论的好评。《都会的早晨》是蔡楚生的成名之作。在这部影片里，他以巨大的热情描绘了社会贫富对立和压迫与被压迫阶级的不可调和，讴歌了劳动人民勇敢、正直和勤劳的高尚品格，针砭了资产阶级子弟阴险毒辣的卑劣行为。《渔光曲》是蔡楚生早期电影创作的代表作。它反映了在船主逼租、官府勒索、土匪抢劫下渔民们灾难重重的生活。影片以曲折生动的故事情节、细腻精巧的手法，赢得广大观众的欢迎，创造了在上海连映84天、场场爆满的票房纪录，并在1935年的莫斯科国际电影节上获得“荣誉奖”。1937年“七七事变”后，蔡楚生参加上海市文化界救亡协会。1937年底到香港，筹划抗战粤语影片的拍摄，与司徒慧敏联合编写了《血溅宝山城》、《游击进行曲》电影剧本，编导了《孤岛天堂》、《前程万里》两部影片。1946年初蔡楚生回到上海，与阳翰生、史东山等组织联华影艺社，不久与昆仑影业公司合并，拍摄进步影片。他与郑君里联合编导的《一江春水向东流》。以雄浑的气魄，精湛的手法，严谨的结构，通过一个普通家庭的遭遇以及李素芬、张忠良之间的悲欢离合，反映了抗战前后十年间中国社会的现实，深刻地揭露了统治集团的腐败与反动，一上映便引起轰动，连映84天，打破中西影片的卖座最高纪录。1948年他在香港监制《珠江泪》。新中国成立后，先后任文化部电影局艺术委员会主任、副局长、中国文联第三届副主席、中国电影工作者联谊会主席、中国电影工作者协会主席等职。“文革”中，蔡楚生遭到残酷迫害，1968年7月15日含冤去世。

【臧旭恒·山东大学教授·获中国保护消费者基金会颁发的保护消费者杯奖】　山东大学消费与发展研究所所长、21世纪山东发展研究中心副主任、经济学教授臧旭恒博士，在消费经济理论和现实问题的教学、研究和宣传等方面做出突出贡献，1995年，荣获中国保护消费者基金会颁发的最高奖———第四届“保护消费者杯奖”。

臧旭恒，1976年开始研究消费经济，参与承担国家“六五”哲学社会科学规划重点研究项目中有关我国消费结构的研究。此后又完成了国家“七五”哲学社会科学规划项目、国家教委“七五”哲学社会科学规划项目《消费结构合理化和产业结构调整研究》及山东省“七五”哲学社会科学规划项目《山东省消费结构合理化和产业结构调整研究》。现在仍承担国家社会科学基金重点项目中有关消费者行为、消费管理、消费政策的研究，并在该领域的研究中获一系列重大成果。先后在国内重要学术刊物上发表论文数十篇，出版学术专著多部。其中，“消费结构研究”属于开拓性研究，“消费函数研究”填补了国内空白，一些有关消费的国情分析和政策性建议受到国务院决策部门的重视。

臧旭恒,1953 年生于山东省海阳县,1970 年参加中国人民解放军,1974 年加入中国共产党,1976 年复员后到山东省劳动厅工作,1982 年考入山东大学读经济学硕士学位,1985 年毕业后留校任教,1993 年在南开大学获经济学博士学位。1994 年起任山东大学经济学教授,兼任山东省人民政府外经贸咨询组成员。

【蔺春玉(女)·西北国棉四厂织布值车工·被授予全国劳动模范称号】 西北第四棉纺织厂织布值车工蔺春玉,入厂 13 年,织布 30 多万米,自 1989 年以来,仅超产就达 6.4 万米,成为全国纺织行业中的一颗璀璨的"织女星"。1995 年 4 月 29 日,国务院授予她全国劳动模范称号。

蔺春玉,陕西西安人,1965 年出生,1981 年高中毕业后跨进西北国棉四厂,当了一名织布值车工。要当好值车工,接线头是必备的基本功。在厂里,蔺春玉虚心听从老师傅的指导,向技术能手求教。下班回家后,仍反复地练接头,有时练得手指血痕斑斑。滴水穿石,她技术日精。她接的纱头光滑、匀称。在值车中,她还逐步琢磨总结出了一套眼看、手感、耳听、鼻闻的特殊操作方法。他织出的布,在厂里质量最好,极少次品。10 多年来,蔺春玉每天坚持提前 20 分钟进岗;交接班时,总是提前 1 个小时清扫机台。"不留坏布,不停设备,不放疵点",把运转良好的织机交到接班的姐妹手中,成了她的习惯。在工作中,她总是任劳任怨,把方便让给别人,把困难留给自己。一次,车间一位女工提出自己的织机故障多,影响产量和质量,要和蔺春玉调换。她二话没说,第二天就让出了自己用惯了的机器。此后,她每天提前 1 个小时到车间,"侦察"机器运转情况,很快摸透了这台别人瞧不上眼的"老爷机"的脾气,使用时严格遵照操作法,很快织出了质量上乘的产品。蔺春玉一心扑在工作上,在值车工这个平凡的工作岗位上付出了自己宝贵的青春年华和全部心血,取得了令人瞩目的成绩,先后获得"陕西省质量标兵"、"陕西省纺织系统青年十杰"、"全国纺织系统特等劳模"、"全国劳动模范"等多项荣誉。

【裴元吉·物理学家·获国家科技进步一等奖】 中国科技大学研究员裴元吉,主持完成的项目"合肥同步辐射加速器光束线实验站",获1995 年国家科技进步奖一等奖。

裴元吉从大学毕业以来,一直从事加速器物理和加速器技术方面的研究和教学工作。1969—1978 年,他在北京参加了"696"电子工业会战,研制微米束掺杂机,任领导小组成员兼安装组组长,主持完成了 500mA 强流离子源研制。

1978—1991 年参加合肥同步辐射加速器的预研究、物理设计、工程建设。先后任筹备组组长、注入组组长、真空组组长、"8348"工程副总设计师。近十几年来作为合肥同步辐射加速器的总技术负责人之一,为该加速器的总体方案、预研制、物理设计、工程建设等都作出了创造性的贡献。他主持研制的低放气率脉冲切割磁铁系世界首创,这一成果不但为超高真空室中直接安放磁铁开了新路,而且为低能注入的储环积累 300mA 以上束流起了关键作用。

裴元吉,1938 年生,1964 年毕业于中国科技大学近代物理系,现为中国科技大学研究员,国家同步辐射实验室副主任。1983 年,"合肥同步辐射装置预研制和物理设计"获中国科学院重大科技成果一等奖。1992 年,"合肥同步辐射加速器及光束线实验站"获中国科学院科技进步特等奖。

【廖鼎祥·原炮兵副司令员·在北京逝世】 原军委炮兵副司令员廖鼎祥,因病医治无效,于 1995 年 12 月 26 日在北京逝世,终年 77 岁。

廖鼎祥,江西省广昌县人,1931 年参加中国工农红军,同年加入中国共产主义青年团,1934 年转入中国共产党。土地革命战争时期,他曾任连政治指导员、干事等职,参加了第二至第五次反"围剿"斗争和两万五千里长征。抗日战争时期,他先后任营政治委员,团政治委员,军分区副政治委员兼政治部主任、副司令员等职,率部参加了历次秋季反扫荡战役和"百团大战"。解放战争时期,历任军分区司令员、旅长、师长等职,参加了张家口保卫战和正太、青沧、青风店、石家庄、察南绥东、察绥、太原等战役。新中国成立后,他参加了抗美援朝战争。1958 年回国后,历任军委炮兵司令部副参谋长兼后勤部长、参谋长,贵州省军区副司令员,昆明军区司令部副参谋长,军委炮兵政治部主任,军委炮兵副司令员等职。廖鼎祥是第六、七届全国政协委员。1955 年被授予少将军衔。

【廖锡龙·中将·任成都军区司令员】

1995 年 7 月,中央军委任命廖锡龙为成都军区司令员。

廖锡龙，1940年6月生。贵州思南人。1959年参加中国人民解放军，1963年加入中国共产党。曾任排长、连长、团作训股副股长、师军务科副科长、副团长、团长。1981年毕业于军事学院基本系。后历任副师长、师长、副军长、军长。1995年任成都军区司令员。是中共十三大代表。1988年被授予少将军衔。1993年晋升为中将军衔。

【赛福鼎·艾则孜·全国政协副主席·撰文庆祝新疆维吾尔自治区成立四十周年】

1995年9月28日《人民日报》发表了赛福鼎·艾则孜撰写的庆祝新疆维吾尔自治区成立40周年的纪念文章"继往开来　再造辉煌"。文章说："新疆维吾尔自治区是新中国成立后建立的第一个省级民族区域自治单位。……我参加了由党中央直接运作的从筹措、决策到实施的全过程，深刻地感受了党中央、毛泽东主席以及党和国家其他领导人对新疆各族人民的关怀和期盼。"他在文章中谈到40年来的切身体会是：必须坚持中国共产党的领导；国家的统一，人民的团结，国内各民族的团结，这是我们的事业必定要胜利的基本保证；稳定和发展，对于一个国家，对于一个民族来讲，无疑是个永恒的主题。

赛福鼎·艾则孜，1915年3月生，新疆阿图什县人，维吾尔族。1932年参加南疆人民武装暴动。曾在新疆塔城报社任编辑、主编。1944年参加伊犁、塔城、阿勒泰三区革命，任教育厅长。1949年以后，任新疆省政府副主席，新疆军区副司令员，西北行政委员会副主席，新疆维吾尔自治区党委第一书记。历任第一至第七届全国人大常委会副委员长。中共第九至十三届中央委员，第十、十一届中央政治局委员。1993年3月26日被选为全国政协副主席。

【谭小龙·解放军某部五连班长·获志在军营奉献人生的模范战士称号】　1995年12月6日，兰州军区发布命令，授予谭小龙"志在军营奉献人生的模范战士"荣誉称号。

谭小龙，四川省石柱土家族自治县人，1972年3月出生，1991年10月加入中国共产党，1991年12月入伍，现任班长。上学时，他品学兼优，多次受奖。1991年5月，曾被石柱县表彰为"学雷锋先进个人"，并被吸收为中共预备党员，县人民武装部党委决定招聘他为专武干部，安排在王场乡武装部长的位置上锻炼。在动员青年参军时，他看到不少青年卷入南下打工潮，不愿报名应征，急得吃不下饭、睡不好觉，正在这时，县教委又通知他上委培大学。为了带动青年参军保卫祖国，他毅然放弃当乡武装部长和上大学的机会，第一个报名参军。入伍后，他矢志报国，刻苦训练。在新兵训练中，他取得了队列、军体、战术基础和射击训练四个第一名。他主动申请到以习武精武出名的"天德山英雄五连"后，虚心求教，拜能者为师，不断增大训练强度，成为一个不怕苦不怕累、爱军精武的优秀士兵。当兵4年，参加上百次比武考核，共夺得75个第一名。1993年他担任八班班长，针对班里5个民族的士兵，每个人的文化基础、身体素质、接受能力的差异，制定出详细可行的训练计划，使全班人人军事过硬，成了全连军事训练"拳头班"。全班荣立集体三等功，先后被上级评为"军事训练先进班"、"学雷锋先进班"、"军事训练过硬班"，4人次被上级评为"训练标兵"，先后有10名同志担任了正副班长。八班被誉为培养训练尖子和班长、骨干的摇篮。他关心战友，爱护人民。战友小张，生活自理能力差，他从早到晚，一点一滴不厌其烦地教。小张患脚气，他每天帮小张洗脚、洗袜子，上药，治好了小张的脚气，终于把小张培养成为连队的训练尖子。他利用业余时间，为驻地群众做了无数件好事。他4年如一日，为驻地老红军战士黑永旗老俩口挑水买煤；为村民张春娥担粪翻地、浇水种菜；为榆林地区聋哑学校打扫卫生，为聋哑儿童洗衣服。他用自己的津贴费，帮助驻地4名失学儿童重返校园。他被榆林地委、行署表彰为"抗洪抢险先进个人"，当天把所得300元奖金，全部捐给聋哑学校。当兵4年，他节省每一分钱，为希望工程和患病战友、困难群众共捐款814元。在危险时刻，他奋不顾身救护群众。1994年8月4日晚，驻地山洪暴发，他身背绳索游过洪流，架设过河攀绳，带领战友先后从窑洞中救出15名遇险群众。在8月11日新桥水库抗洪抢险战斗中，他冒着生命危险，跳入水中，锯断水下两米处的钢筋，为保护水坝和无定河沿岸人民群众的安全做出了重大贡献。

【谭功炎·汉川钢丝绳股份有限公司总经理·被授予全国劳动模范称号】　谭功炎靠管理起家，在9年时间里，使小作坊式的汉川县钢丝绳厂发展成为全国金属制品行业的十大企业之一。1995年4月29日，国务院决定授予他全国劳动模范称号。

46岁的谭功炎，原是湖北省汉川县农民。9年前，他靠四把铁锤、一部红炉，在村里组织80名困难户，办起了汉川县钢丝绳厂。工厂一开工，谭功炎就约法三章：工厂订立的厂规厂纪，不管是谁，违者必究；工人全部实行计件工资；办厂如果不盈利，他分文不拿，立即辞职，但涉及生产经营、招工招干等方针大计，"公婆"不能干预。当年，厂里有个工人连续7天不上班，经职代会讨论后被除名；一名检验工因偶然疏忽，让一件不合质量标准的钢丝流到下道工序，其超产奖金连同工资被全部扣发。虽说都是乡里乡亲的，谭功炎一点情面不讲。他说，在长期小生产环境中养成了散漫习惯的农民，与现代化工业生产的要求有很大距离，严格的管理就是医治那些小生产习惯势力痼疾的一帖良药。当了几年工人的农民慢慢习惯了严格管理。这时的谭功炎进一步认识到从严管理一定要建立在科学的基础上，做到严得有理。这位农民企业家嚼起了系统论、控制论、信息论……广泛吸收，大胆实践。他从秦勒的作业管理制度中吸取精华，在车间推行了机台责任制，调动了职工积极性，使每吨钢丝损耗由25公斤降为20公斤，加工费由占成本的30%降为8%，月产量由300吨增至400吨。他翻新马斯洛"需要等级理论"，创造了"费用日定量法"，使煤的燃透率由80%提高到99%，吨材耗原煤由0.2吨下降到0.14吨，月节约标准煤18吨。他灵活运用梅奥的控制论，推出了"双向质量管理法"，把质量管理延伸到产品销售之后，使每个生产者置于用户的监督之下，保证了出厂产品100%合格。正是由于坚持严格的管理，谭功炎第一年办厂3个月，就还清了贷款，建起全乡最漂亮的厂房，还盈余20多万元。短短9年时间，由小作坊起家的汉川钢丝绳股份有限公司，终于发展成为全国金属制品行业的十大企业之一。现在，这个企业年利税达4100万元，拥有固定资产近亿元。谭功炎本人也成了全国劳模、"五一劳动奖章"获得者。

【谭建丞·书画家、金石家·百岁华诞】

1995年5月，是谭建丞百岁寿辰。同年5月，《中国书法》杂志、《书法导报》等，载文介绍谭建丞的艺术生涯和成就，并发表其作品。在早些时候，刘海粟、刘开渠、王朝闻、郭仲选、刘江、陆俨少等书画界知名人士联名同贺，并由沈祖安撰文、朱关田手书"颐寿"大字，题有"澄园先生，浙江书画界之人瑞也，近百年间历经沧桑而砚田不废，初衷不变，壮心不已，卒能融会吴浙两派之菁华，劳绩卓著。"已故著名书画家李苦禅曾誉谭建丞为"江南书画界第一擘"。吴茀之诗云："挥毫落纸健如虎，别开生面意自新。"王蘧常赞曰："文而不华，质而不野，沉着痛快，有蟠屈腾踔，纵横自然之妙"。陈立夫有词句："诗书画刻并称雄。"

谭建丞，1885年生，浙江吴兴（今湖州）人。自幼嗜书画。13岁时，随其大伯父谭吉卿拜访吴昌硕，吴昌硕曾赞："此子用笔能湿润，他日必成大家，且在吾上。"25岁时东渡日本，入东京美术专科学校为研究生。曾在日本举办过两次书画展。归国后，谭建丞任吴兴女子师范绉业学校美术教师，创办区立女子初小及私立竞义女子高等学校，曾发起"吴兴艺社"，倡导书画艺术。1930年赴沪求学于上海法政大学法学系。其时与王一亭、陆培之、吴东迈、沈迈士等乡贤，发起成立"清远艺社"，在沪影响颇大。四、五十年代常往来湖杭，与潘天寿、张宗祥、吴茀之、诸乐三、潘韵、余任天诸同道交游，艺事深得时贤赞许。七十年代后期，先生书画艺术达到"人书俱老"之境界，浑穆苍古之风令观者惊叹不已。

谭建丞现为中国书法家协会会员、中国美术家协会会员、浙江省书法家协会顾问、西冷印社顾问、浙江省文史馆馆员、江南书画院顾问、湖州书画院院长。

谭建丞诗、书、画、印被称誉为四绝。书法真、草、隶、篆无所不擅。行书以颜鲁公坚其基础，兼以欧阳询之沉健，苏东坡、翁同和之雍容。篆隶出入于赵之谦、吴昌硕之间，而以《张迁碑》等汉隶，强其身骨，故骨健筋丰，方圆合度。作书极讲究墨韵，强调羊毫笔使用时须"饮墨如贪，吐墨如吝。"认为用笔要软，笔软才能遒劲，醮墨要饱，墨饱才能丰腴。主张磨墨写字，认为磨墨不仅墨色纯，其最大好处还可锻炼腕力，有利于行笔，克服浮滑之弊病。其绘画风格多样，山水、仕女、人物、翎毛、花卉、草虫尽得天然之妙。他对金石也颇有研究，篆刻刀法劲秀，与书法同步而行，自成一家。他擅诗词文章。他常教诲后学："要搞书画，首先要多读书，有了学问，意境就高，创作自然不落凡俗。"显示其"满腹诗书气自华"的胸怀。

【熊有伦·机械工程学家·当选为中国科学院院士】　1995年11月6日，中国科学院公布了新当选的院士名单，华中理工大学教授熊有伦，当选为中国科学院技术科学部院士。

熊有伦，湖北省枣阳县人，1939年4月20日生。1962年毕业于西安交通大学机械系，1966年西安交通大学研究生毕业。1966年9月分配到华中理工大学工作至今。现任教授、工程信息和智能技术研究所名誉所长。

他长期从事机械工程学的教学与科研工作，成果显著。70年代，首次设计出具有偏置连杆结构的换刀机械手。80—90年代，相继提出J—函数的新概念和基于J—函数的机器人空间作理新方法，提出衡量机器人动力学品质的三项指标、及其优化的递阶层次模型和线性Minimax算法，建立点接触约束的几何理论和机器人多指抓取的几何模型。

他主持开发了机器人离线编程系统HOLPS；建立了精密测量的理论体系和极差极小化理论，在国际上首次得出"最小区域"的统一判别准则和计算机智能仲裁及判别方法，建立了形状误差、轮廓误差和位置误差评定的统一模式。最近，他又提出新的研究方向，致力于研究"计算机几何"；构造三种J—函数；实现了计算机定性判别和定量计算。

曾获国家教委科技进步一等奖、国家科技进步奖三等奖等10余项科研奖励。发表学术论文100余篇。

【樊儒·民航飞行副大队长·被授予全国劳动模范称号】　1995年4月29日，中共中央、国务院召开的全国劳动模范、先进工作者表彰大会在北京人民大会堂隆重举行。东方航空公司上海飞行大队副大队长樊儒，被授予全国劳动模范称号。

樊儒，山西省朔县人，1949年12月生，1966年11月入伍，1969年11月毕业于成都高级航空学校。28年来，他从一个普通飞行员成长为东方航空公司的飞行尖子，先后驾驶过多种机型，安全飞行15000多个小时，曾荣获民航总局颁发的特级安全飞行奖章，全国民航劳动模范，上海市交通邮电系统安全标兵、职业能手等多种荣誉称号。

樊儒始终把飞行安全放在一切工作的首位。在飞行操作中，他严格遵守规章制度，带头做到标准化、规范化、程序化，已经形成习惯。在他28年的飞行生涯中，曾8次遇到空中发生的险情，每一次都因为能沉着果断，正确处置而化险为夷。1990年8月，他奉命执行上海至香港的航班飞行，临近香港，突然一发动机故障，当时香港正受台风影响，气象条件很差，紧急关头，樊儒冷静沉着，凭着他娴熟的飞行技艺，按照操作规程正确处置，终于使飞机安全稳妥地降落在香港机场，受到中外旅客的交口称赞。对大队飞行安全工作，他坚持预防为主，把工作做在前头。有个机组执行航班任务时，发生飞机冲出跑道的责任事故。他抓住这一问题在全队开展安全整顿，从思想、制度、作风纪律等方面找问题，总结经验教训，让全队从中吸取教训；对出事的机组，则耐心帮助分析事故发生的原因，鼓励他们放下包袱，轻装上阵，使机组同志倍感温暖，发奋努力，以后的工作做得很出色。

樊儒在1983年和1992年两次被选派到美国麦道飞机公司接受新机型的培训，他克服时间紧、任务重、语言不通等许多困难，日夜苦练，终于很快掌握了飞行程序和技巧。令美国教员十分惊讶。当某外国公司以高薪聘他作试飞员时，他说祖国人民培育了我，我要用自己的技术报效祖国和人民。

1986年他担任领导职务后，面对公司生产发展快，新机型多，新航线多和飞行员技术水平不齐的情况，认真调查研究，制订了既符合实际又比较科学地训练大纲，为飞行训练创出一条新路。训练中，他以"严"、"细"闻名，不管职务高低，资历深浅，都不准跨越阶段，简化内容，降低标准。他说在这个问题上松散马虎，送人情，就等于送人命。因此，即使是很小的问题，他都狠狠抓住，从不放过。在本场训练中，为了带飞检查新学员，往往一天要飞几十个起落，累得腰都直不起来，但他并无半句怨言。他带飞的200多名飞行员，都已迅速成长为东方航空公司上海飞行队的骨干。

【黎明·冶金专家·获国家科技进步特等奖】　宝钢集团董事长、高级工程师黎明，获1995年国家科技进步奖特等奖。黎明，天津宁河人，中国共产党党员。1927年11月生，1949年8月毕业于鞍山钢铁学院轧钢专业。1982年任冶金工业部副部长，宝钢工程指挥部总指挥，1994年任宝钢集团董事长至今。

黎明创建了宝钢的现代化管理体制，实现了劳动生产率、产品质量、企业文化和精神文明等方面达到世界一流水平。走出了一条向结构要效益、向规模经济要效益、向科技进步要效益、向科学管理要效益的成功之路。1993年宝钢被评为全国1000家最佳经济效益企业第一名，以黎明为主创造的"大型钢铁企业现代化组织管理体系"获国家企业管理现代化创新成果一等奖。1994年宝钢获全国优秀企业"金马奖"，黎明获全国优秀企业家称号。1995年宝钢又获国有企业500强综合评比第一名。以他为主完成的"宝钢生产系统优化技术"，获1995年国家科技进步奖特等奖。

【黎健生·TCL通讯设备公司总经理·所在公司获国际国内质量标准双认证】　中

国最大的电话机生产企业TCL通讯设备股份有限公司，1995年7月，经国际权威认证机构DNV和国内著名认证机构赛宝认证中心的严格审核，顺利通过了国际质量标准ISO90001国际、国内双认证。这标志着TCL公司的质量保证体系已全面达到了国际公认的水准，为我国通讯产品打入国际市场创造了有利条件。

TCL通讯设备股份有限公司，10年来，在总经理黎健生的领导下，坚持走科技发展型、质量效益型的道路，使企业有了飞速发展。其主要产品TCL868系列电话机，以先进的性能，可靠的质量倍受国内外消费者的青睐，成为家喻户晓的名牌产品。该产品已发展到80多种、150多款，并开发了具有世界先进水平的全数字录音电话、无绳电话等多种高科技产品，曾先后获国优、部优、省优、"五一"劳动奖状、金桥奖等荣誉百余项。企业的主要经济指标以年30%以上的速度增长，销售额居中国500家最大外商投资工业企业的99位，经济效益居同行业榜首。

黎健生，工程师，广东省柴金县人，1955年2月生，1981年7月参加工作。他刻苦学习，成绩优异，文革中因受家庭出身的影响，未能升入大学。但他并未气馁，抽空自学电机修理。70年代，竟为校办工厂赚了一万多元，受到赞扬。之后，他对知识与技术的渴望日深。1978年考入惠阳农校大专班学习，更加勤奋、刻苦。毕业后任东日影音制品公司技术部长等职。曾赴香港考察，对如何发展企业，已胸有成竹。1986年调TCL公司，如鱼得水，有了拓展宏图的用武之地。经过几年的拼搏，使企业在生产规模、技术进步、经济效益等方面发生了根本性变化。国家技术监督局、邮电部的领导，对他们的成就均给予了很高评价。他的经营之道，主要体现在重视人才、提高产品质量、加速科技进步等方面。他还特别注意自身的修养。严以律已，从不利用职权谋私利、搞特殊；对干部信任、放手，充分发挥所长；关心群众生活，加强职工福利建设，增强了企业的凝聚力。黎健生曾先后获省市先进工作者荣誉称号。

【黎雄才·著名山水画家·《黎雄才先生从艺80周年画集》出版】　著名山水画家、岭南画派杰出代表黎雄才于1994年举办了《黎雄才从艺八十周年画展》，先后在广州、高要、香港、澳门、北京展出，深受广大观众欢迎。1995年，《黎雄才先生从艺八十周年画集》出版。该书由叶选平撰写序言，高度评价了他在艺术上的卓越贡献和在山水画上的杰出成就。

黎雄才以山水画著称，有"黎家山水"之美誉。七十年代，为国内外各宾馆、车站、驻外使馆，纪念馆等地创作了近百幅4米以上的巨幅山水画，为祖国河山写照、赢得了广泛的赞誉。他一生以真山真川作范本，心追手摹。由于功力精湛，所作都气势沉雄、精力弥满。对松树写生尤克尽精微，深得苍松动健的神髓。游黄山常常匝月画笔不辍。他一生勤奋，光黄山一地，写生即近千幅。三峡、峨嵋、甘肃、青海、新疆、海南等地的名山大川、林壑原野，都留有他的足迹。近来又遍历亚、美、欧各国，写生无数。他的画深受国内外、特别是日本画界的高度好评。他曾在日本、菲律宾、泰国、美国、比利时、印度、德国等地举办展览。影响所及无不称道。

他的代表作有《峭壁·幽篁》、《春山雨后》、《峨嵋云海》、《森林》和《黄山始信峰》等。出版画集有《黎雄才画选》、《黎雄才写生集》等多种。

黎雄才，广东肇庆人，生于1910年5月，7岁习画，1931年入广州烈风美术学习素描，曾得到高剑父直接的岭南巨匠的指导，并资助他入日本、东京美术学校学习。由于天才和勤奋以及受地区艺术风格的薰陶，15岁即从事中国水墨画艺术创作，成为岭南画派的巨子。现他虽近90，仍笔耕不辍，今年创作的《珠江》长卷，宏篇巨构、精彩绝伦。

【颜凤岭·北京市小学校长·被评为全国优秀教师】　北京市宣武区香厂路小学校长、大队辅导员颜凤岭，因在学校少先队辅导员工作中作出突出成绩，1995年被共青团中央、国家教委评为全国优秀教师。

颜凤岭1978年当了一名教师，从此与教育事业结下了不解之缘，尤其对少先队工作倾注了全部心血。他所在的学校是一所普通小学，学校操场的面积，如果按每平方米站4个人计算，全校还有200名学生没有地方站。就是在这样的条件下，颜凤岭使学校的少先队工作进入全国先进行列。他受团市委的委托，参加编写了《北京市少先队队长学习材料》和《少先队小干部工作指南》，他的少先队工作论文多次获区、市、全国奖。他组织的《继承先烈遗志传递亚运火炬》、《学习赖宁》、《社会主义好》等活动，受到团中央、团市委的肯定。学校被团中央两次授予全国红旗大队称号，被团市委三次授予《星星火炬》先进集体称号。

为了对学生进行吃苦、磨难和挫折教育。他带领6年级学生从学校所在地的天桥步行到圆明园，从上午8点一直走到下午2点，走了70多里，第二天他又带领学生远足亚运村，当亚运村的领导听说他们一路宣传亚运会步行来到亚运村时，特意打开接待过江泽民总书记的接待室让同学们休息。为了培养学生们的创造性、想象力和书法爱好，他在四层教学楼的楼道里贴了一万多块磁砖，每个学生10块砖，作为展示自己作品的小天地。为了建立学校的有线电视，如果全部包给别人最少得50万元，颜凤岭自己设计、自己施工、自己购买器材，发挥自己木工、瓦工、美工、无线电等特长，结果用20万元建成全市一流水平的红领巾电视台。颜凤岭为了少先队的工作，在他和爱人工资加起来还不足300元的情况下，把上千元的劳务费捐给了学校。他胸骨上长了一个纤维组织细胞瘤，手术后，医生千叮万嘱，要他注意休息，然而手术后3天他就跑回学校上班了。

颜凤岭，1957年生，北京市人。1976年至1978年在北京第二师范学校学习，1978至1989年在北京菜市口小学任教，1989年至今在香厂路小学，历任辅导员、班主任、副校长、校长；他还兼任北京市少先队工作委员会委员、北京市少先队工作学会理事。1990年被团中央评为全国学赖宁活动百名最佳指导者；1991年团市委授予他"五四"奖章；1994年被团中央、全国少工委评为全国十佳辅导员。

【潘成杰·贵州省交通厅处长·被授予全国先进工作者称号】 1995年4月29日，中共中央、国务院召开的全国劳动模范、先进工作者表彰大会在北京人民大会堂隆重举行。贵州省交通厅科技处处长、高级工程师潘成杰，被授予全国先进工作者称号。同年他还获贵州省人民政府授予的先进工作者称号。

潘成杰，贵州省普定县人，1925年6月生，1950年11月参加工作。1948年毕业于前国立贵州大学工学院土木工程系。历任技术员、工程师、工程队长、高级工程师、总工程师等职。他从事桥梁设计与建设40余年，曾担任多项大桥工程建设的指挥长或总工程师，有丰富的实践经验与较高的理论造诣。1985年他主持设计建造的主跨150米的剑河大桥，是当时亚洲最大跨度的桁式桥，曾获国家优秀设计银奖、科技进步二等奖和贵州省优秀设计与科技进步一等奖。潘成杰提出并主持完成的予应力混凝土桁式组合拱桥和由他设计的人字桅杆吊机及其大型桥梁的悬拼施工工艺，都是我国首创的新桥型与新工艺。它以力学性能好，跨越能力强，造型美观，省工省料、施工简易安全等优点而得到迅速发展。1985年以来，由他主持设计与建造的百米以上跨度的桁式组合拱桥已达21座。其中1993年建成通车的江界河桥，主跨330米，是目前世界跨度最大的组合拱桥。它的建成，为300—800米跨度的予应力混凝土桥梁的设计与施工，开拓了新的途径，影响十分深远。

潘成杰身患胆石症、胰腺炎，经常带病坚持工作，医生几次让他住院都因工程紧张未去，直到胆管堵塞，才答应住院。术后又挂着引流袋到现场指挥。几十年来，他孜孜不倦，忘我工作，为贵州省公路交通事业的发展，作出了突出的贡献，曾多次被评为省交通系统的先进工作者、支前模范、优秀共产党员等，1985年被评为贵州省劳动模范，1986年获国务院授予有突出贡献的科技工作者、交通部两个文明建设标兵等称号。

潘成杰发表论文10多篇，其中《剑河桥设计、施工与检验》、《江界河桥的设计与施工》等曾在加拿大、香港等地召开的国际学术会议上交流。

【潘淑珍（女）·女高音歌唱家·在全国声乐比赛中夺冠】 在声乐界颇有权威的第二届"聂耳、冼星海全国声乐比赛"，1995年11月6日在冼星海的家乡广东省东莞市揭晓。总政歌剧团歌唱家潘淑珍和山东省歌舞剧院的雷岩分获女声组和男声组金奖。第一届"聂耳、冼星海全国声乐比赛"于10年前在哈尔滨举行。本届大赛自1995年4月展开，各地音协、解放军总政文化部及全国各艺术院校、文艺团体推荐参加初赛的歌手151名。大赛除产生男、女组金奖各一名外，宋一、金永哲、谭明和杨九红、吴培、赵莉莉分获男、女组银奖；王维平、多吉次仁、有德乡、张建平、徐杰和刘涛、张礼慧、孔文慧、刘菲、李彩勤分获男、女组铜奖。姜丽娜、殷文霞、陈汝锦、邓小英、王兵、赵晓华等12名获优秀奖，姜丽娜、朱成志、殷文霞3名选手获新作品演唱特别奖。

潘淑珍，黑龙江哈尔滨人。1955年5月19日生。1970年12月参军，入黑龙江省军区战士业余宣传队。1974年，经考试后调入总政歌剧团。始从马秀婷、1978年师从孙维嫉继续学习声乐8年，得到严格、系统的训练。1983至1985年在中央音乐学院进修，师从著名歌唱家李晋伟。1989年至1991年在解放军艺术学院进一步深造，师从著名歌唱家、声乐教育家郭淑珍教授。

潘淑珍的音域宽广，音色优美，既有抒情女高音的诗情画意，又有戏剧女高音的绘声绘色和花腔女高音的晶莹灵巧。她先后主演过《大野芳菲》、《两代风流》和《芳草心》等多部大型歌剧，并成功地扮演了前苏联歌剧《这里的黎明静悄悄》女主角索妮亚和意大利歌剧《托斯卡》中的托斯卡，在歌剧《江姐》片断中扮演江姐。1985 年获全军中青年声乐比赛三等奖、聂耳、冼星海全国声乐比赛特别奖；1987 年获全军第五届歌剧调演个人表演奖。荣立三等功一次。近年曾赴香港、澳门、意大利演出，都获赞誉。

【霍英东·全国政协副主席·任香港特别行政区筹委会副主任委员】 1995 年 12 月 28 日，在第八届全国人大常委会第 17 次会议上，全国政协副主席霍英东被任命为全国人民代表大会香港特别行政区筹备委员会副主任委员。在这次会议上，共任命了 150 位香港和内地各界人士为筹委会委员。12 月 7 日至 8 日，霍英东作为香港特别行政区筹委会预委会副主任，出席了在北京召开的第六次全体会议，即预委会结束工作的最后一次全体会议。霍英东及预委会的各位委员，在预委会成立两年半内，和衷共济、殚精竭虑，为预委会的工作付出了心血和劳动，圆满地完成了预定的各项任务，为筹委会的建立奠定了良好的基础。

霍英东，1923 年生，广东番禺人。幼时家境贫寒，童年在船上渡过，7 岁失去父亲。曾就读于香港皇仁英文书院。从十多岁开始当过苦力、学徒、工人。50 年代从事驳运业务。1954 年开始从事地产业，后经营地产、建筑、航运、旅馆、酒楼、百货、石油等多种行业。1965 年后任香港地产建设商会会长，1981 年起，历任香港中华总商会副会长、会长，霍兴业堂置业有限公司、有荣有限公司、太平岛造船厂有限公司、立信置业有限公司、东方石油有限公司董事长，信德船务有限公司主席，国际足球协会执行委员，亚洲象棋联会会长，世界羽毛球联合会名誉会长，香港足球总会会长。

霍英东长期不断捐款，造福家乡，支援大陆建设事业。1984 成立了“霍英东基金会”，通过捐赠和非盈利性投资、低息贷款等方式，支持内地改革开放。10 年来共投入资金 30 亿港元，其中捐款总额为 20 亿元。完成大小项目 160 多个，包括设立教育基金、资助文教、医疗、体育事业。他是第五、六届全国政协常委，第七届全国人大常委会委员，香港特别行政区基本法起草委员会委员。是第八届全国人大代表，第八届全国政协副主席。1992 年被聘为第一批香港事务顾问。曾获广东省中山市、广州市荣誉市民称号；1994 年获美国春田大学人文学名誉博士学位，1995 年 1 月获香港大学社会科学名誉博士学位。

【薛佩珍·山西焦化工业(集团)公司总经理·被授予全国劳动模范称号】 高级经济师薛佩珍以一个当代企业家特有的魄力和胆略，坚持苦练内功抓管理，逐步建立健全了一套具有本企业特色的“全方位管理一体化考核法”，使企业由全省的亏损大户，变成闻名全省的盈利大户，在全国焦化行业名列第二，公司被誉为“全国现场管理先进企业”、“全国化工优秀政工企业”。薛佩珍也多次荣获省特级劳模、优秀企业家等称号。1995 年 4 月 29 日国务院授予全国劳动模范称号。

薛佩珍，1941 年 8 月生，山西洪洞人。1965 年毕业于太原工学院土木工程系。1985 年 2 月担任山西焦化厂厂长。当时企业处于落后、亏损的状态，是全省的亏损大户。他选择了能表现企业高层次管理真正内涵的全方位管理为企业上台阶的主线。结合实际，制定出了《十项基础管理工作千分考核制》，不定期地对安全、生产、环保、劳动纪律、精神文明等方面进行检查。软指标、硬指标双管齐下，改变了企业面貌，促进了经济效益。特别是近 5 年来，薛佩珍坚持以改革为动力，紧紧围绕承包经营责任制和转换企业经营机制，经过深思熟虑，于 1991 年 5 月提出令同行耳目一新的“全方位一体化考核法”，即把生产经营和党群工作分解成 25 个专业，229 项内容，对车间实行千分考核；8 个专业、22 项内容对处室进行百分考核。无论是“大方面”——企业精神文明建设、生产决策……，还是“小方面”——卫生、邻里关系、夫妻吵架……统统被“一体化考核”融为一体，实行两个文明一体化运行。使企业有了“根本大法”般的管理标准和制度，企业成员全部置身于一种规范之中。这样，从管理到效益的一条良性循环轨道便自然而然地形成了。企业经济效益连年以 10—20% 的幅度递增，并先后成立了 10 个贸易公司及 1 个进出口公司和 9 个驻外办事机构，建立了 5 个联营企业，形成了一个立足本企业、面向市场、工贸一体，多渠道创收的盈利机制，连续 9 年保持了山西省盈利大户地位，成为我国目前年出口最大、创汇最多的冶金焦生产基地，创出一条建设具有中国特色的社会主义现代化企业的新路子。

薛佩珍，曾获全国“五一”劳动奖章、全国优秀经营管理者称号。

【戴金星·天然气地质与地球化学家·

当选为中国科学院院士】　1995年11月6日，中国科学院公布了新当选的院士名单，中国石油天然气总公司石油勘探开发科学研究院高级工程师戴金星，当选为中国科学院地学部院士。

戴金星，浙江瑞安人，1935年出生。1961年毕业于南京大学地质系。70年代后期，戴金星在我国首先从事和倡导煤成气研究，肯定了煤系是良好的工业气(油)源岩，开辟了我国煤成气勘探新领域，完善和发展了煤成气(烃)模式；开拓了气孔研究煤成气的长期成气作用、运移和评价；1982年以来，把鉴别煤成气的指标，从单纯气组分扩大到液相和固相，建立了一套综合性判别煤成气和各类天然气的指标，首次提出我国煤成气甲烷炭同位素和源岩成熟度回归方程。1989年在世界上首先提出了煤成气乙烷和丙烷碳同位素和源岩成熟度的回归方程。最早系统指出鄂尔多斯、四川、准噶尔、松辽等含煤盆地等煤系是气(油)源岩，并是有利的煤成气勘探区。系统研究了我国东部松辽、渤海湾、苏北和三水盆地20个CO_2气藏；首次系统研究和划分我国气聚集带。创新地提出气聚集域等。他是《天然气地球科学》副主编。

戴金星曾获国家科技进步一等奖、部级科技进步一等奖等多项奖励。

【戴相龙·任中国人民银行行长】　1995年6月30日，国家主席江泽民根据第八届全国人大常委会第十四次会议通过的决定，任命戴相龙为中国人民银行行长，免去朱镕基兼任的中国人民银行行长职务。

戴相龙，1944年10月生，江苏仪征人。1967年毕业于中央财政金融学院会计系。1973年加入中国共产党。1978年后，历任中国人民银行江苏省分行副科长，中国农业银行江苏省分行副科长、副处长。1983年后任中国农业银行江苏省分行副行长。1985年任中国农业银行副行长。1989年12月任中国交通银行总经理、副董事长兼中国太平洋保险公司董事长。1993年任中国人民银行副行长。高级经济师。是中共第十四届中央候补委员。

李鹏总理在提请全国人大常委会审议的议案中说：戴相龙同志长期在银行系统工作，曾在基层工作多年，又在专业银行、商业银行、中央银行担任领导职务，熟悉银行业务和情况，有较强的组织领导能力和宏观决策能力，是中国人民银行行长的合适人选。

【魏宝文·核物理学家·当选为中国科学院院士】　1995年11月6日，中国科学院公布了新当选的院士名单，中国科学院近代物理研究所研究员魏宝文，当选为中国科学院数学物理学部院士。

魏宝文，河南省禹州人。1935年生，1958年于中国科学院近代物理研究所工作至今。1980—1986年任近代物理研究所副研究员、副所长、所长，1986—1994年任该所研究员、所长，1987年起任中国科学院兰州分院院长，1992年任兰州重离子加速器国家实验室主任。他主要从事低能核物理、快中子物理和加速器物理的实验与理论研究并取得多项重要成果。所完成的9至12MeV中子对锂的非弹性碰撞截面测量，在峰位区澄清了世界各国的数据分歧。全面负责了兰州重离子加速器物理总体、参数协调、技术把关和联合调束，其主要指标达到80年代国际先进水平，使我国回旋加速器技术跨入国际先进行列；主持建成了8个先进实验装置，开辟了我国中能重离子物理研究的新领域，提出并主持实施了在兰州发展先进的ECR离子源计划，显著改进了加速器的性能；在兰州建成了中能放射性次级束流线，并积极开展了用中能重离子合成丰中子新核素及其衰变机制的研究；目前正致力于放射性次级束的加速、冷却与存储以及高分辨重离子物理的研究，提出了在兰州重离子加速器上发展重离子冷却存储环的计划并正开展概念性设计等工作。已发表研究论文80多篇、合编专著和文集12种，曾获国家科技进步奖一等奖等多种奖励。

【魏贵庆·虎林县人民法院副院长·获全国法院模范称号】　1995年12月14日，黑龙江省虎林县人民法院副院长魏贵庆，荣获最高人民法院授予的全国法院模范称号。同年，他还被评为省十大优秀法官、省党风廉政建设先进个人，再次荣立一等功。

魏贵庆是黑龙江虎林县人。1976年他在部队参加唐山抗震抢险中负伤，被评为三等甲级残废，荣立三等功。1977年转业后不要组织照顾，主动请缨到条件艰苦的杨岗镇工作。1981年又受命组建杨岗镇法庭，在那里干了13年，个人办案千余件，及时调解了大量民事纠纷，为保一方平安作出了积极贡献，而他却多次晕倒在审判台上。

他秉公执法，刚直不阿。13年中没办过一件人情案、关系案，没收过当事人一分钱。一次，当事人王井杰为打赢官司，送一桶鸡蛋给魏贵庆。魏贵庆几番劝说无效，气得把鸡蛋摔出门外。该案审理后，魏贵庆又主动上门道歉，并赔偿了鸡蛋钱。据不完全统计，这些年他拒收礼金达1万多元。魏贵庆先后与歹徒搏斗或擒住犯罪分子50余次，也招来不法分子的仇视。有人曾指着他的鼻子说："你不就是有个儿子吗，等着瞧，看我怎么收拾你！"有人偷偷给他家里下毒药，毒死了鸡鸭，有的向他家投炸药包。然而，这一切丝毫没有动摇他与不法分子作斗争的决心。1991年4月28日，在列车上有十几名歹徒聚众闹事。魏贵庆挺身而出，同众歹徒搏斗。由于寡不敌众，他被打成重伤，因胰腺被刀刺伤落下了时至今日尚未治愈的糖尿病。

平时，魏贵庆对人民群众充满爱心。有位老太太因儿子不尽赡养义务告到法院后竟昏倒在地。魏贵庆将她接到自己家中精心照料了半个月。13年中他花在有困难的当事人身上的钱有2000多元。一次，拉着马车的马受惊，危及百余名小学生的安全，魏贵庆奋勇拦住惊马，而自己3根肋骨被折断。他还把父亲遗留给他的3亩松林献给村委会，以作建学校的资金。他受到群众的赞誉，并被授予黑龙江省政法战线杰出干警、省法院系统文明干警标兵称号，多次被市、县评为优秀共产党员、劳动模范、见义勇为模范，1993年荣立一等功1次。

【魏钢焰·著名作家·在西安逝世】 中国作家协会理事、陕西省作家协会名誉主席魏钢焰，1995年2月19日在西安逝世，终年73岁。

魏钢焰，原名开诚，1922年出生于山西省繁峙县。1937年参加八路军。曾在八路军野战政治部宣传队工作。1940年任野战政治部宣传部干事。在太行鲁迅艺术学校音乐系学习后，赴太岳纵队宣传队任教员。1946年加入中国共产党。新中国成立后任兰州军区空军政治部文工团协理员。1955年转业，任《延河》副主编。1958年开始从事专业创作，创作了大批优秀文学作品，出版有散文集《船夫曲》、《绿叶赞》，诗集《赤泥岭》、《灯海曲》等。他的诗和散文，大都感情真挚，思想深刻，深受群众欢迎。他的《忆铁人》一文，真实记叙了铁人王进喜的动人事迹，受到读者好评。

【魏鹤龄·已故电影表演艺术家·获中国电影世纪奖】 1995年12月28日，在北京举行的中国电影世纪奖颁奖典礼上，已故优秀电影表演艺术家魏鹤龄，荣获中国电影世纪奖。他主演的影片《马路天使》获"中国电影90年代优秀影片奖"十部影片之一。这项评奖是为纪念世界电影诞生100周年暨中国电影诞生90周年，由广电部电影事业管理局、中国电影家协会、中国电影出版社和中共北京市委宣传部联合主办的。

魏鹤龄，生于1906年，天津市人。自幼喜爱京剧，因家境贫寒，中学失学后，曾做过码头工人和小贩。1929年考入山东省立实验剧院，从此开始舞台生涯，演出过《一致》、《悭吝人》等话剧。1931年"一·二八"事变后，参加红十字救护队来到上海，不久又先后加入集美歌舞剧社、五月花剧社、春秋剧社、戏剧协社、狮吼剧社和中国舞台协会等进步戏剧团体，演出了《乱钟》、《战友》、《梅雨》、《名优之死》、《娜拉》等舞台剧。1932年起，他开始水银灯下的生活，处女作影片是《泪痕》。1935年在艺华影业公司的《人之初》中成功地扮演了工人张荣根形象，在影坛崭露头角。此外还拍摄了《暴风雨》、《凯歌》、《方芸英》等影片。1937年在电影《马路天使》中他扮演的报贩老王，以含蓄而深沉的演技，获得观众好评，他的表演艺术从此进入一个新的阶段。同年还参加了上海业余影人协会，出演《太平天国》、《原野》、《欲魔》、《上海屋檐下》、《民族万岁》等话剧。抗日战争爆发后，魏鹤龄与史东山、舒绣文等来到武汉，进入中国电影制片厂，在抗战时期的第一部影片《保卫我们的土地》中饰演男主角刘山，影片受到社会舆论的热情欢迎。之后又拍摄了《中华儿女》、《火的洗礼》、《青年中国》、《塞上风云》、《大地回春》、《花溅泪》、《结婚进行曲》、《万世师表》等。1946年5月他来到北京，参加"中电三厂"，拍摄了《圣城记》、《郎才女貌》、《追》、《白山黑水血溅红》、《青梅竹马》等影片。1949年又到上海拍摄了《乌鸦与麻雀》、《我这一辈子》、《人民的巨掌》等影片，创造了许多生动的银幕形象。他在《乌鸦与麻雀》中扮演孔有文这一角色受到观众的称赞。该片获得文化部1949～1955年优秀影片一等奖。1953年魏鹤龄参加上海电影制片厂，拍摄了《淮上人家》、《祝福》、《家》、《生活的浪花》、《探亲记》、《鲁班的传说》、《燎原》、《北国江南》、《血碑》等影片，成功地塑造了一系列性格鲜明栩栩如生的艺术形象。他还在话剧《家》、《幸福》、《关汉卿》中担任主角。1979年10月2日逝世。魏鹤龄一生拍摄40余部影片，演出50多部话剧，塑造了众多亲切动人的艺术形象。

中国共产党第十四届中央委员会

中央委员会总书记：江泽民

中央政治局常务委员会委员：江泽民　李　鹏　乔　石　李瑞环　朱镕基　刘华清　胡锦涛

中央政治局委员（按姓氏笔划为序）：丁关根　田纪云　朱镕基　乔　石　刘华清　江泽民　李　鹏　李岚清　李铁映　李瑞环　杨白冰　吴邦国　邹家华　胡锦涛　姜春云　钱其琛　黄　菊　尉健行　谢　非

中央政治局候补委员（按得票多少为序）：温家宝　王汉斌

中央书记处书记：胡锦涛　丁关根　吴邦国　姜春云　尉健行　温家宝　任建新

中央委员会委员（按姓氏笔划为序）：丁文昌　丁关根　丁衡高　于永波（满族）　马启智（回族）　王　克　王寿　王　海　王　群　王汉斌　王成斌　王兆国　王茂林　王学萍（黎族）　王忠禹　王维澄　王朝文（苗族）　王森浩　王瑞林　毛致用　乌力吉（蒙古族）　尹克升　邓鸿勋　艾知生　卢荣景　叶连松　叶选平　田纪云　田曾佩　史玉孝　白立忱（回族）　白清才　司马义·艾买提（维吾尔族）　成克杰（壮族）　吕　枫　吕培俭　朱　训　朱光亚　朱森林　朱敦法　朱镕基　乔　石　伍绍祖　任建新　华国锋　全树仁　多吉才让（藏族）　刘中一　刘正威　刘仲藜　刘华清　刘安元　刘纪原　刘忠德　刘剑锋　刘精松　齐怀远　关广富（满族）　江泽民　阮崇武　孙文盛　孙维本　李　景　李　鹏　李九龙　李长春　李文卿　李来柱　李岚清　李伯勇　李希林　李际均　李其炎　李泽民　李贵鲜　李铁映　李瑞环　李德洙（朝鲜族）　杨正午（土家族）　杨白冰　杨国梁　杨德中　吴　仪（女）　吴文英（女）　吴邦国　吴官正　何光远　何竹康　何椿霖　佟宝存　谷善庆　邹家华　汪家镠（女）　沈达人　宋　健　宋汉良　宋清渭　宋德福　迟浩田　张　工　张　震　张丁华　张万年　张立昌　张连忠　张勃兴　张思卿　张美远　张帼英（女）　张福森　陈玉英（女）　陈邦柱　陈光毅　陈奎元　陈俊生　陈敏章　陈焕友　陈锦华　陈慕华（女）　邵华泽　邵奇惠　林丽韫（女）　固　辉　罗　干　和志强（纳西族）　岳岐峰　周　南　周文元　周玉书　周光召　周克玉　郑必坚　赵志浩　赵南起（朝鲜族）　赵富林　郝建秀（女）　胡　平　胡启立　胡富国　胡锦涛　侯　捷　侯宗宾　姜春云　秋全礼　袁伟民　热　地（藏族）　贾庆林　贾志杰　贾春旺　顾秀莲（女）　顾金池　钱正英（女）　钱其琛　铁木尔·达瓦买提（维吾尔族）　倪志福　徐惠滋　高　严　高天正　高德占　郭振乾　郭超人　陶驷驹　黄　菊　黄　璜　黄启璪（女）　黄镇东　曹双明　曹芃生　戚元靖　崔乃夫　梁栋材　尉健行　彭珮云（女）　葛洪升　蒋心雄　蒋民宽　蒋祝平　韩杼滨　程维高　傅全有　傅锡寿　鲁　平　普朝柱　温家宝　谢　非　谢世杰　雷鸣球　路甬祥　廖　晖　魏金山

中央委员会候补委员（按得票多少为序）：克尤木·巴吾东（维吾尔族）　吴光宇　赵金铎（满族）　贾那布尔（哈萨克族）　桑结加（藏族）　曹伯纯　梁光烈　王志武　王洛林　江村罗布（藏族）　杜青林　李毅中　吴基传　张孝文　张俊九　郑斯林　钱树根　阎海旺　谭乃达　王云龙　石宗源（回族）　刘泽民　杨永良　吴玉谦　奉恒高（瑶族）　贾治邦　高祀仁　郭东坡　黄　瑶（布依族）　曾庆存　廖文海（女）　王广宪　许其亮　孙同川　汪啸风　沈滨义　陈明义　岳海岩　龚谷成　程安东　田成平　汤洪高　孙家正　李慧芬（女）　宋宝瑞　张彦仲　郝　岩　柴松岳　乌云其木格（女，蒙古族）　刘明祖　彭崑生　温宗仁　石兆彬　刘　淇　张德江　秦玉琴（女）　顾　浩　钱国梁　王太华　王乐泉　史大桢　白恩培　朱开轩　刘振华　李奇生　李淑铮（女）　陈云林　陈玉杰（女）　王如珍（女）　石玉珍（女，苗族）　卢瑞华　朱丽兰（女）　杨健强（白族）　栾恩杰（满族）　王思齐　刘云山　李春亭　邹竞蒙　范钦臣　罗冰生　丹　增（藏族）　回良玉（回族）　苏　荣　刘　毅　张　肖（女）　周永康　贺国强　刘方仁　张秋祥　王梦奎　邹世昌　高昌礼　汝　信　姜永荣　戴相龙　李嘉廷（彝族）　沙健孙（回族）　陈至立（女）　钱运录　徐匡迪　郭树言　李建国　欧广源　厉有为　刘华秋　杨振怀　曾培炎　黎　明　俞正声　曾宪林　田凤山　王占　吴爱英（女）　赵延年（回族）　吴贻弓　李继耐　郑贤斌　桂世镛　熊光楷　张健民　马忠臣　兰保景　何其宗　叶　青　房维中　肖　秧

中共中央军事委员会

主　席:江泽民

副主席:刘华清　张　震　张万年　迟浩田

委　员:傅全有　于永波　王　克　王瑞林

中共中央纪律检查委员会

书　记:尉健行

副书记:侯宗宾　陈作霖　曹庆泽　王德瑛　徐　青

常务委员会委员(按姓氏笔划为序):王　光　王德瑛　刘丽英(女)　安启元　李至伦　何　勇　陈作霖　侯宗宾　徐　青　曹庆泽　尉健行　彭　钢(女)　傅　杰

委　员(按姓氏笔划为序):丁凤英(女)　万绍芬(女)　马世昌　王　光　王其超　王茂润　王宗春　王富中　王福义　王德顺　王德瑛　乌兰木伦(蒙古族)　巴　桑(女,藏族)　甘子玉　艾维仁　田聪明　冯少武　冯芝茂　冯锡铭　朱育理　多　巴(藏族)　刘　崑　刘　锷　刘丽英(女)　刘明仁　刘贵岭　刘峰岩　刘积斌　刘善祥　安启元　祁培文　孙祖梅　孙隆椿　李　钊　李文海　李成仁　李至伦　李金华　李俊杰　李振东　李恩潮　李焕政　李清林　李惠仁　杨兴富　杨英昌　杨贤足　杨昌基　杨崇汇　杨敏之　杨德清　杨德福　吴景春(女)　何　勇　佟国荣　闵耀中　汪文风　沈茂成　宋国臣　张　轰　张文岳　张华林　张均法　张宝顺　张惠新　陈为松　陈光琳　陈作霖　陈明枢　范新德　林兆枢　林殷才　尚　文　周声涛　郑国雄　赵　丛(满族)　赵　地(女)　赵宗鼐　胡之光　柳　斌　侯　颖　侯宗宾　饶凤翥　洪　虎　贺邦靖(女,白族)　袁守芳　格日勒图(蒙古族)　贾　军　夏国华　顾云飞　钱冠林　徐　青　朗大忠(傣族)　曹庆泽　曹克明　崔　毅　尉健行　隋永举　彭　钢(女)　董范园(女)　蒋冠庄　韩德乾　傅　杰　傅志寰　谢安山　靳玉德　谭福德　翟泰丰

中共中央各部门

中共中央办公厅主任:曾庆红

中共中央组织部部长:张全景

中共中央宣传部部长:丁关根(兼)

中共中央统战部部长:王兆国(兼)

中共中央对外联络部部长:李淑铮

中共中央党校校长:胡锦涛(兼)

中共中央政策研究室主任:王维澄

中共中央文献研究室主任:逄先知

中共中央党史研究室主任:胡　绳

中共中央 台湾工作办公室主任:王兆国(兼)

中共中央对外宣传办公室主任:曾建徽

中共中央编译局局长:宋书声

人民日报社社长:邵华泽

中共中央直属机关工作委员会书记:曾庆红(兼)

中共中央国家机关工作委员会书记:罗　干(兼)

中华人民共和国第八届
全国人民代表大会常务委员会

委员长:乔　石

副委员长:田纪云　王汉斌　倪志福　陈慕华(女)　费孝通　孙起孟　雷洁琼(女)　秦基伟　李锡铭　王丙乾　帕巴拉·格列朗杰(藏族)　王光英　程思远　卢嘉锡　布　赫(蒙古族)　铁木尔·达瓦买提(维吾尔族)　吴阶平

秘书长:曹　志

委　员(按姓氏笔划排列):于洪恩　万绍芬(女)　王永宁　王佛松　王宋大　王启东　王叔文　王晓光　王淑贤(女)　王越丰(黎族)　王朝文(苗族)　厉以宁　叶正大　叶叔华(女)　史来贺　生钦·洛桑坚赞(藏族)　白尚武　冯之浚(回族)　冯克煦　曲格平　朱　良　朱启祯　伍精华(彝族)　任现春(瑶族)　刘国光　许　勤　许嘉璐　孙廷芳　孙鸿烈　阳忠恕　阴法唐　玛依努尔·哈斯木(女,维吾尔族)　严义埙　李立功　李永泰(朝鲜族)　李　伦　李旭阁　李克强　李学智　李桂英(女,彝族)　李绪鄂　李森茂　李登海　李　灏　杨纪珂　杨初桂(女,侗族)　杨　明(白族)　杨泰芳　杨振亚　杨振怀　杨烈宇　杨竞衡　杨海波　来金烈　吴大琨　吴长淑(朝鲜族)　吴树青　邱　晴(女)　何厚铧　何浣芬(女)　何　康　佟志广　谷建芬(女)　汪　愚　沈辛荪　迟海滨　张文华　张仲先　张　寿　张克辉　张序三　张国祥　张明远　张　挺　张彦宁　张绪武　陈光健　陈培民　陈舜礼　林兰英(女)　林丽韫(女)　林宗棠　罗尚才(布依族)　周占鳌　周　南　周　觉　孟连昆　项淳一　赵东宛　郝诒纯(女)　胡　敏　柳随年　逄先知　姚　峻　秦仲达　聂力(女)　聂大江　莫文祥　夏家骏(土家族)　顾林昉　顾诵芬　钱　易(女)　徐采栋　徐起超　徐　静(女)　陶大镛　陶爱英(壮族)　黄长溪　黄玉章　黄毅诚　戚元靖　崔乃夫　康振黄　章师明　章瑞英(女)　彭士禄　彭清源　董建华　董耐芳(女)　董辅礽　蒋顺学　傅铁山　曾宪林　曾宪梓　谢铁骊　谢颂凯　楚　庄　蔡子民　蔡　诚　熊清泉　滕　藤　潘　季　薛　驹　戴　杰

中华人民共和国主席、副主席

主　席:江泽民

副主席:荣毅仁

中华人民共和国中央军事委员会

主　席:江泽民

副主席:刘华清　张　震　张万年　迟浩田

委　员:傅全有　于永波　王　克　王瑞林

中华人民共和国最高人民法院

院长:任建新

副院长:高昌礼　祝铭山　谢安山　唐德华　刘家琛　罗豪才　李国光

中华人民共和国最高人民检察院

检察长:张思卿

副检察长:梁国庆　陈明枢　王文元　赵登举　赵虹　张穹

中华人民共和国国务院

总　理:李　鹏

副总理:朱镕基　邹家华　钱其琛　李岚清　吴邦国　姜春云

国务委员:李铁映　迟浩田　宋　健　李贵鲜　陈俊生　司马义·艾买提(维吾尔族)　彭珮云(女)　罗　干

国务院秘书长:罗　干(兼)

外交部部长:钱其琛(兼)

国防部部长:迟浩田(兼)

国家计划委员会主任:陈锦华

国家经济贸易委员会主任:王忠禹

国家经济体制改革委员会主任:李铁映(兼)

国家教育委员会主任:朱开轩

国家科学技术委员会主任:宋　健(兼)

国防科学技术工业委员会主任:丁衡高

国家民族事务委员会主任:司马义·艾买提(维吾尔族,兼)

公安部部长:陶驷驹

国家安全部部长:贾春旺

监察部部长:曹庆泽

民政部部长:多吉才让(藏族)

司法部部长:肖　扬

财政部部长:刘仲藜

人事部部长:宋德福

劳动部部长:李伯勇

地质矿产部部长:宋瑞祥

建设部部长:侯　捷

电力工业部部长:史大桢

煤炭工业部部长:王森浩

机械工业部部长:包叙定

电子工业部部长:胡启立

冶金工业部部长:刘　淇

化学工业部部长:顾秀莲(女)

铁道部部长:韩杼滨

交通部部长:黄镇东

邮电部部长:吴基传

水利部部长:钮茂生(满族)

农业部部长:刘　江

林业部部长:徐有芳

国内贸易部部长:陈邦柱

对外贸易经济合作部部长:吴　仪(女)

文化部部长:刘忠德

广播电影电视部部长:孙家正

卫生部部长:陈敏章

国家体育运动委员会主任:伍绍祖

国家计划生育委员会主任:彭珮云(女,兼)

中国人民银行行长:戴相龙

审计署审计长:郭振乾

直属机构

国家统计局局长:张　塞

国家税务总局局长:刘仲藜(兼)

国家工商行政管理局局长:王众孚

国家环境保护局局长:解振华

国家土地管理局局长:邹玉川

新闻出版署署长:于友先

海关总署署长:钱冠林

国家旅游局局长:何光暐

中国民用航空总局局长:陈光毅

国务院法制局局长:杨景宇

国务院宗教事务局局长:叶小文

国务院参事室主任:常　捷

国务院机关事务管理局局长:郭　济

办事机构

国务院外事办公室主任:刘华秋

国务院侨务办公室主任:廖　晖

国务院港澳事务办公室主任:鲁　平

国务院特区办公室主任：葛洪升

国务院研究室主任：王梦奎

国务院台湾事务办公室主任：王兆国（兼）

国务院新闻办公室主任：曾建徽

直属事业单位

中国轻工总会会长：于 珍

中国纺织总会会长：吴文英（女）

新华通讯社社长：郭超人

中国科学院院长：周光召

中国工程院院长：朱光亚（兼）

中国社会科学院院长：胡 绳（兼）

国务院发展研究中心主任：孙尚清

中国气象局局长：温克刚

中国专利局局长：高卢麟

中国人民政治协商会议第八届全国委员会

主席：李瑞环

副主席：叶选平　吴学谦　杨汝岱　王兆国　阿沛·阿旺晋美（藏族）　赛福鼎·艾则孜（维吾尔族）　洪学智　杨静仁（回族）　邓兆祥　赵朴初　巴金　刘靖基　钱学森　钱伟长　胡　绳　钱正英（女）　苏步青　丁光训　董寅初　孙孚凌　安子介　霍英东　马万祺　朱光亚　万国权　何鲁丽

秘书长：朱　训

常务委员：（按姓氏笔划为序）：丁石孙　于洪亮　万国权　马大猷　马品芳　马烈孙（回族）　王　惠　王　蒙　王之泰　王丹凤（女）　王文元　王光美（女）　王扶之　王郁昭　王叔云　王厚德　王思明（布依族）　王洪昌　王济夫　王恒丰　王神荫　王鸿祯　王照华　王锡爵　王黎之　毛增滇　方荣欣　巴　岱（蒙古族）　巴图巴根（蒙古族）　孔令仁（女）　历无畏　石　泉　石邦定（苗族）　卢　强　卢邦正（彝族）　叶大年　叶至善　叶宝珊　叶笃义　田一农　田光涛　田麦久　王昭武　白纪年　冯元蔚（彝族）　冯克熙　冯宏顺　冯理达（女）　冯梯云　宁光堃　召存信（傣族）　艾知生　邢永宁　邢崇智　朱元成　朱光亚　朱作霖　华联奎　多杰才旦（藏族）　邬沧萍　庄世平　庄逢甘　刘　珩　刘　豹　刘　毅　刘广运　刘世增　刘汉桢　刘邦瑞　刘存智　刘延东（女）　刘亦铭　刘应明　刘诗白　刘炳森　刘海清　关　涛（女）　关世雄　江　平　江家福（壮族）　江景波　安士伟（回族）　孙延年　孙敏初（哈尼族）　成思危　麦赐球　贡唐仓·丹贝旺旭（藏族）　芮杏文　严庆清　严克强（壮族）　严忠勤　苏　星　苏赫（蒙古族）　李　刚　李　毅　李子奇　李世济（女）　李东海　李金培　李振声　李梦华　李鹿野　李蓼源　李默庵　李赣骝　杨　堤　杨　樾　杨永斌　杨光华　杨纪琬　杨拯民　杨斯德　肖　乾（蒙古族）　吴　京　吴文俊　吴式铎　吴廷栋（侗族）　吴克泰　吴希海　吴修平　吴祖强　吴冠中　吴蔚然　何光远　何东昌　何振梁　何鲁丽（女）　余国琮　谷超豪　邹承鲁　沃祖全　沈求我　沈祖伦　沈遐熙（回族）　宋汉良　宋志英　宋克湘（土家族）　宋鸿钊　启　功（满族）　张　明　张　洽　张　竞　张永珍（女）　张存浩　张全景　张纪域（白族）　张志公　张伯权　张君秋　张宝顺　张春男　张素我（女）　张乾二　张敬礼　张媛贞（女，满族）　张新时　陆榕树（壮族）　陈仲颐　陈启智　陈明绍　陈秉权　陈学俊　陈荣悌　陈祖沛　陈家振　陈难先　陈培烈　陈彬藩　陈铭珊　陈灏珠　邵恒秋　拉敏·索朗伦珠（藏族）　松　布（土族）　明　旸　罗冠宗　罗涵先　罗豪才　帕提曼·贾库林（女，哈萨克族）　岳书仓（满族）　金　鉴（满族）　金开诚　金日光（朝鲜族）　金泰甲（朝鲜族）　金鲁贤　周与良（女）　周同善　周绍铮　周铁农　郑万通　郑守仪（女）　郑励志　宗怀德　房维中　经叔平　项朝宗（苗族）　赵乙生（瑶族）　赵先顺　赵伟之　赵庆夫　赵海峰　赵维臣（满族）　胡　平　胡正名　胡如雷　胡峨亭　胡鸿烈　俞　雷　俞泽猷　施奠邦　姜笑琴（女）　姜培禄　姜燮生　恰扎·强巴赤列（藏族）　贺敬之　秦文俊　袁　木　袁行霈　袁隆平　都本洁　聂卫平　贾亦斌　顾英奇（满族）　钱李仁　钱景仁　徐四民　徐志纯　徐英锐　徐昭隆　徐展堂　徐崇华　徐惟诚　爱泼斯坦　高　狄　高占祥　高兴民　高振家　高景德　高镇宁　郭东坡　郭秀仪（女）　郭秀珍（女）　唐立民　唐有祺　唐树备　唐敖庆　唐翔千　浦　山　谈家桢　谈镐生　陶开裕　桑顶·多吉帕姆（女，藏族）　黄　昆　黄大能　黄甘英（女）　黄克立　黄启章　黄其兴　黄峻山　黄凉尘　梅向明　梅养正　曹达诺夫·扎义尔（维吾尔族）　盘　俊（瑶族）　阎洪臣　梁步庭　梁尚立　梁黄胄　梁裕宁（女，壮族）　彭少逸　彭司勋（土家族）　葛志成董幼娴(女) 蒋正华 蒋民宽 蒋光化 蒋丽金(女) 韩生贵(回族) 韩美林 韩培信 程连昌 程志青(女) 傅元天 童 傅 曾近义 谢 晋 谢希德(女) 路 明 解 峰 嘉木样·洛桑久美·图丹却吉尼玛(藏族) 蔡文浩 管仲伟 廖延雄 廖灿辉 廖静文(女) 黎遇航 翦天聪(维吾尔族) 潘蓓蕾(女,高山族) 霍懋征(女) 戴树和 戴爱莲(女)

中国人民解放军各总部、各大单位主要负责人

总参谋部 **总参谋长:**傅全有(上将) **副总参谋长:**隗福临(中将) 吴铨叙(中将) 钱树根(中将) 熊光楷(中将)

总政治部 **主 任:**于永波(上将) **副主任:**王瑞林(上将) 周子玉(上将) 唐天标(中将) 袁守芳(中将)

总后勤部 **部 长:**王 克(上将) **政委:**周坤仁(中将)

国防科工委 **主 任:**曹刚川(上将) **政委:**李继耐(中将)

海 军 **司令员:**石云生(中将) **政委:**杨怀庆(中将)

空 军 **司令员:**刘顺尧(中将) **政委:**丁文昌(上将)

第二炮兵 **司令员:**杨国梁(中将) **政委:**隋永举(上将)

军事科学院 **院 长:**徐惠滋(上将) **政委:**张 工(中将)

国防大学 **校 长:**邢世忠(中将) **政委:**王茂润(中将)

沈阳军区 **司令员:**李新良(中将) **政委:**姜福堂(中将)

北京军区 **司令员:**李来柱(上将) **政委:**杜铁环(中将)

济南军区 **司令员:**钱国梁(中将) **政委:**徐才厚(中将)

南京军区 **司令员:**陈炳德(中将) **政委:**方祖岐(中将)

广州军区 **司令员:**陶伯钧(中将) **政委:**史玉孝(上将)

成都军区 **司令员:**廖锡龙(中将) **政委:**张志坚(中将)

兰州军区 **司令员:**刘精松(上将) **政委:**温宗仁(中将)

各省、直辖市、自治区主要领导人

省、市、自治区	省(市、区)委书记	省、市长(区主席)	人大常委会主任	政协主席
北京	尉健行	贾庆林(代)	张健民	王大明
天津	高德占	张立昌	聂璧初	刘晋峰
河北	程维高	叶连松	吕传赞	李文珊
山西	胡富国	孙文盛	卢功勋	郭裕怀
内蒙古	刘明祖	乌力吉	王 群	千奋勇
辽宁	顾金池	闻世震	全树仁	孙 奇
吉林	张德江	王云坤	何竹康	刘云沼
黑龙江	岳岐峰	田凤山	孙维本	周文华
上海	黄 菊	徐匡迪	叶公琦	陈铁迪
江苏	陈焕友	郑斯林	沈达人	孙 颔
浙江	李泽民	万学远	李泽民	刘 枫
安徽	卢荣景	回良玉	孟富林	卢荣景

福建	陈明义	贺国强(代)	贾庆林	游德馨
江西	吴官正	舒圣佑	毛致用	朱治宏
山东	赵志浩	李春亭	赵志浩	陆懋曾
河南	李长春	马忠臣	李长春	林英海
湖北	贾志杰	蒋祝平	关广富	钱运录
湖南	王茂林	杨正午	刘夫生	刘　正
广东	谢　非	卢瑞华	朱森林	郭荣昌
广西	赵富林	成克杰	赵富林	陈辉光
海南	阮崇武	阮崇武	杜青林	陈玉益
四川	谢世杰	宋宝瑞	杨析综	聂荣贵
贵州	刘方仁	吴亦侠(代)	王朝文	龙志毅
云南	高　严	和志强	尹　俊	刘树生
西藏	陈奎元	江村罗布	热　地	帕巴拉·格列朗杰
陕西	安启元	程安东	张勃兴	周雅光
甘肃	阎海旺	孙　英(代)	卢克俭	申效曾
青海	尹克升	田成平	宦爵才郎	韩应选
宁夏	黄　璜	白立忱	马思忠	刘国范
新疆	王乐泉	阿不来提·阿不都热西提	阿木冬·尼牙孜	贾那布尔

中国国民党革命委员会

第八届中央委员会

名誉副主席：贾亦斌

主　席：何鲁丽

常务副主席：彭清源

副主席：徐起超　李赣骝　江求我　周铁农　童　傅　程志清　胡　敏

秘书长：朱培康

中央监察委员会

主　席：谭惕吾

副主席：方少逸　张素我　张克明　邵恒秋　顾毓瑔

秘书长：周锡卿

中　国　民　主　同　盟

第七届中央委员会

名誉主席：费孝通　钱伟长　谈家桢

主　席：丁石孙

副主席：陶大镛　罗涵先　马大猷　冯之浚　康振黄　孔令仁　谢颂凯　吴修平　张毓茂　厉以宁　江景波　袁行霈

秘书长：俞泽猷

中央参议委员会

主　任：苏步青

副主任：叶笃义　冯素陶　李文宜　吴作人　陈敏之　林亨元　闻家驷　萧　乾

秘书长：吴春选

中 国 民 主 建 国 会

第六届中央委员会

主　席:孙起孟

常务副主席:冯梯云

副主席:陈邃衡　陈铭珊　万国权　黄大能　李崇淮　白大华　朱元成　冯克煦　路　明　刘　珩　成思危

秘书长:朱元成(兼)

中央咨议委员会

主　任:浦洁修

副主任:王艮仲　徐崇林　李文杰　周同善

中 国 民 主 促 进 会

第九届中央委员会

名誉主席:谢冰心　赵朴初

主　席:雷洁琼

常务副主席:陈舜礼

副主席:楚　庄　叶至善　梅向明　陈难先　冯骥才　邓伟志　许嘉璐　张怀西

秘书长:陈益群

中央参议委员会

主　席:赵朴初(兼)

副主席:柯　灵　潘承孝　王鸿祯　方　明　张志公

中 国 农 工 民 主 党

第十一届中央委员会

主　席:卢嘉锡

常务副主席:方荣欣

副主席:姚　峻　章师明　田光涛　蒯天聪　陈灏珠　阎洪臣　宋金升　蒋正华　李　蒙

秘书长:宋金升(兼)

中央咨监委员会

代主席:郭秀仪

副主席:邓昊明　梅日新　王大鲁

秘书长:王大鲁(兼)

中 国 致 公 党

第十届中央委员会

主　席:董寅初

常务副主席:杨纪珂

副主席:郑守仪　王宋大　罗豪才　吴明熹　陆榕树

秘书长:吴明熹(兼)

九　三　学　社

第九届中央委员会

名誉主席：金善宝

主　席：吴阶平

常务副主席：徐采栋

副主席：郝诒纯　安振东　王文元　杨　樗　陈明绍　陈学俊　赵伟之　洪绂曾　金开诚　王　选　黄其兴

秘书长：刘荣汉

中央参议委员会

主任委员：王淦昌

副主任委员：柯　召　谢立惠　陈　立　陈恩凤　笪移今　启　功　葛庭燧　方　亮　李　毅

秘书长：李　毅（兼）

台湾民主自治同盟

第五届中央委员会

主　席：蔡子民

常务副主席：张克辉

副主席：陈仲颐　刘亦铭

秘书长：潘渊静

中央评议委员会

主　席：李　辰

副主席：田富达　许文思　曾重郎　徐萌山

（各民主党派领导人资料截止于 1996 年 11 月 30 日）

1995 年新当选的中国科学院院士名单
（共 59 人）

数学物理学部（10 人）

马志明
方　成
刘应明
李大潜
沈学础
郑厚植
贺贤土
郭尚平
蔡诗东
魏宝文

化学部（9 人）

支志明
邓景发
朱起鹤
苏　锵
何鸣元
沈之荃
张礼和
胡宏纹
徐晓白

生物学部（12 人）

于天仁
印象初
匡廷云
李季伦
吴常信
陈　竺
陈宜张
陈慰峰
沈韫芬
张春霆
徐国钧
唐守正

地学部（10 人）

许志琴
刘昌明
刘振兴
汪集旸
周志炎
於崇文
席承藩
秦蕴珊
巢纪平
戴金星

技术科学部（18 人）

王占国
王立鼎
王阳元
冯纯伯
朱　静
朱森元
沈珠江
张　钹
张景中
侯朝焕
周国治
胡文瑞
简水生
徐建中
徐祖耀
彭一刚
程耿东
熊有伦

1995 年当选的中国工程院院士名单

（本名单按学部、以姓氏笔划为序）

机械与运载工程学部（30人）

王兴治
乐嘉陵
朱英浩
朱能鸿
刘大响
刘兴洲
孙敬良
李　明
何友声
汪顺亭
张立同（女）
张启先
张贵田
张炳炎
张福泽（满）
陆孝彭
陈先霖
陈秉聪
林尚扬
林宗虎
杨士莪
周勤之
饶芳权
郭重庆
涂铭旌
顾懋祥
徐滨士
黄文虎
屠基达
潘镜芙

信息与电子工程学部（36人）

王小谟
毛二可
叶尚福
叶铭汉
庄松林
许国志
许居衍
孙　玉
孙优贤
孙俊人
李三立
李国杰
吴　澄
吴佑寿
吴祖垲
沈昌祥
张钟华
张履谦
陆建勋
陈敬熊
陈德仁
范滇元
林永年
周炯槃
赵梓森
侯德原
俞大光
姜文汉
徐元森
高鼎三
郭桂蓉
黄尚廉
龚惠兴
梁春广
薛鸣球
魏子卿

化工、冶金与材料工程学部（31人）

丁传贤
王震西
毛炳权
左铁镛
朱永赡
关兴亚
李正名
李东英
李俊贤
时铭显
邱竹贤
于永富
汪旭光
汪燮卿
沈德忠
张寿荣
张国成
陈清如
邵象华
周光耀
胡壮麒
钟　掘（女）
侯芙生
袁晴棠（女）
袁渭康
徐匡迪
徐端夫
殷国茂
高从堦
唐明述
傅恒志

能源与矿业工程学部（29人）

王思敬
毛用泽
古德生
朱建士
刘广志
汤中立
汤德全
阮可强
李庆忠
杨裕生
岑可法
何多慧
罗平亚
周永茂
周邦新
郑健超
郑绵平
胡思得
顾心怿
钱绍钧
钱鸣高
徐旭常
翁史烈
戚颖敏
梁维燕
韩英铎
韩德馨
翟光明
薛禹胜

土木、水利与建筑工程学部（28人）

王梦恕
龙驭球
叶可明
冯叔瑜
宁津生
朱伯芳
刘建航
刘济舟
江欢成
关肇邺
严　恺
李圭白
李鹗鼎
杨秀敏
陈　新
陈明致
陈厚群
吴良镛
汪菊渊
沙庆林
周君亮
项海帆
容柏生
莫伯治
黄熙龄
崔俊芝
谢鉴衡
葛修润

农业、轻纺与环境工程学部（32人）

山　仑
马建章
方智远
石玉林
刘　筠
关君蔚（满）
汤鸿霄
伦世仪
任阵海
任继周
向仲怀
旭日干（蒙）
李光博
李泽椿
辛德惠
汪懋华
沈国舫
沈荣显
郁铭芳
周　翔（女）
赵法箴
袁业立
袁隆平
顾夏声
殷　震
唐孝炎（女）
梅自强
黄耀祥
曾士迈
曾德超
傅廷栋
管华诗

医药与卫生工程学

部(30人)

王正国
王忠诚
王振义

巴德年(满)
刘玉清
刘耕陶
江绍基
汤钊猷
许文思

肖培根
肖碧莲(女)
吴阶平
吴德昌
何凤生(女)

宋鸿钊
周后元
胡之璧(女)
胡亚美(女)
侯云德

姜泗长
秦伯益
顾玉东(满)
顾健人
高守一
董建华

程莘农
曾溢滔
楼之岑
黎 鳌
黎磊石

全国劳动模范和先进工作者名单

全国劳动模范

北京市

郭玉明 王成明 陈厚棣(女) 朱志凌 谢秦岭 张忠 余兆英(女) 金洪山 张秋华 贾贵琛 冯建余 王纯善 王洪英 黄祖望 金积铨 钱士文 王志祥 陈 杰 陈伦芬(女) 邵锡仝 王振荣 鲁爱华(女) 董 红(女) 金德水 崔淑敏(女) 孙燕昌 崔治安 杨嗣信 余孝德 魁建忠(女) 张宝琴(女) 袁忠起 肖英晖 许国富 范进卯 张连生 张包铨 黄文改(女) 刘淑琴(女) 田惠燕(女) 王 权 冯静玉(女) 乔 景 解黔云 孙喜燕(女) 张 力(女) 王淑贞(女) 麻亚利(女) 贺润科 马秀芹(女) 李福成 郑孟琪(女) 张全忠 见德胜 杨玉范 史静贤(女) 吕晓军 李家栋 刘长山 邢仲山 刘玉山 田 雄 仇振亮 张占林 张金海 李德荣(女) 黄 礼 程春博 左 权 肖士太 陈宝元 许志华

天津市

王振华 李建绍 冯浩然 杨志信 李津来 孙志国 林永宁 刘振铭 邓卫生 刘媛媛 温聚和 史书芬(女) 马 昭 赵玉宽 张国维 万桂芹(女) 焦勃海 王连金(女) 徐桂兰(女) 龚文林 项金旗 李克成 牛世光 杨均凤(女) 王 瑛(女) 刘振友 尹庆志 杨士平 那大路 田家玉 姚孟昌 王希勇 于 江 程俊杰 张立忠 李樵民 范玉恕 张长明 杨桂珍(女) 张桂兰(女) 迟松青 刘洪武 李景才 张书成 赵伯杰 韩志平 张高津(女) 刘 婷(女) 刘建章 刘 林 赵嘉祥 孙汝泉 魏 伟 孙长亭 徐文恒 陆鸿飞 杜宝山 黄秀齐 李法志 刘玉林 聂秀康 陈立新 禹作尧 邵福生 程 魁 王洪生 龚世权

河北省

崔志才 陈贤丰 耿守山 吴砚田 崔云申 王旗文 周桃文 芦丽华(女) 甘 菊(女) 默荣贵 陈世增 杜金弘 李林春 赵 仁 王瑞祥 么志义 王成环 侯振清 赵生民 刘文平(女) 陈绍忠 刘素梅(女) 李德芳(女) 司 然 苏加林 刘 鹤 董培城 韩本书 赵秋山 李二太 韩桂萍(女) 李有祥 黄庚辰 赵继英 靳保芳 王长林 尚金锁 王廷堂 郑广银 马恩华 张振堂 陈士斌 舒东升 张长河 李明彬 李国庭 李建良 王燕荣(女) 沈爱民 金鼎玉 王军 李士伟 王志俭 邓永明 慈成禄 洪天敏 王振明 张宝玺 胡金荣 刘廷香 吕吉泽 郭海秀(女) 魏恭华 孙宝铸 张 忠 王德芳 高 森 高增海 张海军 刘进辉 罗书战 陈占英 田文华(女) 孙晓平 范海庭 张其发 何胜国 唐顺义 韩振国 冯利民 申礼成 王文义 李长庚 宋永恒 王启发 王万省 商玉卯 刘金宝 李元巨 张焕余 冯万才 王景涛 秦树明 于天瑞 杨振林 王小其 王宝银

山西省

李双良 亢龙田 石志高 赵光晋(女) 周凤玉 王印科 余志强 于 坤 田国枝(女) 宋永圪 高建新 张博华 白 棉 赵宝玉 路公明 王立宾 阎献忠 左保芝 梁吉祥 柳玉红(女) 宋才旺 李学辉(女) 巩安库 徐秋元 张腊梅(女) 乔 平 崔建新 贾光留 常贵明 刘春贵 梁 云 魏虎仙(女) 田巧玲(女) 仝立祥 史新寅 阎俊发 薛佩珍 何立森 董海水 张和平 张天佑 马忠喜 周信法 段月富 张根清 徐敦墉 黄晏清 丁原臣 赵贵发 刘长富 范成忠 李 斌 王计所 申纪兰(女) 宋志龙 刘耀堂 邢志权 李振富 范尚怀 邢利民 郭凤莲(女) 李

安民　宋本智　李清生　王　衡　李海仓　史民志　王春玲(女)　智福德

内蒙古自治区

葛　健　郑俊怀　彭继远　赵德顺　康连祥　刘永财　曾国安　高　丰　史九宽　赵继昌　布　和　李如刚　何建增　戎鹏强　程吉祥　阎序秋(女)　李国华　黄金财　滕永平　李国栋　孟德春　李　顺　初彩霞(女)　曲秀琴(女)　陈宝岩　佟惠文　陈　品　王林祥　张庆义　王贵嵘　赵永恒　樊存娃　邵玉镇　色音德力格　乌力吉　牛玉铭　张二毛　张双旺　梅玉生　韩志坚　智呼声　王东晓　张耀堂　呼热巴雅尔　田　英(女)　黄　甫　乌力吉巴雅尔　伊达木　陶格套　李志强　高占芳(女)　李平江　高全孝　苏培礼　王　刚

辽宁省

徐正新　张景奎　刘桂琴(女)　刘荣家　徐秀琴(女)　唐乾三　张绍阳　杨福信　杨大勇　付正委　徐振中　李开明　纪云华(女)　姜　伟　邹守元　郭玲华(女)　宋广谋　刘善环(女)　刘丽春(女)　郭世宽　李有成　孙建平　唐仕兴　司胜战　戚其范　牟传仁　张　毅　张祥友　刘士福　鞠幼华　白雪洁(女)　邢贵斌　付广宽　杨　斌　张荣昌　张淑蓉(女)　祁亚民(女)　宋士元　李　燕(女)　杨恩富　萧佩臣　关广生　李连才　郭文杰　谢永喜　安福江　刘福泰　陶建玲(女)　杨学庄　刘　伟　董焕双　徐才善　黄恩元　石玉红(女)　纪仁兰(女)　姜殿军　周久才　刘会民　马丽新(女)　高广铎　王玉学　王常伟　马学民　金连武　曹伯奇　张继双　张国芳　宋士田　潘云作　宋玉华(女)　吴景春　冯恩良　孙继中　张跃仁　魏久定　郭宗昌　刘宝林　孙朝凡　武玉山　季立荣　赵家书　肖玉良　胡康振　丛菊红(女)　李德权　徐宝文　张维满　陈玉圭　李桂莲(女)　潘兆魁　张永全　董少文　丁凤祥　李泽吉　何文龙　李　凯　马春歧　王守彬　祝光发　王祥　王国勋　魏保威　董克敏　郑　祥　李正龙　张文成　张文英　许家魁　张明玉　李德申

吉林省

屈伟健　周　丽(女)　田贤民　宋振伦　张贞泉　陶铭　王文富　刘德申　刘维杰(女)　宗玉春(女)　褚凡　唐允山　孙洪礼　耿玉杰(女)　郑贵举　孟春艳(女)　王可军　傅文元　陈宝昌　任丽新(女)　任殿祥　刘长君　李桂月(女)　张天成　金仁山　于永来　王洪君　谭竹青(女)　耿昭杰　黄振山　范士良　刘树林　傅万才　李汝勤　张今泰　曹志强　谷　祥　金虎德　田增禄　曹和平　刘亚钦(女)　孙树田　彭玉勤(女)　籍有顺　姚炳华　李一奎　刘文德　高立元　刘习全　田同德　王凤歧　廖立雄　张海龙　孙香民　宁凤连　时光远　胡寿元　赵吉斌　刘凤英(女)　李玉江　王玉发　盛世梅　赵贵林　赵志学　刘　喜　黄永洲　于连江　李春盛　吴玉富　王遵明　闻殿臣　卢志民　宋德中　程书文　张贵斌　金淳哲　张　强

黑龙江省

毛俊达　李树成　王永华　杨　华(女)　王化国　阎喜绵　宋振雷　方贻春　任守宇　谢福亭　崔培禄　张举彦　单亚文(女)　胡小妹(女)　丁长发　孙振英　宋起铿　佟承全　修成翠(女)　于忠涛　侯金顺　周东祥　路世有　陈大伟　田茂华　陶思国　冯永明　郭泗东　杜智校　马　军　黄玉良　赵纯义　赵维民　陶立华　刘桂琴(女)　李　德　杨　显　王效清　张秀国　戴树华　李春印　杨宝山　马成果　陈钟吉　赵玉勤(女)　李月明　孙维俊　关玲丽(女)　张贵武　温安录　赵禹　孙永富　范振杰　袁可夫　宋亚东　周有财　李志丹　李清荣　朱莲香(女)　董振东　张　阳　刘金山　王树人　杨庆珠　刘关彬　那基栋　王德胜　张福山　吴陆第　张玉良　赵瑞民　常　祯　侯　福　郭永彬　马玉峰　赵世斌　王桂荣(女)　王彩凤　高长荣　孙俊福　迟凤志(女)　徐在山　邵玉峰　姜开福　齐国栋　傅华廷　张占学　朱光华　邵德胜　刘喜学　孙立春　赵国良　刘含贵　申佩怀　李沛军　王玉林　王学忠　王相军　王国双　宋守勤　段余志　李永林　苏艳霞(女)　陈云亭

上海市

徐文俊　周国斌　俞金星　陈力生　丁国兴　冯耀华　傅文彪　余云龙　罗　明　陆德纯　顾孟懿　高善伟　高佩华(女)　戴庆顺　章　杰　汤忠兴　倪建中　赵长法　陆丽萍(女)　赵松生　刘维亚　袁国强　桑乃荣　黄旭初　潘富生　郁　桦　杨苏鸣　杨松年　李隆铭　王之玮　孙赵富　曾　乐　李德陛　蔡增任　陈耀章　谈胜利　陈贵彪　蔡国钧　林树英　赵阿狗　刘维新　傅克明　陆海鸿　王立章　刘炎生　王国威　车朝纯　徐富德　包起帆　袁立华　张刘宝　邵来发　马　峰　管　辉　赵忠英　张良保　樊　儒　朱志豪　吴欣之　林辉旭　张西庚　赵根祥　李龙龄　吴培华(女)　黄文昌　陆静莉(女)　夏林玉　刘进侠　马桂宁　贺　涛　冯思学　葛贤萼(女)　张兰生　孙培喜　丁德富　赵仁

良　郭万棠　施柏兴　徐　昆　曹晓鹰　朱旭东　李贻明　顾汉茂　郑芬芬（女）　金建华　郁知非　高园芳（女）　吴桃兴　江玉森　苏寿南　张永定　张生龙　吴柳生　李培佩（女）　方福林　高凤池　沈　雯　陆荣根　张正伯　沈道贤　朱良才　宋秀华（女）　孙顺清　朱卫星

江苏省

杨小虎　孟向前　张礼发　彭哲春　邵绪贵　周劲光　张　霓（女）　陈祥兴　卢文明　邵渭敏　唐金才　沈伟林　邰　诚　周颂康　丁素真（女）　王进法　朱德坤　胡春山　桑　勤（女）　许忠兴　朱业民　周建松　李守才　韩淑芳　陈焕仁　包文霞（女）　蔡洪祥　宋勤华　张敏俐　陶建幸　毛洪梅（女）　陈玉泉　严盛喜　范存明　王立勤（女）　蔡正勤　钱建萍（女）　茅　健（女）　俞东明　鲁　伟　崔家龙　吴美琴（女）　李从福　何泽华　罗玉玲（女）　何明智　熊翠花（女）　李兰英（女）　李大贤　胡友林　朱贤才　葛传华　李洪喜　徐桂英（女）　贺兆勇　范淑敏（女）　宋建华（女）　尉彭城　崔桂亮　谢国如　马德明　陆云昌　阎俊荣　王绪之　顾金勇　徐长余　许赞有　宋兴如　范广荣　张旭升　朱崇今　沈庆喜　孙宝林　顾建平　殷进发　姚德荣　唐涌祥　吴仁宝　范晓枫　刘彦生　尹国新　王海清　蒋炳南　徐明法　余锁根　夏汇初　张国林　王庚贵　李德剑　陈瑞仁　王秀珍（女）　张士新　王凤章　刘梅清　韩福焕　徐保斌　厉祥凯　朱鹤兵　金庆才　高本吉　祁德林

浙江省

蒋培峰　任尧森　陆正年　俞兴华　徐　民　陈善昌　吴甬浩　李学光　宗庆后　陈励君（女）　蔡永绍　张剑隼　张帆芳　陈世良　张云德　丁国聪　陈崇光　吴作尧　曹如玉　冯勤娃（女）　姜建新　陆雅琳（女）　王吉林　陆忠岳　朱荣荣　费石玥（女）　祁荣喜　郑富生　樊式洲　沈传信　赵关根　葛其正　杜自弘　杜志根　陈燕忠　贾礼相　徐湘华（女）　郑需璜　汪林福　廖月仙（女）　程绍宽　琚太顺　占光荣　孙信昌　何伟国　沃棉康　孙平俊　徐汝林　白　骅　陈立荣　张家仁　孙永森　舒天寿　张锁珍　周方文　陈茂根　孙召友　朱重庆　尚舒兰（女）　吴永康　高利荣　郑智纯　郑爱琴（女）　陈华姣（女）　傅嘉良　竺强国　陈金娣（女）　王金连　朱炳新　戴喜根　姚贵松　朱义元　吴凯元　王永良　孟根岳　倪长生　李慎水　夏汝清　赵汉清　邱安全　周振华　池幼章　雷汤菊（女）　陶皖云　滕增寿

安徽省

张巨声　陈荣珍　朱桂根　王海燕（女）　王满鑫　肖国民（女）　刘先兰（女）　温光永　喻道成　路洪祥　彭学山　朱耀武　路凤鸣　孙自霞（女）　王聚才　陶新建　朱永国　邵传林　范亚彰　王伯平　郭忠礼　程建国　陈兆丰　虞　江　李旺苗　高贵祥　戚贤训　华冠雄　杨诗金　黄有盛　汪治隆　宣中光　戴桂辉（女）　王效金　明　炜　张益善　夏省云（女）　锁　敏（女）　洪理芳　王朝坤　查小兰（女）　洪必钊　陈巧玲（女）　窦强　刘銮玉　王丽春（女）　潘申孝　来守俭　王根银　曹成林（女）　唐志海　陈新胜　孙业海　汤守道　赵希良　周启成　杨良金　汪中清　赵开俊　张太祥　金成柱　汪旺家　马兴龙　范春来　张贺林　张　伟　葛维连　孟庆军　潘太平　汪开发　俞祥生　陈长乐　刘湘盘　王华友　郭克巨　吴毛团

福建省

黄家瑶　林若潮　郑碧漪（女）　傅亚坚　唐文合　陈明魁　张宗恩　陈加明　陈宝俤（女）　黄玉亭　林铭铭　黄明黎（女）　王炳章　谢永武　陈加进　邹甲乙　李炳祥　许炎平　张华安　李天仁　郭恩荣　林瑞云　徐锦灿　谢元潘　林良全　潘华丽（女）　翁吓潭　马文桂　赵可敏　高泽瑞　陈元栋　李高银　刘标标　缪慧琴（女）　叶石成　邱胜华　李振营　金石根　徐诗战　罗庆年　林知沂　黄主恩　高溪树　林梅燕　陈德清　陈清渊　叶全庆　李传来　王千万　陈文通　苏景兴　李其清　徐承云　蔡星宝　陈太纯　黄永勤　张柏江　黄其生

江西省

张泗存　梅继友（女）　陈义华（女）　白　洁　彭世行　彭桂林　陈维生　陈雪峰　肖平华（女）　王兴城　汤水源　马福茂　黄美红（女）　姜细英（女）　陈友太　范春生　章九根　郑义强　许正国　唐爱新　刘学日　李有章　张果喜　吴彩云（女）　袁耀辉　谢元藻　王继承　张武政　魏长福　胡达寿　郭和根　梁木森　熊林根　方金旺　颜　琴（女）　何恒心　曹罗生　邵玉琴（女）　于龙江　钱国文　麦敬刚　陈嘉珍　李咸龙　黄德涛　罗林妹　胡新华　刘金林　项勤星　方水生　方河保　张仁泉　邹菊花（女）　王斗斌　郑森林　熊焕逊　刘模祥　潘旺发　朱义财　张理高　莫尚信　万绪保

山东省

王静侠(女) 张秀玲(女) 赵平年 马俊才 张才奎 李景章 徐旭东 杨林贤 张 蓉(女) 沙明宗 邵立芬(女) 姜玉玲(女) 贺才林 张守宴 杨积立 常德传 张明义 王开华 寇祖山 盛孝基 唐作森 陈健 赵海玲(女) 姜兴奎 张金南 陈 伶 李建华 于建友 赵金兰(女) 胡智圣 李国民(女) 王仟祥 姜淑卿(女) 刘永祯 于振声 齐联郡 杜德富 陈永兴 王晓明(女) 李日锐 方光路 王 荣(女) 秦裕彦 常春发 张传礼 刘天惠 徐以学 董宜祥 丁玉华 郑维峰 许廷家 马成训 王守东 黄永刚 董耐惠(女) 张士平 徐文凯 陈德兴 刘维钍 李银起 胡均岭 楚德留 杨天福 王志中 尤洪宝 陆人杰 邢文敏 付连智 王善卿 邱为峥 王建明 孙茂才 刘进森 纪信栓 姜学义 潘昌洪 张永江 王来元 刘建民 林艳芬(女) 李伯涛 宋树森 密长明 江廷华 李桂荣 王士范 隋元柏 杨志魁 姚升平 刘志汇 高学奕 刘先耀 冯衍明 张作祥 周凤先 王孟苘 王景胜 李世勋 王建章 袁文和 郑学江 孔凡鲁 张永亮 韩卓曙 王天栋 马先富 侯学法 韩安正 范士芳 张富禄 郭绪福 王廷江 刘建志 唐厚运 郭良斋 刘加坤

河南省

刘民权 王国英 郭艾生 辛冬良 褚铁郑 申保宏 李晓鹏 李福乾 赵宗晋 荆文超 刘效娅(女) 杨尚礼 杨正军 王永林 姚 明 王安顺 郭晓寰 高凤来 邓志芳(女) 魏红梅(女) 王川根 张成山 尚丽霞(女) 杨 霞(女) 孙立法 孙中全 刘炳银 申书堂 鲁国亭 李留恩 姚秀荣(女) 冯生虎 吕茂盛 犇兴国 张生林 纪 华(女) 高玉昌 何 强 范国军 庞秋英(女) 张延明 李 才 柴光旭 刘娜林(女) 李巧菊(女) 李玉桓 张晓阳 孙进平 张贻林 李松武 刘 保 王艳丽(女) 石清友 王藏珠 张云(女) 王 敏(女) 吕信贻 丁文根 张海燕(女) 成洪昌 王济昌 李东福 梁晓民 王 录 周文昌 景大军 赵茂胜 刘 嘉 刘志华(女) 史来贺 李广元 丹文江 董存泽 程云岭 郭自安 刘天送 李道理 李自才 徐焕亭 曾银霞(女) 赵启功 戚郎 李秀莲(女) 崔庆义 张瑞连 郭中奎 赵存献 王清秀 王泽林 胡光周

湖北省

邬洪胜 毛冬声 曹学琪 张怀亮 龚义剪 吴可薇(女) 冯三九 陈尔程 李方平 郭和平 胡 平 孙德树 柯美莉(女) 周绍安 刘明洲 黄西运 王 波 答邦贵(女) 蔡先斌 陆 宏 陈守全 易继纯 徐国梅(女) 刘厚明 汪林瑞 孙友元 张道铭 罗 莉(女) 马金魁 郭桂华 吴传英(女) 郭庆年(女) 周德亮 柯如煜 黄敏功 韩德新 谭功炎 黄少明 王东甫 张春德 邬 江 叶金堂 周怡庭 李化平 乔生祥 余达桃 张羽铮 熊 玮 黄正惠 郑 斌 欧阳国钧 郭际康 张幼琪(女) 陆炎南 陈 蓉(女) 洪可柱 吴才华 王光兰(女) 张长生 陈合坤 夏文凯 王爱芳(女) 汪文华(女) 苏 燕(女) 李远见 张心俊 周尤志 刘再飞 王 燕(女) 阎承模 马跃 田科荣 侯广忠 戴文书(女) 孙太黑 田化学 潘福安 姬建强 张厚生 方正杰 胡书英(女) 赵家富 杨凤玲(女) 欧阳德平 王勤秀(女) 刘维金 郭新志 田洪先 余光恕 左新安 陈昌久 汪本移 姚绍斌

湖南省

朱伯权 杨茂生 胡子敬 潘新姣(女) 何卫红(女) 黄明章 邓文全 谢自和 王泽云 何宗鉴 孙明道 王爱国(女) 路克难 廖秀秋 曾维伦 陈荣贵(女) 黄光华 文定国 王玉林 龙碧玉(女) 蒋铁生 周鸿斌 罗洪兵 申甲球 杨碧霞(女) 蒋宏元 程 方 何琥云 阳超伟 罗顺求 滕树沅 廖淑莲(女) 沈新文 张艳辉(女) 雷光耀 孙怀珍(女) 武剑先 梁艳红(女) 余松泉 卜迪纯 王德元 唐付清 伍平华 王抗援 申元伟 张跃彩 武俊瑶 陈作先 朱法林 彭叁元 周学信 何述金 唐启永 向选坤 向应宏 张秀发 周子贵 宾中立 曹国兴 杨松荣 刘方华 包光良(女) 毛雨时 陆魁祝 刘欢生 游政明 孙菊良 刘瑞根 江从新 钟儒华 胡吉主 潘四喜 袁富仁 李常水 朱日明 苏才美 刘祖芳

广东省

张学铭 丁辛光 郑尧新 卢启仕 吴凤齐(女) 谢荣钜 黄振华 朱东威 刘铁儿 何华驹 谢慕贞(女) 曾广杰 谭远德 徐维博 张 宝 邓一辉 曾晓凤(女) 谢铭英 徐海山 罗东元 彭少庭 梁 湘 刘佛金 刘振城 黄水佑 廖亚木 蔡育民 李志标 何永炸 许继海 黄明耐 王灶坤 谭钊华 梁国健 李

保　狄渝俊　陈仕荣　王光池　吴　晓　林亚华　陈培林　詹木生　李士民　梁帝庚　李崇业　吴铁保　潘柏泉　张旭强　刘之券　秦贞泉　李艳芳(女)　陈志全　徐惠兴　纪经利　黎海燕(女)　邓超强　许洪江　姚明礼　侯伟俊　陈妙汉　黄乐夫　谭灿辉　潘　宁　张仕怀　李文芳　罗绍基　余丽卿(女)　梁宝煜　邝秀玲(女)　潘强恩　刘照洪　罗寿棉　许楚珊(女)　陆带娣(女)　张天送　严蕴开　萧秀强　钟　叶(女)　邓望成　张炯福　胡敦尧　李锐韦　梁建中　冯意锦(女)　林文芳　龙秀琼(女)　陈立坚　廖　昌　盘　石　苏应利　李谜和　温鹏程　王铨五　陈菊芬(女)　何有金(女)　曾宪亭　李　华　蔡志典

广西壮族自治区

饶　畅　赖晓杨　廖冠生　梁光宗　窦月娥(女)　金振华　胡良慧(女)　朱其南　王德息　黄水生　周振龙　王伟福　黎旭贵　何耀胜　陈秀月　梁静娜(女)　欧卓奇　蒙志军　韦继文　蔡美思　廖灵捷　王建明　何报光　梁步明　姚伟海　张秀明(女)　韦自强　张国辉　陈莲芬(女)　周天赐　覃荣芳　梁海章　汪师伦　吴炳仕　汤　仁　张　强　黄主志　陆万仁　杨玉荣(女)　莫振英(女)　梁启之(女)　黄建迎　曾宽荣(女)　黄振良　刘树仁　陈永华　黄青元　麻克利　韦五八

海南省

吴利森　黄大礼　张建华　兰保才　陈宋华　黄瑞花(女)　张永顺　韦秀娟(女)　王花兰(女)　郑建明　王光兴　吴伟雄　梁基业　蔡宏平　陈明深　潘在明　赵保全　王福生　陈恩光　李康华　王绥吉　刘汉勇　刘明仲　蔡千光　郑积莲(女)　黄业前　符惟康　黄德平　吴理文　谭建平

四川省

付书林　赵宗汉　胡方智　刘志荣　郑洪炳　王素芳(女)　钟家权　李建平　王祥贵　雷　永　曾繁榕　汪焕木　帅　锋　胡茹兰(女)　朱兴陆(女)　王远生　王英伟　宋丰秀(女)　王嘉玲(女)　唐大伟　罗加玉(女)　李玉琴(女)　陈定伍　王凤珍(女)　张志祥　徐长学　张清秀(女)　刘树成　王顺山　党　科　陈德华　钱　龙　刘志明　宋　光　李顺贤　钟　声　赵远朝　张世平　兰遂文　向晓荣(女)　高建孝　杨从远　李寿华　何自玺　彭汝华　杜世友　张柏林　苏世怀　王国春　周天勤　白云清　邱世based　陈子升　郝振堃　张　净　陈洪忠　赵忠玉　田德荣　王源峰　李家顺　周文瑞　赵仲全　徐启斌　张铭泰　吴应禄　王绍清　倪润峰　文凤鸣(女)　贺鼎元　李国富　高守伦　陈仕全　张长富　贾正方　尹大荣　王潘明　郑圣春　贾紫焰　董德明　戴德佑　邹美富　李　德　闵弟聪　刘诗富　王乃俊　刘成富　刘善堂　韦志清　周启隆　周儒清　何清瑞　唐纯久　熊运元　龚在培　任洪勇　李　明　孙友良　姜树森　杨凤军　小公布　李和湘　樊定礼　彭斌茹(女)

贵州省

熊亮清　汪家驹　黄本勇　翟培卡　朱方孝　胡宗进　柳生活　刘让书　赵德清　罗昭明　吴清木　戴泽远　何道明　王立国　周泽洪　徐永刚　张志惠(女)　林菊凤(女)　张仕武　谌秀英(女)　惠金根　王勤华　李大学　张　军　陈启川　徐仲英　吴志强　莫雨苍　赵铁臣　陈绍祥　瞿彩虹　田茂碧(女)　王治伦　向大忠　尚德坤　熊廷顺　张太洪　何元亮　吴秀忠　张光全　董光华

云南省

邵光灿　杨淑芳(女)　周启美(女)　姜月珍(女)　李发亮　左安平　赵万龙　杨绪佳　陈玉培　尹世才　陈建平　张保才　杨开显　连玉仙(女)　姜云伟　沙　忠(女)　张乔兰(女)　王荣华　李桂芬(女)　伍昌义　蒋高成　姚生亮　马玉康　李斗龙　傅发武　武　植　李开顺　乔发科　俞志尧　武文宽　黄位森　全德斌　李俊良　朱才勋　袁绍富　周逞云　李政权　王和兴　李福安　此里吾堆　韩志英(女)　何显昌　汤发俊　玉恩(女)　杨庭相　和继华(女)　杨国银　陈应阳　李建枢　许世德　聂景星　李洪生　郭远明　王定春　恩久

西藏自治区

德吉卓嘎(女)　其美多吉　南木拉　节　节　罗桑多吉　次　仁　高　红　王善禄　欧　珠　伦珠次仁　泽丁多吉　帕巴公觉　耿双全　平措杰布　晋　美　拉　尼　群培次仁　吴　金(女)　巴　姆(女)　边觉伦珠

陕西省

王贵祥　任天福　苌春福　韩增荣　傅迎春(女)　杨琪(女)　曹边芝(女)　刘　忠　温炳台　来辉武　王剑　曹双虎　李有华　陈振英　李经书　张利忠　周华俊　贾印印　张西源　曹化桥　吴豪杰　刘长汉　林平　蔺春玉(女)　申尔谦　安怀忠　周殿雄(女)　刘德

发 曹猷金 王根生 王永红(女) 诸葛谦 阎百古 易兰芬(女) 杜金虎 王允杰 王国永 李亚明 居林华 王国春 华 炜 刘华国 刘玉萍(女) 高玉峰 郭世英 李俊山 杜建文 王克勤 李伯虎 郝进录 雷仁义 周百堂 牛玉琴(女) 石掌雄 高远璋 王宏斌 傅中耀 王久富

甘肃省

韩正录 邓代维 张 军 李聚山 田云杰 刘家河 宋遂邦 陈宏章 许晓安 刘爱荣(女) 朱俊东 严世荣 王菊花(女) 张景发 许福林 李志信 张秉华 李朝杰 史兴全 马险峰(女) 杨万春 马明继 周根海 张寿烨 贺思贤 林大祥 王克忠 王 银 肖和中 李云山 任俊亭 陆生财 吴永高 谢庄应 毛俊秀(女) 黄发胜 高振华 张严德 兰正国 张桂兰(女) 吕文清 范登举 许明学 茅德贤 崔延兴 王文信 陈泽栏 南木吉

青海省

肖德明 宋云燕(女) 马国福 朱文旭 王正义 姚红林 薛恩仁 王国础 杨德仁 寇玉友 张以勇 杜金科 胡锁刚 王杏生 陈文元 黄益朝 周建民 赵永谦 张儒林 周大潮 李生莲(女) 马启俊 黄家钦 蒋耀平 冯兴安 王琛远 张有禄 王维民 李存德 刘才成 扎 昂 张香玲(女) 高 道 刘 颖(女) 薛发德

宁夏回族自治区

何 锋 田玉华(女) 徐础桥 王志强 王吉宗 杨廷军 孔繁兴 周宗仁 张志英(女) 阎宏伟(女) 孟广义 李行泉 田成金 殷国阳 刘振民 宋粉荣(女) 崔宝田 高续纯 朱振林 卜兴泰 程立绩 何季林 蒋加钰(女) 张文斌 阎翠梅(女) 卞占强 赵兴成 鄢尚全 刘尚元 徐安万 许文杰 邓向华 祁国亮

新疆维吾尔自治区

李国斌 王孝先 曹善民 李宗汤 卡德·买买提 赵兰英(女) 艾合买提 章 英(女) 秦书声 雪小召 杜贤东 阿不来提·吐尔逊 米吉提·阿不力米提 王书莉(女) 陶跃德 吐尔逊·买买提 阿巴斯·斯地克 杨振军 范生高 王再兴 魏荣义 梁龙智 孟 征 胡友国 艾热提·吐尔逊 木尼热·托呼提(女) 包力代 苗宏生 关英奎 古丽巴哈尔(女) 克然木·依明 李付忠 库尔班兰(女) 依沙克·买买提吾拉音 阿不都·安木都 司马义·库尔班 艾则孜·阿吾提 松 嘎 通古什汗·苏来曼 阎卫华(女) 苏尔坦·拉力 米吉提·马木提 冶占林

中国人民解放军

杨德亭 姚建民 范英俊 吴七生 刘新海 江崇年 陈木林 陈立芳 王福民 臧怀玉 荣根兰 孙如贵 李文燕(女) 林发新 丘旭辉 刘英华 梁春寿

中央国家机关

权义鲁 赵 宏 田忠义 马学伦 柳传志 孙文杰 李建红 吕洪涛 秦安民 欧阳忠谋 杨一萍(女) 胡宗寅 金 翔 姚 进(女) 那宝恩

全国先进工作者

北京市

罗玲(女) 马国馨 张永江 李 烈(女) 黄宗汉 马芯兰 王选 吴良镛 冯长根 巫昌祯(女) 孙毓敏(女) 林明美(女) 甘雷 苏俊栓 王忠义 谭晓光 彭明友 陈杭(女) 李彰明

天津市

孙丽华(女) 蔡开仕 王淑训(女) 李向阳 谈 道 邓学孟 吕淑珍(女) 王培德 杨学钧(女) 王希萍(女) 邱明才 金国威 何华英

河北省

赵国忠 傅爱学 张侦年 高煜章 刘韧(女) 严正萍(女) 崔书军 王光紫(女) 赵爱君(女) 何玉铭 刘光庭 高尔泰 王健 容惠忠 卢千林 林治先 戈照亮 吕德滋 王锡伯

山西省

温桂花(女) 李玲(女) 陈筠 欧学联(女) 马文有 赵雪芳(女) 陈志贤 董复兴 田桂兰(女) 葛世培 郭新志(女) 赵岩平 徐重 吴继达 郑忠德

内蒙古自治区

洪峡(女) 吕兰英(女) 武占卿 赵士莹(女) 夏景阁 郑传昌 吴日图 乌慧敏 李武 王金锐 齐俊梅(女) 旭日干 王润喜 范德元 赵霞(女) 吕守志 孙泽民

辽宁省

董令贻(女)　葛朝鼎　刘积仁　关玉新　魏国良　曹延风(女)　郭大生　王时宗　徐世政　王永海　赵洪恩　吴　敏　张嘉琤　孙志强　周慧臣　吴纪昌　马静娴(女)　张景达　胡勇　金祥全　王立军　邹义　由景瑶(女)　刘桂芬(女)　李忠诚　顾永昌　李默然　王义夫　王显骢　单维奎　朱德贵

吉林省

孙昌璞　李元昌　林治富　徐桂主　鄢亚琴(女)　金成哲　张术良　王成林　曹健林　王友新　杨贵生　王凤林

黑龙江省

程晓莉(女)　马军　张雅君(女)　陈晓君(女)　张金柱　杨玉庆　高红岩(女)　王居民　乔淑芳(女)　许继强　杨宝琛　宁桂茹(女)　张茂英(女)　孙淑兰(女)　姜天亮　张志权　李万兆

上海市

郑吉园　林元培　姚伟达　顾玉祥　杨怀仁　徐爱芳(女)　李家豪　马在田　王建磬　闻玉梅(女)　顾健人　顾玉东　陈竺　浦海清　王芝泉(女)　李蓓蓓(女)　左学金　黄重威　徐至展　乐秀海　徐福鑫　俞雷(女)　徐善珍(女)　冯恩洪　王竹卿(女)　孙幼丽(女)　黄静华(女)　焦东海　沈晓宏(女)　张鉴周

江苏省

张新年(女)　宋平安　于顺华　肖彩琴(女)　张祖望　张学光　宣炳龙　王允宜　顾金娣(女)　朱士雄　庄玉明(女)　顾汉萍(女)　翟万洪　陈钧　王庆涛　冯祥华　马恩甲　张顺民　刘邦杰　刘庚南(女)　倪国祥　李杨　阎成米　宋长荣　叶永存　杨怀恩　安在勤　李尚亭　王兴亚　顾良圭　林　莉(女)　方　晞　鲁洁(女)　陆作楣　沈乃珠(女)　钟建华　花健武　王兴土　沈小梅(女)

浙江省

刘绶石　胡补菊(女)　陈珂周(女)　何性善　俞连富　楼森岳　宋世能　曹吴芬(女)　洪景椿　欧阳初　来乐春　赵月庭　蒉镇发　葛亭姿(女)　徐美玲(女)　裔根娣(女)　童克祖　叶阿宝　潘春娟(女)　郑青岳　叶加洪　吴克甸　傅亚芹(女)　刘玲英(女)　严晓浪　姚克张一生　魏玉伦　周五一　何传桂　蒋彭炎　杨小青　黄宪　谭文莹(女)

安徽省

王宗信　刘学华　庞定亚　杨秀琴(女)　朱江禄　王经才　刘景宣　方晓顺　陈道翼　许梅花(女)　高洪珍(女)　肖正海　查灿云　耿直　郑文晖　高献英　马苏芹(女)　吴恩光　胡连翠(女)　姜宗仪(女)　鲁炳香(女)　程韵珍(女)　张裕恒　丁超尘

福建省

戴俊　陈征　王毓泉　郑兰荪　吴惠天　许照临　洪寒晴(女)　黄孙奎　陈宇尊　施天水　张美玉(女)　张孙榕　曾玉俊　张健正　黄梅玉(女)　郑惠英(女)　沈鸿元　李超龄

江西省

邱安英(女)　甘大良　曾美玲(女)　吴国林　左福士　林列如　张瑞祥　李盛光　陈少平　杨思齐　刘浩元　钱怀璞　童报春(女)　钟田力　王运遂　杜桂英(女)　彭宣宪

山东省

卢信义　孙玉本　管华诗　赵经郊　杨运德　张则如　朱长富　傅国杰　段树义　亚卉(女)　李方瑞　邓从豪　王宝钰　郭跃进(女)　邵建华　尹承桐　潘海昌　高福林　孙玉芳(女)　刘桂珍(女)　葛福明　王宜俊　庄茂林　宋焕云(女)　杨理民

河南省

吴养洁　梁长俭　邓亚萍(女)　石昆山　常香玉(女)　徐东坡　张明　朱慈源　周洛生　买永玲(女)　周成德　王淑英(女)　杨三纪　姚文俊　侯顺香　王庆　常文助　赵学恩　陈建设　景金英(女)　张林学　贾明芳(女)　王立新　赵玺　刘士欣　吉三富　贾沛林　张保欣　张新芳　胡长诚　薛随柱　刘金娥(女)　曹玉枝(女)　岳成新　魏士奇

湖北省

李文衡(女)　胡正中　熊炼红(女)　陈鼎常　杨腊明　钱自强　金升烈　杨进　吴治生　夏望麟(女)　葛文祺　常世琪　李受祉　傅廷栋　卓仁禧　殷鸿福　陈劲松　朱世慧　叶朝辉　李小双　沈贤新　周鑫　骆东风　谢玉堂　孔军　肖大长　赵永兰(女)　许先林(女)　尹

其潜

湖南省

吴贱安　唐德尧　赵修琪　陈业煌　宁本能　李简梅（女）　欧阳恩成　何忠民（女）　李筑光　陈建教　邓威特　张凤梅（女）　李伊良　曾雁湘　周健　冷卫红（女）　杨玉声　黄忠英（女）　邓华凤　胡明珠（女）　周坤炉　刘筠　何丽娟（女）　范涤尘

广东省

黄景仁　黄桂雄　曾干彤　郭永萍（女）　宁焕美（女）　钟南山　宋东海　张小云（女）　冯芝绒（女）　唐理尧　李邦磬　李壮科　黄秀英（女）　赵同杰　卞益民　李燮尧　张荣林　唐丽云（女）　黄蕴慧（女）　江日亨（女）　邓景玉（女）　谢子轩　黄学平（女）　梁广坚　徐　权　李腾云　宋亚龙　邓远天　瞿金平　王珣章　李华梅（女）　张光楚（女）　侯同芬　周晓瑾（女）　普超英（女）　莫少强　蔡许荣　袁　浩　周鑫全　孙仲林

广西壮族自治区

黄宜新　李佑琳（女）　陈木秀　徐宗伟　梁美英（女）　张俊玲（女）　吴雄军　邓建民　成发群　李继祥　黄广祥　黄定嵩　谈舒萍（女）　苏新生　李丁民　叶国祯　张葆全　许福　王大仁　韩素云（女）　张冬生

海南省

潘正结　庞学雅（女）　黎新王　曾梅金　王国仁　张本　邹福如　卢传新　周刘胜　宋泽江　郑学勤　林代兰（女）　韩玉玲（女）

四川省

杨明清　唐永年　曾年永　宁世伟　谭民化　李德忠　黄观武　王天年（女）　潘小扬　王洪溥　汤志凯　莫文卿（女）　孙春明　刘大响　胡思得　李伯刚　郝治聪　刘晓梅（女）　·郑昌琼（女）　黄尚廉　王玉兰（女）　李良怀　任久惠　牟学良　梅国仁　张学钊（女）　罗清泉　任正隆　文国富　刘藻蓉（女）　吴兴富　唐绍林　杨清镐　康厚禄

贵州省

张庆勤　张菲菲（女）　朱时　伍国珍（女）　胡清珍　夏献禹　谢世梅（女）　汪大成　潘成杰　胡建山　侯国佐　柳泳江　肖俊　邓兆湖　占必成　邹海燕（女）　彭桂蓉（女）

云南省

李炽　苏君红　蒋志农　吴兴惠　曾令柏　钟焕娣（女）　曾云荣　杨志东　陈新民　杨子荣　杨文清　颜金德　李奉忠

西藏自治区

次仁多吉　次仁栗措　徐凤翔（女）　白珍（女）　祥尼日嘎　贡嘎　俄珠多吉　白玛仁增　罗布顿珠　李成松　荣生　颜士华（女）　昂则　孔繁森

陕西省

朱秀萍（女）　云卫东　李万钰　李小艾（女）　王志杰　许继学　王思明　冯培德　沈泉　毛凤麟　王尚锦　乔志德　贠恩凤（女）　王玉锦（女）　李玉虎　张大田

甘肃省

藏文顺　马存生　于国良　刘仲奎　秦富华　魏宝文　谢福禄　岳邦彦

青海省

何海兰（女）　鄂福宗　赵宗福　孙志新　李俊海　李正风

宁夏回族自治区

胡怡芳（女）　白建斌　龙锡富　安长忠　郑淑琴（女）　刘士强　丁　峻　李兴发　郭长青　裴建平

新疆维吾尔自治区

徐国谋　伊第利斯·阿不都热苏勒　努尔旦·博力斯别克　吾守尔·斯拉木　艾热提·阿不都拉　殷玲丽（女）　孙国城　谢春燕（女）　邹如清（女）　阿布拉朱马　李文杰　熊大立　孙川生　陈德清　加马力丁·明夏　董连慧　周白石　吴明珠（女）　巴善铎

检察院系统

贾春梅（女）　周　伟　姜德志　曲汝伯　杨　毅　竺彪　任启超　黄贤光　姚文淮　张传涛　梁桂洪　马燕灵（女）　张先绍　洛　桑

法院系统

王谊友　卢春龙　刘山林　吴远瑞　马占东　赵河清　董友泉　刘　春（女）　蔡浩添　樊连珍（女）　胡尔钺　欧阳书强　朱生武　艾海提·铁力瓦尔德　蒋守仁

中国人民解放军

周国珍(女)　贾秀兰(女)　刘维亮

中央国家机关

闵恩泽　钱贻简　高宋泽　屠丽南(女)　潘复兰(女)　胡笑彤(女)　王　涛(女)　戴自希(女)　李　兰(女)　邵厚坤　何广沂　崔应琦(女)　陆学艺　周志祥　尤桂兴　裘祖聿　张　椿　万选蓉(女)　侯永庚　高登义　马志明　屠呦呦(女)　李东生　乌国庆　李雪健　朱静(女)　牛亚斌　蔡振华　安仲利　任新民　程双才　徐乃管　李德功　张文正　何万山　孙绿怡(女)　陈允昌　许志琴(女)　黄世英　胡聿贤　冯国桢　禹茂章　赵西峰　黄锡璆

中共中央直属机关

焦国慧　马淑桂(女)　张贵实　周亮勋　董云虎　杜泽泉　张锦胜　柯惠新(女)　吴兴华　安志诚　吕敬人

全国优秀县(市)委书记名单

北京市

大兴县委书记　王耀平

顺义县委书记　赵凤山

天津市

东丽区委书记　郑树阳

静海县委书记　崔士光

河北省

丰南市委书记　付爱文

深州市委书记　贾彦明

内丘县委书记　马兰翠(女)

高邑县委书记　王三堂

涉县县委书记　张树山

山西省

翼城县委书记　耿根喜

陵川县委书记　张国忠

垣曲县委书记　孙靖东

柳林县委书记　刘建明

内蒙古自治区

包头市青山区委书记　云广庆(蒙古族)

科尔沁翼后旗委书记　张德斌(回族)

太仆寺旗委书记　杨建和

辽宁省

沈阳市沈河区委书记　张玉琢

庄河市委书记　冷相发

鞍山市铁东区委书记　刘　爽

吉林省

通榆县委书记　沈　贵

长春市朝阳区委书记　秦立国

黑龙江省

肇东市委书记　李振东

依安县委书记　王家旭

穆棱市委书记　林秀山

塔河县委书记　单佳晨

上海市

松江县委书记　杜家毫

闵行区委书记　黄富荣

江苏省

张家港市委书记　秦振华

武进县委书记　赵耀骥

泰州市委书记　朱爱群

东台市委书记　詹荫鸿

洪泽县委书记　吕胜年

浙江省

开化县委书记　郑樟林

慈溪市委书记　汤黎路

海宁市委书记　沈雪康

安徽省

亳州市委书记　饶益刚

宣州市委书记　胡晓华

繁昌县委书记　周其东

肥西县委书记　周宗仁

福建省

福清市委书记　练知轩

泉州市鲤城区委书记　林荣取

福州市郊区区委书记　陈　伦

江西省

兴国县委书记　邝小平

分宜县委书记　熊　巍

山东省

诸城市委书记　陈　光

平邑县委书记　李玉妹(女)

莱西市委书记　丁瑞云

沂源县委书记　陈传玉

平原县委书记　兰忠良

河南省

新乡县委书记　王健民

济源市委书记　高文焕

固始县委书记　熊金栋

林州市委书记　毛万春

西平县委书记　焦锦淼

湖北省

仙桃市委书记　刘贤木
武汉市东西湖区委书记　白元初
钟祥市委书记　张祖新

湖南省

桃源县委书记　彭晋镛
溆浦县委书记　陈志强(苗族)
张家界市永定区委书记　郭树人(满族)
长沙县委书记　余合泉

广东省

海丰县委书记　吴华南
南海市委书记　林浩坤
花都市委书记　石启仁
台山市委书记　方庭旺

广西壮族自治区

贵港市委书记　梁镇燊
忻城县委书记　罗黎明(壮族)
贺县县委书记　李达球
灵川县委书记　康天保

海南省

琼海市委书记　韩至中
儋州市委书记　于　迅

四川省

金堂县委书记　晏永和
新津县委书记　陈光志
石渠县委书记　泽　波(藏族)
南川市委书记　魏长述
丹棱县委书记　罗玉兰(女)
长宁县委书记　龙章和

贵州省

六盘水市盘县特区党委书记　万晓流(彝族)
普定县委书记　张义刚
贵阳市乌当区委书记　黄润昌

云南省

镇雄县委书记　张孝洪
镇沅彝族哈尼族拉祜族自治县委书记　张希升
寻甸回族彝族自治县委书记　王常明
石屏县委书记　李兴旺(彝族)

西藏自治区

聂荣县委书记　杨　培(藏族)
尼木县委书记　詹星五
南木林县委书记　白　朗(藏族)

陕西省

西安市雁塔区委书记　杨范清
宝鸡市渭滨区委书记　陈宝根
志丹县委书记　张钟灵
韩城市委书记　张维民

甘肃省

渭源县委书记　秦素梅(女)
榆中县委副书记　杨富荣
礼县县委书记　张余胜

青海省

湟源县委书记　石文章
曲麻莱县委书记　丁显成(藏族)

宁夏回族自治区

永宁县委书记　刘宗祥

新疆维吾尔族自治区

且末县委书记　董兆国
疏勒县委书记　白　晓
昭苏县委书记　李寿庄

全国优秀企业家名单

(按姓氏笔划排序)

马金魁　荆门石油化工总厂厂长
万德明　上海第二毛纺织厂厂长
王效金　安徽亳州古井酒厂厂长
邓文全　长沙中意电器股份有限公司董事长兼总经理
刘书论　哈尔滨亚麻纺织厂厂长
刘维志　山东东阿阿胶(集团)股份有限公司董事长兼总经理
许继海　中山威力洗衣机有限公司总经理
应士歌　浙江中汇(集团)股份有限公司总经理
陈立群　南京金城机械厂厂长
陈贤丰　华北制药厂厂长
金浪川　华能大连电厂厂长
唐文合　福建日立电视机有限公司董事长
徐文恒　中法合营王朝葡萄酿酒有限公司总经理
郝延忠　郑州白鸽(集团)股份有限公司董事长兼总经理
盛东升　营口冷藏箱总厂厂长
常德传　青岛港务局局长
韩　斌　内蒙古莫尔道嘎林业局局长
蒙志军　广西崇左糖厂厂长
黎　明　宝山钢铁集团董事长
魏光前　兰州连城铝厂厂长

优秀县委书记晏永和与四川省金堂县委一班人

图片说明

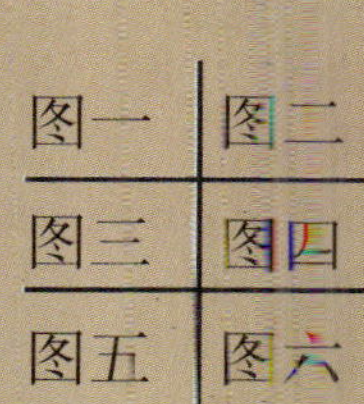

图一	图二
图三	图四
图五	图六

一、1995 年全国百名优秀县委书记之一中共金堂县委书记晏永和

二、县委书记晏永和与县委常委一班人

三、四川省部分地、市、县在金堂举行县级经济对外开放研讨会

四、晏永和陪同中共成都市委书记黄寅逵（左一）深入农村调查农业生产情况

五、晏永和向成都市市长王荣轩（左二）汇报在金堂县实施的“四川中美（外）中小企业发展园区”的规划建设情况

六、晏永和与代理县长李昆学(左二)深入四川省百个试点小城镇之一的淮口镇指导城镇建设

五〇五神功系列蜚声国内外
来辉武教授再作新奉献

五０五神功系列发明人，世界发明家奖获得者
陕西咸阳五０五集团公司总裁 来辉武

五〇五神功元气袋及系列医药保健品问世以来，先后荣获国际国内 90 项大奖。发明人来辉武教授荣获世界发明家奖、中国优秀科技实业家、全国劳动模范等多项荣誉称号。来辉武带领 505 人艰苦创业，近三年多来给国家上交税金 5000 多万元，年销售收入超亿元，他捐献给科技、教育、医疗、体育等公益事业 3500 万元，企业人均为国家社会贡献 28 万元。五〇五企业被评为中国百家知名企业前 55 位医药行业企业第 6 位。

505 神功元气袋（普通型、儿童型、妇女型）内病外治·祛病强身

功能与主治：健胃益肾、调整气血、通经活络、平衡阴阳。用于脾肾两虚、气血不足等引起的胃脘痛、慢性胃炎、腹胀、腹泻、中老年虚劳、阳痿、腰肌劳损及妇女月经不调、痛经、带下、产后腰痛以及小儿消化不良、食欲不振、腹痛、腹泻、遗尿等病症。长期使用，可增强体质，改善微循环，提高肌体免疫功能，无毒副作用。

系列产品还包括：神功药枕、健脑帽、神功护膝、护肩、护腰、神功洗乐剂、神功健美纹胸等。

陕西咸阳抗衰老研究所研制
陕西咸阳五０五医药保健总公司监制
中国咸阳保健品厂出品
“国卫药广审（文）第 95060073－8”

本厂办理邮购业务

地址：陕西咸阳乐育北路 19 号（505 信箱）

邮编：712000 联系人：周华

电话：(0910)3218328，3216783转388

传真：(0910)3218606 电挂：8286

505 神功系列医药保健品荣获国际国内 60 多项大奖

第五届中国十大杰出青年

治痫妙手——王富龙

王富龙，黑龙江省人，1965年12月12日出生，现任全国青联常委，中国传统医学专业委员会副主席，北京癫痫病研究中心主任，北京市海淀区中医门诊部主任。黑龙江省哈尔滨市天龙天成专科医院院长，市癫痫病研究所所长。1993年起享受国务院颁发的政府特殊津贴；1994年荣获“中国十大杰出青年”称号，并光荣地出席了“全国跨世纪人才群英会”，受到江泽民、李鹏等党和国家领导人的接见。1995年在中国中医药学会和全国青联共同主办的首届中国百名青年中医评选活动中被评为“中国杰出青年中医”。1996年在美国荣获“世界传统医学大会金杯一等奖”。其代表作有《癫痫分型诊断与治疗》、《癫痫中医治验》等，在国内外发表学术论文100多篇，已完成15项科研成果。为数万名癫痫患者解除了痛苦。

出诊地址：一、北京市海淀区永定路16号海淀区中医门诊部
邮编：100036 电话：010-68184703
二、哈尔滨市南岗区和兴路林兴小区16号天龙成专科医院
邮编：150080 电话：0451-6308205

图为中国十大杰出青年王富龙教授1996年4月在美国拉斯维加斯城参加第三届世界传统医学大会时受到前总统尼克松的首席顾问祖炳民博士的亲切接见。

尹盛喜总经理欢迎您光临

老舍茶馆

美国前总统布什先生光临老舍茶馆

老舍茶馆是以人民艺术家老舍先生及其名剧命名的茶馆，始建于1988年。在这古色古香、京味十足的环境里，客人每天都可以欣赏到来自曲艺、戏剧等各界名流的精彩表演，同时还可以品用各类名茶，还为客人提供多种宫廷细点和应季北京风味小吃。

老舍茶馆在世界各国享有很高的声誉，先后接待过很多国内外知名人士，如日本前首相中曾根、海布俊树，新加坡总统王鼎昌，美国前总统布什，联合国前秘书长瓦尔德海姆等。

茶馆大门

《霸王别姬》剧照，尹盛喜总经理饰演项羽

老舍茶馆每天下午2:30-5:00有京剧清唱、民乐演奏，票价10元、20元。每晚7:40-9:20都有精彩的演出，票价有40元、60元、80元、100元、120元、130元不等，其主要区别在于座位的前后，离舞台的远近和包括不同的茶点。老舍茶馆所有宫廷细点和风味小吃都采用高档精面和素油，由名厨料理，使顾客回味无穷。最近为了方便顾客，我们又成立了“大碗茶酒家”，顾客可以先用餐，再到隔壁的茶馆看节目，非常方便。我酒家特聘百年老店“晋阳饭庄”和“全聚德”名厨，主理京、晋、鲁三种风味的菜肴。菜肴品味上乘，品种繁多，且具有地方风味特色，独领京、晋、鲁大菜之风骚。

茶馆内景

老舍茶馆营业面积1500平方米，可以同时容纳250人观看节目，大碗茶酒家营业面积500平方米，可以同时容纳150人就餐，我茶馆和酒家门前设有停车场，可以同时容纳百余辆车，交通方便，热情欢迎各界客户，各旅行社，各企事业单位来我处包场（白天、晚上均可）。

地址：前门西大街三号楼

预定电话：63036830 63046334

联系人：王燕丽、于静

美国前国务卿基辛格博士与老舍茶馆总经理尹盛喜同品香茶

北京穆斯林餐厅

穆斯林餐厅
（杨静仁题字）

北京穆斯林餐厅电话：65004608
地址：北京朝阳区工体北路8号
邮政编码：100027

总经理何凤仪荣获首届金菊奖

北京穆斯林餐厅位于北京朝阳区工体北路8号，北邻使馆区，东连全国农业展览馆，西有北京工人体育场，是一个拥有300多座位100名员工、独具阿拉伯建筑风格的中高档餐厅，拥有自己的特色菜肴：以涮羊肉为主，羊肉均由餐厅直属的清真屠宰基地经阿訇下刀后直接供应，肉质鲜嫩、调料味美，入口别具风味；经营的回族传统风味菜肴有：油爆肚仁、散丹、鸳鸯卷果、炸羊尾、烧牛尾、炸烹虾仁、油焖大虾、松鼠桂鱼、芙蓉鸡片等，风格独特、色香味俱佳；特别是按照传统工艺手工烤制的挂炉烤鸭，更是皮焦肉嫩，口感极佳。由于菜肴做工精细、质高量足、价格适中，而且服务周到，长年四季顾客盈门，许多都是回头客。餐厅多次被评为市、区先进单位，十佳企业。

← 全国政协副主席万国权接见获金菊奖的何凤仪

溥杰（中）何凤仪（左）孙毓敏（右）

餐厅总经理何凤仪不仅是优秀企业家，而且是中国京剧艺术的热心支持者和赞助者。由他任会长的中国戏迷协会自1989年成立以来，坚持定期举办业余京剧演唱活动，餐厅免费提供活动场地，义务服务，受到群众的热烈欢迎。他还以协会名义举办和参办了多项有利于京剧振兴的活动，六年来赞助款项达百万余元，受到中央和北京市领导、京剧界专家、票友及海内外人士的关注、称赞和表彰。1995年11月在首届中国京剧艺术节上荣获首届金菊奖，并受到中央领导同志接见。他表示今后仍要为振兴京剧多办实事。

海峡两岸及海外京剧名家名票共庆徽班晋京200周年

王爱民和正在掘起的山东省水产企业集团总公司

董事长、总经理王爱民

山东省水产企业集团总公司地处历史悠久、风光秀丽的省会城市济南，是省属国有综合性大型水产企业，实行计划单列，享有进出口贸易和远洋渔业以及远洋运输、劳务输出等经营权，在国内外水产界具有良好的信誉和影响。主要从事近远洋捕捞、海淡水增养殖、水产品加工、水产品进出口贸易、远洋运输、船只修造、网具制造、海洋药物研制、房地产开发、旅游餐饮服务、劳务输出等业务。总公司国内现辖青岛海洋渔业公司等13个直属企业和分公司，并在全省沿海各地和内陆湖区拥有成员单位100多家，在海外设有18个公司和渔代处。

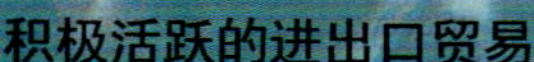

积极活跃的进出口贸易

本着"信誉至上，互惠互利"的原则，与香港、美国、日本、韩国、澳大利亚及西欧等世界上30多个国家和地区的客商建立了比较稳固的商贸关系，贸易品种除鱼、虾、贝、藻类等水产品外，还经营各类渔用物资、饲料及禽畜肉、果品、蔬菜等产品，是全省进出口创汇的骨干企业之一。为方便业务接洽和通关储运，总公司在青岛、烟台等口岸城市设有分支机构，承办进出口业务。

日益壮大的远洋运输业

现拥有一支设施先进、功能齐全，由500吨、1000吨和3000吨级冷藏运输船组成的远洋运输船队，航线涉及东南亚、欧洲、西非和南北美洲等国家和地区，运输品种除金枪鱼等各类水产品外，还承运各种禽畜肉、蔬菜、果品等，年运输能力达10万多吨。

优质高产的海淡水养殖业

在全省沿海地市和内陆湖区拥有海淡水养殖基地10余处和一大批高、中级职称的海淡水养殖专家和科研人员，采取浅海滩涂放养和工厂化育养等多种方式，大规模、多品种进行增养殖开发，在育苗、喂养、防治病、越冬管理等多方面取得了可喜成绩，特别是鲍鱼、对虾、扇贝等海珍品养殖技术在全国乃至世界处于领先水平，理论和实践经验十分丰富。

辐射全球的远洋渔业

远洋渔业作为企业的支柱产业，近年来得到迅

大型网加工船泰和泰安号

大型拖网加工船泰山号

猛发展。已在摩洛哥、加纳、冈比亚、毛里塔尼亚、印度尼西亚、美国、俄罗斯、阿根廷、新西兰、澳大利亚、菲律宾等国家和地区组建海外企业和渔代处18个，拥有多艘3000吨到5000吨级的拖网加工船，作业区城域涉及南北太平洋、大西洋、印度洋等资源较丰富的渔场，外派各类大中型渔轮百余艘，捕捞加工鳕鱼、鱿鱼、金枪鱼、章鱼、鱼糜、鱼片等数十种产品，年生产经营能力达20多万吨。

门类齐全的水产品加工业

拥有一批具有世界先进水平的水产仿生食品和鱼片加工生产线以及水产罐头、水产方便食品、海洋化工、海洋藻类、冷食加工等工厂，在青岛、威海、烟台、济南等地建有多处大中型冷库，设施完善、技术先进，卫生条件符合国际标准。产品有鱼肝油、模拟蟹肉，模拟虾、鱼糕、烤鱼片等几十个花色品种，其中有20多个为国优、部优或省优产品，在国内外市场上供不应求。

点多面广的内贸经营网络

在全国50多个大中城市和省内各大中城镇设有连锁购销点和产品销售基地，形成了辐射面广、渗透力强的内贸营销网络，年营销各类水产品十多万吨。

万吨冷库一角

仿生食品

地址：中国山东省济南市历山路57号　邮编 (Postcode)：250013
Address: 57 Lishan Road, Jinan, Shandong.P.R China
电话 (TEL)：0086-531-6943084 6968434
传真 (Fax)：0086-531-6955357　电传 (Telex)：390016 GFEJN CN

肿瘤分会理事长、研究所所长
全国劳动模范　迟凤志

中国中医药研究促进会肿瘤分会
哈尔滨市东方肿瘤病研究所

中国中医药研究促进会肿瘤分会于**1995**年经国家民政部、国家中医药管理局批准设在哈尔滨市东方肿瘤病研究所。该分会是中国中医药研究促进会下属的专业分会，由研究肿瘤病和抗肿瘤病的药物专家和学者组成。其宗旨是按照中国中医药研究促进会的章程，组织联络国内外中医界同仁广泛开展肿瘤病研究、临床医疗与学术交流活动，繁荣祖国中医药事业，为海内外人们提供肿瘤病的治疗和咨询业务，为人类医疗保健事业做出贡献。

哈尔滨市东方肿瘤病研究所是**1993**年经市政府有关部门批准专门从事肿瘤病研究和医疗的科研机构，设有门诊和高中低档病房，方便患者住院治疗。主任医师迟凤志多年研制出的纯中药制剂—“开克利”及抗恶性肿瘤病系列药物，是一种很有潜能的抗瘤新药，经省中药学院、解放军**211**医院和哈尔滨医科大学附属医院等院所对该药做抗肿瘤的毒理、过敏、溶血等个项试验以及对结肠腺瘤、肺腺瘤、**T**细胞淋巴瘤裸鼠模型试验表明，抑瘤率超出国家规定标准。该药正式用于临床**4**年多，治疗病人**1000**多例，对人体无毒副作用，既可静脉点滴，又可穴位注射，能够显著改善晚期瘤症患者疼痛、气短、噎食、浓血便等等症状，对延长危重病人生命的效果更为明显，**1993**年以来获得省市科技进步奖。“开克利”在北京、广州、杭州、沈阳、长春、齐齐哈尔、鸡西、大庆和胜利油田等地应用于临床并取得良好疗效，韩国、日本、台湾、香港等国家和地区的患者也慕名而来。

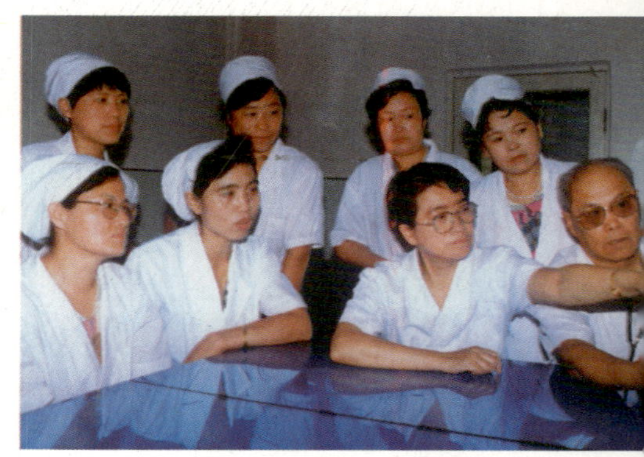

迟凤志与部分人员会诊

开克利

地址：哈尔滨市道外区北环路二十道街（北新街）
电话：**8663635**　**8663632**　　邮编：**150026**

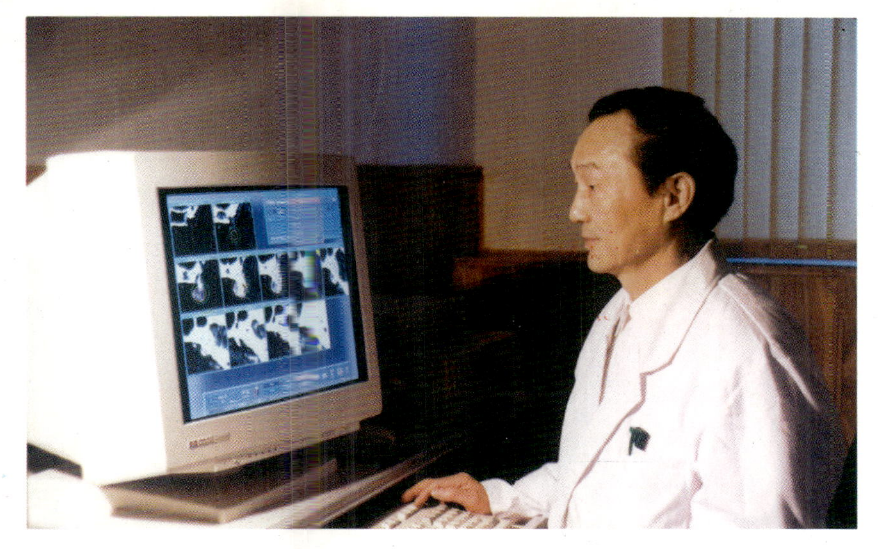

神经外科主任、立体定向专家、国际伽玛刀学会会员郑立高教授在为病人制定治疗计划、设计手术方案。

天津医科大学第二医院神经外科伽玛刀治疗研究中心

该院1995年引进的lekse11第五代伽玛刀是集立体定向、现代神经影像、计算机和独特放射技术的巧妙结晶，是当今世界治疗脑肿瘤、脑血管畸形等颅脑疾病的高科技先进治疗仪器。该中心由两次赴瑞典进修学习伽玛刀技术并担任国内首台伽玛刀技术顾问的著名神经外科、立体定向专家郑立高教授主持工作，还聘请国内外知名神经外科、放射学科和肿瘤放射学专家组成协作班子。高科技、名家主持、专家聚集、经验丰富。保证了治疗高水平、高质量。开诊以来，已成功治疗200余病人。获得广大患者信赖和国内外专家称赞。

伽玛刀治疗优点：

1、不用开刀，不流血，无痛苦等。2、治疗在三维空间定位下，高度精确，安全可靠，对病灶周围正常组织无明显损伤，并发症少。3、颅脑任何部位的病变，特别是颅脑深部或重要神经功能区不能手术的病变，伽玛刀可以治疗。4、省时简便，病人治疗前需作必要的查体和检查。定位和设计约2小时内完成，一次性治疗达到完全毁损病灶的目的。治疗后观察1-2天即可重返工作和学习岗位。5、接受治疗的病人不影响工作和学习能力。

伽玛刀治疗适应症有：

1、血管性疾病：脑动静脉畸形（AVM）、海绵状血管瘤。2、脑肿瘤：听神经瘤、脑膜瘤、脑转移瘤、垂体瘤、中高度分化的胶质瘤、髓母细胞瘤、生殖细胞瘤、颅咽管瘤、松果体区肿瘤、血管母细胞瘤、三叉神经瘤、脊索瘤、黑色素瘤、鼻咽部肿瘤、眼眶内肿瘤、脑瘤手术后残瘤及术后复发肿瘤等。肿瘤直径在4cm以内，以直径3cm内治疗效果最佳，单个或多个病灶均可治疗。肿瘤体积太大者，先手术部分切除，尔后用伽玛刀彻底治疗，亦可分两次治疗。3、功能性神经外科疾病：顽固性神经症、恶性痛、顽固性癫痫、帕金森氏病等。

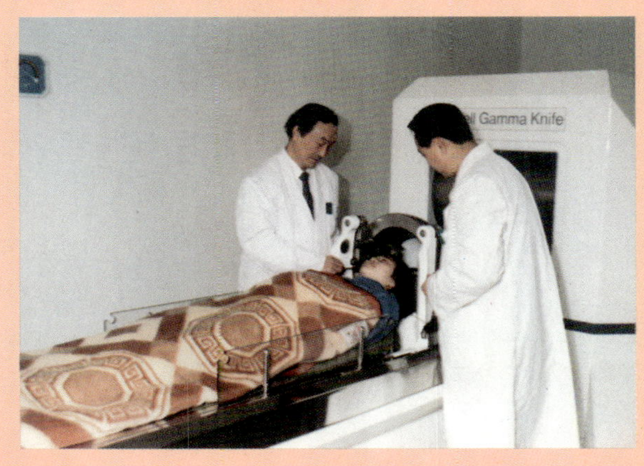

咨询电话：(022)8317828　邮编：300211

地址：天津市河西区尖山平江道23号

浙江省劳动模范金连根
带领萧山市城厢镇犁头金村人

由穷变富　帮穷致富

金连根

浙江省萧山市城厢镇犁头金村，原来是一个光棍多、草棚多、借粮多的贫困村。改革开放以来，在党支部领导下，先是筹集3000元资金，办起了制革厂。以后又相继办起了起重机械厂、洗染厂、营养保健剂厂等11家企业。其中杭州丰和皮革有限公司，成为外商投资先进企业、杭州市重点骨干乡镇企业，1995年实现产值126亿元，创税利610万元。到1995年底，犁头金已拥有集体固定资产、自有资金15亿元，人均年收入5138元。预计1996年产值可达2亿元，创利税1200万元，人均年收入6000元。犁头金村的集体经济、各项事业和精神文明建设，都有了较快的发展，走上了小康之路。现在，对农户实行六免费：读书从小学到大学免费；医疗费免费；安装自来水免费；安装卫生户厕免费；承包地排灌、翻耕、脱粒使用机械免费；碾米、用开水免费。村里建有文化娱乐中心，有歌厅、舞厅，有青年、妇女、党团员活动室，还有一座容纳500多人的影剧院。全村人不赌博，不迷信，多年来没发生刑事、民事案件。自1989年以来，犁头金村先后被浙江省和萧山市命名为“标兵村”、“奔小康示范村”和“奔小康先进村。”金连根也连续多年被萧山市、杭州市和浙江省评为优秀共产党员、劳动模范。

浙江省委书记李泽民（左）视察犁头金村时与金连根（右）交谈

金连根带领犁头金村脱贫致富以后，决定帮助一路之隔的贫困村——姚家畈村走共同富裕的道路。从1995年1月开始，实行了“两村合一”的重大举措。两个村的党支部合组为犁头金联合党总支，发动原姚家畈村的干部和群众开展了一场大讨论，增强了脱贫的信心。犁头金村投资在姚家畈村兴办热电厂和垃圾处理厂；一年来共投入160万元，帮助姚家畈村修路，搞农田水利、文化、医疗建设。如今，姚家畈村的集体经济已出现了良好的发展势头，村民的人均收入比上一年翻了一番！

犁头金村人创办的合资企业，产品远销欧、美、东南亚各国